Grammaire méthodique du français

Martin Riegel
Jean-Christophe Pellat
René Rioul

Grammaire méthodique du français

QUADRIGE / PUF

ISBN 978-2-13-055984-9
ISSN 1630-5264

Dépôt légal — 1re édition : 1994
4e édition entièrement revue « Quadrige » : 2009, septembre
2e tirage : 2011, juillet

© Presses Universitaires de France, 1994
Linguistique nouvelle
6, avenue Reille, 75014 Paris

Sommaire

Table de concordance entre les éditions de la Grammaire méthodique du français XXVII
Avant-propos XXIX
Conventions et symboles XXXIX

Introduction 1
  1. UNE DISCIPLINE ET SON OBJET 1
    1.1. Les langues, instruments de communication 3
    1.2. Les langues, systèmes de signes 7
      1.2.1. *La double articulation du langage humain* 7
      1.2.2. *Autres caractéristiques des signes linguistiques* 9
      1.2.3. *Le système bidimensionnel de la langue* 10
      1.2.4. *Les perspectives synchronique et diachronique* ... 12
      1.2.5. *La fonction sémiotique des langues* 17
    1.3. La dimension sociale des langues 18
      1.3.1. *Les variétés d'une langue* 18
      1.3.2. *La norme* 19
  2. LA GRAMMAIRE DANS TOUS SES ÉTATS 21
    2.1. Il y a grammaire et grammaires 21
    2.2. Grammaire et linguistique : les grammaires descriptives .. 23
    2.3. Grammaires partielles et grammaires globales 24
    2.4. Grammaires descriptives et grammaires prescriptives .. 25
  3. L'ANALYSE GRAMMATICALE 27
    3.1. La description de la compétence langagière 27
    3.2. Les règles grammaticales 30
    3.3. Les données grammaticales 31
    3.4. Acceptabilité et grammaticalité 32
    3.5. Les domaines de la description grammaticale 35
      3.5.1. *Les formes significatives de la langue* 35

3.5.2. *La composante phonologique*	36
3.5.3. *La composante lexicale*	37
3.5.4. *La composante morphologique*	38
3.5.5. *La composante syntaxique*	39
3.5.6. *La composante sémantique*	42
3.5.7. *La composante pragmatique*	43

PREMIÈRE PARTIE
LES FORMES DE L'ÉCRIT ET DE L'ORAL : PHONÉTIQUE ET ORTHOGRAPHE

Chapitre Premier / L'oral et l'écrit 51

1. DE L'ORAL À L'ÉCRIT	51
1.1. Aperçu historique	51
1.2. La distinction oral / écrit	52
1.3. L'oral et l'écrit : norme et variation linguistique	55
2. PHONIE ET GRAPHIE	56
2.1. Phonèmes et graphèmes	57
2.2. Correspondances morphologiques : les marques grammaticales	58
3. ANALYSE DU DISCOURS ORAL	60
3.1. Organisation du discours oral	60
3.2. Vocabulaire	61
3.3. Modes et temps du verbe	62
3.4. Syntaxe de l'oral	63
3.5. La période, structure fondamentale de l'oral	67

Chapitre II / Les sons du français : phonétique et phonologie 72

1. DE LA PHONÉTIQUE À LA PHONOLOGIE	72
1.1. La phonétique articulatoire	73
1.2. De la syllabe au phonème	74
2. LES PHONÈMES DU FRANÇAIS	76
2.1. Description des phonèmes	76
2.1.1. *Les voyelles*	78
2.1.2. *Les consonnes*	81

2.2. Système des phonèmes 85
    2.2.1. *Les voyelles* 86
    2.2.2. *Les consonnes* 89
    2.2.3. *Les traits pertinents* 91
2.3. Variation des phonèmes 94
2.4. Le sens des sons 97

3. LA CHAÎNE PARLÉE 98
  3.1. La syllabe phonique 98
  3.2. Les jointures 100
    3.2.1. *Les liaisons* 101
    3.2.2. *L'élision* 103
  3.3. Les données « suprasegmentales » 105
  3.4. Le groupe accentuel et le rythme 106
  3.5. L'intonation 109

Chapitre III / L'orthographe française 114

1. LES PRINCIPES DE FONCTIONNEMENT
   DE L'ORTHOGRAPHE FRANÇAISE 114

2. LES UNITÉS GRAPHIQUES 117
  2.1. Graphèmes et lettres 117
  2.2. La syllabe graphique 119

3. LE SYSTÈME ORTHOGRAPHIQUE FRANÇAIS 121
  3.1. Les phonogrammes 121
    3.1.1 *Types de phonogrammes* 121
    3.1.2. *Hiérarchie des phonogrammes* 122
    3.1.3. *Tableau des graphèmes de base du français* 123
  3.2. Les morphogrammes 124
    3.2.1. *Les morphogrammes grammaticaux* 125
    3.2.2. *Les morphogrammes lexicaux* 126
    3.2.3. *Prononciation des morphogrammes* 126
    3.2.4. *Les morphonogrammes* 127
  3.3. Les logogrammes 127
  3.4. Lettres étymologiques et historiques 127
  3.5. Phonographie et sémiographie 128
    3.5.1. *La réanalyse sémiographique de la phonographie* 128
    3.5.2. *Polyvalence des unités graphiques* 129
    3.5.3. *Mixité des systèmes d'écriture* 130

4. ACCENTS ET SIGNES AUXILIAIRES 131
    4.1. Les accents 131
    4.2. Les autres signes auxiliaires 134
        4.2.1. *La cédille* 134
        4.2.2. *Le tréma* 135

5. LES RECTIFICATIONS DE L'ORTHOGRAPHE (1990) 136

6. DIDACTIQUE DE L'ORTHOGRAPHE FRANÇAISE 138

Chapitre IV / La ponctuation 140

1. DÉFINITION 140

2. FONCTIONS DES SIGNES DE PONCTUATION 142
    2.1. Fonction prosodique 142
    2.2. Fonction syntaxique 143
    2.3. Fonction sémantique 145

3. SIGNES DÉMARCATIFS 146
    3.1. Point, point-virgule, virgule 146
    3.2. Points de suspension 152

4. SIGNES À VALEUR SÉMANTIQUE ET ÉNONCIATIVE 153
    4.1. Les deux-points 153
    4.2. Le point d'interrogation et le point d'exclamation 155
    4.3. Les guillemets 156
    4.4. Parenthèses et crochets 158
    4.5. Les barres obliques 160
    4.6. Le tiret 161

5. LA PONCTUATION DE MOTS 162
    5.1. L'apostrophe 162
    5.2. Le trait d'union 163
    5.3. Le blanc graphique 166
    5.4. L'astérisque 166

6. SIGNES TYPOGRAPHIQUES 167
    6.1. L'alinéa 167
    6.2. Les variations typographiques des lettres 168
        6.2.1. *Forme et dessin des lettres : romains et italiques* 168
        6.2.2. *Capitales, majuscules, minuscules.* 169
        6.2.3. *Les caractères gras.* 172

Sommaire IX

Chapitre V / Le système du vers français, entre phonétique et orthographe ... 173

1. PRINCIPES DE LA VERSIFICATION ... 173
  1.1. La versification et la langue ... 173
  1.2. Le poème et le vers ... 174

2. LA SYLLABE COMME UNITÉ MÉTRIQUE DE BASE ... 175
  2.1. Le traitement de la lettre *e* ... 176
  2.2. La rencontre des voyelles d'un mot à un autre : l'hiatus ... 178
  2.3. La rencontre des voyelles à l'intérieur d'un mot : la diérèse et la synérèse ... 178

3. LA STRUCTURE MÉTRIQUE ... 180
  3.1. Les principaux mètres ... 180
  3.2. Structure métrique et structure syntaxique ... 182
  3.3. Structure rythmique et structure métrique ... 184

4. LES RIMES ... 186
  4.1. Définition et richesse de la rime ... 186
  4.2. Rimes masculines et rimes féminines ... 187
  4.3. La rime pour l'œil ... 187

5. LES SUPERSTRUCTURES MÉTRIQUES ... 188
  5.1. La disposition des rimes ... 188
  5.2. Groupement de vers et strophes ... 189
  5.3. Les formes fixes ... 191

6. LES FORMES MODERNES ... 192
  6.1. La libération de la rime ... 192
  6.2 La libération du rythme ... 194

DEUXIÈME PARTIE
LA PHRASE SIMPLE

Chapitre VI / La phrase et son architecture ... 201

1. LA PHRASE, CADRE DE L'ANALYSE SYNTAXIQUE ... 201
  1.1. Définitions et critères d'identification ... 201
   1.1.1. *Trois définitions qui n'en sont pas* ... 201
   1.1.2. *Une définition associative* ... 203
  1.2. La phrase et ses éléments ... 206
  1.3. Les fonctions syntaxiques ... 207

2. LA STRUCTURE SYNTAXIQUE DE LA PHRASE SIMPLE 211
2.1. Le modèle canonique de la phrase 211
2.2. La structure hiérarchique de la phrase 213
2.2.1. *Les regroupements syntaxiques* 213
2.2.2. *L'analyse en constituants immédiats* 216
2.2.3. *Les représentations de la structure hiérarchique des phrases* 217
2.2.4. *La définition distributionnelle des fonctions* 222
2.2.5. *La composante syntagmatique d'une grammaire de la phrase de base* 224

3. LES CATÉGORIES DE MOTS 226
3.1. Problèmes de définition 226
3.2. Insertion lexicale et sous-catégorisation 229
3.3. Le conditionnement lexical des relations syntaxiques . 234
3.3.1. *La notion de valence et l'analyse actancielle* 234
3.3.2. *Relations syntaxiques et rôles sémantiques* 236

4. LES STRUCTURES FONDAMENTALES DE LA PHRASE SIMPLE 240
4.1. La phrase minimale 240
4.2. La phrase étendue 242
4.3. La fonction sujet 243
4.3.1. *L'identification syntaxique* 243
4.3.2. *L'interprétation sémantique* 245
4.3.3. *La fonction communicative* 246
4.3.4. *La syntaxe du sujet* 248
4.4. Le groupe verbal 259
4.5. Les compléments circonstanciels 260
4.5.1. *L'identification syntaxique* 260
4.5.2. *Les formes du complément circonstanciel* 262
4.5.3. *L'interprétation sémantique et communicative* 263
4.5.4. *Le complément circonstanciel dans les grammaires traditionnelles* 267

Chapitre VII / Le groupe nominal : déterminants, noms et pronoms 269

1. L'ARCHITECTURE DU GROUPE NOMINAL 269
1.1. Caractérisation externe et interne 269
1.2. Du groupe nominal minimal au groupe nominal étendu 271

1.3. Interprétation sémantique et usages communicatifs du groupe nominal............ 273
1.4. L'accord dans le groupe nominal............ 274

2. LES DÉTERMINANTS............ 276
   2.1. Déterminants et adjectifs............ 276
   2.2. Formes et fonctions............ 278
   2.3. Les déterminants définis............ 282
      2.3.1. *L'article défini*............ 282
      2.3.2. *Le déterminant démonstratif*............ 285
      2.3.3. *Le déterminant possessif*............ 288
      2.3.4. *Le groupe déterminant défini*............ 290
   2.4. Les déterminants indéfinis............ 292
      2.4.1. *L'article indéfini*............ 293
      2.4.2. *L'article indéfini dit « partitif »*............ 295
      2.4.3. *Les articles indéfinis dans le champ de la négation*............ 297
      2.4.4. *Les déterminants indéfinis numéraux (la quantité dénombrée)*............ 297
      2.4.5. *Les autres déterminants indéfinis (la quantité non déterminée)*............ 298
      2.4.6. *La totalité distributive exhaustive*............ 300
   2.5. Les autres déterminants............ 302
   2.6. Les groupes déterminants............ 304
      2.6.1. *Les déterminants modifiés*............ 304
      2.6.2. *Les déterminants composés*............ 306
   2.7. L'absence de déterminant............ 308
      2.7.1. *Les GN dépourvus de déterminant en toutes positions syntaxiques*............ 309
      2.7.2. *L'absence de déterminant liée à des positions syntaxiques particulières*............ 310
   2.8. Le nom propre et la question du déterminant............ 315
      2.8.1. *Noms propres avec article défini lexicalisé ou semi-lexicalisé*............ 315
      2.8.2. *Noms propres employés discursivement avec un déterminant*............ 316

3. LE NOM............ 320
   3.1. Le nom, partie du discours............ 320
   3.2. La catégorie des noms communs............ 321
   3.3. La sous-catégorisation des noms communs............ 323
   3.4. La morphologie des noms communs............ 328
      3.4.1. *Le genre des noms communs*............ 329

3.4.2. *Le nombre des noms communs* 331
3.5. Les noms propres 335
  3.5.1. *La catégorie des noms propres : formes et sens* 335
  3.5.2. *La syntaxe des noms propres* 337
  3.5.3. *Genre et nombre des noms propres* 340

4. LE GROUPE NOMINAL ÉTENDU 342
  4.1. Le nom et ses modifieurs 342
  4.2. L'adjectif épithète 343
  4.3. Les noms épithètes 345
  4.4. Le groupe prépositionnel modifieur du nom 346
    4.4.1. N_2 est complément du nom N_1 346
    4.4.2. N_1 – *de* est une détermination qualitative antéposée au nom tête N_2 349
    4.4.3. Dét – N_1 – *de* est le déterminant composé du nom tête N_2 350
  4.5. Les modifieurs propositionnels du nom 351
  4.6. Les modifieurs du GN en position détachée 353
    4.6.1. *Les constructions attributives détachées* 354
    4.6.2. *Les constructions absolues détachées* 356

5. LES PRONOMS, SUBSTITUTS DU GROUPE NOMINAL 357
  5.1. La catégorie générale des pronoms 357
    5.1.1. *La classe syntaxique des pronoms* 358
    5.1.2. *La sémantique des pronoms* 359
  5.2. Les pronoms définis 362
    5.2.1. *Les pronoms personnels* 362
    5.2.2. *Les pronoms possessifs* 374
    5.2.3. *Les pronoms démonstratifs* 375
    5.2.4. *Les pronoms de la totalité* 378
    5.2.5. *Les pronoms d'identification et de distinction* 379
  5.3. Les pronoms indéfinis 380
  5.4. Les pronoms interrogatifs 383
  5.5. Les pronoms relatifs 385
  5.6. Genre, nombre et accord des pronoms 387

Chapitre VIII / Le groupe verbal : le verbe et ses constructions 389

1. LES STRUCTURES DU GROUPE VERBAL 389

2. LE VERBE ET SES COMPLÉMENTS 390

Sommaire XIII

3. LES DIFFÉRENTS TYPES DE CONSTRUCTION DES VERBES .. 393
   3.1. Constructions transitives, intransitives et attributives... 393
   3.2. Les emplois absolus des verbes transitifs directs et indirects 396

4. LES DIFFÉRENTS TYPES DE COMPLÉMENTS 397
   4.1. Les GN directement régis par le verbe 397
      4.1.1. *Le complément d'objet direct* 397
      4.1.2. *Les emplois transitifs des verbes intransitifs* 400
      4.1.3. *Les GN non argumentaux directement régis par le verbe* 400
   4.2. Le complément d'objet indirect 402
   4.3. Les verbes à deux compléments 405
   4.4. Les verbes à triple complémentation 408
   4.5. Les verbes à retournement 409
   4.6. Les constructions causatives 411
   4.7. Les verbes supports 415
   4.8. L'objet interne 418

5. LES CONSTRUCTIONS ATTRIBUTIVES 419
   5.1. La fonction attribut 419
   5.2. Les attributs du sujet 420
      5.2.1. *Les formes de l'attribut du sujet* 421
      5.2.2. *Les verbes à construction attributive* 422
      5.2.3. *L'interprétation sémantique des attributs du sujet*...... 423
   5.3. Les attributs dits « du complément d'objet » 430
      5.3.1. *La catégorie générale des attributs de l'objet*............ 430
      5.3.2. *Une typologie des constructions à attribut de l'objet* 431

Chapitre IX / La morphologie verbale 434

1. LA CATÉGORIE DU VERBE 434
   1.1. Définition 434
   1.2. Les catégories morphologiques associées au verbe. 436

2. LA CONJUGAISON 438
   2.1. Radical verbal et désinences 438
   2.2. Formes simples, composées et surcomposées 442
      2.2.1. *Formes simples* 442
      2.2.2. *Formes composées*. 450
   2.3. Les auxiliaires aspectuels, modaux et causatifs 451
   2.4. Formes actives et passives 454
   2.5. Verbes pronominaux et constructions pronominales .. 455
      2.5.1. *Définition* 455

2.5.2. *Les constructions pronominales*	457
2.5.3. *Les verbes pronominaux*	463
2.5.4. *Une hypothèse générale sur les constructions pronominales*	464
2.6. Classement des verbes – Tableaux de conjugaison	467
2.6.1. *Le classement des verbes*	467
2.6.2. *Les conjugaisons des verbes*	477
2.7. Les verbes défectifs	494
2.7.1. *Les verbes impersonnels*	494
2.7.2. *Les autres verbes défectifs*	495
3. L'ACCORD DU VERBE	497
3.1. Accord des formes personnelles du verbe avec le sujet	497
3.2. L'accord du participe passé	501

Chapitre X / La sémantique des formes verbales 510

1. MODE, TEMPS ET ASPECT	510
1.1. Les modes du verbe	510
1.2. Les temps du verbe	513
1.3. L'aspect verbal	517
1.3.1. *Temps et aspect*	517
1.3.2. *Les oppositions aspectuelles du français*	519
1.3.3. *L'expression linguistique de l'aspect. Aspect et mode d'action*	524
1.4. La typologie des procès verbaux	525
2. L'emploi des modes et des temps du verbe	528
2.1. L'indicatif	528
2.1.1. *Le présent de l'indicatif*	529
2.1.2. *Le passé composé*	534
2.1.3. *Le passé simple*	536
2.1.4. *L'imparfait de l'indicatif*	540
2.1.5. *Le plus-que-parfait et le passé antérieur*	547
2.1.6. *Le futur simple*	549
2.1.7. *Le futur antérieur*	553
2.1.8. *Le conditionnel*	554
2.2. Le subjonctif	561
2.2.1. *Définition*	561
2.2.2. *Le subjonctif en phrase indépendante ou principale*	564
2.2.3. *Le subjonctif en proposition subordonnée*	566
2.2.4. *L'emploi des temps du subjonctif*	571

2.3. L'impératif 575
    2.3.1. *Morphologie* 575
    2.3.2. *Syntaxe* 576
    2.3.3. *Valeurs modales* 577
    2.3.4. *Valeurs temporelles et aspectuelles* 579
2.4. L'infinitif 579
    2.4.1. *Infinitif présent et infinitif passé* 580
    2.4.2. *Les emplois de l'infinitif* 581
2.5. Participe et gérondif 588
    2.5.1. *Participe présent et adjectif verbal* 589
    2.5.2. *Le gérondif* 591
    2.5.3. *Le participe passé* 593

Chapitre XI / L'adjectif et le groupe adjectival 597

1. LA CATÉGORIE GÉNÉRALE DE L'ADJECTIF 597
1.1. Définition 597
1.2. Il y a adjectifs et adjectifs 598
1.3. Trois catégories voisines, mais distinctes 599
    1.3.1. *L'adjectif entre nom et verbe* 599
    1.3.2. *Adjectifs et déterminants* 601

2. FORMES ET FORMATIONS DE L'ADJECTIF 602
2.1. Les adjectifs à forme simple ou complexe 602
2.2. Les variations en genre et en nombre des adjectifs ... 603
2.3. Les marques du genre 604
2.4. Les marques du nombre 608
2.5. L'accord de l'adjectif 609
    2.5.1. *L'accord de l'adjectif épithète* 609
    2.5.2. *L'accord dans le syntagme attributif* 613

3. LES ADJECTIFS QUALIFICATIFS 615
3.1. Définition 615
3.2. La catégorie sémantique des propriétés et des états 616
3.3. La formation des adjectifs qualificatifs 617
3.4. Les degrés de signification des adjectifs qualificatifs ... 618
    3.4.1. *Intensité et comparaison* 618
    3.4.2. *Les degrés d'intensité* 619
    3.4.3. *Les degrés de comparaison* 622
3.5. Le groupe adjectival 626
    3.5.1. *La modification par un adverbe* 626
    3.5.2. *Les compléments prépositionnels* 626

3.5.3. *Les compléments propositionnels* 628
3.6. La place de l'adjectif épithète 629
  3.6.1. *La postposition est l'ordre normal* 630
  3.6.2. *L'antéposition est l'ordre marqué* 631
4. LES ADJECTIFS RELATIONNELS 633
5. LES « ADJECTIFS DU TROISIÈME TYPE » 634

Chapitre XII / La préposition et le groupe prépositionnel 639

1. LES CLASSES MORPHOLOGIQUES DE PRÉPOSITIONS 639

2. LA SYNTAXE DES PRÉPOSITIONS : LE GROUPE PRÉPOSITIONNEL 641

3. LA SÉMANTIQUE DES CONSTRUCTIONS PRÉPOSITIONNELLES 642

Chapitre XIII / L'adverbe 646

1. UNE CATÉGORIE GRAMMATICALE HÉTÉROGÈNE ? 646

2. LES CONSTRUCTIONS SYNTAXIQUES DE L'ADVERBE 648

3. L'INTERPRÉTATION SÉMANTIQUE DES CONSTRUCTIONS ADVERBIALES 651

4. LA MORPHOLOGIE DES ADVERBES 655
  4.1. Formes et formations de l'adverbe 655
  4.2. Les adverbes suffixés en -*ment* 656
  4.3. L'emploi adverb(i)al des adjectifs 657
  4.4. L'adverbe et les autres catégories grammaticales 658

5. LE GROUPE ADVERBIAL 659

Chapitre XIV / Les types de phrases 660

1. DÉFINITION DES TYPES DE PHRASES 660
  1.1. Les structures fondamentales des phrases 660
  1.2. Les types de phrases énonciatifs 664
  1.3. Le type logique positif / négatif 666
  1.4. Les types de réarrangement communicatif 666
  1.5. Le type exclamatif 667

2. L'INTERROGATION 668
2.1. Définition 668
2.2. L'interrogation totale 670
2.2.1. *Interrogation marquée par la seule intonation* 670
2.2.2. *Interrogation avec inversion du sujet* 671
2.2.3. *Interrogation avec* est-ce que 672
2.3. L'interrogation partielle 672
2.3.1. *Interrogation portant sur un constituant essentiel* 673
2.3.2. *Interrogation sur les circonstants* 677
2.3.3. *Interrogation à l'infinitif* 678
2.3.4. *Formes familières de l'interrogation partielle* 678
2.4. L'interrogation alternative 680
2.5. Pragmatique de l'interrogation 681

3. L'EXCLAMATION 683
3.1. Présentation de l'exclamation 683
3.2. Les structures exclamatives 685
3.2.1. *Exclamation marquée par la seule intonation* 685
3.2.2. *Exclamation avec phrase incomplète* 686
3.2.3. *Exclamation avec inversion du sujet* 686
3.2.4. *L'exclamation introduite par des mots exclamatifs* 687
3.2.5. *Structures exclamatives préférentielles* 689

4. L'INJONCTION 692
4.1. Définition 692
4.2. Morphosyntaxe du type injonctif 693
4.2.1. *Caractérisation prosodique* 693
4.2.2. *Modes* 693
4.2.3. *L'injonction peut s'exprimer à l'aide d'autres structures de phrases* 694
4.3. Modulations de l'injonction 695
4.3.1. *Renforcements de l'injonction* 695
4.3.2. *Atténuation de l'injonction* 696

5. LA NÉGATION 696
5.1. Portée de la négation 698
5.1.1. *Négation totale / négation partielle* 698
5.1.2. *Négation exceptive* 700
5.1.3. *Place de la négation* 702
5.2. Emploi des mots négatifs 704
5.2.1. *Non* 704
5.2.2. *Pas et point* 706
5.2.3. *Guère et plus* 707

5.2.4. *Le fonctionnement de* ne	708
5.2.5. *Les termes de la négation partielle*	710
5.2.6. *Que*	711
5.2.7. *Négation et coordination*	712
5.2.8. *Les auxiliaires de la négation*	713
5.2.9. *Négation cumulée*	713
5.3. Négation, quantification et modalisation	714
5.3.1. *Négation et quantification*	714
5.3.2. *Négation et verbes modaux*	716
5.4. Négation descriptive et négation polémique	716

6. L'EMPHASE : DISLOCATION ET EXTRACTION ... 718

6.1. La dislocation de la phrase	719
6.1.1. *Détachement d'un groupe nominal*	720
6.1.2. *Détachement de groupes infinitifs et de propositions subordonnées complétives*	722
6.1.3. *Formes particulières de détachement*	725
6.2. L'extraction	725
6.2.1. *Les phrases clivées*	725
6.2.2. *Les phrases pseudo-clivées (ou semi-clivées)*	728

7. LE PASSIF ... 730

7.1. Le passif, forme verbale et type de phrase	730
7.2. Les verbes passivables	732
7.3. Le complément d'agent	733
7.3.1. *L'alternance par / de*	733
7.3.2. *Les phrases passives sans complément d'agent*	735
7.4. L'emploi du passif dans le discours	738
7.4.1. *Les passifs incomplets*	738
7.4.2. *Passivation et thématisation*	739
7.4.3. *Autres facteurs de passivation*	740
7.5. Autres formes du passif	741

8. L'IMPERSONNEL : VERBES IMPERSONNELS ET CONSTRUCTIONS IMPERSONNELLES ... 744

8.1. Verbes, constructions et pronoms impersonnels	744
8.2. Verbes impersonnels et locutions impersonnelles	746
8.3. Les constructions impersonnelles	749
8.3.1. *La double construction, personnelle et impersonnelle*	749
8.3.2. *La postposition du sujet d'un verbe personnel*	750
8.3.3. *Les formes impersonnelles du passif*	752
8.4. Usages, variations et tendances	753

Sommaire XIX

9. PHRASES ATYPIQUES 757
   9.1. Phrases à présentatif 757
      9.1.1. *Les structures à présentatif* 757
      9.1.2. *Emplois spécifiques des présentatifs* 758
      9.1.3. *Autres emplois des présentatifs* 761
   9.2. Les phrases non verbales. 763
      9.2.1. *La phrase non verbale* 763
      9.2.2. *Les phrases non verbales à deux termes* 765
      9.2.3. *Les phrases non verbales à un seul terme* 767
   9.3. Insertion d'une phrase : incises et incidentes 769
   9.4. Aux marges de la phrase 771
      9.4.1. *L'interjection* 771
      9.4.2. *L'apostrophe* 775
      9.4.3. *Les mots-phrases* 777

PARTIE III
LA PHRASE COMPLEXE

Chapitre XV / La phrase complexe : juxtaposition, coordination et subordination 780

1. DE LA PHRASE SIMPLE À LA PHRASE COMPLEXE 780

2. PHRASES ET PROPOSITIONS 784

3. LA SUBORDINATION 785
   3.1. Les propositions subordonnées 785
   3.2. Les marques de la subordination 787
   3.3. Les équivalences catégorielles et fonctionnelles 789
   3.4. Les conjonctions de subordination 792

Chapitre XVI / Les relatives 794

1. LES PROPOSITIONS RELATIVES ET LEURS TERMES INTRODUCTEURS 794
   1.1. Caractéristiques générales des propositions relatives ... 794
   1.2. La triple fonction des pronoms relatifs 795
   1.3. Place des constituants dans la proposition relative ... 796

2. Les relatives ADJECTIVES, À ANTÉCÉDENT NOMINAL 797
   2.1. Introduites par le pronom relatif sujet QUI 798
   2.2. Introduites par le relatif complément direct QUE 799

2.3. Introduites par un relatif constituant d'un groupe prépositionnel 800
   2.3.1. *Règles générales*... 800
   2.3.2. *Règle particulière obligatoire*........................... 800
   2.3.3. *Règles particulières facultatives*...................... 801
2.4. Les relatives du second degré (dites « imbriquées ») .. 802
2.5. La sémantique des relatives 803
2.6. La place des relatives 807
2.7. Le mode dans les relatives adjectives 809
2.8. Les relatives non-standard 810

3. LES EMPLOIS DU RELATIF *QUE* ATTRIBUT 811
   3.1. *Que* attribut à antécédent caractérisant 811
   3.2. *Que* attribut à antécédent identifiant 813

4. LES RELATIVES PÉRIPHRASTIQUES 814

5. LES RELATIVES SUBSTANTIVES INDÉFINIES 816

6. LES RELATIVES PRÉDICATIVES 818

7. LES RELATIVES CONSTITUANTES D'UNE EXPRESSION
CONCESSIVE 821

Chapitre XVII / Les complétives 823

1. DÉFINITION 823

2. COMPLÉTIVES INTRODUITES PAR
LA CONJONCTION *QUE* 824
   2.1. Compléments directs du verbe 824
   2.2. Compléments indirects du verbe introduits par *à ce
que / de ce que*... 825
   2.3. Suites de formes impersonnelles 826
   2.4. Sujets 827
   2.5. Compléments de noms et d'adjectifs 827
   2.6. Détachement des complétives 828

3. GROUPES INFINITIFS 829
   3.1. Infinitifs dont l'argument initial (ou sujet) est coréférentiel à celui du verbe principal 830
   3.2. Infinitifs dont l'argument initial (ou sujet) est différent de celui du verbe principal 832
   3.3. Infinitifs dépendant d'un tour impersonnel 833
   3.4. Infinitifs sujets 834

    3.5. Alternance entre constructions conjonctives et infinitives 834
  4. LES SUBORDONNÉES INTERROGATIVES ET EXCLAMATIVES 835
    4.1. Les subordonnées interrogatives 836
        4.1.1. *Interrogation totale* 838
        4.1.2. *Interrogation partielle* 838
    4.2 Les subordonnées exclamatives 840

Chapitre XVIII / Les circonstancielles 841

  1. DÉFINITION DES SUBORDONNÉES CIRCONSTANCIELLES 841
    1.1. L'identification syntaxique des propositions circonstancielles 841
    1.2. Les conjonctions introduisant les circonstancielles 843
    1.3. Place des circonstancielles 844
    1.4. Sens des circonstancielles 845

  2. CIRCONSTANCIELLES DE SITUATION 847
    2.1. Circonstancielles introduites par une conjonction 849
    2.2. Alternance avec les constructions infinitives et participiales 855

  3. CIRCONSTANCIELLES DE PERSPECTIVE 857
    3.1. Par anticipation 857
    3.2. Par élimination 860

  4. SYSTÈMES CORRÉLATIFS 863
    4.1. Systèmes comparatifs 863
        4.1.1. *Comparaison globale* 864
        4.1.2. *Comparaisons graduées* 865
    4.2. Systèmes consécutifs 866
    4.3. Autres systèmes corrélatifs 868

Chapitre XIX / Juxtaposition et coordination 871

  1. LA JUXTAPOSITION 872

  2. LA COORDINATION 873
    2.1. Les constructions coordonnées 873
    2.2. La coordination de propositions et de phrases 876
    2.3. La coordination de mots et de groupes de mots 877

2.4. Les termes coordonnants 879
 2.4.1. *Conjonctions de coordination et adverbes de liaison*.... 879
 2.4.2. *Les emplois des conjonctions de coordination* 880

PARTIE IV
GRAMMAIRE ET LEXIQUE

Chapitre XX / Morphologie grammaticale et lexicale 887

1. LES UNITÉS DE L'ANALYSE MORPHOLOGIQUE : MOTS ET MORPHÈMES 887
 1.1. Le mot, unité grammaticale et lexicale 887
 1.2. La structure morphologique des mots 889
  1.2.1. *L'unité morphologique élémentaire : le morphème* 889
  1.2.2. *Variantes libres et variantes contextuelles* 890
  1.2.3. *L'amalgame* 892
  1.2.4. *Morphème zéro, marque zéro ou signifiant zéro ?* 893
  1.2.5. *Les constituants discontinus* 893

2. MORPHOLOGIE GRAMMATICALE ET MORPHOLOGIE LEXICALE 894
 2.1. Morphèmes grammaticaux et morphèmes lexicaux 894
 2.2. Affixes flexionnels et affixes dérivationnels 896
 2.3. Le phénomène de l'accord 897

3. LA MORPHOLOGIE LEXICALE 899
 3.1. Morphologie et lexique 899
 3.2. Mots complexes et mots construits 900
 3.3. La dérivation affixale 901
  3.3.1. *Les mécanismes de l'affixation* 901
  3.3.2. *La suffixation* 905
  3.3.3. *La préfixation* 906
 3.4. *La conversion* 908
 3.5. La composition 909
  3.5.1. *Les mécanismes de la composition lexicale* 910
  3.5.2. *La composition savante* 913
 3.6. Sigles et abréviations 915

Sommaire XXIII

Chapitre XXI / Sémantique lexicale et grammaticale 919

1. LES SIGNES LINGUISTIQUES 919
- 1.1. Signes, signifiants, signifiés et référents 919
  - 1.1.1. *Le signe, forme signifiante : l'association signifiant / signifié* 919
  - 1.1.2. *Le signe et ce qu'il désigne : les référents* 920
  - 1.1.3. *Le signe qui s'autodésigne : l'emploi autonymique* 920
- 1.2. La nature des signes linguistiques : arbitraire et motivation 921

2. LES RELATIONS DE SENS DANS LE LEXIQUE 923
- 2.1. La structuration sémantique du lexique 923
- 2.2. Monosémie, polysémie et homonymie 924
- 2.3. La synonymie 926
- 2.4. L'hyponymie 927
- 2.5. L'antonymie 928

3. LA REPRÉSENTATION SÉMANTIQUE DES ÉNONCÉS 930
- 3.1. Le sens phrastique 930
- 3.2. Du sens phrastique à la signification énonciative 931
- 3.3. Une définition instructionnelle des formes signifiantes 932

4. LE SENS DÉTOURNÉ OU FIGURÉ 934
- 4.1. Du sens littéral au sens figuré : les tropes 934
- 4.2. La métaphore 935
  - 4.2.1. *Définition* 935
  - 4.2.2. *La relation métaphorique dans le cadre de la phrase* .. 940
  - 4.2.3. *La métaphore dans son cadre discursif* 946
  - 4.2.4. *L'analogie et ses figures* 949
- 4.3. Figures voisines de la métaphore 952
- 4.4. La métonymie et la synecdoque 954

PARTIE V
GRAMMAIRE ET COMMUNICATION

Chapitre XXII / La référence 959

1. SENS ET RÉFÉRENCE 959

2. EXPRESSIONS PRÉDICATIVES ET EXPRESSIONS RÉFÉRENTIELLES 960

3. TYPOLOGIE DES EXPRESSIONS RÉFÉRENTIELLES............ 962
   3.1. L'extension et le mode d'existence du référent.......... 962
   3.2. Le type grammatical de l'expression référentielle....... 963
   3.3. La localisation du référent.. 964
   3.4. Les connaissances de l'interlocuteur........................... 965
   3.5. Le mode de donation du référent................................. 965

Chapitre XXIII / L'énonciation............ 968

1. LE CADRE ÉNONCIATIF. ÉNONCIATION ET ÉNONCÉ..... 968

2. LES INDICES DE L'ÉNONCIATION....................................... 971
   2.1. Les déictiques.. 971
   2.2. Les modalités... 975

3. LES ACTES DE LANGAGE.. 979
   3.1. Caractéristiques d'un acte de langage......................... 982
   3.2. Les actes de langage directs... 984
   3.3. Les actes de langage indirects...................................... 987
   3.4. Les actes de langage dans les interactions verbales..... 990

4. LES ÉNONCÉS NON LITTÉRAUX... 992
   4.1. La litote, l'hyperbole et la tautologie........................... 992
   4.2. L'allusion.. 994
   4.3. L'ironie... 998

5. ATTITUDE ET PERSPECTIVE D'ÉNONCIATION................ 1000
   5.1. Énonciation historique et énonciation de discours..... 1001
      5.1.1. *L'énonciation de discours*................................... 1002
      5.1.2. *L'énonciation historique*..................................... 1003
      5.1.3. *Intérêts et limites de la distinction discours / histoire*.. 1005
   5.2. Discours narratif et discours commentatif................. 1007

6. LE DISCOURS RAPPORTÉ... 1009
   6.1. Le discours direct.. 1010
   6.2. Le discours indirect.. 1012
   6.3. Le style indirect libre.. 1014

Chapitre XXIV / Texte et discours........ 1017

1. DU TEXTE AU DISCOURS... 1017
   1.1. Grammaire de texte et analyse de discours................ 1017
   1.2. Cohésion et cohérence... 1018
   1.3. L'organisation du texte... 1019

1.3.1. *Les niveaux d'organisation du texte*	1019
1.3.2. *Continuité et progression thématique*	1020
2. THÈME ET PROPOS. LA PROGRESSION THÉMATIQUE	**1021**
2.1. Thème et propos	1021
2.1.1. *La perspective communicationnelle*	1021
2.1.2. *L'analyse de la phrase en thème / propos*	1022
2.1.3. *Identifier le thème et le propos*	1024
2.2. La progression thématique	1025
2.2.1. *Les types de progression thématique*	1026
2.2.2. *Combinaisons et ruptures de progression*	1027
3. L'ANAPHORE	**1029**
3.1. Définition	1029
3.2. Diversité des procédés anaphoriques	1030
3.3. Deux conceptions de l'anaphore	1031
3.4. L'identification du référent d'une expression anaphorique	1032
3.5. Les expressions anaphoriques	1034
3.5.1. *Les anaphores pronominales*	1034
3.5.2. *Les anaphores nominales*	1037
3.5.3. *Les anaphores adverbiales*	1041
3.5.4. *Les anaphores verbales*	1041
3.5.5. *L'adjectif* tel	1041
4. LES CONNECTEURS	**1043**
4.1. Définition. Les rôles des connecteurs	1043
4.2. Classement des connecteurs	1046
4.2.1. *Les organisateurs textuels*	1046
4.2.2. *Les marqueurs de prise en charge énonciative*	1049
4.2.3. *Les connecteurs argumentatifs*	1053
4.3. Connecteurs et types de textes	1057
5. Typologie des textes	**1058**
5.1. Des genres rhétoriques à la typologie des textes	1058
5.2. Les types de textes	1060
5.3. Les séquences textuelles (l'analyse séquentielle)	1063
Bibliographie	1065

Table de concordance entre les éditions de la *Grammaire méthodique du français*

Editions 1994-1999	Édition 2009
I. Code oral / code écrit	I. L'oral et l'écrit
II Les sons du français	II Les sons du français
III L'orthographe française	III L'orthographe française
IV La ponctuation	IV La ponctuation
	V Le système du vers français
V Structures de la phrase	VI La phrase et son architecture
VI Le groupe nominal	VII Le groupe nominal : déterminants, noms et pronoms
VII Le groupe verbal	VIII Le groupe verbal : le verbe et ses constructions
	IX La morphologie verbale
	X La sémantique des formes verbale
VIII L'adjectif et le groupe adjectival	XI L'adjectif et le groupe adjectival
IX La préposition et le groupe préposiotionnel	XII La préposition et le groupe prépositionnel
X L'adverbe	XIII L'adverbe
XI Les types de phrase	XIV Les types de phrase
XII La phrase complexe	XV La phrase complexe
XIII Les relatives	XVI Les relatives
XIV Les complétives	XVII Les complétives
XV Les circonstancielles	XVIII Les circonstancielles
XVI Juxtaposition et coordination	XIX Juxtaposition et coordination
XVII Morphologie grammaticale et lexicale	XX Morphologie grammaticale et lexicale
XVIII Sémantique lexicale et grammaticale	XXI Sémantique lexicale et grammaticale
XIX La référence	XXII La référence
XX L'énonciation	XXIII L'énonciation
XXI La structuration du texte	XXIV Texte et discours

Cette table de concordance est destinée à faciliter la coexistence des deux éditions, ainsi que l'utilisation des Questions de syntaxe française, *de Philippe Monneret et René Rioul, paru dans la même collection, livre d'exercices en application du présent ouvrage.*

Avant-propos

La *Grammaire méthodique du français* est destinée à tous ceux que leurs travaux ou leurs activités amènent à aborder le français contemporain dans une optique résolument linguistique : étudiants et enseignants de français, de linguistique générale ou de langues étrangères. Elle s'adresse aussi aux « littéraires », à un moment où la linguistique s'ouvre sur l'analyse du discours littéraire et où la pragmatique linguistique prend le relais de l'ancienne rhétorique. Elle se propose enfin de répondre aux demandes de ce qu'il est convenu d'appeler le grand public cultivé en resituant, d'une part, les « difficultés » pratiques du français contemporain (accords de toutes sortes, emplois des temps et des modes verbaux, constructions problématiques, etc.) dans le cadre d'une description méthodique ; en proposant, d'autre part, aux amoureux de la langue française désireux d'explorer plus avant « cet obscur objet de leur désir », de quoi satisfaire leur curiosité.

Comme discipline, la grammaire est un vaste champ d'investigation et de connaissances élaborées par et pour des spécialistes. Qu'est-ce qu'une grammaire particulière sinon une grille de lecture qui, projetée sur les énoncés de la langue, nous révèle comment ils sont, doivent ou devraient être constitués ? Cette grille peut être fine ou grossière, générale ou partielle, bien ou mal adaptée à son usage. Tout dépend des objectifs du grammairien, de son outillage descriptif et, en dernier ressort, de la justesse de ses analyses. À cet égard, les récents développements des sciences du langage ont profondément modifié les données et les problématiques qui caractérisaient le domaine grammatical traditionnel. Aussi les auteurs de cet ouvrage ont-ils dû procéder à des choix qui leur ont été dictés par une certaine idée de ce que pouvait être aujourd'hui une grammaire de la langue française.

Une grammaire globale du français contemporain

On a résolument opté pour une grammaire au sens large du terme, qui prend en compte tous les aspects de la forme et de l'interprétation des énoncés, et donc du dispositif (la langue française) dont ils procèdent. Elle se compose de cinq parties, complétées par une bibliographie récapitulative et un index :

– Une langue étant d'abord et avant tout parlée, et pouvant même n'être que parlée (ce qu'on risque parfois d'oublier), il a paru juste de consacrer la première partie à **l'oral**, y compris à ses formes les plus familières, et à ses rapports avec **l'écrit** : on y trouvera des développements méthodiques sur ces laissés pour compte des grammaires que sont le système phonologique, la prosodie et la ponctuation du français, ainsi qu'une mise en perspective de son orthographe.

– La deuxième partie porte essentiellement sur ce qui est le cœur de toute grammaire : l'étude de la **phrase simple**, c'est-à-dire l'examen des catégories et configurations morpho-syntaxiques fondamentales (parties du discours, groupes fonctionnels, schémas de phrases) qui constituent l'ossature de la langue. Non pas pour sacrifier à la tradition ou à quelque doctrine d'école, mais parce que nos énoncés sont des assemblages de formes significatives et que le discours grammatical est d'abord un discours sur la forme des expressions d'une langue. Chemin faisant, une place non négligeable a été accordée à l'interprétation sémantique des formes et constructions grammaticales et à la manière dont elles catégorisent la réalité : la sémantique des déterminants, des expressions référentielles et des temps verbaux, les rôles associés aux structures actancielles des verbes et des adjectifs, les caractéristiques illocutoires des types de phrases ont donné lieu à des développements substantiels.

Avant-propos XXXI

– La troisième partie, traitant systématiquement de la **phrase complexe** et notamment des subordonnées, obéit aux mêmes principes.
– Dans la quatrième partie, il a paru nécessaire de synthétiser nos connaissances, qui relèvent avant tout de la linguistique générale, sur le système des signes de la langue, associations d'un signifiant et d'un signifié, pour en faire l'application au français, et en éclairer les structures tant **morphologiques** que **sémantiques**.
– Les trois chapitres de la dernière partie, enfin, sont consacrés aux aspects plus typiquement **communicatifs** et **pragmatiques** des mécanismes grammaticaux : la mise en forme de l'information des énoncés, les marques discursives de la subjectivité du locuteur et les principes d'organisation textuelle. Dans tous ces domaines, on s'est donné pour règle de privilégier l'architecture proprement linguistique des énoncés plutôt que les conditions psychologiques et sociologiques de leur production – sauf lorsque ces dernières éclairent de façon déterminante l'interprétation et l'usage des formes linguistiques.

Un ouvrage consacré au français d'aujourd'hui ne pouvait ignorer les problèmes de la norme. On a donc enregistré les variations les plus caractéristiques du français tel qu'il se parle et s'écrit ; rappelé certaines prescriptions des grammaires normatives ; signalé les principales « tolérances » grammaticales établies par l'arrêté du 28-12-76 et les récentes propositions de rectification de l'orthographe publiées au *J.O.* du 06-12-90 ; et surtout tenté de situer les usages concurrents selon les registres de langue et les clivages entre langue écrite et langue parlée.

Une grammaire méthodique

S'il est vrai que tout savoir présuppose un examen critique de ses fondements, les connaissances grammaticales ne peuvent avoir de validité qu'à l'intérieur de cadres théoriques bien déterminés. Ce qui suppose dans leur présentation un minimum d'analyse et de prises de positions explicites, mais ne signifie pas pour autant qu'il faille s'en tenir à une seule approche théorique, encore moins s'enfermer dans l'orthodoxie étroite d'une chapelle linguistique. En fait, la richesse et la complexité des données linguistiques sont telles qu'il n'est à l'heure actuelle aucun point de vue exclusif capable de traiter globalement la diversité des phénomènes qui méritent de figurer dans une grammaire. Au contraire, le dispositif plurisectoriel qu'est une langue implique qu'une grammaire globale opère un choix théorique à chacun des niveaux constitutifs de ce qu'on appelle traditionnellement les « domaines » de la langue.

On ne s'étonnera donc pas que les concepts descriptifs de cet ouvrage s'inscrivent dans plus d'un cadre théorique, conjuguant les apports de modèles descriptifs locaux, pour autant qu'ils s'avèrent mutuellement compatibles. Sans renier les apports d'une longue tradition grammaticale, véritable réservoir de données empiriques et analytiques, les auteurs se sont résolument inspirés des acquis de la linguistique contemporaine et, à l'occasion, de ses plus récents développements. L'éclectisme méthodologique bien tempéré qui anime cette grammaire trouvait dès lors ses limites naturellement fixées par un double principe : privilégier parmi les orientations théoriques celles qui ont fait le plus progresser notre connaissance du langage en ouvrant des domaines auparavant insoupçonnés et celles, souvent les mêmes, qui permettent un traitement unifié du plus grand nombre de faits.

On a toutefois suivi par principe la terminologie grammaticale officielle telle qu'elle a été fixée par la *Terminologie grammaticale de 1997*[1] et les indications complémentaires fournies par les programmes d'enseignement du français dans le secondaire, en particulier au collège[2]. Cette nomenclature constitue le seul métalangage effectivement commun aux étudiants, aux enseignants, aux chercheurs et, pour le grand public qui souvent ne

---

1. *Terminologie grammaticale*, CNDP, 1re édition juin 1997.
2. Voir les programmes de 6e (1996), du cycle central (5e et 4e, 1997) et de 3e (1998). De nouveaux programmes pour le collège entrent en vigueur en septembre 2009 (*BOEN* spécial n° 6 du 28 août 2008).

Avant-propos

connait rien d'autre, une voie d'accès commode à une grammaire néanmoins moderne. Mais comme elle n'est pas exempte d'inconséquences, il a bien fallu changer certaines appellations particulièrement malencontreuses et surtout, pour les catégories traditionnelles, réviser et reformuler leurs définitions lorsqu'elles n'étaient pas vraiment opératoires. On ne pouvait davantage faire l'économie des concepts linguistiques les plus fondamentaux, ceux justement qui dans un passé récent ont profondément modifié notre façon de voir et de décrire les langues (p. ex. *déterminant, prédicat(if) / argument(al), verbe support, performatif, anaphore associative*, etc.) [1].

L'étiquetage est une nécessité de l'analyse grammaticale, qui identifie et classe. C'est dire qu'il demeure constamment subordonné au projet d'une description raisonnée de cet instrument de « mise en forme du sens » qu'est la langue et de ses emplois par ses usagers. C'est dire aussi qu'une mise en perspective linguistique des descriptions proposées s'imposait. A cet effet, l'*Introduction* présente sommairement les concepts linguistiques fondamentaux qui délimitent et structurent le champ de l'analyse grammaticale. D'autres, plus spécifiques, sont présentés au fur et à mesure des problèmes particuliers abordés. Ces connaissances, répertoriées dans l'index terminologique, constituent le bagage minimal de linguistique générale sans lequel il est aujourd'hui impossible de comprendre et de pratiquer une analyse grammaticale, encore plus de l'évaluer.

Une grammaire ouverte

En grammaire comme ailleurs, les analyses ne sont jamais achevées ni les réponses définitives. Au contraire, l'histoire récente de la linguistique montre que le savoir grammatical reste en perpétuelle construction, sujet à révisions et toujours ouvert sur de nouveaux horizons et de nouvelles découvertes. Ensuite,

---

1. Sur la terminologie linguistique, on consultera les dictionnaires spécialisés suivants : O. Ducrot et T. Todorov (1972), J. Dubois *et al.* (1973), O. Ducrot et J.-M. Schaeffer (1995), D. Maingueneau et P. Charaudeau (2002) et Fr. Neveu (2004).

quelles que soient les dimensions d'une grammaire destinée à un large public, elles seront toujours trop étroites pour une description globale. On a donc délibérément ignoré les débats qui n'ont plus qu'un intérêt historique et les controverses actuelles lorsqu'elles portent sur des points de détail ou des raffinements théoriques. En revanche, les grandes questions qui traversent l'histoire de la grammaire française ont été revisitées et traitées à la lumière de points de vue théoriques plus récents.

Les dimensions raisonnables d'un manuel de grammaire interdisant l'exhaustivité, l'esprit de synthèse imposait de privilégier les grandes régularités structurales au détriment de faits jugés mineurs ou hors système. La décision était relativement facile lorsqu'il s'agissait de questions (comme le féminin des adjectifs ou les noms à pluriel irrégulier) dont la réponse se trouve dans un dictionnaire des difficultés de la langue française, voire dans un simple dictionnaire. Mais les études linguistiques se sont tellement diversifiées et certaines ont atteint un tel point de technicité qu'il n'était pas possible, même sur les questions les plus fondamentales, de présenter tous les points de vue. Aussi les auteurs se sont-ils donné pour règle de fournir régulièrement un choix d'indications bibliographiques aux lecteurs soucieux de compléter et de diversifier leur information. Ces derniers pourront ainsi découvrir d'autres analyses, en comparer les mérites respectifs et relire d'un œil critique celles que développe le présent ouvrage.

Les exemples ont une fonction essentiellement illustrative et justificative qui est directement proportionnelle à leur simplicité. Aussi beaucoup ont-ils été forgés pour les besoins de la cause, non par esprit de système et encore moins au détriment d'exemples attestés (écrits ou oraux, littéraires et non littéraires) présentant les mêmes avantages, mais pour mieux isoler les faits les plus significatifs et les plus probants. On a néanmoins fait une large place aux extraits des médias écrits ou audiovisuels, indispensables pour documenter la description des usages et des latitudes du français tel qu'il s'écrit et se parle ; et ceux d'écrivains reconnus dont la caution s'imposait chaque fois qu'il s'agissait de caractériser comme tels des emplois littéraires ou de

Avant-propos XXXV

dégager des régularités dans divers domaines – qu'il s'agisse de la ponctuation ou de certains emplois du subjonctif – où, faute d'une codification explicite, les modèles littéraires font autorité. Selon un usage aujourd'hui bien établi, des séquences agrammaticales (précédées d'un astérisque) ont été utilisées comme contre-exemples lorsqu'elles contribuent de façon décisive à l'établissement et à la vérification d'une règle. Enfin, on a eu recours à quelques exemples d'autres langues lorsque la comparaison éclairait mieux qu'un long discours la spécificité du français.

Une grammaire d'information et de formation

Sauf exception, une grammaire ne se lit pas comme un roman, mais fait l'objet de consultations ponctuelles et épisodiques. Il importait donc de fournir à l'usager un accès direct et commode aux connaissances qui permettent aussi bien de vérifier un point de détail que de rassembler le maximum d'informations sur un thème plus large :
– Une table des matières détaillée schématise la distribution de l'ensemble de la matière grammaticale dans les chapitres, sections et sous-sections. L'ordre général de l'exposition obéit à un triple principe : aller du simple au complexe, des formes à leur(s) interprétation(s) et des régularités intrinsèques, indépendantes des conditions d'utilisation, à celles qui ne s'expliquent qu'à partir de ces conditions.
– Un index regroupant le vocabulaire technique de la terminologie grammaticale et sur certain nombre de formes grammaticales facilitera l'orientation de l'usager et le guidera dans ses recherches thématiques.
– Pour remédier à l'inévitable dispersion de la matière, on a multiplié dans le texte même les renvois, qui sont signalés par l'indication de la (sous-)section et, s'il est différent, du chapitre (voir *Conventions typographiques*, p. XXXVII). En établissant directement des relations transversales entre les sections et les chapitres,

ils permettent au lecteur d'étendre de proche en proche son champ d'investigation.

En définitive, cette grammaire se prête à deux types de consultations. On y cherchera et souvent on y trouvera la réponse « clés en main » à une question ou la solution d'une difficulté. Mais c'est aussi une banque de données qui, à l'instar des encyclopédies modernes, invite à une démarche interactive : par exemple, pour délimiter des problématiques, mobiliser rapidement une série de connaissances autour d'une question, ou encore baliser les lignes directrices d'une analyse – bref, pour donner au lecteur les moyens de produire ses propres généralisations.

Une édition revue et augmentée

Depuis sa parution en 1994, la *Grammaire méthodique du français* a connu cinq éditions successives où il n'a été procédé qu'à des rectifications et à des modifications de détail. Au terme de la quinzaine d'années qui se sont écoulées, de substantielles avancées ont été enregistrées dans le domaine des sciences du langage, qui justifieraient une véritable refonte de l'édition originale. L'ampleur de la tâche en a dissuadé les auteurs qui ont réduit leur ambition à l'intégration dans la présente édition remaniée et augmentée de nouveaux éléments dans la mesure où ils contribuaient à affiner les descriptions grammaticales existantes. L'architecture générale de l'ouvrage n'a pas changé, puisqu'on a conservé la distribution de la matière en cinq parties et, dans ses grandes lignes, l'organisation en 21 chapitres de l'édition originale, qui s'enrichit toutefois de quatre chapitres additionnels : un nouveau chapitre (**V**) sur la versification et trois autres issus de l'éclatement de l'ancien chapitre **VII**. Certaines parties du texte initial ont été plus largement étoffées ou remodelées, voire complétées par des développements nouveaux (p. ex. sur le sens détourné ou figuré (**XXI : 4.**) ou sur les énoncés à forte valeur inférentielle (**XXIII : 4.**), et l'information bibliographique mise à jour. Presque rien n'ayant été supprimé de la première édition, sa refonte partielle ne la rend pas obsolète et le lecteur pourra facilement naviguer de l'une à l'autre édition, en consultant le *Tableau de concordance* de leurs sommaires respectifs, qui suit immédiatement celui de la présente édition.

Les auteurs savent tout ce qu'ils doivent à leurs devanciers et à tous les chercheurs dont les travaux ont enrichi leur information, nourri leur réflexion et guidé, voire redressé leurs analyses. Ils remercient chaleureusement leurs collègues et les étudiants de la faculté des lettres de l'université de Strasbourg qui les ont aidés de leurs remarques et de leurs suggestions, en particulier Georges Kleiber, Marc Hug, Claude Buridant, ainsi que Michèle Noailly, Jean-Marcel Léard et Marianne Hobbaeck Haff, et les nombreux collègues français et étrangers qui leur ont fait part de leurs observations, critiques et suggestions. Ils expriment leur profonde gratitude au regretté Guy Serbat et à Irène Tamba qui ne leur ont ménagé ni leurs conseils ni leurs encouragements et sans qui cette grammaire n'aurait pas vu le jour. Ils doivent à la vigilance de plusieurs lecteurs la correction de maintes coquilles et inadvertances des premières éditions. Ils remercient également Fanny Heniqui pour sa relecture attentive et efficace de la forme et du contenu de cette nouvelle édition.

Conventions et symboles

Conventions typographiques

Les **termes techniques** sont imprimés en caractères gras lors de leur première apparition ou lorsqu'ils constituent le cœur d'un développement.

Les **caractères italiques** signalent toute donnée linguistique (lettre, syllabe, morphème, mot, syntagme, phrase, à l'exception des transcriptions phonétiques) mentionnée comme telle ou citée en exemple. Par exemple : L'adjectif *belle* est épithète du nom *marquise* dans l'apostrophe *belle marquise*.

Lorsqu'elle est formulée en tant que telle, l'interprétation d'une forme signifiante est encadrée par des **guillemets**. Par exemple : Dans l'adjectif *lavable*, le suffixe *-able* signifie « qui peut être l'objet du procès dénoté par la base *lav-* ».

Les renvois sont signalés par l'indication entre parenthèses et en caractères gras de la (sous-)section et, s'il est différent, du chapitre dont le numéro et le titre sont indiqués sur les pages impaires du titre courant.

Beaucoup de sections ou sous-sections sont suivies d'indications bibliographiques se rapportant directement aux questions qui y sont traitées. Pour éviter les répétitions, les références des ouvrages cités en plusieurs endroits sont indiquées sous forme abrégée : initiale du prénom, nom de l'auteur, année d'édition (et éventuellement pagination). Leurs références complètes sont regroupées dans la liste bibliographique récapitulative en fin d'ouvrage.

Qu'ils soient construits ou attestés, les exemples sont toujours en italiques. Lorsqu'ils s'intègrent dans un développement, les premiers peuvent faire l'objet d'une numérotation continue qui ne s'étend jamais au-delà d'une section. Sauf exception, les citations écrites sont identifiées par le nom de l'auteur, s'il s'agit d'une œuvre littéraire, d'une publication scientifique ou d'un article de journal signé ; par la mention (presse) pour les journaux, périodiques, etc. ; par les mentions (oral), (radio) ou (télé) pour des données orales transcrites sitôt relevées ; et par la nature de leur support dans les autres cas. Les abréviations *LM*, *DNA* et *AAF* désignent respectivement *Le Monde*, les *Dernières Nouvelles d'Alsace* et l'*Atlas Air France*, magazine mensuel distribué à bord des vols d'Air France.

Abréviations et symboles

Les auteurs n'ont pas cru devoir renoncer aux commodités d'un symbolisme minimal alliant la concision à la précision. Certains systèmes plus spécifiques de notation et de représentation (règles de réécriture, schémas arborescents et parenthétiques, etc.) sont présentés dans le corps de l'ouvrage. Les trois listes qui suivent regroupent les abréviations et les symboles les plus courants et les moins techniques. Ce sont aussi ceux qui apparaissent régulièrement dans l'ouvrage et qu'il convient donc de présenter d'emblée au lecteur.

▶ *Symboles représentant des groupes fonctionnels*

P = phrase.
que **P** = subordonnée complétive. Ex : *On dirait qu'il pleut.*
VInf = groupe infinitif, c.à.d. infinitif accompagné de ses compléments éventuels.
Ex. : *Voir Naples et mourir* – *Il veut changer de voiture.*
Ω = séquence quelconque de complément(s) d'un verbe, d'un nom ou d'un adjectif.
Ex : *Pierre veut* Ω = *Pierre veut une glace / que Paul parte / partir.*
GN = groupe nominal. Ex. : *les chiens ne font pas des chats.*
GV = groupe verbal. Ex. : *Le verbe s'accorde avec son sujet.*

Conventions et symboles XLI

GP = groupe prépositionnel. Ex. : *Les chemises de l'archiduchesse sont-elles sèches ?*
GA = groupe adjectival. Ex. : *Jamais je n'ai dû écouter un si long discours.*
N_1, N_2, N_3 = groupes nominaux dont le chiffre en indice indique l'ordre d'apparition dans la phrase de base : N_0 est le sujet, N_1 le premier complément, etc.
Ex. : *La justice a confié la garde des enfants à la mère* = N_o + V + N_1 + à + N_2.
c.o.d. = complément d'objet direct. Ex : *Soigne Amélie.*
c.o.i. = complément d'objet indirect. Ex : *Occupe-toi d'Amélie.*
a.s. = attribut du sujet. Ex : *Ce livre est ennuyeux.*
a.o. = attribut du complément d'objet. Ex : *Il a trouvé ce livre ennuyeux.*
Xq = terme quantifiant

▶ *Symboles notant les parties du discours*

N = nom (substantif) : *arbre, vitesse*
Npr = nom propre
Adj = adjectif : *rapide, routinier*
Dét = déterminant : *ce, mon, quelques*
Art = article : *le, un, du*
Pro = pronom : *nous, qui, personne*
Prép = préposition : *de, à, avec*
V = verbe : *éternuer, chanter*
Adv = adverbe : *très, vraiment*
Vant = forme du participe présent d'un verbe : *Le mal va croissant*
Vé = forme du participe passé d'un verbe : *chanté* dans *Il a chanté*

Autres symboles

* : Les séquences jugées syntaxiquement et / ou sémantiquement inacceptables sont précédées d'un astérisque. Ex. : **incourageux – *Il va ta ville – *Le plafond enraye des problèmes friables.*

?	: Les séquences difficilement acceptables ou dont l'acceptabilité est jugée douteuse sont précédées d'un point d'interrogation. Ex. : ? *Il a été beaucoup dansé pendant cette soirée* en contraste avec *Il a été beaucoup bu pendant cette soirée.*
( )	: Les parenthèses encadrent un élément facultatif dans une construction donnée. Ex. : *un souriceau ((tout) jeune) (et qui n'avait rien vu)* / Dét – N – ((Adv) – Adj) – (*et* – Pro – GV)
[ ]	: Les crochets droits signalent un regroupement syntaxique (p. ex. : la séquence GV [verbe – complément]) ou la coupure dans une citation tronquée.
–	: Le trait symbolise la position d'un élément dans un environnement syntaxique caractéristique. Ex. : le schéma [Dét + N + –] $_{gn}$ représente la position d'un adjectif épithète (p. ex. *blanc*) postposé à un nom à l'intérieur d'un groupe nominal (p. ex. *le lys* –).
/	: Les barres obliques séparent deux ou plusieurs termes qui appartiennent à un même paradigme (p. ex. : *le / un / du / ce vin*) ou, selon l'usage ordinaire et en concurrence avec *vs*, les éléments d'un couple dichotomique (p. ex. : singulier / pluriel).
vs	: Forme abrégée de *versus*, qui indique l'opposition entre deux termes (p. ex. *singulier* vs *pluriel*).
– / +	: L'enchaînement syntaxique (concaténation) de deux termes est représenté soit par un tiret, soit par le signe +. Ex. : GN → Dét + N ou bien GN → Dét – N se lit « un groupe nominal se décompose en un déterminant suivi d'un nom ».
[+....]	: trait (positif ou négatif) de sous-catégorisation. N [+ humain] indique que le référent de N appartient à la classe des humains. Ex. : *pilote* [+ humain] ; *avion* [- humain].
→	: La flèche simple symbolise soit la réécriture (décomposition) d'une séquence en ses constituants (p. ex. : GN → Dét + N), soit la dérivation d'une construction à partir d'une autre par application d'une ou plusieurs

Conventions et symboles XLIII

opérations (p. ex. : *Paul a invité <u>ses voisins</u> → Paul <u>les</u> a invités*).

↔ : La flèche double représente une relation de correspondance entre deux ou plusieurs types de constructions. P. ex. entre les différents types d'une même phrase (*Jean connaît le chemin* ↔ *Jean connaît-il le chemin ?* ↔ *Jean ne connaît pas le chemin*) ou entre deux constructions paraphrastiques (*Qui a mis Jean au courant ?* ↔ *Par qui Jean a-t-il été mis au courant ?*)

$X_j ... Y_j$: Deux termes (d'une phrase ou dans une séquence textuelle) portant en indice la même lettre sont réputés coréférentiels. Ex. : L'une des deux lectures de *Jean espère que Paul l'invitera* est *Jean$_j$espère que Paul l$_j$'* (= Jean) *invitera*.

X_1 / X_2 : Des mots de même forme, mais de sens différent, peuvent être distingués par un numéro attaché en indice : Ex. : grève$_1$ signifie « cessation de travail à des fins revendicatives » et grève$_2$ « plage de sable ou de galets ».

Ø : Ø majuscule barré indique une place syntaxique vide : celle d'un mot ou d'un constituant soit effacé (*Il a une voiture rapide* → *Il a une voiture Ø*), soit non réalisé (*Jean$_j$pense qu'il$_j$a réussi* vs *Jean$_j$pense Ø$_j$avoir réussi*).

Introduction

1. UNE DISCIPLINE ET SON OBJET

Les grammaires ont toujours été conçues comme une activité réflexive sur le fonctionnement et sur l'usage des langues. Une activité *réflexive* au double sens du terme : d'une part, le discours grammatical ordinaire se caractérise par sa *réflexivité*, puisque le langage y est l'instrument de sa propre description ; d'autre part, les descriptions grammaticales procèdent d'une *réflexion* méthodique sur l'architecture de la langue, son fonctionnement et l'usage que nous en faisons.

Chacun connaît intuitivement sa langue et la pratique spontanément sans pour autant être capable d'en produire une description raisonnée. Or c'est précisément cette familiarité qui, à la faveur de l'ambiguïté de l'expression *connaitre une langue*, nous cache souvent des données problématiques et nous empêche de poser les vraies questions. C'est un fait connu qu'un même objet est susceptible de plus d'une description, surtout s'il est complexe. Tout dépend du point de vue auquel on se place, car c'est lui qui détermine le choix des propriétés dites **pertinentes**. Un poisson, par exemple, ne présentera pas les mêmes caractéristiques saillantes pour un zoologiste, un cuisinier ou un pêcheur. Et comme à l'intérieur d'une même discipline les perspectives évoluent, se diversifient et parfois se concurrencent, c'est de ces choix initiaux que dépendent, en grammaire comme ailleurs, les problématiques, les méthodes d'analyse et l'évaluation de leurs résultats.

Les **langues** sont des moyens de communication intersubjectifs et ce que l'on appelle le **langage** n'est autre que la faculté, proprement humaine et liée à des aptitudes cognitives biologiquement déterminées, d'apprendre et d'utiliser les dispositifs symboliques que sont les langues. L'usage actuel des deux termes, notamment sous l'influence de l'anglais (qui ne dispose que du seul terme *language*), est si flottant qu'on ne peut leur assigner que des définitions justifiées par des choix théoriques. L'option proprement linguistique en la matière a été clairement formulée par E. Benveniste (1966 : 19) :

> « Le langage, faculté humaine, caractéristique universelle et immuable de l'homme, est autre chose que les langues toujours particulières et variables, en lesquelles il se réalise. C'est des langues que s'occupe le linguiste, et la linguistique est d'abord la théorie des langues. Mais [...] les problèmes infiniment divers des langues ont ceci de commun qu'à un certain degré de généralité ils mettent toujours en question le langage. »

D'autre part, dans la mesure où ils interfèrent avec l'objet de leurs propres investigations, le langage et les langues intéressent aussi les spécialistes d'autres disciplines tels que les philosophes, les psychologues, les informaticiens et les cognitivistes, les historiens, les sociologues et les ethnologues. Mais pour les linguistes, les langues en tant qu'outils de communication constituent un objet d'étude en soi : à partir de l'observation de leurs usages et de leurs productions, ils se proposent de les décrire comme des systèmes symboliques et communicatifs que l'on peut caractériser par la nature de leurs éléments et par les règles qui en régissent les combinaisons et l'interprétation dans les énoncés.

Remarques. — 1. La démarche des linguistes, pour élaborer un « savoir savant » sur la langue, se distingue par son caractère scientifique et expérimental des savoirs « de sens commun », intuitifs, non scientifiques, non théorisés, des conceptions linguistiques populaires en matière de langues et de langage.
2. Les linguistes francophones utilisent couramment, à l'instar de Saussure et de la tradition post-saussurienne, le terme de *langue* pour opposer la langue comme institution sociale et moyen de communication commun à ses usagers au *discours* qui recouvre toutes les réalisations individuelles résultant de l'utilisation de ce système.

Bibliographie. — E. H. Lenneberg (1967), *Biological Foundations of Language*, New-York, J. Wiley & Sons – E. Genouvrier et J. Peytard (1970) : 89-93 – M. Arrivé *et alii* (1986), articles *langage, langue* et *sémiotique* – J.-C. Milner (1989) : 40-45 – *Pratiques*, 139-140 (2008), *La linguistique populaire ?* – *Langages*, 170 (2008), *Discours et sens commun*.

Introduction 3

1.1. Les langues, instruments de communication

S'inspirant d'un modèle mathématique de la télécommunication, R. Jakobson (1963 : 213-214) définit l'« acte de communication verbale » à partir de six facteurs constitutifs :
– un **destinateur** (ou **locuteur**) et un **destinataire** (ou **allocutaire**, ou encore **récepteur**) disposant d'un **code commun** et qui échangent leurs rôles en cas de dialogue,
– un **référent** à exprimer sous forme d'un **message**,
– un **contact** ou **canal** qui assure la transmission du message.

Le schéma suivant reformule l'analyse jakobsonienne en l'adaptant aux spécificités de la communication langagière :

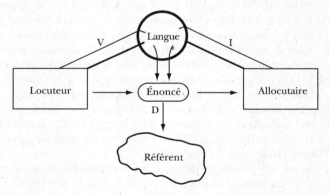

Dans ce schéma, V symbolise le processus de la verbalisation (production d'un énoncé par le locuteur), I celui de l'interprétation de l'énoncé par le récepteur et D le rapport référentiel qui unit l'énoncé à ce qu'il désigne et aux actes de langage qu'il sert à accomplir.

Les interlocuteurs utilisent le code commun qu'est la **langue**. Un **contact**, combinaison d'un canal physique et d'une connexion psychologique, permet au **locuteur** d'adresser des **énoncés** (messages) à l'**allocataire**. La **situation de communication** comprend, outre les éléments précédents, le cadre spatio-temporel de l'acte de communication, les individus, objets et éléments qui le peuplent, ainsi que les connaissances supposées partagées par les interlocuteurs (**XXIII : 1.**).

Ce qui est transmis, c'est un énoncé : une forme linguistique signifiante dont l'interprétation requiert une double aptitude. L'allocutaire doit, bien sûr, connaître le sens codé des formes linguistiques simples et complexes (mots, groupes de mots, phrases et types de phrases). Mais il lui faut aussi procéder à des calculs (ou inférences) à partir de la signification proprement linguistique de l'énoncé et des connaissances qu'il estimera pertinentes pour aboutir à une interprétation plausible de cet énoncé dans la situation où il lui a été adressé (**XXI : 3.2.**). Par exemple, pour reconnaître le référent particulier, supposé univoquement identifiable, de la description définie (**VII : 2.3.1.**) *la directrice* dans *Je le dirai à la directrice* et pour déterminer l'acte de langage accompli au moyen de cet énoncé (Est-ce une promesse ? un défi ? une menace ? ou un simple constat ?). La description de la communication verbale ordinaire ne peut donc se satisfaire d'un modèle sémantique d'encodage / décodage fondé sur une théorie classique du signe linguistique (**XXI : 1.1.**). Il faut lui adjoindre un modèle de **l'activité inférentielle** qui simule les calculs interprétatifs du sujet parlant (voir p. ex. **VII : 5.1.2.** et **XXII : 3.**) à la manière de Grice (1975) et plus récemment de Sperber et Wilson (1989).

Instrument privilégié de la communication humaine, une langue se prête à de multiples usages. R. Jakobson (1963 : 213-221) distingue six « **fonctions du langage** », axées chacune sur un élément de son schéma de la communication. Les trois premières correspondent à l'idée communément admise que les langues servent d'abord à parler de tous les aspects de la réalité :

▶ La **fonction référentielle** (également dite **cognitive** ou **dénotative**) permet d'évoquer tout ce qui forme le contexte de la communication entendu comme l'univers infini des contreparties des signes langagiers et de leurs combinaisons, donc des référents réels, possibles ou imaginaires : êtres, objets, propriétés, évènements, etc.

▶ La **fonction métalinguistique** permet au locuteur de faire de sa langue ou d'une autre langue l'objet de son discours. Il s'agit en fait d'une forme particulière de la fonction référentielle, puisqu'elle consiste à se servir du langage pour discourir sur le langage et les langues (p. ex. pour demander ou donner des informations linguistiques, exposer une analyse grammaticale, etc.), voire sur son propre discours ou celui d'autrui. Ainsi les termes *substantif, complément, masculin, proposition subordonnée*, etc., qui désignent des catégories de la grammaire française, sont-ils des termes typiquement métalinguistiques. Il en va de même de tout discours oral ou écrit, scientifique ou didactique, sur une matière linguistique : les dictionnaires et les grammaires sont par définition des ouvrages métalinguistiques. Enfin, toute séquence linguistique peut être utilisée de façon **autonymique** (**XXI : 1.1.3.**) pour se désigner elle-même (*Je* est un pronom).

▶ La fonction **expressive** (ou **émotive**) est un autre avatar de la fonction référentielle, limitée aux cas où la forme de son discours exprime directement l'attitude du locuteur à l'égard de son contenu. Elle fait principalement appel à l'interjection, aux constructions exclamatives, à divers soulignements accentuels et également à certaines modalisations affectives ou évaluatives (**XXIII : 2.2.**).

Les trois autres fonctions se réalisent chacune dans un type spécifique d'activité langagière intersubjective :

▶ **La fonction injonctive** (également dite **conative** ou, mieux, **directive**) vise à orienter le comportement du récepteur dans le sens indiqué par l'énoncé, notamment au moyen de l'impératif et des tournures directives équivalentes (**XIV : 4.** et **XXIII : 3.**). C'est le « *Vous me le copierez cent fois* » adressé à un élève indiscipliné, le « *Sortez* » de Roxane à Bajazet, mais aussi les slogans politiques et publicitaires dont la véritable finalité se résumerait dans les formules ouvertement incitatives : « *Élisez-moi* » / « *Achetez-moi* ».

► **La fonction phatique**, centrée sur le contact entre les interlocuteurs, apparaît dans les énoncés (souvent des formules) sans véritable portée référentielle, mais destinés à établir, maintenir, rompre ou rétablir le contact avec le récepteur : *Bonjour – Au revoir – Allô ? – Comment allez-vous ? – Il faut que je me sauve*, etc. Dans son emploi rhétorique, cette fonction nous permet de « parler de la pluie et du beau temps » lorsque, n'ayant rien à dire à notre interlocuteur, nous nous sentons néanmoins tenus de meubler ce vide communicatif.

► **La fonction poétique**, axée sur le message en tant que tel, transcende les catégories précédentes. Elle se manifeste chaque fois que le locuteur « travaille » son discours en exploitant :

• les virtualités évocatrices des signifiants (onomatopées, allitérations, assonances, rimes et effets rythmiques (**II : 2.4.** et **V : 3.** et **4.**) ;
• la disposition des mots et groupes de mots (parallélismes, antithèses, chiasmes, gradations, etc.) ;
• les affinités et les analogies entre signifiés pour produire des figures de contenu (hyperboles, métaphores, métonymies, etc., voir **XXI : 4.**).

Remarques. — **1.** La subversion référentielle, qui caractérise certaines formes de poésie moderne, représente un cas limite où la fonction poétique occulte les autres fonctions. Cependant, la fonction poétique est présente depuis toujours dans les petits genres populaires (chansons, comptines) et dans la littérature versifiée traditionnelle (**V**) ; et si cette fonction se manifeste de façon privilégiée dans le domaine de la poésie, elle se rencontre aussi dans d'autres productions langagières chaque fois que le discours est surdéterminé par des effets esthétiques. C'est ainsi qu'elle sert à renforcer l'impact des fonctions incitative et affective dans les slogans publicitaires (*L'eau, l'air, la vie – Perrier*) et électoraux (*Giscard à la barre – Mitterrand Président*, etc., sur le modèle archétypique américain : *I like Ike*).
2. Les six fonctions distinguées par Jakobson se manifestent rarement à l'état isolé. L'activité langagière les combine et les hiérarchise en des complexes que par commodité nous identifions souvent à leur fonction dominante. Dans l'énoncé *Vous ici ?!*, par exemple, on reconnaît la manifestation d'au moins trois des six fonctions : référentielle (il y a acte de référence à la présence de l'interlocuteur à l'endroit de l'énonciation), expressive (le locuteur exprime sa surprise par le tour à la fois interrogatif et exclamatif de son énoncé) et poétique (la cause de la surprise est en quelque sorte « mimée » par l'absence de liaison qui oppose iconiquement la personne de l'interlocuteur (*vous*) et l'endroit où il se trouve (*ici*), le tout étant souligné par une quasi-alliération issue de la liaison). La fonction injonctive pourrait même venir se superposer aux précédentes, si le locuteur nuançait le ton de la surprise dans le sens de l'indignation ou du reproche, pour inviter – indirectement (**XXIII : 3.3.**) – l'interlocuteur à vider les lieux.

La conjonction des six fonctions de Jakobson ne donne toutefois qu'une image partielle (elle néglige la dimension interactive) et quelque peu disparate de l'éventail des usages communicatifs du langage. Plus récemment, on a choisi le terme **d'acte de langage** (**XXIII : 3.**) pour désigner les différents types d'actes accomplis par le truchement du langage : ceux dits « de référence » quel que soit le type de réalité désigné (**XXII : 3.**) ; ceux qui visent à orienter la conduite d'autrui (ordonner, conseiller, suggérer, etc.) ; ceux par lesquels le locuteur s'engage à accomplir une action future (promettre, jurer, etc.) ; ceux qui expriment le sentiment du locuteur à l'égard de l'état de choses qu'il évoque (s'excuser, féliciter, blâmer, déplorer, plaindre, etc.) ; ceux que le locuteur, s'il est revêtu de l'autorité adéquate, accomplit par le seul fait qu'il dit qu'il les accomplit (p. ex. *Je déclare la séance ouverte – Je baptise ce bateau « Liberté » – Je vous déclare unis par les liens du mariage*). La liste est loin d'être close et plusieurs typologies ont été proposées pour classer les actes de langage selon leurs visées communicatives (la nature de l'acte que le locuteur prétend accomplir) et les mécanismes, souvent complexes et indirects, censés expliquer l'interprétation des énoncés qui les véhiculent.

Bibliographie. — E. Benveniste (1966) : 258-266 et 267-276 – J. Searle (1972) – F. Recanati (1979 et 1982) : 267-276 – C. Kerbrat-Orecchioni (1980).

1.2. Les langues, systèmes de signes

1.2.1. *La double articulation du langage humain*

Comme tout système signifiant utilisé à des fins communicatives, les langues sont organisées sur deux plans solidaires : celui des formes (ou **signifiants**) et celui des contenus (ou **signifiés**). Elles relèvent donc d'une **théorie générale du signe**, qui s'applique à leurs différents types de formes significatives (**XXI : 1.**). Elles se distinguent pourtant de la plupart des autres systèmes par la propriété quasi universelle d'être **doublement articulées**. En effet, nos énoncés sont des séquences continues de sons ou de lettres qui s'analysent successivement en deux types d'unités minimales :

▶ A un premier niveau, ils sont formés d'unités signifiantes minimales (c'est-à-dire qui ne se décomposent plus en unités signifiantes). Ainsi la suite phonique ou graphique *Encore un demi, garçon !* s'articule en quatre de ces unités : *encore, un, demi* et *garçon*. Ces unités de première articulation sont généralement appelées **morphèmes** (**XX : 1.2.1.**) pour les distinguer des **mots** (**XX : 1.1.**), qui sont souvent des morphèmes (p. ex., l'adjectif *juste*), mais qui peuvent aussi être formés de deux ou de plusieurs morphèmes (p. ex., *in-juste, in-juste-ment* et *anti-constitution(n)-elle-ment*). C'est à ce niveau que se manifeste l'initiative du locuteur dans le libre choix des unités signifiantes qu'il va combiner pour former ses énoncés.

▶ A un second niveau, les morphèmes s'articulent en segments distinctifs minimaux appelés **phonèmes** (**II : 2.**) ou **graphèmes** (**III : 2.1.**) selon leur mode de réalisation (oral ou écrit). Dépourvues en elles-mêmes de signification, ces unités de deuxième articulation ont pour unique fonction de distinguer entre elles les unités signifiantes de première articulation. Le mot *garçon* (prononcé [garsɔ̃]), par exemple, est une combinaison particulière de cinq phonèmes / graphèmes qui, comme telle, distingue ce mot des autres mots français : elle s'oppose en tous points à celle qui articule le mot *tulipe*, mais ne se distingue que par son avant-dernier élément, *ç* ([s]), de celle qui articule le mot *gardon*. Les unités de première articulation une fois choisies, leur structure interne préconstruite s'impose au locuteur qui ne peut que les employer telles qu'elles sont enregistrées dans son dictionnaire mental.

Le principe de la double articulation, « cette invention merveilleuse de composer de vingt-cinq ou trente sons cette infinie variété de mots » (Arnauld et Lancelot 1660 : 22), fait des langues humaines des systèmes de communication qui allient richesse et économie. En effet, à partir d'un stock limité d'unités de deuxième articulation (entre une vingtaine et une cinquantaine pour la plupart des langues), elles ont formé des milliers d'unités de première articulation et en créent chaque jour d'autres pour répondre à de nouveaux besoins de dénomination. A leur tour, ces unités signifiantes se combinent entre elles selon les règles de la syntaxe pour former un nombre théoriquement infini d'énoncés.

Bibliographie. — A. Arnauld, C. Lancelot (1660) : 22 – M.-J.-A. Condorcet (1794) *Esquisse d'un tableau de l'esprit humain* : 6 – A. Martinet (1970) : 13-20 – Gardies J.-L. (1975) : 7-11.

1.2.2. *Autres caractéristiques des signes linguistiques*

▶ Les signes linguistiques se réalisent sous une **forme orale** et sous une **forme écrite**.

Dans l'orthographe française actuelle, la correspondance entre les réalisations orales et écrites est loin d'être univoque. Mais le français écrit et le français parlé ne se distinguent pas seulement par la matière phonique et graphique de leurs signifiants. Les deux systèmes présentent aussi de nombreuses distorsions dans l'économie des marques morphologiques et dans les fonctionnements syntaxiques (**I** : **3.4.** et **3.5.**).

▶ Qu'il s'agisse de leur structure interne ou de leurs combinaisons, les signes linguistiques sont **linéaires**. Cette servitude due au caractère d'abord oral du langage (il est impossible d'émettre simultanément deux sons, deux syllabes, deux mots, etc.) se répercute sur la transcription alphabétique dont les unités (lettres et mots) se succèdent sur la dimension de la ligne.

Faisant en quelque sorte de nécessité vertu, le langage exploite doublement cette dimension unique. D'une part, les mêmes phonèmes (p. ex. [i], [p], [l]) combinés diversement forment différents signes : p. ex. *pli, lippe* et *pile*. D'autre part, beaucoup de langues, dont le français, confèrent une fonction grammaticale à la position respective des unités significatives, mots et groupes de mots, déterminant ainsi leur interprétation structurelle dans la phrase : *Les grands mangent les petits* vs *Les petits mangent les grands*. Toutefois, à la succession linéaire des catégories grammaticales se superposent les hiérarchies de regroupements qui déterminent la structure proprement syntaxique des phrases (**VI** : **2.2.1.** et **2.2.2.**).

▶ Les **signes linguistiques**, mais aussi les parties constitutives de leurs signifiants (phonèmes et syllabes), se comportent comme des unités discrètes. Ce caractère définit la façon dont ces segments s'opposent entre eux : directement et non pas graduellement par un passage insensible d'un mot ou d'un phonème à l'autre. Même mal articulé, un son sera identifié à un phonème déterminé (p. ex. à / p / ou à / b /) et non à une unité intermédiaire située entre les deux et qui tiendrait des deux dans des proportions variables (comme 1,86 qui est plus proche de 2 que de 1). D'où la possibilité de segmenter les énoncés en unités qui se suivent comme des quantités discrètes fonctionnant à différents niveaux d'analyse : groupes de mots, mots, morphèmes, syllabes et phonèmes.

Remarque. — Pour segmenter les énoncés, on utilise l'opération de **commutation** qui consiste à substituer l'un à l'autre des éléments qui entrent dans les mêmes constructions (morphèmes, mots et groupes de mots) ou qui figurent dans les mêmes contextes phoniques (phonèmes et syllabes). Par exemple, dans la phrase *Il y a de la bière dans le frigo*, le segment *bière* commute avec *moutarde*, *crème*, etc., et se distingue ainsi des mots précédents et suivants qui commutent avec d'autres séries de mots ; et dans le mot *bière* le segment initial / b /qui commute avec / p /, / f /, etc., avec lesquels il forme les paires minimales *pierre*, *fière*, etc. (II : **1.2.**) se distingue des phonèmes suivants / j /, / ɛ / et / R /.

1.2.3. *Le système bidimensionnel de la langue*

À chaque moment de son existence, une langue est formée d'un nombre théoriquement déterminable, mais pratiquement indéterminé, de signes stables dont les signifiants et les signifiés sont réductibles à des traits constants dans leurs emplois récursifs. Ces éléments entretiennent entre eux deux types de relations fondamentales (Saussure 1916 : 170-175) :

▶ les **relations syntagmatiques**, qui s'observent entre les termes d'une même construction qui se succèdent sur l'axe linéaire de la parole orale ou écrite. Ainsi dans la phrase *Les petits ruisseaux font les grandes rivières*, le verbe *font* est en relation syntagmatique avec le substantif *ruisseaux* qui le précède et avec l'article défini *les* qui le suit. Un constat trivial qui n'a rien à voir avec l'architecture syntaxique de la phrase, faite de regroupements hiérarchiques

Introduction

(*font* n'entretient de rapport syntaxique ni avec *ruisseaux* ni avec *les*, mais directement avec le groupe complément *les grandes rivières* et moins directement avec le groupe sujet *Les petits ruisseaux*) en grande partie masqués par l'« aplatissement » linéaire de la phrase (**VI : 2.2.1.**).

▶ les **relations paradigmatiques** qu'on peut établir entre une unité et toutes celles qui pourraient la remplacer dans un environnement donné. Dans la même phrase, la forme *les* est en relation paradigmatique avec d'autres déterminants : *des, ces, mes, quelques, plusieurs*, etc. ; *ruisseaux* avec d'autres substantifs tels que *torrents, orages*, etc. ; *font* avec des verbes transitifs directs comme *rencontrent, forment*, etc. Des éléments en relation paradigmatique sont mutuellement substituables dans un environnement donné, mais s'y excluent les uns les autres et forment ainsi ensemble un **paradigme**.

Remarque. — L'une des tâches de la linguistique postsaussurienne a été de donner un contenu plus précis aux notions générales de rapports syntagmatiques et paradigmatiques. Dans le cadre de l'analyse syntaxique des structures phrastiques (**VI : 2.2. et 2.3.**), elles ont été progressivement précisées par les notions plus opératoires de **distribution**, de **syntagme / groupe syntaxique**, de **structure hiérarchique**, de **catégorie** et de **sous-catégorie** (**VI : 2.2.3. et 2.2.4.**). Il en va de même pour **paradigme**, aujourd'hui défini comme une **classe** ou **catégorie distributionnelle**, mais que Saussure employait pour désigner toute classe d'équivalence ou **série de type associatif** : p. ex ; *enseigner* et tous les mots de la même famille (*enseignement, enseignant*), *armement* et tous les noms suffixés en *-ment* (*ornement*, etc.), *instruction* et tous les mots notionnellement apparentés (*enseignement, éduquer*).

Histoire. — Le terme de *paradigme* (« patron, exemplaire, modèle ») nous vient de la tradition gréco-latine, où il désignait un mot-type représentant un ensemble de formes fléchies et, par extension, la liste elle-même des formes représentées.

Un élément linguistique peut ainsi se définir différentiellement par ce qui le distingue des autres éléments dans le(s) système(s) où il figure. Si l'on excepte les cas d'homonymie (**XXI : 2.2.**), les signes sont chacun pourvus d'un signifiant tel qu'il s'oppose à ceux des autres signes, la différence pouvant se réduire à la substitution d'un seul phonème (p. ex. dans les paires minimales *lapin / rapin / sapin*, mais aussi *lapin / lopin / lupin*, etc.). Du coup les signifiants apparaissent investis d'une fonction exclusivement distinctive au plan paradigmatique, où les signes commutent et contrastive sur l'axe syntagmatique, où ils appartiennent à des paradigmes différents. Les signifiés eux aussi se conditionnent et se délimitent réciproquement. Si on ne considère que la complémentarité des mots dans la couverture d'un même domaine notionnel, le signifié de *rose* semble effectivement se définir par tout ce qui l'oppose à ses « concurrents directs » que sont les signifiés des autres noms de fleurs cohyponymes (**XXI : 2.4.**) *tulipe, lys, violette,* etc. Ce sont ces aspects différentiels et strictement négatifs des signes que Saussure (1916 : 158-69) appelle leur **valeur**. La valeur d'une forme linguistique n'en épuise pas pour autant le sens. En fait, elle s'identifie à un réseau d'oppositions et de contrastes à interpréter positivement pour déterminer l'appartenance catégorielle de cette forme et son (ou ses) contenu(s) sémantique(s). Elle permet notamment de structurer les catégories lexicales et grammaticales en microsystèmes dont les éléments s'opposent sur la base d'une propriété ou d'un ensemble de propriétés commune(s).

Remarques. — 1. Des termes de deux langues auxquels nous attribuons en gros la même signification peuvent néanmoins avoir des valeurs très différentes parce qu'ils ne se situent pas dans les mêmes réseaux d'oppositions. Ainsi l'anglais utilise *mutton* (viande de mouton) et *sheep* (mouton sur pied) là où le français ne dispose que du seul terme *mouton*. Dans ces conditions, bien qu'on traduise *sheep* par *mouton*, la valeur du terme anglais est différente de celle du son équivalent français, dont le signifié n'est pas restreint par l'existence d'un terme spécifique désignant la viande de mouton.
2. Les **morphèmes grammaticaux** (XX : 2.1.) délimitent également leurs signifiés selon le principe du partage d'un même champ notionnel en domaines complémentaires. En français, où le pluriel englobe toutes les quantités supérieures à l'unité, l'existence d'un duel exprimant la quantité « deux » (comme en grec ancien) modifierait le signifié du pluriel qui s'opposerait alors simultanément à l'unité et à la dualité.

Bibliographie. — G. Serbat (1982), Saussure corrigé par Benveniste, mais dans quel sens ? *Raison présente* (numéro spécial) : 21-37.

1.2.4. *Les perspectives synchronique et diachronique*

Choisir de décrire une langue à un moment donné (actuel ou passé) de son existence, c'est adopter une perspective **synchronique** (étymologiquement : de coexistence à une même époque), la seule en vérité qui permette de l'appréhender comme un système de communication régi par des principes qui assurent son fonctionnement effectif. La mise en perspective **diachronique** (étymologiquement : à travers le temps) révèle les changements successifs qui se sont opérés dans les différents domaines d'une langue ou d'un ensemble de langues. Ainsi, pour l'historien des langues, les différentes langues romanes sont des langues-sœurs issues d'une même langue-mère : les mots romans *nuit* (fr.), *notte* (ital.), *noche* (esp.) et *noite* (port.), par exemple, proviennent de la même forme *nocte* du latin vulgaire. Dans le domaine morphosyntaxique, la déclinaison latine a d'abord été ramenée à deux cas en ancien français, puis a disparu (sauf dans certaines formes pronominales) en français moderne. Plus généralement, le français est de toutes les langues romanes celle qui s'est le plus détachée de ses origines latines, et ce pour plusieurs raisons (romanisation tardive et discontinue, forte empreinte du substrat celtique et du superstrat germanique, etc.).

Chaque langue a une histoire dont on peut reconstituer les étapes en identifiant les tendances, voire les lois qui expliquent ses modifications successives. Celle de la langue française, issue de la romanisation de la Gaule septentrionale, a plus de 11 siècles si l'on considère, avec les historiens de la langue, que son état le plus ancien est représenté par la version en langue romane du texte juridique des *Serments de Strasbourg* (842) et, quelques années plus tard, par la *Cantilène de Sainte-Eulalie*, un poème religieux de quatorze phrases rédigées en langue vulgaire. En signant l'Ordonnance de Villers-Cotterets (1539), qui impose la rédaction en français et non plus en latin de tous les jugements des tribunaux, François Ier signe son acte de naissance officiel, qui sanctionne un état de fait déjà bien établi. En effet, pendant sept siècles, si le latin restait la langue des sciences, notamment médicales, et de la religion, les variétés régionales du français étaient devenues la langue des œuvres littéraires qui nous ont été transmises, telles que la *Chanson de Roland*, écrite dans la seconde moitié du Xe siècle, et, un peu plus tard, le *Roman de Renart*. Au XVIe siècle, les poètes de la Pléiade poursuivent le même objectif

– « illustrer » (rendre illustre) la langue vulgaire – à l'instar de ce que l'auteur de la *Divine comédie* avait réalisé pour l'italien. Le XVIIe siècle verra la consécration de la langue du Roy avec la diffusion des œuvres des auteurs classiques, la création en 1634 de l'Académie française et le parler érigé en modèle par les *Remarques sur la langue française* de Vaugelas (1647) qui, le développement du centralisme politique aidant, contribuent puissamment à l'émergence d'une langue officielle strictement régulée.

Les changements dans le temps ont affecté tous les domaines de la langue française. Cependant, depuis près de trois siècles (à la Révolution, le français est devenu langue nationale et matière d'enseignement), son évolution s'est considérablement ralentie sous l'influence stabilisatrice de l'écrit imprimé et sous l'action normative de l'enseignement. Aujourd'hui, les secteurs les plus sensibles au changement sont ceux du lexique, où s'introduisent quotidiennement des néologismes et, bien qu'à un moindre degré, celui de la prononciation.

Histoire. — La version romane / franque des *Serments de Strasbourg* « *Pro Deo amur et pro christian poblo et nostro commun salvament, d'ist di en avant, in quant Deus savoir et podir me dunat,* [...] » doit être traduite à l'usage de nos contemporains qui n'y décèleront que de vagues analogies avec la langue actuelle : « Pour l'amour de Dieu et du peuple chrétien et notre salut commun, à partir de ce jour, dans la mesure où Dieu me donnera savoir et pouvoir, [...] ». Elle évoquera pour certains des souvenirs sporadiques de grammaire latine, notamment à propos des finales des noms et des verbes à l'infinitif. Sont également remarquables : l'absence de déterminant devant les noms et groupes nominaux, l'antéposition des deux adjectifs épithètes *christian* et *commun* aujourd'hui postposés à leur nom recteur et surtout celle des deux objets *savir* et *podir* à leur verbe recteur *dunat*, et enfin la construction absolue (sans préposition) des trois compléments du nom antéposés à leur nom recteur (*Deo amur* = l'amour de Dieu).
Presque neuf siècles après les *Serments*, en 1792, fut composé à Strasbourg un autre texte, sans doute le plus mondialement connu de notre langue, la *Marseillaise* (« *Allons enfants de la Patrie / Le jour de gloire est arrivé / Contre nous de la tyrannie / L'étendard sanglant est levé* [...] »), dont les paroles ne posent aujourd'hui, à plus de deux siècles de distance pourtant, aucun problème d'interprétation au locuteur français ordinaire.

Cependant, l'opposition entre les perspectives synchronique et diachronique est loin d'être irréductible. Rien n'interdit, en effet, d'élargir les études diachroniques à la comparaison de systèmes successifs définis synchroniquement. D'autre part, comme un état de langue n'est pas toujours entièrement ni immédiatement aboli par celui qui lui succède, il n'est pas rare que coexistent momentanément des formes appartenant à deux systèmes diachroniquement consécutifs.

▶ Actuellement, beaucoup de Français n'observent plus, contrairement à leurs ainés, l'opposition entre /œ̃/ de *lundi* et /ɛ̃/ de *lin*. Ce phénomène de générations est même un trait caractéristique du français d'aujourd'hui. Parallèlement, on observe une nette tendance à la réduction du groupe / lj / à / j / dans *milieu* (prononcé *miyeu*), *million, millier,* etc. et à la chute (en syllabe finale) de / r / et de / l / postconsonantiques dans *cent mètres* (prononcé *cent met'*), *rend (re) la monnaie, un pauv (re) type, être capab (le) de tout,* etc.

▶ La **néologie** lexicale (**XX : 3.**) s'observe synchroniquement, mais obéit au mécanisme typiquement diachronique qu'est la création d'une nouvelle forme lexicale. La création peut être d'ordre morphologique par composition (*bébé-éprouvette*), dérivation affixale (*employabilité*), conversion (*tracter* au sens de « distribuer des tracts ») ou emprunt (*scanner*). Elle peut également être sémantique, lorsqu'un terme se voit assigner un sens nouveau qui peut correspondre soit à une nouvelle réalité (la *souris* de l'ordinateur), soit à une modification sous l'influence d'une autre forme (*réaliser* « accomplir », a pris le sens de « se rendre compte », sous l'influence de l'anglais *to realize*, comme *pathétique* « émouvant » qui signifie désormais « ridicule, pitoyable ») ; soit encore à des transferts métaphoriques et / ou hyperboliques (*un blaireau* désigne familièrement quelqu'un de facile à tromper et *un canon* une femme à la plastique impressionnante).

▶ Dans toute langue subsistent des vestiges isolés d'états révolus, sortes de buttes-témoins linguistiques, qui se distinguent des autres formes linguistiques par leur caractère hors système. C'est le cas en français moderne des formes dites irrégulières de certains pluriels de substantifs et d'un verbe comme *aller,* ou encore des lettres étymologiques (p. ex. *g* de *doigt* < lat. *digitum* et *p* et *s* de *temps* > lat. *tempus*) conservées par l'orthographe (**III : 3.4.**). La locution *de pied en cap* (littéralement *des pieds à la tête*) est partiellement opaque parce que le nom *cap* y conserve son sens originel de « tête » (lat. *caput*). De même, dans *en son for intérieur* (*au fond de soi-même*) la préposition *en* introduit le nom *for* désignant à l'origine un espace (lat. *forum*) modifié par l'adjectif *intérieur*. Le domaine syntaxique n'est pas exempt de survivances dont la structure relève d'états de langue révolus. Ainsi l'expression idiomatique *à son corps défendant* (littéralement : *en défendant son corps*, aujourd'hui *à contrecœur, à regret*) s'analyse comme un ancien gérondif (introduit par *à* et non par *en*) où le complément d'objet direct *son corps* était régulièrement antéposé à la forme verbale. Ce type d'antéposition se trouve aujourd'hui exploité par une définition cruciverbiste qui, jouant sur la double lecture de *pis*, nom désignant la mamelle et adjectif / adverbe superlatif de *mal* conservé dans le nom composé *pis-aller*, définit plaisamment le verbe *TRAIRE* par *au pis aller*.

Plus généralement, les différents secteurs du français contemporain sont l'aboutissement d'évolutions séculaires dont l'examen révèle des tendances caractéristiques qui peuvent contribuer à une meilleure compréhension des formes et de leur interprétation dans la synchronie actuelle. Ainsi la perspective diachronique est particulièrement éclairante pour caractériser le phénomène de la **grammaticalisation**, à l'œuvre dans le fonctionnement synchronique des langues, et donc à prendre en compte dans leur description. Il s'agit du processus évolutif de conversion qui fait que des formes lexicales développent, notamment au prix d'une certaine désémantisation, de nouveaux emplois nettement grammaticaux. Par exemple :

– le groupe prépositionnel *sans doute*, qui en français classique avait encore la lecture strictement compositionnelle de *sans aucun doute* (= *certainement, assurément*) fonctionne aujourd'hui comme une locution adverbiale signifiant « probablement » ;
– le terme qui suit *Vive les vacances !*, à l'origine sujet du verbe avec lequel il s'accordait (*Vivent le roi et la reine*), est devenu une

sorte d'interjection à valeur prépositive qui n'entraîne plus l'accord de la séquence postposée ;
— le verbe lexical de mouvement *aller* suivi d'un groupe infinitif dénotant l'objectif ou le point d'aboutissement du mouvement s'est progressivement doublé d'un emploi non lexical où il a le statut d'un auxiliaire formant avec le verbe à l'infinitif une forme périphrastique de futur (**I : 3.3.** et **X : 2.1.6.**). D'où l'ambiguïté d'une phrase comme *Je vais acheter un journal*, qui répond à la fois à *Où vas-tu ?* et à *Que vas-tu faire ?* ;
— un phénomène analogue s'observe actuellement si l'on compare les trois emplois du verbe *se trouver*, d'abord et toujours passif pronominal du verbe *trouver* au sens de « découvrir » dans *Ça ne se trouve pas sous le pied d'un cheval* ; puis comme copule équivalente à *être* avec des prédicats de localisation dans *Haguenau se trouve au nord de Strasbourg* et *Cet ouvrage se trouve dans toutes les bonnes librairies*, ou d'état dans *Il se trouve dans le besoin* et *Il s'est trouvé complètement démuni* ; et enfin comme verbe d'existence dans *Si ça se trouve* et *Il se trouve qu'il n'est pas joignable*.

Bibliographie. — F. de Saussure (1916, Ch. III, 1re partie) – S. Ullmann (1965) : 38-41 – J. Chaurand (1969), *Histoire de la langue française*, PUF, « Que sais-je ? » – E. Genouvrier, J. Peytard (1970) : 9-10 et 93-95 – J. Lyons (1970) : 37-40 – A. Martinet (1970 : 28-31) – J. Picoche et C. Marchello-Nizia (1994), *Histoire de la langue française*, Nathan – J.-M. Klinkenberg (1999), *Des langues romanes. Introduction aux études de linguistique romane*, De Boeck – P. Hopper et E. C. Traugott, (2003), *Grammaticalization*. Cambridge, Cambridge University Press – C. Marchello-Nizia (2006), *Grammaticalisation et changement linguistique*, De Boeck.

1.2.5. *La fonction sémiotique des langues*

Préalablement à tout emploi, les signes d'une langue forment des réseaux conceptuels dont l'originalité tient à la spécificité des éléments et aux rapports qu'ils entretiennent. Comme le remarque A. Martinet, « à chaque langue correspond une organisation particulière des données de l'expérience. Apprendre une autre langue, ce n'est pas mettre de nouvelles étiquettes sur des objets connus, mais s'habituer à analyser autrement ce qui fait l'objet de la communication » (1970 : 12). Ces conditionnements, faits de possibilités, de choix et de contraintes spécifiques, confèrent à chaque langue son originalité – en un mot ce qu'on appelle son « génie ».

Un Français distinguera spontanément entre ce qu'il appelle *fleuve, rivière, torrent, gave, ruisseau, ruisselet, ru*, etc., parce que son lexique différencie assez finement les *cours d'eau* selon leur dimension, leur débit, le profil de leur parcours et leur situation géographique. Cette catégorisation n'a pourtant rien d'universel et l'on peut imaginer des langues – et il en existe – qui analysent la même matière notionnelle de manière plus sommaire. Inversement, le français traduit par le seul verbe *sonner* les trois verbes allemands *klingeln, läuten* et *schlagen* qui identifient respectivement le son d'une sonnette, d'une cloche et d'une horloge. Un exemple souvent cité est celui du découpage du spectre lumineux. Dans un continuum où le français distingue six couleurs de base, le chona (langue de Zambie) n'en reconnaît que trois et le bassa (langue du Libéria) deux. Le russe et le polonais, en revanche, scindent la zone du bleu français en deux couleurs distinctes.

Bibliographie. — E. Benveniste (1966) : 25-30 et 56-74 – G. Mounin (1968) : 81-89 – H. A. Gleason (1969) : 9-10 – J. Lyons (1970) : 45-47 – A. Martinet (1970) : 10-12 – E. Benveniste (1974) : 44-66.

1.3. La dimension sociale des langues

Le caractère instrumental des langues est à ce point indissociable de la vie en groupe que les préhistoriens lient la naissance du langage à l'apparition simultanée, il y a deux millions d'années chez l'*homo habilis*, de l'instrument concret qu'est l'outil. Chacun, d'autre part, s'approprie sa langue comme une partie de son héritage socio-culturel. Comme, de surcroît, les systèmes symboliques des langues sont partiellement immotivés (**XXI : 1.2.**), ils s'apprennent et se pratiquent au même titre que les codes conventionnels qui règlent notre vie en société.

1.3.1. *Les variétés d'une langue*

Les langues contribuent à assurer l'identité et l'unité à l'intérieur des communautés humaines, mais aussi – car ce qui réunit

Introduction 19

peut aussi exclure – la différence et la ségrégation. Sensibles aux divers facteurs de différenciation qui traversent et travaillent le tissu social, elles reflètent les clivages internes qui tiennent à la localisation géographique et à l'appartenance à une classe sociale, à un milieu culturel, à un groupe professionnel ou à une classe d'âge. En France, **le français standard** coexiste avec d'autres variétés du français pour former un grand polysystème que structurent des constantes et des variables. Outre le clivage langue orale / langue parlée (**I : 1.**), on distinguera à gros traits :

- les variétés **géographiques** (dites **diatopiques**) : parlers et usages régionaux du français en France et hors de France ;
- les variétés **situationnelles** (dites **diaphasiques**) : langue soignée, courante, familière, etc. ;
- les variétés **techniques** : langues de spécialités (juridique, médicale, technologique, etc.) ;
- les variétés **sociales** (dites **diastratiques**) : parler populaire, argots, etc., et sans doute aussi français standard ;
- les variétés **stylistiques** : langue littéraire, administrative, philosophique, langue des médias, etc.

Ces variations elles-mêmes varient selon les langues. En français, par exemple, la variation diastratique est sensiblement moindre, comparée à ce qui se passe en espagnol et en italien, alors que le décalage entre oral et écrit apparaît plus considérable.

L'idiolecte d'un locuteur appartenant à une communauté linguistique est l'ensemble des constantes de son parler tel qu'il s'actualise dans les usages langagiers qui lui sont propres. Il se présente généralement comme la conjonction de plusieurs variétés : p. ex., d'une variété régionale et d'une variété sociale, toutes deux fixes, et de plusieurs variétés situationnelles adaptées à divers types d'échanges verbaux.

1.3.2. *La norme*

L'une des questions centrales traitées en sociolinguistique est celle de la norme (ou usage dominant) par rapport aux variations effectives que présente toute langue. Le français standard, par exemple, n'est qu'une variété parmi d'autres, mais qui, promue au rang de langue officielle, se trouve strictement normée et contrôlée institutionnellement. Ainsi entendue, la norme du français telle qu'elle est fixée par l'Académie française, enseignée dans les écoles et codifiée dans les manuels didactiques (grammaires et dictionnaires) est un artefact qui ne fait que privilégier un usage identifié, selon les auteurs et pour des raisons historiques, au parler d'une région (à Paris ou au « jardin de la France » qu'est la Touraine) et des milieux cultivés en général. Corollairement, les usages qui s'écartent de cette norme ont souvent été dépréciés, voire décrétés fautifs (cf. les jugements de valeur : « mauvais français », « ne se dit pas », « incorrect », etc.).

À cette conception rigide et mutilante d'*un* « bon usage » exclusif de tout autre – qui est encore celle de la plupart des grammaires prescriptives (**2.4.**) – s'oppose aujourd'hui celle, plus fonctionnelle, de normes langagières variant selon les situations de communication. Un même locuteur ne s'exprime pas de la même manière dans une conversation à bâtons rompus avec un vieil ami et dans un discours officiel. Par exemple, les variantes : a. *Il a demandé après lui* / b. *Il a demandé de ses nouvelles* et a. *C'était vachement chouette* / b. *Le spectacle était d'une infinie beauté* expriment le même contenu référentiel, mais d'abord en français familier, (a.), puis en français standard et recherché (b.). Le verbe *aimer* présente trois constructions infinitives : courante (*Il aime lire*), soutenue / littéraire (*Il aime à lire*) et complètement vieillie (*Il aime de lire*). C'est un fait également bien connu que le français dit « populaire » n'opère pas toujours la distinction entre *lui* et *y*, mais utilise la forme pronominale indifférenciée / i / (*J'y vais*, mais aussi *J'y ai dit de venir*). Le lexique, enfin, fournit de nombreuses classes d'équivalences dont les termes ne se distinguent que par leur appartenance à des variétés de langue concurrentes : les locuteurs français reconnaissent dans *bouffer, boulotter, becqueter* et *grailler* des variantes familières, voire populaires, du terme standard *manger*.

Dès lors, qu'il s'agisse de la prononciation (accents régionaux ou accents d'affectation tels l'accent faubourien et, à l'opposé, celui de 17e arrondissement parisien façon « Marie-Chantal »), du lexique ou des constructions syntaxiques, le français contemporain se démultiplie en usages spécifiques définis par leur appartenance à la gamme des **registres de langue** esquissée ci-dessus. Nous savons tous par expérience, et ne serait-ce que pour avoir un jour été identifiés d'après notre « accent » ou d'autres spécificités diatopiques perçues comme régionales ou étrangères que les « façons de parler » individuelles sont souvent interprétées comme des indices révélateurs de notre appartenance à un milieu ou de notre origine géographique.

Enfin, si parler une langue, c'est en avoir intériorisé la grammaire au sens large du terme (**2.3.**) et avoir ainsi acquis une **compétence langagière** (**3.1.**), force est de constater qu'un locuteur français possède une gamme plus ou moins étendue de compétences sous-jacentes aux usages qu'il fait de sa langue maternelle. Les unes, que l'on peut qualifier d'**actives**, correspondent aux formes et aux registres de langue qu'il emploie spontanément ; les autres, dites **passives**, lui permettent d'identifier et d'interpréter des tournures et des usages qu'il n'utilise pas spontanément.

Bibliographie. — H. Frei (1929) – E. Genouvrier (1972), Quelle langue parler à l'école ? Propos sur la norme du français, *Langue française*, 13 : 34-51 – *Langue française*, 16 (1972), *La norme* – W. Labov (1976), *Sociolinguistique*, Éd. de Minuit – P. Bourdieu (1977), L'économie des échanges linguistiques, *Langue française*, 33 : 17-34 – *Cahiers de linguistique sociale*, 1 (1977) – *Langue française*, 54 (1982), *Langue maternelle et communauté linguistique* – B. Muller (1985), *Le français d'aujourd'hui*, Kliencksieck : 35-52 et 134-295 – E. Genouvrier (1986), *Naître en français*, Larousse – H. Walter (1988), *Le français dans tous les sens*, Robert Laffont – F. Gadet (1989) – D. Slakta (1990), « Sabine va au coiffeur », *La Vie du langage*, chronique dans *Le Monde* du 05/10/90 – P. Viallon (1996), *L'analyse du discours à la télévision*, PUF (coll. « Que sais-je ? ») – G. Siouffi et A. Steuckardt, éds (2007), *Les linguistes et la norme*, Berne, Peter Lang.

2. LA GRAMMAIRE DANS TOUS SES ÉTATS

2.1. Il y a grammaire et grammaires

Une grammaire, c'est dans son acception la plus courante un « livre, traité, manuel de ... grammaire » (*Petit Robert*). Mais c'est aussi – au sens du terme tel qu'il est employé dans la paraphrase définitoire précédente – une matière d'enseignement et une activité scolaire. Cette deuxième acception courante apparaît dans les expressions *faire de la grammaire, un cours de grammaire* et *être bon / nul en grammaire* où le terme renvoie à la transposition didactique d'une discipline scientifique, la linguistique, parfois encore appelée *grammaire*.

Remarque. — Ce dernier usage renoue avec une tradition ancienne qui remonte à la *Grammaire générale et raisonnée* d'Arnauld et Lancelot (1660) et même au-delà, aux *Summae Grammaticae* du Moyen Âge et à toutes les *Artes Grammaticae* de l'Antiquité. Elle se poursuit jusqu'à l'avènement de la philologie historique à la fin du XIXe siècle, pour renaître sous la forme plus moderne de la *grammaire générale* entendue comme la science générale du langage (2.2.). Les terminologies linguistiques d'inspiration générativiste ajoutent encore à la polysémie du mot en l'appliquant aussi bien à l'organisation implicite d'une langue qu'à sa description sous la forme d'une construction théorique.

Bibliographie. — F. François (1974), *L'enseignement et la diversité des grammaires*, Hachette – J-L. Chiss (1979), La grammaire entre théorie et pédagogie, *Langue française*, 41 : 49-59 – B. Combettes et J-P. Lagarde (1982), Un nouvel esprit grammatical, *Pratiques*, 33 : 13-25 – N. Flaux (1993), *La grammaire*, PUF, « Que sais-je ? ».

On distinguera également trois conceptions techniques concurrentes (mais non indépendantes) du terme *grammaire* :

▶ Toute langue présente un ensemble de régularités qui président à la construction, à l'usage et à l'interprétation des énoncés. Les locuteurs apprennent, puis appliquent ces principes d'organisation qui constituent la **grammaire immanente** à la langue. Il s'agit donc de l'ensemble des propriétés intrinsèques d'une langue comme instrument de communication et que l'on appelle aussi son **système**.

▶ Tout locuteur ordinaire dispose d'une **grammaire intériorisée** de sa langue, dont il n'a pas conscience, mais qui lui permet de produire et d'interpréter des énoncés et par rapport à laquelle il juge intuitivement si un énoncé est bien ou mal formé. Il s'agit donc de la connaissance qu'il a de la précédente, et qu'on appelle plus techniquement sa **compétence (3.1.)**.

▶ La grammaire intériorisée, qui conditionne notre pratique langagière, ne se décrit clairement qu'au terme d'observations et d'analyses minutieuses, qui sous leur forme achevée et synthétique constituent une **grammaire-description** (ou **grammaire-théorie**). C'est à cette activité réflexive que l'usage courant réserve le terme de *grammaire*. « Faire de la grammaire française » est une chose ; « parler français » ou « s'exprimer en français » en est une autre. Relèvent de ce troisième sens du mot *grammaire* les livres appelés *grammaires*, tel le présent ouvrage et partiellement aussi les cours et la discipline dits *(de) grammaire*.

Remarques. — 1. Système immanent à la langue ou réalité mentale source de nos réalisations langagières, la grammaire correspond à la notion statique de **langue** (1.1.), que les structuralistes opposent au **discours** et à celle, plus dynamique, de **compétence**, que les générativistes opposent à la **performance** (3.1.).
2. Contrairement à une opinion encore fort répandue (« Les patois n'ont pas de grammaire », « Cette langue n'a pas de grammaire puisqu'elle ne s'écrit pas »), il n'y a pas de langue sans grammaire, ce qui serait d'ailleurs une contradiction dans les termes : une telle langue (?) ne pourrait ni s'acquérir ni se transmettre (il n'y aurait rien à acquérir ni à transmettre) et ne se prêterait, faute de régularités, ni à la confection ni à l'interprétation d'énoncés significatifs.

Bibliographie. — N. Chomsky (1957) : 15-19 – N. Ruwet (1967) : 18 et 49-50 – F. Dubois-Charlier et D. Leeman (1975) : 29-31.

2.2. Grammaire et linguistique : les grammaires descriptives

Comme discipline générale vouée à la description des langues, la grammaire – aujourd'hui synonyme de **linguistique** – se présente comme un ensemble mixte d'observations, de procédures de découverte et de généralisations. Selon leur objet spécifique, on distingue quatre branches ou types de grammaire :

- **la grammaire synchronique** (ou **descriptive**), qui décrit un état donné d'une langue, qu'il soit contemporain ou ancien (**1.2.4.**) ;
- **la grammaire diachronique** (ou **historique**), qui étudie les différentes étapes de l'évolution d'une langue et qui, sous sa forme idéale, étudie les rapports entre ses états successifs (**1.2.4.**) ;
- **la grammaire comparée**, qui confronte deux ou plusieurs langues dans un ou plusieurs domaines pour établir entre elles des différences et des ressemblances typologiques, voire des parentés génétiques (p. ex. entre les langues romanes) ;

- **la grammaire générale** qui, à partir des données fournies par les trois autres types de grammaires, se propose de dégager les règles générales qui président à l'économie et au fonctionnement du langage humain. Sous sa forme la plus radicale, une telle grammaire, dite « **universelle** », vise à établir les propriétés et principes généraux dont la / les grammaires de chaque langue instancient chacune à sa façon les dimensions variables.

Une grammaire descriptive est un **modèle théorique** qui se propose de décrire de façon explicite la grammaire-système, par définition implicite, d'une langue. D'où l'adjonction fréquente, pour caractériser ces grammaires, au mot *grammaire*, de qualificatifs qui évoquent les courants théoriques particuliers dont elles s'inspirent : *distributionnelle, fonctionnelle, structurale, transformationnelle*, etc.

Remarque. — Au cours des cinquante dernières années, les connaissances empiriques sur le langage et sur les langues se sont accumulées, alors que se développaient et se complexifiaient les appareils descriptifs. À chaque stade de cette histoire correspondent des courants de pensée, des théories et des écoles : Cercle de Prague, distributionnalisme, fonctionnalisme, générativisme, linguistique de l'énonciation, pragmatique, linguistique cognitive, etc.

Bibliographie. — C. Fuchs et P. Le Goffic (1992), *Les linguistiques contemporaines. Repères théoriques*, Hachette – A. Auchlin et J. Moeschler (2000), *Introduction à la linguistique contemporaine*, A. Colin, « Cursus ».

2.3. Grammaires partielles et grammaires globales

Les grammaires se distinguent également par l'étendue du domaine qu'elles couvrent. Les grammaires scolaires et les grammaires dites « traditionnelles » se limitaient encore récemment au couplage d'une morphologie (étude des mots, de leur structure interne et des variations de leur forme) et d'une syntaxe (étude des parties du discours et de leurs combinaisons dans les phrases), selon la définition qu'en donne le *Nouveau Manuel de langue française* (publié en 1917 à Lyon par la Librairie catholique E. Vitte) :

« La grammaire étudie les éléments du langage avec leurs variations et leurs combinaisons ; elle détermine les différentes espèces de mots que nous employons en parlant ; elle en indique les modifications, les rapports et les

les nuances, et fait connaître les règles d'après lesquelles ils se groupent entre eux pour exprimer des idées »

Ces grammaires au sens étroit étaient parfois réduites, sur le modèle des anciennes grammaires latines, à une **morphosyntaxe** qui n'étudie que les variations formelles des mots conditionnées par des processus syntaxiques (**flexions**). Les différents modes de construction des mots (**dérivation et composition**) relèvent alors de l'étude du **lexique**. Quant à l'absence d'une composante **phonétique / phonologique** (**3.5.1.**), elle s'explique par l'intérêt longtemps porté aux seuls aspects écrits des langues.

Les travaux successifs des linguistes générativistes (et en particulier du mouvement éphémère des sémanticiens générativistes sous l'impulsion de Lakoff et de Mac Cawley) ont popularisé une conception plus ambitieuse du domaine et des objectifs de la grammaire. Il s'agit de **grammaires au sens large** ou **grammaires globales** décrivant l'ensemble des principes d'organisation et de fonctionnement de la langue, c'est-à-dire le complexe d'aptitudes qu'un locuteur active inconsciemment lorsqu'il produit ou interprète des énoncés. Ce qui inclut, outre une morphosyntaxe, un modèle des connaissances phonologiques, sémantiques et même pragmatiques des locuteurs – toutes connaissances dont la conjonction et l'interaction constituent la **compétence langagière** (**3.1.**) des sujets parlants.

Bibliographie. — N. Chomsky (1957) : 15-19 – N. Chomsky (1966) : 126-128 – G. Lakoff (1972), Linguistics and Natural Logic, *in* D. Davidson et C. Harman (éds), *Semantics of Natural Language*, Dortrecht, Reidel : 545-665 [Trad. fr. : *Linguistique et logique naturelle*, Paris, Klienscksieck, 1976].

2.4. Grammaires descriptives et grammaires prescriptives

Une grammaire **descriptive** se propose de rendre compte des régularités sous-jacentes au comportement langagier effectif des sujets parlants. Les seules données qu'elle peut valablement enregistrer sont celles qui se dégagent des productions des locuteurs, ce qui revient à adopter un point de vue non normatif. Il appartient donc au linguiste non pas de trancher entre des formes et des usages concurrents (**1.3.1.**), mais de les rapporter aux situations de communication où il les rencontre habituellement ou aux groupes de locuteurs dont ils constituent l'usage ordinaire. Telle n'est ni l'attitude ni l'objet des grammaires dites **normatives** ou **prescriptives**, qui se proposent d'enseigner *le* bon usage de la langue et qui édictent à cet effet des règles privilégiant *un* usage particulier au détriment d'un autre, fût-il le plus répandu (**1.3.2.**). En voici trois exemples :

• Une grammaire scolaire de 3ᵉ (A. Souché, J. Grunewald : 1966) conclut sa présentation des « subordonnées conjonctives complément d'objet » par l'avertissement : « **Attention** ! La lourde construction » *à ce que* « doit être évitée chaque fois qu'il est possible » : *Je consens qu'une femme ait des clartés de tout* « (Molière) et non : *à ce qu'une femme...* Il faut dire : **demander que, de façon que...** ».

• Les auteurs d'un ouvrage grammatical récent citent *alunir* et *avénusir* comme exemples pour illustrer « la formation parasynthétique de verbes du deuxième groupe ». Mais l'éditeur (!) condamne ces deux formes dans une note péremptoire en bas de page : « Verbes à éviter : on préférera *atterrir sur la lune, atterrir sur Vénus* ».

• Ailleurs se trouvent stigmatisés : *après que* suivi du subjonctif ; les constructions indirectes du verbe pronominal *se rappeler* et du verbe *pallier* ; la réduction de la négation à son deuxième élément : *Elle boit pas, elle fume pas, elle drague pas, mais elle cause* (titre de film) ; le non respect des règles d'accord du participe passé précédé de l'auxiliaire *avoir* (**IX : 3.2.**) ; la non-coréférence entre le sujet non exprimé du participe ou du gérondif et le sujet de la phrase régissante : *Sitôt habillés, elle envoie ses enfants à l'école – L'appétit vient en mangeant* ; et bien d'autres constructions qui sont aujourd'hui largement utilisées, surtout dans le discours parlé et même par ce qu'il est convenu d'appeler « de bons auteurs ».

La majorité des formes et tours ainsi proscrits ne constituent pas des « fautes » contre le système immanent de la langue française, qui est en fait un polysystème adapté à différents types de styles et de situations de communication (**1.3.1.** et **1.3.2.**). Au contraire, utilisées à bon escient, ce sont généralement des façons de parler tout à fait normales, donc adaptées aux usages qui peuvent en être faits, mais parfois encore condamnées au nom d'une échelle de valeurs implicitement idéologique.

Sous sa forme extrême, le parti pris normatif débouche sur le **purisme**, attitude esthétique visant à figer la langue à un certain stade de son évolution censé représenter un idéal intangible (p. ex. le français des grands auteurs « classiques »). Les puristes se reconnaissent souvent à leur goût immodéré pour les bizarreries de la langue qu'ils collectionnent, cultivent et défendent à la manière des entomologistes.

Les vraies fautes contre la langue sont d'un tout autre ordre. Les unes sont des formes irrécupérables qui contreviennent aux règles communes à l'ensemble des sous-systèmes d'une même langue : **Un jour je ne courirai plus* (chanson de A. Bashung) – **Je lui ai écrit afin que je l'avertisse* – **Est Paul encore là ?* – **la romaine armée*. Les autres ne concernent pas les formes proprement dites, mais le fait qu'elles soient employées mal à propos (p. ex. un discours de réception à l'Académie française truffé d'expressions argotiques ou, inversement, des propos familiers émaillés d'imparfaits et de plus-que-parfaits du subjonctif). Les effets comiques provoqués par ce genre de disconvenances montrent clairement que le véritable « bon usage » consiste à choisir celui des « français tels qu'on les parle » qui correspond à la situation de discours, au statut respectif des interlocuteurs et à leurs intentions communicatives.

Bibliographie. — F. Brunot (1965), *La pensée et la langue*, Préface, Masson, 3ᵉ édition – N. Ruwet (1967) : 63 – E. Genouvrier, et J. Peytard, (1970) : 84-88 – A. Martinet (1970) : 6-7 – J. Lyons (1970) : 35-36 – F. Dubois-Charlier et D. Leeman (1975) : 28-29 – *Le français dans le monde*, 34 (1982) – J.-C. Milner (1989) : 76-77 – D. Leeman-Bouix (1994).

3. L'ANALYSE GRAMMATICALE

3.1. La description de la compétence langagière

Décrire la **compétence**, ou ensemble structuré des connaissances et des aptitudes communes aux locuteurs d'une langue, est l'objet explicitement affiché ou implicitement assumé des grammaires descriptives. Les représentations de ce savoir varient en fonction de l'extension que les théories linguistiques fixent à leur objet (**2.3.**) et des objectifs pratiques que s'assignent les grammaires. Dans son acception la plus commune, la compétence se manifeste à travers deux aspects fondamentaux du comportement proprement linguistique des sujets parlants :

- **La créativité** dite « **gouvernée par des règles** » est le ressort essentiel de la dynamique langagière. Le cerveau humain n'est capable de stocker qu'une quantité finie de connaissances grammaticales. Pourtant, les sujets parlants sont capables à tout moment de produire (et d'interpréter) des phrases qu'ils n'ont jamais prononcées ni même entendues. Cette aptitude suppose que dans une langue donnée un nombre théoriquement illimité de phrases puisse être produit à partir d'un nombre fini d'éléments et de règles permettant de les combiner.
- La connaissance tacite que le locuteur ordinaire a de l'économie de sa langue lui permet de porter des **jugements intuitifs** sur la bonne formation des énoncés ou des parties d'énoncés, aussi bien sur leur forme que sur leurs propriétés interprétatives : *On ne dit pas des <u>chevals</u>, mais des <u>chevaux</u>* – *Dans la phrase <u>Plusieurs candidats sont très compétents</u>, plusieurs va avec <u>candidats</u> et <u>très</u> avec <u>compétents</u>* – *Mon ami anglais dit toujours <u>adresser quelqu'un</u> alors qu'il faut dire <u>s'adresser à quelqu'un</u>*, etc. Qu'un locuteur émette de tels jugements ne signifie pas qu'il soit *aussi* capable de justifier ses appréciations, par exemple en les fondant sur des règles explicitement formulables (ce qui serait déjà faire œuvre de grammairien !). En tant qu'énoncés métalinguistiques spontanés, ces jugements ne sont que des **données** d'un type particulier à traiter comme telles, mais qui jouent un rôle essentiel dans la reconstitution de la compétence des sujets parlants.

Le terme de **performance** désigne les résultats de la mise en œuvre effective de leur compétence par les locuteurs. Il s'agit non seulement des énoncés émis et interprétés dans des situations de communication concrètes, mais aussi des jugements portés sur la bonne formation des phrases et sur leurs propriétés structurales et interprétatives. Tout produit discursif (par exemple la présente phrase et celles qui la précèdent ou qui la suivent) constitue donc une performance. L'opposition compétence / performance se retrouve dans d'autres domaines du comportement humain chaque fois qu'une aptitude (p. ex., être capable de nager ou de calculer un pourcentage) est effectivement mise en œuvre (p. ex., pour traverser la Manche à la nage ou pour calculer la TVA sur le prix d'un article).

Les erreurs systématiques de performance dans les productions langagières spontanées s'interprètent comme autant d'indices d'une compétence défaillante ou lacunaire. Emises par un locuteur étranger, les phrases a. *Je connais lui* – b. *Jules César commandait la romaine armée* – c. *Il a rencontré le père de moi* – d. *Je sais il viendra* révéleraient *a contrario* quatre aspects de la compétence du locuteur ordinaire français : l'antéposition et la forme du pronom personnel complément du verbe dans la phrase assertive (a) ; la postposition de l'adjectif relationnel au substantif (b) ; la substitution du déterminant possessif *mon* au pronom personnel *moi* complément d'un nom précédé de l'article défini (c) ; et le caractère obligatoire de la conjonction *que* en tête d'une subordonnée complétive en français standard.

Pourtant, même chez des locuteurs maîtrisant très bien la grammaire de leur langue, la performance n'est pas toujours le reflet fidèle de la compétence. Elle reste, en effet, toujours tributaire de facteurs internes ou externes (tels que la fatigue, les défauts de mémoire, la distraction, l'émotion, voire l'ébriété), généralement indépendants de notre volonté, mais susceptibles de gripper les mécanismes psychiques de la mise en œuvre de notre compétence. Bégaiements, lapsus, dyslexies, pléonasmes, constructions inachevées, ruptures de construction émaillent sporadiquement notre discours, particulièrement dans ses réalisations orales. Voici quatre exemples d'authentiques « ratés de la performance » que, selon la formule consacrée, le lecteur saura rectifier de lui-même :

(1) *On est tous sur le même pied d'égalité* (France Inter 11/03/03 : 9 h 20).
(2) *Le sujet de l'émission de demain sera consacré à* [...].
(3) *Comme bon les arrange* (J.-P. Coffe, France Inter 01/11/03 : 12 h 08).
(4) *Le nom du village s'appelle Eschau* (oral).

Il s'agit ici d'une forme de « zapping syntaxique » qui consiste à fondre deux constructions concurrentes en une seule autour d'un élément pivot qui leur est commun : p. ex., pour (4), les deux séquences *le nom du village est* et *le village s'appelle...* autour du nom *village*.

3.2. Les règles grammaticales

« La personne qui a acquis la connaissance d'une langue a intériorisé un système de règles qui relie les sons et les significations d'une manière particulière. Le linguiste qui construit la grammaire d'une langue ne fait que proposer un système sur ce langage intériorisé » (Chomsky 1970 : 26). En d'autres termes, le linguiste s'emploie à décrire de façon explicite la **grammaire implicite (2.1.)** intériorisée par les usagers de la langue et sous-jacente à leurs productions écrites et orales. Or, une telle description ne peut qu'être **hypothétique**, bien que les ouvrages pratiques de ce nom ne se présentent jamais comme tels. En effet, la grammaire intérieure des sujets parlants (leur compétence) est une réalité mentale et, comme telle, reste inaccessible à l'observation immédiate. Faute d'un accès direct aux dispositifs de communication que sont les langues, nous ne pouvons qu'observer leurs manifestations particulières et individuelles dans les actes de communication. L'unique solution consiste alors à partir des régularités décelées dans les énoncés pour « remonter » au système caché de règles dont elles sont la mise en œuvre et le résultat. C'est d'ailleurs ce que fait inconsciemment l'enfant lorsqu'à coup d'essais plus ou moins réussis il reconstitue progressivement la grammaire de sa langue à partir des énoncés auxquels il est confronté. C'est ce que fait à sa façon, c'est-à-dire méthodiquement et explicitement, le linguiste lorsqu'il décrit la grammaire d'une langue en termes de catégories et de règles abstraites dont devraient pouvoir se dériver les phrases bien formées de cette langue. Ce qui caractérise une règle et qui la distingue des productions individuelles dont elle décrit une propriété commune, c'est son **abstraction.** Ce terme peut s'entendre de deux manières : est abstrait ce dont on n'envisage que les aspects jugés pertinents pour les besoins de la cause ou bien ce qui n'est pas directement accessible à l'observation.

Dans son entreprise de reconstitution de la compétence à partir de la performance, le grammairien s'estime fondé à ne pas tenir compte des inévitables mécomptes de la performance (**3.1.**), au même titre que le physicien, lorsqu'il étudie le mouvement d'une bille descendant un plan incliné, tient pour négligeables les frottements et les déformations des corps solides. Car c'est précisément en faisant abstraction des épiphénomènes décrétés non pertinents, c'est-à-dire en écartant provisoirement tout ce qui est étranger à ses préoccupations, qu'une discipline détermine la spécificité théorique de son objet et se donne les moyens de l'étudier pour ainsi dire à l'état pur. Autre aspect de l'idéalisation descriptive : un phénomène linguistique décrit par une règle est toujours isolé artificiellement d'autres phénomènes linguistiques qui lui sont concomitants dans les réalisations discursives. Toute phrase, même la plus simple, est de ce point de vue la conjonction d'un grand nombre de règles.

Bibliographie. — N. Chomsky (1957) : 126-128 – N. Ruwet (1967) : 18-19 – N. Ruwet (1972) : 50-52.

3.3. Les données grammaticales

On peut rassembler un ensemble de textes ou d'énoncés jugés représentatifs de la langue ou, plus modestement, d'un domaine ou d'un axe de recherche bien déterminés. Une telle collection ne comprenant que des données attestées (des énoncés effectivement produits) constitue un **corpus**. Mais, le nombre des énoncés possibles étant infini, la grammaire basée sur un corpus aussi vaste soit-il, ne sera jamais que la grammaire du fragment de langue qu'est le corpus, avec toutes les contraintes méthodologiques et épistémologiques induites par cette limitation. Depuis quelques années, les ressources électroniques qui permettent de traiter des millions d'occurrences de termes et de constructions relancent sur de nouvelles bases « modifiant les conditions d'observables et d'analyse de données » (Habert 2005 : 1) ce qu'on appelle la **linguistique de corpus**. En revanche, un corpus, même s'il peut en contenir, est incapable de fournir à volonté des phrases déviantes (p. ex. **Je veux que je parte*) susceptibles de conforter *a contrario* la règle qu'elles violent (ici : la non-réalisation du sujet de la complétive s'il est coréférent de celui du verbe régissant *vouloir* et les modifications consécutives à cet effacement). Ainsi les phrases jugées agrammaticales ne servent pas seulement à falsifier les hypothèses linguistiques qui autoriseraient leur production. L'examen de leurs défectuosités nous révèle aussi par contraste les règles du fonctionnement normal. Car c'est souvent lorsqu'un mécanisme se détraque qu'il nous révèle les principes qui régissent son bon fonctionnement.

À la pratique d'observation statique qu'est la confection d'un corpus, s'oppose la pratique expérimentale et dynamique qui consiste à utiliser la compétence des locuteurs pour obtenir des données selon les besoins de l'étude. Cette méthode, popularisée par la grammaire générative, pallie certains inconvénients des travaux sur corpus (les philologues déplorent souvent l'absence de locuteurs ayant la compétence d'états de langue révolus). La langue y est accessible à travers une série toujours ouverte de nouveaux énoncés, spontanés ou provoqués. N'étant plus limités en nombre, les échantillons de performance étayent les hypothèses sur la langue, mais permettent aussi leur vérification en les confrontant à de nouvelles données.

Bibliographie. — C. Corbin (1980), De la production des données en linguistique introspective, *in* A.-M. Dessaux-Berthonneau éd., *Théories linguistiques et traditions grammaticales*, Lille, Presses universitaires de Lille : 121-179 – D. J. M. Carroll, T. Bever et C. R. Pollack (1981), The non-uniqueness of linguistic intuition, *Language*, 57 : 368-383 – B. Habert (2005), *Instruments et ressources électroniques pour le français*, Ophrys.

3.4. Acceptabilité et grammaticalité

Les jugements intuitifs que tout locuteur est capable de porter sur les énoncés qui lui sont soumis sont loin d'être homogènes.

Comme ce sont des données qui relèvent de la performance, la première tâche du linguiste consiste à les évaluer dans le cadre de sa propre théorie. Dans ces appréciations, on se gardera de confondre ce qui relève de l'acceptabilité (au sens large) des énoncés avec ce qui ne concerne que leur grammaticalité (au sens étroit). La phrase :

(1) *L'élève dont le devoir que j'ai lu hier soir était mauvais est votre fils.*

est grammaticalement bien formée, comme le prouve sa parenthétisation (**VI : 2.2.3.**) :

(1a) [*L'élève* [*dont le devoir* [*que j'ai lu hier soir*] *était mauvais*] *est votre fils*].

Mais sa structure relativement complexe (elle comporte une relative enchâssée à l'intérieur d'une autre relative, elle-même enchâssée dans la phrase *L'élève est votre fils*, est difficilement accessible, et à plus forte raison interprétable dans les conditions normales d'un échange oral. Il suffit pourtant de supprimer le dernier enchâssement pour qu'elle ne pose plus problème :

(1b) *L'élève dont le devoir* [...] *était mauvais est votre fils.*

Ce qui montre bien que c'est l'enchâssement supplémentaire – grammaticalement tout à fait banal – qui produit une structure trop complexe pour constituer un énoncé « acceptable », c'est-à-dire accepté spontanément.

L'acceptabilité est fondamentalement une propriété des phrases énoncées et dépend donc de tous les facteurs qui conditionnent la performance : conformité aux règles de bonne formation grammaticale, mais aussi adéquation à la psychologie du sujet parlant, à la situation, aux normes discursives en vigueur, etc. Une phrase acceptable serait, en quelque sorte par anticipation, une phrase pour laquelle il n'y aurait aucune difficulté à imaginer un ou des contextes où son interprétation ne poserait pas de problème. La grammaticalité ne recouvrirait alors que la partie de l'acceptabilité qui est déterminée par les règles de bonne formation intrinsèque des énoncés : règles morphologiques et syntaxiques dans une grammaire traditionnelle (**grammaticalité au sens étroit**) ; règles morphologiques, syntaxiques, sémantiques et éventuellement pragmatiques (p. ex. spécifiant le type d'information contextuelle requis pour l'interprétation), si l'on conçoit la grammaire comme un dispositif global associant à des formes des contenus et des pratiques communicatives (**grammaticalité au sens large**). Dans la première perspective, une phrase comme :

(2) *Selon le matelas, un flan algébrique peut danser de la lente cerise.

est grammaticale mais asémantique, à l'inverse de :

(3) *Lui être intelligent beaucoup.

qui est interprétable mais agrammaticale, alors que :

(4) *Bière le avec je perroquets.

est à la fois agrammaticale et asémantique. Dans la seconde perspective, (2-4) seront toutes les trois déclarées agrammaticales, mais respectivement sémantiquement (2), syntaxiquement (3) et à la fois syntaxiquement et sémantiquement (3) mal formées. Une phrase grammaticale au sens large du terme mais néanmoins non acceptable serait alors une phrase qui pour d'autres raisons (longueur, complexité, obscurité, etc.) serait jugée impropre aux usages communicatifs ordinaires.

Remarque. — Il est particulièrement gênant que ce qui devrait être la pierre de touche de toute analyse grammaticale ne soit pas toujours l'objet d'un consensus. Il n'est pas rare, en effet, que les jugements des locuteurs ne soient pas concordants. Tantôt ces derniers émettent des jugements normatifs qui proscrivent des énoncés appartenant à des niveaux de langage jugés incorrects. Tantôt ils sanctionnent des sociolectes qui leur sont inconnus ou peu familiers. Ils peuvent aussi décréter agrammaticale une phrase qui ne l'est que dans l'une de ses lectures, sans envisager les autres. Enfin, même à compétence égale, les seuils d'acceptabilité peuvent varier considérablement. À plus forte raison pour le linguiste peut se situer à des niveaux différents de l'organisation de l'énoncé, de sorte que la phrase *Ce matin, j'étais en train de manquer mon train* sera bien formée quant à son architecture syntaxique, mais défectueuse si l'on considère que l'auxiliaire progressif-duratif *être en train de* est incompatible avec l'expression infinitive ponctuelle *manquer mon train*.

Bibliographie. — G. Lakoff (1971), Presupposition and Relative Well-formedness *in* D. D. Steinberg et L. A. Jakobovits (éds), *Semantics* : 329-340 – J. P. Boons (1974), Acceptabilité, interprétation et connaissance du monde, *in* C. Rohrer et N. Ruwet, (éds), *Actes du Colloque Franco-Allemand de Grammaire Transformationnelle*, Tübingen, M. Niemeyer : 11-39 – R. P. Botha (1981), *The Conduct of Linguistic Inquiry. A systematic introduction to the Methodology of Generative Grammar*, Den Haag, Mouton – L. Picabia et A. Zribi-Hertz (1981) : 146-154 – F. Kerleroux (1991), L'exception et la règle, *Le gré des langues*, 2 : 67-81 – D. Leeman-Bouix (1994).

Introduction 35

3.5. Les domaines de la description grammaticale

3.5.1. *Les formes significatives de la langue*

Tout énoncé étant en dernière analyse une association entre une suite de sons et une interprétation, la tâche du linguiste et l'objectif d'une grammaire est de décrire la façon dont s'opère cette association dans une langue donnée. C'était le sens de la citation de Chomsky (1970 : 26) en tête de la section **3.2.**, qui à presque quarante ans de distance reprend pratiquement mot pour mot la formule programme de Bloomfield (1933 : 27) :

> « To put it briefly, in human speech, different sounds have different meanings. To study this coordination of certain sounds with certain meanings, is to study language »

librement traduite ici pour les besoins de la cause grammaticale :

> « Pour le dire en peu de mots, dans le discours humain des séquences sonores différentes ont des significations différentes. Décrire comment s'opère la correspondance entre certaines séquences sonores et certaines significations, c'est décrire la grammaire de cette langue. »

Dans les dispositifs symboliques que sont les langues, ce couplage tel qu'il est évoqué par Bloomfield et Chomsky est loin d'être direct, parce qu'entre les deux niveaux extrêmes d'organisation de nos énoncés (de leur séquence phonique ou graphique à leur interprétation) s'étagent des niveaux intermédiaires. Chacun de ces niveaux se définit par la spécificité de ses unités et de leurs règles de combinaison, mais aussi par le type de rapport qu'il entretient avec les autres niveaux.

La structure générale des énoncés apparaît d'emblée régie par un principe propre au langage humain, la **double articulation** (**1.2.1.**), qui les organise en deux niveaux successifs, dont le second, celui **des unités et segments non significatifs** qui constituent leur habillage sonore, est décrit par la **composante phonologique** des grammaires. Au niveau même de la première articulation, les **formes significatives** (morphèmes, mots et constructions syntaxiques) s'étagent encore sur trois niveaux dont chacun doit être pris en charge par une composante spécifique de la grammaire. À ces **trois composantes**, **lexicale**, **mor-**

phologique et syntaxique, s'ajoutent deux composantes qui ne se situent pas sur le même plan qu'elles. Il s'agit :

– de la **composante sémantique**, qui décrit les contreparties interprétatives (la signification) des unités – par définition significatives – que sont les mots et les morphèmes et qui d'une façon plus complexe conditionne aussi les configurations syntaxiques (**3.5.4.**). Ces dernières, en effet, n'ont pas de sens intrinsèque (elles sont sémantiquement sous-déterminées), mais n'en véhiculent pas moins des relations sémantiques via l'insertion dans leur architecture de formes significatives qui en retour les conditionnent en leur conférant des propriétés additionnelles, traditionnellement traitées en termes de **sous-catégorisation**. Ainsi conçue, la composante sémantique constitue le volet interprétatif intégré à chacune des trois autres composantes, sous la forme plus spécifique d'une **sémantique lexicale, morphologique et phrastique**.

– de la **composante pragmatique**, qui dans le prolongement de la composante sémantique, prend en compte les conditions effectives de l'emploi et de l'interprétation des énoncés, notamment les connaissances non linguistiques et les opérations inférentielles activées par le sens instructionnel des formes linguistiques (**3.5.6.**).

Bibliographie. — H. Nølke (1994), *Linguistique modulaire : de la forme au sens*, Louvain, Peeters (Bibliothèque de l'Information grammaticale) – Jackendoff R. (2002), *Foundations of Language, Brain, Meaning, Grammar, Evolution*. Oxford, New York, Oxford University Press.

3.5.2. *La composante phonologique*

La **phonétique** (du grec *phonê* : son, voix) détermine les caractéristiques physiques et physiologiques des sons (**II : 1. et 2.**). En d'autres termes, elle décrit comment ils sont produits (**phonétique articulatoire**), transmis (**phonétique acoustique**) et perçus (**phonétique auditive**). Quel que soit le mode de caractérisation retenu, la description phonétique des sons se veut indépendante de leur fonction linguistique. **La phonologie** (**II : 2.1. et 2.2.**) décrit également les sons ; mais comme leur fonction proprement linguistique est de s'opposer entre eux pour former des mots différents, elle ne retient que les caractéristiques qui les opposent effectivement les uns aux autres.

Les regroupements phonémiques s'effectuent à l'intérieur de l'unité d'émission qu'est la **syllabe** (**II : 3.1.**). Mais la chaîne parlée présente aussi des caractéristiques (dites **suprasegmentales** ou **prosodiques II : 3.3**) qui dépassent la dimension du phonème et souvent de la syllabe, mais apportent une contribution essentielle à la structure orale des énoncés français et à leur interprétation. **L'accentuation** (**II : 3.4.**) met en valeur des syllabes parmi d'autres à des fins démarcatives, rythmiques ou affectives. **L'intonation** (**II : 3.5.**) surimpose aux structures phrastiques des profils mélodiques qui servent surtout à opposer différents types de phrases, mais peuvent aussi, à l'intérieur de la phrase, marquer par un décrochage de hauteur les contours d'une apposition, d'une parenthèse, etc. Ces deux paramètres interprétatifs sont généralement renforcés par les phénomènes secondaires de la **pause** (**II : 3.4.**) et de la **jointure** (**II : 3.2.**).

3.5.3. *La composante lexicale*

La composante lexicale d'une grammaire décrit la connaissance que nous avons du stock de **mots** (**XX : 1.1.**) qui constituent notre « dictionnaire mental », que l'on a pu estimer aux alentours de 30 000 « entrées » ! Une bonne approximation de ce type de connaissance est donnée par la représentation du mot *couteau*, par exemple, dans un article (ici schématisé) de dictionnaire :

« *couteau* [kuto], (n. m.) : instrument servant à couper, formé d'un manche et d'une lame ».

Outre des renseignements sur son signifiant (sa prononciation et sa graphie) et son appartenance catégorielle (il a les propriétés morphosyntaxiques d'un nom commun qui nous permettent de l'employer comme tel), l'article lexicographique assigne à ce mot un contenu décrit sous la forme d'une paraphrase définitoire (il évoque la notion d'un certain type d'objet, plus précisément d'un instrument, caractérisé par ses parties constitutives et sa fonction).

Car connaître un mot, et donc savoir l'employer à bon escient, c'est aussi et surtout savoir ce qu'il signifie, une condition que ne remplit pas la séquence *louteau, qui est au mieux un mot potentiel, mais ne figure pas dans notre dictionnaire mental, faute de pouvoir lui assigner un sens. Si les grammaires se délestent de la description globale du lexique sur les dictionnaires de langue pour le lexique général et commun et sur les dictionnaires terminologiques pour des lexiques de spécialité (métiers, techniques, disciplines scientifiques, etc.), elles n'en associent pas moins à toute unité lexicale une description, que l'on peut qualifier de minimale au regard de celles du lexicographe et du lexicologue, mais suffisante pour rendre compte à la fois de son insertion dans les moules syntaxiques de la phrase et du conditionnement qu'elle exerce en retour sur ce moule. Il s'agit notamment de son appartenance catégorielle (nom, adjectif, verbe, etc.), de sa valence (type de rection ou de complémentation) et de certains traits de son signifié, toutes caractéristiques qui contribuent à la bonne formation et à l'interprétation des expressions où elle figure.

3.5.4. *La composante morphologique*

Le féminin de l'adjectif *franc* est *franche*, le pluriel du nom *cheval* est *chevaux* et la forme verbale *repassait* s'analyse en un radical (*pass-*) précédé d'un préfixe (*re-*) et suivi d'une désinence (*-ait*). Ces observations élémentaires avec leurs corollaires interprétatifs relèvent de la **morphologie** (du grec *morphê* : aspect, forme), traditionnellement définie comme l'étude de la forme des mots. Celle-ci étend aujourd'hui son domaine à tout ce qui relève de la structure interne des mots. On distingue, d'une part, la **morphologie lexicale** (**XX : 3.**) qui décrit les mécanismes, notamment de **dérivation** et de **composition**, qui président à la formation des mots ; de l'autre, la **morphologie flexionnelle ou grammaticale** (**XX : 2.**) qui décrit les variations de la forme des mots selon les catégories du nombre, du genre, de la personne, etc. Dans la mesure où ils sont fortement tributaires de la syntaxe, la plupart de ces derniers phénomènes relèvent d'une composante mixte, la **morphosyntaxe**, qui traite leurs variations formelles dans des cadres syntaxiques tels que l'accord ou l'allomorphie fonctionnelle.

Les deux types de morphologies impliquent l'existence d'une unité minimale signifiante constitutive du niveau morphologique : le **morphème** (**XX : 1.2.**), qui se manifeste souvent sous la forme de segments inférieurs à la dimension du mot (radicaux et désinences des formes fléchies ; bases, préfixes et suffixes des formes dérivées).

3.5.5. *La composante syntaxique*

Traditionnellement, **la syntaxe** (du grec *syntaxis* : mise en ordre, disposition, assemblage) décrit la façon dont les mots se combinent pour former des groupes de mots et des phrases. En français, l'existence d'une dimension syntaxique est d'emblée confirmée par le caractère non arbitraire de l'**ordre des mots**. La combinatoire proprement syntaxique, loin de se réduire au seul ordre linéaire des mots, détermine leur regroupement en **syntagmes** qui fonctionnent comme des unités intermédiaires entre le niveau des mots et celui de la phrase (**VI : 2.2.1.**). C'est la phrase qui constitue le cadre naturel de ces regroupements, dans la mesure même où elle représente le niveau supérieur de l'organisation hiérarchique des énoncés, un niveau au-delà duquel il n'y a plus de regroupements syntaxiques. Aussi la première tâche de la syntaxe consiste-t-elle à mettre en évidence les principes selon lesquels les expressions complexes (phrases et syntagmes) se décomposent récursivement en éléments plus simples : c'est ce que systématisent les modèles syntagmatiques issus de la procédure d'analyse dite « **en constituants immédiats** » (**VI : 2.2.2.**).

Comme les éléments constitutifs de la phrase et les façons dont ils se combinent ne sont pas donnés à l'avance, leur identification suppose des procédures de **segmentation** et de **classification**. Il s'agit d'abord de reconnaître des segments identiques qui réapparaissent dans des combinaisons toujours renouvelées mais néanmoins gouvernées par des règles. Dans cette perspective, la description syntaxique établit les classes d'unités simples (les **parties du discours, VI : 3.**) et complexes (les **syntagmes : VI : 2.2.1.**)

d'une langue ainsi que les règles qui président à leurs combinaisons (**VI : 2.2.4.** et **2.2.5.**). En d'autres termes, la structure syntaxique des phrases peut être représentée comme une configuration de segments identifiés par leur nature (le segment x appartient à la classe X) et par leur fonction (le segment x est en relation avec le segment y dans la construction d'ensemble z). Si néanmoins les descriptions syntaxiques divergent, c'est parce qu'elles ne retiennent pas nécessairement les mêmes critères pour définir ces deux notions fondamentales (**VI : 1.3.** et **2.3.1.**).

L'analyse syntaxique ne se réduit pas pour autant aux seules procédures de « démontage » des phrases. Elle s'étend également aux rapports systém(at)iques et reproductibles entre les constructions. C'est le cas des différents types d'une même phrase (**XIV : 1.**), par exemple de ses versions active et passive (**XIV : 7.1.**). Il arrive aussi qu'une construction se décrive avantageusement à partir d'une construction apparentée, retenue pour ses vertus explicatives parce qu'elle fait apparaître des éléments et des relations qui ne sont pas directement observables dans la forme de la construction étudiée. On analysera, par exemple, la construction infinitive de la phrase :

(1) *Jean désirait prendre des vacances*

par rapport à la phrase analogue avec une subordonnée complétive dont le sujet est coréférentiel à celui de la principale :

(2)a **Jean désirait qu'il* [= lui-même] *prenne des vacances*
(2)b *Jean désirait qu'il* [= Paul] / *Lucie prenne des vacances.*

Le contraste permet d'abord de justifier l'interprétation du sujet non exprimé de l'infinitif de (1) en postulant une règle de non-réalisation du sujet de la complétive lorsqu'il est coréférentiel au sujet du verbe de la principale. Il explique aussi la possibilité d'une coordination de la construction infinitive sans sujet avec une subordonnée complétive dont elle partage le statut syntaxique : *Jean désirait prendre des vacances, mais que sa femme reste à la maison.* Du coup s'expliquent :

• l'agrammaticalité de (2a) et de **Je désire que je prenne des vacances* ;
• l'accord de l'attribut de l'infinitif avec son sujet effacé, mais néanmoins interprété comme coréférent au sujet du verbe principal : *Il désire être heureux* vs *Elle désire être heureuse* ;

Introduction 41

- les contraintes de coréférence sur la forme réfléchie des verbes essentiellement pronominaux à l'infinitif et sur les formes réfléchies disjointes : *Il désire s'enfuir / *t'enfuir / *les enfuir – Elle veut tout faire elle-même / *lui-même / *vous-mêmes*.

Comme les précédentes, la composante syntaxique comporte une dimension sémantique, mais à sa façon (**3.5.1.**). En effet, lorsque l'architecture formelle, catégorielle et hiérarchique des phrases telle qu'elle vient d'être définie est investie par des configurations sémantiques, les unités lexicales qui s'insèrent dans leurs moules syntaxiques leur confèrent des propriétés syntaxiques additionnelles et différenciatrices. Un exemple simple illustrera ce conditionnement sémantique que le lecteur pourra vérifier à de multiples occasions dans les sections consacrées aux structures de la phrase simple et de ses constituants. Soit les trois phrases (1-3) et les schématisations [1a-3a] de leur forme syntaxique :

(1) *Jean lit un livre*   [1a] N0 – [V – N1]$_{GV}$
(2) *Jean éternue*   [2a] N0 – [V]$_{GV}$
(3) *Jean donne un livre à Paul*   [3a] N0 – [V – N1 – à – N2]$_{GV}$

À sujet identique, les trois réalisations du groupe verbal (verbe + objet direct, verbe seul, verbe + deux objets) sont conditionnées par le sens lexical du pivot verbal. Pour (5), par exemple, le verbe *donner* est un prédicat à trois arguments qui dénote le processus de transfert d'un objet y du domaine de possession de x dans celui de z. Agent déclencheur et contrôleur du procès, x occupe la place syntaxique du sujet N0, l'objet y du transfert celle de l'objet direct N1 et le bénéficiaire z du transfert celle du complément indirect N2. C'est donc bien le sens lexical du verbe *donner* qui explique la structure syntaxique interne du groupe verbal de (5), à savoir le nombre, la nature de ses deux compléments et leur rôle sémantique. Il en va de même pour les prédicats respectivement à deux arguments (un lecteur et un texte écrit) et à argument unique (l'expérienciateur d'un procès qui lui est interne) représentés, dans (3) et (4), par les verbes *lire* et *éternuer*.

Bibliographie. — *Langue française*, 1 (*La syntaxe*) 1969 – C. Fuchs et P. Le Goffic (1975), *Initiation aux problèmes des linguistiques contemporaines*, Hachette : 29-34,

64-70 et 82-8 – A. Daladier (1980), Quelques hypothèses « explicatives » chez Harris et chez Chomsky, *Langue française*, 46 : 58-72 – L. Picabia (1980), Deux analyses transformationnelles des pronoms français. La transformation comme principe explicatif, *Langue française*, 46 : 41-57 – A. Zribi-Hertz (1980), La démarche explicative en grammaire générative : autour du concept de transformation, *Langue française*, 46 : 8-31. – A. Delaveau et F. Kerleroux (1985 : 5-14) – A. Wierzbicka (1988), *The semantics of grammar*, Amsterdam / Philadelphia, John Benjamins – M. Riegel (1999), Sémantique linguistique et cognition. Pour une conception réaliste de la signification linguistique, *Cognitio*, 7 : 51-72 – Muller Cl. (2002), *Les bases de la syntaxe*, Bordeaux, Presses Universitaires de Bordeaux. – M. Riegel (2006) Architecture et interprétation de la rection verbale : le cas des groupes nominaux construits directement, in H. Nølke *et al.* (éds), *Grammatica. Hommage à Michael Herslund*, Peter Lang, Bern. Berlin. Bruxelles : 437-451.

3.5.6. *La composante sémantique*

La sémantique (du grec *sèmantikos*, dérivé adjectival de *sèmainein* : signifier) a pour objet l'étude du sens véhiculé par les différents types de formes signifiantes. Elle décrit la partie de notre compétence qui nous permet d'interpréter les énoncés, c'est-à-dire qui fait que nous les comprenons comme nous les comprenons. Comme composante interprétative de notre savoir linguistique, elle constitue une hypercomposante intégrée à chacune des composantes lexicale, morphologique et syntaxique dont elle représente, comme on l'a vu, la dimension interprétative (**3.5.3., 3.5.4.** et **3.5.5.**). Que les différentes formes regroupées dans ces trois composantes partagent la même dimension interprétative – et unificatrice – qu'est la sémantique explique notamment le phénomène, difficile à expliquer autrement, de leur synthèse dans l'interprétation des énoncés.

La **sémantique lexicale** (**XXI : 2.**) se fonde sur les intuitions qui nous font reconnaître des relations de sens telles que la synonymie et la paraphrase (**XXI : 2.3.**), l'implication (« Si quelque chose est une *tulipe*, alors c'est une *fleur* »), l'incompatibilité (« Si c'est une *tulipe*, ça ne peut pas être une *rose*, et réciproquement »), etc., pour construire des représentations théoriques du sens des mots et des morphèmes lexicaux. À partir de leurs rapports paradigmatiques (**1.2.3.**) et pour rendre compte de la compatibilité sémantique des unités de la phrase entre elles, on assigne généralement aux noms des traits sémantiques inhérents(+ / – animé, + / – humain, etc.) et aux verbes et adjectifs des traits relationnels dits de sélection contextuelle (**VI : 3.2.**) spécifiant les contraintes combinatoires qu'ils exercent sur leur entourage nominal. Ces descriptions sont vérifiées par la pratique lexicographique qui associe aux unités lexicales des paraphrases définitoires fondées sur des équivalences sémantiques paradigmatiques (*Un <u>oculiste</u>, c'est un médecin <u>spécialiste des yeux</u>*).

L'étude du sens des morphèmes grammaticaux (**XX : 2.1.**) relève davantage de ce qu'il conviendrait d'appeler la **sémantique grammaticale** ou **phrastique** (**XXI : 3.1.**). Cette dernière décrit, d'une part, les **valeurs** des catégories flexionnelles de la personne, du nombre, du temps, du mode et de la voix ; d'autre part, la signification des relations syntaxiques entre les constituants de la phrase, qu'elles soient ou non marquées par un **mot fonctionnel** (préposition ou conjonction). Au total, l'interprétation sémantique d'une phrase peut être décrite sous la forme d'un ensemble d'instructions (**XXI : 3.3.**) permettant à l'allocutaire de construire une représentation sémantique à partir de ses connaissances grammaticales et lexicales, sous la forme d'un traitement unifié des relations syntaxiques de la phrase et le sens des mots.

3.5.7. *La composante pragmatique*

La **pragmatique** (du grec *pragma* : action), ou **pragmalinguistique** pour la distinguer d'autres formes de pragmatiques (p. ex. philosophique, logique ou sociologique), constitue le domaine le plus récent de la recherche linguistique. Sous ce terme se regroupent depuis le début des années 1970 un ensemble de travaux qui envisagent les énoncés linguistiques comme des outils d'interaction communicative et décrivent les conditions effectives de leur emploi. En dépit de leur diversité, ces approches reposent sur la même hypothèse fondatrice. Elles postulent en effet que l'activité langagière est une pratique intersubjective, finalisée et réglée par des principes d'efficacité et de bonne conduite communicative. On peut en effet imaginer un locuteur produisant des phrases en tout point conformes aux règles de bonne formation phonologique, morphologique, syntaxique et sémantique du français, mais communicativement incongrues et inefficaces (voir l'exemple (5) ci-dessous). Un tel locuteur serait tout simplement dépourvu de la **compétence communicative** du locuteur ordinaire.

Il n'est donc pas étonnant que, dans une grammaire globale, la dimension proprement pragmatique du langage nous soit directement révélée par des phénomènes dont l'explication ne se situe à aucun des autres niveaux d'analyse traditionnels. Il s'agit notamment de la diversité des facteurs qui conditionnent l'interprétation des énoncés en situation de communication. Et plus particulièrement des connaissances autres que celles qui constituent une grammaire identifiée aux composantes qui viennent d'être décrites (**3.5.3.** à **3.5.6.**). Par exemple :

• Les **inférences** (calculs à effectuer par le récepteur) **programmées** par la signification instructionnelle de certaines formes, telles que les déictiques, les expressions anaphoriques ou les temps grammaticaux. Ainsi le jour évoqué par le complément temporel de la phrase *La naissance est prévue pour demain* dite le 2 mars 1970 sera identifié au mars 1970, conformément à l'instruction chronologique de la définition du mot *demain* qui renvoie à sa propre énonciation : « jour qui suit celui où ce mot est prononcé ». Dans un contexte approprié (car il pourrait aussi avoir un emploi déictique), le pronom anaphorique *en* de *Il m'en faudrait davantage* invite à rechercher dans le cotexte une expression référentielle renvoyant à un référent massif ou comptable qui lui serve d'antécédent.

• Les **inférences de validation énonciative** de la signification des phrases, ou comment le récepteur passe de l'interprétation littérale d'une phrase telle qu'il la comprend grâce à sa compétence grammaticale et lexicale (ce que le locuteur a dit) à une interprétation contextuellement dérivée (ce que le locuteur à voulu dire). Ainsi dans le dialogue attesté :

    A : (1) *Quelle heure est-il ?*
    B : (2) *Le facteur vient tout juste de passer*

la réponse (2) de B est équivalente à :

    B : (3) *Il doit être aux alentours de 10 heures et demie*

si les deux interlocuteurs partagent la connaissance commune :

[4] « Le facteur passe régulièrement vers 10 heures et demie »

qui, couplée à l'information véhiculée par (2), produit inférentiellement l'interprétation (3).

• Les choix et les contraintes qui découlent de ce que l'on pourrait appeler les **principes de bonne conduite et d'efficacité communicatives**. Ainsi s'explique, par exemple, la déviance de la phrase (5) comparée à (6) :

(5) **Louis XIV est mort en 1715, mais je ne le sais pas.*
(6) *Louis XIV est mort en 1715, mais Paul ne le sait pas.*

Formellement, les deux phrases s'analysent comme la coordination de deux phrases assertives dont chacune est morphologiquement et syntaxiquement bien formée. Sémantiquement, elles s'interprètent comme la conjonction de deux propositions (au sens logique et grammatical du terme) qui décrivent chacune un état des choses : le décès de Louis XIV à une certaine date et l'ignorance de ce fait historique par un certain individu. Pourtant, (5) est communicativement incongrue, car elle contrevient à un principe implicite qui régit toute conversation « sérieuse » : lorsqu'on affirme quelque chose, on se présente simultanément comme garant de sa vérité. Faute d'un tel principe (la maxime de qualité de Grice (1975) ou, plus simplement, la norme de sincérité), toute communication effective serait abolie, puisque l'interlocuteur ne saurait jamais comment « prendre » les énoncés des autres.

Bibliographie. — M. Bakhtine (1929), *Le marxisme et la philosophie du langage*, Éd. de Minuit,1977 – G. H. Halliday (1970), Language Structure and Language Function, in J. Lyons (éd.), *New Horizons in Linguistics*, Londres, Penguin : 140-165 – J. R. Searle (1972) – H. P. Grice (1975) – *Langue française*, 42 (1979), *La pragmatique* – A. Berrendonner (1981), *Eléments de pragmatique linguistique*, Minuit – G. Kleiber (1982), Les différentes conceptions de la pragmatique *ou* Pragmatique, où es-tu ?, *L'information grammaticale*, 12 : 3-8 – J.-C. Anscombre et O. Ducrot (1983) – O. Ben Taleb (1984) – G. Kleiber, éd. (1984) *Recherches en pragmasémantique*, Klincksieck – C. Kerbrat-Orecchioni (1986) – L. Fant (1990), On the Relevance of the Semantics / Pragmatics Distinction, *Copenhagen Studies in Language*, 13 : 16-40 – D. Sperber et D. Wilson (1989) et (1990), Outline of Relevance Theory, *Hermes*, 5 : 35-56 – M. Bracops (2005), *Introduction à la pragmatique. Les théories fondatrices : actes de langage, pragmatique cognitive, pragmatique intégrée*, Bruxelles, De Boeck.

En substance, une description linguistique est pragmatique si elle ne réduit pas les énoncés à des constructions dotées d'un sens intrinsèque, mais envisage leur interprétation dans les types de situations où elles pourraient être employées. L'extension du domaine de la pragmalinguistique et les rapports complexes qu'elle entretient avec les autres composantes d'une grammaire apparaît à travers toute une série de phénomènes interprétatifs que l'analyse grammaticale ne saurait ignorer : **actes de langage** (**XXIII : 3.**) accomplis directement ou indirectement par l'énonciation d'une phrase, expressions référentielles (**XXII : 3.**), déterminants (**VII : 2.**) et pronoms (**VII : 5.**) dont l'interprétation dépend de la situation de communication ou du contexte linguistique, expressions **déictiques** (**XXIII : 2.1.**) et **anaphoriques** (**XXIV : 3.**), sens des **connecteurs argumentatifs** (**XXIV : 4.**) qui permettent d'orienter l'interprétation du destinataire vers un certain type de conclusion, etc.

Les phénomènes qui manifestent ce type de régularités relèvent de la langue en action et de la langue en situation. Leur prise en compte par la description grammaticale implique une double distinction entre **phrase et énoncé** et, par voie de conséquence, entre **sens phrastique et signification énonciative** (**XXI : 3.1. et 3.2.**). Une phrase donnée est une entité structurale abstraite que l'on peut caractériser par un ensemble de règles de bonne formation phonologique, morphologique et sémantique. Elle se réalise sous la forme concrète d'énoncés. Ainsi la suite ordonnée des trois mots *comment*, *allez* et *vous* constitue, en dehors de toute situation de communication et de tout contexte linguistique, une phrase (**V : 1**) : c'est-à-dire un assemblage grammaticalement bien formé, n'entrant pas dans une construction plus vaste et appartenant à un type déterminé (ici : interrogatif). Mais chaque fois que l'on prononce ou que l'on écrit une phrase, la même structure lexico-syntaxique abstraite se réalise à travers autant d'énoncés particuliers. Mais chacun de ces énoncés est unique et différent des autres, parce qu'il résulte d'un acte individuel, dit d'**énonciation** (**XXIII : 1.**), effectué par un locuteur particulier engagé dans une situation de communication particulière, donc avec des objectifs communicatifs et des visées référentielles qui lui sont spécifiques. Ainsi non seulement la valeur référentielle du sujet de la phrase *Comment allez-vous ?*, c'est-à-dire l'identité du destinataire, varie d'un énoncé à l'autre, mais aussi : selon la situation, la phrase peut être interprétée comme une formule purement phatique (à la suite, par exemple, de *Bonjour !*), une question de bonne foi (adressée par un médecin a son patient) ou un commentaire ironique (si le locuteur veut laisser entendre malicieusement qu'il sait que le destinataire ne va pas bien).

Remarques. — 1. Les exemples des grammaires sont des phrases, en dehors des citations référencées et des phrases suffisamment contextualisées pour être envisagées comme des énoncés.
2. Une phrase ne peut se concevoir que sous une forme normalisée, voire canonique (**VI : 2.1.**), qui n'est pas toujours reproduite intégralement par ses énoncés. *Plutôt* ou *Pas trop*, par exemple, s'interpréteront contextuellement comme des formes abrégées de phrases complètes (équivalant à *Je suis plutôt fatigué* ou de *Je ne suis pas trop fatigué*), en réponse, entre autres, à la question *Es-tu fatigué ?* Ailleurs, c'est la situation de communication qui permet de faire l'économie de l'information normalement véhiculée par une partie de la phrase. C'est le cas du chirurgien en train d'opérer qui, pour demander un instrument, se contente habituellement d'en énoncer le nom, p. ex. *Bistouri* pour *Passez-moi le bistouri*.

Bibliographie. — S. Delesalle (1974) – M.-N. Gary-Prieur (1985) : 45-56 – J. Moeschler et A. Reboul (1994), *Dictionnaire encyclopédique de pragmatique*, Seuil.

PREMIÈRE PARTIE

LES FORMES DE L'ÉCRIT ET DE L'ORAL : PHONÉTIQUE ET ORTHOGRAPHE

Chapitre Premier

L'ORAL ET L'ÉCRIT

1. DE L'ORAL À L'ÉCRIT

1.1. Aperçu historique

S'il est hasardeux de vouloir dater avec précision l'apparition de la parole dans l'espèce humaine, on peut sans difficultés situer la naissance de l'écriture. Celle-ci constitue une étape seconde par rapport à la langue orale. Son apparition est tardive : en Mésopotamie d'abord (écriture sumérienne) vers 3300 avant Jésus-Christ, puis en Égypte vers 3000 av. J.-C., en Chine au XVIIe siècle av. J.-C. et en Amérique centrale à la même époque (Coulmas 2003 : 190 sv).

Il est aujourd'hui admis que les écritures sont nées indépendamment les unes des autres, dans des conditions semblables, dans des sociétés sédentaires et urbanisées, possédant une industrie, un commerce actif et un état organisé. Selon M. Cohen (1958), l'apparition de l'écriture est parallèle aux « progrès des civilisations les plus avancées ». En retour, l'écriture contribue au progrès des sociétés qui l'utilisent. Elle favorise les administrations et les économies complexes ; la religion et le droit se structurent et l'économie peut s'appuyer sur le développement de la comptabilité. L'écriture modifie également les processus cognitifs. Elle permet d'agencer autrement les significations, par l'usage d'un espace bidimensionnel : les listes et les tableaux n'existent pas à l'oral. Les premières rendent possibles toutes les classifications, les seconds servent aux inventaires et aux listes lexicales (dès 3000 av. J.-C.).

L'écriture contribue également au développement de la pensée et de savoirs spécifiques ; la science et la rationalité lui sont liées. « L'écriture est la possibilité du jeu de l'intellect sur la langue » (J. Goody 1977 : 9) ; elle donne une conscience plus aiguë des structures de la langue. L'invention de l'alphabet, vers 1500 av. J.C., en sumérien, est capitale. Dans une écriture alphabétique, les lettres représentent un découpage de la langue qui correspond à une analyse de la chaine parlée en phonèmes, même si cette correspondance graphèmes / phonèmes est approximative. « *L'écriture est une analyse linguistique à des degrés divers de conscience* » (C. Hagège 1985 : 102).

Le rapport de l'oral et de l'écrit change avec le temps : alors que l'oral continue d'évoluer régulièrement, l'écrit tend à se fixer, et le décalage entre eux s'accroît, d'autant plus que l'écrit, devenu autonome, n'est plus un simple représentant de l'oral. La relation hiérarchique tend même à s'inverser : « on ne parle plus de la même manière une langue écrite » (J. Goody 1977 : 11).

Bibliographie. — J. Goody (1977), *La raison graphique. La domestication de la pensée sauvage*, Éd. de Minuit (1979) – J. Goody (1986), *La logique de l'écriture. Aux origines des sociétés humaines*, A. Colin – J. Goody (1994), *Entre l'oralité et l'écriture* (1993), PUF – M. Cohen (1958), *La grande invention de l'écriture et son évolution* – J.-G. Février (1959), *Histoire de l'écriture*, Payot – J. Derrida (1967), *De la grammatologie*, Éd. de Minuit – R. Harris (1993), *La sémiotique de l'écrit*, Éd. du CNRS – F. Coulmas (2003) – Pratiques 131-132, (2006), *La littératie. Autour de Jack Goody*.

1.2. La distinction oral / écrit

Partant de leur différence de substance, on oppose traditionnellement l'oral et l'écrit sur le plan du médium : le message oral présente une réalisation sonore produite par les organes de la parole qui met en jeu le sens auditif, alors que le message écrit présente une réalisation graphique, sur un support matériel spécifique, qui met en jeu la perception visuelle. Cependant, cette distinction reposant sur la réalisation physique ne suffit pas pour rendre compte de la diversité des messages oraux et écrits. Le débat a été réactivé ces dernières années avec les analyses des produits des « nouvelles tech-

I – L'oral et l'écrit

nologies » (courriels, chats, SMS, etc.), que certains ont situés comme « de l'oral dans l'écrit ». Or, il est clair que ces messages appartiennent bien à l'ordre de l'écrit (Gadet 2008). Suivant Ludwig Söll (1974 : 19), qui oppose *die Realisation* et *die Konzeption*, on s'appuie désormais sur une double distinction :

1°) Au niveau du moyen de communication, on distingue le *code phonique* et le *code graphique*. Cette opposition des deux médiums sur le plan de leur réalisation physique représente une dichotomie : un message donné est nécessairement soit oral, soit écrit, en fonction de son support.

2°) Au niveau du mode de communication, on distingue le *langage oral* et le *langage écrit*. Cette opposition « conceptionnelle » représente un continuum complexe. Les messages se situent, à des degrés divers, entre les deux pôles *proximité* et *distance*, qui sont identifiés par une série de propriétés (définies sous forme d'une liste ouverte par P. Koch et W. Oesterreicher 2001 : 586) :

	Proximité	Distance
1	communication privée	communication publique
2	interlocuteur intime	interlocuteur inconnu
3	émotionnalité forte	émotionnalité faible
4	ancrage actionnel et situationnel	détachement actionnel et situationnel
5	ancrage référentiel dans la situation	détachement référentiel de la situation
6	co-présence spatio-temporelle	séparation spatio-temporelle
7	coopération communicative intense	coopération communicative minime
8	dialogue	monologue
9	communication spontanée	communication préparée
10	liberté thématique	fixation thématique

N.B. Comme Gadet (2008), nous employons le terme « proximité » au lieu du terme « immédiat » employé par Koch-Oesterreicher (2001) pour traduire l'allemand *Nähe*, car *proximité* a un sens plus vaste.

Ces dix propriétés alternatives permettent de traiter finement chaque message oral ou écrit. La communication de proximité est immédiate et en situation. Ainsi, dans une conversation orale spontanée, il ne s'écoule pas de temps entre l'émission et la réception, et les interlocuteurs qui dialoguent sont présents dans une situation spatio-temporelle déterminée et ont accès à des connaissances situationnelles et à des référents communs. La communication à distance est différée et hors situation. Il existe un délai plus ou moins long entre l'émission et la réception. La coupure de la situation d'émission empêche le récepteur de s'appuyer sur celle-ci pour interpréter le message.

Les conditions de la communication déterminent les différentes formes des messages oraux et écrits. La communication écrite donne le temps d'élaborer le message : le scripteur peut revenir sur ce qu'il a écrit, pour le corriger ou le compléter. À l'oral spontané, le locuteur élabore et émet son message presque simultanément ; toute erreur, tout raté ou mauvais départ ne peuvent être corrigés à l'oral que par une reprise, une hésitation, voire une rupture de construction, qui laissent des traces dans le message même. Cela explique le caractère plus fini, construit et continu de l'écrit élaboré, par opposition à l'oral spontané qui peut ressembler à un brouillon, portant les marques de l'autocorrection du locuteur ou des interruptions de l'interlocuteur.

La différence entre la proximité et la distance explique certaines particularités linguistiques de l'oral et de l'écrit. La proximité favorise l'économie des moyens linguistiques : beaucoup d'éléments d'information sont apportés par la situation, qu'il s'agisse des éléments référentiels proprement dits ou des informations non verbales (gestes, mimiques, etc.). D'autre part, les déictiques (**XXIII : 2.1.**) sont naturellement employés, sans équivoque : *Vous savez que j'ai un esprit scientifique. Or, récemment, j'ai fait une découverte bouleversante !* (R. Devos, *Sens dessus dessous*). L'identification des interlocuteurs *(je, vous)*, du lieu et du temps est assurée par la situation partagée (**XXIII**). À l'écrit, un énoncé comme *il chante faux* ne peut plus s'interpréter par référence à la situation partagée : le pronom personnel ne peut pas avoir de valeur déictique, mais il est anaphorique et l'identification de son référent se fait par sa mise en relation avec un élément antérieur du texte (**XXIV : 3.**). De même, le cadre spatio-temporel doit être précisé dans la communication écrite : des indicateurs du temps et du lieu, l'organisation des temps du verbe et l'usage de connecteurs sont nécessaires pour repérer les êtres et les actions et établir leurs rapports.

Cependant, ces deux représentations de l'oral et de l'écrit correspondent à des situations de communication prototypiques, qui constituent des cas extrêmes des deux ordres : la conversation orale spontanée représente le mieux la proximité communicative, alors que l'écrit littéraire élaboré est le meilleur exemple de la distance communicative. Or, de nombreux messages oraux et écrits constituent des cas intermédiaires entre la proximité et la distance maximales. Ainsi, la lecture à haute voix d'un texte écrit, tout en utilisant le code phonique, est caractérisée par la distance communicative. Inversement, une lettre personnelle entre amis, tout en utilisant le code graphique, manifeste une grande proximité communicative. C'est aussi le cas des écrits électroniques, qui utilisent le code graphique : les courriels et les chats manifestent une recherche de la proximité, même sans la co-présence spatiale des interlocuteurs (Gadet 2008) : on relève des traits de l'oral, dans un discours manifestant une certaine émotionnalité.

1.3. L'oral et l'écrit : norme et variation linguistique

L'oral et l'écrit ne sont pas égaux devant la norme. La langue écrite jouit en France, depuis le XVIIe siècle surtout, d'un prestige fondé notamment sur la littérature classique ; la norme du français est établie sur le modèle de l'écrit. L'oral est critiqué par la norme prescriptive (**Introduction : 2.4.**) : en plus des imperfections liées à la nature de la communication orale, l'usage oral présente, aux yeux de la norme, le défaut majeur d'évoluer constamment, ce qui permet de parler de dégradation ou d'appauvrissement du français, par opposition à un écrit rigidement fixé. L'expression de *français parlé* est ambiguë : elle désigne objectivement le français utilisé quand on parle (message sonore) ; mais elle est connotée négativement et en vient, comme synonyme de *populaire* ou de *familier*, à désigner un français relâché, dégradé, en un mot dévalorisé par la norme. Cette attitude normative brouille la description de la langue, en la fondant sur l'opposition d'un français parlé « fautif » et d'un français écrit « correct », tous deux étant rapportés à la norme écrite. Ce faisant, on risque de restreindre le parlé au familier (ou au populaire), alors que la diversité des registres de langue se rencontre aussi bien à l'oral qu'à l'écrit, même si la censure normative est plus contraignante à l'écrit, imposant à ce dernier un modèle plus recherché.

La variation oral/écrit constitue un des aspects de la diversité des usages de toute langue (**Introduction**), qui inclut également les variations sociales, géographiques et stylistiques, desquelles elle doit être distinguée (Koch et W. Oesterreicher 2001 : 605sv). Le français, contrairement à d'autres langues romanes comme l'italien ou l'espagnol, manifeste de très importantes différences entre les usages oraux et écrits. Comme la norme prescriptive est fondée sur l'écrit, elle stigmatise fortement les usages oraux, qui contredisent le modèle prévalent de la distance.

Bibliographie. — L. Söll (1974), *Gesprochenes und geschriebenes Französisch*, Berlin, Schmidt – C. Blanche-Benveniste et C. Jeanjean (1987) – J. Rey-Debove (1988), À la recherche de la distinction oral/écrit, dans *Pour une théorie de la langue écrite* (N. Catach dir.), Éditions du CNRS : 77-90 – F. Kerleroux (1990), Pour une analyse théorique du statut de l'écrit, *Le gré des langues*, 1 : 180-186 – P. Koch (1993), Oralité médiale et conceptionnelle dans les cultures écrites, *in* C. Pontecorvo et C. Blanche-Benveniste (éds), *Proceedings of the workshop on Orality versus Literacy : Concepts, Methods and Data*, ESF : 225-248 – P. Koch et W. Oesterreicher (2001), Gesprochene Sprache und geschriebene Sprache. Langage parlé et langage écrit, *in Lexicon des romanistischen Linguistik* (LRL), Tübingen, Max Niemeyer Verlag, 2 : 584-627 – N. Marty (2005), *Informatique et nouvelles pratiques d'écriture*, Nathan – F. Gadet (2008), Variation et polygraphie : les écrits électroniques, *in* C. Brissaud, J.-P. Jaffré et J.-C. Pellat (éds), *Nouvelles recherches en orthographe*, Limoges, Lambert-Lucas : 71-83.

2. PHONIE ET GRAPHIE

On peut observer les différences entre le code phonique et le code graphique aux niveaux de base, celui des relations phonèmes / graphèmes et celui des marques grammaticales.

2.1. Phonèmes et graphèmes

Les phénomènes sonores (phonèmes, syllabe, accent, intonation, etc. : **II**) entretiennent des rapports complexes avec les faits graphiques (orthographe et ponctuation : **III et IV**). Sans entrer dans le détail, on peut illustrer les difficultés des relations entre l'oral et l'écrit à propos des correspondances entre les unités minimales de chaque code, les **phonèmes** et les **graphèmes**.

Dans l'idéal graphique représenté par la transcription phonétique, un seul phonème devrait correspondre à un seul graphème, et inversement. Aucune orthographe ne suit ce principe ; en français, la relation biunivoque entre les phonèmes et les graphèmes n'est pas assurée dans trois cas principaux :

▶ *Le nombre de phonèmes diffère du nombre de lettres* :
• Le plus souvent, un graphème complexe, constitué de deux ou trois lettres, correspond à un phonème unique :

> – un **digramme** est un groupe de deux lettres correspondant à un phonème : *ch* = [ʃ] dans *chat, charbon* ; *ph* = [f] dans *éléphant, phoque* ; *an* = [ɑ̃] dans *blanc, grand* ; *ai* = [ɛ] dans *balai, venait* ; *eu* = [œ] *dans peur, leur*.
> – un **trigramme** est un groupe de trois lettres correspondant à un phonème : *ain* = [ɛ̃] dans *sain, vain* ; *eau* = [o] dans *eau, château* ; *ill(e)* = [j] dans *fouiller, paille*.

• Une lettre correspond à deux phonèmes : c'est la lettre *x*, qui correspond à [ks] dans *excuse, taxi* et à [gz] dans *exact, examen*.

▶ *Des ressemblances dans un système correspondent à des différences dans l'autre* :
• Un phonème ou un groupe de phonèmes correspond à une ou plusieurs lettres différentes selon les mots :

> – le phonème [ɑ̃] correspond aux graphèmes *an (rang), am (rampe), en (rente), em (tempe), aon (paon), aen (Caen)*.
> – le phonème [s] correspond à *s (son)* ou *ss (poisson), c (cette)* ou *ç (balançoire), t (action), x (soixante)*.
> Des mots comportant les mêmes phonèmes sont **homophones**. En français, il existe de très nombreux homophones qui se différencient uniquement par la graphie, comme la série des [vɛʀ] : *ver, vers, vert, verre,*

vair. Dans cette série, seuls le nom *vers* et la préposition *vers* ont la même graphie.

• Une même lettre ou un groupe de lettres peuvent correspondre à différents phonèmes ou séquences de phonèmes : *s* correspond à [s] *(seuil)* ou à [z] *(maison, raison)* ; *in* correspond à [ɛ̃] *(pin)* ou à [in] *(mine)* ; *-ill-* correspond à [j] dans *paille*, à [il] dans *ville* et à [ij] dans *fille*.
Des mots comportant les mêmes lettres sont **homographes**. Les homographes sont le plus souvent également homophones : *louer, pêcher, tour, voler*, etc. Quelques termes homographes se prononcent différemment, ce qui crée des incertitudes pour le lecteur : *Les fils du tailleur sont mal assortis. – Les poules du couvent couvent – Il est trop fier pour se fier à nous.*

▶ *Certaines lettres (« muettes ») ne correspondent à aucun phonème : -p* dans *dompter, sculpture, -ct* dans *aspect, -fs* dans *œufs, bœufs, -nt* du pluriel dans *aiment*, etc.

La tendance, depuis des siècles, est à prononcer ce qui est écrit : au XVIIe siècle, on ne prononçait pas le *-r* final de *finir* [fini]. Aujourd'hui, certaines lettres muettes tendent à être prononcées, comme le *p* de *dompteur.*

2.2. Correspondances morphologiques : les marques grammaticales

Le fonctionnement des marques de genre, de nombre, de personne, de temps et de mode diffère à l'oral et à l'écrit :

(1) *Les enfants jouent dans la cour* [lezɑ̃fɑ̃ʒudɑlakuR]
(2) *Je parle* [ʒəpaRl], *tu parles* [typaRl], *il parle* [ilpaRl], *nous parlons* [nupaRlɔ̃], *vous parlez* [vupaRle], *ils parlent* [ilpaRl]

Le nombre et la répartition des marques grammaticales diffère :

▶ Dans la phrase (1), l'écrit utilise trois marques du pluriel, réparties sur le déterminant *les*, le nom *enfants* et le verbe *jouent*, alors que l'oral se contente d'une seule marque, portée par l'article, avec la liaison, [lez].

▶ Dans la conjugaison du verbe *parler* (2) au présent de l'indicatif, on distingue, par les désinences, 5 personnes à l'écrit (*-e, -es, -ons, -ez, -ent*) et seulement 3 personnes à l'oral ([ɔ̃], [e], la forme verbale étant identique pour les trois personnes du singulier et la troisième personne du pluriel).

Dans le code écrit, on observe généralement une redondance des marques grammaticales, qui se répètent sur plusieurs segments distincts. En outre, un même segment peut porter en même temps des marques différentes : dans *Les étudiantes sont studieuses*, le nom *étudiantes* et l'adjectif *studieuses* portent à la fois une marque de genre (*-e-* féminin) et une marque de nombre (*-s* pluriel).

L'oral comporte généralement moins de marques grammaticales que l'écrit, comme dans la phrase (1) : un seul segment peut porter la marque nécessaire pour que l'information grammaticale soit perçue. Et, à la différence de l'écrit, un même segment oral ne porte qu'une marque, de genre ou de nombre, et les marques se répartissent sur des segments différents de la phrase : dans [lezetydjɑ̃tsɔ̃stydjøz], l'article et le verbe *être* portent les marques du nombre [lez], [sɔ̃], le nom et l'adjectif portent celles du genre [etydjɑ̃t], [stydjøz].

La tendance à l'économie des marques à l'oral et à la redondance à l'écrit tient à la situation de communication. Comme la communication orale se déroule en situation, celle-ci apporte des éléments d'information et lève des équivoques, ce qui permet d'économiser les moyens linguistiques. La communication écrite, au contraire, se déroule hors situation et demande de répéter les marques pour que l'information soit clairement reçue. Le phénomène de l'accord (**XX : 2.3.**), fondé sur cette redondance des marques grammaticales, assure la cohésion du message écrit en indiquant clairement les relations entre les éléments de la phrase.

Remarque. — C. Blanche-Benveniste, reprenant une étude de M. Gibier, précise que « les cas où l'on peut observer les accords de participe passé, avec des finales audibles, représentent environ 6 % des occurrences de participes passés dans les productions orales » (1990 : 203, note 12). Cet accord suit des tendances qui ne correspondraient pas à la norme : ainsi, « Il y a accord quand la zone postverbale est vide : < vous l'avez écrite > » (1990 : 204).

3. ANALYSE DU DISCOURS ORAL

La tradition grammaticale prend implicitement pour objet la langue écrite et, de ce fait, néglige ou ignore la langue orale. Certes, l'oral et l'écrit partagent des structures communes, et il est artificiel d'opposer la syntaxe de l'oral et la syntaxe de l'écrit, surtout si l'on fonde cette opposition sur la norme qui oppose l'écrit « correct » et l'oral « fautif ». Mais il est nécessaire d'étudier la syntaxe du français parlé pour compléter la description grammaticale de la langue : l'étude du français parlé est importante pour l'étude du « français tout court » (C. Blanche-Benveniste 1983 : 27), quitte à remettre en cause les cadres de l'analyse traditionnelle. Cependant, il n'est pas question de couper l'analyse de l'oral du reste de la grammaire, en la mettant à l'écart dans une partie réservée : les usages oraux se manifestent dans tous les domaines grammaticaux. Aussi se limite-t-on ici a une rapide présentation des caractéristiques de l'oral et, puisque la phrase est une réalité linguistique moins évidente à l'oral, on se place dans le cadre plus vaste du discours oral.

3.1. Organisation du discours oral

Les caractéristiques des discours oraux tiennent à leurs conditions de production : « lorsque nous produisons des discours non préparés, nous les composons au fur et à mesure de leur production, en laissant des traces de cette production » (C. Blanche-Benveniste 1990 : 17).

Si l'on veut effectuer une comparaison entre l'oral et l'écrit, il est plus légitime de rapprocher l'oral spontané non de l'écrit corrigé et élaboré, mais des brouillons, de ce que J. Bellemin-

Noël (1972) appelle *l'avant-texte*. Comparer les productions orales non préparées à des brouillons de l'écrit permet de mieux expliquer leurs caractéristiques, bien qu'il soit difficile de faire le tri, à l'oral, entre les erreurs manifestes et les retouches voulues (C. Blanche-Benveniste et C. Jeanjean 1987 : 155-161).

Comparé à l'écrit élaboré, le discours oral spontané ne présente pas un déroulement continu : il comporte des répétitions, des hésitations, des faux départs, des reprises, des interruptions, des ruptures de construction (en cours de phrase), des inachèvements, des autocorrections, etc. L'auditeur assiste « en direct » au processus de production du discours et il arrive souvent au locuteur de commenter ce qu'il est en train de dire (choix du terme exact, manière de parler, etc.).

La situation de dialogue peut expliquer en partie ces phénomènes, qui sont déterminés par le déroulement de l'interaction orale. Dans une succession équilibrée et consensuelle des tours de parole, chacun laisse parler l'autre ou peut compléter le discours d'autrui, et l'échange se déroule harmonieusement. Dans une interaction chaotique (voir les débats télévisés), les tours de parole ne sont pas forcément respectés, les interlocuteurs peuvent s'interrompre mutuellement, les discours peuvent se chevaucher, un discours interrompu peut rester inachevé ou être repris plus tard, ...

Dans ces conditions, il est vain de critiquer le caractère chaotique et fragmentaire du discours oral spontané, par opposition à la fluidité du texte écrit. L'ancrage situationnel et référentiel dans la situation ainsi que la coprésence des interlocuteurs assurent une certaine cohérence de l'échange.

Bibliographie. — J. Bellemin-Noël (1972), *Le texte et l'Avant-Texte*, Larousse.

3.2. Vocabulaire

Il est artificiel d'opposer les mots de l'oral aux mots de l'écrit : le choix du vocabulaire est largement conditionné par les registres de langue et les domaines d'emploi, et certains dressent des listes de vocabulaire parlé qui sont en fait fondées sur le registre familier. Il est déjà plus intéressant d'observer que les fréquences d'emploi des mots ne sont pas les mêmes à l'écrit et à l'oral. Dans les années 1950, l'enquête sur le *Français fondamental* a défini un noyau de 800 à 1 000 mots fréquents que les locuteurs emploient constamment à l'oral, à commencer par les mots grammaticaux (déterminants, pronoms, conjonctions et prépositions) ; ce noyau de base se retrouve aussi à l'écrit, qui partage avec l'oral un fonds de vocabulaire commun.

Mais une différence discursive importante tient au « travail de dénomination » à l'oral : le locuteur s'interroge sur l'emploi du terme exact, ce qui se traduit par des commentaires métalinguistiques *(comme on dit, comment dire, non pas..., mais...,* etc.) ou par l'utilisation de termes vagues comme *truc, machin, chose, faire* (C. Blanche-Benveniste 1990 : 25-29). Le locuteur peut aussi formuler des définitions, souvent après le terme à définir (*Mon cheval m'a fait un refus devant le premier oxer – c'est un obstacle formé de deux barres parallèles séparées par un espace*).

Bibliographie. — G. Gougenheim, P. Michéa, P. Rivenc et A. Sauvageot (1956), *L'élaboration du français élémentaire. Etude sur l'établissement d'un vocabulaire et d'une syntaxe de base*, Didier – A. Sauvageot (1962), *Français écrit, français parlé*, Hachette – A. Sauvageot (1972), *Analyse du français parlé*, Hachette.

3.3. Modes et temps du verbe

L'emploi des formes verbales diffère sensiblement de l'écrit à l'oral (**IX : 2.2.** et **2.4.**).

La première personne du pluriel (*nous partons*) est fréquemment remplacée à l'oral, familier surtout, par *on* (*On va au ciné ?*), ce qui supprime une distinction de personne assurée par la désinence verbale ; dans les verbes du type *chanter*, cinq formes de personnes sont alors identiques : *je, tu, il, on, ils* [ʃɑ̃t].

Le passé simple (*je partis*) et l'imparfait du subjonctif (*qu'il partît*), ainsi que les temps composés correspondants, sont réservés essentiellement à l'usage écrit, mais peuvent se rencontrer dans certains discours oraux.

Le futur simple (*je partirai*) est souvent remplacé à l'oral par le futur périphrastique formé de l'auxiliaire *aller* suivi de l'infinitif (*je vais partir*) (**IX : 2.3.** et **2.1.6.**). Cependant, selon C. Jeanjean, les deux expressions du futur ne sont pas équivalentes : le futur périphrastique avec le verbe *aller* exprime une « visée prospective » et marque un « ancrage dans l'énonciation », alors que le futur simple, qui a une valeur plus générale, « continue à être bien représenté en français parlé » (cité par C. Blanche-Benveniste 1990 : 199-202).

Pour les temps et les modes qui sont employés aussi bien à l'oral qu'à l'écrit, leurs conditions d'utilisation ne sont pas identiques. Ainsi, le présent de l'indicatif est plus répandu à l'oral comme temps omnitemporel, pouvant dénoter aussi bien le présent que le passé ou l'avenir (**IX : 2.1.1.**). Le subjonctif (**IX : 2.2.**) est employé à l'oral par tous les locuteurs ; selon les études du GARS (Groupe aixois de recherches en syntaxe), il se rencontre d'abord après des verbes impersonnels (35 % des emplois), puis après des verbes à sujet personnel (28 % : *je veux, attends que*, etc.), après *pour que, pour pas que* et *avant que* (11,5 %) ; il est moins fréquent dans les relatives (4 %), essentiellement après un antécédent indéfini ou quand le verbe *pouvoir* figure dans la relative (C. Blanche-Benveniste : 1990, p. 197-199).

Bibliographie. — J. Dubois (1965) – C. Blanche-Benveniste (1990) et (2000) – H. P. Helland (1994).

3.4. Syntaxe de l'oral

Le modèle de la phrase canonique n'est guère représenté dans le discours oral spontané. Suivant le déroulement de l'interaction orale, des ruptures de construction se produisent (*anacoluthes*), notamment quand le locuteur modifie en cours de production la planification syntaxique de sa phrase. Les phrases peuvent être incomplètes ou inachevées, à cause d'hésitations du locuteur ou d'interruptions de l'interlocuteur (*J'ai trouvé un nouveau mobile qui... – Regarde ce gars !*). Les réponses aux questions sont souvent elliptiques, le locuteur ne produisant que les éléments demandés par la question (*Quand partez-vous ? – À 8 heures.*).

▶ **Simplifications de l'oral** : le discours oral comporte certaines simplifications, comme l'omission régulière du *ne* négatif (*Tu veux ou tu veux pas ?*). Par ailleurs, les risques d'ambiguïtés orales expliquent que l'on évite l'inversion du sujet et que l'on préfère, pour l'interrogation (**XIV : 2.**), la seule intonation (*Tu viens ?*) ou la marque *est-ce que (Est-ce que tu viens ?)*. Mais ces « simplifications » ne sont pas constantes à l'oral : elles dépendent aussi du registre de langue (l'omission de *ne* est sanctionnée comme familière à l'écrit). La forme complète du passif avec agent (**XIV : 7.**) est très rare dans les conversations orales spontanées, qui préfèrent le passif sans agent (*Les évadés ont été arrêtés*).

▶ **Juxtaposition et subordination** : dans le domaine de la phrase complexe, on dit habituellement que l'oral préfère la juxtaposition et ne fait guère usage de la subordination. En fait, tout dépend du type de discours : une conversation simple ou un bref échange ne nécessitent pas un usage important de la subordination ; mais une argumentation orale élaborée fera usage de subordonnées, notamment causales (C. Blanche-Benveniste 2000 : 58-60). Par ailleurs, il est plus rare qu'une subordonnée précède la principale, sauf si l'iconicité le favorise : dans *Comme j'étais fatigué, je suis rentré très tôt chez moi*, la cause précède l'effet (P. Koch & W. Oesterreicher 2001 : 598).

▶ **Formes du discours rapporté (XXIII : 6.)** : l'oral préfère le discours direct, notamment quand le locuteur rapporte des paroles dans son récit. Comme un verbe introducteur (*dire, répondre, ...*) n'est pas toujours employé, la démarcation du discours rapporté n'est pas toujours marquée, l'oral n'ayant pas les moyens de l'écrit (guillemets, tirets, alinéa).

▶ **Procédés fréquents de mise en relief** : le locuteur peut faire usage de structures emphatiques (**XIV : 6.**), antéposer un complément circonstanciel ou modifier l'ordre des mots pour donner plus d'expressivité à son discours. La distinction sémantique en thème / propos (**XXIV : 2.**) commande davantage la structuration du discours oral que l'organisation syntaxique canonique sujet-verbe-complément. Pour les structures emphatiques, la dislocation à gauche (*La maman des poissons, elle est bien gentille !* Boby Lapointe) permet au locuteur de présenter d'abord le thème, avec une reprise pronominale qui n'est pas systématique (*Ce travail-là, j'aime pas !*). La dislocation à droite sert à retarder la présentation du thème qui donne sa cohérence sémantique à la phrase (*Ils sont inconscients, ces spéculateurs !*). L'usage des phrases non verbales répond aux besoins d'expressivité et d'économie ; les phrases non verbales à deux éléments, en particulier, opposent nettement un thème et un propos : *Excellent, ce café ! – Ce livre, quel chef-d'œuvre !* (**XIV : 9.2.**)

▶ **Connecteurs** : le discours oral fait un large emploi des marqueurs de structuration, qui servent notamment de ponctuation de séquences, comme *alors* dans un récit, ou *voilà* marquant la clôture, qui peut signaler à l'interlocuteur la fin du tour de parole. Ces termes ont souvent de multiples valeurs possibles, comme *quoi* (P. Koch et W. Oesterreicher 2001 : 595). En outre, dans une situation d'échange, le locuteur sollicite son interlocuteur au moyen de la fonction phatique (**Intro. : 1.1.**). Il emploie des termes (*phatèmes*) qui ont pour fonction d'attirer ou de maintenir l'attention d'autrui : *hein, n'est-ce pas ?, bon, vous voyez, vous savez,...* et qui jouent aussi le rôle de ponctuation du discours oral.

▶ **Répétitions de termes ou de structures** : on observe une tendance à répéter les mots dans tout discours oral non préparé, notamment dans les récits autobiographiques (C. Blanche-Benveniste 1990 : 177 sv ; C. Blanche-Benveniste 2000 : 128-129). Dans les « configurations » orales, un même terme peut être répété dans des positions semblables (c.o.d., attribut,...) ou à des places syntaxiques différentes. Dans ce cas, il passe souvent du propos au thème :

> *j'ai connu Édith Piaf*
> *Édith Piaf je l'ai connue* (C. Blanche-Benveniste 1990 : 180)

On peut aussi répéter une même structure syntaxique dans deux énoncés différents :

> moi je jouais dans un orchestre
> elle elle chantait euh elle dans les cours (ibid.)

Ces répétitions peuvent avoir différentes raisons : hésitations, ratés, reprises, procédés stylistiques,... Les répétitions de structures créent un effet de parallélisme qu'on retrouve dans les textes littéraires.

▶ **Importance des déictiques** : la communication orale se réalisant en situation, l'emploi des déictiques y est fréquent (**XXIII : 2.1.**).

L'oral fait en particulier un usage plus fréquent de *ça*, avec une valeur déictique *(Ecoute un peu ça.)* ou dans une structure emphatique *(Faire une marche populaire, ça fatigue.)* On considère traditionnellement *ça* comme une variante familière de *cela*, mais il semble que son emploi dépasse le seul registre oral familier ; il s'emploie notamment dans une forme particulière de phrase impersonnelle (*Ça bouchonne sur l'autoroute A9*).

▶ **Importance des présentatifs** : leur fréquence est bien plus élevée qu'à l'écrit (**XIV : 9.1.**), notamment *il y a* et *c'est*, qui « embrayent » sur la situation :
(1) *Il y a quelqu'un ?* – (2) *C'est moi* : emplois de présentatifs seuls.
(3) *Il y a un type, il peut pas me blairer* – (4) *Ce mec, c'est un crétin fini*. Dans une période orale (**3.5.**), *il y a* (3) pose l'existence d'un thème, alors que *c'est* (4) présente le rhème (ou propos).

▶ **Emploi de termes expressifs** : le discours oral emploie de nombreux termes exprimant l'émotion, notamment les interjections (*oh, ah, aïe,* ...), qui ont plusieurs valeurs dont une s'actualise dans la situation particulière (**XIV : 9.4.1.**). On rencontre aussi des onomatopées (*crac, boum,* ...) qui ont une valeur expressive imagée, sans avoir le rôle pragmatique des interjections (P. Koch et W. Oesterreicher 2001 : 595).

En résumé, il existe, quelle que soit la situation d'interaction, des constantes de l'oral qui tiennent à la communication de proximité. Les faits linguistiques propres à l'oral font partie du système de la langue française, qu'ils mettent en jeu des structures spécifiques ou qu'ils manifestent, avec des fréquences différentes, les mêmes règles qu'à l'écrit.

3.5. La période, structure fondamentale de l'oral

Même si la phrase canonique se rencontre à l'oral, elle n'en constitue pas une unité fondamentale : les relations entre les constituants d'une séquence orale ne coïncident pas avec les relations qui existent au sein d'une phrase, simple ou complexe (C. Blanche-Benveniste 2000 : 111). C'est pourquoi les spécialistes de l'oral définissent, dans le cadre de la *macro-syntaxe*, des unités supérieures, qu'on appellera **périodes** (terme pris dans son sens rythmique employé avec des valeurs différentes par plusieurs auteurs, comme Adam, Berrendonner, Blanche-Benveniste). Les périodes peuvent certes contenir des phrases canoniques, mais celles-ci sont recatégorisées en parties de la période, qui sont délimitées à partir de la prosodie.

Les variations de l'intonation jouent un rôle fondamental : « La hauteur de la *mélodie* et les variations du fondamental de la voix (F0) indiquent la façon dont celui qui parle, en tant qu'*énonciateur*, se représente la pensée de celui auquel il s'adresse » (Morel et Danon-Boileau 1998 : 9). Ainsi, la montée mélodique fait appel à l'attention de l'interlocuteur, alors qu'une plage basse marque un repli sur soi.

D'autres indices prosodiques viennent compléter l'intonation. L'*intensité* sert à gérer les tours de parole : elle monte quand le locuteur prend la parole et s'abaisse quand il cède la parole. La *durée* des groupes de souffle varie selon la qualité de la formulation du message : elle s'allonge quand le locuteur hésite. La

« *pause – silence* », enfin, joue un rôle démarcatif : elle permet « d'homogénéiser ce qui précède et de rhématiser ce qui va suivre » (Morel et Danon-Boileau 1998 : 10). Ces quatre indices prosodiques s'articulent avec la structure syntaxique de l'énoncé.

Les spécialistes de l'oral s'accordent pour distinguer trois parties possibles dans une période : les deux premières partent de la distinction classique entre le thème et le propos qu'elles dépassent ; la troisième, facultative, constitue un ajout. S'inspirant de l'analogie avec les mots construits, C. Blanche-Benveniste (2000) distingue le *préfixe*, le *noyau* et le *suffixe*. M.-A. Morel et L. Danon-Boileau (1998) donnent le nom de *paragraphe* à l'unité maximale de l'oral, dont la fin est marquée par une chute rapide de l'intensité et du fondamental de la voix, qui peut être suivie d'une série de syllabes basses et de faible intensité ; ils distinguent, dans le paragraphe oral, le *préambule*, le *rhème* et le *postrhème*.

1. Préambule (1d est le seul élément obligatoire)				2. Rhème	3. Post-rhème (facultatif)
1a. **Ligateur** (Lien)	1b. **Modus** (Attitude)	1c. **Cadre**	1d. **Support**	**Apport d'information**	**Ajout**
Connecteurs argumentatifs ou narratifs Liens énonciatifs (appel à l'autre)	Modalisation épistémique ou axiologique	Domaine référentiel dans lequel sera situé le rhème	Thème : GN référentiel, ou pronom contrastif	Pronoms clitiques + verbe + compléments argumentaux ou circonstants liés au verbe	Explicitation du GN référentiel (= thème retardé) ou attitude (cf préambule)
mais, donc puis, et oui, non, ouais, d'accord écoute, tu vois, tu sais	*– à mon avis, selon X – bien sûr, peut-être, je crois, je sais pas, c'est sûr*	*question*+ N, *point de vue*+ N, *pour*+ GN	*le, ce, un*+ N *moi, toi, lui il y a un* N ou *ce que/qui*+ P, ou *si*+ P	*c'est… je, tu, il, qui* + *pronom complément*+ V + Cplts	*hein, quoi, tu crois pas* – GN détaché

1) Le **préambule** est signalé par une intonation montante. Il peut comporter plusieurs éléments juxtaposés dans un ordre fixe :

1a. Le *ligateur* marque le lien avec ce qui a été dit et la relation à l'interlocuteur. Il comporte notamment des connecteurs qui expriment ce lien et des phatèmes qui marquent le contact avec l'interlocuteur.
1b. Le *modus* indique l'identité de l'énonciateur qui valide le message et le degré de certitude de l'information qu'il va présenter. Il comporte d'abord des termes exprimant le point de vue, puis des termes évaluatifs ou appréciatifs.
1c. Le *cadre* met en place le domaine de référence dans lequel se place le rhème. Il peut comporter des expressions spatiales ou temporelles (les « compléments de phrase » classiques) qui mettent en place la situation.
1d. Le *support* est l'élément référentiel qui constitue l'essentiel du thème de la période. Il comporte des dislocations à gauche, avec reprise pronominale dans le rhème (*Les promesses électorales, on s'en méfie – La peinture à l'huile, c'est difficile*) ou sans reprise avec certains verbes (*L'or, j'adore*), ou bien des expressions existentielles introduites par *il y a*, en corrélation avec une relative dans le rhème (*Il y a des ministres qui sont compétents* + exemple ci-dessous).
Exemple adapté de M.-A. Morel et L. Danon-Boileau (1998 : 38) :

> *Bon euh je sais pas* (1a. Ligateur)
> *on décide qu'on va monter* (1b. Modus)
> *un centre : un centre de formation français des professions* (1c. Cadre)
> *y a la prof* (1d. Support lexical disjoint)
> *qui va décider euh si euh bon qui qui organise au sein d'l'association des profs de français* (2. Rhème)

Le préambule ne comporte pas souvent tous ces éléments. Dans un préambule limité, un même élément peut jouer plusieurs rôles :
À Strasbourg, ça bouge à l'université : le complément de lieu initial met en place le domaine de référence et le support de la période.

2) Le **rhème** (ou *noyau*) est « l'unité centrale » (C. Blanche-Benveniste 2000 : 113) obligatoire de la période, qui peut figurer seule dans un énoncé (dans ce cas, la période correspond à la phrase). Il se caractérise par une courbe intonative « en cloche »

(∩) et par son autonomie sémantique. Il peut être introduit par *c'est*, seul (*c'est impossible de faire ça*) ou associé à une relative (*c'est un poney qui s'est sauvé*), ou bien se construire autour d'un verbe conjugué, rarement précédé d'un sujet nominal canonique dans un échange oral spontané (*une cravache, ça sert à faire avancer un cheval qui répond pas aux jambes du cavalier*).

3) Le **post-rhème** (ou *ajout*) est un élément facultatif. Il se caractérise par son intonation basse et plate. Il peut comporter des éléments disloqués à droite (*Ils sont fous, ces Romains !*), des termes mis en apposition, des compléments circonstanciels, certaines propositions subordonnées (relatives, consécutives, causales, etc.), des verbes de citation (*il a répondu*), etc.

À ces trois parties du paragraphe peuvent s'ajouter des **incidentes**, sans relations syntaxiques avec l'énoncé de base. On les reconnaît souvent à la baisse de la courbe intonative, et plus souvent à l'absence de modulation de F0, à l'accélération du débit et au maintien de l'intensité (M.-A. Morel et L. Danon-Boileau 1998 : 59), et aussi à la possibilité d'une pause les précédant. Ces incidentes peuvent s'insérer en différentes positions de l'énoncé et prendre des formes variées (*Un jour, le Petit Chaperon rouge (on l'appelait ainsi parce que cette fillette portait une coiffe rouge) partit porter des provisions à sa mère-grand*). C'est le moyen privilégié d'introduire des commentaires sur le discours : (*Il y a une boîte qui est parfaitement étanche et complètement fermée, et cette boîte c'est le... (eh ben ça y est, le mot m'échappe... Voilà, je trouve plus le mot... C'est le « carter », ça y est, c'est revenu !)... c'est le carter, dans lequel pratiquement baigne le vilebrequin* (exemple cité par C. Blanche-Benveniste 2000 : 123).

Bibliographie. — D. François (1974), *Français parlé. Analyse des unités phoniques et significatives d'un corpus recueilli dans la région parisienne*, SELAF, 2 vol. – Paris V, Groupe de Recherche Pédagogique de l'UER de Linguistique Générale et Appliquée de l'Université René-Descartes, Rapports 1974, 1975 *(L'emploi de c'est et il y a)*, 1976 (dactylogr.) – *Recherches sur le français parlé* (1977), GARS, n° 1,... – *Langue française*. L'oral du débat (1985), n 65 – *LINX*, n°18 (1988) – A. Berrendonner (1990), Pour une macro-syntaxe, *Travaux Linguistiques*, 21 : 25-35 – F. Gadet (1990), Les outils grammaticaux de l'oral non standard, *Travaux Linguistiques*, 21 : 13-24 – *Langue française*, 89 (1991), *L'oral dans l'écrit* – Cl. Blanche-Benveniste (2000) – M.-A. Morel et L. Danon-Boileau (1998) – Cl. Blanche-Benveniste (2000) – M. Avanzi et A.-S. Horlacher (éds) (2007), Structuration grammaticale et structuration discursive, *Travaux neuchâtelois de linguistique*, n° 47.

Chapitre II

LES SONS DU FRANÇAIS : PHONÉTIQUE ET PHONOLOGIE

1. DE LA PHONÉTIQUE À LA PHONOLOGIE

Les francophones ont, bien entendu, une connaissance pratique du système des « sons » propres à leur langue. Mais l'idée qu'ils s'en font est souvent très éloignée des faits. Sans doute, c'est l'ensemble des structures mises en jeu dans l'acte de parler qui reste largement hors du champ de la conscience ; mais dans le domaine phonétique les représentations sont en outre brouillées par l'image de la forme graphique des mots, d'autant plus trompeuse que la correspondance entre lettres et sons est irrégulière et peu fidèle (**I : 2.1. et III.**).

Plusieurs approches scientifiques distinctes, mais complémentaires, permettent d'étudier plus objectivement les faits que sont la production, la transmission et la perception des sons.

▶ On peut, grâce aux radiographies et à divers instruments de mesure appliqués aux organes de la parole, en décrire le fonctionnement : c'est la **phonétique articulatoire**, dont les méthodes relèvent de la physiologie.

▶ On peut, grâce à l'enregistrement des ondes sonores visualisant, selon leur déroulement dans le temps, leurs variations de fréquence et d'intensité, décrire la structure objective des sons tels qu'ils sont transmis : c'est la **phonétique acoustique**, dont les méthodes relèvent de la physique.

► On peut encore déterminer de quelle façon les sujets parlants (ou plutôt, ici, entendants) distinguent les sons et en opèrent la catégorisation : c'est la **phonétique perceptive**, dont les méthodes relèvent de la psychologie expérimentale.

► On peut enfin sélectionner, dans la masse des faits physiologiques, physiques et perceptifs mis en évidence par la phonétique, ceux qui assurent la communication du sens, les **unités distinctives** (les phonèmes au sens strict), c'est-à-dire celles qui permettent de distinguer entre elles les unités significatives (ou morphèmes) : c'est la **phonologie** (ou phonétique fonctionnelle), dont les méthodes relèvent de la linguistique.

Décrire les sons du français oblige à de fréquents allers et retours entre ces divers points de vue : en effet les descriptions articulatoires, acoustiques et perceptives étant en grande partie parallèles, choisir entre les termes relatifs à l'une et à l'autre relève de la commodité ; d'autre part, elles sont d'avance orientées par des considérations fonctionnelles. Réciproquement, les analyses phonologiques seraient bien abstraites si elles ne trouvaient pas à s'exprimer dans les termes propres aux trois autres disciplines.

1.1. La phonétique articulatoire

Il est commode de se placer d'abord sur le plan physiologique, le plus simple à décrire. L'émission de la parole y fait intervenir toute une série d'organes, dont aucun, d'ailleurs, n'est exclusivement réservé à la phonation, et qui sont évidemment tous commandés et coordonnés par le cortex, plus spécialement par certaines zones situées dans la partie antérieure de l'hémisphère gauche :

► **les poumons** qui, sous la pression des muscles pectoraux, fournissent l'air ;
► **le larynx**, dont l'élément principal, les cordes vocales, fournit, sous la pression de l'air expiré et sous le contrôle de sa musculature propre, des vibrations de fréquence variable et d'intensité

plus ou moins forte (la voix ou le voisement) qui caractérisent les voyelles et les consonnes sonores ;
▶ **les organes mobiles**, principalement la **langue**, les **lèvres**, le **voile du palais**, plus rarement la **luette**, qui peuvent, en s'interposant sur le passage de l'air expiré, produire diverses résonances ou différents bruits ;
▶ **les résonateurs**, cavités dont certaines peuvent entrer en jeu par l'abaissement du voile du palais (les **fosses nasales**), par la projection en avant et l'arrondissement des lèvres (l'**espace interlabial**) ou dont le volume est susceptible de varier (essentiellement l'**espace buccal**, grâce à la plasticité de la langue qui peut se rapprocher des dents supérieures, de la partie gaufrée dite alvéolaire située derrière celles-ci, du palais dur ou encore du voile du palais). Ces résonateurs sélectionnent ou renforcent certaines fréquences caractéristiques.

1.2. De la syllabe au phonème

La syllabe est en relation étroite avec la physiologie de la parole. Sur les tracés acoustiques, la parole apparaît comme un tout remarquablement continu où les syllabes et les mots ne sont absolument pas séparés. Si les sujets parlants ont néanmoins une conscience très nette de la syllabe, c'est qu'elle correspond à une réalité perceptive : l'existence de sons de transition entre les syllabes ; et surtout à une réalité articulatoire dont les sujets parlants peuvent être conscients : l'effort musculaire, qui, pour la production de chaque syllabe, va croissant, passe par un maximum d'ouverture vocalique, puis décroît. La syllabe peut se définir alors comme le son ou le groupe de sons qui se prononce **en une seule émission de voix** : elle comporte obligatoirement une et une seule voyelle et, facultativement (mais le plus souvent !), une ou plusieurs consonnes qui la précèdent ou la suivent. Il n'y a pas en français de syllabes non-vocaliques, alors que dans d'autres langues le rôle de noyau vocalique peut être joué par une **sonante**, / m /, / n /, / l / ou / r / (cf. anglais « people »). Par ailleurs, le français standard actuel ne connaît pas de diphtongue. La situation est on ne peut plus simple : **autant de voyelles prononcées, autant de syllabes.**

Il est donc possible de définir (un peu approximativement comme on le verra) la **voyelle** comme le son élémentaire qui peut former une syllabe à lui seul ; alors que la **consonne** (étymologiquement : *qui sonne avec*) ne peut être prononcée isolément sans l'appui d'une voyelle.

Une définition plus satisfaisante serait fournie par la phonétique acoustique : la voyelle est un **son périodique** complexe, alors que la consonne comporte des **bruits** (des sons de **fréquence irrégulière**).

Nous réserverons désormais à ces sons élémentaires, voyelles ou consonnes, en tant qu'ils sont fonctionnels, le terme technique de **phonèmes**. Ceux-ci se définissent comme les **unités minimales** distinctives sur le plan sonore. Leur identification est la tâche première de la phonologie, qui les isole en prenant en considération les **paires minimales**, c'est-à-dire les séquences qui ne se distinguent que par la plus petite différence audible possible : les consonnes / p / et / b / sont deux phonèmes distincts dans la mesure où, malgré leur différence minime, « Donne-moi une pierre » et « Donne-moi une bière » ou « L'ingénieur a fait un bond » et « l'ingénieur a fait un pont » ne véhiculent pas le même sens. Il en va de même pour / n / et / m / : « Quelle drôle de manie ! » vs « Quelle drôle de Mamie ! » ; / ɔ̃ /et / ɛ̃ / : « Les raisons de la colère » vs « Les raisins de la colère ». Beaucoup de Français (mais non tous) distinguent, comme le veut le bon usage / œ / et / ø / ainsi que / a / et / ɑ / : « Approuvez-vous les jeunes (d'aujourd'hui) ? » vs « Approuvez-vous les jeûnes (du Carême) ? » ; « Lève la patte » vs « la pâte lève ».

Quelques exemples de paires minimales monosyllabiques associant et donc permettant d'isoler les voyelles les plus proches les unes des autres, c'est-à-dire partageant les mêmes **traits distinctifs** ou **traits pertinents** (**2.2.3.**) sauf un : *dit* avec *du* et *dé* ; *du* avec *doux* et *deux* ; *dais* avec *dé* et *daim* ; *dos* avec *doux* et *deux* ; *don* avec *dans* et *daim* ; ou encore : *fait* avec *fée* et *fa* ; *bout* avec *bu* et *beau* ; *banc* avec *bât*, *bain* et *bon*, etc.

Quelques exemples de paires minimales monosyllabiques permettant d'isoler les consonnes les plus proches les unes des autres : *bar* avec *part*, *dard* et *mare* ; *cou* avec *tout*, *gout*, et *chou* ; *vœux* avec *feu* ; *chaud* avec *zoo* ; *lit* avec *riz* ; *huis* avec *oui*, etc.

Bibliographie. — F. Carton (1974) – J.-L. Duchet (1981) – F. Wioland (1991).

2. LES PHONÈMES DU FRANÇAIS

2.1. Description des phonèmes

Les phonèmes ne s'écrivent pas à proprement parler, mais ils se transcrivent, et il importe de connaître les principes de leur transcription.

Étant donné qu'il n'y a que 26 lettres dans notre alphabet pour représenter 33 phonèmes (ou même 36, si l'on prend en considération 3 phonèmes problématiques ou en voie de disparition), il est clair qu'il faudra avoir recours à des signes supplémentaires ; d'autre part, certaines lettres de l'alphabet doivent être écartées, car elles seraient équivoques. L'accord se fait de plus en plus pour adopter l'alphabet créé en 1888 par l'Association phonétique internationale (A.P.I.). Cette transcription phonétique est toujours tracée en caractères d'imprimerie, sans lien entre les signes, sans séparation entre les mots, et elle est toujours encadrée de crochets droits.

Voyelles
[i] *le* nid [ni], *la* pie [pi]
[e] *le* nez [ne], *le* thé [te]
[ɛ] *il* nait [nɛ], *la* mer [mɛR]
[y] *tout* nu [ny], *du* jus [ʒy]
[ø] *un* nœud [nø], *un* jeu [ʒø]
[œ] *l'*heure [œR], *l'*œuf [œf]
[u] nous [nu], *un* bout [bu]
[o] *un* seau [so], *deux* mots [mo]
[ɔ] *la* note [nɔt], *la* mode [mɔd]

Consonnes
[p] *un* pot [po], *très* peu [pø]
[b] *un* *vieux* beau [bo], *des* bœufs [bø]
[t] *trop* tôt [to], *c'est* tout [tu]
[d] *le* dos [do], *tout* doux [du]
[k] *un* cas [kɑ], *les trois* coups [ku]
[g] *un* gars [gɑ], *du* gout [gu]
[m] *la* main [mɛ̃], *c'est* mou [mu]
[n] *un* nain [nɛ̃], *la* haine [ɛn]
[ɲ] *un* signe [siɲ], *un* pagne [paɲ]

II – Les sons du français : phonétique et phonologie

[a] il bat [ba], quatre pattes [pat]
[ɛ̃] un brin de muguet [bʀɛ̃], un gain [gɛ̃]
[ɔ̃] un bond [bɔ̃], un don [dɔ̃]
[ɑ̃] un banc [bɑ̃], un gant [gɑ̃]

Voyelles problématiques (voir ci-dessous)
[ə] je suis [ʒə], la mesure [məzyʀ]
[ɑ] le bât [bɑ], la pâte [pɑt]
[œ̃] numéro un [œ̃], un gars brun [bʀœ̃]

[f] un fou [fu], une folle [fɔl]
[v] c'est vous [vu], il vole [vɔl]
[s] un sot [so], la hausse [os]
[z] le zoo [zo], il ose [oz]
[ʃ] un chou [ʃu], une huche [yʃ]
[ʒ] la joue [ʒu], cher ange [ɑ̃ʒ]
[l] le loup [lu], très lent [lɑ̃]
[ʀ] la raie [ʀɛ], un rang [ʀɑ̃]
[j] un lien [ljɛ̃], la houille [uj]
[ɥ] lui [lɥi], huit [ɥit]
[w] oui [wi], la loi [lwa]

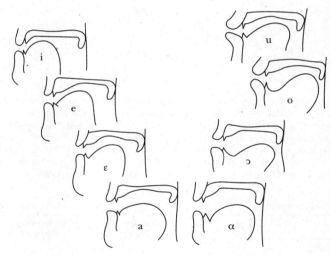

Ces coupes de la cavité buccale représentent la position des organes lors de l'émission des principales voyelles orales (antérieures non-labiales et postérieures). On constate que les points d'articulation de celles-ci (c'est-à-dire les points où le canal buccal est le plus resserré) dessinent une sorte de « triangle », dont les phonèmes [i], [a] et [u] occupent les sommets (D'après G. Straka 1972 et C. Brichler 1970).

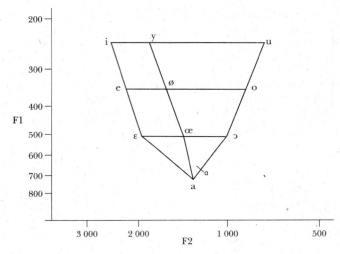

Les voyelles sont composées, au point de vue acoustique, d'un formant bas (F 1), ici en ordonnée, et d'un formant haut (F 2), ici en abscisse. Ceux-ci sont définis en hertz (nombre de vibrations par seconde). L'ensemble dessine le « triangle vocalique acoustique », qui correspond parfaitement à la répartition des points d'articulation. Les voyelles dont les formants sont les plus rapprochés [u] et [o] sont dites compactes ; celles dont les formants sont les plus éloignés l'un de l'autre [i] et [e] sont dites diffuses (d'après P. Delattre 1966).

2.1.1. *Les voyelles*

	Antérieures	Antérieures/ labialisées	Postérieures (labialisées)
ORALES			
fermées	i	y	u
mi-fermées	e	ø	o
mi-ouvertes	ɛ	œ	ɔ
ouvertes	a		ɑ
NASALES			
mi-ouvertes	ɛ̃	œ̃	ɔ̃
ouvertes		ã	

Le « triangle vocalique » est sensiblement le même dans toutes les langues, en ce sens qu'on retrouve à peu près universellement les voyelles extrêmes (les plus fermées et la plus ouverte). En revanche, les apertures intermédiaires, la labialisation et la nasalisation (importantes en français), ainsi que les oppositions de longueur et la diphtongaison (absentes en français moderne), donnent à chaque langue ses caractéristiques particulières et font que les systèmes vocaliques sont profondément différents d'une langue à l'autre.

Pour les sons les plus fermés (ceux où elle est le plus près de cette voute), la langue peut se porter vers l'avant (pour [i] par exemple) ou vers l'arrière (pour [u]). Pour les sons les plus ouverts, comme [a], elle se tasse sur le **plancher** de la bouche et n'a plus la même latitude de déplacement. C'est pourquoi la figure reliant les points d'articulation a la forme d'un triangle renversé ou plutôt en français d'un trapèze, dans la mesure où la langue actuelle connaît deux « a » : le [a] non-arrondi est en effet légèrement antérieur au [ɑ] postérieur arrondi. D'autre part, [u] est un peu plus en avant que [o], ce qui rend ce prétendu triangle encore plus irrégulier ! On observe qu'il existe en français deux niveaux intermédiaires d'aperture, par exemple ceux de [e], **é fermé**, et [ɛ], **é ouvert**, soit en tout quatre degrés en comprenant le niveau d'aperture minimale, celui de [i] et le niveau d'aperture maximale, celui de [a].

Chaque voyelle se définit :
– par son degré d'aperture,
– par son lieu d'articulation (en avant ou en arrière),
– par l'adjonction ou non d'une résonance labiale, c'est-à-dire produite par l'allongement de la cavité formée par les lèvres (voyelle **arrondie** ou non),
– par l'adjonction ou non d'une résonance nasale (voyelle nasale ou orale).

Série [i] [e] [ɛ] [a]
Dans cette série, antérieure et non arrondie, les commissures des lèvres sont écartées, surtout pour les sons les plus fermés, par exemple [i].

Série [y] [ø] [œ]

Cette série, à la fois antérieure et arrondie (deux caractéristiques rarement réunies) est une des originalités du français et est source de difficultés pour les étrangers qui ne la possèdent pas dans leur langue. Notons qu'elle est située légèrement moins en avant que la précédente.

C'est ici qu'il convient de poser le **problème de la prononciation de la lettre *e*** (sans accent) **quand elle est effectivement prononcée**. Le son noté [ə] que l'on trouve dans *ce travail* [sətRavaj] ou *lèvres closes* [lɛvRəkloz] est généralement décrit, du point de vue articulatoire, comme un son **central**, mi-ouvert mi-fermé, mi-antérieur mi-postérieur, et même mi-labialisé : la réalité est un peu différente (**2.2.1.**). Il est quelquefois qualifié de *e* **caduc**, et il est vrai que parfois, à l'oral, il *tombe* et disparaît ; ou encore de *e* **muet**, mais c'est justement quand il n'est pas muet qu'il peut être caractérisé comme phonème, sinon il ne correspond plus à aucune réalité observable – autant dire qu'il n'est plus rien du tout ; ou enfin de *e* **atone**, une appellation plus exacte, car on ne le trouve en tout cas jamais en syllabe accentuée (**3.4.**), mais purement négative. En réalité, quand il est prononcé, il n'est pas distinct de [Œ], c'est-à-dire qu'il correspond à un son intermédiaire entre [ø] et [œ] : plus précisément, en syllabe inaccentuée inaccentuable ouverte, l'opposition entre ces deux derniers phonèmes est neutralisée (**2.2.**) au profit de ce son moyen ; *e* est donc phonétiquement intégré à la série. Toutefois, en ce qui concerne certains phénomènes (élision, **3.2.2.** et versification, **V : 2.1.**) il est intéressant de lui faire un sort particulier, et c'est pourquoi nous l'avons conservé dans la notation.

Remarque. — Dans *Prends-le* (pronom complément postposé à l'impératif positif), **la graphie *e*** correspond au phonème accentué [ø].

Bibliographie. — H. Bonnard (GLLF), La lettre « e » : 1433-41– F. Wioland (1991), 82-86.

Série [u] [o] [ɔ] [ɑ]

C'est, toujours par ordre d'aperture croissante, la série postérieure arrondie. Toutefois, [u] n'est pas en arrière de [o] mais

II – Les sons du français : phonétique et phonologie

au même niveau ou légèrement en avant. Par ailleurs, il y a constriction du bas pharynx pour [ɑ].

Série [ɛ̃] [œ̃] [ɔ̃] [ɑ̃]

La série des voyelles nasales se caractérise physiologiquement par l'abaissement du voile du palais (ou palais mou). Elles ont, par suite, deux composantes : d'une part, une articulation orale correspondant approximativement à celle des voyelles les plus ouvertes [ɛ], [œ], [ɔ], [ɑ] ; d'autre part, une résonance nasale identique pour toutes, due au passage de l'air par les fosses nasales.

2.1.2. *Les consonnes*

OCCLUSIVES	bilabiales	Dentales	palatales/vélaires
sourdes	p	t	k
sonores	b	d	g
nasales	m	n	ɲ
CONSTRICTIVES	labiodentales	alvéolaires	prépalatales/ bilabiales
sourdes	f	s	ʃ
sonores	v	z	ʒ
	alvéolaire	dorsovélaire	
latérale	l		
vibrante		R	
semi-consonnes			
	palatale	palatale/labialisée	vélaire
	j	ɥ	w

Chaque consonne se définit :

– par son mode d'articulation, soit occlusif (avec fermeture totale puis ouverture brusque du canal buccal produisant un bruit d'**explosion**), soit constrictif (avec un resserrement des organes produisant un bruit de friction) ;
– par son lieu d'articulation (s'échelonnant de **bilabial**, le plus en avant, à **vélaire**, le plus en arrière pour le français) ;

– par la présence ou l'absence de vibrations des cordes vocales (consonnes **sonores** dans le premier cas, **sourdes** dans le second) ;
– par l'adjonction ou non de résonance des cavités **nasale** ([m], [n]) ou **labiale** ([ʃ], [ʒ], [ɥ], [w]).

• **Les occlusives**

Séries bilabiale [p] [b] [m] ***et dentale*** [t] [d] [n]
De ces deux séries, la première est caractérisée par l'accolement des deux lèvres, puis, lorsque la pression de l'air s'est accumulée derrière ce barrage, par leur écartement brusque. La seconde est caractérisée par un mécanisme analogue au cours duquel la pointe de la langue entre en contact avec la zone (dite **alvéolaire**) située immédiatement derrière les dents supérieures.
Les deux séries opposent un phonème sourd fortement articulé [p] [t] et un phonème sonore d'articulation moins énergique [b] [d].
En outre, deux **nasales**, [m] [n], en principe sonores et donc identiques à [b] [d] sur le plan de l'articulation buccale, associent à ce processus occlusif, par l'abaissement du voile du palais, une résonance nasale.

Série palato-vélaire [k] [g] [ɲ]
Cette série est analogue aux deux précédentes. Mais elle connaît quelques particularités remarquables.

▶ [k] et [g] sont particulièrement sensibles à leur environnement phonétique : vélaires devant les voyelles postérieures, par exemple dans *coup, goût* ; palatales devant les voyelles antérieures, par exemple dans *qui, Guy* (dans ce cas on devrait en toute rigueur les transcrire respectivement [c] et [ɟ].

▶ [ɲ], la nasale palatale de *mignon* [miɲɔ̃] tend de plus en plus à dissocier ses éléments constitutifs. Colette, dans *Sido*, se moque

II – Les sons du français : phonétique et phonologie

de ceux qui prononcent *minion* [minjɔ̃] : ils sont de plus en plus nombreux.

▶ Enfin, on voit apparaître une nasale vélaire [ŋ] dans la terminaison de mots empruntés à l'anglais, par exemple *standing* [stɑ̃diŋ].

• **Les constrictives**

Série labiodentale [f] [v]
   Dans cette paire, la lèvre inférieure se rapproche incomplètement des dents supérieures, produisant un bruit de souffle ; [f] est sourd, [v] sonore.

Série alvéolaire [s] [z]
   Cette série est caractérisée par le rapprochement de la pointe de la langue et de la zone située derrière les dents supérieures ; [s] est sourd, [z] est sonore. Ces deux consonnes sont traditionnellement appelées « sifflantes ».

Série prépalatale [ʃ] [ʒ]
   Cette série est articulée légèrement plus en arrière que la précédente, mais s'en distingue par une nette résonance bilabiale, [ʃ] est la sourde, [ʒ] la sonore. Ces deux consonnes **arrondies** sont traditionnellement appelées « chuintantes ».

Série [j] [ɥ] [w]
   Cette série est celle des « **semi-consonnes** ». En fait il s'agit bien de consonnes, mais qui correspondent trait pour trait aux trois voyelles les plus fermées lorsqu'un degré plus fort de resserrement transforme le son en bruit de frottement ; elles restent bien entendu, en principe, sonores comme le sont toutes les voyelles : [j], correspondant à [i], est comme lui antérieur (palatal) ; [ɥ], correspondant à [y], est comme lui antérieur (palatal), mais arrondi (bilabial) ; [w], enfin, correspondant à [u], est à la fois postérieur (vélaire) et arrondi.

Remarque. — [j] constitue souvent un son de transition entre [i] et la syllabe suivante commençant par une voyelle (ex. *riant* [Rijɑ̃]).

Phonèmes [l] [R]

Le [l], consonne **latérale**, en principe sonore, est caractérisé par l'écoulement plus ou moins symétrique de l'air de part et d'autre du barrage médian constitué par la langue. En français moderne, il est apical : la pointe de la langue (*apex* en latin) se colle à la zone alvéolaire. Il en a existé une version dorsopalatale, traditionnellement appelée « l mouillé » [ʎ] qui existe dans certaines langues comme l'italien et était encore défendue et maintenue au XIXe s. par Littré. Mais la dissociation entre l'articulation latérale et l'articulation palatale est de règle aujourd'hui : *millionnaire* se dit [miljɔnɛR] ou même, dans le parler populaire [mijɔnɛR].

Enfin, le phonème /r/, consonne vibrante, unique sur le plan fonctionnel, connaît des réalisations phonétiques très différentes selon la région : parfois [r] **roulé**, avec deux à cinq battements de la pointe de la langue contre la région alvéolaire ; le plus souvent [R] avec battement du voile ou de la luette contre le dos de la langue ; parfois même [ʁ] avec une vibration peu sensible de la luette seule : c'est le son **grasseyé** que l'on entend dans le parler populaire parisien [paʁizjɛ̃].

Un mot, pour finir, sur les tendances articulatoires du français (chaque langue a les siennes). Le Français privilégie les sons **antérieurs** (9 voyelles sur 16 ; 15 consonnes sur 20) – ce qui fait volontiers ressentir aux francophones certaines autres langues comme gutturales.

Il favorise une élocution égale (**3.4.**) où les syllabes accentuées se détachent faiblement du point de vue acoustique.

Enfin et surtout l'articulation y est particulièrement **tendue** et nette : de là vient l'absence de diphtongue phonétique en français et la prédominance de la syllabation ouverte, c'est-à-dire que la syllabe se termine généralement sur la voyelle plutôt que sur une consonne prononcée.

Bibliographie. — M. Grammont (1933), *Traité de phonétique*, Delagrave – P. Delattre (1966), *Studies in French and Comparative Phonetics*, La Haye, Mouton – P. Simon

(1967), *Les Consonnes françaises*, Klincksieck – C. Brichler (1970), *Les Voyelles françaises*, Klincksieck – G. Straka (1972), *Album phonétique*, Québec, Les Presses de l'Université Laval (1ᵉ éd. 1965) – F. Carton (1974) : 19-56 – H. Bonnard (GLLF), Les voyelles : 6586-91 ; Les consonnes : 926-32 – F. Wioland (1991) : 15-29.

2.2. Système des phonèmes

Ce qui intéresse au premier chef le linguiste, ce n'est pas la réalité matérielle des sons (susceptible d'infinies variantes, comme on le verra plus loin), mais ce qui permet de les opposer les uns aux autres, c'est-à-dire ce qui en eux assure le fonctionnement de la communication, ce en quoi ils constituent un système. On passe ici du plan de la phonétique à celui de la phonologie. À chaque fois que l'on aura besoin de distinguer de la transcription phonétique (toujours entre crochets droits) une notation purement phonologique, celle-ci apparaîtra entre barres obliques.

Le **système phonologique** est constitué par l'ensemble des oppositions jouant un rôle effectivement distinctif. Et chaque phonème est alors défini par la somme de ses **traits pertinents**, c'est-à-dire des caractéristiques permettant de le différencier des autres phonèmes, abstraction faite des traits qui ne sont pas fonctionnels.

Décrire, pour chaque phonème, la totalité de ses traits pertinents serait inutilement long et fâcheusement abstrait. Mieux vaut dégager par la procédure des **paires minimales (1.2.)** les **oppositions fonctionnelles** mises en œuvre dans le système phonologique ; en pratique, pour mettre en évidence l'économie de celui-ci, on s'en tiendra surtout à celles qui font problème par la faiblesse de leur rendement ou qui même, dans certains cas, sont **neutralisées**, c'est-à-dire cessent d'avoir valeur distinctive : on nommera alors **archiphonème** « l'ensemble des traits pertinents communs à deux ou plus de deux phonèmes qui sont les seuls à les présenter tous » (Martinet, 1970). L'archiphonème est généralement noté par une majuscule (entre barres obliques) : ainsi /E/ peut représenter la paire /e/ – /ɛ/ neutralisée devant consonne en fin de mot.

2.2.1. Les voyelles

▶ **Voyelles moyennes** [e] / [ɛ], [ø] / [œ], [o] / [ɔ]

De ces trois paires, la première est celle dont l'opposition est la plus nette et le rendement le plus élevé : on distingue « thé » [te] de *taie* [tɛ], *fée* [fe] de *fait* [fɛ], etc. Et la transcription phonologique sera bien / te /, / tɛ /, / fe /, / fɛ /.

Encore faut-il remarquer que cette opposition est neutralisée en syllabe dite fermée ou entravée (c'est-à-dire terminée par une consonne) : phonologiquement on a donc affaire en ce cas à l'archiphonème / E / dont la réalisation phonétique est toujours [ɛ]. Il en est ainsi aussi bien à la fin d'un mot, comme dans *jardinière* ʒaʀdinjɛʀ] ou *mer* [mɛʀ], qu'à l'intérieur d'un mot lorsque la consonne qui suit / E / termine la syllabe : dans *merci* [mɛʀsi] par exemple. (La transcription phonologique sera / ʒaʀdinjER /, / mER /, / mERsi /). Mais il faut reconnaître que dans les syllabes inaccentuées, c'est-à-dire autres que les finales, l'opposition de timbre est toujours atténuée. Si l'on fait abstraction de l'orthographe et que l'on prête attention uniquement à ce qu'on entend, peut-on dire comment se prononce *mêler, éveillé* et *télescope* ? [mele] ou [mɛle] ? [eveje] ou [evɛje] ? [teleskɔp] ou [telɛskɔp] ? La question touche aussi le pluriel d'un grand nombre de déterminants : *les*, [le] ou [lɛ] ? *des*, [de] ou [dɛ] ? *mes*, [me] ou [mɛ] ?

Enfin, même en finale absolue, l'opposition tend à s'estomper dans certains parlers (à Paris notamment) et on cesse d'opposer *gai* [ge] et *guet* [gɛ], *j'ai* [ʒe] et *(que) j'aie* [ʒɛ], *(je) viendrai* [vjɛ̃dʀe] et *(je) viendrais* [vjɛ̃dʀɛ] : la neutralisation profite alors à [ɛ], aux dépens de [e].

Le cas des deux autres paires se présente d'une façon légèrement différente. Cette fois, c'est au contraire en syllabe ouverte que l'opposition est neutralisée : [œ] et [ɔ] ne sont jamais en finale absolue de mot ou ne forment jamais de syllabe à eux seuls, c'est pourquoi ils contreviennent à la définition de la voyelle mentionnée plus haut. Cependant ce sont bien deux unités phonologiquement distinctes dans la mesure où l'on peut opposer *jeûne* [ʒøn] et *jeune* [ʒœn], ou *veule* [vøl] et *veulent* [vœl], *rauque*

II – Les sons du français : phonétique et phonologie

[ʀok] et *roc* [ʀɔk], ou encore *saute* [sot] et *sotte* [sɔt]. L'analyse pourrait être poussée plus loin et préciser devant quelles consonnes précisément cette opposition est neutralisée.

Remarque. — Une évolution récente tend à neutraliser l'opposition [œ/ø], voire l'opposition [ɔ/o] au profit d'une réalisation moyenne. Impossible, dès lors de distinguer « un jeune » et « un jeûne », ou « la Côte (d'Azur) » et « la cote (de la Bourse) » ou « la cotte (de maille) ». Cette neutralisation, fréquente dans le parler méridional ou en Franche Comté, se répand chez des locuteurs dépourvus de toute autre trace d'accent régional.

▶ **Deux oppositions menacées** : [a] / [ɑ] et [ɛ̃] / [œ̃]

Ces oppositions sont pertinentes dans le parler de beaucoup de francophones, mais elles ne sont pas observées partout et par tous.

Les Parisiens, par exemple, font de moins en moins la différence entre *accomplir une tâche* [tɑʃ] et *nettoyer une tache* [taʃ], entre *c'est un mâle* [mɑl] et *c'est un mal* [mal] : ils réalisent un [a] moyen que l'on peut qualifier d'*antérieur*, du fait que la masse linguale se trouve dans la partie antérieure (palatale) de la cavité buccale lors de la production de cette voyelle. Mais l'abaissement de la mâchoire entraine la translation de la racine de la langue vers la partie postérieure de cette cavité, et la constriction ainsi créée dans la zone pharyngale, essentielle pour l'identité perceptive de cette voyelle, justifie le fait qu'elle soit caractérisée par certains de *postérieure*.

On n'oppose guère non plus *brun* [bʀœ̃] et *brin* [bʀɛ̃], ou *un* [œ̃] et *hein* [ɛ̃] : la neutralisation s'opère au profit de [ɛ̃] par affaiblissement de la labialisation (**Intro. : 1.2.3.**).

Cette évolution s'explique par le faible rendement de ces oppositions : les [ɑ], par exemple, étaient infiniment plus rares que les [a], et cela explique que les premiers disparaissent au profit des seconds.

▶ **Le problème du [ə], dit *e* caduc ou « schwa »**

La réalité phonologique de [ə], ou si l'on veut sa fonction distinctive, peut être fortement mise en question. Tout d'abord, il n'apparaît jamais en syllabe accentuée. D'autre part, on ne peut guère l'opposer phonétiquement à ses proches voisins [ø] et [œ] qui précisément sont neutralisés en syllabe inaccentuée au profit d'un son moyen [Œ]. Et surtout on constate que dans les mots mêmes où il arrive qu'il se trouve, sa disparition fréquente n'a aucune conséquence sur la communication : [lafənɛtʀ] ou [lafnɛtʀ], c'est toujours *la fenêtre ; une bonne grammaire* peut aussi bien être [ynbɔngʀam(m)ɛʀ] qu'[ynəbɔnəgʀam(m)ɛʀ], ou même, dans le Midi, où [ə] se maintient en syllabe finale post-tonique [ynəbɔnəgʀammɛʀə]. Simple *lubrifiant phonétique* (Martinet), il semble n'avoir pour raison d'être que d'éviter, autant que faire se peut, la succession de certaines consonnes. Il reste présent là où ce risque existe. Il disparaît dans le cas contraire. On dira donc [kɔ̃tny] *contenu*, mais [kɔ̃tʀəbas] *contrebasse*, [tʀɑ̃kilmɑ̃] *tranquillement*, mais [kalməmɑ̃] *calmement*. On évoque parfois à ce propos la **loi des trois consonnes**, ce qui signifierait que le [ə] a pour rôle d'éviter qu'il se forme un groupe de plus de deux consonnes. Ainsi, comment prononcer une séquence comme *Je ne te le redemanderai pas* ? Par exemple, en supposant qu'on ne supprime pas tout simplement le *ne*, on pourrait dire [ʒəntəlʀədmɑ̃dʀepa] : en gardant un [ə] sur deux ; on se trouve alors satisfaire exactement à cette « loi », dont on pourrait voir une confirmation dans l'apparition d'un [ə] tout à fait postiche destiné à faciliter l'articulation d'une expression comme [œ̃film(ə)dɔʀœʀ] *un film d'horreur* ou [œ̃nuʀs(ə)bʀœ̃] *un ours brun* ! Cependant, la réalité est plus complexe. *Une secrétaire* peut se prononcer [ynskʀetɛʀ], sans le [ə] attendu, alors que cette omission produit une succession de quatre consonnes ! Tout dépend donc de la nature des consonnes en cause et de la place de *e* caduc dans le groupe rythmique.

Reste que seule la présence ou absence de [ə] distingue [dəɔʀ] *dehors* de [dɔʀ] *dors*, [ləœʀ] *le heurt* de [lœʀ] *l'heure* ou [ləɛtʀ] *le hêtre* de [lɛtʀ] *l'être* (**3.2.2.**) Et le [ə] contribue à maintenir la géminée de *compte tenu* [kɔ̃t(ə)təny], où la disparition du premier [ə] aurait fréquemment pour effet d'entrainer la disparition de la géminée [tt], indispensable pour le sens, au risque d'une confusion avec *contenu* [kɔ̃tny]. Dans des cas de ce genre, il reçoit nécessairement le statut de phonème à part entière.

Remarque. — Malgré la graphie *e*, c'est bien un [ø] que l'on trouve, en position accentuée, dans le cas du pronom *le* après l'impératif positif : *prends-le*.

Histoire. — Au milieu du 19ᵉ siècle, l'enseignant FLE allemand G. Hirzel (*Praktische französische Grammatik*, Aarau, H. R. Sauerländer, 1832) enseigne que le [ə] est « prononcé si doucement, comme e [allemand] dans beaucoup de nos préfixes et suffixes et même parfois si discret qu'on l'entend à peine, ce qui fait qu'on l'appelle muet : *rose, pie* ; » (p. 13). Pour « ceux qui ont des difficultés à prononcer ou plutôt à ne pas prononcer ce *e* », il propose d'« écrire les mots sans la voyelle, et de les lire de la même façon : *p'lot', mat'lo[t], s'ra, lot'rie, gob'le[t]* » (p. 14).

▶ **Voyelles et consonnes** [i] / [j], [y] / [ɥ], [u] / [w]

Lorsque l'un des phonèmes en question suit un [l] ou un [ʀ] et précède une voyelle, il n'y a pas d'opposition fonctionnelle, mais seulement un problème de syllabation : par exemple *lien* peut être dissyllabique [liɛ̃] ou plutôt [lijɛ̃], ou monosyllabique [ljɛ̃] ; il en va de même pour *lueur* [lyœʀ] ou [lɥœʀ] ou pour *(il) loua* [lua] ou [lwa]. Phonologiquement donc, on notera seulement / liɛ̃ /, / lyœʀ /, / lua /, ce qui suffit à décrire la valeur fonctionnelle sans préjuger de la réalisation phonétique.

Le problème est différent si le phonème en question suit une voyelle, mais seuls [i] et [j] peuvent se trouver en opposition dans cette position. Ainsi *abbaye* [abɛi] se distingue d'*abeille* [abɛj], *pays* [pɛi] de *paye* [pɛj], *ouïe* [ui] de *houille* [uj]. On en conclura que dans ce cas / j / et / i / sont des phonèmes différents.

2.2.2. Les consonnes

▶ **Consonnes sonores et consonnes sourdes :** [p] / [b], [t] / [d], [k] / [g], [f] / [v], [s] / [z], [ʃ] / [ʒ]

Cette opposition est une des plus fondamentales et des plus solides du français : un *bain* [bɛ̃] n'est pas un *pain* [pɛ̃], un *gradin* [gʀadɛ̃] n'est pas un *gratin* [gʀatɛ̃], on peut être un *cas* [kɑ] sans être un *gars* [gɑ], et il est nécessaire de distinguer un *poisson* [pwasɔ̃] d'un *poison* [pwazɔ̃].

On oppose [fɔl] *folle* et [vɔl] *vole*, [os] *hausse* et [oz] *ose*, [ʃu] *chou* et [ʒu] *joue*.

Mais on constate que ces oppositions peuvent se trouver menacées soit dans certains usages régionaux, soit sous l'influence de certains entourages phonétiques (**2.3.**).

▶ Les nasales [m] [n] [ɲ] [ŋ]

Elles se distinguent nettement des consonnes orales correspondantes [b, d, g] : ainsi *mou* [mu] de *bout* [bu], *noué* [nue] de *doué* [due]. Mais leur sonorité n'a pas de fonction distinctive et elles peuvent donc facilement s'assourdir sans danger pour la communication.

[ɲ] pose un problème à part. Ce phonème, que l'on trouve dans un mot comme *peigner* [peɲe], est rare en fréquence et isolé dans le système. Son identité est fort menacée. On perçoit peu sa différence avec [nj], suite de phonèmes que l'on trouve par exemple dans *panier* [panje] et qui tend à le supplanter.

[ŋ] a été introduit par les emprunts à l'anglais [*living* [liviŋ]). On le réalise souvent comme [ng], auquel de toute manière il ne s'oppose pas (cf. par ex. « Ming » [ming]). Il n'a donc pas sa place dans le système en tant qu'unité fonctionnelle.

▶ Les consonnes [l] [ʀ]

Un seul et même trait suffit à distinguer [l] de tous les autres phonèmes : c'est la seule latérale. Un seul trait suffit aussi à distinguer [ʀ] : c'est la seule vibrante (dans la mesure où la luette entre effectivement en jeu dans son articulation). Aussi ces deux phonèmes sont-ils susceptibles de connaître de nombreuses variantes qui ne remettent nullement en cause leur fonction distinctive. Que l'on prononce *bar* [baʀ], [bar] ou [baʁ], le mot sera toujours distinct de *bal* (**2.1.2.**).

Autre point commun : on les trouve fréquemment après une occlusive ou une constrictive labiodentale. Si leur identité phonétique en ce cas peut paraître moins nette, elle n'est est pas pour autant menacée : *pli* [pli] et *prie* [pʀi] s'opposent sans discussion.

▶ La question des consonnes géminées : une illusion graphique ?

En dépit de l'illusion entretenue par l'orthographe, on ne trouve en principe pas de géminées (c'est-à-dire deux consonnes identiques successives) en français courant. Ce sont souvent des survivances historiques. Certaines sont purement étymologiques. D'autres sont dues à la dénasalisation tardive de voyelles nasales : la prononciation [ãne] pour *année*, encore vivante dans le Roussillon, est devenue [anne] puis [ane].

Cependant elles peuvent apparaître facultativement dans certains mots : [gʀamɛʀ] ou [gʀammɛʀ] *grammaire* ; [imãs] ou [immãs] *immense* : C'est en particulier le cas à la jointure entre préfixe et radical comme dans *collatéral* [kɔl(l)ateʀal], *illisible* [il(l)izibl] ou *irréflexion* [iʀ(ʀ)eflɛksjɔ̃]. Elles peuvent encore résulter, à titre de variante, d'une prononciation affectée ou insistante : *Quelle intelligence !* [kɛlɛ̃tɛlliʒɑ̃s]. Il arrive enfin qu'une géminée apparaisse accidentellement lors de la chute d'un [ə], comme dans *une petite tête* [ynpətittɛt]. Dans ce cas, elle reste fragile et peut être éliminée dans une diction peu soignée : on entend alors [kɔ̃təny] pour *compte tenu*.

Mais ce qu'il importe surtout de noter, c'est le rôle distinctif remarquable de la géminée dans la morphologie verbale : le conditionnel *(il) mourrait* [muʀʀɛ], s'oppose à l'imparfait *(il) mourait* [muʀɛ] ; et le futur *(nous) courrons* [kuʀʀɔ̃] au présent *courons* [kuʀɔ̃].

2.2.3. *Les traits pertinents*

Chacune des unités du système phonologique (voyelles et consonnes) peut être décrite comme une combinaison d'une douzaine de traits pertinents binaires, qui sont justement ceux qui sont mis en évidence par la détermination des paires minimales (**1.2.**). Les oppositions phonologiques, toutefois, ne reposent pas uniquement sur ces traits binaires ; elles sont souvent renforcées par plusieurs *indices* (articulatoires et acoustiques), eux-mêmes reposant sur diverses *propriétés*.

Pour éviter d'entrer dans des détails trop complexes, on peut, dans des tableaux partiels, se contenter de se faire une idée de ces traits pertinents, en se limitant à ceux dont le rendement est le plus élevé :

Voyelles orales

	haut	bas	antérieur	labial	nasal
i	+	−	+	−	−
y	+	−	+	+	−
u	+	−	−	+	−
E	−	−	+	−	−
Ø	−	−	+	+	−
O	−	−	−	+	−
a	−	+	+	−	−

L'archiphonème /E/ représente à la fois /e/ et /ɛ/ dont l'opposition est neutralisée en syllabe fermée. Pour la même raison, à cause de leur neutralisation en syllabe ouverte, /Ø/ représente /ø/ et /œ/, et /O/ représente /o/ et /ɔ/. Il n'a pas paru nécessaire de faire un sort à l'opposition entre /a/ et /ɑ/, en cours de disparition, au profit d'un son moyen (qui peut être considéré comme antérieur ou postérieur selon le critère utilisé, v. **2.1.1.**)

Naturellement, comme ce sont des voyelles, elles ont toutes les traits « voisé » (sonore), « continu », « syllabique » (elles peuvent former une syllabe à elles seules), qu'il n'a pas été jugé utile de mentionner. On n'a pas retenu le trait « postérieur », puisque toutes les voyelles qui ne sont pas antérieures sont postérieures. Pour rappeler qu'il ne s'agit ici que des voyelles orales, le trait « non-nasal », en revanche, figure dans le tableau.

Consonnes occlusives et constrictives

	continu	voisé	antérieur	postérieur	labial	nasal
p	−	−	+	−	+	−
t	−	−	−	−	−	−
k	−	−	−	+	−	−
b	−	+	+	−	+	−
d	−	+	−	−	−	−
g	−	+	−	+	−	−
m	−	+	+	−	+	+
n	−	+	−	−	−	+
ɲ	−	+	−	+	−	+
f	+	−	+	−	−	−
s	+	−	−	−	−	−
ʃ	+	−	−	+	+	−
v	+	+	+	−	−	−
z	+	+	−	−	−	−
ʒ	+	+	−	+	+	−

Ne figurent pas dans ce tableau les « semi-consonnes », ni les latérales et les vibrantes.

De nombreuses caractéristiques phonétiques des sons du français ne sont pas prises en compte dans ces tableaux. Ici, seuls sont répertoriés les traits permettant effectivement d'opposer les phonèmes les uns aux autres. C'est une économie considérable dans la description. De fait, un étranger se fera toujours comprendre s'il néglige certaines caractéristiques des sons du français à condition de respecter les traits pertinents.

Bibliographie. — A. Martinet (1945, 1960) : ch. II et III − R. Jakobson (1963), ch. VI − A. Martinet (1965), ch. V − E. Benveniste (1966), ch. VIII − F. Carton (1974) : 55-71 − H. Bonnard (GLLF), La phonétique et la phonologie : 4233-45 et L'archiphonème : 229.

2.3. Variation des phonèmes

L'usage que nous faisons de la langue lorsque nous échangeons des messages oraux nous impose pour ainsi dire la perspective fonctionnelle et gomme par là même la diversité des réalisations phonétiques que nous ne percevons plus. Pourtant non seulement deux personnes ne prononcent pas le même phonème de la même manière, mais le même locuteur ne le prononce pas deux fois exactement de façon identique. Le phonème ne correspond pas à un point précis, mais à une zone de dispersion, une cible plus ou moins bien atteinte. Bien mieux, c'est parfois la cible d'à côté qui est touchée, sans dommage apparent pour la communication. L'analogie avec les écritures manuscrites est ici éclairante : si quelqu'un forme ses *r* comme un autre ses *s* par exemple, il s'arrangera pour former ses propres *s* de façon différente, et d'ailleurs on ne perçoit pas à la lecture chaque lettre à part, c'est la silhouette du mot qui est saisie, et, fût-elle confuse, le sens du contexte oriente le déchiffrement. De la même manière, les phonèmes réellement prononcés, érodés, voire escamotés, sont souvent bien loin de leur image idéale.

On ne doit pas cependant s'en tenir à ce constat trop général. Il y a des phénomènes assez répandus pour relever de lois générales et mériter d'être décrits. Il y a des variantes remarquables qui, comme en morphologie, peuvent être classées en variantes **libres** et variantes **conditionnées** (XX : 1.2.2.).

Parmi les **variantes libres**, les plus intéressantes ne sont pas celles qui sont individuelles (le zézaiement par exemple), mais celles qui révèlent l'appartenance à un milieu social ou géographique. Le / r /, réalisé généralement [ʀ], est **roulé** en Bourgogne [r] et **grasseyé** (autrement dit dévibré) dans les milieux populaires parisiens [ʁ]. Les occlusives sonores sont assourdies en Alsace : [b̥] [d̥] [g̊] (l'assourdissement se marque par un petit *o* souscrit, inversement la sonorisation d'une consonne sourde se note par un petit *v* souscrit). Au Québec, les occlusives dentales sont fréquemment suivies d'un appendice fricatif : *tiens* se prononce [tˢjẽ], *maudit* [modᶻi]. Dans plusieurs régions, les voyelles moyennes tendent à n'avoir qu'un timbre unique : *la rose* [laʀɔz], *le port* [ləpɔ̞ʀ] (une ouverture légèrement plus grande que la normale se note par un *c* souscrit, une fermeture par un point souscrit). On observe aussi en Lorraine des diphtongaisons : le timbre de la voyelle ne reste pas stable, mais se ferme progressivement dans [maʀjei] *mariée*. Dans certaines régions du Sud de la France à l'Ouest du Rhône, les voyelles se nasalisent devant une consonne nasale, *année* se prononce [ãne], voire [ãnne].

De toutes ces particularités, les unes respectent le système phonologique (par exemple les diverses réalisations de / r /), les autres remettent en cause ce système ou, si l'on veut, révèlent la coexistence de plusieurs systèmes (comme la neutralisation dans le parler parisien des oppositions [a] / [ɑ] et [ɛ̃] / [œ̃]).

Quant aux **variantes conditionnées**, elles sont produites par l'influence de l'entourage phonétique sur la réalisation du phonème. Celui-ci est souvent modifié par un phonème voisin qui le « **colore** » de ses caractéristiques propres : le plus souvent, en français, on anticipe sur un son à venir. La position d'un phonème (en début ou en fin de syllabe, en syllabe accentuée ou inaccentuée) entraîne également des réalisations phonétiques différentes.

C'est ainsi que fréquemment les **consonnes sonores s'assourdissent** devant une consonne sourde, par exemple, [ds] devient [d̥s], voire [ts] dans *médecin* ; [vs] devient [v̥s] voire [fs] dans *clavecin* ; [ʒ] devient [ʒ̊s] voire [ʃs] dans *j'sais pas*, parfois noté *chais pas* (dans les BD, par exemple). Dans un cas cette assimilation a même été enregistrée par l'orthographe : dans *absorption*, la modification du [b] de *absorber* devant le [s] du suffixe *-tion* est totale.

Les **consonnes sourdes** de leur côté **se sonorisent** devant une consonne sonore ou entre voyelles : ainsi [sm] devient [s̬m] voire [zm] dans les noms de doctrines en *–isme*, comme *libéralisme, socialisme* ; *Strasbourg* se prononce couramment [stʀas̬buʀ] ; [kd] devient [k̬d] voire [gd] dans *bec de canard* ; *seconde* se dit [səgɔ̃d] contrairement à ce que suggère l'orthographe, etc.

Le [s] initial de *structure* **s'arrondit**, la position des lèvres préparant l'articulation des voyelles [y] qui suivent ; phénomène qui ne se produit pas pour *strictement*.

Le **point d'articulation** peut être modifié. Ainsi, les occlusives d'arrière sont sensibles à l'influence de la voyelle qui les suit. Ainsi le [k] et le [g] de *cou* ou de *gout* sont des vélaires ; mais ceux de *qui* et *gui* articulés nettement plus en avant sont des palatales (à transcrire en principe [c] [ɟ]) : dans les milieux populaires parisiens elles peuvent même devenir alvéolaires, ainsi *cinquième* pourra s'entendre [sẽtjɛm].

Les **consonnes initiales** de syllabe sont plus fortes et plus nettes (on les dit **explosives**) que celles qui terminent la syllabe (on les dit **implosives**). Ainsi [ʀ] est articulé fortement dans *riz* [ʀi], moins fortement dans *prie* [pʀi] et plus faiblement dans *pire* [piʀ]. Cela peut aller, dans la diction relâchée, jusqu'à la disparition pure et simple (**Intro. : 1.2.3.**) : [kat] pour *quatre*, comme [kaʀtab] pour *cartable*. Cette même faiblesse des **consonnes finales** favorise en outre leur assimilation à la consonne qui les précède immédiatement : ainsi [l] et [ʀ], normalement sonores, s'assourdissent dans [pœpl̥] *peuple* et [føtʀ̥] *feutre*.

Quant aux **voyelles**, leurs variantes conditionnées les plus intéressantes ne concernent pas leur timbre mais leur **longueur.** Celle-ci a eu une fonction distinctive en français (comme en anglais moderne, comme en latin et en grec) : le [i] était encore au XVIIe voire au XVIIIe s. plus long dans *des cris, une amie* que dans *un cri, un ami*. La longueur varie aujourd'hui uniquement en fonction de la position.

Tout d'abord il y a allongement de la voyelle dans la **dernière syllabe d'un groupe** rythmique, qui est automatiquement accentuée (**3.3.**). Ensuite, qu'elle soit ou non en syllabe accentuée, une voyelle est d'autant plus longue qu'elle est **suivie d'une consonne** : [ɛ̃] [œ̃] [ɔ̃] [ɑ̃] [o] [ø] [ɑ] s'allongent devant n'importe quelle consonne ; les autres voyelles s'allongent particulièrement devant [ʒ] [z] [v] et [ʀ]. On note l'allongement par un double point, ou, s'il est moins important, par un point simple placé après la voyelle. Ainsi : *Les fleurs sont dans un vase* se transcrit [leflœˑʀsɔ̃dɑ̃zœ̃vɑːz], *Voici un vase de fleurs* [vwasiœ̃vɑzdəflœːʀ].

Par ailleurs, le timbre d'une voyelle est d'autant plus net que la syllabe est accentuée. En **syllabe inaccentuée ouverte**, les voyelles [e / ɛ], [ø / œ], [o / ɔ] voient leur opposition neutralisée au profit d'une articulation moyenne ; en **syllabe inaccentuée fermée**, au profit d'une articulation ouverte. On aura donc [kɔ̃ʒe̞lasjɔ̃] *congélation*, voire, sous l'influence de *gel* [kɔ̃ʒɛlasjɔ̃] et, inversement [kɛ̃kẹnal] *quinquennal*. La distinction entre les voyelles arrondies et celles qui ne le sont pas est également moins nette dans cette position.

Bibliographie. — F. Carton (1974) : 70-85 – F. Wioland (1991) : 80-86.

2.4. Le sens des sons

Sur **l'interaction entre son et sens**, on ne peut s'en tenir à l'affirmation, traditionnelle depuis Saussure, de l'arbitraire du signe qui interdit en principe toute influence du signifiant sur le signifié et réciproquement. Ce qui est vrai au niveau du système de la langue ne l'est pas en effet nécessairement à celui de son actualisation dans le discours, c'est-à-dire, en l'occurrence, de la chaine parlée.

Il ne s'agit même pas ici des faits que l'on dit suprasegmentaux, comme la mélodie ou l'accent d'insistance, qui manifestent certes l'influence des intentions du locuteur sur la forme sonore de son discours, mais sans remettre en cause l'indépendance des phonèmes eux-mêmes par rapport aux signifiés.

On a pu en effet mettre en évidence expérimentalement des corrélations, peu précises mais difficiles à nier entre tels types de phonèmes et tels signifiés élémentaires : [p, t, k] évoquent par exemple une certaine dureté, voire la notion de choc, [v, f, s] la douceur d'un souffle ; [i, e, y] ont la stridence de l'aigu, propre à suggérer la clarté, tandis que [ɔ̃, ɑ̃, u] font naître l'image de quelque chose de sombre et de voilé, etc. Cela a-t-il joué un rôle dans la formation du lexique ? Certains le pensent, au moins en ce qui concerne le champ lexical du bruit et, comme cela est évident, pour les onomatopées.

Le propre de l'exercice de la fonction poétique (**Intro.** : **1.1.**) est de mettre en œuvre systématiquement ce qui n'est qu'en puissance dans le langage. Ainsi, dans *L'insecte net gratte la sécheresse* (P. Valéry, *Le cimetière marin*) les voyelles (trois fois [ε]) et les consonnes (trois fois [s], trois fois [t]) produisent un bruit qui rappelle le frottement des élytres. Mallarmé note sa « *déception, devant la perversité conférant à* jour *comme à* nuit, *contradictoirement, des timbres obscur ici, là clair* » ; mais c'est pour ajouter aussitôt que le vers « *rémunère le défaut des langues* » (*Crise de vers*, 1895).

Pour le linguiste R. Jakobson, toute figure phonique réitérative (allitération, assonance, rime) est créatrice de sens. Ressemblances et contrastes phonétiques semblent bien en effet être spontanément interprétés comme porteurs de sens, à condition toutefois d'entrer en relation avec les champs lexicaux présents dans le texte : *Lingères légères* (titre d'un recueil d'Éluard). *Au volant, la vue, c'est la vie.*

La paronymie (**XXI** : **2.2.**), par ailleurs, peut être utilisée (par la publicité et le journalisme notamment) pour actualiser, par l'intermédiaire de la substance sonore, des signifiés absents mais lus en transparence comme dans *la fièvre acheteuse* (en écho à *la fièvre aphteuse*, une vilaine maladie) ou *Coluche, l'aristo du cœur* (*les restos du cœur*, une bien belle institution).

Bibliographie. — R. Jakobson (1963), 233-243. – P. Guiraud (1967), *Structures étymologiques du vocabulaire français*, Larousse – D. Delas et J. Filliolet (1973), *Linguistique et poétique*, – J.-M. Peterfalvi (1978), *Recherches expérimentales sur le symbolisme phonétique.*

3. LA CHAÎNE PARLÉE

3.1. La syllabe phonique

En quittant le domaine des phonèmes, unités **discrètes**, pour celui de la chaine parlée, on passe de l'ordre du discontinu à celui du continu, où les représentations formelles perdent en netteté.

II – Les sons du français : phonétique et phonologie 99

Cela se vérifie dès le niveau de la **syllabe**, peu perceptible sur les enregistrements, en dépit de la conscience qu'en ont les sujets parlants. On peut la décrire comme une **unité d'effort musculaire**, une réalité purement articulatoire, sans réelle pertinence linguistique. On peut également remarquer que sa réalisation est relativement aléatoire et variable selon les individus qui peuvent prononcer ou non certains [ə], pratiquer ou non la diérèse : *petit* = [pəti] ou [pti] – *hier* = [ijɛʀ] ou [jɛʀ]. On peut enfin observer que même là où le nombre de syllabes (qui correspond toujours en français au nombre de voyelles phonétiques) est identique, le découpage syllabique peut varier : *existence* = [ɛg-zis-tɑ̃s] ou [ɛ-gzi-stɑ̃s].

Pourtant une telle description serait trompeuse. D'une part, en effet, la syllabation n'est pas dépourvue de toute valeur fonctionnelle. Il est possible de distinguer, si on le souhaite absolument : *Il est tout vert* [il-ɛ-tu-vɛʀ] et *Il est ouvert* [il-ɛt-u-vɛʀ] – *les petits trous* [le-pti-tʀu] et *les petites roues* [le-ptit-ʀu] – *C'est elle qu'il aime* [sɛ-tɛl-kil-ɛm] et *C'est elle qui l'aime* [sɛ-tɛl-ki-lɛm].

Cela n'est évidemment possible que parce que, d'autre part, la syllabe a une réalité physique. La continuité de la chaine parlée n'est pas telle que tous les phonèmes qui se succèdent soient sur le même plan. Il y a un profil syllabique, dont le sommet d'aperture ou de sonorité est une voyelle. La partie initiale de la syllabe est d'intensité croissante, et d'intensité décroissante sa partie terminale. La même consonne est physiquement différente selon qu'elle est en début de syllabe – on la dit alors **explosive** – ou en fin de syllabe, où elle est plus faible – on la dit alors **implosive**. Le [ʀ] de *rat* est croissant, celui d'*art* décroissant. Dans *Il courra* se succèdent deux [ʀ] dissemblables.

La syllabation phonique, en français, obéit à quelques principes simples. Tout d'abord, elle est relativement indifférente à la séparation en mots, du moins à l'intérieur d'un groupe rythmique. Ensuite, elle privilégie la **syllabe ouverte** (terminée par une voyelle) par rapport à la **syllabe fermée** (terminée par une consonne).

La syllabe peut être composée d'un seul phonème, c'est-à-dire consister en une voyelle : *Là-haut, il y a un hameau* [la-o / i-lja-ɶ̃-a-mo].

La forme la plus courante de syllabe est composée d'une consonne (suivie éventuellement d'un [l], d'un [ʀ], d'un [j], d'un [y] ou d'un [w]) et d'une voyelle. C'est vers ce schéma idéal de syllabe ouverte que tend le plus souvent la prononciation courante du français : *Tous les invités sont ici* [tu-le-zẽ-vi-te-sɔ̃-ti-si] – *trois grands blonds* [tʀwa-gʀɑ̃-blɔ̃].

Mais, bien entendu, lorsque la dernière syllabe d'un groupe rythmique se termine par une consonne, celle-ci, ne pouvant faire syllabe avec ce qui la suit, s'unit pour la syllabation à la voyelle précédente pour former une syllabe fermée qu'elle contribue souvent à allonger : *Ouvrez la porte* [u-vʀe-la-pɔʀt].

Enfin, lorsque deux ou plusieurs consonnes se suivent (en dehors du cas, mentionné plus haut, où la seconde est un [l], un [ʀ] ou une semi-consonne), celles-ci se répartissent normalement entre les deux syllabes, dont la première est alors fermée. *Il parcourra la steppe* [il-paʀ-kuʀ-ʀa-las-tɛp] – *C'est strictement interdit* [sɛs-tʀik-tə-mɑ̃-ẽ-tɛʀ-di].

Remarque. — Il importe de bien distinguer la syllabe phonétique (suite de phonèmes comprenant une et une seule voyelle et articulés en une seule émission de voix) et la syllabe graphique (**III : 2.2.**). Celle-ci comprend un et un seul graphème vocalique (constitué d'une ou plusieurs lettres) précédé ou suivi de graphèmes consonantiques. Ainsi : *fe-nê-tre* comprend 3 syllabes (graphiques), mais [fnɛtʀ] seulement 1 syllabe (phonétique).

Bibliographie. — F. Carton (1974) : 75-80 – H. Bonnard (GLLF), La syllabe : 5878-81.

3.2. Les jointures

À la jointure entre deux mots, une syllabe peut être formée d'un phonème appartenant au premier (une consonne) et d'un autre appartenant au second (une voyelle). Mais cette syllabe ne résulte pas toujours simplement de l'addition de la consonne terminale et de la voyelle initiale de ces mots. Deux autres cas, complémentaires l'un par rapport à l'autre, peuvent se présenter : la liaison et l'élision.

II – Les sons du français : phonétique et phonologie

3.2.1. Les liaisons

Dans le cas de la **liaison**, on voit apparaitre à la fin du premier mot une **consonne latente** qui figure dans l'écriture, mais n'est pas normalement prononcée (cf. *un petit enfant* [œ̃ptitɑ̃fɑ̃] vs *un petit garçon* [œ̃ptigaʀsɔ̃]).

Parfois le phénomène est plus complexe, il y a modification du timbre de la voyelle précédente : *le divin enfant* [lədivinɑ̃fɑ̃] vs *l'enfant divin* [lɑ̃fɑ̃divɛ̃].

Remarques. — 1. D'un point de vue morphologique, [pti] et [ptit], [divɛ̃] et [divin] sont alors des couples d'allomorphes en distribution complémentaire. (**XX** : 1.2.2.).
2. Il y a modification à la fois phonétique et graphique par introduction d'un « t euphonique » dans *a-t-il, va-t-il*, en face de *il a, il va*, par analogie avec les formes conjuguées de verbes comme *il est, il finit, il vient*, où la consonne graphique finale est toujours présente, mais ne se réalise phonétiquement que devant voyelle ; et introduction d'un « s » phonétique et graphique dans les impératifs du premier groupe devant *en* ou *i* : *gardes-en, penses-y*.

Les consonnes de liaison courantes ne sont qu'au nombre de quatre :

- [z] pour les graphies *s, x, et z* (neutralisation au profit de la sonore) : *les uns et les autres* [lezœ̃] – *deux ans* [døzɑ̃] – *prenez-en* [prənezɑ̃] ;
- [t] pour *t* et *d* (neutralisation au profit de la sourde) : *c'est un livre* [sɛtœ̃livʀ] – *prend-il ?* [pʀɑ̃til] ;
- [n] pour *n* : *un homme* [œ̃nɔm] – *bon appétit* [bɔnapeti] ;
- [v] pour *f* (sonorisation) : *neuf heures* [nœvœʀ].

On pourrait ajouter quelques rares liaisons en [ʀ] (*premier avril*) en [p] (*trop aimable*) et en [k] (*respect humain*).

Toutes les liaisons ne doivent pas absolument être réalisées. Lesquelles ? Cela dépend à l'évidence du type de communication. Il y en a moins dans la conversation courante que dans un discours officiel : dans ce dernier cas, l'insistance sur la consonne de liaison est parfois telle que celle-ci est paradoxalement liée à la syllabe précédente et non à la voyelle qui suit. À l'opéra, la diction chantée peut imposer une liaison qu'on ne ferait pas dans le langage ordinaire : *Réponds-z-à ma tendresse* (*Samson et Dalila*,

Saint-Saens). On observe traditionnellement une liaison tout à fait unique en son genre dans l'hymne national : *Qu'un sang-k-impur...*

▶ **La liaison est obligatoire :**

• entre le déterminant et le mot suivant, adjectif ou nom (voir **VII : 2**. en ce qui concerne la morphologie particulière du démonstratif et du possessif singuliers devant voyelle) : *les hommes* [lezɔm] – *mon amitié* [mɔ̃namitje] – *un étrange évènement* [œ̃netʀɑ̃ʒevɛnmɑ̃] ;

• entre l'adjectif (qualificatif, numéral, etc.) et le nom qui le suit : *petits enfants* [p(ə)tizɑ̃fɑ̃] – *les deux arbres* [ledøzaʀbʀ] ;

• entre le pronom personnel (**VII : 5.2.**) et le verbe (quelle que soit la fonction du pronom et sa place) : *Elles ont faim* [ɛlzɔ̃fɛ̃] – *Je les ai vus* [ʒəlezevy] – *On aime ou on n'aime pas* [ɔ̃nɛmuɔ̃nɛmpɑ]– *Sait-on jamais ?* [sɛtɔ̃ʒamɛ] – *Vas-y !* [vɑzi] ;

• à l'intérieur des groupes de pronoms clitiques : *Il les en a empêchés* [il(l)ɛzɑ̃naɑ̃pɛʃe]) – *Vous y êtes* [vuziɛt] ;

• entre les verbes *avoir* ou *être* et le participe passé des formes verbales composées, ou encore entre *être* et l'attribut du sujet : *Ils ont aimé* [ilzɔ̃tɛme] – *Ce cas est exemplaire* [səkɑɛtɛgzɑ̃plɛʀ] ;

• entre la préposition et le syntagme nominal, entre l'adverbe et l'adjectif sur lequel il porte et plus généralement entre les mots proclitiques (c'est-à-dire formant obligatoirement un groupe accentuel avec le mot suivant) et ce qui les suit : *dans un an* [dɑ̃zœ̃nɑ̃] – *sans arrêt* [sɑ̃zaʀɛ] – *très agréable* [tʀɛzagʀeabl] – *Je l'en aime plus encore* [ʒelɑ̃nɛmplyzɑ̃kɔʀ] ;

• enfin, dans certains mots composés et certaines locutions figées : *un sans-abri* [sɑ̃zabʀi] – *les États-Unis* [etazyni] – *pas à pas* [pɑzapɑ] – *de temps en temps* [dətɑ̃zɑ̃tɑ̃].

▶ **D'autres liaisons sont facultatives, notamment :**

• entre le nom et l'adjectif qualificatif postposé, mais exclusivement dans le cas où le *s* est interprété comme la marque du pluriel : *des enfants intenables / un enfant intenable* [dezɑ̃fɑ̃(z)ɛ̃tnabl] / [œ̃nɑ̃fɑ̃ɛ̃tnabl] – *des bois immenses / un bois immense* [debwɑ(z)imɑ̃s] / [œ̃bwaimɑ̃s] ;

• entre le verbe et ses compléments : *Prends un ticket* [pʀɑ̃(z)œ̃tikɛ] – *Nous allons à Paris* [nuzalɔ̃(z)apaʀi].

II – Les sons du français : phonétique et phonologie

• entre le deuxième élément de la négation (pas, point, plus, jamais) et le terme suivant : *pas intelligent* [pɑzɛ̃teliʒɑ̃] – *plus aussi rapide* [plyzosiʀapid] – *ne jamais oublier que* [nəʒamɛzublijekə]...

▶ **Enfin, certaines liaisons sont abusives :**
• la consonne graphique muette qui suit un [ʀ] ne fait liaison que dans un langage particulièrement affecté ; normalement on prononce : *nord-est* [nɔʀɛst] – *toujours utile* [tuʒuʀytil] – *Il court à l'école* [ilkuʀalekɔl] ;
• la liaison ne se fait pas non plus dans certains mots composés et certaines locutions : *des salles à manger* [desalamɑ̃ʒe] – *nez à nez* [neane] – *des bons à rien* [debɔ̃aʀjɛ̃] ;
• enfin, d'une façon générale, on ne fait pas de liaison entre deux syntagmes qui n'appartiennent pas au même constituant : *J'ai rencontré des enfants intelligents* (avec liaison) / *J'ai trouvé ces enfants intelligents* (sans liaison : *intelligents* est attribut du c.o.d. et non épithète).

3.2.2. *L'élision*

Il y a élision dans certains cas bien déterminés, lorsqu'un mot grammatical terminé par une voyelle (généralement -*e* muet, mais aussi -*a* de *la* et -*i* de *si*) est suivi d'un mot qui commence lui-même par une voyelle. Elle consiste dans la suppression pure et simple de la voyelle du premier des deux mots, et sur le plan graphique dans son remplacement par le signe dit apostrophe (**IV : 5.1.**).

Ce phénomène concerne exclusivement :
• *le, la,* article défini ou pronom personnel clitique, ainsi que *je, me, te, se* et *ce* pronom clitiques sujets : *l'arbre – l'amitié – Cette brochure, je l'ai lue – Il t'aime – Elle s'évanouit – C'était intéressant.*
Il y a élision à l'intérieur des séquences de clitiques : *Il m'en a parlé – Il l'y a conduit.*
• *de,* préposition ou allomorphe du déterminant indéfini *des* devant adjectif qualificatif antéposé : *le journal d'Anne Frank – d'intéressantes considérations ;*
• *que,* conjonction (y compris dans les conjonctions composées *lorsque, puisque,* et dans *jusque*...) ou relatif : *Je crois qu'il est venu – lorsqu' / puisqu'on est arrivé – le livre qu'Isabelle a lu.*

- *ne*, adverbe négatif devant une forme verbale ou un pronom clitique : *Il n'est pas là – Et Madeleine qui n'arrive pas !* (J. Brel) – *Je n'en ai pas – Il n'y croit plus.*
- *si* introduisant une proposition hypothétique ou interrogative indirecte, mais uniquement devant le pronom *il(s)* : *S'il était riche, il nous aiderait – Je me demande s'ils viendront.* Mais : *Si elle était riche... – un espoir si illusoire.*

Par ailleurs la langue de la conversation familière admet l'élision de *tu* et de *que*, voire de *qui* devant voyelle : *T'as raison – T'iras bien le voir – C'est lui qu'a raison.* Inversement, on observe parfois que, contrairement au bon usage, certaines élisions en principe obligatoires ne sont pas réalisées : *C'est moins fréquent que autrefois, – près de une heure.*

Remarques. — **1.** Le graphème *h* à l'initiale de certains mots présente du point de vue de la jointure un phénomène remarquable. Dans certains mots il est dépourvu de toute valeur et les liaisons ou élisions ont lieu comme s'il n'existait pas. Auquel cas, il est dit *muet* : *l'homme* [lɔm] – *les hommes* [lezɔm] – *l'habitude* [labityd] ; *l'hiatus* [ljatys] ; *ils habitent* [ilzabit].
Dans d'autres mots, il a pour effet, bien que n'ayant aucune réalité phonétique positive, d'empêcher toute liaison ou élision. Les dictionnaires le signalent généralement par un astérisque initial. Ce *h* « anticoagulant » (N. Catach) est dit, bien à tort, « aspiré », puisque ce qu'on nomme l'aspiration, et qui est en réalité une légère expiration, n'existe pas en français (sauf dans certaines régions de l'Est) : *la haine – Il est haïssable* [ilɛaisabl] – *Ils hurlent* [ilyʀl]. Le bon usage veut aussi qu'on dise : *le handicap* [ləɑ̃dikap] ; *les handicapés* [leɑ̃dikape], *il est hors-jeu* [ilɛɔʀʒø], mais on entend de plus en plus souvent [lezɑ̃dikape] et [ilɛtɔʀʒø]. On entend, et même on lit, contre l'usage, *j'hallucine*. Le *h* anticoagulant entraine l'amalgame de la préposition *de* et de l'article défini *le* non élidé (*de* */l'hibou* vs *du hibou* = *de le hibou*) et bloque divers types d'accommodements des déterminants et adjectifs devant un mot à initiale vocalique : *un bel animal* vs *un *bel / beau haricot – Mon père, *cet / ce héros au sourire si doux...* (V. Hugo).
2. Dans sa famille de mots, seul *héros* a un *h* dit « aspiré » : *le héros* vs *l'héroïne ; l'héroïsme ; les héros* [leeʀo], et non, bien entendu [lezeʀo] ! Curieusement il y a également absence de liaison avant *onze, oui, ouate*, en l'absence de tout signe graphique. Cela s'explique sans doute par le fait que ces mots sont fréquemment utilisés en mention, soit comme des étiquettes (en ce sens on dit, des concurrents d'une course, « *le onze* » comme on dit aussi « *le un* », ou encore « *comme cabine prenez la onze* »), soit comme citation d'un discours : « *ah ! ce oui se peut-il supporter* » (Molière, *Les femmes savantes*). Il est plus difficile d'expliquer pourquoi, dès l'introduction de l'« euro » en janvier 2002, on a entendu le plus souvent « le euro », « deux euros » [døøʀo], « trois euros » [tʀwaøʀo], etc., sans liaison, ce qui produit un hiatus, alors qu'on dit « l'Europe », « un Européen » [œ̃nøʀɔpeɛ̃] et « les Européens » [lezøʀɔpeɛ̃]; peut-être aussi entend-on dire parfois « le cours du euro » (alors qu'on disait « le cours de l'escudo » !).

II – Les sons du français : phonétique et phonologie

Bibliographie. — H. Sten (1956), *Manuel de phonétique française*, Copenhague, 56-69 – P. Fouché (1959), 434-477 – S.A. Schane (1967), L'élision et la liaison en français, *Langages* n° 8 : 37-59 – F. Carton (1974) : 87-88 et 217-221 – N. Catach (1980) – H. Bonnard GLLF, liaison : 3027-29 ; aspiration, 271 sv – P. Encrevé (1988), *La liaison avec ou sans enchaînement*, Seuil – G. Straka (1990), *RLR*, 23-24 – N. Catach et al. (1995), *Dictionnaire historique de l'orthographe française*, Paris, Larousse : 1148-49 – J-P. Chevrot, M. Fayol et B. Laks (éds, 2005), La liaison : de la phonologie à la cognition, *Langue française*, 158.

3.3. Les données « suprasegmentales »

Les phonèmes sont des unités discrètes, c'est-à-dire qui s'opposent les unes aux autres du point de vue fonctionnel (sur le plan paradigmatique), et les syllabes se situent sur le même plan, n'étant rien d'autre que des regroupements de phonèmes. Il en va tout autrement de certaines caractéristiques de la chaîne parlée qui se superposent aux unités fonctionnelles sans toujours être précisément localisables et qui surtout sont susceptibles de variations continues. Ce sont essentiellement les phénomènes liés à la **durée** (vitesse du débit, allongement de certains segments, pauses), à l'**intensité** (force de l'articulation, mesurable en décibels), et surtout à la **mélodie** (hauteur des sons, mesurable par leur fréquence). Ces différentes réalités paraissent à priori échapper au système de la langue et des langues, et constituer seulement l'expression de l'émotion du locuteur, une réalité physiologique et psychologique plutôt que linguistique. En fait, elles sont également **codées** dans l'usage que font de la parole les locuteurs d'une langue donnée. Elles acquièrent par là une fonction significative, à la différence du timbre de la voix, qui nous permet de reconnaître les personnes, même si nous ne les voyons pas, ou même d'inférer leur état affectif ou physiologique (voix « blanche », c'est-à-dire détimbrée, par exemple, ou encore « chuchotée »), mais qui n'a pas de fonction linguistique.

De même que les phonèmes, c'est par **contraste** (même au sein de variations continues) que la vitesse, les pauses, l'allongement, l'intensité et la hauteur mélodique sont susceptibles d'être interprétés. Par exemple, en considérant que la fréquence de la voix d'un locuteur donné est caractérisée par l'intervalle entre sa fréquence la plus basse et sa fréquence la plus haute – soit par exemple entre 50 et 300 hertz pour un homme, et entre 150 et 400 hertz pour une femme –, une fréquence de 200 hertz sera interprétée comme plutôt basse pour une femme et déjà assez haute pour un homme. L'allongement sera lui aussi apprécié par rapport à la vitesse moyenne du débit à un moment donné de l'échange verbal, et l'intensité par rapport au standard choisi par les interlocuteurs en fonction de la situation.

Tous ces faits constituent ce qu'on peut nommer la **prosodie**. Il est peut-être erroné de parler de réalités « suprasegmentales », si l'on suggère par là que les traits prosodiques viennent en quelque sorte se surajouter à la chaine sonore constituée par la succession linéaire des phonèmes. Toutes les études sur la langue (et cet ouvrage ne fait pas exception) nous portent invinciblement à objectiver sous la forme de l'écrit ce que nous cherchons à observer. Dès lors, nous nous plaçons devant les phénomènes d'intonation dans la situation du lecteur à haute voix qui veut « mettre le ton », et pour lequel la succession des graphèmes représentant la succession des phonèmes préexiste à l'acte de la lecture. En réalité, dans l'échange verbal ordinaire, l'intonation est coextensive aux faits phonologiques, morphosyntaxiques, sémantiques et pragmatiques. Il est même probable que le choix du schéma intonatif préexiste au choix des structures syntaxiques et aux choix lexicaux : le locuteur a une représentation du ton sur lequel il va s'exprimer avant de choisir sa formulation ; réciproquement, l'auditeur perçoit une intention même là où le mot à mot lui échappe. La prosodie est en elle-même porteuse de sens.

3.4. Le groupe accentuel et le rythme

▶ En français, les mots n'ont, dans la chaine parlée, aucune identité sonore perceptible : ils se fondent dans l'unité de rang immédiatement supérieur à la syllabe qu'est le **groupe accentuel** (ou groupe rythmique). Celui-ci est constitué par une suite de syllabes correspondant à une unité syntagmatique d'un rang hiérarchique variable, et dont le nombre oscille autour d'un optimum

II – Les sons du français : phonétique et phonologie

lui aussi variable selon le débit et le type de communication. En général, un groupe accentuel a rarement moins de 3 et plus de 7 syllabes.

Un groupe est reconnaissable au fait que sa dernière syllabe est accentuée. Comme il n'existe pas en français d'accent de mot, contrairement à la plupart des autres langues (notamment européennes), et que l'accent n'y joue aucun rôle distinctif (permettant de différencier des mots homonymes), il est tout entier au service de la démarcation des groupes.

Ainsi dans la lecture à haute voix d'un texte non ponctué, ou dont la ponctuation est raréfiée, on accentue spontanément certaines syllabes pour marquer la fin des groupes, signalées ici par les caractères gras soulignés :

> *Ça va faire dix* **mois**, *oui dix ce mois-ci ou le mois pro***chain** *plutôt dix* **mois** *à six heures et demies un lun***di**, *je sors de ma* **chambre** *je passe devant la* **sienne** *et qu'est-ce que je* **vois** *la porte ou***verte** *tout en ba***taille** *ti***roirs** *placards tout ou***verts**...
> (R. Pinget, *L'inquisitoire*).

▶ L'accent consiste en une proéminence de la dernière syllabe du groupe ; cette proéminence peut être réalisée par une variation de hauteur, d'intensité ou de durée. Mais la hauteur est souvent liée aux phénomènes d'intonation, et l'intensité sonore a souvent tendance à s'affaiblir en fin de groupe, de sorte que c'est l'**allongement** accompagné éventuellement d'une plus grande énergie articulatoire qui manifeste le mieux l'accentuation. La syllabe accentuée est deux ou trois fois plus longue que les autres : par exemple elle dure 30 centièmes de seconde au lieu d'une moyenne de 10 centièmes pour les autres syllabes du groupe, qui sont à peu près de longueur égale. Elle est, d'autre part, d'autant plus longue qu'elle est fermée, non seulement parce qu'alors elle comporte plus de phonèmes, mais parce que la voyelle elle-même a tendance à s'allonger sensiblement en ce cas.

VOYELLES PARTICULIÈREMENT LONGUES EN SYLLABE ACCENTUÉE
[ɛ, œ̃, ɑ̃, ɔ̃, ɑ, ø, o] suivies d'une consonne quelconque
toutes les voyelles suivies de [ʀ, ʒ, z, v]

Un mot qui ne reçoit pas l'accent du groupe (un adjectif antéposé, par exemple) est dit **atone**. Certains mots qui ne peuvent recevoir d'accent en aucun cas et qui font nécessairement corps avec le mot suivant sont dits **clitiques** : ce sont surtout les déterminants simples (**VII : 2.**), les pronoms clitiques antéposés à la forme verbale (**VII : 5.**), les prépositions, les conjonctions et le premier élément *ne* de la négation.

Je ne le lui redirai pas, en ce cas. (Ici *je, ne, le, lui, en* et *ce* sont clitiques)

Remarque. — Dans la transcription phonétique, on fait suivre d'un point la voyelle demi-longue : *le rat, la rate* [leraˑ/laʀaˑt] et de deux points la voyelle longue : *rond, ronge* [ʀɔ̃ / ʀɔ̃ːʒ] (**2.3**). On peut aussi, notamment dans l'étude du rythme poétique, utiliser le signe ᵕ pour les brèves, et – pour les longues, ou encore, plus simplement, comme ci-dessus, souligner la syllabe accentuée. Il faut distinguer de l'accent de groupe **démarcatif** dont il vient d'être question l'accent d'**insistance** qui met en relief un élément particulièrement significatif (**3.5.**).

▶ Le **rythme** d'un énoncé oral (ou écrit oralisé) tient essentiellement à la répartition du discours en groupes accentuels, d'où le nom de « groupe rythmique » qui leur est souvent donné, en particulier dans l'analyse des textes littéraires. Cette définition du rythme est d'ailleurs restrictive. Le rythme est constitué par n'importe quel retour, régulier ou non, d'une unité de n'importe quel type (lexicale, syntaxique, etc.).

L'analyse fait apparaître dans la grande prose littéraire (prose poétique ou poème en prose) des structures remarquables qui peuvent aller jusqu'à de véritables vers plus ou moins dissimulés sous une apparence prosaïque :

La jeunesse est semblable | aux forêts verdoyantes | tourmentées par les vents ; || elle agite de tous côtés | les riches présents de la vie, || et toujours | quelque profond murmure | règne dans son feuillage (M. de Guérin, *Le Centaure*).

Plusieurs dictions sont, bien sûr, possibles. Mais les groupes les plus probables, ci-dessus séparés par des traits verticaux, sont de : 6,6,6 (pause), 8, 8 (pause), 3, 6, 6 syllabes. En tenant compte des accents secondaires, la régularité du début est encore plus saisissante : 3,3 | 3,3 | 3,3 syllabes.

Bien entendu, la versification donne à ce type de phénomène une plus grande ampleur ; une plus grande complexité aussi, car au rythme des groupes accentuels normaux se superpose celui des vers (ou mètres) eux-mêmes qui fixent la place de certains accents.

▶ Le groupe accentuel n'est pas nécessairement suivi d'un silence (ou pause). Généralement les pauses respiratoires (de 20 centièmes de seconde, peu ou pas perçues) n'interviennent qu'après une série ininterrompue de quelques groupes accentuels qui constituent alors ce qu'on appelle un **groupe de souffle**, dont la longueur est déterminée physiologiquement : environ 180 centièmes de seconde. En revanche, l'allongement d'une syllabe produit une perception subjective de **pause**, même en l'absence d'un temps de silence.

À l'intérieur d'un groupe de souffle, on peut constater une certaine hiérarchie des accents et par là des groupes accentuels. Et à l'intérieur même d'un groupe accentuel dépassant une certaine longueur, des accents secondaires peuvent apparaître, comme nous l'avons constaté dans le texte de M de Guérin.

Bibliographie. — J. Mourot (1960), *Le génie d'un style, Rythme et sonorités dans les Mémoires d'Outre-Tombe*, A. Colin – F. Carton (1974) : 76 et 98-103 – A. Lacheret-Dujour et F. Beaugendre (1999) : 33-47.

3.5. L'intonation

Dans la langue spontanée orale, beaucoup plus que la nature syntaxique des segments, c'est l'intonation qui indique leur fonction communicative (**v. ch. I**). Tout au long de la chaine parlée court une fréquence fondamentale (le voisement) dont les variations de hauteur dessinent une ligne mélodique. Cette **mélodie** est susceptible de variations importantes. Cependant il existe certains schémas typiques de la mélodie qui ont une signification fonctionnelle et constituent des **intonèmes**. Ceux-ci font intervenir la hauteur ou registre (du grave à l'aigu), la direction de la courbe (montante ou descendante) et sa forme (concave ou convexe), ainsi que l'intensité (forte ou faible). Il y a rarement plus de 3 ou 4 syllabes successives sans modification de l'intonation. Pour la variété des intonèmes on se reportera aux ouvrages cités en bibliographie et à leurs illustrations figurées qui développent les quelques données générales qui suivent.

▶ Dans la phrase assertive, les segments constituant le **préambule** partent d'une fréquence moyenne basse et vont montant jusqu'au **thème**, qui en constitue le dernier maillon (intonème continuatif) (**I : 3.5.**). C'est à peu près l'intonation de la question totale, qui est du reste un thème fourni par un locuteur et appelant un propos de la part de l'allocutaire.

Le **propos (ou rhème)**, généralement bref, comporte un pic mélodique suivi d'une intonation descendante et s'arrête sur une fréquence basse, avec une baisse de l'intensité (et un allongement, puisqu'on est à la fin d'un groupe accentuel). Dans la séquence de répliques :

> Mme Smith : *L'expérience nous apprend que lorsqu'on entend sonner à la porte, c'est qu'il n'y a jamais personne.* – Mme Martin : *Jamais.* – M Martin : *Ce n'est pas sûr.* – M. Smith : *C'est même faux. La plupart du temps, quand on entend sonner à la porte, c'est qu'il y a quelqu'un.* (Ionesco, *La Cantatrice chauve*)

la dernière réplique, qui reprend en gros la structure de la première, y ajoute toutefois pour commencer un lien, qui est aussi une modalité (*C'est faux*), puis un cadre scénique temporel ; le propos, on le voit, est très court, et débute significativement par *c'est*. Le pic peut se situer, selon le choix des comédiens qui interprètent le texte, sur *jamais* pour Mme Smith, et sur *quelqu'un* pour M. Smith. Dans les deux cas, la ligne mélodique de ce pic sera fortement convexe.

▶ Parfois, lorsque le locuteur a un sentiment d'incomplétude, il éprouve le besoin d'ajouter un élément, qui peut être soit un ponctuant (commentaire, exclamation), soit un élément retardé du thème (pour éviter toute ambiguïté). Ce **post-rhème** est formulé en plage basse. Il est ensuite impossible de continuer son énoncé sans le réinitialiser :

> *Quand j'y pense... depuis le temps... je me demande... ce que tu serais devenu... sans moi...* (Beckett, *En attendant Godot*)

II – Les sons du français : phonétique et phonologie 111

Ici, bien distingués dans la ponctuation, on a un préambule en trois segments, puis le propos, puis le post-rhème qui complète un cadre thématique jugé insuffisamment explicite.

▶ La phrase **interrogative** comporte une courbe concave soit montante (interrogation totale du type *Viens-tu ?*), soit descendante (autres formes d'interrogation). L'intonation **exclamative** est surtout marquée par un allongement qui mime la recherche d'une formulation forcément inadéquate par apport à la signification.

▶ La mélodie **parenthétique**, basse et plate, avec décrochement brusque au début et à la fin par rapport au reste de l'énoncé, caractérise toutes les formes de décrochage énonciatif (phrases incidentes, appositions non liées, compléments circonstanciels insérés), que ce soit dans la partie thématique ou dans la partie rhématique de la phrase. Souvent accompagnée d'un débit accéléré, mais admettant selon les cas différentes hauteurs mélodiques. C'est une partie de l'énoncé qui est tenue en dehors de toute contestation.

Il va me dire, j'en suis persuadé d'avance, qu'il n'y peut rien.
Julie, la belle-sœur de mon cousin, va passer ses vacances aux Baléares.
On peut toujours aller porter ses bijoux, si on n'a vraiment plus un sou, au Mont-de-Piété.

▶ Inversement un accent d'**insistance (ou de focalisation)**, caractérisé essentiellement par une augmentation à la fois de l'intensité et de la fréquence peut frapper un mot du préambule ou du propos sur lequel on veut attirer l'attention. Il peut avoir une valeur affective, relevant de la fonction expressive ou conative (*C'est épouvantable*), ou une valeur contrastive relevant de la fonction référentielle ou métalinguistique ; en particulier dans la diction journalistique et didactique, on le trouve souvent en position initiale de mot, où il souligne l'importance d'un préfixe (*Il n'est pas impressionniste, mais expressionniste*) ou d'une terminaison de mot qui risquerait d'être mal perçue en fin de phrase, malgré l'allongement, à cause de la baisse d'intensité qui caractérise cette position (*Appelez-moi le numéro six*).

▶ Les stratégies des protagonistes de l'échange verbal expliquent aussi d'autres variations de l'intonation. Une baisse simultanée de la hauteur et de l'intensité signifie qu'on a terminé de dire ce qu'on a à dire, et donc qu'on est prêt à céder son **tour de parole** (intonème conclusif). Inversement, si on hésite sur la formulation (après un choix lexical erroné ou avant un choix difficile), un maintien de l'intensité accompagné d'un allongement – frappant soit le dernier mot formulé, soit une syllabe postiche, souvent notée « *euh...* » – signale qu'on ne renonce pas pour autant à la parole. De son côté, l'allocutaire qui veut placer ce qu'il a à dire recourt naturellement à une intensité forte, pour couper la parole à son vis-à-vis.

▶ Parvenu au bout de sa « phrase », un locuteur qui estime qu'il a encore à dire se gardera de laisser tomber la voix à la fin du propos. Une remontée mélodique à cette place a pour effet de **recatégoriser en préambule** tout ce qui précède. C'est donc également un moyen de conserver son tour de parole, mais aussi de restructurer son énoncé, de réunir en une sorte de « période » une série de phrases :

> *Ben, à votre place, Tantine, moi je ne serais pas tranquille, vous savez. Votre docteur, ça m'a l'air d'être un drôle de fantaisiste. Devinez un peu ce qu'il m'a dit, il y a quinze jours. Il m'a dit : mon vieux, votre Tantine, elle ne passera pas la nuit. Hein ? Qu'est-ce que vous en pensez ? Ce n'est pas sérieux. Quand on vous dit : vous ne passerez pas la nuit, eh bien, vous ne passez pas la nuit, un point c'est tout. Ou alors on ne dit pas qu'on est docteur. Quoi ? C'est pas vrai ? Qu'est-ce que c'est que tous ces gens qu'on ne peut pas compter dessus. Hein ? Votre avis ? Franchement ?*
> (R. Dubillard, *Naïves hirondelles*)

L'interprète de cette petite tirade devra faire comprendre par l'intonation que les différentes phrases qu'il enchaine, même les interrogatives *Hein ? Qu'est-ce que vous en pensez ?* et *Quoi ? C'est pas vrai ?* qui se termineront en plage haute, ne constituent pas des tentatives de passer la parole à l'interlocutrice, contrairement aux questions finales, de mélodie descendante.

▶ L'ajout d'un élément quel qu'il soit à un élément de même fonction communicative – segment du préambule, élément thématique, élément rhématique, phrase – donne lieu à une baisse progressive des valeurs d'intensité, de hauteur ou de longueur qui caractérisent ces éléments : c'est la **ligne de déclinaison**, d'origine physiologique : *Tu trouveras ta paire de chaussettes neuves là-haut, dans l'armoire, tiroir du bas, au-dessus de la pile...*

Bibliographie. — P. Delattre (1966), Les dix intonations de base du français, *French review* – F. Carton (1974), 89-98. – M-A. Morel et L. Danon-Boileau (1998) – M. Rossi (1999), *L'intonation, le système du français*, Ophrys – A. Lacheret-Dujour et F. Beaugendre (1999) : 19-32.

Chapitre III
L'ORTHOGRAPHE FRANÇAISE

1. LES PRINCIPES DE FONCTIONNEMENT DE L'ORTHOGRAPHE FRANÇAISE

L'écriture française est alphabétique : pour représenter les phonèmes du français, elle utilise 26 lettres, auxquelles s'ajoutent des accents (aigu, grave, circonflexe) et des signes auxiliaires (tréma, cédille) : **a, b, c, d, e, f, g, h, i, j, k, l, m, n, o, p, q, r, s, t, u, v, w, x, y, z**.

Remarques. — 1. L'épellation traditionnelle des lettres de l'alphabet (*a, bé, cé, dé, e, effe, gé, ache, i, ji, ka, elle, ème, ène, o, pé, cu, erre, esse, té, u, vé, double vé, icse, i grec, zèd*) ne correspond pas toujours à leur utilisation réelle. Les consonnes possèdent huit épellations différentes, qui pourraient être unifiées sur un schéma du type consonne + e caduc (*be, ke, de, fe, gue,...*).
2. La langue française, comme les autres langues romanes, germaniques, scandinaves, a constitué son alphabet à partir de l'alphabet latin, qui dérive lui-même de l'alphabet grec. L'alphabet latin a dû être adapté à la représentation des phonèmes du français, pour marquer des distinctions ignorées du latin, comme les oppositions *i/j* et *u/v*. Les variations vocaliques ont été notées en partie par les accents (surtout pour les timbres de e : é, è, ê) ou par divers procédés auxiliaires : les voyelles nasales sont notées par une voyelle suivie de *n* ou *m* : *un bon vin blanc*. L'inadéquation relative de l'alphabet latin à la réalité phonologique du français explique une partie des complications de notre orthographe.
L'ordre de l'alphabet français suit donc celui de l'alphabet latin. A celui-ci s'ajoutent des lettres introduites en français à diverses époques. *W* se rencontre surtout dans des mots empruntés à l'allemand, à l'anglais et aux langues slaves. Le latin, qui confondait /i/ et /ʒ/, /u/ et /v/, utilisait seulement *I* (i) et *V* (u) ; les distinctions *i* voyelle / *j* consonne et *u* voyelle / *v* consonne se sont généralisées en français à la fin du 17e siècle dans les imprimés et ont été enregistrées, à leur place alphabétique, par le dictionnaire de l'Académie de 1762.

Les écritures alphabétiques entretiennent originellement une relation de dépendance vis-à-vis de l'oral : leur première fonction est de transcrire séquentiellement la chaine sonore, autrement dit de faire correspondre des lettres aux sons. Cependant, le développement historique de l'écrit conduit à une relative indépendance toutes les écritures alphabétiques, qui se détachent progressivement de l'oral. En français, le décalage entre l'oral et la codification graphique est si grand que l'on parle d'opacité phonétique de l'orthographe. Cependant, les lettres muettes ne sont pas inutiles : de nombreuses lettres muettes servent à véhiculer des informations grammaticales et sémantiques, purement visuelles.

Il s'ensuit que l'orthographe française, qui est la réalisation socialement et historiquement déterminée de l'écriture du français, ne saurait s'expliquer par la seule correspondance avec l'oral ; son fonctionnement est régi par deux principes qui souvent s'opposent :

1°) **Le principe phonographique** : les unités graphiques (*graphèmes*) ont pour premier rôle de représenter les unités sonores (*phonèmes*). Cette correspondance peut être biunivoque, comme dans une transcription phonétique, dans certains mots (*il a ri, blablabla*). Mais le plus souvent, les relations avec l'oral sont complexes ; autrement dit, au niveau phonographique, un graphème ne correspond pas à un et un seul phonème. En français, un même graphème peut correspondre à plusieurs phonèmes (ex. : *s* = /s/ dans *son*, /z/ dans *poison*), et inversement un même phonème peut être représenté par plusieurs graphèmes (ex. : /s/ est représenté par *s* dans *son*, *c* dans *ceci*, *x* dans *soixante*, *t* dans *exécution*, etc.). Il est nécessaire d'établir des règles de correspondance phonographiques (règles de transcription) qui indiquent, suivant la position dans le mot et les possibilités de combinaison, quel graphème choisir correspondant à tel phonème.

2°) **Le principe sémiographique** : les signes écrits réfèrent au sens, et non au(x) son(s). Les graphèmes opèrent un renvoi global à des aspects grammaticaux ou sémantiques des mots, sans nécessairement correspondre à des phonèmes (ce que soulignent les théories modernes de la lecture). C'est la fonction des lettres muettes. Dans le cas des homophones, par exemple, les lettres muettes jouent un rôle distinctif ; en opposant graphiquement des mots différents, elles permettent de sélectionner le sens approprié ; ainsi, le mot *vert* sera distingué par l'orthographe de *ver, vers, verre* et *vair*. Le principe sémiographique assure également l'unité des familles de mots (*p* de *temps* prononcé dans *temporaire*, -*d* de *tard* prononcé dans *tarder, tardif*) et l'homogénéité des marques grammaticales (-*s* du pluriel, toujours écrit, est prononcé [z] en liaison seulement, comme dans *les grands enfants*).

La sémiographie récupère aussi à ses fins la phonographie : les lettres *a* et *m* du mot *faim* (éléments du graphème *aim* correspondant au phonème / ɛ̃ /) mettent ce mot simple en relation avec sa famille où ces lettres correspondent à des phonèmes distincts (*affamer, famine*) ; le graphème *eau* dans *oiseau* établit une correspondance graphique avec *oiseleur* (alternances régulières *eau / el*, comme dans *beau / belle*).

Remarques. — 1. La *sémiographie* se définit comme la représentation graphique des signes linguistiques (mots, morphèmes). On préfère aujourd'hui le terme de *sémiographie* au terme d'*idéographie* inventé par Champollion pour expliquer les signes-mots (*idéogrammes*) de l'égyptien, qui renvoient directement et globalement au sens. Les idéogrammes égyptiens sont restés figuratifs (un cercle représente le soleil). Paul Claudel a joué de ce principe en faisant des descriptions de mots vus en images : <u>Locomotive</u>. *Un véritable dessin pour les enfants. La longueur du mot d'abord est l'image de celle de l'animal. L est la fumée, o les roues et la chaudière, m les pistons, t le témoin de la vitesse, comme dans auto à la manière d'un poteau télégraphique, ou encore la bielle, v est le levier, i le sifflet, e la boucle d'accrochage, et le souligné est le rail !* (Idéogrammes occidentaux)
2. Les principes phonographique et sémiographique n'expliquent pas totalement le fonctionnement actuel de l'orthographe française, qui comporte aussi des traces visibles de l'histoire de la langue : relations étymologiques avec le latin surtout, le grec et diverses langues, et faits d'évolution propres au français. Il convient donc d'ajouter un principe **étymologique et historique**, qui explique, par exemple, les « lettres grecques » (dans *théorie, rhétorique, rythme*,...) par l'étymologie et certaines particularités par l'histoire du français (ainsi, les consonnes doubles graphiques *nn* ou *mm* témoignent de la nasalisation (en ancien français) des voyelles dans *donner* [dɔne], *honneur* [ɔnœR], etc.). La sémiographie peut aussi récupérer l'étymologie à ses fins propres : des lettres étymologiques permettent de maintenir graphiquement l'unité des familles de mots (*p* de *corps* et de *temps*), de distinguer les homophones (*quant / quand ; poux / pouls*) ; dans ce cas, ces lettres gardent un rôle fonctionnel en synchronie.

Bibliographie. — J. Vachek (1973), *Written Language : General problems ans Problems of English*, The Hague, Mouton. – E. Pulgram (1976), The typologies of writing-systems, *Writing without letters* (W. Haas, éd.), Manchester University Press : 1-28 – R. Harris (1993), *La sémiologie de l'écrit*, Paris, CNRS Éditions – N. Catach et al. (1995) – F. Coulmas (2003) – J.-P. Jaffré (2003), La morphographie du français : un cas sémiographique, *Rééducation orthophonique*, 213 : 13-26.

2. LES UNITÉS GRAPHIQUES

À l'oral comme à l'écrit, on peut opposer deux sortes d'unités : les *figures* et les *signes*. La langue est, au premier niveau, un système de **signes**, unités significatives à deux faces, un signifiant et un signifié : le mot et le morphème sont des signes (**XX** : **1.1.**). Au second niveau, les **figures** sont des unités non significatives, qui forment le signifiant des signes. Les syllabes phoniques et les phonèmes sont des figures orales. Ainsi, en français, le signe-mot [maR] est constitué à l'oral d'une syllabe et de trois phonèmes. Dans une écriture alphabétique comme le français, les figures sont les syllabes graphiques et les lettres : le mot *mare* est constitué de deux syllabes (*ma-re*) et de quatre lettres *m, a, r, e*.

Bibliographie. — E. Pulgram (1965), Graphic and Phonic Systems : Figurae and Signs, *Word*, vol. 21 : 208-224 – L. Hjelmslev (1968-1971), 12, *Signes et figures* : 58sv.

2.1. Graphèmes et lettres

Le graphème est une unité graphique polyvalente, dont le rôle varie selon les types d'écritures, qui sont des systèmes mixtes comportant plusieurs niveaux mêlés. L'écriture du français repose sur un niveau de base phonographique, correspondant aux phonèmes, auquel se superposent d'autres niveaux secondaires, sémiographiques (**3.5.**).

Remarque. — En première approximation, on distingue les **lettres** et les **graphèmes** de la façon suivante : le graphème est une unité graphique abstraite, par opposition à la lettre, unité concrète qui peut connaitre des réalisations variées. Le graphème *A* peut prendre la forme d'une lettre manuscrite ou imprimée, d'une majuscule ou d'une minuscule, il restera toujours une unité minimale distinctive de l'orthographe française.
On peut établir un parallèle avec les unités orales : le graphème est à la lettre ce que le phonème est au son. De même qu'un phonème est une classe distinctive de sons, le graphème est une classe distinctive de lettres : « les plus petites unités visuelles distinctives d'un alphabet sont ses graphèmes » (E. Pulgram 1951 : 15).

Comme unité polyvalente, le graphème a en premier lieu une valeur phonique. Dans une écriture alphabétique, un graphème peut correspondre d'abord à un phonème donné. Il peut être constitué d'une seule lettre (*o*), ou d'un groupe de lettres, appelé **digramme** (deux lettres : *au, an, ch*) ou **trigramme** (trois lettres : *eau*). Cependant, selon le principe sémiographique, les graphèmes ont aussi un rôle sémantique et exercent d'autres fonctions que la simple transcription des unités orales : marques grammaticales (*-s* du pluriel des noms, *-e* du féminin, etc.), lettres « dérivatives » ou distinctives (le *-t* de *chant* établit une relation avec le verbe *chanter* et distingue *chant* de *champ*),... Ces fonctions sémantiques sont assurées *a priori* par les "lettres muettes", c'est-à-dire par des graphèmes qui ne correspondent à aucun phonème ; mais certains graphèmes peuvent cumuler les deux rôles : dans le nom *eau*, le trigramme *eau* correspond bien au phonème /o/, mais il assure également la distinction sémantique avec divers homophones (*au, haut, oh,*...).

En résumé, le graphème est la plus petite unité distinctive d'un système graphique donné, constituée d'une lettre ou d'un groupe de lettres, correspondant, dans une position donnée, à un phonème ou à un groupe de phonèmes, ou faisant référence au sens des mots qu'il contribue à former (**3.5.2.**). Un même mot peut comporter des graphèmes jouant des rôles différents : *TROT* se décompose en 4 graphèmes. Les trois premiers (*t, r, o*) correspondent chacun à un phonème, alors que le dernier (*t*) est une lettre "dérivative", qui relie le nom à sa famille lexicale (*trotter*) et contribue à la distinction des homophones (il s'oppose au *-p* de *trop*).

Remarques. — 1. On utilise aussi en français des signes particuliers que l'on peut appeler *sémiogrammes*, qui possèdent une forme globale indécomposable et qui peuvent se retrouver dans d'autres langues. À côté des chiffres arabes (1, 2, 3, ...) et romains (I, II, III, ...), on trouve sur les claviers français le signe du paragraphe (§), les symboles des monnaies (dollar $, euro €, livre anglaise £) et deux signes particuliers, l'*esperluette* et l'*arobase*. L'esperluette (ou perluette) & est une ancienne abréviation qui représente, selon son étymologie (« pour le et »), la conjonction *et*. L'ar(r)obase @ (« a dans rond ») est utilisée comme séparateur dans les adresses électroniques (gmf@puf.fr).
2. Le graphème est l'unité de base des écritures linguistiques, qu'il faut distinguer des écritures non linguistiques. Les premières rendent visibles les formes d'une langue auxquelles leurs unités correspondent (phonèmes, syllabes, morphèmes, mots), les autres ne représentent pas directement des unités de la langue, mais constituent des symbolisations globales, comme les pictogrammes fréquents dans la

société française (pictogrammes signifiant « parking », « toilettes », « sortie », « interdit de fumer », etc.).

Bibliographie. — E. Pulgram (1951), Phoneme and grapheme : a parallel, *Word*, 7 : 15-20. – N. Catach (1980), *Introduction générale* : 19-31 – J.-C. Pellat (1988), Indépendance ou interaction de l'écrit et de l'oral ? Recensement critique des définitions du graphème, *in Pour une Théorie de la Langue Ecrite* (N. Catach éd.), CNRS : 133-146 – M. Fayol, J.-P. Jaffré (2008).

2.2. La syllabe graphique

La syllabe graphique du français doit être distinguée de la syllabe phonique, même si, comme celle-ci, elle est centrée sur une voyelle (**II : 3.1.**). Le découpage d'un même mot en syllabes s'effectue donc différemment à l'oral et à l'écrit.

On distingue, comme à l'oral, des syllabes ouvertes et des syllabes fermées :

1°) *une syllabe graphique ouverte* est terminée par une voyelle écrite (pas forcément prononcée, comme *-e* caduc) : *mère* comporte deux syllabes graphiques ouvertes *mè-re*, mais une seule syllabe phonique fermée [mɛR]. Comme dans cet exemple, il y a contradiction entre les syllabations phonique et graphique quand le mot comporte un *e* caduc.

2°) *une syllabe graphique fermée* est terminée par une consonne écrite, qui peut être prononcée ou muette : *lac* est formé d'une seule syllabe graphique fermée, qui correspond à une syllabe phonique fermée aussi [lak] ; *discret* s'analyse en deux syllabes graphiques fermées (*dis-cret*), qui correspondent à deux syllabes phoniques, successivement fermée et ouverte [dis-kRɛ].

Les règles de la syllabation graphique déterminent, en français, l'accentuation graphique des voyelles (**4.1.**). En syllabe graphique fermée, la voyelle ne peut pas recevoir d'accent aigu ou grave (dans *mer, singulier*, la voyelle *e* ne peut pas recevoir d'accent) ; en syllabe graphique ouverte, la voyelle peut être accentuée (dans *mère, singulière*, l'accent grave est placé sur *e* qui se trouve en fin de syllabe). En règle générale, une voyelle ne peut être accentuée que si elle termine la syllabe graphique.

Principes de découpage d'un mot en syllabes graphiques

1) Une voyelle peut constituer à elle seule une syllabe (*a-* dans *a-vons, a-mi* ; *u-* dans *u-ne, u-bac* ; *-i* dans *i-bis, i-dée*). Mais le *e* caduc placé avant ou après une voyelle fait syllabe avec elle et ne compte pas pour une syllabe à lui seul : *soie-rie, pa-rée*.

2) Un graphème consonantique ou vocalique peut être formé de plusieurs lettres ; il ne peut pas être découpé en syllabes : *ch* dans *vache*, *ph* dans *métaphore*, *ai* dans *balai*, *eau* dans *ruisseau*,...

3) Une syllabe peut être formée d'une voyelle suivie ou précédée d'une ou plusieurs consonnes :

a) Une consonne isolée placée entre deux voyelles forme une syllabe avec la voyelle qui la suit : *a-mi, ga-ra-ge*, y compris quand cette voyelle est un e caduc : *mè-re, ai-me, re-gar-de-ra*.

b) Quand deux consonnes sont placées entre deux voyelles, elles sont dissociées : la première consonne fait partie de la première syllabe, la seconde consonne de la syllabe suivante : *par-fum, tes-ter*. On dissocie également les consonnes doubles : *don-ner, ap-pel-le*.

Mais la dissociation des consonnes internes est impossible :

– quand elles forment un seul graphème (principe 2).
– quand le groupe est formé d'une liquide *r* ou *l* précédée d'une autre consonne (*bl, br, cl, cr, dr, fr, pl, pr*,...) ; ce groupe consonne + liquide commence une syllabe : *bleu, re-pli, cou-dre, li-vre*. Cependant, quand une liquide *l* ou *r* est elle-même précédée d'un *r* ou d'un *l*, les deux consonnes sont dissociées : *ter-re, sau-te-rel-le, par-ler, per-clus*.
– pour maintenir, dans certains mots dérivés, l'unité du préfixe ou du radical : on préfère découper *dé-struc-tu-rer, con-stant, in-struit*.

c) Quand trois consonnes se suivent dans un mot, on regroupe généralement les deux premières pour terminer une syllabe, par opposition à la dernière qui commence une autre syllabe : *abs-cons, obs-ti-né*. Mais les groupes consonne + liquide commencent la syllabe : *des-truc-tion, ar-bre*.

d) Les consonnes finales des mots ne sont pas dissociables, elles font partie de la dernière syllabe : *ils chan-tent, re-traits*. Il en va de même pour les consonnes initiales : *struc-tu-re*.

4) *Coupures en fin de ligne* : voir IV : 5.2. *Le trait d'union*.

3. LE SYSTÈME ORTHOGRAPHIQUE FRANÇAIS

Depuis le XVIe siècle au moins, des grammairiens, des pédagogues et des écrivains ont dénoncé l'arbitraire et l'incohérence de l'orthographe française. Pour beaucoup d'entre eux, les hasards ou les caprices de l'histoire ne permettent guère de dégager des régularités et les règles semblent s'atomiser en de nombreux faits particuliers ou se diluer dans une mare d'exceptions, généralement imprévisibles si l'on ne s'appuie pas sur des connaissances historiques ou étymologiques.

Sans sous-estimer les variations aléatoires de l'orthographe française, divers chercheurs ou pédagogues ont tenté de déterminer des régularités et d'établir sa relative cohérence, en se fondant sur les acquis de la linguistique structurale.

Selon Nina Catach, l'orthographe française constitue un système complexe, un « système de systèmes », à mettre en rapport avec trois sortes d'unités linguistiques : le phonème, le morphème et le lexème (au sens d'André Martinet 1970 : **II** et **XX**).

Bibliographie. — V.G. Gak (1952), *L'orthographe française. Essai de description théorique et pratique*, Moscou ; trad.fr. SELAF, 1976 – R. Thimonnier (1967), *Le système graphique du français*, Plon – C. Blanche-Benveniste (1968) et A. Chervel, *L'orthographe*, Maspéro, rééd.1974 – N. Catach (1994b) ; 2001, *Histoire de l'orthographe française*, Paris, Champion – B. Cerquiglini (2004), *La genèse de l'orthographe française (XIIe – XVIIe siècles)*, Hatier-Champion.

3.1. Les phonogrammes

Ce sont des graphèmes qui correspondent directement aux phonèmes, et qui réalisent « à la lettre » le principe phonographique de représentation écrite des unités sonores. En allant de l'écrit vers l'oral, on dresse, selon les correspondances directes graphèmes-phonèmes, la liste des phonogrammes, qui sont de plusieurs sortes :

3.1.1 *Types de phonogrammes*

1) *Lettres simples* : Une lettre correspond à un phonème :
   – *a* = /a/, *i* = /i/, *u* = /y/, dans *sa, si, su*.
   – *s* = /s/, *t* = /t/, *m* = /m/, dans *sire, tire, mire*.

2) *Lettres simples à signes auxiliaires* :
- accents et trémas suscrits : *tête, légèreté, maïs, païen.*
- cédille souscrite à c : *ça, déçu, maçon.*

3) *Digrammes* : groupes de deux lettres correspondant à un phonème : *ai* (*lait*), *ei* (*neige*) pour /ɛ/ ; *ou* pour /u/ (*loup*) ; *om, on* pour / ɔ̃ / (*pompe, pont*) ; *ph* pour /f/ (*photo*) ; *gu* pour /g/ (*guitare*).

4) *Trigrammes* : groupes de trois lettres correspondant à un phonème : *eau* pour /o/ (*ruisseau*) ; *ain* pour /ɛ̃/ (*pain*) ; *-lle* pour /j/ (*paille*).

Remarque. — La correspondance avec tel phonème peut varier selon la position occupée par le graphème dans le mot. Les règles de correspondances phonographiques intègrent des variantes positionnelles conditionnées par les combinaisons des graphèmes : *m* contribue à transcrire une voyelle nasale devant *p, b* : *ambre, sombre, timbre* ; *ge* note /ʒ/ devant *a, o* (*geai, bourgeon*) et *gu* note /g/ devant *e, i* (*vague, gui*) ; *s* entre voyelles note /z/ (*poison, désert*) alors que *ss* entre voyelles note /s/ (*poisson, dessert*).

3.1.2. *Hiérarchie des phonogrammes*

En s'appuyant sur les correspondances avec l'oral, on recense environ 130 graphèmes (*niveau 3*), qui sont reliés aux 36 phonèmes du français. Pour réduire cette dissymétrie manifeste, on hiérarchise la liste des graphèmes selon quatre critères : la fréquence de l'unité (dans les textes, pas seulement dans les mots), le degré de cohésion et de stabilité, le degré de pertinence phonologique (rapport direct avec le phonème) et le degré de « rentabilité » ou de créativité linguistiques. On distingue trois niveaux hiérarchiques imbriqués (dans l'ensemble des 130 graphèmes) : le niveau 2 comporte 70 graphèmes, le niveau 1 comprend les 45 **graphèmes de base** qui couvrent les besoins fondamentaux de la transcription du français ; le niveau 0 se limite à 33 **archigraphèmes**, qui représentent un noyau graphique idéal. Les archigraphèmes sont les « formes maximales stables » des graphèmes : chaque archigraphème est un graphème choisi dans la série des graphèmes correspondant à un même phonème pour être le représentant prototypique de la série.

III – L'orthographe française

3.1.3. Tableau des graphèmes de base du français

Ce tableau, qui distingue, selon l'analyse phonologique, les voyelles, les semi-consonnes et les consonnes, donne la liste des archigraphèmes (niveau 0) et des graphèmes de base du français (niveau 1).

Voyelles

Archigraphèmes	Graphèmes de base	Archigraphèmes	Graphèmes de base
A	a (calamité)	EU	eu (jeu, peur)
E	e + é (pied, témérité) e + è (mer, cèdre) ai (plaire, maison)	OU	ou (loup, soupe)
I	i (rire, lit)	AN	an (charmant) en (doucement)
O	o (photo, note) au (saule) eau (beau)	ON	on (songe)
U	u (mur, pur)	IN	in (destin) en (chien, examen)
		UN	un (brun, lundi)

Semi-consonnes

Archigraphèmes	Graphèmes de base	Archigraphèmes	Graphèmes de base
Y, IL	i (bien, région) ï (faïence) y (yeux, coyote, cobaye) il (l)(rail, feuille) = phonème [j] Mais -ille dans *fille* = [ij]	OI	oi (soir, toit) = groupe phonétique stable [wa]
	N.B. Dans certains mots, y intervocalique contamine la voyelle précédente : *payer* = [peje] et non [paje]	OIN	oin (loin, point) = groupe phonétique stable avec nasale [wɛ̃]

Consonnes

Archigraphèmes	Graphèmes de base	Archigraphèmes	Graphèmes de base
P	**p** (pierre, principe)	Z	**s** (intervocalique) (poison, rose) **z** (zéro, bazar)
B	**b** (bébé, robe)	X	**x** (taxi, examen)
T	**t** (tente, détail)	CH	**ch** (chat, achat)
D	**d** (dédicace, monde)	J	**j** (jupe, sujet) **g** (orge, gilet) + **ge** (geai, gageure)
C	**c** (car, coucou) **qu** (quand, publique)	L	**l** (lune, délire)
G	**g** (gare, figure) **gu** (gui, langue)	R	**r** (rire, air)
F	**f** (famille, chef)	M	**m** (marmotte, moment)
V	**v** (vent, vivre)	N	**n** (nain, animer)
S	**s, ss** (son, boisson) **c, ç** (cent, leçon)	GN	**gn** (régner, montagne)

Le système orthographique du français compte environ 130 graphèmes. Suivant leur probabilité d'apparition, leur stabilité, leur rapport direct avec les phonèmes correspondants, N. Catach a sélectionné les 45 graphèmes de base présentés ci-dessus. Les autres graphèmes sont moins fréquents, moins stables et n'ont pas qu'un rôle phonogrammique, comme *e* correspondant à [a] dans *femme*, *prudemment* (reliés ainsi respectivement à *féminité* et *prudent*), *ai* correspondant à [ə] dans *faisons*, *faisant* (maintien de l'unité graphique du verbe *faire*), *sc-* dans *science*, *scier* (séries lexicales).

Remarque. — On ajoutera la lettre *h*, qui ne correspond pas à un phonème, mais qui assure une fonction de démarcation à l'intérieur des mots (*cahier, cahot, trahir* : voir **4.2.2.** *Tréma*) ou entre les mots *(les haricots)* : un *h-* dit « aspiré » en début de mot marque une séparation par rapport au mot qui précède et empêche l'élision ou la liaison (du déterminant, par exemple) (II : 3.2.2. Rem. 1).

3.2. Les morphogrammes sont les marques morphologiques : ce sont, pour l'essentiel, des marques finales écrites, qui ne sont pas prononcées (*-s* du pluriel, *-t*, *-e*, etc.), sauf en cas de liaison (les armes = [lezaʀm]).

III – L'orthographe française

3.2.1. Les morphogrammes grammaticaux sont des indicateurs de catégorie grammaticale. Ce sont des désinences supplémentaires qui s'ajoutent aux mots variables pour apporter des indications de genre et de nombre (classes nominales), de personne et de nombre (verbes) :

I. Formes nominales

A. Marques de genre (masculin / féminin) : le *e* graphique marque le féminin, le plus souvent à la finale des adjectifs (*joli / jolie*), parfois des noms (*ami / amie*). Cependant, le féminin peut être indiqué par d'autres procédés que le seul *e* graphique (*paysan / paysanne*) (**XI : 2.3.**).

B. Marques de nombre (singulier / pluriel) : le *–s* est la marque du pluriel la plus fréquente, ajoutée à la forme du singulier des déterminants, adjectifs et noms (*ce / ces, petit / petits ; ami / amis*). Il est concurrencé, dans certains noms et adjectifs, par *–x*, lettre muette rarement ajoutée seule à la forme du singulier (*bijou / bijoux*), le plus souvent faisant partie d'un amalgame opposant globalement la finale du pluriel à la finale du singulier, distinguées aussi oralement (*cheval / chevaux*).

II. Formes verbales

La personne et le nombre des modes personnels des verbes (pour les détails, voir **IX : 2.6.** *Classement des verbes – Tableaux de conjugaison*) sont marquées, le plus fréquemment, par :

– *s* à la 2ᵉ personne du singulier (*je chante / tu chantes*), qui s'emploie aussi à la 1ᵉ personne du singulier de nombreux verbes (*je finis, je sais*) ;
– *t* à la 3ᵉ personne du singulier de nombreux verbes (*il finit, il sait*) ;
– *(e)nt* à la 3ᵉ personne du pluriel de tous les verbes (*ils chantent*) ;
– *e* à la 1ᵉ et à la 3ᵉ personne du singulier des verbes en *–er* et de certains autres, marque distincte (*je, il crie, joue*) ou lettre d'appui marquant la prononciation de la consonne précédente (*je / il aime, chante*).

Une même désinence joue un rôle différent selon la catégorie grammaticale (nominale ou verbale) du terme auquel elle s'ajoute : la lettre *s*, par exemple, peut marquer le pluriel des noms ou la deuxième personne du singulier des verbes.

3.2.2. Les morphogrammes lexicaux sont des indicateurs de série lexicale. Ce sont des marques internes ou finales fixes, intégrées au mot, qui servent essentiellement à relier graphiquement un radical à ses dérivés (ex. : *tard, tarder, tardif, retarder, attarder*) ou bien le masculin au féminin (*petit/petite ; grand/grande*). Ils maintiennent l'unité des familles de mots et constituent des marques graphiques de sens.

Remarques. — 1. Dans la relation de dérivation, une consonne du nom peut marquer le lien avec le verbe : *accident / accidenter ; hasard / hasarder ; bois / boiser*. Mais le nom peut aussi se présenter sans marque (*balai / balayer ; cauchemar / cauchemardesque ; numéro / numéroter*).
2. Certains morphogrammes lexicaux peuvent à la fois marquer le lien entre le masculin et le féminin et le lien entre le radical et ses dérivés, comme le *-d* de *grand* (*grande* et *grandeur*).
3. Le fonctionnement des marques dérivatives est moins systématique que celui des marques grammaticales, dans la mesure où chaque morphogramme lexical relie un radical à quelques dérivés seulement et où l'histoire de la langue crée souvent des irrégularités (*printemps / printanier ; chaos / chaotique ; tabac / tabagie / tabatière*).

3.2.3. Prononciation des morphogrammes

Les lettres finales muettes peuvent être prononcées :

1°) En liaison (obligatoire ou facultative) devant un mot commençant par une voyelle ou un *h* muet. La liaison se fait en principe dans les groupes étroitement unis par la fonction, le sens ou le rythme, notamment entre le déterminant et le nom (*les enfants*), l'adjectif et le nom (*les grands enfants*), le pronom et le verbe (*ils ont chanté, dit-il*).

Les consonnes prononcées en liaison sont surtout /z/ pour -s, -x, -z (*les avis, deux avis, prenez-en*), /t/ (*dit-il, grand homme*) et /n/ (*mon ami*) (**II : 3.2.1.**)

2°) Devant une terminaison grammaticale (ex. : *petit / petite* : masculin / féminin) ou un suffixe lexical (ex. : *tard / tarder* : radical / dérivé).

III – L'orthographe française

3.2.4. Les *morphonogrammes* constituent des graphèmes mixtes, qui en même temps correspondent à des phonèmes et possèdent une valeur morphologique. Ainsi, le digramme *ai* (*il chantait*) correspond au phoneme [ɛ] et constitue la marque de l'imparfait de l'indicatif (trois personnes du singulier et 3ᵉ personne du pluriel). Dans la sequence *–ez, -e-* placé devant *–z* correspond au phonème [e] et le graphème *–ez* est un morphogramme marquant la 2ᵉ personne du pluriel des verbes aux modes fléchis (*chantez*).

3.3. Les logogrammes

Ils constituent des « figures de mots » dans lesquelles la graphie ne fait qu'un avec le mot, qui s'inscrit globalement, avec son image, dans la mémoire visuelle du locuteur. Suivant le principe sémiographique, les logogrammes jouent un rôle sémantique, en permettant la distinction visuelle des homophones :
1°) **homophones grammaticaux** : *ce / se* ; *ces / ses* ; *ou / où* ; *a / à* ; ...
2°) **homophones lexicaux** : *cahot / chaos* ; *champ / chant* ; *chœur / cœur* ; *compte / comte / conte* ; *doit / doigt* ; *foie / fois* ; *fonts (baptismaux) / fond (du tonneau) / fonds (de commerce)* ; *hôtel / autel* ; *sans / cent/ sang* ; *serf / cerf* ; *tente / tante, saut / sceau / seau / sot* ; ...

Ces distinctions s'appuient souvent sur des lettres muettes, qui constituent des vestiges historiques. Ces lettres sont contestées quand leur rôle distinctif ne paraît pas indispensable : si elles peuvent représenter une aide pour le lecteur, en lui permettant d'identifier visuellement le sens du mot, elles causent néanmoins une gêne au scripteur. Les logogrammes, en tout cas, ne se regroupent guère en catégories ou en séries, mais se déterminent sur des couples ou de petits ensembles d'unités plus ou moins isolées.

3.4. Lettres étymologiques et historiques

Dans l'orthographe française actuelle, les trois types précédents possèdent une valeur distinctive, reliée ou non à l'oral, sans qu'il soit nécessaire de faire appel à l'histoire pour expliquer leur fonctionnement. Mais certaines lettres ne jouent plus aucun rôle dans le système graphique d'aujourd'hui. Les lettres étymologiques subsistent comme des témoins de la filiation de la langue française par rapport au latin ou au grec, comme les « lettres grecques ». Les lettres historiques constituent des traces de son histoire, comme *h-* non étymologique dans *huile, huit*, destiné à marquer la prononciation de la voyelle *u*. Il s'agit surtout :

– de consonnes doubles purement graphiques, qui peuvent être étymologiques (*ville, battre, gaffe*) ou historiques : notation des anciennes voyelles nasales (*honneur, année, homme, comme*), de l'ancienne opposition voyelles brèves / voyelles longues (*cotte / côte, halle / hâle*), etc.
– de lettres latines : *doigt* (*digitum*), *cheptel* (*capitale*), *temps* (*tempus*), *homme* (*h* de *hominem*), etc.
– de lettres grecques (*ch, ph, rh, th, y* grec étymologique) : *rhétorique, rythme, satyre, théorie*,...

Les lettres étymologiques ont été souvent utilisées à des fins sémiographiques, notamment pour distinguer des homophones (*champ / chant*). Ce souci de distinction graphique a conduit parfois à faire de fausses étymologies (*poids, legs*, etc.).

3.5. Phonographie et sémiographie

3.5.1. *La réanalyse sémiographique de la phonographie*

L'orthographe française illustre une caractéristique fondamentale de tout système d'écriture. La plupart des écritures sont des plurisystèmes, des systèmes mixtes, constitués d'un mélange de différents niveaux et caractérisés par un niveau dominant. Dans le « plurisystème graphique du français » (N. Catach), le niveau phonographique, qui entretient des relations plus ou moins régulières avec l'oral, est fondamental, mais d'autres niveaux, plus élevés (morphogrammes et logogrammes), gouvernés par le principe sémiographique, interfèrent avec lui et jouent un rôle important pour la perception visuelle de la signification.

Dans certains mots, on observe la juxtaposition d'unités appartenant à des systèmes différents : dans *petits*, par exemple, les premiers graphèmes sont des phonogrammes, alors que les derniers (*-ts*) sont des morphogrammes (lettre dérivative et marque du pluriel). Cependant, de nombreux phonogrammes ont aussi une valeur sémiographique. Par exemple, le graphème *qu* correspond au phonème [k], mais il fait aussi partie de la figure des mots grammaticaux fréquents (*qui, que, quoi, quand,* ...) et l'opposition entre *-q-* et *-c-* permet de distinguer les participes présents et les adjectifs verbaux (*communiquant / communicant ; fabriquant / fabricant*). Pour les voyelles, le graphème *ain* est un phonogramme correspondant au phonème [ɛ̃] et il peut marquer un rapport entre un terme de base et un dérivé en *an* (*main / manuel*) ; de même, les mots comportant les graphèmes *au* et *eau* peuvent être mis en rapport respectivement avec des dérivés en *al* (*faux / falsifier*) et *el* (*bateau / batelier*). Les valeurs sémiographiques des phonogrammes ne sont pas systématiques ; cette réanalyse sémiographique de la phonographie permet d'assurer une certaine unité visuelle des familles ou séries de termes lexicaux ou grammaticaux ou bien de distinguer les homophones.

3.5.2. *Polyvalence des unités graphiques*

En raison de l'imbrication de la phonographie et de la sémiographie, le français possède des unités graphiques polyvalentes. Souvent, un même graphème (lettre ou groupe de lettres) présente dans un mot simultanément plusieurs valeurs, jouant à la fois un rôle phonogrammique, morphogrammique, logogrammique. Ainsi, le trigramme *aim* joue trois rôles dans *faim* : phonogrammique (correspondant au phonème /ɛ̃/), morphogrammique (relation avec ses dérivés *famine, affamé,*...) et logogrammique (distinction des homophones *faim / fin*). Dans *ce* et *se*, les consonnes *c* et *s* correspondent au phonème /s/ (phonogrammes), mais elles servent aussi à distinguer le démonstratif et le pronom personnel homophones (logogrammes). Dans *champ* et *chant*, la consonne finale muette marque le lien avec les deux séries lexicales (*champêtre, chanteur*, etc.) comme morphogramme et contribue par là même à la distinction des deux homophones, en opposant deux logogrammes.

3.5.3. Mixité des systèmes d'écriture

L'orthographe française réalise à sa façon les potentialités de tout système d'écriture, qui combine la représentation du son et la représentation du sens. Dans le premier cas, l'écriture est en relation avec une langue orale donnée ; dans cette dimension *phonographique*, les unités graphiques entretiennent des correspondances à différents niveaux avec les unités phoniques (phonèmes, syllabes, etc.). Dans le second cas, l'écriture a une fonction sémantique, qui consiste à manifester le sens linguistique : la *sémiographie* se définit comme la représentation graphique des signes linguistiques (mots, morphèmes).

Une tradition reprise par Saussure (*CLG* 1996 : 47) distingue les écritures alphabétiques et les écritures idéographiques, les premières représentant les phonèmes, les secondes les signes d'une langue. Cette distinction oppose deux idéaux qui ne se rencontrent pas à l'état pur dans les écritures réelles : celles-ci constituent en fait des systèmes mixtes, qui combinent les dimensions phonographique et sémiographique (ce que Saussure admet). L'écriture chinoise, par exemple, a été longtemps donnée comme le modèle d'une écriture purement idéographique, indépendante de la phonologie ; en réalité, les caractères chinois représentent a la fois des syllabes orales et des morphèmes (Coulmas 2003 : 50sv). Les écritures alphabétiques, pour leur part, ne constituent pas des transcriptions phonétiques : elles entretiennent des relations privilégiées avec l'oral, surtout dans leurs commencements, mais non pas exclusives, car elles véhiculent des informations grammaticales et lexicales. De manière souvent complexe, la phonographie fournit les éléments de la structure graphique, que la sémiographie réanalyse à ses fins sémantiques propres.

La correspondance phonographique n'est pas identique dans les écritures alphabétiques ; selon la simplicité et la régularité de cette correspondance, on peut distinguer des degrés de transparence phonographique : dans ce sens, on peut parler d'opacité phonographique pour l'orthographe française ou anglaise et de transparence élevée pour l'espagnol et le finnois. De même, on distinguera différents degrés de sémiographie, d'une forme mineure, quand celle-ci se contente globalement de réutiliser le matériau phonographique (kanas japonais, orthographe coréenne), à une forme de sémiographie majeure, caractérisée par un ajout important d'éléments purement graphiques (anglais, chinois, français, japonais) (Fayol et Jaffré 2008 : 85sv).

4. ACCENTS ET SIGNES AUXILIAIRES

Les lettres peuvent être complétées par des accents sur les voyelles et par des signes auxiliaires (tréma, cédille) qui aident à distinguer les phonèmes ou les mots.

4.1. Les accents

Les accents sont des signes diacritiques qui se placent, en français, sur certaines voyelles pour indiquer leur prononciation, différente de celle de la voyelle non accentuée (cf. *é, è, ê* vs *e*) ou pour marquer une distinction entre des mots (cf. *a*, de *avoir,* vs *à*, préposition), tout en apportant parfois une indication historique.
On distingue en français l'accent aigu, qui va de droite à gauche, l'accent grave, qui va de gauche à droite, et l'accent circonflexe, qui combine les deux mouvements (il était appelé « chapeau » par Perrault, « chapiteau » par Boyer).
Les accents ont été introduits en français pour pallier les insuffisances de l'alphabet latin dans la notation des timbres et de la durée des voyelles. Dans cette première fonction phonogrammique, on utilise les accents en cas d'ambiguïté sur la prononciation de la voyelle (*chante / chanté, des / dès*) ; la structure

syllabique (**2.2.**) conditionne largement l'introduction des accents (cf. *témérité, étincelle, essentiel*). Cependant, les accents peuvent être absents (*nef*) ou ne pas correspondre à la réalité phonique (*événement* : ancienne orthographe). Ils ont d'autres fonctions, la plus importante étant la distinction des homophones dans les logogrammes : *a / à, ou / où, matin / mâtin, cote / côte* ; ils constituent aussi la trace d'une évolution historique (circonflexe dans *hôtel, âge*, etc.).

Histoire. — Trois accents ont été introduits progressivement en français, du XVIe au XVIIIe siècle, avec de grandes hésitations pour la notation des timbres de E. L'accent grave sur *e* a été établi le plus tardivement, alors que l'accent aigu s'est imposé dès 1530 pour distinguer les finales (*chanté / chante*). L'accent circonflexe s'est répandu au XVIIe siècle pour marquer une voyelle longue (*rêve, pâte, côte*), le plus souvent en remplacement de *s* diacritique (non prononcé) dont c'était un des rôles. Ces trois accents se sont généralisés dans les imprimés au XVIIe siècle, avant d'être officiellement admis, à partir de la 3e édition de son dictionnaire (1740), par l'Académie française, qui corrige très progressivement les contradictions phonético – graphiques.

4.1.1. *L'accent aigu* se place uniquement sur la voyelle E pour indiquer son timbre fermé : *beauté, blé, été, désir, témérité, sobriété* ; il s'oppose ainsi à *è, ê* et *e* sans accent.

Il apparaît sur *e* à l'intérieur du mot en syllabe graphique ouverte (*aérer, médecin, rééduquer*) et à la finale ouverte (*chanté*) ou devant *s* (*beautés, étés*). Il est impossible de l'utiliser en syllabe graphique fermée (*essentiel*) et devant *d, f, r, z* finals (*pied, clef, chanter, nez, parlez*), ainsi que dans les déterminants monosyllabiques *les, des, ces, mes, tes, ses*.

L'accent aigu correspondait parfois à *e* ouvert : *crémerie, événement, aimé-je, je protégerai*, etc., ce qui fut son rôle jusqu'au XVIIIe siècle (on écrivait *aprés, excés, succés,...*). Les Rectifications de 1990 ont corrigé des anomalies : on peut écrire désormais *crèmerie, évènement, aimè-je, protègerai*.

4.1.2. *L'accent grave* se place uniquement sur les voyelles *a, e, u*.

1) L'accent grave sur *e* marque un /ɛ/ ouvert, en syllabe graphique ouverte à l'intérieur du mot (*achète, chère, gèle, mère*) et à

la finale devant -s (*après, procès, succès*) ; il exerce en outre une fonction distinctive dans *dès*, préposition, vs *des*, article.

L'accent grave sur *e* est moins répandu que l'accent aigu : *e* n'est pas accentué en syllabe graphique fermée (*netteté, perdre, veste*) ni devant -*t* final (*poucet*), les séries *jette* et *appelle* doublent les séries *achète* et *gèle* et les digrammes *ai* et *ei* concurrencent *è* en syllabe ouverte (*maire, neige*).

2) L'accent grave sur *a* et *u* sert à distinguer des homophones : *à* (préposition) / *a* (verbe) ; *la* (article ou pronom) / *là* (adverbe) ; *ça* (pronom) / *çà* (adverbe) ; *ou* (conjonction) / *où* (adverbe ou relatif), couple qui justifie à lui seul une touche supplémentaire sur les machines à écrire françaises (l'accent grave n'apparaît sur *u* que dans *où*).

On écrit *çà, là, déjà, deçà, delà, holà, voilà, celui-là,* mais *cela* sans accent et *ça* (distingué ainsi de l'adverbe *çà*).

4.1.3. L'accent circonflexe remplit des fonctions diverses et constitue un témoin de l'histoire du français ; il peut se placer sur les cinq voyelles à l'exclusion de *y*, et il manifeste des valeurs imprévisibles et souvent contradictoires :

1) **Valeur phonogrammique** : le circonflexe note une voyelle longue :

> – et ouverte *ê* : *fête, rêve, suprême,* par opposition à la voyelle brève et ouverte notée par l'accent grave (*sème*) ou deux consonnes (*belle*).
> – et fermée *ô* : *Côme, côte, pôle,* par opposition à la voyelle brève suivie de consonne double (*bonne, comme, cote*).
> – et postérieure *â* dans *hâle, mâle, pâte*.

Remarque. — Ces indications de longueur ont été notées à l'aide du circonflexe alors qu'il possédait déjà une autre justification (étymologique). Il rappelle une lettre disparue (« accent du souvenir », selon F. Brunot), le plus souvent la lettre *s* : *âne* (AFr. *asne*), *bâtir* (AFr. *bastir*), *bête* (AFr. *beste*), *fête* (AFr. *feste*). Cela peut permettre des rapprochements avec des dérivés où le *s* étymologique s'est maintenu : *âpre / aspérité, forêt / forestier, côte / accoster*. Il notait aussi un allongement résultant de la contraction de deux voyelles (ancien hiatus réduit) : *âge* (*aage*), *bâiller* (*baailler*), *dû* (*deu*), *continûment* (*continuement*), *mûr* (*meur*), *rôle* (*roole*).
Dans ces mots, l'accent circonflexe indiquait à la fois l'étymologie (lettre disparue) et la longueur de la voyelle (valeur phonétique). Mais, dans certains cas, le circonflexe étymologique a disparu (on écrivait *soûtenir, plûtôt* au XVIIe siècle) ; dans d'autres,

il a été ajouté par analogie (non étymologique dans *voûte, cône, extrême, suprême*) ; il manque sur certaines voyelles longues, comme dans *axiome* (mais *diplôme*) et *zone*, coiffé du circonflexe par Apollinaire.

2) Valeur morphogrammique : par souci d'analogie, le circonflexe s'est étendu dans certaines séries lexicales et grammaticales :
– Il est maintenu dans les radicaux verbaux (*ôter, frôler, câbler, mâcher*), des séries de suffixes comme *-âtre* ; mais les dérivés ne gardent pas toujours l'accent circonflexe du mot de base : *assurer, conique, coteau, déjeuner, indu, gracieux*.
– En morphologie verbale, il a été étendu par analogie de la deuxième à la première personne du pluriel du passé simple : *nous chantâmes*. À la troisième personne du singulier, l'imparfait du subjonctif (*fût, vînt, eût*) se distingue du passé simple (*fut, vint, eut*).

3) Valeur logogrammique : l'accent circonflexe assure aussi la distinction graphique des homophones :

– *dû / du ; crû / cru ; mûr / mur ; sûr / sur ;*
– *côte / cote ; rôder / roder ; nôtre / notre ; rôt / rot ;*
– *forêt / foret ; pêcher / pécher ;*
– *bâiller / bailler ; châsse / chasse ; hâler / haler ; tâche / tache ;*
– *jeûne / jeune ; (une) boîte /(il) boite ; (le) faîte / (vous) faites.*

Compte tenu des irrégularités de son emploi, les Rectifications de l'orthographe (1990) proposent que l'accent circonflexe ne soit plus obligatoire sur les lettres *i* et *u*, sauf dans certains cas précis (formes verbales et homophones : voir **5.**).

4.2. Les autres signes auxiliaires

On place, à côté des accents, deux autres signes graphiques, le tréma et la cédille, qui ont une fonction phonogrammique.

4.2.1. *La cédille*

Apparue à la fin du XVe siècle, la cédille est, étymologiquement, un diminutif du nom de la lettre *z* en espagnol, où elle était un z souscrit. De la forme d'un petit *c*, la cédille se place sous la lettre *c* devant *a, o, u* pour indiquer la prononciation /s/ : *aperçu, ça, façade, leçon, reçu*. Un *c* affecté de la cédille est appelé *c cédille*. Devant les voyelles *e, i, y*, la lettre *c* se passe de cédille pour noter /s/ : *cent, ces, ciel, cygne*.

4.2.2. Le tréma

C'est un signe diacritique formé de deux points qu'on place sur les voyelles *e, i, u* pour indiquer la disjonction d'un groupe de lettres et rendre de ce fait leur prononciation séparée. En général, le tréma se place sur la seconde lettre et indique qu'on doit prononcer de manière séparée la lettre qui précède : *aïeul, naïf, Noël, ouïr*.

1) Le tréma se rencontre essentiellement dans les groupes de voyelles terminés par *i*, sur lequel il se place : *amuï, haïr, héroïne, ouïr*. Il marque en particulier la semi-consonne yod intervocalique séparée de la voyelle précédente : *aïeul, faïence, glaïeul*. Dans *ïambe*, le tréma est placé sur la première voyelle (vs *iode*).

2) Placé sur *e*, le tréma dissocie les groupes *ae, oe* : *canoë, Israël, Noël* (vs *œil*).

Histoire. — Le tréma a été remplacé (1878) par l'accent aigu ou grave dans *poète* (*poëte*), *poésie* (*poësie*), *goéland* (*goëland*), etc.

3) Dans les finales en *-gue*, le tréma indique la prononciation /gy/ et élimine la prononciation /g/ (*figue*). Comme c'est *u* qui est séparé de *g*, les Rectifications de 1990 placent le tréma sur la voyelle *u*, et non sur la voyelle muette *–e* (*aigüe, ambigüe, ambigüité*) ; elles rajoutent par ailleurs un tréma à *gageüre, argüer*, etc., pour éviter la prononciation fautive [œ] d'un faux digramme *eu*, dans *gageure* notamment.

4) Le tréma est rare sur *u* après *a* : *Esaü, Saül, capharnaüm* (ü = o ouvert) ; la lettre *h* peut aussi assurer la séparation entre *u* et la voyelle précédente : *cahute, tohu-bohu*, etc. On peut d'ailleurs rapprocher *h* du tréma quand cette lettre joue le même rôle de

séparation des voyelles à l'intérieur des mots : *ahuri, cahier, cahot, ohé, souhait, trahir.*

Remarque. — Les signes auxiliaires (cédille, accents) ne sont pas souvent employés avec les majuscules ou les capitales (DEPUTE, LECON), mais les traitements de texte proposent un large choix de caractères spéciaux accentués.

5. LES RECTIFICATIONS DE L'ORTHOGRAPHE (1990)

Le *Journal officiel de la République française* a publié, le 6 décembre 1990, les *Rectifications de l'orthographe*, proposées par le Conseil supérieur de la langue française, puis avalisées, mais non imposées, par l'Académie française. Les modifications ne sont pas négligeables :

1) Remplacement du **trait d'union** par la soudure dans un certain nombre de mots (*portemonnaie*) ;
2) Alignement du pluriel des **mots composés** sur la règle des mots simples (*un pèse-lettre, des pèse-lettres*) ;
3) **Accent circonflexe** non obligatoire sur *i* et *u*, sauf dans les terminaisons verbales (passé simple et imparfait du subjonctif), et dans cinq homophones (*mûr, sûr, dû, croît, jeûne*) ;
4) Invariabilité du participe passé de *laisser* suivi d'un infinitif (*elle s'est laissé mourir*) ;
5) Rectification de diverses anomalies :
   a) Mots empruntés : pour l'accentuation et le pluriel, ils suivent les règles des mots français (*un imprésario, des imprésarios*) ;
   b) Séries désaccordées : des graphies sont rendues conformes aux règles de l'écriture du français (*douçâtre*), ou à la cohérence d'une série précise (*boursoufler* comme *souffler, charriot* comme *charrette*).

III – L'orthographe française 137

Tableau résumé des règles [1]

NUMÉRO	ANCIENNE ORTHOGRAPHE	NOUVELLE ORTHOGRAPHE
1	vingt-trois, cent trois	**vingt-trois, cent-trois**
2	un cure-dents des cure-ongle un cache-flamme(s) des cache-flamme(s)	**un cure-dent des cure-ongles un cache-flamme des cache-flammes**
3a 3b	je céderai, j'allégerais puissé-je, aimé-je	**je cèderai, j'allègerais puissè-je, aimè-je**
4	il plaît, il se tait la route, la voûte	**il plait, il se tait la route, la voute**
5	il ruisselle, amoncèle	**il ruissèle, amoncèle**
6	elle s'est laissée aller elle s'est laissé appeler	**elle s'est laissé aller elle s'est laissé appeler**
7	des jazzmen, des lieder	**des jazzmans, des lieds**

Ces propositions sont destinées aux usagers et à l'enseignement, ainsi qu'aux lexicographes et aux créateurs de néologismes. Elles constituent, pour la plupart, des harmonisations nécessaires de pratiques indécises. Comme leur application n'est pas obligatoire, la liberté de l'usage est respectée : les scripteurs peuvent utiliser, à leur gré, l'ancienne ou la nouvelle orthographe.

Les Rectifications orthographiques de 1990 sont diversement connues et appliquées dans les pays francophones. En Belgique, elles sont enseignées, appliquées, et diffusées par de nombreux ouvrages, en particulier par le *Bon Usage* (André Goosse) depuis 1993. En France, si l'Académie indique les Rectifications dans la dernière édition en cours de son dictionnaire, si différentes associations les font connaître et si divers ouvrages et revues les appliquent, l'Éducation nationale les ignorait jusqu'aux Programmes de l'École primaire de 2007 et de 2008. On lit dans les programmes de 2007 : « On s'inscrira dans le cadre de **l'orthographe rectifiée**. Les Rectifications définies par l'Académie fran-

---

1. Publié au *Journal officiel de la République française* (Édition des documents administratifs), Année 1990, n° 100, 6 décembre 1990. Voir le site web de l'Académie française.

çaise ont été publiées au *Journal officiel de la République française* le 6 décembre 1990, édition des Documents administratifs. Elles se situent tout à fait dans la continuité du travail entrepris par l'Académie française depuis le XVIIe siècle, dans les huit éditions précédentes de son Dictionnaire. » (*BO* n° 5, 12 avril 2007, hors série : *4. Orthographe*, note 3, p. 81). Les programmes de 2008 indiquent simplement : « L'orthographe révisée est la référence » (*BO* n° 3, 19 juin 2008 :37, hors-série : note marginale).

> Le texte de cet ouvrage applique les Rectifications orthographiques

Bibliographie. — N. Catach (1991), *L'orthographe en débat*, Paris, Nathan. – L. Biedermann-Pasques et F. Jejcic (2006), *Les rectifications orthographiques de 1990. Analyses des pratiques réelles*, Presses universitaires d'Orléans.

6. DIDACTIQUE DE L'ORTHOGRAPHE FRANÇAISE

Les recherches actuelles en linguistique et en psycholinguistique contribuent au renouvellement de la didactique de l'orthographe. Les linguistes ont mis en lumière la mixité des systèmes d'écriture, qui réalisent chacun à leur manière, en fonction de leur histoire et des choix de la société qui les utilise, le dosage souvent complexe des principes phonographique et sémiographique. Avec les psycholinguistes, ils observent que les scripteurs adaptent leurs stratégies d'écriture au système qu'ils utilisent. Ainsi, l'acquisition de l'orthographe française repose sur la coexistence de trois principes, mis en œuvre successivement par l'enfant : après un stade logographique de traitement global des unités – mots, il intègre progressivement, à l'occasion de l'apprentissage de la lecture-écriture, les correspondances phonographiques (l'analyse des chaines sonores et graphiques va de pair), puis il découvre plus tard la dimension morphographique, la plus complexe, qui repose sur le rapport de co-variance entre les mots (par exemple, le sujet commande l'accord du verbe).

Les psycholinguistes étudient les mécanismes cognitifs de la lecture et de l'écriture, en distinguant les stratégies des adultes experts et des enfants. Les erreurs peuvent révéler les procédures de traitement de l'orthographe. Ainsi, la surgénéralisation des règles est fréquente chez les enfants. De nombreuses études ont porté sur les accords en nombre, montrant la pluralité des facteurs les conditionnant ; par exemple, les jeunes enfants apprennent d'abord le pluriel des noms et tendent à généraliser aux verbes la marque nominale −s liée au sens (*les oiseaux *chantes*), avant que la discrimination grammaticale des marques des noms et des verbes ne soit maîtrisée, à moins que certains contextes ne favorisent le choix de la marque nominale (*Le jardinier sort les légumes et (il) les *asperges* : P. Largy 2008).

Les linguistes, les psycholinguistes et les didacticiens se rencontrent autour de la notion carrefour de *littéracie*. Ce terme francisé à partir des travaux anglo-saxons (*literacy*) désigne l'ensemble des connaissances, linguistiques et graphiques, mises en œuvre dans les activités de lecture et d'écriture.

Bibliographie. — D. Ducard, R. Honvault et J.-P. Jaffré (1995) – C. Brissaud et D. Bessonnat (2001), *L'orthographe au collège. Pour une autre approche*, Delagrave – C. Barré-De Miniac *et al.*, éds (2004), *La littéracie. Conceptions théoriques et pratiques d'enseignement de la lecture-écriture*, L'Harmattan – D. Cogis (2005), *Pour enseigner et apprendre l'orthographe. Nouveaux enjeux – Pratiques nouvelles. École / Collège*, Delagrave – C. Brissaud, J.-P. Jaffré et J.-C. Pellat, éds (2008) – M. Fayol (2008), L'apprentissage de la morphologie du nombre, *Nouvelles recherches en orthographe* : 119-135 – M. Fayol et J.-P. Jaffré (2008) – P. Largy (2008), De la perméabilité de la syntaxe : le cas de l'accord sujet-verbe, *Nouvelles recherches en orthographe* : 101-117.

Chapitre IV

LA PONCTUATION

1. DÉFINITION

Alors que les signes orthographiques, dans les écritures alphabétiques, servent d'abord à représenter les phonèmes, les signes de ponctuation peuvent se définir négativement comme des signes qui n'ont pas de correspondance avec des phonèmes. À la différence des graphèmes, les signes de ponctuation sont purement idéographiques. **La ponctuation est le système des signes graphiques qui contribuent à l'organisation d'un texte écrit en apportant des indications prosodiques, marquant des rapports syntaxiques ou véhiculant des informations sémantiques.** Les signes de ponctuation sont intérieurs au texte et se rencontrent dans les messages écrits, qu'ils soient manuscrits ou imprimés. Ils peuvent correspondre à des phénomènes oraux (pause, intonation) ou avoir un rôle purement graphique. Dans le processus de production de l'écrit, les signes de ponctuation, de même que les connecteurs (**XXIV : 4.**), contribuent à la structuration textuelle, qui doit se soumettre aux contraintes de la linéarité de l'écrit : les uns et les autres marquent les relations (de liaison ou de rupture) entre les propositions successives d'un texte. Dans l'activité de lecture, une ponctuation et une typographie « standard » augmentent la rapidité de la saisie et facilitent la compréhension du texte ; elles en explicitent la syntaxe, les articulations sémantiques et logiques, en suppriment des ambiguïtés... Une ponctuation déficiente voire contraire à l'architecture syntaxique ou à l'organisation sémantique textuelles ralentit la lecture et gêne la compréhension.

On distingue traditionnellement une dizaine de signes graphiques insérés dans le texte : virgule [,], point-virgule [;], point [.], point d'exclamation [!], point d'interrogation [?], points de suspension [...], deux points [:], guillemets [« »], tiret [–] et parenthèses [( )], auxquelles on peut ajouter les crochets [ ]. Certains de ces signes, comme le point et la virgule, sont d'un usage très général, non limité à une langue particulière.

Peut-on pour autant restreindre la ponctuation à une dizaine de signes qui, avec l'apostrophe, figurent sur les claviers des ordinateurs ? Dans un poème moderne privé de ces signes, d'autres éléments contribuent à la structuration graphique du texte (retour à la ligne, alinéa,...) :

> *La terre est bleue comme une orange*
> *Jamais une erreur les mots ne mentent pas*
> *Ils ne vous donnent plus à chanter.* (Paul Eluard)

Les majuscules jouent leur rôle de démarcation des phrases ou des vers ; et surtout les blancs constituent des signes essentiels de séparation des mots, « en négatif », sans parler de leur rôle dans la mise en page du poème : *Le poème n'est point fait de ces lettres que je plante comme des clous, mais du blanc qui reste sur le papier...* (Paul Claudel). Le texte s'inscrit d'abord dans un espace graphique, dont joue la poésie. Cependant, la suppression des signes de ponctuation dans la poésie moderne produit des effets d'ambiguïté, comme en témoigne la confrontation des deux versions, ponctuée puis non ponctuée, du *pont Mirabeau* :

> (1) *Sous le pont Mirabeau coule la Seine.*
> *Et nos amours, faut-il qu'il m'en souvienne ?*
> *La joie venait toujours après la peine.*

> (2) *Sous le pont Mirabeau coule la Seine*
> *Et nos amours*
> *Faut-il qu'il m'en souvienne*
> *La joie venait toujours après la peine*

On peut donc analyser l'espace graphique à trois niveaux : celui des mots (espaces entre les lettres et entre les mots), celui de la phrase, dans laquelle se situent traditionnellement les signes de ponctuation, et celui de la mise en page du texte, qui entoure et dépasse le texte.

Bibliographie. — N. Catach (1968), Appendice II, *Ponctuation et caractères* : 295-309 – H. Bonnard (*GLLF*), Ponctuation : 4458-4459 – N. Catach (1980), La ponctuation, *Langue française*, 45 : 16-27 – N. Catach (1998), La ponctuation et les systèmes d'écriture : dedans ou dehors ? *in* J.-M. Defays *et al.* : 31-43 – J.-M. Defays, L. Rosier et F. Tilkin (éds) (1998) – J.-C. Pellat (2000), Le point sur la ponctuation, *Le Français aujourd'hui*, 130 : 116-122.

2. FONCTIONS DES SIGNES DE PONCTUATION

Les signes de ponctuation peuvent avoir trois fonctions : prosodique, syntaxique et sémantique ; la plupart des signes de ponctuation sont polyvalents, car ils cumulent souvent plusieurs fonctions. Leur première fonction était de marquer les endroits pour respirer dans la lecture à haute voix et, jusqu'au XIXe siècle, ils ont surtout noté les pauses de l'oral. Aujourd'hui, la ponctuation ne sert plus à noter simplement l'intonation ou les pauses (fonction proprement prosodique). Mais elle constitue une aide indispensable à la structuration et à la lecture d'un texte écrit.

Bibliographie. — J. Damourette (1939), *Traité moderne de ponctuation*, Larousse – L. Védénina (1980), La triple fonction de la ponctuation dans la phrase : syntaxique, communicative et sémantique, *Langue française*, 45 : 60-66 – *Langue française*, 45 (1980), *La ponctuation* ; 81 (1989), *Structurations de textes : connecteurs et démarcations graphiques* – J. Drillon (1991), *Traité de la ponctuation française*, Gallimard – *Pratiques*, 70 (1991), *La ponctuation*.

2.1. Fonction prosodique

Les signes de ponctuation correspondent partiellement aux pauses de la voix, au rythme, à l'intonation, à la mélodie de la phrase. On dit qu'ils ont un rôle *suprasegmental*, du fait qu'ils se superposent aux segments linguistiques, comme l'accent et l'intonation à l'oral (**II : 3**) ; en fait, dans la linéarité de l'écrit, les signes de ponctuation viennent plutôt s'intercaler entre les unités linguistiques (mots, groupes de mots et phrases).

▶ **Les pauses :** les « signes pausaux » (J. Damourette 1939) marquent des frontières syntaxiques qui correspondent aux pauses de la voix. Ils suivent une progression décroissante : le point marque une pause importante (souvent une fin de phrase), le point-virgule une pause moyenne et la virgule une courte pause :

Les soleils couchants / Revêtent les champs, / Les canaux, la ville entière, / D'hyacinthe et d'or ; / Le monde s'endort / Dans une chaude lumière (Baudelaire).

Cependant, les signes de ponctuation ne notent que partiellement les pauses du discours oral. L. Védénina (1973) a relevé, dans un corpus de 1000 phrases, la proportion de trois pauses orales pour un signe de ponctuation.

▶ **L'intonation** Le point d'exclamation et le point d'interrogation notent en partie les nuances et la variété de l'oral : l'interrogation comporte plusieurs courbes intonatives, et l'exclamation utilise une très grande variété mélodique pour moduler les sentiments, de l'enthousiasme à la colère, avec toutes leurs nuances. Le petit nombre des signes mélodiques les rend polyvalents : un point d'exclamation peut exprimer un sentiment (phrase exclamative : « Comme le temps passe quand on s'amuse ! ») ou appuyer un ordre vif (phrase impérative : « Sortez ! »). Le point marque la fin d'une phrase déclarative ou injonctive.

Bibliographie. — L. Védénina (1973), La transmission par la ponctuation des rapports du code oral avec le code écrit, *Langue française*, 19 : 33-40.

2.2. Fonction syntaxique

Le classement syntaxique des signes de ponctuation se fonde sur leur fonction de séparation et d'organisation ; ils marquent

généralement une pause, plus ou moins importante et nécessaire. On distingue des signes séparateurs simples et des signes d'énonciation qui démarquent les différents plans d'énonciation, notamment les citations et le discours rapporté (deux-points et guillemets, tirets, etc.).
Les signes de ponctuation se classent suivant le niveau où ils sont utilisés :

▶ **Séparation des mots :** apostrophe, trait d'union, blanc. L'apostrophe et le trait d'union séparent des mots ou des parties de mots. Le mot est encadré par deux blancs.

▶ **Délimitations intraphrastiques :** outre leur rôle syntaxique, certains signes manifestent des clivages énonciatifs.
- La virgule et le point-virgule (à valeur de virgule renforcée) séparent des éléments (mots ou groupes de mots) de la phrase.
- Les guillemets, les parenthèses (et les crochets), les tirets doubles (à la manière des parenthèses) permettent l'insertion d'une phrase (ou d'un élément de phrase) dans le texte de base, marquant ainsi un changement de niveau discursif.
- Les deux points ont un rôle particulier : ils introduisent une insertion (discours rapporté notamment) ou marquent une séparation significative avec ce qui les précède (explication, exemple, etc.) en annonçant la suite : *La vague de vacarme retomba : quelque embarras de voitures (il y avait encore des embarras de voitures, là-bas, dans le monde des hommes)* (Malraux).

▶ **Délimitations interphrastiques :** les signes séparent les phrases entre elles. Les majuscules indiquent le début des phrases ; divers points marquent la fin d'une phrase (tout en ayant aussi d'autres fonctions) : le point simple, le point-virgule (à valeur de point affaibli), le point d'interrogation, le point d'exclamation et, plus rarement, les points de suspension.

Remarque. — Au-delà des phrases, des signes comme l'alinéa et le tiret de dialogue, associés au retour à la ligne, délimitent des blocs de phrases (dont le plus courant est le paragraphe).

IV – La ponctuation 145

Bibliographie. — C. Tournier (1978), Pour une approche linguistique de la ponctuation, *La Ponctuation : recherches historiques et actuelles*, Table ronde internationale CNRS : 252-270.

2.3. Fonction sémantique

Idéographiques par nature, les signes de ponctuation peuvent ajouter des éléments d'information qui se superposent au texte et complètent l'apport sémantique des mots et des phrases. Ils peuvent apporter :

▶ **Une indication modale :** la ponctuation finale de la phrase est parfois la seule marque du type de la phrase (déclaratif, interrogatif ou exclamatif notamment) : *Il pleut. Il pleut ? Il pleut ! – Willie. Quel Willie ? Mon Willie ! Willie !* (S. Beckett, *Oh ! les beaux jours*).

▶ **Une contribution à la configuration syntaxique** (et donc à l'interprétation) **de la phrase :** la virgule peut expliciter le découpage sémantique de la phrase en thème et propos (**XXIV : 2.**) : *Jolie, ta cravate.* La virgule sert à distinguer l'apposition de l'épithète ou à différencier les relatives déterminatives et explicatives (**XVI : 2.5.**) : *Et l'on vit apparaître le faune, / Hérissé, noir, hideux, et cependant serein.* (V. Hugo)

▶ **Une structuration en plans d'énonciation distincts :** les signes d'énonciation (guillemets, tirets doubles, etc.), la virgule double et les parenthèses indiquent un changement de registre ou de niveau énonciatif (incise, commentaire) : *J'ai heurté, savez-vous, d'incroyables Florides* (Rimbaud) – *Il sort de la silhouette une voix qui répète (pas crie : qui dit) : Allons serrons allons serrons.* (Claude Simon, *Les Géorgiques*)

Bibliographie. — M. Arrivé (1988), Ponctuation : grammaire, énonciation, *in* G. Maurand (éd.), *Nouvelles recherches en grammaire*, Actes du Colloque d'Albi, Toulouse-Le Mirail : 99-114.

Remarque historique. — Beaucoup de manuscrits anciens, à commencer par les papyrus, mais aussi des codex du Moyen Âge, ne comportent pas de ponctuation, ni même de séparation entre les mots (« scriptio continua »). Mais des signes de ponctuation se rencontrent déjà dans certains manuscrits grecs et latins, avant la riche diversité du Moyen Âge. Jusqu'au XVe siècle, la ponctuation constitue « une aide à la lisibilité », c'est-à-dire « une *aide à l'oralisation* et à *l'interprétation* des textes à lire » à voix haute ; les signes servent à marquer les pauses de la voix du récitant ou du chanteur, pour mieux faire percevoir le sens du texte (Catach 1998 : 33-34). L'invention et la diffusion de l'imprimerie changent radicalement les pratiques de l'écrit. Les imprimeurs jouent un rôle prépondérant dans la mise en forme du texte écrit et la ponctuation constitue alors une aide à la lecture silencieuse. Les imprimeurs développent des formes de la mise en page, en commençant par les blancs, puis introduisent les signes de division de la phrase et du texte, surtout à partir du XVIe siècle (alinéa, point final, deux-points, virgule, etc.). La ponctuation des textes classiques reste d'une grande sobriété, mais elle va se diversifier au XVIIIe siècle, en particulier pour répondre aux besoins de la création littéraire, par exemple avec le développement des marques du discours rapporté. La ponctuation du XVIIIe siècle, plus réduite que la nôtre, a un rôle oral et écrit.

Au XIXe siècle, les typographes mettent l'accent sur les fonctions « logique » et « grammaticale » de la ponctuation, plaçant au second plan les relations à l'oral, jusque là privilégiées. Les normes typographiques se généralisent, non sans résistances de la part d'écrivains, comme George Sand, qui tentent de défendre la liberté du créateur : *On a dit* « *le style, c'est l'homme* ». *La ponctuation est encore plus l'homme que le style (Impressions et souvenirs* (1873), VI. À Charles Edmond, Nohant, aout 1871). Mais les imprimeurs imposent leur modèle, qui se généralise. Aujourd'hui, avec l'informatique, le développement des logiciels de traitement de texte et de micro-édition concurrence le rôle des imprimeurs et offre une liberté nouvelle au scripteur, qui choisit sa ponctuation et sa mise en page. Car, si la norme orthographique est contraignante, l'usage garde toujours une certaine liberté en matière de ponctuation, dans la mesure où cette dernière n'est pas totalement codifiée en France. Les scripteurs ordinaires disposent ainsi d'une certaine latitude pour structurer leurs textes à l'aide de la ponctuation. Les écrivains, eux, font des signes de ponctuation un usage stylistique et leur confèrent des valeurs expressives très variées. Les coupes et les démarcations énonciatives sont hautement significatives : *Rien n'a pour moi d'existence, que poétique (et je rends à ce mot son plein sens) – à commencer par moi-même* (Gide).

3. SIGNES DÉMARCATIFS

3.1. Point, point-virgule, virgule

Ces trois signes marquent des pauses possibles d'importance décroissante. Le point marque la pause la plus forte, qui clôt une phrase, la virgule indique une courte pause et le point-virgule constitue une pause intermédiaire, représentant selon les cas un point affaibli ou une virgule renforcée : *Le carnaval s'en va, les roses vont éclore ; / Sur les flancs des coteaux déjà court le gazon.*

(Musset). Alors que le point constitue un signe « étanche », les deux autres signes sont « poreux » ou suspensifs.

3.1.1. Le point marque la fin d'une phrase, simple ou complexe ; il doit être suivi d'une majuscule : *Alors le loup se jeta sur la petite chèvre et la mangea.* (Alphonse Daudet)

On a souvent associé le point à la majuscule pour définir la phrase (« commence par une majuscule et finit par un point ») (**VI : 1.1.1.**). Cependant, le point peut isoler des segments qui ne correspondent pas à une phrase canonique et qui résultent d'effacements contextuellement contraints, comme *Par ta faute* dans l'exemple suivant : *Le jeu est dangereux. Je suis sûre que nous avons laissé des traces. Par ta faute. Nous en laissons chaque fois.* (Jean Genet)

Ce dernier emploi du point, en littérature contemporaine surtout, sert à placer un ajout ou détacher un segment d'une phrase pour le mettre en relief (Riegel 2006 ; Combettes 2007) : *Seule Hélène Lagonelle échappait à la loi de l'erreur. Attardée dans l'enfance* (M. Duras). Ou bien, le point sépare des termes en simulant le rythme de l'oral : *Un humour... Un humour féroce. Macabre. Macabre et candide. Une sorte d'innocence. Clair. Sombre. Perçant. Confiant. Souriant. Humain. Impitoyable. Sec. Moite. Glacé. Brûlant. Il me transporte dans un monde irréel. C'est le domaine du rêve. C'est le monde le plus réel qui soit. Les Fruits d'Or, c'est tout cela* (Nathalie Sarraute).

Bibliographie. — M. Riegel (2006), Cohérence textuelle et grammaire phrastique, *in* F. Callas (éd.) *Cohérence et discours*, Presse de l'Université Paris-Sorbonne : 53-64 – B. Combettes (2007), Les ajouts après le point : aspects syntaxiques et textuels, in *Mélanges Pierre Le Goffic. Parcours de la phrase* : 119-131.

Remarques. — **1.** Sans marquer de pause, le point exerce aussi une fonction de ponctuation de mot, quand il se place après un mot abrégé (« point abréviatif ») : *M. Hulot* – *c.-à-d.*. Il constitue une marque typographique dont les petites annonces font un usage systématique, par souci d'économie : *Vds COLLEY MALE 5a., tat., vacc., affect., ch. nouveau maître. Tél. 03 88 41 73 00*.
Le point ne s'utilise pas quand la fin du mot est conservée dans l'abréviation : *Mme Verdurin, Mlle Parent, Mgr Dupanloup* mais *M. Ouine* (et non pas *Mr*, abréviation de *Mister*), *le Dr Schweitzer*.
D'autre part, l'usage tend à se passer du point dans les sigles, surtout s'ils sont connus : *URSS, USA, FMI, DOM-TOM,...* (mais *O.K.*). De même, on n'emploie pas le point dans les symboles d'unités : *25 m, 10 cm, 99 kg, 245 €,...* Les titres et sous-

titres, même s'ils contiennent une ponctuation intérieure, ne comportent pas de point final : *Détruire, dit-elle* (M. Duras).

2. L'usage actuel, sous l'influence de l'anglais (et des ordinateurs), introduit abusivement un point pour séparer la partie décimale dans les nombres écrits en chiffres, alors que le français se sert de la virgule : *299.50 €, FM 95.5*, au lieu de *299,50 €* et *FM 95,5*.

3.1.2. Le *point-virgule* marque une pause intermédiaire entre le point et la virgule ; de ce fait, sa valeur penche du côté de l'un ou de l'autre : *Il arriva un jour vers trois heures ; tout le monde était aux champs ; il entra dans la cuisine, mais n'aperçut point d'abord Emma ; les auvents étaient fermés* (Flaubert).

Comme point affaibli, le point-virgule peut séparer des propositions indépendantes (juxtaposées ou coordonnées), mais il ne peut pas clore un texte et n'est pas suivi d'une majuscule ; les propositions séparées par un point-virgule forment un ensemble dont l'enchainement n'est pas fortement interrompu comme ce serait le cas avec un point : *Exister, c'est être là, simplement ; les existants apparaissent, se laissent rencontrer, mais on ne peut jamais les déduire* (J. P. Sartre).

Dans des énumérations ou des structures parallèles, le point-virgule joue le rôle d'une virgule renforcée :

Je trône dans l'azur comme un sphinx incompris ;
J'unis un cœur de neige à la blancheur des cygnes ;
Je hais le mouvement qui déplace les lignes.
Et jamais je ne pleure et jamais je ne ris. (Baudelaire)

3.1.3. La *virgule* marque une faible pause. Sa valeur légère est contrebalancée par la complexité de son utilisation en français, en grande partie déterminée par des raisons stylistiques. Elle a pour rôle d'isoler un terme dans le déroulement de la phrase.

3.1.3.1. La virgule sépare des termes de même fonction. La coordination (**XIX**) utilise les conjonctions de coordination et les virgules. Dans la réunion de deux termes, la conjonction de coordination (*et, ou, ni*) suffit : *Nous sortîmes par la porte de la cuisine et nous allâmes au préau, que l'obscurité envahissait déjà* (Alain-Fournier). Mais une virgule peut « doubler » la conjonction,

IV – La ponctuation

pour donner une indication sémantique supplémentaire, de mise en relief notamment ou de relance : *Ah ! sachez-le : ce drame n'est ni une fiction, ni un roman* (Balzac) – *Elle tient à la main une rose, et regarde* (Hugo).

La virgule se place généralement devant *mais* reliant deux propositions. Quand *mais* relie deux termes non propositionnels, la virgule est employée pour mettre en valeur leur opposition : *Il est nuit. La cabane est pauvre, mais bien close* (Hugo).

Quand la coordination unit plus de deux termes, la conjonction de coordination se place entre les deux derniers, et tous les autres sont séparés par des virgules : *Déterminatifs, phonogrammes et idéogrammes, telles sont les trois fonctions que peuvent assumer les signes hiéroglyphiques* (*Mémoires d'Égypte*, catalogue d'exposition).

Si la conjonction (*ou, et, ni*) est répétée dans des réunions de trois termes ou plus, la virgule se place devant chaque conjonction, à l'exception de la première : *Eau, tu n'as ni goût, ni couleur, ni arôme, on ne peut pas te définir, on te goûte, sans te connaître* (Saint-Exupéry).

En l'absence de conjonction (juxtaposition : voir **XIX : 1.**), la virgule seule peut marquer le lien entre les termes : *Voici la vérité, le reste est imposture* (Péguy) – *Pécuchet contracta la brusquerie de Bouvard, Bouvard prit quelque chose de la morosité de Pécuchet* (Flaubert).

3.1.3.2. La virgule sépare des termes de fonctions différentes ; elle permet d'isoler des groupes fonctionnels. En règle générale, le constituant ainsi isolé est encadré par deux virgules (que l'on peut appeler « ouvrante » et « fermante »), sauf si le début ou la fin de la phrase coïncident avec une des limites de ce constituant.

▶ **Groupes qui ne font pas intrinsèquement partie de la phrase de base :**

- apostrophe : *Poète, prends ton luth et me donne un baiser* (Musset) – *Ce n'est pas un enfant, Agnès* (Hugo) ;
- proposition incidente (**XIV : 9.3.**) : « *Ce que j'ai fait, je le jure, jamais aucune bête ne l'aurait fait* » (Saint-Exupéry) ;

• proposition incise (**XIV** : 9.3.) : – *C'est un singe manqué, observait Gauchère* – *C'est un miracle, reprenait Henriette la Gaultière.* (Hugo) – *C'est, dit-il, trop de la moitié.*

▶ **Groupes qui introduisent un niveau prédicatif secondaire :**
  • apposition : *Au sous-sol, Victoire, dite Samothrace, la femme de Charlie, fait une lessive* (Jean Vautrin) ;
  • relative explicative : *L'absurdité de notre orthographe, qui est, en vérité, une des fabrications les plus cocasses du monde, est bien connue* (Valéry).

▶ **Groupes qui sont détachés du reste de la phrase, dans une position syntaxique plus ou moins inhabituelle :**
  • termes détachés, en tête ou en fin de phrase, dans des constructions segmentées (**XIV** : 6.1.) : *La bête noire de Saussure, c'était l'arbitraire (du signe)* (Roland Barthes) – *Ils sont fous, ces Romains !* (Goscinny et Uderzo, *Astérix*) ;
  • compléments circonstanciels placés en tête de phrase (1), ou insérés entre deux constituants de la phrase et encadrés par deux virgules (2) :
    (1) *Au-dessus du divan, un portulan occuperait toute la longueur du panneau* (Georges Perec) ;
    (2) *Gérard rêvait, la nuit, qu'un crabe lui pinçait l'épaule* (Cocteau) ;
  • compléments de verbe placés en tête de phrase : *Sur la paix frémissante et cachée en lui comme son cœur, la douleur possédée refermait lentement ses bras inhumains* (A. Malraux) ;
  • propositions subordonnées placées en tête de phrase : *Aussi quand le pianiste eut fini, Swann s'approcha-t-il de lui pour lui exprimer une reconnaissance dont la vivacité plut beaucoup à Mme Verdurin* (Proust).

▶ **Groupes syntaxiques différents rapprochés à la suite d'une ellipse,** où la virgule constitue la trace du terme effacé, en général identique à un terme du contexte : *Je ne sais plus ni qui, ni où j'étais* (Gide) – *On ne sait de quel côté est le sens, duquel, le signe.* (Valéry, cité par J. Drillon 1991 : 212).

▶ **Mots ou groupes de mots répétés :** – *De l'argent, de l'argent, de l'argent. ah ! Ils n'ont que ce mot à la bouche* (Molière).

IV – La ponctuation 151

3.1.3.3. La virgule est en principe interdite entre des termes qui, d'un point de vue syntaxique, sont étroitement associés : sujet et verbe, verbe et attribut, verbe et complément d'objet (groupe nominal ou complétive), nom et complément du nom.

Mais la longueur de l'un des termes peut nécessiter l'emploi d'une virgule, comme ici entre le sujet et le verbe : *Et puis l'avantage qu'il se sentait – qu'il avait tant besoin de sentir – sur eux, était peut-être moins de savoir, que de pouvoir leur montrer qu'il savait* (Proust).

3.1.3.4. Emplois stylistiques de la virgule : quand la virgule n'est pas exigée par la syntaxe, elle peut être intentionnellement utilisée par le locuteur, en relation avec la structure thème-propos (**XXIV : 2.1.**) : *Un seul être vous manque, et tout est dépeuplé* (Lamartine) – *Qu'il y a loin, entre l'imagination et le fait !* (Gide) Quand elle a une valeur sémantique, la virgule est en principe marquée à l'audition par une pause suspensive, notamment dans une phrase non verbale à deux éléments : *Magnifique, la luxure* (Jarry).

La virgule est sans doute le plus stylistique des signes de ponctuation. Certains écrivains jouent de la virgule, soit en la supprimant par endroits (1), soit en l'utilisant systématiquement au détriment d'autres signes de ponctuation, pour mettre tous les segments sur le même plan (2) :

(1) *Dans le mouvement qu'il fait pour saisir le coin supérieur des pages entre le pouce et l'index les rides et les saillies des veines s'effacent et la peau se tend sur le dos de la main qui semble alors fait d'un marbre lisse et rosé parcouru d'un pâle lacis bleuâtre.* (Claude Simon)
(2) *La lumière était dure et brûlante, mais les objets qu'elle éclairait présentaient du moins une surface dure à laquelle vous aviez l'impression de pouvoir vous appuyer, vous accrocher, avec quoi vous tentiez de vous constituer un rempart contre cette infiltration, cette lézarde, cette question qui s'élargit, vous humiliant, cette interrogation contagieuse qui se met à faire trembler de plus en plus de pièces de cette machine extérieure, de cette cuirasse métallique dont vous-même jusqu'à présent ne soupçonniez pas la minceur, la fragilité...* (M. Butor)

3.2. Points de suspension

Au nombre de trois, ils marquent une interruption de la phrase, qui reste inachevée, en suspens, pour diverses raisons. Le locuteur peut abandonner son idée (« faux départ »), s'interrompre pour se corriger ou marquer une hésitation due à la gêne, à un scrupule ou à la recherche d'un terme exact. L'interruption de la phrase peut être due au locuteur lui-même, mais aussi venir de son interlocuteur ou d'un événement extérieur.
– *S'il vous plaît... dessine-moi un mouton !*
– *Hein !*
– *Dessine-moi un mouton...* (Saint-Exupéry)
Les points de suspension ne représentent pas nécessairement une rupture syntaxique. L'interruption qu'ils marquent peut se situer à n'importe quel endroit de la phrase ; le terme après lequel ils figurent peut être répété après eux : *LES GAU... GAULOIS... DONNE L'ALERTE !!!* (Goscinny et Uderzo)

Placés en fin de phrase, les points de suspension marquent une pause prosodique et syntaxique comme un point simple, mais ouvrent un prolongement sémantique. Les romanciers les emploient pour fragmenter un monologue intérieur : « *Est-ce que mon existence professionnelle est vraiment toute la vie ? Est-ce même toute ma vie... Pas sûr... Sous le docteur Thibault, je sens bien qu'il y a quelqu'un d'autre : moi... Et ce quelqu'un là, il est étouffé... Depuis longtemps...* » (Roger Martin du Gard).
Très employés par les écrivains, les points de suspension peuvent représenter le rythme de la parole du locuteur, un débit particulier déterminé par l'émotion, la timidité, la colère, la tristesse ou tout autre sentiment : *Tout le monde est emballé par* Les Fruits d'Or, *à ce qu'il paraît... J'ai un peu lu le bouquin... Eh bien, je ne sais pas si vous êtes de mon avis... mais moi je trouve ça faible. Je crois que ça ne vaut absolument rien... Mais rien, hein ? Zéro. Non ? Vous n'êtes pas d'accord ?* (Nathalie Sarraute).
Quand ils marquent l'inachèvement d'une énumération, les points de suspension concurrencent l'abréviation *etc.* suivie d'un seul point (pour *et cetera*) : *Un lac immense s'élargissait où Chandor*

voyait Raphaël, Léone, Elodie, les enfants de la Défense, les tours de verre... (Patrick Grainville).

Ils sont utilisés aussi pour remplacer ou abréger certains mots que le locuteur préfère ne pas écrire, qu'il s'agisse de termes tabous ou non : *La P... respectueuse* (Lagarde et Michard, XXe siècle, 1965 : 595). Placés entre parenthèses (...) ou entre crochets [...], les points de suspension indiquent qu'une citation est tronquée.

Sans marquer d'interruption réelle, les points de suspension peuvent aussi avoir un rôle stylistique : les écrivains les emploient souvent pour provoquer une attente, ou pour ouvrir sur un prolongement indéterminé en fin de phrase ou de texte : *Le moi est haïssable... mais il s'agit de celui des autres* (Valéry) – *Comment ! il ne faudrait plus croire à la grammaire française ?... si douce... si pure... enchanteresse... ravissante... limpide...* (R. Queneau, *Les Fleurs bleues*). Ils peuvent s'employer de cette façon après un point d'interrogation ou d'exclamation : *Cet endroit devait être bien joli avant la guerre ?... remarquait Lola. Elégant ?... Racontez-moi, Ferdinand !... Les courses ici ?... Etait-ce comme chez nous à New York ?...* (Céline) Ils s'emploient en particulier dans la figure de style appelée « aposiopèse » qui consiste à laisser une phrase inachevée, dans son expression, donc en suspens : *Paul n'a aucune chance de réussir, encore que ...*

4. SIGNES À VALEUR SÉMANTIQUE ET ÉNONCIATIVE

Plusieurs signes de ponctuation ont principalement un rôle énonciatif, qui n'exclut pas pour autant une fonction démarcative.

4.1. Les deux-points ont un rôle à la fois démarcatif et énonciatif. Tout en remplaçant, selon les cas, la virgule ou le point-virgule, ils sont des « signes de rapport » qui introduisent un terme entretenant un rapport sémantique ou énonciatif avec ce qui précède.

Histoire. — À l'origine, les deux-points servaient de ponctuation faible ou moyenne, intermédiaire entre la virgule et le point final, et ce jusqu'au XVIIIe siècle où ils furent employés comme « marque d'annonce et de discours rapporté ».

▶ Ils introduisent une citation ou un discours rapporté (au discours direct, parfois au style indirect libre) ; ils distinguent le texte de base et l'énoncé rapporté, qui doit commencer par une majuscule (**XXIII : 6.**) :

Double V.C. Fields disait : « Quelqu'un qui n'aime pas les enfants ne peut pas être tout à fait mauvais » (P. Desproges).
Gentil nous le répétait assez : « Un homme qui obéit à une sirène, qui se met en marche d'un certain côté quand il entend une sirène, est-ce que c'est un homme ? » (Alain Gerber).

▶ Ils annoncent une énumération ou des exemples, en particulier dans un discours didactique, qui développent un terme sur le mode de l'apposition : *Au sommet d'une haute montagne se trouve un tas de cailloux. Au hasard des événements : tempêtes, avalanches de neige, tremblements de terre, visites d'alpinistes, les pierres auront tendance à s'acheminer vers la plaine* (Hubert Reeves).

Quand les deux-points annoncent un mot ou un groupe de mots isolé, ils sont plus significatifs que la virgule, en créant l'attente du terme qu'ils détachent, grâce à une pause plus marquée :

Ainsi, Athos avait trouvé le mot : affaire de famille.
Aramis avait trouvé l'idée : les laquais.
Porthos avait trouvé le moyen : le diamant (A. Dumas).

Dans ce type d'emploi, ils sont paraphrasables par *à savoir* annonçant ici une précision : *Il est des réussites qui se fondent sur un besoin de toujours* [: / *à savoir*] *nous servir notre pain quotidien.* (presse)

▶ Les deux-points manifestent un rapport logique interpropositionnel qui dépend du contexte, c'est-à-dire du rapport entre les termes qu'ils séparent ; ce peut être la cause, l'explication, la conséquence, l'opposition, la restriction, etc. Dans ce cas, on peut généralement utiliser une conjonction de coordination et remplacer les deux-points par une virgule ou un point-virgule. Alors que le choix de ces derniers est déterminé par l'importance de la pause, l'emploi des deux points est commandé par le sens : *Le diplômé passe officiellement pour savoir : il garde toute sa vie ce brevet d'une science momentanée et purement expédiente* (Paul Valéry) – *Le naturel n'est nullement un attribut de la Nature physique ; c'est l'alibi dont se pare une majorité sociale : le naturel est une légalité.* (*Roland Barthes par Roland Barthes*)

▶ Plus généralement, les deux-points marquent la séparation entre un thème titre initial et son développement prédicatif. Dans un titre de presse, ils séparent le thème et le propos (**XXIV : 2.**) : *Le politique et le religieux : un couple tumultueux (LM)*. Dans un livre de recettes, ils annoncent les instructions à suivre : *LAPIN AUX CACAHUETES : Tartiner généreusement 2 jeunes lapereaux de moutarde forte.* (Georges Perec)

4.2. Le point d'interrogation et le point d'exclamation

4.2.1. Ces deux signes correspondent respectivement à une intonation interrogative et à une intonation exclamative. Mais ils indiquent aussi une pause qui correspond au point ou à la virgule, selon qu'ils terminent ou non une phrase ; quand ils sont placés en fin de phrase, le mot qui les suit commence par une majuscule : *Une race naîtrait de moi ! Comment le croire ?* (Hugo).

Remarques. — 1. Après un point d'interrogation ou un point d'exclamation qui ne terminent pas une phrase (ils ne sont pas suivis d'une majuscule) et qui jouent donc le rôle de la virgule fermante, on ne met pas de virgule : *La chair est triste, hélas ! et j'ai lu tous les livres* (Mallarmé).
2. Ces signes peuvent être répétés pour renforcer l'expression de l'interrogation et de l'exclamation, ou se combiner (??!!) :
Qui demandez-vous... ????... Non, Madame ! Ce n'est pas la boucherie Sanzot !!! Mille sabords ! Qu'est-ce que vous nous chantez là ? !... (Hergé, *Coke en stock*)
Ils peuvent aussi être suivis de points de suspension : *Si nous sortions, me dit-elle, il fait si beau !... je ne sors jamais... maman rentrera tard !...* (Raymond Jean)
On les utilise parfois seuls dans des dialogues comme des expressions non verbales. Ils apportent alors une information minimale ; ils peuvent marquer, par exemple, un vif étonnement : *– Il a traversé l'océan Pacifique à la rame. – !!!???*

4.2.2. Le point d'interrogation se place à la fin d'une phrase interrogative directe : *Connais-tu la douceur des larmes d'un enfant ? Connais-tu la douceur des jeunes filles qui regardent le printemps dans le miroir ?* (Tahar Ben Jelloun)

Quand la phrase interrogative est suivie d'une incise (spécifiant le discours rapporté), le point d'interrogation se place à la fin de la phrase interrogative (**XIV : 2.**) : « *Vous savez jouer ? demanda le monsieur d'une voix en pâte d'amande. Oh ! Voulez-vous m'expliquer ? Je ne comprends pas.* » (Sartre)

Remarque. — Dans un ouvrage linguistique, le point d'interrogation signale le caractère douteux de la séquence qu'il précède (*Conventions*, p. XXXIX).

4.2.3. Le point d'exclamation marque une intonation exclamative qui peut porter sur différentes structures grammaticales (**XIV : 3.**) : *Sauve-toi ! sauve-toi ! mon enfant ! Tout me revient. Tu as raison. C'est ta mort ! Horreur ! malédiction ! Sauve-toi !* (Hugo) – *Salut ! bois couronnés d'un reste de verdure ! / Feuillages jaunissants sur les gazons épars !* (Lamartine) – *Que d'eau ! Que d'eau !* (attribué au maréchal Mac Mahon).

Il peut suivre une interjection (*Hélas ! Salut !*), une apostrophe (*mon enfant !*), ou renforcer un impératif (*Sauve-toi !*). Ses valeurs sémantiques, le plus souvent affectives, sont très variées, de même que les courbes mélodiques qu'il représente.

4.3. Les guillemets

Marquant un changement de niveau énonciatif, ils encadrent une citation ou un discours rapporté (au discours direct, parfois au style indirect libre : **XXIII : 6.**). Ils sont toujours doublés, mais la distinction des guillemets dits français entre une forme ouverte au début et une forme fermée à la fin du fragment (« ... ») est souvent abandonnée, avec les traitements de texte, au profit d'une forme unique indifférenciée (" "). On peut utiliser les deux sortes de guillemets pour insérer une citation dans une citation : « Buffon a écrit : "Le cheval est la plus noble conquête que l'homme ait faite." »

▶ Les guillemets marquent les limites d'un discours inséré dans un texte de base : *Le maître mot de la mode n'est pas : « Cela vous plaît-il ? », c'est : « Il faut »* (Georges Perec) – *À chaque instant, un « faites passer », « faites passer » promène son chuchotement à travers cette dispersion de fantômes* (J. Romains).

Le discours rapporté pouvant avoir une longueur variable, d'un mot seul à un texte de plusieurs pages, lorsqu'il comporte plusieurs paragraphes, on place généralement les guillemets au début de chaque alinéa et à la fin du dernier.

Les guillemets servent aussi couramment à isoler un ou plusieurs mots, les mettant ainsi en valeur : *Car il y avait autour de Combray deux « côtés » pour les promenades (...). Alors, « prendre par Guermantes » pour aller à Méséglise, ou le contraire, m'eût semblé une expression aussi dénuée de sens que prendre par l'est pour aller à l'ouest* (Proust).

▶ Ce changement de niveau énonciatif est aussi marqué dans le cas particulier d'une citation autonymique de mots ou d'expression ; dans les textes imprimés, les guillemets sont fortement concurrencés dans cet usage par l'italique : *On nomme « nébuleuse » toute tache lumineuse étendue* (Hubert Reeves) – *Mlle M., dactylographe d'âge, ne peut écrire sans rature le mot « rature »* (Roland Barthes).

▶ Les guillemets peuvent aussi isoler un mot (ou un groupe de mots) appartenant à une langue étrangère ou étranger au langage courant : *Les guillemets signifient : « Je sais que j'assassine la langue, mais je m'en lave les mains. » [...] Chaque semaine ou presque, nous sommes les victimes d'une nouvelle agression à coups de guillemets. Nous avons eu la « partition » de la Palestine au lieu de son partage, nous avons les « caches » d'armes quand il s'agit de dépôts ou de réserves* (J.O. Grandjouan).

Grâce à eux, le scripteur marque ses distances par rapport aux termes qu'il rapporte : distance par rapport à un terme argotique ou un néologisme qu'il introduit prudemment, mais distance ironique aussi quand il rapporte des termes en indiquant explicitement, avec les guillemets, qu'il s'en désolidarise ou les fustige (cf. l'expression figurée « entre guillemets ») :

> Point de Don Juan ni chez les « bons sauvages » ni chez les « primitifs » qu'on nous décrit (Denis de Rougemont).
> GENIE (le). – Inutile de l'admirer, c'est une « névrose » (Flaubert, Dictionnaire des idées reçues).

Remarque. — On observe actuellement, dans les textes imprimés, un net recul des guillemets au profit de l'italique, alors qu'ils ont servi, autrefois, à « économiser l'italique ». Cependant, les italiques et les guillemets n'ont pas vraiment le même rôle : les guillemets visent à isoler « un énoncé étranger inséré dans un énoncé principal », alors que l'italique sert « à incorporer une citation dans le texte principal, qu'il s'agisse d'un bon mot ou d'une expression latine » (R. Laufer 1980 : 83). Les guillemets signalent une hétérogénéité, alors que l'italique contribue à une intégration. On peut d'ailleurs associer ces deux types de marques : ex. À l'île Maurice (il s'agit du français mauricien, non du créole), on rencontre des emplois comme *pointeur* (« prétendant, amoureux »), *ma pièce* (« ma fiancée ») ou *mon dix-sept* (« ma femme préférée ») (Cl. Hagège).

4.4. Parenthèses et crochets

4.4.1. Les *parenthèses* marquent également l'insertion d'un élément, plus ou moins court, détaché et isolé par rapport à la phrase. Obligatoirement doubles (ouverte et fermée), elles encadrent l'élément qui est appelé lui-même *parenthèse* et elles correspondent à une suspension mélodique à l'oral. Le groupe entre parenthèses possède sa mélodie propre, indépendante du discours où il est inséré : *Il paraît... (mais soyez courageux, attendez-vous au pire !) il paraît que le Temps par une nuit sans lune... vous devinez ?* (Jean Tardieu).

L'élément isolé par les parenthèses peut être totalement indépendant du contexte où il est inséré, alors qu'un terme détaché à l'aide de la virgule garde un lien syntaxique avec son contexte.

Généralement, cet élément, que le locuteur n'a pas jugé bon de faire figurer directement dans son texte de base, a une importance secondaire et pourrait être retranché sans affecter le sens ni la construction de la phrase : *Ce goût c'était celui du petit morceau de madeleine que le dimanche matin à Combray (parce que ce jour-là je ne sortais pas avant l'heure de la messe), quand j'allais lui dire bonjour dans sa chambre, ma tante Léonie m'offrait après l'avoir trempé dans son infusion de thé ou de tilleul.* (Proust)

Les parenthèses servent ainsi à insérer des réflexions incidentes, des commentaires (1) ou des rectifications (2) :

(1) *Il ne la croyait pas (mais, au vrai, ce qu'elle disait, était-ce croyable ?).* (Mauriac)

(2) *Une fois par mois, donc, la vieille dame réunissait autour de sa famille (ou plutôt des débris de sa famille) quelques collatéraux ou quelques relations plus ou moins proches.* (Claude Simon)

Dans un texte théâtral, les parenthèses encadrent les didascalies (indications scéniques données à l'acteur) : *Botard. – Pfff ! Il est possible que M. Bérenger ait cru apercevoir un rhinocéros. (Il fait derrière le dos de Bérenger le signe que Bérenger boit.) Il a tellement d'imagination* (Ionesco).

Remarque. — Comme l'élément entre parenthèses est isolé du reste de la phrase, celle-ci garde sa ponctuation indépendamment des parenthèses ; le signe de ponctuation suit la parenthèse fermante.

Dans un emploi spécialisé, les parenthèses peuvent encadrer une référence (titre, page, indication d'un passage,...) ou toute indication qui équivaut à une note en bas de page ou en fin de volume. Elles encadrent aussi l'indication de fidélité d'une citation étrange ou bizarre (*sic*), ou un point d'interrogation ou d'exclamation manifestant idéographiquement une réaction de l'auteur (? !). Quand elles encadrent des points de suspension (...), elles indiquent qu'une citation est tronquée.

4.4.2. *Les crochets droits*, moins usités, se rencontrent surtout dans les textes métalinguistiques. Ils représentent des variantes des parenthèses : doubles (ouvrant et fermant) comme elles, ils alternent avec elles dans un texte, essentiellement pour éviter les confusions qu'une accumulation de parenthèses pourrait créer.

▶ Ils s'emploient surtout pour encadrer un groupe qui contient lui-même des parenthèses ou pour isoler un groupe ayant une valeur différente de celle d'un groupe entre parenthèses qui figure dans le même passage ; dans ce dernier cas, le choix des crochets et des parenthèses est affaire de convention, comme on le constate dans les dictionnaires modernes (ex. *Petit Robert* 1967) : PARENTHESE [parɑ̃tɛz]. *n.f.* (1546 ; *parenteze*, 1493 ; lat. *parenthesis*, du gr. *enthèsis* « action de mettre »).

▶ Les crochets servent également à encadrer, dans un texte, les lettres, mots ou groupes qui ont été rétablis par conjecture (notamment dans le cas d'une transcription de manuscrit), mais également les modifications qui ont été effectuées pour qu'une citation « s'accorde » avec le développement où elle est insérée. Ils peuvent aussi encadrer une traduction : – *Por me, j'alons vô di : à c'teu, métiai d'cuai, métiai d'berquier : deux metiais foutus...* [Pour moi, je vais vous dire : à cette heure, métier de curé, métier de berger : deux métiers foutus...] (Bernard Alexandre, *Le Horsain*).

Remarque. — Pour marquer les mots restitués dans les éditions de textes anciens, on utilise aussi les crochets en chevron < >.

▶ Dans un emploi spécialisé, les crochets encadrent une transcription phonétique, dans les dictionnaires notamment (exemple *supra*), et ils s'opposent à l'emploi des barres obliques qui encadrent les transcriptions phonologiques (**II : 1.**).

4.5. Les barres obliques sont des signes séparateurs spécialisés, utilisés dans les ouvrages linguistiques, avec deux rôles distincts :

▶ Une barre oblique seule sépare deux termes qui s'opposent dans des couples notionnels dichotomiques : *Indicatif / Subjonctif* ; *Langue / Parole* ; *Compétence / Performance*. Elle peut aussi séparer des termes qui appartiennent à la même classe (voir *Conventions*, p. XL).

IV – La ponctuation

▶ Deux barres obliques encadrent une transcription phonologique (par opposition aux crochets : **II : 2.2.**).

4.6. Le tiret peut être employé seul ou répété.

▶ Quand il est seul, il introduit, dans un dialogue, au début d'une réplique, les paroles d'un personnage ou marque le changement d'interlocuteur, que celui-ci ait été également signalé ou non par l'alinéa. Il dispense ainsi d'employer les guillemets, avec lesquels il peut malgré tout se rencontrer :

Comment ça va sur la terre ?
– Ça va, ça va, ça va bien. (Jean Tardieu)

▶ Quand il est répété, le tiret joue le même rôle que les parenthèses ; il sert à isoler dans un texte un élément (mot, groupe de mots, phrase) introduisant une réflexion incidente, un commentaire, etc. Mais, à la différence des parenthèses, il met en relief l'élément isolé :

En prose je pratique assez souvent le tiret – pour isoler une réflexion, une incidence, une petite digression rattachée noétiquement au sens principal. (Jacques Lacarrière, cité par A. Lorenceau, *Langue française*, n° 45 : 90)
Des textes nombreux disent sans fard le rôle capital – affectif, économique, lignager – qu'occupe la maison-famille dans les soucis de l'habitant moyen du pays d'Aillon. (E. Le Roy Ladurie)

La rupture énonciative semble moins forte qu'avec les parenthèses et l'élément entre tirets peut avoir un rapport syntaxique plus étroit (parallélisme) avec le reste de la phrase : *On savait depuis longtemps – et bien avant le* Cratyle *– que les signes peuvent être donnés par la nature ou constitués par l'homme* (M. Foucault, *Les mots et les choses*).

Contrairement aux parenthèses, obligatoirement doublées, le tiret n'est pas répété si la fin du groupe qu'il isole coïncide avec la fin de la phrase. Dans cet emploi, le tiret, qui semble seul, joue un rôle de séparation comparable à celui d'une virgule renforcée : *Le « fraisier stérile » ne mérite pas ce nom : il porte bel et bien un fruit – mais qui ne vaut pas un petit coup de cidre… (La Hulotte)*

La souplesse d'utilisation du tiret en fait un signe très employé par certains auteurs pour exprimer diverses nuances affectives ou expressives : *Tchen avait horreur du sang – avant.* (Malraux)

Dans un emploi spécialisé (dictionnaires, grammaires), le tiret peut remplacer dans une phrase le terme dont on parle, à la manière d'un « joker » (J. Drillon 1991 : 336).

Bibliographie. — R. Laufer (1980), Du Ponctuel au Scriptural (signes d'énoncé et marques d'énonciation), *Langue française*, 45 : 77-87.

5. LA PONCTUATION DE MOTS

Plusieurs signes marquent une ponctuation inférieure à la phrase, intérieure au syntagme, voire au mot. L'apostrophe et le trait d'union marquent la séparation et la liaison entre les mots et le blanc graphique assure la séparation entre les mots. L'astérisque est un signe mixte, associé au mot ou employé comme signe typographique.

5.1. L'apostrophe

C'est le signe de l'élision (**II : 3.2.2.**) qui consiste à supprimer, dans la prononciation, la dernière voyelle d'un mot qui est placé devant un mot commençant par une voyelle ou un *h* muet : *le petit ami / l'ami, le vieil homme / l'homme, si ça vous plait / s'il vous plait.*

L'apostrophe, qui se place en haut et à droite d'une lettre, se substitue à la voyelle élidée, le plus souvent *e*, parfois *a* ou *i*, exceptionnellement *u* ou une autre lettre.

IV – La ponctuation

Voyelle élidée	Mots élidés	Mots devant lesquels se fait l'élision
E	1. *Ce* (pronom), *je, me, te, le, se, de, ne, que, jusque.*	1. toute initiale vocalique
	2. *lorsque, puisque, quoique + presqu'île, quelqu'un*	2. *ils(s), elle(s), un(e), en, on*
A	*la* (article, pronom)	toute initiale vocalique
I	*si*	*il(s)* : ex. : *s'il vient*
U	*tu* (registre familier) ex. : *t'as-vu ?*	toute initiale vocalique

Histoire. — Apparue au XVIe siècle, l'apostrophe fut d'un usage plus répandu que de nos jours. On écrivait *cett'eau, douz'ans, grand'mère, grand'père* et, jusqu'en 1935 (Académie), *entr'acte, entr'ouvrir, s'entr'aider*. On a logiquement remplacé l'apostrophe par le trait d'union dans les mots féminins composés avec l'adjectif *grand* (*grand-chose, grand-mère, grand-route*, etc.), puisque cet adjectif n'avait pas subi d'élision de -e, ayant à l'origine une forme unique pour les deux genres (cf. *mère-grand*). On relève souvent aujourd'hui un emploi erroné de l'apostrophe après le –t- euphonique (*qu'a-t'il dit ?*), alors qu'il n'y a aucune élision, contrairement à *t'as vu ?* Dans les mots où elle a été conservée (*s'entr'accorder, aujourd'hui*), l'apostrophe marque aussi l'union des mots en contact et, comme le trait d'union, s'oppose au blanc graphique qui sépare les mots.

Il faut aussi constater que beaucoup d'élisions réalisées dans la prononciation ne sont pas notées graphiquement : la plupart des e caducs finals sont maintenus dans l'écriture : *un(e) autr(e) histoir(e) est arrivée.* [ynotRistwaRɛtaRive]

5.2. Le trait d'union

Emprunté à l'hébreu, le trait d'union est une petite ligne horizontale (-) qui indique la division ou la liaison des mots ; il a été adopté en français vers 1540, après divers tâtonnements (usage de deux barres parallèles ou d'apostrophes). Il a différentes fonctions :

5.2.1. *Rôle lexical*

Au niveau du mot, il sert à marquer la liaison entre certains éléments de mots composés (**XX : 3.5.**). Dans des mots composés librement formés (*train-train*) ou dans des suites de mots figées (*va-nu-pied*), le trait d'union marque l'unité linguistique ainsi constituée : *arc-en-ciel, timbre-poste, chou-fleur, coffre-fort*. Le trait d'union marque le stade de la lexicalisation d'une forme composée précédant la soudure des éléments. Cependant, l'orthographe des mots composés est souvent arbitraire : le trait d'union n'est pas toujours employé (*garde champêtre, compte rendu*), notamment dans les composés comportant une préposition (*pomme de terre, mot à mot, eau de vie*) ; les séries ne sont pas toujours régulières : *contresens, faux sens, non-sens ; contrepoison, contre-exemple*.

Remarque. — Les Rectifications de 1990 (III : 5.) préconisent la soudure des mots fortement ancrés dans l'usage : composés d'un verbe suivi d'un nom (*croquemitaine, faitout*), composés d'éléments nominaux et adjectivaux (*autostop, millefeuille*), onomatopées (*pingpong, tohubohu*) ; par ailleurs, elles généralisent le trait d'union à tous les noms de nombre composés, qu'ils soient inférieurs ou supérieurs à cent (*cent-soixante-et-onze*).

De manière particulière, le trait d'union peut aussi représenter la décomposition orale expressive d'un mot en syllabes (1) ou un allongement de voyelle (2) :
(1) *Le monde capitaliste est in-dé-fen-da-ble !* (R. Martin du Gard) –
(2) « *Pet-î-î-î-tes !* » (Colette).

5.2.2. Rôle typographique

Au niveau de la disposition du texte, le trait d'union montre, comme **signe de division en fin de ligne**, « qu'un mot dont la première partie est coupée à l'extrémité d'une ligne ne fait qu'un avec la suite reportée au commencement de la ligne suivante » (J. Damourette 1939 : 127).

Principes de coupure des mots en fin de ligne

On se limite ici à des indications générales, sans présenter les cas particuliers. La division doit s'opérer à la fin d'une syllabe graphique (**III : 2.2.**) et le segment rejeté à la ligne suivante doit comporter plus d'une lettre.

a) **On peut effectuer la coupure du mot** :
- au niveau du trait d'union d'un mot composé (*grand-père*)
- entre deux consonnes identiques (consonnes doubles : *er-reur, grammaire, vil-lage*) ou différentes (*es-poir, pas-tel*)
- après la deuxième consonne d'un groupe de trois consonnes (*perspicace, bes-tial*), ou après la première consonne suivie d'un digramme (*mor-phème*)
- entre -*x*- et -*y*- et la voyelle précédente, quand ces lettres correspondent à une seule unité phonique (*di-xième, ma-yonnaise*).

b) **On doit éviter de couper les mots** :
- après une apostrophe (**l'-erreur*)
- après une seule voyelle initiale (*a-paiser, *é-taler) ou avant une seule voyelle finale (*cré-é, *obé-i)
- entre deux voyelles (*ou-ate)
- entre deux consonnes correspondant à une seule unité phonique (*sig-nal, *grap-hie : digrammes *gn, ph*) ou dont la seconde est *r* ou *l* (*cend-re, *règ-lement)
- entre -*x*- représentant deux consonnes, [ks] ou [gz], et la voyelle qui précède (*ta-xi, *lu-xe)
- avant ou après -*y*- intervocalique correspondant à deux phonèmes (*cra-yon, *pay-er) ; les anciens manuels conseillaient naïvement, pour opérer la coupure, d'écrire deux *ii* (*pai-ier*).

5.2.3. Rôle syntaxique

Dans certains groupements de termes dans la phrase, on emploie aussi le trait d'union (liste non limitative) :

a) entre le verbe et les pronoms clitiques qui le suivent (sujet postposé ou complément) : *crois-tu, dis-je, dit-il, est-ce, dites-le-lui, allez-vous-en*, sauf si les pronoms sont rattachés à un infinitif suivant : *viens le voir.*

b) entre le pronom personnel et *même* : *moi-même.*

c) avant et après le -*t*- euphonique intercalé entre le verbe à la 3ème personne du singulier et les sujets postposés *il, elle, on* : *chante-t-elle, répliqua-t-il.* Mais on écrit *va-t'en*, car *t'* représente le pronom personnel *te* élidé.

d) devant les particules -*ci* et -*là* associées aux pronoms et adjectifs démonstratifs : *celui-ci, celles-là, cet homme-ci, ces paroles-là*, et dans les adverbes composés de *ci* et *là* : *ci-dessus, ci-après, ci-contre, ci-joint, là-dedans, là-bas, là-haut, de-ci, de-là*,...

D'autres cas demandent le trait d'union, qui s'emploie, à chaque fois, avec de nombreuses exceptions et particularités.

Remarque. — Les valeurs lexicale (ou syntaxique) et typographique peuvent être confondues quand un trait d'union appartenant à un mot composé (ou à un groupement syntaxique) se trouve en fin de ligne :
Ex. *sitôt escaladée la plate – / forme* (M. Barbery).

5.3. Le blanc graphique

L'expansion des imprimés s'est accompagnée, à partir du XVIe siècle, de la généralisation des blancs graphiques, qui servent à séparer les mots entre eux, au point d'en devenir un critère de définition (**XX : 1.1.**) ; le blanc est considéré comme un « signe négatif ». « Le blanc seul institue un véritable équivalent alphabétique du zéro. Il est dépourvu de référent phonique. Par là, il introduit dans le système alphabétique un second niveau d'abstraction qui ne renvoie plus à la parole » (R. Laufer, *LF* 45, 1980 : 78). La généralisation du blanc a permis en contrepartie de supprimer les lettres majuscules, qui servaient dans les manuscrits à indiquer les frontières entre les mots.

5.4. L'astérisque

L'astérisque |*| a la forme d'une petite étoile un peu mystérieuse, conformément à son étymologie. Il peut avoir des fonctions sémiotiques ou typographiques.

▶ Il peut indiquer un renvoi, notamment lorsqu'il sert d'*appel de note*, en concurrence avec les chiffres ou les lettres, d'un usage plus précis (dans une édition savante, les astérisques, les chiffres et les lettres ont chacun une fonction de renvoi spécifique : commentaires, précisions, références, variantes, etc.).

▶ L'astérisque est répété après l'initiale d'un nom propre qu'un auteur ne veut pas citer intégralement : SATIRES *Du Sieur D**** [Boileau], ou à la place du nom propre, notamment dans les dédicaces classiques : *À Monsieur *** en lui envoyant Griselidis* (Perrault).

▶ Dans les ouvrages philologiques ou dans les dictionnaires, l'astérisque signale l'*h* aspiré (*haricots), indique un étymon restitué mais non attesté (*troupeau*, du francique *throp) ; il marque, dans certaines grammaires récentes (dont celle-ci : voir *Conventions* p. XXXIX), les phrases, constructions ou formes agrammaticales : **Dictionnaire cheval toujours aboie.* – **Ils sourièrent.* – **La romaine armée.*

6. SIGNES TYPOGRAPHIQUES

La généralisation des traitements de texte met à la disposition des usagers des signes de mise en page longtemps réservés aux typographes, ce qui fait de certains imprimés privés ou professionnels des réalisations dignes d'une imprimerie.

6.1. L'alinéa, « adjuvant du point » (J. Damourette 1939 : 129), permet d'isoler un paragraphe, généralement constitué de plusieurs phrases, au moyen du retour à la ligne. Le terme *alinéa* peut désigner le procédé (« Renfoncement de la première ligne du texte, d'un paragraphe ») et le résultat (« Passage après lequel on retourne à la ligne ») (= paragraphe) (*Petit Robert*). L'alinéa consiste à retourner à la ligne et à commencer la ligne suivante un peu en retrait, après un petit espace blanc. La pause ainsi marquée est plus importante qu'un point et le paragraphe ainsi délimité doit posséder une certaine unité sémantique.

Remarque. — La mise en page d'un texte poétique utilise une grande variété de dispositions typographiques, qui jouent un rôle premier dans la perception visuelle du poème. La disposition de ce titre est expressive :
   Grammaire

Une strate de conscience
  Menant à la beauté (M. Barbery, *L'élégance du hérisson*)
Un récit en prose peut aussi exploiter les alinéas :
  Puis il dansa, à la manière des marmottes, en balançant ses mains pendantes.
  Un simple.
  Il eut la soupe et la paille. (Giono, *Colline*)

6.2. Les variations typographiques des lettres

Elles servent à marquer visuellement diverses distinctions. Le scripteur peut d'abord choisir sa police de caractères, les plus courants, comme Times New Roman ou Arial, ou de plus originaux, comme Lucida Calligraphy ou COPPERPLATE GOTHIC BOLD. Ensuite, les lettres varient selon le choix des caractères (romains, *italiques*), de leurs tailles (majuscules, minuscules, capitales) et de leur épaisseur (**gras**).

6.2.1. *Forme et dessin des lettres : romains et italiques*

La plus ancienne opposition, qui remonte au XVIe siècle, est celle des caractères *italiques* et romains, qui assurent mieux la lisibilité des textes que les caractères gothiques qu'ils ont remplacés : ils sont régulièrement utilisés aujourd'hui dans les imprimés français. Les romains sont des caractères droits, placés perpendiculairement à la ligne, tandis que les italiques sont des caractères penchés vers la droite. Les italiques jouent un rôle distinctif dans les textes imprimés en romains (ils correspondent au <u>soulignement</u> dans l'écriture manuscrite). Mais les caractères romains, plus lisibles, sont les plus utilisés. Dans un livre, les italiques sont souvent utilisés pour l'introduction ou l'avant-propos, et aussi dans la hiérarchie des sous-titres (cf. la *GMF* !) ; dans une grammaire, ils servent aussi à distinguer les exemples du reste du texte.

▶ Les italiques, comme les guillemets (**4.3.**), indiquent une citation :

Toutes les familles heureuses se ressemblent mais les familles malheureuses le sont chacune à leur façon est la première phrase d'*Anna Karénine*. (M. Barbery)
Ils soulignent la mention autonymique d'un terme : « Le *palindrome* ne se conçoit que sous forme écrite, puisqu'il s'agit de mots ou de phrases lisibles identiquement de gauche à droite ou de droite à gauche » (Cl. Hagège) – « Les jours *ouvrables* ne sont pas, comme on le pense souvent, des jours où les bureaux, magasins et écoles sont *ouverts*, mais des jours où on *travaille* (du vieux mot *ouvrer*, "travailler") » (M. Yaguello). Ils peuvent indiquer qu'un mot employé n'appartient pas à l'usage ordinaire de la langue, qu'il soit français ou étranger :
« ce qui l'emporte, c'est le *medley*. » (M. Barbery)

▶ Ils sont employés par convention pour les titres d'œuvres, de journaux, etc. :
Ex. « Elle admire *Madame Bovary*, mais elle déteste Madame Bovary ».

▶ Ils font ressortir des mots importants ou attirent l'attention sur un ou plusieurs mots. La mise en valeur effectuée peut correspondre à un accent d'intensité oral (**II** : 3.4.) : « Car Mélusine, avant et après la métamorphose, *est* Mélusine » (A. Breton, *Arcane 17*).

6.2.2. *Capitales, majuscules, minuscules.*

Dans la pratique, il convient de distinguer les majuscules et les capitales : les majuscules sont seulement des lettres initiales plus grandes qui s'opposent aux minuscules en débuts de mots, alors que les capitales constituent des séries continues de grandes lettres qui se distinguent des petites (dans les titres par exemple). La typographie distingue en outre les (grandes) capitales et les petites capitales, qui sont de même dessin que les (grandes) capitales, mais dont la hauteur est celle des minuscules.

On distingue en français :
- les majuscules : A, B, C, D, E, F, G, H, I, J, K, L, M, N, O, P, Q, R, S, T, U, V, W, X, Y, Z.
- les minuscules : a, b, c, d, e, f, g, h, i, j, k, l, m, n, o, p, q, r, s, t, u, v, w, x, y, z.

▶ Les **minuscules** sont historiquement des déformations cursives des majuscules, que l'on peut observer depuis l'antiquité gréco-romaine en confrontant l'écriture épigraphique des monuments à l'écriture manuscrite des papyrus, par exemple. Ainsi, la majuscule *A* a donné, selon les époques, la forme de l'alpha grec (α), le *a* manuscrit courant et le *a* minuscule d'imprimerie.

▶ L'usage des lettres **CAPITALES** permet une mise en valeur, par opposition aux minuscules : « La beauté sera CONVULSIVE ou ne sera pas » (A. Breton) – « Deux verbes expriment toutes les formes que prennent ces deux causes de mort : VOULOIR et POUVOIR » (Balzac).

Les capitales peuvent correspondre à un accent expressif : « Ne nous embrouillons pas, voyons, voyons ! Agissons POLITIQUEMENT ! » (J.-P. Chabrol). Elles détachent en particulier les noms d'auteur (avec ou sans gras) : **HUGO (Victor)**. Écrivain français (1802-1885).

Emploi des majuscules

Les majuscules combinent des rôles de mise en valeur et des rôles de distinction (noms propres) et de démarcation (renforcement du blanc entre les mots ou du point).

1) Rôle syntaxique ou démarcatif :

La majuscule est un signe de ponctuation syntaxique, qui est redondant en relation avec une ponctuation forte. La majuscule marque le début d'une phrase, au début d'un texte (initiale du premier mot) ou après un point (ou un point d'interrogation ou d'exclamation clôturant une phrase).

IV – La ponctuation

En poésie, la majuscule sert de démarcation quand elle figure au début de chaque vers d'un poème régulier.

2) Rôle distinctif :

a) La majuscule s'emploie pour marquer un nom propre (**VII : 3.5.**), par opposition à un nom commun : *L'Alsace, Strasbourg, le Rhin, Sébastien Brandt*. Elle est utilisée pour les noms de pays (*La France*) et de peuples (on oppose *le Français*, habitant la France, et *le français*, langue qu'on y parle), les noms de rues (*rue Brûlée, rue des Pucelles*), de corps constitués (*le Conseil de l'Europe*), etc. (**VII, 3.5.**). En allemand, la majuscule a été conservée à l'initiale des noms (*die Zeit*), ce qui lui confère une double fonction, contrastive (marque de début de mot) et catégorielle (marque du nom).

b) Les titres d'œuvres littéraires ou les noms d'œuvres d'art font également usage des majuscules : *Germinal, Le Rouge et le Noir*, le *Discobole* de Myron, le *Requiem* de Mozart. Dans un groupe nominal, le Déterminant initial, l'Adjectif antéposé et le premier Substantif prennent la majuscule : *La Divine Comédie*. L'adjectif postposé commence par une minuscule : *Les Précieuses ridicules*. Quand le titre est formé d'une phrase, seul le premier mot prend une majuscule : *Quand passent les cigognes*.

c) On tend aussi à employer les majuscules pour mettre en valeur des "mots importants", souvent estimés tels par la subjectivité du scripteur (la presse abuse parfois de ce procédé) : *Cher Collègue, Monsieur le Président de la République* (titre), *La Révolution française, la Première Guerre Mondiale, la Résistance* (événements historiques), *la Vérité, la Justice, le Beau, le Vrai*.

d) Pour les formes abrégées *M., Mme, Melle* et *Mgr*, voir 3.1.1. Remarques. 1.

Remarque. — Les noms de saison, de mois, de jour s'écrivent en minuscules, sauf s'ils désignent un événement historique (ex. : *Mai 1968*).

Histoire. — Dans les anciens manuscrits, les majuscules assuraient un rôle de séparation des mots, qui étaient mal détachés les uns des autres. Dans les imprimés, l'emploi des majuscules a été aléatoire au moins jusqu'en 1789.

Bibliographie. — N. Catach (1968), Remarques sur l'évolution de l'usage des majuscules : 309-311.

6.2.3. Les caractères gras ont un tracé plus épais, plus noir que les caractères courants. Ils sont utilisés pour mettre en valeur des mots ou groupes de mots, en particulier les titres (**Le Rouge et le Noir**) ou les mots vedettes (comme les entrées des dictionnaires). Ils concurrencent dans cet usage les italiques, plutôt réservés aux sous-titres (voir ici même), avec lesquels ils peuvent s'opposer pour distinguer des éléments importants de nature différente.

Bibliographie. — *Abrégé du code typographique à l'usage de la presse* (1989), Editions du CFPJ, 2ᵉ éd. – L. Védénina (1989), *Pertinence linguistique de la présentation typographique*, Peeters-Selaf – J. Drillon (1991) – N. Catach (1994a), – *Lexique des régies typographiques en usage à l'Imprimerie Nationale* (Imprimerie Nat., 3ᵉ éd., 1990, 198 p.).

Chapitre V
LE SYSTÈME DU VERS FRANÇAIS, ENTRE PHONÉTIQUE ET ORTHOGRAPHE

1. PRINCIPES DE LA VERSIFICATION

1.1. La versification et la langue

La poésie est susceptible de faire une utilisation particulière de tous les phénomènes linguistiques : sémantiques (les métaphores, par exemple), syntaxiques (les figures de construction, comme les parallélismes), et, bien sûr, phonétiques. Pour ce qui est de la matière sonore du langage, la poésie versifiée n'est évidemment pas la seule à les exploiter. Il existe une poésie en prose qui fait leur part aux rythmes et aux sonorités. Cependant, la versification constitue un ensemble consistant de règles codifiant les réalités phonétiques, et mérite à cet égard une description particulière.

Cela ne signifie nullement que la versification ne soit qu'une projection pour ainsi dire naturelle des phénomènes phonétiques d'une langue donnée, le français, par exemple. Tout au contraire, **les règles de notre versification réalisent un compromis artificiel entre le phonique et le graphique.** En effet, l'évolution même du français depuis le Moyen Âge a fait fortement diverger l'écrit de l'oral. Le code de la poésie versifiée, c'est de l'oral arbitrairement soumis à des faits purement graphiques. Ce qui importe, c'est que les règles, même artificielles, mettent en quelque sorte les poètes sur un pied d'égalité dans la recherche d'une expression rendue délibérément difficile pour mettre en vedette leur talent particulier. Cela est vrai, naturellement, de l'époque classique (au sens large), qui a connu pendant près de trois siècles, de Ronsard à Valéry, et particulièrement de Malherbe à Hugo, des règles intangibles, mais demeure partiellement valable à l'époque contemporaine.

La versification, même la plus moderne, garde des traces d'un état de langue ancien (médiéval, même, pour une part). Elle est résolument conservatrice.

1.2. Le poème et le vers

Pour qu'un auditeur ou un lecteur perçoive un texte, qu'il soit lu à haute voix ou mentalement, comme un poème versifié, il est nécessaire qu'il puisse y reconnaître des équivalences entre ses éléments constitutifs (les vers, les strophes, par exemple) à l'intérieur d'une structure globale réglée. C'est du tout qu'il faut partir pour comprendre les parties. Ce n'est pas le vers qui fait le poème, **c'est le poème qui fait le vers**.

Un vers isolé n'est pas reconnaissable comme vers, sauf de très rares exceptions, comme ce monostiche (poème d'un seul vers), intitulé *Chantre*, de Guillaume Apollinaire :

Et l'unique cordeau des trompettes marines.

Mais si nous y reconnaissons néanmoins un alexandrin, c'est en partie à cause de la répartition régulière des accents (3+3+3+3), mais surtout parce que nous comparons cet énoncé avec le modèle de l'alexandrin déjà intériorisé culturellement.

Il est impossible de reconnaître des vers dans ce dialogue : *Avec le soleil qui m'éblouit, j'ai perdu ma balle. – Mais non, tiens, elle est retrouvée.* Pourtant, *Avec le soleil* et *Elle est retrouvée* sont des vers dans ce début de poème de Rimbaud :

Elle est retrouvée.
Quoi ? – L'Éternité.
C'est la mer allée
Avec le soleil.

V – *Le système du vers français, entre phonétique et orthographe*

Il y a vers seulement si le lecteur ou l'auditeur peut **percevoir une régularité**, que ce soit au niveau des grandes unités du poème (la strophe), du retour de sonorités privilégiées (la rime), ou du rythme (le vers). À cet ordre, qui est celui d'une déconstruction, on substituera ici celui d'une reconstruction, partant du vers, et même de l'unité de base du vers français, la syllabe.

2. LA SYLLABE COMME UNITÉ MÉTRIQUE DE BASE

La mesure du vers est déterminée avant tout en français par le nombre des syllabes (**II : 1.2.**) qui définissent sa nature métrique particulière (alexandrin, décasyllabe, octosyllabe, etc.).

Dans la réalité de la diction poétique, non seulement chaque syllabe a des caractéristiques différentes de celles qui l'avoisinent, mais chaque diseur impose sa marque particulière au « profil » rythmique du vers (longueur des syllabes, accents toniques, tempo). Cependant, du point de vue purement métrique (à distinguer en ce sens du point de vue rythmique), chaque syllabe est censée être semblable aux autres. Seul leur nombre compte.

Ce qui « fait syllabe » en poésie versifiée ne correspond pas entièrement à l'usage courant. La syllabation des vers correspond dans certains cas à des usages qui ont existé dans la langue, mais qui ont disparu. On peut considérer que la diction poétique (qu'elle prenne la forme de la lecture à haute voix ou de la lecture mentale) est donc **artificielle**, mais à condition de prendre le mot dans son sens originel, « ce qui produit un objet d'art ». En effet, la syllabation poétique est un des fondements de l'effet poétique. Elle ralentit le tempo de la lecture et met en relief plus fortement la matérialité phonique, le choix lexical et l'iconicité syntaxique et rythmique dans l'énoncé versifié.

Remarque. — Le vers français se distingue aussi bien du vers latin ou grec, fondé non sur la syllabe, mais sur des groupes de syllabes, ou « pieds » (terme à éviter absolument en versification française), que d'autres systèmes fondés sur les accents toniques, indépendamment du nombre de syllabes.

2.1. Le traitement de la lettre *e*

Dans l'usage courant de la langue, la réalisation de la **lettre *e*** par le **phonème** [ə], dit *e instable*, est plus ou moins aléatoire, laissée au choix du sujet parlant (**II : 2.2.1.**). Il n'en va pas de même dans l'énoncé versifié, où elle est soumise à des conditions strictes déterminant si *e* doit être ou non réalisé, et par conséquent s'il doit constituer ou non l'élément vocalique constitutif d'une syllabe. En fait, la multiplication des syllabes phoniques qui en résulte ralentit la diction et lui donne plus de solennité et de poids.

Il se reposera dans la petite hutte.

Les *e* soulignés peuvent être ou non réalisés dans la prononciation ordinaire. La seule exigence est que leur chute n'entraine pas une suite de plus de 3 consonnes (**II : 2.2.1.**). On pourra avoir par exemple :, [il-sər-po-zə-ra-dɑ̃-la-pə-ti-tə-yt] 11 syllabes, ou encore [il-sə-rə-poz-ra-dɑ̃-la-pə-ti-tyt] 10 syllabes, ou encore [il-sər-poz-ra-dɑ̃-la-pti-tə-yt] 9 syllabes, ou enfin [ils-rə-po-zra-dɑ̃-la-pti-tyt], soit 8 syllabes !

Mais aucun de ces *e* n'est élidable dans la prononciation d'un vers : [il-sə-rə-po-zə-ra-dɑ̃-la-pə-ti-tə-yt] constitue donc, dans un poème, un ensemble de 12 syllabes formant un alexandrin en bonne et due forme.

▶ **Dans certains cas, *e* se prononce obligatoirement, contrairement à l'usage courant :**

a) À la fin d'un mot, *e* précédé d'une consonne et suivi d'une consonne (graphique), qu'il s'agisse d'une consonne de liaison ou de la consonne initiale du mot suivant, se prononce toujours :

Une grenouille vit un bœuf. (La Fontaine)

Octosyllabe : le *e* final de *grenouille* se prononce.

Les folles en riant entraînèrent les sages. (Hugo)

Alexandrin : le *e* final de *folles* se prononce, étant « protégé » par le *-s* de liaison.

b) À l'intérieur d'un mot, après consonne, *e* se prononce toujours et fait syllabe :

Penchée, elle m'offrait la cerise à sa bouche. (Hugo)

Le premier *e* de *cerise* se prononce obligatoirement dans la diction poétique. C'est le cas des deux *e* de *reposera* dans l'exemple traité plus haut.

▶ **Dans d'autres cas, toutefois, la versification se conforme à l'usage courant, et *e* ne se prononce pas :**

a) À la fin du vers. C'est, dans l'exemple ci-dessus, le cas du *e* de *hutte*.

Ainsi toujours poussé vers de nouveaux rivages. (Lamartine)

Le mot *rivages* compte pour 2 syllabes seulement, mais la présence d'un *e* final non prononcé est constitutive de la « rime féminine » **(4.2.)**. Paradoxalement, la syllabe « muette » excédentaire a donc (pour la rime) et n'a pas en même temps (pour le vers) d'existence métrique.

b) À la fin d'un mot, *e* précédé d'une consonne et non suivi d'une consonne (graphique) ne se prononce pas si le mot suivant commence par une voyelle ou un « h » muet. Dans ce cas, il y a élision métrique, même si l'élision ne se traduit pas ici dans l'orthographe, contrairement à l'élision marquée par une apostrophe **(IV : 5.1.)**. Dans *une grande envie*, ou *une longue habitude*, le *e* final de *grande* et de *longue* est ainsi « élidé », c'est à dire ne fait pas syllabe, mais demeure graphiquement, contrairement à ce qui se produit pour les articles *le* et *la* dans *l'envie* ou *l'habitude*.

c) À la fin d'un mot, *e* précédé d'une voyelle et suivi directement de la voyelle initiale du mot suivant (sans consonne de liaison) ne compte pas dans la mesure. Il s'agit également là d'une élision métrique, mais non graphique. Dans :

Penchée, elle m'offrait la cerise à sa bouche. (Hugo)

le *e* final de *penchée* s'élide devant *elle*.

d) À l'intérieur d'un mot, après voyelle (cas assez rare), *e* ne se prononce pas. Par exemple, dans *jouera*, ou *tuerie* (= 2 syllabes).

Toutefois, Ronsard croyait encore nécessaire de matérialiser cette élision dans la graphie (en écrivant *tu'rie*).

Remarque. — À la fin d'un mot, après voyelle, la combinaison d'un e suivi d'une consonne (graphique), qu'il s'agisse d'une consonne de liaison ou de la consonne initiale du mot suivant, est généralement exclue du vers. Il apparaît en effet aussi difficile de compter ce e pour une syllabe, comme le faisait encore Ronsard, que de ne pas le compter, sauf dans les petits genres, dans les monosyllabes, ou dans les syllabes finales des 3ᵉ personnes du pluriel des imparfaits et des conditionnels (*aimaient* = 2 syllabes, *aimeraient* = 3 syllabes). Ainsi, *voies*, *vies*, *voient*, *croient*, *battues*, *aimées* (et donc beaucoup de participes passés féminins pluriels) ne peuvent se trouver qu'en fin de vers, à la rime.

2.2. La rencontre des voyelles d'un mot à un autre : l'hiatus

D'un mot à un autre, **l'hiatus** (rencontre de 2 phonèmes vocaliques) est proscrit en principe. On ne pourrait pas, par exemple, placer dans un vers le GN *un lieu enchanteur* ou le présentatif *il y a*. En pratique, on l'admet, même à l'époque classique, s'il est masqué pour l'œil, soit par un *e* élidé, soit par un *h aspiré*, soit par une consonne graphique muette :

> Dans des ruisseaux de sang Tro<u>ie ar</u>dente plongée. (Racine)
> On a peine <u>à haï</u>r ce qu'on a tant aimé. (Corneille)
> Gardez qu'une voyelle à courir tro<u>p hâ</u>tée
> Ne soit d'une voyelle en son che<u>min heur</u>tée. (Boileau)

La proscription de l'hiatus a été une des premières règles dont les Romantiques se sont libérés. Du reste, l'hiatus était bien admis à l'intérieur des mots, pourquoi pas entre un mot et un autre ? Et si on pouvait considérer à la rigueur comme fâcheuse la « répétition du même au même » (2 fois la même voyelle), pourquoi admettre, sous un prétexte orthographique fallacieux, *Troie ardente* et *à haïr* ?

2.3. La rencontre des voyelles à l'intérieur d'un mot : la diérèse et la synérèse

À l'intérieur d'un mot, la rencontre de deux voyelles dont la première peut être interprétée comme une semi-consonne [j],

V – Le système du vers français, entre phonétique et orthographe

[ɥ] ou [w] peut donner lieu, selon les cas, à deux décomptes différents, soit que l'usage ait connu des fluctuations, soit que le poète se permette des entorses à l'usage.

a) Ou bien il y a synérèse, c'est-à-dire qu'on ne compte qu'une seule syllabe, ce qui correspond mieux dans la plupart des cas à l'usage moderne courant, et par conséquent ne produit pas d'effet particulier (mais par ex. *déité* ou *poésie* sont toujours trisyllabiques) :

Vous fûtes hier loué par des gens d'un grand poids. (Molière)

Ici, *hier* n'a qu'une syllabe. Alors que Boileau en fait un mot de 2 syllabes :

Mais hier il m'aborde et me serrant les mains...

b) Ou bien il y a diérèse, c'est-à-dire qu'on compte deux syllabes, notamment dans les finales des formes nominales en *-ion*, comme *passion* ou *nation* (3 syllabes), et régulièrement dans certains mots, surtout si la diérèse produit un effet expressif, comme dans *violon* [vi-jo-lɔ̃], *mélodieux* [me-lo;-di-jø] ou *délicieux* [de-li-si-jø] :

Le malheureux Lion se déchire lui-même. (La Fontaine)

Lion fait 2 syllabes.

Où la fatuité promène son extase. (Baudelaire)

Fatuité fait 4 syllabes.

Ayant l'expansion des choses infinies. (Baudelaire)

Expansion fait 4 syllabes.

*Les sanglots longs
Des violons* (Verlaine)

Vers de 4 syllabes.

Triste et mélodieux délire. (Apollinaire, *Chanson du Mal-Aimé*)

Octosyllabe.

Lorsque *i* suit un groupe de deux consonnes, la diérèse est de règle chez les classiques et les modernes, en accord avec l'usage courant : *devrions, sanglier, ouvrier, meurtrier* sont trisyllabiques. Il n'en était pas de même au XVIe siècle. Dans cet hémistiche d'alexandrin, *Sacrilège meurtrier,* Ronsard compte *meurtrier* pour 2 syllabes seulement.

Pour des mots comme *ruine* ou *fouet*, diérèse et synérèse sont également possibles.

Remarque. — Dans l'histoire de la langue, la succession de deux voyelles dans un mot faisait obligatoirement, selon les cas, une seule syllabe (par diphtongaison), ou deux. C'est seulement à partir du moment où l'évolution phonétique a brouillé ces distinctions que le problème de la diérèse et de la synérèse s'est posé, ouvrant progressivement aux poètes la possibilité d'un choix personnel.

3. LA STRUCTURE MÉTRIQUE

3.1. Les principaux mètres

▶ Le mètre (ou type de vers) le plus fréquent en français est l'**alexandrin**.

L'alexandrin a 12 syllabes, ou plutôt il se termine sur la 12e syllabe accentuée (la syllabe « muette » post-tonique formant la rime féminine ne comptant pas dans la mesure). Mais une suite quelconque de 12 syllabes ne forme pas nécessairement un alexandrin. Dans cette suite trop longue de syllabes, on ne peut percevoir un vers que si elle est structurée en au moins deux **mesures**, c'est-à-dire en deux groupes de mots délimités par leur accent final. Les alexandrins sont donc des vers complexes, composés de deux hémistiches (2 demi-vers égaux) séparés par une frontière entre eux dite **césure (3.2.).**

Ici, gronde le fleuve aux vagues écumantes,	(2 +4) / (2 + 4)
Il serpente et s'enfonce en un lointain obscur ;	(3 + 3) / (4 + 2)
Là, le lac immobile étend ses eaux dormantes	(1 + 5) / (2 + 4)
Où l'étoile du soir se lève dans l'azur.	(3 + 3) / (2 + 4)

(Lamartine)

Mais l'affaiblissement de la césure médiane aboutit parfois à conférer à l'alexandrin une structure ternaire (4 + 4 + 4), avec deux césures, ou une structure binaire dissymétrique (4 + 8) ou (8 + 4) :

Toujours aimer, / toujours souffrir, / toujours mourir. (Corneille) (6+6 ou 4 + 4 +4)
Et d'un souffle il / a tout dispersé sur les flots ! (Hugo) (4 + 8)

▶ **L'octosyllabe** (vers de 8 syllabes) est également très fréquent. Il doit sa place prééminente dans la versification française à un double caractère : un rythme de 8 syllabes est le maximum qui soit directement perceptible ; corrélativement, c'est un mètre qui se passe de césure. Donc n'importe quel groupement de mesures, par exemple 2 + 6, ou 3 + 5, ou 4 + 4, ou 5 + 3, etc., forme un octosyllabe, perçu comme équivalent aux octosyllabes qui l'entourent.

Il est un vieil air populaire   5 + 3
Par tous les violons raclé,   6 + 2
Aux abois des chiens en colère   3 + 5
Par tous les orgues nasillé.   4 + 4 (Gautier)

▶ Vient ensuite le **décasyllabe**. Une suite de 10 syllabes n'est pas directement perceptible comme telle. Le décasyllabe est donc un vers complexe, c'est-à-dire césuré, généralement coupé en deux mesures inégales, la première de 4 syllabes, et la seconde de 6 syllabes :

J'avais douze ans ; elle en avait bien seize.   4 / 6
Elle était grande, et, moi, j'étais petit. (Hugo)   4 / (2 + 4)
On peut rencontrer aussi d'autres combinaisons (6 + 4 ou 5 + 5) :
Je peux regarder le soleil en face (Cocteau)   5 / 5

▶ Il existe d'**autres vers pairs**, notamment l'**hexasyllabe** (6 syllabes), plus rarement des vers de 4 ou de 2 syllabes :

Où sont nos amoureuses ?
Elles sont au tombeau :
Elles sont plus heureuses,
Sous un soleil plus beau. (G. de Nerval)

Hexasyllabes.

Ô ma charmante
Écoute ici
L'amant qui chante
Et pleure aussi. (V. Hugo)

Vers de 4 syllabes.

▶ Les **vers impairs** de plus de 8 syllabes, par exemple de 9 syllabes, sont très rares (et forcément césurés), mais les **heptasyllabes** (7 syllabes), ainsi que ceux de 5 syllabes, se rencontrent assez fréquemment, du moins dans certains genres :

De la musique avant toute chose,
Et pour cela préfère l'impair... (Verlaine)

Vers de 9 syllabes, mais en fait de 4 + 5, coupés par une césure.

Je t'adore, ô ma frivole,
Ma terrible passion !
Avec la dévotion
Du prêtre pour son idole. (Baudelaire)

Vers de 7 syllabes.

Quels sont ces bruits sourds ?
Écoutez vers l'onde
Cette voix profonde
Qui pleure toujours... (Hugo)

Vers de 5 syllabes.

D'une façon générale, les vers courts ou très courts, pairs ou impairs, se trouvent plutôt en composition avec des vers plus longs.

Remarque. — Les mètres les plus usités sont des vers de rythme pair (alexandrins, décasyllabes, octosyllabes, hexasyllabes), et ceux qui sont césurés sont eux-mêmes formés de cellules rythmiques paires (4 et 6 syllabes). On peut y voir soit le reflet d'une caractéristique de la langue, soit celui d'une volonté obscure ou délibérée de privilégier une structure qui donne un sentiment de stabilité et de solidité.

3.2. Structure métrique et structure syntaxique

▶ Le principe est que **la fin du vers ou de la mesure coïncide avec la fin d'une unité syntaxique, autrement dit, du point de vue phonétique, avec la fin d'un groupe rythmique.** C'est précisément à ce point de la chaîne parlée que se trouve la syllabe phonique qui porte l'accent (**II : 3.4. et 3.5.**). Pour l'octosyllabe et les vers plus courts, cette exigence ne concerne que la fin du vers. Il peut y avoir d'autres syllabes accentuées à l'intérieur de tels vers, mais leur place est libre. En revanche, dans l'alexandrin et le décasyllabe, il y a un autre accent fixe, celui de la **césure** divisant l'**alexandrin** en mesures égales appelées hémistiches (6 / 6) et le **décasyllabe** en mesures inégales (4 / 6 très fréquemment, plus rarement 6 / 4), mais parfois égales (5 / 5). Cependant, là encore, il peut y avoir des accents intérieurs à la mesure, et ces accents de groupe peuvent être plus marqués que l'accent métrique obligé. Il y a en moyenne 4 accents dans un alexandrin :

Emporte-_moi_, wa_gon_, enlève-_moi_, fré_gate_ (Baudelaire)

P. Valéry, dans *Le cimetière marin*, a placé systématiquement deux accents dans la première mesure de ses décasyllabes, ce qui lui permet de dire qu'il a « porté le dix à la puissance du douze » :

La _mer_, la _mer_, tou_jours_ recommen_cée_...
Cou_rons_ à l'_onde_ en rejail_lir_ vi_vant_.

Lorsqu'il y a, dans un alexandrin, une répartition des accents telle qu'il apparaisse coupé en trois mesures égales (un trimètre), ou en deux mesures inégales (**3.1.**), on observe, dans l'usage classique et romantique, que la césure à la sixième syllabe reste perceptible, tout au moins comme frontière de mots, et potentiellement comme fin de groupe rythmique. Même si la structure ternaire (4 + 4 + 4) l'emporte, une autre scansion du vers demeure possible, qui aboutirait à reconnaître ici un rejet expressif à la césure (voir ci-dessous) :

J'ai disloqué ce grand // niais d'alexandrin. (Hugo)

Et saluant d'un cri // d'horreur ou d'espérance... (Lamartine)

▶ Parfois, le **rythme métrique et la syntaxe ne concordent pas**, c'est-à-dire qu'un accent intérieur est plus marqué que l'accent de la césure ou de la fin du vers

Il y a simplement **enjambement** quand la phrase continue sans pause d'un vers à l'autre. Il n'y a alors aucun effet de mise en relief, mais une atténuation de la structure métrique.

Il y a **rejet**, si la séquence la plus brève ou la plus fortement accentuée apparaît au début du vers suivant (on parle parfois de **contre-rejet** dans le cas contraire). Il s'agit alors d'un phénomène expressif de mise en relief. Le suspens provoqué par une pause inaccoutumée crée un effet d'attente, une tension qui ne serait pas esthétiquement justifiée si la suite n'apportait pas un élément inattendu.

Voilà (enjambement)
Ce qui fait qu'un matin la douce fille alla (rejet)
Droit au gouffre, et qu'enfin, à présent, ce qui monte (rejet)
À son front, ce n'est plus (rejet à la césure) *la pudeur, c'est la honte.*
Hugo, Melancholia (*Les Contemplations*)

Je te hais, Océan ! tes bonds et tes tumultes,
Mon esprit les retrouve (rejet à la césure) *en lui ; ce rire amer* (rejet)
De l'homme vaincu, plein (contre-rejet à la césure) *de sanglots et d'insultes,*
Je l'entends dans le rire (rejet à la césure) *énorme de la mer.*
Baudelaire, *Obsession* (*Fleurs du Mal*)

Si l'on essayait de rendre compte de ces indications de diction par des points de suspension, cela donnerait ce qui suit :

Je te hais, Océan ! tes bonds et tes tumultes,
Mon esprit les retrouve... en lui ; ce rire amer...
De l'homme vaincu, plein... de sanglots et d'insultes,
Je l'entends dans le rire... énorme de la mer.

Les phénomènes de discordance entre les structures syntaxiques et métriques ne sont, en fin de compte, que des concordances reportées, puisque la coïncidence évitée des syntagmes et des accents métriques se reconstitue dans les unités suivantes, ou au plus tard à la fin du poème.

3.3. Structure rythmique et structure métrique

▶ Dans la poésie versifiée, la frontière de la mesure (ou coupe) est indiquée par la dernière syllabe accentuée du groupe (notée – par opposition aux syllabes **u** inaccentuées). Si le groupe comporte à la fin une syllabe féminine « surnuméraire », cette dernière, si elle n'est pas élidée (au sens métrique), est à la fois reliée pour la syntaxe au groupe précédent et rejetée du point de vue rythmique dans le groupe suivant, ce qui interdit la pause et confère au vers une grande fluidité :

Je t'adore à l'égal / de la voûte nocturne,
u u – u u –/ u u – u u –
O vase de tristesse,/ ô grande taciturne.
u – u u u –/ u – u uu –   (Baudelaire)

Les syllabes finales de *adore* et de *tristesse* sont élidées devant l'initiale vocalique du mot suivant ; celles de *voûte, vase* et *grande* font partie, pour le rythme, du groupe suivant ; celles de *nocturne* et *taciturne* (qui sont constitutives des rimes féminines), ne comptent pas dans le mètre.

▶ Il s'ensuit qu'un problème particulier se pose pour les vers césurés. La syllabe de la **césure féminine** (3.1.) peut être *a priori* traitée de trois manières différentes.

– Ou bien, comme à la fin du vers, la syllabe féminine, même non élidée, pourrait être surnuméraire par rapport à la mesure qu'elle termine, et ne compterait pas davantage dans le mètre. Elle serait traitée comme celle de fin de vers. C'est la césure dite *épique* (qui a historiquement existé).
– Ou bien la syllabe féminine compterait dans la mesure qu'elle termine, comme si elle portait l'accent. Cette césure, qui a parfois été acceptée dans des chansons, est dite *lyrique*.
– En fait, ces deux solutions ont été rejetées dans la versification classique. Le *e* final de la césure doit être *obligatoirement élidé*, c'est-à-dire être immédiatement suivi (sans consonne de liaison) de la voyelle (ou du *h muet*) qui forme l'initiale de la suite du vers.

Oui je viens dans son temple / adorer l'Éternel. (Racine)
Ici gronde le fleuve / aux vagues écumantes,
Il serpente, et s'enfonce / en un lointain obscur ;
Là, le lac immobile / étend ses eaux dormantes... (Lamartine)

Bibliographie. — W.-Th. Elwert (1965) : 29-74 et 113-131. – J. Mazaleyrat (1974, rééd. 2004), *Eléments de métrique* française, A. Colin : 11-73 et 109-180 – H. Bonnard, *GLLF*, Rythme : 5302-10 – H. Meschonnic, *Critique du rythme*, Verdier – B. de Cornulier (1989), Métrique, *Encyclopedia Universalis*. – B. de Cornulier(1995), *Art poétique : notions et problèmes de métrique*, PUL : 11-113.

4. LES RIMES

4.1. Définition et richesse de la rime

▶ Sur le plan phonétique, la rime consiste en l'identité sonore (**homophonie**) de la dernière voyelle prononcée et de ce qui la suit, consonne ou groupe consonantique. L'homophonie d'une voyelle non terminale ne constitue qu'une assonance, et non une rime. Les poètes, selon les époques et leur degré d'exigence, admettent ou non l'équivalence de sons vocaliques voisins, comme [a] et [ɑ], ou [œ] et [ø], ou [o] et [ɔ], voire [ø] et [œ] : par exemple *meule* peut parfois rimer avec *seule*.

▶ On distingue des **degrés de richesse** de la rime, même si aucun degré particulier n'est exigé par les règles :

- L'homophonie simple, celle de la seule voyelle finale [V], constitue la rime **pauvre** : *matin/marin* [ɛ̃]
- L'homophonie double, formée par une consonne (ou un groupe de consonnes) suivie d'une voyelle [C + V] ou d'une voyelle suivie d'une consonne (ou d'un groupe de consonnes) [V + C], constitue la rime **suffisante** : *matin/lutin* [tɛ̃] ou *mainte/ teinte* [ɛ̃t].
- L'homophonie triple [C + V + C] ou [V + C + V] est qualifiée de rime **riche** : *nocturne/taciturne* [tyRn] ou *santé / fréquenté* [ɑ̃te].

La tendance classique est de s'en tenir à des rimes d'une richesse discrète. Au-delà de la rime riche, on entre en effet dans le domaine de la rime léonine, qui est de l'ordre de l'acrobatie verbale, et souvent du calembour. *Nous nous percherons / sur des percherons*, écrit Richepin. Et A. Allais ne peut s'empêcher d'ajouter *Et nous étalons / Sur des étalons*.

▶ Les poètes proscrivent généralement, à partir du XVIe siècle, ce qu'ils nomment la **rime facile**, c'est-à-dire un couple de mots formés avec le même suffixe, comme deux formes nominales en *-tion* ou verbales en *-iez*, ou qui ne diffèrent que par le préfixe, comme *prendre* et *comprendre*, ainsi, bien évidemment, que la rime d'un mot avec lui-même. On ne peut mieux dire que la poésie est le terrain d'une lutte de virtuosité.

4.2. Rimes masculines et rimes féminines

En fait, la question de la nature de la **rime, masculine ou féminine**, et la recherche de la **rime pour l'œil (4.3.)** passent au premier plan des exigences concernant la rime classique.

Deux mots en fin de vers ne riment ensemble que s'ils sont du même « genre », c'est-à-dire si tous les deux comportent un *e muet* et forment alors une rime féminine ; ou si, au contraire, ils en sont dépourvus et forment alors une rime masculine.

Ainsi, pour prendre l'exemple du sonnet de Mallarmé *Le vierge, le vivace et le bel aujourd'hui*, dont toutes les rimes sont en « i », *agonie* rime avec *nie* et *aujourd'hui* avec *fui*, mais aucun des deux premiers de ces mots ne peut rimer avec un des deux derniers. Ou encore *chère* peut rimer avec *légère*, mais non avec *air* ; et *tissu* ne peut rimer avec *massue* alors qu'il le peut avec *vertu*. C'est donner à l'orthographe une importance supérieure à la phonétique. Cette distinction n'a rien à voir avec le genre grammatical des mots : *la chair* ou *la charité* forment des rimes masculines ; *le calvaire* ou *le lycée* des rimes féminines.

Viens-tu du ciel profond ou sors-tu de l'abîme,
O beauté ? ton regard, infernal et divin,
Verse confusément le bienfait et le crime,
Et l'on peut pour cela te comparer au vin. (Baudelaire)

Abîme et *crime*, mots masculins, forment pourtant une rime féminine.

L'importance de la distinction entre rimes féminines et masculines se manifeste dans l'exigence de l'alternance entre les deux « genres » (**5.**)

4.3. La rime pour l'œil

La suprématie de l'orthographe est frappante dans la question des **consonnes muettes** de fin de vers. Selon la règle, c'est l'identité de la dernière consonne muette qui est exigible, celle qui formerait une liaison... si – mais justement ce ne peut absolument pas être le cas – on pouvait faire la liaison entre la fin d'un vers et le début du vers suivant ! Ainsi, on admet l'identité de la sourde et de la sonore correspondante (opposition neutralisée en cas de liaison) ; *sang* peut rimer avec *banc*, ou *venez* et *ainés*. Mais non *sang* avec *lent*, alors que *lents* pourrait rimer avec *sangs* ou même avec la préposition *sans*. Conséquence majeure, un singulier (sauf terminé par un *s* ou un *z*) ne peut jamais rimer avec un pluriel. *Tour* ne rime pas avec *cours*, alors que *tours* peut rimer avec *courts*. *Le corps* ne rime pas avec *le cor*, mais avec *les cors* ! L'*amour*, contrairement aux *amours*, ne rime pas avec *toujours* !

Plus étonnant encore, un mot dont la consonne finale est prononcée peut rimer (chez certains auteurs tout au moins), conformément à une prononciation aujourd'hui disparue, avec un mot où cette consonne est de nos jours purement graphique : la déesse *Vénus* peut rimer avec *ils sont venus*, *ours* avec *toujours*, ou *il vit* avec *David* ! Sans parler de la prétendue « rime normande », qui permettait, au XVIIe siècle de faire rimer *amer* et *aimer* (on discute encore pour savoir si le [r] était ou non prononcé dans les deux cas).

Bibliographie. — R. Jakobson (1963) – W. Th. Elwert (1965), 74-111 – D. Delas et J. Filliolet (1973), *Linguistique et poétique*, Larousse – J. Mazaleyrat (1974), *Eléments de métrique française*, A. Colin : 181-214 – J. Molino et J. Tamine (1982) *Introduction à l'analyse de la poésie* : 19-82 – M. Murat (éd.), (2000), *Le vers français : histoire, théorie, esthétique*, Champion – Y.-C. Morin (2005), La naissance de la rime normande, *Poétique de la rime* (M. Murat, J. Dangel, éds), Champion : 219-252.

5. LES SUPERSTRUCTURES MÉTRIQUES

On retrouve dans les grandes structures du poème le même principe de régularité qu'aux autres niveaux.

5.1. La disposition des rimes

La répartition des rimes répond au principe de l'alternance entre rimes « masculines » et « féminines », qui s'applique d'un bout à l'autre du poème, et donc éventuellement entre la fin d'une strophe et le début de la suivante.

Dans les rimes **plates**, AABBCCDD, si A est (par exemple) masculine, B sera féminine, C à nouveau masculine, etc.

Dans les rimes **embrassées**, ABBACDDC, qu'il s'agisse ou non de quatrains, si A est masculine et donc B féminine, C sera féminine (et D masculin), pour éviter le « contact » entre deux rimes féminines différentes se suivant immédiatement.

Dans les rimes **croisées**, ABABCDCD, de la même façon, si A est masculine, et donc B féminine, C sera masculine et D féminine.

La rime implique un rapport entre 2 vers. Si un troisième vers rime avec les deux précédents (une rime excédentaire), les mêmes règles s'appliqueront : dans une suite comme ABABACDCDC, si A est masculine, B étant naturellement féminine, C sera forcément féminine, pour éviter le choc de deux rimes différentes du même genre là où A et C sont au contact.

5.2. Groupement de vers et strophes

▶ La strophe est un **groupe de vers**, mais n'importe quel groupe de vers n'est pas une strophe.

Le groupe le plus simple est le **distique** formé de deux vers, de mètres identiques ou différents. Le distique hétérométrique constitue une forme bien identifiée, faisant se succéder un alexandrin et un vers plus court (octosyllabe ou hexasyllabe), l'ensemble pouvant naturellement se répéter :

> *Souffre, ô cœur gros de haine, affamé de justice.* (Alexandrin)
> *Toi, Vertu, pleure si je meurs.*   (Octosyllabe) (Chénier, *Iambes*)
> *Je dis que le tombeau qui sur les morts se ferme* (Alexandrin)
> *Ouvre le firmament.*   (Hexasyllabe) (Hugo)

Trois vers forment un **tercet**. Mais en fait, distiques et tercets constituent rarement de vraies strophes, leur système de rimes n'étant pas complet.

Le **quatrain**, impliquant deux rimes, peut être une strophe s'il possède une structure autonome, c'est-à-dire s'il possède un système de rimes complet.

D'autres groupes plus longs, de 5, 6, 10 vers, sont possibles (*quintil, sizain, dizain*).

▶ Il y a **strophe** si et seulement si :

a) un groupement formant un sous-système (suite de mètres et disposition des rimes) apparaît comme complet ;
b) ce sous-système se répète identiquement (un nombre non-déterminé de fois) dans la suite du poème.

Une strophe peut comporter plusieurs groupes de vers, que ceux-ci soient ou non séparés par des blancs. Dans *À Villequier* (poème des *Contemplations*), V. Hugo fait se succéder régulièrement un quatrain d'alexandrins, puis, après un blanc, un quatrain hétérométrique (2 distiques formés d'un alexandrin et d'un hexasyllabe). C'est cet ensemble qui constitue la strophe de base du poème et se répète 20 fois.

Les schémas strophiques sont indéfiniment variés. Un poète peut fort bien inventer, pour un poème particulier, un modèle qui n'a jamais été utilisé et ne le sera jamais plus, comme c'est, semble-t-il, le cas dans *L'Art* de T. Gautier :

> *Oui, l'œuvre sort plus belle*
> *D'une forme au travail*
>   *Rebelle,*
> *Vers, marbre, onyx, émail.*

Cette formule (vers de 6, 6, 2, et 6 syllabes) se répète 14 fois. Un poème à strophe ne se compare qu'à lui-même pour la régularité.

La régularité strophique, comme celle du vers, fait correspondre en principe structure syntaxique et forme métrique, qui nécessairement, tôt ou tard, doivent coïncider (ne serait-ce qu'à la fin du poème), mais dont l'accord résolutoire (comme en musique) peut être différé. Autrement dit, c'est la régularité même qui autorise par exception les effets expressifs d'enjambement qui peuvent avoir lieu de strophe à strophe, comme il y en a de vers à vers.

Remarque. — Le terme de *strophe* provient du vocabulaire technique du théâtre grec où le chœur, pendant les moments lyriques, chantait une séquence de vers et simultanément dansait en exécutant un mouvement tournant (*strophè* « action de tourner ») sur l'orchestra, puis devait, en un mouvement exactement inverse (*antistrophè*), donc une suite de vers strictement équivalente à la première, se retrouver sur ses marques de départ.

5.3. Les formes fixes

Les groupements de vers les plus souvent utilisés par les poètes deviennent, pour les lecteurs ou auditeurs, comme pour les auteurs, des modèles qui sont repris tels quels. Toutefois, les poèmes à forme fixe n'ont d'équivalence qu'avec les poèmes utilisant le même modèle. Leur structure interne ne se laisse pas décomposer en strophes à proprement parler, même s'ils incluent des répétitions réglées.

Virelais, rondeaux, ballades ont été très prisés à la fin du Moyen Âge et à l'époque de la Renaissance. Le **sonnet** (2 quatrains suivis de 2 tercets) est le seul poème à forme fixe qui n'ait jamais perdu de sa faveur. Quelle que soit sa disposition typographique, il n'est pas divisé en strophes dont la composition (mètres et rimes) se répéterait, puisque les deux quatrains ne comportent que deux rimes dans la tradition classique et donc forment un tout ; et que les tercets n'ont aucune autonomie l'un par rapport à l'autre et forment en réalité un sizain, puisque nécessairement la rime d'un des vers du premier tercet ne trouve sa correspondance que dans le second. Un sonnet, en ce qui concerne sa structure globale, n'a pas son principe de régularité en lui-même mais dans la comparaison avec d'autres sonnets.

Bibliographie. — W.-Th. Elwert (1965) – J. Mazaleyrat (1974, rééd. 2004), *Eléments de métrique française*, A. Colin : 74-108 – J. Molino et J. Tamine, (1988), *Introduction à l'analyse de la poésie*, t. 2, De la strophe à la construction du poème – B. de Cornulier (1989), Métrique, *Encyclopedia Universalis*. – B. de Cornulier (1995), *Art poétique : notions et problèmes de métrique*, PUL : 125-182.

6. LES FORMES MODERNES

Il n'est pas étonnant que les poètes de la seconde moitié du XIXᵉ siècle, et plus encore ceux du XXᵉ siècle, aient cherché à se libérer de ces règles, dont l'arbitraire saute aux yeux, ou plutôt dont le respect est totalement imperceptible pour un auditeur dans de nombreux cas. À cet égard, l'œuvre des poètes symbolistes et post-symbolistes, même si elle a été largement oubliée aujourd'hui, a été un laboratoire d'innovations extrêmement fécond.

Toutefois, sauf à tomber dans la prose poétique, il est rare que les poètes contemporains ne gardent pas au moins une partie des exigences dont témoigne à leur oreille toute la tradition poétique. Seulement, alors que les exceptions à la régularité (le rejet, par exemple) étaient exceptionnelles dans le système traditionnel, ce sont au contraire les régularités, apprises par l'exemple des textes classiques, et intégrées culturellement, qui deviennent des exceptions ou font l'objet de déplacements et de réinterprétations dans l'état de choses non systématique qui prévaut généralement depuis la fin du XIXᵉ siècle.

6.1. La libération de la rime

▶ Les règles de la **rime pour l'œil** sont évidemment parmi les premières à être transgressées. Il en est allé très vite de même pour l'**alternance des rimes** selon leur genre, et de l'opposition même entre rimes masculines et rimes féminines.

Dans ces quatre vers de 7 syllabes, les rimes sont apparemment régulières, mais toutes masculines :

> *Calmes dans le demi-jour*
> *Que les branches hautes font*
> *Pénétrons bien notre amour*
> *De ce silence profond.* (Verlaine)

Tous les couples de rimes de ces octosyllabes associent une terminaison féminine à une terminaison masculine :

> *C'est le chien de Jean de Nivelle*
> *Qui mord sous l'œil même du guet*
> *Le chat de la mère Michel.*
> *François-les-bas-bleus s'en égaie.*
>
> *La lune à l'écrivain public*
> *Dispense sa lumière obscure*
> *Où Médor avec Angélique*
> *Verdissent sur le pauvre mur.* (Verlaine)

Apollinaire donne également une priorité absolue à la phonétique sur la graphie (dans la *Chanson du mal-aimé* notamment). Du coup, il réinterprète parfois la règle en faisant alterner finale vocalique et finale consonantique :

> *Soirs de Paris ivres du gin*
> *Flambant de l'électricité*
> *Les tramways feux verts sur l'échine*
> *Musiquent au long des portées*
> *De rails leur folie de machines*
>
> *Les cafés gonflés de fumée*
> *Crient tout l'amour de leurs tziganes*
> *De tous leurs siphons enrhumés*
> *De leurs garçons vêtus d'un pagne*
> *Vers toi toi que j'ai tant aimée.*

Il y a dans le premier *quintil* (strophe de 5 vers) une alternance de rimes purement phoniques en [e] et [in], et dans le second on trouve une simple assonance [an/aɲ]

▶ **La notion même de rime est également remise en cause.**

La rime peut être remplacée par l'assonance (homophonie de la dernière voyelle, mais non de la consonne ou des consonnes qui la suivent, comme au début de *La chanson du mal-aimé* : *Londres / rencontre / honte.*

Ou bien la rime n'est observée que de façon intermittente, ou pas du tout. Par exemple, dans le poème *La courbe de tes yeux* (*Capitale de la douleur*), Éluard, qui fait rimer au début *cœur / douceur, vécu / vu, rosée / parfumées,* finit par se passer complètement de la rime, alors qu'il observe scrupuleusement le mètre (ici, des décasyllabes césurés 4-6) :

> *Parfums éclos d'une couvée d'aurores*
> *Qui gît toujours sur la paille des astres,*
> *Comme le jour dépend de l'innocence*
> *Le monde entier dépend de tes yeux purs*
> *Et tout mon sang coule dans leurs regards.*

Il est remarquable que la perception du vers survive à la disparition de la rime. Contrairement à une idée répandue, ce n'est décidément pas la rime qui fait le vers.

6.2 La libération du rythme

Toutes les régularités, mètres, rimes et superstructures strophiques, sont peu ou prou remises en cause :

▶ Les **règles de la césure** féminine (**3.3.**) sont réinterprétées.

Ou bien *e* à la césure est prononcé, d'une manière qui aurait été irrecevable pour les classiques :

> *L'arbre, ton ombre, mon-/-tre sa chair nue : le ciel.* (Éluard)

La césure, si césure il y a encore, coïncide bien avec la première syllabe (accentuée) de *montre* : mais la deuxième syllabe compte dans le deuxième hémistiche de cet alexandrin, qui au surplus est désarticulé par un contre-rejet à la césure.

Ou bien, de façon plus naturelle, *e* est élidé à la césure, même devant consonne, aussi bien qu'en fin de vers (retour à la notion médiévale de « césure épique ») :

> *Beauté, ma toute-droite, / par des routes si ladres,*
> *À l'étape des lampes / et du courage clos.* (Char)

Les syllabes finales de *droite* et de *lampes* sont à considérer comme élidées (césure épique), contrairement aux règles qui prévalaient à l'époque classique.

▶ Le **décalage entre mètre et rythme** s'accentue. Le schéma métrique est de moins en moins perceptible, césure et fin de vers ne coïncidant plus nécessairement avec un accent de groupe ; cette évolution commence très tôt, avec Hugo et Baudelaire :

> *...des forêts de symboles*

V – Le système du vers français, entre phonétique et orthographe 195

> *Qui l'observent avec des regards familiers.* (Baudelaire)

La préposition *avec* n'étant normalement pas accentuée ne devrait pas se trouver à la césure médiane. C'est pourtant la seule possibilité de scansion, aucune structure ternaire n'étant envisageable.

> *Il s'immobilise au songe froid de mépris.* (Mallarmé)

L'accent métrique à la césure se trouve sur le mot phonétiquement atone *au* !

> *Un voyou qui ressemblait à*
> *Mon amour vint à ma rencontre...* (Apollinaire)

Cette fois, de façon encore plus étonnante, c'est l'accent métrique de fin de vers qui porte sur un mot inaccentuable, une préposition !

▶ Le **traitement de *e* instable** devient de plus en plus imprévisible.

Dans la poésie populaire traditionnelle, originellement orale, ou dans les textes de chansons, existait la possibilité de noter l'élision des *e* non comptés par des apostrophes. Rares sont les poètes modernes qui le font, sauf dans une intention humoristique.

> *C'est d'un' maladie d'cœur*
> *Qu'est mort', m'a dit l'docteur,*
>   *Tir-ran-laire,*
>   *Ma pauv'mère.* (Laforgue)

Les auteurs « sérieux » n'ont pas recours à ce subterfuge. Et d'ailleurs, le même poète peut tantôt compter les *e* instables selon les règles, tantôt faire comme si ceux-ci n'existaient pas. La liberté du diseur de vers s'en trouve accrue d'autant. À lui de décider, en fonction de ce qu'il constate dans le contexte s'il doit opter pour l'un ou l'autre parti.

> *Beauté, ma toute-droite, par des routes si ladres,*
> *À l'étape des lampes et du courage clos,*
> *Que je me glace et que tu sois ma femme de décembre.*
> *Ma vie future, c'est ton visage quand tu dors.* (Char)

Les deux premiers vers de ce quatrain imposent une scansion en alexandrins quasi réguliers, avec césure à l'hémistiche (avec cette seule particularité que le *e* final de *droite* et de *courage* doit être élidé, contre les règles de la césure féminine classique). Le vers 3 ne peut toutefois être un alexandrin, mais divers partis sont possibles : 4 + 4 + 6, à condition de ne pas élider le *e* final de *femme* ; ou 4 + 6 + 3, si on l'élide. Le vers 4 impose un choix : par exemple, l'élision du *e* de *future* et le maintien, en revanche, de celui de *visage* marqueraient un retour à l'alexandrin ; mais, si le 3e vers a définitivement « dérangé » le patron rythmique pair du vers traditionnel, on peut élider ces deux *e*, et scander 4 + 4 + 3.

▶ De **nouvelles formules métriques** apparaissent.

Verlaine multiplie les mètres inattendus, en particulier des vers « boiteux » impairs, très rares dans notre tradition, de 9 et 11, ou même de 13 syllabes !

Ah ! vraiment c'est triste, ah ! vraiment ça finit trop mal.
Il n'est pas permis d'être à ce point infortuné. (*Jadis et naguère*)

Aragon, conservateur à de nombreux égards, innove parfois, comme dans ces vers opérant un décompte traditionnel des *e* et très classiquement rimés, sans parler de quelques rimes intérieures supplémentaires, mais le mètre, totalement neuf, est de 20 syllabes (5, 5, 5, 5) :

J'écrirai ces vers à bras grands ouverts qu'on sente mon cœur quatre fois y battre
Quitte à en mourir je dépasserai ma gorge et ma voix mon souffle et mon chant
Je suis le faucheur ivre de faucher qu'on voit dévaster sa vie et son champ
Et tout haletant du temps qu'il y perd qui bat et rebat sa faux comme plâtre (Aragon, *Les Poètes*)

▶ Enfin, le poète peut **mélanger les mètres, ou s'en affranchir** totalement :

Le front aux vitres comme font les veilleurs de chagrin
Ciel dont j'ai dépassé la nuit. (Éluard)

Le second de ces vers est certainement un octosyllabe. Mais le premier ? Pour le lire comme un alexandrin, il faudrait élider à la fois le *e* de *vitres* et celui de *comme*.

Le **vers libre** (de l'époque symboliste) explore toutes sortes de formules métriques, où l'on reconnaît sporadiquement des formules connues (parfois confortées par la rime ou l'assonance) :

> Le jour,
> Il s'en allait à travers champs partout où sourd
> L'eau mystérieuse et souterraine ;
> Il connaissait toutes les fontaines :
> Celles qui filtrent du rocher goutte à goutte,
> Toutes,
> Celles qui naissent du sable ou jaillissent dans l'herbe,
> Celles qui perlent
> Ou qui bouillonnent,
> Brusques ou faibles,
> Celles d'où sort un fleuve et d'où part un ruisseau... (H. de Régnier, *Le sang de Marsyas*)

Cette partie du poème ne s'astreint à aucun patron métrique stable : 2 / 4 + 4 / 4 + 4 / 8 + 3/ 1 / 7 + 6 / 4 / 4 / 4 / 6 + 6.

Avec le vers libre, la poésie symboliste a porté un coup presque fatal à la notion même de strophe.

Dans le **verset**, la rime a disparu, mais la disposition typographique, avec de fréquents passages à la ligne au milieu des phrases (accompagnées parfois d'effet de rejet), et les parallélismes syntaxiques, comme dans le verset biblique, régissent la diction. Cependant, malgré la longueur des versets, qui excède souvent de beaucoup celle de l'alexandrin, des cellules rythmiques traditionnelles apparaissent sporadiquement, sans pour autant créer des régularités dont l'oreille pourrait attendre le retour :

> Ce ne sont pas vos misérables lopins de champs tout déchirés,   4 + (4 ou 5 ? +4) +4
> C'est la terre profonde à la hauteur de mon cœur   6 + 7
> Du souffle de la nuit tout entière animée qui soupire et qui déferle en un seul flot.
>
> (Claudel, *La Cantate à trois voix*)

Le 3e verset peut se lire : 6 + 6 +3 + 4 + 4.

Dans **la poésie en prose**, l'utilisation des blancs, qui délimitent les versets comme les vers libres, disparaît. La forme typographique est celle des paragraphes ordinaires regroupant un certain nombre de phrases, et par conséquent le poète ne peut plus créer d'effet de rejet. Mais la prégnance des modèles métriques traditionnels se fait encore fréquemment sentir, et amène alors

en retour le diseur à faire le choix de maintenir le traitement traditionnel des *e* le cas échéant.
J'avais dix ans (4). *La Sorgue m'enchâssait* (6). *Le soleil chantait les heures* (7) *sur le sage cadran des eaux* (8). *L'insouciance et la douleur* (7, ou, avec diérèse, 8) *avaient scellé le coq de fer* (8) *sur le toit des maisons* (6) *et se supportaient ensemble* (7). *Mais quelle roue* (4) *dans le cœur de l'enfant aux aguets* (3+3+3 = 9) *tournait plus fort, tournait plus vite* (4+4) *que celle du moulin dans son incendie blanc* (6 + 6) ? (Char, *Déclarer son nom*)

Aucun système ne s'est substitué au corps cohérent et contraignant des règles classiques. Mais, même dans la poésie la plus « libérée », leur influence demeure en arrière-plan, et elles n'attendent souvent qu'une occasion propice pour se réactiver. Mais elles ne s'imposent plus avec autant d'évidence. Et c'est au lecteur ou récitant de décider, dans chaque cas particulier, quelle est la forme qui donne le plus d'efficacité au texte : rythme, groupements, prononciation ou non des *e*. Il est ainsi amené à collaborer d'une certaine manière avec l'auteur.

Bibliographie. — J. Mazaleyrat (1963), *Pour une étude rythmique du vers français moderne*, Minard – J. Roubaud (1978, rééd. Ramsay, 1988, et Ivrea, 2000), *La vieillesse d'Alexandre : essai sur quelques états récents du vers français*, Maspéro – B. de Cornulier (1982), *Théorie du vers, Rimbaud, Verlaine, Mallarmé*, Seuil – D. Leuwers (1990), *Introduction à la poésie moderne et contemporaine*, Bordas – M. Murat (2005), Le vers libre rimé, dans *Poétique de la rime* (M. Murat, J. Dangel, éds), Champion : 381-411.

DEUXIÈME PARTIE

LA PHRASE SIMPLE

Chapitre VI

LA PHRASE ET SON ARCHITECTURE

1. LA PHRASE, CADRE DE L'ANALYSE SYNTAXIQUE

1.1. Définitions et critères d'identification

Une phrase est d'abord une séquence de mots que tout sujet parlant non seulement est capable de produire et d'interpréter, mais dont il sent aussi intuitivement l'unité et les limites. Les définitions usuelles de la phrase s'appuient sur cette connaissance implicite qui n'est pas incompatible avec la rigueur d'une analyse méthodique.

1.1.1. *Trois définitions qui n'en sont pas*

Une première définition identifie la phrase à une suite de mots délimitée par une lettre majuscule initiale et par une ponctuation forte finale. Cette définition graphique a une contrepartie phonétique : une phrase est délimitée par deux pauses importantes et est caractérisée par une intonation qui varie selon son type. À ces deux critères, une certaine tradition pédagogique encore vivace en ajoute un troisième, d'ordre sémantique, selon lequel une phrase « est l'expression plus ou moins complexe, mais offrant un sens complet, d'une pensée, d'un sentiment, d'une volonté » (Mauger : 1968), ou bien « est apte à représenter pour l'auditeur l'énoncé complet d'une idée conçue par le sujet parlant » (J. Marouzeau, cité par Chevalier *et al.*, 1964 : § 2). Mais aucun de ces trois critères n'est vraiment définitoire.

Les critères graphique et phonétique constituent une condition qui n'est ni suffisante ni même nécessaire pour qu'une séquence de mots constitue une phrase. À l'écrit, si le point final était nécessaire, cela exclurait les séquences non ponctuées. Or une séquence dépourvue de toute ponctuation (un procédé devenu courant dans la poésie moderne) peut constituer une phrase. Inversement, dans l'usage écrit contemporain (notamment dans les journaux), les divers membres d'une même phrase peuvent être séparés par des points. À l'oral, n'importe quelle séquence serait une phrase pour peu qu'elle soit isolée par deux pauses et dotée d'une intonation phrastique, ce qui est manifestement inexact (**I : 3.5. et II : 3.5.**). S'ils correspondent à d'authentiques indices démarcatifs, ces deux critères n'en supposent pas moins que soit déjà connu ce qu'est une phrase en tant que structure syntaxique formelle associant certains syntagmes dans une unité de rang supérieur qui elle-même ne dépend syntaxiquement d'aucune autre. En revanche, le contour intonatif et la ponctuation finale peuvent constituer la seule marque du type (**XIV**) ou de la force illocutoire (**XXIII : 3.**) d'une phrase. Faute d'une telle marque, une séquence comme *Vous me rappellerez* reste indéterminée quant à son type (potentiellement assertif ou interrogatif) et à ses éventuelles interprétations communicatives (assertion ? question ? injonction ? prière ?).

Le troisième critère fait appel à la « complétude sémantique ». Même en admettant qu'elle puisse être définie a priori (quels seraient en effet les critères de reconnaissance d'une « pensée complète » ?), si ce n'est par la pétition de principe qu'elle puisse être exprimée par une seule phrase (raisonnement circulaire), cette propriété ne saurait déterminer si une séquence a le statut de phrase. Sinon comment expliquer que de la séquence (1) de cinq phrases censées véhiculer chacune un sens complet :

> (1) *Il fait froid. Or je suis frileux. Je ne viendrai donc pas. Mais vous ne m'en voudrez pas. Je le sais.*

on puisse faire une seule phrase au sens non moins complet :

VI – La phrase et son architecture

(2) *Comme il fait froid et que je suis frileux, je sais que vous ne m'en voudrez pas si je ne viens pas.*

En fait, ce n'est pas la complétude de son contenu qui fait d'une séquence de mots une phrase : autant définir une photo par le caractère complet de la scène ou du paysage qu'elle représente ! Au contraire, tout contenu acquiert un caractère de complétude par le fait même qu'il a été encodé dans le cadre formel d'une phrase. Le cadre phrastique, et avec lui, le contenu véhiculé, peut s'élargir au gré du locuteur et en fonction de l'information à transmettre, pourvu que ce soit dans les limites des possibilités architecturales de la langue et des capacités mémorielles de l'interprétant pour les traiter :

(3) *Luc est venu* → *Luc est venu hier* → *Luc est venu hier matin* → *Luc est venu hier matin avec Jean* → *Luc est venu hier matin avec Jean pour prendre de tes nouvelles*, etc.

1.1.2. *Une définition associative*

Reste un quatrième critère, aujourd'hui relativement bien intégré par les grammaires scolaires, qui identifie une phrase à un assemblage de mots à la fois significatif et grammatical, c'est-à-dire conforme à des règles de construction. Plus précisément, une phrase est une construction que l'on peut définir et identifier par la conjonction de trois caractéristiques, les deux premières syntaxiques et la dernière interprétative :

1. La phrase constitue **l'unité de niveau supérieur d'un type de construction hiérarchique du discours**, susceptible d'être décrite au moyen d'un ensemble de règles morpho-syntaxiques et rectionnelles. Elle est formée de constituants (elle est construite) sans être elle-même un constituant (elle n'entre pas dans une construction syntaxique d'ordre supérieur et n'a donc pas de fonction grammaticale au sens ordinaire du terme). Cette double propriété fait de la phrase le cadre à l'intérieur duquel se déploient et se décrivent le réseau de relations (**les fonctions grammaticales**) et les classes d'unités simples (**les parties du discours**) et complexes (**les groupes de mots**) qui constituent l'architecture syntaxique des énoncés.

Remarques. — 1. Qu'une phrase n'ait pas de distribution (**1.3.**) ne signifie pas que des rapports grammaticaux ne puissent pas s'étendre au-delà des frontières d'une phrase. C'est le cas notamment
– des phrases qui font l'ellipse d'éléments de la phrase précédente (*D'où viens-tu ?*
– *De la bibliothèque*)
– de la relation entre une expression anaphorique (**XXIV : 3.**) et son antécédent, lorsque ce dernier est situé dans une phrase précédente (*Nos voisines sont absentes. Elles sont en vacances*).
Ces rapports, qui contribuent souvent à l'intégration textuelle des phrases, n'infirment en rien le principe selon lequel la phrase représente un domaine au-delà duquel les règles de la combinatoire proprement hiérarchique et rectionnelle ne jouent plus. L'accord et l'interprétation de *elle(s)* dans l'exemple précédent est régi par un antécédent avec lequel ce pronom n'entretient aucun rapport syntaxique, rapport qui transcenderait la frontière entre les deux phrases.
2. Les **propositions subordonnées**, qui jouent le rôle d'un constituant (p. ex. celui de sujet ou de complément dans une phrase complexe) sont certes des structures de type phrastique. Mais leur insertion dans un énoncé plus large (**XV : 3.1. et 3.2.**) leur confère des caractéristiques qui les rendent en principe inaptes à fonctionner telles quelles comme des phrases autonomes : *Tu m'as dit que tu reviendrais / de revenir* – **Que tu reviendrais*. – **De revenir*. Même *Où aller ?* forcément de type interrogatif ne reproduit pas fidèlement la subordonnée de *Je ne sais où aller*, qui ne porte pas d'intonation interrogative.

2. Parce qu'ils conditionnent nécessairement le profil syntaxique et intonatif des phrases, les **types de phrases** (**XIV**) constituent également un critère de reconnaissance et d'identification. Seule, en effet, une phrase peut être de type assertif, interrogatif ou injonctif. Ce qui n'est le cas (sauf ellipse contextuelle, bien sûr), ni d'un mot ni d'un groupe de mots, ni non plus d'une séquence de phrases dont chacune est dotée d'un type propre.

Du coup, les dimensions de la phrase recouvrent celles de la prédication (**4.1. et 4.3.2.**) et de l'acte communicatif élémentaires qu'elle sert à effectuer. C'est ce qui ressort clairement de la définition que É. Benveniste (1966 : 130) propose de la phrase sur le plan discursif :

> « La phrase est l'unité de discours. Nous en trouvons confirmation dans les modalités dont la phrase est susceptible : on reconnaît partout qu'il y a des propositions assertives, des propositions interrogatives, des propositions impératives, distinguées par des traits spécifiques de syntaxe et de grammaire, tout en reposant identiquement sur la prédication. ».

Dans cette perspective résolument associative, le type de la phrase exprime l'attitude illocutoire du locuteur (assertion, questionnement, etc.) à l'égard du contenu qui est véhiculé par sa configuration hiérarchique et rectionnelle. Ce contenu, de nature propositionnelle (il a la propriété d'être vrai ou faux), articule autour d'un prédicat un nombre d'arguments variable en fonction du sémantisme du prédicat.

Pour prendre un exemple simple, les trois phrases :
(1) *Le chat a mangé la souris.*
(2) *Le chat n'a pas mangé la souris.*
(3) *Le chat a-t-il mangé la souris ?*

partagent la même **forme propositionnelle** et le même **contenu propositionnel**. La forme propositionnelle se schématise en un groupe nominal sujet (*la souris*) couplé avec le groupe verbal formé *a mangé* suivi du groupe objet *la souris* :

[4]a [*le chat*]$_{GN}$ [[*a mangé*]$_V$ [*la souris*]$_{GN}$]]
[4]b *le chat*$_{N0}$ *a mangé*$_V$ *la souris*$_{N1}$

Son contenu propositionnel (la phrase, abstraction faite du type) s'analyse en un prédicat processif (« manger ») à deux arguments qui assigne au premier le rôle d'agent du procès et au second celui de l'objet affecté par le procès. Les trois exemples ne se distinguent donc que par leur type, qui respectivement asserte positivement, puis négativement et questionne le même contenu propositionnel :

[5] Le locuteur dit qu'il est vrai / dit qu'il n'est pas vrai / demande s'il est vrai que [*le chat a mangé la souris*]

On définira donc la phrase comme la séquence de base de la communication au moyen d'une langue. La forme de cette séquence
– s'analyse en une **forme propositionnelle** (ou **proposition** tout court au sens grammatical du terme), construction hiérarchique et rectionnelle de niveau supérieur, qui est configurée par au moins un **type de phrase**, et qu'à toutes fins pratiques, on assimile à la phrase déclarative simple canonique (**2.1.**) ;
– s'interprète comme l'association d'une **attitude propositionnelle** (assertive, interrogative, ...) et d'un **contenu propositionnel** (un prédicat avec sa configuration argumentale).

Cette définition ne s'applique pas qu'aux réalisations canoniques, mais aussi à celles qui le sont moins, à condition de prévoir les types de conditionnements discursifs dont elles peuvent faire l'objet.

Bibliographie. — É. Benveniste (1966) : 119-131 – G. Mauger (1968), *Grammaire pratique du français : langue parlée, langue écrite*, Hachette – S. Delesalle (1974) – C. Marchello-Nizia (1979), La notion de « phrase » dans la grammaire, *Langue française*, 41 : 34-58 – M.-N. Gary-Prieur (1985) : 33-44 – P. Le Goffic (1993) : 8-18 – P. Le Goffic (2005), La phrase revisitée, *Le français aujourd'hui*, 148 : 55-64.

1.2. La phrase et ses éléments

La syntaxe (**Intro. 3.5.3.**) établit les règles qui gouvernent les relations de combinaison et de dépendance entre mots et groupes de mots au sein de la phrase. Les analyses grammaticales traditionnelles décrivent l'organisation générale de la phrase simple comme un assemblage d'éléments définis par leur nature (ils appartiennent à différentes classes grammaticales) et par leur fonction (ils jouent des rôles spécifiques dans l'organisation d'ensemble de la phrase). Ces deux notions fondamentales se retrouvent dans les approches linguistiques modernes sous des dénominations partiellement ou totalement différentes.

L'ensemble des régularités structurelles communes aux phrases bien formées peut théoriquement être décrit à partir d'un système fini de règles. C'est ce que font les grammaires syntagmatiques lorsqu'elles systématisent sous la forme d'un ensemble de règles de réécriture la hiérarchie des regroupements et des dépendances syntaxiques à l'intérieur de la phrase (**2.2.3.**).

Remarque. — Entre la nature et la fonction d'un élément linguistique, la correspondance n'est pas bi-univoque, puisqu'un élément d'une nature donnée peut avoir plusieurs fonctions. Un adjectif, par exemple, peut être attribut (*Il est gentil*), épithète (*Nous avons de gentils voisins*) ou apposé (*Gentil, Jean n'a pas insisté*). Inversement une même fonction peut être assurée par des éléments de nature différente. Un sujet, par exemple, peut se réaliser aussi bien sous la forme d'un pronom, d'un syntagme nominal, d'une proposition complétive ou d'une construction infinitive : *Cela* / *Une double inscription* / *Que Paul lui succède* / *Retourner en arrière* n'est plus envisageable. Ainsi s'explique qu'un même segment puisse assumer deux fonctions différentes dans une phrase ambiguë. Tel est le cas du syntagme prépositionnel *à la presse*, complément d'objet indirect du verbe *a avoué* ou complément du nom *allergie* dans la phrase : *Pierre a avoué son allergie à la presse.*

1.3. Les fonctions syntaxiques

La **fonction** d'un mot ou d'un groupe de mots est le rôle que cet élément joue dans la structure d'ensemble de la phrase où il est employé. C'est pourquoi une fonction se définit toujours en termes relationnels : un adjectif sera épithète d'un nom, attribut du sujet / du c.o.d. ou apposé à un groupe nominal, de même qu'un groupe nominal sera, selon les théories syntaxiques, sujet du verbe ou de la phrase. Les fonctions peuvent se définir selon différents critères et, dans la pratique, se caractérisent souvent par une conjonction de critères. On distinguera :

1.3.1. Les critères positionnels qui identifient une fonction donnée à une place par rapport à d'autres éléments de la phrase. C'est ainsi que le sujet est généralement placé devant le verbe (ou le groupe verbal) et l'adjectif épithète immédiatement après ou avant le nom d'un groupe nominal. Comparé au latin et à l'allemand où, l'ordre des mots étant plus libre, les fonctions sont préférentiellement marquées par des marques flexionnelles (déclinaisons), le français moderne est une langue où l'ordre des mots, quoique partiellement libre, joue un rôle essentiel dans la reconnaissance des fonctions.

Une fonction peut également être définie par son caractère obligatoire ou facultatif, ce qui permet de distinguer l'adjectif épithète, effaçable, de l'attribut, qui ne peut être effacé sans porter atteinte à la structure originelle, voire à la grammaticalité de la phrase (*Il serait content* → **Il serait*). La prise en compte du conditionnement sémantique amène cependant à distinguer entre épithètes déterminatives, dont l'effacement affecte l'interprétation du GN (*On a exécuté les prisonniers (pauvres)*), et celles qui ne le sont pas (*On a exécuté les (pauvres) prisonniers*).

Certains **mots**, dits **de relation**, tels que les prépositions et les conjonctions de subordination, servent de lien entre l'élément qui les suit et un autre élément de la phrase. Ce sont, en somme, des marqueurs de fonction. Ainsi, dans le groupe nominal *le mari de la voisine*, la préposition *de* relie le groupe nominal facultatif *la voisine* au nom *mari* qu'il complète.

1.3.2. *Les critères morphosyntaxiques*, tels que l'accord avec un élément régisseur. Le sujet, par exemple, régit l'accord en personne, nombre et, le cas échéant, en genre, du verbe ; l'adjectif, qu'il soit attribut, épithète ou apposé, s'accorde avec le nom ou le groupe nominal auquel il se rapporte. D'autre part, la forme même d'un terme peut marquer sa fonction : c'est le cas de certains pronoms personnels (p. ex. *je, me, moi*) et des formes *qui, que, dont, auquel* du pronom relatif, qui peuvent s'analyser comme les vestiges d'un ancien système flexionnel.

1.3.3. *Les critères manipulatoires* qui associent certaines fonctions à des changements structurels dans l'économie de la phrase. L'objet de la phrase active, par exemple, devient le sujet de la phrase passive correspondante (et le sujet de la phrase active peut se réaliser facultativement comme complément d'agent dans la phrase passive ; **XIV : 1.1. et 7.1.**). Il se reconnaît aussi à sa pronominalisation sous la forme des clitiques *le, la, l', les* et *en* (s'il est indéfini).

1.3.4. *Les critères catégoriels*, qui spécifient la nature des éléments susceptibles de remplir une fonction donnée. C'est un fait bien connu, par exemple, que la fonction attribut peut être remplie par un adjectif, un groupe adjectival, un nom, un groupe nominal, un groupe prépositionnel, un infinitif, un pronom et même certains adverbes : *Pierre est furieux / fou de joie / commerçant / un vaurien / en colère / bien – Souffler n'est pas jouer – Certains naissent riches, d'autres le deviennent*. Dans la pratique, on associe souvent une fonction prototypique (p. ex. celle d'attribut à l'adjectif) aux catégories qui sont susceptibles d'assumer plusieurs fonctions.

1.3.5. *Les critères interprétatifs*, qui associent à une fonction syntaxique un rôle sémantique dans l'interprétation de la phrase. Ce type de définition est largement pratiqué par les grammaires traditionnelles qui instaurent une correspondance bi-univoque entre position structurale et rôle sémantique, par exemple en assignant au sujet le rôle d'agent, de patient ou de siège d'un état. Il s'agit en fait d'une pseudo-définition justement critiquée pour son inaptitude à fournir un véritable critère d'identification du sujet syntaxique d'une phrase (**4.3.2.**). En effet, dans les versions active et passive d'une même phrase, le changement de sujet ne s'accompagne pas d'une modification des rôles des groupes nominaux concernés : *Le même docteur* (agent) *soigne tous les malades* (patients) → *Tous les malades* (patients) *sont soignés par le même docteur* (agent). D'autre part, l'interprétation des phrases les plus ordinaires montre à l'évidence qu'outre l'agent (*Le malade paye son médecin*), le patient (*Le malade supporte son malheur*) et le siège d'un état (*Le malade souffre*), le sujet syntaxique est apte à exprimer d'autres rôles : ceux notamment de bénéficiaire (*Jean a reçu un cadeau*), d'instrumental (*Cette clef ouvre mon bureau*) et de repère spatial (*La carafe contient du vin*).

1.3.6. C'est une *conjonction de critères* qui serre au plus près le corrélat de propriétés qui définit généralement une fonction, comme le montre l'étude des fonctions sujet et objet verbal dans les cinq sous-sections qui précèdent. Mais surtout, il apparaît à l'usage que ni les critères positionnels ni les critères interprétatifs (non plus que les autres) ne sont généralement capables de définir chacun à lui seul valablement une fonction. La raison en est qu'un même schéma syntaxique se trouve souvent investi par plus d'une configuration sémantique : des propriétés syntaxiques différenciatrices, associées à des spécificités interprétatives, déterminent des fonctions différentes (**Intro. 3.5.1. et 3.5.5.**) C'est typiquement le cas du groupe nominal postverbal (V – N1) qui, selon la nature du verbe ou de son complément N1, sera :

– complément d'objet (argumental) si le verbe est transitif direct : *Le douanier pèse la valise*.

– attribut du sujet si le verbe est *être* ou un autre verbe copule : *Le douanier est / est devenu / reste le personnage principal de la pièce.*
– complément de mesure (non argumental) si N1 exprime une quantité et V est un verbe support approprié à N1 : *Le douanier pèse / fait 95 kilos.*
– une séquence formée d'un nom prédicatif (lui-même précédé d'un verbe support) suivi de son complément prépositionnel : *C'est Paul qui fera le choix des armes* (= *qui choisira les armes*)

Enfin, l'analyse grammaticale étant analogue au démontage d'un objet complexe, il apparaît que les fonctions s'étagent selon les niveaux de l'organisation syntaxique de la phrase. Au niveau supérieur figurent les fonctions primaires qui déterminent la structure fondamentale de la phrase : le sujet, le(s) complément(s) circonstanciel(s), le verbe, noyau du groupe verbal, et les compléments argumentaux ou attributs qu'il régit (donc les constituants immédiats du groupe verbal). Aux niveaux inférieurs se situent les fonctions secondaires localisées à l'intérieur des éléments qui assurent les fonctions primaires (épithète, complément du nom, complément de l'adjectif, etc.), et ainsi de suite.

Ainsi, une observation intuitive de la phrase *Le chat de la voisine aime la bonne cuisine*, identifiera d'abord le sujet *le chat de la voisine*, le pivot verbal *aime* et le complément d'objet *la bonne cuisine* ; puis, à l'intérieur du sujet, le groupe *de la voisine*, complément du nom *chat* ; et, à l'intérieur du groupe objet, l'adjectif *bonne* épithète du nom *cuisine*. Une telle analyse ne peut s'opérer qu'à l'intérieur d'un modèle préétabli de la structure générale de la phrase. Celui des grammaires traditionnelles est un cadre mixte, surtout notionnel et pas toujours exempt de contradictions, auquel l'analyse en constituants immédiats (**2.2.2.**) permet de substituer un modèle architectural qui fait de la phrase une configuration hiérarchique descriptible à partir d'un ensemble de règles de combinaison et de schémas de dépendances déterminées par les têtes des groupes syntaxiques.

Bibliographie. — H. Bonnard (GLLF), Fonction – D. Creissels (1995) : 204-263.

2. LA STRUCTURE SYNTAXIQUE DE LA PHRASE SIMPLE

2.1. Le modèle canonique de la phrase

Si l'on veut établir la grammaire de *la* phrase, on se heurte d'emblée à une réalité méthodologique bien connue des disciplines empiriques et qu'on pourrait résumer par la formule : qui au départ trop embrasse risque fort de ne rien étreindre à l'arrivée. En effet, les énoncés effectifs qui correspondent à l'idée que nous nous faisons d'une phrase française revêtent des formes trop diversifiées pour constituer des données permettant de définir directement les régularités valant pour toute phrase. À première vue, il n'y a rien qui soit vraiment commun à toutes les séquences suivantes, pourtant reconnues comme des phrases :

(1) *Je pense, donc je suis.*
(2) *Mon collègue, Klaus Willmann, de l'université de Kiel* (dit pour présenter quelqu'un).
(3) *Pourriez-vous me passer le sel, s'il vous plaît ?*
(4) *Un peu trop cuit, ton rosbif.*
(5) *Et ta sœur ?*
(6) *Votre manteau* (dit en présentant à quelqu'un son manteau).
(7) *Écoutez la chanson lente d'un batelier / Qui raconte avoir vu sous la lune sept femmes / Tordre leurs cheveux verts et longs jusqu'à leurs pieds* (Apollinaire).
(8) *Une petite clef tomba sur le trottoir* (Gide).

Une telle diversité s'explique par le fait que les propriétés formelles et interprétatives des phrases varient avec leur type (assertif, interrogatif ou injonctif, et éventuellement négatif, emphatique, passif ou exclamant) ; que dans les phrases complexes une structure phrastique peut apparaître à l'intérieur d'une structure du même type ; et qu'enfin des facteurs contextuels, situationnels ou stylistiques permettent de ne pas exprimer certains éléments de la phrase.

Dans ces conditions, il est avantageux de se doter au départ d'une **structure** (ou **forme**) **canonique**, qui corresponde à la **proposition** ou **forme propositionnelle** commune aux phrases, quels que soient leurs types (**1.1.2.**). Un tel schéma structurel, doit être suffisamment simple, facilement accessible à l'analyse et néanmoins susceptible de servir de modèle opératoire pour l'analyse de toutes sortes de phrases. On l'identifiera, après bien d'autres, à l'arrangement d'une phrase déclarative simple (elle ne comporte qu'une structure phrastique) et neutre (elle n'est ni négative, ni emphatique, ni passive, ni exclamative) telle qu'elle est illustrée par la phrase (8) ci-dessus. L'ordre des mots y correspond à la formule : (**CC**) – **Sujet** – (**CC**) – **Verbe** – (**CC**) – **Compléments(s)** / **Attribut** – (**CC**), où (**CC**) symbolise le complément circonstanciel, facultatif et mobile.

C'est par rapport à ce schéma de référence que seront décrites toutes les phrases observables. Soit elles y sont conformes, comme le sont par définition les phrases déclaratives simples ; soit, comme c'est le cas des phrases (1-7), elles n'y correspondent pas directement. Auquel cas, elles sont descriptibles à partir de ce schéma propositionnel, moyennant des ajustements qui doivent être justifiés par de nouvelles règles (de substitution, de déplacement, d'effacement et d'addition) liées à d'autres paramètres syntaxiques (type de phrase, enchâssement d'un constituant phrastique, ellipse, etc.). Si néanmoins il n'y a pas de relation formulable en termes syntaxiques entre le modèle canonique et une phrase effectivement reconnue comme telle, cette phrase demeurera inanalysable à partir de ce modèle. L'existence de telles phrases irréductibles peut amener à remettre en cause l'adéquation du modèle descriptif ou du moins son unicité.

Remarque. — La phrase canonique est généralement assimilée à la phrase déclarative simple, ce qui revient à considérer cette dernière comme la forme **prototypique** de la classe de toutes les phrases. On peut aussi considérer que la phrase canonique est une entité purement **théorique**, correspondant en fait à la **forme propositionnelle** des phrases (**1.1.2.**) et dont la phrase déclarative simple se trouve être la réalisation la plus immédiate et sans doute la plus fréquente.

Bibliographie. — J.-C. Corbeil (1971), *Les structures syntaxiques du français moderne*, Klincksieck – M.-N. Gary-Prieur (1985) : 33-44 – *Travaux de linguistique* (1987), L'ordre des mots : 14-15 – H. Bonnard (GLLF) : L'ordre des mots, 3816-3823 – P. Le Goffic (1993) : 8-18.

2.2. La structure hiérarchique de la phrase

2.2.1. Les regroupements syntaxiques

Qu'elles soient prononcées ou écrites, les phrases se réalisent sous la forme de suites linéaires de mots. Pourtant nous sentons intuitivement que leur organisation syntaxique n'est pas réductible au seul ordre séquentiel des mots qui les composent, mais qu'il existe entre ces derniers des rapports de regroupement. Par exemple, dans la phrase *Les acteurs de cette pièce interprètent très bien leurs rôles,* nous rapprochons spontanément des mots qui nous semblent entretenir des rapports privilégiés : *les* et *leurs* « vont » respectivement « avec » (ou bien « se rapportent à ») *acteurs* et *rôles* ; *très* « modifie » (« dépend de ») *bien* et le groupe ainsi formé *très bien* « modifie » *interprètent* ; *leurs rôles* « complète » (« est le complément de ») *interprètent* ; etc.

Un exemple simple permet de démontrer que les principes de regroupement syntaxique ne se réduisent pas à la simple succession des mots dans la phrase. Chacune des phrases du couple :

(1a) *Cette fois-ci Paul rit*
(1b) *Le frère de Paul rit*

se termine par la séquence *Paul rit,* mais cette dernière ne constitue une unité syntaxique que dans (1a), où le mot *Paul* a les propriétés syntaxiques et interprétatives du sujet de *rit* : il détermine l'accord de ce verbe, répond à la question *Qui est-ce qui rit ?* et son référent désigne la personne qui fait l'action évoquée par la forme verbale *rit.* Dans (1b), *Paul* n'est pas en rapport syntaxique avec *rit,* mais avec le nom *frère,* dont il est le complément à l'intérieur du groupe nominal sujet *le frère de Paul.* En conclusion : ce n'est pas parce que deux mots ou, plus généralement, deux unités se suivent qu'elles sont nécessairement en relation syntaxique directe.

S'il est vrai qu'« une intuition importante dans toutes les théories grammaticales concerne la notion de *groupe,* c'est-à-dire le fait brut que ce qui apparaît comme multiple à un certain niveau d'analyse se comporte comme une unité à un autre niveau » (Milner 1989 : 15), quelles sont alors les propriétés syntaxiques susceptibles d'identifier et de délimiter un **groupe syntaxique** (ou **syntagme**) ? De la définition du syntagme comme « une séquence de mots formant une unité syntaxique » découlent directement trois propriétés simples qui permettent de décider si une séquence de mots est ou n'est pas un syntagme : la possibilité de lui substituer un seul mot, de l'effacer globalement ou de la déplacer en bloc.

▶ Le test de substitution
   Dans la phrase :
   (2) *Ce matin, le directeur de l'usine a reçu les délégués syndicaux*
les séquences suivantes peuvent être remplacées par un seul mot :
a) *ce matin* par *demain, le directeur de l'usine* par *il, de l'usine* par *adjoint, l'usine* par *Renault* et *les délégués syndicaux* par *Jean* ; b) *a reçu les délégués syndicaux* par *sourit, directeur de l'usine* par *patron* et *délégués syndicaux* par *employés*. La substitution d'un seul mot à ces différentes séquences montre que, dans le cadre d'ensemble de la phrase qui demeure invariant, chacune d'entre elles a les mêmes propriétés qu'un seul mot et forme par conséquent une unité syntaxique composite.

Remarque. — Les syntagmes regroupés en a) correspondent aux groupes fonctionnels bien connus de la tradition grammaticale : complément circonstanciel, sujet, complément du nom et complément d'objet direct. Ceux de b), en revanche, n'ont pas de contrepartie dans les analyses traditionnelles : *reçoit les délégués syndicaux* est un groupe verbal regroupant un verbe et le complément qu'il régit directement, *directeur de l'usine* et *délégués syndicaux* des syntagmes appelés **(groupes du) nom modifié** (et abrégés en **NModif**). Formés d'un nom-tête doté d'une expansion facultative, ces derniers constituent un niveau de regroupement intermédiaire entre le groupe nominal complet et le seul nom tête (**VII : 1.2**).

▶ Les tests d'effacement et d'addition
   Deux séquences de la phrase (2) sont effaçables : *ce matin* et *de l'usine*. Il s'agit de constituants qui sont par définition facultatifs : un complément circonstanciel et un complément du nom. L'effacement et son corollaire, le caractère facultatif, apparaissent donc comme une propriété globale de ces deux syntagmes et non de chacune de leurs unités constitutives, qui ne sont pas effaçables indépendamment les unes des autres.

VI – La phrase et son architecture

Remarque. — **L'ellipse syntaxique** n'est qu'un cas particulier d'effacement où l'élément non exprimé est un syntagme récupérable – syntaxiquement et sémantiquement – à partir du contexte linguistique. Nos réponses, par exemple, sont presque toujours des phrases tronquées qui font l'économie de segments déjà exprimés par la question. Ces formes abrégées sont généralement des syntagmes :

(3) *Où vas-tu ? – <u>À la gare</u>* (= GP).
(4) *Tu te diriges vers où ? – <u>Vers la gare</u>* (= GP) / *<u>La gare</u>* (= GN).

Inversement une phrase donnée peut être élargie par **l'addition** d'éléments coordonnés par *et* (**XIX : 2.4.2.**). Cette opération n'est possible que si elle porte sur des unités fonctionnelles (mots ou syntagmes). En d'autres termes, les seules séquences de mots qui se prêtent à ce type de coordination sont celles qui ont le statut de syntagme :

(5) *Il a commandé <u>un fromage</u> et <u>un dessert</u>.*
(6) *Je pense <u>aller à Paris</u> et <u>y rester quelques jours</u>.*
(7) *C'est une personne <u>très gentille</u> et <u>fidèle en amitié</u>.*
(8) *Il m'a parlé <u>de ses études</u> et <u>de ses projets d'aveni</u>.*
(9a) *<u>Les pipes</u> et <u>les livres</u> de Luc seront vendus aux enchères*
(9b)* *<u>Les pipes de</u> et <u>les livres de</u> Luc seront vendus aux enchères*

Les phrases (5-8) coordonnent respectivement des groupes nominaux, verbaux, adjectivaux et prépositionnels qui y remplissent les mêmes fonctions. La phrase (9a) est grammaticale, puisqu'elle coordonne deux syntagmes qui sont dans le même rapport avec leur complément commun *de Luc* ; mais (9b) est agrammaticale parce qu'elle coordonne deux séquences (*les pipes de* et *les livres de*) qui ne sont pas des syntagmes et auxquelles on ne peut donc assigner aucune fonction.

▶ Les tests de déplacement

Dans la phrase (2), reprise ici sous (10) :

(10) *<u>Ce matin</u>, le directeur de l'usine a reçu les délégués syndicaux.*
(10a) *Le directeur de l'usine, <u>ce matin</u>, a reçu les délégués syndicaux.*
(10b) *Le directeur de l'usine a reçu les délégués syndicaux, <u>ce matin</u>,.*
(10c) *Le directeur de l'usine a reçu, <u>ce matin</u>, les délégués syndicaux.*

la seule séquence « naturellement » **mobile** est le groupe complément circonstanciel (**4.5.1.**) *ce matin* qui peut occuper trois positions : en tête et en fin de phrase, entre le groupe nominal sujet et le groupe verbal et même entre le verbe et le groupe nominal objet. Autant dire qu'au regard de la mobilité (comme d'ailleurs de la substitution et de l'effacement) cette séquence se comporte comme une seule unité syntaxique.

D'autres séquences de (10) peuvent être soumises à des déplacements, toutefois « provoqués » et strictement conditionnés, qui mettent également en évidence leur statut de syntagmes. Ainsi la conversion de (10) en une construction passive entraîne la permutation des groupes nominaux sujet et objet (**XIV : 7.1.**) : *Ce matin, les délégués syndicaux ont été reçus par le directeur de l'usine*. D'autre part, seules des séquences ayant le statut de syntagme peuvent être disloquées à droite et à gauche du reste de la phrase (**XIV : 6.1.**), moyennant leur reprise sous la forme du pronom personnel correspondant (*Ce matin, le directeur de l'usine, il a reçu les délégués syndicaux – Ce matin, les délégués syndicaux, le directeur de l'usine les a reçus*) ou bien extraites en tête de phrase (**XIV : 6.2.**) au moyen de la tournure emphatique *c'est... qui / c'est... que* (*C'est ce matin que le directeur de l'usine a reçu les délégués syndicaux – Ce matin, c'est le directeur de l'usine qui a reçu les délégués syndicaux – Ce matin, ce sont les délégués syndicaux que le directeur de l'usine a reçus*).

2.2.2. *L'analyse en constituants immédiats*

L'application systématique des procédures décrites dans la section précédente à la phrase :

(1) *Les acteurs de cette pièce interprètent très bien leurs rôles*

identifie l'ensemble des syntagmes suivants : [*Les acteurs de cette pièce*], [*acteurs de cette pièce*], [*de cette pièce*], [*cette pièce*], [*interprètent très bien leurs rôles*], [*interprètent très bien*], [*très bien*] et [*leurs rôles*]. Cela implique que certains syntagmes sont contenus dans d'autres : le syntagme *cette pièce* est contenu dans le syntagme *de cette pièce*, lui-même contenu dans le syntagme *acteurs de cette pièce*, etc. En fait, c'est l'ensemble de l'architecture de la phrase qui obéit à ce type de configuration dont le propre est de combiner les mots et les groupes de mots selon deux ordres complémentaires :

- celui, plus immédiatement perceptible, du regroupement linéaire des unités ;

- celui, plus problématique parce qu'échappant à l'observation directe, de leurs emboitements hiérarchiques.

Le principe de l'**analyse en constituants immédiats** (en abrégé **ACI**) consiste à décomposer une unité syntaxique non pas d'emblée en ses plus petites unités grammaticales (par exemple en une suite de mots), mais d'abord en ses plus grands constituants ; puis à répéter successivement l'opération sur ces constituants. Selon cette procédure, qui met en évidence la hiérarchie de regroupements qu'est une phrase, la phrase (1) se décompose en deux *constituants immédiats* (abrégés en **CI**), *les acteurs de cette pièce* et *interprètent très bien leurs rôles*, auxquels on peut substituer respectivement *ils* et *trichent* (**2.2.1.**). Ces deux constituants majeurs de la phrase se décomposent à leur tour en CI, et ainsi de suite jusqu'à ce que l'analyse atteigne les éléments grammaticaux ultimes que sont les mots.

L'ACI analyse les phrases selon le principe de la division récursive du tout en ses parties. Quant au caractère « immédiat » de chaque décomposition, il est garanti par le principe : X est un CI de Y s'il n'existe pas de constituant intermédiaire ; c'est-à-dire s'il n'y a pas de constituant Z tel que X soit un constituant de Z et Z soit lui-même un constituant de Y.

2.2.3. *Les représentations de la structure hiérarchique des phrases*

1. Le schéma en arbre. La structure d'ensemble d'une phrase simple telle (1) de la section précédente – c'est-à-dire ses mots, leurs regroupements en syntagmes et les emboitements successifs de ces derniers – peut être représentée par un **schéma en arbre** :

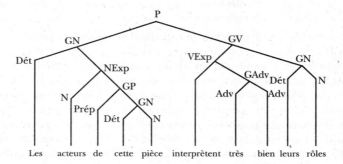

Comme les arbres généalogiques, ce schéma est en fait un arbre renversé. Constitué de points (les **nœuds**) reliés par des lignes droites (les **branches**), il visualise l'essentiel de la structure syntaxique de (1) :

▶ Les nœuds représentent les différents types d'unités syntaxiques (ou constituants) : les **nœuds terminaux** correspondent à des mots comme *acteurs, interprètent, leurs,* etc., et les **nœuds non-terminaux** (points de rencontre de deux ou plusieurs branches) à des syntagmes comme *de cette pièce, très bien, interprètent très bien leurs rôles,* etc.

▶ Les branches reliant directement un nœud inférieur (p. ex. *cette pièce*) à un nœud supérieur (p. ex. *de cette pièce*) symbolisent la relation « être **CI** (= constituant immédiat) de », qui se lit : « *cette pièce* est un **CI** de *de cette pièce* » et, sous sa forme converse, « *de cette pièce* a comme **CI** *cette pièce* ».

Qu'il s'agisse de mots ou de groupes syntaxiques, un **symbole catégoriel** est attaché à chaque nœud du schéma (1a) : p. ex. **Dét** pour **déterminant**, **N** pour **nom**, **GN** pour **groupe nominal**, **GV** pour **groupe verbal**, etc. Chacun des constituants de (1) est ainsi identifié par la classe ou la catégorie d'unités à laquelle il appartient : *les, cette* et *leurs* comme des **déterminants** à côté de *un, quelques, plusieurs,* etc. ; *acteurs, pièce* et *rôle* comme des noms à côté de *chaise, habit, réunion,* etc. ; *interprètent* comme un verbe et *très* et *bien* comme des **adverbes**. Comme les mots, les groupes syntaxiques appartiennent également à des catégories qui se distinguent par leur structure interne et en particulier par leur **catégorie tête** (ou constituant principal qui détermine la nature du groupe : nom, verbe, adjectif, adverbe). Les syntagmes *les acteurs, cette pièce* et *leurs rôles* sont donc classés dans la catégorie des **groupes nominaux,** ainsi dénommés parce que leur catégorie-tête est un nom ; et, toujours selon le même principe, *de cette pièce* dans la catégorie des **groupes prépositionnels,** *très bien* dans celle des **groupes adverbiaux** (adverbes modifiés par un autre adverbe) et *interprètent très bien leurs rôles* dans celle des **groupes verbaux** formés par un verbe et le(s) complément(s) qu'il régit. L'ensemble de la séquence (1) appartient à la catégorie des **phrases,** qui apparaissent ainsi comme les unités supérieures de l'analyse syntaxique (1.1.2.).

Remarques. — 1. Les traits verticaux à la base de l'arbre (parfois appelés **cordes**) relient un symbole catégoriel à sa réalisation lexicale dans une phrase donnée (p. ex. Dét à *les, cette* ou *leurs* dans le schéma (1a). Ce rapport est très exactement celui qui existe entre une variable libre (la catégorie grammaticale) et l'une de ses valeurs particulières (l'unité lexicale de la phrase analysée appartenant à cette catégorie).
2. L'ensemble de l'arbre ainsi étiqueté est à sa façon un **indicateur syntagmatique,** c'est-à-dire un dispositif qui représente, pour une phrase donnée, sa structure hiérarchique assortie de l'information catégorielle fixant le statut de chaque constituant.

2. La parenthétisation étiquetée. Les arbres étiquetés tels que (1a) ne sont qu'un moyen visuel parmi d'autres pour représenter la structure à la fois catégorielle et hiérarchique d'une phrase. Une information rigoureusement équivalente est fournie par un système de parenthèses appliqué à la suite linéaire de la phrase, de façon à en emboiter les constituants les uns dans les autres, des plus au moins incluants. Chacun des constituants ainsi parenthésés porte en indice (gauche ou droite) l'étiquette catégorielle qui l'identifie en tant que tel. La structure hiérarchique de la phrase :

(2) *Le chat de la voisine aime la bonne cuisine*

sera représentée par la parenthétisation :

(2a) $_P[_{GN}[_{Dét}[le]\ _{NExp}[_N[chat]\ _{GP}[_{Prép}[de]\ _{GN}[_{Dét}[la]\ _N[voisine]]]]]$

– $[_{GV}[_V[aime]\ _{GN}[_{Dét}[la]\ _{NExp}[_{Adj}[bonne]\ _N[cuisine]]]]]$

Le tiret entre GN et GV, les deux CI majeurs de la phrase, a été introduit dans la parenthétisation à seule fin d'en faciliter la lecture, ce qui démontre les limites pratiques de ce type de schématisation.

Il n'est pas toujours nécessaire ni même souhaitable d'entrer dans le détail de l'organisation syntaxique d'une phrase. S'il s'agit, par exemple, d'identifier la fonction de deux groupes nominaux respectivement sujet et objet d'une phrase, peu importe alors le détail de leur structure interne. L'usage en pareil cas est d'utiliser un triangle pour représenter des constituants complexes délibérément non analysés :

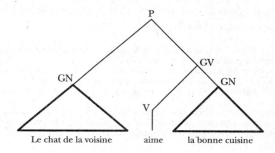

La parenthétisation étiquetée (2a) se convertit de façon analogue en un schéma simplifié où les deux GN *le chat de la voisine* et *la bonne cuisine* ne sont pas analysés :

(2c) P[GN[*Le chat de la voisine*] − GV[V[*aime*] GN[*la bonne cuisine*]]]

Pour des raisons de commodité, on emploie de préférence les schémas en arbre, plus facilement lisibles, pour représenter l'analyse détaillée d'une phrase entière. La parenthétisation, plus condensée mais difficile à interpréter au-delà d'une dimension réduite, convient mieux aux analyses non détaillées ou portant sur des séquences courtes.

3. Un ensemble ordonné de règles de réécriture. La première version de la grammaire générative rend compte de la combina-

toire hiérarchique des phrases par un ensemble algorithmique de règles du type :
X → Y + Z.

Ces règles, dites **de réécriture**, s'interprètent comme une invitation à réécrire le constituant de catégorie X (à gauche de la flèche) sous la forme des constituants à droite de la flèche (ici deux constituants appartenant respectivement aux catégories Y et Z). Chacune des catégories grammaticales étant représentée par un symbole catégoriel, le système de règles part du symbole initial P qui représente la phrase :
– Une première règle (R1) réécrit P en une suite de symboles qui représentent ses CI, soit un groupe nominal suivi d'un groupe verbal :
(R1) P → GN + GV
– À leur tour, ces deux symboles se réécrivent selon d'autres règles qui prévoient, par exemple, qu'un groupe nominal peut être composé d'un déterminant suivi d'un nom et un groupe verbal d'un verbe suivi d'un groupe nominal :
(R2) GN → Dét + N
(R3) GV → V + GN

La procédure se poursuit jusqu'à ce qu'elle aboutisse aux symboles catégoriels terminaux qui correspondent aux parties du discours (ici Dét, N et V). Tout symbole terminal peut être réécrit en une unité lexicale, pour peu que cette dernière soit caractérisée par ce même symbole catégoriel (p. ex., N → $difficulté_N$). Dès lors, on peut décrire la bonne formation syntaxique d'une phrase à partir d'un système de règles de réécriture assorti d'un lexique dont les unités sont indexées selon leur catégorie grammaticale. Ainsi la structure de la phrase :

(3) *Cette analyse présente une difficulté.*

se décrit par l'application successive des règles (R1), (R2), (R3) et (R2) et aboutit à la séquence terminale :

(3a) Dét + N + V + Dét + N.

Finalement, la substitution des unités *cette*$_{Dét}$, *une*$_{Dét}$, *analyse*$_N$, *difficulté*$_N$ et *présente*$_V$ aux symboles catégoriels de (3a) aboutit à la description structurale :

(3b) P[GN[*Cette analyse*] GV[V[*présente*] GN[*une difficulté*]]]

Remarques. — 1. Les règles de réécriture, popularisées par les premières versions de la grammaire générative, ne sont qu'une description de l'architecture combinatoire des phrases, mais ne constituent pas une hypothèse sur le mécanisme de leur production. **2.** Certaines règles de réécriture sont dites **récursives** lorsque le symbole catégoriel initial figure directement ou non dans sa propre réécriture, comme sur l'étiquette couvercle de « La vache qui rit », où la tête de l'animal réapparait sous la forme de sa boucle d'oreille, et ainsi de suite. C'est le cas du groupe nominal GN lorsqu'il se réécrit sous la forme de Dét + Nmodif et que Nmodif se réécrit N + SP, dont le second constituant SP se réécrit Prép + ... GN. Du coup se trouve engagé un processus de reproduction théoriquement à l'infini de GN à l'intérieur de sa propre structure : *le fils de l'ami du neveu du voisin du concierge de*... Cette propriété partagée par d'autres types de constituants, tels que les relatives et les complétives auto-enchâssées, explique la propriété de **créativité** (production d'un ensemble infini de phrases à partir d'un ensemble fini de règles) caractéristique de toute langue (**Intro. 3.1.**).

Bibliographie. — R.S. Wells (1947), trad. fr. : Constituants immédiats, *Langages*, 20, 1970 : 61-100 – N. Chomsky (1965) – J. Dubois, F. Dubois-Charlier (1970), Principes et méthodes de l'analyse distributionnelle, *Langages*, 20 : 3-13 – F. Dubois-Charlier et D. Leemann (1975) : 37-193 – L. Picabia et A. Zribi-Hertz (1981) : 163-172.

2.2.4. *La définition distributionnelle des fonctions*

Les schémas en arbre et les autres représentations de l'ACI illustrent le caractère doublement relationnel de tout rapport syntaxique. En effet, tout constituant de la phrase y voit son statut syntaxique simultanément défini par deux types de relations positionnelle solidaires :

▶ **par une relation intégrative** : comme CI, il participe directement à la constitution d'un syntagme d'ordre supérieur ;

▶ **par une relation distributionnelle** : toujours comme CI, il est directement lié au(x) constituant(s) de même niveau avec le(s)quel(s) il forme un syntagme de niveau supérieur.

Ainsi dans la phrase (2) de **2.2.3.**, le groupe nominal *la bonne cuisine* est le deuxième CI du groupe verbal :

GV[V[*aime*] GN[*la bonne cuisine*]]

Du coup, il est également en rapport syntaxique direct et linéaire avec le verbe *aiment*, premier CI de ce même groupe verbal. Ainsi les fonctions se prêtent à une lecture strictement positionnelle selon les deux paramètres combinés de leur relation intégrative et de leur relation distributionnelle, qui identifient ici la fonction « objet direct » de *la bonne cuisine*. Quant au sujet de la phrase de base, il sera identifié comme le groupe nominal CI de la phrase et en relation distributionnelle avec le groupe verbal, deuxième CI de la phrase ; le complément d'objet direct, comme le groupe nominal deuxième CI du groupe verbal (et donc en relation distributionnelle avec le verbe, premier CI du groupe verbal) ; et le complément du nom comme le groupe nominal CI d'un groupe prépositionnel, lui-même CI d'un groupe nominal (à l'intérieur duquel il est en relation distributionnelle avec le nom qui le précède), et ainsi de suite. On identifiera ainsi de façon univoque et sans recourir au sens les différentes fonctions dans la phrase de base (**1.3.**). Par exemple, celles (soulignées) de sujet, d'objet direct et de complément du nom dans la représentation parenthésée de la phrase (2) :

sujet : $_P[_{GN}[$ <u>*Le chat de la voisine*</u> $]$ $_{GV}[$ *aime la bonne cuisine* $]]$
cod : $_{GV}[_V[$ *aime* $]$ $_{GN}[$ <u>*la bonne cuisine*</u> $]]$
complément du nom : $[[_{Dét}[$ *le* $]_N[$ *chat* $]$ $[_{GP}[_{Prép}[$ *de* $]$ $_{GN}[$ <u>*la voisine*</u> $]]]$

Remarque. — La définition positionnelle des fonctions comme des constituants dans l'architecture phrastique montre que, contrairement aux formulations des grammaires traditionnelles, ce sont le plus souvent des syntagmes et non pas des mots qui exercent globalement les fonctions de sujet, de complément du verbe, de complément du nom, etc. Dans cette perspective, l'objet direct de la phrase ci-dessus est le GN entier *la bonne cuisine* et non pas le seul substantif *cuisine*, qui n'en est que l'élément principal (le mot tête) du syntagme. Cette analyse est également plus cohérente du point de vue de l'interprétation sémantique des fonctions : le rôle d'objet du procès dénoté par la forme verbale *aime* est le référent non pas du nom *cuisine* (qui tel quel a un sens, mais pas de référent), mais de *la bonne cuisine*, qui est une expression descriptive susceptible d'identifier un référent (**XXII : 2.**).

Ce type de définition s'étend aisément aux autres fonctions usuelles (complément d'objet indirect, complément circonstanciel, complément de l'adjectif, attribut, épithète, etc.) dans la mesure où chacune correspond à une position structurale bien définie dans la phrase. Mieux, il permet de caractériser des catégories telles que les déterminants et les prépositions, auxquelles les grammaires traditionnelles n'assignent pas de fonction spécifique, se contentant de la notion générique de rapport ou de relation (« se rapporte à », « dépend de », « introduit »). Enfin il lève l'ambiguïté traditionnelle de la catégorie du « verbe » qui désigne à la fois une partie du discours identifiée par ses marques morphologiques et une fonction qui est généralement conçue comme celle du pivot central autour duquel s'organise le reste de la phrase. L'étiquette de *verbe* pourra dès lors être réservée à la partie du discours, la fonction (celle de *mot-tête* du groupe verbal) étant définie par son rôle de constituant à l'intérieur du groupe verbal.

2.2.5. La composante syntagmatique d'une grammaire de la phrase de base

Pour décrire l'architecture des phrases déclaratives simples du français (et donc de la proposition commune à leurs différents types), un système de règles de réécriture (**2.2.3.**) doit être complété par des règles qui prévoient :

▶ tous les éléments optionnels dans la structure d'une phrase. Ainsi, la réécriture de P comportera un troisième constituant, dit circonstant (**4.5.**), facultatif et susceptible de plusieurs réalisations catégorielles ; celle du groupe nominal, des modifieurs facultatifs et cumulables tels les adjectifs épithètes et les GP compléments de leur tête nominale, etc.

Les éléments facultatifs sont dits **régis** par le ou les constituants dont ils dépendent : dans *Il a dû grimper un [sentier [très [raide]]]*, l'adverbe *très* dépend de l'adjectif épithète *raide*, lequel dépend lui-même du nom *sentier*. La preuve de cette dépendance unilatérale est fournie par l'impossibilité d'effacer l'élément régissant sans effacer simultanément l'élément régi : **un (–) très raide / *un sentier très (–)*. L'effacement du terme dépendant / régi, en revanche, n'affecte pas l'occurrence du terme régissant : *un sentier (–) raide*. Deux constituants sont en relation de **dépendance réciproque** si l'un ne va pas sans l'autre : dans la forme minimale de GN (**VII : 1.1.**) *les quais*, le déterminant *les* et le nom *quais* s'impliquent mutuellement, et il en va de même du groupe nominal et du groupe verbal, les deux CI obligatoires de la phrase de base (**2.1.**).

▶ la possibilité qu'un symbole catégoriel ait plus d'une réécriture. Le groupe verbal, par exemple, peut se réécrire sous plusieurs formes : V (verbe intransitif : *éternuer*), V + GN (construction transitive directe : *manger + des fruits*), V + GP (construction transitive indirecte : *descendre + d'une voiture*), V + Adj (construction attributive : *être + jeune / un grand gamin*), etc. Par convention, on entoure ces **réécritures concurrentes** d'accolades droites à l'intérieur desquelles elles sont séparées par des barres obliques. Par exemple :

GV → {V / V + GN / V + GP / V + Adj / GN, etc.}.

Un tel ensemble de règles constitue une **grammaire syntagmatique** rudimentaire qui ne décrit cependant qu'une partie bonne formation des phrases. Elle permet surtout de caractériser les grandes régularités structurales de la phrase de base et par conséquent de toutes les constructions susceptibles d'être décrites (selon d'autres règles) comme des modifications de ce modèle canonique (**2.1.**). Elle décrit aussi l'**ambiguïté syntagmatique** d'une phrase telle que :

(1) *La petite brise la glace*

qu'elle analyse différemment selon deux séries de règles de réécriture aboutissant à deux séquences terminales distinctes :

(1a) $_P$[$_{GN}$[Dét + Adj + N] + $_{GV}$[Pro + V]]
(1b) $_P$[$_{GN}$[Dét + N] + $_{GV}$[V + $_{GN}$[Dét + N]]]

En revanche, une telle grammaire ne reconnaît pas les aspects proprement lexicaux de l'ambiguïté dans cette phrase où les mots *brise* et *glace* dénotent alternativement un objet physique et un procès, et *petite* une propriété dimensionnelle ou une personne. Mais surtout, faute de tenir compte des contraintes spécifiques (syntaxiques et sémantiques) exercées par certains constituants sur d'autres, elle ne relève pas davantage l'agrammaticalité de la seconde phrase des couples suivants :

(2) *Pierre gagne Paris / *Pierre va Paris.*
(3) *Le chercheur a résolu le problème / *Le plafond a résolu le lit.*

L'introduction de règles de sous-catégorisation (**3.2.**) permet de remédier à ce défaut.

3. LES CATÉGORIES DE MOTS

3.1. Problèmes de définition

La tradition grammaticale répartit les constituants ultimes de l'ACI que sont les **mots** en neuf **parties du discours** : le **nom**, l'**article**, l'**adjectif**, le **pronom**, le **verbe**, l'**adverbe**, la **préposition**, la **conjonction** et l'**interjection**. Selon qu'on l'envisage en extension ou en compréhension, une partie du discours est une **classe de mots** ou une **catégorie** (ou **type**) **de mots** vérifiant une ou plusieurs propriétés communes.

▶ Les grammaires traditionnelles ont généralement recours à des **critères notionnels**, qui recoupent les catégories « de sens commun » du locuteur ordinaire (M.-J. Béguelin 2000 : 24-36), comme la *Grammaire de l'Académie française* (1932) le fait, en partie du moins, pour le nom, l'adjectif qualificatif, le verbe et l'adverbe :

« Le nom [...] désigne les êtres vivants, les choses, les qualités [...] » (p. 17).

« Les adjectifs *qualificatifs* [...] expriment la manière d'être d'une personne ou d'une chose, l'aspect particulier sous lequel on les envisage » (p. 67).

« [le verbe] exprime une action faite ou supportée par le sujet » (p. 95).

« l'adverbe est un complément circonstanciel de forme invariable qui sert à exprimer la manière, le temps, le lieu, la quantité, etc. » (p. 188).

Ce type de classification est, en fait, dépourvu de tout pouvoir discriminant, puisque le nom, par exemple, peut désigner, outre « les êtres vivants, les choses, les qualités », des procès (*course, destruction*), des états et des manières d'être (*tristesse, obséquiosité*), des portions d'espace (*panorama*) et de temps (*semaine, siècle*) ainsi que des quantités (*litre, multitude*), toutes notions qui sont également utilisées pour caractériser respectivement le verbe, l'adverbe et l'adjectif. On pourrait multiplier les exemples de tels recouvrements sémantiques : la notion de quantité, par exemple, peut indifféremment être exprimée par la catégorie des déterminants (*quelques, cinq*) des pronoms (*tous*), des adjectifs qualificatifs (*nombreux*), des noms (*dizaine, poignée*), des verbes (*foisonner*) et des adverbes (*abondamment*).

Bibliographie. — M.-J. Béguelin, éd., (2000).

Deux conclusions s'imposent. D'une part, les propriétés sémantiques telles qu'on les conçoit ordinairement ne permettent pas de distinguer de façon univoque les différentes parties du discours. Si ces catégories recouvrent néanmoins une bonne partie de la réalité linguistique, c'est qu'elles reposent davantage sur notre connaissance intuitive de la langue que sur des critères explicitement affichés. D'autre part, si une même catégorie notionnelle peut se verbaliser dans plus d'une classe grammaticale et qu'une même classe grammaticale se prête à l'expression de plusieurs catégories notionnelles, cette absence d'univocité s'explique par la spécificité des rôles syntaxiques joués par chaque partie du discours et l'éventail de leurs contreparties interprétatives. Ces deux réalités justifient la ramification des catégories en sous-catégories, illustrée par les développements sémantiques dans les sections consacrées aux différentes parties du discours.

▶ Restent les critères **morphologiques** et **syntaxiques**. Les premiers sont presque exclusivement d'ordre flexionnel. Ainsi les verbes français se reconnaissent immédiatement au fait qu'ils se conjuguent : leurs terminaisons varient selon la personne, le nombre, le temps et le mode (**IX : 1.**). Les adjectifs qualificatifs (**XI : 3.1.**) sont variables en genre et en nombre (*grand / grande / grands / grandes*) et se prêtent souvent à une dérivation adverbiale en *-ment* à partir de leur forme féminine (*courageuse* → *courageusement*). Quant aux noms, qui ont un genre fixe, ils ne sont soumis qu'à la variation en nombre (généralement marquée par *s* final à l'écrit). Pour les classes de mots invariables (prépositions, adverbes, conjonctions et interjections), le seul critère, négatif, de l'invariabilité ne suffit ni à les distinguer entre elles ni même à les opposer fonctionnellement aux autres catégories.

D'un point de vue proprement syntaxique, une classe de mots est une **classe distributionnelle**, c'est-à-dire un ensemble de mots pouvant occuper les mêmes positions dans des structures phrastiques. En l'absence d'un modèle explicite de la structure hiérarchique de la phrase, la mise en évidence des critères distributionnels ne peut être que longue, laborieuse et aléatoire. Comment, en effet, identifier une catégorie grammaticale par son environnement si cet environnement doit lui-même être défini... par son environnement ? Dans le cadre d'une analyse syntagmatique de la phrase (**2.2.2.**), chaque partie du discours peut être identifiée directement comme un type distinct de constituant ultime et, comme tout CI, être définie par sa relation intégrative et sa relation distributionnelle (**2.2.4.**) dans le cadre du ou des groupe(s) syntaxique(s) où elle fonctionne comme CI. Cette double relation apparaît au bas des schémas en arbre et se lit au dernier niveau des parenthétisations ainsi que dans les règles de réécriture comportant un symbole terminal (**2.2.3.**).

Soit, par exemple, le système (simplifié) de règles de réécriture du groupe nominal :

(R1) GN → Dét + NMod
(R2) NMod → N + (GP)
(R3) GP → Prép + GN

Il fournit une définition syntaxique des catégories du nom commun, du déterminant et de la préposition. En effet, ces trois catégories sont d'abord des constituants obligatoires de la catégorie qu'ils réécrivent. Corollairement, comme premier CI du groupe nominal, le <u>déterminant</u> est en relation distributionnelle avec le groupe du nom modifié qu'il précède (et qui peut se réduire au seul nom). Inversement le <u>nom</u> est soit le seul soit le premier CI du groupe du nom expansé, à l'intérieur duquel il est peut être suivi d'un groupe prépositionnel facultatif. Enfin la <u>préposition</u> est le premier CI du groupe prépositionnel, dont le deuxième CI est un groupe nominal.

Plus généralement, la procédure distributionnelle consiste à déterminer la nature d'un terme par le type de fonction(s) qu'il est susceptible de remplir. Ce faisant, elle unifie la définition de toutes les unités syntaxiques de la phrase, qu'il s'agisse de syntagmes ou de mots. Mais surtout elle affine l'inventaire catégoriel des grammaires traditionnelles, par exemple en regroupant dans la même catégorie des **déterminants (VII : 2.**) les articles et les ci-devants *adjectifs démonstratifs, possessifs, indéfinis*, etc., qui n'ont d'adjectifs que le nom puisqu'ils sont inaptes aux fonctions épithète, attribut et apposition, mais partagent en revanche la distribution des articles.

Ces amendements apportés aux définitions traditionnelles des parties du discours ne constituent pas encore une caractérisation suffisamment spécifique du comportement des mots dans la phrase. D'une part, à l'intérieur même de la structure hiérarchique de la phrase, les mots et les groupes de mots sont soumis à des restrictions de cooccurrence tant syntaxiques que sémantiques dont la description réclame une information catégorielle plus fine que celle qui est fournie par une définition strictement syntagmatique des parties du discours. Ces dernières doivent alors être **sous-catégorisées (3.2.)**. D'autre part, les déterminants, les noms, les adjectifs, les pronoms et les verbes sont variables. Des variations formelles et conditionnées syntaxiquement telles que celles de l'adjectif *vieux, vieil, vieille* ou celles d'un paradigme verbal, qui manifestent l'existence à l'intérieur du mot d'unités signifiantes formellement définissables, doivent être prises en charge par la **morphologie grammaticale** et la **morphosyntaxe (Intro. : 3.5.2. et XX : 2.).**

3.2. Insertion lexicale et sous-catégorisation

Dans une grammaire syntagmatique simple (**2.2.5.**), **le lexique** est une liste des mots de la langue, spécifiés chacun par son appartenance à une partie du discours. Ainsi, quelle que soit la représentation de la structure hiérarchique de la phrase (**2.2.3.**), chaque mot peut y apparaître dans les positions qui correspondent à sa « nature ». Or l'information catégorielle en termes de parties du discours est notoirement insuffisante pour rendre compte de toutes les contraintes qui conditionnent l'insertion des mots dans la phrase. Il faut donc subdiviser les classes majeures trop grossières que sont les parties du discours en sous-classes plus finement différenciées. Dans sa version originelle, cette opération, dite de **sous-catégorisation**, se fonde sur deux types de critères : les premiers affinent les catégories grammaticales traditionnelles en y introduisant des restrictions proprement syntaxiques, que les seconds complètent par des spécifications d'ordre sémantique.

▶ La sous-catégorisation syntaxique

Soit par exemple la règle qui spécifie l'une des réécritures possibles du groupe verbal :

(1) GV → V + GN.

Si l'on réécrit le GN objet direct par les formes pronominales *cela / celui-ci* (pour éviter d'éventuels problèmes de compatibilité sémantique), on constate que V ne peut être réécrit que sous la forme lexicale de certains verbes :

(2) *Il connaît / résout / inonde /* etc. + *cela / celui-ci.*
(3) **Il récidive / *ressemble / *découle /* etc. + *cela / celui-ci.*

En revanche, les verbes de (2) ne peuvent pas occuper la position V dans d'autres réécritures du groupe verbal telles que :

(4) GV→V + GP (*Il nuit / ressemble /* etc. *à celui-ci*).
(5) GV→V + GN + GP (*Il donne / envoie /* etc. *cela à celui-ci*).
(6) GV→V + GP + GP (*Il parle de cela à celui-ci*).

Les grammaires traditionnelles rendent compte de ce conditionnement syntaxique en subdivisant la catégorie générale du verbe en autant de sous-catégories : verbes intransitifs (sans complément), verbes transitifs directs (avec un complément construit directement), indirects (avec un complément prépositionnel), etc. Une grammaire syntagmatique présentera le même type d'information en incorporant dans la catégorisation des verbes un trait de sous-catégorisation distributionnelle. Par exemple :

(2a) *résoudre* : [V], $_{GV}$[− + GN].
(3a) *récidiver* : [V], $_{GV}$[−].
(4a) *ressembler* : [V], $_{GV}$[− + $_{GP}$[Prép *à* + GN]].

(5a) *donner*: [V], ~GV~[– + [GN] + ~GP~[Prép *à* + GN]].
(6a) *parler*: [V], ~GV~ [– + ~GP~[Prép *de* + GN] + ~GP~ [Prép *à* + GN]].

Les schémas (2a-6a) catégorisent *résoudre, récidiver, ressembler* et *parler* d'abord comme des verbes [V], c'est-à-dire comme constituants-têtes d'un groupe verbal, mais les distinguent ensuite au regard de leur complémentation par un trait de sous-catégorisation qui se lit respectivement :

(2b) = construit avec un objet direct ;
(3b) = sans complément ;
(4b) = construit avec un objet indirect introduit par la préposition *à* ;
(5b) = construit avec deux objets, l'un direct, l'autre indirect et introduit par la préposition *à* ;
(6b) = construit avec deux objets indirects introduits respectivement par les prépositions *à* et *de*.

Encore faudrait-il préciser que le complément de *résoudre* et de *ressembler* est obligatoire, alors que les deux compléments de *parler* sont facultatifs.

Ce type de sous-catégorisation est strictement syntaxique (d'où l'appellation de **sous-catégorisation stricte** dans les premières versions des grammaires générativistes) parce qu'il caractérise les unités lexicales selon leurs possibilités de cooccurrence avec d'autres catégories syntaxiques. Toutes les catégories majeures gagnent à être ainsi sous-catégorisées, ne serait-ce que pour rendre compte de propriétés empiriques qui s'imposent à l'observation. Par exemple :

- La distinction entre **noms communs** et **noms propres** (**VII : 2.8.**) repose largement sur la présence ou l'absence d'un déterminant antéposé au nom (ou sur le caractère contraint ou non du déterminant).
- Les adjectifs se subdivisent en plusieurs sous-catégories selon les critères combinés de leur fonction, de leur place par rapport au nom-tête d'un GN, de leur aptitude à la complémentation et aux marques de degré (**XI : 1.2.**).
- Les adverbes également se distribuent en plusieurs classes selon le type de constituant dont ils dépendent et leurs degrés de dépendance (**XIII : 2.**).

▶ **La sous-catégorisation sémantique**

Un élément lexical peut cependant remplir toutes les conditions de sous-catégorisation syntaxique pour occuper une position donnée sans pour autant être compatible avec toutes les unités susceptibles de figurer dans cet environnement syntaxique. Si le verbe *rassurer*, par exemple, se construit avec un GN complément d'objet direct, il s'en faut de beaucoup que n'importe quel groupe nominal fasse l'affaire :

(7) *J'ai rassuré mon associé / mon chat / ? mon poisson rouge / ?mon ordinateur / *ma cafetière électrique / *ma date de naissance.*

Il ne suffit donc pas d'identifier le verbe de causation psychologique *rassurer* comme un verbe transitif direct, il faut encore spécifier la nature sémantique du nom-tête de son complément : en l'occurrence, par la propriété d'être capable de raisonner ou d'éprouver des sentiments, que l'on peut marquer par le trait sémantique [+ humain]. Un verbe comme *boire* au sens non figuré de « ingérer une substance liquide » sera décrit comme exerçant une sélection sémantique à la fois sur son objet et sur son sujet qui doivent respectivement vérifier les traits [+ liquide] et [+ animé].

Les règles de la **sous-catégorisation sémantique** (dites aussi de **sélection contextuelle** dans les grammaires génératives) se formulent dans le cadre de la sous-catégorisation syntagmatique, dont elles constituent le prolongement nécessaire si l'on veut rendre compte des propriétés et restrictions combinatoires déterminées par le sémantisme des termes particuliers. Elles opèrent plus généralement entre les mots-têtes des constituants et les termes qu'ils régissent : par exemple entre le nom et son adjectif épithète ou son complément nominal, entre l'adjectif et son complément, etc. On peut dès lors représenter la catégorisation complète d'un verbe comme *boire* par la conjonction des trois formules :

(8) *boire* : 1. [V]
2. $_{GV}$[– + (GN)]
3. $_{GV}$[– + $_{GN}$[(Dét + N[+ liquide])]
$_{P}$[$_{GN}$ [Dét + N[+ animé]] + [GV]]

Dans la pratique, on dira simplement que *boire* : 1) est un verbe (partie du discours) ; 2) est transitif direct, mais peut s'employer intransitivement (sous-catégorisation syntagmatique) ; 3) réclame un sujet et un objet présentant respectivement les traits [+ animé] et [+ liquide] (sous-catégorisation sémantique).

Il est des mots dont la latitude combinatoire à l'intérieur de la phrase est limitée à un nombre extrêmement réduit de cooccurrences. Ainsi *la tête* et *les yeux* sont respectivement les seuls compléments possibles des verbes *hocher* et *écarquiller* ; l'adverbe *grièvement* ne modifie naturellement que le participe *blessé* ; l'adjectif *accorte* n'est effectivement utilisé qu'au féminin pour caractériser quelques substantifs comme *servante, serveuse* et *soubrette* ; l'adjectif *saur* (« salé et séché à la fumée ») ne s'applique qu'aux *harengs ; à gorge déployée* ne modifie que le verbe *rire*, etc. Ces affinités sélectives particulièrement contraignantes (parfois appelées **collocations**), à la limite de la phraséologie, s'expliquent par le sens très spécifique dévolu à des termes par l'usage standard (*grièvement blessé* s'oppose à *gravement malade*) ou par leur appartenance à un registre de langue bien déterminé (l'adjectif *accorte* est étiqueté *vieux* et *littéraire* par les dictionnaires).

Remarque. — Les règles de sous-catégorisation sémantique sont délibérément ignorées ou violées par certains emplois **métaphoriques** (XXI : 4.2.). Ainsi, dans *Ce type est un (vrai) papillon* [= C'est un homme volage, inconstant], le trait [- humain] de l'attribut est normalement incompatible avec le trait [+ humain] du sujet. Quelle qu'en soit l'explication (ici la sélection dans la représentation sémantique du nom *papillon* du trait « qui va de fleur en fleur » et sa transposition analogique au domaine humain), l'interprétation métaphorique d'un terme ne peut pas être mise sur le même plan que ses interprétations ordinaires. Ce serait non seulement évacuer de la grammaire la notion de compatibilité ou d'ajustement sémantique, mais aussi s'interdire de reconnaître les spécificités de l'interprétation métaphorique, qui naît justement de la reconnaissance et du traitement interprétatif de certaines incompatibilités sémantiques.

Bibliographie. — L. Picabia et A. Zribi-Hertz (1981) : 25-54 – *Langages*, 92 (1989), *Les parties du discours* – D. Creissels (1995) : 64-202.

3.3. Le conditionnement lexical des relations syntaxiques

3.3.1. *La notion de valence et l'analyse actancielle*

On désigne par le terme de **valence** l'aptitude générale de certaines catégories grammaticales centrales, fonctionnant comme catégories têtes dans l'architecture de la phrase (telles que le verbe, mais aussi l'adjectif et le nom), à imposer à leur entourage des configurations syntaxiques bien déterminées. C'est ainsi qu'un verbe comme *donner* est dit *trivalent* parce qu'il requiert trois actants (ou constituants participant syntaxiquement au procès spécifique que ce verbe dénote) : un sujet et deux compléments, l'un direct, l'autre indirect, qui identifient respectivement l'agent d'un transfert, l'objet sur lequel ce procès s'exerce et son bénéficiaire (**Intro. : 3.5.5.**).

Comme la notion de « valence » repose sur des bases à la fois logiques, sémantiques et syntaxiques, ses définitions présentent des différences notoires dans la littérature linguistique. Pour éviter les confusions et distinguer les niveaux de l'analyse, on emploiera ici les termes solidaires de *valence* et d'*actant* dans un sens résolument syntaxique. Le verbe *donner* tel qu'il est construit dans les phrases (1) et (1a) où ses trois actants ont été pronominalisés :

(1) <u>Saint Martin</u> (act. 1) *donna* <u>la moitié de son manteau</u> (act. 2) <u>à un pauvre</u> (act. 3)
(1a) <u>Il</u> (act. 1) <u>le</u> (act. 2) <u>lui</u> (act. 3) *donna*

peut être caractérisé par son schéma actanciel, c'est-à-dire par les positions syntaxiques que ce verbe ouvre et par la nature des constituants qui les occupent. D'une part, *donner* a ici trois actants également pronominalisables, alors qu'un verbe comme *récidiver* ne peut en avoir qu'un seul et que *résoudre* en réclame nécessairement deux :

(2) *Il a récidivé / *le lui a récidivé*
(3) *Il *a résolu / l'a résolu* [= N0 + V + N1].

Les trois actants de *donner* (dénommés dans la terminologie de Tesnière (1959) prime actant, second actant et tiers actant selon leur ordre d'occurrence dans la phrase canonique) assurent res-

VI – La phrase et son architecture

pectivement les fonctions de sujet (*saint Martin*), d'objet direct (*la moitié de son manteau*) et d'objet indirect introduit par la préposition *à* (*à un pauvre*). Le second et le tiers actant peuvent ne pas être réalisés sous certaines conditions :

(4a) *Il est trop bon : il donnerait même sa chemise*
(4b) *Il ne faut donner qu'à ceux qui en ont vraiment besoin*
(4c) *Désolé, mais j'ai déjà donné*

Enfin, chacun des actants est soumis à des restrictions sémantiques (**2.3.2.**) : le premier et le troisième ont le trait [+ humain], tandis que le second doit pouvoir être conçu comme l'objet d'un transfert entre les deux premiers.

Dans les analyses valencielles, qui ignorent le groupe verbal (et la phrase comme constituant syntaxique supérieur), le verbe implique syntaxiquement et contrôle sémantiquement aussi bien ses compléments que son sujet. La mise sur un même plan syntaxique des relations verbe-objet et verbe-sujet correspond pour la phrase (5) aux quatre formules (5a-d) où les formes lexicales des actants sont remplacées respectivement par le symbole des groupes nominaux indexés selon leur ordre d'apparition et par des formes pronominales clitiques, indéfinies et interrogatives :

(5) *Le ministre a envoyé sa lettre de démission au président.*
(5a) N0 – V – N1 – à – N2
(5b) *Il – la – lui –* a envoyée.
(5c) *Quelqu'un – a envoyé – quelque chose – à quelqu'un.*
(5d) *Qui – a envoyé – quoi – à qui ?*

Une telle représentation syntaxique (dépendancielle par rapport au pivot verbal) correspond en fait à l'interprétation de la structure phrastique selon le modèle logique d'un prédicat associé à un ou plusieurs arguments (**1.1.2.**) : $F(x, y, z)$ pour les verbes *donner* et *envoyer*, $F(x)$ pour *récidiver* de (2) et $F(x, y)$ pour *résoudre* de (3).

Les aptitudes combinatoires des adjectifs qualificatifs et de certains noms se décrivent également au moyen de schèmes valenciels. Parmi les adjectifs (**XI : 3.5.2.**), on distinguera, par exemple, entre adjectifs inaptes à la complémentation (*ovale*), et donc monovalents, et adjectifs bivalents car susceptibles d'être suivis d'un complément facultatif (*fier (de son succès)*) ou obligatoire (*enclin à la nonchalance*), nominal (*parallèle à la rue*) ou propositionnel (*désireux de plaire*), etc. Les noms, dits **prédicatifs**, souvent morphologiquement et sémantiquement reliés à des verbes ou à des adjectifs (**VII** : 3.3., 4.5. et 4.6.) ont une valence analogue à celle des verbes et des adjectifs apparentés (*La police$_1$ a dispersé les manifestants$_2$ la dispersion des manifestants$_2$ par la police$_1$ – Jean$_1$ est allergique à cette musique$_2$ / l'allergie de Jean$_1$ à cette musique$_2$*) et la réalisent pleinement dans leurs emplois prédicatifs avec un verbe support : *la police$_1$ a procédé à la dispersion des manifestants$_2$ – Jean$_1$ éprouve / manifeste de l'allergie à / pour cette musique$_2$*.

Bibliographie. — J. Damourette et É. Pichon (1911-1940) : § 92-102 – L. Tesnière (1959) – *Langages*, 113 (1994), *Les relations actancielles. Sémantique, syntaxe, morphologie* – G. Lazard (1994), *L'actance*, PUF – Herslund M. (1994), Valence et relations grammaticales, *Linguistica*, 34 : 109-117 – J. François éd. (1996), *La sémantique des relations actancielles à travers les langues*, SCOLIA, 7, Université de Strasbourg.

3.3.2. *Relations syntaxiques et rôles sémantiques*

Soit, par exemple, la phrase :

(1) *Mon voisin a offert un diamant à sa femme*

et le schéma actanciel du verbe trivalent *offrir* :

[2] *offrir* : (1) sujet, (2) objet premier, (3) objet second (*à* + GN).

À partir de sa connaissance du sens du verbe *offrir*, tout locuteur français interprétera les syntagmes *mon voisin*, *un diamant* et (*à*) *sa femme* respectivement comme l'agent, l'objet et le bénéficiaire du processus de transfert dénoté par le verbe. Chacun des éléments du schéma actanciel du verbe *offrir* se voit ainsi attribuer un **rôle sémantique** – au départ, **cas profond**, dans la terminologie de Fillmore (1977) et **rôles thématique** ou **q-rôle** dans la composante interprétative des grammaires génératives – dans la configuration sémantico-logique censée représenter le sens de la phrase (1). À la distribution syntaxique des actants correspond ainsi un assortiment de rôles sémantiques ; et au schéma actanciel [2] du verbe, la formule propositionnelle [3] d'un prédicat à trois arguments caractérisés chacun par un rôle sémantique précis :

[3] $F(x, y, z)$
F = procès de transfert

x = agent initiateur du transfert
y = objet du transfert
z = bénéficiaire du transfert

Établir une liste universellement valable des rôles sémantiques n'aurait guère de sens. Pour une même langue, les inventaires diffèrent quantitativement et qualitativement selon les modèles d'analyse, la finesse des distinctions et le degré de généralité visé.

Pour le français, les descriptions casuelles s'accordent généralement sur les rôles suivants, qui reflètent nos intuitions les plus immédiates sur les configurations prédicatives sous-jacentes à l'organisation syntaxique des phrases autour du pivot verbal :

- **l'agent** (**acteur**), être animé instigateur et contrôleur du procès, qui n'aurait pas lieu sans son intervention : *L'enfant caresse le chien – Et Dieu créa la femme* ;
- **l'objet** (**patient**, dans la terminologie traditionnelle, au sens où il « subit » l'action du terme prédicatif, ce qui est loin d'être toujours le cas), entité, animée ou non, sur laquelle s'exerce directement le procès ou dont elle constitue le point d'aboutissement ou d'application : *Le chien a mordu l'enfant – Le client feuillette un livre – Jean a aperçu Paul – As-tu bien garé ta voiture ? – Il a fini par résoudre le problème* ;
- **le bénéficiaire**, être animé affecté par les retombées positives ou négatives du procès, qui est souvent un transfert dans ou hors de son domaine de possession ou de sa sphère personnelle : *Le tribunal a retiré son permis de conduire au chauffard – Il a reçu la Légion d'honneur – Il a gratifié le serveur d'un généreux pourboire – Sagnol passe la balle à Zidane* ;
- **le siège**, entité non animée où se manifeste un état physique : *Les vitres tremblent – Le tonneau fuit* ; ou **expérienceur** (calque de l'anglais *experiencer*) pour les êtres animés éprouvant un processus psychologique ou psychique : *Jean est content / souffre / s'évanouit – Ce film a enthousiasmé Jean et déplu à Paul* ;
- **l'instrument(al)**, entité non animée, éventuellement contrôlée par un agent, qui est à l'origine du procès : *Pierre ouvre la porte avec cette clé – Cette clé ouvre la porte – La porte s'est ouverte sous l'effet du vent – Il l'a menacé du poing* ;
- **le locatif**, repère spatial impliqué par le procès et qui sert donc à localiser une autre entité : *Les clefs sont dans le tiroir – Il a trouvé les clefs dans le tiroir – Le tiroir contenait des clefs* ;

* **le but** (ou **objectif** ou encore **cible**), entité concrète destinataire intentionnelle du procès, ou vers la réalisation ou l'obtention de laquelle est dirigé le procès : *Pierre lance la balle à Jean – Pierre vise un siège de député – Le tireur a raté la cible* ;
* **le résultatif**, objet, être ou état des choses qui est la conséquence du procès : *Et Dieu créa la femme – Jean a écrit plusieurs romans – La sorcière a transformé le beau prince en un vilain crapaud* ;
* **la source**, entité dont provient ou s'éloigne une autre entité : *Vénus sort de l'onde – Il s'est séparé de sa femme – C'est à lui que nous devons tous nos malheurs.*

On peut, bien sûr, sur le modèle de la distinction siège / expérienceur, envisager des rôles plus différenciés tels que : **cause** (instrumental non contrôlé par un agent), **repère directionnel** (lieu envisagé comme aboutissement, par opposition au locatif strict), **repère temporel**, etc. – ou au contraire procéder à des regroupements (par exemple en confondant dans un même rôle générique appelé **origine** l'agent, la cause, l'instrumental et la source). La démultiplication ou la réduction des rôles sémantiques – c.-à-d. de la façon dont les arguments d'une forme prédicative sont impliqués dans le processus qu'elle dénote – se justifie en dernière analyse par les nécessités, variables, de la description grammaticale.

Remarque. — Qu'il n'y ait pas d'unanimité pour définir les rôles sémantiques et les distinguer s'explique aussi par le fait que des relations qui les fondent se recouvrent ou s'impliquent selon les points de vue. Ainsi on a observé qu'au XVIe siècle, *au moyen de* pouvait avoir une valeur causale (on peut considérer que l'instrument est une cause efficiente contrôlée par un agent manipulateur) et *à cause de* une valeur finale, pour peu que le but soit envisagé comme la cause qui déclenche une action.

Quelle que soit la grille interprétative retenue, on observe que c'est la place des formes grammaticales dans un schéma actanciel spécifique qui leur confère un rôle sémantique. Ainsi le groupe nominal *le couteau* est successivement siège, objet, résultat (objet créé dit « effectué »), instrument, cause et but au gré des fonctions que lui assigne le verbe dans les phrases : *Le couteau est propre – Luc nettoie le couteau – Luc a fabriqué ce couteau – Le couteau coupe bien / Il a coupé la corde avec un couteau – Le couteau l'a terrorisé – Il s'approche du couteau.* Dès lors, analyse syntaxique et interprétation sémantique se complètent, se confortent et même se contrôlent mutuellement. On peut montrer que si les phrases *J'aime ce film* et *Ce film me plaît* ont en gros le même sens, c'est que les verbes *aimer* et *plaire* ne se distinguent que par la permutation de leurs actants sujet et objet, interprétés comme l'expérienceur et l'objet d'un même procès psychologique. Et à structure actancielle équivalente, la « nuance » sémantique entre les verbes *entendre* et *écouter* s'explique par le fait que leur sujet s'interprète respectivement comme l'expérienceur passif et l'agent actif d'un procès de perception auditive, comme en attestent les restrictions sur la modification adverbiale des deux verbes :

(2a) *Jean a entendu *attentivement / *religieusement Paul.*
(2b) *Jean a écouté attentivement / religieusement / *sans s'en rendre compte Paul.*

Enfin les schémas actanciels des verbes et des adjectifs peuvent être étendus aux noms qui leur sont morphologiquement et / ou sémantiquement associés. L'ambiguïté de la phrase *La digestion du canard fut difficile* tient à ce que le complément (*du canard*) du substantif dérivé *digestion* est susceptible de réaliser les deux rôles dévolus aux actants sujet et objet du verbe *digérer* :

(3a) *Le canard* [siège] *a digéré quelque chose* [objet] ;
(3b) *Quelqu'un* [expérienceur] *a digéré le canard* [objet].

C'est le cas aussi, bien sûr, des noms prédicatifs évoqués plus haut (**3.3.1. et VII : 3.3.**) (*La police$_1$ a dispersé les manifestants$_2$ / la dispersion des manifestants$_2$ par la police$_1$ – Jean$_1$ est allergique à cette musique$_2$ / l'allergie de Jean$_1$ à cette musique$_2$ / Jean$_1$ éprouve / manifeste de l'allergie à / pour cette musique$_2$*), dont on peut montrer que, comme les verbes et adjectifs dont ils sont dérivés, ils assignent les mêmes rôles sémantiques aux termes qui forment leur constellation actancielle : par exemple, pour le couple *disperser / dispersion*, les rôles respectifs d'agent à *la police* et d'objet affecté aux *manifestants* ; et pour le couple *allergique à / allergie à* ceux d'expérienceur ou de cause à *Jean*, et d'objet intentionnel à *cette musique*.

D'autres types de dérivés nominaux s'interprètent également en termes de rôles associés à un radical verbal. Il s'agit notamment de ce qu'on pourrait justement appeler des **noms de rôle**, qui identifient en tant que telles les entités assurant un rôle déterminé dans la configuration prédicative dénotée par le verbe. À la forme verbale *donner* correspondent ainsi deux noms d'agent (*donneur* et *donateur*), deux noms de l'objet immédiat du procès (*don* et *donation*) et un nom de bénéficiaire (*donataire*). Outre les nombreux couples de **noms d'agent / nom de patient** (*accusateur / accusé, employeur / employé*, etc.), on relève aussi des noms locatifs (*dormir > dortoir, abattre > abattoir*, etc.) et d'instrument (*arroser > arrosoir, gratter > grattoir*), etc (**VII : 3.3.**).

Bibliographie. — J.-M. Anderson (1975), La grammaire casuelle, *Langages*, 38 : 18-64 – C. Fillmore (1977), The case for case reopened, *in* P. Cole, J.-M. Sadock, éds, *Grammatical Relations (Syntax and Semantics*, 8), New-York, Academic Press : 59-81 – W. Frawley (1993), *Linguistic Semantics*, Hilsdale (N. J.), L. Erlbaum : 187-249 – D. Amiot, W. De Mulder, N. Flaux et M. Tenchea éds (1999), *Fonctions syntaxiques et rôles sémantiques*, Artois Presses Université – C. Lehmann (2006), Les rôles sémantiques comme prédicats, *BSLP*, 101 : 67-88.

4. LES STRUCTURES FONDAMENTALES DE LA PHRASE SIMPLE

4.1. La phrase minimale

En dépit de sa longueur, la phrase
(1) *Pendant des années, l'affreux gros chien noir de l'ancienne concierge de l'immeuble effrayait tous les enfants qui passaient plusieurs fois par jour devant la loge*

correspond au schéma structural de la phrase de base française (**2.1.**). Par effacement de tous ses éléments facultatifs, elle se réduit à sa forme minimale :

(1a) *Le chien effrayait les enfants.*

En répétant l'expérience, on observe que toute phrase canonique est réductible à la séquence ordonnée **GN – GV**. La possibilité supplémentaire de réduire (par substitution) les phrases minimales ainsi obtenues à une séquence de deux mots montre que la structure de la phrase de base est fondamentalement bipartite :

VI – La phrase et son architecture

(2) ₍GN₎[*Le chien*] – ₍GV₎[*effrayait les enfants*]
Il aboyait

C'est cette bipartition fondamentale que traduit la règle de réécriture (**2.2.3.**) du symbole initial P (phrase) dans les grammaires génératives :

(3) P → GN + GV

Le premier constituant fournit un pendant formel aux définitions notionnelles de la fonction **sujet** (**4.3.1.**). Le second, qui regroupe le verbe et sa complémentation, n'est pas associé à une fonction dans les grammaires traditionnelles et valencielles, qui articulent la structure de la phrase autour du verbe, à la fois catégorie centrale et pivot fonctionnel. Formellement, l'unité et la fonction du groupe verbal découlent de son statut syntagmatique de second constituant immédiat de la phrase et, à ce titre, distributionnellement complémentaire du groupe nominal sujet.

Comme le remarque Kuroda (1973 : 85), « le terme *sujet* et corrélativement le terme *prédicat* sont, comme termes techniques en grammaire, désespérément ambigus ». L'étiquette de **prédicat grammatical**, parfois utilisée pour caractériser la fonction syntaxique du groupe verbal, n'échappe pas à cette ambivalence. Un couple ordonné **GN** (*le chien*) – **GV** (*effrayait les enfants*) suffit en effet à instaurer la relation prédicative nécessaire à la constitution d'une phrase canonique (**2.1.**). Or, dans le profil informatif d'une telle phrase, le GV est aussi ce qui reste si l'on fait abstraction du GN sujet fonctionnant alors comme le support notionnel de la phrase : le **thème**, « ce dont on parle » ou « ce dont il est question ». Corollairement le GV peut être assimilé au **rhème** (ou **propos**), c'est-à-dire au segment distributionnellement complémentaire véhiculant un apport notionnel à propos du sujet (« ce que l'on en dit »). Pourtant, si l'on quitte le domaine des phrases de base isolées et sans marquage intonatif particulier, il s'en faut de beaucoup que la bipartition syntaxique GN / GV recouvre régulièrement la répartition de l'information selon le schéma thème / rhème (**4.3.3.** et **XXIV : 2.1.**).

On se gardera donc de confondre **le prédicat grammatical**, qui correspond en gros à la réalité syntaxique du groupe verbal, avec la **notion logique de prédicat** souvent utilisée dans la représentation sémantique des phrases pour symboliser la contrepartie relationnelle de leur verbe ou de leur attribut (**3.3.1.** et **4.3.2.**). En ce dernier sens, le verbe d'une phrase correspond à un prédicat à une, deux ou trois places – c'est-à-dire pourvu d'un ou de plusieurs arguments réalisés syntaxiquement par son sujet et son ou ses compléments – mais aussi au couple formé par la **copule** et l'élément, dit **attribut**, qu'elle prédicativise. C'est selon ce type de configuration sémantico-logique que les grammaires actancielles et casuelles (**3.3.1.**) analysent la structure des phrases autour du pivot prédicatif constitué par le verbe.

Bibliographie. — S.Y. Kuroda (1973), Le jugement catégorique et le jugement thétique, *Langages*, 30 : 81-110.

4.2. La phrase étendue

Si (1a) est la forme minimale de la phrase (1) ci-dessus, cette dernière peut en revanche se décrire comme le résultat de l'addition successive d'éléments facultatifs (**expansions**) aux éléments essentiels de (1a). Les différents **ajouts** se situent cependant à différents niveaux de la structure hiérarchique de la phrase :

▶ Au premier niveau, qui est celui des fonctions primaires, apparaissent souvent à côté du **GN** sujet et du **GV** des constituants mobiles et en nombre théoriquement illimité dont les propriétés formelles et interprétatives justifient l'appellation traditionnelle de **complément circonstanciel** (**4.5.**) :

(4) <u>Pendant des années</u>, *le chien effrayait les enfants*

▶ D'autres éléments facultatifs tels que *gros, de la concierge, ancienne*, etc., s'insèrent soit directement dans le groupe nominal sujet, soit dans des éléments facultatifs préalablement insérés dans ce groupe nominal, ou bien s'apposent au groupe nominal :

(5a) *Le <u>gros</u> chien effrayait les enfants*
(5b) *Le gros chien <u>de la concierge</u> effrayait les enfants*

(5c) *Le gros chien de l'ancienne concierge effrayait les enfants*
(5d) *Hargneux et agressif, le chien effrayait les enfants*
(5e) *Le chien, hargneux et agressif, effrayait les enfants*

La distribution de ces éléments et leurs fonctions (épithète, complément du nom et autres **modifieurs du nom**) seront étudiées dans la section consacrée au groupe nominal étendu (**VII : 4.**).

▶ Enfin, le groupe verbal de la phrase étendue peut comprendre, outre le verbe et sa complémentation, des éléments facultatifs de type adverbial ou prépositionnel.

Les grammaires traditionnelles pratiquent une analyse implicitement valencielle (**3.3.1.**) et notionnelle (**1.3.5.**) qui fait des compléments du verbe (ou des attributs du sujet et de l'objet) des constituants symétriques du sujet par rapport au pivot verbal. On considérera ici que, contrairement au sujet et au complément circonstanciel, les compléments dits d'objet et les attributs sont des constituants du groupe verbal caractérisés par leur dépendance syntaxique par rapport au verbe (**2.2.2.**). Ces fonctions seront donc étudiées dans le cadre de la syntaxe du groupe verbal (**VIII : 1**). Il en va tout autrement des fonctions « primaires » de sujet et de complément circonstanciel qui, d'un point de vue syntaxique, sont des constituants immédiats de la phrase.

4.3. La fonction sujet

4.3.1. *L'identification syntaxique*

La notion de sujet est difficile à cerner parce qu'elle recouvre des définitions qui se situent à différents niveaux d'analyse. Au niveau syntaxique le sujet « grammatical » de la phrase canonique de base se caractérise par le faisceau des cinq propriétés suivantes :

▶ Le sujet est le premier des deux éléments nécessaires à la constitution de la phrase de base (**4.1.**). Il n'est donc pas effaçable et précède normalement le groupe verbal : *L'avion a percuté* *la montagne* – **À percuté la montagne* / **À percuté la montagne l'avion*. Il peut cependant être séparé du groupe verbal par un ou plusieurs compléments circonstanciels (*Le temps, ce matin, était frisquet*) et du verbe proprement dit par la première partie de la négation (*ne*) et par les formes conjointes du pronom personnel complément généralement antéposées au verbe à l'intérieur du groupe verbal (**VII : 5.2.2.4**) : *Jean ne lui en a pas parlé*.

▶ Le sujet régit l'accord du verbe en personne et en nombre du verbe (mais aussi en genre, lorsque le participe passé de la forme verbale composée est conjugué avec l'auxiliaire *être*) : <u>Toutes les mesures</u> seront reconduites. Ce phénomène morphosyntaxique souligne la cohésion entre les deux constituants majeurs de la phrase.

▶ Le sujet est le seul élément qui puisse être extrait de la phrase au moyen de la locution discontinue *C'est... qui* (ou qui réponde à une interrogation partielle en *qui est-ce qui ?* / *qu'est-ce qui ?* selon que le référent anticipé est ou n'est pas humain) : *Mon père avait raison* → *C'est <u>mon père</u> qui avait raison* / *<u>Qui est-ce qui</u> avait raison ?*

▶ Le sujet appartient à la catégorie générale des constituants nominaux. Cette classe d'équivalence comprend :
• Les groupes nominaux proprement dits (noms propres, nom communs précédés d'un déterminant et éventuellement accompagnés d'expansions) :

(1) <u>Jean</u> / <u>Notre ami</u> / <u>Le secrétaire général adjoint de l'association locale des pêcheurs à la ligne</u> assistera à la réunion

• Les substituts pronominaux du groupe nominal :

<u>(2) Ils</u> / <u>Ceux-ci</u> / <u>Certains</u> / <u>Plusieurs</u> assisteront à la réunion

• Les équivalents propositionnels du groupe nominal que sont les complétives, les constructions infinitives et les relatives substantivales :

(3) <u>Qu'il démissionne sur le champ</u> serait la meilleure des solutions – <u>Démissionner</u> ne serait pas la bonne solution – <u>Qui vivra</u> verra

▶ Si à une phrase active correspond une phrase passive, le sujet de la première peut devenir le complément d'agent de la seconde (**XIV : 7.1., 7.3. et 8.3.3.**) :

(4) <u>L'avant-centre</u> *a marqué tous les buts* ↔ *Tous les buts ont été marqués* <u>par l'avant-centre</u>
(5) <u>Aucun concurrent</u> *n'a contrevenu au règlement* ↔ *Il n'a été contrevenu au règlement* <u>par aucun concurrent</u>

4.3.2. L'interprétation sémantique

Les grammaires traditionnelles caractérisent la fonction de sujet par une disjonction de propriétés interprétatives : « Le sujet désigne l'être ou la chose qui fait ou qui subit l'action ou qui est dans l'état exprimé par le verbe ». Cette définition, destinée à rendre compte des phrases transitives, actives et passives, intransitives et attributives, est critiquée à juste titre comme trop restrictive. En effet, le sujet se prête à l'expression d'un large éventail d'interprétations qui sont déterminées par le **rôle sémantique** que le verbe assigne à son premier actant (**3.3.2.**) : il est agent dans *Luc cultive son jardin*, bénéficiaire dans *Marie a reçu une gerbe de fleurs*, instrumental dans *Ce stylo écrit mal*, locatif dans *L'autoroute contourne la ville*, siège dans *Le mur se lézarde*, expérienceur dans *Paul admire le paysage*, cause dans *Tous ces évènements ont ralenti les travaux*, etc.

Dans la représentation sémantico-logique d'une phrase, le sujet représente l'**argument unique** ou l'**argument initial** d'une relation prédicative (**3.3.1.et 3.3.2.**). De ce point de vue, les phrases *Jean a donné un pourboire à Paul*, *Jean a gratifié Paul d'un pourboire* et *Paul a reçu un pourboire de Jean* correspondent à la même configuration prédicative : F(x, y, z). Mais c'est le schéma actanciel propre à chacun des verbes *donner, gratifier* et *recevoir* (et la forme active ou passive de la phrase) qui détermine lequel des trois arguments sera réalisé sous la forme du sujet et qui spécifie le rôle attaché à ces fonctions dans chacun des trois schémas. La différence réside dès lors dans l'orientation du procès verbal à partir de celui des trois rôles qu'il réalise comme sujet : l'agent pour *donner* et *gratifier*, le bénéficiaire pour *recevoir* et l'objet du transfert pour les formes passives de *donner* et de *recevoir.* Ainsi la fonction sujet et les rôles qu'elle recouvre sont largement indépendants, puisque chaque verbe opère sa propre « subjectivation » actancielle en couplant la fonction sujet avec un rôle sémantique spécifique.

Remarque. — Ce phénomène à la fois lexical et syntaxique révèle cependant des tendances fortement anthropocentriques qui font, par exemple, que l'orientation actancielle des verbes d'action réserve toujours la fonction de sujet à l'agent, qui ne se réalise jamais sous la forme d'un complément direct ou indirect (sauf celle dite « complément d'agent » des phrases passives). Au point qu'il est difficile de concevoir un verbe **gnamer* rigoureusement synonyme du passif de *manger*, mais qui distribuerait sur son objet et sur son sujet les rôles respectifs d'agent et d'objet affecté (**Tout le gâteau a gnamé Paul* correspondrait aux phrases passive *Tout le gâteau a été mangé par Paul* et emphatique *C'est tout le gâteau que Paul a mangé*).

4.3.3. *La fonction communicative*

La logique classique interprétait, à la suite de Beauzée, la structure bipartite GN – GV des phrases déclaratives comme un jugement qu'elle décomposait en deux éléments complémentaires : le premier, appelé *sujet* (« ce dont parle le reste de la phrase »), était à la fois le point de départ et le support référentiel de l'opération dynamique du jugement ; le second, appelé attribut (au sens de *prédicat*), constituait l'apport sémantique (propriété, état, procès, etc.) que le jugement prédique du sujet.

Cette distinction correspond en gros à celle que l'analyse communicative des énoncés (**XXIV : 2.1.**) opère entre leur **thème** (ou **topique**) et leur **propos** (ou **commentaire**). De par sa position initiale dans la phrase canonique, le sujet grammatical assure normalement la fonction de thème dans les phrases isolées et dépourvues d'accentuation particulière comme :

(1) *Jean a récidivé / est malheureux / parle plusieurs langues étrangères.*

C'est un fait également bien connu que le passif permet de thématiser l'objet du verbe actif en le déplaçant en position sujet (voir **XIV : 7.2. et 7.5.**) :

(2a) *La police n'a pas encore identifié le coupable* vs (2b) *Le coupable n'a pas encore été identifié (par la police).*

VI – La phrase et son architecture

Comme procédure typique de thématisation, la promotion d'un constituant de la phrase à la fonction sujet peut même combiner des moyens syntaxiques et lexicaux. Ainsi la thématisation du complément du nom humain de l'objet direct de la phrase :

(3) *L'inflation a mangé les économies des petits épargnants.*

s'effectue selon deux procédures partiellement identiques. Dans les deux cas, le complément du nom (*les petits épargnants*) de l'objet est promu en position de sujet du verbe *voir* suivi d'une construction infinitive active ou passive qui correspond au reste de la phrase de départ :

(3a) *Les petits épargnants ont vu l'inflation manger leurs économies.*
(3b) *Les petits épargnants ont vu leurs économies (être) mangées par l'inflation.*

Si le sujet grammatical est prédestiné à assurer la fonction de thème de la phrase, il s'en faut de beaucoup que la bipartition syntaxique des phrases en un GN sujet et un GV (**4.1.**) coïncide systématiquement avec la distribution de leur contenu en un thème suivi d'un propos :

– à l'oral, les groupes variables qui constituent le propos sont marqués par un accent contrastif et c'est le reste de la phrase qui joue le rôle de thème ;
– la dislocation (**XIV : 6.1.**) exploite l'ordre des mots pour détacher en tête de l'énoncé, indépendamment de leur fonction grammaticale, le ou les segments à fonction thématique. Par exemple l'objet indirect : *Maastricht, on en parle depuis des mois* (*DNA*, 14 / 04 / 92 :1) ;
– la focalisation au moyen des deux tournures extractives [*c'est... qui / c'est... que*] et [*celui qui..., c'est / ce que..., c'est*] a pour effet de placer en tête ou en fin d'une phrase (respectivement dite **clivée** ou **pseudo-clivée** ; voir **XIV : 6.2.**) le segment (sujet, complément, voire groupe verbal) qui constitue le propos de l'énoncé : *Le directeur a choisi <u>le lieu de la réunion</u>* → *C'est <u>le lieu de la réunion</u> que le directeur a choisi / Ce que le directeur a choisi, c'est <u>le lieu de la réunion</u> / Ce que le directeur a fait, c'est <u>choisir le lieu de la réunion</u>.*

Force est donc de constater que le sujet grammatical, le premier actant du verbe, l'argument initial du prédicat exprimé par ce même verbe et le thème de la phrase énoncée sont quatre réalités distinctes. Si leurs affinités réciproques font qu'elles sont souvent réalisées par un seul et même constituant, cette coïncidence peut se défaire sous la pression de divers facteurs communicatifs qui exploitent des servitudes et des latitudes grammaticales.

Bibliographie. — *Cahiers de praxématique*, 30 (1998).

4.3.4. *La syntaxe du sujet*
4.3.4.1. *Une notion grammaticale nécessaire*

En français moderne, la notion grammaticale de sujet intervient crucialement dans l'identification et dans les procédures d'analyse de ses propres paramètres définitoires (analyse bipartite de la phrase minimale, accord du verbe, formes de la dislocation et du clivage et mécanismes de la passivation), mais aussi dans la définition de plusieurs autres phénomènes :

- Les pronoms personnels des trois personnes du singulier et de la troisième personne du pluriel ainsi que le pronom relatif ont des formes spécifiques réservées à la fonction sujet : *je* vs *me / moi* ; *tu* vs *te / toi* ; *il*(s) vs *le, la, les / lui / leur / se / soi* – *l'homme qui a tué l'ours* vs *l'homme que l'ours a tué*.
- La notion de sujet grammatical est à la base de la définition de la réflexivité pronominale et verbale. Le pronom de la troisième personne dispose même des formes spécifiques *se / soi* qui s'opposent aux formes non réfléchies *le / la / les, lui, leur* (**VII : 5.2.1.3.**). Et les formes verbales pronominales (**IX : 2.5.**) se définissent par l'antéposition / postposition au verbe simple ou à son auxiliaire d'un pronom personnel conjoint réfléchi (même en l'absence d'un sujet exprimé : *Il est interdit de se baigner – Lève-toi*).
- L'impératif excluant la réalisation syntaxique d'un sujet, il faut néanmoins en supposer l'existence dans les phrases qui utilisent ce mode (**XIV : 4.2.**) pour expliquer les accords de l'attribut du sujet et les phénomènes de réflexivation : *Sois belle et tais-toi* (titre de roman policier).

VI – La phrase et son architecture

• De nombreuses constructions infinitives s'analysent comme des propositions (de type complétif, mais aussi circonstancielles) enchâssées, dont le sujet non exprimé est coréférentiel à un constituant nominal sujet ou à un complément du verbe dont elles dépendent (**XVII : 3.1.**) : **Je veux que je parte / je veux partir – *Je te demande que tu partes / Je te demande de partir – *Tu es parti sans que tu dises au revoir / Tu es parti sans dire au revoir* (**XVII : 2.1.** et **XVIII : 1.2.**).

4.3.4.2. L'ellipse du sujet

Une condition nécessaire mais non suffisante pour que le sujet d'une phrase ne soit pas exprimé est que le contexte linguistique ou la situation de communication permettent de le restituer. On distinguera les principaux cas suivants :

▶ La langue orale se dispense parfois de réaliser le sujet contraint et référentiellement vide de certaines locutions impersonnelles (**XIV : 8.2.**) : *Fallait le dire – Pas question de rester une minute de plus.*

▶ La phrase impérative est structurellement dépourvue de sujet actanciel. Les trois formes de l'impératif (**X : 2.3.**) sont suffisamment distinguées par leurs désinences (et des indices pronominaux) pour identifier pragmatiquement le ou les actants du dialogue visés par leur énonciation : *Sois belle et tais-toi* (titre de roman policier) – *Faisons un rêve* (S. Guitry) – *Aimez-vous les uns les autres – Ne me quitte pas !* (J. Brel)

▶ Sous certaines conditions, le sujet d'un verbe peut ne pas être exprimé s'il est coréférentiel au sujet d'un verbe qui lui est relié syntaxiquement : c'est le cas notamment des constructions infinitives subordonnées (**XVII : 2.1.**) et des assemblages qui mettent en facteur commun initial les sujets coréférentiels d'une suite de phrases juxtaposées ou coordonnées (**XIX : 2.2.**) : *Jean ramassa ses affaires, (il) mit son chapeau et (il) sortit – Elle s'allongeait aussitôt sur un sofa, demeurait étendue jusqu'au soir et ne se relevait que languissante* (Gide) – *J'aimais l'étude ; parmi les jeux ne m'éprenais que pour ceux qui demandent recueillement ou effort* (Gide).

▶ Plus généralement, le sujet peut être compris dans des ellipses discursives plus vastes qui font l'économie d'éléments et de structures déjà exprimées dans le contexte immédiatement antérieur. Par exemple, dans les séquences question partielle-réponse :
(1a) *Où vas-tu ? – (Je vais) À Paris.*
(1b) *Comment trouves-tu ce livre ? – (Je le trouve) Ennuyeux.*

▶ Ailleurs, le sujet non exprimé est restituable, à partir non pas de son entourage strictement grammatical, mais du cotexte au sens large du terme ou de la situation de discours. Par exemple :

• Une phrase exclamative peut se réduire au seul prédicat attributif (*Excellent ! – Nul – Pas terrible*) si le référent de son sujet (p. ex. ici un travail scolaire) est accessible à partir du contexte antérieur ou de la situation d'énonciation.
• C'est le cas aussi des formules comme *Vaut le détour* qui, dans les articles des guides touristiques, caractérisent le lieu cité en adresse qui constituerait le sujet de la phrase canonique *Cet endroit vaut le détour*. Il en va de même pour les messages télégraphiques ou SMS dont l'auteur n'éprouve pas le besoin de s'identifier explicitement : (*Je suis*) *Retenu à Paris* – (*J'*) *Arrive demain soir* – (*Je*) *T'embrasse*.
• Dans les phrases infinitives délibératives (**XIV : 2.3.3.**) le référent du sujet non exprimé est soit le locuteur lui-même, soit un référent (particulier ou générique) contextuellement accessible : *Que faire ?* [= *Que dois-je faire ? / Que devait-il faire / Que faut-il faire ?*]. Dans d'autres constructions infinitives, le sujet non exprimé n'admet qu'une interprétation générique rassemblant tous les référents susceptibles de vérifier la sélection contextuelle du verbe à l'infinitif : *Il faut manger pour vivre et non vivre pour manger* (= <u>*On*</u> *doit manger pour vivre et non pas vivre pour manger*) – *Cette poudre fait éternuer* (<u>*les gens*</u> / <u>*ceux*</u> *qui la respirent*) – *Cet arbitre a la réputation de laisser jouer* (<u>*les joueurs*</u>).

Il n'en reste pas moins que dans une phrase déclarative isolée, le sujet ne peut jamais être effacé, alors que l'immense majorité des compléments verbaux ne sont pas obligatoires (**VIII : 3.3.2.**). Cette caractéristique est certainement liée à la prégnance du schéma canonique GN – GV (**2.1.**) et au rôle

VI – La phrase et son architecture

du sujet dans l'accord du verbe et dans les mécanismes de la thématisation (**4.3.3. et XXIV : 2.**).

4.3.4.3. Les sujets inversés

L'ordre progressif GN – GV peut subir des modifications qui ont pour effet de déplacer le sujet dans une position autre que celle qu'il occupe dans la phrase canonique (**2.1.**). Les unes correspondent à des opérations de topicalisation et de thématisation réalisées par différentes espèces de phrases emphatiques (**XIV : 6.**) : *Il ira loin, ce petit* – *C'est Jean qui prononcera le discours* (mais pas dans une pseudo clivée comme *Ce qui me plaît, c'est sa franchise* où le sujet de la phrase de base *Sa franchise me plaît* est attribut du pronom démonstratif *ce*). Les autres constituent l'une des trois formes de ce qu'il est convenu d'appeler **l'inversion du sujet** :

▶ **L'inversion pronominale** (**IP**) consiste à postposer les pronoms personnels sujets (y compris *on* et *ce*) à la forme simple ou au premier élément de la forme composée du verbe : *Avez-vous du feu ?* – *As-tu été contactée ?* – *M'en aurait-il proposé un million, je ne lui aurais pas vendu ce souvenir de famille.*

▶ **L'inversion nominale** (**IN**) s'applique aux sujets proprement nominaux (groupes nominaux et pronoms autres que ceux qui se prêtent à l'inversion pronominale) qu'elle postpose tels quels à la forme verbale simple ou complexe, infinitif compris : *Quand part le prochain train pour Paris ?* – *Dans ce camp de fortune avaient réussi à trouver refuge plusieurs milliers de sinistrés.*
L'inversion nominale est inacceptable lorsque le verbe est suivi d'un complément et douteuse s'il est pourvu d'un attribut : *Quand visitera-t-il Paris ? / *Quand visitera Pierre Paris ? / *Quand visitera Paris Pierre ?* – *Depuis quand est-il malade ? / *Depuis quand est Pierre malade ? / ? *Depuis quand est malade Pierre ?*

Histoire. — Cette contrainte est un trait caractéristique du français moderne. Montaigne intercale encore le sujet nominal inversé entre le verbe et son objet : *Ainsi faisoyent aucuns chirurgiens de Grèce les opérations de leur art sur des eschauffaux à la veuë des passans.*

▶ Les sujets nominaux peuvent aussi faire l'objet d'une **inversion dite « complexe »** (**IC**), mais qui n'a, en fait, d'inversion que le nom : *Où Pierre, est-il encore allé se cacher* ? – *Le danger serait-il dix fois plus grand, je ne reculerais pas*. Le sujet nominal conserve sa place canonique, mais est repris après le verbe (ou après le premier élément des formes verbales composées) par la forme correspondante du pronom personnel sujet de la troisième personne *il(s)* ou *elle(s)*. Ces formes pronominales anaphoriques peuvent être considérées comme des succédanés de l'inversion de leur antécédent, le sujet nominal, dont elles rédupliquent les déterminations de personne, genre et de nombre. D'ailleurs, l'inversion complexe constitue souvent la solution de remplacement de l'inversion nominale lorsque cette dernière est structurellement impossible : **Est encore là Pierre* ? / *Pierre est-il encore là* ?

Si elle s'effectue toujours dans des cadres syntaxiques bien déterminés, l'inversion du sujet n'en correspond pas moins à deux fonctionnements radicalement différents. Tantôt il s'agit d'un conditionnement syntaxique significatif qui affecte directement le statut grammatical et l'interprétation de la phrase (identification d'un type de phrase, marque de subordination). Tantôt, l'inversion apparaît comme le terme marqué d'une variante stylistique qui est exploitée à diverses fins communicatives.

Les différents types d'inversion du sujet sont décrits en détail dans les sections consacrées aux constructions concernées. On complétera ici ces remarques par quelques observations plus synthétiques, qui ne doivent cependant pas occulter le fait que la langue, surtout dans ses variétés orales, dispose pour toute construction à inversion du sujet d'une ou plusieurs solutions de remplacement plus conformes à l'ordre canonique des constituants de la phrase de base.

▶ **Les inversions interrogatives**

Le tableau à double entrée suivant résume à gros traits le fonctionnement de l'inversion du sujet dans l'ensemble des constructions interrogatives du français standard (**XIV : 2.**). Les

VI – *La phrase et son architecture* 253

abréviations **Tot, Part, Dir** et **Ind** désignent respectivement l'interrogation totale, partielle, directe et indirecte.

	Dir	**Ind**		
	IP	*IP	*As-tu fini ?*	**Je te demande si as-tu fini.*
Tot	*IN	*IN	**À Paul fini ?*	**Je te demande si a fini Paul*
	IC	*IC	*Paul a-t-il fini ?*	**Je te demande si Paul a-t-il fini.*
	IP	*IP	*Où habite-t-il ?*	**Je te demande où habite-t-il.*
Part	IN	IN	*Où habite Paul ?*	*Je te demande où habite Paul.*
	IC	*IC	*Où Paul habite-t-il ?*	**Je te demande où Paul habite-t-il.*

La distribution des différentes formes de l'inversion du sujet révèle quatre caractéristiques remarquables que l'on peut lire selon les lignes horizontales et verticales du schéma et que reflète la parfaite complémentarité des grands carrés diamétralement opposés :

• L'inversion pronominale est toujours possible en interrogation directe, qu'elle soit partielle ou totale (*Vient-il ? – Que dis-je ? – Où va-t-il ?*), jamais en interrogation indirecte (**Je ne sais pas si vient-il – *Je me demande où va-t-il*).

• L'inversion nominale est exclue dans l'interrogation totale, directe et indirecte : **Vient Paul ? – *J'ignore si vient Paul*. Elle est possible dans l'interrogation partielle, directe et indirecte : *Qu'en pensent vos collègues ? – Où va notre argent ? – Je me demande où va notre argent / où notre argent va –* […] *ceux qui ne savent pas combien sont volontiers graves les propos de certains enfants* (A. Gide).

• L'interrogation indirecte totale est incompatible avec toute forme d'inversion du sujet : **J'ignore si vient-il / si vient Paul / si Paul vient-il*. À l'inverse, et si l'on excepte le pronom *que* (voir ci-dessous) et l'adverbe *pourquoi* qui n'admet pas l'inversion nominale (**Pourquoi* *est parti Paul ?*), l'interrogation directe partielle n'exclut aucun type d'inversion : *Où vas-tu ? / Où va Paul ? / Où Paul va-t-il ?*

• Comme l'inversion pronominale, l'inversion complexe est exclue de l'interrogation indirecte en français standard (**Sais-tu si Paul vient-il ? / *Je me demande où notre argent va-t-il ?*). Dans l'interrogation directe totale, elle est en distribution complémentaire avec l'inversion pronominale : *Vient-il ? / *Il vient-il ? – *Vient Paul ? / Paul vient-il ?* Dans l'interrogation directe partielle, elle dédouble l'inversion nominale (*Quand arrive le prochain train ? / Quand le prochain train arrive-t-il ? – Combien de livres a lus Pierre ? / Combien Pierre a-t-il lu de livres ?*) sauf si le mot interrogatif est le pronom clitique *que*, qui ne saurait être séparé du verbe par un constituant nominal (**Que Pierre dit-il / *Que Pierre devient-il ?*).

▶ **L'inversion dans les autres types de phrases**

• Dans la **phrase exclamative**, l'inversion n'est jamais obligatoire. Si la construction ne comporte pas de mot exclamatif, on utilise l'inversion pronominale et l'inversion complexe en distribution complémentaire (comme dans l'interrogation totale directe) : *Est-il bête ! – Était-ce beau ! – Ce livre a-t-il dû en demander, du travail !* S'il y a un mot exclamatif, les trois types d'inversion sont possibles, quoique plus rares : *Combien de refus a-t-il dû essuyer ! / Combien de refus a dû essuyer ce pauvre homme ! / Combien ce pauvre homme a-t-il dû essuyer de refus !*

• Dans les **périphrases verbales optatives**, d'ailleurs limitées à quelques verbes au subjonctif sans *que*, l'inversion pronominale alterne avec l'inversion nominale : *Vive la France – Puissiez-vous réussir – Veuille le ciel qu'il ne lui arrive rien – Advienne que pourra – Vienne la nuit sonne l'heure* (Apollinaire) – *Maudit sois-tu, carillonneur* (canon populaire).

• Dans le discours argumentatif scientifique et didactique, ***soi(en)t suivi d'un groupe nominal*** sert à poser les éléments d'une hypothèse : *Soit un triangle rectangle isocèle – Soit la phrase suivante*. La formule se prête cependant à une double analyse selon que l'on considère :

– *soit / soient* comme des formes du verbe d'existence (au subjonctif marquant l'éventualité) qui s'accorde avec son sujet postposé : *Soient deux droites parallèles / les deux phrases suivantes* ;

– *soit* comme une forme invariable fonctionnant à la manière d'un présentatif (comme *il y a, voici*, etc.) introduisant un groupe nominal : *Soit deux droites parallèles / les deux phrases suivantes.*

▶ **L'inversion dans les propositions subordonnées**

Dans les propositions subordonnées autres que complétives, seule l'inversion nominale est possible, à la condition toutefois que le verbe n'ait pas d'objet ou d'attribut postposé qui le séparent du sujet postposé.

• Subordonnées relatives introduites par un pronom relatif complément :

(1) *La voiture que conduisait <u>le pilote finlandais</u> a été déclassée.*
(1a) **La voiture que conduisait-il a été déclassée.*
(1b) **La voiture que <u>le pilote finlandais</u> conduisait-il a été déclassée.*
(1c) ? **La voiture que conduisait vers la ligne de départ <u>le pilote finlandais</u> a été déclassée.*

Remarque. — Dans les relatives, mais aussi dans les autres subordonnées, l'inversion nominale d'un sujet volumineux offre la possibilité de conclure la phrase (ou la proposition) par une structure rythmique croissante : *Toscane : un pays béni des dieux où s'unissent mieux que nulle part ailleurs <u>la nature et la culture</u>* (J. d'Ormesson) – *Songes-tu à ce que signifient <u>ces mots : lever l'ancre</u> ?* (Gide).

• **Subordonnées temporelles** introduites par les conjonctions *quand, lorsque* et les locutions *avant que, après que, aussitôt que, dès que*, etc. : *Quand passent les cigognes* (titre de film) – *Telle est l'image qu'a offerte la capitale maltaise du lundi 11 au matin 12 mai, alors que se confirmait la nouvelle d'un renversement de majorité au détriment des travaillistes* (L.M. 13/05/92 :1).

• **Subordonnées finales** introduites par *pour que, afin que, dans l'espoir que*, etc. : *L'administration a pris des mesures pour que cessent de telles pratiques.*

• **Subordonnées de concession et d'opposition** introduites par les locutions (souvent discontinues) *tout... que, aussi... que, quelque... que, si... (que), où que, quoi que, quel que* et *sans que* :

(2) *Et dès la collation, aussi chaud qu'ait été le soleil, un peu de brume annonce de loin le crépuscule* (Mauriac)

(3a) *Aussi avisés que soient les hommes politiques, il leur arrive de commettre des erreurs*
(3b) *Si avisés soient-ils, les hommes politiques n'en commettent pas moins des erreurs*
(4) *Quoi qu'en disent les journaux, l'affaire ne fait que commencer*
(5) *Où qu'il regardât dans la pénombre de la cave, il ne voyait qu'eux* (R. Merle)
(6) *La réunion s'est terminée sans qu'aient été débattues les questions les plus importantes*

- **Subordonnées comparatives** introduites soit par *comme, ainsi que, de la même façon que*, etc., soit par *que* en corrélation avec un adverbe, un adjectif ou un déterminant à valeur comparative dans la principale :

    (7) *Ce jeune auteur écrit comme écrivaient les auteurs classiques.*
    (8) *Jean est moins courageux que ne l'était son père.*
    (9) *La réalité de la vie politique est tout autre que ne l'imaginent certains idéalistes.*
    (10) *J'ai ramassé plus de champignons que n'en pouvait contenir mon panier.*

Remarque. — Étant optionnelle, l'inversion du sujet dans les circonstancielles se rencontre surtout dans la langue littéraire où elle répond à des soucis stylistiques (souvent pour éviter que la phrase ne se termine par un verbe précédé d'un sujet trop volumineux) qui expliquent son extension sporadique à d'autres types de subordonnées, par exemple à une complétive : *Certains s'étonneront peut-être qu'aient pu se conserver si tard ces formes incommodes et quasi paléontologiques de l'humanité* (A. Gide).

▶ **L'inversion dans les propositions incises et incidentes**

Dans les **propositions incises** et **incidentes** (XIV : 9.3.), l'inversion du sujet signale un décrochage syntaxique et énonciatif.

• Inséré à l'intérieur ou placé à la fin d'un passage au discours direct ou indirect libre, le sujet de la proposition incise est toujours postposé, qu'il soit pronominal ou nominal (l'inversion complexe étant exclue) : *Dis donc, demanda-t-il / demanda Jean, ça va encore durer longtemps, ce vacarme ? – Qu'importe, soupire une voix, que le bonheur soit essentiellement ce qui ne dure pas.* (Mauriac) – *Donne-lui tout de même à boire, dit mon père* (V. Hugo). Le français parlé évite l'inversion en antéposant la conjonction *que* à l'incise : « *Dis donc, qu'il demanda,* [...] » – *T'as tout de même pas fait ça, qu'il s'écrie* (R. Queneau).

• Dans les propositions incidentes, l'inversion est rare (*Notre voisin, je le sais / tout le monde le sait, cherche à vendre sa maison*), sauf dans quelques locutions plus ou moins figées (*Ses parents, voyez-vous / semble-t-il / dirait-on, l'ont trop gâtée*).

▶ **Inversion et juxtaposition**

La séquence de deux propositions juxtaposées peut équivaloir à un couple orienté [proposition subordonnée – proposition principale]. En français littéraire et soutenu, la relation dite de **subordination implicite** (**XVIII : 3.3. et XIX : 1.**) entre les deux propositions est souvent marquée par la postposition du sujet de la première (IP pour les pronoms personnels et IC pour les nominaux), la proposition sémantiquement principale pouvant être introduite par *que*. Elle peut être :

- **conditionnelle** (paraphrasable par *si, pour peu que*, etc.) : *La tempête menace-t-elle, les voiliers se hâtent de regagner le port – La route eût-elle été plus sèche, l'accident ne se serait pas produit – M'aurait-elle cédé que je n'en serais guère plus avancé* (Cl. Mauriac) ;
- **concessive** (paraphrasable par *même si, quand bien même*) : *Le pourrait-il, (qu') il n'en ferait rien – Dût-il m'en coûter, je ferai mon devoir – Dussé-je être blâmé, je vous soutiendrai* (É. Littré) – *M'aurait-il proposé une fortune, je ne lui aurais pas vendu ce terrain* ;
- **temporelle** (lorsque la première proposition est introduite par *à peine*) : *À peine le chat était-il parti que déjà les souris dansaient.*

Le français parlé fait habituellement l'économie de l'inversion : *La route aurait été plus sèche, l'accident ne se serait pas produit – Il le pourrait, il n'en ferait rien – Le chat était à peine rentré que tes souris dansaient déjà.*

▶ **L'inversion dans la phrase assertive**

Dans les phrases assertives, qu'il s'agisse de propositions principales ou indépendantes, l'inversion du sujet est en général facultative. Elle est favorisée par chacun des paramètres suivants, et à plus forte raison, par leur conjonction :

- La présence de **certains adverbes de modalité en tête de phrase** commande l'inversion pronominale et autorise l'inversion complexe. Les uns (*aussi* et *ainsi* conclusifs, *aussi bien, du moins, à plus forte raison, de même, encore*) fonctionnent comme des connecteurs argumentatifs qui font dépendre du contexte antérieur la validité de la phrase qu'ils introduisent ; les autres (*peut-être, sans doute, probablement*, etc.) en modifient la force assertive : *C'était la seule solution acceptable. Encore était-elle malaisée – Ce livre s'est mal vendu. Peut-être / Sans doute le titre était-il mal choisi.*

• Lorsqu'ils sont **détachés en tête de phrase, un adverbe de temps ou de lieu** (*alors, bientôt, ensuite, enfin, parfois, ici, là, dehors, dedans, ailleurs*), **un groupe complément circonstanciel, un complément d'objet indirect** (surtout s'il est locatif), ou un **adjectif attribut** permettent uniquement l'inversion nominale : *Bientôt arrivèrent les premiers invités – Sur l'autre rive débutent les beaux quartiers* (Aragon) – *Au fond de la bouteille s'est formé un léger dépôt – De la discussion jaillit la lumière – Grande fut notre déception*. Ce genre d'inversion représente une permutation du couple [sujet nominal – complément postverbal] autour du pivot verbal. Encore faut-il que ce dernier exprime l'existence, le mode d'existence ou l'apparition du sujet (*Enfin arrivèrent les parents de la mariée* vs **Bientôt mangèrent les invités*) et qu'il ne soit pas pourvu d'un complément postposé (même s'il forme avec le verbe une expression lexicalisée) : *Sous le pont Mirabeau coule la Seine – *Sous le pont Mirabeau coulent des jours heureux les clochards.*

• Lorsque des verbes comme *venir, survenir, arriver, suivre, rester,* etc., indiquent l'entrée ou la persistance dans l'univers de discours du référent de leur sujet nominal (ou lorsqu'au théâtre ils indiquent un mouvement scénique), ce dernier peut également être postposé : *Viendra le temps où la vache aura besoin de sa queue* (proverbe) – *Mes grands parents repartis, restaient seulement avec nous Millie et mon père* (Alain Fournier) – *N'entre pas ici qui veut – Entre un garde* (didascalie). L'effet produit est analogue à celui des constructions impersonnelles qui présentent iconiquement l'existence de l'objet manifesté avant son identification (**XIV : 8.4**).

• Deux autres facteurs favorisent l'inversion du sujet dans les phrases assertives. Il s'agit, d'une part, de la tendance générale à **postposer au verbe les sujets volumineux** ; d'autre part, de la possibilité corollaire de **rapprocher de son antécédent un complément anaphorique** en le détachant en tête de phrase : *À ceci s'ajoute que* [...] / *De là viennent toutes nos difficultés* / *Telle était la situation*. Lorsque ces facteurs s'ajoutent à l'un ou à plusieurs des trois précédents, l'inversion du sujet s'impose naturellement dans la langue soutenue, comme l'illustrent les exemples suivants :

VI – La phrase et son architecture

Vint le moment où il lui sembla être entouré de rayons et s'élever doucement au-dessus de la tablée (J. Egen) – *À quoi s'ajoutent des opérations de promotion lancées à l'occasion de la mise en place de nouveau dispositif (AAF : 42)* – *C'est ainsi que se sont succédé à ce poste* (celui de bouc émissaire) *peu enviable les militaires à cause de la défaite, les paysans du fait de la disette, les commerçants en raison de la vie chère, les syndicalistes grévistes, les patrons faute d'emplois, les enseignants pour mauvais résultats scolaires ou les policiers quand il y a des bavures.* (Cl. Laburthe)

Dans le dernier exemple, comme dans les listes d'admission aux examens (*Sont déclarés admis* : […]), l'énumération des sujets coordonnés inversés constitue de surcroît le propos de l'énoncé. Une analyse semblable s'appliquerait à d'autres formes d'inversion du sujet telles que *Bienheureux les pauvres d'esprit / Étonnant, ce spectacle !* où l'effacement de la copule permet la postposition du sujet.

Histoire. — L'inversion actuelle du sujet après *aussi, peut-être, sans doute, probablement*, etc. est sans doute une survivance de l'ancien français, langue V2, où le verbe en deuxième position était généralement précédé par un constituant en position initiale (groupe nominal (sujet ou complément) / prépositionnel, pronom clitique, adjectif prédicatif ou adverbe). Auquel cas le sujet était forcément postposé lorsqu'il n'occupait pas cette place.

Bibliographie. — R. Le Bidois (1952), *L'inversion du sujet dans la prose contemporaine*, D'Artrey – M.-A. Morel (1980), L'inversion du sujet dans certaines propositions concessives du français : conditions d'emploi et valeur, *DRLAV*, 22-23 : 105-133 – C. Muller (1984), L'inversion du sujet clitique en français et la syntaxe du sujet, *Linguisticae Investigationes*, VII-2 : 335-362 – A. Delaveau et F. Kerleroux (1985) : 112-125 – P. Cappeau et M. Blasco (1992) – H. Korzen (1985), Pourquoi *et l'inversion finale en français*, Études Romanes de l'Université de Copenhague, Copenhague, Munskgaard – H. Korzen (1996), La place du sujet non clitique dans la construction inversée, *Langue française*, 111 : 59-83 – C. Fuchs, éd., (1997) – C. Guimier (1997), La place du sujet clitique dans les énoncés avec adverbe initial, *in* C. Fuchs éd. : 43-96 – P. Cappeau (1999), Description en quatre types du sujet extraposé en français, *in* P. Cotte éd. *Sens et Structure*, Lille, Éd. Pygmalion : 105-126 – C. Fuchs et N. Fournier (2003).

4.4. Le groupe verbal

La deuxième fonction primaire, complémentaire de celle du sujet, est assurée par le groupe verbal (**4.1.**). L'unité fonctionnelle de ce constituant obligatoire de la phrase de base n'est pas reconnue par les grammaires traditionnelles (**4.2. et VIII : 1.1.**). Sa structure interne est présentée dans la première section du chapitre **VIII** consacrée à la complémentation du verbe.

4.5. Les compléments circonstanciels

4.5.1. L'identification syntaxique

Troisième constituant majeur de la phrase de base, le complément circonstanciel (ou circonstant) se distingue des deux autres constituants immédiats de la phrase, le GN sujet et le GV, par trois propriétés formelles : il est effaçable, donc facultatif (1), se démultiplie librement (2) et est mobile dans les limites de la phrase entière (3) :

(1) <u>Cette année</u>, l'été a été pluvieux → (1a) L'été a été pluvieux
(1) Cette année, l'été a été pluvieux → (1b) *Cette année a été pluvieux / (1c) *Cette année l'été
(2) <u>Cette année</u>, <u>en Alsace</u>, <u>contrairement aux prévisions de la météo</u>, l'été a été pluvieux, <u>au grand dam des vignerons</u>
(3a) <u>Au milieu du romantisme</u>, Baudelaire fait songer à quelque classique
(3b) Baudelaire, <u>au milieu du romantisme</u>, fait songer à quelque classique (P. Valéry)
(3c) Baudelaire fait songer à quelque classique, <u>au milieu du romantisme</u>
(3d) Baudelaire fait songer, <u>au milieu du romantisme</u>, à quelque classique.

Les deux premières propriétés suffiraient à distinguer le complément circonstanciel du groupe nominal sujet et du groupe verbal qui, sauf ellipse (**4.3.4.2.**) sont nécessaires à la bonne formation de la phrase, et sont certes démultipliables, mais dans le cadre strict de la coordination, voire de la simple juxtaposition : *<u>L'été</u>, cette année, <u>l'automne</u> ont été pluvieux – *L'été <u>a été pluvieux</u>, cette année, <u>a démenti</u> les prévisions de la météo. La mobilité est cependant la propriété vraiment caractéristique du complément circonstanciel, qui peut être antéposé au groupe nominal sujet et postposé au groupe verbal, mais peut aussi s'intercaler entre ces deux constituants et même entre le verbe et son complément. Cette propriété s'explique par son statut syntaxique de constituant périphérique : comme constituant immédiat de la phrase, il ne dépend pas d'un autre syntagme et en particulier n'est pas régi par le verbe. Ainsi, à la différence des compléments du verbe, il ne fait pas partie de la valence verbale (**3.3.1.**). On rapportera également à son caractère périphérique et à son autonomie par

rapport à la structure argumentale du verbe les propriétés suivantes :
• Un complément circonstanciel ne se coordonne pas avec un complément de verbe :

>(4) *Il travaille le bois et le soir
>(5) *Il a voté contre le projet et (contre) toute attente.

• N'étant pas un complément du verbe, un complément circonstanciel n'est pas à proprement parler dislocable (**XIV : 6.1.**). Aussi son détachement en tête de phrase ne s'accompagne-t-il pas d'une reprise pronominale (à l'exception des compléments circonstanciels de lieu facultativement repris par *y* dans la langue familière) :

>(6) *Paris* (objet indirect), *Jean y va souvent.*
>(7) *À Paris* (circonstanciel), *le prix des appartements (y) est plus cher que partout ailleurs.*

Et, contrairement à un complément verbal disloqué, un complément circonstanciel peut être placé entre le sujet et le verbe : **Pierre à Paris va souvent / *Pierre, à Paris, y va souvent* vs *Pierre, à Paris, connaît beaucoup de monde.*

• Comme il ne dépend pas directement de la structure valencielle du verbe, le complément circonstanciel n'est pas soumis aux restrictions sélectionnelles que ce dernier impose à ses actants (sujet et compléments). Dans la phrase *À midi, Luc est arrivé à Paris,* le circonstanciel *à midi,* contrairement à l'objet indirect *à Paris,* caractérise tout le reste de la phrase, c.-à-d. l'arrivée de Luc à Paris.

Sur la base de cette conjonction de propriétés discriminatoires, on identifiera *sur les murs* comme complément du verbe *écrire* dans *Il est défendu d'écrire sur les murs* (au même titre que *sur les pelouses* dans *Il est interdit de marcher sur les pelouses*). Mais *sur cette table* sera analysé comme complément circonstanciel dans *Balzac a écrit le Père Goriot sur cette table.* Les mêmes critères permettent de rendre compte de l'ambiguïté de la phrase *Les militaires rebelles se sont rendus en Argentine* (titre d'un article de journal), où le groupe prépositionnel *en Argentine* peut s'interpréter comme l'objet du verbe de mouvement *se rendre* (les militaires sont allés en Argentine) ou comme complément circonstanciel précisant le pays où a eu lieu la reddition des militaires. Cette ambiguïté syntaxique est levée lorsque le groupe prépositionnel est détaché en tête de phrase : *En Argentine, les militaires rebelles se sont rendus.*

4.5.2. *Les formes du complément circonstanciel*

Le complément circonstanciel est le plus souvent un groupe prépositionnel dont la préposition spécifie le type de rapport qui l'unit au reste de la phrase : temporel (*avant six heures*), spatial (*au bout du chemin / du haut de ces pyramides*), causal (*à cause de mon lumbago*), concessif (*malgré mes avertissements répétés*), etc. La relation indéterminée instaurée par les prépositions *à* et *de* (**XII : 3.**) est spécifiée par le sens des unités lexicales en jeu : *de six à huit heures* (temps), *à la maison* (lieu), *de peur* (cause), *à ce rythme* (manière), etc. Certains compléments circonstanciels assurant un repérage temporel (dates, durées) ou spatial (rues, places) se passent de préposition : *la nuit, ce matin, toute ma vie*, etc. – *avenue Jean-Jaurès, rue Saint-Urbain*, etc. Fonctionnent également comme circonstants de nombreux adverbes de temps et de lieu (*ici, ailleurs, bientôt, maintenant*, etc.) ainsi que les adverbes en *-ment* dérivés d'adjectifs (*apparemment, heureusement, probablement*, etc.).

La fonction de complément circonstanciel peut aussi être remplie par une subordonnée circonstancielle (**XVIII**) conjonctive (*Je suis venu pour que vous ne soyez pas seul*) ou réduite à une construction infinitive (*Je suis venu pour m'inscrire*), ou par une participiale (*Le chat parti, les souris dansent*)).

On assimile souvent aux subordonnées circonstancielles

– les gérondifs introduits par *en* (*(Tout) en buvant son café, il lisait son courrier*)
– les participes apposés (*Arrivée à la gare, elle a mis ses bagages à la consigne*)
– et différentes constructions dites « absolues » (**VII : 4.6.2.**) (*Les yeux battus, la mine triste et les joues blêmes, tu ne dors plus* […] (*Bambino*, chanson de Dalida) – *Il se promenait un livre à la main*).

Ces constructions partagent à divers degrés la mobilité des circonstants et ont une interprétation circonstanciellle. En revanche, elles ne sont pas toujours facultatives et surtout dépendent généralement d'un autre élément de la phrase auquel leur élément nominal est lié par un rapport de partie à tout.

4.5.3. *L'interprétation sémantique et communicative*

Constituant non prévu par la structure actancielle du verbe, le complément circonstanciel joue un rôle sémantique par rapport à la prédication formée par le reste de la phrase. Comme le remarquait déjà Dumarsais (cité par Chevalier 1968 : 699 : « les mots qui marquent ces circonstances ne sont que des adjoints que les mots précédents n'exigent pas nécessairement. [....] sans ces adjoints on perdrait à la vérité quelques circonstances de sens, mais la proposition n'en serait pas moins telle proposition. »). La preuve en est qu'une phrase assertive comme (8) comportant un complément circonstanciel peut être soumise à des opérations (de questionnement ou de reprise anaphorique) qui, isolant le complément circonstanciel, ne portent que sur le contenu propositionnel du reste de la phrase :

(8) *Pierre a éternué pendant le discours du président.*
(8a) *Que s'est-il passé pendant le discours du président ?*
(8b) *Pierre a éternué, et cela pendant le discours du président.*

Par contraste les phrases (8a-b) mettent en évidence le rôle sémantique joué par le circonstant : introduire une « circonstance » au sens large du terme (ici temporelle) du procès décrit par le reste de la phrase.

L'inventaire des différents types de rapports que les compléments circonstanciels entretiennent avec le reste de la phrase varie selon les étiquetages métalinguistiques et le degré d'abstraction de l'analyse. Au premier rang figurent les deux types de circonstants qui assurent l'ancrage spatio-temporel des procès et des états. Les circonstants de temps opèrent toutes sortes de repérages par rapport à un moment ou à une période : *hier, en 1975, il y a vingt ans, par le passé, pendant longtemps, jusqu'à présent, après ton départ, en une heure, bientôt, à / vers / aux environs de dix heures,* etc. Les circonstants de lieu localisent le reste de la phrase dans un cadre spatial ou précisent un élément de ce cadre. Ils se réalisent essentiellement sous la forme d'adverbes, et de groupes nominaux généralement introduits par des prépositions ou des locutions prépositionnelles : *ici, ailleurs, dans la forêt, à l'ombre de la cathédrale, à deux pas de la poste, au fond du lac, au coin de la rue, du haut du balcon*, etc. Lorsqu'ils sont placés en tête de phrase, les circonstants de ce type entraînent souvent l'inversion du groupe nominal sujet si le verbe, intransitif, en introduit le référent dans l'univers de discours (**4.3.4.3.**) : *Ce matin-là, devant le bureau, au pied de la chaire, se tenait [...] le menuisier de la place Thionville* (A. France).

Aux deux notions essentielles de lieu et de temps s'ajoutent traditionnellement la cause, le but, le moyen (ou l'instrument), la manière, mais aussi la condition (*En cas d'accident, prévenir la famille*), l'opposition (*Il s'est engagé dans la Légion en dépit de mes efforts pour l'en dissuader*), l'accompagnement (*Ils sont partis en vacances avec / sans leurs enfants*) et le point de vue (*Il n'y a point de héros pour son valet de chambre*). De toute façon, un tel inventaire, tributaire de la pertinence et de la finesse des distinctions sémantiques opérées, ne sera jamais ni complet ni entièrement satisfaisant. D'abord parce qu'il y a des circonstants qui expriment plus d'un rapport avec le reste de la phrase : la relation instrumentale, par exemple, se double souvent d'une lecture de « manière », car utiliser un instrument, c'est agir d'une manière particulière. Ensuite, de nouveaux types de rapports ont été mis en évidence dans le cadre de théories récentes, notamment énonciatives et textuelles. On identifiera ainsi les circonstants qui ont pour fonction de délimiter l'univers de discours (*Dans les grammaires traditionnelles, le sujet fait l'action – Dans les westerns, le héros a souvent un double négatif*), ceux qui sont destinés à marquer l'attribution du propos ou la source de l'information véhiculés par le reste de la phrase (*d'après l'AFP, selon les statistiques de l'OCDE*, etc.), ou ceux encore qui signalent des progressions et des enchaînements textuels (*d'abord, en outre*, etc.).

Enfin, selon sa place dans la phrase, et indépendamment de son rôle sémantique, le complément circonstanciel peut assurer

VI – La phrase et son architecture

deux fonctions bien distinctes dans la structure communicative des énoncés. Ainsi l'apport informationnel du circonstant de temps *fin décembre* s'intègre différemment dans les deux phrases :

(9) *Fin décembre, les jours rallongent.*
(10) *Les jours rallongent fin décembre.*

Dans (9) où il est détaché en tête de phrase et séparé du reste de la phrase par une pause ou par une virgule, le circonstant spécifie un élément du cadre général (souvent implicite) où se situe l'information véhiculée par le reste de la phrase. L'information véhiculée par ces circonstants périphériques parce que **extrapropositionnels** (extérieur à la proposition et à l'attitude propositionnelle qui l'affecte) est présupposée et thématisée. C'est pourquoi ils restent hors du champ de la négation totale de la phrase, ne se prêtent pas à l'extraction rhématique par *c'est... que* et, pour la même raison, ne constituent pas une réponse l'interrogation partielle :

(9a) *Quand les jours rallongent-ils ?*

Dans (10), au contraire, ni pause ni virgule ne le séparent du reste de la phrase ; le circonstant *en aout*, alors **intrapropositionnel,** fonctionne comme un modifieur postposé au verbe à l'intérieur du groupe verbal. Comme il y représente tout ou partie du propos de l'énoncé, il constitue une réponse possible à l'interrogation partielle (9a), s'interprète comme l'objet privilégié de la négation totale de la phrase (10a) dans l'une de ses lectures possibles (**XIV : 5.1.1.**) :

(10a) *Les jours ne rallongent pas fin décembre* (= *Les jours rallongent, mais pas fin décembre*)

et se prête non moins naturellement à l'extraction qui focalise le propos des énoncés (**XIV : 6.2.**) :

(10b) *C'est fin décembre / Ce n'est pas en août que les jours rallongent*

C'est aussi la fonction et l'interprétation typique du groupe nominal locatif *quai 3* dans la phrase :

(11) *Le train à destination de Rome partira quai 3 (et non pas quai 1).*

où, situé dans le champ de la rection du verbe *partir*, avec lequel il entretient un lien de solidarité actancielle, il véhicule une part importante de l'information qui constitue le propos de la phrase (l'endroit du départ). Son déplacement en position frontale dans la phrase :

(11a) ?? *Quai 3, le train à destination de Rome partira.*

en fait un circonstant fixant le cadre spatial du reste de la phrase, qu'il prive en retour d'un élément thématique crucial pour sa bonne formation informative :

(11b) *Quai 3, le train à destination de Rome partira à l'heure / dans cinq minutes.*

On distinguera donc, selon leurs positions et le rôle communicatif qui leur est associé :

- les circonstants à **fonction scénique** qui participent à la mise en place préalable du cadre de circonstances ou de connaissances thématisées où se situe le reste de la phrase. Ce cadre peut être conçu comme un ensemble de dimensions ouvertes qui, selon les besoins de la communication, peuvent demeurer implicites ou être saturées par des compléments circonstanciels ;
- les circonstants à **fonction rhématique** qui jouent le rôle de propos par rapport au thème que constitue le reste de la phrase. Dans la phrase *Le programme complet de la journée paraîtra <u>dans la presse localedébut octobre</u> et sera distribué au public <u>le jour même de la manifestation</u>*, les précisions apportées par les trois circonstants sont toutes de nature rhématique.

On rangera dans la catégorie générale de la modalisation (**XXIII : 2.2.**) les circonstants de « **commentaire énonciatif** », par lesquels le locuteur exprime ses engagements à l'égard de ce qu'il est en train de dire. Soit qu'il précise le degré de vérité ou de fiabilité du contenu propositionnel de la phrase (*certainement, peut-être, sans doute, bien sûr*, etc.) ou qu'il l'évalue sur une échelle de valeur ou en fonction d'une attente (*par bonheur, heureusement, paradoxalement, généralement, à ma grande surprise*, etc.), soit encore qu'il commente non pas le contenu de son énoncé, mais l'acte même de son énonciation, pour en justifier l'occurrence ou la forme. Dans *Franchement, votre livre est mauvais*, l'adverbe *franchement* ne caractérise aucun élément de la phrase (comme, p. ex., dans *Votre livre est franchement mauvais* ou *Répondez-moi franchement*), mais l'acte de parole du locuteur qui la profère (<u>*Je vous dis*</u>

franchement que votre livre est mauvais). Ce type de modalisation est exprimé par des adverbes (*honnêtement, bref,* etc.), des groupes prépositionnels (*en toute franchise / honnêteté, sauf votre respect, en un mot,* etc.) et des propositions circonstancielles : <u>Puisque tu y tiens</u>, *(je te dis que) j'ai un amant.* – <u>Sans vouloir te faire de peine</u>, *(je te dis que) ton livre est mauvais* – <u>Pour résumer / conclure</u>, *(je dis que) l'entreprise comporte trop de risques* – <u>Puisque tu sais tout</u>, *(je te demande ce) que va décider le gouvernement.*

4.5.4. Le complément circonstanciel dans les grammaires traditionnelles

L'analyse formelle, sémantique et communicative du complément circonstanciel qui précède est aux antipodes des définitions qu'en proposent les grammaires traditionnelles. L'opposition s'explique aisément. Les grammaires traditionnelles définissent en effet la notion de complément circonstanciel sur des bases exclusivement sémantiques et, à l'origine, rhétoriques selon le type de question auquel ils répondent : *où ? quand ? comment ? pourquoi ?* etc. (A. Chervel : 1979). Or beaucoup des relations qui lient un circonstant au reste de la phrase peuvent également unir un verbe à l'un de ses actants. Par exemple : le complément d'objet du verbe *utiliser* (*un outil*) joue le rôle d'instrument, celui du verbe *habiter* (*un appartement, / à Strasbourg*) le rôle de lieu, et celui *d'aspirer* (*au bonheur*) le rôle de but, etc. Faute de critères formels et, corollairement, d'une définition associative (syntaxique et sémantique) du mode de liaison circonstanciel, la grammaire traditionnelle ne peut valablement distinguer entre compléments du verbe et compléments de la phrase.

Aussi bien, chaque fois qu'un constituant de la phrase joue l'un des rôles sémantiques qui constituent le catalogue de circonstances où s'effectue un procès verbal (lieu, temps, instrument, but, etc.), ce constituant se trouve-t-il *ipso facto* étiqueté complément circonstanciel. Du coup, on s'interdit de distinguer entre le complément d'objet indirect du verbe *aller* dans *Cet enfant va à l'école* et le complément circonstanciel dans *Cet enfant travaille bien à l'école*, sous le prétexte que les deux constituants jouent le rôle sémantique de lieu dans les deux phrases et qu'ils répondent à la question *où* ? Et on rangera aussi au nombre des circonstanciels les compléments directs – dits de « mesure » et de « prix » – de *mesurer, peser, valoir, coûter,* etc. qui sont pourtant appelés par le sens du verbe dont ils complètent le schéma actanciel (**VIII : 4.1.3.**).

Enfin, on notera qu'en bonne logique les grammaires traditionnelles devraient également analyser comme circonstanciels :

- les compléments d'objet sémantiquement locatifs des verbes tels que *(re)gagner* et *quitter,* que seule leur construction directe distingue des compléments des verbes transitifs indirects (**VIII : 4.2.**) *aller / retourner* et *s'en aller / s'éloigner,* traditionnellement étiquetés circonstanciels : *Il (re)gagne Paris / va à Paris – Il retourne à Paris – Il quitte Paris / s'en va de Paris / s'éloigne de Paris* ;
- les compléments de nom exprimant une valeur circonstancielle : *un voyage de deux jours* (temps), *le déjeuner sur l'herbe* (lieu), *les victimes de l'accident* (cause), etc.

Remarque. — Les grammaires actancielles (**3.3.1.**) définissent négativement le complément circonstanciel comme n'entrant pas dans la structure argumentale du verbe. Il leur est toutefois difficile de représenter formellement cette spécificité dans les schémas de dépendance où, faute de nœud P symbolisant la forme propositionnelle de la phrase, tout constituant doit être rattaché au pivot verbal ou à un élément qui en dépend.

Bibliographie. — R. Martin (1974), La notion d'adverbe de phrase : Essai d'interprétation en grammaire générative, *Actes du Colloque franco-allemand de grammaire transformationnelle,* Niemeyer, Tübingen : 66-75 – F. Dubois-Charlier et D. Leeman (1975) : 77-92 – J.P. Boons et al. (1976) : 191-206 – A. Chervel (1979), Rhétorique et grammaire : Petite histoire du circonstanciel, *Langue française,* 41 : 5-19 – C. Blanche-Benveniste (1983), La complémentation verbale : valence, rection et associés, *Recherches sur le français parlé,* 3 : 57-98 – L. Melis (1983), *Les circonstants et la phrase,* Louvain, Presses Univ. de Louvain – *Langue Française* (1990), 86 (*Sur les compléments circonstanciels*) – A.-M. Berthonneau (1993), *Depuis* vs *Il y a que,* référence temporelle vs cohésion discursive, *in* Vetters C. (éd.) : 9-83 – C. Guimier éd. (1993), *1001 circonstants,* Presses Univ. de Caen – C. Guimier (1996) : 3-7 – M. Wilmet (1997) : 524-532 – D. Leeman (1998) *Les circonstants en question(s),* Éditions Kimé – S. Rémi-Giraud et A. Roman éds, (1998), *Autour du circonstant,* Presses Universitaires de Lyon – M. Charolles (2003), De la topicalité des adverbiaux détachés en tête de phrase, *Travaux de linguistique,* 149 : 11_49 – A. Lacheret-Dejour (2003), *La prosodie des circonstants en français parlé,* Louvain, Peeters – M. Charolles et M.-P. Pery-Woodley (2005), Les adverbiaux cadratifs, *Langue Française,* 148.

Chapitre VII

LE GROUPE NOMINAL :
DÉTERMINANTS, NOMS ET PRONOMS

1. L'ARCHITECTURE DU GROUPE NOMINAL

1.1. Caractérisation externe et interne

Le groupe nominal (abrégé en **GN**) peut se définir :
– d'un point de vue externe (ou distributionnel (**VI : 2.2.4.**)), par rapport aux constructions dans lesquelles il est susceptible d'entrer : de quoi peut-il être constituant ? ou quelles sont ses fonctions possibles ?
– d'un point de vue interne si on envisage sa construction et sa décomposition : de quoi peut-il être constitué ?

▶ Le GN peut apparaitre dans plusieurs positions syntaxiques. Il peut être :

- premier constituant obligatoire de la phrase (**sujet**) : <u>Les chiens</u> aboient, <u>la caravane</u> passe ;
- constituant facultatif et mobile de la phrase (**complément circonstanciel** construit sans préposition) : <u>Cet été, tous les soirs, place Gutenberg</u>, les touristes pourront assister à un spectacle de musique et de danses folkloriques) ;
- constituant du groupe verbal : **complément argumental** (**objet direct** : Jean connait <u>mon voisin</u>) ou **non argumental** (p. ex. complément de mesure : Jean pèse <u>80 kilos</u>), **attribut du sujet** (Pierre était <u>mon voisin</u>) ou **de l'objet** (On l'appelait <u>l'« idole des jeunes »</u>) ;
- constituant d'un groupe prépositionnel lui-même **complément indirect du verbe** (Il ressemble à <u>son père</u>), **complément circonstanciel** (Dans <u>tous les cas de figure</u>, il faut renoncer à ce projet), **complément du nom**

(*L'impôt sur les grandes fortunes rapporte moins que prévu*) ou de l'**adjectif** (*La fille est digne de la mère*) ;
- constituant facultatif détaché devant ou derrière un autre groupe nominal (en **apposition**) : *Le pilote, (un) vétéran de la deuxième guerre mondiale, a été légèrement blessé*) – *Vétéran de la deuxième guerre mondiale, le pilote a été légèrement blessé*. Dans cette position, les GN alternent avec des adjectifs, des constructions participiales et des gérondifs.

Remarque. — On ne peut donc, à la manière de certains manuels pédagogiques, prendre l'expression « groupe nominal », qui désigne un certain type de groupe syntaxique, comme équivalent de « groupe sujet », qui restreindrait cette catégorie à la fonction sujet, même si c'est dans cette position que le groupe nominal révèle ses caractéristiques les plus typiques.

▶ Sous sa forme minimale, le groupe nominal est constitué d'un déterminant et d'un nom. Le GN étendu y ajoute un ou plusieurs **modifieurs du nom** : adjectif, groupe prépositionnel, subordonnée relative, ou encore, pour certains noms, une subordonnée complétive (introduite par la conjonction *que*) ou une construction infinitive (**1.2.** et **4.5.**). Cette définition minimale doit néanmoins être assouplie : beaucoup de noms propres (**2.8.**) ne sont pas accompagnés d'un déterminant ; même les noms communs peuvent, dans certaines conditions très précises, être employés sans déterminant (**2.7.**). Elle doit également être élargie, si l'on veut y intégrer les pronoms (**5.**), les subordonnées complétives (**XVII**), les groupes à l'infinitif et les relatives substantivées (**XVI : 5.**). Ces unités simples ou complexes fonctionnent en effet comme des GN canoniques à tête nominale, dont elles partagent plus ou moins la distribution, mais pas la structure interne.

Remarque. — L'éventail de sa distribution et la diversité de ses structures internes font que le groupe nominal est sans aucun doute le type de syntagme le plus employé discursivement. Ces trois propriétés interdépendantes découlent de sa fonction communicative essentielle qui est de fournir au locuteur des expressions descriptives susceptibles de caractériser et d'identifier n'importe quel référent sur le mode référentiel ou prédicatif (**XXII : 2.3.**).

Bibliographie. — A. Guillet et A. Leclère (1981), Restructurations du groupe nominal, *Langages*, 63 : 99-125 – M. Goyens (1994), *Emergence et évolution du syntagme nominal en français*, Peter Lang. – M. Riegel (2000), Le syntagme nominal dans la grammaire française, *Modèles linguistiques*, XXI, 2 : 51-78 – G. Amiot, W. De Mulder et N. Flaux (2001), *Le synonyme nominal : syntaxe et sémantique* Arras, Artois Presse Université.

1.2. Du groupe nominal minimal au groupe nominal étendu

▶ La forme **minimale** du GN correspond au couple [déterminant + nom] *les déclarations*. Ces deux constituants sont largement solidaires et interdépendants. Si le nom fournit au GN entier sa substance notionnelle et son statut catégoriel (d'où l'appellation « nom tête » et « tête nominale »), le **déterminant** :

- porte les marques du genre du nom et du nombre du GN et distingue ainsi certains homonymes : *le mousse / la mousse – le mort / la mort* ;
- actualise le nom dans le passage de la notion générale qu'il dénote en langue (p. ex. *livre*) à ce que le GN désigne dans le discours (p. ex. aux expressions descriptives *un / le / ce / ton / cinq / plusieurs / quelques livre(s)*, qui évoquent des objets du type « livre ») ;
- suffit à convertir (**XX : 3.4.**) en noms des unités appartenant à d'autres catégories grammaticales : *un dur, le prêt à porter, un sans faute, le pourquoi et le comment, les qu'en dira-t-on, un je ne sais quoi, un m'as-tu-vu*, etc.

▶ Le **GN étendu** est un élargissement du GN minimal (*les déclarations*) par addition, autour de sa tête nominale (*les dernières déclarations du ministre que j'ai lues dans la presse*), d'éléments facultatifs cumulables, comme :

- l'adjectif ou le groupe adjectival épithètes : *les <u>dernières</u> déclarations – un livre <u>ennuyeux</u> – un <u>tout petit</u> chagrin – une voiture <u>facile à conduire</u>* ;
- le syntagme prépositionnel complément du nom : *les déclarations <u>du ministre</u> – un documentaire <u>sur les médecines douces</u> – votre réponse <u>à ma demande</u> – une crème <u>pour brunir</u> – plusieurs condamnations <u>pour avoir fraudé le fisc</u>* ;
- la subordonnée relative déterminative complétant un antécédent nominal : *les déclarations <u>que j'ai lues dans la presse</u> – L'espion <u>qui venait du froid</u> / L'homme <u>qui murmurait à l'oreille des chevaux</u>* (titres de films) ;
- la subordonnée complétive ou une infinitive (**4.5.**) lorsqu'elles développent le contenu de certains noms abstraits : *l'idée <u>que Paul démissionne</u> / <u>de démissionner</u>.*

À l'intérieur du GN, ces éléments facultatifs qui dépendent du nom forment avec celui-ci un syntagme plus étendu que le nom, mais de niveau inférieur au GN. Le statut de syntagme de ce constituant intermédiaire, appelé dorénavant « **nom modifié** » ou expansé (abrégé en **NModif**) est confirmé par les propriétés suivantes :

• Le NModif peut toujours être remplacé par un seul mot (**VI : 2.2.1.**) : *le chapeau de Paul* → *le gibus* / *le sien*.

• Le NExp peut apparaître comme une unité fonctionnelle dans certains contextes (*Cet ouvrage a été couronné / désigné livre de l'année*) et en particulier fonctionner comme le facteur commun d'une structure coordonnée : *C'est le plus gros Ø, mais aussi le plus passionnant livre de l'année*.

• Lorsque l'élément facultatif du GN est un adjectif, sa mobilité se limite à l'antéposition et à la postposition au nom, qui apparaît ainsi comme son élément recteur : *L'affreux chapeau / le chapeau affreux / *affreux le chapeau*.

Les différents types de modifieurs sont cumulables, mais leurs combinaisons sont régies par des contraintes d'ordre strictes. Seuls certains adjectifs peuvent être antéposés au nom, parfois au prix d'un changement de sens (**4.2.** et **XI : 3.6.**) : *un travail remarquable / un remarquable travail – une histoire sacrée / une sacrée histoire*. Pour le reste, les séquences de modifieurs hétérogènes postposés au nom suivent l'ordre :

[adjectif épithète] + [complément du nom] + [subordonnée relative]
(1) *le panache* [*blanc*] [*d'Henri IV*] [*dont parlent tous les livres d'histoire*]
(2) *le panache [*d'Henri IV*] [*blanc*] [*dont parlent tous les livres d'histoire*]
(3) *le panache [*dont parlent tous les livres d'histoire*] [*blanc*] [*d'Henri IV*].

Remarque. — Des séquences comme *un match de tennis interminable* et *un cours de grammaire passionnant* ne font qu'apparemment exception à la règle, puisque *match de tennis* et *cours de grammaire* sont en fait des séquences qui fonctionnent comme des noms composés (**XX : 3.5.**).

L'adjectif épithète et le groupe prépositionnel complément du nom sont cumulables avec des constituants du même type selon des procédures qui seront présentées dans les sections consacrées à ces deux fonctions :

(4) cet *horrible petit* chapeau *vert défraîchi*
(5) les *récentes* mais *tout aussi inefficaces* mesures de redressement
(6) l'équipe *de France de football victorieuse de la coupe du monde 1998*
(7) le père *du voisin de l'ami du professeur du fils de la concierge* de [...].

Remarques. — 1. La syntaxe X barre (X'), qui affine les hiérarchisations de l'analyse en constituants immédiats, règle – en partie – le problème en regroupant successivement autour de la tête nominale d'abord les compléments, puis avec le groupe ainsi formé les « modifieurs », le tout se combinant au constituant initial, dit « spécifieur » (en l'occurence le déterminant).
2. Le rattachement par proximité, qui induit des interprétations préférentielles, impose des contraintes supplémentaires à la cooccurrence des modifieurs. Dans *le panache blanc dont parlent tous les historiens de Henri IV*, le groupe prépositionnel *de Henri IV* s'interprète sans équivoque comme complément du nom *historiens*. Mais le GN *le panache blanc de ce fameux roi dont parlent tous les historiens* admet deux lectures selon que l'antécédent du relatif *dont* est identifié au GN *le panache blanc de ce fameux roi* ou au seul GN *ce fameux roi*. Il en va de même pour *un joueur de football américain*.

Bibliographie. — C. Coulomb (1991), La syntaxe X barre (X'), *L'information grammaticale*, 50 : 6-12) – M. A. Jones (1996) : 20-24.

1.3. Interprétation sémantique et usages communicatifs du groupe nominal

Sémantiquement, un GN à tête nominale comme *une petite voiture blanche* est une expression **descriptive** (**XXII : 3.5.**) à usage soit **référentiel** soit **prédicatif**, c'est-à-dire une séquence construite d'unités dont les sens codés se combinent pour évoquer un type d'entité (ici, un objet du type [voiture], ayant des propriétés dimensionnelles et une couleur spécifiques). Ainsi selon ses emplois dans la phrase, ce type d'expression peut servir :

▶ à identifier un référent particulier dans l'univers de discours (*Devant ma porte stationne une petite voiture blanche – Regarde la petite voiture blanche*) ou dont l'existence demeure virtuelle (*J'aimerais bien avoir une petite voiture blanche*), mais aussi un référent générique (*Les petits vents d'automne abattent les grosses pluies de fin de soirée*) ;

▶ à catégoriser comme expression prédicative un référent déjà constitué dans une phrase attributive (*Qu'est-ce que c'est ? – C'est une petite voiture blanche*), mais aussi sous la forme d'une apposition analysable comme une proposition attributive réduite (*Son véhicule de prédilection, une petite voiture blanche, a été vendu aux enchères*)

Les différents modes de référenciation au moyen d'un groupe nominal sont présentés dans le chapitre **XXII**. Il suffit de remarquer ici qu'à l'intérieur du NModif, les modifieurs du nom peuvent manifester deux valeurs (**4.1.**) :

▶ Ils sont dits **déterminatifs** lorsqu'ils restreignent l'extension du nom : c'est le cas des épithètes *petite* et *blanche* qui, à partir de la dénotation (c.à.d. de l'ensemble des référents qui correspondent à une expression) de *voiture*, déterminent successivement les sous-ensembles dénotatifs *voiture blanche* et *petite voiture blanche*.

▶ Lorsqu'ils n'affectent pas l'extension du nom tête du GN, ils exercent une fonction dite **explicative**, parce que, faute de restreindre l'extension du nom, ces modifieurs s'interprètent comme une caractérisation non identificatoire, mais néanmoins communicativement pertinente, du référent identifié par le reste du GN : *Il s'occupe de son vieux père*.

Remarque. — Mis en apposition et donc extérieurs au GN, les modifieurs non restrictifs en sont généralement séparés par l'intonation ou par une pause, et dans l'écrit standard par une virgule (**4.7.1.**) : *Les spectateurs, déçus, sifflèrent copieusement les joueurs / Déçus, les spectateurs sifflèrent copieusement les joueurs*.

1.4. L'accord dans le groupe nominal

Tout nom est pourvu d'un **genre** inhérent, **masculin** ou **féminin** (**3.4.1.**), une caractéristique qui lui reste attachée même hors emploi (stockée dans notre mémoire lexicale et enregistrée comme telle dans les dictionnaires), mais qu'il transmet, à l'intérieur du GN, au déterminant et à l'adjectif épithète : *un bon café / une bonne tisane*. Cependant l'opposition du genre ne se manifeste pas dans les formes plurielles de l'immense majorité des déterminants (*le, la* / *les* – *ce, cette* / *ces* – *mon, ma* / *mes*, etc.) et beaucoup d'adjectifs, dits **épicènes** (**XI : 2.2.**), ont la même forme au masculin et au féminin à l'écrit et à l'oral (*un lieu calme* / *une rue calme*) ou seulement à l'oral où le *e* caduc ne se prononce pas (*un joli bouquet* / *une jolie fleur*).

Le **nombre, singulier** ou **pluriel** (**3.4.2.**), n'est attribué au nom que dans l'instance du discours. Il résulte d'un choix du locuteur guidé par des besoins d'ajustement référentiel (unicité ou pluralité du référent désigné par le GN). Aussi porte-t-il sémantiquement sur l'ensemble du GN, même s'il n'affecte que le déterminant, le nom et l'adjectif : l'expression *les petits chats de Paul* désigne globalement une pluralité de référents du type « chat » vérifiant chacun les propriétés dénotées par l'adjectif épithète et le complément du nom. À l'oral, l'opposition du nombre est presque exclusivement marquée par la forme des déterminants.

Les **adjectifs épithètes** variables portent les mêmes marques de genre et de nombre que le nom qu'ils modifient : *des hommes libertins* / *des femmes vertueuses*. Cette règle générale présente néanmoins plusieurs cas particuliers qui seront examinés dans la section du chapitre consacrée à l'accord de l'adjectif épithète (**XI : 2.5.1.**).

Les **pronoms** et les **locutions pronominales** sont l'équivalent syntaxique d'un groupe nominal (**5.1.**). Les locutions pronominales personnelles (*le mien, le tien*, etc.) et indéfinies (*l'un* / *les uns, le(s) même(s)*) sont formées d'un déterminant et d'un élément pronominal qui partagent les marques de nombre et de genre (ce dernier étant déterminé par leur antécédent) : *Nous avions fait des propositions. La tienne a été retenue* / *Les unes étaient très coûteuses, les autres moins*. Certains pronoms (les numéraux, les indéfinis *plusieurs, quelqu'un, quelque chose, rien* et *qui* / *quoi* interrogatifs) sont aptes à recevoir un modifieur. S'il s'agit d'un adjectif épithète précédé de la préposition *de* (**4.2.3.**), il s'accorde en fonction du mode de référence du pronom (**5.1.2.**) : *Enfin quelqu'un d'heureux !* / **quelqu'un d'heureuse* – *quelque chose de beau* / **quelque chose de belle*.

2. LES DÉTERMINANTS

Le déterminant se définit comme **le mot qui doit nécessairement précéder un nom commun pour constituer un groupe nominal bien formé** (**1.2.**) dans la phrase de base. Les règles de réécriture des grammaires syntagmatiques en font le premier des deux constituants obligatoires de la forme canonique du GN : GN → Dét + N. Aussi permet-il d'opérer le transfert du terme (simple ou complexe) qui le suit dans la catégorie du nom (**3.1.**) :
Un <u>rien</u> l'habille
Je me moque des <u>qu'en-dira-t-on</u>.
Ici, précédés d'un déterminant, un pronom et une phrase interrogative partielle acquièrent le statut de nom, comme le prouve leur commutation respective avec *short* et *racontars*.

En partant du terme prototypique de cette catégorie, l'article défini, on obtient par substitution le paradigme des termes susceptibles d'occuper cette position, avec leurs variantes, qu'elles soient conditionnées par le contexte phonétique (initiale du mot suivant), syntaxique (le genre et le nombre du nom) ou sémantique (nom comptable ou massif). Cette liste comporte des formes simples (*le* (*l'*), *mon*, *ce* (*cet*), *un*, *du*, *chaque* ; *la* (*l'*), *ma*, *cette*, *une*, *de la* ; *les*, *mes*, *ces*, *des*, *deux*, *trois*, *quatre*, *plusieurs*, *certains*, etc.) et composées (*beaucoup de, peu de, assez de, un litre de, un tas de*, etc.).

2.1. Déterminants et adjectifs

Une certaine tradition grammaticale a longtemps regroupé sous le terme d'*adjectif* tout « ce qui s'ajoute » (c'est le sens étymologique du mot latin *adjectivus*) au substantif, en fait, tous les mots qui s'accordent avec le nom à l'intérieur du groupe nominal. Ces éléments, censés « déterminer », chacun à sa façon, le pivot nominal comprennent les expansions facultatives du nom que sont les adjectifs qualificatifs et relationnels, mais aussi les *adjectifs* dits *démonstratifs, possessifs, indéfinis, interrogatifs* et *exclamatifs* comme *deux, trois, certains, quelques,* etc., à l'exception, significative, des articles. La plupart des linguistes considèrent aujourd'hui que, dans une langue comme le français, les seconds forment une partie du discours, celle des déterminants, syntaxiquement et sémantiquement distincte de celle des adjectifs. En effet, contrairement aux adjectifs, les déterminants :

– sont obligatoires pour constituer avec un nom commun un groupe nominal de base (**2.1.**), alors que l'adjectif est facultatif : *Passe-moi la chemise bleue* / *Passe-moi la chemise* / **Passe-moi chemise bleue* ;

– quantifient et déterminent le sémantisme du nom pour former une expression référentielle dénotant une contrepartie dans la réalité (*Le (petit) chat est mort. Il nous manquera*), alors que les différents types d'adjectifs spécifient le sémantisme nominal sans pour autant lui assigner une contrepartie référentielle, telle qu'elle pourrait être reprise par un pronom anaphorique (*Gaston était un bon professeur* / **était un bon professeur qui enseignait au Lycée Papillon*) ;

– ne sont pas cumulables avec un autre déterminant (**Les mes chats* / **Des plusieurs chats* / **Les et mes chats miaulent*), sauf modification quantitative d'un déterminant défini (*les trois* / *cinq* / *quelques chats*), alors que les adjectifs se juxtaposent et se coordonnent à l'intérieur du GN : *un autre gentil petit garçon serviable et dévoué* ;

– permettent l'ellipse de la tête nominale modifiée par un adjectif (*Il avait plusieurs chats. Le plus jeune Ø est mort*), une propriété que n'ont pas les adjectifs épithètes (*Il avait plusieurs chats noirs. *Plus jeune Ø est mort*) ;

– ne peuvent être ni épithètes (*On lui a offert un beau livre* / **On lui a offert un ce livre*) ni attributs (*Ces livres sont chers* / **Ces livres sont mes*) ni détachés en apposition à un GN (*Le livre, trop cher, ne s'est pas vendu* / **Le livre, trop ce, ne s'est pas vendu*), sauf usage métalinguistique (*le déterminant ce – Le déterminant est mon*) ;

– appartiennent à une liste fermée de mots « grammaticaux », alors que les adjectifs constituent une catégorie lexicale, vaste et ouverte.

La seule propriété qui soit vraiment commune aux déterminants et aux adjectifs (mais aussi à certains pronoms, aux participes passés et aux adjectifs verbaux) est leur variabilité en genre et en nombre et l'accord avec un terme nominal, ce qui est dérisoire au regard de ce qui les distingue. Même la possibilité, parfois alléguée, de pouvoir précéder le nom à l'intérieur du groupe nominal relève d'une illusion d'optique... syntaxique, puisque, outre le fait que les adjectifs relationnels ne s'antéposent pas (*une professionnelle maladie), un adjectif épithète antéposé ne s'ajoute pas au nom de la même manière que le déterminant. Ce dernier précède le nom ou le groupe [adjectif antéposé – nom] (une agréable soirée), ce qui lui assigne une positions distincte de celle de l'adjectif non seulement dans la suite linéaire, mais dans la structure hiérarchique du GN :

[une$_{Dét}$ [agréable$_{Adj}$ soirée$_N$]$_{N'}$]$_{GN}$

Histoire. — Il aura fallu beaucoup de temps pour que les grammaires délestent la catégorie adjectivale des éléments qui forment aujourd'hui la catégorie des **déterminants**. À la fin du XVIIIe siècle, Du Marsais et Beauzée reconnaissent l'identité de fonctionnement de l'article et des autres déterminants regroupés sous l'étiquette prénoms, mais n'en continuent pas moins à les intégrer dans la catégorie de l'adjectif, une décision qui va retarder pour longtemps la constitution de la catégorie autonome des « déterminants ». Beauzée note pourtant la spécificité du type particulier d'adjectifs que sont les « articles indicatifs » (le, la, les) et les articles dits « connotatifs » un, une, deux, trois, mon, ma, mes, qui « indiquent positivement l'application du nom aux individus » en associant à la compréhension de l'expression nominale (déterminée par le nom et l'adjectif épithète) l'indication de sa quotité, c'est-à-dire de l'étendue des référents auxquels elle s'applique ou de ce que certains appellent aujourd'hui une « extensité ». Cette différenciation est reprise, un siècle plus tard, par Noël et Chapsal qui distinguent entre adjectifs qualificatifs et adjectifs déterminatifs sous-catégorisés en numéraux, possessifs, démonstratifs et indéfinis. Mais il faudra encore attendre cent cinquante ans et la Nomenclature de 1975 pour voir les adjectifs démonstratifs, possessifs, indéfinis, numéraux, interrogatifs, exclamatifs et relatifs regroupés avec l'article sous l'étiquette de déterminants ; puis celle de 1997 pour achever le processus et admettre enfin la dénomination de déterminants démonstratifs, possessifs, indéfinis, etc.

2.2. Formes et fonctions

Le déterminant porte la marque du genre du nom tête et celle du nombre du GN. Il marque toujours le nombre, sauf, à l'oral, dans le cas de leur(s), quel(s), tel(s) ou des formes composées comme *beaucoup de*. La marque de l'opposition de genre, régulière au singulier, est non moins régulièrement neutralisée au pluriel (sauf dans de rares cas comme celui de *certains / certaines*).

Sémantiquement, les déterminants participent à l'**actualisation du nom** : ils assurent son passage de la langue dans le discours, pour former des expressions référentielles (**1.3.** et **XXII : 2.** et **3.5.**) qui désignent des occurrences de la notion attachée lexicalement au groupe formé par le nom et ses expansions. Ils spécifient notamment si cette notion renvoie à des entités massives ou comptables, saisies de manière singulière, plurielle ou distributive, globale, etc.

▶ **Les deux grandes classes de déterminants**

a) Les **déterminants définis** comprennent : l'article défini (*le, la, les*), le déterminant démonstratif (*ce, cette, ces*) et le déterminant possessif (*mon, ton, son...*) ;

b) Les **déterminants indéfinis** comprennent : l'article indéfini (*un, une, des*), l'article partitif (*du, de la*), les déterminants dits « indéfinis » (*certain(s), tout, chaque, quelque(s), plusieurs, n'importe quel, aucun, nul,* etc.), ainsi que les déterminants négatifs (*aucun, nul, pas un,* etc.), interrogatifs, exclamatifs et relatifs (*quel, lequel*), dont l'emploi est limité à certains types de phrases ou à certaines propositions subordonnées.

Les déterminants définis ne peuvent jamais se combiner entre eux et sont généralement exclus dans certaines positions syntaxiques (suite d'un verbe impersonnel, attribut d'une phrase à sujet spécifique non défini, etc.) : **Il passe sa voiture / Il passe une voiture* – **Un manuel est ce livre / Un manuel est un livre.* En revanche, les déterminants indéfinis, souvent combinables avec les définis et entre eux, apparaissent difficilement dans des positions (p. ex. comme sujets dans certains types d'énoncés) où les définis entrent de façon toute naturelle : ? *De l'eau est sur la table / L'eau est sur la table* – ? *Des enfants sont charmants / Vos enfants sont charmants*. Enfin, les articles définis ont en commun avec les démonstratifs d'être les seuls à pouvoir être suivis de *même* ainsi qu'à assurer la référence anaphorique (**XXIII : 3.5.**) : *C'était le /*

ce même individu que j'avais rencontré la veille. Quant aux possessifs, ils peuvent être considérés comme de simples variantes de l'article défini intégrant une relation avec un pronom personnel (**2.3.3**) : *C'est le livre de Jeanne / C'est son livre* (= *le livre d'elle*)

▶ **Les principales différences d'emploi des déterminants.**

Elles trouvent leur explication dans l'opposition fondamentale du point de vue de la **référence (XXII : 3.)** des GN où ils figurent.

a) Dans leurs **emplois spécifiques**, les GN définis réfèrent à des *individus* identifiables par le récepteur à partir de la *classe* représentée par le nom et son expansion (groupe adjectival, prépositionnel ou relative déterminative, par exemple), et compte tenu des connaissances que lui prête l'émetteur (**2.3.1.**). Ainsi s'explique que leur interprétation est indépendante du reste de la phrase et en particulier de son prédicat, ce qui n'est pas le cas des GN indéfinis. Dépourvus de cette « présomption d'identification univoque », ces derniers servent à introduire leurs référents dans l'univers de discours sans pour autant les identifier de façon univoque, ce qui exclut a priori qu'une expression indéfinie puisse être anaphorique.

b) En emploi générique, les GN introduits par l'article défini singulier ou pluriel, mais aussi par l'article indéfini singulier, peuvent référer à l'ensemble d'une classe (pour les nombrables) ou d'une catégorie (pour les massifs), mais chacune de ces formulations génériques a ses spécificités.

Remarque. — Des GN introduits par d'autres déterminants sont susceptibles d'avoir une lecture générique dans une phrase elle-même générique : *En Afrique, des enfants meurent du sida – Des cerisiers, ça ne fleurit pas en hiver – Certaines vérités ne sont pas bonnes à dire – Beaucoup d'insectes sont nuisibles.* C'est aussi le cas du démonstratif dans : *Les hommes nous en veulent. Ah ! cette pauvre femme qui a toujours tous les torts* (dit par une femme).

▶ **Les syntagmes déterminants**

a) Des éléments annexes, facultatifs, peuvent se joindre aux déterminants qui sont alors des **déterminants modifiés** (**2.6.1.**).

C'est ainsi que les définis peuvent être précédés de *tout(e), tou(te)s* (prédéterminants), par exemple dans *toute la journée, tous les élèves*, ou suivis d'un quantifiant (postdéterminant) : *les trois enfants, ces quelques livres*. Le groupe déterminant peut aussi être introduit par un modifieur quantitatif (*environ / un peu plus de deux cents spectateurs*) et se terminer par un marqueur d'identité (*même / autre*) ou par un renforcement spécial (*propre* pour le défini possessif, *quelconque* pour l'article indéfini). Ces éléments facultatifs d'un groupe déterminant se distinguent des adjectifs antéposés au nom (**4.2.**) par le fait qu'ils n'ont aucune mobilité par rapport au déterminant principal et qu'ils ne peuvent être coordonnés entre eux (**Il m'a donné son propre et autre livre*).

b) Au point de vue de la forme, en dehors des déterminants simples (définis ou indéfinis), il existe des **déterminants composés (2.6.2.)** qui sont constitués de plus d'un élément dont aucun n'est facultatif.

Il s'agit de la série des indéfinis formés par un **adverbe de quantité** comme *beaucoup, trop, peu, assez, moins, plus*, (mais aussi *tellement, infiniment, énormément, plein*, etc.) suivis de la préposition *de* : *beaucoup / tellement / plein de spectateurs* ; *beaucoup de neige / énormément de peine*, etc. Ils correspondent à la formule Dét – Xq – *de* où le mot-tête (ici de nature adverbiale) dénote la quantité (comptable ou massive) selon la nature du nom qui suit. On inclura dans cette catégorie les formes figées *n'importe quel(le)(s)* et *une sorte de, une espèce de* qui fonctionnent souvent comme des déterminants indéfinis réductibles en ce sens à *un / une*.

On peut également considérer comme déterminants composés les expressions qui vérifient également la formule Dét – Xq – *de*, mais où Xq est un **nom de quantité** (*une dizaine d'étudiants*), un nom de mesure (*trois litres d'eau, cent grammes de beurre*) ou un nom collectif qui, à côté de ses emplois « construits » (*un tas de sable, la foule des manifestants*), prend devant un nom lui-même dépourvu de déterminant un sens quantitatif dénotant un certain type de pluralité (*Un tas de gens pensent comme moi – Je me pose une foule de questions*).

Remarque. — On peut remarquer la proximité avec les déterminants proprement dits de certaines expressions complexes jouant en partie le même rôle, mais articulées sémantiquement en deux opérations : 1) la constitution sous la forme d'un ensemble défini (GN. défini) et 2) l'extraction d'une partie définie ou indéfinie de celui-ci grâce à un terme quantificateur. Ce dernier, par exemple un adverbe (*beaucoup, trop, combien*, etc.), un pronom (*celui, chacun, certains*, etc.) ou un nom de quantité (*une partie, la plupart, une moitié, un kilo*, etc.) est alors suivi d'un complément défini introduit par la préposition *de* : *beaucoup de mes amis, celui de mes amis que j'aime le plus, certains de mes amis* (2.6.1.). Dans la position de c.o.d. de certains verbes, la place de l'élément quantificateur précédant *de* peut même rester vide : *Je ne mange pas Ø de ce pain-là* [*manger quelque chose*] – *Je vais acheter Ø de ce tissu-là* [*acheter quelque chose*] – *Redonnez-moi Ø de cet excellent rôti* [*redonner quelque chose*] – *N'oubliez pas de me donner Ø de vos nouvelles* (2.4.2.).

Bibliographie. — C. Blanche-Benveniste et A. Chervel (1966), Recherches sur le syntagme substantif, *Cahiers de lexicologie*, IX, 2 : 3-37 – J. Dubois et F. Dubois-Charlier (1970 : 38-56) – C. Fuchs et M. Pêcheux (1970), Lexis et Métalexis : le problème des déterminants, *Considérations théoriques à propos du traitement formel du langage*, Documents de linguistique quantitative, 7, Dunod : 27-49 – M. Gross (1977 : *passim*) – J. David et G. Kleiber, éds, (1986) – M. Wilmet (1986), *La détermination nominale*, Paris, PUF – G. Kleiber (1955), Sur les (in)définis en général et le SN (in)défini en particulier, *BSLP*, 90, 1 : 21-51 – A. Berrendonner (1995), Quelques notions utiles à la sémantique des descripteurs nominaux, *TRANEL*, 23 : 9-39 – D. Van de Velde, N. Flaux et W. De Mulder (1997) : 7-64 – D. Leeman (2004).

2.3. Les déterminants définis

2.3.1. *L'article défini*

▶ **Morphologie**

	SINGULIER		PLURIEL	
	devant consonne	devant voyelle	devant consonne	devant voyelle
MASCULIN	le [lə]	l' [l]	les [le]	les [lez]
FÉMININ	la [la]			

a) La forme du singulier devant voyelle (traditionnellement appelée « article élidé ») concerne aussi bien l'écrit que l'oral.

Au pluriel, la marque orale [z] qui apparaît devant les mots à initiale vocalique (*les enfants, les yeux*) semble tellement faire partie du nom qu'elle est souvent généralisée, abusivement ou plaisamment (*quatre zenfants, zyeuter*).

b) Le *H* dit aspiré, par ex. celui de *halètement*, joue un rôle démarcatif : il empêche l'élision comme la liaison ; celui, dit muet, d'*habitation*, ne joue pas ce rôle : *le halètement, l'habitation* (**II : 3.2.2. Rem.**).

c) Au lieu de la suite *de* + *le*, on trouve la forme amalgamée *du* ; au lieu de *de* + *les* : *des* ; au lieu de *à* + *le* : *au* ; et au lieu de *à* + *les* : *aux*. Ces **amalgames** avec les prépositions *de* et *à* sont traditionnellement nommés, de façon inexacte, « articles contractés ».

▶ **Sémantique**

L'article défini sert à référer à une entité identifiable à partir du seul contenu descriptif du reste du GN. On peut se représenter l'opération sémantique qu'il réalise de la façon suivante :
– Le récepteur doit prendre en considération le signifié de l'ensemble formé par le nom et son expansion éventuelle ;
– puis, dans l'espace référentiel constitué par la situation de discours, le contexte ou le savoir qu'il partage avec l'émetteur,
– pour effectuer la saisie, selon que l'article est singulier ou pluriel, du ou des référents qui sont les seuls à correspondre au signalement ainsi donné.
Autrement dit, l'article défini présuppose l'existence et l'unicité : il n'y a pas d'autre(s) référent(s) accessible(s) qui vérifie(nt) la description de la réalité désignée par le GN.

La **référence** ainsi établie peut être **spécifique**, c'est-à-dire concerner un ou des individus particuliers dans l'univers de discours, ou **générique**, c'est-à-dire concerner l'ensemble d'une classe ou d'une sous-classe d'individus. L'article défini s'emploie aussi pour marquer la valeur générique des noms dits *massifs* (*le* *vin / la farine / le courage / la tendresse*) dont les occurrences particulières sont construites au moyen de l'article partitif (**2.4.2.**). De ce point de vue, certains énoncés peuvent être ambigus : *Le chien aboie* peut signifier qu'il y a actuellement un chien particulier en train d'aboyer, ou bien attribuer un type de cri à la classe entière des chiens. Le problème n'est pas notablement différent au pluriel : *Les chiens aboient*. La plupart du temps, le contexte ou la situation permet de lever l'ambiguïté. L'article de *Passe-moi le livre !* ne peut avoir qu'une interprétation spécifique : contextuellement, le complément du verbe *passer* renvoie nécessairement à un livre particulier, seul susceptible d'être passé au locuteur. Quant à l'univocité de la référence, ou bien il n'y a qu'un seul livre dans l'espace de la situation d'énonciation, et la référence est déictique ; ou s'il y en a plusieurs, c'est qu'il vient d'être question d'un livre particulier – ce qui a eu pour effet de le rendre saillant dans l'espace mental des deux interlocuteurs et d'en faire l'antécédent d'une référence anaphorique (**XXIV : 3.1.**).

Dans *Il faut que le livre cesse d'être une marchandise comme une autre*, l'interprétation est générique : ni la situation, ni le contexte ne permettant d'isoler un objet « livre » particulier qui vérifie ce qu'en dit le reste de la phrase ; le seul *livre* ici repérable est le livre en général, l'objet typique appelé *livre* (c'est-à-dire pratiquement non pas l'ensemble de tous les livres, mais les livres en tant qu'objets distincts de tous les autres).

Le sens générique peut être mis en évidence par le test de la dislocation avec reprise par *ça* : *Le(s) chien(s), ça aboie. Le(s) roman(s), j'aime ça*. La reprise d'un GN spécifique se fait par le pronom personnel : *Le chien, il a encore aboyé*.

Contrairement au singulier, où la référence d'emblée homogène (voir Kleiber 1990) renvoie à l'objet typique désigné par le reste du GN, le pluriel générique de l'article défini invite à considérer une certaine proportion, même faible, mais suffisamment représentative, de l'ensemble des objets désignables par une telle expression. *Les sapins des Vosges sont malades* n'implique pas, loin de là, que *tous les sapins des Vosges* soient atteints du Waldsterben (cf. également : *Les Américains ont débarqué sur la lune – Les Chinois ont inventé la porcelaine*). Cette opération de généralisation, où la référence se constitue de façon hétérogène, débouche sur une généricité moins complète qu'avec le singulier. Il est en effet encore plus facile d'exclure un élément d'une classe construite par généralisation (*J'aime les romans, mais pas celui-ci*) que de soustraire un individu particulier au type dont il est l'occurrence (? ? *J'aime le roman, mais pas celui-ci*). *Tous* peut renforcer la valeur générique du défini pluriel en lui donnant un caractère exhaustif : *J'aime tous les romans.*

Bibliographie. — G. Guillaume (1964) : 143-183 – M. Galmiche (1985), Phrases, syntagmes et articles génériques, *Langages*, 79 : 2-39 – G. Kleiber (1990), *L'article le générique. La généricité sur le mode massif*, Droz – D. Van de Velde, N. Flaux et W. De Mulder (1997) : 86-136 – D. Leeman (2004) : 85-12.

Là où d'autres langues recourent au possessif, le français utilise l'article défini comme déterminant d'un GN représentant une partie anaphoriquement rapportée à un tout. Le plus souvent, le terme représentant le tout précède (soit comme sujet, soit sous forme de pronom du type indirect) celui qui représente la partie : *Il a les yeux bleus – Cette voiture a reçu un choc sur l'aile – Sa mère lui a tiré les oreilles – Il s'est lavé les mains – Ça lui tourne la tête / La tête lui tourne – Les bras m'en tombent.*

Bibliographie. — G. Kleiber (1983), Article défini, théorie de la localisation et présupposition existentielle, *Langue française*, 57 : 87-105 – Kleiber G. (1990), *L'article le générique. La généricité sur le mode massif*, Genève-Paris, Droz – M. Riegel (1991), Transitivité et conditionnements cognitifs : la relation partie-tout et la complémentation verbale, *LINX*, 24 : 133-146 – J.-R. Vergnaud et M.-L. Zubizaretta (1992), The definite determiner and the inalienable constructions in French and English, *Linguistic Inquiry*, 23-4 : 595-652 – Karolak S. (1995), *Études sur l'article et la détermination*, Cracovie, WSP – D. Leeman (2004) : 53-84.

2.3.2. *Le déterminant démonstratif*

▶ **Morphologie**

	SINGULIER		PLURIEL	
	devant consonne	devant voyelle	devant consonne	devant voyelle
MASCULIN	ce [sə]	cet [sɛt]	ces [se]	ces [sez]
FÉMININ	cette [sɛt]			

Il existe également une forme composée discontinue *ce N-ci, ce N-là* avec toutes les variantes de genre et de nombre : *je veux ce baba-là*. Les particules *-ci* ou *-là* jouent le rôle et prennent la place d'une expansion spécifiante : *Donnez-moi cette religieuse que je vois dans la vitrine / cette religieuse-ci / *cette religieuse-ci que je vois ...* Que la référence s'exerce dans l'espace (dans la situation) ou dans le temps (par rapport au contexte antérieur), la forme en *-ci* renvoie en principe au plus proche, la forme en *-là* au plus éloigné : *Cet éclair-ci / cet éclair-là – Ces temps-ci / en ce temps-là*. Cette règle héritée de la langue classique s'est réduite dans l'usage courant à l'opposition entre la forme simple et la forme élargie en *-là*.

▶ Sémantique

Le démonstratif n'est pas nécessairement lié à un acte d'ostension (de « monstration »). Il connaît deux types d'emplois :

a) Dans ses emplois **déictiques** (**XXIII : 2.1.**), il désigne un référent présent dans la situation de discours ou accessible à partir d'elle. Il peut alors effectivement être accompagné d'un geste, d'une mimique ou d'un mouvement qui facilitent l'identification : *Je vais prendre ces chaussures*.

Plus généralement, le démonstratif sert à référer à une réalité présente dans la situation, y compris dans le contexte proprement linguistique. À la différence de l'article défini, la désignation qu'il opère ne passe pas d'abord par la prise en considération du concept signifié par le reste du GN. C'est pourquoi il peut être utilisé même quand il y a plusieurs réalités qui répondent au signalement donné par le GN. Cette fonction « contrastive » fait son originalité par rapport à l'article défini.

Ainsi, en entendant l'avertissement *Attention à la voiture !*, on pensera spontanément qu'il n'y a qu'une seule voiture dans l'environnement – en tout cas une seule qui importe – et on se mettra à l'abri sans s'informer davantage. Tandis que si on entend *Attention à cette voiture !*, on peut être amené à chercher d'abord de quelle voiture il s'agit (Kleiber 1986).

b) Dans ses emplois **anaphoriques** (**XXIV : 3.**), il identifie un référent déjà évoqué au moyen d'une description identique ou différente (un hyperonyme, par exemple, ou un terme évaluatif) :

J'ai planté un petit sapin. Mais ce sapin / cet arbre ne pousse pas vite.
Pierre est encore en retard. Cet étourdi a dû oublier l'heure.

Cette affinité avec les termes évaluatifs explique son apparition fréquente dans les tours exclamatifs :

Ah ! ce crétin !
Ah ! cette pagaille !
Les élèves ont fait un de ces chahuts !

c) On a pu parler d'un emploi **cataphorique** (**XXIV : 3.**) ou **mémoriel** du démonstratif lorsque celui-ci est justifié par une expansion du N (il *appelle* ce complément nécessaire au lieu de rappeler un élément antérieur, et c'est en ce sens qu'il est cataphorique), sous forme de relative décrivant un évènement qui, par son ancienneté, n'est pas forcément présent à l'esprit de l'interlocuteur ou du lecteur, mais qui peut suffire à lui *rappeler* un élément connu (c'est en ce sens qu'il est mémoriel) :

Tu te souviens de cette voisine qui nous faisait de si bons gâteaux ?
Tout à coup, elle aperçut une mouette qui traversait le ciel, emportée par une rafale ;
et elle se rappela cet aigle qu'elle avait vu, là-bas, en Corse, dans le sombre val d'Ota
(Maupassant, *Une vie*).

▶ Déterminant défini et déterminant démonstratif

Bien entendu, et en particulier quand il s'agit de référence anaphorique, il y a un certain nombre de cas où le défini et le démonstratif se trouvent en concurrence. Le défini institue une référence indirecte qui ne renvoie à l'antécédent que dans la mesure où elle prend appui sur les circonstances décrites par la phrase où apparaît ce dernier. La référence instituée par le démonstratif est directe, et en conséquence ne dépend pas de la désignation de l'antécédent, ce qui fait que son emploi est en principe plus étendu et plus sûr. Aussi l'énonciation de la phrase contenant un démonstratif anaphorique peut-elle être totalement distincte de celle de la phrase où figure l'antécédent (elle peut en être plus facilement séparée par une parenthèse) : *Un lièvre en son gîte songeait / (Car que faire en un gîte, à moins que l'on ne songe ?) ; / Dans un profond ennui ce lièvre se plongeait* (La Fontaine).

En revanche, si l'antécédent est formé par un groupe coordonné, la référence globale ainsi instituée ne peut être dissociée au moyen du démonstratif. Après une phrase comme *Il y a sur la table une casserole et une poêle*, on peut continuer par *la casserole est cabossée*, mais non par **cette casserole* ; la possibilité de reprendre globalement le groupe par *ces ustensiles* reste évidemment ouverte.

Le démonstratif est préférable lorsque le nom exprime une caractérisation (en particulier évaluative), qui le plus souvent serait loin de constituer un indice signalétique suffisant pour la reprise au moyen de l'article défini : *Cet imbécile n'a rien compris.* On le trouve par conséquent dans des expressions pseudo-appositives comme *cet imbécile de Tartempion* (**4.4.2.**), et, de manière similaire, dans les emplois en contexte exclamatif (voir ci-dessus).

Bibliographie. — G. Kleiber (1983), Les démonstratifs (dé)montrent-ils ? *Le français moderne*, 51, 2 : 99-117 – G. Kleiber (1984), Sur la sémantique des descriptions démonstratives, *Linguisticae Investigationes*, VIII, 2 : 63-85 – G. Kleiber (1986), Pour une explication du paradoxe de la reprise immédiate, *Langue française*, 72 : 54-79 – F. Corblin (1987), *Indéfini, défini et démonstratif*, Droz – D. Van de Velde, N. Flaux et W. De Mulder (1997) : 137-200 – G. Kleiber (2004), Sémantique, référence et discours : le cas des démonstratifs cataphoriques spécifiques, dans A. Auchlin *et al.* éds, *Structures et discours. Mélanges offerts à Eddy Roulet* : 231-245 – D. Leeman, (2004) : 53-84.

2.3.3. Le déterminant possessif

Le déterminant possessif est multiparamétré, ses formes dépendent :

– de la « personne » représentée comme le « possesseur » (*mon / ton / son livre*), ou de la réalité (non-personne) représentée comme la référence du GN (*la mer et ses vagues – les villages et leurs habitants*) ;

– du nombre du N qu'il précède et détermine (*mon livre / mes livres*) ;

– du genre de ce N (*mon livre* / *ma veste*) ;
– de l'environnement phonétique, c'est-à-dire de l'initiale, consonantique ou vocalique, du mot qui le suit immédiatement (*ma femme* / *mon épouse* / *ma chère épouse* / *mon affectueuse épouse*).

La difficulté (en particulier orthographique) de l'emploi de la forme *leur(s)* vient de ce qu'il faut dissocier deux nombres, celui, grammatical, singulier ou pluriel, du nom qui suit (*leur maison* vs *leurs maisons*), et celui, notionnel, toujours pluriel, de l'entité impliquée (*sa maison* vs *leur maison*). À noter que le français, à la différence de l'anglais ou de l'allemand, ne marque pas le genre grammatical de la deuxième entité : *son nom* = all. *sein* / *ihr Name* (le livre de N masc. / N fém.), comme en angl. *his* / *her name* (+ *its* lorsque l'entité n'est pas une personne : *its name* = p. ex. pour le nom d'un outil).

▶ **Morphologie**

Personne représentée	NOM DÉTERMINÉ				
	SINGULIER			PLURIEL	
	Masc. Ou Fém. + voyelle	Masc. + consonne	Fém. + consonne	+ consonne	+ voyelle
1ʳᵉ sing.	mon [mɔ̃n]	mon [mɔ̃]	ma [ma]	mes [me]	[mez]
2ᵉ sing.	ton [tɔ̃n]	ton [tɔ̃]	ta [ta]	tes [te]	[tez]
3ᵉ sing.	son [sɔ̃n]	son [sɔ̃]	sa [sa]	ses [se]	[sez]
1ʳᵉ plur.		notre [nɔtR]		nos [no]	[noz]
2ᵉ plur.		votre [vɔtR]		vos [vo]	[voz]
3ᵉ plur.		leur [lœr]		leurs [lœr]	[lœRz]

▶ **Sémantique**

Le déterminant possessif est littéralement l'équivalent de *le* [...] *de moi*, *le* [...] *de toi*, etc., toutes formes agrammaticales en français moderne. Autrement dit, il représente la synthèse de deux éléments généralement disjoints du GN : l'article défini et un complément du nom introduit par *de* (en l'occurrence un pronom personnel) qui assure l'identification définie. Aussi ce dernier type de complément ne peut-il généralement être employé en concurrence avec un possessif, surtout s'il exprime le même rapport sémantique : *Son cheval de mon frère a gagné. Avec les possessifs des deux premières personnes, le rapport d'identification est nécessairement déictique (voire « sui-référentiel » : *je*, c'est celui qui dit *je*), puisque le référent est repéré de façon univoque par un rapport avec le locuteur (*mon*), l'interlocuteur (*ton*) ou un groupe où ils figurent (*nos, vos*). Les pronoms de la troisième personne exploitent aux mêmes fins identificatoires la propriété de l'article défini de se prêter à la référence aussi bien anaphorique que déictique : le GN objet de *Tu as vu sa veste ?* peut référer à la veste d'une personne dont il a été question dans le discours antérieur ou qui est présente dans la situation de discours.

Le possessif est donc apte à exprimer les mêmes rapports sémantiques que le complément d'un nom défini introduit par *de* (**XII : 3.**) : appartenance (*son régiment*), lien induit par le sémantisme de la tête nominale (p. ex. de parenté pour *son cousin*), caractérisation pour les noms de propriété (*son intelligence*), rôles sémantiques associés à un procès (*son intervention, son renvoi*) etc., aussi bien que la possession proprement dite (*Il a vendu sa voiture*). Ce n'est évidemment pas dans le même sens qu'un propriétaire d'écurie de course, un jockey ou un parieur peuvent dire, chacun de son côté, *Mon cheval a gagné*.

Remarques. — 1. Le possessif est source des mêmes ambiguïtés que le complément introduit par *de* : *Son sauvetage* a une double lecture, subjective (le sauvetage qu'il a effectué) et objective (le sauvetage dont il a été l'objet).
2. Il existe en français standard un renforcement spécifique du possessif qui produit un effet d'insistance : *son propre fils*. L'équivalent en français familier est : *Mon manège à moi, c'est toi* (chanson d'Édith Piaf).

Bibliographie. — D. Godard (1986), Les déterminants possessifs et les compléments de nom, *Langue française*, 72 : 102-122 – G. Kleiber (2001), Le possessif via l'anaphore associative, in L. Tasmowski, éd., *The Expression of Possession in Romance and German Languages*, Cluj-Napoca, Clusum : 29-52. – D. Leeman (2004) : 53-84.

2.3.4. *Le groupe déterminant défini*

Les trois déterminants définis s'associent à d'autres éléments pour former des groupes déterminants (voir tableau, **2.6.1.**) :

▶ L'expression de l'identité et de l'altérité

Les groupes déterminants *le même, ce même, l'autre, cet autre, son autre* spécifient la référence en fonction :

– de l'identité, exprimée par *même*, du GN avec un GN antérieur ou introduit par *que* (uniquement pour le défini et le démonstratif). L'identité n'est pas nécessairement stricte, puisque dans *Il a la même* cravate *(qu'hier), la même cravate* peut identifier une seule et même cravate ou une cravate identique à une autre (p. ex. celle qu'il portait hier).

– de la non-identité, exprimée par *autre*, du GN par rapport a un tel GN, à condition toutefois, pour le défini ou le possessif, qu'il existe un ensemble de référence qui permette d'identifier par complémentarité la réalité considérée : *l'autre livre* implique qu'il existe un ensemble de deux livres dont l'un a été antérieurement mentionné, de même que *les autres livres* suppose l'existence d'un ensemble complémentaire, éventuellement réduit à un seul exemplaire. Une telle limitation est plus difficilement concevable, mais pas exclue pour *cet autre livre* (ce qui s'explique par la valeur référentielle du démonstratif (**2.3.2.**)).

▶ La spécification de la quantité

Les, ces, mes, etc. suivis de *quelques, deux, trois*, etc. constituent un groupe qui associe à la référence définie un renseignement quantitatif sous forme d'un élément qui ne se distingue d'un adjectif antéposé que par son inséparabilité avec le déterminant principal : *Mes trois enfants sont partis en vacances*. Sur les autres possibilités combinatoires, voir **2.6.1.**.

▶ L'expression de la totalité

Tout le, tout ce, tout mon, etc. ou, au pluriel, *tous les, tous ces, tous mes*, etc. constituent des groupes déterminants qui ajoutent l'indication quantitative de la totalité à la saisie (numérale ou massive) d'ensemble opérée par le défini. Ils ajoutent à la valeur référentielle des déterminants définis mis en jeu l'idée d'une sommation exhaustive : par rapport à *J'ai lu les romans de Simenon*, la phrase *J'ai lu tous les romans de Simenon* ajoute la notion de la quantification totale, qui n'exclut pas l'exception (il est possible d'ajouter dans les deux cas *sauf ceux-ci*). Les groupes déterminants spécifiant la totalité excluent en revanche toute précision quantitative (***J'ai lu tous les deux cents romans de Simenon*).

Bibliographie. — M. Van Peteghem (1997), Sur un indéfini marginal : *même* exprimant l'identité, *Langue française*, 116 : 61-80 – G. Kleiber (1998), *Tout* et ses domaines : sur la structure *tout* + déterminant + N, *in* A. Englebert *et al.* (éds), *La ligne claire. De la linguistique à la grammaire. Mélanges Marc Wilmet*, Paris / Bruxelles. De Boeck / Duculot : 87-98.

2.4. Les déterminants indéfinis

L'emploi des déterminants indéfinis est étroitement lié à la catégorie sémantique des noms qu'ils introduisent : concrets ou abstraits, massifs ou comptables. C'est toute la différence entre ce que la tradition grammaticale nomme l'article indéfini, et ce qu'elle dénomme de façon plus discutable l'article partitif.

	ARTICLE INDÉFINI					
	SINGULIER		PLURIEL			
			Suivi du nom		Suivi du groupe adjectif	
	Devant consonne	Devant voyelle	Devant consonne	Devant voyelle	Devant consonne	Devant voyelle
MASCULIN	un [œ̃]	un [œ̃n]	des [de]	des [dez]	de [də]	d' [d]
FÉMININ	une [yn]					

	ARTICLE PARTITIF		
	SINGULIER		PLURIEL
	Devant consonne	Devant voyelle	Formes identiques à celles de l'article indéfini
MASCULIN	du [dy]		
FÉMININ	de la [dəla]	de l' [dəl]	

2.4.1. *L'article indéfini*

L'**article indéfini** *un* est à la fois le plus typique et le plus répandu des déterminants qui marquent la référence à un ou plusieurs éléments comptables non autrement déterminés. C'est aussi celui qui présente le plus de variations morphologiques :
Le pluriel neutralise l'opposition des genres à l'écrit, mais n'en présente pas moins quatre formes (trois à l'écrit) selon que l'article indéfini est ou non immédiatement suivi du nom et selon l'initiale du terme subséquent (*des roses, de belles roses, d'assez belles roses*), mais l'opposition *des / de* n'est pas toujours respectée, bien qu'elle soit significative : *des jeunes filles*, où *jeunes filles* est un nom composé / *de jeunes filles*, c'est-à-dire *des filles qui sont jeunes*, en fait des *enfants*. Mais Nerval écrit *des vieilles chansons*. La forme du pluriel n'est toutefois pas réalisée après la préposition *de*: *Il soigne un cheval / des chevaux* mais *Il parle d'un cheval / de chevaux*.

▶ Les **emplois spécifiques** de l'article indéfini se subdivisent en deux types.

a) Ils sont **existentiels** (ou faibles) lorsque cet article renvoie à un (ou des) élément(s) particulier(s) uniquement identifié(s) par l'appartenance à la classe dénotée par le nom (et son expansion) et n'ayant fait l'objet d'aucun repérage référentiel préalable : *Au village de Claquebue naquit un jour une jument verte* (M. Aymé) – *Un enfant jouait dans la cour* – *Des enfants jouaient dans la cour.* L'indéfini introduit en ce cas dans le discours une entité dont il affirme simplement l'existence. On peut le gloser par *il y a un* X *qui* : la deuxième phrase ci-dessus signifierait alors simplement *Il y avait un enfant qui jouait dans la cour.* L'effet de la négation sur un indéfini existentiel serait de nier l'existence même du référent. Dans ce cas, on aurait en fait recours au déterminant négatif *aucun, pas un*.

b) Ils sont dits **partitifs** (ou forts), si l'existence du référent est présupposée (par exemple s'il fait partie d'un ensemble antérieurement posé dans le discours ou impliqué dans la situation), et si l'article sert à isoler parmi d'autres l'entité qu'il détermine et qui est alors spécifiée par le prédicat :

Des députés ont voté blanc (des députés parmi l'ensemble des députés)
La maison avait été cambriolée, une vitre était brisée (une vitre de la maison)

Dans la phrase *Un enfant jouait dans la cour*, si l'action à laquelle *cet enfant* se livrait le distingue d'un ensemble d'enfants contextuellement donné, on a également une lecture partitive. Il est alors possible de poser la question : *Et les autres ?* Et dans ce cas, la négation du prédicat n'entraîne pas la disparition de l'entité désignée par le sujet : *Les élèves avaient organisé un jeu de chat perché. Mais un enfant ne jouait pas.*

Remarque. — Le terme « partitif » se justifie ici pleinement (contrairement à son usage dans l'appellation systématique d'article partitif pour *du, de la*), par le fait qu'il y a effectivement partition de l'entité de référence. La différence entre emplois existentiels et emplois partitifs peut se retrouver pour tous les autres déterminants indéfinis : *Certains jeunes sont bien turbulents* (hors contexte : emploi existentiel) / *Cette classe est difficile à tenir, certains jeunes sont bien turbulents* (emploi partitif).

c) En ce qui concerne l'identité du référent, l'indéfini peut renvoyer parfois à un particulier non autrement identifié mais réel, donc éventuellement identifiable (*Un enfant blond jouait [...] – Qui était-ce ?*), mais aussi parfois à des cas où le référent n'a qu'une **existence virtuelle** (*Je cherche un enfant blond pour tenir le rôle de Cupidon*). Les variantes *un quelconque* et, plus rares et un peu archaïques, *quelque, certain* insistent sur le caractère aléatoire de la saisie opérée par l'indéfini, avec cette particularité pour *certain* que l'énonciateur laisse volontiers entendre qu'il pourrait préciser l'identité du référent : *Certain renard gascon... La Fontaine*).

d) Parmi les emplois actuels spécifiques, qui sont généralement à identité constante, il faut faire une place à part aux cas qui admettent une **variation d'identité**. *Chaque soir, une cigogne survole la maison* est, à cet égard, une phrase ambiguë (est-ce toujours la même cigogne ?), la *cigogne* en question n'étant pas envisagée en elle-même, mais dans le cadre posé par *chaque soir* ; en revanche, *une cigogne survole la maison chaque soir* n'est pas ambigu, l'existence de la *cigogne* étant posée en elle-même, indépendamment du cadre spatio-temporel.

▶ Les **emplois génériques** de l'article indéfini singulier s'expliquent par le fait que l'élément auquel renvoie le GN introduit par *un* est alors considéré comme un exemplaire représentatif (« typique ») de toute sa classe : *Une grammaire est un outil de travail – Autrefois, un enfant ne parlait pas à table.*

Lorsque le GN est en position de sujet, son sens générique est conditionné par la nature du prédicat, qui doit être un « prédicat de genre », c.-à-d. valable pour la classe entière. Là encore, la possibilité d'une extraction et d'une reprise par *ça* permet de tester le sens générique (**2.3.1.**) : *Un stylo, ça ne se prête pas / *Un stylo, il ne se prête pas.*

Remarque. — L'association de l'article indéfini avec une détermination « possessive » est possible sous deux formes : celles d'une construction prépositionnelle en *à* du pronom personnel (*un ami à moi*) en français familier ou de l'adjectif possessif (*un mien cousin*) en français soutenu (italien *un mio amico*). Le français standard préférera *un de mes amis*, où *un* n'est pas un déterminant, mais un pronom (cf. *plusieurs de mes amis*).

▶ Associé à un **nom massif**, l'article indéfini en donne une interprétation individuante, soit une sous-espèce, soit une quantité standard : *Une eau, l'eau d'Évian – Garçon, une bière !* Cet emploi de l'indéfini comptable avec un nom massif (concret ou abstrait) exige souvent que certains conditions soient remplies, notamment la présence d'une expansion de ce N (ou, au minimum, du postdéterminant *certain*), qui présente l'entité ainsi dénotée comme une variété particulière du type d'entité massive dénotée par le nom :

C'est de l'eau / *c'est une eau / c'est une eau saumâtre
Il a agi avec patience / *avec une patience / avec une certaine patience / avec une patience incroyable.
Pour faire cela, il fallait de l'audace / *une audace / une certaine audace.

2.4.2. L'article indéfini dit « partitif »

Devant le singulier des noms massifs de matière (*du plâtre, de la farine*) et des noms dits « abstraits » qui ne renvoient pas à des entités comptables (*du courage, de la lâcheté*), on emploie les trois formes de l'**article dit** *partitif* : au masculin *du* et *de l'*, selon que l'initiale du mot suivant est consonantique ou vocalique (*du vin / de l'alcool*) et au féminin *de la* et *de l'* dans les mêmes conditions (*de la neige / de l'eau*). On peut leur associer la forme *des* lorsqu'elle est employée avec des termes massifs essentiellement pluriels, c'est-à-dire dépourvus de singulier (*des décombres, des épinards*, etc.), ou encore avec certains termes qui connaissent des emplois au singulier, mais qui sont **massifiés** occasionnellement : *avoir des aigreurs d'estomac*, ou même *je voudrais des haricots* (difficile ou impossible de dire **Je voudrais plusieurs haricots / *J'ai eu plusieurs aigreurs / *trois aigreurs d'estomac*) :

> *Où vas-tu chercher des bêtises pareilles ?*
> *Il s'en allait avec des gentillesses de petite fille au catéchisme* (Rimbaud)

Associé à un nom comptable, le partitif en réalise la massification : *Y'a d'la rumba dans l'air* (A. Souchon, chanson) – *Il a du retard / un retard de dix minutes* – *On va manger du lapin / un lapin aux pruneaux* – *On trouve du préservatif dans les rayons du Supermarché / des préservatifs* – *Il y a dans cette ville du touriste à foison / des touristes* – *Avec de la bonne volonté, on arrive à tout* – *Arrêtez de faire du bruit* – *Ils ont été condamnés à de la prison avec sursis ou à des amendes* (LM) – *À première vue, l'individu se fond ici dans la masse [...] on devrait pour parler des gens, user d'un partitif et dire non point : des hommes, mais : de l'homme* (A. Gide, qui voit bien, sous l'étiquette traditionnelle du « partitif », sa fonction massifiante).

Les GN partitifs sont rarement en position de sujets, sauf avec un prédicat évènementiel (donc spécifiant et imposant des limites) qui assure leur ancrage discursif : *Du pain se trouvait sur la table* – *?Des haricots accompagnaient le rôti* ne sont guère acceptables, mais on peut trouver : *Du sang tachait sa veste* – *De l'eau a coulé sous les ponts*.

Remarque. — L'article « partitif » mérite très peu son nom, puisqu'il opère généralement une saisie non définie d'une entité massive. Toutefois, il existe un emploi typiquement partitif de *du / de la*, dans des phrases comme *Je voudrais encore du rôti (qui est là sur la table) / de la tarte aux fraises (que tu as faite)* où l'on trouve bel et bien la saisie d'une portion, à l'aide du quantitatif Ø (2.2.) suivi de la préposition *de*, d'une entité clairement délimitée comme dans *Je voudrais de ce rôti / de ta tarte*. Seulement, dans ce cas, *du / de la* ne sont justement pas des articles.

2.4.3. Les articles indéfinis dans le champ de la négation

De constitue une variante du déterminant indéfini, aussi bien avec les N comptables qu'avec les massifs, pour introduire des GN compléments du verbe dans le champ de la négation, lorsque celle-ci a pour effet de rendre impossible toute véritable quantification : *Je n'ai pas vu de chat. – Tu n'as pas de pain – Il n'y a pas de généraux à l'État-major.* Mais on peut néanmoins écrire : *Je n'ai pas vu un chat – Il n'y a pas des généraux à l'État-major.* On présente alors *un chat* ou *des généraux* comme le résultat d'une évaluation quantitative, ce qui ouvre d'ailleurs la voie à des rectifications comme *Je n'ai pas vu un chat, j'en ai vu deux – Il n'y a pas des généraux à l'État-major, il n'y en a qu'un.*

2.4.4. Les déterminants indéfinis numéraux (la quantité dénombrée)

Un, deux, trois, mille, et toute la série des numéraux cardinaux spécifient la quantité dénotée par le GN tout en restant, comme les articles indéfinis et partitifs, indéfinis quant à l'identité de leur référent. Pour distinguer *un(e)* numéral de *un(e)* indéfini, on a proposé d'utiliser comme test *seul* antéposé au nom quantifié ou la locution restrictive *ne... que* portant sur le GN quantifié (l'indéfini acceptant seulement l'addition de *quelconque*) : *Je ne savais pas quoi faire, j'ai acheté une robe (quelconque) – Ecoute, je ne suis pas dépensière, j'ai acheté une (seule) robe / je (n')ai acheté (qu') une robe.* La différence est essentiellement pragmatique.

▶ L'ordre interne des déterminants numéraux complexes est régi par la règle suivante : les nombres les plus petits ont une valeur multiplicative s'ils précèdent les plus grands (*quatre-vingts euros, deux cents personnes*, etc) et additive s'ils les suivent (*vingt-quatre, cent vingt*). L'usage écrit veut que lorsque *vingt* et *cent* sont précédés d'un nombre multiplicateur, ils ne prennent un *s* que s'ils constituent le dernier élément numéral du déterminant (*quatre-vingts ans, quatre-vingt-deux ans*) ; d'autre part, on met un trait d'union entre les éléments des nombres composés : *vingt-trois, trente-et-un, mille-trois-cent-quatre-vingt-douze euros* (avant les rectifications de 1990, on ne mettait de trait d'union qu'entre les éléments numériques inférieurs à cent et non reliés par *et*, on écrivait : *trente et un, mille trois cent quatre-vingt-douze euros*)

▶ La datation historique traditionnelle compte par addition de centaines au-delà de mille (1515 se dit *quinze cent quinze*), bien que l'usage moderne en la matière tende à s'aligner sur le modèle standard de l'addition dégressive [milliers + centaines + dizaines + unités], surtout pour les dates plus récentes (1945 se dit *mille neuf cent quarante-cinq*). Dans certaines régions ou certains pays, dont la Suisse romande et la Belgique, les formes simples (et en fait régulières par rapport aux autres noms de dizaines) *septante, huitante* (ou *octante*) et *nonante* sont employées à la place des formes complexes *soixante-dix, quatre-vingts* et *quatre-vingt-dix* du français standard.

Remarque. — Les déterminants indéfinis numéraux peuvent être précédés de modifieurs spécifiques d'approximation et de comparaison : *jusqu'à, plus de, moins de, pas moins de, un peu plus de, à peu près, environ, aux alentours de, au moins, dans les*, etc.

2.4.5. *Les autres déterminants indéfinis (la quantité non déterminée)*

Par « quantité non déterminée », il faut entendre quantité évaluée, mais non numérique.

▶ **Les déterminants quantitatifs toujours employés avec des noms pluriels**

• *Quelques / plusieurs*

Ils sont largement synonymes dans beaucoup de contextes. *Il y avait là quelques personnes de ma connaissance / plusieurs personnes de ma connaissance.* Toutefois, *quelques* comporte l'aspect évaluatif de la basse fréquence : il s'oppose à *tous* ou à *beaucoup*. Il apparait surtout dans les phrases d'orientation argumentative négative, généralement associé à des formes restrictives : *Il n'a que quelques* *jours / *Il n'a que plusieurs jours – Je n'ai attendu que quelques minutes – Je n'attendrai que deux minutes, pas plus*. En revanche, *plusieurs* s'oppose à *un* (et aussi, en principe, à *deux*), et son orientation argumentative est positive : *Que c'était long, j'ai attendu plusieurs minutes. – J'ai le choix entre deux possibilités, et même plusieurs.*

• *Divers / différents*

Différents et *divers*, utilisés comme déterminants indéfinis pluriels, apparaissent largement synonymes : *On m'a proposé différentes solutions / diverses solutions – Différentes personnes ont exprimé la même idée / Diverses personnes...* Toutefois, *différents* et *divers* gardent quelque chose de ce qui les distingue dans leurs emplois adjectivaux, où ils sont susceptibles d'être postposés au N ou mis en position d'attributs, et de varier en degré : *Ces livres sont différents les uns des autres / *Ces livres sont divers les uns des autres – Chacun d'eux est très différent* (dissemblable des autres) – *Chacun d'eux est très divers* (dissemblable de lui-même, hétérogène).

Différents individualise et permet de comptabiliser, tandis que *divers*, d'emploi moins fréquent et plus contraint, n'implique pas que l'on distingue entre les éléments réunis dans la saisie plurielle globale qu'il effectue : on dira plus facilement *On a dénombré différentes solutions, plus précisément quatre* que *On a dénombré diverses solutions* [...]

▶ **La quantité non déterminée associée aux noms comptables ou aux noms massifs**

Les déterminants indéfinis composés (**2.6.2.**) *beaucoup de, peu de, un peu de, moins de, plus de, de plus en plus de*, etc., s'emploient aussi bien avec les termes comptables (au pluriel) qu'avec des massifs (généralement au singulier) : *Beaucoup / Peu de journaux en ont parlé – Si seulement il y avait plus / moins de neige !*

Bibliographie. — K. J. Danell (1974), La concurrence – *pas de vin*, *Studia Neophilologica*, 46 : 409-425 – P. Attal (1976), À propos de l'indéfini *des* : Problèmes de représentation sémantique, *Le français moderne*, 44 (2) : 126-142 – L. Kupferman (1979), L'article partitif existe-t-il ? *Le français moderne*, 47 : 1-16 – M. Galmiche (1986), Note sur les noms de masse et le partitif, *Langue française*, 72 : 40-53 – M. Galmiche (1987), À propos de la distinction massif / comptable, *Modèles linguistiques*, IX, 2 : 179-203 – D. Gaatone (1992), *De* négatif entre la syntaxe et la sémantique. Réflexions sur quelques propriétés du déterminant *de, Langue française*, 94 : 93-102. – L. Bosveld-de-Smet (1994), Indéfinis, quantificateurs généralisés, lecture existentielle et lecture non existentielle, *Faits de langue*, 4 : 128-137 – A. Englebert, (1996), L'article partitif : l'évolution des conditions d'emploi, *Langue française*, 109 : 9-28 – F. Corblin (1997), Les indéfinis : variables et quantificateurs, *Langue française*, 116 : 8-32 – C. Muller (1997), *De* partitif et la négation, in *Negation and Polarity* (D. Forget, P. Hirschbühler, F. Martineau, M.-L. Rivero, éds, J. Benjamins : 251-270. – A. Theissen (1997), Quand le partitif peut-il être sujet ? *Verbum*, 19 : 339-354 – .. Bosvelt de Smet., Van Peteghem M. et Van de Velde D. (2000), *De l'indétermination à la qualification. Les indéfinis*, Arras, Presse de l'Université d'Artois – P. Cappeau (2001), Sur *certains* sujet, *Recherches sur le français parlé*, 16 : 151-175 – D. Leeman (2004) : 127-154 – L. Kupferman, (2004), *Le mot « de ». Domaines prépositionnels et domaines quantificationnels*, Duculot – G. Kleiber (2005), Détermination, indéfinis et construction partitive, *SCOLIA*, 20 : 209-239.

2.4.6. *La totalité distributive exhaustive*

▶ *Chaque* et *tout(e)*

Chaque et *tout(e)* (toujours au singulier) font référence à la totalité des êtres dénotés par le nom et son expansion, mais en passant en revue séparément les individus constituant cette totalité (comme le fait parfois *tous les*). Cette distributivité exhaustive produit un effet d'insistance et paraît incongrue lorsque cette insistance n'est pas justifiée : *Chaque atome de silence / Est la chance d'un fruit mûr* (Valéry) – ? *Le magasin est fermé chaque lundi*. Le fait qu'ils ne saisissent la totalité qu'indirectement est bien illustré par leur incompatibilité avec les prépositions *parmi* et surtout *entre* : *Il existe une solidarité entre tous les hommes / *entre chaque homme / *entre tout homme*.

Chaque et *tout* ne sont pas toujours commutables. *Chaque*, qui opère une saisie distributive interne à l'ensemble qu'il quantifie, présuppose que les éléments visés ont été préalablement caractérisés (et donc que l'ensemble qu'ils constituent présente une structure partitive interne) et en envisage les individus séparément les uns des autres. Il est d'un emploi plus général, mais n'est compatible qu'avec des N comptables. *Tout* implique une indifférenciation entre les individus envisagés (« tous quels qu'ils soient »), mais il peut être employé avec des massifs concrets ou abstraits (s'ils sont l'objet d'un transfert catégoriel : **2.4.2.**), et surtout il ne peut concerner que des entités virtuelles. Aussi, *chaque*, comme déterminant du GN sujet, se trouve difficilement en phrase négative ; tandis que *tout* a de fortes affinités avec les phrases génériques ou habituelles :

Chaque erreur devra être corrigée avec soin / Toute erreur devra être corrigée avec soin.
Toute eau n'est pas bonne à boire / *Chaque eau n'est pas bonne à boire
Vous n'avez pas eu toute patience (Verlaine)
Toute erreur n'est pas faute / *Chaque erreur n'est pas faute.
Chaque élève avait apporté son livre / *Tout élève avait apporté son livre.
Il a fabriqué lui-même chaque meuble / *Il a fabriqué lui-même tout meuble...
Casse-croûte à toute heure / *Casse-croûte à chaque heure.

▶ ***N'importe quel(le)***

N'importe quel(le) est commutable, dans certains contextes, avec *tout* (plus rarement avec *chaque*). Déterminant « de libre choix » (*free choice*), il passe, lui aussi, en revue, la totalité des différents éléments constituant l'ensemble dénoté (exhaustivité de parcours), en insistant davantage (comme *un quelconque*) sur l'indifférenciation de ces éléments (la distributivité est aléatoire), et il peut (quoique rarement) réunir plusieurs occurrences sur la base de cette indifférenciation, mais il ne totalise pas les éléments parcourus (pas d'exhaustivité cumulative) :

À n'importe quel prix / à tout prix / *à chaque prix...
N'importe quel citoyen / chaque citoyen / tout citoyen est censé connaître la loi.
Tu trouveras ça dans n'importe quelle pharmacie / *Le magasin est fermé n'importe quel lundi.
Viens me voir n'importe quel jour de la semaine prochaine /vs/ Viens me voir chaque jour de la semaine prochaine.
Elle peut avoir n'importe quel âge entre 20 et 40 ans (A. Camus) / **Elle peut avoir chaque âge...*
Tâchez avant tout, et par n'importe quels moyens, que Rachel prenne le rôle. (Flaubert)

Remarque. — *N'importe quel* est une création relativement récente dans la langue en tant que syntagme déterminant. À l'origine, *n'importe*, forme verbale impersonnelle, et *quel*, déterminant interrogatif, sont deux unités syntagmatiques bien distinctes : *S'il y a des primeurs, tu les achèteras, n'importe à quel prix* (Erckmann-Chatrian).

Bibliographie. — G. Kleiber et R. Martin (1977), La quantification universelle en français, *Semantikos*, II, 1 : 19-36 – D. Leeman (2004) : 155-192.

2.5. Les autres déterminants

▶ **Le déterminant** *tel* désigne un référent déterminable mais non autrement déterminé. On l'emploie là où ne conviendrait ni un déterminant indéfini, parce que l'énoncé exige pour être valide que la réalité visée soit bien déterminée, ni un déterminant défini parce que l'énonciateur ne peut ou ne veut pas communiquer cette détermination : *Il m'a dit qu'il l'avait rencontré à telle date et dans tel lieu*. Ainsi, comme déterminant, *tel* fonctionne comme l'expression d'une variable qui recouvre un ensemble de valeurs, mais n'en sélectionne et n'en assume qu'une bien déterminée, d'où sa paraphrase par des expressions combinant détermination et indétermination : *Il m'a dit qu'il l'avait rencontré à une date donnée et dans un lieu donné – Il m'a dit qu'il l'avait rencontré à la date x et dans le lieu x*.

Remarques. — 1. Le fonctionnement de *tel* dans *un tel / de tels* est nettement adjectival (**XI : 3.1.**). Ou bien il est anaphorique (*J'ai lu ce livre. Il devrait être interdit de publier de telles insanités*), ou bien il appelle une subordonnée dite consécutive (**XVIII : 3.2.**) : *Il est d'un tel enthousiasme qu'on ne peut s'empêcher de le suivre*. L'emploi de *tel* dans les constructions comparatives relève encore d'une autre analyse (**XVIII : 3.1.**). Ailleurs, *tel* fonctionne comme pronom (**5.7.2.**) (*Tel qui rit dimanche lundi pleurera*) et même comme nom (*Un Tel / Untel*).
2. Pareil(s)/semblable(s), à côté de leurs emplois purement adjectivaux, peuvent aussi jouer le rôle de déterminants à part entière, sémantiquement proches de *tel / un tel / tels* : *Voilà longtemps que je n'avais goûté pareille joie* (Gide, *Journal*). *Jamais (elle) ne s'était trouvée à pareille fête* (Sainte-Beuve). L'effacement facultatif du déterminant indéfini (ici *de* mis pour *des* lorsque le N est précédé par l'Adj) devant *pareil* ou *semblable* est facilité par la négation : *J'obtenais toujours pareils résultats* est nettement moins acceptable que *Je n'obtenais pas toujours pareils résultats*. Mais en position de sujet, on peut trouver : *Pareille obstination est intolérable*.

▶ **Les déterminants négatifs** *aucun(e), nul(le), pas un(e)* se trouvent évidemment dans les phrases de type négatif (**XIV : 5.**). Précédés ou suivis de *ne*, ils assurent la quantification nulle du GN qu'ils déterminent. Mais ils entrent en concurrence avec les autres déterminants et assument un rôle spécifique dans la structure d'ensemble de la phrase négative. Ce n'est pas la même chose de dire *Je n'ai pas vu un chat, Je n'ai pas vu de chat* et *Je n'ai vu aucun chat* ou encore *Un chien n'aboie pas* (interprété de préférence comme phrase générique) et *Aucun chien n'aboie*. Les déterminants négatifs n'ont pas de pluriel (du moins en français moderne), sauf avec des noms qui ne s'emploient qu'au pluriel : *Elles ne touchaient plus aucuns gages* (Schlumberger) ou dont le pluriel a un sens différent du singulier : *sans aucuns frais – Aucuns fonds disponibles* (inscription vue dans une banque entièrement automatisée).

Enfin, dans les GN compléments des phrases négatives le déterminant est généralement réduit à *de* là où l'on aurait *un, du, de la, des* dans la phrase positive correspondante : *J'ai un billet / Je n'ai pas de billet – J'ai du pain / je n'ai pas de pain – Il y a des gâteaux / Il n'y a pas de gâteaux* (**2.4.3.**).

Remarque. — On observe l'apparition récente d'un déterminant négatif *zéro* en phrase positive, qui ne nie pas l'existence du référent, mais en détermine la quantité, d'une façon purement arithmétique, comme atteignant la plus petite valeur possible : *Cet élève a fait zéro faute – Nous avons zéro statistique sur la question* (télévision) – *Au parlement zéro débat, dans les partis zéro pensée* (*LM*) – *Avec zéro euro d'apport, prenez un nouvel élan* (*LM*, publicité pour une marque de voiture).

▶ **Les déterminants interrogatifs, exclamatifs** et **relatifs** sont respectivement associés aux phrases de type interrogatif ou exclamatif (**XIV : 2.** et **3.**) – y compris aux propositions complétives, interrogatives ou exclamatives indirectes, qui en sont la transposition (**XIV : 3. et 4.**) – et à la subordonnée relative (**XVI**).

a) Les déterminants interrogatifs et exclamatifs ont la même forme *Quel(les)* : *Quelle heure est-il ? – Quelle histoire il nous a racontée ! – Je me demande quelle histoire il a bien pu lui raconter.* Les premiers font porter l'interrogation sur les caractéristiques et le degré de détermination du référent du GN ; les seconds expriment l'intensité forte de l'appréciation qualitative dont il est l'objet de la part du locuteur. On emploie dans les mêmes conditions le déterminant quantitatif composé *combien de* : *Combien de temps as-tu mis ? – Oh ! combien de marins, combien de capitaines [...] dans ce morne horizon se sont évanouis !* (Hugo)

b) Le déterminant relatif *lequel, laquelle, lesquel(le)s* est formé, comme le pronom relatif composé, par le déterminant interrogatif-exclamatif *quel* précédé de l'article défini. Il fonctionne (rarement, car archaïque et typique de la langue juridique) comme le déterminant anaphorique d'un groupe nominal introduisant une subordonnée relative et sert surtout à lever l'ambiguïté sur l'antécédent lorsque la relative suit une séquence N_1 – de – N_2 (**XVI : 1.1.1.**) : [...] *la mère de la prévenue, laquelle mère / prévenue* [...].

Bibliographie. — A. Henry (1991) *Tel en français moderne*, Revue de linguistique romaine, 55 : 339-426—M Riegel (1997), *Tel* adjectif, grammaire d'une variable de caractérisation, Langue française, 116 : 81-99 – M. van Peteghem (2002), Les différentes interprétations de *pareil* ou comment un adjectif relationnel devient un marqueur anaphorique, Langue française, 136 : 60-72.

2.6. Les groupes déterminants

2.6.1. *Les déterminants modifiés*

Le déterminant peut être lui-même la tête d'un syntagme (groupe déterminant) dont les autres éléments, préposés (prédéterminants) ou postposés (postdéterminants ou identificateurs) sont des modifieurs.

Plusieurs distinctions doivent être faites. D'une part, les prédéterminants doivent être bien distingués d'éléments antéposés au GN, comme certains connecteurs ou marqueurs argumentatifs (par ex. *même* ou *seul(e)(s)* en tête de phrase) ou d'éléments postposés au déterminant ou au groupe déterminant, comme les adjectifs antéposés au nom. D'autre part, des formations comme *peu de* et *beaucoup de* ne peuvent plus être considérées comme des déterminants si elles sont suivies d'un GN en bonne et due forme, comme dans *beaucoup de mes étudiants, certains de mes amis, un peu de cet excellent whisky*, où l'on reconnaît, comme dans *la plupart des Parisiens*, ou *nombre d'entre eux*, une forme pronominale suivie d'un complément partitif introduit par la préposition *de*.

DÉTERMINANTS DÉFINIS			
Prédéterminants	*Déterminants*	*Postdéterminants*	*Identificateurs*
tout(e)	le, la, ce(t)(te)	seul(e)	autre, même
tou(te)s,	les, ces	différents, divers	autres
	les, ces	deux, trois, quatre... quelques, seul(e)s	autres, mêmes
tout	mon, ma, ton...	seul	autre

tout(e)s	mes, tes, ses....	seuls	autres
	mes, tes, ses....	deux, trois, quatre... différent(e)s, diver(se)s	autres

DÉTERMINANTS INDÉFINIS			
	du, de la		autre, même
	un(e)	quelconque, seul(e)	autre, même
tout(e)	un(e)		
	un(e)	certain(e)	autre
	un(e)	seul(e) (et) même	
	des [de, d']		autres
jusqu'à, plus de, moins de, à peu près, environ, *etc...*	deux, trois, quatre...		autres
	n'importe quel(s) quelque(s), certain(e)(s), quel(le)(s) différents, divers, plusieurs, beaucoup de (un) peu de nombre de,		autre(s)
	aucun, chaque, tout, tel		autre

Dans ce tableau des groupes déterminants, seuls les déterminants proprement dits sont des constituants obligatoires. Les autres sont facultatifs, et sont cumulables à quelques restrictions près. *Même*, par exemple, connaît des restrictions qui n'affectent pas *autre*. Il est difficilement compatible avec le prédéterminant *tout* ou avec le postdéterminant *seul(s)*, par rapport auxquels il apparaît redondant.

Certains prédéterminants peuvent eux-mêmes être modifiés par des éléments adverbiaux qui leur sont subordonnés : <u>Presque</u> <u>tous</u> les autres invités sont déjà repartis. – *Il gagne <u>jusqu'à</u> cinq millions* *par mois* / <u>*plus de*</u> *cinq millions*. Mais dans *Toutes les femmes, les enfants,* <u>*jusqu'aux*</u> *hommes, profitaient de ce beau jour pour porter des chrysanthèmes au cimetière* (Giraudoux), *jusqu'à* n'appartient pas au groupe déterminant (il ne joue aucun rôle dans la détermination de la référence), mais il joue le rôle de marqueur argumentatif ayant une valeur identique à celle de *même*.

2.6.2. Les déterminants composés

▶ Les déterminants indéfinis composés, comme *beaucoup de, une (grande) quantité de, une dizaine de, un kilo de, un tas de*, etc. répondent au schéma (Dét) – Xq – *de* et sont suivis, comme les déterminants simples, d'un nom ou d'un nom modifié qui, sauf restriction inhérente à Xq, peut être comptable ou massif :

> *Il a acheté beaucoup de / une quantité de / une dizaine de / un tas de livres de cuisine.*
> *Il a acheté beaucoup de / une quantité de /* *une dizaine de /* *un tas de vin.*

L'élément Xq est un terme quantifieur que l'on trouve sous la forme :

a) d'un adverbe de quantité : *beaucoup, peu, un peu, plus, tant, autant, plus, tellement*, etc. Seul *peu* est éventuellement précédé d'un déterminant ; la différence entre *peu de* et *un peu de* tient à leur orientation argumentative inverse, c'est-à-dire au type de conclusion qui peut en être tiré : *Ce malade a mangé un peu de soupe* (*Ça va déjà mieux*) / *Il a mangé peu de soupe* (*Décidément, il n'a pas faim*).

b) d'un nom de quantité générique faisant généralement l'objet d'une spécification quantificatrice : *(grand) nombre, (petite) quantité, (gros) volume*, etc.

c) d'un nom de mesure qui dénote une quantité de référence (étalon ou unité typique) pour évaluer des entités comptables ou massives : *dizaine, centaine*, etc., mais aussi *mètre, kilo, litre, minute*, etc. et *poignée, cuillerée, gorgée*, etc. Ces noms sont nécessairement précédés d'un déterminant numéral ou quantifiant indéfini : *Il a acheté deux douzaines / trois kilos / un mètre de saucisses.*

d) d'un nom collectif grammaticalisé (ou en voie de grammaticalisation) qui n'en retient que la composante quantitative : *tas, foule, nuée,* etc. Sont spécialisés dans ce type d'emploi des mots comme *flopée, ribambelle, kyrielle,* dont le sens propre originel est oublié par la plupart des locuteurs. À côté de cas fréquents où c'est la quantité forte qui est exprimée, il en existe où c'est au contraire la quantité faible :

C'est moi qui l'ai fait, répondit-il avec un rien de fierté – Un brin de fantaisie... – Un soupçon de lait... – Une once d'inertie pèse plus qu'un boisseau de sagesse (M. Yourcenar).

Ce type de nom quantifieur ne peut généralement pas être modifié par un qualificatif, ni être précédé de n'importe quel déterminant. Dans un certain nombre de cas, l'association formée avec le nom-tête constitue un cliché (une expression consacrée par l'usage) :

Un tas de gens / *Deux tas de gens / *Certains tas de gens...– Un tas d'hypothèses ont été émises sur la question / *a été émis – J'ai relevé un paquet de fautes... – Voici une belle brochette de scientifiques... – Toute la gamme des sentiments de l'enfance y passe sous la caméra généreuse de Z. – Un déluge de bombes... – Une nuée de sauterelles...– Une volée de coups...

e) d'un nom de contenant pour autant qu'il ne dénote métonymiquement que la quantité contenue : *verre, cuillère, dose,* etc. Les déterminants complexes à nom de contenant partagent en gros les propriétés de ceux construits autour d'un nom de mesure : *Elle a bu deux verres de vin / Il a mangé cent grammes de caviar kilos / Elle a acheté un mètre de tissu.*

▶ Ces séquences Dét – Xq – *de* ont la même distribution qu'un déterminant simple suivi d'un nom tête de GN, ce qu'on peut vérifier en les remplaçant par le déterminant indéfini correspondant : elles ont toutes, en effet, pour hypéronymes absolus les articles indéfini ou partitif *des* ou *du / de la* selon qu'elles quantifient un nom comptable ou massif. Ainsi *J'ai <u>beaucoup de</u> / <u>un tas</u>*

de problèmes implique *J'ai des problèmes,* si l'on fait abstraction de la spécification quantifiante. Et inversement, *J'ai des problèmes* devient, par autocorrection ou renchérissement *J'ai des problèmes, que dis-je, un tas de problèmes – J'ai des problèmes, et je dirais même plus, un tas de problèmes.*

On peut toutefois substituer au déterminant initial indéfini (p. ex. dans *J'ai relevé un tas / une flopée de fautes*) un déterminant défini pour former une expression référentielle identifiant de façon univoque son référent, éventuellement sur le mode anaphorique : *Le paquet / La flopée de fautes que j'ai relevées dans votre devoir... – Dans la lettre, il y avait pratiquement une faute par ligne, et ce paquet / cette flopée de fautes n'en facilitait pas la lecture.*

Bibliographie. — C. Benninger (1999), *De la quantité aux substantifs quantificateurs* Klincksieck – C. Benninger (2001), *Une meute de loups / une brassée de questions* : collection, quantification et métaphore, *Langue française*,129 : 21-34 – G. Kleiber (2005), Détermination, indéfinis et construction partitive, *Scolia*, 20 : 209-239.

2.7. L'absence de déterminant

L'absence d'un déterminant en tête d'un GN peut recouvrir des cas très différents. S'agit-il d'un déterminant effacé et restituable ? Y a-t-il opposition fonctionnelle entre l'absence de déterminant et la présence d'un déterminant dans la position syntaxique considérée ? S'agit-il d'une construction libre ou d'une expression figée (proverbiale ou lexicalisée) ? Mais avant tout, il convient de différencier les cas où l'absence de déterminant apparaît même lorsque le GN est en position de sujet (cette caractéristique tient alors à la composition même du GN ou à sa signification, et s'étend alors évidemment à toutes les autres positions syntaxiques), et ceux où elle dépend d'une position syntaxique particulière (phrases incomplètes, constituants du GN, du GV ou compléments de phrase).

2.7.1. *Les GN dépourvus de déterminant en toutes positions syntaxiques*

▶ **Les noms propres**

L'absence de déterminant est de règle devant un grand nombre de noms propres. Mais ce point mérite un examen plus approfondi (v. ci-dessous, **2.8.**)

▶ **Les emplois autonymiques**

Un nom, comme du reste n'importe quelle catégorie ou groupe de mots, cité en tant que réalité linguistique (« mentionné », voir **XXI : 1.1.3.**), est considéré comme autodéfini. On opposera donc : *Le chat a quatre pattes / Chat a quatre lettres – Il a confondu la potion avec le poison / Il a confondu potion avec poison.* Le déterminant réapparait lorsque le terme en mention est précédé du nom de sa catégorie grammaticale : *Le mot chat a quatre lettres* ; ou s'il s'agit de séquences discursives, forcément particulières, qui doivent être identifiées : *Votre / Ce « courrirez » est doublement fautif – Ses éternels en fait ont le don de m'énerver*

▶ **Les coordinations totalisantes**

Il s'agit en particulier de deux GN coordonnés par *et* ou *ni* qui forment complémentairement un tout (*parents et enfants, civils et militaires, remuer ciel et terre*, etc.) ou d'un déterminant pluriel mis en facteur commun devant deux noms coordonnés (*les Arts et Lettres, les allées et venues*) : *Garçons et filles s'entendent bien – Ne sentant ni pluie, ni frimas* (Chateaubriand) *– Ni fleurs, ni couronnes.* Mais, plus largement, toutes les énumérations exhaustives, en particulier celles qui sont en apposition à *tout* (qui a précisément pour rôle de constituer l'énumération en une totalité), peuvent entraîner l'effacement de déterminants définis restituables : *Femmes, moine, vieillards, tout était descendu.* (La Fontaine) (= *les femmes, le moine, les vieillards...*) *– Les cambrioleurs ont tout saccagé, meubles, vaisselle, papiers, vêtements – Terroristes ou agents secrets, responsables politiques ou scientifiques aux idées libertaires, tous ont leur part de vérité et leur part d'ombre* (presse).

▶ Les coordinations identifiantes

Il n'y a pas de déterminant en tête du deuxième GN coordonné si (et seulement si) les deux GN ont le même référent : il s'agit soit d'une reformulation synonymique à l'aide de la conjonction *ou*, soit de deux noms de sens différent identifiant le même être (généralement la même personne) à travers deux catégorisations : *La sémantique lexicale ou étude du sens des mots* – *Mon collègue et néanmoins ami Presskopf.*

▶ Les énoncés abrégés

Dans les télégrammes (*Cousine bien arrivée – Lettre suit – Prévenir famille*) et les petites annonces (*Appartement à louer – Jeune homme bonne situation cherche vue mariage jeune fille aimant sorties nocturnes*), on supprime fréquemment dans toutes sortes de GN les déterminants, définis (*notre cousine*) ou non (*une jeune fille*), dans la mesure où l'intelligibilité du message n'en est pas affectée.

2.7.2. *L'absence de déterminant liée à des positions syntaxiques particulières*

▶ Les apostrophes

L'interpellation du destinataire (**XIV : 9.4.2.**) recourt souvent au nom propre. Mais lorsque l'apostrophe est construite à l'aide d'un nom commun, celui-ci peut être considéré comme défini suffisamment par la situation elle-même : *Garçon, un demi !* – *Adieu veau, vache, cochon, couvée* (La Fontaine) – *Bonjour tristesse* (Eluard). Toutefois, la présence d'une expansion à fonction identificatrice peut amener à réintroduire un déterminant défini : *Hé, vous, le grand blond avec une chaussure noire !* Les militaires opposent *Colonel !* (appellation proférée par un supérieur) à *Mon colonel !* (appellation proférée par un inférieur).

▶ Les étiquetages

Les étiquettes (*Beurre fermier*), enseignes (*Boucherie*), titres (*Grammaire méthodique du français*), intitulés de rubriques (*Poli-

tique étrangère) et panneaux d'avertissement (*Entrée interdite, chaussée glissante*) sont des cas particuliers de mots-phrases (**XIV : 9.4.3.**). Ils font un large usage de l'absence de déterminant dans la mesure où la situation ou le contexte lève toute ambiguïté. Il en va de même dans les phrases non verbales (**XIV : 9.2.**) : *Attention ! – Familles nombreuses, familles heureuses...*

▶ **Les attributs et les appositions**

Lorsque l'attribut (du sujet ou du complément d'objet) désigne un rôle ou une condition sociale, une profession ou une nationalité, l'absence de déterminant est de règle si cette attribution ne classe pas le référent du sujet comme un exemplaire de la catégorie nominale, mais lui en attribue seulement le rôle ou le statut, c'est-à-dire une propriété (**VIII : 5.2.3.**) : *Il est ambassadeur – On l'a élue députée – On l'a nommé général – Elle a pris un vieillard pour amant.* Dès que s'y ajoute une caractérisation ou une détermination supplémentaire, le déterminant réapparaît : *Jean est médecin / un bon médecin / le médecin de Pierre – Je suis soldat* (simple détermination d'un statut) / *Je suis un soldat* (« digne de ce nom ») – *Gérard est français jusqu'au bout des ongles / est un excellent Français.*

L'apposition connaît le même type d'opposition, à cela près que le phénomène n'est pas limité aux êtres humains, et que l'absence de déterminant est beaucoup plus largement possible : *Gérard, (un) excellent Français, s'engagea dans l'armée – Le Mont-Blanc, (le) point culminant des Alpes, s'élève à 4807 m – Charles Munch, chef d'orchestre / un chef d'orchestre / le chef d'orchestre bien connu,* mais *Charles Munch, chef d'orchestre de son état / *un chef d'orchestre de son état* (la limitation au statut social impose l'absence de déterminant).

On peut également constater exceptionnellement et facultativement l'absence de déterminant dans les constructions absolues en position détachée (**4.6.2.**) : *Hubert se promène (les) mains dans les poches, (son) béret sur la tête / tête nue.*

▶ Certains GN dépendants d'un présentatif

Il s'agit surtout de constructions (très contraintes) formées avec *il y a suivi d'une expression prédicative*: *Il y a atteinte à la sureté de l'État – Il n'y a pas eu mort d'homme – Il y avait fête au village – Si danger il y a – Il n'y a pas besoin de ça – Il n'y a pas photo !*; mais aussi parfois avec *c'est*: *Ce n'est pas faute d'argent – C'est folie de compter sur dix ans de vie* (La Fontaine).

▶ Les constituants de locutions verbales

Un grand nombre d'expressions verbales lexicalisées ou quasi lexicalisées contiennent un complément d'objet sans déterminant : il s'agit alors généralement d'expressions nominales prédicatives précédées d'un verbe support (**VIII : 4.7.**). Cependant, lorsque la lexicalisation n'est pas complète, il est possible d'adjoindre un modifieur (par exemple un adjectif ou un complément de nom), ce qui a pour effet de réintroduire le déterminant : *faire long feu ; tenir tête à ; faire bon / mauvais ménage avec ; se mettre à table / en mouvement ; faire contre mauvaise fortune bon cœur ; faire peur / faire une peur bleue ; rendre hommage / rendre un hommage appuyé ; faire connaissance avec une personne / faire la connaissance d'une personne.*

Histoire. — Beaucoup d'expressions idiomatiques et proverbiales apparaissent comme des héritages de l'ancien français, qui marquait régulièrement par l'absence de déterminant la référence virtuelle ou générique : *faire flèche de tout bois; chemin faisant; par monts et par vaux – Pierre qui roule n'amasse pas mousse – Comparaison n'est pas raison*. Peut-être faut-il en rapprocher les quelques tournures particulières qui suivent : *Il y a maldonne / péril en la demeure / intérêt à agir vite / photo à l'arrivée – Jamais vocation d'écrivain ne fut plus évidente* (Maurois) – *Rarement œuvre philosophique aura connu une telle popularité* (journal littéraire).

▶ Les groupes prépositionnels introduits par *de*

L'article indéfini pluriel *des* et du partitif singulier *du, de la*, s'efface après la préposition *de*:

Ils sont venus de pays lointains (réduction de **venus de des pays lointains*, à comparer à *venus d'un pays lointain*) – *une tasse de café* (= **une tasse de du café* / *une tasse de ce bon café*) – *un blouson de* *cuir* ; *un verre de vin* ; *un panier de cerises*. Après le verbe *parler*, le *de* lui-même est effaçable facultativement lorsque le complément indique la nature générale de l'objet du discours : *parler affaires / politique / gros sous / chiffons* ; mais **parler mort du Pape*.

Remarque. — Cette règle est connue comme « **règle de cacophonie** » (**2.4.1. et XIV : 7.3.1.**) depuis *La Grammaire générale et raisonnée* de Port-Royal qui en donne cette explication : « *de des*, et encore plus *de de*, eût trop choqué l'oreille, et elle eût peine à souffrir qu'on eût dit : *Il est accusé de des crimes horribles*, ou, *Il est accusé de de grands crimes* ». Cependant notre oreille ne « souffre » pas d'entendre *Il est avide de deniers publics*. La réalité est plutôt que *des* ou *du* « contiennent », en raison de leur origine historique, la même préposition *de*, et que la langue évite la succession de deux occurrences du même outil grammatical en « absorbant » l'une par l'autre.

▶ **Les groupes prépositionnels compléments de noms**

Un grand nombre de compléments du nom se construisent avec une préposition (*en, à, pour, sur, sans, avec*, etc., y compris *de*, dans des cas autres que ceux examinés ci-dessus) suivie d'un nom sans déterminant, en particulier ceux qui marquent la matière, la destination, le contenu, etc. Ces compléments n'identifient pas une occurrence particulière du référent, mais renvoient à la notion générale dénotée par le nom : *un bijou en or ; une tasse à café ; un coiffeur pour dames ; un verre à dents ; la marche à pied ; un homme sans scrupules ; la gravure sur verre ; une voiture de fonction ; un poste de professeur*. Certaines de ces expressions sont lexicalisées et forment de véritables noms composés, non susceptibles de variations.

On peut opposer *une réunion entre responsables des deux partis* (référence indéfinie, qui évite de poser la question de leur identité) à *une réunion entre les responsables des deux partis* (qui présuppose l'identification effective ou au moins possible de ces responsables).

Remarques. — **1.** On trouve une construction comparable dans les expressions évaluatives : *ces marauds de provinciaux, cette chienne de vie*, réductibles à *ces provinciaux, cette vie* (et en relation systématique avec *Ces provinciaux sont des marauds*, etc.), que l'on peut analyser comme des GN formés d'un groupe déterminant incluant le qualifiant (*marauds, chienne*) et du nom-tête (**4.4.2.**).

2. Il faut noter également l'existence de compléments de nom sans déterminant construits directement : *le côté cour et le côté jardin* ; cette construction est particulièrement fréquente avec les noms de couleur : *une persienne vert perroquet*.

▶ Les groupes prépositionnels compléments de phrase

Certaines prépositions introduisant un complément de phrase (particulièrement *à, avec, sans, avant, après*) peuvent être suivies d'un nom sans déterminant, surtout lorsque ce nom n'est accompagné d'aucune expansion et qu'il est pris dans sa plus grande généralité : *À pied à cheval en voiture et en bateau à voile* (Prévert) – *Il réclame son dû à grands cris* – *Il s'avance avec lenteur* (mais *avec une lenteur calculée*) – *Il agit sans scrupules* (ou *sans scrupules excessifs* mais *sans le moindre scrupule*) – *avant guerre* (mais *avant la guerre de 14*) ; *par avion ; par plaisanterie ; sur terre*. C'est aussi le cas, dans certaines constructions catégorisantes de *comme* : *Comme génie, on fait mieux*. D'autre part, *en* (très rarement suivi d'un déterminant) s'oppose à *dans* (obligatoirement suivi d'un déterminant et autorisant une plus large gamme d'expansions) dont il apparaît presque comme une variante contextuelle (**XII : 3.**) : *en province / dans sa province ; en classe de sixième / dans une classe de sixième*.

Les compléments de temps sans préposition (**VI : 4.5.2.**) peuvent également apparaître sans déterminant, lorsqu'il s'agit de jours de la semaine en cours : *Je viendrai mercredi* (déictique, car repéré par rapport au moment de l'énonciation, opposé à *À l'avenir, je viendrai le mercredi*, générique, et à *Je viendrai un mercredi*, indéfini). On trouve aussi des compléments de lieu dépourvus de déterminants, notamment dans les dénominations de voies et de places publiques : *Je suis allé place de la Concorde et rue de la Paix*.

▶ En résumé, l'absence de déterminant apparaît tantôt en rapport avec une détermination référentielle forte (c'est le cas des noms propres, des apostrophes, des compléments de temps et de lieu), tantôt au contraire comme la marque d'une détermination référentielle faible du nom (cas des attributs, des appositions, des compléments de nom).

Bibliographie. — J.-C. Anscombre (1986), L'article zéro en français : un imparfait du substantif ?, *Langue Française*, 72 : 4-39 – L. Picabia (1986), Il y a démonstration et démonstration : réflexions sur la détermination de l'article zéro, *Langue française*, 72 : 80-101 – M. Noailly (1988), L'article zéro côté massif, côté comptable, dans *Termes massifs et comptables*, G. Kleiber, éd., Univ. de Metz : 145-158 – *Langages* (1991), 102, *Absence de déterminant et déterminant zéro* – D. Van de Velde, N. Flaux et W. De Mulder (1997) : 65-74.

2.8. Le nom propre et la question du déterminant

La plupart des anthroponymes (patronymes, prénoms) et certains toponymes (noms de villes ou localités) s'emploient régulièrement sans déterminant, y compris en position référentielle (comme sujets, par exemple). Même si on laisse ouverte ici la question de savoir quelles sont exactement les limites de la classe des noms propres, d'autres noms qui sont incontestablement des noms propres, notamment des toponymes (pays ou de provinces, de fleuves, rivières et montagnes) s'emploient généralement avec un déterminant défini dans ces mêmes positions référentielles.

Les noms de personnes et de villes peuvent s'employer avec la plupart des déterminants, tandis qu'inversement les toponymes généralement pourvus de déterminants peuvent en être privés dans certains cas.

2.8.1. *Noms propres avec article défini lexicalisé ou semi-lexicalisé*

a) Les articles définis précédant les anthroponymes, même quand ils ne sont pas purement et simplement soudés dans la graphie, résistent à l'amalgame, ils sont inamovibles et invariables (*Le Clézio, Le Nôtre, La Fontaine*) :

Les livres de Le Clézio / *du Clézio – Un jardin de Le Nôtre / *du Nôtre – Un immeuble de Le Corbusier / *du Corbusier.

b) Les articles définis précédant certains toponymes (quelques noms de villes ou de montagnes) sont obligatoires, mais variables : *Le Havre, Le Tréport, Le Lavandou, La Rochelle, les Alpes, le Mont-Blanc*, etc. C'est-à-dire que l'article défini, dont le genre est prévisible lorsque le nom propre est dérivé d'un nom commun, y subit les adaptations morphologiques de sa catégorie, mais que le nom propre ne peut être employé sans cet article.

Le port du Havre / *de Le Havre – Les habitants du Lavandou / *de Le Lavandou – Le massif du Mont-blanc / *de le Mont-Blanc – La chaine des Alpes / *de les Alpes ;

Dans le cas des titres d'œuvres commençant par un article et qui sont soit des GN, soit des phrases, l'article peut-être considéré comme variable (« *L'auteur du* Misanthrope » ou « *le héros du* Rouge et le Noir ») ou non (« *L'auteur de* Le rouge et le noir », « *la reprise de* Le roi s'amuse »).

c) En position référentielle (notamment quand ils sont sujets ou objets) certains termes géographiques (états, provinces, fleuves, etc.) sont régulièrement précédés d'un article défini :

La France – La Russie – Le Luxembourg – Le Pakistan – Les États-Unis
La Bretagne – Le Limousin – La Seine – Le Rhône

Parmi les noms désignant des états, seuls font exception *Israël, Madagascar* et *Cuba*.

Toutefois, l'article défini disparaît dans certains emplois :

— Apostrophes : *France, mère des arts, des armes et des lois* (Du Bellay) – *Loire éternelle de nos aïeux* (A. Allais)

— Compléments introduits par la préposition *en* et parfois par la préposition *de* :

En Provence – En Allemagne – En Seine-et-Marne (mais *dans le Bas-Rhin*).

Les huîtres de Bretagne – Les escargots de Bourgogne – Les quais de Seine – Il vient de rentrer d'Italie (mais *du Pakistan / *de Pakistan*). *Les amoureux de Bretagne* (= les Bretons amoureux # *les amoureux de la Bretagne* = ceux qui aiment la Bretagne).

2.8.2. *Noms propres employés discursivement avec un déterminant*

N'importe quel nom propre peut être employé avec un déterminant ; en général il acquiert alors toutes les possibilités d'expansion du nom commun et constitue le mot-tête d'un GN plus ou moins étendu (**3.5.**).

VII – Le groupe nominal déterminants, noms et pronoms

> J'ai lu chez un conteur de fables/ Qu'<u>un second Rodilard</u>, <u>l'Alexandre des chats</u>,/ <u>L'Attila</u>, le fléau des rats,/ Rendait ces derniers misérables (...) Ce chat exterminateur,/ Vrai Cerbère, était craint une lieue à la ronde. (La Fontaine)
> La vie secrète d'<u>un Chevreuse</u> les intriguait plus que celle d'<u>un Potin</u>, celle d'un académicien plus que celle d'un jockey, à moins que Potin et jockey ne franchissent cette barrière qui sépare la tragédie de la comédie. Ils étaient <u>les Racine</u> de notre époque. (Giraudoux, *Bella*)
> Au dire <u>du grand Nucingen</u>, <u>le Napoléon de la finance</u>... (Balzac)
> L'illustre Gobseck, le maître <u>des Palma</u>, <u>des Gigonnet</u>, <u>des Werbrust</u>, <u>des Keller</u> et <u>des Nucingen</u>. (Balzac).

Les particularités sémantiques affectant les noms propres en pareil cas sont étroitement liées, dans la plupart des cas à l'expansion (Adj, GP ou relative) du GN dont le Npr est le mot-tête.

Cela dit, les déterminants accompagnant le Npr ont la même valeur et le même sens que lorsqu'ils précèdent un nom commun.

▶ Précédant un Npr, l'article défini singulier (ou pluriel si le Npr n'a pas de singulier) ne fait, au fond, qu'expliciter le fait qu'un nom propre a par nature une référence particulière unique. L'article défini précédant le prénom est archaïque ou particulier à certaines régions. Précédant le patronyme, il est usuel pour les cantatrices :

> T'en fais pas, la Marie, t'es jolie (chanson) – La Callas.

▶ Mais l'article défini peut aussi contribuer à sélectionner ou construire une image particulière de ce référent, soit qu'il en indique une caractéristique typique (une « épithète de nature ») ; soit qu'il saisisse l'individu dans un de ses états ; soit encore qu'il applique à un individu, par antonomase, les traits remarquables d'un autre sans pour autant qu'on puisse le confondre avec ce dernier. Dans ces différents cas, le Npr est précédé d'un adjectif ou suivi d'une expansion prépositionnelle (GP) ou propositionnelle (relative) :

> Le sage Ulysse, / Le vaillant Diomède, Ajax l'impétueux (La Fontaine)
> C'est ainsi que Roland épousa la belle Aude (V. Hugo)
> Le vieux Paris n'est plus (Baudelaire)
> Le jeune Victor Hugo était royaliste légitimiste.

> *Un d'eux* [un cierge] *voyant la terre au feu durcie / Vaincre l'effort des ans, il eut la même envie ; Et, nouvel Empédocle aux flammes condamné, / Par sa propre et pure folie, / Il se lança dedans* [...] *L'Empédocle de cire au brasier se fondit.* (La Fontaine)

▶ Le déterminant possessif ajoute souvent l'idée d'une relation affective ou d'un rapport pragmatique particulier avec la personne considérée, surtout à la première personne, ou quelquefois légèrement péjorative avec la deuxième personne (cf. latin *iste*) :

> *Mon Pierre – Mon petit Pierre – Mon cher Pierre*
> *Ta Marie – Ta chère Marie*
> *Sa Béatrice – Sa chère Béatrice*
> *Tu as vu Albert ? – Ah ! oui, je l'ai vu ton Albert !*
> *Ah ! Ton Paris, tu n'as que ce mot à la bouche !*

▶ L'emploi du démonstratif devant un Npr a quelque chose de paradoxal et de superfétatoire ; aussi peut-on toujours le supprimer sans altérer la phrase. Il apparaît comme en excédent, et cela même le prédispose à des usages exclamatifs (soit valorisants, soit dévalorisants, cf. latin *ille* et *iste*) :

> *Quel génie que ce Chateaubriand*
> *Ah ! Ce Raymond, quel farceur !*
> *C'est ainsi que j'ai perdu toute une journée de ma vie à La Corogne, cet Escurial à rebours, où Picasso, ce Philippe II de la peinture moderne a reçu le sacre de son père qui abdiquait* (Cendrars)

▶ Avec le défini pluriel, on entre dans une procédure sémantique différente, où l'unicité attachée en principe à chacun des référents particuliers des noms propres est pluralisée, soit qu'on considère la totalité des êtres portant le même nom, soit qu'on tire d'un individu particulier une image applicable à d'autres, ce qui peut ouvrir la voie à des emplois métaphoriques :

> *Tous les Conflens sont des localités qui se trouvent au confluent de deux cours d'eau.* (C'est-à-dire : toutes les localités portant ce nom.)
> *Les Chateaubriand ont habité Combourg.* (À savoir : la famille des Chateaubriand)
> *Les Chateaubriand ont chanté la beauté des ruines* (les auteurs ayant les mêmes caractéristiques que Ch., y compris lui-même)

VII – Le groupe nominal déterminants, noms et pronoms

Les Chateaubriand d'aujourd'hui (les auteurs contemporains qui ressemblent à Ch.)

▶ C'est la même démarche qui explique l'utilisation, a priori paradoxale, de l'indéfini singulier ou pluriel :

J'ai connu un Dupont autrefois (un porteur non autrement déterminé du nom propre).

La poétique des ruines devait être illustré par un Chateaubriand (un écrivain ayant exactement les mêmes caractéristiques que lui, c'est-à-dire finalement lui-même).

En haut les Keller, les du Tillet (…) ; un peu plus bas, les Palma, les Gigonnet, les Gobseck ; encore plus bas, les Sabanon, les Chaboisseau (…) ; puis, enfin, après le Mont-de-Piété (…) <u>un Cérizet</u> ! (Balzac) *Un Cérizet*, c'est Cérizet lui-même, en tant que considéré comme représentant du type dont il donne l'image.)

Il se trouvera toujours un Chateaubriand pour enchanter ses contemporains (un auteur ayant les mêmes caractéristiques, en gros, mais à une autre époque).

L'article indéfini peut également découper une instance particulière (temporelle ou qualitative, par exemple) du référent : *Je suis entré dans un Paris désert. – J'ai rencontré hier un Gaston très excité par son succès.*

▶ La métonymie (**XXI** : 4.4.) est à l'origine de l'usage du partitif avec le Npr, produit ou comportement typique de l'individu portant ce nom :

Hier, j'ai écouté du Bach – J'aime beaucoup lire du Simenon.
Ça, c'est bien du Colette – Cette façon de faire, c'est du Gaston tout craché.

Ainsi, même si le nom propre se suffit à lui-même, et donc se passe de déterminant, dans la plupart de ses emplois usuels, il s'en faut de beaucoup qu'il ne puisse pas être associé avec un déterminant, disons même avec toutes les catégories de déterminants, qui gardent dans ces emplois leurs valeurs de base.

Bibliographie. — M. Wilmet (1993), Écouter *du Mozart. Variations sur un thème, Vox Romanica,* 52 : 194-207 – D. Van de Velde et N. Flaux, éds, (2000), *Les noms propres : nature et détermination, Lexique,* 15. M.-N. Gary-Prieur (1994), *Grammaire du nom propre,* PUF – S. Leroy (2004), *Le nom propre en français,* Ophrys.

3. LE NOM

3.1. Le nom, partie du discours

Le nom est l'élément central du groupe nominal : il y est régulièrement précédé d'un déterminant et peut être accompagné de modifieurs (**1.2.**). Les GN à noyau nominal se réduisent en effet à la forme minimale : [Dét + N] ou au nom seul s'il s'agit de certains types de noms propres (*Julien, Paris*) ou de noms communs contextuellement employés sans déterminant (*avec courage, avoir raison, page 35*, etc.). Morphologiquement, le nom est pourvu d'un genre (masculin ou féminin) qui lui est inhérent et varie en nombre (singulier ou pluriel) selon les choix communicatifs du locuteur (mais seulement sous certaines conditions pour les noms propres).

Histoire. — La variation supposée commune des noms et des adjectifs en genre et en nombre a longtemps justifié leur regroupement dans la classe générale des noms, quitte à les distinguer ensuite par leurs propriétés sémantico-référentielles : les premiers désigneraient directement des substances, c'est-à-dire des entités dotées d'une existence autonome (d'où l'étiquette de *noms substantifs*, puis de *substantifs*), alors que les seconds dénoteraient des propriétés dont l'existence dépend de celle, préalable, des substances qu'elles caractérisent (d'où l'étiquette de *noms adjectifs*, puis d'*adjectifs*). À cette vue traditionnelle perpétuant le modèle des grammaires latines (où noms et adjectifs varient selon les mêmes modèles de déclinaison), on objectera qu'en français moderne :
• contrairement aux adjectifs, seul un petit sous-ensemble de noms semble présenter une véritable variation en genre (**3.4.**), qui est en fait celui du suffixe construit sur une même base lexicale ;
• les adjectifs, susceptibles pour la plupart de varier en degré, ne sont qu'exceptionnellement précédés d'un déterminant et dans des conditions particulières qui impliquent l'ellipse d'un nom ou leur transfert dans la catégorie du nom.

Le nom et l'adjectif (qualificatif ou relationnel) constituent donc deux classes bien distinctes. À l'intérieur de la première, les **noms propres** présentent un ensemble de particularités morphologiques, syntaxiques et sémantico-référentielles (**2.2.8. et 3.5.**) qui les distinguent des **noms communs** (**3.2.**). Par conversion (**XX : 3.4.**), des mots appartenant à d'autres classes peuvent acquérir le statut lexical et syntaxique de nom (**1.2.**). De nombreux adjectifs, au départ épithètes d'un nom ensuite effacé, ont donné naissance à de véritables noms : *Enlevez le gras de la viande – Les gros mangent les petits – Les joueurs se sont mis au vert – Il n'a plus un rond* (fam.) *– Il prêche le faux pour savoir le vrai – Il faut aller à l'essentiel.* Plus généralement, des mots appartenant à d'autres catégories grammaticales et même des syntagmes deviennent de véritables noms communs : *Nous avons longuement pesé le pour et le contre – Le sot-l'y-laisse est la meilleure partie d'une volaille.* Enfin, quelles qu'en soient la nature et la dimension, toute séquence linguistique employée autonymiquement (**XXI : 1.1.**) fonctionne comme un nom commun masculin : *Le « ons » final de « portions » est une désinence verbale dans « nous portions », mais pas dans « les portions ».*

Remarques. — 1. Inversement, un nom peut être employé avec une valeur adjectivale en fonction épithète (**4.4.**) dans les noms composés du type $N_1 - N_2$ (*une cité dortoir, un roman fleuve*) et dans les séquences nominales construites (*un mari papillon = volage ; un professeur fantôme = souvent absent*).
2. On se gardera cependant d'assimiler aux véritables noms par conversion comme *un imperméable, un acide, une capitale, l'imaginaire*, etc., les adjectifs des séquences Dét – Adj qui résultent en fait de l'effacement d'un nom qui reste toujours contextuellement récupérable et dont ils portent les marques de genre et de nombre : *Les gros poissons mangent les petits (poissons) – Je prends le petit* (dit en désignant un objet parmi d'autres).

Bibliographie. — J.-L. Gardies (1975) : 177-179 – M. Noailly (1990) et (1999) : 13-17.

3.2. La catégorie des noms communs

Les grammaires traditionnelles définissent souvent le nom comme la catégorie grammaticale qui regroupe les mots désignant les êtres (*garçon, caniche*) et les choses (*arbre, marteau*). Pourtant, les propriétés (*courage*), les états (*fatigue*), les sentiments (*déception*), les procès (*lecture*), les relations (*antériorité, voisinage, cause, opposition*, etc.) et les quantités (*multitude, dizaine*, etc.) peuvent aussi être désignés par des noms. En fait, tout objet de pensée, quelle que soit sa catégorie ontologique, peut revêtir une forme nominale. L'hétérogénéité sémantique des noms se ramène à un seul commun dénominateur : **ils renvoient à des réalités notionnelles (des concepts) de tous ordres**, mais qui ont en commun d'être conçues comme des « objets de pensée » que l'on peut évoquer en tant que tels. Tout le problème réside en ce que, d'une part, le nom sert à la fois à désigner les types conceptuels (*Le chien est le meilleur ami de l'homme*) et leurs occurrences particulières (*Mon voisin élève plusieurs chiens*) ; et que d'autre part les concepts se distinguent par leur mode d'occurrence, c'est-à-dire par la façon dont est conçu le rapport (de réalisation) qui les relie à ce qu'ils désignent.

Les noms de personnes, d'animaux, d'objets, de matières, etc., sont conçus comme référentiellement autonomes : les réalités désignées par *un chien*, *un homme* et *du vin* sont des entités dotées d'un mode d'existence indépendant, qui fait qu'elles existent ou subsistent par elles-mêmes (d'où le terme de *substances* dans une certaine tradition philosophique et logique). Une propriété telle que la *tristesse*, en revanche, a certes des occurrences (*la tristesse d'Olympio*, par exemple), mais dont l'existence est subordonnée à celle du support (ici : Olympio) qu'elles caractérisent. Ces deux modes distincts de référenciation ont une contrepartie linguistique formelle. Le premier type de nom permet de construire directement des expressions référentielles désignant des particuliers : *un chien, plusieurs hommes, ton voisin*, etc. Le second est inapte à déterminer par lui-même des occurrences particulières (*une tristesse, **des / *trois / *quelques tristesses*, etc.), mais n'a que des occurrences repérées par rapport au support qu'elles caractérisent (*la tristesse de Jean / la tristesse du soir / sa tristesse*) ou des occurrences qualitatives (en fait, des sous-catégorisations du concept général : *une tristesse pathologique, une tristesse contagieuse*, etc.).

Une même notion peut s'exprimer à travers plus d'une partie du discours selon ses fonctions syntaxiques dans la phrase et les rôles sémantico-logiques associés à ces fonctions. Le nom *rapidité*, par exemple, renvoie à la propriété même (*La rapidité est une qualité*) et à ses occurrences particulières (*La rapidité de Jesse Owens est légendaire*) ; l'adjectif *rapide* dénote la même notion lorsqu'elle est prédiquée d'un référent (*Jean est rapide*) ou lorsqu'elle caractérise le noyau nominal d'une expression référentielle (*un coureur rapide*) ; et l'adverbe *rapidement* renvoie encore à la même notion, mais dans d'autres positions structurales et pour caractériser des procès et des évènements (*Il mange rapidement – Rapidement, le ciel se couvrit de nuages*). Dans les limites du vocabulaire attesté, et notamment grâce à la dérivation suffixale, il existe de nombreuses correspondances entre la catégorie nominale et les autres parties du discours. La plus connue relève de la **nominalisation** qui convertit en noms des adjectifs (*fier > la fierté*) et des verbes (*fermer > la fermeture*). Mais une forme nominale peut également dénoter ce qu'expriment une préposition (*après ↔ la postériorité*), une conjonction (*parce que ↔ la cause, la causalité*) ou encore un morphème grammatical (p. ex. la *pluralité* dénotée par les désinences plurielles des déterminants et des adjectifs).

Bibliographie. — G. Kleiber (1981) : 35-58. – M. Riegel (1985) : 36-40, 80-88 et 88-97.

3.3. La sous-catégorisation des noms communs

La diversité des concepts sous-jacents à la classe des noms communs se traduit par la multiplication des sous-catégories. Pour rendre compte des principales restrictions combinatoires qui affectent aux noms, on distingue habituellement trois couples de sous-catégories entre lesquelles existent des relations d'implication et de recouvrement :

▶ Les **noms comptables** renvoient à des segments discontinus de la réalité (*pilote, avion, orage*) que l'on peut dénombrer et qui se combinent avec tous les déterminants indiquant la quantification numérale (*un / cinq / plusieurs / quelques /* etc., *avion(s)*). Les **noms massifs** dénotent des substances continues qui obéissent aux principes de la référence cumulative homogène (*de l'eau + de l'eau = de l'eau*) et de l'homogénéité distributive (*de l'eau* désigne de façon récursive les parties et les parties de parties d'une même substance). En tant que tels, ces derniers réclament un déterminant ou une expression quantificatrice partitifs (**2.4.2.** et **2.4.5.**) : *de l'eau / du vin / un peu de farine / un kilo de semoule / quelques grains de sable*, etc. Leur quantification et leur individuation peut également s'opérer par une construction partitive qui en fait le complément d'un terme quantifieur. Lorsqu'ils sont transposés dans la catégorie des noms comptables, ils désignent, avec ou sans modifieur, des sous-espèces (*Nous avons goûté plusieurs vins – Nous ne vendons que des vins de qualité*) et des portions ou quantités de matière qui se présentent naturellement (ou qui sont artificiellement conditionnées) sous la forme d'une entité discontinue : *une bière, deux cafés, quelques whiskies, un verre d'eau, une poignée de sable*, etc.

Remarques. — 1. Toute substance est susceptible – plus ou moins naturellement et compte tenu de nos préférences catégorisatrices – d'une représentation comptable ou massive. En français, le même terme désigne systématiquement l'animal et la viande de l'animal, le fruit et sa substance et plus sporadiquement un objet et sa matière : *J'ai deux grands bœufs dans mon étable / Aujourd'hui j'ai mangé du bœuf. – J'ai acheté des citrons / Il y a du citron dans ce gâteau – Il avait mis une petite laine.*
2. Précédé d'un déterminant comptable ou d'un terme nominal conditionneur, un nom massif peut désigner une entité individuelle comptable : *Il met deux sucres / deux morceaux de sucre dans son café – Il a bu deux cafés / deux tasses de café.* Inversement, une entité comptable peut toujours être « massifiée », ce qui revient à confondre des individus distincts en un tout collectif ou compact : *Août est la saison où il y a du touriste à Paris – Dans cette rivière, il y a de la truite – Il va y avoir du gendarme sur les routes pendant ce long weekend du 15 août.* En emploi prédicatif, la construction massive d'un nom comptable estompe son contour individuant pour n'en retenir que la substance massive : *Ça, c'est de la voiture, ou je ne m'y connais pas !*

▶ Sur la distinction entre **noms animés / non animés** repose une série d'oppositions morphosyntaxiques dans le domaine de la pronominalisation :

• Le contenu sémantique des pronoms interrogatifs *qui* et *que / quoi* se réduit aux traits sémantiques respectifs [+ / – animé] (en réalité [+ humain] et [– catégorisé]). Aussi, selon qu'il comporte un nom animé ou non catégorisé, un syntagme nominal constituera-t-il une réponse appropriée à la première ou aux deux autres formes : *Qui est venu ? Qui as-tu invité ? – Le voisin – De qui parlez-vous ? Du voisin / De personne – Que vois-tu ? La route qui poudroie / Rien – De quoi avez-vous discuté ? Des prochaines élections / De tout et rien.*

• les compléments du verbe, du nom et de l'adjectif introduits par *à* et *de* se pronominalisent différemment selon qu'ils sont animés / humains ou non animés (**5.2.1.2.2.**) : *J'ai parlé à Jeanne → Je lui ai parlé – Il est allé à la <u>réunion</u> → Il y est allé – J'ai parlé de Jeanne → J'ai* parlé d'<u>elle</u> – On a discuté de ton <u>projet</u> → On <u>en</u> a discuté – Connais-tu l'adresse de <u>Jeanne</u> ? → Connais-tu <u>son</u> adresse ? – Connais-tu l'adresse de ce <u>restaurant</u> ? → <u>En</u> connais-tu l'adresse ? Dans les registres de langue moins soutenus, cette opposition est souvent neutralisée au profit de *y* et *en*.

• Les noms animés peuvent varier en genre (*le / la concierge*) alors que les noms non animés ont un genre fixe (*le bras / la main*).

▶ Les **noms collectifs**, qui tiennent à la fois des noms comptables et des noms massifs, se caractérisent par une discordance entre leur pluralité sémantique (ils désignent des collections ou collectivités d'entités isolables) et leur morphologie singulière (en vertu du principe de cohésion qui les unit, ces entités sont considérées globalement par rapport au tout qu'elles forment et qui détermine le trait qui leur est commun). Ils s'interprètent comme des regroupements spatio-temporels (*essaim, bouquet*), fonctionnels (*équipe, escadrille, comité, famille*), catégoriels (*bourgeoisie, patronat*) formant une entité homogène dont la composition peut être précisée par un complément du nom : *une foule de badauds, la colonne des manifestants, un bouquet de coquelicots*. Au niveau le plus général, les noms collectifs génériques ou métacollectifs, comme *ensemble, classe, espèce, groupe, catégorie* et *collection*, fonctionnent comme des indications de purs regroupements sans spécification de la nature des éléments : *un ensemble (de propositions, d'outils, de bibelots*, etc.) *une collection (de timbres, de pipes*, etc.).

Les noms collectifs humains alternent avec *ils* collectif (*Cette classe est difficile : ils sont trop turbulents*) et se combinent avec

– des verbes de rassemblement, de dispersion ou de modification de la configuration collective : *Le troupeau / *Le mouton s'est rassemblé derrière la ferme – Le troupeau / *Le mouton s'est dispersé dans la prairie – Le parti / *Le militant a éclaté en une multitude de tendances*
– des adjectifs caractérisant des entités plurielles : *Cette classe / *Cet élève est pléthorique – Le jury / *l'examinateur a été unanime – La foule / *Le manifestant est dense – Le jury / *l'examinateur est composite*

— des locutions adverbiales qui soulignent le caractère collectif de l'effection du procès verbal : *La commission / *le délégué a voté le projet à l'unanimité / en masse / à la majorité absolue.*

Nombre de noms collectifs fournissent le noyau nominal d'un déterminant quantificateur complexe (**2.6.2.**) : *J'avais une foule de* (= *beaucoup de*) *questions à lui poser – Il est toujours entouré d'un régiment de belles filles.*

▶ La distinction entre **noms concrets** et **noms abstraits** est la plus problématique. Sémantiquement, il est difficile de fonder cette dichotomie en termes suffisamment univoques, à moins d'identifier « concret » à tout ce qui peut être perçu par les sens. Dans la catégorie fourre-tout des **noms abstraits** se trouvent regroupés les noms de propriété (*faiblesse*), de processus (*destruction*) et de relation (*infériorité*), généralement dérivés de verbes et d'adjectifs, et comme tels non comptables (bien qu'ils puissent souvent être également employés comme comptables avec un sens concret : *avoir une grosseur à l'aine – étudier une construction grammaticale – une rareté = un objet rare – des rondeurs = des formes rondes*).

Remarque. — Parler de noms comptables / massifs, animés / non animés, concrets / abstraits, etc. est une facilité d'expression : ce sont les référents de ces noms qui sont caractérisés par ces propriétés ou du moins conçus comme tels.

L'association d'aptitudes combinatoires suffisamment spécifiques à des types bien déterminés de propriétés interprétatives justifie d'autres sous-catégorisations qui affinent ou croisent les précédentes. On retiendra plus particulièrement :

▶ Les **noms dits « prédicatifs »**, qui sont la forme nominale d'un prédicat à un, deux ou trois arguments qui se réalise souvent, mais pas nécessairement, sous la forme d'un adjectif qualificatif ou d'un verbe dont ils partagent la configuration actancielle / argumentale. On distinguera :

• Les **noms de propriété** et **d'état** dérivés d'adjectifs (*fierté* < *fier* ; *lassitude* < *las*) ou à la base d'un adjectif dérivé (*courage* > *courageux*). Dans les expressions référentielles, ils dénotent des occurrences de la propriété ou de l'état (**XI : 3.2.**) : *la fierté de Jean, la tristesse d'Olympio*. Comme compléments d'un verbe support (**XI : 4.7.**), ils sont souvent susceptibles d'un emploi prédicatif : *Il a du courage / Il ne manque pas de courage* (= *il est courageux*) − *Il éprouve une grande lassitude*. La sous-catégorie des **noms de sentiment** regroupe les états psychologiques en rapport avec un objet qui en est à la fois le point d'application intentionnel (*Elle éprouvait de l'amour / de la haine / de l'indifférence pour cet homme* − *Elle caressait le fol espoir de faire durer cette vie inconséquente et sans issue* (Balzac) et la cause (*Cet homme lui inspirait de l'amour / de la haine / de l'indifférence*).

• Les **noms d'action** (également dits **d'événement**), qui représentent la substantivation de toutes sortes de procès, y compris mentaux (*départ / partir, construction / construire, lancement / lancer, rédaction / rédiger, pensée / penser,* etc.). Ce sont souvent des substantifs déverbaux (*impression, pressentiment, conviction, pensée,* etc.), mais aussi des noms sans correspondant verbal (*sommeil, conscience, hypothèse, idée, intuition,* etc.) dont le complément développe et spécifie le contenu. Comme têtes nominales d'une expression référentielle, ils renvoient à une occurrence du procès dénoté, dont leur(s) complément(s) identifient le(s) argument(s) : *le départ de Paul, le lancement d'une fusée par les Russes, sa conviction d'être victime d'une injustice,* etc.). Combinés avec un verbe support, ils constituent le prédicat d'une configuration phrastique dont le sujet est leur argument initial et, le cas échéant, le complément leur argument final : *Paul est sur le départ − Les Russes ont procédé au lancement d'une fusée − Il avait la conviction d'être victime d'une injustice,* etc.

• Les **noms relationnels**, également dits **quasi prédicatifs**, dont le sens implique une relation prédicative avec une autre entité. « Les entités particulières qui remplissent la fonction qu'ils dénotent appartiennent nécessairement à des classes différentes. [...] si x est maire, propriétaire, conducteur, auteur, habitant, salarié, etc., il s'inscrit pour son identification dans une catégorie N qui ne peut être que celle du nom fonctionnel : un maire est un homme, un propriétaire peut être un homme, une institution, etc. » (Kleiber 2001 : 348). C'est ce qui distingue les couples de **noms d'agent** *auteur / écrivain* et *conducteur / automobiliste* où seul le premier élément peut instancier la relation prédicative sous la forme d'un complément : *un auteur de romans policiers / *un écrivain de romans policiers − *un conducteur de poids lourd / un automobiliste de poids lourd*. L'opposition s'étend à des entités non humaines : contrairement à une *ville,*

une *capitale* ou un *chef-lieu* est nécessairement la capitale d'un pays ou le chef-lieu d'un département ou d'un arrondissement.
- Les **noms de partie** (ou **méronymiques**) dont le référent est une partie d'un tout. Contrairement toutefois aux noms relationnels, les noms de partie « constituent une description stable des entités dénotées [...] Si *x* est un tronc, il n'est qu'un tronc, c'est-à-dire que je n'ai guère besoin de postuler une autre classe qui l'identifierait de façon « sortale » (Kleiber 2001 : 348).

En vertu de leur trait relationnel commun (mais de nature différente), noms relationnels et noms de parties peuvent constituer une anaphore associative (**XXIV : 3.**) :
(1) *On a retrouvé la voiture dans le fossé. <u>Le conducteur</u> avait disparu*
(2) *Il s'abrita sous un tilleul. <u>Le tronc</u> était tout craquelé*

Bibliographie. — G. Kleiber (1981) : 15-42 et 58-67 – M. Riegel (1985) : 69-108 et 191-207 – J. David et G. Kleiber, éds, (1989), *Termes massifs et comptables*, Klincksieck – G. Kleiber (1994 b) : 48-64, 29-47 et 92-109 – A. Borillo (1996), Statut et mode d'interprétation des noms collectifs, *in* C. Guimier, éd., *Cotexte et calcul du sens*, Presses Universitaires de Caen : 105-121 – N. Flaux, M. Glatigny et D. Samain, éds, (1996), *Les noms abstraits. Histoire et théories*, Presse Univ. du Septentrion – N. Flaux (1999), À propos des noms collectifs, *Revue de linguistique romane*, 63 : 471-502 – N. Flaux et D. Van de Welde (2000), *Les noms en français : esquisse de classement*, Ophrys – G. Kleiber (2001) : *L'anaphore associative*, PUF : 344-367.

3.4. La morphologie des noms communs

Le genre d'un nom est déterminé dans le lexique (**1.4.**). Il en va de même pour le nombre des noms qui ne s'emploient qu'au pluriel et pour les formes irrégulières du pluriel. Une grammaire ne saurait envisager tous les cas particuliers – et ils sont nombreux – dont la solution se trouve directement, l'ordre alphabétique aidant, dans tout bon dictionnaire. Il suffira donc d'indiquer les grandes régularités morphologiques et, le cas échéant, morphosyntaxiques, que la classe nominale manifeste à travers les catégories du genre et du nombre.

3.4.1. Le genre des noms communs

▶ Les noms dénotant des référents non animés ont un genre arbitraire, masculin (*le sable*) ou féminin (*la table*). Souvent déterminé par l'étymon, parfois conditionné par des facteurs culturels (*le soleil* et *la lune* sont respectivement féminin et masculin en allemand : *die Sonne, der Mond*), le genre n'en reste pas moins irréductible à des oppositions sémantiques généralisables : *le fauteuil / la chaise – un vélo / une bicyclette – le fleuve / la rivière*. Les erreurs commises par les étrangers sur le genre de ces mots témoignent de son caractère largement imprévisible.

Remarque. — Seul le genre des formes suffixées ou caractérisées par certaines finales est prédictible, avec un degré variable de certitude : tous les noms dérivés en *–isme / asme* et *-ment* (*purisme, socialisme, enthousiasme, pléonasme, arrangement, déplacement*) sont masculins, ceux en *-ade* et en *-ude* (*ambassade, colonnade, solitude, certitude*) et les diminutifs en *-ette* (*maisonnette*) sont féminins ; et il semble qu'à l'exception de *gorille*, tous les noms se terminant en *-ille* soient féminins (*aiguille, cheville, fille, lentille*, etc.), comme le sont les noms en *–aison*, suffixés ou non (*raison, saison, fenaison*, etc.). Bon nombre d'homonymes, par ailleurs, ne se distinguent que par le genre : *le livre / la livre ; le moule / la moule ; le vase / la vase ; le mort / la mort*, etc.

▶ Les **noms animés** constituent une sous-classe où la distinction des genres correspond en règle générale à une distinction de sexe. Les exceptions à cette motivation naturelle sont peu nombreuses : quelques noms féminins (*recrue, sentinelle, estafette, ordonnance, vigie*, etc.) désignent des fonctions traditionnellement exercées par les hommes ; et un nombre également restreint de noms masculins (*mannequin, laideron, tendron, boudin* [fam.], etc.) s'applique généralement à des femmes. Enfin, des noms masculins (*modèle, otage, témoin*, etc.) et des noms féminins (*connaissance, personne, vedette, victime*, etc.) désignent indifféremment des personnes des deux sexes.

Lorsque l'opposition grammaticale des genres recouvre une opposition sémantique, elle se manifeste de plusieurs manières :

• par l'opposition lexicale de deux noms différents : *garçon / fille – cerf / biche*.

• par la seule variation en genre du déterminant des noms dits *épicènes* : *un / une élève – un / une concierge – un / une choriste*.

• par l'opposition de deux formes du même nom, sur le modèle de l'adjectif (**XI** : 2.2.) : adjonction de la marque graphique *-e* sans changement de prononciation (*rival / rivale* et, sur le modèle du Québec, *professeur / professeure, ingénieur/ingénieure*), ou prononciation de la consonne finale avec ou sans changement de la voyelle finale (*avocat / avocate – renard / renarde – cousin / cousine – lion / lionne*) ou encore changement de la consonne finale (*veuf / veuve*).
• par l'antéposition ou la postposition du terme classificateur *femme* au nom masculin (*mâle* et *femelle* pour les noms d'animaux non marqués) : *un médecin / une femme médecin – une panthère mâle / un guépard femelle*.
• par l'addition d'un suffixe pour former le nom féminin à partir du masculin (*maitre / maitresse – héros / héroïne – tigre / tigresse*) et beaucoup plus rarement le masculin à partir du féminin (*compagne / compagnon – dinde / dindon*).
• par la variation en genre d'un même suffixe : *-eur / -euse* (*vendeur / vendeuse*), *-eur / -eresse* (*pêcheur / pêcheresse*), *-eur / -eure* (*supérieur / supérieure*), *-teur / -trice* (*inspecteur / inspectrice*, mais aussi *empereur / impératrice*).

Si l'on considère qu'un mot est l'association stable d'une forme et d'un contenu lexical conventionnel (**XX** : 1.1.), un même nom en tant que catégorie particulière de mot ne saurait avoir deux genres, puisqu'à la variation en genre est toujours associée une différence sémantique. Cette variation peut être la conséquence de la suffixation d'une base commune pour former deux mots différents (Zwanenburg : 1988) : de ce point de vue, et il suffit de se reporter à leurs définitions respectives, *charcutier* et *charcutière* sont deux mots différents désignant deux types de personnes, certes construits sur la même base *charcut-* (ce qui explique qu'ils partagent une partie de leur sens), mais au même titre que les deux autres formes dérivées *charcuterie* et *charcutage*. Il en va de même pour *chat* et *chatte*, qui n'ont pas le même *sens*, contrairement aux formes adjectivales *plat* et *plate*. Que le second soit dérivé du premier, comme le sont aussi *chaton* et *chatière*, ne change rien à l'affaire : *chatte* est un nom doté d'un sens et d'un genre propres, distinct de *chat* avec qui il partage une partie de son signifié, mais ni plus ni moins que les couples non dérivationnels *père* avec *mère*, *oncle* avec *tante* et *bœuf* avec *vache*. Même les formes nominales épicènes comme *concierge* recouvrent en réalité deux noms différents qui ne se distinguent que par le genre de leur déterminant, comme *le mousse* et *la mousse*, sauf que la différence marquée par le genre y est celle du sexe, comme le montrent les restrictions combinatoires qui gouvernent leur emploi : **Le concierge a accouché de triplés – *La concierge est un mauvais père de famille*. La confusion a une double origine : d'une part, la méconnaissance du fait que les suffixes ont un contenu sémantique et sont pourvus d'un trait catégoriel qui, pour deux formes dérivées d'une même base, leur assignent nécessairement un sémantisme différent et un genre propre ; d'autre part, l'assimilation implicite de l'opposition flexionnelle masculin / féminin au couple de traits sémantiques « mâle / femelle ».

Remarques. — 1. En cas d'hésitation – légitime – sur le genre de noms comme *tentacule* (m.), *anagramme* (f.), *hypallage* (f.), *après-midi* (m. et f.), *en-tête* (m.), etc., consulter un bon dictionnaire de langue.
2. L'opposition est généralement neutralisée au profit du nom masculin lorsqu'on entend désigner l'espèce entière sans distinction de sexe : *L'homme est un roseau pensant – Les époux se doivent mutuellement assistance – Les chiens ne font pas des chats* (proverbe).

Bibliographie. — W. Zwanenburg (1988) – A. Lupinko (1990), Les marques du genre en français, *Le gré des langues*, 1 : 189-195 – O. Naukkarinen (1999), Le fonctionnement de la catégorie du nombre en français et en finnois, *in* J. Nystedt éd. *XIV Skandinaviska Romanistenkongressen, Romanica Stockholmiensia Stockholm*, 19, Acta Universitatis Stockholmiensis.

3.4.2. *Le nombre des noms communs*

Seuls les **noms comptables** ou employés comme tels (**3.3.**) sont normalement affectés par la marque du nombre. Leur singulier et leur pluriel sont interprétés comme renvoyant respectivement à une occurrence unique et à une pluralité d'occurrences : *une voiture / des voitures – un encouragement / des encouragements*. L'expression *des farines* n'est pas le pluriel naturel du **nom massif** *farine*, mais renvoie à différentes espèces de la substance générale qu'est la farine. Les noms qui renvoient à un référent normalement conçu comme unique (*le soleil, l'infini,* etc.) n'en sont pas moins conceptuellement et donc formellement pluralisables : *Cet enfant ne dessine que des soleils – Pascal dis-*

tingue deux infinis : *celui de grandeur et de petitesse*. Quant aux **noms collectifs (3.3.)**, leur singulier dénote lexicalement une pluralité interne (*client / clientèle – arbre / forêt*) qui peut elle-même être pluralisée par le pluriel grammatical (*les clientèles, les forêts*).

Un petit nombre de noms ont la propriété lexicale de ne s'employer qu'au pluriel (d'où l'appellation de ***pluralia tantum***). Ils renvoient tous à des entités nettement individualisées mais conçues comme composées d'éléments distincts, leur pluriel grammatical évoquant la pluralité interne de leurs référents : cérémonies (*fiançailles, obsèques*), procédures (*pourparlers, représailles*), sommes d'argent (*appointements, honoraires*), ensembles de lieux proches (*alentours, environs*), jeux comportant des pièces (*dames, échecs*), et plus généralement toutes sortes d'objets ou de processus vus sous leur aspect typiquement composite : *archives, décombres, mœurs, vivres, victuailles, fringues*, etc.

Les noms pluriels désignant des objets faits de deux parties symétriques sont à cet égard exemplaires. Ou bien ils ont un correspondant singulier qui désigne un objet non composite analogue : *ciseaux* (de la couturière) / *ciseau* (du sculpteur) – *lunettes* (correctives) / *lunette* (astronomique). Ou bien ils s'emploient également au singulier avec le même sens, selon que l'objet est préférentiellement conçu dans sa pluralité collective ou dans sa globalité singulière : *culotte, lorgnon, pantalon*, etc., sont habituellement au singulier, contrairement à *(paire de) jumelles, pincettes, tenailles*, etc. ; alors que *l'escalier* oppose une vision globale à la vision collective *les escaliers* (= ensemble de marches).

L'opposition entre le singulier et le pluriel des noms s'étend, à l'intérieur du groupe nominal, à leur déterminant et, le cas échéant, à leur(s) adjectif(s) épithète(s) (**1.4.**). À l'oral, les noms à initiale vocalique sont affectés par la liaison en [z] avec le déterminant ou avec l'adjectif antéposés (**II : 3.2.1.**) : *les amis* [lezami] ; *les vieux amis* [levjøzami]. Ils développent la même liaison avec les adjectifs à initiale vocalique qui les suivent : *les produits agricoles* [lepRɔdɥizagRikɔl].

La forme proprement dite du pluriel des noms obéit aux grandes régularités suivantes :

▶ Hors contexte, le pluriel des noms isolés est marqué à l'écrit par l'addition d'un *-s* final (qui s'est amui au cours des siècles), à moins qu'ils ne se terminent par *-s*, *-x* ou *-z*. Sauf cas de liaison avec le mot suivant, cette marque reste exclusivement graphique : *mur / murs ; gant / gants ; pie / pies ; apôtre / apôtres*, mais *un / des permis ; un / des prix ; un / des nez ; un / des silex*. Faute de liaison ou d'une marque de nombre portée par le déterminant ou l'épithète, la forme de ces noms reste ambiguë à l'oral (*Je n'ai pas écrit de lettre / lettres*) et parfois même à l'écrit (*Je n'ai pas reçu de colis*). À quelques exceptions près (*des landaus, des pneus*), les noms en *-au* (*tuyaux*), *-eau* (*manteaux*) *-eu* (*cheveux*) remplacent *-s* par *-x*. Sept noms en *-ou* (*bijoux, cailloux, choux, genoux, hiboux, joujoux, poux*) auxquels est venu s'ajouter récemment *ripoux* (*pourri* en verlan) ont un pluriel en *–x*. *Tripous / tripoux*, uniquement au pluriel, présente les deux formes.

▶ Un certain nombre de noms marquent synthétiquement l'opposition du nombre par deux finales distinctes :

• Les noms en *-al* forment leur pluriel en *-aux* (*chevaux, journaux*, etc.), à l'exception d'une douzaine qui ont un pluriel régulier (*bals, carnavals, cérémonials*, etc.) ou qui présentent les deux formes (*idéals, idéaux*).
• Les noms en *-ail* ont un pluriel régulier (*détails, rails*, etc.), mais *bail, corail, émail, soupirail, travail, vantail* et *vitrail* font *baux, coraux*, etc.
• Les noms monosyllabiques *œuf, bœuf* et *os*, qui ont un pluriel graphique régulier (*œufs, bœufs* et *os*) ont à l'oral une forme pluriel caractérisée par la chute de la consonne finale et par la fermeture de la voyelle :/ œf /, / ø / ; / bœf /, / bø / ; / ɔs /, / o /.
• Trois noms enfin ont des pluriels tout à fait irréguliers. Le pluriel d'*œil* (/ œj /) est *yeux* (/ jø /), mais *œils* dans les mots composés comme *œils-de-bœuf*. *Ciel* (/ sjɛl /) fait *cieux* (/ sjø /), mais aussi *ciels* (p. ex. dans le composé *ciels de lit*), et *aieul* (/ ajœl /) donne *aieux* (/ ajø /) et *aieul(e)s*, qui désignent respectivement les ancêtres et les grands-parents.

▶ **Les noms composés** qui s'écrivent en un seul mot (*des gendarmes*) forment leur pluriel comme les mots simples (sauf les couples *monsieur / messieurs, madame / mesdames, bonhomme / bonshommes* et *gentilhomme / gentilshommes* dont le déterminant ou l'adjectif est variable). Dans les noms composés non soudés (sur l'usage du trait d'union, voir **IV : 5.2.**), seuls le nom et l'adjectif peuvent prendre la marque du pluriel (*rouges-gorges*), les autres éléments demeurant invariables : adverbe + nom (*des arrière-boutiques, des contre-offensives*), verbe + verbe (*des laissez-passer*), verbe + adverbe (*des passe-partout*), verbe + conjonction + verbe (*des va-et-vient*), phrase (*des qu'en-dira-t-on*). Pour les adjectifs et les noms, il faut en outre tenir compte de leurs relations grammaticales avec les autres termes du nom composé :

> • Lorsque l'adjectif est juxtaposé au nom, ils prennent tous deux la marque du pluriel : *des coffres-forts, des basses-cours*, etc. (mais *des nouveau-nés*, parce que *nouveau* a une valeur nettement adverbiale).
> • Les noms juxtaposés unis par un rapport d'équivalence prennent chacun la marque du pluriel : *des portes-fenêtres*. Si le second nom a la fonction d'un complément introduit ou non par une préposition, il reste invariable : *des timbres-poste, des pauses-café, des arcs-en-ciel.*
> • Dans les formations [V + N], le verbe reste invariable et le nom se met au singulier ou au pluriel, selon que son interprétation est singulière ou plurielle : *des chasse-neige*, mais, toujours selon le sens, dans *porte-avions* et *sèche-cheveux*, le nom complément est toujours au pluriel.

Remarque. — Beaucoup de cas litigieux et souvent arbitrairement tranchés par les grammaires d'usage seraient supprimés si on alignait le traitement des noms composés du type verbe + nom sur celui des noms simples. On écrirait alors automatiquement un *tire-bouchon / des tire-bouchons*, mais aussi, contre toute logique interprétative, un *tire-fesse / des tire-fesses*, un *porte-avion / des porte-avions* et *un sèche-cheveu / des sèche-cheveux*, ce qui reviendrait à traiter ces formations comme des formes soudées (un *portefeuille / des portefeuilles*). C'est ce que préconise le *JO* du 06/12/1990 (**III : 5.**)

▶ **Le pluriel des noms empruntés** se prête à un double traitement. La langue soignée maintient souvent les pluriels étrangers considérés comme une marque d'érudition, voire de distinction : *un minimum / des minima, un lied / des lieder de Schubert*. L'usage courant, conforté par l'arrêté du 06/12/1990 (**III : 5.**), pratique d'autant plus spontanément l'intégration morphologique des mots étrangers que l'emprunt est ancien : *des trémolos* (et non *des tremoli*, ital.), *des quiproquos, des leitmotivs* à côté de *des leitmotive* (all.), *des Lands* (à côté de *des Länder*), *des stars, des stops, des clubs, des dancings*, etc.

3.5. Les noms propres

3.5.1. *La catégorie des noms propres : formes et sens*

Les noms propres s'écrivent avec une majuscule (**IV : 6.2.2.**), n'ont pas de déterminant (*Pierre, Paris*) ou bien se construisent avec un déterminant contraint, l'article défini (*le Rhin, les Vosges*). Si, comme les noms communs, ils désignent des personnes, des objets, des lieux, etc., ils semblent pourtant dépourvus de sens lexical : ils n'entretiennent pas de relations sémantiques (p. ex. de synonymie, d'hyponymie ou d'antonymie) et ne sont pas susceptibles d'une définition au sens ordinaire du terme. Le débat, toujours ouvert, surtout chez les philosophes du langage, n'est plus aujourd'hui tellement de savoir si les noms propres ont un sens, mais d'en déterminer la nature. La preuve en est que si le nom propre était vraiment dépourvu de sens, alors un énoncé d'équivalence référentielle comme *Émile Ajar est Romain Gary* devrait être senti comme tautologique, ce qui n'est absolument pas le cas, et, à l'inverse, l'énoncé *Émile Ajar est Émile Ajar* ne serait pas tautologique ! Suivant Kleiber (2004), on définira le mode de la désignation du nom propre comme un mixte à la fois instructionnel et descriptif :

– la composante instructionnelle invite à envisager le porteur du nom (en quoi il est réflexif ou sui-référentiel comme le pronom personnel *je*),
– le référent ainsi dénommé, et c'est sa composante descriptive, est envisagé comme un particulier, non pas un particulier absolu (le *x* des logiciens, qui n'est pas un individu « naturel » correspondant à un type que l'on peut se représenter), mais un particulier déjà rangé dans une catégorie nominale de base, comme *personne, chien, ville, cours d'eau*, etc.

Ainsi apparaît une différence fondamentale avec les noms communs : pour qu'un nom propre identifie valablement un individu particulier, il faut qu'il lui ait été préalablement assigné par un acte *ad hoc* de « baptême linguistique » – parfois perdu dans la nuit des temps – en tant qu'occurrence particulière d'une catégorie nominale : *Jean* est baptisé comme occurrence du type « personne » et *Strasbourg* comme occurrence du type « ville ». Les noms communs *personne* et *ville* font aussi l'objet d'une convention de dénomination lexicale, dont les occurrences ne sont pas définies comme les porteurs de ces noms, mais comme les particuliers qui vérifient la description qu'ils véhiculent : *une ville*, en tant que particulier, ne se définit et ne s'identifie pas par le fait de « s'appeler *ville* », mais parce qu'elle vérifie les critères d'appartenance au type « ville », ce qui permet de l'appeler *ville* en vertu de la convention de dénomination entre *ville* et « grande agglomération, dont les habitants y pratiquent majoritairement leur activité ».

Remarques. — 1. La définition du nom propre comme **une étiquette** servant à désigner tout ce qui a été ainsi étiqueté rend compte du fait que pour beaucoup de noms propres, l'attache à un référent unique n'est assurée que dans la situation où ils sont énoncés. Les *Jean Dupont* et les *Paul Durand* sont certainement légion en France, comme c'est un fait contingent (mais à vérifier !) que *Cucuron* ne désigne que la capitale du melon alors que *Montréal* désigne plusieurs localités en France et ailleurs.
2. Si, aux termes de la définition qui en a été proposée, les noms propres ne sauraient se traduire, leur forme peut néanmoins s'adapter à d'autres langues. En français, pratiquement tous les noms de pays sont francisés (*Deutschland / Allemagne, Schweitz / Svizzera / Suisse*, etc.), ainsi que beaucoup de noms de grandes villes (*London / Londres, München / Munich, Leuven / Louvain*, etc.) et de noms de personnages historiques (*Caesar / César, Michele Angelo / Michel Ange*, etc.).
3. L'emploi tel quel d'un nom propre étranger précédé d'un article est souvent doublement révélateur et de la prégnance du genre attaché aux noms en général et de la catégorie de base associée à tout nom propre. Ainsi les locuteurs français ordinaires et alsaciens dialectophones diront respectivement :
　　(1) *C'est écrit dans le / la Frankfurter allgemeine Zeitung*
　　(2) *La foule s'est rassemblée sur la / le Alexander Platz*
parce qu'ils reconstituent intuitivement sous les noms propres les noms de base français (*le journal, la place*) et allemands (*die* (fém.) *Zeitung, der* (masc.) *Platz*) associés.

Les noms propres sont cognitivement stables, puisqu'ils désignent directement leur porteur, indépendamment des variations qu'il peut subir et des situations où il se trouve engagé (d'où l'appellation de « **désignateur rigide** » en philosophie du langage), sauf si ce dernier se trouve « débaptisé ». La relation entre un nom commun et son sens lexical (et donc la classe de ce qu'il désigne) est également rigide, mais pas celle, indirecte et médiatisée par sa définition, qu'il entretient avec les particuliers qui en sont des occurrences : rien n'impose que ces derniers soient nommés ainsi ... ou autrement. Les noms propres sont, en revanche, plus coûteux si l'on imagine la charge mémorielle qu'entraînerait l'attribution d'un nom propre à tout objet particulier. Aussi les individus « nommables » par un nom propre appartiennent-ils aux catégories référentielles dénommées par des noms de base qui correspondent à des secteurs privilégiés tels que les personnes, animaux familiers, pays, villes, cours d'eau, institutions (*l'État, l'Académie française*, etc.), périodes historiques (*l'Antiquité, la Renaissance, la Révolution, Mai 68*, etc.), bien que des facteurs sociaux ou affectifs particuliers permettent d'étendre cette nomination à d'autres types d'objets.

3.5.2. *La syntaxe des noms propres*

Les grammaires et les travaux linguistiques ont longtemps privilégié les emplois du nom propre non modifié. Or, les autres emplois, considérés à tort comme marginaux, sont en fait très courants. D'autre part, s'il est commode de distinguer entre les emplois avec ou sans déterminant du nom propre (**2.8.2.**), les seconds ne sauraient se décrire comme de simples transformations des noms propres en noms communs, même s'ils en acquièrent les propriétés. En fait, ils conservent les principales caractéristiques interprétatives des noms propres non modifiés.

▶ **Les noms propres non modifiés.** Les noms propres prototypiques ont la caractéristique formelle d'être dépourvus de déterminant et de modifieur (**Le Paul est arrivé* (sauf en français régional ou dans des registres familiers pour les noms de personnes) – **Je connais bien le Paris*) ou d'être régulièrement précédés de l'article défini à l'exclusion de tout autre déterminant,

auquel cas cet article fait partie du nom propre (**2.8.1.**). Étant autodéfinis (ils désignent directement leur référent), ils fonctionnent comme de véritables groupes nominaux et en exercent toutes les fonctions grammaticales (**1.1.**).
— En emploi référentiel, ils désignent — comme d'autres expressions singulières (GN définis, GN démonstratifs etc.) — leur porteur, c'est-à-dire un particulier catégorisé par un nom de base : *Paul est parti* — *J'ai rencontré Paul / le voisin de Paul.* Ils se prêtent à la mise en apostrophe (**XIV : 9.4.2.**) pour attirer l'attention du destinataire en le nommant : *Paul, viens ici !*
— Comme attributs de l'objet des verbes *nommer, appeler* et *baptiser*, donc en emploi prédicatif, ils entrent dans des constructions qui décrivent un acte de dénomination ou qui l'accomplissent (si le verbe est employé dans un énoncé performatif explicite ; **XXIII : 3.2. et 3.4.**) : *Notre voisin s'appelle Eusèbe Schwitzkopf* — *Mon nom est Personne* (titre de film) — *Je baptise ce bateau Liberté.*

Remarque. — Bien qu'écrits avec une majuscule initiale, les noms de peuples et d'habitants ont toutes les caractéristiques syntaxiques et sémantiques des noms communs : leur déterminant n'est pas contraint (*le / un / des / trois / quelques / aucun / [...] Français*), ils se combinent librement avec toutes sortes de modifieurs et surtout renvoient à des classes de référents définis à partir de leur sens lexical (ils ont une définition comme les autres noms communs et sont enregistrés comme tels dans les dictionnaires).

▶ **Les noms propres précédés d'un déterminant.** En prenant un déterminant et des modifieurs, les noms propres acquièrent un caractère essentiel du nom commun (**2.8.2.**) : ils fonctionnent comme des termes généraux qui présupposent l'existence de classes référentielles comportant plus d'un membre. Comme ils ne perdent jamais entièrement leur statut de nom propre, on distinguera trois grands types d'emplois selon la nature du lien qui rattache leur interprétation à celle du nom propre non articulé.
• En emploi dénominatif, le nom propre renvoie à la classe de ceux qui le portent : *Un Meyer est venu me voir* — *Il n'y a pas d'Huguette au numéro que vous demandez* — *Aujourd'hui, c'est la fête des Alfreds.* Cet emploi peut être souligné par des marqueurs comme *certain, nommé* (*un certain Paul X, un nommé La Rocca*) et implique

généralement le défaut d'une connaissance plus précise du référent.

L'adjectif épithète peut qualifier un nom propre en emploi dénominatif précédé d'un article (*le grand Charles, la petite Fadette, la belle Hélène*, etc.) pour l'affecter d'une propriété jugée caractéristique (par exemple de nature) et qui le distingue des autres porteurs du nom propre. Postposé au nom propre, il est lui-même précédé de l'article défini (*Sénéchal le magnifique, Pierre le Grand, Charles le Téméraire, Alger la blanche*, etc.) sauf s'il s'agit d'un ordinal spécifiant l'ordre dans une dynastie (*François Ier, Louis XIV, Jean XXIII*, etc.). En apostrophe, le nom propre qualifié peut être précédé du possessif : *(Mon) cher Georges, (Ma) belle Hélène*, etc.

Désignent également leur porteur, mais comme représentant typique d'une classe d'individus analogues partageant une caractéristique commune, les noms propres en **emploi exemplaire** :

J'admire la traversée du désert d'un De Gaulle ou d'un Mitterrand
Ce siècle est surtout connu par les œuvres des Stendhal, Balzac, Victor Hugo et autres Zola

Dans ce dernier exemple, le dernier terme au pluriel est dépourvu d'article et n'est pas hyperonymique, mais représente une extension – au départ stylistique mais aujourd'hui courante – des énumérations de cohyponymes avec un dernier terme hyperonymique résomptif : *les pommes, poires, bananes et autres fruits* (Halmøy 1999).

• Le modifieur opère une scission ou une division de l'individu porteur du nom propre, en sélectionnant une de ses facettes ou une phase de son existence :

C'est un Fabrice Lucchini particulièrement en verve que nous avons vu hier soir à la télévision.
Le Hugo de 1825 ne vaut pas le Hugo de la vieillesse
À côté de la France combattante, de la France soumise à la botte de l'occupant, il y a eu la France des « salopards » [...] Ces Frances on a voulu les réconcilier après le cataclysme (DNA : 22/10/97 : 1)

• Le référent du nom propre n'est ni un porteur du nom, ni une « portion » du porteur du nom, mais une entité unie à ce porteur par :

— une expression plus complexe réduite par ellipse au seul nom propre, mais récupérable à partir du genre du déterminant : *Il a acheté une Renault* [= une voiture Renault] / *Il conduit un Renault* [= un camion Renault]. Il s'agit en principe d'objets de marque dénommés métonymiquement par le nom de celui qui les a inventés, qui les fabrique ou les commercialise : *un (foulard / parfum) Hermès, une (montre) Rolleix, un (stylo) Mont Blanc, des (pâtes) Lustucru*, etc.
— une relation de contiguïté (cause, origine, localisation etc.). Il s'agit alors **d'emplois métonymiques** qui excluent la récupération d'une ellipse : *Quand on a écouté du Mozart, le silence est encore du Mozart* [de la musique de Mozart] – *Ça, c'est du Stendhal* [= un passage de Stendhal ou qui aurait pu être écrit par lui ou une action] – *Ça, c'est du Bernard tout craché* [un comportement typique ou une action du personnage ainsi dénommé] ;
— une relation de similitude. Ces **emplois métaphoriques** du nom propre pour désigner des types ou des catégories d'individus sont parfois de pures créations discursives : *Alain Delon est le Clint Eastwood du cinéma français* – *L'institutrice de notre fils est un Napoléon en jupons*. Ils passent souvent dans l'usage : *un harpagon* (un avare), *un Machiavel* (un homme d'État sans scrupule), *un mécène* (un protecteur des arts), etc.

Remarque. — On appelle **antonomase** la figure qui consiste à faire passer un nom propre dans la catégorie des noms communs et vice versa. S'il accède vraiment au statut de nom commun, le nom propre perd sa majuscule : *une poubelle* (du nom du préfet de Paris qui en imposa l'usage), *une bougie, un bordeaux, du limoges* (lieux d'origine du produit) *un landau* (idem), etc. et, dans le domaine humain : *un tartuffe, un mécène, une égérie*, etc. Plus rarement, des noms communs sont employés comme de véritables noms propres : *le Sauveur, le Malin, le Nord, le Centre, la Terre, le Soleil*, etc ;

3.5.3. Genre et nombre des noms propres

Le genre des noms de personnes correspond à leur sexe : *Paul est content – Virginie est contente*. Les noms de pays et provinces terminés en *-e* sont féminins : *la France, l'Italie, la Provence*, sauf *le Cambodge, le Mexique* et *le Mozambique* ; les autres sont généralement considérés comme masculins (*l'Iran, le Périgord*). Pour les noms de pays composés à partir d'un nom commun, c'est ce dernier qui détermine leur genre : *la Confédération Helvétique, le Royaume-Uni*.

Lorsque leur genre est indiqué par un déterminant obligatoire, l'accord en genre des noms propres se fait normalement : *La Météor est la reine* / **le roi des bières* vs *Le Lirac est le roi* / **la reine des rosés*. Lorsqu'il ne l'est pas, les noms de ville donnent lieu à des hésitations que la langue parlée lève en généralisant le masculin (*Paris est merveilleux, le vieux Paris*, mais *Alexandrie est merveilleuse* et *Alger la blanche*) ou en recourant au tour *la ville de Paris* / *d'Alexandrie*. Les noms de bateau et de type d'avion tendent à prendre le masculin : *le Normandie, le Jeanne-d'Arc* [navire-école], *un Boeing, un Airbus*, mais *la Marie-Joseph, une Caravelle* [du nom commun féminin *caravelle*].

Un certain nombre de noms propres dont le référent implique la pluralité (états associés, massifs, archipels, etc.) ont une forme plurielle : *Les États-Unis, les Vosges, les Seychelles*, etc. L'usage pourvoit de la marque *-s* du pluriel les noms de dynasties (*les Condés, les Capets*, mais *les Horace et les Curiace*, car ils ne constituent pas une lignée). Il est plus hésitant pour les noms propres employés métonymiquement (*des Picasso(s)*) ou métaphoriquement (*Ce sont des Tartuffe(s) / tartuffes*).

Bibliographie. — J. Molino (1982), Le nom propre dans la langue, *Langages*, 66 : 5-20 – *Langue française*, 82 (1991), (articles de M.-N. Gary-Prieur, K. Jonasson et G. Kleiber) – F. Recanati (1983), La sémantique des noms propres. Remarques sur la fonction de *désignateur rigide*, *Langue française* 57 : 106-118 – M.-N. Gary-Prieur (1994), *Grammaire du nom propre*, PUF – K. Jonasson (1994), *Le nom propre. Constructions et interprétations*, Duculot – G. Kleiber, (1994 b) : 66-133 – Halm[Ø]y (1999), De l'émergence d'une étrange tournure en français contemporain, *in* G. Boysen et J. Moerstrup, éds, *Études de linguistique et de littérature dédiées à Morten NjØgaard*, Odense University Press : 161-178 – M.-N. Gary-Prieur (2001), *L'individu pluriel. Les noms propre et le nombre*, Éditions du CNRS – G. Kleiber (2004), Peut-on sauver un sens de dénomination pour les noms propres ? *Functions of Language*, 11-1 : 115-145 – J.-L. Vaxellaire (2005), *Les noms propres. Analyse lexicologique et historique*, Éd. Champion.

4. LE GROUPE NOMINAL ÉTENDU

4.1. Le nom et ses modifieurs

L'adjectif épithète, le groupe prépositionnel complément du nom, la subordonnée relative et – beaucoup plus rarement – la subordonnée complétive ou une construction infinitive sont des éléments facultatifs, cumulables dans certaines limites et agrégés autour du nom selon l'ordre décrit en **1.2**. Tous ces **modifieurs** fonctionnent comme de véritables « **compléments** » **du nom**, une étiquette que la terminologie traditionnelle réserve pourtant aux seuls groupes prépositionnels dépendant du nom. Ils entretiennent avec le nom deux types de relations (**1.3.**) définissables en termes d'opérations notionnelles ou référentielles :

▶ **Le rapport** est **déterminatif** (ou **restrictif** ou encore **sélectif**) lorsque, restreignant l'extension du nom, les **modifieurs** sont nécessaires à l'identification du référent du GN : dans *On a volé la voiture présidentielle / de Pierre / qui était garée dans la cour*, les différents **modifieurs** créent avec le nom une notion plus spécifique que celle de « voiture » pour décrire le référent particulier visé par le GN. La suppression de ces caractéristiques identifiantes modifie l'interprétation globale du GN et en général sa valeur référentielle : *On a volé la voiture* – *Quelle voiture ?* – *Celle (= la voiture) du président /de Pierre / qui était garée dans la cour*.

▶ Le rapport est **explicatif** (ou **descriptif**), lorsque les **modifieurs** ne restreignent pas l'extension du nom. Leur effacement ne modifie pas la valeur référentielle du GN, mais s'interprète comme la suppression d'informations accessoires à propos d'un référent déjà suffisamment déterminé par les autres éléments du GN ou par le contexte : *Il a rendu visite à son vieux père* → *Il a rendu visite à son père* – *On a volé ma voiture, qui était (pourtant) équipée d'un système antivol* → *On a volé ma voiture*.

Outre l'intonation et la ponctuation, la distinction entre les **modifieurs** déterminatifs et les **modifieurs** explicatifs du GN peut s'appuyer sur les deux critères associatifs (couplant forme et sens) suivants :

• la suppression d'un modifieur déterminatif modifie la valeur référentielle du GN (*Vous pouvez jeter les bouteilles vides* → *Vous pouvez jeter les bouteilles* [= *toutes les bouteilles*]), alors que celle d'un modifieur appositif laisse inchangée la référence du GN (*Les élèves, fatigués, commençaient à se dissiper* → *Les élèves commençaient à se dissiper*).

• seuls les modifieurs appositifs peuvent être paraphrasés par une proposition incidente parenthétique, coordonnée ou circonstancielle, toutes propriétés liées au caractère additionnel de l'information qu'ils véhiculent : *Les élèves, fatigués, commençaient à se dissiper* → *Les élèves (ils étaient fatigués) commençaient [...] / Les élèves étaient fatigués et commençaient à se dissiper / Comme ils étaient fatigués, les élèves* [...].

Remarques. — 1. L'extension d'un terme est l'ensemble des référents qu'il est susceptible de dénoter en langue ou qu'il sert effectivement à désigner dans une instance de discours (et en ce sens on parle parfois d'**extensité**). **L'intension** (ou, plus traditionnellement, la **compréhension**) d'un terme correspond aux aspects pertinents de son contenu notionnel qui conditionnent ses emplois référentiels et qui rendent compte de ses relations avec les autres termes de la langue.
2. La distinction entre les deux types de relations n'est pas donnée d'avance puisque hors contexte *ma vieille voiture* peut renvoyer aussi bien à mon unique voiture accessoirement qualifiée de *vieille* qu'à celle de mes voitures qui se distingue des autres par sa caractéristique d'être vieille. Elle s'opère discursivement dans le cadre de l'interprétation globale des énoncés. Elle met en jeu non seulement les liens de conditionnement réciproque entre déterminants et modifieurs, mais aussi nos connaissances linguistiques, contextuelles et situationnelles.

Mis en position détachée (**4.6.**), le nom, le groupe nominal et l'adjectif ont une interprétation appositive. Ils sont au GN (et à la phrase, lorsque le GN en est le sujet) ce que le complément circonstanciel est au reste de la phrase (**VI : 4.5.1. et 4.5.2.**) : un constituant périphérique.

Bibliographie. — S. Auroux (1981), Le concept de détermination : Port-Royal et Beauzée, *Transactions of the Fifth International Congress on the Enlightenment*, Oxford, The Voltaire Foundation : 1236-1246– M. Wilmet (1986) – G. Kleiber (1987).

4.2. L'adjectif épithète

De tous les modifieurs, c'est l'adjectif en position d'**épithète** qui apparait le plus étroitement uni au nom. Il ne peut en être séparé ni par un complément du nom ni par une relative (*la réponse négative de Pierre / *la réponse de Pierre négative – le livre sulfureux dont tout le monde parle / *le livre dont tout le monde parle sulfureux*), à moins que l'autre modifieur ne forme avec le nom une unité lexicale codée (*un match de tennis interminable*) ou un nom composé de discours (*le briquet qui tue de James Bond*. Le cumul des adjectifs épithètes obéit à trois principes :

• lorsque plusieurs adjectifs caractérisent le même nom indépendamment les uns des autres, ils peuvent être récursivement juxtaposés (*La curiosité méchante, envieuse, médisante, calomniatrice* [...], Maupassant) ou coordonnés par *et, ou* et *mais* (*un liquide incolore, inodore et insipide*) ;
• dans les couples hiérarchisés de deux adjectifs, le plus éloigné détermine le groupe formé par le nom et l'adjectif le plus rapproché : *dans un bon gros steak épais bien saignant*, les adjectifs *(bien) saignant* et *bon* caractérisent respectivement les groupes *gros steak épais* et *gros steak épais bien saignant* ;
• l'adjectif relationnel précède toujours l'adjectif qualifiant (*l'armée romaine victorieuse* / * *l'armée victorieuse romaine*) et la hiérarchie peut comporter un troisième adjectif épithète, mais dissocié des deux autres par antéposition ou postposition : *un petit ouvrage didactique intéressant, un excellent petit plat roboratif*.

La caractérisation au moyen de l'épithète n'est pas, comme celle de l'attribut (**VIII : 5.1.**), médiatisée par un verbe qui lui impose des limitations temporelles, aspectuelles et modales. Elle s'opère à l'intérieur du groupe nominal, où l'apport d'information véhiculé par l'épithète contribue à la construction d'une expression descriptive. Dans ce cadre syntaxique et communicatif, l'adjectif épithète se coordonne et se juxtapose fréquemment avec une relative (*un souriceau tout jeune et qui n'avait rien vu*, La Fontaine) ou avec un complément du nom (*un enfant actif et toujours de bonne humeur*), surtout si ces modifieurs équivalent sémantiquement à des adjectifs qualificatifs (*inexpérimenté* dans le premier exemple, *gai* dans le second).

C'est dans le chapitre XI consacré à la catégorie de l'adjectif que seront traités l'accord de l'adjectif épithète et sa place dans l'architecture du groupe nominal.

4.3. Les noms épithètes

Traditionnellement réservée à l'adjectif et aux participes, la fonction épithète est, au sens syntaxique du terme, également exercée par le nom dépourvu de déterminant (d'où l'expression d'« emploi adjectival ») lorsqu'il est directement postposé au nom qu'il détermine. Parmi les séquences binominales N_1-N_2, il n'est pas toujours facile de distinguer les noms composés (*chêne-liège, timbre-poste, talon aiguille, bœuf mode*, etc.) des constructions syntaxiques où N_2 joue par rapport à N_1 le même rôle déterminatif qu'un adjectif (qualificatif ou relationnel) ou qu'un complément du nom (*une maladie alibi, un professeur fantôme, une tarte maison*, etc.). On notera toutefois que lorsque la caractérisation véhiculée équivaut à celle d'un adjectif qualificatif, N_2 peut être précédé d'un adverbe marquant le degré (*un remède vraiment miracle, des propos passablement cochons, un sujet un peu bateau*, etc.) et même fonctionner comme attribut (*Ce sujet est plutôt bateau – Ce cas est vraiment limite*, mais **La guerre a été éclair*). Les noms de statut personnel, de rues, de places, etc. peuvent être suivis d'un nom propre à valeur identifiante : *le président Mitterrand, le général de Gaulle, la rue Balzac, la place Gutenberg*, etc., mais aussi *le musée Picasso, l'affaire Dreyfus, le style Louis XVI, l'effet Balladur*, etc.

Le rapport entre N_1 et N_2 s'ouvre à plusieurs interprétations largement conditionnées par le sémantisme de N_1 et son aptitude à se combiner avec celui de N_2 :

▶ N_2 peut assigner à N_1 une qualité saillante associée (éventuellement envisagée métaphoriquement) au référent qu'il dénote : *des propos cochons, un livre choc, un gardien de but passoire, une guerre éclair* (al. *Blitzkrieg*), *une action coup de poing, une justice escargot* (= lente, qui prend son temps), etc. Beaucoup d'emplois reposent sur une similitude de forme : *des talons aiguilles, un verre tulipe, une pince crocodile, un lit cage*, etc.

▶ N_2 peut identifier une entité avec laquelle N_1 entretient un type bien déterminé de rapport restituable sous la forme d'une construction prépositionnelle (p. ex., la destination dans la série *pause café* (= *pause pour (prendre) le café*), *arrêt pipi, espace loisirs, ticket repas*, etc. ou la cause pour *un congé maladie*). Reposent également sur l'ellipse du rapport des formations nominales comme *bœuf* (à la) *mode, bœuf* (au) *gros sel, tarte* (faite (à la)) *maison, ingénieur / syndicat maison* (= de la maison, formé dans la maison) ou encore *Quels sont vos goûts ciné ?* (presse) = *Quels sont vos goûts* en matière de *ciné(ma)* ?

▶ N_2 peut aussi spécifier, sur le mode de l'identification particularisante, la notion plus générale dénotée par N_1 (*l'objet livre, la fée électricité, la planète Mars, le président Pompidou*, etc.).

▶ Un quatrième rapport, dit de « conjonction », et paraphrasable par « entité composite, à la fois N_1 et N_2 » semble plutôt limité aux noms composés (*l'histoire-géographie, un service-volée, un dépôt-vente, un wagon-citerne, une moissonneuse-batteuse-lieuse*).

▶ Enfin, les couples N_1-N_2 complétant directement un nom N_0 (*le conflit parents-enfants, le rapport qualité-prix*) s'analysent comme la forme elliptique d'une construction prépositionnelle avec deux compléments coordonnés (*le conflit entre parents et enfants*).

Remarque. — On rencontre des séquences trinominales combinant deux types de constructions nominales épithètes : *des surimi saveur crabe* (presse) – *des paletots de chevrette façon-jaguar* (Colette, Le voyage égoïste) – *un billet aller-retour*.

Bibliographie. — P. Barbaud (1971), L'ambiguïté structurale du composé binominal, *Cahiers de linguistique*, 1 : 71-116 – G. Kleiber (1985), Énigme en syntaxe : une réponse, *Linguisticae Investigationes* 9 : 391-405 – M. Noailly (1990).

4.4. Le groupe prépositionnel modifieur du nom

Un GN peut être constitué de deux noms N_1 et N_2 reliés par une préposition dont la structure répond au schéma [Dét – N_1 – Prép – (Dét) – N_2]. On distinguera trois cas selon que c'est N_1 ou N_2 qui en constitue le nom tête.

4.4.1. N_2 est complément du nom N_1

Comme modifieur de la tête nominale N_1 du GN, le **groupe prépositionnel** dit « **complément du nom** » présente les caractéristiques suivantes :

VII – Le groupe nominal déterminants, noms et pronoms 347

▶ sauf licence poétique (*Ne troublons point du ciel les justes règlements / et de nos deux instincts suivons les mouvements*, Molière), il est toujours postposé au nom N_1 qu'il détermine et dont il restreint l'extension, au même titre qu'un adjectif relationnel morphologiquement apparenté : par rapport à *palais*, les expressions *palais du président* et *palais présidentiel* évoquent un concept plus spécifique qui exclut tous les palais qui ne sont pas la résidence d'un président ;
▶ il est **récursif**, puisqu'il est à la fois un constituant facultatif du GN et qu'il a obligatoirement comme constituant un GN (GP → Prép + GN), qui peut comporter lui-même un GP, et ainsi de suite. Les deux décompositions successives génèrent des suites infinies de GP emboîtés comme *la voiture du frère de la voisine du gardien de l'usine de* [...]. Ces séries peuvent être sources d'ambiguïté : dans *un chapeau de paille d'Italie*, le GP *d'Italie* peut être complément de *chapeau de paille* ou seulement de *paille*.

Toute préposition ou locution prépositionnelle est en principe susceptible d'introduire un complément du nom : *le chat de la voisine – les femmes au volant – la maison à côté de l'église – une bague en or massif – un documentaire sur l'industrie de la choucroute – la vie quotidienne chez les Incas – un remède contre la toux – un citoyen au-dessus de tout soupçon*, etc. L'interprétation du complément du nom dépend du sens propre de la préposition, mais surtout du contenu sémantique des éléments qu'elle relie (**XII : 3.**). Outre les différentes nuances de temps et de lieu, le but, la cause, la manière, etc., qu'il partage avec le complément circonstanciel (**VI : 4.5.2.**), le complément du nom peut indiquer (sans que la liste soit exhaustive) : la qualité (*C'était un homme d'un puritanisme amidonné*, T. Ungerer), la possession (*les biens de Paul*), la destination (*l'argent du / pour le voyage*), l'accompagnement (*une chatte avec ses petits*), la relation de la partie au tout ou de l'élément à l'ensemble (*le tronc de l'arbre – Deux électeurs seulement sur trois se sont déplacés pour aller voter*), la quantification (*un poulet de deux kilos, une famille de dix enfants*), le thème (*un colloque sur la quantification*), la matière (*un manteau de laine*).

La préposition *de* joue un rôle syntaxique particulier dans les constructions suivantes :

- elle introduit le complément prévu (mais pas nécessairement réalisé) par la majorité des noms relationnels (**3.3.**) de parenté ou de statut : *le père de Jean, le patron des deux employés, le lendemain du mariage,* etc. ;
- après les noms d'événement, d'agent, de sentiment, de propriété, etc. (**3.3.**), elle apparaît devant le GN complément représentant le sujet (actif ou passif) du verbe ou de l'adjectif nominalisé : *le départ de l'avion* (*l'avion part*) − *la libération des prisonniers* (*les prisonniers sont libérés*) − *l'admiration du public* (*le public admire* N_1) − *l'amour du travail bien fait* (N_0 *aime le travail bien fait*) − *la gentillesse de votre accueil* (*votre accueil est gentil*), mais aussi *le mariage de la carpe et du lapin* (*le lapin et la carpe se marient*). Ce rapport entre la forme nominalisée d'un procès (ou d'une relation) et ses actants (*l'assassinat d'Henri VI par Ravaillac, le conflit entre Jean et Paul, le milieu entre A et B*) peut rester ambigu dans des constructions comme *l'amour de Dieu* où le complément du nom peut être interprété comme le sujet actif ou passif du verbe nominalisé (*Dieu aime* N_1 / N_0 *aime Dieu*) ;
- elle instaure un rapport de catégorisation discursive (paraphrasable par une construction attributive) entre un nom à valeur générale classifiante et le référent particulier désigné par le nom tête complément : *l'épreuve du bac* [= *le bac est une épreuve*], dans une lecture au moins car le bac comporte aussi plusieurs épreuves, *la barrière du langage* [= *le langage est une barrière*], *la catégorie de l'adjectif* [= *l'adjectif est une catégorie*], *le problème des réfugiés* [= *les réfugiés sont un problème*], *la question du foulard* [= *le foulard est en question*], etc. Ces constructions n'ont strictement rien d'appositif, bien qu'elles soient souvent assimilées à des appositions (c'est l'analyse qui est traditionnellement faite de *la ville de Paris*) pour la seule raison qu'elles marquent une relation d'identité référentielle entre N_1 et son complément N_2 (**4.6.1.**). La preuve que N_1 est bien la tête nominale de l'ensemble du syntagme est que sa reprise anaphorique s'effectue par rapport à N_1 et non pas N_2 :

(1) [...] *la catégorie de l'adjectif. Elle / Cette catégorie est elle-même sous-catégorisée*
(1a) [...] *la catégorie de l'adjectif.* **Il / Cet adjectif est lui-même sous-catégorisé*
(2) [...] *le problème des réfugiés. Il / Ce problème est préoccupant.*
(2a) [...] *le problème des réfugiés.* **Ils / Ces réfugiés sont préoccupants*

Bibliographie. — M. Arrivé (1964), À propos de la construction, *La ville de Paris* : rapports sémantiques et rapports syntaxiques, *Le français moderne*, 32 : 179-184 – L. Carlsson (1966) – M. Hug (1971), L'adjectif épithète et le complément du nom dans la langue des journalistes, *Etudes de linguistique appliquée*, 1 : 59-100 – J. Tamine (1976), L'interprétation des métaphores en *de* : *le feu de l'amour*, *Langue française*, 30 : 34-43. – J.-C. Milner (1982), *Ordres et raisons de la langue* : 69-140 – I. Bartning (1987), L'interprétation des syntagmes binominaux en *de* en français contemporain, *Cahiers de grammaire*, 12 : 1-64.

4.4.2. N_1 – *de* est une détermination qualitative antéposée au nom tête N_2

L'analyse en termes d'apposition a été également étendue indûment, et pour les mêmes raisons (paraphrase par une apposition de type attributif) aux constructions dites « qualitatives » telles que *ce fripon de valet, cet imbécile de Pierre, un amour de bébé, une cochonnerie de voiture, ma chienne de vie*, etc., dont la construction syntaxique demeure celle d'une expression caractérisante N_1 – *de* insérée entre le déterminant initial et son nom tête N_2, comme le sont certains adjectifs «du troisième type» (**XI : 5**) antéposés (*ce fripon de valet / ce sacré valet*). Ici également le statut de nom tête de N_2 est confirmé par la reprise anaphorique du GN : *Tu connais cette grosse brute / canaille / crapule de Jean. Il / *Elle a encore frappé quelqu'un !* On remarquera aussi que les déterminants possessif et démonstratif initiaux se rapportent clairement à N_2 – en dépit de l'accord par proximité avec N_1 –, ce qui conforte l'hypothèse de l'insertion de la séquence N_1 – *de* entre N_2 et son déterminant : *cette cruche de concierge* (*ce concierge est une cruche* et non *pas cette cruche est un concierge*) – *son instituteur de mari* (*son mari est un instituteur* et non pas *son instituteur est un mari !*).

Sans entrer dans le détail de ce type de construction, on observera que N_1 fonctionne toujours comme une sorte de classificateur antéposé de N_2 tel que le locuteur l'envisage dans l'instance discursive de la phrase, la classification généralement évaluative opérée par N_1 – *de* anticipant pour ainsi dire sur celle de la tête nominale N_2. Ainsi s'expliquent :

– les paraphrases où la caractérisation opérée par N_1 – *de* est postposée à l'expression référentielle Dét – N_2 sous la forme d'une construction appositive : *ce fripon de valet* / *ce valet, qui est un fripon* / *ce valet, un fripon*.

— la variété des termes qui peuvent occuper la position de N_1 : noms évaluatifs souvent péjoratifs (*une grosse brute de videur, une saloperie de maladie*, etc. mais aussi *son poète* / *artiste de fils*), des jurons qui traduisent l'attitude du locuteur à l'égard du référent de N_1 (*Cette putain de voiture est encore en panne !*) où simplement noms avec ou sans connotation affective évoquant la catégorie saillante qui vient à l'esprit du locuteur au moment où il évoque discursivement le référent de Dét – [...] – N_2 (*J'ai rencontré Julie avec son médecin de mari*).

— le fait que le contenu propositionnel de la phrase justifie souvent, mais pas nécessairement, la caractérisation ainsi opérée par l'insertion de la séquence N_1 – *de*: *Il n'arrête pas de vanter les exploits de son prodige d'enfant* – *Son ange de femme lui pardonne toutes ses frasques* – *Prospero a été chassé du pouvoir par son comploteur de frère* (radio).

Remarque. — Les séquences figées et délexicalisées *une sorte de*, *une espèce de* (et sans doute aussi *un drôle de*), qui répondent au même principe d'insertion entre un nom et son déterminant, servent de modalisateurs d'approximation catégorielle par rapport à la dénomination opérée par N_2, comme certains adjectifs antéposés (XI : 5) : *C'était une sorte de gourou / un vrai gourou*. Avec *espèce de*, le déterminant initial s'accorde fréquemment avec N_2 masculin, ce qui prouve à la fois la solidarité syntaxique entre le déterminant initial et N_2 et le statut quasi adjectival de cette séquence N_1 – *de* : *Il portait un espèce de tricorne*.

Bibliographie. — J. Thomas (1970), Syntagmes du type *ce fripon de valet, le filet de sa mémoire, l'ennui de la plaine* , *Le français moderne*, 38 (3) : 294-306 ; (4) : 412-439 – J.-C. Milner (1982), *Ordres et raisons de la langue* : 69-140 – D. Gaatone (1988), Cette coquine de construction. Remarques sur trois structures affectives du français, *Travaux de linguistique*, 17 : 159-176 – P. Larrivée (1994), Quelques hypothèses syntaxiques et sémantiques sur *ce fripon de valet*, *Revue québécoise de linguistique*, 23, 2 : 101-113 – M. Wilmet (1997), L'apposition, une fonction à réestimer *in* G. Kleiber et M. Riegel éds, *Les formes du sens*, Duculot : 414-422.

4.4.3. Dét – N_1 – *de* est le déterminant composé du nom tête N_2

Dans la phrase :
(1) *Jean a <u>un tas de</u> problèmes*
la séquence *un tas de* est le déterminant de *problèmes*, nom tête du GN *un tas de problèmes*. Il s'agit d'un déterminant composé

(**2.6.2.**), qui est formé d'un déterminant, du nom de quantité *tas* et de la préposition *de* qui le relie au nom N_2 qu'il détermine sur le modèle des séquences à noyau quantificateur adverbial :
   (1a) *Jean a beaucoup de / peu de / tellement de/* etc. *de problèmes*
Dans le schéma Dét – X_q – *de* – N_2, le nom de quantité peut être un nom de quantité générique éventuellement modifié (*une grosse quantité de, un petit nombre de, un volume de*, etc.) ou de quantité spécifique (*une poignée de* = ce que peut contenir une main, *une gorgée de* = la quantité de liquide que l'on peut avaler en une fois, etc.) un nom de mesure (*un litre de, un mètre de, un bonne dose de*, etc.), un noms collectif converti en nom de quantité (*un tas de, une floppée de, une poignée de*, etc.), un nom de contenu converti métonymiquement en nom de quantité (*une tasse de, un verre de*, etc.), ou un nom d'objets métaphoriquement converti en terme quantifieur (*un brin de fantaisie, une pointe d'humour*, etc.). Dans tous ces emplois, le statut de déterminant de la séquence Dét – X_q – *de* par rapport au nom tête N_2 se vérifie par plusieurs propriétés dont on ne retiendra ici que les trois plus éclairantes :
– elle alterne avec des déterminants simples et en particulier avec les articles indéfinis et partitifs : *Jean a* un tas de */* quelques */* des *problèmes – Ajoutez-y* une pointe d'humour */* de l'humour.
– la tête nominale N_2 peut être disloquée à gauche et à droite, moyennant sa reprise par *en*, comme pour les déterminants indéfinis simples : *Des problèmes, Jean en a des tas / plusieurs / trois – Jean en a des tas / plusieurs / trois, de problèmes*.
– la reprise anaphorique du GN par une expression nominale démonstrative sélectionne le nom tête N_2 et non pas, bien sûr, la tête nominale N_1 du déterminant quantificateur : *Jean a un tas de problèmes. Ces problèmes l'empêchent de dormir* vs *Jean a un tas de problèmes.* * *Ce tas l'empêche de dormir*.

4.5. Les modifieurs propositionnels du nom

▶ Le nom peut être suivi d'une **subordonnée relative** (**XVI**) introduite par un terme relatif (pronom, adjectif ou adverbe) et fonctionnellement équivalente à un adjectif épithète. Le relatif assure une triple fonction : introduire une proposition pour la subordonner à un nom ; représenter un groupe nominal (dit **antécédent**) de la proposition principale ; remplir une fonction syntaxique (sujet, complément ou attribut) dans la subordonnée relative. Ainsi dans la phrase *Je te recommande ce livre qui vient de sortir*, la relative *qui vient de sortir* est introduite par le pronom sujet *qui* et fonctionne comme **modifieur** déterminatif de l'antécédent *livre*, noyau nominal du complément d'objet de la principale (les emplois déterminatifs de la proposition relative sont décrits dans la section réservée aux **relatives adjectives, XVI : 2.**).

▶ Un sous-ensemble restreint de noms communément étiquetés « abstraits » peut être élargi au moyen d'une **subordonnée complétive** qui développe et spécifie leur contenu (**XVII : 2.5.**) : *L'idée qu'il puisse refuser ne l'a même pas effleurée*. Il s'agit presque exclusivement des formes nominales de verbes ou d'adjectifs, donc **de noms d'événements**, qui se construisent avec une complétive (**3.3.**) : *la conviction / la volonté / l'espoir / la certitude / la possibilité*, etc. + [*que* + P]. Quelques noms morphologiquement non apparentés à un verbe ou à un adjectif se prêtent aussi à ce type de construction : *le fait que, l'idée que, l'hypothèse que*, etc. La complétive se convertit en une construction infinitive lorsque son sujet est indéterminé ou générique ou encore lorsqu'il est coréférent au sujet de la phrase : *Le temps d'aimer et de mourir* (film) – *L'espoir de réussir est le meilleur stimulant* – *J'avais l'impression qu'on me suivait / J'avais l'impression d'être suivi*.

Remarque. — Beaucoup de ces noms pourvus d'une expansion complétive ou infinitive se combinent avec des verbes supports (VIII : 1.4.7.) pour former des locutions verbales : *Oh ! je n'ai pas la prétention de remplacer ta pauvre mère* (Gide) – *J'ai la conviction qu'il réussira* – *Il a gardé / perdu l'espoir de réussir*. La plupart d'entre eux excluent pour des raisons sémantiques une complétive dont le sujet serait distinct de leur propre sujet et n'admettent qu'un complément à l'infinitif : *Le système américain a la grande vertu d'être d'abord un gigantesque estomac qui digère les crises les plus graves* (DNA : 2/5/92 : 1) – *Je n'ai jamais eu l'occasion / le plaisir / la tentation / l'intention / le courage de l'aborder*. Ils se pronominalisent comme des compléments de nom introduits par la préposition *de* : *J'en ai le temps / l'impression / la possibilité*, etc.

VII – Le groupe nominal déterminants, noms et pronoms 353

▶'Un nom peut également être complété par une **construction infinitive** introduite par *à* qui dénote une action dans laquelle son référent se trouve généralement impliqué comme objet du verbe à l'infinitif : *un livre à ne pas mettre dans toutes les mains* [= *qu'on ne doit pas mettre dans toutes les mains*], *une occasion à saisir, un spectacle à ne pas manquer*, etc. Si dans la majorité des cas, le nom s'interprète comme l'objet de l'infinitif, il peut aussi jouer le rôle de sujet factitif (*un conte à* [= qui fait] *dormir debout, une mine à faire peur*) ou de complément temporel ou consécutif (*un temps à ne pas mettre un chien dehors*) de l'infinitif. Ce type de construction nominale peut d'ailleurs être mis en relation avec le schéma de phrase attributif N_0 – *est* – *à* – Vinf, où la construction infinitive s'interprète comme une caractéristique causalement reliée au référent du sujet N_0 (qui peut ou non remplir différents rôles sémantiques par rapport à Vinf) : *Cette adresse est à retenir* [= *Cette adresse est telle qu'on doit la retenir*] – *Votre réaction est à pleurer* [= *est de nature à faire pleurer*]. Selon la nature des termes mis en relation, elle véhicule des valeurs modales (d'éventualité et de nécessité) et logiques (destination, conséquence : *machine à écrire*, et, pour les adjectifs, *bête à pleurer, enclin à la méfiance*) que la préposition *à* manifeste aussi dans d'autres constructions (**XII : 3.**).

4.6. Les modifieurs du GN en position détachée

Un groupe nominal peut être précédé ou suivi d'un groupe adjectival, d'un groupe nominal apposé, d'un groupe prépositionnel qualifiant ou d'une relative explicative : [*Ce livre*]$_{GN}$, *admirable à tous égards, / un véritable chef-d'œuvre, / d'un style inimitable, / qui a été publié en 1678, est l'un des premiers grands romans de la littérature française.* Ce sont des modifieurs non pas du nom mais du GN entier : ils sont facultatifs et leur occurrence dans la phrase est subordonnée à celle du GN dont ils dépendent. Leur position détachée est matérialisée à l'écrit par l'encadrement entre deux virgules et à l'oral par des pauses (et parfois par une mélodie « parenthétique », voir **II : 3.5.**).

Remarque. — Parmi les formes conjointes du pronom personnel, seule celle du sujet peut être accompagnée d'un modifieur détaché, mais, cliticité du sujet oblige (voir II : **3.3.**), toujours antéposé (*Fatigué, je me suis endormi* / **Je, fatigué, me suis endormi*), à la notable exception près de la formule *Je, soussigné Jean Dupont,...*

Le détachement n'est pas en soi une structure propre aux modifieurs du GN. Il caractérise aussi les syntagmes périphériques que sont les compléments de phrase (mis en tête de la phrase, insérés en diverses places, ou maintenus en fin de phrase, mais après une pause qui les exclut du propos, voir **VI : 4.5.**). Les modifieurs détachés s'en distinguent par des traits proprement syntaxiques, par les contraintes qui régissent leur place comme par leur relation de dépendance unilatérale. Ils se rattachent à un GN de la phrase, la plupart du temps au GN le plus « saillant », le sujet grammatical. On peut les répartir en deux groupes selon que leur rattachement à ce GN se fait sur le schéma des constructions du verbe *être* ou du verbe *avoir*.

Bibliographie. — D. Apothéloz, B. Combettes et F. Neveu, éds, (2009), *Les linguistiques du détachement*, Berne, Peter Lang.

4.6.1. *Les constructions attributives détachées*

▶ Il s'agit tout d'abord des **GN apposés**, traditionnellement appelés **appositions**. Cette dénomination est acceptable si on la prend dans son sens strictement formel et étymologique où *apposition* signifie « position à côté de ». Le GN apposé est en effet placé à la suite d'un autre GN (qui peut être un infinitif : *Il continua de jouer du violon, son seul vrai plaisir*). On ajoute généralement que les deux GN sont dans un rapport d'identité référentielle : dans *Paris, la capitale de la France*, il est indéniable que les deux expressions définies désignent la même réalité ; c'est vrai aussi de *Guéret, une petite ville du Centre de la France*, où Guéret est assimilé à *une* petite ville parmi d'autres. Il serait plus juste de dire que le GN apposé correspond à l'attribut d'une phrase à verbe *être* (mieux : d'une **proposition attributive réduite**, donc sans copule) dont le sujet serait le GN de rattachement. À ceci près que l'absence facultative du déterminant, très strictement limitée pour les attributs nominaux, est beaucoup plus étendue pour les appositions (**2.7.2.**) : *le lion, terreur des forêts/ *le lion est terreur des forêts – Paris, (la) capitale de la France / *Paris est capitale de la France.* Les appositions nominales suivent toujours leur GN de rattachement, sauf celles qui sont dépourvues de déterminant et qui peuvent précéder le GN sujet : *Consul, Napoléon élabora le Code civil.* Elles peuvent concerner n'importe lequel des GN de la phrase, y compris, par exemple, le constituant d'un GP circonstanciel : *Cet événement se produisit à Besançon, vieille ville espagnole.* Leurs fonctions discursives sont variées : explicatives, elles ont souvent une interprétation circonstancielle (*Une fois consul, Napoléon...*), mais peuvent aussi servir à opposer des référents portant la même dénomination, ou bien opérer une partition entre des aspects d'un même référent : *Vienne, sous-préfecture de l'Isère* (et non pas *capitale de l'Autriche*) – *Chateaubriand, ambassadeur, retrouve à Londres le souvenir du jeune émigré pauvre qu'il a été.*

Remarque. — Le terme d'*apposition* peut être source de confusion. À l'origine, c'est exclusivement une fonction du nom, et particulièrement dans la grammaire latine la fonction d'un nom accolé à un autre nom de même cas et désignant le même référent, *urbs Roma, rex Ancus*. Les deux traductions possibles de tels groupes (*la ville de Paris, le roi Louis*) ont amené à appliquer la notion aussi bien à des constructions prépositionnelles qu'à des constructions détachées, alors que le premier type de construction n'a aucune spécificité en français (**4.4.**). L'application de la notion d'apposition à l'adjectif qualificatif détaché (« adjectif apposé ») augmente encore le désordre terminologique.

▶ Les **groupes adjectivaux**, du moins ceux qui peuvent être attributs – y compris les adjectifs verbaux, participes passés ou présents – peuvent également être mis en position détachée. Dans cette construction parfois appelée **épithète détachée**, ils précèdent ou suivent le GN de rattachement s'il s'agit du sujet (il leur est même possible en ce cas d'être rejetés en fin de phrase, ce qui peut provoquer des ambiguïtés) ; ils le suivent si c'est un autre syntagme, mais peuvent en être disjoints si c'est un pronom complément : *Pâle et muet, il se tenait à la porte – J'allais rejoindre Jacques, immobile près de la cheminée / J'allais le rejoindre, immobile* [...] *– Le petit garçon était blotti dans les bras de son père, muet de frayeur* (phrase ambiguë).

▶ **Les groupes prépositionnels qualifiants** (4.4.1.) ainsi que les **participes** peuvent être détachés dans les mêmes conditions que les groupes adjectivaux. Toutefois, les participes se rattachent de préférence au sujet (**XVIII : 1.2.**) : *Léon, de bonne humeur, accueillit Paul avec un large sourire – Arthur accueillit Marie en présence de Gertrude, ne voulant pas que l'une des deux puisse se vexer.*

▶ Les **relatives** détachées, dites **explicatives**, suivent le plus souvent immédiatement le GN de rattachement, qui est l'antécédent de leur pronom relatif (**XVI : 2.5.**) : *Une jeune femme prénommée Sabine, qui possédait le don d'ubiquité* [...] (M. Aymé).

▶ On trouve enfin des complétives apposées à un GN (sous les mêmes conditions que celles qui sont décrites en **4.5.** et **XVII : 2.5.**) ainsi que des **constructions infinitives** : *Il avait une idée fixe : que le tour de France passe par son village. – Il se livrait à son seul vrai plaisir, jouer du violon.*

Remarque. — Par ailleurs, un GN ou une relative périphrastique (**XVI : 4.**) peuvent être apposés à toute une phrase : *Ce jour-là, il arriva à l'heure, fait remarquable / ce qui me surprit.* Ces expressions servent également à former des phrases attributives incidentes : *Il arriva à l'heure, c'est un fait remarquable / c'est ce qui me surprit.*

Bibliographie. — R. Rioul (1983), Les appositions dans la grammaire française, *L'information grammaticale*, 18 : 21-29 – H. Bonnard, GLLF, *l'apposition* : 210-212 ; le détachement : 1273-1276 – B. Combetttes (1998) – F. Neveu (1998), *Etudes sur l'apposition. Aspects du détachement nominal et adjectival en français contemporain dans un corpus de textes de Jean-Paul Sartre*, Éditions Champion – *Langages*, 125 (*Nouvelles recherches sur l'apposition*, F. Neveu éd.), 2000 – N. Flaux et D. Stosic, éds, (2007), *Les constructions détachées : entre langue et discours*, Artois Presses Université.

4.6.2. *Les constructions absolues détachées*

Les **constructions absolues** associent deux termes dans une relation prédicative, sans expliciter par une marque formelle leur rapport entre elles, ni avec le reste de l'énoncé :

▶ elles comprennent d'une part un GN, d'autre part un adjectif, un GP ou un participe prédicatifs : *la tête <u>basse</u>, les mains <u>dans les poches</u>, le cœur <u>battant</u>, les bras <u>croisés</u>,* etc. ;

▶ le GN entretient généralement une relation de partie à tout avec un autre élément nominal de la phrase (c'est souvent une partie corporelle ou une particularité psychologique ou comportementale d'un tout animé) : <u>Pierre se promenait *les mains* dans les poches</u> ;
▶ ces constructions dérivent souvent d'une forme remarquable de GV (**VIII : 5.3.2.**) où le verbe *avoir* est suivi d'un complément d'objet et d'un adjectif ou d'un GP jouant le rôle d'un attribut de ce complément : *Il a les lèvres gercées / la tête basse / les mains dans les poches / la queue entre les pattes / le béret sur l'oreille / la rage au cœur.*

Intégrées au GN, les constructions absolues prennent la forme d'un groupe prépositionnel complément du nom : *l'homme au béret sur l'oreille / avec le béret sur l'oreille* (**4.4.1.**). Elles peuvent aussi fonctionner globalement comme des élargissements attributifs du sujet ou de l'objet : *On ne parle pas la bouche pleine – Il est reparti les mains vides – On l'a renvoyé les mains vides*. Mais on les trouve beaucoup plus fréquemment en position détachée, où leur valeur descriptive est souvent mise au service du portrait et où elles sont parfois associées à des groupes adjectivaux apposés, ce qui montre la parenté syntaxique entre les deux types de constructions : *C'était une agréable vieille, grasse, blanche, propre, <u>l'air grand</u>, les manières belles et nobles* (Chateaubriand) *– Blême, <u>les cheveux noirs et marquée de petite vérole</u>, elle s'appuyait sur le bras du militaire* (Flaubert).

Bibliographie. — S. Hanon (1989), *Les constructions absolues en français moderne*, Peeters (Bibliothèque de l'Information grammaticale) – B. Combettes (1998).

5. LES PRONOMS, SUBSTITUTS DU GROUPE NOMINAL

5.1. La catégorie générale des pronoms

Les pronoms constituent une catégorie syntaxique relativement homogène, mais présentent des propriétés sémantiques et des fonctionnements référentiels très diversifiés. Le terme même de *pronom* (étymologiquement : à la place d'un nom), traditionnellement défini comme un « mot qui remplace un nom », est doublement malheureux. D'abord, les pronoms fonctionnent assez rarement comme l'équivalent d'un nom isolé. Dans la deuxième phrase de la séquence *Cette pêche est mûre. Elle doit être mangée maintenant*, le pronom *elle* est fonctionnellement équivalent non pas au nom *pêche*, mais au groupe nominal *cette pêche*. D'autre part, beaucoup de pronoms (p. ex., les pronoms personnels *je* et *tu*) ne « remplacent » strictement rien, mais désignent directement leurs référents en vertu de leur sens codé (le pronom *je* désigne la personne qui dit « *je* » et *quelqu'un* peut renvoyer à une personne non autrement déterminée). Il s'agit donc surtout, comme on va le voir, d'une équivalence distributionnelle avec la catégorie du GN.

5.1.1. *La classe syntaxique des pronoms*

Souvent équivalents à un groupe nominal (**1.1.**), les pronoms peuvent néanmoins se comporter comme les équivalents fonctionnels d'autres catégories grammaticales (d'où l'étiquette fréquente de « **substituts** », à interpréter dans ce cas en un sens strictement syntaxique). Ils peuvent, en effet, occuper la place :

- de la séquence [déterminant + nom] d'un GN par ailleurs pourvu d'un ou plusieurs modifieurs : *Les réponses sont toutes arrivées sauf celle de Jean* ;
- d'un nom avec ou sans ses modifieurs : *J'ai oublié mon programme détaillé de la visite : peux-tu me prêter le tien* [= programme détaillé de la visite de toi] ;
- d'un adjectif *Si tu es contente, je le suis aussi* ;
- d'un groupe prépositionnel (ou d'une construction complétive ou infinitive précédée des prépositions *à* ou *de*) : *Il ressemble à son père / Il lui ressemble – J'ai le sentiment que les choses s'arrangent / J'en ai le sentiment. – Pensez à réserver vos places / Pensez-y* ;
- d'une proposition : *Pierre nous aidera. Je le sais.*

Remarque. — La proforme verbale complexe *le faire* fonctionne comme l'équivalent syntaxique d'un groupe verbal : *As-tu déjà payé tes impôts ? – Je l'ai fait* [= ai payé mes impôts] *hier*.

Les pronoms peuvent avoir les fonctions différentes du GN : sujet (*Il arrive*), complément d'objet direct ou indirect (*Je cherche quelqu'un* – *Je ne lui fais pas confiance*), attribut (*Qui / Qu'es-tu ?* – *Tu le seras un jour*), complément du nom ou de l'adjectif (*Je cherche l'adresse de quelqu'un* – *J'en suis conscient*) et complément d'agent (*Par qui a-t-il été prévenu ?*).

Enfin, et toujours d'un point de vue syntaxique, les pronoms se distinguent également entre eux (et parfois à l'intérieur d'une même catégorie) selon :

- qu'ils ont une forme simple (*nous, chacun, plusieurs*) ou complexe (*le mien, celui-ci*) ;
- qu'ils ont une ou plusieurs formes (*nous* mais *je / j' / me /m' / moi*) constituant pour les pronoms personnels et relatifs une mini-déclinaison ;
- qu'ils varient ou non en genre (*il / elle*, mais *quelqu'un*) ou en nombre (*quelqu'un / quelques-uns*, mais *rien*) ;
- qu'ils peuvent être mis en correspondance avec des déterminants morphologiquement et sémantiquement apparentés : *ceci/ ce, cette, ces* – *le, la, l', les*, à la fois formes du pronom personnel et de l'article défini ;
- qu'ils admettent ou non des modifieurs (*quelqu'un d'honnête* – *chacun de mes amis* – *celui du voisin*, mais **le mien du voisin*) ;
- qu'ils n'apparaissent que dans un type de phrase spécifique, comme les pronoms interrogatifs et négatifs ;
- qu'ils combinent ou non le statut de pronom avec celui de marqueur de subordination : les pronoms relatifs et les pronoms interrogatifs de l'interrogation indirecte fonctionnent à la fois comme des pronoms et des conjonctions de subordination.

5.1.2. *La sémantique des pronoms*

Sémantiquement, un pronom se caractérise par la manière dont il réfère à ce qu'il désigne dans le discours. À cet égard, les pronoms sont des symboles incomplets (ou des formes ouvertes) dont le sens codé comporte, outre des traits relativement généraux (personne, chose, etc.), des instructions (**XXI : 3.3.**) qui permettent à l'interprétant, moyennant diverses procédures inférentielles, d'identifier ce à quoi ils réfèrent. Pour ce faire, ils font appel à trois modes différents de référence :

▶ **la référence déictique (XXIII : 2.1.)**, lorsque le référent du pronom est identifié – plus ou moins directement – à partir de l'énonciation même de cette forme. Ainsi, à chacune de ses occurrences, la forme *je* identifie la personne qui la prononce. Le cheminement inférentiel n'est pas toujours aussi direct : par exemple, dans *Il n'a pas eu de chance !* si le locuteur désigne, en joignant le geste à la parole, une voiture vide au pare-brise recouvert de contraventions... pour désigner son propriétaire !

▶ **la référence anaphorique (XXIV : 3.2.)**, lorsque l'identification du référent du pronom nécessite le recours à l'environnement contextuel. Le cas typique est celui où le pronom reprend intégralement les valeurs référentielles du segment qu'il représente (son antécédent). Le pronom et son antécédent sont alors coréférents, tels le pronom personnel de la 3ᵉ personne et le pronom relatif *qui*, dans leurs emplois réguliers, n'admettent pas de disjonction référentielle avec leur antécédent : dans <u>Le dernier aumônier de la Tour Eiffel</u> (A. Allais) *est parti à la retraite : il avait quatre vingt-cinq ans* et [...] *qui avait quatre-vingt-cinq ans*, les pronoms *il* et *qui* désignent le même référent que le GN antécédent *le dernier aumônier de la Tour Eiffel*. D'autres formes pronominales ne reprennent qu'une partie des déterminations de l'antécédent et lui en assignent de nouvelles : dans <u>La voiture du directeur</u> *est plus confortable, mais <u>celles</u> de ses adjoints sont plus rapides*, le pronom démonstratif *celles* ne reprend que le contenu lexical du nom antécédent *voiture* et lui attribue des traits grammaticaux (nombre) et déterminatifs (rapport d'appartenance) différents. La relation anaphorique peut, elle aussi, être indirecte (ou divergente) lorsque la valeur référentielle du pronom est construite par inférence à partir d'informations sélectionnées dans le contexte antérieur. Dans le dialogue *Dans le Midi il fait beau depuis deux mois – Eh bien ! Ils en ont, de la chance,* l'interprétation collective de *ils* [= les habitants du Midi] est dérivée synecdochiquement du sens locatif de son antécédent [= une région],

moyennant la relation préconstruite qui lie les deux notions [une région a des habitants].
▶ **la référence par défaut**, lorsque ni le contexte linguistique ni la situation d'énonciation immédiate n'offrent la moindre information pertinente susceptible de substituer une constante référentielle à la variable contenue dans le sens pronominal. En général, c'est l'interprétation générique qui s'impose, réduisant la valeur référentielle du pronom à ses seuls traits définitoires stables, sans autre limitation situationnelle ni textuelle. Ce type d'emploi se rencontre fréquemment dans la catégorie des pronoms indéfinis et des pronoms négatifs : *Un jour, on marchera sur Mars – Chacun pour soi, Dieu pour tous – Nul / Personne n'est parfait – Rien ne se perd, rien ne se crée*. En revanche, *ils*, qui contrairement à *on* ne se prête pas à une lecture générique, renvoie par défaut au référent spécifique le plus immédiatement accessible à partir des informations fournies par le reste de la phrase : *Ils* [= ceux qui ont le pouvoir d'augmenter les impôts = les gouvernants] *ont encore augmenté les impôts*.

En règle générale, l'interprétation des pronoms mobilise toutes sortes de connaissances relatives aux référents qu'ils servent à identifier. D'où le recours à des processus de référenciation déictiques ou anaphoriques selon que ces connaissances sont localisées dans la situation d'énonciation ou dans l'environnement phrastique ou textuel. Les pronoms ne sont pas pour autant ou anaphoriques ou déictiques, comme certaines présentations le donnent à entendre. En fait, la plupart ont un comportement anaphorique ou déictique selon les emplois qui en sont faits et les processus spécifiques de référenciation activés par ces emplois. Si l'on excepte les pronoms personnels *je* et *tu*, qui sont des déictiques purs dont le référent est toujours accessible selon le même processus inférentiel (**5.2.1.**), les autres pronoms se prêtent aux trois types de référenciation distingués ci-dessus.

Les pronoms personnels de la troisième personne (**5.2.1.**) et les relatifs (**5.6.**) fonctionnent typiquement, mais non exclusivement, comme des anaphoriques. Les possessifs et les démonstratifs se partagent entre emplois déictiques et anaphoriques.

Témoin les couples d'énoncés adressés à quelqu'un qui vient d'achever son dessert :

- (sur le mode déictique si le locuteur lui montre un ou plusieurs autres desserts) : *Tu le veux ? – Lequel veux-tu ? – Tu veux encore celui-ci ?*
- (sur le mode anaphorique) : *Je ne mange pas mon dessert. Tu le veux ? – Il reste encore plusieurs desserts. Lequel veux-tu / Veux-tu le mien ? / Veux-tu celui que je n'ai pas mangé ?*

À quoi s'ajoute que certains pronoms peuvent cumuler les deux fonctionnements : *nous* est à la fois déictique et anaphorique lorsqu'il réfère au locuteur et à au moins une autre personne évoquée dans le texte antérieur (*J'ai rencontré Jean. Nous avons parlé de son livre*) ; il en va de même pour *celui-ci* dans *Comme je sais que tu collectionnes les casquettes, je t'ai rapporté celle-ci de Rio*, où le démonstratif reprend le sens lexical de l'antécédent, mais désigne ostensivement un référent particulier présent dans la situation d'énonciation.

Cette diversité des fonctionnements référentiels suffirait à justifier le pis-aller de la présentation traditionnelle des pronoms, qui repose essentiellement sur des critères morphosyntaxiques. On adoptera ici le même classement, fondé sur les mêmes principes, que pour les déterminants (**2.2.**) pour distinguer les pronoms définis, les pronoms indéfinis et... les autres.

Bibliographie. — M. Maillard (1974), Essai de typologie des substituts diaphoriques, *Langue française*, 21 : 55-71 – G. Kleiber (1986) – G. Kleiber (1991).

5.2. Les pronoms définis

5.2.1. *Les pronoms personnels*

5.2.1.1. *Une classe hétérogène*

La catégorie des pronoms dits **personnels** regroupe deux types d'éléments monosyllabiques au fonctionnement sémantique radicalement différent :

▶ *Je, tu, nous, vous* et *on* sont des pronoms sans antécédent dont le référent est identifié à partir de la situation de discours où ils sont employés.
• Le mot *je* désigne directement la personne qui le dit. *Tu* est utilisé par le locuteur pour identifier son interlocuteur en tant que tel (la personne à laquelle il dit *tu*). Ce sont typiquement des déictiques et des embrayeurs (**XXIII : 2.1.**) qui désignent une personne causalement reliée à leur propre énonciation. Alternativement, tout locuteur s'autodésigne par *je* et est désigné par *tu* lorsqu'il devient destinataire.

Nous n'est pas le pluriel de *je*, mais renvoie à tout ensemble de personnes comprenant le locuteur. *Vous* désigne également n'importe quelle pluralité de personnes comprenant au moins un *tu*, mais excluant *je*. On vérifiera les différentes possibilités interprétatives de ces deux pronoms en leur antéposant une apposition qui détaille leur composition :

(1) *Ce jour-là, nous avons organisé un pique-nique* → *Ce jour-là, les voisins, les enfants, quelques amis et moi, nous avons organisé un pique-nique.*

(2) *Vous nous rejoindrez le lendemain* → *Le grand-père, les enfants et toi, vous nous rejoindrez le lendemain.*

Les autres personnes que *nous* et *vous* associées au locuteur ou à l'interlocuteur peuvent être identifiées anaphoriquement (*Pierre est venu me voir. Nous* [= moi + lui] *avons discuté de ton problème*) ou déictiquement (*Si nous* [= moi + toi$_1$ + toi$_2$ +...] *allions au cinéma ?*, dit à un groupe d'amis). La discrimination entre les interprétations inclusives (*nous = je + tu / vous*) et exclusives (*nous = je + ils / elles*) s'opère contextuellement : *Marions-nous ! – Nous te demandons pardon.*

Nous fonctionne également comme substitut rhétorique de *je* qu'il assimile métaphoriquement à une pluralité (*nous* de majesté des souverains et détenteurs d'autorité : *Nous, Louis quatorzième du nom, roi de France et de Navarre*) ou dont il estompe l'individualité derrière une entité collective (*nous* **de modestie** des auteurs et conférenciers : *Nous traiterons ensuite la morphologie des pronoms personnels*). À quoi l'on pourrait ajouter un *nous* **de sympathie** (alternant avec *on*) par lequel le locuteur s'associe à l'interlocuteur et à ce qui lui arrive (*Alors, nous sommes triste ? On nous a fait de la peine ?*).Comme forme de politesse, *vous* étoffe la personnalité de l'interlocuteur tout en substituant au rapport direct avec *tu* (qui suppose intimité et solidarité) une relation socialement plus distante avec l'interlocuteur. Dans ces emplois, seul le verbe prend la marque formelle du pluriel de *nous, vous* sujets : *Vous n'êtes pas très amical(e)*.

• Ancienne forme du nom moderne *homme*, le pronom *on*, uniquement employé comme sujet, vérifie pleinement sa définition dans les mots croisés : « un vague sujet ». Sa valeur de base est, en effet, celle d'un pronom indéfini renvoyant à une personne ou à un ensemble de personnes d'extension variable, que le locuteur ne peut ou ne veut pas identifier de façon plus précise : *On a sonné – En Bavière, on boit beaucoup de bière*. Cette indétermination le rend apte à fonctionner comme substitut de tous les autres pronoms personnels en rejetant leur référent dans l'anonymat :

– Le français moderne manifeste (surtout à l'oral) une forte tendance, condamnée par les puristes, à remplacer par *on* le pronom *nous* (qui inclut *je* dans un ensemble dont le reste de la composition demeure généralement indéterminée) : *Excusez-nous d'arriver en retard. On a eu une panne*. Il recouvre tous les emplois de *nous*, y compris celui du *nous* de modestie : *Dans cette section, on* (= l'auteur) *décrira la distribution des pronoms conjoints*. Du coup, la distinction morphologique des personnes se trouve réduite : la première personne du pluriel n'est plus identifiée que par son pronom de conjugaison (*Nous arrivons / On arrive*) dont la reprise, critiquée par les puristes, en construction détachée reste toutefois *nous* (*Nous, on veut bien / *On, on veut bien*). Cette alternance se trouve déjà dans les textes classiques : *Quand nos amis nous ont trompés, on ne doit que de l'indifférence aux marques de leur amitié* (La Rochefoucauld).

– L'emploi de *on* à la place de *tu* ou de *vous* (pluralité de *tu*) estompe le rapport direct que ces deux pronoms instaurent entre le locuteur et son ou ses interlocuteurs : *Alors, on fait la forte tête ?*. Dans un dialogue des *Mouches* de Sartre, Egisthe masque respectueusement l'allusion aux intentions de son interlocuteur Jupiter

en le désignant par *on* : *Mais lui* (Oreste), *pardon, on a d'autres vues sur lui, sans doute.*
— Dans *On fait aller / On fait ce qu'on peut* dit en réponse à *Comment ça va ?*, le locuteur s'autodésigne tout en se confondant dans la masse anonyme de ses semblables évoquée par la forme indéfinie. Et *Ne soyez pas triste, puisqu'on vous dit qu'on vous aime* peut s'interpréter contextuellement comme l'aveu voilé de quelqu'un à qui sa pudeur interdit de s'identifier directement par *je*.
— Substitué à *il(s)*, *elle(s)* anaphoriques, *on* marque également une distance, parfois ironique, avec le référent de ces pronoms : *Je les avais prévenues, mais on n'a pas voulu m'écouter* — *Elle n'a pas répondu à ta lettre ? C'est qu'on a sa fierté.*

Remarques. — 1. Ces cinq pronoms ne portent eux-mêmes la marque ni du nombre (mais possèdent le trait inhérent de la singularité ou de la pluralité), ni du genre. Désignant par définition des personnes, ils transmettent cependant au participe passé verbal ainsi qu'aux adjectifs attributs et apposés le genre (et pour *on, nous* et *vous* le nombre) naturellement associé à leur référent dans chaque instance de discours : *Es-tu content(e) ? – Je vous trouve bien impertinent(e)(s) – Toi, toujours aussi curieuse, tu [...] – Mes amies et moi, on est parties les dernières – Alors, les filles, on est contentes ?*
2. 2. L'invariabilité de *on* explique l'accord au singulier du verbe ; sa valeur référentielle régit l'accord en genre et nombre de l'attribut et du ppé des formes composées (*On a été déclarées positives à l'EPO – On est contentes) – On est toutes belles* (Dove).

Bibliographie. — C. Muller (1979), Sur les emplois personnels de l'indéfini *on*, *Langue française et linguistique quantitative*, Slatkine : 65-72 – F. Atlani (1984), *On* l'illusionniste, *La langue au ras du texte*, Presses univ. de Lille : 13-29 – J. François (1984), Analyse énonciative des équivalents allemands du pronom indéfini *on*, in *Recherches en pragma-sémantique*, G. Kleiber, éd., Klincksieck : 37-73 – J. Boutet (1988), La concurrence de *on* et *il* en français parlé, *LINX*, 18 : 47-66 – C. Violet (1988), Mais qui est *on* ? *LINX*, 13 : 67-75 – I. Tamba (1989), De la double énigme de *on* aux concepts de pronom et de personne linguistique en français et en japonais, *Sophia Linguistica*, 27, Tokyo : 5-23 – M. Miranda (1995), Personaly speaking... or not ? The strategic value of *on* in face-to-face negotiation, *French Language Studies*, 5 : 203-223.

▶ Le pronom *il* et ses variantes allomorphiques sont fort mal à propos appelés « personnels » : non seulement ils servent à désigner n'importe quel objet de pensée, mais lorsqu'ils désignent une personne, celle-ci est généralement une « non-personne » (É. Benveniste), c'est-à-dire n'est pas un protagoniste de l'acte d'énonciation.

- Ce pronom fonctionne souvent, en effet, comme un anaphorique, ce qui explique qu'il soit le seul à varier en genre et en nombre en fonction des caractéristiques de son antécédent (mais les formes *lui*, *les* et *leur* neutralisent l'opposition du genre ; *se*, *y* et *en* celle du genre et du nombre) : *Mon ami(e) est là / Mes amis sont là. D'ailleurs tu le / la / les connais*.
- Il est également susceptible d'emplois déictiques pour identifier des référents présents ou accessibles dans la situation de discours (p. ex. dans *Il a encore du retard* où *il* désigne un train attendu par des voyageurs sur le quai d'une gare ; ou encore dans *Ils ont encore augmenté le prix de la vignette* où l'on interprète contextuellement *ils* comme l'instance collective qui a pris la mesure décrite par le prédicat).

Dans *J'ai acheté une Toyota, car elles sont robustes*, la reprise par le pronom pluriel *elles* opère un glissement d'une occurrence particulière à la classe entière. Et dans *J'aime bien cet orchestre : ils jouent tous remarquablement*, l'antécédent collectif se trouve redistribué par *ils* sur l'ensemble de ses éléments.
- Les pronoms *il* / *elle* ont aussi, exceptionnellement et familièrement, la valeur de *tu / vous* : *Alors, il (= tu) travaille bien aujourd'hui – Eh bien ! Elle n'a rien à faire* (dit à une vendeuse en train de bavarder avec une cliente).

C'est aussi le seul pronom personnel qui ait une forme réfléchie spécifique (*Je / tu / me connais – Jean le / se connaît*). Enfin, il véhicule les mêmes indications quantificatives et déterminatives (notamment d'unicité, de présupposition existentielle et d'identification contextuelle) que l'article défini (**2.4.1.**) dont il partage d'ailleurs plusieurs formes (*le, la, l', les*) : *Les gens seuls s'entourent souvent d'animaux. En effet, les animaux / ils leur tiennent compagnie – Tu as lu les livres de Jean / Tu les as lus – Tu as lu tous les livres de Jean – Tu les as tous lus*.

Remarque. — La forme *en* (5.2.1.1.2.) apparait dans diverses constructions pronominales où, à l'état isolé ou en combinaison avec des déterminants ou des pronoms, elle reprend le sens lexical de son antécédent. Ainsi, sur la phrase *Pierre a deux enfants*, on peut enchaîner par *Vous en avez, vous ? / Vous en avez combien ? / Jean n'en a qu'un / Jean en a trois / Jean n'en a pas*, où *en* renvoie chaque fois au sens lexical de *enfant*.

Bibliographie. — G. Kleiber (1990), Quand *il* n'a pas d'antécédent, *Langages*, 97 : 24-50 – G. Kleiber (1992), Cap sur les topiques avec le pronom *il*, *L'information grammaticale*, 54 : 15-25 – G. Kleiber (1994b) : 41-104.

Si des pronoms aux comportements aussi différents ont toujours été regroupés dans une même catégorie par les grammaires françaises, c'est qu'ils présentent un minimum de caractéristiques grammaticales communes :

• Contrairement au latin qui identifie la personne du verbe par une désinence (*lego, legis, legit,* etc.), les formes sujets *je, tu, nous, vous* et *il(s), elle(s), on* (ces trois dernières en alternance avec d'autres formes nominales ou pronominales) constituent souvent le seul élément qui assure la distinction de personne (**XI : 1.1.**) entre les différentes formes des différents paradigmes verbaux. À l'oral, *je chante / tu chantes / il chante / ils chantent* et, même à l'écrit, *je lis / tu lis* ne s'opposent que par cette marque flexionnelle en quelque sorte antéposée au verbe et même redoublée dans le cas des verbes pronominaux : *je me lave, tu te laves,* etc. Ainsi, les sept pronoms sont effectivement « personnels » dans la mesure où ils fonctionnent comme des **indicateurs de rang** (ou de personne verbale) pour distinguer les six personnes de la conjugaison française.

• Ces mêmes pronoms partagent un ensemble de propriétés morphosyntaxiques : ils exercent les mêmes fonctions dans la phrase et, à l'exception de *nous* et de *vous*, opposent des formes conjointes à une forme disjointe (p. ex. *tu, te / toi*).

5.2.1.2. La morphologie des pronoms personnels

5.2.1.2.1. Catégories et variations morphologiques

La morphologie des pronoms personnels est riche et complexe. En effet, sauf *nous, vous* et *on* (toujours sujet) qui sont invariables, les autres pronoms personnels présentent tous plusieurs formes. Le tableau suivant présente les sept pronoms personnels selon l'ordre traditionnel d'apparition dans le paradigme des formes de la conjugaison. Les différentes formes (ou variantes) sont regroupées d'abord selon les deux paramètres du nombre et de la personne, puis, le cas échéant, selon les oppositions :

- entre des formes conjointes et une forme disjointe ;
- entre plusieurs formes conjointes aux fonctions différentes ;
- entre formes propres aux emplois réfléchis et formes indifférenciées.

Rang	Nombre	Personne	SUJET	FORMES CONJOINTES			FORMES DISJOINTES
				COMPLÉMENT DIRECT	COMPLÉMENT INDIRECT		
1	SINGULIER	1re	je	me			moi
2		2^e	tu	te			toi
3		3^e	il, elle on	le, la	lui	y en	lui, elle
							lui, elle (-même)
				se			soi(-même)
4	PLURIEL	1^e	nous				
5		2^e	vous				
6		3^e	ils, elles	les	leur	y en	eux, elles
				se			eux, elles (-mêmes)

Remarque. — Seul le pronom de la 3ᵉ personne présente des oppositions de genre et de nombre (5.2.1.1.) : *il* / *elle*, *le* / *la*, *lui* / *elle*, *eux* / *elles* et *ils* / *elles*, *elle* / *elles*, *lui* / *eux*. Devant voyelle ou *h* muet, *je*, *me*, *te*, *le*, *la* et *se* s'élident en *j'*, *m'*, *t'*, *l'* et *s'* (*je viens* / *j'arrive*). Les formes terminées par un -s graphique font apparaître une liaison en [-z] devant une initiale vocalique. L'usage familier prononce *je* [Z] devant consonne sourde (*J'suis là*), *tu* [t] devant voyelle (*T'arrives ?*), *il* [i] devant initiale consonantique (*I (l) vient*), *ils* [iz] devant initiale vocalique (*I (l)s arrivent*) et même, de façon très relâchée, réduit *lui* conjoint à [i] (*J'y ai dit*) et *elle* sujet à [] ou [a] (*A'xiste pas*, J. Tardieu). En tête de phrase et après *et*, *ou*, *où* et *si*, l'usage soutenu fait précéder *on* de la forme élidée *l'* de l'article défini qui rappelle son origine nominale (*on* latin *homo* = homme). Enfin, *si* s'élide uniquement devant *il(s)* : *S'il vient* / *Si elle vient* / *Si on vient* [...].

5.2.1.2.2. *Formes conjointes et disjointes*

Les pronoms des trois premières personnes du singulier et de la 3ᵉ personne du pluriel constituent – avec les formes synthétiques du pronom relatif (*qui*, *que*, *dont*, *auquel*) – le seul domaine du français contemporain où subsistent d'authentiques variations casuelles, vestiges de l'ancienne déclinaison pronominale. On distingue des formes sujets, compléments directs (ou **accusatives**), compléments indirects, (ou **datives**) et compléments prépositionnels. Elles se répartissent en deux séries : celle des **formes conjointes** et celles des **formes disjointes**, qui, en dépit de quelques chevauchements morphologiques (*lui*, *elle(s)*, *toi* et *moi* appartiennent aux deux séries), apparaissent dans des environnements syntaxiques complémentaires.

▶ **Les formes conjointes** sont généralement antéposées au verbe dont elles ne peuvent être séparées que par une autre forme conjointe et (si elles sont sujets) par le premier élément de la négation : *Il ne les lui a pas rendus*. Elles se répartissent en quatre catégories :

• Les formes compléments *me, te, se, nous* et *vous* neutralisent l'opposition objet direct / objet indirect : *Il me connaît / Il me parle*. D'où l'ambiguïté de *Vous m'avez manqué* [= *Vous m'avez raté / Vous m'avez fait défaut*].
• le pronom de la 3ᵉ personne présente des formes distinctes pour l'objet direct (*Il le / la / les connaît*) et l'objet indirect (*Il lui / leur parle*). Les formes indirectes *lui* et *leur* représentent synthétiquement (en concurrence avec *y* et les formes disjointes *à lui / elle(s) / eux*) des compléments introduits par la préposition *à* : (dits **datifs, VIII : 4.2. et 4.3.**) : *Il parle à son chat / Il lui parle – Cet argent appartient à ses enfants / Cet argent leur appartient – Il va à Paris / Il y va – Il pense à ses enfants / Il pense à eux*.
• La forme invariable *le* représente un groupe verbal (complément du verbe *faire*), une proposition ou un attribut (avec ou sans article et quels que soient son genre et son nombre) :
(1) <u>As-tu débarrassé la table</u> ? – *Je l'ai fait*.
(2) <u>Paul ne viendra pas</u> – *Je le sais* (avec possibilité d'ellipse : *Oui, je sais / Non, je ne pense pas*)
(3) *Etes-vous <u>content / française / étudiantes de troisième cycle / les propriétaires de ce terrain</u> ?* – *Je le suis / Nous le sommes* (*Je la suis / Nous les sommes* serait tout à fait suranné)

Lorsque l'attribut est lui-même un pronom personnel, on emploie les formes disjointes *moi, toi,* etc. : *C'était toi / lui / elle – Je resterai toujours moi (-même)*. Des locutions verbales comme *l'échapper belle, l'emporter sur quelqu'un, le céder en quelque chose à quelqu'un*, etc. comportent un *le* invariable dont la valeur pronominale n'est plus interprétable.

• Les formes *y* et *en*, anciens adverbes de lieu (d'où l'appellation de **pronoms adverbiaux**), fonctionnent comme des formes synthétiques amalgamant respectivement les prépositions *à* (plus rarement des prépositions locatives comme *dans, sur*, etc.) et *de* avec la forme complément du pronom de la troisième personne.

– *Y* représente exclusivement des compléments (généralement non animés) de verbes, d'adjectifs ou de phrase (circonstanciels) : *J'y consens / Il y pénètre – J'y suis sensible – La vie y est chère*.

– Le fonctionnement de *en* est à la fois plus complexe et plus diversifié. Cette forme pronominalise généralement le complément non animé d'un verbe (4), d'un nom (5) ou d'un adjectif (6) :

> (4) *Son dernier livre n'a pas eu de succès. Les journaux n'en ont pas parlé.*
> (5) *Ce restaurant vaut le détour. Je t'en donnerai l'adresse.*
> (6) *Pierre a écrit son premier article. Il n'en est pas peu fier.*

Son usage s'étend aujourd'hui aux animés (*Pierre, je me méfie de lui* et *Il est jaloux d'elle* alternent avec *Pierre, je m'en méfie* et *Il en est jaloux*), mais on en trouve déjà des exemples à l'époque classique : *En public, en secret contre vous déclarée, / J'ai voulu par des mers en être séparée* (Racine). On emploie également *en* pour renvoyer aux compléments d'objet précédés des articles partitifs *du, de la, des* (*As-tu du feu / de la monnaie / des voisins ? – Oui, j'en ai*) et à des antécédents nominaux dont la substance notionnelle est requantifiée (*As-tu des crayons ? Il m'en faudrait un / plusieurs / quelques-uns – Comme il n'aime pas les fruits, il en mange peu*).

▶ **Les formes disjointes** ont un comportement syntaxique analogue à celui d'un groupe nominal séparé du verbe (par une préposition, une pause, etc.). Aussi apparaissent-elles dans les constructions caractéristiques suivantes :

> • comme compléments prépositionnels d'un verbe, d'un adjectif ou d'un nom (*Il pense souvent à elle – Ce livre n'est pas à moi – Il est amoureux d'elle – Son amour pour elle est sincère*) et en particulier comme compléments d'une construction comparative (*Elle est plus riche que lui – Il conduit plus vite que toi – C'est le plus expérimenté d'entre eux*) ;
> • en position détachée, par dislocation ou extraction (**XIV : 6.**) : *Moi, on ne m'a pas prévenu – Il m'obéit, à moi – C'est lui qui a tiré le premier.* Comme sujets détachés, *lui, elle(s)* et *eux* ne sont pas obligatoirement repris par le pronom sujet conjoint correspondant, surtout en emploi contrastif : *Lui (, il) s'occupe du ménage – Eux (, ils) n'ont jamais eu besoin de travailler.* Dans cette position, la forme disjointe peut être déterminée par une relative ou suivie d'une apposition : *Toi qui sais tout [...] – Lui, toujours si discret [...]* ;
> • comme éléments complétant les constructions présentatives (**XIV : 9.1.**) *c'est* et *il y a* (et avec la possibilité d'être complétées par un adjectif

introduit par *de*) : *C'est moi – Il n'y avait plus que toi (et moi) – Il n'y a que lui de libre* ;
• comme sujets coordonnés avec un groupe nominal ou un autre pronom : *Mon frère et moi (nous) avons décidé de nous associer* ;
• en emploi isolé dans les phrases-réponses elliptiques : *Qui est là ? / Qui va-t-on désigner ? – Moi / Lui / Nous* ;
• comme sujets d'une phrase exclamative au subjonctif ou à l'infinitif (**XIV : 3.2.**) : *Moi renoncer à ce projet ! Jamais !*
• en apostrophe : *Toi , suis-moi !*
• suivis des adjectifs *même* et *seul* pour souligner l'identité ou marquer l'exclusivité : *Il te le dira lui-même – Toi seul (tu) peux en décider*. *Nous* et *vous*, qui n'ont pas d'autres formes, peuvent être renforcés par l'adjectif *autres* à des fins contrastives : *nous autres* [= nous (mais pas toi / vous / eux)] ; *vous autres* [= vous (mais pas moi / nous / eux)] ;
• séparés du verbe par le deuxième élément de la locution exceptive *ne... que* : *Il t'obéit / Il n'obéit qu'à toi*.

Remarque. — *Moi, toi, lui* et *eux* sont distincts des formes conjointes correspondantes ; *elle(s)* fonctionne également comme forme conjointe sujet (<u>*Elle*</u> *arrive / Je compte sur* <u>*elle*</u>) ; et *nous* et *vous*, invariables, exercent toutes les fonctions des formes conjointes et disjointes.

5.2.1.2.3. *L'emploi des formes réfléchies*

Ne pouvant désigner que le locuteur et l'interlocuteur, les formes compléments *me, moi* et *te, toi* des 1re et 2e personne du singulier sont nécessairement coréférentes à *je* et *tu*, si ces derniers sont sujets de la même phrase. Cette interprétation réfléchie (**IX : 2.5.2.**) peut être soulignée par l'addition de *-même* et *seul* : *Tu te cites (toi-même) – Je ne compte que sur moi (-même) – Je ne compte que sur moi seul*. Il en va de même pour les formes *nous* et *vous* qui peuvent acquérir contextuellement une valeur réciproque : *Ca fait longtemps que nous nous connaissons*. Toutes ces formes compléments ont, bien sûr, une interprétation non-réfléchie lorsque le sujet de la phrase n'est pas le pronom personnel de la même personne : *Je compte sur toi – Le concierge nous connaît*.

Les pronoms personnels de la 3e personne disposent des formes spécifiques *se* (conjointe) et *soi* (disjointe) pour les emplois réfléchis : *Il(s) se lave(nt) / Il(s) le lave(nt)*. On n'emploie cependant la forme disjointe *soi* comme complément prépositionnel que si le sujet réalisé est pris dans un sens général (*Un égoïste / Chacun / On / Tout le monde / Personne (ne) pense à soi-*

même, mais *Pierre ne pense qu'à lui(-même) et ne parle que de lui (-même)*) ou si le sujet non réalisé d'un infinitif a une interprétation générique humaine : *Ah ! ne plus penser qu'à soi ! – Il faut avoir confiance en soi – Travailler pour soi(-même) est agréable*.

5.2.1.2.4. *La place des formes conjointes*

▶ Dans une phrase dont le verbe n'est pas à l'impératif positif, les formes conjointes précèdent immédiatement le verbe, même s'il s'agit d'un verbe à l'infinitif dépendant d'un verbe conjugué (sauf si ce dernier est *faire, laisser, voir, sentir, mener* et *envoyer*) : *Je le repeindrai*. → a. *Je vais / veux / peux / souhaite le repeindre*. b. *Je le fais / le laisse repeindre*.

Histoire. — L'usage classique qui privilégiait l'antéposition au verbe conjugué (*Ah ! ce oui se peut-il supporter ?* Molière) fait aujourd'hui figure d'archaïsme littéraire (*D'autres en auraient pu faire un livre*, Gide). Cette construction avec « montée du clitique » s'interprète comme l'indice de la forte cohésion de la séquence [verbe conjugué + verbe à l'infinitif] et du quasi-statut d'auxiliaire modal du premier.

L'ordre et les compatibilités des formes conjointes sont résumés par le tableau suivant, où les chiffres romains indiquent l'ordre d'apparition des formes pronominales à la gauche du verbe :

I	II	III	IV	V	VI
je				*y*	*en*
tu	*me*	*le*	*lui*		
il	*te*	*la*	*leur*		
elle	*se*	*les*			
on	*nous*				
nous	*vous*				
vous					
ils					
elles					

▶ Les formes d'une même colonne sont mutuellement incompatibles (*Jean réfléchit à ce problème dans sa chambre* → *Il y réfléchit dans sa chambre / Il y réfléchit à ce problème / *Il y y réfléchit*). Deux ou

VII – Le groupe nominal déterminants, noms et pronoms 373

plusieurs colonnes différentes se combinent dans l'ordre indiqué, sauf les colonnes **II** et **IV** : *Je te connais – Je le connais – Je lui parle – J'en reviens – Je te l'offrirai – Je les lui offrirai – Il me l'y déposera,* etc., mais **Je me lui confie – *Elle nous lui a recommandés.*

▶ Sauf cas d'inversion (**VI** : **4.3.4.3.**), le sujet est toujours en première position. Les autres formes conjointes se placent entre le sujet et le premier élément de la forme verbale.

▶ Les formes de la colonne **II** s'emploient indifféremment comme compléments directs et indirects à l'état isolé (*Il me voit / Il me parle*). Mais elles fonctionnent alternativement comme objets indirects et directs selon qu'elles sont suivies d'une forme **III** (exclusivement complément direct : *Il me les rendra*) ou des pronoms adverbiaux *y* (**V**) et *en* (**VI**) qui tiennent lieu de compléments prépositionnels (*Il m'y conduira – Il m'en a dissuadé*). Comme objets directs, elles ne se combinent jamais avec les formes objets indirects de rang **IV** *lui* et *leur,* mais avec les formes disjointes correspondantes *à lui, à eux, à elle(s)* : **Je te lui confie → Je te confie à lui / à elle – *Il se me confiait → Il se confiait à moi.*

> • Les formes conjointes des pronoms des deux premières personnes sont difficilement compatibles avec celles des formes plurielles correspondantes, sans doute parce que ces constructions superposent un rapport réfléchi (*je – me* et *tu – te*) et un rapport non-réfléchi (p. ex., *je – les* et *tu – les*) : ? ? *Nous m'avons chargé de rédiger la pétition – ? Tu vous représenteras au congrès.* Il suffit pourtant que les référents des deux formes apparaissent dans des espaces référentiels distincts (décalage dans le temps ou entre l'univers réel et un monde contrefactuel) pour que leur combinaison devienne plus acceptable : *Je nous ai retenu une table au Lido ce soir – Je nous revois tous réunis lors du dernier réveillon – Tu vous imagines dans une pareille situation ?*
> • La combinatoire des formes conjointes antéposées n'est pas régie par d'autres contraintes, bien que l'usage répugne à l'accumulation et aux séquences *y en* : *Jean les lui y apportera* (= *Jean apportera les oranges à Pierre dans sa cellule*) *– Il y en a mis* (= *Il a mis de l'eau dans son vin*).
> • Les formes *je, tu, nous* et *vous* de la colonne **I** sont, bien sûr, incompatibles avec la forme réfléchie *se* des formes sujets *il(s) / elle(s)*.

▶ Dans les phrases impératives positives (et éventuellement dans les phrases impératives négatives, si le premier élément de la négation est supprimé), les pronoms conjoints sont immédiatement postposés au verbe et, en l'absence d'un sujet exprimé, l'ordre est **III – II / IV – V – VI** (avec les mêmes restrictions combinatoires que celles observées pour les formes antéposées).

- Les formes *me* et *te* sont remplacées par les formes disjointes *moi* et *toi*, sauf si elles sont suivies de *en* : *Donne-le-moi – Donnez-m'en deux de plus – Méfiez-vous-en – Allez-y / Conduisez-nous-y le plus rapidement possible et*, dans la langue orale familière. *Me fais pas rire / Fais-moi pas rire – Me dis pas qu'il est encore malade / Dis-moi pas qu'il est encore malade*.
- La langue familière inverse souvent l'ordre **III / IV – II** (*Rends-moi-le – Dis-nous-le*) et antépose *y* à *moi, toi* : *Conduis-y-moi* au lieu de ? ?*Conduis-m'y* (mais *Conduis-nous-y*).

Les formes conjointes antéposées, toujours inaccentuées, forment un groupe accentuel avec le verbe qui suit (d'où l'appellation de **(pro)clitiques**). Or, en position postverbale, les formes conjointes finales portent l'accent, qu'elles soient identiques ou non aux formes antéposées : *Suis-le – Rends-le-moi*.

Bibliographie. — J. Dubois (1965),1 : 122-143 – M. Cross (1968) : 22-61 – D. M. Perlmutter (1969), Langages, 14 : 81-133 – L. Pinchon (1972) – A. Borillo, F. Soublin et J. Tamine (1974) : 59-71 – L. Picabia et A. Zribi-Hertz (1981) : 80-106, 112-119 et 123-145 – P. Wunderli P. (1989), Les structures du pronom personnel en français, *Zeischrift $S1$ür Fränzösische Sprache und Literatur*, 99 : 130-141 – Les proclitiques nominatifs en français standard et en français avancé (1994), *TraLiPhi*, XXXII : 131-147.

5.2.2. *Les pronoms possessifs*

Les pronoms possessifs sont formés de l'article défini suivi de l'une des formes de l'adjectif *mien, tien*, etc., qui exprime une relation sémantique variable avec la personne correspondante (= *de moi, de toi*, etc.). Ils reprennent la substance notionnelle d'un nom antécédent ou inférable situationnellement, mais lui associent de nouvelles déterminations véhiculées par l'article et par la personne associée à la forme adjectivale. Dans *Ma voiture est plus vieille que la tienne*, la forme pronominale *la tienne* reprend le sens lexical du nom *voiture* et le détermine par un rapport équivalent à la construction prépositionnelle du pronom personnel (**la voiture de toi*) et au déterminant possessif (*ta voiture*). Simultanément, l'article indique le nombre du nom représenté ainsi modifié (*la tienne / les tiennes*). Le tableau suivant ordonne

les différentes formes du pronom possessif (mieux vaudrait l'appeler « personnel », si l'étiquette n'était déjà prise) selon :
- la personne par rapport à laquelle est identifié son référent (*la tienne* = *la voiture que tu possèdes / conduis/ répares*, etc.) ;
- la quantification singulière ou plurielle du nom représenté (*la tienne / les tiennes*) ;
- le genre déterminé par le nom représenté (*le vélo* : *le tien* ; *la voiture* : *la tienne*).

Relation avec la personne	RÉFÉRENCE SINGULIÈRE		RÉFÉRENCE PLURIELLE	
	Nom représenté		Nom représenté	
	Masculin	Féminin	Masculin	Féminin
moi	le mien	la mienne	les miens	les miennes
toi	le tien	la tienne	les tiens	les tiennes
lui elle	le sien	la sienne	les siens	les siennes
nous	le nôtre	la nôtre	les nôtres	
vous	le vôtre	la vôtre	les vôtres	
eux elles	le leur	la leur	les leurs	

Remarque. — Les pronoms possessifs apparaissent sous forme nominalisée dans le paradigme *les miens, les tiens*, etc., qui désigne les parents au sens large du terme et dans les expressions figées *y mettre du sien, démêler le tien du mien, à la tienne !* etc., et *faire des siennes* (uniquement à la 3ᵉ personne) au sens de « faire ses sottises habituelles ».

5.2.3. *Les pronoms démonstratifs*

Les pronoms démonstratifs se répartissent en une série simple et une série composée (élargie par les particules localisatrices *-ci* et *-là*). Les formes variables en nombre et en genre s'y opposent aux formes neutres *ce, ça, ceci* et *cela* qui ne se rencontrent qu'au singulier.

	SINGULIER			PLURIEL	
	Masculin	Féminin	Neutre	Masculin	Féminin
Formes simples	celui	celle	ce ça	ceux	celles
Formes composées	celui-ci	celle-ci	ceci	ceux-ci	celles-ci
	celui-là	celle-là	cela	ceux-là	celles-là

1. Les formes simples, masculines ou féminines, sont des « symboles incomplets » qui reprennent le contenu lexical et le genre d'un nom antécédent (ou de la forme lexicale associée à un référent présent dans la situation), mais en modifient le nombre et les déterminations à de nouvelles fins référentielles. Aussi sont-elles toujours déterminées par un modifieur (*Donnez-moi celui*) qui prend la forme :

• d'une position relative : *J'ai examiné tous les livres, mais je n'ai pas trouvé celui que je cherchais* ;
• d'un complément prépositionnel : *Voici mon passeport et ceux de mes passagers* ;
• d'un participe avec sa complémentation : *Les meilleurs de ses livres sont ceux écrits avant 1910 / ceux relatant ses campagnes militaires*.

Elles servent aussi d'antécédent « support animé » aux relatives périphrastiques (**XVI : 4.**) : *Que celui qui n'a jamais péché lui jette la première pierre.*

2. Les formes composées variables *celui-ci*, etc. sont toujours employées sans modifieur puisqu'elles en tiennent lieu. Elles véhiculent les mêmes valeurs déictiques et anaphoriques que le déterminant démonstratif (**2.3.2.**). Elles peuvent prélever un ou plusieurs référents sur l'ensemble dénoté par le GN antécédent (*Vos livres ne sont pas chers, je prends celui-ci / ceux-là*) ou désigner de nouveaux référents à partir du contenu notionnel d'un nom antécédent (*Pour le prix de ce seul livre, je peux acheter tous ceux-là*). En emploi déictique, elles désignent un référent accessible dans la situation de discours (*Tu as vu celui-là !*). En emploi contrastif, les formes en -*ci* sont censées renvoyer à ce qui est le plus proche dans l'espace référentiel ou dans le texte et la forme en -*là* à ce qui est le plus éloigné. Mais cette opposition n'est pas toujours respectée dans l'usage contemporain qui n'emploie plus guère les formes en -ci.

3. La forme neutre atone *ce* s'emploie d'une part comme sujet clitique (elle s'inverse comme les pronoms personnels sujets) du verbe *être* éventuellement modalisé par *pouvoir* ou *devoir* (*C'est gentil – Ce devrait être facile*), mais a été progressivement remplacée par *cela*, puis par *ça*, sauf devant le présent de l'indicatif du verbe *être* : **Ça est gentil* (belgicisme), mais *Ça serait gentil*. Elle joue également le rôle d'antécédent « support non-animé » d'une relative périphrastique (*Ce qui se conçoit bien s'énonce clairement*) ou d'une subordonnée interrogative ponant sur le c.o.d. (*Dis-moi ce qu'il a encore fait*).

La forme *ce* fonctionne régulièrement comme relais formel et sémantique pour estomper la disconvenance de nombre entre deux groupes nominaux respectivement sujet et attribut (**XIV : 6.1.**) : *Les livres sont sa passion*, mais **Sa passion est les livres* vs *Sa passion, c'est / ce sont les livres*. Elle figure enfin dans les expressions figées *sur ce, ce faisant*.

4. Les **formes composées neutres** *ceci, cela* et *ça* (ce dernier, morphologiquement simple mais issu de *cela*, se comporte comme une forme composée) servent à désigner déictiquement des référents non catégorisés (*C'est quoi, ça ?*), voire à décatégoriser péjorativement un référent en lui refusant sa dénomination usuelle (*Faut-il tout de même qu'un garçon ait été abandonné du bon Dieu pour aller avec ça* [= la fille de cuisine], M. Proust). Elles anaphorisent aussi les antécédents dépourvus de genre et de nombre que sont les propositions (*Tu termineras tes devoirs. Après ça / cela, tu pourras regarder la télévision – Ceci dit, [...]*) ou les segments textuels plus larges (suites de phrases, paragraphes, etc.). Enfin, en alternance avec *ce* (cf. ci-dessus), elles reprennent un antécédent (souvent générique) dont elles neutralisent le genre et le nombre : *Les enfants, ça fait du bruit / c'est bruyant*.

Remarques. — 1. *Ceci, cela* et dans une moindre mesure *ça*, ont la possibilité d'une double complémentation sous la forme d'un adjectif épithète introduit par *de* et suivi d'une subordonnée complétive : *La mort a ceci de bon qu'elle réconcilie les pires ennemis*.

2. Ça peut sous certaines conditions concurrencer *il* impersonnel (**XIV** : **8.4.**).

Bibliographie. — P. Cadiot (1987), De quoi ça parle ? À propos de la référence de *ça*, pronom sujet, *Le français moderne*, 56 : 174-192 – F. Corblin (1987), *Ceci* et *cela* comme formes à contenu indistinct, *Langue française*, 75 : 75-93 – M. Maillard (1987), « Un zizi ça sert à faire pipi debout ». Les références génériques de ça en grammaire de phrase, *in* G. Kleiber (éd.) : 158-206 – G. Kleiber (1994b) : 177-211.

5.2.4. *Les pronoms de la totalité*

Un certain nombre de pronoms renvoient à des totalités, par exemple dans la devise de *Strasbourg Magazine* : *Une ville pour tous, une ville pour chacun.*

• *Tout* et *tous / toutes* marquent la **totalité globalisante**. *Tout* masculin singulier est la forme nominale réservée à la totalité non animée (*Il sait tout* – *Tout a été dit*), mais fonctionne aussi pour résumer les termes d'une énumération (*Nom, prénom, âge, profession, domicile, tout a été enregistré*). En emploi fort anaphorique, il a le comportement d'un pronom défini : *Il a bien expliqué le mécanisme, mais je n'ai pas tout compris.* En emploi faible, il fonctionne comme un indéfini : *Tout est possible* – *Tout est dans tout, et réciproquement* (Pierre Dac). Son homologue humain est la locution *tout le monde*, qui présente également les deux types d'emplois, fort (*Les spectateurs ont aimé la pièce : tout le monde a applaudi*) et faible (*Tout le monde ne peut pas en dire autant* – *On ne peut pas en dire autant de tout le monde*). Au pluriel, *tous / toutes* s'utilise habituellement anaphoriquement, d'où l'accord avec l'antécédent : *Elle avait invité ses amies et connaissances, toutes sont venues.* *Tous* a une interprétation générique, donc définie, dans des expressions figées comme *Seul contre tous* et *Un pour tous, tous pour un.*

• *Chacun*, déictique humain (*Chacun va corriger le texte de son voisin*, dit par un instituteur à ses élèves), anaphorique (*Les participantes ont été toutes récompensées : chacune a reçu une médaille*), cataphorique (*Chacun(e) des participant(e)s a reçu une médaille*) ou générique (*À chacun selon son mérite* – *Chacun voit midi à sa porte*) selon les cas, opère la même quantification que *tout / toutes*, mais sur le même mode **distributif** que celui du déterminant *chaque* N (**2.4.6.**). La forme renforcée *tout un chacun* se rencontre surtout dans l'usage familier. Cette quantification distributive peut également être marquée par les locutions pronominales corrélatives *qui... qui* et *l'un... l'autre* : *Ils lui ont offert qui / les uns un livre, qui / les autres des fleurs.*

Remarque. — *Tous*, (prononcé [tus], ce qui le distingue du déterminant *tous* [tu]), *toutes* et *chacun* (en alternance avec *chaque*) se construisent également comme des quantificateurs « flottants » reprenant dans la même phrase un constituant nominal ou pronominal pour en souligner l'aspect totalisant ou distributif : *Mes amis sont tous venus – Ils sont tous venus – Ces statuettes valent 1 000 euros chacune / chaque – Ses enfants ont chacun une voiture.*

Bibliographie. — M.-O. Junker (1995), *Syntaxe et sémantique des quantifieurs flottants*, Droz – N. Flaux et D. Van de Velde (1997), *Tous ensemble, chacun séparément*, Langue française, 116 : 33-48.

5.2.5. Les pronoms d'identification et de distinction

Les pronoms d'identification sont formés par nominalisation des adjectifs *même* et *autre* qui indiquent respectivement l'**identité** et la **différence** :

▶ Précédé de l'article défini, *même* est anaphorique lorsqu'il désigne des occurrences du même type que celle(s) de son antécédent (*Il a un micro-ordinateur. Je compte m'acheter le même*), déictique lorsqu'il désigne quelque chose par comparaison avec des référents présents dans la situation d'énonciation (*Je veux le même*, en désignant un objet) et générique lorsqu'il désigne directement un ou des humains indéterminés mais à identité constante (*Ce sont toujours les mêmes qui gagnent*). *La même chose* s'emploie dans des conditions analogues pour désigner des référents non animés : *Chante-nous la même chose – Chaque jour on nous sert la même chose.*

▶ L'adjectif *autre* a un comportement pronominal analogue à celui de *même* dont il est l'antonyme. Précédé des articles défini et indéfini, mais aussi des déterminants possessifs, démonstratifs et indéfinis, il forme des locutions pronominales qui fonctionnent, à la manière de *le mien*, *le même*, de façon anaphorique ou non : *Ce melon était délicieux. J'en rachèterai un / d' / quelques autres.* Comme pronom générique humain, *l'autre / les autres* (*Il ne faut pas avoir peur de l'autre / des autres*) est concurrencé par *autrui* uniquement employé comme complément (*Ne fais pas à autrui ce que tu ne voudrais pas qu'on te fît*). La forme nominale réservée aux non-animés est *autre chose*. Le couple *l'un... l'autre / les uns... les autres* sert à marquer l'opposition (*L'un dit blanc, l'autre dit noir*) et, en reprise du sujet, à souligner la réciprocité du procès verbal (*Ils se méfient l'un de l'autre*). La locution *autre part* (en concurrence avec *ailleurs*) constitue un complément locatif dont le référent est identifié différentiellement.

5.3. Les pronoms indéfinis

La catégorie des pronoms indéfinis regroupe des pronoms qui constituent des expressions référentielles indéfinies (**2.2.**) et dont la plupart sont homonymes d'un déterminant dont ils partagent les valeurs quantificatrices : *tout, tous, toute(s), nul, aucun(e), plusieurs, certain(e)s, beaucoup, peu*, etc. ; les numéraux et, avec addition de l'article défini ou d'un élément nominal ou pronominal *l'un / les uns, quelqu'un / quelques-uns / quelque chose*). Ce qui explique qu'on a pu les analyser comme des déterminants à nom ellipsé (anaphore zéro), dont la récupérabilité ne va toutefois pas toujours sans problème. La plupart d'entre eux ont des emplois réguliers à la fois déictiques et anaphoriques (éventuellement par défaut), admettent des compléments partitifs (*aucun de nous / d'entre nous*) et certains se construisent avec une épithète introduite par *de* (*rien de grave*). Ils sont regroupés ici en fonction des indications de quantification qu'ils véhiculent et qui caractérisent leur interprétation en tant qu'expressions référentielles indéfinies.

▶ **Les déterminants numéraux cardinaux** s'utilisent comme pronoms pour indiquer la **quantité dénombrée**. Ils fonctionnent anaphoriquement par rapport à un antécédent nominal dont ils identifient un sous-ensemble ou dont ils empruntent la valeur lexicale : *J'ai <u>de nombreux amis</u>. <u>Cinq</u> seulement sont venus me voir / Je n'en ai invité que <u>cinq</u> – Pierre a <u>plusieurs voitures</u>. Je n'en ai qu'<u>une</u>.*

Cette valeur partitive est marquée par l'adjonction aux formes non sujets de l'élément pronominal *en* qui correspond à un *de* implicite reliant les pronoms indéfinis au nom extrait de leur antécédent : *Il était le cinquième enfant d'une famille qui devait en compter quatorze* (M. Tournier). Elle est explicite dans les emplois cataphoriques où l'antécédent devient le complément du pronom numéral : *Cinq de mes amis / d'entre eux sont venus me voir.*

▶ Les pronoms *quelqu'un, quelque chose* (toujours au masculin : *Quelque chose s'est produit*) ainsi que les pronoms « de libre choix » *n'importe qui / quoi* (opposant l'humain au non animé) et *n'importe lequel* fonctionnent, avec des nuances diverses, comme des indicateurs de la **singularité indéterminée**. Ils admettent tous des compléments partitifs (*n'importe qui d'entre nous*) et, sauf *n'importe lequel*, un adjectif épithète introduit par *de* : *quelqu'un / quelque chose / n'importe quoi de beau. Il y a quelque chose de pourri au royaume du Danemark.*

▶ Les pronoms *certains, quelques-uns, la plupart* et *plusieurs*, qui fonctionnent surtout comme génériques (*Certains l'aiment chaud*), comme anaphoriques (*L'ensemble des copies était satisfaisant. Certaines étaient mêmes remarquables*) et aussi comme déictiques (*Certains m'ont fait un bon devoir*, dit par le professeur à l'ensemble de la classe) indiquent une **pluralité indéterminée**. *D'aucuns* est la variante littéraire et archaïsante de *certains*. Aux déterminants complexes *beaucoup de* et *peu de* correspondent les pronoms *beaucoup* et *peu* normalement utilisés comme anaphoriques : *J'avais invité mes amis. Beaucoup / Peu sont venus.* Comme beaucoup d'autres pronoms quantificateurs, ils forment avec *en* anaphorique un syntagme discontinu lorsqu'ils sont employés comme objets directs : *J'en veux plusieurs – J'en ai lu la plupart.*

▶ *Aucun, nul, pas un, personne* et *rien* sont des indicateurs de **quantification nulle**. Niant l'existence d'un référent (humain pour *nul* et *personne*, non animé pour *rien*) dans un domaine de référence donné ou dans l'absolu, ils ont le statut d'éléments négatifs (**XIV : 5.2.5.**) accompagnés de la particule *ne* (sauf si la phrase ne compte pas de verbe) : *Nul ne le sait – Je n'en ai parlé à personne,* mais *Que t'a-t-il dit ? – Rien.* Selon leur emploi, ces pronoms sont déictiques, anaphoriques ou génériques (**5.1.2.**). *Personne* et *rien* sont invariables ; *aucun, nul* (caractéristique de la langue littéraire et juridique : *Nul n'est censé ignorer la loi*) et *pas un* sont singuliers et s'accordent en genre avec leur antécédent ou prennent celui associé à leur référent déictique. Toutes ces formes admettent des compléments partitifs (*aucun d'eux / d'entre vous*), mais seuls *personne* et *rien* se construisent avec un adjectif épithète précédé de la préposition *de* : *rien / personne d'intéressant – Personne d'autre n'est venu – Je n'ai rien d'autre à vous proposer.* La locution *nulle part* (en opposition à *quelque part* et à *autre part*) et l'adverbe *jamais* étendent la quantification nulle aux dimensions respectivement locatives et temporelles.

Remarques. — 1. La forme *rien* objet direct partage avec *tout* la propriété de s'antéposer au verbe à l'infinitif (*Il ne veut <u>rien</u> dire – Il sait <u>tout</u> faire*) et de s'insérer entre l'auxiliaire et le participe passé (*Il n'a <u>rien</u> dit – Il a <u>tout</u> fait*).
2. Dans les phrases interrogatives ou dubitatives et devant *que* comparatif, *personne* et *rien* peuvent apparaître à la place des pronoms positifs *quelqu'un, quelque chose, quoi que ce soit*, du moins dans l'usage littéraire (**XIV : 5.2.5. Rem.**) : *Je doute que personne puisse t'aider – Avant de rien entreprendre, consultez un avocat – Y a-t-il rien de plus ridicule ?*

▶ Comme le déterminant correspondant (**2.5.**), le pronom *tel* renvoie à la notion d'un être humain dont l'identité n'est pas autrement déterminée et s'avère en général pragmatiquement indifférente. Aussi alterne-t-il souvent avec *celui* ou *quelqu'un* comme antécédent indéterminé d'une relative : *Tel qui rit vendredi dimanche pleurera.* Nominalisé par l'article défini, il constitue un nom propre fictif de discours (en fait une proforme, comme *Truc, Machin, Chose*) pour désigner quelqu'un dont le vrai nom est ou doit rester inconnu : *On m'a présenté Un tel / Monsieur Un tel* (ou *Un tel*), *dont j'ai oublié le nom.*

Bibliographie. — G. Kleiber (1995) Sur les (in)définis en général et le SN (in)défini en particulier, *BSLP*, 90, 1, : 21-51 – N. Flaux et D. Van De Welde (1997), *Tous ensemble, chacun séparément, Langue française*, 116 : 33-48 – M. Van Peteghem (1997), Sur un indéfini marginal : *même* exprimant l'identité, *Langue française*, 116 : 61-80 – C. Schnedecker (1999), *Autrui*, un pronom vraiment pas comme les autres, *French Language Studies*, 9 : 69-90 – L. Bosvelt de Smet, M. Van Peteghem et D. Van de Velde (2000). *De l'indétermination à la qualification ; les indéfinis*, Arras, Artois Université Presses – G. Kleiber (2001), Indéfinis : lecture existentielle et lecture partitive, in G. Kleiber, B. Laca et L. Tasmowski, éds, *Typologie des groupes nominaux*, Rennes, P.U.R. : 47-97 – P. Cappeau P. (2001), Sur *certains* sujet, *Recherches sur le français parlé*, 16 : 151-175 – Sleeman P. (2003), *Quelques-uns, celui, chacun* : pronoms ou déterminants ? *Langages*, 151 : 105-123 – C. Schnedecker (2006), Que vise *quelqu'un* ? in F. Corblin, S. Ferrando et L. Kupferman éds *Indéfinis et prédication*, Paris, PUPS : 403-415 – N. Flaux (2008) Les pronoms indéfinis en français : une classe à redéfinir, *Travaux de linguistique*, 56 : 7-46.

5.4. Les pronoms interrogatifs

Les pronoms interrogatifs sont typiquement des « symboles incomplets » au contenu lexical réduit à la notion de personne ou de chose et dont le sens consiste justement à demander l'identification du ou des référents vérifiant et ces notions générales et ce qu'en dit le reste de la phrase interrogative. Ainsi *Qui a éternué ?* s'enquiert de l'identité de l'être humain qui vérifie le prédicat « avoir éternué ». Ce sont les mêmes pronoms qui introduisent les phrases interrogatives directes (**XIV : 2.**) et les subordonnées interrogatives (**XVII : 4.**). Le tableau suivant classe les formes simples du pronom interrogatif selon les trois critères combinés :

– de leur fonction dans la phrase
– de la nature du référent anticipé
– de leur forme simple (**S**) ou renforcée (**R**) par *est-ce qui / est-ce que*.

FONCTION	RÉFÉRENT		FORME
	Animé	Non catégorisé	
Sujet	*qui*	–	S
Compl d'obj. direct	*qui est-ce qui*	*qu'est-ce qui*	R
	qui	*que / quoi*	S
	qui est-ce que	*qu'est-ce que*	R
Attribut	*qui / que*	*que*	S
	qui est-ce que *qu'est-ce que*	*qu'est-ce que*	R
Complément prépositionnel	Prép. + *qui*	Prép. + *quoi*	R
	Prép. + *qui est-ce que*	Prép. + *quoi est-ce que*	R

▶ **Les formes simples** servent à interroger sur l'identité supposée inconnue de leur référent (**XIV : 2.3.**). Ainsi s'explique qu'elles ne soient jamais marquées en nombre (**Qui viendront ?*) ni en genre (dans *Qui n'est pas contente ?* adressé à un auditoire exclusivement féminin, ce sont les connaissances factuelles du locuteur qui déterminent l'accord de l'attribut). Elles ne sont pas pour autant dépourvues de tout contenu puisqu'elles véhiculent un minimum d'information sur la nature du référent à identifier : animé, voire humain (*qui*) ou non catégorisé (*que / quoi*). La forme *qui* assure toutes les fonctions syntaxiques du groupe nominal dans la phrase : *Qui est-là ? – Qui es-tu ? – Qui as-tu rencontré ? – De qui tiens-tu la nouvelle ? – Pour qui as-tu voté ?*, etc. La forme *quoi* également, à l'exception de la fonction sujet (**Quoi se boit avec une choucroute ?*). La forme clitique *que* ne fonctionne que comme objet direct antéposé au verbe (*Que lui as-tu offert ? / Tu lui a offert quoi ?*) et attribut du sujet (*Que deviens-tu ?*). Ces formes admettent un adjectif épithète introduit par *de* (et éventuellement disjoint par le verbe auquel elles sont antéposées) : *Qui d'intéressant y avait-il / Qui y avait-il d'intéressant ? – Qu'as-tu appris de nouveau ? – Quoi de neuf aujourd'hui ?*

Chacune des formes simples est doublée par une **forme renforcée** qui lui ajoute l'élément *est-ce qui* (forme sujet) / *est-ce que* (autres formes). La forme renforcée *qu'est-ce qui* supplée à l'absence de forme simple pour les sujets non animés : **Que / *Quoi / Qu'est-ce qui se boit avec une choucroute ?* (**XIV : 2.3.1.**).

▶ **Les formes composées** du pronom interrogatif sont les mêmes que celles du pronom relatif (**5.5.**). Elles sont formées de l'article défini et du déterminant interrogatif *quel*. Elles sont variables en genre et en nombre ; *lequel, laquelle, lesquel(le)s* se contractent avec les prépositions *à* et *de* : *au(x) quel(s), duquel*, etc. Elles sont anaphoriques lorsque l'interrogation porte sur l'identité d'un ou plusieurs exemplaires d'une expression référentielle collective qui précède ou qui suit (et dont le nom détermine le genre de la forme pronominale) : '*J'ai <u>plusieurs robes d'été</u>. <u>Laquelle</u> dois-je mettre ? – <u>Laquelle</u> de <u>ces robes</u> dois-je mettre ?* Elles fonctionnent comme des déictiques lorsque l'exemplaire de référence est présent dans la situation d'énonciation : p. ex., *Lequel veux-tu ?* dit en présentant deux manteaux à l'interlocuteur.

Remarques. — **1.** *Où, quand, comment* et *pourquoi*, traditionnellement classés adverbes interrogatifs parce qu'invariables, ont un fonctionnement syntaxique et sémantico-référentiel en tous points identique aux pronoms interrogatifs : ce sont des substituts syntaxiques de compléments verbaux ou circonstanciels qui font porter l'interrogation sur l'identité de ces constituants. Comme *qui*, ces termes peuvent être renforcés par *çà* anaphorique dans les interrogations elliptiques : *Qui çà ? – Où çà ? – Quand çà ?*
2. L'interrogation sur le procès dénoté par le groupe verbal s'effectue au moyen de la proforme verbale *faire* précédée du pronom interrogatif complément *que* pendant de *le faire* anaphorique : *Ensuite, qu'a-t-il fait ? – Il a quitté la pièce.*
3. On rencontre fréquemment à l'oral, et dans certains milieux, les formes, considérées comme « incorrectes », à redoublement *qui qui, qui que, où que,* etc. et *qui c'est qui, qui c'est que, où c'est que,* etc : *Qui qui a éternué ? – Où que tu vas ? – Qui c'est qui a éternué ? – Où c'est que tu vas ?*

Bibliographie. — A. Delaveau et F. Kerleroux (1985) : 95-111.

5.5. Les pronoms relatifs

Introducteurs de propositions relatives (**XVI : 1.**), ces pronoms ont des formes simples et des formes composées :

FONCTION	ANTÉCÉDENT		
	Animé	Non-animé	Animé ou non-animé
Sujet	*qui*		*lequel, laquelle, etc.*
Obj. direct Attribut	*que*		
Complément prépositionnel	Prép. + *qui* *dont*	Prép. + *quoi* *dont* *où*	Prép. +*lequel, etc* *auquel* *duquel*
	Simple		Composée
	FORME		

▶ **Les formes simples** ne marquent ni l'opposition du genre ni celle du nombre (*L'espion(ne) / Les espion(ne)s qui venai(ent) du* *froid*), mais transmettent à leurs attributs ces catégories héritées de leur antécédent : *le client qui est satisfait / les clientes qui sont satisfaites*, etc. L'opposition entre référents animés et non-animés ne se manifeste que dans les formes prépositionnelles : *C'est un collaborateur sur qui on peut compter / C'est une chose à quoi je n'avais pas pensé*. Mais on emploiera de préférence le relatif composé pour les référents non animés, surtout s'ils ne sont pas eux-mêmes pronominaux : *une chose à laquelle je n'avais pas pensé / ce à quoi je n'avais pas pensé*.

- La forme *qui* fonctionne comme sujet et complément prépositionnel humain (voir exemples ci-dessus).
- La forme *que* est objet direct (*l'itinéraire que je suis / nous suivons*) et attribut (*le grammairien qu'il était / les grammairiens que nous sommes*).
- La forme *dont* représente indifféremment des antécédents animés ou non-animés. Elle équivaut à un pronom relatif précédé de la préposition *de*, quelle que soit la fonction du groupe prépositionnel ainsi formé, pourvu que le relatif ne soit pas complément d'un nom lui-même précédé d'une préposition : *le restaurant dont je connais l'adresse* (complément du nom, mais : *le restaurant dont je ne me souviens plus de l'adresse*), *le restaurant dont je t'ai parlé* (complément indirect du verbe, mais **le restaurant dont je t'ai parlé du menu*), *la femme dont il est aimé* (complément d'agent d'un verbe passif), *la femme dont il est jaloux* (complément de l'adjectif attribut).
- La forme *où* est une proforme fonctionnant comme un relai relatif (comme *y* et *en* sont des adverbes pronominaux personnels : **5.2.1.2.2.**) qui équivaut à un pronom relatif précédé d'une préposition locative ou temporelle comme *à* ou *dans* : *l'endroit / le jour où nous nous sommes rencontrés*. La valeur locative de *où* peut être spécifiée par l'antéposition des prépositions *de* ou *par* pour dénoter l'origine ou le passage : *le pays d'où je viens* – *le tunnel par où on accède au trésor*. En emploi temporel, *où* est concurrencé par *que*, plus soutenu : *le jour que nous nous sommes rencontrés*.

▶ **Les formes composées** *lequel, laquelle, lesquel(le)s*, et contractées avec les prépositions *de* (*duquel, desquels*) et *à* (*au(x) quel(le)s*) sont les mêmes que celles des pronoms interrogatifs (**5.4.**). Elles s'emploient après préposition, surtout quand leur antécédent est pronominal et non-animé (voir ci-dessus). Ces formes contractées sont généralement introduites par une locution prépositionnelle ou bien sont compléments d'un nom lui-même précédé d'une préposition : *les invités en face desquels se tenait la mariée – les troupes sur l'arrivée desquelles le général comptait tant*. On emploie les formes composées comme sujet dans les relatives appositives (et beaucoup plus rarement comme objet ou attribut) pour éviter une équivoque sur l'identité de l'antécédent : *le mari de ma voisine lequel / laquelle* [...].

▶ **Les relatifs sans antécédent** (obligatoirement simples) s'apparentent à des pronoms indéfinis (**XVI : 5.**). *Qui* ne renvoie qu'à des êtres humains et fonctionne généralement comme sujet (*Qui vivra verra*), parfois comme objet (*Choisis qui tu voudras, Chimène*, Corneille – *Il raconte sa vie à qui veut l'entendre*) et beaucoup plus rarement comme attribut (*Je suis qui je suis et entends le rester*). Comme complément d'un infinitif, *que* et *quoi* s'emploient respectivement avec la fonction d'objet direct (*Il ne savait plus que / quoi répondre*) et indirect (*Il savait à quoi s'attendre*). Cet emploi se rencontre plus rarement avec *où* : *J'irai où tu iras – Il ne savait plus où aller*. *Quiconque* (appelé souvent « relatif indéfini »), toujours au singulier, fonctionne également comme sujet animé d'une relative sans antécédent : *Quiconque n'a pas de tempérament personnel n'a pas de talent* (Huysmans). Ce pronom peut aussi s'employer de façon absolue en position de complément, malgré les réserves des puristes, comme pronom indéfini synonyme de *qui que ce soit* : *Défense absolue de parler à quiconque*.

5.6. Genre, nombre et accord des pronoms

Certains pronoms sont invariables (*personne, rien, autrui*, etc.), d'autres ne varient qu'en genre (*aucun(e), certain(e)s, chacun(e)*, etc.), d'autres varient en genre et en nombre (*il(s) / elle(s), le(s) mien(s) / les mienne(s), celui-ci / celle(s)-ci / ceux-ci*, etc.).

Les pronoms ont un nombre inhérent souvent déterminé par leur sens codé (*je, nous, quelqu'un*), un genre qui peut l'être également (*tout le monde, autre chose, quelque chose*), mais qui est souvent fixé discursivement par la nature, animée ou non, de leur référent (*Tu es courageux / courageuse*). Certains (dont *tout* et *certains*) sont généralement à la forme neutralisée du masculin, mais prennent et transmettent exceptionnellement la marque du féminin si le référent visé est du sexe féminin (*Certains l'aiment chaud – Nulle n'est censée ignorer la loi*). Les démonstratifs neutres *ce* et *ça* et l'indéfini *tout* peuvent fonctionner comme anaphorisants (recatégorisateurs ou résomptifs, voir **XXIV : 3.2.**) d'un groupe nominal antécédent, mais commandant l'accord du verbe au singulier et celui de leur attribut au masculin singulier : *Les mathématiques, c'est dur / ça me plaît – Les murs, les meubles, les tapis, les moquettes, tout était blanc.*

Généralement variables, les pronoms employés anaphoriquement s'accordent en genre avec leur nom antécédent. *J'ai un chat / une chatte. Il / Elle est affectueuse.* Seuls les pronoms personnels de la 3e personne et les relatifs composés s'accordent aussi en nombre avec leur antécédent lorsqu'ils en reprennent globalement la valeur référentielle (cas de coréférence stricte) : *Il a acheté trois encyclopédies. Elles sont volumineuses / lesquelles sont volumineuses.* Les autres (pronoms possessifs, démonstratifs, interrogatifs, numéraux et indéfinis) ne sont pas affectés par l'accord en nombre, puisqu'ils assignent de nouvelles déterminations à leur antécédent : ou bien ils ne reprennent que la substance notionnelle du nom pour la requantifier (*Je n'ai qu'un chat. Les voisins en ont plusieurs – Mes voisins ont plusieurs chats. Nous n'en avons qu'un*), ou bien ils opèrent une quantification partitive sur l'ensemble du groupe nominal antécédent (*Il avait hérité de tous les meubles anciens de ses parents. Il en a déjà vendu / un / plusieurs*).

Remarque. — Lorsqu'ils sont invariables, les pronoms en emploi anaphorique transmettent néanmoins au verbe et à leurs attributs le nombre et éventuellement le genre associé à leur antécédent : *le document qui a été produit / les preuves qui ont été produites – Toutes les copies ont été corrigées : plusieurs étaient excellentes.*

Chapitre VIII

LE GROUPE VERBAL :
LE VERBE ET SES CONSTRUCTIONS

1. LES STRUCTURES DU GROUPE VERBAL

Le groupe verbal est le second des deux constituants obligatoires de la **phrase de base** (**VI : 4.1.**) lorsque celle-ci s'analyse selon le schéma : **P → GN + GV**. Comme tout syntagme, le groupe verbal (abrégé **GV**) s'articule autour d'un mot-tête, le **verbe**, dont dépendent d'autres éléments, en particulier son ou ses compléments.

Ce regroupement (**VI : 2.2.1.**) est confirmé par les propriétés suivantes vérifiées sur le GV de la phrase :

▶ On peut substituer un seul élément à la suite [verbe conjugué + complément(s)] mais pas à la suite [sujet + verbe conjugué] : *Jeanne a privé son fils de dessert → Jeanne divague*, mais *Jean écrit une lettre à ses parents → ? ? ? ? une lettre à ses parents*.

▶ L'ensemble du GV est remplacé par des proformes verbales dans l'interrogation partielle (**VII : 5.4.** et **XIV : 2.3.**) et déplacé par la dislocation (**XIV : 6.1.**) ou par l'extraction (**XIV : 6.2.**) :
    (1) *Que fait Jean ? – Il écrit une lettre à ses parents*
    (2) *Écrire une lettre à ses parents, Jean le fait tous les jours*
    (3) *Ce que Jean fait en ce moment, c'est écrire une lettre à ses parents*

▶ La locution restrictive *ne... que* (**XIV : 5.2.6.**) peut porter sur tout le GV, ce qui confirme son statut de constituant : *Jean ne fait qu'écrire des lettres à ses parents*.

▶ Le groupe verbal assure souvent la fonction globale de propos, par opposition au thème de l'énoncé, représenté par le sujet (**VI : 4.3.3.** et **XXIII : 2.1.**). Aucune propriété similaire ne permet de regrouper en une unité syntaxique le groupe nominal sujet et le verbe séparé de sa complémentation.

La notion de groupe verbal est absente des grammaires traditionnelles et des modèles de type valenciel (**VI : 3.1.**) inspirés de L. Tesnière, où le verbe apparait comme le « terme principal » de la phrase, véritable pivot organisateur autour duquel se rassemblent, d'une part le sujet, d'autre part les compléments et l'attribut. Ces derniers partagent par rapport au verbe le rôle syntaxique d'actants différenciés à la fois par leur ordre d'apparition dans la suite linéaire et par les rôles sémantiques qu'ils jouent par rapport au verbe.

Le modèle syntagmatique (**VI : 2.2.**) et le modèle actanciel ne sont pas incompatibles, mais se complètent dans la description de la **diathèse verbale** (étymologiquement : « action de placer çà et là », donc de part et d'autre du verbe, relation « à travers » lui), c'est-à-dire des rapports de construction et d'interprétation que le verbe instaure avec les constituants qu'il régit dans la configuration de la phrase : son sujet et, d'autre part, son ou ses compléments ou le terme attribut : cette notion inclut donc ce qu'on appelle traditionnellement la **voix** (active, passive, pronominale) comme cas particulier. Le premier de ces modèles fournit une base syntaxique solide à la distinction entre sujet et complément(s) / attribut, le second permet d'affiner la caractérisation sémantique des constructions verbales. Tous les deux sont conjointement reflétés dans les versions plus récentes de la grammaire générative qui distinguent l'argument externe du verbe (le sujet) de ses arguments internes (le(s) complément(s) sur des bases à la fois syntaxiques et interprétatives.

2. LE VERBE ET SES COMPLÉMENTS

Le **verbe** est l'élément fondamental du groupe verbal, qui peut se réduire à ce seul constituant : [*Jean*]GN [*bluffe* V]GV. Il y est généralement accompagné d'un ou de plusieurs éléments qui sont soit des adverbes modifieurs directs (obligatoires ou, plus souvent, facultatifs) du verbe (**XIII : 2.**) *(Il va / conduit <u>bien</u> / raisonne <u>vite</u> – Le train entre <u>lentement</u> dans la gare)* ou des expressions équivalentes, soit ce que l'on appelle traditionnellement ses compléments (ou les attributs du sujet, si le verbe est *être* ou un verbe fonctionnellement équivalent). Outre le verbe, le groupe verbal admet donc parmi ses constituants le groupe nominal sous toutes ses formes (**VII : 1.1.**) et ses équivalents pronominaux (**VII : 5.**), l'adjectif et le groupe adjectival (**XI**), le groupe prépositionnel (**XII**) et l'adverbe (**XIII**).

Certains verbes sont également utilisés comme :

- **auxiliaires** (**IX : 2.2.**) pour construire, avec le participe passé d'un autre verbe, ses formes composées (formes temporelles et aspectuelles ou passives) ;
- **semi-auxiliaires** ou éléments de **périphrases verbales** avec le verbe à l'infinitif (**IX : 2.3.**) avec une valeur temporelle (*venir de*), aspectuelle (*être en train de*), modale (*pouvoir*) ou de diathèse soit causative (*faire, laisser*) soit passive (*se faire, se laisser, se voir*) ;
- **verbes supports** (**4.7.**) pour former, avec d'autres parties du discours qu'ils prédicativisent, l'équivalent d'un verbe simple (*faire le résumé de* N_1 = *résumer* N_1).

Le terme même de *verbe* tel qu'on l'emploie ordinairement ne distingue pas entre nature et fonction. Il renvoie aussi bien à la partie du discours porteuse des marques spécifiques de la conjugaison qu'à une position structurale dans la phrase de base : celle du constituant obligatoire et mot-tête du groupe verbal (**VI : 4.1.**). C'est à cette deuxième propriété que l'on identifiera ici le rôle syntaxique central du verbe en distinguant différentes classes de groupes verbaux selon les différentes formes que prend sa complémentation (c'est-à-dire la variable X, éventuellement nulle, dans le schéma de décomposition : **GV** → **V** + **X**. Le sens lexical du verbe détermine parallèlement une certaine configuration actancielle, sur le modèle d'un prédicat à une ou plusieurs places dont il assigne à chacune un rôle sémantique spécifique (**VI : 3.3.2.**).

Au sens traditionnel du terme, **un complément du verbe** est un syntagme de type nominal ou prépositionnel qui fait partie du groupe verbal (alors que le complément circonstanciel (**VI : 4.5.**) lui est extérieur) et qui dépend du verbe à un double titre. Syntaxiquement, il appartient à la construction du verbe (à son schéma actanciel), comme l'adjectif épithète et le complément du nom font partie de la construction du nom-tête d'un groupe nominal. Sémantiquement, il apporte toujours un complément d'information appelé par le sens du verbe puisque, comme le sujet, il joue un rôle sémantique par rapport au verbe. Selon les cas, l'expression de cette information est facultative ou bien indispensable à la bonne formation de la phrase. Enfin, les verbes se distinguent par le nombre de leurs compléments (zéro, un, deux, voire trois), la construction (directe ou indirecte) de ces compléments et, le cas échéant, par la forme spécifique des pronoms personnels, relatifs, interrogatifs et indéfinis qui leur sont substituables. Ainsi le verbe *hériter* a deux compléments construits l'un directement, l'autre indirectement (*Paul a hérité* [*cette vieille commode*]**GN** [*de son oncle*] **GP**), facultatifs (*Paul a encore hérité – Paul a hérité cette vieille commode – Paul a hérité de son oncle*), pronominalisés par des formes spécifiques (*Paul l'a héritée de* lui *– Paul a hérité* quelque chose *de* quelqu'un mais aussi Qu'a-t-il hérité ?/ De qui *a-t-il hérité ?*) et jouant par rapport au processus de transfert dénoté par le verbe les rôles respectifs d'objet et de source (origine).

En multipliant et en raffinant les traits distinctifs (notamment par le recours aux restrictions d'ordre sémantique), la description finit par assigner à chaque verbe ou à chacune de ses acceptions un profil lexico-syntaxique particulier. Ces critères classificatoires définissent moins des classes de verbes que des classes d'emplois de verbes, car le même verbe pris en différents sens peut appartenir à plusieurs de ces classes. Le verbe *jouer*, par exemple, a de multiples emplois, liés chacun à une acception particulière, comme on le vérifiera en consultant un dictionnaire de langue :

  • sans complément : *Les enfants jouent* [= s'amusent] *dans la cour – Cette pièce de bois joue* [= a du jeu] ;
  • avec un complément construit directement : *jouer* [= mettre en jeu] *l'as de pique* ; *jouer* [= risquer] *sa réputation* ; *jouer* [= exécuter] *du Chopin* ;

jouer [= représenter / incarner] *Phèdre* ; *jouer* [= disputer] *un match de tennis / la dernière manche / les prolongations* ;
- avec divers types de compléments prépositionnels ; *jouer* [= s'amuser] *avec une poupée / des allumettes* ; *jouer* [= pratiquer un jeu] *à cache-cache / au football* ; *jouer* [se servir d'un instrument de musique] *de la harpe / du piano* ; *jouer* [= spéculer] *sur les faiblesses de quelqu'un* ;
- avec deux compléments : *jouer* [= parier, miser] *mille francs sur un cheval* ;
- en construction pronominale avec un complément introduit par *de* : *se jouer* [= se moquer de] *de quelqu'un / se jouer*[= éluder] *des difficultés*.

Cette liste ne tient pas compte des emplois du verbe *jouer* comme verbe support (*jouer / faire un tour à quelqu'un, jouer au plus malin / faire le malin*) ou dans des locutions toutes faites (*jouer des coudes, jouer la montre, jouer à la baisse* (à la Bourse), *jouer sur les mots*, etc.) ni de toutes les variétés de sens que peut cacher une même construction.

Bibliographie. — M. Gyoss (1968 : passini) D. Willems (1981), *Syntaxe, lexique et sémantique : les constructions verbales*, Publications de la faculté des lettres de Gand – C. Eggermont, K. Van den Eynde et E. Broeders (1992), *Dictionnaire automatisé des valences des verbes français*, CCL, Louvain – J. François (2003), *La prédication verbale et les cadres prédicatifs*, Louvain, Peeters.

3. LES DIFFÉRENTS TYPES DE CONSTRUCTION DES VERBES

3.1. Constructions transitives, intransitives et attributives

Les grammaires traditionnelles définissent le complément d'objet (direct ou indirect) comme « la personne ou l'objet sur laquelle passe (« transite ») l'action exprimée par le verbe et effectuée par le sujet ». Cette conception de la transitivité est battue en brèche par de nombreux contre-exemples. Son inadéquation tient non pas à son caractère sémantique (encore que le sens de « passer sur » soit peu clair), mais au fait que le rapport instauré par le verbe entre les rôles sémantiques du sujet et du complément s'y trouve indument assimilé à une action du premier sur le second, alors que ce peut être un rapport de localisation (*Le belvédère domine la ville* – *L'armée occupe tous les points stratégiques* – *Il a quitté l'appartement* – *La fenêtre donne sur la cour*), d'évaluation temporelle (*Il a passé deux semaines à la campagne* – *L'épreuve orale a duré plus d'une heure*), de cause à conséquence (*Son imprévoyance lui a valu / causé / occasionné bien des soucis* – *Son intervention a suscité / provoqué l'hilarité générale*), d'évaluation comparative (*Il ressemble à son père*), de concomitance (*La bière accompagne bien / va bien avec la choucroute*), etc. Les sens relationnels des verbes étant infiniment variés et différenciés, il est naturel que les rôles sémantiques joués conjointement par leurs sujets et leurs compléments le soient aussi (**VI : 3.3.2** et **4.3.2.**) !

Employées dans une acception formelle, les notions de transitivité et d'intransitivité caractérisent les différents types de constructions du verbe. Selon les cas, une construction verbale sera dite :

▶ **intransitive**, lorsque le verbe n'a pas de complément (*Il aboie*) ;
▶ **transitive**, lorsque le verbe a un ou plusieurs compléments. La construction sera **transitive directe** si le complément (dit **d'objet direct**) est directement relié au verbe (*Il attend les vacances* – *Il a gagné Paris*), **transitive indirecte** si le complément (dit **d'objet indirect**) est introduit par une préposition (*Il pense aux vacances* – *Il va à Paris*) ;
▶ **ditransitive** (c.-à-d. **à double complémentation**) si le verbe se construit avec deux compléments dont l'un est généralement direct et l'autre indirect (*Il interdit* [*l'entrée*] [*aux curieux*]) et qui, se présentant le plus souvent dans cet ordre, sont parfois appelés **objet premier et objet second**. Quelques verbes peuvent même se construire avec trois compléments (**4.4.**) ;
▶ **attributive** si un verbe copule comme *être* instaure entre l'élément prédicatif dit **attribut** qu'il régit directement et son sujet une relation morphosyntaxique et sémantique particulière marquée par le phénomène de l'accord (*Ces boissons sont désaltérantes* – *Ce repas fut un régal*) ou si un verbe lexical l'instaure entre son objet et une proposition attributive réduite (sans copule) : *Tout le monde trouve ces boissons désaltérantes / Tout le monde trouve que ces boissons sont désaltérantes*.

VIII – Le groupe verbal le verbe et ses constructions

Remarque. — Un certain nombre de verbes ouvrent des positions de complément (direct ou indirect) à des propositions subordonnées : subordonnées complétives (*Je sais qu'il viendra* – *Je tiens à ce qu'il soit là*), interrogatives (*Je me demande s'il viendra / quand il viendra*) et relatives substantives (*Invite qui tu voudras*), mais aussi constructions infinitives généralement décrites comme des subordonnées à sujet non réalisé (*Je compte partir / qu'il partira*). L'attribut peut aussi se réaliser sous ces deux formes propositionnelles : *Son désir le plus cher était que Paul épouse Lucie / d'épouser Lucie*. Les multiples spécificités de ces compléments génériquement appelés **propositionnels** seront décrites dans les chapitres consacrés aux phrases complexes (XV à XVIII).

Le **tableau** suivant présente les principales constructions du verbe dans la phrase de base [**TR** = transitive ; **INT** = intransitive ; **DIR** = directe ; **IND** = indirecte ; **A2C** = (transitive) à deux compléments ; **A3C** = (transitive) à trois compléments ; **ATTR** = attributive]. Chaque type de construction fera ensuite l'objet d'une présentation plus détaillée.

	GV	Construction	Complémentation
	+ ø *Il récidivera.*	INT	Pas de complément
	+ GN *Il a lu la lettre.*	TR DIR	Complt direct
	+ GP *Il ressemble à son frère.*	TR IND	Complt indirect
	+ GN + GP *Il confie son argent à la banque.*	A2C	Complt direct Complt indirect
V	+ GP1 + GP2 *Il a parlé de notre projet à ses associés.*		Complt indirect + Complt indirect
	+ GN1 + GP1 + GN2 / GP2 *La ville lui a acheté son terrain 8000 euros.*		Complt direct + Complt indirect + Complt direct
	Il a traduit ce livre du latin en plusieurs langues modernes.	A3C	Complt direct + Complt indirect + Complt indirect
	+ Attribut *La vie est brève.*	ATTR	Attribut du sujet
	+ GN + Attribut *Il trouve le prix trop élevé.*		Complt direct + attribut du complt

Bibliographie. — A. Blinkenberg (1960), *Le problème de la transitivité en français moderne*, Munksgaard, Copenhague – J. Lyons (1970) : Chap. VIII – A. Borillo et *alii* (1974) : 15-82 – D. Leeman-Bouix (1974), *Grammaire du verbe français. Des formes au sens*, Nathan – P. Le Goffic et N. Combe-Mc Bride (1975), *Les constructions fondamentales du français*, Hachette – J.-P. Boons et *alii* (1976) – P. J. Hopper et S. A. Thompson (1980) – C. Blanche-Benveniste et *alii* (1984) – A. Rousseau (1998), Éd. *La transitivité*, Lille, Presses Univ. du Septentrion.

3.2. Les emplois absolus des verbes transitifs directs et indirects

Comme unité lexicale associant une forme, un sens et une construction, un verbe se définit par une structure (distributionnelle et actancielle) maximale définie par l'ensemble des positions syntaxiques occupées par son sujet et son ou ses compléments (**VI : 2.2.4. et 3.**). Ainsi les verbes *récidiver, résoudre* et *livrer* ont une structure maximale qui comporte respectivement une, deux et trois positions : *Jean* (1) <u>*a récidivé*</u> – *Jean* (1) <u>*a résolu le problème*</u> (2) – *Jean* (1) <u>*a livré*</u> *la commande* (2) *à son client* (3). Un certain nombre de verbes transitifs ne peuvent s'employer sans complément d'objet sous peine d'agrammaticalité : *Il a résolu / *a aperçu / *a rempli / *a découvert / *a habité, etc. Leur sens codé réclame en effet que leur complément d'objet soit réalisé et spécifié, fût-ce sous une forme minimale (*Il a aperçu / découvert quelque chose*). Si l'on excepte les verbes dont le sens varie avec la construction (*La colle a pris – Pierre a pris le livre*), la plupart des verbes transitifs sont susceptibles d'être employés « absolument », c'est-à-dire sans complément d'objet explicite et avec des effets de sens liés à cette absence. Deux cas sont à distinguer :

> • ou bien l'objet est contextuellement restituable, par exemple dans une conversation : *Je vois (ce que vous voulez dire) – Je sais (ce que vous venez de me dire) – Répète (ce que tu viens de me dire) – Regarde (ce que je te montre)* ;
> • ou bien l'absence de réalisation lexicale de l'objet permet d'identifier le procès verbal en lui-même sans autre spécification (*Il faut manger pour vivre et non pas vivre pour manger – On mange à quelle heure ?*). Souvent, la non-spécification de l'objet, lorsqu'elle n'est pas compensée par l'information contextuelle, crée des sens dérivés intégrant le trait de l'habitude ou de la disposition : *Il boit* [= Il est

alcoolique] – *Elle ne voit plus* [= Elle est aveugle] – *Cet enfant n'obéit pas* [*Cet enfant est désobéissant*] – *Il aime* [*Il est amoureux*] – *Est-ce que vous conduisez ?* [= Est-ce que vous savez conduire ?].

– Tantôt la spécification de l'objet est possible mais n'est pas jugée pertinente pour le propos : *Ne le dérangez pas : il est en train de lire* (peu importe ce qu'il lit) – *Désolé, mais j'ai déjà donné* (le locuteur sollicité juge qu'il n'a pas à spécifier combien il a donné ni à qui).

– Tantôt l'objet reste indéterminé parce qu'il recouvre la gamme entière des objets possibles du verbe : *À trois ans, il savait déjà lire et écrire* – *Qui cherche trouve* – *Il aime bien recevoir, mais ne donne jamais* – *Cet enfant n'obéit pas*.

Dans tous les cas, le rôle sémantique associé au complément non exprimé est conservé dans l'interprétation de la phrase.

Bibliographie. — L. Tasmowski (1992), Le verbe transitif sans complément, *Travaux de linguistique et de philologie*, 30 : 157-170 – M. Noailly (1997), Les traces de l'actant objet dans l'emploi absolu, *Travaux de linguistique*, 35 (*Les objets : relations grammaticales et rôles sémantiques*) – M. Larjavaara (2000), *Présence ou absence de l'objet : limites du possible en français*, Helsinki, Academia Scientiarum Fennica.

4. LES DIFFÉRENTS TYPES DE COMPLÉMENTS

4.1. Les GN directement régis par le verbe

4.1.1. *Le complément d'objet direct*

Dans la phrase canonique de base (**VI : 2.1.** et **4.1.**), les verbes transitifs directs sont normalement suivis d'un **complément d'objet** (abrégé en c.o.d.) construit sans préposition et qui, sauf blocage sémantique, peut prendre toutes les formes du groupe nominal et de ses équivalents pronominaux ou propositionnels (**VII : 1.1.**) :

Il connaît bien la musique classique / quelqu'un – *Il veut que Paul parte / partir* – *Je me demande s'il est là / où il est* – *Invitez qui vous voudrez*– *Je ne savais pas qui contacter / que faire / où aller / comment réagir*, etc.

Non mobile à l'intérieur du groupe verbal (sauf permutation avec un autre complément), le c.o.d. peut en être détaché par dislocation ou par extraction au moyen de *c'est... que* (**XIV : 6.**) :

<small>La musique classique, il la connaît bien – C'est la musique classique qu'il connaît bien – Ce qu'il connaît bien, c'est la musique classique</small>

Il se remplace par les formes correspondantes du pronom conjoint de la 3ᵉ personne (*Il le / la / les connaît*) ou par *en* éventuellement accompagné par un pronom indéfini s'il est l'objet d'une détermination non définie :

<small>Les fruits étaient excellents. J'en ai mangé Ø / un / plusieurs / quelques-uns</small>

S'il est le foyer de la négation phrastique, son article indéfini prend la forme *de / d'* :

<small>L'État ne gagnera pas d'argent dans cette opération (presse) vs L'État gagnera de l'argent dans cette opération</small>

Le pronom relatif c.o.d. est *que* et le pronom interrogatif portant sur le c.o.d. *qui* ou *que* (selon que son référent est préclassifié humain ou non catégorisé), deux formes qui fonctionnent aussi comme attributs.

En principe, une construction transitive directe se prête à la passivation (**XIV : 7.1.**) et son c.o.d. devient alors sujet du verbe à la forme passive (*Le ministre a décoré Pierre → Pierre a été décoré par le ministre*). Plusieurs verbes formellement transitifs et à complément direct ineffaçable dont *avoir, comporter, pouvoir*, etc., sont toutefois inaptes à la passivation, du moins dans la majorité de leurs acceptions.

Remarque. — Les pronoms *tout* et *rien* objets directs s'intercalent entre l'auxiliaire et le verbe (*Il a tout perdu, mais n'a rien dit*) et précèdent généralement le verbe à l'infinitif (*Il veut tout savoir – Il vaut mieux ne rien dire*). Si l'on excepte quelques expressions figées (*Grand bien lui fasse – sans bourse délier – sans coup férir*, etc.), seules les formes pronominales conjointes sont antéposées au verbe, sauf dans la phrase impérative positive (**VII : 5.2.2.4.**) : *Il l'a lu / Lis-le*. L'objet d'une interrogation partielle (**XIV : 2.3.**) ou d'une phrase exclamative (**XIV : 3.2.**) apparaît généralement en tête de phrase : *Quelle robe a-t-elle choisie ? – Quel beau voyage tu as fait !*

Le c.o.d. prototypique est un second actant verbal qui, sémantiquement, joue le rôle d'argument final d'un prédicat à deux arguments. Le processus relationnel instauré par le verbe implique deux entités, dont l'une (le sujet) est conçue comme sa source et l'autre (le c.o.d.) comme son « objet » entendu comme son point d'aboutissement ou d'application. Aussi le rôle sémantique du c.o.d. lui est-il assigné par le sémantisme du verbe dont il constitue l'argument final. En fonction de ce sémantisme, on distingue :

– les « objets affectés » par une opération, par exemple une manipulation, qui peut éventuellement les modifier :

(1) *La grâce que vous aviez en maniant cette perche* ! (presse)
(2) *La scène où Olivier Gourmet se fait tirer la barbe* […] (presse)
(3) *Il affirme ne « jamais avoir demandé qu'on change la loi de 1905 » sur la laïcité* (presse)
(4) *La loi américaine interdit de démasquer un agent secret* (presse)

– les « objets effectués » si le verbe dénote un processus de création (et, inversement, « anéantis » si le procès implique leur disparition en tant que tels) :

(1) *Il a construit / démoli plusieurs maisons*
(2) *Gaston Leroux a écrit cette histoire en deux romans* (presse)
(3) *Wagner donne l'impression d'orchestrer comme le boucher prépare ses hachis : tant de veau, tant de porc, le reste de bœuf* (P. Boulez)

– les objets ni affectés ni effectués dont le rôle sémantique dépend de la nature du procès simple ou complexe qui les relie au référent du sujet : rapport plus ou moins spécifique, localisation, mouvement orienté vers un but, perception, sentiment, etc. :

(1) *Les tarifs concernant les particuliers ne devront pas augmenter davantage que l'inflation* (presse)
(2) *On habitait la même rue*
(3) *Mais la vieille ne veut pas quitter la scène* ! (presse)
(4) *Ce que Rouletabille et Sinclair observent est très sérieux* (presse)

Bibliographie. — M. Gross (1969), Remarques sur la notion d'objet direct en français, *Langue française*, 1 : 63-73 – C. Nique (1976), La notion de « propriété syntaxique » : le sujet et le c.o.d., *Pratiques*, 9 : 53-64 – B. Bortolussi (1990), Objet d'une théorie. *Le Gré des langues*, 1 : 26-35 – J. J. Frankel et D. Paillard (1993), Objet : construction et spécification d'occurrences, *Le gré des langues*, 4 : 29-43 – A. Vassant (1994), Le complément d'objet direct : essai d'étude syntaxique et sémantique, *Le gré des langues*, 7 : 22-47 – A. Abeillé (1997-1998), Fonction ou position objet ? *Le gré des* *langues*, 11-12 : 8-27 et 8-34 – *Travaux de linguistique*, 35 (1998), « Les objets : relations grammaticales et rôles sémantiques ».

4.1.2. Les emplois transitifs des verbes intransitifs

Un certain nombre de verbes (à bien distinguer des verbes réversibles, voir **4.5.**) et des verbes transitifs en emploi absolu (**3.2.**) ont une double construction, transitive et intransitive, qui correspond à deux sens nettement distincts : *Ça ne prend* [= marche] *pas / Ça prend* [= nécessite] *au moins deux heures – Son cœur bat / Il bat les cartes*. Les verbes authentiquement **intransitifs** n'admettent pas de complément construit directement ou indirectement. En général, leur sens globalise un procès en intégrant les spécifications qui pourraient être exprimées par des compléments : *ronfler, éternuer, bâiller, tousser, récidiver, agoniser, boursicoter* [= jouer à la Bourse], *cabotiner, jeûner*, etc. Toutefois, certains verbes intransitifs dénotant des manifestations sonores ou visuelles admettent occasionnellement une construction transitive où ils s'interprètent comme des verbes d'énonciation : *Le chien aboya / L'adjudant aboya un ordre – Le sommier grince / Il grinça* [= dit en grinçant] *de vagues menaces – Le feu crépite / Le téléscripteur crépita* [= afficha en crépitant] *la nouvelle – Les bijoux scintillaient / Le journal lumineux scintillait* [annonçait en scintillant] *à intervalles réguliers la nouvelle année – Il ne cesse de tousser / Il nous toussa un discret avertissement* [= Il nous avertit en toussant discrètement] *Il balbutia une vague excuse – « Tu es né au Kelsaltan ? » croassé-je* (San Antonio).

4.1.3. Les GN non argumentaux directement régis par le verbe

Certains verbes ont un complément construit directement qui ne s'interprète pas comme leur argument final et qui ne partage pas l'essentiel des propriétés caractéristiques du c.o.d. Ce sont :
– les **attributs nominaux** :
  (1) *Je ne suis pas <u>une actrice intéressante</u>* (D. Darrieux) / *<u>*Une actrice intéressante</u> n'est pas étée (par moi)*
– les **séquences de verbes impersonnels (XIV : 8.3.)** :
  (2) *Il est arrivé <u>un grand malheur</u>* / *<u>*Un grand malheur</u> a été arrivé*

– les **noms prédicatifs** construits avec un verbe support (**4.7.**) :
   (3) *Cela fera <u>bien plaisir</u> à Jean* / **<u>Bien plaisir</u> sera fait par cela à Jean*
– les « **objets internes** » (**4.8.**) qui s'analysent mieux comme des GN prédicatifs construits avec des verbes supports particulièrement appropriés :
   (4) *Il a toujours vécu <u>une vie tranquille</u>* / **<u>Une vie tranquille</u> a toujours été vécue (par lui)*
– les **compléments de mesure** de verbes comme *coûter (20 euros), valoir (une fortune), mesurer (deux mètres), peser (une tonne)* et *faire* comme équivalent hyperonymique des précédents. Non seulement ces verbes d'évaluation quantitative ne s'emploient pas au passif (*Cette voiture lui a coûté un million* / **Un million lui a été coûté par cette voiture*) mais ils se distinguent par des formes et des conditions de pronominalisation particulières : *Combien coûte-t-il ?* / *pèse-t-il ?* / *fait-il ?* – *Ce modèle coûte 20 euros. Celui-ci (en) coûte autant* – *Ses 100 kilos, il les pèse bien* – *Le mètre quatre-vingt qu'il mesure en fait le plus grand de la classe*. Ils ont presque tous une construction parallèle où l'objet direct argumental, passivable et normalement pronominalisable, dénote l'entité que le sujet évalue : *Il a pesé 20 kilos de sucre / mesuré 2 mètres de tissu / goûté tous les vins*, etc. On en déduira que, construits avec un complément de mesure, ces verbes ne représentent pas des prédicats à deux places d'arguments, mais une dimension que ce complément spécifie quantitativement. Ce que confirme leur paraphrase par la locution prédicative *avoir* + nom de la dimension et sa restructuration en [*le* + nom de dimension + *est de*] :
   (5) *La valise <u>pèse</u> 50 kilos* / *La valise <u>a un poids de</u> 50 kilos*
   (6) *La valise <u>pèse</u> 50 kilos* / *<u>Le poids</u> de la valise <u>est de</u> 50 kilos*

Cette analyse peut être étendue aux verbes dénotant une performance mesurable :
   (7) *Jean a sauté 2 mètres 20* / *Combien Jean a-t-il sauté ?*
   (8) *Jean a fait un saut de 2 mètres 20* / *La saut de Jean fait 2 mètres 20*

aux compléments des verbes « olfactifs », comme *sentir, puer* et leurs synonymes familiers, où la dimension de l'odeur est spécifiée (saturée) qualitativement :

(9) *Ce vin sent les fruits rouges / Ce vin a une odeur de fruits rouges / Ce vin a des aromes de fruits rouges*

ainsi qu'aux compléments de mesure « seconds » qui spécifient quantitativement l'évaluation opérée par un verbe sur son objet argumental : *Il a acheté / vendu sa montre 2 000 € – Il estime / évalue sa montre à 2 000 €.*

Bibliographie. — L. Melis (2000), Le complément des verbes olfactifs ou la frontière ténue entre compléments, objets et attributs, *in* M. Coene *et al.*, éds, *Traiani Augusti Vestigia Pressa Sequamur. Studia Linguistica in honorem L. Tasmowski*, Padova, Unipress : 123-137 – L. Melis (2003), La constellation de l'objet, *Mémoire en temps advenir, Orbis / Supplementa*, 22, Louvain, Peeters : 585-610 – 2006 – M. Riegel (2006), Architecture et interprétation de la rection verbale : le cas des groupes nominaux construits directement, *in* H. Nolke, I. Baron., H. Korzen, J. Korzen, H. H. Müller, éds, *Grammatica. Hommage à Michael Herslund*, Berne, Peter Lang. : 437-451.

4.2. Le complément d'objet indirect

Le complément d'objet indirect (**c.o.i.**) est introduit par diverses prépositions, dont les deux plus fréquentes sont *à* et *de* :

(1) <u>à</u> : *penser à l'avenir / obéir à la loi / appartenir à la classe dirigeante / aller à l'étranger*, etc. ;
(2) <u>de</u> : *profiter de l'occasion / tenir de son père / sortir de l'ordinaire / changer de chemise*, etc. ;
(3) <u>avec</u> : *jouer avec le feu / danser avec sa femme*, etc. ;
(4) <u>après</u> : *courir après les honneurs* ;
(5) <u>autour</u> : *tourner autour de la place / s'enrouler autour du cou*, etc. ;
(6) <u>chez</u> : *habiter / loger chez ses parents*, etc. ;
(7) <u>contre</u> : *s'écraser contre un arbre / lutter contre l'insécurité / buter contre un obstacle*, etc. ;
(8) <u>en</u> : *partir en vacances / monter en voiture / vivre en France*, etc. ;
(9) <u>par</u> : *passer par (= traverser) de rudes épreuves*, etc. ;
(10) <u>pour</u> : *voter pour le candidat de l'opposition / compter pour du beurre / partir pour l'Angleterre*, etc. ;
(11) <u>sur</u> : *compter sur son charme / sauter sur l'occasion / tomber sur un ami*, etc.
(12) <u>vers</u> : *s'avancer vers la tribune / se tourner vers le public*, etc.

L'identification du c.o.i. est d'autant plus délicate que la plupart des compléments circonstanciels sont aussi introduits par une préposition. On appliquera donc (à l'envers) les différents critères qui permettent de reconnaître ces derniers comme des constituants périphériques de la phrase, et donc extérieurs au groupe verbal (**VI : 4.5.1.** et **4.5.4.**). Le critère décisif reste l'existence d'un double rapport de dépendance avec le verbe :

- rapport sémantique, puisque le c.o.i. est un véritable actant dont le rôle sémantique argumental, complémentaire de celui du sujet, est appelé par le sens du verbe. De même que le verbe *obéir* implique un second actant auquel le premier conforme sa conduite, le procès dénoté par le verbe de mouvement *parvenir* suppose un point d'aboutissement (*Il est parvenu au / jusqu'au sommet*) ;
- rapport syntaxique, puisque le verbe contrôle la construction du complément, dont il détermine dans la plupart des cas la préposition introductrice (*obéir* et *parvenir* se construisent obligatoirement avec *à, profiter* et *se méfier* avec *de*). Les compléments locatifs se signalent par la variabilité de la préposition (*aller à / dans / vers / sous / sur / derrière*, etc.) qui reste toutefois confinée à l'intérieur d'un paradigme restreint commandé par le sens du verbe (**aller pour / selon*).

La **pronominalisation** des compléments indirects s'effectue selon trois modèles :

1. Les compléments introduits par *à* se pronominalisent par les formes conjointes *lui / y* ou disjointes *lui / elle(s) / eux* selon la nature du verbe :

- une série de verbes comprenant *succéder, convenir, aller* (au sens du précédent : *Cette robe lui va bien*), etc. pronominalisent leur complément par *lui / leur*, que ce dernier soit animé ou non : *Il lui succède* [= *Le fils succède au père / Le jour succède à la nuit*] ;
- une série de verbes comme *participer, remédier, assister*, etc., pronominalisent leur complément, nécessairement non-animé, par *y* : *Il y participe / consent / souscrit / aspire /* etc. ;
- les autres verbes, qui se construisent avec un complément non-animé ou animé, pronominalisent le premier type par *y* et le second, soit par les formes conjointes *lui / leur*, soit par les formes disjointes à *lui / elle(s) / eux* précédées de la préposition :

(1) *Il y / lui répond – Il y / lui a survécu.*
(2) *Il y pense / Il pense à eux – Il s'y accroche / Il s'accroche à elle – Il y va / Si tu ne viens pas à Lagardère, Lagardère ira à toi.*

2. Les compléments en *de* se pronominalisent en principe par *en* s'ils sont non animés, par les formes disjointes *de lui / d'elle(s) /*

d'eux s'ils sont animés (**VII : 5.2.1.**) : *Il en sort / Il s'en repent – Il en profite* [= de l'occasion] / *Il profite d'eux* [= de ses amis]. La tendance est à l'extension de *en* aux compléments animés : *Tout le monde connaît la femme d'Hector. Il en parle tout le temps.* En est obligatoire pour renvoyer aux compléments animés non définis : *Il s'occupe des enfants handicapés / Il s'occupe d'eux,* mais *Il s'occupe d'enfants handicapés / Il s'en occupe.*

> • Dans les constructions disloquées, les formes conjointes *y* et *en* se substituent aux formes disjointes pour éviter la répétition des prépositions *à* et *de* : *Jear., je pense à lui,* mais **À Jean, je pense à lui* → *À Jean, j'y pense* → **Je pense à lui, à Jean* → *J'y pense, à Jean.* De même : *Jeanne, je me méfie d'elle,* mais **De Jeanne, je me méfie d'elle* → *De Jeanne, je m'en méfie* → **Je me méfie d'elle, de Jeanne Je m'en méfie, de Jeanne.*

3. Les compléments introduits par une préposition autre que *à* ou *de* se pronominalisent par une forme disjointe s'ils sont animés : *Je compte sur lui – Il a voté contre moi – Il a dansé avec elle toute la nuit.* La pronominalisation des compléments non-animés est plus délicate à analyser :

> • Les grammaires traditionnelles considèrent qu'elle s'effectue sous la forme d'un élément adverbial homonyme ou variante de la préposition : *J'ai voté <u>contre</u> ta proposition* → *J'ai voté <u>contre</u>* → *Elle se serre <u>contre</u> le mur* → *Elle se serre <u>contre</u>* → *C'est étudié <u>pour</u> une utilisation donnée* → *C'est étudié <u>pour</u>* → *Ça ne rentre pas dans la boîte* → *Ça ne rentre pas <u>dedans</u>.* → *Ecris l'adresse sur le paquet* → *Ecris l'adresse <u>dessus</u>.*
> • Ces constructions s'analysent plus avantageusement comme des effacements du groupe nominal représenté, où la préposition, dite « orpheline », subsiste telle quelle ou sous une forme modifiée en *de-* (*dedans, dessus, dessous, dehors*) : *Il a voté [pour le projet]* **GP** – *Il a voté [pour Pro]* **GP** → *Il a voté [pour]* **GP**. Cette analyse permet d'expliquer certaines formes de pronominalisation du langage familier qui représentent un antécédent animé par la forme conjointe *lui / leur* dissociée de la préposition elle-même postposée au verbe (*On <u>lui</u> a craché <u>dessus</u> – Quelqu'un <u>lui</u> est rentré <u>dedans</u> – Il <u>lui</u> tourne <u>autour</u> – Arrête de <u>lui</u> courir <u>après</u> / <u>derrière</u>*) selon le modèle : *Jean tourne <u>autour de lui</u>* → *Jean <u>lui</u> tourne <u>autour</u>.*

Il arrive souvent que le même rôle sémantique soit exprimé par les constructions respectivement directe et indirecte des compléments de deux verbes de sens proche : *combattre / lutter contre ; haranguer, apostropher, invectiver / s'adresser à ; regagner / retourner dans (son appartement)* ; *quitter / partir de (Paris)* ; *utiliser, employer / se servir d'(un instrument)* ; *viser / aspirer à (la députation).*

Remarque. — Il semble toutefois que lorsque les deux constructions sont en concurrence pour un même verbe, le complément construit directement apparaît davantage affecté dans sa globalité par le procès verbal. On opposera ainsi la lecture « holistique » (globale) et immédiate de la relation du verbe au complément direct à la lecture partitive et médiate de sa relation au complément indirect dans les couples de constructions : *habiter* [= occuper] *un appartement / habiter dans un appartement* – *barbouiller un mur / barbouiller sur un mur* – *tirer*[= abattre] *un canard / tirer sur un canard / tirer dans la foule* – *Pierre a rapproché la chaise et le buffet / la chaise du buffet* – *Il fournissait ses clients en drogue / Il fournissait de la drogue à ses clients.*

Histoire. — Plusieurs verbes ont connu des variations de construction sans changement de sens au cours de l'histoire de la langue française. En français classique, on écrivait *obéir son mari* (Malherbe), *échapper les mains de Dieu* (Bossuet), *ressembler un torrent* (Malherbe), etc. (ce qui explique les passifs *Vous êtes obéi / Vous êtes pardonné*). Inversement, des verbes comme *contredire, prévoir, ignorer*, etc. étaient construits avec un complément nominal indirect (*J'ai contredit aux maximes que vous avez apportées*, Pascal).

Bibliographie. — J. Pinchon (1972) – L. Picabia et A. Zribi-Hertz (1981) : 123-145 – A. Zribi-Hertz (1984), Prépositions orphelines et pronoms nuls, *Recherches linguistiques de Vincennes*, 12 : 46-91.

4.3. Les verbes à deux compléments

▶ Un grand nombre de verbes se construisent avec un objet direct et un objet indirect appelé **objet second** selon le modèle V – N_1 – Prép – N_2 :

• N_1 à N_2 : *donner / offrir / confier / prêter / octroyer / envoyer / laisser / permettre / montrer / dire / indiquer / mettre / rendre / pardonner / demander / arracher / ôter / reprocher / assimiler / identifier*, etc. ;
• N_1 de N_2 : *recevoir / priver / remplir / gratifier / dépouiller / arracher / ôter / libérer / dégager / détourner*, etc. ;
• N_1 avec N_2 : *conjuguer / familiariser / marier / confondre*, etc. ;
• N_1 – Prép – N_2 : *loger une balle dans la cible* – *remplacer A par B* – *échanger / troquer A contre B* – *jeter, placer, poser À à / dans / sur / contre*, etc. B. – *Il ne faut pas mettre le doigt entre l'arbre et l'écorce* (le sens de la préposition réclame une conjonction de deux compléments indirects), etc.

La plupart de ces verbes dénotent une opération concrète ou figurée de transfert entre deux de leurs actants. Il arrive que des verbes de sens voisin ne se distinguent que par l'ordre des deux types de compléments : *apprendre quelque chose à quelqu'un / informer quelqu'un de quelque chose − donner / fournir quelque chose à quelqu'un / pourvoir, doter quelqu'un de quelque chose − ôter, enlever quelque chose à quelqu'un / priver, amputer quelqu'un de quelque chose.* L'ordre normal dans la phrase canonique est [c.o.d. + c.o.i.], mais l'objet indirect précède l'objet direct lorsque ce dernier constitue un groupe nettement plus volumineux (1) ou que sa postposition permet d'éviter une ambiguïté (2) :

(1) [...] *parfois elle tirait* de sa ceinture *un minuscule miroir à glissant couvercle d'argent qui pendait à sa chaîne de montre avec divers objets* (Gide)
(2) *Il a détourné* de ses amis *la jeune fille / Il a détourné la jeune fille* de ses amis (où la *jeune fille* peut être interprété comme c.o.i. du verbe *détourner* ou comme complément du nom *amis*).

Histoire. — Plusieurs verbes à double complémentation ont changé de construction : *persuader* est passé du schéma *persuader quelque chose à quelqu'un* en français classique à *persuader quelqu'un de quelque chose.*

▶ La tradition grammaticale appelle **complément d'attribution** l'objet second introduit par *à*, bien que ce rapport ne caractérise pas tous les objets seconds construits avec cette préposition (certains comme *ôter, confisquer, arracher*, etc. sont même l'objet du processus inverse de dépossession). Plus intéressante est la classe de constructions dites **datives** dont le second complément introduit par *à* se pronominalise en *lui / leur* et s'interprète comme le bénéficiaire ou le destinataire du reste du procès verbal. On distinguera quatre types de datifs :

• Le **datif lexical**, ainsi appelé parce qu'il est appelé par le sens lexical du verbe, représente le troisième actant prévu par la structure valencielle du verbe : *Il a légué toute sa fortune à ses enfants* → *Il leur a légué toute sa fortune.* Le rapport sémantique entre l'objet datif (o.dt) et le c.o.d. est paraphrasable par le rapport prédicatif [o.dt − *avoir* − c.o.d.] qui spécifie le résultat du processus complexe dénoté par le verbe : *léguer* X *à* Y, c'est opérer un transfert à l'issue duquel Y *a* X. Pour les verbes locatifs (p. ex. *Il* *a déposé le livre sur la table*), le rapport résultatif entre les deux compléments se glose par [X – *être* – préposition locative – Y] : *Le livre est sur la table.* On opposera ainsi les constructions datives (a) et locatives (b) des verbes *trouver* et *connaître* :

(a) *Je lui trouve un drôle de goût / du charme / du talent – Je ne lui trouve aucune excuse – Je ne lui connais pas d'amis / de vices – [...] ces corsages légers et largement ouverts que je lui ai toujours connus* (Gide).

(b) *La lecture, j'y trouve mon plaisir – L'équitation, je n'y connais rien.*

• Le **datif étendu** ne représente pas un complément prévu par les propriétés lexicales du verbe, mais évoque une personne qui est indirectement intéressée par le processus dénoté par le verbe et ses actants (d'où l'appellation traditionnelle de **complément d'intérêt**) : *Sa femme lui a mijoté un bon coq au riesling – Il m'a encore sali son blouson* [dit par la mère qui sait qu'elle devra nettoyer le blouson] *– Chante-moi une chanson ! – Il lui a drôlement arrangé sa voiture ! – Jetez-moi un coup d'œil sur ce dossier.* La préposition *à* alterne avec *pour* si le référent du datif étendu est concerné positivement par le reste de la phrase.

Remarque. — Dans certains parlers régionaux et dans la langue familière, le sujet bénéficiaire du reste de l'action décrite par la phrase est souvent redoublé sous la forme d'un pronom datif étendu : *Je vais me fumer une cigarette – D'ici que je me l'obtienne, mon diplôme* (Ph. Hériat) *– Tu peux te le garder !*

• Le **datif éthique** qui ne concerne que les pronoms de la deuxième personne. Il s'interprète comme une invitation directe au destinataire (littéralement pris à témoin) à s'investir affectivement dans l'action décrite. Aussi le rencontre-t-on surtout dans les phrases exclamatives et les constructions appréciatives. Il se combine sans difficultés avec les autres types de datifs :

(1) *Au Mont Saint-Michel, la mer te monte à une de ces vitesses* (C. Leclère : 1976)

(2) *Il te lui a filé une de ces gifles.*

(3) *Ce bougre-là, je vais te me le coller au bloc* (Romain Gary)

• le **datif de la totalité impliquée** (ou **partitif** ou encore **de la possession inaliénable**) identifie le tout lorsqu'une de ses parties fonctionne comme objet direct ou indirect :

(4) *Pierre lui serre la main* (Pierre serre la main à quelqu'un).

(5) *Pierre lui saute au cou* (Pierre saute au cou à / de quelqu'un).

En vertu de la solidarité entre le tout et ses parties, cette construction fait du tout (ailleurs identifié par une construction prépositionnelle ou possessive : *la main de Pierre / sa main*) un nouvel actant (syntaxiquement « oblique ») affecté par le procès portant sur ses parties.

▶ Quelques verbes se construisent avec **deux objets prépositionnels**. Il s'agit du verbe *parler* (*Jean parle de son futur livre à son éditeur*) et de verbes de sens apparentés (*s'entretenir de – avec – ; rendre compte / faire part de – à – ; discuter / débattre de – avec – ; répondre de – devant –*), de verbes spécifiant les deux termes d'un mouvement (*aller de – à – ; tomber de Charybde en Scylla – La température est montée de 20 à 35 degrés – passer du salon à la salle a manger,* etc.) ou les limites d'un espace (*s'étendre de – à –*), et de quelques verbes isolés comme *servir* (*Ce livre a servi de projectile à Jean*).

Bibliographie. — M. Gross (1975) : 73-96 – C. Leclère (1976), Datifs syntaxiques et datif éthique, *Méthodes en grammaire française*, in J.-C. Chevalier, M. Gross (éds) : 73-96 – C. Leclère (1973), Sur une classe de verbes datifs, *Langue française*, 39 : 66-75 – J. Guéron (1981), L'emploi « possessif » de l'article défini en français, *Langue française*, 58 : 23-35 – N. Ruwet (1982) : 172-204 – A. Delaveau et F. Kerleroux (1985) : 49-61 – M. Herslund (1988), *Le datif en français*, Louvain-Paris, Peeters – M. Riegel (1991), Transitivité et conditionnements cognitifs. La relation partie-tout et la complémentation verbale, *LINX*, 24 : 133-146.

4.4. Les verbes à triple complémentation

Un verbe comme *acheter* (*Il me l'a acheté (pour) 20 euros*) a trois compléments qui identifient respectivement l'objet de l'achat, le vendeur et le prix de l'achat. C'est d'ailleurs parce que la spécification du prix payé est appelée par le sens de *acheter* que ce dernier se distingue des verbes *prendre* et *voler*. La même analyse s'applique à *vendre* (verbe converse de *acheter*), *laisser, échanger* (*Il me l'a vendu 20 euros – Je vous le laisse à / pour 20 euros – Je te l'échange contre ta montre*), aux verbes *traduire* et *transposer* (*Il a traduit cette œuvre du français dans plusieurs autres langues – Il a transposé ce morceau de do en fa*) ainsi qu'aux verbes de transfert concret (d'un domaine de départ dans un domaine d'arrivée) et de transformation *transporter, transférer, conduire, élever,* etc. (*Ce ferry transporte les voitures de Calais à Douvres – On l'a élevé du grade de chevalier à celui d'officier de la Légion d'honneur*).

4.5. Les verbes à retournement

On regroupe souvent sous l'étiquette générique de **verbes symétriques** deux sortes de verbes qui autorisent des permutations entre leurs arguments.

▶ Le premier type est celui des **verbes réversibles** qui admettent la double construction $N_0 - V - N_1$ et $N_0 - V$ (où $N_0 = N_1$ de la première construction). Il est illustré par des verbes comme *casser*, qui révèlent l'existence d'une relation systématique entre une construction transitive et une construction intransitive où l'objet de la première et le sujet de la seconde non seulement sont identiques mais jouent le même rôle sémantique. La construction intransitive s'interprète comme l'effacement de l'actant initial du verbe transitif et son remplacement par l'actant final, qui garde son rôle sémantique. Le passage à la construction intransitive réduit l'interprétation du verbe à un procès dont l'agent ou la cause n'est plus exprimé ; corollairement, la construction transitive apparaît nettement comme factive (**4.6.**) :

> *Paul cuit le rôti / Le rôti cuit – Le vent casse les branches / Les branches cassent (sous l'effet du vent) – Le soleil jaunit le papier / Le papier jaunit (au soleil) – Il fléchit les genoux / Ses genoux fléchissent – Une torpille a coulé le croiseur / Le croiseur a coulé – Ses malheurs l'ont changé – Il a changé – Il rentre / tourne la clef dans la serrure / La clef tourne / rentre dans la serrure.*

Ce changement de diathèse est analogue à celui opéré par les constructions passive (**XIV : 7.1.**) et pronominale à sens passif (**XIV : 8.3.3.**). La construction transitive étant sémantiquement factive, son sujet peut parfois être récupéré dans la construction intransitive sous la forme d'un « quasi-complément d'agent » (*La branche a cassé sous l'effet du vent / Le papier jaunit au soleil*). Et pour certains verbes, la construction intransitive coexiste avec une construction pronominale et / ou passive, mais avec des oppositions aspectuelles propres aux trois formes : *La branche a cassé / s'est cassée / a été cassée (par le vent)*. La langue parlée familière multiplie ce type d'emploi intransitif pour les verbes exprimant des procès psychologiques : *Il angoisse / déprime / panique / fatigue*, etc.

▶ Les **verbes symétriques au sens strict** (et logique) du terme instaurent une relation réversible entre deux de leurs actants qui jouent le même rôle sémantique. S'il s'agit du sujet et d'un complément, ils sont permutables ou bien fonctionnent comme sujets coordonnés d'une construction réfléchie, selon le schéma d'équivalence :

(1) $N_0 - V - N_1$: *Jean a épousé Line*.
(2) $N_1 - V - N_0$: *Line a épousé Jean*.
(3) N_0 et $N_1 - se - V$: *Jean et Line se sont épousés*.

Appartiennent à cette classe des verbes transitifs directs et indirects dénotant un rapport nécessairement symétrique tels que : A *rencontre / croise / vaut* B – A *ressemble à / correspond à / joue avec / se dispute avec / se réconcilie avec / se marie avec / s'entretient avec* B. S'il s'agit de deux compléments construits différemment, ils sont également permutables et coordonnables en un seul groupe complément :

(1) $N_0 - V - N_1 - Prép - N_2$: *Il confond la masse avec le poids*.
(2) $N_0 - V - N_2 - Prép - N_1$: *Il confond le poids avec la masse*.
(3) $N_0 - V - N_1$ et N_2 : *Il confond la masse et le poids*.

Cette propriété de construction caractérise des verbes à double complémentation dont les objets direct et indirect jouent le même rôle par rapport au procès verbal initié par le sujet : *confondre / identifier / mélanger / marier / comparer / permuter / dissocier*, etc. L'identité du rôle sémantique joué par les deux actants permutables implique qu'ils dénotent le même type de référent. Dans le cas contraire, la relation instaurée par le verbe cesse d'être symétrique : *Pierre joue avec le feu* → **Le feu joue avec Pierre* / **Pierre et le feu jouent (ensemble)*. La relation de symétrie caractérise également des constructions attributives à prédicat adjectival, nominal ou prépositionnel : *être identique à / différent de / collègue de / parent de / avec / à coté de*, etc.

Remarque. — On ne confondra pas la symétrie (qui caractérise les constructions d'un même verbe) avec la **relation converse** entre deux verbes qui, à sens égal, ne se distinguent que par la permutation de leurs actants, à la ressemblance des formes active et passive d'un même verbe : *Pierre possède ce terrain / Ce terrain appartient à Pierre*. Autres exemples de couples de verbes qui ne se différencient que par l'orientation du rapport qu'ils instaurent entre leurs actants permutés : *comprendre / faire partie de* ; *donner / recevoir* ; *entraîner* (au sens causal) */ découler de* ; *donner à / recevoir de* ; *vendre à / acheter à*, etc.

Bibliographie. — R. Lagane (1967), Les verbes symétriques : étude morphologique et différenciation sémantique, *Cahiers de Lexicologie*, 10 : 21-30 – A. Borillo (1971), Remarques sur les verbes symétriques français, *Langue française*, 11 : 17-31 – M. Rothenberg (1974), *Les verbes à la fois transitifs et intransitifs en français contemporain*, La Haye, Mouton – G. Gross (1989), *Les constructions converses du français*, Droz – M. Labelle (1992), Change of state and valency, *Journal of Linguistics*, 28 : 375-414.

4.6. Les constructions causatives

Une phrase peut être enchâssée dans le dispositif [N_0 + *faire* [—]] où le référent du sujet N_0 représente la cause ou l'agent du procès décrit par la phrase originale. En entrant dans cette construction dite causative (ou factitive), la phrase de départ subit une double modification. Son sujet nominal est postposé à son verbe qui lui-même se met à l'infinitif : *Ce mélodrame fait* + [*Margot pleure*] → *Ce mélodrame fait* [*pleurer Margot*]. Ce type de construction appartient à une classe plus vaste de constructions infinitives (**XVII** : 4.2.) qui comprend les verbes *faire, laisser, sentir, voir, entendre*, (p. ex. *J'entends siffler le train – J'ai déjà entendu chanter cet air*). D'un certain point de vue, les constructions causatives [*faire* + VInf] s'analysent comme le résultat de l'enchâssement de la phrase de départ dans la structure causative N_0 + *faire*. En effet, *faire* et le verbe à l'infinitif ont des sujets distincts (p. ex. *ce mélodrame* et *Margot* dans l'exemple ci-dessus). Mais le verbe *faire* et le verbe à l'infinitif ne peuvent être séparés ni par le sujet ni par

le complément du second (sauf s'il s'agit d'un pronom conjoint postposé dans la phrase impérative positive) :
(1) Jean *fait rire* Marie / Jean la *fait rire*
(2) Jean *fait soigner* Marie / Jean la *fait soigner*
(3) *Fais soigner* Marie / Ne *fais pas soigner* Marie – *Fais-la soigner* / Ne la *fais pas soigner*

Cette propriété distingue *faire* des autres verbes qui entrent dans le même type de construction infinitive (**XVII : 2.2.**) et permet de l'analyser comme un **opérateur diathétique** (un quasi-auxiliaire de diathèse) qui permet d'augmenter une phrase de départ d'un actant initial représentant l'instance qui est cause du reste du procès.

La contiguïté nécessaire de la séquence [*faire* – VInf] et la possibilité que le verbe à l'infinitif ait un sujet lexical exprimé entraînent les particularités syntaxiques et interprétatives suivantes :

▶ Si la phrase de départ ne comporte pas d'objet direct, son sujet apparaît après l'infinitif si c'est un groupe nominal et devant *faire* si c'est un pronom personnel : *Il fait pleurer [le public] Il [le] fait pleurer*. Cette pronominalisation du sujet de *pleurer* par *le*, forme clitique de l'objet direct, confirme l'hypothèse que la séquence [*faire* – Vinf] fonctionne comme une forme verbale complexe par rapport à laquelle le sujet de l'infinitif est traité comme un complément d'objet direct.

▶ Si la phrase de départ est pourvue d'un complément d'objet, ce dernier est postposé à l'infinitif ou antéposé à *faire* selon qu'il est réalisé sous la forme d'un GN ou d'un pronom clitique (voir ci-dessus). Quant au GN sujet de la phrase de départ, il apparaît sous la forme d'un complément introduit par les prépositions *par* ou *à* :
(4) *Georges relit mon travail*
(4a) *J'ai fait relire mon travail par Pierre*
(4b) *J'ai fait relire mon travail à Pierre / Je lui ai fait relire mon travail*

Les nombreux travaux consacrés à ces constructions ont montré que le complément en *par* avait les propriétés du complément d'agent de la phrase d'origine passive (*Mon travail a été relu par Pierre*), alors que le groupe prépositionnel introduit par *à* se comporte davantage comme un complément de verbe (comparer *J'ai fait relire mon travail à Pierre et J'ai soumis mon travail à Pierre*). Les analyses de détail sont complexes et extrêmement diversifiées. On s'en tiendra ici à une solution moyenne qui considère :

- la séquence [*faire* – VInf] comme une périphrase verbale à valeur factitive ;
- la construction en *par* comme équivalente au renversement passif du verbe à l'infinitif dont le sujet est récupérable sous la forme d'un complément d'agent ;
- la construction en *à* comme l'objet indirect de la locution verbale [*faire* – VInf]. Cette locution équivaut, en effet, à un verbe causatif synthétique (*faire lire*) où le sujet non réalisé de l'infinitif serait coréférent de l'objet indirect introduit par *à*, comme dans *J'ai proposé à Pierre de relire mon travail*.

Cette analyse repose sur le double statut de la suite [*faire* – Vinf], qui combine deux verbes à sujets distincts (et peut donc s'analyser comme l'enchâssement d'une phrase dans une autre), mais dont le comportement syntaxique est aussi celui d'une locution verbale ordonnant linéairement et sous-catégorisant sémantiquement ses actants. Elle rend également compte de la différence interprétative intuitivement perçue entre les deux types de compléments. Le complément en *à*, structuralement dépendant de la locution causative, apparaît directement affecté par le procès causatif qu'elle dénote, alors que le complément d'agent en *par*, directement relié au sujet passif du verbe à l'infinitif, ne l'est qu'indirectement à l'opérateur factitif qui porte sur l'ensemble de la construction infinitive :

- dans le premier cas, on conçoit préférentiellement une action directe du référent du sujet de *faire* sur celui du complément en *à* [= *J'ai obligé Pierre à relire mon travail*] ;
- dans le second cas, le sujet de *faire* est simplement (et souvent indirectement) à l'origine du procès effectué par la personne désignée par le complément en *par* [= *J'ai fait en sorte que Pierre relise mon travail*].

L'emploi de *à* peut prêter à confusion lorsque le verbe à l'infinitif admet lui aussi un complément datif. *J'ai fait écrire une lettre à ses parents* a deux lectures différentes, selon que les parents écrivent la lettre ou en sont les destinataires. La construction en *par* évite ce type d'ambiguïté.

▶ Lorsque le verbe à l'infinitif n'a pas de sujet, il dénote un procès renvoyant à un agent indéterminé : *Ce produit fait dormir (ceux qui le prennent) – J'ai fait repeindre ma chambre (par quelqu'un)*. Si un verbe transitif à l'infinitif n'est suivi que d'un groupe nominal, ce dernier peut être interprété soit comme le sujet de l'infinitif sans complément réalisé (*J'ai fait lire les enfants*) soit comme le complément de l'infinitif à sujet indéterminé non réalisé (*J'ai fait lire ce livre*). Si le verbe à l'infinitif peut admettre un même GN comme sujet et comme objet, la phrase sera ambiguë : *La femme de l'ogre a fait manger les enfants* [= les enfants ont mangé / les enfants ont été mangés].

▶ Lorsque le sujet de *faire* et l'objet du verbe à l'infinitif sont coréférentiels, l'objet se réalise sous la forme d'un pronom réfléchi antéposé à *faire* : *Il s'est fait nommer à ce poste – Il s'est fait faire un nouveau costume*. La construction causative ne s'applique toutefois pas aux constructions pronominales passives ou à valeur intransitive ni aux verbes symétriques lorsqu'ils intègrent déjà un sens causatif :

(5) **Son intervention a fait se calmer les perturbateurs → Son intervention a calmé les perturbateurs*
(6) **Le concierge a fait s'ouvrir la porte → Le concierge a ouvert la porte*

Le verbe **laisser** partage les quatre constructions proprement factitives de *faire* : (1) *Il laisse pleurer Margot* – (2) *Il laisse relire son travail à / par quelqu'un d'autre* – (3) *Laissez faire, laissez dire – Ne laisse pas critiquer injustement ton travail* – (4) *Il s'est laissé emmener*. Ce verbe peut toutefois être séparé du verbe à l'infinitif par le sujet de ce dernier (*Laissez venir à moi <u>les petits enfants</u>* / *Laissez <u>les petits enfants</u> venir à moi*), ce qui le rapproche des verbes à constructions infinitives enchâssées (*J'entends <u>les oiseaux</u> chanter / chanter <u>les oiseaux</u>*). Ainsi s'explique la cooccurrence des deux clitiques compléments dans la phrase impérative *Laissez-la la chanter* (= *Laissez-la chanter sa chanson*). Cette construction, cacophonique mais grammaticale, n'est possible que parce que chacun des deux clitiques appartient à un domaine phrastique différent, comme le prouve l'agrammaticalité de la même séquence après *faire*: **Fais-la la chanter.*

Remarque. — Les constructions pronominales des verbes factitifs *faire, laisser, voir* et *entendre* peuvent équivaloir à des renversements passifs (**XIV : 7.5.**) : *Il s'est fait renverser par une voiture / laissé emmener sans résistance / vu fermer la porte au nez / entendu signifier son renvoi.*

Bibliographie. — M. Ruwet (1972) : 126-180 et 254-267 – D. Gaatone (1976), Les pronoms conjoints dans la construction factitive, *Revue de linguistique romane*, 40 : 165-182 – R. S. Kayne (1977), *Syntaxe du français. Le cycle transformationnel* : 196-306 – J.-Y. Morin (1978), Une théorie interprétative des causatives en français, *Linguisticae Investigationes*, 2 : 363-417 – H. Glättli (1979), Remarques sur le choix du pronom personnel devant *faire* suivi d'un infinitif, *Revue de linguistique romane*, 43 : 309-316 – H. Huot (1981) : 454-457 – J.-C. Milner (1982) : 140-185 ; 267-280 et 341-355 – E. Roegiest (1982-1983), *À* et *par* dans la construction factive, *Travaux de linguistique*, 9-10 : 127-143 – A. Delaveau et F. Kerleroux (1985) : 129-171.

4.7. Les verbes supports

On appelle **verbes supports** des verbes comme *faire, donner, mettre*, etc. qui, à côté de leurs emplois ordinaires, se combinent avec un syntagme **prédicatif**, nom, adjectif ou groupe prépositionnel, pour construire une forme complexe fonctionnellement équivalente à un verbe. Ainsi, dans les phrases *Jean a fait une chanson / les décors de la pièce / une tarte aux pommes*, le verbe *faire* a un sens lexical (synonyme de *créer, fabriquer* et *confectionner*) qui sélectionne une gamme de compléments appropriés (**Il fait le / du courage*). Il n'en va pas de même dans la phrase *Jean a fait le résumé / l'éloge de ton livre*, où le groupe nominal *ton livre* s'analyse comme le complément construit indirectement des locutions verbales *faire le résumé de* et *faire l'éloge de*. Dans ce dernier type d'emploi, le verbe *faire* « verbalise » littéralement les **noms prédicatifs** *résumé* et *éloge* qui, comme les verbes *résumer* et *louer*, ont une configuration actancielle associant un sujet agent et un objet affecté. La syntaxe des constructions à verbe support (*Funktionsverben* en allemand) présente de nombreuses particularités dont on ne citera ici que les plus caractéristiques :

▶ Les constructions à verbe support présentent une gamme de compléments analogue à celle des verbes ordinaires : *Pierre fait du bruit / crie* (construction intransitive) – *Pierre a de l'admiration pour / admire Jean* (construction transitive) – *Pierre fait don de / donne son corps à la médecine* (construction à double complément) – *Pierre a fait la traduction de / a traduit mon livre du français en alsacien* (construction à triple complément). Les formes à verbe support se caractérisent donc par leur schéma actanciel et en particulier par la façon dont ils construisent leur(s) complément(s) prépositionnels : *Jean a porté un jugement sur ton livre – Jean a de l'admiration pour ton livre / Jean est en admiration devant ton livre.*

C'est cette construction spécifique, souvent différente de celle du verbe morphologiquement apparenté, qui caractérise aussi les compléments des noms à verbe support dans leurs emplois strictement nominaux (**VII : 3.3.**) : *le jugement de Jean sur ton livre – l'admiration de Jean pour / devant ton livre*. Du coup les constructions nominales précédentes ne peuvent plus être dérivées d'une phrase comportant le verbe simple (s'il existe) sur le modèle : N_0 *admire ton livre* → **l'admiration de ton livre (par N_0)*.

▶ Les noms et adjectifs construits avec un verbe support peuvent être morphologiquement apparentés à un verbe (*faire le résumé d'un livre / résumer un livre*), mais beaucoup d'entre eux n'ont pas de correspondant verbal (*faire le bilan de sa vie / *bilaner sa vie – commettre un crime / *crim(in)er – émettre une hypothèse sur la question / *hypothéser sur la question*). Il ne s'agit donc pas de succédanés de verbes, obtenus par nominalisation de ces derniers, mais d'une véritable transposition de noms, d'adjectifs et de groupes prépositionnels dans la catégorie du verbe de sorte que ceux-ci constituent, avec le verbe support, un prédicat unique dont les arguments sont d'une part le sujet et d'autre part les pseudos « compléments du nom ». Aussi, lorsqu'à un verbe (p. ex. *couper*) correspondent plusieurs formes nominales, leur emploi avec un verbe support permet de distinguer les différentes constructions verbales et leur interprétation : *faire le coupage du vin / se faire une coupure au doigt / faire une coupure dans un film / faire la coupe du bois*.

▶ Référentiellement vides, les verbes employés comme supports ne se nominalisent pas à la façon des verbes ordinaires dont les formes nominalisées dénotent de véritables procès (**VII : 3.3.**) : *Il a vérifié l'hypothèse* → *la vérification de l'hypothèse* – *Il a fait l'hypothèse* → *le / la / l' ? ? ? de l'hypothèse*.

▶ Comme marqueurs de la prédicativité d'un élément non verbal, les verbes supports se prêtent à la passivation (*Le résumé de ton livre a été fait par Jean* – *L'autorisation de partir nous a été donnée par Jean*), se combinent et s'amalgament avec les opérateurs causatifs (*Je lui ai fait / laissé faire le résumé du livre* – *Pierre est en colère* – *Ça met Pierre en colère* → *Pierre a du courage* → *Ça donne du courage à Pierre*) et peuvent former des couples de formes converses (*Jean a donné à Luc l'autorisation de partir / Luc a reçu de Jean l'autorisation de partir*).

▶ On peut distinguer entre les verbes supports de base (p. ex. *faire, avoir, donner*) et leurs variantes plus spécifiques qui, ou bien marquent un aspect inchoatif, duratif ou terminatif (*Pierre a de l'assurance / garde (conserve) son assurance / perd son assurance / gagne de l'assurance*), ou bien constituent des formes stylistiquement plus appropriées à l'élément prédicativisé (*avoir de l'intérêt pour* → *éprouver, manifester, témoigner*, etc. *de l'intérêt pour* – *faire l'examen de* → *effectuer, procéder à*, etc. *l'examen de* – *donner l'ordre de* → *intimer l'ordre de*). Autres exemples : *protester* → *élever une protestation* → *formuler une question / un souhait / des vœux / une plainte / des réserves*, etc.

Bibliographie. — *Langages*, 63 (1981), *Formes syntaxiques et prédicats sémantiques* – Vivès, R. (1984), L'aspect dans les constructions nominales prédicatives, *Linguisticae Investigationes VIII : I*, John Benjamins, Amsterdam – M. Riegel (1985) : 38-39, 50-52 et 130-131 – *Langue française*, 69 (1986), *Syntaxe des noms* – J. Giry-Schneider

(1987), *Les prédicats nominaux en français. Les phrases simples à verbe support*, Droz – G. Gross (1989), *Les constructions converses en français*, Droz – J. Chaurand (1991), Verbes supports et emploi ou absence d'article, *Langages*, 102 : 7-22.

4.8. L'objet interne

Un certain nombre de verbes intransitifs mais aussi transitifs peuvent se construire avec un complément dit « **d'objet interne** » parce que son sens reproduit l'essentiel du procès encodé dans le sémantisme du verbe : *vivre sa vie, aller son chemin, dormir son dernier sommeil, pleurer des larmes de joie, souffrir le martyre*, etc. On considère habituellement que le complément ne répète pas simplement le sens du verbe (ce qui ferait de l'expression une tautologie), mais sert de support nominal pour assigner au verbe des spécifications qui auraient pu être véhiculées par d'autres types de constructions (p. ex. par un adverbe ou par un complément de manière). Ainsi, *Il vit sa vie* s'interprète *Il vit une vie qui est conforme à sa conception de la vie* et équivaut à *Il vit à sa façon / comme il l'entend*.

Mieux vaut encore dire que le GN postverbal est non pas l'objet du verbe (qui serait une expression référentielle représentant son argument final), mais une expression nominale prédicative précédée d'un verbe support particulièrement approprié qui duplique toujours son sémantisme et souvent sa forme. Que le verbe recteur de l'expression nominale prédicative fonctionne effectivement comme un verbe support est prouvé par le fait qu'à interprétation sémantique constante, on peut souvent lui substituer un verbe support standard :

(1) *Il vit une vie de patachon* vs *Il fait / mène une vie de patachon*
(2) *Il songe de beaux songes / rêves* vs *Il fait de beaux songes / rêves*
(3) *Il soupira un long soupir* vs *Il fit / poussa un long soupir*

Dans ces constructions, la spécification quantitative ou qualitative du procès (*vivre / la vie – songer / le songe / le rêve – soupirer / le soupir*, etc.) est assurée par le déterminant et les modifieurs du nom prédicatif qui l'exprime : *aller son chemin / son petit bonhomme de chemin – marcher d'un bon pas – souffrir le martyre – mourir de sa belle mort – mourir de mort lente* (G. Brassens) – *pleurer des larmes de crocodile / toutes les larmes de son corps – jouer un drôle de jeu – Deux pigeons s'aimaient d'amour tendre* (La Fontaine), etc. Preuve supplémentaire que c'est bien le GN postverbal qui est l'élément prédicatif de la construction, et non pas le verbe dont la modification serait de nature adverbiale (*Il vit une vie agréable* vs *Il vit agréablement*).

Bibliographie. — M. Larjavaara (1997), À quoi sert l'objet interne ? *in* D. Willems et L. Melis, éds : 79-88 – I. Choi-Jonin (1998), Objet interne et transitivité, *in Prédication, assertion, information*, Uppsala, Acta Universitatis Upsaliensis : 121-128 – M. Riegel (1999), Grammaire et cognition : À propos des compléments dits « d'objet interne », in *La pensée et la langue (Mélanges Stanislas Karolak)*, S. Widlak, éd., Cracovie, Wydawnictwo Naukowe : 44-55 – M. Riegel (2008), Ces étranges « objets internes » qui ne sont ni des *objets* ni *internes*, in *Discours, diachronie, stylistique du français, Études en hommage à Bernard Combettes*, Berne, Peter Lang : 37-53.

5. LES CONSTRUCTIONS ATTRIBUTIVES

5.1. La fonction attribut

L'usage actuel, fidèle à une longue tradition grammaticale, réserve le terme d'attribut à la fois à un type générique de fonction et aux constituants de forme variable qui remplissent cette fonction. Dans cette perspective, l'**attribut du sujet** (**a.s.**) est le deuxième constituant d'un groupe verbal (**GV → V + X**) dont le verbe introducteur est le verbe *être* ou un verbe d'état susceptible de lui être substitué. Il s'interprète comme un prédicat qui exprime une caractéristique (propriété, état ou catégorisation) du sujet : *Pierre est gentil / d'une humeur exécrable / las d'attendre / en colère / commissaire aux comptes / un excellent bridgeur / le capitaine de l'équipe*. Le même type de rapport prédicatif est établi par certains verbes transitifs entre leur complément d'objet et un troisième constituant du groupe verbal dit **attribut du complément d'objet direct** (**a.c.o.**) selon le schéma **GV → V + N₁ + X** : *Je trouve Pierre gentil – On a retrouvé Jean sain et sauf*. Chacune de ces deux fonctions génériques regroupe un paradigme de constructions dites **attributives** que leurs propriétés morpho-syntaxiques et interprétatives permettent de regrouper en plusieurs sous-catégories.

5.2. Les attributs du sujet

La construction généralement directe de l'a.s. en fait le deuxième constituant du groupe verbal, où il occupe la même position structurale qu'un c.o.d. La cohérence et la solidarité du groupe qu'il forme avec le verbe introducteur sont confirmées par les tests usuels de mise en évidence des syntagmes (1), et en particulier par les procédures de détachement (2) et par l'aptitude de la séquence [verbe + attribut] à fonctionner isolément (3) comme sujet, attribut et complément (d'un verbe, d'un nom ou d'un adjectif) :

(1) N_0 – [*est* – *heureux*] $_{GV}$/ [*jubile*]$_{GV}$
(2) <u>Etre heureux</u>, tout le monde en rêve.
(3) <u>Etre heureux</u> ne dispense pas d'être juste / Il veut <u>être heureux</u> / L'envie d'<u>être heureux</u> l'anime / On n'est jamais sûr d'<u>être heureux</u>.

Là s'arrête toutefois la similitude avec le c.o.d., dont l'a.s. se distingue par des différences syntaxiques notables qui tiennent à la fois à la variété des parties du discours susceptibles de jouer le rôle d'a.s., à la nature du sous-ensemble de verbes qui se construisent avec un a.s. et au type de rapport prédicatif (souvent marqué par l'accord) qui unit ces deux constituants.

L'attribut se trouve en tête de structure phrastique, avec inversion du sujet nominal :

- lorsqu'il se réalise sous la forme de *tel* anaphorique (*Tel est son caractère*, A. France) ;
- lorsqu'il est mis en relief par détachement, surtout dans les phrases exclamatives : *Grande fut ma surprise* – *Ô triste, triste était mon âme* (Verlaine) – *Combien étouffée et lointaine était devenue sa voix* (Mauriac) et dans les formules concessives *quelque* / *si* / *pour* / *tout* + Adj + *être* + N_0 : *Si intelligent que soit Jean, il ne trouvera pas la solution* ;

• dans des constructions comparatives ou relatives à valeur causative-explicative (du type *Intelligent comme tu es, tu comprendras vite / Il gagna le concours, rompu qu'il était à ce genre d'exercice*).

5.2.1. Les formes de l'attribut du sujet

La forme prototypique de l'a.s. est l'adjectif, catégorie inapte à la fonction de complément d'objet, qui s'accorde avec le sujet, se pronominalise par la forme invariable *le* et est représentée par la proforme *tel(le)* dans les constructions comparatives et consécutives : *Luc n'a jamais été souple et ne le sera jamais – Il est tel qu'il a toujours été – Son retard est tel qu'il ne le rattrapera pas*. D'autres catégories peuvent également jouer le rôle d'a.s. :

– un participe adjectivisé : *Il est entreprenant / désespéré* ;
– un nom sans déterminant : Il est *ingénieur* (*Il l'est*) – *L'amour n'est qu'illusion – On naît cuisinier, on devient rôtisseur* (Brillat-Savarin) ;
– un groupe nominal : *Pierre est un voisin agréable* (*Pierre en est un*) – *Les femmes et la démocratie sont des conquêtes fragiles* ;
– un pronom : *Lui, c'est lui ; moi, c'est moi* (*Lui, c'est qui ?*) – *Ils sont plusieurs* (*Ils sont combien ?*) ;
– une relative substantive : *Le coupable n'était pas qui je croyais / celui que l'on croyait* ;
– un groupe prépositionnel : *Pierre est de bonne humeur / en colère* (*Pierre l'est*) ;
– un adverbe : *Pierre est ainsi / bien / mieux / pas mal* ;
– une construction infinitive : *Souffler n'est pas jouer – Partir, c'est mourir un peu* ;
– une circonstancielle temporelle ou hypothétique (constructions typiques du langage familier, mais réprouvées par les puristes) : *L'inflation, c'est quand / si l'argent perd de sa valeur.*

Les formes pronominales substituables aux a.s. varient davantage en fonction de leurs rapports sémantiques avec le sujet que de leur catégorie grammaticale. Ce conditionnement apparaît clairement dans l'interrogation partielle portant sur l'a.s. : *Comment / Qui / est Pierre ? – Quelle est la réponse ? – Qu'est devenu Pierre ? – Combien sont-ils ?*

Remarque. — Le verbe *être* se construit fréquemment avec des groupes prépositionnels (*Il est dans son bureau* – *Nous sommes en 1994*) et des adverbes (*Il est ici*) qui ont les propriétés syntaxiques et interprétatives de compléments locatifs ou temporels (**5.2.3.**).

5.2.2. Les verbes à construction attributive

Les verbes construits avec un a.s. appartiennent à deux catégories bien distinctes.

▶ La première est celle des verbes **copules** comme *être* et un paradigme restreint de verbes d'état comme *devenir, rester, sembler*, etc. (**5.2.3.**), qui lui sont traditionnellement associés. Ces verbes se construisent obligatoirement avec un a.s. dont l'effacement rend la phrase agrammaticale ou bien entraîne une interprétation différente du verbe : **Il devient / *Tu sembles / Nous restons* [= *Nous ne partons pas*] – *Je pense donc je suis* [= *j'existe*]. Si leur attribut est un adjectif, un nom sans déterminant ou un élément équivalent, il se pronominalise en *le* :

(3a) *Pierre était / est devenu / restera / demeurera / a semblé / paraîtra / furieux.*
(3b) *Pierre l'était / l'est devenu / le restera / le demeurera / ? l'a semblé / ? le paraîtra.*

La version négative de ces phrases nie l'existence du rapport de caractérisation que le verbe copule (**5.2.3.**) instaure entre l'a.s. et le sujet (*Pierre n'est pas furieux* nie que Pierre soit dans l'état dénoté par l'adjectif).

▶ La seconde catégorie est celle des verbes **à élargissement attributif**. Il s'agit de verbes transitifs ou intransitifs qui figurent occasionnellement dans des constructions où ils sont suivis d'un élément qui appartient aux classes grammaticales susceptibles d'avoir la fonction d'a.s., s'accorde avec le sujet et caractérise ce dernier à la manière d'un a.s., comme on peut le vérifier sur les trois exemples suivants :

(4) *Il est rentré ivre à la maison* [= *Il était ivre*]
(5) *Il est sorti furieux de son bureau* [= *Il était furieux*]
(6) *Ils sont nés riches, ont vécu heureux et sont morts pauvres* [= *Ils ont été riches, heureux et pauvres*]

Ces constructions n'admettent pas la pronominalisation de l'a.s. par *le* (*Jean est rentré ivre* → **Jean l'est rentré*). La négation totale qui encadre le verbe porte sémantiquement sur l'a.s., dont elle nie qu'il caractérise le sujet. Ainsi, la phrase négative *Jean n'est pas rentré ivre* apparaît comme la conjonction de deux phrases à sujet identique :

- la phrase $N_0 - V$ (*Jean est rentré*) n'est pas sous la portée de la négation et qui correspond au présupposé ;
- la phrase attributive $N_0 - \text{être} - \text{Adj}$ (*Jean était ivre*), qui est le véritable objet de la négation.

Les spécificités syntaxiques et interprétatives propres aux deux types de constructions permettent de définir la nature du rapport prédicatif que l'a.s. entretient avec son sujet et de préciser le statut des différents verbes, dits attributifs, qui médiatisent ce rapport.

Bibliographie. — M. Riegel (2006), Grammaire des constructions attributives : avec ou sans copule, *in* G. Engwall, éd., *Construction, acquisition et communication. Études linguistiques de discours contemporains*, Acta Universitatis Stockholmensia, 23, Université de Stockholm : 27-51 – M. Riegel (2007), *Être ou pas être* : deux manières d'être des constructions attributives, *in* P. Larrivée, éd., *Variations et stabilité du français, Mélanges de linguistique français offerts au professeur Jean-Marcel Léard*, Louvain, Peeters : 271-286.

5.2.3. L'interprétation sémantique des attributs du sujet

La forme tripartite de la phrase attributive de base $N_0 - \text{être} - X$ s'analyse en trois éléments :

▶ le sujet N_0, qui désigne le référent à caractériser ;
▶ l'attribut X, introduit par le verbe *être* et qui dénote une caractéristique de N_0 ;
▶ le verbe *être*, qui fonctionne comme une **copule**, c'est-à-dire comme le marqueur du rapport prédicatif que l'a.s. entretient avec le sujet. C'est donc un élément purement relationnel et référentiellement vide (contrairement au verbe *être* lexical, synonyme de *exister* : *Je pense, donc je suis* – *On ne peut pas être et avoir été*). Il remplit une triple fonction :

- il porte les marques flexionnelles du verbe, qui sont par nature incompatibles avec la catégorie grammaticale de l'attribut (adjectif, pronom, nom, groupe nominal ou prépositionnel) ;
- il forme avec l'attribut une expression prédicative syntaxiquement et sémantiquement équivalente à un verbe ordinaire (**5.1.**), dont il est un quasi synonyme ou dont il supplée l'absence : *Il est alcoolique / boit – Il est fou / déménage* (fam.) – *Elle est professeur / elle enseigne – elle est enceinte / elle ?* ;
- la conjonction des deux propriétés précédentes impose à la caractérisation opérée par l'a.s. les limitations temporelles, aspectuelles et modales véhiculées par les catégories morphologiques verbales : *La dernière fois que je l'ai vue, elle était blonde – Il devient de plus en plus acariâtre – Tu ne serais pas un peu raciste ?*

À cet égard, il est révélateur que dans les phrases attributives les sélections contextuelles sont déterminées directement par le sémantisme de l'a.s. et celui du sujet, alors que pour le sujet et l'objet elles sont conditionnées par le sémantisme des pivots verbaux transitifs : *Ce rocher est énorme / *fluide / un obstacle / *un touriste – Ce rocher impressionne les touristes / *un obstacle.*

Si beaucoup de langues juxtaposent directement le sujet et l'a.s., le français lui-même fait l'économie de la copule dans plusieurs types de constructions, notamment dans les phrases exclamatives à attribut détaché et dans certains cas d'enchâssement de la phrase attributive :

(7) *Joli, ce tableau !*
(8) *Heureux qui comme Ulysse a fait un beau voyage* (Du Bellay)
(9) *Jean a trouvé le spectacle affligeant* vs *Jean a trouvé que le spectacle était affligeant*
(10) *On a retrouvé tous les passagers sains et saufs* (dans l'interprétation où *sains et saufs* n'est pas épithète, mais attribut de l'objet *les passagers* : *On les a retrouvés sains et saufs*).

On appelle **propositions (attributives) réduites** (en anglais *small clauses*) ces constructions à attribut du sujet sans copule.

Des formes verbales plus spécifiques ajoutent au contenu purement relationnel de la copule des précisions **aspectuelles** ou **modales**. *Devenir, se faire (vieux), tomber (malade / amoureux), passer (capitaine), tourner à (l'orage)* marquent l'entrée dans un état, *demeurer* et *rester* la permanence du rapport attributif, *se retrouver* et *sortir* l'état résultatif :

(11) *Les deux gamins sont devenus aussi proches que des frères* (presse)
(12) *Bagdad restera imprenable tant qu'un de ses fils sera debout* (un général irakien)
(13) *Le Parti populaire de José Maria Aznar sort largement victorieux des élections municipales et régionales espagnoles* (presse)

Sembler, paraître, apparaître, passer pour et *avoir l'air* affectent la prédication attributive d'une modalité épistémique qui la situe dans le domaine de l'apparence :

(14) *Elle* [*la redevance*] *passe pour électoralement coûteuse quand on a la fâcheuse idée de l'augmenter* (B.-H. Lévy).

Enfin, des locutions (souvent pronominales) issues de la passivation d'une construction à attribut du c.o.d. nuancent la réalité du rapport attributif de diverses modalités : *se montrer / s'avérer / se révéler / s'annoncer / être considéré comme*, etc. (p. ex.. *L'été s'annonce chaud*).

Remarque. — Des verbes et des locutions verbales transitives comme *former, constituer, représenter, faire figure de*, etc. fonctionnent occasionnellement comme des copules introduisant un attribut nominal : *L'Isère forme un pays riche et contrasté* (AAF : 2). L'adjectif attribut construit avec *faire* s'interprète comme un effet produit (*Il est / fait jeune*). En alternance avec *être*, le verbe *avoir* fonctionne également comme une copule régissant un élément nominal : *Il a faim* (*Il est affamé*) – *Il a peur* (*Il est apeuré*) – *Il a la fièvre* (*Il est fiévreux*) – *Il a du courage* (*Il est courageux*), etc... Rien n'interdit de considérer que dans leurs emplois copulatifs ces deux verbes fonctionnent comme de purs opérateurs prédicatifs, donc comme des verbes supports (**4.7.**).

Les verbes, que l'on pourrait qualifier d'« **occasionnellement attributifs** » se construisent avec un a.s. sans pour autant avoir le statut de copule. Ces **constructions à élargissement attributif du sujet** (**5.2.2.**) conservent leur complémentation, mais se construisent en plus avec un élément qui fonctionne comme l'attribut de leur sujet. En fait, leur sujet combine une construction verbale ordinaire avec une proposition attributive réduite. Ainsi, la phrase : *Paul est sorti furieux de mon bureau* s'analyse comme l'amalgame de la phrase *Paul est sorti de mon bureau* (qui décrit une action effectuée par le sujet) et de la proposition *Paul (était) furieux* (qui décrit l'état du sujet dans le cadre de cette action). Les tests de la négation (**5.2.2.**) et de l'enchaînement discursif montrent que la caractérisation opérée par la prédication attributive est le véritable propos de l'énoncé, qui présuppose le reste de la construction. Ainsi dans *Il n'est pas parti content* (paraphrasable en *Il est parti pas content*), le sujet est caractérisé par la négation de l'attribut *(être) content* dans l'instance évènementielle qu'est son départ. Et la phrase (14) n'autorise normalement que des enchaînements sur la nudité qu'elle prédique de son sujet :

(14) *Hier soir, Jean s'est promené nu à travers la ville.*
(14a) *C'est parce qu'il faisait chaud / ? il aime marcher.*
(14b) *C'est pourquoi on l'a arrêté / ? il était fatigué en rentrant.*

Si l'a.s. indique toujours une caractéristique (« une manière d'être », selon la grammaire traditionnelle) du sujet, le type de caractérisation varie avec la catégorie notionnelle dénotée par l'attribut. On distinguera trois cas.

▶ L'attribut indique une propriété inhérente, l'état ou le statut du sujet. Auquel cas il revêt la forme prototypique de l'adjectif (*Que vous êtes joli ! Que vous me semblez beau !* La Fontaine), d'un groupe prépositionnel introduisant un nom de propriété souvent apparenté morphologiquement à un adjectif (*être en colère / dans l'embarras / de mauvaise humeur / à bout de souffle / sans complexes / en fleurs*, etc.) ou d'un nom employé sans déterminant (**VII : 2.7.2.**) pour désigner le statut d'une personne (*Il est fonctionnaire / Français / président du Conseil – Les agrégés [...] deviennent ministres, écrivains ou présidents du Conseil*, P. Guth). Si le sujet désigne une pluralité ou une collectivité, il peut être quantifié par un attribut adjectival : *Ils étaient dix / nombreux / rares.*

▶ L'attribut nominal précédé de l'article indéfini identifie le sujet comme une occurrence du type (ou comme un membre de la classe, comme le révèle la pronominalisation par *en* partitif) dénoté par le nom : *Mon voisin est un astrologue – Ce livre est un best-seller* → *C'en est un*. Lorsque les deux groupes nominaux renvoient à des classes référentielles en relation d'inclusion, le sujet et l'attribut renvoient respectivement à l'espèce et au genre : *Le sapin est un arbre – Les articles sont des déterminants.*

▶ Lorsque l'attribut nominal est précédé de l'article défini, il entretient avec le sujet une relation d'équivalence référentielle, deux expressions différentes se trouvant alors désigner un même référent singulier (*Le roi de Prusse est mon cousin* = *Le roi de Prusse et mon cousin sont une seule et même personne*) ou deux ensembles qui se recouvrent au point d'être indiscernables (*Les casseurs sont les payeurs*). Cette relation est réversible (*Mon cousin est le roi de Prusse – Les payeurs sont les casseurs*) et sa négation équivaut à une disjonction référentielle entre deux individus ou deux classes (*Le roi n'est pas mon cousin – Les casseurs ne sont pas les payeurs*). Pourtant une différence de force référentielle entre les deux expressions désignatives peut introduire dans la relation une certaine dissymétrie révélée par la différence de comportement au regard de l'extraction et de l'interrogation partielle :

(15) *Paris / Cette ville est la capitale de la France*
(15a) *C'est Paris / C'est cette ville qui est la capitale de la France*
(16b) ? ? ? *C'est la capitale de la France qui est Paris ? / qui est cette ville*
(16c) *Quelle est la capitale de la France ?*
(16d) ? ? ? *Quel(le) est Paris ?* (*Quelle est cette ville ?* correspond à une interrogation partielle sur le deuxième terme de *Cette ville est Paris*)

Cette différence est illustrée par les deux formes converses A *est* B et B *est* A issues de la permutation des deux termes nominaux d'un même schéma copulatif à deux groupes nominaux définis :

(17) *La chute du mur de Berlin est l'événement qui a changé la face de l'Europe* (presse)
(18) *L'événement qui a changé la face de l'Europe est la chute du mur de Berlin*

La phrase A *est* B (17) s'interprète comme une prédication **catégorisante-typante** qui prédique de l'expression référentielle sujet *la chute du mur de Berlin* la propriété d'être l'unique occurrence du type d'événement dénoté par l'expression nominale descriptive *l'événement qui a changé la face de l'Europe*. Elle répond à la demande de caractérisation d'une entité maximalement individuée en la classant dans la catégorie « événement qui a changé la face de l'Europe », mais sur le mode de l'exclusivité, ce qui la distingue de la simple catégorisation :

(17a) *La chute du mur de Berlin est un événement qui a changé la face de l'Europe* et est compatible avec l'interrogation partielle sur le sujet et son clivage (d'autres événements sont des candidats possibles à cette catégorisation) :

(17b) *Quel est l'événement qui a changé la face de l'Europe ?*
(17c) *C'est la chute du mur de Berlin qui est l'événement qui a changé la face de l'Europe*

La phrase converse B *est* A, en revanche, est une **prédication identifiante** qui identifie le type général d'événement « évènement qui a changé la face de l'Europe » à l'événement particulier dénoté par *la chute du mur de Berlin*. L'interrogation partielle sur le sujet et son clivage seraient contradictoires puisqu'ils supposeraient l'existence d'une pluralité d'événements individuels susceptibles d'être identifiés à l'événement, par définition unique en tant que tel, qu'est *la chute du mur de Berlin* :

(18a) **Quelle est la chute du mur de Berlin ?*
(18b) **C'est l'événement qui a changé la face de l'Europe qui est la chute du mur de Berlin*

Cette analyse (pour plus de détails, voir Riegel (2005)), qui ne postule aucune relation dérivationnelle entre les deux constructions converses, est confirmée par d'autres propriétés discriminatoires et aussi l'interprétation des deux expressions nominales lorsqu'elles sont apposées l'une à l'autre :

(17d) *La chute du mur de Berlin, l'événement qui a changé la face de l'Europe, a surpris tout le monde*
(18c) *L'événement qui a changé la face de l'Europe, (à savoir) la chute du mur de Berlin, n'a été prévu par personne*

▶ Reste une série de constructions dont l'analyse pose problème, car l'élément construit avec la copule non seulement n'est pas de nature adjectivale ou nominale, mais se pronominalise sous des formes particulières et dénote plutôt qu'une propriété ou un état au sens traditionnel de ces termes, **divers types de localisations**, des plus concrètes aux plus abstraites :

• localisation spatiale : *Pierre est dans / derrière / sous / à côté de*, etc. *la voiture (Pierre y est / Où est Pierre ?)* – *Il est ici / dehors / ailleurs* ;
• localisation temporelle : *La réunion est à trois heures / demain (Quand est la réunion ?)* – *C'était en 1940 (Quand était-ce ?)* ;

- datation : *Cette église est du 12ᵉ siècle* (*De quand est cette église ?*) ;
- origine ou provenance : *Mon voisin est de Paris* (*D'où est ton voisin ?*) ;
- matière : *Ce vase est en or* (*En quoi est ce vase ?*) ;
- appartenance : *Ce livre est à Pierre* (*À qui est ce livre ?*) ;
- diverses relations (d'accompagnement, d'orientation affective, de conformité, etc.) qui se déduisent du sens combiné d'une préposition et de son régime : *Il était avec / sans sa femme – Nous sommes pour / contre l'interdiction de la chasse aux palombes – C'est selon / contre les règles.*

Dans la plupart de ces constructions, le verbe *être* fonctionne comme un verbe locatif (commutable avec *se trouver*) ou d'existence (commutable avec *avoir lieu, dater*) construit avec un complément prépositionnel. Dans quelques-unes, il fonctionne comme un verbe support qui forme avec la préposition subséquente une locution verbale (*être à* = *appartenir à* – *être avec* = *escorter / accompagner*). Enfin, il peut garder son statut de copule lorsque le groupe prépositionnel s'interprète comme une propriété ou une disposition du sujet et se pronominalise en *le* comme un adjectif attribut (*être pour / contre* = *être favorable / hostile à* – *être selon / contre* = *être conforme / contraire à*). À moins de modifier profondément la définition classique de l'attribut, seul ce dernier emploi du verbe *être* peut être valablement classé parmi les constructions à attribut du sujet.

Bibliographie. — H. Bonnard (1960), L'attribut se rapporte-t-il au nom ?, *Le français moderne*, 23 : 241-248 – M. Arrivé (1964), Attribut et complément d'objet en français moderne, *Le français moderne*, 4 : 241-258 – E. Benveniste (1966) : 187-207 – J.-L. Gardies (1975) : 189 – N. Ruwet (1975), Les phrases copulatives en français, *Recherches linguistiques*, 3 : 143-191 – M.-L. Moreau (1976), – O. Eriksson (1980), *L'attribut de localisation et les nexus locatifs en français moderne*, Göteborg, Acta Universitatis Gothoburgensis – M. Riegel (1981), Verbes essentiellement ou occasionnellement attributifs, *L'information grammaticale*, 10 : 23-27 – M. Riegel (1985), *L'adjectif attribut*, PUF – E. A. B. M. Daatzelaar (1990), *Subject arguments and predicate nominals, A study of French copular with two NPs*, Amsterdam-Atlanta, Rodopi – N. Dupont (1991), Les clitiques « attributs; » en français, *in* M.-M. de Gaulmyn et S. Rémy-Giraud éds, *L'information grammaticale* : 47-70 – Le Goffic (1993) : 146-153 – M. Riegel (1994), La catégorie grammaticale de l'attribut, *Le gré des langues*, 7 : 170-189 – C. Molinier (1996) – M. Riegel (2005), Forme et interprétation des phrases copulatives à deux groupes nominaux définis, *in* I. Choi-Jonin *et al.* éds (*Questions de classification en linguistique méthodes et descriptions*) : 299-317.

5.3. Les attributs dits « du complément d'objet »

5.3.1. La catégorie générale des attributs de l'objet

Le syntagme verbal de la phrase *Il [a trouvé ton projet irréaliste]*$_{GV}$ s'analyse selon le schéma tripartite :
(1) **GV → V + N$_1$ + X** où N$_1$ représente le GN directement régi par le verbe (mais pas toujours son c.o.d., loin de là !) et **X** un troisième constituant dit **attribut du complément d'objet** (**a.c.o.**). L'a.c.o. se définit en effet par une double propriété :

▶ Ce n'est pas un constituant interne du groupe nominal postverbal, comme le serait par exemple un adjectif épithète compris dans la pronominalisation de l'ensemble du GN. D'où la double analyse de la phrase (2), ambigüe entre les lectures épithétique (a) et attributive (b) de l'adjectif *étrange* (et entre les deux sens distincts du verbe *trouver* = *découvrir / juger*) :

(2) *Il a trouvé cette explication étrange.*
(2a) *Il a trouvé [cette étrange explication]*$_{GN}$ – *Il l'a trouvée.*
(2b) *Il a trouvé étrange [cette explication]*$_{GN}$ – *Il l'a trouvée étrange.*

Remarque. — Plusieurs verbes transitifs construisent indirectement l'attribut de leur objet direct : *On considère l'avion <u>comme</u> perdu – Il l'a traité <u>de</u> lâche – Me prendriez-vous / tiendriez-vous <u>pour</u> un pigeon ? – On le regardait <u>comme</u> l'éminence grise du prince – On l'a choisi/désigné <u>comme</u> président de séance.*

▶ Il entretient avec le complément d'objet N$_1$ le même rapport qu'un a.s. avec le sujet dans la phrase correspondante N$_1$ – *être* – X, ce qui conduit à considérer que, dans ces constructions, la séquence N$_1$ – X fonctionne comme une proposition réduite. Ainsi la phrase *Il a trouvé ton projet irréaliste* établit entre le GN postverbal et son attribut une relation paraphrasable par *Ton projet est irréaliste*.

Remarque. — L'a.c.o. suit normalement le c.o.d., mais le précède lorsque ce dernier est relativement plus volumineux et en particulier lorsqu'il a la forme d'une complétive ou d'une construction infinitive :
(3) *Il trouvait <u>très beau</u> qu'en République le fils d'un mécanicien pût, à coups de bourses, être <u>agrégé</u>* (P. Guth)
(4) *J'appelle <u>discours de pouvoir</u> tout discours qui engendre la faute, et partant la culpabilité de celui qui le reçoit* (R. Barthes)

5.3.2. Une typologie des constructions à attribut de l'objet

Les propriétés syntaxiques et interprétatives des éléments constitutifs de la construction générale permettent de distinguer quatre grands types d'a.c.o. :

▶ Les attributs **propositionnels** (ou **complétifs**), où la proposition réduite alterne avec une subordonnée complétive attributive comme complément du verbe principal :

(5) *J'ai trouvé le repas excellent / J'ai trouvé que le repas était excellent.*

Ces constructions ont pour source les deux types de schémas subordonnants :

(6) N_0 – V *penser / croire / juger / dire*, etc. – (*que*) – N_1 – (*être*) – X
(7) N_0 – V *faire* – (*que*) – N_1 – (*être / devenir / rester*) – X.

Dans le deuxième type de construction, où l'attribut indique le résultat d'une transformation de l'objet, la copule ne peut pas être restaurée dans une construction source (complétive causative), sauf si le verbe est *faire* :

(8) *Qui t'a fait roi ?* ← *Qui a fait que tu sois roi ?*
(9a) *Cette nouvelle a rendu Jeanne furieuse* ← **Cette nouvelle a rendu que Jeanne était furieuse.*
(9b) *Ça mettra Jeanne en colère* ← **Ça mettra que Jeanne est en colère.*

Remarque. — Les verbes *rendre* et *mettre* fonctionnent comme l'amalgame d'un opérateur causatif et d'une prédication attributive N_1 – *être* – X (où X est respectivement un adjectif et un groupe prépositionnel) : *Cette nouvelle a fait que Jeanne était furieuse / est en colère*. Cette analyse peut être étendue aux verbes *élire, nommer, appeler, transformer*, etc., suivis d'un élément attributif spécifiant l'état résultatif de leur objet à l'issue du procès dénoté : *élire quelqu'un député*, c'est faire qu'il soit député au moyen d'une élection.

▶ Un grand nombre de verbes transitifs sans complément propositionnel admettent, sur le modèle des verbes à élargissement attributif du sujet (**5.2.2.**), l'élargissement par un élément prédicatif portant sur le GN postverbal qui constitue un véritable c.o.d. :

(10) *Il m'a rendu le livre <u>tout déchiré</u>*
(11) *Ils l'ont adoptée <u>jeune</u>*
(12) *Il a coupé mon veston <u>trop court</u>.*

La caractérisation de l'objet N_1 par son attribut est toujours le propos de l'énoncé. Elle peut induire des effets de sens variés par rapport au reste de la phrase, c'est-à-dire à la phrase de départ $N_0 - V - N_1$ qui représente toujours le cadre présupposé dans lequel s'effectue la caractérisation attributive : état de l'objet dans une circonstance donnée (10), datation d'un événement (11), état résultatif de l'objet à l'issue d'un procès (12), etc.

▶ Le verbe *avoir* se construit également avec un a.c.o. lorsque son objet N_1, précédé de l'article défini, s'interprète comme une partie constitutive du sujet N_0 :

(13) *Giton a le teint frais, le visage plein et les joues pendantes, l'œil fixe et assuré, les épaules larges, l'estomac haut, la démarche assurée et délibérée* (Bruyère)
(14) *Les maisons alsaciennes ont le toit pentu.*
(15) N_0 *a les dents longues / la cuisse légère / le dos large / la tête dans les nuages / le cœur gros / le cœur sur la main*, etc.

Dans tous ces cas, la construction attributive *avoir* – N_1 – X fonctionne comme un prédicat complexe qui caractérise globalement le sujet N_0 par une propriété X de sa partie N_1.

Remarque. — Le complément du verbe *avoir* peut même être construit indirectement, comme l'attestent les correspondances suivantes :
(16) *Cette rubrique a pour but de vous signaler des articles publiés par nos confrères* Le Revenu français, 100 (1977) : 5) ↔ « *Le but de cette rubrique est de vous signaler des articles* [...].
(17) N_0 – *avoir* – *pour (comme) mission / objectif / conséquence /* etc. – *(de)* X ↔ « *La mission / l'objectif / la conséquence*, etc. *de* – N_0 – *être* – X.

La construction attributive du verbe *avoir* apparaît sous la forme réduite N_1 – X (par effacement de *avoir*) dans les constructions dites absolues où elle fonctionne soit comme une construction absolue détachée (**VII : 4.6.2.**), soit comme a.s. par le truchement d'un verbe occasionnellement attributif :

(18) *Jean a les yeux fermés/les cheveux au vent.*
(18a) *Les yeux fermés, les cheveux au vent, Jean se promène dans le jardin.*
(18b) *Jean conduit les yeux fermés – Jean se promène les cheveux au vent*

▶ Les séquences introduites par les présentatifs *voici, voilà* (**XIV** : **9.1.**) et par le verbe impersonnel *falloir* occupent la position structurelle d'un c.o.d. Elles peuvent être suivies d'un élément prédicatif fonctionnant comme un a.c.o. :

(19) *Le voici enfin libre − Nous voilà rassurés.*
(20) *Il me le fallait plus grand.*

Bibliographie. — K. Olsson (1965), *La construction verbe + objet direct + complément prédicatif en français (aspects syntaxiques et sémantiques)*, Université de Stockholm − N. Ruwet (1982), Ch. IV, *Attribut de l'objet et effacement d'être* : 69-87 − N. Furukawa (1987), « Sylvie a les yeux bleus » : construction à double thème, *Linguisticae Investigationes*, XI, 2 : 283-302 − M. Riegel (1988), L'adjectif attribut de l'objet du verbe *avoir* : amalgame et prédication seconde, *Travaux de linguistique*, 17 : 69-87 − C. Blanche-Benveniste (1991), Deux relations de solidarité utiles pour l'analyse de l'attribut, *in* M.-M. de Gaulmyn et S. Rémi-Giraud, éds : 83-97 − M.-M. de Gaulmyn et S. Rémi-Giraud (1991), éds, *À la recherche de l'attribut*, Lyon, PUL − M. Riegel (1991), Pour ou contre la notion grammaticale d'attribut de l'objet : Critères et arguments, *in* M.-M. de Gaulmyn, S. Rémi-Giraud, éds : 99-118 − M. Riegel (1996), Les constructions à élargissement attributif : double prédication et prédicats complexes ? *in* C. Muller, éd., *Dépendance et intégration syntaxique : subordination, coordination, connexion*, Niemeyer, Tübingen :189-197 − M. Riegel (2002), Les constructions attributives à topicalisation de l'objet. Architecture syntaxique et configurations interprétatives *in* G. Kleiber et N. Le Querler, éds, *Traits d'union*, Presses Universitaires de Caen : 50-60.

Chapitre IX

LA MORPHOLOGIE VERBALE

1. LA CATÉGORIE DU VERBE

1.1. Définition

Le verbe se reconnait d'abord par ses variations de forme et par les oppositions grammaticales qu'elles dénotent, ainsi que par son rôle dans la structuration de la phrase :

▶ Morphologiquement, le verbe est un mot variable qui se conjugue, c'est-à-dire qui est associé à plusieurs catégories morphologiques. Il reçoit les marques spécifiques (les désinences : **2.2.1.**) correspondant, sur le plan de la signification, au nombre (comme le nom), à la personne, au temps et au mode (qui peuvent également déterminer des variations du radical). La voix, le temps et l'aspect sont marqués par des auxiliaires qui précèdent le radical verbal, pourvu d'une désinence de participe passé (*il est épuisé, il est parti, elle a chanté*) ou d'infinitif (*il va travailler*). Le verbe connait par ailleurs des variations de radical, plus importantes que le nom. Certains verbes ont un radical unique (*chanter* et beaucoup de verbes en *-er*), mais beaucoup de verbes, en particulier les plus fréquents (*avoir, être, aller, faire,* etc.), ont un radical qui prend différentes formes (**2.6.2.**).

Remarque. — Le verbe ne constitue pas une catégorie grammaticale universelle : il est difficile, dans beaucoup de langues, d'isoler des séries de formes présentant les caractéristiques morphologiques du verbe telles qu'elles viennent d'être définies. L'opposition entre le verbe et le nom présente différents degrés selon les langues : elle est très nette en français et plutôt floue dans les créoles et les pidgins ; elle présente ailleurs des degrés intermédiaires. En chinois, la répartition des termes dans les classes du nom et du verbe n'est que partiellement effectuée : certains termes appartiennent à une seule de ces catégories, mais d'autres ont un fonctionnement tantôt nominal, tantôt verbal selon le contexte où ils figurent. C'est comparativement le même phénomène que l'on peut souvent observer en anglais. Ainsi, le terme *talk*, qui dénote l'activité de parole, est un verbe dans *he knows what he is talking about* (« il sait ce qu'il dit ») et un nom dans *she has plenty of small talks* (« elle ne manque pas de sujets de conversation »). Il en va de même en français pour *danse*, *marche*, etc.

Bibliographie. — *Modèles linguistiques*, VI (1984), *L'opposition verbo-nominale dans diverses langues du monde*.

▶ D'un point de vue syntaxique, le verbe est, selon L. Tesnière, le terme central de la proposition, le pivot autour duquel s'organise la phrase (**VI : 2.1.**). Dans l'analyse en constituants immédiats (**VI : 2.2.**), il est le mot-tête du groupe verbal (**VIII : 1.**), qu'il peut constituer à lui seul (*Les souris dansent*) ou associé à un ou plusieurs compléments (*Georges raconte une histoire à sa fille*).

▶ D'un point de vue sémantique, la tradition grammaticale oppose le verbe au nom en se fondant sur le découpage du réel : les substances (statiques) sont dénotées par les noms ou substantifs, alors que les phénomènes (dynamiques) sont signifiés par les verbes, « les noms estant pour signifier ce qui demeure, & les verbes ce qui passe » (*Grammaire générale et raisonnée*, 1660). Et, depuis Aristote, le verbe est associé au temps : il est « *vox significans cum tempore* : un mot qui signifie avec le temps » (*GGR*), une définition que traduit littéralement l'étiquette *Zeitwort* de la grammaire allemande.

Une définition uniquement notionnelle ne permet pas de délimiter strictement la catégorie du verbe. Ainsi, des noms comme *arrivée*, *départ*, *sortie* peuvent signifier une action (**VII : 3.2.**), et des adjectifs comme *calme*, *furieux* peuvent exprimer un état. Un grand nombre de verbes et de noms possèdent le même radical (*nage*, *neige*, *cire*, *borne*, *marche*, etc.), ou un radical partiellement identique (*trépas / trépasser*, *course / courir*, *essai / essayer*, etc.). Ce sont alors la distribution (déterminant + nom *vs* sujet + verbe) et la morphologie qui permettent d'identifier le nom ou le verbe. Pour éviter toute équivoque, on emploie le terme de

procès pour caractériser le sémantisme propre à la catégorie verbale, que le verbe exprime une action, un état ou toute autre notion.

Remarque. — On souligne aujourd'hui le rôle prédicatif du verbe : en mettant en relation les éléments nominaux de la phrase, le verbe permet au locuteur d'accomplir un acte de référence et de prédication. En français et dans les autres langues, on rencontre cependant des phrases sans verbe (**XIV : 9.2.**) : ces phrases n'ont pas la structure canonique de a phrase minimale, et la mise en relation des éléments est assurée par d'autres moyens que le verbe.

Bibliographie. — C. Fuchs (éd.), (1991).

1.2. Les catégories morphologiques associées au verbe

▶ **La personne** du verbe est déterminée par son sujet. L'apparente régularité des tableaux de conjugaison présentant successivement les trois personnes ne doit pas masquer leur nature différente : la première et la deuxième personnes, représentant les actants de la communication (*je* et *tu*), s'opposent à la « troisième personne » (*il(s)*, *elle(s)*), appelée *non-personne* par É. Benveniste. Celle-ci représente en réalité aussi bien des choses que des personnes (**VII : 5.2.1.**).

▶ **Le nombre** : comme le nom, le verbe connaît l'opposition du singulier et du pluriel ; il tient son nombre de son sujet, avec lequel il s'accorde (**3.1.**) : *La cigogne est de retour. Les cigognes sont de retour.* Le nombre du verbe est marqué par la désinence, associée éventuellement à la variation du radical.

Dans la conjugaison du verbe, les catégories de la personne et du nombre sont liées, la première impliquant la seconde. Une désinence indissociable marque généralement la personne et le nombre : dans *chantons*, *-ons* indique la première personne du pluriel. La désinence peut s'accompagner d'une variation du radical du verbe (*je suis, tu es, il est, nous sommes, etc.*). À l'indicatif et au subjonctif, la désinence est associée au sujet du verbe, avec lequel elle forme un *signifiant discontinu* (**XX : 1.2.5.**). Mais cette association n'est pas constante. À l'oral, le sujet porte souvent seul la marque de la personne (voir, par exemple, **2.6.**, la conjugaison du verbe *chanter* au présent de l'indicatif). À l'impératif, en l'absence de sujet exprimé, c'est la désinence seule qui marque la personne (*chante, chantons, chantez*). L'infinitif et le participe (dits *modes impersonnels*) ne portent pas les marques de la personne ; mais les participes passés prennent, comme les adjectifs, les marques du nombre et du genre du terme auquel ils se rapportent (**3.2.**).

▶ **Le mode, le temps et l'aspect** constituent trois séries de classement des formes verbales étroitement imbriquées (**X**). Ils se manifestent essentiellement par la variation de la désinence et éventuellement du radical du verbe. L'aspect s'exprime également à l'aide des auxiliaires (*avoir, être,* etc.).

La dimension aspectuelle du verbe est souvent réduite au bénéfice de sa dimension temporelle, à laquelle elle est étroitement associée en français : dans *elle va chanter*, l'auxiliaire *aller* marque l'aspect du procès saisi avant son début, mais on dit souvent qu'il indique sur le plan temporel le *futur immédiat*.

▶ **La voix** (ou *diathèse*) se définit suivant la façon dont le verbe distribue les rôles sémantiques de ses actants (**VIII : 1.**). Le passage de l'actif au passif provoque la permutation des actants (sujet et objet actifs deviennent respectivement complément d'agent et sujet passifs) et des rôles qui leur sont associés : *Le cheval a mordu le chien* → *Le chien a été mordu par le cheval*. Morphologiquement, la voix passive se marque par l'emploi de l'auxiliaire *être* associé au participe passé (**2.4.**).

Remarques. — **1.** La séquence *être* + participe passé peut aussi constituer la forme composée active de certains verbes employés avec l'auxiliaire *être* : *il est venu* (**2.2.2.**).
2. Les grammaires grecques définissent aussi une *voix moyenne*, quand le sujet est à la fois agent et patient du verbe. Certains ont pensé retrouver cette voix en français avec la *voix pronominale*, parfois appelée *voix moyenne* : dans *Je me lave*, le sujet est à la fois agent et patient. Cependant, la régularité morphologique du verbe grec ne se retrouve pas avec les constructions pronominales du français, qui posent des problèmes sémantiques et syntaxiques délicats (**2.5.**) ; le terme de *voix* est officiellement abandonné depuis la nomenclature de 1975 pour celui de *tournure pronominale*.

Bibliographie. — D. Creissels (1995) : 264-300.

2. LA CONJUGAISON

2.1. Radical verbal et désinences

2.1.1. *L'analyse de la Forme verbale*

Une forme verbale se décompose en deux constituants : le *radical* (ou la *base*) et la *désinence* (ou *terminaison*) : dans *chantait*, on distingue le radical *chant-* et la désinence *-ait*.

▶ Le **radical** est l'élément fondamental du verbe : il porte le sens lexical stable du verbe. Il peut être partiellement ou totalement identique au radical d'un nom ou d'un adjectif : *il reste / le reste ; il marche / la marche ; il rougit / rouge ; il adoucit / doux*. Sa forme est unique pour beaucoup de verbes, notamment ceux du type *chanter* ; elle varie selon le temps, la personne et le nombre pour certains verbes, notamment les plus fréquents : *il va, allait, ira, qu'il aille*. Les variations dues à l'histoire du français ne se sont pas toutes maintenues (ancien français : *je desjeune / nous disnons ; j'espoir / nous espérons*) ; il est remarquable qu'elles subsistent pour les verbes les plus fréquents. Cela tient à un besoin de différenciation des formes verbales, qui explique la forte corrélation entre irrégularité et fréquence élevée.

▶ La **désinence** se soude à la fin de la forme verbale comme un suffixe. Elle apporte des informations « grammaticales » **(2.1.3.)** sur le mode et, éventuellement, sur la personne, le nombre et le temps. On peut la segmenter à son tour en plusieurs éléments selon les informations identifiées par comparaison entre les formes verbales : dans *chanteras*, on isole un segment *-er-* (futur ou conditionnel), suivi de *-a-* (futur), suivi de *-s* (2e personne du singulier).

Quand la désinence comporte deux ou trois éléments, la marque de temps précède la marque de personne et de nombre : dans *chant-ai-t*, la désinence s'analyse en un élément *-ai-* marquant l'imparfait et un élément *-t* marquant la troisième personne du singulier.

Remarque. — L'analyse d'une forme verbale n'est pas toujours possible : on ne peut pas toujours séparer la désinence du radical verbal. Dans *fut* et *eut*, on isole seulement une désinence écrite de personne *-t* (par opposition à *fus, eus*), sans pouvoir décomposer le reliquat *fu-, eu-*, où radical et désinence sont amalgamés. Dans *il a, ils ont*, les formes *a* et *ont* sont inanalysables, même si l'on reconnaît dans la seconde un *-t* de personne.

Bibliographie. — J. Pinchon et B. Coute (1981), *Le système verbal du français*, Nathan – C. Touratier (1996).

2.1.2. Les variations du radical verbal

Suivant J. Dubois (1967), on appelle *bases* les différentes formes que peut prendre le radical d'un même verbe. On dégage la base d'une forme verbale donnée en retranchant la désinence (mais, comme on vient de le voir, cette opération n'est pas toujours possible).

Bibliographie. — J. Dubois (1967).

En se fondant sur l'oral (ce qui place à part le passé simple, employé presque exclusivement à l'écrit aujourd'hui) et en excluant l'infinitif et le participe, J. Dubois distingue 7 groupes de verbes, selon le nombre de leurs bases :
- premier groupe : verbe *être*, 7 bases (8 en langue soutenue, en ajoutant le passé simple *fu-*) ;
- deuxième groupe : deux verbes à 6 bases : *avoir* et *aller* ;
- troisième groupe : trois verbes à 5 bases : *faire, vouloir, pouvoir* ;
- quatrième groupe : verbes à 4 bases : *savoir, venir, tenir, prendre, apprendre, valoir, comprendre*, etc. ;
- cinquième groupe : verbes à 3 bases, fréquents (*devoir, recevoir, boire, connaitre, plaindre, paraitre, voir, vivre, envoyer, s'assoir*, etc.) ou résidus d'un état ancien (*croitre, feindre, geindre*, etc.) ;
- sixième groupe : verbes à 2 bases, de trois types : *finir* (*conduire, dire, écrire, lire, nuire, plaire*, etc.), *nettoyer* (*croire, essuyer, extraire, payer, prier* ;

acheter, appeler (appelle / appel-), jeter, semer, etc.) et *partir (battre, dormir, fendre, fondre, mentir, mettre, répandre, sortir, vaincre, vivre,* etc.) ;
- septième groupe : verbes à une seule base (radical unique) du type *chanter,* ainsi que des verbes comme *assaillir, conclure, courir, cueillir, offrir, ouvrir.*

Ce mode de classement suivant les variations du radical verbal à l'oral peut compléter le classement traditionnel des conjugaisons en trois groupes (**2.6.1.**). Il est incomplet, dans la mesure où il exclut le passé simple, l'infinitif et le participe, et il est imparfait dans certains cas où le découpage de la base et de la désinence ne va pas de soi. Il présente néanmoins une vue d'ensemble renouvelée des conjugaisons, et met en évidence une hiérarchie nettement fondée sur la fréquence d'emploi des verbes : plus ils sont fréquents, plus ils possèdent de bases (*être* apparait alors comme le verbe « modèle », retrouvant ainsi sur le plan morphologique une position privilégiée de longue date en logique).

2.1.3. *Variations morphologiques des désinences*

Selon les temps et les modes, différentes désinences sont sélectionnées en fonction du radical du verbe concerné. Quand le verbe a un radical à plusieurs bases, il s'adapte en retour à la désinence par la sélection de la base appropriée.

On distingue plusieurs groupes de désinences dans les modes personnels aux formes simples, à l'écrit et à l'oral :

▶ **Marques temporelles** : plusieurs temps sont marqués, pour tous les verbes, par des éléments qui s'ajoutent immédiatement au radical et sont suivis des marques de personne et de nombre :

- *le futur et le conditionnel* : -(e)r- [əR] : *elle chantera, finira, viendra, aura, sera ; chanterait, finirait, viendrait, aurait, serait* ;
- *l'imparfait* : *-ai-* [ɛ] pour les trois personnes du singulier et pour la troisième personne du pluriel et *-i-* [j] pour la première et la deuxième personne du pluriel : *chantait, chantions, chantiez ; allait, allions* ;
- *le passé simple et l'imparfait du subjonctif,* temps de l'écrit, comportent quatre sortes de voyelles thématiques selon les verbes : *-a-, -i-, -in-* et *-u-* : *il chanta (ils chantèrent) / qu'il chantât ; il partit / qu'il partît ; il vint / qu'il vînt ; il reçut / qu'il reçût.*

IX – La morphologie verbale

▶ **Marques de personne et de nombre** : elles suivent les marques temporelles ; leur fonctionnement diffère sensiblement à l'oral et à l'écrit.

- *La première et la deuxième personne du pluriel* sont toujours marquées, à l'oral et à l'écrit, respectivement par *-ons* [ɔ̃] et *-ez* [e] : *nous chantons, vous chantez*, sauf dans *(vous) faites, êtes, dites*. Le passé simple comporte les formes particulières *-mes, -tes : nous chantâmes, vous chantâtes*.
- *La troisième personne du pluriel* se marque à l'écrit par *-t (von-t), -nt (aime-nt)* ou *-ent (finiss-ent, chantai-ent)*. Le passé simple comporte une terminaison spécifique *-rent : chantèrent, dirent*. À l'oral, cette personne est surtout marquée au futur par [ɔ̃], où elle se confond avec la première personne du pluriel [ʃɑ̃tərɔ̃].
- *La deuxième et la troisième personne du singulier* ne sont jamais distinguées entre elles à l'oral (sauf liaison).
À l'écrit, la deuxième personne du singulier est marquée par *-s* à tous les temps : *tu chantes, tu finis, tu fais* (*-x* dans *tu veux, vaux*, etc.), sauf à l'impératif présent des verbes du type *chanter (chante)*.
Selon le type de verbe, la troisième personne du singulier du présent de l'indicatif se marque à l'écrit par la consonne *-t (finit, croit)* ou se caractérise par une absence de marque *(va, a, vainc)*. Aux temps autres que le présent de l'indicatif, la troisième personne est marquée par un *-t* final *(chantait)* ou ne possède pas de marque *(chanta, chantera)*.
- *La première personne du singulier* s'oppose aux autres personnes différemment à l'oral et à l'écrit. À l'oral, elle se confond souvent (sauf en cas de liaison) avec les autres personnes du singulier et la troisième personne du pluriel. À l'écrit, la première personne du singulier est assez souvent distinguée des autres.

Remarque. — Si les oppositions de temps sont bien assurées à l'oral et à l'écrit, les distinctions de personne et de nombre sont moins bien effectuées par les désinences verbales à l'oral. Ce sont les formes du sujet, en particulier les pronoms personnels, qui apportent souvent l'indication de la personne et du nombre. Vu le rôle essentiel à l'oral du pronom personnel sujet, associé au verbe dans les tableaux de conjugaisons, certains, à la suite de F. Brunot, ont voulu l'intégrer à la forme verbale comme une sorte de préfixe : « En français moderne, les personnels se sont substitués aux flexions. Ils ne forment avec le verbe qu'un mot phonétique, qu'on prononce *je chante* ou bien *ch'chante*. De même, ils ne font avec lui qu'une forme » (*La Pensée et la langue* : 259). Cette analyse surestime l'importance du pronom personnel sujet, dont le verbe peut se passer (à l'impératif notamment) et qui ne fait pas corps avec le radical comme la désinence.

2.2. Formes simples, composées et surcomposées

2.2.1. Les formes simples (ou *temps simples*) du verbe.

Elles sont constituées, à tous les modes, d'un radical et d'une désinence soudés.

Série 1 : formes courantes

▶ **Indicatif présent**

C'est le temps grammatical dont la formation est la plus variée selon les types de verbes.

* **Radical**

De nombreux verbes possèdent une seule base au présent : les verbes en / e / -er (type *chanter*), *courir, cueillir, ouvrir, conclure*, etc. Certains verbes présentent deux bases (*il écrit / ils écrivent ; il finit / ils finissent ; il sort / ils sortent...*), trois bases (*il prend / nous prenons / ils prennent ; il boit / nous buvons / ils boivent ; il vient / nous venons / ils viennent*) ou davantage (*aller, avoir, être, dire, faire*).

* **Désinences**

À l'oral, les trois personnes du singulier et la troisième personne du pluriel n'ont pas de désinence sensible : *chante-* [ʃɑ̃t], *offre* [ɔfr], alors que la première et la deuxième personne du pluriel sont respectivement marquées par [ɔ̃] et [e].

L'écrit présente deux séries de désinences au *singulier* :

– *Série I* : radical terminé en *-e*, auquel s'ajoute *-s* à la deuxième personne (*chantes*), pour les verbes en *-er* (*chanter*) et quelques verbes en *-ir* dont le radical est terminé par une consonne : *cueillir, offrir, couvrir, ouvrir, souffrir, tressaillir*.

– *Série II* : désinences *-s, -s, -t* pour les autres verbes (*il finit, sait*, etc.), y compris pour les verbes comme *peindre, joindre, résoudre*. Certains verbes prennent les désinences *-x, -x, -t* : *je / tu peux* (ou *je puis*) ; *je / tu vaux, veux ; il peut, vaut, veut*. D'autres n'ont pas de désinence de troisième personne : *il a, va, vainc* (dans *il bat, il rend*, la consonne finale fait partie de la base).

Au *pluriel*, l'écrit présente les désinences régulières *-ons, -ez,- (e)nt* : *nous chantons, vous chantez, ils chantent*, à l'exception de *sommes, êtes, dites, faites, font, ont, sont, vont*.

▶ Indicatif imparfait

• **Radical**

L'imparfait de l'indicatif possède un radical unique, qui correspond à la base de la première personne du pluriel du présent de l'indicatif (*nous connaiss-ons, voul-ons / il connaiss-ait, voul-ait*), sauf pour le verbe *être* (*était*).

• **Désinences**

À l'oral, les trois personnes du singulier et la troisième personne du pluriel se terminent par [ɛ] : [finis-ɛ] ; la première et la deuxième personne du pluriel se terminent, comme au subjonctif présent, par [j-ɔ̃] et [j-e] : [finis-j-e].

L'écrit présente, au singulier et à la troisième personne du pluriel, la marque temporelle *-ai-* suivie des marques *-s*, *-s*, *-t* et *-ent* : *je chantais, tu chantais, il chantait, ils chantaient* ; la première et la deuxième personne du pluriel font suivre la marque temporelle de l'imparfait *-i-* des marques *-ons* et *-ez* : *nous chantions, vous chantiez*.

▶ Subjonctif présent

• **Radical**

Il correspond à celui de l'indicatif présent. Ou bien il s'agit d'un radical commun aux deux modes (*chante*), ou bien le radical du subjonctif correspond à la base des formes du pluriel de l'indicatif : *qu'il finisse, écrive, lise, connaisse, rende, sorte*, etc.

Certains verbes comportent deux bases différentes au subjonctif : *que nous jetions / que vous jetiez / qu'il(s) jette(nt)*.

Quelques verbes fréquents ont une base particulière au subjonctif : *aill-* (*aller*), *faill-* (*falloir*), *vaill-* (*valoir*), *veuill-* (*vouloir*), *fass-* (*faire*), *puiss-* (*pouvoir*), *sach-* (*savoir*), *soi- / soy-* et *ai- / ay-* (*que tu sois, aies / que vous soyez, ayez*).

• **Désinences**

L'oral ne présente pas de désinence sensible aux trois personnes du singulier et à la troisième personne du pluriel ; la première et la deuxième personne du pluriel sont marquées respectivement par [(j)ɔ̃] et [(j)e] ; le radical ne varie pas : [finis-jɔ̃-], [finis-j-e].

À l'écrit, pour tous les verbes (sauf *être* et *avoir*), les désinences sont *-e, -es, -e, -ions, -iez, -ent*, bien que l'on puisse considérer que, pour les verbes du type *chanter*, le *-e* fait plutôt partie du radical.

Remarque. — Les verbes dont le radical se termine par *i-* ou *y-* (sauf *être* et *avoir*) ne sont pas dispensés du *-i-* des désinences : *que nous riions, priions, envoyions, que vous riiez, priiez, envoyiez.*

▶ Impératif présent

À l'oral et à l'écrit, l'impératif ne possède que trois personnes, qui sont identiques à celles du présent de l'indicatif : *finis, finissons, finissez*. Mais les verbes en *-er* (et *offre, souffre, cueille,* etc.) perdent à l'écrit le *-s* de la deuxième personne (*chante, va*), qui peut être écrit et prononcé en liaison avec les pronoms *en* et *y* non suivis d'un infinitif : *donnes-en, penses-y, vas-y.*

Les verbes *avoir, être, savoir, vouloir* empruntent leurs formes d'impératif au subjonctif présent : *sois, soyons, soyez.* Le *-s* final après *-e* est aussi supprimé : *aie, sache, veuille. Savoir* ne garde pas le *-i-* au pluriel : *sachons, sachez.* Pour le verbe *vouloir*, les formes empruntées au subjonctif (*veuille, veuillons, veuillez*) s'emploient surtout dans des formules de politesse (*Veuillez agréer...*).

Série 2 : formes en -rai(s)

▶ Indicatif futur

• **Radical**

Le futur simple se forme sur une base qui est souvent mais pas toujours prévisible à partir de l'infinitif. Les verbes en *-er* (*chanter*), ainsi que *cueillir*, forment leur futur sur le radical du présent de l'indicatif (*chante-r-a, cueille-r-a*). Pour les autres verbes, on peut partir de l'infinitif (*finir / fini-r-a, boire / boi-r-a*) ou des deux premières personnes du pluriel de l'indicatif (*devons / devra*) ; *courir*, et *mourir* font suivre le *-r-* du radical de la marque *-r-* du futur (*courrai, mourrai*), ce qui constitue un cas rare de consonne double prononcée. Quelques verbes ont une base spécifique : *aller* (*i-ra*), *avoir* (*au-ra*), *être* (*se-ra*), *faire* (*fe-ra*), *falloir* (*faud-ra*), *pouvoir* (*pour-ra*), *savoir* (*sau-ra*), *valoir* (*vaud-ra*), *venir* (*viend-ra*), *voir* (*ver-ra*), *vouloir* (*voud-ra*).

• **Désinences**

Elles opposent le futur aux autres temps :
À l'oral, la marque [R] du futur est suivie des marques de personne et de nombre : [e], [ɛ], [a], [ɔ], [e], [ɔ]. Les désinences de deuxième et de troisième personnes du singulier sont identiques, de même que celles de première et de troisième personnes du pluriel, sauf en cas de liaison.
À l'écrit, la marque *-r-* du futur est suivie de six désinences totalement différenciées : *-ai, -as, -a, -ons, -ez, -ont.*

▶ Conditionnel présent

À l'oral et à l'écrit, il est formé sur la base du futur simple et au moyen de sa marque -r- [R], suivie des désinences de l'imparfait : *il fini-r-ait* [finirɛ], *nous fini-r-i-ons* [finirjɔ̃].

Série 3 : formes littéraires

▶ Passé simple

Ce temps de l'indicatif, également appelé *passé défini*, est presque exclusivement employé à l'écrit aujourd'hui. Il se caractérise par :

- la présence d'une voyelle spécifique variant selon le type du verbe et souvent fondue dans le radical : *-a-* et *-è-* (type *chanter* : *chanta, chantèrent*), *-i-* (*il agit, finit, saisit, fuit, sortit, servit, cueillit, dit, prit, comprit, mit*, etc.), *-in-* (*il vint, tint*) et *-u-* (*il conclut, eut, courut, lut, dut, sut, put, reçut, crut, plut, but, parut, connut*, etc.) ;
- l'emploi de désinences de personne particulières au pluriel de tous les verbes : *-mes, -tes* (avec l'accent circonflexe sur la voyelle précédente), *-rent* : *nous chantâmes, vous chantâtes, ils chantèrent*. Au singulier, les verbes en *-a-* prennent les désinences *-i, -s* et zéro : *je chantai, tu chantas, il chanta* ; les autres verbes se terminent par *-s, -s, -t* : *je finis, courus ; tu finis, courus ; il finit, courut* ;
- un radical verbal identique ou différent de celui d'autres temps (cas des verbes à plusieurs bases). Les formes des passés simples en *-i-* et en *-u-* ne correspondent pas toujours à celles des participes passés : *il vêtit (vêtu), entendit (entendu), rendit (rendu), vendit (vendu), vit (vu) ; il fut (été), mourut (mort)*.

Désinences de personnes des passés simples				
Je chantai	fis	dus	vins	(-s)
Tu chantas	fis	dus	vins	-s
Il chanta	fit	dut	vint	(-t)
Nous chantâmes	fîmes	dûmes	vînmes	-âmes
Vous chantâtes	fîtes	dûtes	vîntes	-âtes
Ils chantèrent	firent	durent	vinrent	-rent

▶ Imparfait du subjonctif

Ce temps réservé à un écrit soutenu est formé sur la même base que le passé simple ; on retrouve les mêmes voyelles *-a-, -i-, -in-* et *-u-* suivant les types de verbes, auxquelles s'ajoutent des terminaisons personnelles spécifiques : *-sse, -sses,* (accent circonflexe) *-t, -ssions, -ssiez, -ssent*. Il est donc possible, pour tous les verbes, de former l'imparfait du subjonctif à partir du singulier du passé simple.

Désinences de personnes des subjonctifs imparfaits				
Que je chantasse	fisse	dusse	vinsse	**-sse**
Que tu chantasses	fisses	dusses	vinsses	**-sses**
Qu'il chantât	fît	dût	vînt	**-ât**
Que nous chantassions	fissions	dussions	vinssions	**-ssions**
Que vous chantassiez	fissiez	dussiez	vinssiez	**-ssiez**
Qu'ils chantassent	fissent	dussent	vinssent	**-ssent**

On observera que, quel que soit le modèle de conjugaison, les désinences des passés simples et des imparfaits du subjonctif (les uns et les autres peu usités en français, sauf aux troisièmes personnes) sont d'une régularité absolue, et que leur formation est totalement parallèle. En particulier, les 3e personnes du singulier des passés simples et des subjonctifs imparfaits ne diffèrent que par l'orthographe.

Par voie de conséquence, les formes composées (passé antérieur et subjonctif plus-que-parfait) sont également régulières et parallèles : *il eut chanté, qu'il eût chanté – il fut venu, qu'il fût venu.*

Série 4 : Infinitif et participe

Les modes impersonnels comportent des désinences qui varient selon le type de verbe.

> • *L'infinitif présent* comporte à l'écrit quatre désinences possédant un *r* commun : *-er* (*chanter*), *-ir* (*venir*), *-oir* (*voir*), *-re* (*battre*) ; l'oral distingue une désinence [e] (type *chanter*) et une désinence [R] : [finiR], [vwaR], [batR].

IX – La morphologie verbale

- *Le participe présent* et le *gérondif* se forment avec la désinence *-ant* [ɑ̃], généralement sur la base de la première personne du pluriel du présent de l'indicatif (analogue au radical de l'imparfait) : *finiss-ant (nous finissons, il finiss-ait)*. Trois verbes font exception : *être (étant)*, ainsi qu'*avoir* et *savoir*, dont le participe présent est formé sur la base du subjonctif présent (*ay-ant, sach-ant*).
- *Les participes passés* sont formés pour la plupart à l'aide d'une voyelle dont le choix dépend de la conjugaison du verbe. Les verbes en *-er* forment leur participe à l'aide de la voyelle *-é (chanté)*. Les verbes en *-ir (finir)* et en *-ire (dire)* ont un participe en *-i*, comme *fini, cueilli, sorti* ; la voyelle peut être suivie d'une consonne *-t (écrit)* ou *-s (acquis)*. Certains verbes en *-ir* ou *-ire* ont un participe passé en *-u : couru, lu, tenu, venu, vêtu*. Les verbes en *-oir* et en *-re* forment leur participe passé avec la voyelle *-u : dû, vu, su, conclu, rendu, battu, vécu, bu, cru*. Certains verbes en *-oir* et en *-re* prennent la voyelle *-i* au participe : *assis, pris, mis, suivi*. Quelques verbes ont un participe terminé par une consonne au masculin, sans voyelle caractéristique : *clos, craint, fait, joint, mort, offert, peint, inclus* (mais *exclu*).

Formation du participe passé et du passé simple dans les verbes du « 3ᵉ groupe »		
Infinitifs	Passés composés	*Passés simples en « i »*
assaillir	il a assailli	Il assaillit
bouillir	Il a bouilli	Il bouillit
cueillir	Il a cueilli	Il cueillit
dormir	Il a dormi	Il dormit
fuir	Il a fui	Il fuit
mentir	Il a menti	Il mentit
partir	Il est parti	Il partit
servir	Il a servi	Il servit
sortir	Il est sorti	Il sortit

nuire	Il a nui	Il nui**sit**
rire	Il a ri	Il rit
suffire	Il a suffi	Il suffit
suivre	Il a suivi	Il suivit

conduire	Il a conduit	Il conduisit
écrire	Il a écrit	Il écrivit

acquérir	Il a acquis	Il acquit
assoir	Il s'est assis	Il s'assit
mettre	Il a mis	Il mit
prendre	Il a pris	Il prit

craindre	Il a craint	Il craignit
faire	Il a fait	Il fit
naitre	Il est né	Il naquit
oindre	Il a oint	Il oignit
ouvrir	Il a **ouvert**	Il ouvrit

battre	Il a battu	Il battit
coudre	Il a cousu	Il cousit
fondre	Il a fondu	Il fondit
mordre	Il a mordu	Il mordit
rompre	Il a rompu	Il rompit
tendre	Il a tendu	Il tendit
vaincre	Il a vaincu	Il vainquit
voir	Il a **vu**	Il vit

Infinitifs	**Passés composés**	**Passés simples en « u »**
avoir	Il a eu	Il eut
courir	Il a couru	Il courut
devoir	Il a dû	Il dut
falloir	Il a fallu	Il fallut
mouvoir	Il a mu	Il mut

IX – La morphologie verbale

Infinitifs	Passés composés	Passés simples en « u »
pleuvoir	Il a plu	Il plut
pourvoir	Il a pourvu	Il pourvut
pouvoir	Il a pu	Il put
recevoir	Il a reçu	Il reçut
savoir	Il a su	Il sut
valoir	Il a valu	Il valut
vouloir	Il a voulu	Il voulut

être	Il a **été**	Il fut
lire	Il a **lu**	Il lut
mourir	Il est **mort**	Il mourut
vivre	Il a **vécu**	Il vécut
boire	Il a bu	Il but
conclure	Il a conclu	Il conclut
croire	Il a cru	Il crut
croître	Il a crû	Il crût
moudre	Il a moulu	Il moulut
paraitre	Il a paru	Il parut
plaire	Il a plu	Il plut
repaitre	Il a repu	Il reput
résoudre	Il a résolu	Il résolut
taire	Il a tu	Il tut

Infinitifs	Passés composés	Passés simples en « in »
tenir	Il a tenu	Il t**in**t
venir	Il est venu	Il v**in**t

En observant la nature et l'étendue des concordances et des discordances entre les voyelles thématiques (« i » ou « u » généralement) servant à former les participes (donc les passés composés) et les passés simples (peu usités, sauf à la troisième personne), on aura une idée des difficultés d'assimilation du système morphologique pour les personnes apprenant le français, enfants ou étrangers.

2.2.2. *Formes composées*

Le radical verbal, pourvu d'une désinence de participe passé ou d'infinitif, peut être aussi précédé d'un verbe auxiliaire. Quand l'auxiliaire employé est le verbe *être* ou le verbe *avoir*, associés à un participe passé (*il est arrivé, elle a chanté*), on parle de *formes composées* (ou *temps composés*) du verbe, par opposition aux formes simples. Les formes composées, qui expriment l'aspect accompli (**X : 1.3.2.**) à tous les modes du verbe, sont les suivantes :

- *indicatif* : passé composé, passé antérieur, plus-que-parfait, futur antérieur, conditionnel passé ;
- *subjonctif* : passé, plus-que-parfait ;
- *impératif, infinitif, participe* : passé.

La répartition des auxiliaires *être* et *avoir* est relativement fixée. Le verbe *être* précède des verbes perfectifs (**X : 1.3.2.**), qui expriment un mouvement ou un changement d'état : *aller, arriver, devenir, entrer, mourir, naitre, rester, sortir, tomber, venir* ; il s'emploie également avec les verbes pronominaux et les constructions pronominales (**2.5.**) : *il s'est lavé*.

Le verbe *avoir* constitue sa propre forme composée (*il a eu*) et celle du verbe *être* (*il a été*). Il s'emploie avec la plupart des verbes transitifs (*elle a fini ses devoirs*) et intransitifs (*il a bien dormi*), et avec les verbes impersonnels (*il a fallu qu'il pleuve*).

Certains verbes se construisent avec l'un ou l'autre auxiliaire, selon leur aspect ou leur signification (*apparaitre, changer, descendre, grandir, maigrir, passer, rajeunir, ressusciter, stationner*, etc.). La plupart prennent l'auxiliaire *avoir* quand l'accent est mis sur l'action et l'auxiliaire *être* quand l'état résultant prime : *Il est apparu / changé*. Quand ces verbes s'emploient transitivement, ils sont construits avec *avoir* : *Il a monté du charbon et descendu les poubelles*.

IX – La morphologie verbale

Remarque. — On observe également des <u>formes surcomposées,</u> constituées de deux auxiliaires, ou, si l'on préfère, d'un auxiliaire composé : *elle a eu chanté*. Elles expriment l'accompli ou l'antériorité par rapport à la forme composée correspondante : dans *Quand Panturle a eu labouré son champ, il a déjeuné*, le passé surcomposé *a eu labouré* marque l'antériorité par rapport au passé composé *il a déjeuné*. Ces formes surcomposées (ou *temps surcomposés*) se rencontrent surtout depuis le XVIIe siècle, mais elles sont rares : d'un usage très restreint en littérature, elles s'emploient dans certaines régions, notamment du Sud de la France. C'est surtout le passé surcomposé qui est répandu (*Il l'a eu rencontré et lui a eu parlé*), car, en s'opposant au passé composé, il est venu compléter le système des temps du passé depuis la disparition du passé simple de l'oral ; il se rencontre le plus naturellement dans une proposition subordonnée temporelle. Les autres formes surcomposées, qui sont parallèles aux formes composées, à l'exception des formes correspondant au passé antérieur de l'indicatif et au plus-que-parfait du subjonctif, sont très rares : *il avait eu chanté, il aura eu chanté, il aurait eu chanté, qu'il ait eu chanté, avoir eu chanté, ayant eu chanté*. Elles ne sont pas toujours reconnues par un locuteur français standard. Pour cette raison, elles ne figurent pas ici dans les tableaux de conjugaisons.

2.3. Les auxiliaires aspectuels, modaux et causatifs

Ils ne sont pas reconnus au même titre qu'*être* et *avoir* par la tradition, qui les qualifie de *semi-auxiliaires*, et ils ne figurent pas dans les tableaux de conjugaisons (à l'exception du verbe *aller*, dans certaines grammaires). Ils sont tous suivis de l'infinitif (sauf *aller* dans *il va chantant*) et ajoutent au verbe des indications aspectuelles, modales et de diathèse. On les enregistre comme auxiliaires dans la mesure où, comme *être* et *avoir*, leur sémantisme se réduit à une indication grammaticale (à la différence de verbes de sens « plein ») et où la construction *auxiliaire + infinitif* semble bien parallèle à la construction *avoir / être + participe passé*. Cependant, la liste de ces auxiliaires n'est pas fermée : si certains ont indiscutablement un statut comparable à celui d'*avoir* et *être*, d'autres possèdent un sens lexical qui les rapproche plutôt d'un verbe ordinaire.

Bibliographie. — G. Gougenheim (1929), *Étude sur les périphrases verbales de la langue française*, Les Belles Lettres – É. Benveniste (1974), XIII, « Structures des relations d'auxiliarité » – H.-P. Helland (1994).

▶ **Les auxiliaires d'aspect (X : 1.3.2.)**

Ils saisissent le procès à différents stades de sa réalisation, du stade antérieur au début du procès au stade postérieur à son terme final.

- Le stade antérieur au début de la réalisation du procès est marqué par *aller, être sur le point de, être en passe de*.
Le verbe *aller* ne s'emploie qu'au présent et à l'imparfait. Au présent (*elle va chanter*), il concurrence le futur simple (*elle chantera*), à l'oral surtout. À l'imparfait (*elle allait chanter*), il concurrence le conditionnel présent (*elle chanterait*) pour indiquer une action présentée comme future par rapport à un repère passé.

Remarque. — Certaines grammaires placent la périphrase *aller* + *infinitif* dans les tableaux de conjugaisons, la traitant comme une forme composée exprimant le temps (*aller* au présent + infinitif exprime le « futur immédiat » ou « futur proche »). Cependant, une périphrase verbale avec le verbe *aller* n'a pas exactement le même sens que le temps simple correspondant (**X : 2.1.6.**).
On ne confondra pas l'emploi du verbe *aller* comme auxiliaire avec son utilisation comme verbe de mouvement. Certaines phrases peuvent être ambiguës : dans *Je vais rendre visite à ma tante*, on peut interpréter *aller* comme exprimant un mouvement (remplaçable par des verbes comme *partir, courir, passer*, etc.) ou comme marquant le stade antérieur au début de la réalisation du procès.

- Les verbes *commencer à (de), se mettre à* expriment l'aspect inchoatif : le procès est saisi à son début : *Il commence à pleuvoir*.

- Le procès en cours de réalisation est surtout marqué par *être en train de* : *Je suis en train de chanter sous la pluie* ; cette périphrase correspond à la forme progressive anglaise (*I'm singing in the rain*).

Aller + participe présent a été très employé en ancien français, y compris sans idée de mouvement (*il va dormant*) : *il va chantant* (au sens de « il est en train de chanter »). Cette périphrase, archaïsante aujourd'hui, exprime un mouvement figuré (un devenir), en accord avec le sens de base du verbe *aller* : *Le mal va croissant* (Académie). On rencontre également la variante archaïque *s'en aller* (*Cet homme s'en va mourant*, Académie) et la préposition *en* avant le gérondif de quelques verbes (*Un mal qui va en augmentant*, Académie).

- Le procès en voie d'achèvement est marqué par *finir de* (et aussi *cesser de, achever de*), qui est le symétrique de *commencer à* : il exprime la saisie du procès avant son stade final (*Elle finit de jouer*).

- *Venir de*, symétrique de *aller*, saisit le procès immédiatement après son stade final : *Elle vient de jouer*. Sa valeur aspectuelle n'est pas identique à celle du temps composé correspondant, marquant l'accompli (*Elle a joué*). Certains considèrent que *venir de* + *infinitif* exprime un « passé proche ».

▶ **Les auxiliaires modaux :**

Pouvoir et *devoir* expriment respectivement deux valeurs modales fondamentales, la possibilité et l'obligation : *elle peut chanter, il doit partir*. Chacun comporte des nuances de sens que les dictionnaires détaillent. Dans l'expression de la capacité physique ou intellectuelle, *pouvoir* est complété en français par *savoir* : *je sais nager, parler russe*. *Pouvoir* exprime aussi la permission donnée à un tiers, souvent dans une phrase interrogative ou négative : *Est-ce que je peux poser une question ? – Vous ne pouvez pas descendre du train*.

Ces deux auxiliaires peuvent aussi exprimer la probabilité : *pouvoir* exprime une simple possibilité (*il peut pleuvoir*), *devoir* exprime une probabilité plus forte (*il doit pleuvoir*). Dans ce sens, ils concurrencent le verbe *aller* pour exprimer un procès à venir, en lui donnant leur coloration modale spécifique.

- D'autres verbes ont des emplois modaux :

– *paraître* et *sembler* permettent d'appréhender le procès d'un point de vue subjectif (impression, apparence) : *il paraît (semble) dormir*. On peut les traiter comme des auxiliaires, en dépit de la complexité de leur fonctionnement syntaxique.
– *vouloir* exprime d'abord la volition (*elle veut partir*), et correspond à l'auxiliaire de mode allemand (*Modalverb*) *wollen*. Mais il peut, comme *pouvoir* et *devoir*, concurrencer *aller* pour exprimer, dans certains usages régionaux, un procès à venir teinté d'une volonté figurée (*ce mur veut tomber*), y compris pour des phénomènes météorologiques : *cette année, il ne veut pas pleuvoir* ; dans l'expression de l'avenir, la volonté et l'imminence sont liées (voir l'anglais *will*, auxiliaire du futur). Mais, à la différence de *pouvoir*

et de *devoir*, le verbe *vouloir* peut être suivi d'une complétive ou d'un complément nominal.

▶ **Les auxiliaires causatifs :**

faire et *laisser* forment avec un verbe à l'infinitif (qui peut être *faire* lui-même dans son sens plein : *elle a fait faire une robe*) une construction *causative* ou *factitive* (leur sujet « fait faire » l'action par autrui) : *César a fait construire un pont*. Le sujet de *faire* et de *laisser* est la cause du procès exprimé par la structure infinitive (**VIII : 4.6.**). Avec *faire*, le sujet est actif, alors qu'avec *laisser*, il ne s'oppose pas à l'action (Damourette & Pichon (1911-1940 : § 1682) l'appellent verbe *tolératif*) : *Daniel fait / laisse jouer les enfants*.

Bibliographie. — J. David & G. Kleiber (éds) (1983) *La notion sémantico-logique de modalité*, Klincksieck – C. Fuchs (éd.), (1989), « Modalité et interprétation : l'exemple de *pouvoir* », *Langue française*, 84 – H. Kronning (1996), *Modalité, cognition et polysémie : sémantique du verbe modal « devoir »*, Uppsala, Acta Universitatis Upsaliensis – X. Chu (2001), *Les verbes modaux du français*, Ophrys.

2.4. Formes actives et passives

Dans l'étude de la morphologie verbale, la tradition distingue les *voix* active et passive (on parle plutôt aujourd'hui de *tournures* active et passive). En français, le passif est construit à l'aide du verbe *être* suivi du participe passé : *Le champ est labouré*. C'est le verbe *être* qui porte les marques de mode, de temps, de personne et de nombre.

Pour passer de l'actif au passif, un verbe doit être transitif direct ; diverses restrictions affectent ce principe (**XIV : 7.**). Le passif relève certes de la morphologie verbale, mais il concerne aussi toute la phrase : *Le paysan laboure le champ* ↔ *Le champ est labouré par le paysan*. Le français dispose par ailleurs d'autres moyens pour exprimer le passif (**XIV : 7.5.**).

2.5. Verbes pronominaux et constructions pronominales

2.5.1. *Définition*

On qualifie traditionnellement de « pronominales » les formes verbales qui présentent une double caractéristique formelle :

▶ Elles se construisent avec un pronom personnel conjoint (objet direct ou indirect datif) réfléchi (c'est-à-dire coréférentiel au sujet).
Ce pronom n'a pas de forme spécifique, sauf à la troisième personne (**VII : 5.2.1.**) où la forme réfléchie *se / soi* s'oppose aux formes non réfléchies *le / la / les* et *lui / leur* : *Je / Il me rase – Il le / se lave – Il lui / s'accorde cinq minutes de repos*. D'où le redoublement caractéristique du pronom sujet dans la conjugaison pronominale : *je me – tu te – il(s) / elle(s) / on se – nous nous – vous vous* + VERBE.

▶ Elles forment leurs temps composés à l'aide de l'auxiliaire *être* – une caractéristique qu'elles partagent avec un petit nombre de verbes perfectifs comme *aller, venir, sortir, naitre* , etc. (**2.2.2.**).

Remarques. — **1.** En fonction de complément prépositionnel disjoint, le pronom réfléchi des formes verbales pronominales n'entraîne pas le changement d'auxiliaire caractéristique des formes verbales pronominales : *Je n'ai compté que sur moi (-même), mais il s'est trompé / Il n'a trompé que lui-même.*
2. Lorsque la forme verbale réfléchie à l'infinitif est régie par les verbes *faire, laisser, envoyer, mener, entendre, écouter, regarder, voir* et *sentir* (**VIII : 4.6.**), le pronom réfléchi se comporte formellement comme le complément du verbe recteur. Il lui est antéposé et entraîne la substitution de l'auxiliaire *être* à *avoir* : *Il l'a envoyé paitre / Il s'est écouté parler. Faire, voir* et *laisser* peuvent même former avec le verbe réfléchi à l'infinitif une périphrase verbale équivalant à un passif (**XIV : 7.5.**) : *Il s'est fait renverser par un bus – Il s'est vu refuser l'accès à la piscine – Je me suis laissé dire qu'il avait une maitresse rousse et une voiture bleue.*
3. Quelques verbes essentiellement pronominaux et autonomes ont conservé la propriété d'effacer (facultativement) leur pronom réfléchi lorsqu'ils sont à l'infinitif précédé de *faire, laisser, envoyer* et *(em) mener* : *Le vieux mène son chien promener* (Camus) – *Faites-le (s') asseoir – Il ne m'a pas laissé (m') approcher*, mais **Laissez-le enfuir.*

Cette définition regroupe des verbes et des emplois aussi différents que *Jean se soigne au whisky – Pierre et Paul se détestent cordialement – Ça se mange comment* ? *– Il s'absente trop souvent*, qui ont néanmoins un commun dénominateur sémantique : le processus verbal implique que les rôles sémantiques du sujet et du complément pronominal soient tenus par le même référent ou bien que l'un soit absorbé par l'autre avec différents effets interprétatifs (**2.5.4.**). Au niveau le plus général, on distinguera d'emblée **verbes pronominaux** et **construction pronominale** d'un verbe. Les premiers, enregistrés comme tels dans le lexique, se répartissent en **verbes essentiellement pronominaux**, dont c'est la seule construction possible (p. ex. *s'enfuir / *l'enfuir / *enfuir quelqu'un / *enfuis-le*) et en **verbes pronominaux autonomes**, dont l'emploi pronominal n'entretient aucun rapport systématique avec l'un au moins de leurs emplois non pronominaux (*recueillir quelqu'un* ou *quelque chose / se recueillir sur une tombe*). La construction pronominale est une propriété des verbes qui admettent les deux types de constructions (p. ex. *se gratter / le gratter / gratter quelqu'un / Gratte-toi*). Les constructions pronominales de ces verbes se subdivisent à leur tour en deux catégories distinctes par la forme et par le sens : les constructions pronominales **réfléchies** (*Le chien se gratte*) et **passives** (*Un billet de Tac-o-Tac se gratte avec l'ongle*).

Nombreux sont les verbes français qui, comme *(s')apercevoir*, admettent plusieurs de ces constructions :

- non pronominale : *Il aperçut Jean de loin* ;
- pronominale réfléchie : *Il s'aperçut dans la glace / Ils s'aperçurent de loin* ;
- pronominale passive : *Le clocher s'aperçoit de loin* ;
- pronominale autonome : *Il ne s'en est pas aperçu*.

Les ambiguïtés qui peuvent résulter de cette homonymie syntaxique ne se lèvent souvent qu'à la lumière de nos connaissances extralinguistiques : *Un secret / bébé / enfant / homme politique / vieillard ne se confie pas à n'importe qui.*

2.5.2. *Les constructions pronominales*

▶ **Les constructions pronominales réfléchies**

Syntaxiquement et sémantiquement, la construction réfléchie d'un verbe se distingue de sa construction non réfléchie par le fait que le pronom complément y est coréférentiel au sujet. Dans *Paul s'admire*, le sujet *Paul* est à la fois la source et le but du procès *admirer*, contrairement à *Paul l'admire* où admirateur et admiré sont deux personnes distinctes. Néanmoins, le sens spécifique du verbe et les propriétés référentielles du sujet induisent dans l'interprétation de ces constructions réfléchies des effets de sens qui justifient une répartition en deux types : **réflexif** et **réciproque**.

• **L'interprétation réflexive** assimile le verbe à une relation qui unit un élément à lui-même (si le sujet est un singulier non collectif) ou chacun des éléments d'un ensemble à lui-même (si le sujet est un singulier collectif ou un pluriel) : *Jean s'était vêtu d'un kimono – Le couple s'était sacrifié pour payer les études de son fils – Les touristes s'étaient tous munis d'appareils photo*. Le pronom réfléchi a alors une forme renforcée *moi- / toi- / lui-même* (sous-entendu : *mais pas les autres*), obligatoire lorsqu'il est soumis à la restriction : *Connais-toi (toi-même) – Il s'aime / Il n'aime que lui-même*).

Le pronom réfléchi peut être un datif lexical (**VIII** : 4.3.), c'est-à-dire un complément appartenant au schéma valenciel du verbe : *Il s'est accordé un mois de vacances*. Dans *Pierre se lave les mains / se gratte le nez*, etc., le réfléchi est un datif de la totalité affectée dans l'une de ses parties par le procès verbal. Ailleurs, on a proposé d'interpréter métonymiquement l'objet réfléchi des formes telles que *se dépenser (sans compter), se consacrer à quelque chose*, etc. comme une partie du sujet : *dépenser ses forces / son énergie / son activité – consacrer son temps / son énergie / sa vie*. Cette démultiplication sémantique contextuelle est parfaitement contraire à l'intuition, car c'est bien le sujet envisagé globalement qui se trouve engagé dans le processus verbal, même si ce dernier n'affecte strictement que telle(s) ou telle(s) de ses parties constitutives.

Remarque. — Le préfixe auto souligne l'emploi réfléchi de certains verbes (*s'autodétruire, s'auto-déterminer, s'autoproclamer,* etc.) et marque le caractère réfléchi du procès codé dans le sens des noms (*autogestion, autosatisfaction*) et des adjectifs (*autosuffisant, autocollant*).

• **L'interprétation réciproque** exprime une multiplicité de relations « croisées » entre les éléments d'un ensemble, sans que le procès verbal intervienne nécessairement entre tous les couples possibles de membres (lorsqu'il est dit que *Les élèves d'une classe se sont battus comme des chiffonniers,* l'interprétation ordinaire n'est pas que chaque élève est au moins une fois l'origine et une fois le but du procès). Aussi le sujet prend-t-il obligatoirement la forme d'un pluriel, d'un singulier collectif ou d'une conjonction de sujets : *Ils se détestent cordialement / s'envoient des témoins / se réconcilient – Le département de linguistique se réunit demain – Mon chien et mon chat s'entendent à merveille – Pierre et Jean se serrèrent la main / se sautèrent à la gorge / se sont tombés dans les bras.*

Au rapport de réciprocité peuvent se superposer des rapports plus spécifiques véhiculés par le sens lexical du verbe :

– Dans *Pierre et Paul se serrent la main,* le réfléchi datif *se* renvoie aux deux sujets conçus comme des totalités affectées par l'action qu'elles exercent réciproquement sur une des parties de leur corps (**VIII : 4.3.**).
– Nombreux sont les verbes qui spécifient l'alternance (*s'entretenir, se renvoyer la balle*), la convergence ou la divergence (*se réunir, se disperser*), l'opposition (*se heurter, s'affronter*), etc.
– Quelques constructions intègrent les membres d'un ensemble dans une relation de succession temporelle ou spatiale qui, à partir d'un membre origine, s'étend transitivement aux autres membres : *Les jours se suivent, mais ne se ressemblent pas – Les événements s'enchaînèrent rapidement – Les oratrices se sont succédé à la tribune – Ils se sont transmis le virus.*
– Ailleurs, le caractère séquentiel de la relation est spécifié par des expressions prépositionnelles : *Ils s'alignèrent les uns derrière les autres / par ordre de taille décroissante / selon l'ordre hiérarchique – Ils se sont transmis le domaine de père en fils.* On relève même des locutions verbales réfléchies à valeur séquentielle : *se passer le relais / le témoin / la consigne,* etc.

- Les verbes des deux constructions précédentes appartiennent à la classe des **verbes réflexivables**. En effet, le pronom réfléchi complément s'inscrit régulièrement dans leur valence, selon la formule de correspondance : $N_0 - V - N_1 \leftrightarrow N_0 - le - V \leftrightarrow N_0 - se - V$. Ces constructions pronominales ne constituent donc qu'une version particulière de la phrase transitive ordinaire, où le sujet et le complément sont coréférents. Cette coréférence stricte requiert des verbes pouvant dénoter un procès « en boucle » qui, ayant son origine dans le sujet (individu ou collectivité), puisse aussi y trouver son aboutissement.

Comme la majorité des verbes pronominaux se prête à l'une ou à l'autre construction, il se produit des ambiguïtés lorsque leur sujet s'interprète comme une pluralité (p. ex. *Les deux adversaires se sont blessés*). D'où, lorsque le contexte n'est pas suffisamment explicite, l'adjonction d'éléments spécificateurs : *chacun* et *eux-mêmes* pour le réflexif ; *réciproquement, mutuellement, les uns les autres* et *entre eux* pour le réciproque. En français moderne, seuls quelques verbes perpétuent l'usage ancien qui soulignait l'emploi réciproque en insérant entre le pronom réfléchi et le verbe l'élément *entre-* : *s'entraider, s'entrechoquer, s'entretuer*, etc. Souvent, l'interprétation se trouve sinon déterminée, du moins orientée par le sens codé du verbe ou par nos connaissances extralinguistiques : il est en effet des actions réflexives impossibles à effectuer sur soi-même (*se rencontrer, se battre en duel, se congratuler, s'embrasser*) ou que l'on n'effectue pas ordinairement sur soi-même (*se baiser la main, s'inviter, se téléphoner*).

Dans les constructions réciproques, la coréférence entre le sujet et le pronom complément est moins stricte que dans les constructions réfléchies. Aussi l'emploi du pronom réfléchi n'y est-il pas obligatoire, comme en témoigne cet extrait d'un éditorial de journal : *À Alger, <u>tout le monde</u> observe <u>tout le monde</u>. <u>Le pouvoir militaro-politique</u> teste <u>le FIS</u> – et <u>réciproquement</u>. Au sein de chaque camp, les débats sont sans doute très âpres : les différentes tendances <u>s'opposent</u>.* (DNA : 15.01.92./ 1). La construction non pronominale opère entre les protagonistes du procès réciproque une dissociation formelle qui se prête à exploitation stylistique. L'effet est particulièrement frappant dans le célèbre « *Les Français parlent* *aux Français »* par lequel débutaient les émissions radio que la France Libre adressait de Londres à la France occupée.

▶ Les constructions pronominales dites « passives »

L'interprétation « passive » d'une phrase pronominale comme *Les feuilles mortes se ramassent à la pelle* (J. Prévert) est incompatible avec l'addition de *lui-même,...* ou de *l'un l'autre...* Outre l'impossibilité d'une lecture réfléchie ou réciproque où le sujet serait l'agent du procès, elle se fonde sur le fait que la construction pronominale entretient avec la phrase active *On ramasse les feuilles mortes à la pelle* le même rapport que la phrase passive *Les feuilles mortes sont ramassées à la pelle*. L'analogie avec la phrase active à sujet indéterminé (*le français tel qu'on le parle / qu'il se parle*) est renforcée par l'absence de complément d'agent exprimé (une possibilité qui existait encore au XVIIe siècle : *Cependant par Baucis le festin se prépare*, La Fontaine). Ces constructions sont en général compatibles avec des adverbes et des compléments instrumentaux ou de manière qui impliquent un agent responsable du procès et appelé « agent fantôme » par J. P. Boons et alii (1973 : 131) : *Une dissertation se relit soigneusement – Ça se mange avec des baguettes – Ces choses-là ne se font pas de gaieté de cœur – C'est ce qui s'est dit à cette réunion*.

Contrairement au passif analytique sans complément d'agent, les formes simples de la tournure pronominale expriment l'aspect non-accompli, comme en témoigne l'interprétation des deux couples de phrases : *La transaction se fait en ce moment / La transaction est faite – Ce qui se dit se dit / Ce qui est dit est dit*. Quoi qu'on en ait écrit, cette construction n'exclut ni l'interprétation évènementielle ni la datation du procès verbal : *Hier, à 14 heures, le dollar s'échangeait à 0,766 euros. – Son livre s'est bien vendu cet été sur les plages – L'affaire se juge en ce moment*. Cependant, l'occultation de l'origine du procès et son aspect inaccompli, l'absence d'ancrage spatio-temporel particulier et surtout le temps du présent prédisposent la tournure à l'expression des vérités générales plus ou moins normatives (*Le vin d'Alsace se boit frais – Ça ne se dit / se fait pas – La vengeance est un plat qui se mange froid – Ça ne *se trouve pas sous le sabot d'un cheval*), des habitudes limitées dans le temps (*De mon temps les jupes se portaient plus courtes*) et même des propriétés (*Ça ne s'invente pas – Ça se vend comme des petits pains – La cathédrale de Strasbourg se voit* [= *est visible*] *de loin*) : elles supposent toutes un procès dont la permanence ou la réitération caractérisent un certain intervalle temporel ainsi qu'un agent générique humain non exprimé. Ce dernier correspond en fait à la gamme des sujets possibles telle qu'elle est déterminée par la sélection sémantique du verbe. Enfin, si le référent du sujet de ces constructions est très souvent non-animé, rien ne s'oppose à ce que ce soit un être humain : *Un colis postal / un employé ne se renvoie pas sans motif sérieux – Une telle somme / Un tel ami se trouve difficilement*.

Remarque. — Lorsque son sujet est indéfini ou propositionnel, la construction pronominale « passive » peut se combiner avec la forme impersonnelle (**XIV : 8.3.3.**) : *jamais il ne s'est vu de tels changements en si peu de temps* (Mme de Sévigné) – *Il se crée chaque tour une nouvelle entreprise – Il se confirme / dit / colporte que Paul va démissionner*. On peut rapprocher les constructions impersonnelles *Il se peut que René vienne* et *Comme il se doit* des formes *X se peut* et *X se doit* conçues comme les renversements passifs pronominaux de *On peut X* et *On doit X*.

L'interprétation « passive » de la phrase *Les feuilles mortes se ramassent (à la pelle)* se greffe sur la conjonction de deux propriétés structurelles : la construction transitive directe N_0 – *ramasse* – *les feuilles* et la coréférence entre le sujet et l'objet ; $N_0 = N_1$ (*les feuilles = se*). Comme le référent *les feuilles* est conçu non pas comme l'origine mais comme le point d'aboutissement du procès verbal, le sujet N_0 n'est compatible avec le verbe que si sa coréférence avec l'objet se double d'une assimilation de son rôle sémantique à celui de l'objet. Ainsi s'explique que le sujet *les feuilles* acquière les propriétés interprétatives du complément d'objet de la forme active *ramassent* par une véritable inversion de la transitivité : le sujet devient le terme d'un processus envisagé comme un retour sans aller ! Ayant été « absorbé » interprétativement par le complément d'objet, il n'est plus apte à exprimer l'origine (ici l'agent) du procès. Comme la ressource du complément d'agent est également interdite par la forme active du verbe, l'agent du procès reste implicite, mais généralement restituable à partir des données contextuelles ou situationnelles.

Les constructions avec un sujet animé peuvent prêter à confusion entre l'interprétation passive et une interprétation réfléchie. La phrase *Les auteurs se flattent* admet ainsi les trois interprétations mises en évidence par l'adjonction d'adverbes modifieurs du groupe verbal : *inconsciemment* (réflexive = Chaque auteur se flatte lui-même), *confraternellement* (réciproque = Les auteurs se flattent entre eux) et *aisément* (passive = Il est aisé de flatter les auteurs). L'ambiguïté est généralement levée par le contexte (*Le président se désigne à la majorité absolue*) ou par nos connaissances extralinguistiques (*Un nourrisson se change plusieurs fois par jour*). La reprise du sujet par *ça*, censée sélectionner l'interprétation passive, ne semble pas orienter vraiment vers une interprétation privilégiée ; la lecture de *Un véritable orateur, ça ne s'interrompt pas au milieu de son discours* est, selon le contexte, réflexive ou passive, mais toujours générique.

▶ **Les constructions pronominales « neutres »**

Pour de nombreux verbes transitifs, la forme pronominale constitue une sorte de correspondant intransitif : *Il promène son chien / Il se promène*. L'interprétation réflexive étant exclue, le référent du sujet est conçu comme le site de l'activité dénotée par le verbe (*s'endormir, se réveiller, se coucher, se lever, s'élargir, se rétrécir*, etc.). Tout se passe comme si le complément réfléchi, impossible à interpréter comme un véritable objet, marquait simplement par sa coréférence la limite finale d'un procès verbal tout entier confiné dans la sphère du sujet. Cette fusion du sujet et du c.o.d. est illustrée par des couples de phrases tels que : *La bonne coucha l'enfant ! L'enfant se coucha (de sa propre initiative)*. Il s'agit de processus entièrement internes, contrôlés ou non par un sujet agentif, qui dénotent des mouvements concrets (*Renée s'est amenée* (fam.) */ précipitée / pointée* (fam.) */ baissée / pliée en deux / étalée de tout son long*), des changements d'état (*s'endormir, se réveiller, se rapetisser*) que E. Geniusiene (1987) appelle **autocausatifs**. Des constructions similaires (*Le soleil se couche – Le vent se* *lève – La rumeur se répand / s'enfle*) servent à inscrire le mode d'existence ou d'occurrence du sujet dans un espace visuel ou conceptuel : *se profiler à l'horizon, se présenter à la vue / à l'esprit, se découper sur un fond, se dessiner, se préciser,* etc.

On analysera donc le prédicat de la phrase *Une occasion s'est présentée / offerte* comme une forme pronominale intransitive dénotant l'avènement de son sujet dans un cadre spatio-temporel plutôt que comme un véritable passif réfléchi (**être présentée par X / offerte par X*). Même des verbes aussi typiques d'une activité exercée par un agent sur un objet / patient (et donc susceptibles d'une lecture pronominale passive) comme *faire, effectuer, produire, opérer, accomplir,* etc., n'expriment plus que la simple notion d'occurrence (ou de venue à l'existence = *arriver, avoir lieu*) lorsqu'à la forme pronominale ils ont pour sujet une expression dénotant elle-même un procès dynamique : *Comment l'accident s'est-il produit ? – Ça s'est fait petit à petit – Les grands changements s'opèrent sur de longues périodes – La prophétie s'est accomplie.*

2.5.3. *Les verbes pronominaux*

▶ Le pronom complément d'un **verbe essentiellement** (ou **intrinsèquement**) **pronominal** ne commute ni avec une forme pronominale non réfléchie ni avec un complément nominal ou propositionnel. Cette vacuité fonctionnelle (il est inaccessible à l'interrogation partielle, au détachement et à quelque pronominalisation que ce soit) en fait une sorte de particule préfixée au verbe et qui redouble automatiquement le sujet. Le pronom réfléchi faisant partie intégrante de la forme lexicale du verbe qui ne connait pas de forme simple (*s'évanouir / *évanouir*), on distinguera parmi la soixantaine de verbes essentiellement pronominaux recensés :

- les intransitifs (*se démener, s'écrouler, s'évanouir*) ;
- les transitifs directs (*s'arroger un droit*) ;
- les transitifs indirects (*se souvenir de quelqu'un, se méfier de quelque chose, se méprendre sur quelque chose, s'enquérir de la santé de quelqu'un,* mais aussi *se blottir / se tapir* + Prép).

► On range dans la catégorie des **verbes pronominaux autonomes** les verbes pronominaux qui apparaissent également dans des constructions non pronominales, mais avec un sens lexical différent et éventuellement une autre construction (p. ex., *tromper quelqu'un* et *se tromper* / *se tromper d'étage*). C'est le cas de *s'approprier (le bien d'autrui)* et *approprier (le remède à la maladie)*, *se plier (à une volonté)* et *plier (un drap)*, *se plaindre de (son sort)* et *plaindre (quelqu'un)*, *se défier de* et *défier*, *s'y connaitre en* et *connaitre*, *se mêler de* et *mêler*, etc., des créations familières *se fiche de, se foutre de, se balancer de*, etc., et de quelques verbes précédés de *en* ou *y*, comme *s'en aller, s'y connaître, s'y prendre*, etc.

Le procès exprimé par la forme pronominale a comme origine le sujet et comme point d'aboutissement le complément d'objet direct ou indirect. Mais, et c'est là l'effet induit par la coréférence entre le sujet et le pronom réfléchi, le procès est également conçu comme se répercutant en retour sur le sujet. *Apercevoir quelque chose* dénote la perception visuelle directe d'un objet, alors que *s'apercevoir de quelque chose* s'interprète comme une prise de conscience, généralement médiate, qui modifie l'état psychologique du sujet. On observe le même phénomène d'intériorisation du procès dans le passage de *Il dit que...* et *Il demande si...* (activité discursive)... à *Il se dit que...* et *Il se demande si...* (réflexion) et de *Il explique quelque chose* à *Il (ne) s'explique (pas) quelque chose*. Le fait que le procès verbal reste globalement confiné dans la sphère du sujet caractérise aussi les verbes essentiellement pronominaux au sens strict (ci-dessus) qui dénotent majoritairement des attitudes ou des mouvements physiques et des activités intellectuelles qui ont en commun de modifier la façon d'être du sujet (ici à la fois grammatical et psychologique).

2.5.4. *Une hypothèse générale sur les constructions pronominales*

Conjugaison ? Forme de phrase ? Tour(nure) ? Voix ? et même, plus récemment, « voie » ? Le débat autour des constructions regroupées sous l'étiquette « pronominales » n'est pas seulement terminologique. Il tourne autour de la possibilité d'associer à leur unité formelle une caractéristique interprétative commune. Il semble bien que l'on puisse analyser les effets interprétatifs des tours pronominaux comme le jeu très diversifié d'un « opérateur de clôture » (L. Melis : 1990) dans les limites de la transitivité verbale ordinaire. Le couplage entre le sujet et le pronom réfléchi marquerait fondamentalement un certain type d'indistinction entre l'argument initial et l'argument final du verbe, ce qui a pour effet d'inscrire le procès verbal dans un seul domaine référentiel. Pour P. J. Hopper et S. A. Thompson (1980) aussi, les constructions pronominales présentent un « objet minimal » dont la réalisation morphosyntaxique ne recouvre pas une entité référentielle au sens plein du terme, puisqu'elle n'est pas distincte du sujet. Aussi, lorsqu'ils résultent d'un choix délibéré, ces tours ne sont-ils pas énonciativement innocents, puisqu'ils déterminent un « conditionnement » original des protagonistes du procès verbal.

Une première interprétation de la clôture et de la réduction valencielle opérée par les formes pronominales est qu'une seule et même entité assume les rôles d'argument initial et final du verbe. Elle rend compte des différents types d'emplois réfléchis où objets directs et datifs lexicaux s'interprètent comme le dédoublement d'une même entité en deux arguments qui rebouclent l'ensemble du procès verbal sur le sujet : *Il s'admire – Il va s'attirer des ennuis – Il [...] s'arracha de son fauteuil, épaule après épaule, et les reins ensuite, et enfin le séant* (Colette).

L'effet de clôture est particulièrement manifeste dans les constructions autonomes d'usage familier où le datif réfléchi, souvent sans correspondant non-réfléchi, exprime différents modes d'appropriation : *Il se tape / s'envoie / se cogne / s'enfile un triple whisky – Il se l'est farci(e) – Elle vient de se trouver un défenseur de taille en la personne d'Alain Delon*. Il l'est encore plus dans l'emploi parfaitement redondant – toujours dans le registre familier – de ce type de datifs : *Il s'est mangé tout le gâteau – Alors, on se la fait cette belote ? – Jean s'est pris une de ces claques – Il se garde tout pour lui – [...] et puis je me suis réfléchi que ma mère, la pauvre, ne m'en avait jamais offert autant* (Céline). Par un coup de force stylistique inverse, Ionesco dépronominalise morphologiquement la forme verbale réfléchie *se connaitre* pour suggérer la scission de l'être humain en deux entités distinctes, un sujet connaisseur et un objet de connaissance, dont la coréférence apparait purement accidentelle : *Vais-je mourir sans m'avoir connu* ?

La deuxième interprétation de la clôture pronominale assimile le référent et le rôle du sujet à ceux de l'objet du verbe, ce qui a pour effet de rendre sémantiquement intransitif un verbe construit transitivement.

On observe, à cet égard, deux propriétés syntaxiques des tournures pronominales qui les rapprochent des constructions intransitives. D'une part, dans les constructions causatives, le sujet d'un verbe pronominal à l'infinitif peut se postposer comme celui d'un infinitif dépourvu d'objet : *L'instituteur fit se lever tous les élèves / Il fit chanter ses élèves / *Il la fit chanter ses élèves*. D'autre part, dans une subordonnée interrogative partielle, le sujet d'un verbe pronominal peut également s'inverser comme celui d'un verbe sans objet : *Je lui ai demandé comment s'est vendu son livre / Je me demande où vont se rencontrer les négociateurs / *Je me demande où les a achetés Charles*. Tout se passe ici comme si le complément d'objet réfléchi se trouvait syntaxiquement absorbé par le sujet.

C'est typiquement le cas des constructions pronominales « de sens passif », où la source du procès est un agent non exprimé, mais restituable. Quant aux formes pronominales « neutres » qui résorbent le sujet agentif dans l'objet, elles s'interprètent comme des procès autocausés (verbes de mouvement : *se lever, se baisser*, ou de changement d'état : *se réveiller, s'endormir*), voire sans véritable cause assignable (*La lune se reflète dans l'eau*). Dans beaucoup de cas, les procès dénotés peuvent s'envisager avec ou sans agent responsable, rattaché ou non aux circonstances de leur production : *La porte s'ouvrit (sous l'effet du vent) – On accorde le verbe avec le sujet / Le verbe s'accorde avec le sujet – On alluma / éteignit les réverbères* vs *Les réverbères s'allumèrent / s'éteignirent*. Il arrive même que dans une construction de sens originellement passif (comme *Où se trouve cette ville ?* équivalant à *Où trouve-t-on cette ville ?*) le verbe ait acquis progressivement le statut de verbe pronominal complètement autonome par rapport au sens des formes non pronominales : *se trouver*, comme *se situer*, est ici synonyme du verbe *être* locatif.

Remarque. — Lorsqu'une construction pronominale dénote un processus débouchant sur un état stable susceptible de caractériser le référent du sujet, le participe passé du verbe s'interprète comme un état résultatif : *Il s'est évanoui / Il est évanoui / Il s'est rasé / Il est rasé – Ils se sont réconciliés / Ils sont réconciliés – Ils se sont alignés / Ils sont alignés – Le verre s'est cassé / Le verre est cassé – Il s'est couché / Il est couché*. Les constructions pronominales de sens passif ne font pas exception à la règle : *L'accord s'est conclu hier / L'accord est conclu – Les robes se sont toutes vendues / les robes sont vendues.*

Bibliographie. — G. Guillaume (1943), Existe-t-il un déponent en français ? *Le français moderne* : 9-10 – J. Stéfanini (1962) – N. Ruwet (1972) : 87-125 – J.P. Boons, A. Guillet et C. Leclère (1976) : 120-163 – J.L. Burston (1979), The pronominal verb construction in French. An argument against the fortuitous homonymy hypothesis, *Lingua*, 48 : 147-176 – P.J. Hopper et S. A. Thompson (1980), Transitivity in Grammar and Discourse, *Language*, 56 : 251-299 – L. Melis (1990) – A. Vassant (1980), Lexique, sémantique et grammaire dans la voix verbale en français, *TraLiLi*, XVIII, 1 : 143-163 – A. Zribi-Hertz (1982), La construction « se-moyen » du français et son statut dans le triangle moyen-passif-réfléchi, *Linguisticae Investigationes*, VI (2) : 345-404 – P. Attal (1988), Verbes pronominaux dans les Mémoires du Cardinal de Retz, *L'information grammaticale*, 37 : 17-24 – C. Dobrovie-Sorin (1986), À propos du contraste entre le passif morphologique et se moyen dans les tours impersonnels, *Linguisticae Investigationes*, X, 2 – J. Gardes-Tamine (1986), Le verbe : pronominaux et impersonnels, *L'information grammaticale*, 30 : 41-44 – E. Geniusiené (1987), *The typology ot reflexives*, Mouton / De Gruyter – A. Zribi-Hertz (1987), La réflexivité ergative en français moderne, *Le français moderne*, 55 : 23-54.

2.6. Classement des verbes – Tableaux de conjugaison

2.6.1. *Le classement des verbes*

La *conjugaison* est l'ensemble ordonné des formes verbales, qui dépendent de la *flexion* du verbe, c'est-à-dire de ses variations morphologiques selon le nombre, la personne, le mode, le temps. On regroupe les verbes présentant la même flexion.

▶ La tradition distingue trois groupes de verbes à l'écrit :

• Les verbes du *premier groupe*, dont l'infinitif est en *-er* (type *chanter*), sont les plus nombreux (90 % des verbes, soit environ 4 000) et assez réguliers, à quelques exceptions près. Leur liste est ouverte ; les nouveaux verbes, souvent formés à partir de noms, s'inscrivent majoritairement dans ce groupe : *On va budgéter cette dépense – Je zappe dès qu'il zoome*.

• Les verbes du *deuxième groupe* ont un infinitif en *-ir* et comportent une base élargie en *-ss* au pluriel du présent de l'indicatif, à l'imparfait de l'indicatif, au présent du subjonctif et au participe présent (*finir, finissant*) Moins nombreux (environ 300), ils sont plus homogènes que les verbes du premier groupe, et constituent une série faiblement ouverte : rares sont les verbes qui sont formés sur le modèle du deuxième groupe (*alunir*, sur le modèle *d'atterrir*, semble déjà vieilli).

• Le *troisième groupe* réunit les verbes qui ne font pas partie des deux groupes précédents. Ces verbes, un peu plus nombreux que ceux du deuxième groupe, ont des formes que prévisibles et, pour la plupart, très fréquents ; on les répartit en trois séries, distinguées selon l'infinitif : en *-ir (servir)*, sans la base longue en -ss-, en *-oir* (*valoir* ; environ 30 verbes) et en *-re* (*lire* ; environ 100 verbes) ; ces séries se subdivisent elles-mêmes en sous-groupes. On ajoute à ce groupe le verbe *aller* ; les verbes *être* et *avoir* sont généralement traités à part.

Cette répartition illustre une réalité déséquilibrée : les verbes du premier groupe, très nombreux, sont peu fréquents et assez réguliers, alors que les verbes du troisième groupe, moins nombreux, sont très fréquents et irréguliers : les onze verbes les plus employés sont, dans l'ordre décroissant : *être, avoir, faire, dire, aller, voir, savoir, pouvoir, falloir, vouloir, venir (Enquête sur le Français Fondamental)*. En outre, ce classement traditionnel est imparfait. Il se fonde essentiellement sur l'infinitif (*-er, -ir, -oir, -re*). Or, il ne suffit pas de connaître l'infinitif du verbe pour élaborer automatiquement une forme verbale en ajoutant au radical la désinence appropriée : la régularité apparente des infinitifs masque les multiples variations des radicaux de nombreux verbes français. Et le troisième groupe fait fonction de fourre-tout rassemblant une grande diversité de verbes, sans réelle unité, par opposition aux deux premiers groupes.

▶ Le classement qui est adopté ici répartit les verbes en quatre groupes selon les désinences d'infinitif (*-er, -ir, -oir, -re*) et différencie les verbes de chaque groupe selon leur nombre de bases (orales et écrites). Tous les temps et tous les modes sont pris en compte pour le calcul du nombre et de la forme des bases verbales. Comme il est impossible d'être exhaustif dans le cadre d'une grammaire, on a choisi deux modes de présentation :

• des **tableaux de conjugaison complets** pour les deux auxiliaires *être* et *avoir*, pour *aller* et *faire*, deux verbes très fréquents et jouant un rôle d'auxiliaires et pour *chanter* et *finir*, deux verbes représentatifs de séries importantes. On ajoute un tableau des principales formes d'un verbe pronominal (*s'envoler*) et d'un verbe au passif (*être loué*).

• des **formes choisies** de verbes types représentant les particularités de chaque sous-série de verbes.

Bibliographie. — J. Pinchon et B. Coute (1981), *Le système verbal du français*, Paris, Nathan, 256 p. - H. Séguin (1986), *Tous les verbes conjugués*, Montréal, Centre Éducatif et Culturel *inc.*, 210 p. (9600 verbes) – Pour le détail de chaque verbe français, le lecteur se reportera aussi aux ouvrages spécialisés, comme l'inusable *Bescherelle* qui annonce 12000 verbes (éd. Hatier) ou aux dictionnaires de langue qui contiennent des tableaux de conjugaison en annexe et qui indiquent, dans l'article consacré à chaque verbe, le modèle selon lequel il est conjugué – D. Leeman-Bouix (1994) – C. Touratier (1996), – P. Le Goffic (1997), *Les formes conjuguées du français oral et écrit*, Ophrys.

▶ **Tableaux de conjugaison :**

• Verbe *avoir* : p. 470.
• Verbe *être* : p. 471.
• Verbe *chanter* : p. 472.
• Verbe *finir* : p. 473.
• Verbe *faire* : p. 474.
• Verbe *aller* : p. 475.
• Verbe *s'envoler* : p. 476.
• Verbe *être loué* : p. 476 et 477.

AVOIR

	TEMPS SIMPLES		TEMPS COMPOSÉS	
INDICATIF				
Présent			**Passé composé**	
J'ai	Nous avons		J'ai eu	Nous avons eu
Tu as	Vous avez		Tu as eu	Vous avez eu
Il (elle) a	Ils (elles) ont		Il (elle) a eu	Ils (elles) ont eu
Imparfait			**Plus-que-parfait**	
J'avais	Nous avions		J'avais eu	Nous avions eu
Tu avais	Vous aviez		Tu avais eu	Vous aviez eu
Il (elle) avait	Ils (elles) avaient		Il (elle) avait eu	Ils (elles) avaient eu
Passé simple			**Passé antérieur**	
J'eus	Nous eûmes		J'eus eu	Nous eûmes eu
Tu eus	Vous eûtes		Tu eus eu	Vous eûtes eu
Il (elle) eut	Ils (elles) eurent		Il (elle) eut eu	Ils (elles) eurent eu
Futur simple			**Futur antérieur**	
J'aurai	Nous aurons		J'aurai eu	Nous aurons eu
Tu auras	Vous aurez		Tu auras eu	Vous aurez eu
Il (elle) aura	Ils (elles) auront		Il (elle) aura eu	Ils (elles) auront eu
Conditionnel présent			**Conditionnel passé**	
J'aurais	Nous aurions		J'aurais eu	Nous aurions eu
Tu aurais	Vous auriez		Tu aurais eu	Vous auriez eu
Il (elle) aurait	Ils (elles) auraient		Il (elle) aurait eu	Ils (elles) auraient eu
SUBJONCTIF				
Présent			**Passé**	
Que j'aie	Que nous ayons		Que j'aie eu	Que nous ayons eu
Que tu aies	Que vous ayez		Que tu aies eu	Que vous ayez eu
Qu'il (elle) ait	Qu'ils (elles) aient		Qu'il (elle) ait eu	Qu'ils (elles) aient eu
Imparfait			**Plus-que-parfait**	
Que j'eusse	Que nous eussions		Que j'eusse eu	Que nous eussions eu
Que tu eusses	Que vous eussiez		Que tu eusses eu	Que vous eussiez eu
Qu'il (elle) eût	Qu'ils (elles) eussent		Qu'il (elle) eût eu	Qu'ils (elles) eussent eu
IMPÉRATIF				
Présent			**Passé**	
Aie			Aie eu	
Ayons			Ayons eu	
Ayez			Ayez eu	
INFINITIF			**PARTICIPE**	
Présent	**Passé**		**Présent**	**Passé**
Avoir	Avoir eu		Ayant	Eu, ayant eu

ÊTRE

INDICATIF

TEMPS SIMPLES		TEMPS COMPOSÉS	
Présent		**Passé composé**	
Je suis	Nous sommes	J'ai été	Nous avons été
Tu es	Vous êtes	Tu as été	Vous avez été
Il (elle) est	Ils (elles) sont	Il (elle) a été	Ils (elles) ont été
Imparfait		**Plus-que-parfait**	
J'étais	Nous étions	J'avais été	Nous avions été
Tu étais	Vous étiez	Tu avais été	Vous aviez été
Il (elle) était	Ils (elles) étaient	Il (elle) avait été	Ils (elles) avaient été
Passé simple		**Passé antérieur**	
Je fus	Nous fûmes	J'eus été	Nous eûmes été
Tu fus	Vous fûtes	Tu eus été	Vous eûtes été
Il (elle) fut	Ils (elles) furent	Il (elle) eut été	Ils (elles) eurent été
Futur simple		**Futur antérieur**	
Je serai	Nous serons	J'aurai été	Nous aurons été
Tu seras	Vous serez	Tu auras été	Vous aurez été
Il (elle) sera	Ils (elles) seront	Il (elle) aura été	Ils (elles) auront été
Conditionnel présent		**Conditionnel passé**	
Je serais	Nous serions	J'aurais été	Nous aurions été
Tu serais	Vous seriez	Tu aurais été	Vous auriez été
Il (elle) serait	Ils (elles) seraient	Il (elle) aurait été	Ils (elles) auraient été

SUBJONCTIF

Présent		**Passé**	
Que je sois	Que nous soyons	Que j'aie été	Que nous ayons été
Que tu sois	Que vous soyez	Que tu aies été	Que vous ayez été
Qu'il (elle) soit	Qu'ils (elles) soient	Qu'il (elle) ait été	Qu'ils (elles) aient été
Imparfait		**Plus-que-parfait**	
Que je fusse	Que nous fussions	Que j'eusse été	Que nous eussions été
Que tu fusses	Que vous fussiez	Que tu eusses été	Que vous eussiez été
Qu'il (elle) fût	Qu'ils (elles) fussent	Qu'il (elle) eût été	Qu'ils (elles) eussent été

IMPÉRATIF

Présent	**Passé**	
Sois	Aie été	
Soyons	Ayons été	
Soyez	Ayez été	

INFINITIF

		PARTICIPE	
Présent	**Passé**	**Présent**	**Passé**
Être	Avoir été	Étant	Été, ayant été

CHANTER

	TEMPS SIMPLES	TEMPS COMPOSÉS	

INDICATIF

Présent		**Passé composé**	
Je chante	Nous chantons	J'ai chanté	Nous avons chanté
Tu chantes	Vous chantez	Tu as chanté	Vous avez chanté
Il (elle) chante	Ils (elles) chantent	Il (elle) a chanté	Ils (elles) ont chanté

Imparfait		**Plus-que-parfait**	
Je chantais	Nous chantions	J'avais chanté	Nous avions chanté
Tu chantais	Vous chantiez	Tu avais chanté	Vous aviez chanté
Il (elle) chantait	Ils (elles) chantaient	Il (elle) avait chanté	Ils (elles) avaient chanté

Passé simple		**Passé antérieur**	
Je chantai	Nous chantâmes	J'eus chanté	Nous eûmes chanté
Tu chantas	Vous chantâtes	Tu eus chanté	Vous eûtes chanté
Il (elle) chanta	Ils (elles) chantèrent	Il (elle) eut chanté	Ils (elles) eurent chanté

Futur simple		**Futur antérieur**	
Je chanterai	Nous chanterons	J'aurai chanté	Nous aurons chanté
Tu chanteras	Vous chanterez	Tu auras chanté	Vous aurez chanté
Il (elle) chantera	Ils (elles) chanteront	Il (elle) aura chanté	Ils (elles) auront chanté

Conditionnel présent		**Conditionnel passé**	
Je chanterais	Nous chanterions	J'aurais chanté	Nous aurions chanté
Tu chanterais	Vous chanteriez	Tu aurais chanté	Vous auriez chanté
Il (elle) chanterait	Ils (elles) chanteraient	Il (elle) aurait chanté	Ils (elles) auraient chanté

SUBJONCTIF

Présent		**Passé**	
Que je chante	Que nous chantions	Que j'aie chanté	Que nous ayons chanté
Que tu chantes	Que vous chantiez	Que tu aies chanté	Que vous ayez chanté
Qu'il (elle) chante	Qu'ils (elles) chantent	Qu'il (elle) ait chanté	Qu'ils (elles) aient chanté

Imparfait	**Plus-que-parfait**
Que je chantasse	Que j'eusse chanté
Que tu chantasses	Que tu eusses chanté
Qu'il (elle) chantât	Qu'il (elle) eût chanté
Que nous chantassions	Que nous eussions chanté
Que vous chantassiez	Que vous eussiez chanté
Qu'ils (elles) chantassent	Qu'ils (elles) eussent chanté

IMPÉRATIF

Présent	**Passé**
Chante	Aie chanté
Chantons	Ayons chanté
Chantez	Ayez chanté

INFINITIF		**PARTICIPE**	
Présent	**Passé**	**Présent**	**Passé**
Chanter	Avoir chanté	Chantant	Chanté, Ayant chanté

IX – La morphologie verbale

FINIR				
INDICATIF	**TEMPS SIMPLES**		**TEMPS COMPOSÉS**	
Présent			**Passé composé**	
Je finis	Nous finissons		J'ai fini	Nous avons fini
Tu finis	Vous finissez		Tu as fini	Vous avez fini
Il (elle) finit	Ils (elles) finissent		Il (elle) a fini	Ils (elles) ont fini
Imparfait			**Plus-que-parfait**	
Je finissais	Nous finissions		J'avais fini	Nous avions fini
Tu finissais	Vous finissiez		Tu avais fini	Vous aviez fini
Il (elle) finissait	Ils (elles) finissaient		Il (elle) avait fini	Ils (elles) avaient fini
Passé simple			**Passé antérieur**	
Je finis	Nous finîmes		J'eus fini	Nous eûmes fini
Tu finis	Vous finîtes		Tu eus fini	Vous eûtes fini
Il (elle) finit	Ils (elles) finirent		Il (elle) eut fini	Ils (elles) eurent fini
Futur simple			**Futur antérieur**	
Je finirai	Nous finirons		J'aurai fini	Nous aurons fini
Tu finiras	Vous finirez		Tu auras fini	Vous aurez fini
Il (elle) finira	Ils (elles) finirent		Il (elle) aura fini	Ils (elles) auront fini
Conditionnel présent			**Conditionnel passé**	
Je finirais	Nous finirions		J'aurais fini	Nous aurions fini
Tu finirais	Vous finiriez		Tu aurais fini	Vous auriez fini
Il (elle) finirait	Ils (elles) finiraient		Il (elle) aurait fini	Ils (elles) auraient fini
SUBJONCTIF				
Présent			**Passé**	
Que je finisse	Que nous finissions		Que j'aie fini	Que nous ayons fini
Que tu finisses	Que vous finissiez		Que tu aies fini	Que vous ayez fini
Qu'il (elle) finisse	Qu'ils (elles) finissent		Qu'il (elle) ait fini	Qu'ils (elles) aient fini
Imparfait			**Plus-que-parfait**	
Que je finisse	Que nous finissions		Que j'eusse fini	Que nous eussions fini
Que tu finisses	Que vous finissiez		Que tu eusses fini	Que vous eussiez fini
Qu'il (elle) finît	Qu'ils (elles) finissent		Qu'il (elle) eût fini	Qu'ils (elles) eussent fini
IMPÉRATIF				
Présent			**Passé**	
Finis			Aie fini	
Finissons			Ayons fini	
Finissez			Ayez fini	
INFINITIF			**PARTICIPE**	
Présent	**Passé**		**Présent**	**Passé**
Finir	Avoir fini		Finissant	Fini, ayant fini

FAIRE

	TEMPS SIMPLES	TEMPS COMPOSÉS	

INDICATIF

Présent		**Passé composé**	
Je fais	Nous faisons	J'ai fait	Nous avons fait
Tu fais	Vous faites	Tu as fait	Vous avez fait
Il (elle) fait	Ils (elles) font	Il (elle) a fait	Ils (elles) ont fait

Imparfait		**Plus-que-parfait**	
Je faisais	Nous faisions	J'avais fait	Nous avions fait
Tu faisais	Vous faisiez	Tu avais fait	Vous aviez fait
Il (elle) faisait	Ils (elles) faisaient	Il (elle) avait	Ils (elles) avaient fait

Passé simple		**Passé antérieur**	
Je fis	Nous fîmes	J'eus fait	Nous eûmes fait
Tu fis	Vous fîtes	Tu eus fait	Vous eûmes fait
Il (elle) fit	Ils (elles) firent	Il (elle) eut fait	Il (elles) eurent fait

Futur simple		**Futur antérieur**	
Je ferai	Nous ferons	J'aurai fait	Nous aurons fait
Tu feras	Vous ferez	Tu auras fait	Vous aurez fait
Il (elle) fera	Ils (elles) feront	Il (elle) aura fait	Ils (elles) aurons fait

Conditionnel présent		**Conditionnel passé**	
Je ferais	Nous ferions	J'aurais fait	Nous aurions fait
Tu ferais	Vous feriez	Tu aurais fait	Vous auriez fait
Il (elle) ferait	Ils (elles) feraient	Il (elle) aurait fait	Ils (elles) auraient fait

SUBJONCTIF

Présent		**Passé**	
Que je fasse	Que nous fassions	Que j'aie fait	Que nous ayons fait
Que tu fasses	Que vous fassiez	Que tu aies fait	Que vous ayez fait
Qu'il (elle) fasse	Qu'ils (elles) fassent	Qu'il (elle) ait fait	Qu'ils (elles) aient fait

Imparfait		**Plus-que-parfait**	
Que je fisse	Que nous fissions	Que j'eusse fait	Que nous eussions fait
Que tu fisses	Que vous fissiez	Que tu eusses fait	Que vous eussiez fait
Qu'il (elle) fît	Qu'ils (elles) fissent	Qu'il (elle) eût fait	Qu'ils (elles) eussent fait

IMPÉRATIF

Présent		**Passé**	
Fais		Aie fait	
Faisons		Ayons fait	
Faites		Ayez fait	

INFINITIF

Présent	**Passé**		
Faire	Avoir fait		

PARTICIPE

Présent	**Passé**
Faisant	Fait, ayant fait

IX – La morphologie verbale

ALLER

	TEMPS SIMPLES		TEMPS COMPOSÉS	
INDICATIF				
Présent			**Passé composé**	
Je vais	Nous allons		Je suis allé	Nous sommes allés
Tu vas	Vous allez		Tu es allé	Vous êtes allés
Il (elle) va	Ils (elles) vont		Il (elle) est allé(e)	Ils (elles) sont allé(e)s
Imparfait			**Plus-que-parfait**	
J'aillais	Nous allions		J'étais allé	Nous étions allés
Tu allais	Vous alliez		Tu étais allé	Vous étiez allés
Il (elle) allait	Ils (elles) allaient		Il (elle) était allé(e)	Ils (elles) étaient allé(e)s
Passé simple			**Passé antérieur**	
J'allai	Nous allâmes		Je fus allé	Nous fûmes allés
Tu allas	Vous allâtes		Tu fus allé	Vous fûtes allés
Il (elle) alla	Ils (elles) allèrent		Il (elle) fut allé(e)	Ils (elles) furent allé(e)s
Futur simple			**Futur antérieur**	
J'irai	Nous irons		Je serai allé	Nous serons allés
Tu iras	Vous irez		Tu seras allé	Vous serez allés
Il (elle) ira	Ils (elles) iront		Il (elle) sera allé(e)	Ils (elles) seront allé(e)s
Conditionnel présent			**Conditionnel passé**	
J'irais	Nous irions		Je serais allé	Nous serions allés
Tu irais	Vous iriez		Tu serais allé	Vous seriez allés
Il (elle) irait	Ils (elles) iraient		Il (elle) serait allé(e)	Ils (elles) seraient allé(e)s
SUBJONCTIF				
Présent			**Passé**	
Que j'aille	Que nous allions		Que je sois allé	Que nous soyons allés
Que tu ailles	Que vous alliez		Que tu sois allé	Que vous soyez allés
Qu'il (elle) aille	Qu'ils (elles) aillent		Qu'il (elle) soit allé(e)	Qu'ils (elles) soient allé(e)s
Imparfait			**Plus-que-parfait**	
Que j'allasse	Que nous allassions		Que je fusse allé	Que nous fussions allés
Que tu allasses	Que vous allassiez		Que tu fusses allé	Que vous fussiez allés
Qu'il (elle) allât	Qu'ils (elles) allassent		Qu'il (elle) fût allé(e)	Qu'ils (elles) fussent allé(e)s
IMPÉRATIF				
Présent			**Passé**	
Va			Sois allé(e)	
Allons			Soyons allé(e)s	
Allez			Soyez allé(e)s	
INFINITIF			**PARTICIPE**	
Présent	**Passé**		**Présent**	**Passé**
Aller	Etre allé(e)		Allant	Allé(e), étant allé(e)

S'ENVOLER	TEMPS SIMPLES	TEMPS COMPOSÉS	
INDICATIF			
Présent		**PASSÉ COMPOSÉ**	
Je m'envole	Nous nous envolons	Je me suis envolé	Nous nous sommes envolés
Tu t'envoles	Vous vous envolez	Tu t'es envolé	Vous vous êtes envolés
Il (elle) s'envole	Ils (elles) s'envolent	Il (elle) s'est envolé(e)	Ils (elles) se sont envolé(e)s
SUBJONCTIF			
Présent		**Passé**	
Que je m'envole	Que nous nous envolions	Que je me sois envolé	Que nous nous soyons envolés
Que tu t'envoles	Que vous vous envoliez	Que tu te sois envolé	Que vous vous soyez envolés
Qu'il (elle) s'envole	Qu'ils (elles) s'envolent	Qu'il (elle) se soit envolé(e)	Qu'ils (elles) se soient envolé(e)s
IMPÉRATIF			
Présent		Passé	
Envole-toi			
Envolons-nous		*Inusité*	
Envolez-vous			
INFINITIF		**PARTICIPE**	
Présent	Passé	**Présent**	**Passé**
S'envoler	S'être envolé	S'envolant	S'étant envolé

ÊTRE LOUÉ(E)	TEMPS SIMPLES	TEMPS COMPOSÉS	
INDICATIF			
Présent		**Passé composé**	
Je suis loué	Vous êtes loués	J'ai été loué	Vous avez été loués
Tu es loué	Il (elle) est loué(e)	Tu as été loué	Il (elle) a été loué(e)
Nous sommes loués	Ils (elles) sont loué(e)s	Nous avons été loués	Ils (elles) ont été loué(e)s
Imparfait		**Plus-que-pafait**	
J'étais loué		J'avais été loué	

IX – La morphologie verbale

ÊTRE LOUÉ(E) (suite) TEMPS SIMPLES	TEMPS COMPOSÉS
INDICATIF **Passé simple** Je fus loué **Futur simple** Je serai loué **Conditionnel présent** Je serais loué	**Passé antérieur** J'eus été loué **Futur antérieur** J'aurai été loué **Conditionnel passé** J'aurais été loué
SUBJONCTIF **Présent** Que je sois loué **Imparfait** Que je fusse loué	**Passé** Que j'aie été loué **Plus-que-parfait** Que j'eusse été loué
IMPÉRATIF **Présent** Sois loué Soyons loués Soyez loués	**Passé** Aie été loué Ayons été loués Ayez été loués
INFINITIF **Présent** Etre loué **Passé** Avoir été loué	**PARTICIPE** **Présent** Etant loué **Passé** Loué, ayant été loué

2.6.2. *Les conjugaisons des verbes*

▶ **Les verbes en -ER** (type *chanter*)

• **Verbes à une seule base :**

La plupart des verbes du premier groupe traditionnel possèdent un radical unique.

Les verbes en *-cer* et *-ger* présentent certaines particularités orthographiques : dans les verbes en *-cer*, le *-c-* prend une cédille devant *-a-* et *-o-* (*plaçait, plaça, plaçant, plaçons*) ; dans les verbes en *-ger*, un *-e-* se place après le *-g-* devant *-a-* et *-o-* (*mangeait, mangea, mangeant, mangeons*).

- **Verbes à deux bases :**

  ➜ *Variation vocalique simple*
  – Les verbes comme *semer* changent l'*e* caduc [ə] en *è* ouvert [ɛ] quand la syllabe suivante contient un *e* caduc ; le changement de prononciation est marqué à l'écrit par l'accent grave sur *è* (*sème* [sɛm]) :
  Je sème, nous semons, ils sèment, il semait, il sema, il sèmera, qu'il sème, semant, semé.
  Autres verbes : *achever, lever, mener, peser,* etc.
  – Les verbes comme *céder* changent l'*é* fermé [e] en *è* ouvert [ɛ] quand la syllabe suivante contient un *e* caduc : *Je cède, nous cédons, ils cèdent, il cédait, il céda, il cèdera, qu'il cède, cédant, cédé* (Académie, 1994).
  Autres verbes : *compléter, considérer, pénétrer, régler, répéter, révéler, sécher,* etc.

  ➜ *Variation vocalique et consonantique :* les verbes en -*eler* et -*eter* prennent un accent grave sur l'*è* prononcé [ɛ] quand la syllabe suivante contient un *e* caduc.

	geler	acheter
Inf. prés.		
Ind. prés.	Je gèle, il gèle	J'achète, il achète
	Nous gelons	Nous achetons
	Ils gèlent	Ils achètent
Ind. imparf.	Il gelait	Il achetait
Ind. pass. Simple	Il gela	Il acheta
Ind. Futur	Il gèlera	Il achètera
Subj. prés.	Qu'il gèle	Qu'il achète
Participes	Gelant, gelé	Achetant, acheté

- **Autres verbes :**

  – *atteler, chanceler, épeler, étinceler, ficeler, harceler, rappeler, renouveler, ruisseler,* etc.
  – *breveter, cacheter, empaqueter, épousseter, étiqueter, feuilleter, projeter,* etc.
  – *celer, congeler, déceler, dégeler, écarteler, marteler, modeler, peler, receler,* etc.
  – *corseter, crocheter, haleter, racheter,* etc.

IX – La morphologie verbale

Exceptions : les verbes *jeter* (et sa famille) et *appeler (rappeler)*, redoublent la consonne *-t-* ou *-l-* devant un *-e-* caduc.

	appeler	jeter
Inf. prés.		
Ind. prés.	J'appelle, il appelle	Je jette, il jette
	Nous appelons	Nous jetons
	Ils appellent	Ils jettent
Ind. imparf.	Il appelait	Il jetait
Ind. pass. Simple	Il appela	Il jeta
Ind. Futur	Il appellera	Il jettera
Subj. prés.	Qu'il appelle	Qu'il jette
Participes	Appelant, appelé	Jetant, jeté

N.B. Nous rappelons que nous appliquons dans cet ouvrage les *Rectifications de l'orthographe* de 1990. Avant les *Rectifications*, la plupart des verbes en *-eter* et *-eler* redoublaient la consonne *-t-* ou *-l-* devant un *-e-* caduc.

➜ *Verbes en -YER*

– Les verbes en *-oyer* et *-uyer*, comme *nettoyer* et *essuyer*, changent le *-i-* [netwa], [esɥi] en *-y-* [netwaj], [esɥij] devant une voyelle autre que *e* caduc.

Autres verbes : *broyer, déployer, noyer, appuyer, ennuyer*, etc.

Exceptions : les verbes *envoyer* et *renvoyer* ont un futur et un conditionnel formés comme le verbe *voir* sur *ve (r)-* : *il enverra (it), renverra (it)*. Ils possèdent donc trois bases différentes.

	nettoyer	essuyer
Inf. prés.		
Ind. prés.	Je nettoie, il nettoie	J'essuie, il essuie
	Nous nettoyons	Nous essuyons
	Ils nettoient	Ils essuient
Ind. imparf.	Il nettoyait	Il essuyait
Ind. pass. Simple	Il nettoya	Il essuya
Ind. Futur	Il nettoiera	Il essuiera
Subj. prés.	Qu'il nettoie	Qu'il essuie
Participes	Nettoyant, nettoyé	Essuyant, essuyé

– Les verbes en *-ayer*, comme *payer*, peuvent conserver *-y-* dans toute leur conjugaison (prononciation unique [pɛj]), ou le rem-

placer par -*i*- devant un -*e* caduc, ce qui donne une seconde base [pɛ] *pai(e)*.
Autres verbes : *balayer, bégayer, essayer*, etc.

Inf. prés.	**payer**
Ind. prés.	Je paye / paie, tu payes / paies, il paye / paie
	Nous payons, vous payez, ils payent/paient
Ind. imparf.	Il payait
Ind. passé simple	Il paya
Ind. Futur	Il payera / paiera
Subj. prés.	Qu'il paye / paie
Participes	Payant, payé.

• Le verbe *aller* possède six bases (*voir* tableau de conjugaison, p. 475) : [vɛ] *vais*, [va] *va(s)*, [vɔ̃] *vont*, [al] *all-*, [i] *i-* (futur), [aj] *aill-* (subjonctif).

▶ **Les verbes en -IR**

• Verbes à radical unique : type *courir*

➔ Le verbe *courir* et ses dérivés (*accourir, discourir, parcourir, secourir*, etc.) possèdent un radical unique ; au futur et au conditionnel, l'ajout de la désinence graphique aboutit à la succession de deux *-rr-* : *cour-r-ai(s)*.

Inf. prés.	**courir**
Ind. prés.	Je cours, tu cours, il court
Ind. Imparf.	Nous courons, vous courez, ils courent
	Il courait
Ind. pass. Simple	Il courut
Ind. Futur	Il courra
Subj. prés.	Qu'il coure
Participes	Courant, couru.

Exception : Le verbe *mourir* suit le modèle du verbe *courir*, sauf au participe passé (*mort*) et aux personnes du présent de l'indicatif et du subjonctif où il présente une base *meur-* [mœR] devant -*s*, -*t* et -*e(nt)* : *je meurs, il meurt, qu'il meure, qu'ils meurent*.

IX – La morphologie verbale

➜ Le verbe *cueillir* et ses dérivés (*accueillir, recueillir*) prennent aux modes personnels les désinences des verbes en *-er* (*Je cueille, tu cueilles, il cueille, nous cueillons, vous cueillez, ils cueillent ; il cueillait*), y compris au futur et au conditionnel (*Il cueillera*), mais pas au passé simple (*Il cueillit*).

- **Verbes à deux bases**

➜ Les verbes comme *finir* (*voir* tableau de conjugaison, p. 473) comportent deux bases, une courte *fini-* [fini], et une longue *finiss-* [finis] au pluriel du présent de l'indicatif, à l'imparfait, au présent du subjonctif et au participe présent. Le singulier du présent (indicatif) et celui du passé simple sont identiques (base courte).

➜ Les verbes *fuir* et *s'enfuir* possèdent deux bases : *fui-* [fui] et *fuy-* [fuij]. *Je fuis, tu fuis, il fuit, nous fuyons, vous fuyez, ils fuient ; il fuyait, il fuit* (passé simple), *il fuira, qu'il fuie ; fuyant, fui*.

- **Verbes à trois bases**

➜ Les verbes du type *offrir* possèdent une base courte *offr-* [ɔfR], une base longue *offri-* [ɔfRi] réservée au futur et au conditionnel (*Il offrira, offrirait*) et une base spécifique pour le participe passé *offer(t)* [ɔfɛR], différent du passé simple (*il offrit*). Les présents de l'indicatif, du subjonctif et de l'impératif ont les mêmes désinences que les verbes en *-er* : *J'offre, tu offres, il offre, nous offrons, vous offrez, ils offrent ; qu'il offre ; offre*.
<u>Autres verbes</u> : *couvrir, ouvrir, souffrir*.

➜ Le verbe *haïr* perd son tréma sur *i* au singulier du présent de l'indicatif et de l'impératif : *Je hais, tu hais, il hait*, vs *nous haïssons, vous haïssez, ils haïssent*. Le tréma exclut l'accent circonflexe au passé simple (*Il haït, nous haïmes*) et au subjonctif imparfait. Ce verbe comporte les bases [ɛ] *hai-*, [ai] *haï-* (*haïra, hai*) et [ais] *haïss-*.

➜ Les verbes comme *partir* et *dormir* ont la première base courte, *par-* [paR], la deuxième allongée par une consonne, *part-* [paRt], et la troisième formée par adjonction d'un *-i-* à la deuxième, *parti-* [paRti]. Différents verbes ont une flexion semblable : *sentir, mentir, servir, sortir* et leurs dérivés, etc.

Exception : Le verbe *vêtir* et ses dérivés maintiennent à l'écrit le *-t* dans la base courte : *je vêts, tu vêts, il vêt*. Le passé simple et le participe passé diffèrent par la voyelle finale : *il vêtit, il est vêtu*.

Inf. prés.	**partir**	**dormir**
Ind. prés.	Je pars, il part	Je dors, il dort
	Nous partons	Nous dormons
	Ils partent	Ils dorment
Ind. imparf.	Il partait	Il dormait
Passé simple	Il partit	Il dormit
Ind. futur	Il partira	Il dormira
Subj. prés.	Qu'il parte	Qu'il dorme
Participes	Partant, parti	Dormant, dormi.

➜ Le verbe *acquérir* et les verbes de sa famille (*conquérir, requérir*, etc.) possèdent trois bases orales : *acquier-/ acquièr-* [akjɛR], *acquér-/ acquerr-*[akeR] et *acqu (i)-* [ak (i)], avec des variations graphiques.

Inf. prés.	**acquérir**
Ind. prés.	J'acquiers, tu acquiers, il acquiert
	Nous acquérons, vous acquérez, ils acquièrent
Ind. Imparf.	Il acquérait
Passé simple	Il acquit
Ind. Futur	Il acquerra
Subj. prés.	Qu'il acquière
Participes	Acquérant, acquis

• Les verbes comme *venir* (et ses dérivés historiques : *devenir, souvenir, parvenir*, etc.) possèdent cinq bases : *ven-* [vən], *vien-* [vjɛ̃], *vienn-* [vjɛn], *vin-* [vɛ̃] et *viend-* [vjɛ̃d]. Le passé simple et le participe passé sont formés sur deux bases différentes.

Autres verbes : *tenir* et ses dérivés (*contenir, obtenir*, etc.).

Inf. prés.	**venir**
Ind. prés.	Je viens, tu viens, il vient
	Nous venons, vous venez, ils viennent
Ind. imparf.	Il venait
Passé simple	Il vint

Ind. Futur	Il viendra
Subj. prés.	Qu'il vienne
Participes	Venant, venu

▶ Les verbes en -OIR

• Verbes à quatre bases

➔ Les verbes comme *devoir* possèdent les bases *doi-* [dwa], *dev-* [dəv], *doiv-* [dwav] et *du-* [dy].

Autres verbes : *recevoir* et sa famille. À l'écrit, le *-c-* de *recevoir* prend une cédille devant *-o* (*reçoit*) et *-u* (*reçu*).

	devoir	**recevoir**
Inf. prés.		
Ind. prés.	Je dois, tu dois	Je reçois, il reçoit
	Il doit, nous devons	Nous recevons
	Vous devez	Vous recevez
	Ils doivent	Ils reçoivent
Ind. imparf.	Il devait	Il recevait
Passé simple	Il dut	Il reçut
Ind. futur	Il devra	Il recevra
Subj. prés	Qu'il doive	Qu'il reçoive
Participes	Devant, dû (due)	Recevant, reçu(e).

➔ Les verbes *mouvoir, émouvoir, promouvoir* ont le même schéma de flexion que *devoir*, mais avec des bases différentes : *meu-* [mØ], *mouv-* [muv], *meuv-* [mœv] et *mu-* [my] : *il meut, nous mouvons, ils meuvent, il mouvait, il mut, il mouvra, que je meuve, mouvant, mû (mue, mus).*

• Verbes à cinq bases

➔ Le verbe *voir* et ses dérivés *entrevoir, prévoir, revoir,* possèdent les bases *voi-* [vwa], *voy-* [vwaj], *ve (r)-* [ve], *vi-* [vi] et *vu-* [vy].

Exceptions : *prévoir* et *pourvoir* ont moins de bases : ils diffèrent de *voir* au futur et au conditionnel, où ils gardent la base *voi-* [vwa] : *il prévoira, il pourvoira ; pourvoir* aligne en outre le passé simple et le participe passé : *(il) pourvu(t).*

Inf. prés.	**voir**
Ind. prés.	Je vois, tu vois, il voit
	Nous voyons, vous voyez, ils voient
Ind. imparf.	Il voyait
Passé simple	Il vit
Ind. futur	Il verra
Subj. prés.	Qu'il voie
Participes	Voyant, vu.

→ Le verbe *savoir* possède les bases *sai-* [sɛ], *sav-* [sav], *sau-* [so], *sach-* [saʃ] et *s(u)-* [s(y)]. Le verbe *valoir* et ses dérivés ont une flexion de même structure : *vau-* [vo], *val-* [val], *vaud-* [vod], *vaill-* [vaj], mais le passé simple et le participe passé sont formés sur une base longue : *val(u)-* [val (y)].

	savoir	**valoir**
Inf. prés		
Ind. prés.	Je sais, tu sais	Je vaux, tu vaux
	Il sait	Il vaut
	Nous savons	Nous valons
	Ils savent	Ils valent
Ind. imparf.	Il savait	Il valait
Passé simple	Il sut	Il valut
Ind. futur	Il saura	Il vaudra
Subj. prés.	Qu'il sache	Qu'il vaille
Participes	Sachant, su	Valant, valu

→ Le verbe *asseoir* ou *assoir* (employé essentiellement à la forme pronominale) possède 5 bases écrites : *asse-* [as], *assied-* / *assié-* [asje], *assey-* [asej], *ass (i)-* [as (i)] et *assoi-* [aswa] ; l'oral compte une base de moins : la base [as-] correspond à la fois aux bases écrites *asse-* et *ass (i)-*. Certains temps comportent deux séries de formes, qui ne sont plus totalement libres : les formes en *-oi-* sont stigmatisées (la norme préfère *je m'assieds, je m'asseyais*, etc.) ; au futur et au conditionnel, la base *assey-* est vieillie.

Inf. prés.	**s'asseoir** ou **s'assoir**
Ind. prés.	Je m'assieds (m'assois), il s'assied (s'assoit)
	Nous nous asseyons (assoyons), vous vous asseyez
	(assoyez), ils s'asseyent (s'assoient)
Ind. imparf.	Il s'asseyait (s'assoyait)

IX – La morphologie verbale

Passé simple	Il s'assit
Ind. futur	Il s'assiéra (s'assoira, s'asseyera)
Subj. prés.	Qu'il s'asseye (s'assoie)
Participes	Asseyant (assoyant), assis.

➜ Le verbe *surseoir* ou *sursoir* a généralisé la base en *-oi-* d'*ass(e)oir* : *je sursois, il sursoit, nous sursoyons, ils sursoient, il sursoyait, il sursit, il surseoira ou sursoira, qu'il sursoie, sursoyant, sursis*.

Remarque. — Pour régulariser l'orthographe de leur conjugaison, les *Rectifications* de 1990 proposent d'écrire *assoir*, *sursoir* et *sursoirai (s)* (comme *assoirai (s)*) sans le e, qui représente la trace d'une ancienne prononciation.

➜ *Seoir* : défectif, voir **2.7.2**.

- **Verbes à cinq et six bases**

➜ Le verbe *vouloir* possède les bases *veu-* [vø], *voul-* [vul], *veul-* [vœl], *voud-* [vud] et *veuill-* [vœj]. Le passé simple et le participe passé se forment par adjonction de la voyelle *-u* à la base *voul-* : *voulu(s)* [vuly]. L'impératif de *vouloir* utilise des formes du subjonctif.

➜ Le verbe *pouvoir* possède les bases *peu-* [pø], *pouv-* [puv], *peuv-* [pœv], *pou* (r)- [pu], *puiss-* [pɥis] et *p(u)-* [p(y)].

Au présent de l'indicatif, la variante *je puis* passe pour plus distinguée ; elle est obligatoire en cas d'inversion du sujet (*puis-je*). L'ancien participe présent *puissant* a été remplacé par *pouvant*.

	Vouloir	**pouvoir**
Inf. prés.		
Ind. prés.	Je veux, tu veux	Je peux (puis), tu peux
	Il veut	Il peut
	Nous voulons	Nous pouvons
	Ils veulent	Ils peuvent
Ind. imparf.	Il voulait	Il pouvait
Passé simple	Il voulut	Il put
Ind. futur	Il voudra	Il pourra
Subj. prés.	Qu'il veuille	Qu'il puisse
Participes	Voulant, voulu	Pouvant, pu.

• Le verbe *avoir* est irrégulier (*voir* tableau de conjugaison, p. 470) : il comporte les bases [e] *ai*, [a] *a(s)*, [ɔ̃] *ont*, [av] *av- (-ons, -ez, -ait)*, [o] *au-(ra)*, [ɛ(j)] *ai-(e)/ay- (ons)*. [y] *eu(t)*.

▶ Les verbes en -RE

Ces verbes sont très divers, et présentent toutes les possibilités de variation du radical, du plus simple (*conclure*) aux plus complexes (*être, faire*).

• **Verbes à radical graphique unique** : type *conclure* :

➔ Les verbes *exclure, inclure et reclure* suivent le modèle de *conclure*. *Inclure* et *reclure* sont surtout employés au participe passé, qui est terminé par *-s* : *inclus(e), reclus(e)*.

	conclure
Inf. prés.	
Ind. prés.	Je conclus, tu conclus, il conclut
	Nous concluons, vous concluez, ils concluent
Ind. imparf.	Il concluait
Passé simple	Il conclut
Ind. futur	Il conclura
Subj. prés.	Qu'il conclue
Participes	Concluant, conclu.

➔ Les verbes *rire* et *sourire* se conjuguent comme *conclure*, mais présentent deux bases orales :
– [Ri] dans *il rit, ils rient, il rira, qu'il rie, ri,...*
– [Rij] dans *rions, riez, riait, riant,...*

• **Verbes en -tre** : *battre, mettre* :

➔ Le verbe *battre* et ses dérivés (*abattre, combattre*, etc.) possèdent deux bases principales, une courte, *bat-* [ba] et une longue, *batt-* [bat] ; le passé simple (*battit*) et le participe passé (*battu*) sont formés par addition d'une voyelle thématique différente à la base longue.

➔ Le verbe *mettre* et ses dérivés (*admettre, permettre*, etc.) possèdent également deux bases principales, *met-* [mɛ] et *mett-* [mɛt],

IX – La morphologie verbale

auxquelles s'ajoute une base réduite *mi-* [mi] commune au passé simple et au participe passé.

Inf. prés.	**battre**	**mettre**
Ind prés.	Je / tu bats, il bat	Je / tu mets, il met
	Nous battons	Nous mettons
	Ils battent	Ils mettent
Ind. Imparf.	Il battait	Il mettait
Passé simple	Il battit	Il mit
Ind. futur	Il battra	Il mettra
Subj. prés.	Qu'il batte	Qu'il mette
Participes	Battant, battu	Mettant, mis.

• **Verbes en -*dre*** : *rendre, prendre* :

➜ Les verbes comme *rendre* possèdent, comme *battre*, deux bases principales à l'oral, [Rɑ̃] et [Rɑ̃d], mais qui correspondent a une seule base écrite *rend-* ; le passé simple (*rendit*) et le participe passé (*rendu*) se forment sur la base *rend-*, chacun à l'aide d'une voyelle thématique différente.

<u>Autres verbes</u> : *défendre, descendre, fendre, pendre, tendre, vendre, épandre, fondre, pondre, perdre, mordre, tordre, rompre* et leurs dérivés.

➜ Le verbe *prendre* et ses dérivés possèdent aussi un système de bases différent à l'oral et à l'écrit : la forme écrite *prend-* correspond aux bases orales [pRɑ̃] et [pRɑ̃d], à côté des bases *pren-* [pRən], *prenn-* [pRɛn] et *pri-* [pRi].

Inf. prés.	**rendre**	**prendre**
Ind. prés.	Je rends, il rend	Je prends, il prend
	Nous rendons	Nous prenons
	Ils rendent	Ils prennent
Ind. imparf.	Il rendait	Il prenait
Passé simple	Il rendit	Il prit
Ind. futur	Il rendra	Il prendra
Subj. prés.	Qu'il rende	Qu'il prenne
Participes	Rendant, rendu	Prenant, pris.

• **Verbes en -*oudre*** :

➜ *Coudre* et ses dérivés *découdre* et *recoudre* possèdent deux bases écrites, correspondant à trois bases orales : *coud-* [ku] /

[kud], *cous-* [kuz]. Le passé simple et le participe passé sont formés à l'aide de deux voyelles thématiques différentes.

Inf. prés.	**coudre**
Ind. prés.	Je couds, tu couds, il coud
	Nous cousons, vous cousez, ils cousent
Ind. imparf.	Il cousait
Passé simple	Il cousit
Ind.-futur	Il coudra
Subj. prés.	Qu'il couse
Participes	Cousant, cousu.

➜ *Moudre* et ses dérivés ont le même schéma de bases : *moud-* [mu] / [mud], *moul-* [mul] : *je mouds, il moud, nous moulons, ils moulent, il moulait, il moulut, il moudra, qu'il moule, moulant, moulu.*

➜ *Absoudre* et *dissoudre* suivent le même modèle, à l'exception du singulier du présent de l'indicatif : *absoud-* [absu / absud], *absolv-* [absɔlv] : *j'absous, il absout, nous absolvons, ils absolvent, il absolvait, il absoudra, qu'il absolve, absolvant, absous.* Le passé simple *il absolut* est très rare. La consonne du participe passé change du masculin au féminin : *absous / absoute, dissous / dissoute.*

Le verbe *résoudre* possède, lui, un passé simple reconnu, *il résolut*, de même formation que son participe passé *résolu* : *je résous, tu résous, il résout, nous résolvons, ils résolvent ; il résolvait ; il résolut ; il résoudra ; qu'il résolve ; résolvant, résolu.*

• **Verbes du type *vaincre, craindre, peindre, joindre*** :

➜ *Vaincre* et *convaincre* possèdent deux bases orales, [vɛ̃] et [vɛ̃k] et deux bases écrites, *vainc-* et *vainqu-* (*-c-* est remplacé par *-qu-* devant une voyelle autre que *-u*). Le passé simple et le participe passé sont formés sur la même base, avec deux voyelles thématiques différentes.

Inf. prés.	**Vaincre**
Ind. prés	Je vaincs, tu vaincs, il vainc (sans *-t* final)
	Nous vainquons, vous vainquez, ils vainquent
Ind. imparf.	Il vainquait
Passé simple	Il vainquit

IX – La morphologie verbale

Ind. futur	Il vaincra
Subj. prés.	Qu'il vainque
Participes	Vainquant, vaincu.

➜ *Craindre, contraindre* et *plaindre* possèdent trois bases : *crain-* [kRɛ̃], *craign-* [kRɛɲ], *craind-* [kRɛ̃d]. Le passé simple est formé sur la base longue (*craign-it*), le participe passé sur la base courte (*crain-t*).

Inf. prés.	**craindre**
Ind. prés.	Je crains, tu crains, il craint
	Nous craignons, vous craignez, ils craignent
Ind. imparf.	Il craignait
Passé simple	Il craignit
Ind. futur	Il craindra
Subj. prés.	Qu'il craigne
Participes	Craignant, craint(e).

➜ Les verbes en *-eindre* et *-oindre* suivent le même modèle :
– *peindre* a trois bases : [pɛ̃] *pein-(t)*, [pɛɲ] *peign-(ait)*, [pɛ̃d] *peind-(ra)* : *je peins, il peint, nous peignons, ils peignent, il peignait, il peignit, il peindra, qu'il peigne, peignant, peint(e)*
Autres verbes : astreindre, atteindre, ceindre, empreindre, enfreindre, feindre, geindre, teindre, éteindre, etc.
– *joindre* et ses dérivés (défectifs), *oindre* et *poindre* : *je joins, il joint, nous joignons, ils joignent, il joignait, il joignit, il joindra, qu'il joigne, joignant, joint(e)*.

• **Verbes du type *suivre* et *vivre*** :

➜ Le verbe *suivre* et ses dérivés possèdent deux bases *sui-* [sɥi] et *suiv-* [sɥiv] : *je suis, il suit, nous suivons, ils suivent, il suivait, il suivit, il suivra, qu'il suive, suivant, suivi(e)*. Le passé simple et le participe passé sont formés sur la base longue, avec la même voyelle : *(il) suivi(t)*.

S'ensuivre, dérivé de *suivre*, n'est employé qu'à l'infinitif et aux troisièmes personnes de chaque temps : *Un grand bien s'ensuivit de tant de maux* (Académie).

➜ Le verbe *vivre* et ses dérivés ont le même modèle à deux bases, *vi-* [vi] et *viv-* [viv], mais présentent une troisième base commune au passé simple et au participe passé, *véc(u)-* : *je vis, il vit, nous vivons, ils vivent, il vivait, il vécut, il vivra, qu'il vive, vivant, vécu(e)*.

- **Verbes du type *croire* et *traire*** :

➜ Le verbe *croire* (et son dérivé *accroire*) possède trois bases : *croi-* [krwa], *croy-* [krwaj] et *cr(u)-* [kry], base commune au passé simple et au participe passé.

Inf. prés.	**croire**
Ind. prés.	Je crois, tu crois, il croit
	Nous croyons, vous croyez, ils croient
Ind. imparf.	Il croyait
Passé simple	Il crut
Ind. futur	Il croira
Subj. prés.	Qu'il croie
Participes	Croyant, cru(e).

➜ Le verbe *traire* et ses dérivés (*abstraire, extraire*, etc.), ainsi que *braire* (défectif : **2.7.2.**), possèdent deux bases seulement, *trai-* [tRɛ] et *tray-* [tRɛj] ; le participe passé se forme sur la première base, le passé simple n'existe pas : *je trais, il trait, nous trayons, ils traient, il trayait, il traira, qu'il traie, trayant, trait(e)*.

- **Verbes du type *dire, écrire, lire, cuire*.**

➜ Le verbe *écrire* et les verbes de même radical latin (*décrire, inscrire, prescrire, transcrire*, etc.) possèdent deux bases, une courte, *écri-* [ekRi], et une longue, *écriv-* [ekRiv]. Le passé simple se forme sur la base longue (*écrivit*), le participe passé sur la base courte (*écrit*).

Inf. prés.	**écrire**
Ind. prés.	J'écris, tu écris, il écrit
	Nous écrivons, vous écrivez, ils écrivent
Ind. imparf.	Il écrivait

IX – La morphologie verbale

Passé simple	Il écrivit
Ind. futur	Il écrira
Subj. prés.	Qu'il écrive
Participes	Ecrivant, écrit(e).

➜ Le verbe *dire* possède également deux bases, *di-* [di] et *dis-* [diz]. Le passé simple et le participe passé sont formés sur la même base *di-*. La deuxième personne du pluriel du présent de l'indicatif et de l'impératif a la forme particulière *dites*. Parmi les dérivés de *dire*, seul *redire* suit totalement sa conjugaison *(vous redites)* ; *contredire, (se) dédire, interdire, médire, prédire* ont une deuxième personne du pluriel régulière en *-ez* : *vous contredisez, prédisez* ; *maudire* se conjugue sur le modèle de *finir* : *nous maudissons, maudissant,* mais son participe passé se termine par *-t* : *maudit(e)*.

Inf. prés.	**dire**
Ind. prés.	Je dis, tu dis, il dit
	Nous disons, vous dites, ils disent
Ind. imparf.	Il disait
Passé simple	Il dit
Ind. futur	Il dira
Subj. prés.	Qu'il dise
Participes	Disant, dit(e).

➜ Le verbe *lire* (ainsi que *relire, élire, réélire*) possède aussi deux bases de même type que *dire* : *li-* [li] *(Je lis, tu lis, il lit ; il lira)* et *lis-* [liz] *(nous lisons, vous lisez, ils lisent ; il lisait ; qu'il lise ; lisant)*, auxquelles s'ajoute la base *lu-* [ly], commune au passé simple *(Il lut)* et au participe passé *lu(e)*.

➜ Les verbes du type *cuire* présentent le même schéma de bases, *cui-* [kɥi] et *cuis-* [kɥiz] ; le passé simple se forme sur la seconde base *(cuisit)*, le participe passé sur la première *(cuit)*.

Autres verbes : *conduire, déduire, introduire, produire, réduire, séduire, traduire, construire, détruire, instruire, luire, reluire, nuire.* Les verbes *luire* et *nuire* ont un participe passé sans *-t* final : *lui, nui*.

Inf. prés.	**Cuire**
Ind. prés.	Je cuis, tu cuis, il cuit
	Nous cuisons, vous cuisez, ils cuisent
Ind. imparf.	Il cuisait
Passé simple	Il cuisit
Ind. futur	Il cuira
Subj. prés.	Qu'il cuise
Participes	Cuisant, cuit(e).

- **Verbes du type *boire*, *plaire* :**

→ Le verbe *boire* possède quatre bases : *boi-* [bwa], *buv-* [byv], *boiv-*[bwav] et *bu-* [by] pour le passé simple et le participe passé.

Inf. prés.	**boire**
Ind. prés.	Je bois, tu bois, il boit
	Nous buvons, vous buvez, ils boivent
Ind. imparf.	Il buvait
Passé simple	Il but
Ind. futur	Il boira
Subj. prés.	Qu'il boive
Participes	Buvant, bu(e).

→ Le verbe *plaire* possède deux bases principales, *plai-* [plɛ] (*Je plais, tu plais, il plait ; il plaira*) et *plais-* [plɛz] (*Nous plaisons, vous plaisez, ils plaisent, il plaisait ; qu'il plaise ; plaisant*), auxquelles s'ajoute la base *plu-* [ply] du passé simple (*Il plut*) et du participe passé (*plu*, invariable).

Autres verbes : *complaire, déplaire, taire.*

- **Verbes du type *paraître, naître, croître* :**

→ Le verbe *paraitre* et ses dérivés possèdent quatre bases : *parai-* [paRɛ], *paraiss-* [parɛs], *parait-* [parɛt] et *par(u)-* [pary].

Autres verbes : *connaitre, méconnaitre, reconnaitre.*

Inf. prés.	**paraitre**
Ind. prés.	Je parais, tu parais, il parait
	Nous paraissons, vous paraissez, ils paraissent

IX – La morphologie verbale

Ind. imparf.	Il paraissait
Passé simple	Il parut
Ind. futur	Il paraîtra
Subj. prés.	Qu'il paraisse
Participes	Paraissant, paru(e).

➜ Les verbes *naître et renaître* suivent le modèle de *paraître*, mais possèdent des bases différentes au passé simple (*naqu(i)-*) et au participe passé pour *naitre* (*renaitre* n'a pas de participe passé ni de temps composés) : *il naquit, né(e).*

➜ Le verbe *croître* et ses dérivés suivent le modèle de *paraitre*. Le verbe *croitre* garde l'accent circonflexe aux formes homonymes de celles du verbe *croire : je croîs, je crûs, ils crûrent*, etc. Mais le participe passé ne prend l'accent circonflexe qu'au masculin singulier : *crû, crue, crus, crues. Accroître* et *décroître* n'ont pas d'accent non plus au passé simple (*il accrut*) ni au participe passé (*accru, décru*).

Inf. prés.	**Croître**
Ind. prés.	Je croîs, tu croîs, il croît
	Nous croissons, vous croissez, ils croissent
Ind. imparf.	Il croissait
Passé simple	Il crût, ils crûrent
Ind. futur	Il croitra
Subj. prés.	Qu'il croisse
Participes	Croissant, crû(ue) + recrû *vs* accru(e).

• **Le verbe** *faire* possède de nombreuses bases (*voir* tableau de conjugaison, p. 474) : [fɛ] *fai-(t)*, [fɔ̃] *font*, [fəz] *fais- (ons, ait)*, [fə] *fe-(ra)*, [fas] *fass-*, [fi] *fi-(t)*. Il présente des discordances entre la graphie et la prononciation dans *faisons, faisait, faisant*, où le digramme *ai* du radical correspond à un *e* caduc (comme dans *fera*). Comme pour le verbe *dire*, la deuxième personne du pluriel du présent de l'indicatif et de l'impératif est particulière : *(vous) faites* (et non pas *vous faisez). Les dérivés de *faire* (*défaire, refaire*, etc.) ont une flexion identique à celle de *faire* (*vous défaites, refaites*).

• **Le verbe** *être* possède le plus grand nombre de bases (*voir* tableau de conjugaison, p. 471) : [sɥI] *suis*, [ɛ] *es(t)*, [sɔm] *sommes*, [sɔ̃] *sont*, [et] *ét-(ait)*, [sə] *se-(ra)*, [swa] / [swaj] *soi-(t)* / *soy- (ons)*, [fy] *fu-(t)*. Il est le verbe le plus fréquent du français : il joue le rôle d'un auxiliaire dans les temps composés actifs *(il est parti)*, la tournure passive *(la voiture est réparée)* ; il est aussi le verbe copule suivi d'un attribut du sujet *(la voiture est bleue)*.

2.7. Les verbes défectifs

Les verbes défectifs présentent une conjugaison incomplète, ou manquent de certains temps, certains modes ou certaines personnes.

2.7.1. *Les verbes impersonnels*

(*ou unipersonnels :* voir **XIV** : 8.1.) sont restreints en personnes : ils ne peuvent s'employer, par définition, qu'à la troisième personne du singulier. Ils varient en temps et en mode, mais n'ont ni impératif ni participe présent. On distingue :

▶ **Les verbes dénotant un phénomène météorologique :** *bruiner, geler (dégeler), grêler, neiger, pleuvoir, tonner, venter.* Les verbes en *-er* suivent le modèle de *chanter* (radical unique), le verbe *pleuvoir* possède trois bases : *pleu-* [plø] dans *il pleut*, *pleuv-* [plœv] dans *il pleuvait* et *plu-* [ply] dans *il plut* et *il a plu*.

Remarque. — *Geler* n'est pas défectif au sens de *avoir froid* : *je gèle, nous gelons*. *Pleuvoir* et *tonner* peuvent admettre un sujet au sens figuré : *Les coups pleuvent – L'orateur tonne*.

▶ **Des verbes modalisateurs** ou **de survenance**, qui peuvent être suivis d'un groupe nominal, d'une complétive ou d'un infinitif :

• *advenir* marque la survenance : *quoi qu'il advienne – Il en adviendra ce qu'il pourra* (Académie).

IX – La morphologie verbale

- *apparoir*, « être évident, manifeste », limité à la langue juridique, ne s'emploie qu'à l'infinitif et au présent de l'indicatif : *Ainsi qu'il appert de tel acte* (Académie).
- *chaloir*, au sens d'« importer » s'emploie surtout dans quelques expressions : *Il ne me chaut guère, peu me chaut* (ironique).
- *falloir* est à rapprocher, pour le sens, de *devoir* (2.3.) ; mais il s'insère dans des structures différentes. Il comporte les formes suivantes : *Il faut, fallait, fallut, faudra, faudrait ; qu'il faille, qu'il fallût ; fallu* (pas de féminin), *falloir*.

2.7.2. Les autres verbes défectifs

Différents verbes ne s'emploient qu'à certains temps, essentiellement dans des locutions ou des expressions toutes faites, ce qui montre qu'ils sont sortis de l'usage vivant.

▶ *accroire* (dérivé de *croire*) ne s'emploie qu'à l'infinitif, avec *faire* ou *laisser* : *Il s'en fait accroire* (Académie).

▶ *avérer* ne s'emploie plus qu'à l'infinitif et au participe passé *avéré* : *C'est un fait avéré* (Académie). La forme pronominale *s'avérer* est plus répandue, soit avec un attribut du sujet (*Ses craintes s'avèrent fondées*) soit avec une complétive (*Il s'avère que les prévisions étaient trop optimistes*). Eu égard au sens étymologique (« vrai »), on évitera des expressions pléonastiques, comme *s'avérer vrai*, ou contradictoires, comme *s'avérer faux*.

▶ *braire* (conjugué comme *croire*) s'emploie essentiellement à l'infinitif et aux troisièmes personnes du présent de l'indicatif et du futur : *il brait, ils braient, il braira*.

▶ *choir*, archaïque, se rencontre surtout à l'infinitif et parfois aux formes suivantes : *je chois, tu chois, il choit, ils choient, il chut, il choira, chu(e)*. Il a pris un sens ironique : *un ange choit* (R. Devos). L'Académie (1992) signale encore le futur (vieilli) *cherrai* (cf. Perrault : *La bobinette cherra.*).

Les dérivés de *choir* ont un peu plus de formes :

- *déchoir* possède tous les temps et modes, sauf le participe présent, l'imparfait de l'indicatif et l'impératif : *je déchois, il déchoit, nous déchoyons, ils déchoient, il déchut, il déchoira, que je déchoie* ; il est surtout employé à l'infinitif et au participe passé *déchu(e)*.
- *échoir* se limite aux modes impersonnels et aux troisièmes personnes à certains temps : *échoir, il échoit, il échut, il échoira (écherra), il échoirait, ils échoiraient, échéant, échu(e)*. Les participes sont fréquemment employés dans des expressions comme *le cas échéant, à terme échu*.

▶ *clore* et ses dérivés ne fonctionnent pas à l'identique :

- *clore* connait surtout le présent *je clos, tu clos, il clôt* (*ils closent* est très rare), l'impératif *clos* et le participe passé *clos(e)* ; le futur (*clora*), le conditionnel (*clorait*) et le subjonctif présent (*qu'il close*) sont très rares ; le passé simple et les imparfaits n'existent pas.
- *déclore*, selon l'Académie (1992), ne connaît que l'infinitif et le participe passé (*déclos*).
- *éclore* s'emploie à l'infinitif, aux troisièmes personnes du présent (*il éclot, ils éclosent*), du futur (*il éclora*), du conditionnel, du subjonctif présent (*qu'il(s) éclose(nt)*) et au participe passé (*éclos(e)*).
- *enclore* et *renclore* suivent la conjugaison de *clore*, mais possèdent toutes les personnes du présent de l'indicatif.
- *forclore* ne s'emploie qu'à l'infinitif et au participe passé (*forclos(e)*) dans la langue juridique et psychanalytique.

▶ *faillir* ne s'emploie plus qu'à l'infinitif, au passé simple (*je faillis*), au futur (*je faillirai*), au conditionnel (*je faillirais*) et aux temps composés (participe passé *failli*). Quand il signifie « faire faillite », il se conjugue comme *finir*.

▶ *frire* est limité à l'infinitif, au singulier de l'indicatif présent (*je fris, tu fris, il frit*) et futur (*il frira*), au participe passé (*frit*) et aux temps composés. Les formes inusitées sont remplacées par *faire frire* (*il faisait frire*).

▶ *gésir* est limité au présent et à l'imparfait de l'indicatif (*je gis, tu gis, il gît, nous gisons, vous gisez, ils gisent ; je gisais*, etc.), ainsi qu'au participe présent *gisant*. *Ci-gît* reste courant dans les cimetières, concurrencé par *Ici repose*.

▶ *ouïr* ne s'emploie plus guère qu'à l'infinitif, au participe (comme dans *ouï-dire*) et aux temps composés. On entend parfois *oyez*, par archaïsme voulu.

▶ *paitre*, conjugué comme *paraitre*, ne connait ni le passé simple, ni le subjonctif imparfait, ni les temps composés : *je pais, il pait, je paissais, je paitrai(s), que je paisse, paissant*. Mais *repaitre* possède une conjugaison complète (*repu*) ; il s'emploie surtout à la forme pronominale (*se repaitre, il se reput, il s'est repu,...*).

▶ *partir* (au sens de « partager ») ne se rencontre que dans la locution *avoir maille à partir avec quelqu'un*.

▶ *quérir*, archaïque, s'emploie uniquement à l'infinitif, après un verbe de mouvement (*aller, envoyer, venir*) : *Allez quérir le médecin*.

▶ *seoir* ne s'emploie qu'aux participes (*séant, sis(e)*) dans le sens d'« être assis, situé ». Dans le sens de « convenir », il s'emploie au participe présent (forme différente : *seyant*) aux troisièmes personnes de l'indicatif présent (*il sied, ils siéent*), de l'imparfait (*il seyait, ils seyaient*), du futur (*il siéra, ils siéront*), du conditionnel, plus rarement au subjonctif présent (*qu'il siée, qu'ils siéent*) (voir *asseoir*, **2.6.2.**).

IX – La morphologie verbale

3. L'ACCORD DU VERBE

3.1. Accord des formes personnelles du verbe avec le sujet

Parmi les nombreuses variations de forme que connait le verbe (**2.1.**), les marques de personne et de nombre véhiculées par les formes personnelles du verbe sont déterminées par le sujet. En règle générale, **le verbe s'accorde en personne et en nombre avec le sujet.**

L'accord du verbe avec le groupe sujet renforce la cohésion de la phrase en manifestant la solidarité de ses deux constituants de base, le groupe nominal et le groupe verbal (**VI : 2.1.**). On a vu que l'accord constitue un critère pour identifier le sujet du verbe, le sujet transmettant ses marques au verbe (**VI : 4.3.**). Quand l'ordre sujet – verbe est inversé (*Restent divers problèmes*), ou quand un autre terme vient s'insérer entre le sujet et le verbe (*Ils nous écriront*), l'accord peut servir à reconnaitre, à l'écrit surtout, quel est le sujet.

Divers cas particuliers se présentent, surtout quand le verbe a plusieurs sujets. L'accord selon le sens explique les fluctuations de l'usage, souvent condamnées par la norme officielle, qui prévoit néanmoins de nombreuses tolérances, qui sont mentionnées ici.

Remarque. — L'accord du verbe avec le sujet concerne les formes personnelles du verbe. Aux formes simples, le verbe prend les marques du sujet (*nous chantons*) ; aux formes composées, c'est l'auxiliaire qui porte ses marques (*nous avons chanté, nous sommes sortis*). En français, l'accord du verbe avec le sujet est unidirectionnel, alors qu'en basque ou en esquimau, le verbe s'accorde avec 2 ou 3 actants (accord bi / tridirectionnel) ; en revanche, dans les langues comme le japonais et le chinois, il n'y a pas d'accord du verbe.
Le participe passé s'accorde en nombre et aussi en genre, dans des conditions plus complexes (**3.2.**). Employé sans auxiliaire, il s'accorde comme un adjectif avec le terme auquel il se rapporte. Employé avec *être*, il s'accorde avec le sujet (pour les verbes pronominaux, voir **2.5.2.**), mais, quand il est employé avec l'auxiliaire *avoir*, il peut s'accorder avec le complément d'objet direct, mais jamais avec le sujet (**3.2.**).

▶ **Accord du verbe avec un seul sujet**

En règle générale, le verbe s'accorde en personne et en nombre avec le sujet unique.

Cas particuliers :

• Quand le sujet est le **pronom relatif** *qui*, le verbe s'accorde en personne et en nombre avec l'antécédent de ce pronom : *C'est toi qui l'as nommé* (Racine).
• Le **présentatif** *c'est* suivi d'un groupe nominal au pluriel prend généralement la forme du pluriel : *Ce sont de braves enfants* (Académie). Mais le singulier est maintenu dans certains cas : *c'est 15 Euros* (**XIV : 9.1.2.**). *C'est* ne peut varier qu'en nombre, jamais en personne : *C'est moi / toi / nous / vous*.

L'arrêté du 28/12/1976 admet aussi bien le singulier que le pluriel devant un groupe nominal au pluriel : *Ce sont / C'est là de beaux résultats*.

• Quand le groupe nominal sujet contient un nom collectif au singulier sans complément (*armée, foule, nuée, tas,...*), le verbe s'accorde au singulier : *La foule se disperse lentement*. Mais lorsque le nom collectif au singulier est suivi d'un complément du nom au pluriel, le verbe se met au singulier ou au pluriel, selon la manière d'envisager le référent. Dans le groupe nominal *un tas de cailloux*, le nom collectif *tas* peut recevoir deux interprétations, comme le prouvent les réductions possibles. Dans la première, *tas* est un véritable nom collectif, comme dans *Quel tas (de cailloux) impressionnant !* ; dans la seconde, *Un tas de* joue le rôle d'un quantificateur et équivaut à un déterminant : le GN peut dans ce cas être réduit à *des cailloux*, comme dans *J'ai trouvé un tas de cailloux / des cailloux*. L'accord du verbe dépend de l'interprétation privilégiée :

– L'accord se fait au singulier avec le nom collectif qui privilégie la vision collective des référents, considérés globalement : *Une multitude de sauterelles a infesté ces campagnes* (Littré) – *Aujourd'hui, une majorité de régions françaises retrouvera le beau temps* (France Inter).
– L'accord se fait au pluriel quand le nom collectif est un simple quantificateur qui dénote la diversité plurielle des individus auxquels réfère le groupe nominal : *Une multitude de sauterelles ont infesté ces campagnes* (Littré) – *Une série de télescopages se sont produits hier matin vers 8 h entre Benfeld et Fegersheim* (DNA, 24.02.90).

Dans certains cas, on n'a aucune raison de sens particulière de privilégier le singulier ou le pluriel ; le choix du nombre perd alors toute valeur significative. Les tolérances officielles (arrêtés de 1901 et de 1976) admettent

« l'un et l'autre accord dans tous les cas » (1976) : *À mon approche, une bande de moineaux s'envola / s'envolèrent.*
Il en va de même quand le sujet comporte une fraction au singulier (*moitié, tiers, quart,...*) ou un nom numéral (*douzaine, vingtaine, centaine,...*) suivis d'un complément au pluriel. Le verbe se met plutôt au pluriel, car l'indication numérale joue un rôle de quantificateur : *Une quinzaine de francs suffiront pour sa dépense* (Académie). Mais le verbe s'accorde au singulier avec le terme quantitatif quand celui-ci est considéré en tant que tel : *Un tiers des députés a voté la censure.*
L'usage est plus hésitant quand le sujet comporte l'expression d'un pourcentage. Le verbe s'accorde avec le numéral ou avec son complément selon le terme considéré comme le plus important : dans *40 % de l'électorat s'est abstenu*, le nom massif *électorat* compte plus que le pourcentage exprimé.
• Quand le groupe nominal sujet est introduit par un **déterminant quantitatif** (*assez de, beaucoup de, peu de, trop de,...*), le verbe s'accorde selon le nombre du nom (**VII : 2.6.2.**) : *Trop de promesses ont été faites.* Si le déterminant quantitatif est employé seul comme pronom, le verbe se met le plus souvent au pluriel, à moins que le contexte impose le singulier : *Il faut reprendre cette explication ; beaucoup n'ont pas compris.*
Avec les expressions comme *la plupart, le plus grand nombre, un grand nombre, une infinité, une multitude de,* employées comme déterminants complexes ou comme pronoms, le verbe se met normalement au pluriel : *Une infinité de gens ont cru cette nouvelle* (Académie) – *La plupart (des coureurs) sont déjà arrivés.* L'accord au singulier est très rare.
• Quand le sujet comporte *peu*, précédé d'un déterminant défini (*le peu, ce peu, mon peu*) et suivi d'un complément, le verbe s'accorde, selon l'intention, au singulier ou au pluriel : *Le peu de qualités dont il a fait preuve l'a fait éconduire* (Académie) – *Le peu de services qu'il a rendus ont paru mériter une récompense* (Académie). L'accord au pluriel met l'accent sur le nom.
• Quand le groupe nominal sujet comporte *plus d'un*, le verbe se met au singulier : *Plus d'un Français le regrettera.* Après un sujet comportant *moins de deux,* le verbe se met au pluriel : *Moins de deux heures ont suffi pour effectuer cette réparation.* Les numéraux *un* et *deux* semblent commander l'accord ; mais, pour *plus d'un,* les tolérances officielles admettent les deux nombres : *Plus d'un de ces hommes m'étai(en)t inconnu(s)* (Tolérances de 1976). Suivant la même logique numérale, on dit plutôt *Un kilo et demi de sucre coûte dix francs.*
• Quand le sujet est un titre au pluriel qui comporte un déterminant, le verbe peut se mettre au pluriel, ou au singulier si le titre est considéré comme une étiquette globale, dans un emploi proche de l'autonymie : <u>Les Confessions</u> *est / sont une œuvre posthume de J.J. Rousseau.* En l'absence de déterminant, le singulier s'impose : <u>Alcools</u> *est un recueil de poèmes d'Apollinaire.*

▶ Accord du verbe avec plusieurs sujets

En règle générale, le verbe qui a plusieurs sujets coordonnés ou juxtaposés se met au pluriel, que ces sujets soient tous au singulier ou qu'ils soient au pluriel.

Quand les sujets sont à différentes personnes, le verbe se met à la première personne, qui l'emporte sur les deux autres, ou à la deuxième personne, qui l'emporte sur la troisième : *Ta mère, toi et moi irions au bout du monde – Ton frère et toi êtes mes meilleurs amis* (Académie). Un pronom récapitulatif peut être introduit : *Ton frère et toi, vous êtes mes meilleurs amis.*

Cas particuliers :

• Quand plusieurs GN sujets au singulier, juxtaposés ou coordonnés par *et*, ont le même référent, le verbe s'accorde au singulier : *Le vainqueur d'Austerlitz et le vaincu de Waterloo est devenu un modèle pour beaucoup d'ambitieux.*

De même, quand les groupes sujets juxtaposés sont synonymes, l'accord se fait au singulier : *La fortune, la richesse ne fait pas le bonheur.*

Mais les tolérances officielles admettent aussi l'accord au pluriel (1976) : *La joie, l'allégresse s'empara (s'emparèrent) de tous les spectateurs.*

• Quand plusieurs noms énumérés sont repris (ou parfois annoncés) par un pronom indéfini comme *rien, personne, tout*, le verbe s'accorde avec ce pronom : *Remords, crainte, périls, rien ne m'a retenue* (Racine).

• Quand plusieurs sujets au singulier (troisième personne) sont coordonnés par les conjonctions *ou, ni*, le verbe se met au pluriel si l'idée de conjonction de l'ensemble l'emporte et au singulier si la disjonction exclusive (ou l'opposition) entre les sujets s'impose : *La peur ou la misère ont fait commettre bien des fautes* (Académie) – *L'affection ou la haine change la justice de face* (Pascal). Les tolérances officielles prévoient « l'un et l'autre accord dans tous les cas » [1976] : *Ni l'heure ni la saison ne convient / conviennent pour cette excursion.*

- Les pronoms *l'un* et *l'autre* forment plusieurs expressions coordonnées :

    – Quand *ni l'un ni l'autre* est sujet, le singulier est plus logique que le pluriel, puisque l'idée de disjonction s'impose : *Ni l'un ni l'autre n'est venu.*
    – *L'un et l'autre* commandent plutôt le pluriel, *l'un ou l'autre* surtout le singulier, puisqu'ils marquent respectivement une conjonction et une disjonction logiques : *L'un et l'autre avant lui s'étaient plaints de la rime* (Boileau) – *L'un ou l'autre devra céder.* Mais ni l'un ni l'autre n'excluent absolument l'autre nombre (selon l'aphorisme grammatical prêté à Vaugelas « *Je m'en vais ou je m'en vas : l'un ou l'autre se dit ou se disent* ») : *L'un et l'autre est barbare* (Vaugelas).

- Quand deux sujets au singulier sont reliés par *ainsi que, comme, avec, de même que,...* le verbe se met au singulier quand le terme introduit par la conjonction ou la préposition est subordonné au premier terme qui domine : *Le français, ainsi que l'italien, dérive du latin* (Littré). La virgule confirme, à l'écrit, le rôle accessoire et dépendant du second terme qu'elle détache. Mais quand le mot de liaison joue le rôle d'une conjonction véritable (*et*), les deux termes reliés étant sur le même plan, le verbe se met au pluriel : *Le français ainsi que l'italien dérivent du latin* (Littré). Les tolérances officielles admettent « l'un et l'autre accord dans tous les cas » (1976) : *Le père comme le Fils mangeait / mangeaient de bon appétit.*

Remarque. — De nombreux autres cas particuliers, souvent subtils, sont traités dans les ouvrages consacrés aux difficultés du français. À l'époque classique, l'accord mécanique du verbe avec le sujet était davantage contredit par des facteurs contextuels (accord selon le voisinage), sémantiques, etc.

Bibliographie. — Références officielles :
Arrêté du 26 février 1901 relatif à la simplification de la syntaxe française
Arrêté du 28 décembre 1976 : Tolérances grammaticales ou orthographiques.
– H. Briet (1996), *Savoir accorder le verbe. Règles, exercices et corrigés*, Duculot.

3.2. L'accord du participe passé

L'accord du participe passé est conditionné par les cadres syntaxiques où cette forme figure :

▶ Le participe passé est **épithète** ou **apposé**. Il s'accorde avec le nom dont il dépend dans les mêmes conditions qu'un adjectif (**VII** : 4.2. et 4.6.1.) : *une dissertation bâclée / bien écrite – Les Illusions perdues.*

▶ Le participe passé est précédé du verbe *être* ou d'un verbe attributif au sens large du terme (**VIII**) :

- Le participe précédé d'un verbe attributif est **attribut du sujet** ou **du c.o.d** (**VIII** : 5.2. et 5.3.). Il s'accorde avec le sujet ou l'objet selon les règles énoncées pour l'adjectif : *Les héros sont fatigués – La porte est restée ouverte – Elle est repartie satisfaite – J'ai trouvé la porte ouverte – Les carottes, je ne les aime pas trop cuites.*
- Le participe passé précédé de l'auxiliaire *être* est **l'élément auxilié d'une forme passive**. Il s'accorde avec le sujet : *La manifestation a été dispersée (par la pluie) – Sa candidature n'a pas été retenue (par la commission).* La construction admet généralement un complément d'agent qui correspond au sujet de la phrase active : *La pluie a dispersé la manifestation.*
- Le participe précédé du verbe *être* ne s'analyse ni comme un attribut, ni comme une forme passive : *Elle est rentrée par la porte* → **Elle l'est par la porte / *La porte l'a rentrée.* Il s'agit en fait d'un **verbe « perfectif »** (**X** : 1.3.2.) comme *aller, arriver, venir, sortir, naître*, etc., dont les temps composés sont formés à l'aide de l'auxiliaire *être* et dont le participe passé s'accorde avec le sujet.

▶ **Quand le participe passé est précédé du verbe *avoir*, il ne s'accorde ni avec son sujet ni avec le ou les compléments qui lui sont postposés** (en fait, il reste à la forme non marquée du masculin singulier) : *Elles ont réussi – Vous avez perdu / Vous êtes perdus.* En revanche, **il s'accorde avec le complément d'objet direct lorsque ce dernier est antéposé au verbe.** Cette condition (à savoir l'antéposition de l'objet direct) se trouve satisfaite lorsque l'objet direct est :

– **un pronom relatif** : *les voyages que j'ai faits – les bêtises qu'il a faites.*
– **un pronom personnel conjoint antéposé au verbe**. Il s'agit soit de la **reprise anaphorique** d'un segment d'une proposition antérieure (*Qu'as-tu fait de cette lettre ? – Je l'ai remise à qui de droit*) ; soit de l'anaphore ou de la cataphore d'un syntagme ou d'un pronom disloqué (**XI** : 6.1) en

IX – *La morphologie verbale* 503

tête ou en fin de phrase (*Les preuves, il les a toutes détruites – Ce n'est pas lui qui l'a écrite, cette lettre*).
- **un syntagme ou un pronom détaché en tête de phrase par extraction (XI : 6.2)** : *C'est toute une ville que le séisme a détruite.*
- **un constituant objet d'une interrogation partielle et antéposé au verbe** : *Combien de femmes Don Juan a-t-il séduites ?*

Histoire. — En ancien français, la tendance était à l'accord, surtout lorsque l'objet direct s'insérait entre l'auxiliaire *avoir* et le participe passé : *Il a letres escrites*. Cet ordre reproduit la structure *avoir – c.o.d.* – attribut de l'objet aujourd'hui encore en usage (*Il a les yeux bleus / la main arrachée*), où l'attribut s'accorde normalement avec l'objet direct (**VIII : 5.3.**). C'est sans doute aussi sur ce modèle que le participe passé s'interprétait à l'origine comme un attribut résultatif : « Il a les lettres dans l'état suivant : elles sont écrites. » En français moderne, la postposition de l'objet au participe passé détruit l'analogie avec la structure attributive, partant la justification de l'accord (qui de surcroît, mais ce n'est pas un argument décisif, deviendrait régressif).
Au XVIe siècle, Clément Marot fixa le principe de la règle actuelle (*Épigr.* CIX) en se fondant sur le principe de l'accord progressif (« le terme qui va devant / voultiers regist le suyvant ») et sur l'exemple de l'italien. Depuis, cette règle n'a cessé d'être l'objet d'innombrables études, discussions et aménagements. Vu la multiplication des cas d'espèce due aux interférences avec d'autres règles, elle a toujours posé de redoutables problèmes d'application. L'arrêté du 28-12-1976 en a cependant rendu l'usage plus accessible en y introduisant plusieurs tolérances signalées dans les paragraphes suivants.

Remarque. — La tendance actuelle est à l'invariabilité du participe non seulement à l'oral, où une phrase comme *Quelle impression vous a-t-il produite ?* sonne bizarre, mais aussi chez les meilleurs auteurs modernes. C'est sans doute dans les locutions verbales que l'invariabilité est aujourd'hui le plus avancée : *la tête qu'il a fait(e)* – *l'impression que ça m'a fait(e)*.

L'application de cette règle se heurte à un grand nombre de cas particuliers où le participe passé conjugué avec *avoir* est précédé d'un élément qui est ou manifestement son c.o.d. ou un constituant susceptible d'être analysé comme un c.o.d. (mais pas forcément du participe !). Ainsi, le pronom relatif *que* est c.o.d. du participe *épousée* dans *la femme qu'il a épousée*, mais ne l'est plus du participe *voulu* dans *la femme qu'il a voulu épouser*, où il est c.o.d. de l'infinitif *épouser*. De même, dans la phrase *Je ne me rappelle plus toutes les questions qu'il est venu me poser*, où le verbe *venir* n'admet pas de c.o.d., le relatif *que* est l'objet du verbe à l'infinitif *poser*, lui-même complément du verbe de mouvement *est venu*. On distinguera utilement les onze cas de figure suivants :

- Dans les **formes surcomposées**, l'usage est de n'accorder que le deuxième participe : *Dès que je les aurai eu retrouvés, je t'enverrai ces documents.*
- La règle traditionnelle n'accorde pas **les participes passés des verbes** *couter, durer, mesurer, peser, régner, valoir, vivre,* etc., lorsqu'ils sont précédés de compléments construits directement et indiquant la durée, la mesure et le prix (**VIII : 4.1.**). En effet, comme ces compléments n'ont pas toutes les propriétés typiques des c.o.d., on les assimile généralement à des compléments circonstanciels : *Imaginez les sommes que ça m'a couté – L'histoire ne retiendra pas grand chose des vingt ans que ce prince a régné.* Dans leurs emplois dits transitifs (où d'ailleurs la plupart n'admettent pas la tournure passive), les participes passés de ces verbes s'accordent avec le c.o.d. antéposé : *les efforts que ça m'a coutés / les déboires que ça m'a valus / les dangers que j'ai courus.* Les deux types d'emplois étant difficiles à distinguer, l'arrêté du 28-12-76 autorise l'accord dans les deux cas.
- Lorsque le participe passé est suivi d'un **adjectif ou d'un participe faisant office d'attributs du c.o.d.** (**VIII : 5.3.**), il s'accorde selon la règle générale avec le c.o.d. antéposé : *Encore une réunion que tout le monde a trouvée ennuyeuse / décevante.* L'absence d'accord est cependant tolérée.
- Après *le* **invariable** représentant une proposition restituable à partir du contexte antérieur, le participe passé reste lui-même invariable : *Ils étaient plus coriaces que je ne l'avais cru (= que je n'avais cru qu'ils étaient coriaces) – Cette pièce est encore plus ennuyeuse que je l'avais redouté.*
- Après *en* **anaphorique** interprété comme son c.o.d., le participe reste en principe invariable. Mais comme la forme *en* peut représenter un antécédent massif (*De la farine, il en a vendu(e) !*) ou comptable (*Des poésies, il en a écrit (es) !*) le locuteur sensible à cette nuance peut pratiquer, comme l'arrêté du 28-12-1976 l'y autorise, l'accord en genre et en nombre avec l'antécédent comptable pluriel. Il serait par contre illogique de faire l'accord dans la phrase *Des poésies, il en a écrit plusieurs / un tas / des centaines,* où l'essentiel du c.o.d. est postposé au verbe.
- **Précédé de la forme interrogative et exclamative** *combien,* elle-même suivie de *en* anaphorique ou d'un complément spécifiant la nature du référent à quantifier, le participe passé devrait s'accorder dans les mêmes conditions que lorsqu'il est précédé de *en* (voir la rubrique précédente) : *Combien d'abnégation il a déployé(e) ! – Combien de truites as-tu pris(es) ?* mais *Des truites, il en a pris(es*) combien ?*
- Lorsque le participe passé est un verbe de sensation (*sentir, voir, entendre, écouter,* etc.) ou de mouvement ((*em*) *mener, envoyer,* etc.) suivi d'un infinitif, la règle traditionnelle préconise :

    – l'accord, lorsque le c.o.d. antéposé est interprété comme l'objet du participe passé et le sujet de l'infinitif : *N'est-ce pas la femme que j'ai vue monter dans la voiture ? – Que de soupirants cette bergère a envoyés paitre !*

– l'invariabilité, quand le c.o.d. antéposé est interprété comme l'objet du verbe à l'infinitif : *N'est-ce pas la femme que j'ai vu emmener dans une ambulance* ? – *Voici les bouteilles que vous m'avez envoyé chercher.*

Comme il n'est pas rare que le c.o.d du verbe à l'infinitif s'interprète aussi comme l'objet de la forme participiale (on ne peut pas entendre chanter un air d'opéra sans entendre l'air d'opéra lui-même), l'arrêté du 28-12-76 laisse le locuteur libre de faire ou de ne pas faire l'accord.

• **Le participe passé du verbe *faire* suivi d'un infinitif** reste toujours invariable (car le c.o.d. antéposé ne peut jamais s'interpréter comme l'objet direct du participe) : *les filles que ses propos ont fait rougir* – *les maisons qu'ils ont fait construire.* Les Rectifications de 1990 proposent d'étendre l'invariabilité au verbe *laisser*, ce qui supprime une distinction tout à fait artificielle (voir ci-dessous et III : 5.) : *Ramasse les feuilles que tu as laissé tomber* – *Tous ses beaux meubles anciens, il les a laissé peindre en rose.*

• Le participe passé des verbes ***devoir, pouvoir, vouloir***, etc. construits absolument, mais ayant pour complément une construction infinitive sous-entendue, reste invariable : *J'ai effectué toutes les corrections que j'ai dû / pu / voulu / pensé* (sous-entendu : *effectuer*). Le relatif *que*, représentant *toutes les corrections*, est ici en réalité c.o.d. du verbe *effectuer* sous-entendu. Les verbes comme *espérer, souhaiter*, etc. peuvent se construire avec un c.o.d. antéposé (p. ex. *Il a obtenu toutes les garanties qu'il avait souhaité(es)*), auquel cas l'interprétation est déterminante pour décider de l'accord.

• **Les verbes d'énonciation (*affirmer, dire, prétendre*, etc.) et d'opinion (*croire, estimer, penser, supposer*, etc.)** peuvent être précédés du relatif *que* et suivis d'un infinitif dont le pronom relatif est sujet ou c.o.d.. Le participe passé de leurs formes composées reste invariable, car le relatif ne peut jamais être interprété comme leur c.o.d. : *des sublimités qu'on a reconnu être des fautes de copiste* (A. France) – *Je ne connais aucune des personnes qu'il a dit connaitre.*

• Le participe passé des **verbes *avoir, donner* et *laisser* suivis d'un infinitif** reste invariable lorsqu'ils sont précédés d'un c.o.d. qui est manifestement l'objet de l'infinitif : *les travaux que j'ai eu à effectuer* – *les leçons qu'on m'a donné à apprendre.* En fait, dans ce type de construction, il semble bien que le complément antéposé soit toujours le c.o.d. de l'infinitif, si l'on admet que *J'ai eu des travaux à effectuer* et *J'ai eu à effectuer des travaux* sont synonymes et ont la même lecture (*J'ai dû effectuer des travaux*).

▶ L'accord du participe passé des **formes pronominales composées** obéit à deux logiques différentes qui, heureusement, se recouvrent dans la plupart des cas : la première, qui est d'accorder le participe passé précédé de *être* avec son sujet ; la seconde, qui applique l'accord du participe passé avec le pronom réfléchi complément d'objet direct lorsqu'il est antéposé. En effet, toutes les formes pronominales se conjuguent avec le verbe *être* aux temps composés. Mais la majorité de ces mêmes formes correspondent aussi à des participes passés construits avec *avoir* lorsque leur complément n'est pas un pronom réfléchi. Ainsi *Elles se sont peignées* peut se dériver de **Elles s'ont peignées* par analogie avec *Elles les ont peignées*. Dans cette hypothèse, l'accord du participe avec le sujet est en même temps un accord avec le pronom objet direct coréférent au sujet.

La règle générale est d'accorder le participe avec le sujet, sauf lorsque le pronom réfléchi ne s'analyse manifestement pas comme un complément d'objet direct. D'où l'opposition : *Plusieurs oratrices se sont injuriées à la tribune* (*injurier* se construit avec un objet direct) / *Plusieurs oratrices se sont succédé à la tribune* (*succéder* se construit avec un objet indirect introduit par *à*). Bien sûr, lorsque le pronom réfléchi est un objet indirect, le participe passé peut néanmoins s'accorder avec un complément d'objet direct antéposé : *Je ne vous dirai pas toutes les inepties qu'ils se sont dites.* Ici le participe *dites* ne s'accorde pas avec *se*, objet indirect coréférent à *ils*, mais avec le pronom relatif objet direct *que* dont l'antécédent est *les inepties*.

Remarques. — 1. L'usage dominant est de ne pas accorder le participe passé des verbes *se rire de, se plaire à, se complaire à* et *se déplaire*, bien que le pronom réfléchi puisse plausiblement s'y analyser comme un objet direct (premier) suivi d'un objet indirect (second) : *Elle s'en rit – Il s'y complait*.
2. La règle générale privilégie les critères favorables à l'accord : ainsi, les verbes essentiellement pronominaux, dont le pronom ne peut par définition être interprété comme un complément (direct ou indirect), s'accordent avec leur sujet selon la règle d'accord du participe construit avec *être*. Quant aux formes pronominales à interprétation passive (*Les cartes d'adhérent se sont bien vendues*), leur participe s'accorde toujours avec le sujet par analogie avec la construction passive canonique (*Les cartes ont été vendues*).

On distinguera néanmoins les trois cas particuliers suivants :

• Les verbes *faire, laisser, écouter, entendre, regarder, sentir* et *voir* précédés d'un pronom réfléchi et suivis d'un verbe transitif à l'infinitif conjuguent toujours leurs temps composés avec *être*. **Mais le participe de *se faire* suivi de l'infinitif reste toujours invariable**, quelle que soit la fonction du pronom réfléchi : *Elles se sont fait souffrir / hospitaliser / offrir* *le champagne*. Tout se passe comme si la séquence *se* + *faire* + verbe à l'infinitif formait une locution pronominale complexe à valeur causative active (*Ils se font rire*) ou passive (*Ils se font inviter*). Les Rectifications de 1990 **alignent *laisser* sur *faire*, invariable dans tous les emplois où il est suivi d'un infinitif** : *Elle s'est laissé mourir – Elle s'est laissé séduire*.

• Pour les verbes autres que *faire et laisser*, l'arrêté des *Tolérances* du 28-12-1976 tolère l'accord ou l'invariabilité dans l'un et l'autre cas. En effet, dans ces constructions, le pronom réfléchi peut être sujet ou complément du verbe à l'infinitif : *Il s'est vu mourir* (*Il est mort*) – *Il s'est vu expulser du prétoire* (*On l'a expulsé*). On peut toujours appliquer la règle traditionnelle de l'accord du participe passé suivi d'un infinitif (voir ci-dessus) : si le pronom réfléchi s'interprète comme l'objet direct du participe (et non de l'infinitif, dont il est alors le sujet), le participe passé s'accorde avec son sujet : *Elle ne s'est pas sentie / vue mourir – Heureusement qu'elles ne se sont pas entendues chanter*. Il reste invariable si le pronom réfléchi s'interprète comme l'objet direct (à plus forte raison, indirect) de l'infinitif : *Elles ne se sont pas entendu appeler – Elle s'est vu offrir le premier rôle*.

• **Le participe passé d'une forme pronominale suivie d'un attribut du pronom réfléchi** (interprété comme l'objet direct du verbe coréférentiel au sujet) s'accorde facultativement avec le sujet : *Elles se sont cru(es) / rendu(es) intéressantes – Elle s'était estimé(e) heureuse – Elle s'est mis(e) en colère*.

▶ Construit avec *avoir*, le **participe passé d'un verbe impersonnel** est toujours invariable : *Toutes les négociations qu'il a fallu pour décrocher ce contrat ! – Les bagarres qu'il y a eu après le match ont fait de nombreuses victimes – Nous avons difficilement supporté la chaleur qu'il a fait durant le mois d'aout*. Construit avec le verbe *être* (si le verbe est perfectif ou pronominal), il reste également invariable : *Quels changements il s'est produit ! – Je vais vous raconter l'histoire qu'il m'est arrivé*. Le participe est invariable à plus forte raison lorsque l'élément antéposé est c.o.d. d'un infinitif dépendant du participe : *C'étaient des dispositions qu'il a fallu prendre de toute urgence – Ce sont toutes des personnes qu'il m'est arrivé de fréquenter*.

Remarque. — Lorsque le complément précède le verbe, on emploie plutôt aux temps composés la forme personnelle si le verbe autorise les deux constructions : *Quels changements se sont produits / il s'est produit ! – l'histoire qui m'est arrivée / ? qu'il m'est arrivé*.

▶ Dans **la proposition participiale** (XVIII : 2.2.), le participe passé s'accorde normalement avec son sujet : *Les souris parties, les chats dansent... devant le buffet.*

• Placés devant un groupe nominal ou un pronom, les participes *attendu, non compris, y compris, excepté, passé, supposé* et *vu* ne sont plus sentis comme des participes absolus, mais fonctionnent comme des prépositions (**XII : 1**) et restent généralement invariables : *y compris la TVA – excepté les femmes et les enfants – vu la situation, mais passé(e) la cinquantaine.* Postposés, ils s'accordent avec le groupe nominal ou le pronom (avec lequel ils forment alors une proposition participiale) : *toutes taxes comprises (TTC) – les enfants exceptés.*

• Il en va de même pour les expressions *ci-annexé, ci-joint* et *ci-inclus* qui restent invariables lorsqu'elles ont une valeur nettement adverbiale notamment devant un groupe nominal (et toujours devant un nom sans déterminant) : *Ci-joint copie du rapport – Vous trouverez ci-joint copie du rapport.* Elles s'accordent avec le nom qu'elles suivent (fonction épithète) : *Ne communiquez à personne la documentation ci-jointe*; ou lorsqu'elles peuvent s'interpréter comme l'attribut d'un groupe nominal postposé ou d'un pronom antéposé : *Vous trouverez ci-jointe ma lettre de démission – Retournez-moi les documents que vous trouverez ci-joints.*

▶ Quelques participes passés restent **invariables lorsqu'ils sont employés seuls et avec une valeur nettement adverbiale.** *Compris, Entendu, Terminé* s'interprètent comme la forme abrégée de : *C'est compris, C'est entendu, C'est terminé.* Ils fonctionnent comme des formules interlocutives au même titre que *Oui, Non, Si, D'accord...* Par contre, *Enchanté* et *Désolé* utilisés comme formules elliptiques de présentation (*Je suis enchanté(e) de faire votre connaissance*) et d'excuse (*Je suis désolé(e) de...*) s'accordent d'après le sexe du locuteur.

▶ Le **participe passé** *fini* peut s'employer détaché en tête d'une séquence exclamative, séparé par une virgule d'un groupe nominal **postposé interprété** comme son sujet : *Fini, les vacances ! – Finies, les vacances !* Selon que le participe reste invariable ou s'accorde avec le groupe nominal, la séquence peut être rapportée à la phrase emphatique (**XIV : 6.**) *C'est fini, les vacances* ou *Elles sont finies, les vacances.* Lorsqu'il est invariable, ce participe fonctionne comme un véritable présentatif (à l'instar de *voici* ou *voilà.* (**XIV : 9.1.**), et de façon analogue à *Vivent les vacances / Vive les vacances*) qui introduit un groupe nominal : *Fini les vacances !*

Bibliographie. — H. Bonnard (*GLLF*), Le participe : 4013-4015 − E. Tanase (1976), L'accord du participe passé dans le français oral, *Actes du XIIIe Congrès International de linguistique et philologie romanes*, vol. 1, Presses de l'Univ. Laval, Québec : 475-482 − A. Englebert (1996), *Accorder le participe passé. Les règles illustrées par l'exemple*, Duculot. − J.-C. Pellat (2002), Par où est passé l'accord du participe ?, *CRELIANA*, vol. 2, *D'une Italie à l'autre*, Mulhouse, Université de Haute Alsace : 79-85.

Chapitre X

LA SÉMANTIQUE DES FORMES VERBALES

1. MODE, TEMPS ET ASPECT

La forme verbale varie en fonction des catégories de la personne, du nombre, du mode, du temps, de l'aspect et de la voix, qui constituent sa flexion (**IX : 1.2.**). Ces catégories ne sont pas uniquement attachées au verbe : le nombre est une catégorie associée au nom et à l'adjectif ; la personne concerne particulièrement les pronoms que justement on nomme personnels, ainsi que les déterminants et pronoms possessifs (**VII : 5.2.**) ; la voix intéresse la forme de la totalité de la phrase (**XIV : 7.**) ; le temps et l'aspect s'expriment à l'aide de divers moyens lexicaux et grammaticaux, mis en œuvre dans l'ensemble de la phrase, voire du texte (**XXIV**). En outre, ces différentes catégories traduisent les rapports de la langue avec le monde et dépendent fortement de la situation d'énonciation (**XXIII**). Avant d'envisager chaque temps du verbe en particulier, il convient de préciser les trois notions les plus étroitement liées à l'interprétation des formes verbales : le mode, le temps et l'aspect.

1.1. Les modes du verbe

Les modes constituent des cadres de classement qui regroupent chacun un certain nombre de formes verbales. On distingue cinq modes en français : **l'indicatif, le subjonctif, l'impératif, l'infinitif** et le **participe** (auquel on associe le **géron-**

dif). Le conditionnel, considéré traditionnellement comme un mode, est traité aujourd'hui par les linguistes comme un temps de l'indicatif, en raison de ses caractéristiques formelles et sémantiques (**2.1.8.**).

La définition traditionnelle des modes s'appuie sur la notion de modalité (**XXIII : 2.2.**) : les modes expriment l'attitude du sujet parlant à l'égard de son énoncé ; ils manifestent différentes manières d'envisager le procès. Ainsi, l'indicatif le présente dans sa réalité (*Il est venu*), par opposition au subjonctif qui l'apprécie dans sa virtualité (*Qu'il vienne*) ; l'impératif le présente sous la forme directive d'un ordre ou d'une prière (*Venez*). L'identification des modes aux modalités ne permet pas de caractériser chacun d'eux par des propriétés vraiment distinctives. En premier lieu, on ne voit pas quelles modalités pourraient être exprimées par l'infinitif et par le participe. Et surtout, les modes du verbe et les modalités ne coïncident pas.

Une même modalité peut s'exprimer de différentes façons, au moyen de modes et de structures de phrases différents ; on peut ainsi exprimer l'éventualité soumise à une condition par des constructions et des modes grammaticaux divers :

– *Si vous preniez une aspirine, vous n'auriez plus mal à la tête.*
– *Prenez une aspirine, vous n'aurez plus mal à la tête.*
– *Vous prenez une aspirine et votre migraine s'en va.*
– *En prenant une aspirine, vous n'aurez plus mal à la tête.*
– *Il suffit de prendre une aspirine pour ne plus avoir mal à la tête.*

Inversement, un même mode peut exprimer diverses modalités. Selon la tradition, le subjonctif peut exprimer la volonté, le souhait, le doute, la crainte :

Je veux / souhaite / doute / crains qu'il vienne.

Or, ces différentes modalités sont ici déterminées par le contexte, en l'occurrence le verbe principal appelant le subjonctif.

En réalité, un mode n'exprime pas en soi la modalité, même s'il peut y contribuer. C'est cette confusion qui explique l'introduction en français d'un mode conditionnel, qui envisage le procès comme « soumis à une condition » : *Si j'étais riche, je serais heureux*. Pourtant, la condition exprimée par une subordonnée hypothétique est loin de rendre compte de tous les emplois du conditionnel (**2.1.8.**). Et si l'on voulait traiter le conditionnel comme un mode, il faudrait en faire de même du futur, qui lui est parallèle : le futur serait alors le mode du probable, de l'éventuel, par opposition au conditionnel, mode de l'hypothèse ou de l'irréel. À la limite, on pourrait imaginer une langue où à chaque modalité correspondrait un mode du verbe. Avant de s'égarer dans les multiples effets de sens liés aux modalités, mieux vaut partir d'un point de vue morphologique et définir les modes comme des séries de formes (**IX**).

Les modes se différencient d'abord en fonction de leur capacité à présenter des indications de personne et de temps grammaticaux. On oppose :

▶ Les **modes personnels**, qui distinguent les personnes au moyen de désinences spécifiques, totalement (l'**indicatif** et le **subjonctif**), ou partiellement (l'**impératif**). Mais ces trois modes ne situent pas de la même façon le procès dans le temps : l'indicatif, qui possède le système temporel le plus complet, est le seul à pouvoir situer le procès dans les trois époques (passé, présent et futur), alors que le subjonctif est plus limité en formes temporelles et que l'impératif est essentiellement tourné vers le futur.

▶ Les **modes impersonnels** et intemporels, qui ne possèdent pas de désinences pour distinguer les personnes : l'**infinitif** et le **participe** (et le **gérondif**). Ces modes ne sont pas aptes non plus à situer le procès dans le temps : c'est le verbe personnel dont ils dépendent ou le contexte qui assurent le repérage temporel. On considère également l'infinitif et le participe comme des *formes nominales* du verbe : le premier possède certaines propriétés du substantif, le second partage des caractéristiques communes avec l'adjectif qualificatif. Le *gérondif*, quant à lui, se rapproche de l'adverbe.

Remarque. — Les linguistes qui suivent les théories de Gustave Guillaume font correspondre les modes, en fonction de leurs marques personnelles et temporelles, à trois stades d'**actualisation** du procès (du virtuel au réel) : le stade quasi-virtuel (infinitif et participe), le stade intermédiaire (subjonctif) et le stade de l'actualisation (indicatif).

Bibliographie. — G. Guillaume (1968) – J. David et G. Kleiber (éds) (1983), *La notion sémantico-logique de modalité*, Klincksieck – J.-P. Confais (1990) – D. Leeman-Bouix (1994) : 77-140.

1.2. Les temps du verbe

Chaque mode comporte différents « temps ». Le terme *temps* est très ambigu en français, car il peut désigner le concept de temps ou la forme grammaticale qui l'exprime ; certaines langues distinguent ces deux sens à l'aide de deux termes distincts, respectivement *time* et *tense* (anglais), *Zeit* et *Tempus* (allemand). Certains grammairiens français, suivant Damourette et Pichon, appellent *tiroirs verbaux* les « temps du verbe ». Il est en tout cas indispensable de distinguer les deux « temps » possibles, car le temps dénoté et le temps grammatical ne coïncident pas nécessairement. Une même époque peut être indiquée par des temps verbaux différents et, inversement, un même temps verbal peut situer le procès dans des époques différentes. Ainsi, l'imparfait de l'indicatif peut situer le procès dans n'importe laquelle des trois époques :

- *Il partait lorsque le téléphone sonna* (passé).
- *Si tu étais ici, quel bonheur !* (actuel).
- *Il serait heureux s'il réussissait à son examen* (futur).

(Pour le « présent », v. ci-dessous **2.1.1**.)

Les appellations des temps du verbe ne correspondent donc pas forcément aux temps de la réalité dénotée. Un futur peut servir à évoquer la situation présente ou même passée : *Je ne trouve pas le chocolat ; ce **sera** Claire qui l'**aura mangé**.*

Il est difficile de parler de « présent » pour les modes impersonnels comme l'infinitif, qui ne distinguent pas par eux-mêmes les époques et qui peuvent évoquer un procès aussi bien à venir (*J'espère rentrer demain*) que passé (*Elle croyait tout savoir*).

La chronologie traditionnelle distingue trois époques : le passé, le présent et l'avenir. On les définit aujourd'hui, d'un point de vue énonciatif, à partir de l'acte de parole, en fonction de deux repères :

▶ Le repère fondamental (initial) est fourni par la situation d'énonciation. Le moment où le locuteur parle (ou **point de l'énonciation**) constitue l'origine du procès (T_0) ; il fonde la notion de « présent » au sens chronologique.

▶ Un autre repère (dérivé) est **le point de l'événement**, c'est-à-dire le moment du procès dans le temps (T'). Tout moment T' sera situé en dernière analyse par rapport au repère T_0 de l'énonciation. Deux cas sont possibles :

• *Coïncidence* (partielle ou totale) des deux repères T_0 et T' : le moment du procès dans le temps est identifié avec le moment de l'énonciation ; c'est le cas d'un énoncé comme *En ce moment, je travaille.*
• *Décalage* entre les deux repères T_0 et T' :
– Si le moment de l'événement T' est situé avant le point de l'énonciation T_0, le procès est localisé dans le passé :

―――――――――T'―――――――――T_0―――――――――

La première neige est tombée hier.
– Si le moment de l'événement T' est situé après le point T_0, le procès est localisé dans l'avenir :

―――――――――T_0―――――――――T'―――――――――

Et la chaleur aura raison des égoïstes. (P. Eluard)

La symétrie entre le passé et l'avenir, représentée par l'axe des temps, n'est qu'apparente. Le point de l'énonciation semble constituer un seuil inverseur, séparant symétriquement le passé et l'avenir. Mais, en fait, passé et avenir n'ont pas le même statut : le passé est le seul lieu possible de la réalité, de « ce qui a été », alors que l'avenir est le lieu de l'imaginaire, du possible. Cette différence conceptuelle a des conséquences linguistiques : les temps du passé, en français, sont plus nombreux, pour référer de façon plus détaillée à ce qui a été, alors que peu de temps servent à exprimer l'avenir ; d'autre part, le temps verbal futur se charge de valeurs modales (probabilité, éventualité...) en fonction de la perception de l'avenir, ce qui amène quelques linguistes à considérer le futur comme un mode.

La distinction entre le point de l'énonciation et le point de l'événement rend compte des distinctions temporelles entre le passé, le présent et le futur. Mais elle ne suffit pas pour expliquer la diversité des temps simples (temps du passé notamment) et les particularités des temps composés. Elle doit être complétée par des explications de natures diverses, le plus souvent aspectuelles ou textuelles. H. Reichenbach (1966), pour sa part, ajoute un troisième repère temporel, le **point de référence** (**R**), qui peut se confondre avec le point de l'événement ou en être distinct. Le point de référence permet, tout en maintenant la distinction entre les trois époques, d'expliquer le fonctionnement des temps composés du verbe d'un point de vue temporel. Ce point est déterminé par le contexte (événements rapportés) ou par les adverbes de temps (*hier, maintenant, ...*). Pour les temps simples, le point de référence se confond avec le point de l'événement, alors que, pour les temps composés, il en est nécessairement distinct ; il détermine dans ce cas la perspective à partir de laquelle l'événement est considéré : ainsi, dans *Maintenant que Pierre a dîné, il va au cinéma*, le point de l'événement exprimé au passé composé (*a dîné*) est antérieur au point de l'énonciation (le fait est passé), mais le point de référence coïncide avec le point de l'énonciation (le fait est envisagé à partir du moment de l'énonciation). On peut opposer de la même façon l'imparfait et le plus-que-parfait. Dans *Il fermait la porte*, le point de référence et le point de l'événement coïncident ; dans *Quand il avait fermé la porte, il sortait*, le point de référence du plus-que-parfait *avait fermé*, fourni par la principale, est nécessairement postérieur au point de l'événement exprimé par le plus-que-parfait. Certains, comme Kamp et Rohrer (1983), utilisent aussi le point de référence pour expliquer le fonctionnement des temps simples, imparfait et passé simple notamment. Dans *Orphée chanta ; le soleil se levait*, l'imparfait *se levait* maintient le point de référence du passé simple *chanta*, alors que dans *Orphée chanta ; le soleil se leva*, le passé simple *se leva* introduit un nouveau point de référence qui remplace le précédent.

Bibliographie. — A. Klum (1961), *Verbe et adverbe*, Uppsala, Almqvist et Wiksell – H. Reichenbach (1966), *Elements of Symbolic Logic*, [1947], London, Mac Millan – H. Kamp et C. Rohrer (1983), Tense in Texts, *in* R. Bäuerle et al., *Meaning, Use and Interpretation of Language*, Berlin, W. de Gruyter : 250-269 – Lo Cascio et C. Rohrer eds (1986), *Temporal Structure in Sentence and Discourse*, Dordrecht, Foris Publication – J.-P. Confais (1990) – Co Vet (1980), *Temps, aspects et adverbes de temps en français contemporain*, Genève, Droz – A. Molendijk (1990), *Le passé simple et l'imparfait : une approche reichenbachienne*, Amsterdam, Rodopi – H. Curat (1991), *Morphologie verbale et référence temporelle en français moderne. Essai de sémantique grammaticale*, Droz – C. Vetters (1995), *Temps, aspect, narration*, Amsterdam, Rodopi – J. Moeschler et *al.* (1998) H. de Swart, D. Corblin (2004), *Handbook of French semantics*, Chicago Univ. Press.

Remarque. — Suivant la manière dont ils situent le procès par rapport au moment de l'énonciation, on oppose souvent des **temps relatifs** et des **temps absolus**. Les temps absolus, comme les éléments déictiques (**XXIII : 2.1.**), sont directement repérés par rapport au point de l'énonciation, alors que les temps relatifs s'y réfèrent à la manière d'une anaphore, par l'intermédiaire d'un autre procès. Ainsi, le futur simple dans *Il partira bientôt* est un temps absolu, repéré directement par rapport au présent de l'énonciation, alors que, dans la phrase *Quand il avait dîné, Lantier flânait dans les rues*, le plus-que-parfait doit s'appuyer sur un autre fait passé pour être situé. Il en va de même pour le conditionnel employé dans une subordonnée complément d'un verbe principal au passé : dans *Martin espéra que son chat descendrait du toit*, le conditionnel est repéré par rapport au passé simple.
Cette distinction, imaginée au 18ᵉ siècle (abbé Girard), est inadéquate. « Les termes *relatif* et *absolu* sont impropres », car il y a toujours *relation* entre un procès et son repère (S. Mellet 1988 : 17). Cette relation peut d'ailleurs varier selon le point de vue : dans l'exemple de plus-que-parfait ci-dessus, la subordonnée de temps *quand il avait dîné* peut, d'un autre point de vue, mettre en place le repère temporel sur lequel s'appuie l'imparfait *flânait*. Et « il n'y a pas dans le verbe français de tiroirs adaptés spécialement les uns à la chronologie absolue, les autres à la chronologie relative » (H. Yvon 1951) ; ainsi, un temps composé comme le plus-que-parfait est tantôt utilisé en corrélation avec un temps simple (passé simple ou imparfait), tantôt employé sans temps corrélatif.

Bibliographie. — H. Yvon (1951), Aspects du verbe et présentation du procès, *Le Français moderne*, XIX : 61-174 et 265-276 – S. Mellet (1988), Temps, mode, aspect : de l'unité des catégories verbales, *L'Information grammaticale*, 38 : 16-18.

Pour situer le procès dans le temps, la forme verbale peut suffire, si la situation est suffisamment claire : dans *La cathédrale fut restaurée à grands frais*, la localisation passée est évidente. Mais quand la forme verbale ne suffit pas pour interpréter exactement le texte, celui-ci peut comporter d'autres éléments de repérage explicites, sous la forme d'adverbes (*hier, aujourd'hui, demain*, etc.), de compléments circonstanciels de temps (dates, systèmes principale-subordonnée), etc. C'est souvent nécessaire avec des énoncés au présent de l'indicatif, du fait de la polyvalence de ce temps verbal (**2.1.1.**). Le repérage temporel des événements n'est donc pas assuré par le seul verbe, mais résulte le plus souvent des apports de toute la phrase ou du texte. Dans les approches cognitives récentes, on conçoit les temps verbaux comme des instructions adressées au récepteur, relatives à la manière d'interpréter le texte et qui ont souvent besoin d'être précisées par d'autres éléments de la phrase et du texte.

Remarque. — Les temps verbaux sont considérés comme déictiques lorsqu'ils expriment une relation (chronologique) avec un élément constitutif de la situation d'énonciation, le moment où le locuteur parle. Mais ils ne réfèrent pas à un moment du temps de la même manière qu'une expression nominale renvoie à son référent. Les formes verbales situent dans le temps un état de choses dénoté par l'énoncé. Dans la mesure où c'est le référent total de l'énoncé qui est repéré par rapport à un moment donné, tout l'énoncé contribue à la localisation temporelle, qui n'est pas assurée par le seul verbe.

Bibliographie. — H. Weinrich (1973) – G. Kleiber (1993), Lorsque l'anaphore se lie aux temps grammaticaux, in C. Vetters (éd),*Temps verbaux et anaphore*, PUL – *Langages*, 112 (1993), *Temps, référence et inférence* – *Langue française*, 97 (1993), *Temps et discours. Études de psychologie du langage* – C. Vetters (1993), Temps et deixis », *in* C. Vetters (éd.) : 85-115.

1.3. L'aspect verbal

1.3.1. Temps et aspect

Le procès exprimé par le verbe peut être envisagé de deux manières :

▶ **Le temps** (chronologie) : d'un point de vue externe, le procès est situé chronologiquement dans l'une des trois époques (passé, présent ou avenir), selon le rapport entre les deux repères temporels (**1.2.** : *point d'énonciation, point de l'événement*).

▶ **L'aspect** : d'un point de vue interne, le procès peut être envisagé en lui-même, « sous l'angle de son déroulement interne » (P. Imbs 1960). En effet, indépendamment de toutes considérations chronologiques, un procès dynamique (**1.4.**) implique en lui-même du temps, une durée plus ou moins longue pour se dérouler et se réaliser. On peut concevoir ce déroulement interne de façon globale ou l'analyser dans ses phases successives (de son début à sa fin). Le passé simple dans *Il voyagea* présente globalement le procès passé, alors que dans *Il se mit à voyager*, le semi-auxiliaire *se mettre à* saisit le procès passé à son début.

Ces deux manières d'envisager un procès fonctionnent différemment par rapport au même repère qu'est le point de l'évènement. Dans la perspective chronologique, ce repère est situé par rapport au point de l'énonciation, avec lequel il peut coïncider (présent) ou non (passé ou futur). Dans la perspective aspectuelle, ce repère peut occuper différentes positions dans le déroulement du procès, quand celui-ci peut être envisagé dans ses phases successives et représenté spatialement par un segment, comportant deux bornes, initiale et finale, qui l'isolent d'un avant et d'un après :

    (début)   (fin du procès)
– – – – [_____] – – – –

Le point de l'événement T' peut se situer en différents endroits, selon la perception du procès. Si celui-ci est saisi à son début (*Il se mit à voyager*), le point T' sera situé près de la borne initiale :

– – – – [–T'_____] – – – –

À côté de cette saisie interne, le procès peut être envisagé d'un point de vue externe, avant sa borne initiale (*Il est <u>sur le point de</u> partir*) ou après sa borne finale, notamment quand le procès est accompli (*Il a voyagé*) : le point T' est alors situé après la borne finale, indiquant que son terme a été atteint :

– – – – [_____] T' – – –

Les différentes positions occupées par le repère T' illustrent différentes perceptions du procès, saisi aux différents stades de son déroulement. Si le procès est perçu globalement, il ne peut pas être représenté spatialement et le repère T' ne peut pas être introduit : c'est le cas notamment du passé simple, pour lequel le repère temporel est globalement concomitant au procès.

Histoire. — La notion d aspect a été développée au XIXe siècle par des linguistes allemands dans l'étude des langues slaves, en particulier du russe, puis dans celle du verbe grec. Pour les premières, il existe entre les verbes des oppositions lexicales (perfectif/imperfectif) dont la seule chronologie ne peut pas rendre compte ; en grec ancien, l'opposition entre le présent, l'aoriste et le parfait est largement de nature aspectuelle. À partir de l'étude de langues particulières est née une catégorie générale, l'aspect, que les linguistes ont affinée et étendue à d'autres langues, romanes notamment. En latin, A. Meillet a opposé les temps de l'*infectum*, formés sur le radical du présent (*amo*), et ceux du *perfectum*, formés sur le radical du parfait (*amavi*). Mais cette distinction « ne joue vraiment qu'entre l'imparfait et le parfait » (G. Serbat 1988 : 17).

L'introduction de la notion d'aspect en grammaire française n'a pas été facile. F. Brunot l'intègre explicitement dès 1922 (*La Pensée et la langue*), mais Damourette et Pichon (1911-1940), L. Tesnière (1959) et d'autres la rejettent comme étrangère à la langue française. C'est Gustave Guillaume qui a donné à l'aspect une place primordiale en français : « L'aspect est une forme qui, dans le système même du verbe, dénote une opposition transcendant toutes les autres oppositions du système, et capable ainsi de s'intégrer à chacun des termes entre lesquels se marquent les dites oppositions » (1929 : 109). Des linguistes guillaumiens (P. Imbs, R. Martin, G. Moignet, B. Pottier, M. Wilmet, ...) ont développé des analyses approfondies des valeurs et des réalisations linguistiques de l'aspect. Pour le décrire, on se fonde ici sur leurs travaux, complétés par ceux inspirés par A. Culioli, qui situe l'aspect dans le cadre de sa théorie de l'énonciation (C. Fuchs et A.-M. Léonard 1979).

Bibliographie. — G. Guillaume (1929) – P. Imbs (1960), *L'emploi des temps verbaux en français moderne. Essai de grammaire descriptive* – R. Martin (1971), *Temps et Aspect. Essai sur l'emploi des temps narratifs en Moyen Français* – H. Bonnard (GLLF), L'aspect : 266-269 – C. Fuchs et A.-M. Léonard (1979), *Vers une théorie des aspects. Les systèmes du français et de l'anglais* – G. Serbat (1988), *Linguistique latine et linguistique générale* – J.-P. Lagarde (1990), Manuscrit sur l'aspect, *Archives et documents de la SHESL*, Seconde série n°3 : 41-91 (bibliographie importante) – D. Lebaud (1993), *Venir de infinitif, Le gré des langues*, 4 : 162-175 – D. Leeman-Bouix (1994) : 47-75 – C. Touratier (1996) : 143-161.

1.3.2. Les oppositions aspectuelles du français

Comme elles s'expriment, selon le cas, par des moyens grammaticaux ou lexicaux, on distingue l'aspect grammatical, exprimé par les « temps du verbe », et l'aspect lexical, lié au sens lexical des verbes, qu'on appelle aussi *modalité d'action* ou, en linguistique allemande, *Aktionsart* (**1.4.**)

▶ Accompli / Inaccompli

L'aspect *accompli* envisage le procès au-delà de son terme, comme étant réalisé, achevé : le repère T' est situé au-delà de la borne finale (voir **1.3.1.** : *Il a voyagé*). L'aspect *inaccompli* saisit le procès en cours de déroulement : le repère T' peut se situer en différentes positions entre les bornes initiale et finale.

Remarque. — Les guillaumiens fondent cette distinction sur la notion de *tension* (procès en cours d'accomplissement), et opposent l'aspect *tensif* (action en tension = inaccompli) et l'aspect *extensif* (saisi après la tension = accompli). G. Guillaume distingue, pour sa part, l'aspect *immanent* (= tensif) et l'aspect *transcendant* (= extensif).

L'opposition grammaticale accompli / inaccompli est systématique en français : elle se manifeste, à tous les modes, par l'opposition entre les formes composées et les formes simples du verbe.

• Les **formes simples** présentent un procès en cours :
*Je crois **comprendre** cette explication. — Je souhaite qu'il **vienne**. — Il **chante** / **chantait** merveilleusement l'air de Papageno.*
L'infinitif présent, le subjonctif présent et le présent ou l'imparfait de l'indicatif saisissent le procès en cours de réalisation.

• Les **formes composées** présentent un procès parvenu à son terme final, totalement achevé :
*Je crois **avoir compris** cette explication. — Je souhaite qu'il **soit venu**. — Il **avait chanté** merveilleusement l'air de Papageno. — Tiens ! il **a plu**.*
L'infinitif passé, le subjonctif passé, le plus-que-parfait de l'indicatif ou le passé composé saisissent le procès au-delà de sa borne finale. Avec certains verbes, l'accent peut être mis sur le résultat de l'accomplissement du procès (*Il est parti* = il n'est plus là).

On comprend alors que les appellations des temps sont trompeuses (**1.2.**) : l'infinitif et le subjonctif « passés » indiquent d'abord l'achèvement du procès, qui ne se situe pas forcément dans le passé. Tout dépend du verbe principal : dans *Je craindrai qu'il soit venu / qu'il vienne*, les procès au subjonctif sont situés dans l'avenir et ne s'opposent pas temporellement, mais aspectuellement.

Cependant, les formes composées n'expriment pas seulement l'aspect accompli. Dans une phrase complexe comportant une subordonnée de temps, elles peuvent exprimer l'antériorité : *Quand il avait déjeuné, il sortait promener son chien.* Le procès au plus-que-parfait est antérieur au procès à l'imparfait. Le mélange d'une valeur aspectuelle d'accompli et d'une valeur temporelle d'antériorité est compliqué, dans le cas du passé composé (*Il a voyagé*), par sa concurrence avec le passé simple (*Il voyagea*).

▶ **Perfectif / Imperfectif**

Cette opposition, essentielle pour l'étude du verbe slave, se manifeste surtout, en français, par le sens du verbe lui-même. L'aspect *perfectif* envisage le terme du procès : le procès n'acquiert d'existence complète et véritable que lorsqu'il est parvenu à son terme (ainsi, l'action de *sortir* n'est réalisée qu'après le seuil, quand on *est sorti*, c'est-à-dire quand on est dehors). L'aspect *imperfetif* envisage le procès dans son déroulement, sans visée d'un terme final ; le procès est engagé dès que le seuil initial est franchi (toute application, si minime soit-elle, suffit) et il est perçu comme indéfini et prolongeable, à moins qu'un évènement extérieur ne vienne l'interrompre (l'action de *marcher* est engagée dès qu'on a fait un pas *(Je marche)* et elle peut linguistiquement se prolonger indéfiniment, même si en réalité elle est bornée par le temps, la fatigue ou d'autres contraintes extérieures).

Les verbes manifestent l'un ou l'autre aspect par leur sens propre. *Entrer, sortir, naitre, mourir, atteindre, trouver, ouvrir, fermer, casser, réparer,* etc. sont nécessairement perfectifs : une fois son terme atteint, le procès qu'ils expriment ne peut être prolongé, mais il peut être éventuellement recommencé (il devient alors cyclique : *Elle sort tous les soirs*). Inversement, *aimer, attendre, courir, nager, regarder, durer, exister, parler, marcher, ramper, trainer, travailler, vivre,* etc. sont imperfectifs : le procès ne comporte pas de limitation intrinsèque. Certains verbes peuvent être perfectifs ou imperfectifs selon leurs acceptions ou leur contexte, notamment la présence ou l'absence d'un complément d'objet (*écrire, lire, occuper,* etc.).

Remarque. — La distinction entre verbes perfectifs et imperfectifs ne recouvre pas l'opposition entre verbes transitifs et verbes intransitifs. Les verbes transitifs et les verbes intransitifs peuvent être perfectifs ou imperfectifs. Cependant, certains verbes perfectifs forment leurs temps composés avec l'auxiliaire *être* : *Il est sorti, mort, né,* alors que les verbes transitifs imperfectifs réclament l'auxiliaire *avoir* : *Il a marché, parlé, chanté.* Mais cette répartition n'est pas systématique ; elle peut être pertinente quand un même verbe peut s'employer avec les deux auxiliaires : *Je suis monté au Ventoux* exprime un aspect perfectif, alors que *J'ai monté* manifeste l'aspect imperfectif. On opposera de même *L'autobus est passé* et *L'autobus a passé.* D'autre part, la présence ou l'absence d'un complément d'objet peut déterminer l'aspect exprimé par le verbe : *manger* est imperfectif dans *Je mangeais*, mais perfectif dans *Je mangeais une pomme*.

Les constructions transitives perfectives possèdent une autre propriété : lorsqu'elles sont tournées au passif, elles indiquent, sans agent exprimé, l'accompli et elles constituent un énoncé dénotant le passif état (**XIV : 7.**). L'énoncé *Ma voiture est réparée* ne présente pas un procès en cours, mais indique le résultat après l'achèvement du procès.

▶ Sécant / Non-sécant

On distingue deux manières de percevoir le déroulement d'un procès. Avec l'aspect sécant, l'intervalle de référence du procès est envisagé sans limites ; il est perçu de l'intérieur et découpé en deux parties : une partie réelle nette et une partie virtuelle floue, à cause de l'effacement de la limite finale. Le procès perçu suivant l'aspect non-sécant est au contraire saisi globalement, de l'extérieur, et enfermé dans des limites ; en particulier, une borne finale lui est assignée.

La distinction grammaticale entre ces deux aspects permet d'expliquer l'emploi de certains temps du verbe. Le passé simple manifeste l'aspect non-sécant : dans *La marquise sortit à cinq heures*, le procès est situé de façon globale par rapport au repère temporel *(cinq heures)* et il est enfermé dans des limites. L'imparfait de l'indicatif exprime l'aspect sécant : dans *Julien lisait*, le procès comporte deux parties, l'une réelle et l'autre virtuelle, et il n'est pas délimité par des bornes précises (il a pu commencer avant le repère temporel passé et il pourrait se prolonger au-delà).

L'opposition sécant / non-sécant, exprimée par les temps du verbe, s'articule avec l'opposition imperfectif / perfectif, véhiculée par le sens des verbes. Ceux-ci s'accordent logiquement avec l'aspect sécant quand ils sont imperfectifs *(Julien lisait)* et avec l'aspect non sécant quand ils sont perfectifs *(La marquise sortit)*. Quand un verbe perfectif s'emploie à un temps exprimant l'aspect sécant comme l'imparfait, l'énoncé peut prendre une valeur itérative ou marquer un effet de sens particulier. Dans *La marquise sortait à cinq heures*, en l'absence d'autres indications, on peut considérer que le procès passé est répété. D'autres valeurs apparaissent aussi en contexte (**2.1.4.**).

Remarque. — Le couple aspectuel sécant / non-sécant correspond au couple non-limitatif / limitatif ou non-borné / borné. Il oppose une saisie individuante à une saisie massive. Ces distinctions sont préférables à l'opposition duratif / ponctuel, qui est plus superficielle, car elle repose sur la seule idée de durée (procès qui dure vs procès bref). Or, dans le cas du passé simple et de l'imparfait, il ne suffit pas de les opposer comme marquant respectivement l'aspect ponctuel et l'aspect duratif. Le passé simple n'évoque pas forcément des procès brefs (*Il plut quarante jours et quarante nuits :* le déluge dura longtemps). En fait, l'impression de durée n'est qu'un effet de sens produit par l'aspect sécant de l'imparfait : l'absence de limite marquée de l'aspect sécant implique inévitablement un sentiment de durée plus ou moins longue, alors que, pour le passé simple, la prise en compte des limites par l'aspect non sécant fixe un terme final à la durée du procès, nettement circonscrit dans le temps.

▶ Inchoatif / Terminatif

Ces deux aspects se situent à l'intérieur des limites du procès. L'*inchoatif* saisit le procès immédiatement à son début, alors que le *terminatif* le saisit juste avant sa limite finale. Ils s'expriment principalement au moyen de périphrases verbales ou de semi-auxiliaires suivis de l'infinitif, introduit par deux prépositions opposées : *se mettre à, commencer à* indiquent l'aspect inchoatif, alors que *finir de, cesser de, achever de, terminer de* marquent l'aspect terminatif. Certains verbes intègrent l'aspect inchoatif, comme *entamer un gâteau, inaugurer une session, entonner une chanson.*

▶ Semelfactif / Itératif

Un procès peut être unique (*semelfactif,* du latin *semel,* « une fois ») ou se répéter un certain nombre de fois, de manière discontinue ou régulière (*itératif*).

Ce sont surtout les compléments circonstanciels de temps qui servent à indiquer l'aspect itératif (et non le temps du verbe lui-même) : *Il va / allait au théâtre souvent / quelquefois / parfois / rarement / toutes les semaines / tous les mois / une fois par an,* ...

Certains verbes, comme *radoter, répéter, sautiller,* etc., contiennent dans leur sens même l'idée d'une répétition de l'action, qui peut aussi être exprimée par le suffixe *-ailler* (*criailler*) et surtout par le préfixe *re-* (*redire, refaire,* etc.).

▶ **Aspect progressif**

Un semi-auxiliaire peut souligner, avec les verbes imperfectifs, le développement progressif de l'action, à la fois continu et par degrés : *Le mal va croissant*. Ce tour (*aller* + participe présent) étant archaïque en français moderne, l'aspect progressif y est très limité. On utilise parfois la périphrase *être en train de*, qui correspond à la forme progressive habituelle en anglais *to be* + *V-ing* (*I'm singing in the rain*). Mais le caractère pas toujours naturel de cette expression en français (*Je suis en train de chanter sous la pluie*) montre que l'équivalence est plutôt faible.

1.3.3. *L'expression linguistique de l'aspect. Aspect et mode d'action*

Les aspects évoqués ne s'expriment pas tous à l'aide des temps verbaux, ni des verbes eux-mêmes. Depuis longtemps, les linguistes allemands distinguent l'aspect proprement dit (au sens étroit), exprimé par la morphologie (conjugaison des verbes, procédés morphologiques) et la syntaxe (construction du verbe : complémentation et détermination), et l'aspect au sens large ou **modalité d'action** (*Aktionsart*), qui fait partie du lexique (sens codé des verbes ou d'autres termes).

▶ *La conjugaison du verbe* sert à opposer deux couples d'aspects :

• La distinction accompli / non accompli est marquée par l'opposition entre les formes composées et les formes simples (**1.3.2.**).
• L'opposition entre les aspects sécant et non-sécant concerne principalement le couple imparfait-passé simple (ou, éventuellement, imparfait-passé composé).

▶ *Les procédés de formation du vocabulaire* peuvent constituer des séries aspectuelles plus limitées :

• Les préfixes comme *re-* (*repeindre* : aspect itératif) ;
• La forme pronominale, seule (MADAME *se meurt !* MADAME *est morte !* (Bossuet) : *se mourir* indique l'aspect progressif) ou associée à un préfixe (*s'endormir* : aspect inchoatif).

▶ *Le sens du verbe* lui-même peut notamment opérer la distinction entre le perfectif et l'imperfectif (*sortir / marcher*).

▶ *Les semi-auxiliaires* et les périphrases verbales expriment différents aspects : inchoatif *(commencer à)*, terminatif *(finir de)*, progressif (*être en train de, aller* + participe présent).

▶ Au-delà des termes particuliers, beaucoup de moyens linguistiques peuvent exprimer l'aspect :

* Les compléments circonstanciels de temps (groupes prépositionnels et adverbes) indiquent notamment l'aspect itératif *(Il vient souvent)* ;
* La présence d'un complément d'objet peut modifier l'aspect exprimé par le verbe en fixant un terme au procès, comme dans *Elle écrit un roman.*

Remarque. — Certains linguistes ont étendu la notion d'aspect à d'autres classes de mots, au nom et à l'adjectif surtout (Le groupe nominal *La restauration en cours de la flèche de la cathédrale* indique un aspect progressif grâce à *en cours*). Ce faisant, ils ont diversifié les aspects, dont la liste devient considérable. Pour la clarté de la notion, mieux vaut s'en tenir à une liste limitée, fondée autant que possible sur des faits de langue systématiques.

1.4. La typologie des procès verbaux

Les valeurs aspectuelles, temporelles et modales des formes verbales interagissent avec le sens lexical des verbes. Sans entrer dans le détail de ces relations complexes, il est nécessaire de prendre en considération différents types généraux de procès verbaux qui, selon le cas, peuvent exclure certaines valeurs aspectuelles ou, s'ils les acceptent, donner lieu à des effets de sens remarquables. Ces types généraux sont caractérisés par des faisceaux de propriétés syntaxiques et sémantiques (Martin 1988).

▶ On distingue deux types fondamentaux de procès, en relation avec certaines catégories aspectuelles :

– les **procès statifs**, non dynamiques, dénotant un état, comme *savoir, aimer,* ne connaissent ni déroulement ni progression. Incompatibles avec la forme progressive (*Je suis en train de savoir, d'aimer), ces procès ne peuvent pas être saisis à différents stades de leur déroulement (*Je finis de savoir). Ils ne répondent jamais à la question *Qu'est-ce qui se passe* ?

– les **procès dynamiques**, comme *courir, lire*, connaissent un déroulement et une progression d'un début à une fin (verbe prototype : *faire*) : *Il est en train / achève de courir*.

▶ À la suite de Vendler (1967), on divise habituellement les procès dynamiques en trois catégories :

– les **procès d'accomplissement** sont bornés, mais non momentanés :
Il court un 10 000 mètres. – Elle écrit un roman. – Il lit une revue.
Étant borné, le procès comporte une limite intrinsèque « en deçà de laquelle il ne peut être dit réalisé et au-delà de laquelle il peut être recommencé et non pas prolongé » (Martin 1988 : 5). La limite peut être explicitée par un complément indiquant la durée introduit par *en* : *Il lit une revue en dix minutes*.
Le déroulement du procès non momentané occupe une certaine durée, qui peut être découpée en différentes phases ; on peut par exemple saisir le procès à son stade final : *elle achève d'écrire un roman*.

– les **procès d'achèvement** sont bornés et momentanés. C'est le cas notamment des verbes perfectifs comme *sortir, abattre* :
Pierre est sorti très tôt. – André a abattu un chêne.
À la limite intrinsèque (procès borné) s'ajoute le caractère momentané du procès, qui « se réalise dans un intervalle instantané » (Martin 1988 : 6). Ces procès sont incompatibles avec une indication de durée marquée par *pendant* : **Pierre est sorti pendant une minute* (au sens de « faire l'action de sortir d'un lieu ») On ne peut analyser leur déroulement en phases successives, en marquant par exemple leur achèvement (**Pierre achève de sortir*), ni indiquer une prolongation ou une interruption (**Pierre continue / cesse de sortir*). On distingue, parmi les procès d'achèvement, ceux qui expriment le passage d'un état à un autre, comme *sortir* (quand on est sorti, on a changé d'état : on est dehors) et ceux qui n'indiquent pas cette transition, comme *exploser, éclater*.

– les **procès d'activité** ne sont ni bornés ni momentanés. Ils se déroulent de façon homogène et sans limite finale et leur déroulement peut être analysé en différentes phases (*commencer à, achever de*, etc.). C'est le cas notamment de certains verbes imperfectifs, comme *marcher, travailler, rêver* : *Il marche*. Ils sont compatibles avec une indication de durée (*Il marche pendant deux heures*), mais pas avec une indication de limite (**Il marche en deux heures*).

La répartition des verbes dans ces types généraux n'est pas univoque (Martin 1988 : 7). Elle peut varier en fonction de la structure syntaxique : présence ou absence d'un complément du verbe, forme active ou forme passive, etc. Anis, un procès d'activité comme *fumer* peut devenir un état dans *Il fume* (« il est fumeur ») ou un accomplissement dans *Il fume une cigarette* (l'objet limite la durée du procès). La détermination du complément peut aussi modifier la valeur du procès : *elle écrit un roman* dénote un procès d'accomplissement, *elle écrit des romans* un procès d'activité. Selon les relations entre le procès et les actants (sujet et objet), une même phrase peut être ambigüe (C. Fuchs 1996 : 148) : *Pierre amuse Marie* peut signifier que « Marie trouve Pierre amusant » (procès statif) ou que « Pierre fait ce qu'il faut pour amuser Marie » (procès dynamique).

Ce classement, fondé sur des critères généraux comme le bornage et la momentanéité, n'épuise pas toutes les possibilités du sens lexical des verbes. Il existe d'autres distinctions notionnelles, des plus générales au plus particulières, que la tradition grammaticale a déjà utilisées : verbes déclaratifs (*dire*), de volonté (*vouloir*), de mouvement (*aller*), d'opinion (*penser*), etc. Depuis longtemps, l'équipe du LADL fondée par Maurice Gross travaille à la constitution d'un lexique-grammaire qui met en relation les structures syntaxiques, notamment les constructions des verbes, avec leur interprétation sémantique (*Langue française* 153, 2007).

Bibliographie. — Z. Vendler (1967),*Linguistics in Philosophy*, Cornell University Press, chap. IV. Verbs and times : 97-121 – Z. Vendler (1975), Verbs and times, *Philosophical Review*, 66 : 143-160 – J. François (1986), *Changement, causation, action : trois catégories fondamentales de la description sémantique du lexique verbal*, Lille, Atelier National de Reproduction des thèses – R. Martin (1988), Temporalité et classes de verbes, *L'information grammaticale*, 39 : 3-8 – C. Fuchs (éd.) (1991) – C. Vet (1994), Petite grammaire de l'Aktionsart et de l'aspect, *Cahiers de grammaire*, 19 : 1-17 – C. Fuchs (1996) – J. Dubois et F. Dubois-Charlier (1997), *Les Verbes français*, Larousse-Bordas – J. François, D. Le Pesant et D. Leeman (éds) (2007), *Langue française*, 153, *Le classement syntactico-sémantique des verbes français*.

2. L'emploi des modes et des temps du verbe

2.1. L'indicatif

L'indicatif est un mode personnel et temporel. Il est le seul mode qui permette, grâce à ses nombreux temps, de situer le procès dans l'une des trois époques : passé, présent et avenir. On le considère pour cette raison comme le mode de l'actualisation du procès.

Il comporte cinq formes simples, auxquelles correspondent cinq formes composées :

- **Formes simples** : présent (*il chante*), imparfait (*il chantait*), passé simple (*il chanta*), futur simple (*il chantera*), conditionnel présent (*il chanterait*)
- **Formes composées** : passé composé (*il a chanté*), plus-que-parfait (*il avait chanté*), passé antérieur (*il eut chanté*), futur antérieur (*il aura chanté*), conditionnel passé (*il aurait chanté*). Certaines grammaires y ajoutent des formes surcomposées, dont la plus fréquente est le passé surcomposé (*il a eu chanté*).

Les formes simples et les formes composées semblent symétriques : les premières expriment l'aspect inaccompli, les autres marquent l'aspect accompli ou indiquent l'antériorité par rapport à la forme simple correspondante (**1.3.2.**) :

(1) *Quand le soleil avait disparu, nous rentrions.*
(2) *Quand le soleil a disparu, nous rentrons.*
(3) *Quand le soleil aura disparu, nous rentrerons.*

Le fonctionnement des temps de l'indicatif varie selon les époques dénotées. Le présent, de loin le plus employé, est le plus complexe. Les temps du passé sont nombreux et variés : le passé simple et l'imparfait semblent faire double emploi, si l'on se réfère à des langues comme l'anglais et l'allemand, où un seul temps (le prétérit) leur correspond ; le passé composé a une double valeur, puisqu'il peut marquer l'accompli du présent ou concurrencer le passé simple pour dénoter un fait passé. Il convient enfin d'expliquer pourquoi le conditionnel peut être rattaché au système de l'indicatif, en relation avec le futur. Bien que ces temps se définissent par leurs oppositions à l'intérieur du système de l'indicatif, ils sont présentés ici, pour plus de clarté, de façon séparée, mais dans une perspective contrastive qui envisage leurs relations mutuelles.

Bibliographie. — G.-J. Barceló et J. Bres (2006), *Les temps de l'indicatif*, Ophrys.

2.1.1. *Le présent de l'indicatif*

Le présent de l'indicatif est le plus employé des temps du verbe. Il occupe une place à part dans le paradigme verbal : comme dans d'autres langues, la forme du présent en français se caractérise par l'absence de désinence proprement temporelle, par opposition aux temps du futur et du passé, qui possèdent chacun une marque temporelle spécifique (**IX : 2.2.1.**). Dans *il part*, on distingue seulement le radical *par-* et la marque de personne *-t*. La symétrie représentée dans le tableau des conjugaisons n'est qu'apparente : le présent s'oppose morphologiquement aux autres temps de l'indicatif par son absence de marque temporelle, que l'on peut interpréter comme une indétermination sémantique.

Remarque. — L'analyse structurale explique cette absence de désinence temporelle par un « morphème zéro » : le signifiant du présent, non réalisé, soit *par-0-t*, correspondrait à un signifié « présent » ou « actuel ». Cette assignation d'un signifié au présent de l'indicatif ne va pas sans difficultés ni contradictions quand on dresse la liste des emplois de ce temps.

▶ **Le présent : temps grammatical et temps de référence**

La forme grammaticale « présent » entretient apparemment une relation privilégiée avec l'époque présente (« l'actuel »), qui est contemporaine de l'acte d'énonciation. Le point de référence de l'événement *Régine est dans sa chambre* coïncide, sauf indication contraire, avec le moment de la parole. Mais un énoncé comportant un verbe au présent peut aussi situer le procès dans n'importe quelle époque, passée ou future, voire dans toutes les époques (valeur omnitemporelle). Cette pluralité de valeurs temporelles contradictoires s'explique en fait par la vacuité sémantique du présent de l'indicatif. Selon G. Serbat, de même que le présent n'a pas de signifiant spécifique, il n'a pas de sens temporel. « Étranger à la notion d'actuel, et, en général, à toute notion d'époque » (1988 : 33), le présent de l'indicatif possède une valeur nulle qui le rend apte à s'employer dans un énoncé situant un procès à n'importe quelle époque. Quand celle-ci est le futur ou le passé, elle est marquée par une indication de temps, généralement un adverbe ou un complément circonstanciel, souvent précis : dans *Alfred arrive demain*, l'adverbe *demain* situe explicitement le procès dans l'avenir. Mais lorsqu'aucune indication ne vient situer le procès dans une époque distincte de l'actualité du locuteur, le temps de l'énoncé se trouve alors automatiquement identifié au moment de l'énonciation : l'énoncé *Alfred arrive*, en l'absence d'indication contextuelle, est interprété, par défaut, comme dénotant un procès contemporain de l'acte d'énonciation. Ainsi, alors que les temps du passé et du futur sont d'emblée repérés par rapport à l'acte d'énonciation, l'énoncé *Les invités arrivent*, en l'absence d'indicateurs temporels l'orientant vers le passé ou vers l'avenir, est situé dans l'actualité du locuteur, car « le *NUNC* de l'énonceur colore, imprègne, tout l'énoncé » (Serbat 1988 : 34). Ce n'est pas le verbe au présent qui situe le procès au moment de l'énonciation, mais ce sont la signification de la phrase et les conditions même de l'énonciation. Cette propriété de la phrase se vérifie par ailleurs dans les phrases non verbales qui, malgré l'absence de verbe, peuvent situer leur référent dans l'actualité du locuteur (**XI : 9.2.**).

Remarque. — Ce point de vue s'accorde avec celui de la réception. Quand il lit ou entend un texte, le récepteur enregistre des instructions pour situer les procès dans le temps. Pour le présent, ces instructions peuvent alors lui être données explicitement par divers indicateurs temporels fournis par le texte (des dates, par exemple), ou inférées à partir du contexte. Mais, en l'absence de toute indication explicite, le récepteur tend naturellement à identifier, par défaut, le moment de l'énoncé avec celui de l'énonciation.

De même que la temporalité, le bornage et la durée d'un procès au présent ne sont pas indiqués par ce temps grammatical. Comme forme simple, le présent permet de saisir le procès en cours de déroulement, sans préjuger de sa délimitation ou de sa durée. Le bornage et la durée du procès se déduisent du sémantisme du verbe ou des indications du contexte : *La bombe explose* dénote un procès instantané. *La marquise sort à cinq heures* évoque un procès comportant une limite finale, par opposition à *Elle marche au milieu de la rue*.

▶ Les différentes valeurs temporelles d'un énoncé au présent

• Un énoncé au présent, sans indications contraires, est étroitement repéré par rapport au moment de la parole. Il indique un événement ou un état de choses contemporains de l'acte d'énonciation, et ce procès est présenté comme vrai par le locuteur au moment de l'énonciation.

En particulier, les verbes performatifs employés à la première personne du singulier servent à accomplir un acte de langage qui coïncide avec le moment de l'énonciation : *Je vous félicite pour ce brillant résultat* (**XXIII** : 3.2.).

La relation avec le moment de la parole est aussi étroite dans les énoncés utilisés dans des reportages en direct (*Blanco frappe le ballon qui passe entre les poteaux*) ou dans des parties de dialogues, réels ou fictifs, qui se réfèrent à la réalité immédiate : *Je me trompe d'heure ; ce n'est que la demie. Quelle est donc cette lumière sous le portique de l'église ? on taille, on remue des pierres* (Musset).

• Un énoncé au présent étendu, toujours centré sur le point d'énonciation, occupe un espace de temps plus ou moins large, en fonction du sens lexical du verbe, du procès dénoté ou des indicateurs temporels. *Ces lampes n'éclairent pas* (Sartre) dénote un procès plus étendu que *Maintenant le boy enlève les assiettes* (Robbe-Grillet).

Les compléments de temps peuvent spécifier un intervalle temporel englobant une parcelle plus ou moins vaste de passé ou d'avenir. Ils peuvent également assigner, selon le cas, une limite initiale ou finale au procès. Dans *Il neige depuis vingt-quatre heures*, le complément de temps marque la limite initiale, alors que la limite finale est indéfinie. Dans *Je me lève à cinq heures depuis vingt ans*, l'intervalle temporel passé est spécifié par la limite initiale (*depuis vingt ans*), sans que la limite finale du procès soit indiquée. Dans *Désormais, je me lève à cinq heures*, le procès est orienté vers l'avenir, à partir de la limite initiale marquée par *désormais*.

Un énoncé au présent peut aussi exprimer l'aspect itératif avec un complément de temps approprié : *Elle regarde la télévision parfois / souvent / tous les soirs*. Certaines phrases peuvent rester ambiguës, en l'absence d'indicateur temporel : *Camille joue aux échecs* peut représenter une action actuelle ou une activité habituelle. Dans les cas de répétition du procès, on parle du « *présent d'habitude* ».

• Un énoncé au **présent** dit **permanent** peut couvrir un très grand espace de temps, englobant le passé, le présent et le futur. Cette valeur omnitemporelle (ou panchronique) se rencontre dans des définitions (*Une haquenée est un petit cheval ou une jument, de taille moyenne, allant l'amble*), des vérités générales (*Le soleil se lève à l'Est*), que le locuteur considère comme valables à toutes les époques. C'est le temps des proverbes, des maximes, des morales :

> À *l'œuvre on connaît l'Artisan* (La Fontaine).
> *Tout est beau dans ce que l'on aime, / Tout ce qu'on aime a de l'esprit* (Perrault).
> *Tous les matins du monde sont sans retour* (P. Quignard).

La valeur proprement « générale » est donnée à la phrase non par le temps du verbe, mais par des groupes nominaux à valeur générique, comme *l'œuvre* et *l'artisan* dans l'exemple de La Fontaine.

• Un énoncé au présent peut évoquer **le passé** ou **le futur** s'il est situé avant ou après le point d'énonciation grâce à un complément circonstanciel de temps ou par des connaissances contextuelles ou situationnelles. L'énoncé reste relié au moment de la parole, mais le procès est décalé dans le passé (1) ou dans l'avenir (2).

> (1) *Je sors à l'instant du lycée.*
> (2) *Elle part demain pour le Pérou.*

La première phrase évoque, grâce au complément de temps et au verbe de mouvement, un passé proche, qui reste lié à l'actualité du locuteur. La coupure avec celle-ci serait plus nette avec *Je viens de sortir du lycée*. La seconde phrase marque, grâce à l'adverbe *demain*, le futur proche ; le procès à venir est envisagé comme vrai dès le moment de l'énonciation.

Dans un système conditionnel, la proposition au présent introduite par *si* situe le procès dans l'avenir. Elle peut entretenir avec le futur de la principale un rapport d'antériorité :

Si Pierre gagne au tiercé, il ne mangera plus de cheval.

• **Le présent historique (ou de narration)** est employé pour évoquer des événements passés, réels ou fictifs, dans une phrase isolée ou dans tout un fragment de texte. À la différence du présent évoquant un passé proche, il est éloigné du moment de l'énonciation, et décalé en bloc dans le passé. Il tire sa valeur temporelle du contexte (récit au passé), d'un adverbe ou d'un complément circonstanciel de temps indiquant notamment une date : *En 1789, le peuple de Paris prend la Bastille*. L'introduction insolite du présent dans un système temporel au passé crée un effet d'accélération ou de rapidité, voire de dramatisation :

Un Agneau se désaltérait / Dans le courant d'une onde pure. / Un Loup survient à jeun qui cherchait aventure, / Et que la faim en ces lieux attirait (La Fontaine).

Le passage soudain à la forme verbale du présent, sans changement d'époque, est un coup de force discursif qui pique l'attention du lecteur, car le procès est présenté comme se déroulant au moment de l'énonciation.

• **Le présent prophétique**, plus rare, est employé, inversement, pour évoquer des faits à venir, dans le cas de prédictions ou de prévisions. Le visionnaire vit l'avenir au présent. On rencontre cette valeur du présent dans la tragédie classique, comme dans cette prophétie de Joad (Racine, *Athalie*, III, 7), où il alterne avec le passé composé :

Quelle Jérusalem nouvelle / Sort du fond du désert brillante de clarté / Et porte sur le front une marque immortelle ?

Bibliographie. — G. Serbat (1980), La place du présent de l'indicatif dans le système des temps, *L'information grammaticale*, 7 : 36-39 – G. Serbat (1988) Le prétendu

« présent » de l'indicatif : une forme non déictique du verbe, *L'information grammaticale*, 38 : 32-35 (l'ensemble de ce numéro est consacré au verbe) – H. Bonnard, (GLLF), Présent : 4596-4604.

2.1.2. *Le passé composé*

Comme forme verbale composée symétrique du présent, le passé composé exprime l'aspect accompli et marque l'antériorité par rapport au présent. Mais cette valeur d'antériorité s'oriente nettement vers le passé, quand le passé composé prend dans l'énonciation de discours (au sens de Benveniste : **XXIII : 5.1.**) une valeur qui correspond à celle du passé simple dans l'énonciation historique.

Le passé composé entre ainsi dans un système d'oppositions complexes, différemment motivées :

- sur le plan aspectuel, il s'oppose au présent, comme toute forme composée vis-à-vis de la forme simple correspondante ;
- il se distingue du passé simple par son rattachement à un système d'énonciation différent ;
- il s'oppose à l'imparfait par sa manière de présenter un évènement passé.

On distingue trois valeurs principales du passé composé :

▶ Accompli du présent

Le passé composé permet d'envisager un procès comme accompli au moment de l'énonciation (sauf indication temporelle contraire) : *Nous avons emporté de quoi faire du thé* (Gide). Il s'oppose ainsi au présent, qui évoque un procès en cours de réalisation (*Nous emportons...*).

Grâce à son auxiliaire au présent, le passé composé peut en particulier marquer l'état résultant de l'achèvement du procès, notamment avec les verbes perfectifs conjugués avec *être* : dans *Il est parti, il est sorti*, c'est le résultat acquis au moment présent qui compte (= *Il n'est plus là*). Dans la langue classique surtout, il peut insister sur le caractère révolu du procès achevé : *Elle a vécu, Myrto, la jeune Tarentine* ; (...) / *Tu n'as point revêtu ta robe d'hyménée*

(Chénier). *Elle a vécu* signifie « elle a achevé sa vie », « elle est morte », sur le modèle du parfait latin *vixit*.

▶ Antérieur du présent

Dans une structure où il est employé en corrélation avec le présent, le passé composé marque l'antériorité par rapport à celui-ci : *Quand il a déjeuné, César fait la sieste*. Dans cette phrase habituelle, ce qui est accompli au moment de l'énonciation lui est inévitablement antérieur (*quand il a déjeuné* équivaut à *après avoir déjeuné*).

Le passé composé peut s'employer au lieu du présent pour exprimer certaines valeurs, quand l'idée d'antériorité doit être marquée :

• Emploi après *si* dans un système hypothétique orienté vers le futur, pour souligner l'achèvement du procès subordonné, antérieur au procès principal : *Si nous n'avez pas trouvé demain la solution à ce problème, je vous l'expliquerai.*

• Évocation d'un futur plus ou moins proche : *J'ai fini dans cinq minutes / dans une heure*. Le passé composé d'un verbe perfectif, associé à un complément circonstanciel marquant une durée précise, présente l'action comme rapide et inéluctable, en l'envisageant dans l'avenir comme déjà accomplie.

Dans la tragédie classique, il peut être associé au présent dans un discours prophétique (**2.1.1.** fin) : *Où menez-vous ces enfants, et ces femmes ? / Le Seigneur a détruit la reine des cités* (Racine).

• Expression d'une vérité générale, vérifiée jusqu'au moment de l'énonciation, mais ayant des prolongements au-delà ; un complément de temps peut indiquer le caractère omnitemporel de l'énoncé : *Hélas ! on voit que de tout temps / Les petits ont pâti des sottises des grands* (La Fontaine). – *Des rhinocéros dans le pays, cela ne s'est jamais vu !* (Ionesco)

La vérité générale exprimée par le passé composé présente un fait d'expérience qui s'est toujours vérifié dans le passé et se trouve étendu par inférence à l'avenir en passant par le présent.

▶ **Temps du passé**

Le passé composé peut situer totalement le procès dans le passé : le repère de l'événement est décalé avant le moment de l'énonciation : *Mlle Daisy a vu un rhinocéros unicorne* (Ionesco). Il remplace alors le passé simple, pratiquement disparu de l'usage oral moderne. Il s'oppose à l'imparfait dans des conditions analogues au passé simple, comme le temps des événements ordonnés dans le passé, des faits de premier plan : *Je n'étais pas seul quand j'ai vu le rhinocéros !* (Ionesco)

Cependant, ces deux temps ne sont pas interchangeables : avec le passé composé, l'événement passé n'est pas coupé du présent, mais il est envisagé par le locuteur, à partir du moment de l'énonciation, avec une certaine « proximité psychologique » (Imbs 1960). De là son emploi dans le discours oral, repéré par rapport à la situation d'énonciation, et aussi dans tout texte où le locuteur évoque des faits passés en les reliant à son énonciation (*Je suis née en 1889*). Dans *L'Étranger*, A. Camus a donné ses lettres de noblesse au passé composé, employé par Meursault dans sa chronique pour relater des faits passés qu'il revit au moment où il écrit. Le passé composé « établit un lien vivant entre l'événement passé et le présent où son évocation trouve place. C'est le temps de celui qui relate en témoin, en participant ; c'est donc aussi le temps que choisira quiconque veut faire retentir jusqu'à nous l'événement rapporté et le rattacher à notre présent » (Benveniste 1966 : 244).

Remarque. — Dans le style télégraphique, on emploie le participe passé sans auxiliaire avec la valeur d'un passé composé : *Rencontré X devant la gare Saint-Lazare* (R. Queneau).

2.1.3. *Le passé simple*

Ce temps du verbe situe le procès dans le passé, comme l'imparfait. La différenciation de ces deux temps est souvent délicate à opérer et elle semble subtile, pas seulement pour les étrangers qui, comme les Allemands et les Anglais, n'utilisent qu'une forme correspondante, le prétérit. Le passé simple diffère en langue de l'imparfait sur le plan de l'aspect (**1.3.2.**). Le passé simple donne une vision synthétique et compacte du procès : il l'envisage « comme un noyau indivis, comme un tout fermé sur lui-même et en offre une vision globale, indifférenciée, non sécante » (R. Martin 1971 : 70). Il « parcourt l'espace temporel du procès de sa limite initiale à sa limite finale sans le pénétrer » (R. Martin 1971 : 95). Dans *César conquit la Gaule au Ier siècle avant Jésus-Christ*, le processus de la conquête est perçu dans sa globalité, sans qu'une action incidente puisse en interrompre le déroulement ; le repère temporel *au Ier siècle avant Jésus-Christ* sert à dater le procès de l'extérieur. Avec le passé simple, on perçoit un procès nettement délimité dans son déroulement et orienté vers son terme final. Cela n'empêche pas que le début (1) ou la fin (2) du procès puissent être marqués par un auxiliaire (1) ou un complément de temps (2) :

(1) *Après son accident, Coupeau se mit à boire.*
(2) *Gervaise attendit le retour de Lantier jusqu'à l'aube.*

Selon le sémantisme du verbe, ce procès peut connaître une durée plus ou moins longue, mais toujours délimitable. Le caractère ponctuel n'est qu'une conséquence de cette stricte délimitation. Le passé simple est d'ailleurs compatible avec un complément indiquant une durée : *Alors, pendant une heure, le chien hurla sans bouger* (Maupassant).

Le passé simple s'accorde parfaitement avec les verbes perfectifs, qui comportent en eux-mêmes une limitation du procès (**1.3.2.**) : dans *La flèche atteignit la cible*, le procès est intégralement envisagé et sa limite finale est fixée. L'imparfait ici (*La flèche atteignait la cible*) n'est concevable que dans une vision ralentie du procès, qui annule le caractère ponctuel – non duratif – du procès, ou dans une interprétation itérative. Avec les verbes imperfectifs, la délimitation inhérente au passé simple entre en contradiction avec l'absence de limites marquées dans le verbe. Dans certains énoncés, le passé simple peut imposer ses limites au verbe imperfectif (sans contraindre nécessairement sa durée) : *Il marcha longtemps* ; dans d'autres, un effet de sens inchoatif résout le conflit : *Elle aima les romans de Walter Scott* (= « elle se mit à aimer les romans de W. Scott »).

La nette délimitation du procès explique le fonctionnement du passé simple dans un texte. Il est apte à introduire un repère temporel nouveau dans un récit au passé, sans s'appuyer nécessairement sur une indication chronologique explicite. Et, comme il individualise le procès, il est le plus approprié pour représenter les événements importants, les faits de premier plan : *Par un après-midi du mois d'août, une légère voiture s'arrêta brusquement devant les deux chaumières* (Maupassant).

Dans un récit, l'ordre linéaire des passés simples sert à marquer la succession chronologique des faits relatés, souvent sans l'aide d'indicateurs temporels (compléments de temps, conjonctions ou adverbes comme *puis* ou *ensuite*) : *La nuit était close. Je rangeai mes papiers. Je ne dînai point ; je sortis ; vers huit heures j'entrai chez Angèle* (Gide).

À la différence du passé composé, le passé simple n'est pas formellement mis en relation avec le moment de l'énonciation (**XXIII** : 5.1.2.). Il est donc plus apte à rapporter des faits passés coupés du présent de l'énonciateur, ce qui leur confère une grande autonomie et peut leur ajouter « une connotation d'ancienneté » (Bonnard, *GLLF* : 4042), comme le montrent les contes : *Le Chat devint grand Seigneur, et ne courut plus après les souris, que pour se divertir* (Perrault).

Comme le passé composé et l'aoriste grec, le passé simple s'emploie, souvent avec *toujours* ou *jamais*, pour exprimer des vérités générales : *Qui ne sait se borner ne sut jamais écrire* (Boileau). Le passé simple, coupé de la situation d'énonciation, rejette l'énoncé dans un passé révolu nettement délimité ; sa valeur générale est limitée temporellement.

Histoire. — Le passé simple a pratiquement disparu de l'usage oral. Cette disparition s'est effectuée progressivement à partir du XIIe siècle. Dès l'ancien français, le passé composé avait pris, comme le parfait latin, une valeur de prétérit, concurrençant ainsi le passé simple (Buridant 2000 : § 302). On observe très tôt une spécialisation de ces deux temps : le passé simple est employé pour la narration pure (il est ainsi plus fréquent dans les poèmes épiques), alors que le passé composé est préféré quand les faits passés sont mis en relation avec le présent.

H. Estienne a introduit au XVIe siècle la loi des vingt-quatre heures ; le passé composé devait évoquer des événements récents (moins de 24 heures), le passé simple des faits plus éloignés dans le passé : « *j'écrivis, je fis, j'allai, je dînai* (...) ne se dit proprement que d'un temps qui soit au moins éloigné d'un jour de celui auquel nous parlons » (*Grammaire générale et raisonnée*, 1660). Cette règle fut suivie par les auteurs du XVIIe siècle, en particulier par des tragédiens comme Racine, soucieux de ne pas transgresser la règle des trois unités. Corneille fut critiqué pour ne pas l'avoir observée dans le récit du combat du Cid contre les Maures. Elle implique en effet que des récits de théâtre soient, suivant leur situation chronologique, à l'un ou à l'autre temps : ainsi, le récit de Théramène, dans *Phèdre*, très proche des événements relatés, mêle le passé composé, l'imparfait et le présent historique. Cette règle des 24 heures prouve, par son existence même, que le passé simple était encore vivant en français classique (N. Fournier 1998 : 395 sv). Elle préfigure les analyses énonciatives, en reliant plus étroitement le passé composé au présent de l'énonciation et en rejetant le passé simple dans un passé qui en est séparé. Elle a inspiré la tradition grammaticale, qui oppose ces deux temps en fonction de la distance entre le procès passé et le présent : le passé simple évoquerait un passé lointain.

La disparition du passé simple de l'usage oral s'explique par son absence de relation avec la situation d'énonciation : à l'oral, l'énonciateur s'implique inévitablement dans son énoncé ; pour rapporter des faits passés, il aura naturellement recours au passé composé, et non au passé simple, qui établit une distance par rapport aux événements. Cependant, dans certaines circonstances où la relation à la situation est moins forte, le passé simple se rencontre encore à l'oral.

À l'écrit même, on observe une raréfaction des premières et deuxièmes personnes du passé simple, en particulier au pluriel (*nous chantâmes, vous chantâtes*). Cela peut tenir à la complexité morphologique des personnes du pluriel. Mais cette raréfaction a aussi une raison énonciative : dans la mesure où le passé simple s'est spécialisé comme temps du récit (**XXIII : 5.1.2.**), il s'y emploie essentiellement à la troisième personne, qui n'implique pas l'énonciateur, à la différence des deux premières. Cependant, on rencontre le passé simple dans les récits littéraires « à la première personne » (mémoires, récits autobiographiques,...) : *Au cri du wattman je n'eus que le temps de me ranger vivement de coté, et je reculai assez pour buter malgré moi contre des pavés assez mal équarris derrière lesquels était une remise* (Proust).

Plus généralement, le passé simple est aujourd'hui en recul à l'écrit. La langue des journaux le mêle au passé composé quand il s'agit de présenter les événements passés en eux-mêmes, en toute « objectivité » (**XXIII : 5.1.3.**). La littérature contemporaine n'utilise plus systématiquement le passé simple ; elle peut lui préférer le passé composé comme temps du récit. Les auteurs modernes choisissent le système temporel le mieux adapté à leur projet d'écriture, sans se sentir obligés de placer dans leur texte cet « indice de littérarité » dont parlait naguère Roland Barthes : « Retiré du français parlé, le passé simple, pierre d'angle du Récit, signale toujours un art ; il fait partie d'un rituel des Belles-Lettres » (R. Barthes 1953 : 25).

Bibliographie. — R. Barthes (1953), *Le degré zéro de l'écriture*, Seuil – E. Benveniste (1966) : 237-250 – H. Bonnard (GLLF), les passés : 4039-4050 – A. Vassant (1988), Le passé simple dans le système aspectuel du verbe français, *L'information grammaticale*, 38 : 40-44 – A. Molendijk (1990), *Le passé simple et l'imparfait : une approche reichenbachienne*, Amsterdam, Rodopi – C. Touratier (1996) : 143-152 – N. Fournier (1998) – J.-M. Luscher (1998), Procédure d'interprétation du passé composé, *in* Moeschler *et alii* : 181-196.

2.1.4. L'imparfait de l'indicatif

L'imparfait de l'indicatif dénote un procès situé hors de l'actualité présente du locuteur. Il prend une valeur temporelle quand le procès est décalé dans le passé et une valeur modale quand le procès est envisagé comme possible hors de l'univers réel. À la différence du passé simple, l'imparfait est un temps analytique, exprimant l'aspect sécant (**1.3.2.**). Avec l'imparfait en effet, le procès est perçu « de l'intérieur », ce qui permet de le séparer en deux parties et de distinguer ce qui est effectivement réalisé et ce qui ne l'est pas encore ; il oppose « à un certain point du temps, une partie du procès déjà accomplie à une autre qui reste à accomplir » (R. Martin 1971 : 70). Dans *La nuit du 10 août, à une heure, il observait la étoiles*, l'imparfait analyse l'action d'observer en deux parties, situées de part et d'autre du repère temporel marqué par le complément circonstanciel *à une heure* : une partie de l'observation est déjà réalisée, l'autre reste virtuelle :

```
     (réel)        T' (virtuel)
_____|_ _ _ _ _
```

Le passé simple, au contraire, envisage globalement le procès, pour ainsi dire « de l'extérieur », sans l'analyser en deux parties : *il observa* présenterait un tout global, non décomposé.

Remarque. — Pour les guillaumiens, le schéma aspectuel de l'imparfait est semblable à celui du présent, qui analyse aussi le procès en deux parties, réelle et virtuelle. Aussi considèrent-ils que l'imparfait est « un véritable **présent du passé** » (Wagner & Pinchon : 353). Cette appellation associe l'aspect et le temps, en privilégiant le premier. Or, l'imparfait peut-être un présent sur le plan de l'aspect, mais il est fondamentalement un temps du passé sur le plan chronologique (le point de l'évènement est décalé avant le moment de l'énonciation). Et la valeur aspectuelle même de l'imparfait n'est pas identique à celle du présent : « L'imperfectivité de l'Imparfait est beaucoup plus marquée que celle du Présent (...). Le terme du procès est laissé totalement ignoré » (R. Martin 1985 : 31). L'imparfait connait par ailleurs « des emplois modaux totalement inconnus du Présent » (R. Martin 1985 : 32 ; voir ci-dessous).

Par opposition au passé simple, l'imparfait n'envisage pas les limites du procès, auquel il n'assigne ni commencement ni fin. L'imparfait s'accorde ainsi avec l'expression de la durée ; selon le sens du verbe, le procès n'est pas forcément long objectivement, mais il est perçu « de l'intérieur » dans son écoulement, dans la continuité de son déroulement, sans terme final marqué. L'aspect duratif n'est qu'une conséquence de cette valeur de l'imparfait.

L'imparfait s'accorde donc bien avec le sémantisme des verbes imperfectifs, comme lui dépourvus de limites nettement marquées. Un complément de temps peut poser une limite initiale : *Depuis des semaines, nous vivions de son et de menace* (Malraux), plus difficilement une limite finale. Employé avec un verbe perfectif, l'imparfait estompe l'indication intrinsèque d'une limite finale : *Il sortait.* Cet effacement du seuil final peut avoir deux effets : l'imparfait peut créer un état d'incertitude et laisser attendre une suite, qui est alors exprimée au passé simple : *Il sortait quand la cheminée se détacha du toit* ; ou bien un complément circonstanciel approprié confère à l'énoncé une valeur itérative : *Il sortait tous les soirs.*

Le caractère analytique et non délimité de l'imparfait explique son rôle spécifique, dans les textes narratifs notamment, par opposition au passé simple (ou au passé composé). L'imparfait ne peut guère introduire à lui seul un repère temporel nouveau, mais il s'appuie généralement sur un repère temporel installé par un verbe antérieur ou une indication temporelle (en ce sens, il fonctionne comme un temps « anaphorique »). Dans un récit, il présente des actions secondaires, place les faits à l'arrière-plan : commentaires, explications, descriptions, etc. Son aspect analytique permet d'introduire une rupture, exprimée par le passé simple : *Une nuit qu'il dormait, il crut entendre quelqu'un l'appeler* (Flaubert) – *Depuis une heure, il avançait ainsi, lorsque sur la gauche, à deux kilomètres de Montsou, il aperçut des feux rouges, trois brasiers brûlant au plein air, et comme suspendus* (Zola). Le passé simple vient interrompre le procès à l'imparfait en dissociant ses deux parties : la partie initiale est réalisée, la partie virtuelle est annihilée.

En outre, l'imparfait est apte à présenter des faits simultanés, à les juxtaposer, sans marquer la succession chronologique, à la différence du passé simple. Les procès sont envisagés à partir d'un même repère temporel. L'imparfait est ainsi employé dans les passages descriptifs : *Les ténèbres étaient profondes. Je ne voyais rien devant moi, ni autour de moi, et toute la branchure des arbres entrechoqués emplissait la nuit d'une rumeur incessante* (Maupassant). Cependant, tout en ne l'indiquant pas par lui-même, l'imparfait n'exclut pas la succession chronologique, marquée par la relation entre les phrases, le sens des verbes (lorsqu'ils indiquent notamment un mouvement), un complément circonstanciel ou un mot de liaison, comme dans cette série d'actions de Gavroche, interprétée itérativement : *Il se couchait, puis se redressait, s'effaçait dans un coin de porte, puis bondissait, disparaissait, reparaissait, se sauvait, revenait, ripostait à la mitraille par des pieds de nez, et cependant pillait les cartouches, vidait les gibernes et remplissait son panier* (Hugo).

Remarque. — Dans une perspective anaphorique, l'imparfait est traité comme un temps qui « n'a pas d'autonomie référentielle. Référant à un moment qu'il n'identifie pas lui-même, il renvoie à une entité temporelle du passé déjà introduite dans le contexte ou accessible dans la situation extralinguistique » (Berthonneau & Kleiber 1993 : 55). Autrement dit, « l'imparfait ne localise pas lui-même la situation qu'il introduit » (Berthonneau et Kleiber 1993 : 57) ; la situation à l'imparfait entretient un lien méronomique avec une situation passée qui joue en quelque sorte le rôle d'un antécédent. Dans le cas d'un texte narratif, la situation de référence est récupérable dans le contexte. Quand le premier verbe d'un texte est à l'imparfait, l'accès à la situation de référence est d'ordre pragmatique : on attend dans un récit une situation initiale (C. Vetters 1996 : 145).

Bibliographie. — O. Ducrot (1979), L'imparfait en français, *Linguistische Berichte*, 60 : 1-23 – Ch. Muller (1979), Pour une étude diachronique de l'imparfait narratif, *Langue française et linguistique quantitative*, Slatkine : 39-55 – R. Martin (1985), Langage et temps de dicto ; *Langue française*, 67 : 23-38 – A. Molendijk (1985), Point référentiel et imparfait, *Langue française*, 67 : 78-94 – S. Mellet (1988), *L'Imparfait de l'Indicatif en latin classique. Temps, aspect, modalité*, Louvain, Peeters, Bibliothèque de l'Information grammaticale – P. Le Goffic et al (1986), *Points de vue sur l'imparfait*. Centre de Publications de l'Université de Caen – J.-P. Confais (1990) : 291 sv – A.-M. Berthonneau, G. Kleiber (1993), Pour une nouvelle approche de l'imparfait : l'imparfait, un temps anaphorique méronomique, *Langages*, 112 : 55-73 – D. Lebaud (1993), Imparfait : indétermination aspecto-temporelle et changement de repère, *Le gré des langues*, 5 : 160-176 – J. Jayez (1998), DRT et imparfait. Un exemple de traitement du temps, Moeschler et alii : 123-154 – G. Kleiber (2003), Entre les deux mon cœur balance, ou l'imparfait entre aspect et anaphore, *Langue française*, 138 : 8-19 – J. Bres (2005), *L'imparfait dit narratif*, CNRS-Éditions – A.-M. Berthonneau et G. Kleiber (2006), Sur l'imparfait contrefactuel, *Travaux de linguistique*, 53 : 7-65 – J. Bres (2006), « Encore un peu, et l'imparfait était un mode... » L'imparfait et la valeur modale de contrefactualité, *Cahiers de praxématique*, 46 : 149-176 – J. Bres (2009), *Sans l'imparfait, les vendanges tardives de rentraient pas dans la jupe rhénane... Sur l'imparfait contrefactuel, pour avancer*, *Syntaxe et sémantique*, n° 10.

X – La sémantique des formes verbales 543

Il convient de distinguer les valeurs temporelles et modales de l'imparfait :

▶ **L'imparfait, temps du passé**

• **Imparfait descriptif et passé simple narratif** : Comme il vient d'être dit, les procès à l'imparfait sont crédités de moins d'importance que ceux qui sont formulés avec le passé simple. Le premier introduit des faits d'arrière-plan, le second des faits de premier plan (**XXIII : 5.1.2.**). L'imparfait présente, selon le cas, les circonstances préalables au milieu desquelles peut se produire un événement important exprimé au passé simple (1), ou bien des procès simultanés aux faits au passé simple, qui fournit le repère temporel (2) :

(1) *Le soleil brillait, n'ayant pas d'alternative, sur le rien de neuf. Murphy, comme s'il était libre, s'en tenait à l'écart, assis dans l'impasse de l'enfant Jésus...* (S. Beckett)
(2) *Quand j'ouvris les yeux l'aube se levait.* (H. Bosco)

Les procès à l'imparfait peuvent occuper un intervalle temporel plus vaste que les procès au passé simple, qui s'insèrent alors à l'intérieur de cet intervalle.

La valeur aspectuelle de l'imparfait peut être exploitée pour clore un récit passé. L'imparfait évite au récit une fin nette et brutale, mais lui confère une fin ouverte, « comme le dernier écho d'une symphonie qui s'éloigne » (Flaubert) : *Et, pas à pas, Roland, sanglant, terrible, las, / Les chassait devant lui parmi les fondrières ; / Et, n'ayant plus d'épée, il leur jetait des pierres* (Hugo). La partie virtuelle inhérente à l'imparfait, donnant l'impression de l'inachevé, laisse attendre une suite, contrairement au passé simple qui implique une borne finale (*il leur jeta des pierres*).

• **L'imparfait narratif** : L'imparfait peut être employé pour indiquer un procès passé unique, plus ou moins court. Cet effet est surtout sensible avec des verbes perfectifs : *Le 1er septembre 1939, les troupes allemandes envahissaient la Pologne.* L'imparfait prend ici la place du passé simple. C'est l'indication précise, généralement placée en tête de phrase, d'un événement important, qui rend possible cet emploi de l'imparfait ; le fait est envisagé de l'intérieur, dans son déroulement, à la manière d'un arrêt sur image (C. Muller 1979 : 45).

• **L'imparfait de perspective** est analogue au présent évoquant un futur proche ; associé à un complément circonstanciel, le verbe exprime un fait postérieur au repère temporel indiqué : *Une semaine plus tard, Charles épousait Emma.*

• L'« **imparfait d'habitude** » est associé, comme le présent, à un complément marquant la répétition du procès (aspect itératif) : *Tous les ans, elle revenait* (Maupassant) – *Il lisait tous les soirs les Pensées de Pascal.*

Des indications contextuelles ou la connaissance du monde peuvent aussi amener une interprétation itérative du procès. La phrase *Quand j'étais jeune, j'allais à l'école de mon village* indique un procès répété, car on sait que l'école ne fonctionne pas en continu, mais que l'obligation scolaire se répète presque tous les jours. Alors que dans *Quand j'étais jeune, j'étais timide*, la timidité est perçue comme un état permanent qui ne peut pas s'analyser de manière discontinue.

• **L'imparfait employé dans le style indirect** transpose le présent employé dans le style direct pour exprimer des paroles ou des pensées (**XXIII : 6.**).

Dans le discours indirect, l'imparfait est appelé dans la proposition subordonnée par le passé du verbe principal, suivant la règle générale de concordance des temps au passé :

> *Je crus plutôt que c'**étaient** des fantômes du passé, de chers compagnons de mon enfance, des amis disparus qui **invoquaient** nos communs souvenirs* (Proust).

Dans le style indirect libre, c'est le contexte passé qui impose l'imparfait :

> *Il passa de nouveau et longuement en revue la série des couleurs et des nuances. Ce qu'il **voulait**, c'**étaient** des couleurs dont l'expression s'affirmât aux lumières factices des lampes* (Huysmans).

Un même texte narratif peut mélanger deux sortes d'imparfaits, les uns descriptifs, les autres correspondant au présent du discours direct.

• **L'imparfait hypocoristique** (« enfantin »), utilisé généralement pour s'adresser à un jeune enfant (ou à un animal familier), est associé à l'emploi de la troisième personne à la place de la deuxième. En rejetant fictivement le procès dans le passé et en prenant ses distances grâce à la troisième personne, le locuteur atténue la force de ses paroles : *Alors, on n'était pas sage ? On avait faim ?* Il s'agit pratiquement d'un emploi modal de l'imparfait.

▶ **Valeurs modales de l'imparfait**

La possibilité de se situer à l'intérieur du procès et donc de l'analyser en deux parties explique les valeurs modales de l'imparfait. Quand la partie virtuelle est privilégiée, elle « laisse ouvertes toutes les perspectives », comme autant de possibles : poursuite, inflexion ou interruption du procès (S. Mellet 1988 : 10).

• **Dans un système conditionnel**, l'imparfait employé après *si* et associé au conditionnel de la principale exprime, selon le contexte, un fait possible dans l'avenir ou impossible dans le présent (**XVIII : 2.1.**) : *S'il avait de l'argent, il achèterait une Mercedes classe C.* Alors que le présent après *si* (*s'il a de l'argent*) ancre l'hypothèse dans le réel, l'imparfait la place dans la fiction.

Pour produire un effet de causalité plus stricte, on emploie aussi l'imparfait dans la principale : *S'il avait de l'argent, il achetait une Mercedes classe C.* L'interprétation irréelle s'impose dans ce cas : l'imparfait de la principale marque, comme le conditionnel passé *aurait acheté*, l'irréel du passé.

Remarque. — L'énoncé précédent peut avoir une signification purement temporelle, quand *si* correspond à une conjonction de temps (*quand, chaque fois que...*).

• **L'imparfait contrefactuel** évoque « **l'imminence contrecarrée** » (R. Martin : 1971) en association avec un complément circonstanciel qui installe un repère temporel (1 et 3) ou une cause empêchant la réalisation du procès (2) :

(1) *Un instant plus tard, le train déraillait.* (G. Guillaume 1929)

(2) Pons comprit alors à quel saint dévouement, à quelle puissance d'amitié cette résurrection était due. «**Sans toi**, je *mourais !*» dit-il en se sentant le visage doucement baigné par les larmes du bon Allemand, qui riait et qui pleurait tout à la fois. (Balzac, *Le Cousin Pons*) (ex. J. Bres 2009)
(3) On a gagné. On est tous là, entiers... Mais... Mais on est tous là, parce que ça [le feu] a fini juste à temps. Juste à temps : *encore un peu et* on y *passait. Ça durait encore dix minutes, et j'étais mort, et les Bastides y passaient.* Il s'en est fallu de peu. (Giono, *Colline*) (ex. J. Bres 2009)

L'imparfait équivaut à un conditionnel passé (*le train aurait déraillé ; je serais mort ; on y serait passé*) dénotant un fait contraire à la réalité : le procès ne s'est pas réalisé dans le passé, pour une raison explicite (2) ou implicite (1 et 3). Mais, alors que le conditionnel passé est parfaitement concordant avec la contrefactualité (voir sa valeur d'irréel du passé), l'imparfait impose différentes contraintes, en particulier la présence d'un complément en tête de phrase. Grâce à la partie virtuelle de sa valeur aspectuelle qui lui permet d'envisager le déroulement du procès, il peut s'accorder avec un contexte contrefactuel : « il donne à voir le procès, contextuellement déclaré contrefactuel, dans le cours (possible) de sa réalisation passée ; il actualise un procès qui n'a pas eu lieu comme s'il avait lieu... » (J. Bres 2009). Cela produit un effet de sens de dramatisation du récit qui n'est pas possible avec le conditionnel passé.

Remarque. — Le contexte joue un rôle décisif pour l'interprétation contrefactuelle : en l'absence de cette indication, l'énoncé à l'imparfait peut simplement dénoter un procès factuel (*le train déraillait* = « Le train a effectivement déraillé »).

- **Diverses autres valeurs modales sont possibles, selon le contexte, dans un énoncé exclamatif ou interrogatif introduit par *si*, en l'absence de principale, facile à rétablir :**

   – Expression du souhait : *Ah ! Si vous pouviez lire au fond de mon cœur, et voir combien mes fautes passées sont loin de moi !* (Diderot)
   – Manifestation d'un regret : *Si j'étais mieux conseillé !*
   – Formulation d'une suggestion : *Si nous commencions l'examen ?* (Giraudoux)

Si peut être précédé de la conjonction *et* qui ouvre une perspective : *Et si la logique finissait par triompher ? – Et pourtant si le pouvoir était pluriel, comme les démons ?* (Barthes)

• L'imparfait peut aussi exprimer une demande polie dans une proposition principale, avec un verbe de volonté ou de mouvement à la première personne : *Je voulais / venais vous demander un service.* La demande est doublement atténuée : on ne la présente pas directement, mais sous la forme d'une de ses prémisses (volonté ou mouvement vers le destinataire), elle-même décalée dans le passé.

L'originalité de l'imparfait de l'indicatif réside dans la diversité des réseaux d'oppositions où il s'insère. Dans ses emplois temporels, il s'oppose, selon le cas, au passé simple, au présent ou à divers temps composés du passé. Avec ses valeurs modales, il est associé au conditionnel, dont il peut exprimer certaines nuances.

2.1.5. Le plus-que-parfait et le passé antérieur

Comme toutes les formes composées, le plus-que-parfait et le passé antérieur possèdent deux valeurs de base : ils marquent l'aspect accompli et ils indiquent l'antériorité par rapport à la forme simple correspondante. Le premier, qui est beaucoup plus employé que le second, possède davantage de valeurs.

► **Le plus-que-parfait**

C'est la forme composée correspondant à l'imparfait ; il situe le procès par rapport à un repère temporel passé.

• Il exprime l'**accompli** : le procès est achevé au point de référence passé : *Où les **avais-je** déjà **regardés** ?* (Proust) – *Gervaise **avait attendu** Lantier jusqu'à deux heures du matin* (Zola).

Quand le verbe est perfectif, l'accent est mis sur le résultat découlant de l'achèvement du procès : *Au bout de quelques instants l'enfant **avait disparu*** (Hugo) – *Sans aucun doute, les Allemands **étaient partis*** (Malraux).

- Il marque **l'antériorité** par rapport à un repère passé explicite ou implicite. Le plus-que-parfait se rencontre alors souvent dans un système principale-subordonnée, en corrélation avec un verbe à l'imparfait, au passé simple ou au passé composé : *Un pas de plus, de moins et, fort étonné, le visage* **que j'avais** *follement* **craint** *de ne jamais revoir se trouvait tourné vers moi...* (Breton)

Cependant, ces deux valeurs, aspectuelle et temporelle, sont souvent indissociables : dans la succession d'un récit, un fait accompli est antérieur à un procès en cours : *Julien n'avait jamais vu un être aussi bien vêtu et surtout une femme avec un teint si éblouissant lui parler d'un air si doux* (Stendhal).

- Le plus-que-parfait possède des emplois temporels et modaux symétriques à ceux de l'imparfait :

— Dans le style indirect, après un verbe au passé, le plus-que-parfait transpose le passé composé correspondant du style direct : *Elle disait qu'elle avait perdu sa poupée* (« j'ai perdu ma poupée »).

— Dans un système hypothétique avec *si*, le plus-que-parfait s'emploie en corrélation avec le conditionnel passé de la principale ; la phrase exprime l'irréel du passé : *Si j'avais eu de l'argent, j'aurais acheté les Tournesols.*
Il peut aussi remplacer le conditionnel de la principale pour exprimer l'irréel du passé : *Si Panisse avait coupé à cœur, César avait gagné* (= *aurait gagné*). La relation de causalité est encore plus marquée qu'avec l'imparfait (*gagnait*).

— Il s'emploie aussi avec *si* dans un énoncé exclamatif, sans proposition principale, qui exprime un regret (1) ou un reproche (2) : (1) *Si j'avais eu de l'argent !* (2) *Si tu m'avais écouté !*

— Dans une formule de politesse, il sert aussi à atténuer une assertion, en la rejetant dans le passé : *J'étais venu vous demander un grand service.* L'atténuation est encore plus importante qu'avec l'imparfait, puisque l'acte est rejeté à un moment antérieur à un moment du passé.

▶ **Le passé antérieur**

Il est d'un emploi bien plus restreint. Comme le passé simple (*il vint*) auquel il correspond (*il fut venu*), il est réservé à la langue écrite.

- Il se rencontre rarement en proposition indépendante, où il exprime l'aspect accompli, présentant globalement le procès passé : *Et le drôle eut lapé le tout en un moment* (La Fontaine). Il peut se combiner avec certains adverbes (*bientôt, vite*) ou compléments (*en un instant*) évoquant la rapidité de l'accomplissement du procès : *Le chien affamé eut vite mangé.*

• Dans un système principale-subordonnée, il exprime l'antériorité par rapport au passé simple ; à la différence du plus-que-parfait, il n'est guère employé avec un autre temps du passé et il se rencontre essentiellement dans des propositions subordonnées temporelles introduites par *après que, dès que, lorsque, quand* (**XVIII : 2.**) :

> *Dès qu'il eut compris qu'il avait été aimé de cette vagabonde, de cette rempailleuse, de cette rouleuse, Chouquet bondit d'indignation...* (Maupassant)
> *Quand ils furent arrivés au milieu du boulevard, ils s'assirent, à la même minute, sur le même banc* (Flaubert).

On le rencontre aussi dans des structures temporelles construites en « subordination inverse » (*à peine / pas plus tôt... que* : **XVIII : 2.1.** et **4.3.**) :

> *Je ne l'eus pas* **plutôt** *quittée,* **que** *ce rendez-vous auquel d'abord je n'avais point fait d'attention me revint dans l'esprit* (Crébillon fils).

2.1.6. *Le futur simple*

Les temps du futur situent le moment du procès dans l'avenir, après le moment de l'énonciation. Un procès projeté dans l'avenir est envisagé avec une certaine part d'hypothèse et d'incertitude. Avec le futur simple, la charge d'hypothèse est minimale, et, même si la réalisation du procès n'est pas avérée, sa probabilité est très grande. En outre, sa localisation temporelle permet au futur simple de se charger de valeurs modales associées à l'avenir.

▶ **Valeurs temporelles du futur simple**

• La projection du procès dans l'avenir par rapport au présent de l'énonciation peut être marquée par la seule forme verbale au futur : *Je partirai !* (Mallarmé). Elle peut être confirmée par un adverbe ou un complément circonstanciel :

Demain, dès l'aube, à l'heure où blanchit la campagne, / Je partirai (Hugo).

Ces indicateurs temporels peuvent spécifier la distance entre le fait à venir et le présent du locuteur : *tout de suite* situe un point plus proche du présent que *bientôt*.

Dans deux jours, les hommes comparaîtront devant le tribunal de ma volonté. (Musset)

Dans un mois, dans un an, comment souffrirons-nous, / Seigneur, que tant de mers me séparent de vous ? (Racine)

Le futur s'emploie avec la même valeur dans une subordonnée dépendant d'un verbe principal au présent : *J'espère qu'elle comprendra*.

Dans le système hypothétique avec *si*, c'est le présent qui figure dans la subordonnée, en corrélation avec le futur de la principale : *Si tu viens, elle partira*.

Le futur simple s'oppose au présent suivant ses différentes valeurs, le présent le plus étroit comme le plus large (présent permanent). Le présent de l'indicatif concurrence le futur simple pour exprimer un procès à venir *(Je reviens dans une heure)* ; mais le présent, qui envisage le procès comme vrai au moment de l'énonciation, le valide de manière indiscutable, alors que le futur, qui le projette dans l'avenir *(Je reviendrai dans une heure)*, l'évoque dans sa probabilité. Inversement, le futur peut aussi exprimer une vérité générale omnitemporelle, mais tournée vers l'avenir : *Un coup de dés jamais n'abolira le hasard* (Mallarmé).

• Le futur simple s'emploie aussi en corrélation avec un temps du passé ; il concurrence alors le conditionnel : *J'ai appris que ce cinéma fermera dans une semaine*. Mais l'événement au futur est alors nécessairement situé après le point d'énonciation, et pas seulement après le repère passé de la principale.

Le futur d'anticipation (ou historique) s'emploie dans un contexte passé : il sert à évoquer des faits postérieurs au moment évoqué, en ouvrant une perspective sur les conséquences futures des événements passés : *Victor Hugo naquit à Besançon en 1802. Ce fils d'un général d'Empire **deviendra** un des plus grands écrivains français*. Il peut se rencontrer en série, notamment dans la presse audiovisuelle à l'occasion de rétrospectives historiques.

X – La sémantique des formes verbales

• Le futur simple se rencontre aussi en série. Comme le passé simple, il est apte à marquer, par lui-même, la succession chronologique des procès : *J'irai par la forêt, j'irai par la montagne* (Hugo). L'ordre de succession des énoncés au futur reflète pragmatiquement l'ordre des actions successives.

Deux futurs peuvent représenter des faits simultanés, et non pas successifs, dans certaines conditions :

– Dans un système principale-subordonnée qui comporte une conjonction impliquant la simultanéité comme *tant que, tandis que*, ou une proposition relative : *Tant que le soleil brillera, il y aura de la vie sur Terre – Qui vivra verra – Rira bien qui rira le dernier* (Diderot). Le verbe de la relative et le verbe de la principale entretiennent une relation d'implication.

– Quand existe un rapport de simultanéité entre les faits évoqués : *Nous regarderons la télévision et nous mangerons des gâteaux.*

▶ **Valeurs modales du futur simple**

Le futur simple peut se charger de différentes valeurs modales associées à l'avenir, sans qu'il situe toujours le procès dans une époque postérieure.

Dans plusieurs cas, le futur permet au locuteur d'accomplir une action tournée vers l'avenir, qui implique généralement le destinataire. Le futur sert à accomplir trois types d'actes de langage : injonction, promesse, prédiction (**XXIII : 3.2.**). La phrase assertive au futur est neutre ; c'est la situation et le contexte qui viennent spécifier l'acte de langage accompli.

• **Futur injonctif**

Comme une injonction porte sur l'avenir, le futur peut en exprimer, avec différentes forces, les diverses nuances : règle morale, ordre strict, suggestion, consigne pour un devoir, etc. (**XIV : 4.**) Le futur simple permet d'expliciter l'époque où doit se réaliser l'ordre, qui est généralement moins strict qu'à l'impératif, à cause de la part d'incertitude inhérente au futur. Le locuteur doit s'adresser explicitement à la personne concernée : c'est surtout la deuxième personne qui est en position de sujet du verbe et d'agent du procès exprimé. L'ordre se déduit de l'assertion, à partir de la situation : *Tu me copieras cent fois cette phrase – Vous ferez le ménage et vous préparerez le déjeuner.*

L'ordre est aussi exprimé à l'aide du futur dans les dix commandements, qui s'adressent à chaque membre d'une communauté : *Tu ne tueras point.*

C'est avec cette valeur que joue M. Butor dans *La Modification*, pour formuler une série de défenses : *Vous n'irez point guetter les volets de Cécile : vous ne la verrez point sortir ; elle ne vous apercevra point.*

- **Futur de promesse**

Par une phrase à la première personne, le locuteur s'engage vis-à-vis du destinataire à accomplir dans l'avenir un acte déterminé. La promesse est reconnue grâce à la situation : *Je reviendrai – Vous voulez parvenir, je vous aiderai* (Balzac).

- **Futur prédictif**

La réalisation de la prédiction est située dans une époque future indéterminée. C'est le futur employé dans les prophéties : *Les poissons seront fiers de nager sur la terre et les oiseaux auront le sourire* (P. Delanoé, d'apr. Bob Dylan).

- **Futur d'atténuation**

La part d'incertitude liée à l'avenir permet aussi d'atténuer une affirmation, formulée souvent à la première personne (*Je vous dirai / ferai remarquer que...*) : *Nous avouerons que notre héros était fort peu héros en ce moment* (Stendhal). Comme avec les temps du passé, le décalage marqué par rapport au moment de l'énonciation rend l'affirmation moins directe pour le destinataire, qui a l'illusion de pouvoir s'y opposer, puisque sa réalisation est fictivement située dans l'avenir.

- **Futur d'indignation**

Le locuteur s'indigne d'un procès qu'il envisage comme possible : *Quoi ! Une autoroute traversera ces bocages !* La phrase peut être interrogative ou exclamative.

X – La sémantique des formes verbales 553

• **Futur de conjecture ou de supposition**
Quand un procès contemporain de l'énonciation n'est pas avéré, le futur simple est employé pour le présenter comme une hypothèse, que l'avenir confirmera ou permettra de vérifier (la probabilité lui donne le plus de chances de validation). L'énoncé au futur simple est souvent associé à une phrase au présent ou au passé à laquelle il apporte une explication possible, car reportée dans l'avenir ; il comporte souvent le verbe *être* : *J'ai trouvé ce beau livre sur le bureau : ce sera le cadeau d'une admiratrice.* Cet usage est cependant rare dans le discours oral courant.

▶ Le futur simple est concurrencé, dans l'expression de l'avenir ou des modalités qui s'y rattachent, par différents auxiliaires ou périphrases verbales (**IX : 2.3.**) :
• *Aller* au présent + infinitif marque le « futur proche » ou l'imminence d'un procès. D'auxiliaire d'aspect, il devient un auxiliaire de temps, très fréquent à l'oral : *Le train va partir.* Ce « Futur périphrastique » maintient plus nettement le lien avec le présent de l'énonciation et il présente la réalisation du procès comme plus assurée et plus proche que le futur, qui laisse subsister un doute (J.-P. Confais 1990 : 284) : comparer *Le train de Paris partira à 11 h 11 / Le train de Paris va partir* (= départ immédiat). Le futur simple est exclu dans certains contextes : **Attention, le train partira / tu tomberas.*
Aller peut s'employer aussi pour exprimer un ordre plus catégorique, immédiatement réalisable : *Vous allez faire ce travail (tout de suite).*
• *Etre sur le point de* + infinitif, plus rare, marque l'imminence du procès : *Je suis sur le point d'achever ce chapitre.*
• *Devoir* et *pouvoir* + infinitif expriment respectivement la probabilité et la possibilité :
Il doit / peut pleuvoir demain.

2.1.7. *Le futur antérieur*

Comme forme composée, le futur antérieur exprime l'aspect accompli ou l'antériorité par rapport au futur simple correspondant.

▶ Associé à un complément approprié qui fournit le repère temporel, il peut s'employer dans une phrase indépendante, pour exprimer l'achèvement d'une action dans l'avenir : *Au XXIIe siècle / Un jour / Bientôt, les hommes auront épuisé les ressources de la Terre.*

▶ Il marque l'antériorité en corrélation avec un futur simple, dans un système principale-subordonnée : *Tu ne seras content que quand tu auras cassé cette chaise* (Cocteau).

▶ Comme le futur simple, il peut exprimer une supposition, qui porte sur le passé : *Elle revient déjà : elle aura manqué son train.* Le futur antérieur correspond temporellement au passé composé (= « elle a manqué son train »); il projette fictivement dans l'avenir une hypothèse probable, que celui-ci devra confirmer. Le futur antérieur est plus courant, avec cette valeur, que le futur simple.

Bibliographie. — R. Martin (1981), Le futur linguistique : temps linéaire ou temps ramifié ?, *Langages*, 64 : 81-92 – J.-P. Confais (1990) : 279-287 – H.-P. Helland (1994) – K. Taji (2003), À propos du futur antérieur, *L'information grammaticale*, 97 : 37-40.

2.1.8. *Le conditionnel*

Selon la tradition grammaticale, le conditionnel est un mode à part entière : il indique un procès dont la réalisation est la conséquence d'une condition. Ce traitement est contestable. D'une part, tous les emplois du conditionnel ne dépendent pas d'une condition explicite ou implicite. D'autre part, le conditionnel partage avec le futur des caractéristiques communes :

▶ Sur le plan morphologique, on distingue deux formes du conditionnel :
- une forme simple, appelée « présent » : *il chanterait ;*
- une forme composée, appelée « passé » : *il aurait chanté.*

Ces deux formes sont symétriques des formes correspondantes du futur. Le conditionnel présent est formé par adjonction de la désinence de l'imparfait (-*ais*, -*ait*, -*ions*,...) à la désinence spécifique du futur (-*r*-) : *il chante-r-ait*. Cette formation s'accorde avec le réseau de relations et les emplois du conditionnel : il peut marquer le futur et s'emploie souvent en corrélation avec un temps du passé.

Remarque. — La tradition associe au conditionnel passé « première forme » (*il aurait chanté*) un « conditionnel passé deuxième forme » (*il eût chanté*). Celui-ci est en fait le plus-que-parfait du subjonctif employé dans la langue classique, avec la valeur du conditionnel passé, pour exprimer une supposition portant sur le passé. Mieux vaut traiter complètement le plus-que-parfait du subjonctif à sa place, au lieu de compliquer inutilement le tableau des formes et des emplois du verbe en l'ajoutant au conditionnel dans un usage actuellement littéraire ou archaïsant (**2.2.4.**).

▶ Le conditionnel connait, comme le futur auquel il s'oppose, deux séries d'emplois, temporels et modaux, dans des cadres syntaxiques en grande partie analogues.

Il convient donc de ranger le conditionnel parmi les temps de l'indicatif, à la suite du futur. Certaines grammaires préfèrent abandonner le terme *conditionnel*, et le remplacent par « formes en -*rais* ». On conserve ici l'appellation traditionnelle, plus courante.

On distingue deux valeurs du conditionnel, qui peuvent parfois se mêler : la valeur temporelle peut se charger de la valeur modale. Dans chacune de ces valeurs, le conditionnel présent et le conditionnel passé ont un fonctionnement parallèle : dans les emplois temporels, ils s'opposent sur le plan aspectuel, comme toutes les formes simples et composées ; dans les emplois modaux, ils s'opposent plutôt sur le plan chronologique : le conditionnel présent marque le présent ou le futur, le conditionnel passé indique le passé.

▶ **Le conditionnel temporel**

Le conditionnel peut exprimer un futur vu à partir d'un moment du passé. De même que le futur simple exprime l'avenir par rapport au présent, le conditionnel exprime l'avenir par rapport au passé : *Virginie pense que Paul viendra / Virginie pensait que Paul **viendrait**.*

Le procès indiqué au conditionnel n'est pas repéré par rapport au point d'énonciation, mais par rapport à un repère temporel antérieur. Dans cette relation de postériorité par rapport au passé, rien n'empêche que le procès soit situé après le présent du locuteur : *Je pensais que Paul **viendrait** demain.*

Pour prendre cette valeur temporelle, le conditionnel doit être relié à une indication explicite du passé. Celle-ci est le plus souvent fournie par une proposition principale à un temps du passé (imparfait, passé composé, etc.), dont dépend une subordonnée au conditionnel : complétive (nos exemples), relative ou circonstancielle de temps.

Je savais que vous y arriveriez (Balzac) – *Je savais que c'était stupide, que je ne me débarrasserais pas du soleil en me déplaçant d'un pas* (Camus).

Le conditionnel s'emploie aussi en phrase indépendante, au style indirect libre, inséré dans un récit au passé : *D'avance, ils s'organisaient. Bouvard emporterait ses meubles, Pécuchet sa grande table noire ; on tirerait parti des rideaux et avec un peu de batterie de cuisine ce serait bien suffisant* (Flaubert) – *Elle changerait de peau, de vie ou de gare, de cela il était sûr, et rien, plus jamais, ne serait possible* (Guimard). Dans le style indirect, le conditionnel présent transpose le futur simple employé au discours direct.

Pour tous ces emplois temporels, la valeur modale n'est pas exclue : comme on se projette dans l'avenir par l'imagination, le procès peut se colorer d'une nuance de possibilité, qui peut être marquée par un adverbe comme *éventuellement* ou par un auxiliaire modal comme *devoir, pouvoir.*

Le conditionnel présent et le conditionnel passé s'opposent ici sur le plan aspectuel : le premier présente un procès en cours de déroulement (non accompli), le second envisage un procès accompli dans l'avenir, toujours par rapport au passé : *Elle affirmait qu'elle rentrerait / serait rentrée à midi.* L'opposition entre ces deux formes est semblable à celle qui existe entre le futur simple et le futur antérieur par rapport au présent : *Elle affirme qu'elle rentrera / sera rentrée à midi.*

Dans cet emploi temporel, le conditionnel, comme le futur, est concurrencé par des auxiliaires. Ceux-ci, employés exclusivement à l'imparfait, ajoutent leur sens propre et n'ont pas besoin de termes corrélatifs :

> – *Aller* + infinitif marque souvent le prospectif (Benveniste : **XXIII : 5.1.2.**) : *Mais le président a dit qu'il allait procéder à l'appel des témoins* (Camus) – *Elle allait lui répondre.*
> – *Devoir* + infinitif peut exprimer la perspective à venir : *Elle devait partir le lendemain.* Dans la langue classique, le verbe *devoir* à l'imparfait a une valeur modale d'irréel du passé, comme le conditionnel passé : *Je devais m'en douter* (= « j'aurais dû »).

▶ Le conditionnel modal

Dans la manière d'envisager l'avenir, le conditionnel s'oppose au futur. Alors que celui-ci réduit le plus possible la part d'incertitude inhérente à l'avenir, le conditionnel au contraire la renforce : il présente le procès avec une surcharge d'hypothèse. Selon G. Guillaume, c'est un « futur hypothétique ».

• **Le conditionnel et l'hypothèse**

➜ La valeur fondamentale du conditionnel se manifeste le plus nettement en corrélation avec l'expression d'une hypothèse, le plus souvent formulée dans une subordonnée introduite par *si* (ou dans une structure équivalente : **XVIII : 2.1.**). Il indique, selon le contexte, le potentiel ou l'irréel.

La répartition des deux formes du conditionnel est fondée sur la chronologie : le conditionnel passé situe le procès dans le passé ; le conditionnel présent le situe dans le présent ou dans l'avenir, selon le contexte. Dans un système principale-subordonnée avec *si*, le conditionnel présent s'emploie en corrélation avec l'imparfait (**2.1.4.**), le conditionnel passé avec le plus-que-parfait (**2.1.5.**).

> *Si quelque fête champêtre rassemblait les habitants du lieu, j'y serais des premiers avec ma troupe ; si quelques mariages, plus bénis du ciel que ceux des villes, se faisaient à mon voisinage, on saurait que j'aime la joie, et j'y serais invité* (Rousseau).

Dans ce passage célèbre, J.-J. Rousseau imagine ce qu'il ferait s'il était riche : projetées dans l'avenir, ces actions sont envisagées sous l'angle du possible (potentiel).

Dans l'usage familier et populaire, le conditionnel s'emploie aussi dans la proposition introduite par *si* : *Si j'aurais su, j'aurais pas venu* (Y. Robert).

Cela s'explique par le besoin d'uniformisation des temps de la principale et de la subordonnée, qu'on observe dans beaucoup de langues et que l'on rencontre en français dans plusieurs structures hypothétiques ou concessives :

- avec *quand, quand même* : *Quand (même) il reviendrait, je ne le recevrais pas* (voir aussi Rousseau ci-dessous) ;
- en subordination inverse (avec *que*) : *Je la verrais à tout instant, que je ne croirais pas la voir assez* (Marivaux) ;
- dans une simple parataxe : *J'aurais un peu d'argent, je m'achèterais l'intégrale de Mozart*.

Potentiel et irréel

Suivant la grammaire latine, on oppose le potentiel (indication d'une possibilité) à l'irréel. Ces deux manières d'envisager la réalisation du procès sont nettement distinguées par les formes du subjonctif latin *(Felix sit / esset)*, mais elles se confondent en français dans la forme du conditionnel présent, qui est en soi ambigüe *(Il serait heureux)*. L'interprétation potentielle ou irréelle dépend du point de vue du locuteur :

- **Potentiel** : le locuteur considère au moment de l'énonciation le procès comme possible, bien que les conditions de sa réalisation ne soient pas encore remplies :
Ah ! si vous vouliez devenir mon élève, je vous ferais arriver à tout (Balzac).
- **Irréel** : l'énoncé dénote un état du monde possible, mais qui est ou a déjà été annihilé par le réel. L'irréel du présent concerne un procès situé à l'époque présente, alors que l'irréel du passé affecte un procès situé dans un passé révolu. Le locuteur sait, au moment de l'énonciation, que le procès n'est pas présentement réalisable dans le monde réel, ou qu'il ne s'est pas réalisé dans le passé.

Le conditionnel présent exprime le potentiel (1) ou l'irréel du présent (2), selon que le procès est situé dans l'avenir ou dans le présent :

(1) *Si je pouvais laisser ma dépouille à la terre, / Ce que j'ai tant rêvé paraîtrait à mes yeux* (Lamartine).

(2) Dans *Les Femmes savantes* (Molière), les deux pédants rêvent d'un état des choses différent de la réalité présente :
TRISSOTIN. – *Si la France pouvait connaître votre prix...*
VADIUS. – *Si le siècle rendait justice aux beaux esprits...*
TRISSOTIN. – *En carrosse doré vous iriez par les rues.*
VADIUS. – *On verrait le public vous dresser des statues.*

Cependant, le contenu du conditionnel l'oriente *a priori* vers l'irréel ; l'interprétation potentielle est privilégiée si rien, dans le contexte, ne met en cause la réalisation du procès.

Le conditionnel passé, qui situe le procès dans le passé, exprime l'irréel du passé : *Quand tous mes rêves se seraient tournés en réalités, ils ne m'auraient pas suffi : j'aurais imaginé, rêvé, désiré encore* (Rousseau) – *Il n'aurait jamais cru que les nuages, la nuit, pussent éblouir* (Saint-Exupéry).

Remarque. — H. Kronning (2009) place la distinction entre potentiel et irréel dans un cadre plus général, en opposant deux attitudes épistémiques du locuteur vis-à-vis des procès dénotés par le système hypothétique. L'attitude épistémique positive s'exprime en français par le système [Si+Présent – Futur simple] (*Si tu viens, je serai content*) : la réalisation des deux procès est possible. L'attitude épistémique négative connaît deux degrés. Quand elle est faible, le locuteur présente les chances de réalisation des procès comme inférieures à leurs chances de non-réalisation, ce qui correspond au potentiel. Quand l'attitude épistémique négative est forte, les chances de réalisation des procès sont nulles, ce qui correspond, selon les temps employés, à l'irréel du présent ou du passé, autrement appelé contrefactuel.

➔ On peut mettre en rapport certains emplois du conditionnel avec une condition implicite, qu'il n'est pas toujours naturel ni nécessaire de formuler. Dans ce cas, l'opposition entre le potentiel et l'irréel reste pertinente. Les deux formes du conditionnel s'opposent, comme précédemment, sur le plan temporel : le conditionnel passé situe le procès avant le point d'énonciation. Partant de sa valeur hypothétique de base, le conditionnel exprime, selon le contexte :

– **Une demande** (1) ou **un conseil** (2) **atténués** :
(1) *Je voudrais / J'aurais voulu rencontrer le président.*
(2) *Vous devriez / auriez dû approfondir cette question.*

L'atténuation est liée à une requête implicite (« si je pouvais me permettre »), présentée comme potentielle ou irréelle, ce qui diminue sa force illocutoire. Le conditionnel est généralement associé à un auxiliaire modal (ici, *vouloir* et *devoir*). L'atténuation est plus grande avec le conditionnel passé, qui accroit la distance en rejetant fictivement le procès dans le passé.

– **Une opinion illusoire** : On emploie au conditionnel un verbe déclaratif ou d'opinion, dont le sujet est généralement *on* : *On dirait le Sud* (N. Ferrer) – *On se croirait / se serait cru revenu au Moyen Âge*.

L'orientation du conditionnel vers l'irréel présente l'impression comme une illusion, contraire à la réalité, ce qui atténue la force assertive de l'énoncé.

– **Une éventualité**, en proposition subordonnée relative : *Elle cherche une théorie qui expliquerait l'univers*. L'expression de l'éventualité peut être renforcée par le verbe *pouvoir* (*qui pourrait expliquer*).

– **L'imaginaire** : *Je serais Robin des Bois. Je dépouillerais les riches pour nourrir les pauvres. Je lutterais contre l'injustice et je punirais les méchants. Je délivrerais la belle Marianne et je l'épouserais*. Cet emploi du conditionnel repose sur sa valeur de base. Il met en scène un monde possible, en suspendant la contradiction que lui oppose le monde réel.

• **Le conditionnel sans condition**

Dans certains emplois, le conditionnel n'est pas mis en relation avec l'expression d'une condition, d'une hypothèse. La distinction entre le potentiel et l'irréel n'est plus pertinente :

→ « **Information incertaine** » (R. Martin) : L'incertitude inhérente au conditionnel est exploitée pour présenter un fait dont la vérité n'est pas garantie. La presse écrite et parlée en fait un large usage, en précisant que l'information est « au conditionnel », ce qui dégage la responsabilité du locuteur :

(1) *Une navette spatiale partirait bientôt pour Mars.*
(2) *Un chercheur français aurait découvert un traitement miracle du cancer.*

Le conditionnel présent (1) évoque un procès situé dans le présent ou dans l'avenir, le conditionnel passé (2) évoque un procès passé. Avec un verbe perfectif, il peut indiquer le résultat du procès, notamment au passif : *Le Parthénon aurait été entièrement restauré.*

➜**Interrogation oratoire :** Une interrogation oratoire ne constitue pas une question ouverte, mais est dirigée vers une réponse positive ou négative. Avec le conditionnel, l'orientation négative l'emporte : *Il habiterait à Strasbourg ?* (= « Il n'y habite pas »). Le conditionnel passé situe le procès dans le passé : *Il aurait habité à Strasbourg ?*

Quand le sujet est le locuteur qui se met lui-même en scène, l'énoncé envisage un procès que le locuteur rejette avec indignation : *J'ouvrirais pour si peu le bec ?* (La Fontaine) — *J'aurais fait cela ?* Le locuteur peut aussi exprimer sa protestation au moyen d'une phrase exclamative.

Bibliographie. — R. Martin (1981) : 85-92 (voir 2.1.7, *in fine*) – J.-P. Confais (1990) : 287 sv – M.-L. Donaire (1998), La mise en scène du conditionnel ou quand le locuteur reste en coulisse, *Le français moderne*, 56, 2 : 204-227 – P. Kreutz (1998), Les factifs et l'autoconditionnalité, *Revue romane*, 33, 1 : 39-65 – P.-P. Haillet (2002) – H. Kronning (à par. 2009), Polyphonie, constructions conditionnelles et discours rapporté, *Langue française*, La polyphonie linguistique (H. Nølke éd.).

2.2. Le subjonctif

2.2.1. *Définition*

▶ *Définition morphologique*

L'indicatif et le subjonctif sont les seuls modes véritablement personnels, qui possèdent les six personnes du verbe. Ils présentent également le plus grand nombre de temps ; mais le subjonctif apparaît plus pauvre en temps que l'indicatif. Officiellement, le subjonctif comprend quatre temps, répartis en deux formes simples et en deux formes composées correspondantes : le présent (*qu'il chante*), l'imparfait (*qu'il chantât*), le passé (*qu'il ait chanté*) et le plus-que-parfait (*qu'il eût chanté*). À la différence de l'indicatif, il ne comporte pas de futur ; l'époque future est dénotée par le présent du subjonctif. Mais, si l'on considère l'emploi des modes dans le français courant, le subjonctif comporte deux temps seulement : le présent et le passé. L'imparfait et le plus-que-parfait du subjonctif, très employés à l'époque classique, ne s'emploient plus aujourd'hui que dans un registre soutenu (ou littéraire) et essentiellement à la troisième personne du singulier ; ils ont pratiquement perdu leur valeur sémantique particulière, qui était encore perceptible dans la langue classique.

▶ *Caractérisation fonctionnelle*

D'un point de vue syntaxique, le subjonctif s'emploie le plus souvent dans une proposition subordonnée complétive, relative ou circonstancielle, et plus rarement en proposition indépendante. Il apparait, par opposition à l'indicatif, comme un mode de la dépendance.

Certains en concluent hâtivement que le subjonctif n'est qu'une « servitude grammaticale » (F. Brunot), ne possédant pas de signification propre, mais étant automatiquement imposé par un terme de la proposition principale (ainsi, « le verbe *vouloir* demande le subjonctif »). Ce point de vue mécaniste se heurte à deux critiques. En premier lieu, l'emploi du subjonctif en proposition indépendante, même restreint, ne peut pas être expliqué par ce genre de contrainte grammaticale. Ensuite, il existe diverses constructions où le locuteur peut choisir entre l'indicatif et le subjonctif ; le choix du mode est dans ce cas significatif : *Penses-tu qu'il viendra ? / qu'il vienne ? – Madame de Rênal est la seule qui l'a aimé / qui l'ait aimé*. La manière d'envisager le procès de la subordonnée est différente selon que le locuteur emploie l'indicatif ou le subjonctif. L'emploi de ces deux modes n'est pas mécanique.

La structure syntaxique fournit un cadre commode pour classer les occurrences du subjonctif, en distinguant les emplois en proposition indépendante et les emplois en proposition subordonnée. Mais il convient aussi de se demander, dans le second cas, si le subjonctif est obligatoire ou si le locuteur a le choix entre le subjonctif et l'indicatif.

▶ *Définition sémantique*

Partant de la pauvreté morphologique du subjonctif, G. Guillaume dégage une valeur sémantique de base. Comme le subjonctif est inapte à situer exactement le procès dans une des trois époques (passé, présent, futur), il ne peut pas saisir l'idée verbale dans sa complète actualisation, contrairement à l'indicatif. On l'emploie donc chaque fois que l'interprétation l'emporte sur la prise en compte de l'actualisation du procès, lorsque s'interpose entre le procès et sa verbalisation l'écran d'un acte psychique (sentiment, volonté, jugement). Dans *Je pense qu'il viendra*, le locuteur envisage le procès à venir en soi, dans son éventualité ; dans *Je veux qu'il vienne*, c'est l'interprétation (ici, la volonté exprimée par le verbe principal) qui passe avant la prise en considération du fait envisagé.

G. Guillaume établit une corrélation entre le subjonctif et l'idée de possible, par opposition à l'indicatif associé à l'idée de probable : *Il est possible que Jason revienne. Il est probable que Jason reviendra*. De même que le subjonctif saisit l'idée verbale à un stade antérieur à celui de l'indicatif, mode de l'actualisation complète, le possible se situe avant le probable : « une chose peut être possible sans être probable, mais non l'inverse » (R. Martin 1983). Cependant, cette distinction ne correspond pas à tous les emplois du subjonctif, et rend mal compte des cas où il exprime un fait « réel » : *Je regrette qu'il soit venu. – Elle est la seule qui soit restée à la ferme. – Bien que le temps soit à l'orage, il part pêcher en mer. – Qu'elle soit partie m'est indifférent*. R. Martin a reformulé l'explication en termes logico-sémantiques : le subjonctif marque l'appartenance du procès aux « mondes possibles » (un fait est possible si l'on peut envisager au moins un état de choses où il est vrai). Pour J.P. Confais, « le subjonctif sert à annuler ou à *désamorcer le potentiel déclaratif* de la séquence concernée » (1990 : 242).

Bibliographie. — G. Guillaume (1929) – H. Bonnard (GLLF), *Le subjonctif* : 5755-5766 – R. Martin (1983) – H. Nølke (1985), Le subjonctif. Fragments d'une théorie énonciative, *Langages*, 80 : 55-70 – J.-P. Confais (1990) : 231 sv – O. Soutet (2002), *Le subjonctif en Français*, Ophrys.

Remarque. — Deux sortes d'erreurs traditionnelles se rencontrent dans la définition du subjonctif :
— On oppose le subjonctif, mode de l'irréalité, à l'indicatif, mode de la réalité. Certains emplois de ces deux modes peuvent appuyer cette opposition. Mais il est de nombreux cas où le subjonctif exprime un fait réel (*Je regrette qu'il soit venu*) et l'indicatif un fait virtuel (*Je pense qu'il viendra*) ou irréel (*Si j'avais de l'argent, je serais heureux ; mais je n'en ai pas*).
— On donne au subjonctif des valeurs qui viennent du contexte où il est employé : subjonctif de volonté (*Je veux qu'il vienne*), de souhait (*Je souhaite qu'il vienne*), de regret (*Je regrette qu'il vienne*), de doute (*Je doute qu'il vienne*) ; pourquoi ne pas parler aussi d'un indicatif d'opinion (*Je crois qu'il viendra*), d'affirmation (*Je dis qu'il viendra*), etc. ? De fait, on attribue au subjonctif la valeur sémantique de son verbe régisseur, en confondant l'effet et la cause.

2.2.2. *Le subjonctif en phrase indépendante ou principale*

▶ **Phrase injonctive**

En français moderne, le subjonctif apparait principalement dans des phrases indépendantes de type injonctif. Il exprime un ordre, une défense, une exhortation. Il y est normalement annoncé en tête de phrase par *que*, qui permet de l'opposer à l'indicatif, ce qui est nécessaire quand la forme du verbe est identique au présent des deux modes (*Qu'elle chante* vs *Elle chante*). Dans la phrase injonctive, le subjonctif supplée l'impératif aux personnes que ce dernier ne possède pas, essentiellement à la troisième personne du singulier et du pluriel (**XI : 4.**) : *Qu'il(s) vienne(nt)* ! La première personne est plus rarement utilisée dans une phrase injonctive : *Au moins que je ne lui parle pas, se disait Julien fort ému lui-même* (Stendhal).

Histoire. — La forme *que*, marque reconnue du subjonctif, figure dans les tableaux de conjugaison et dans les exemples de ce mode en phrase indépendante. Elle s'est généralisée tardivement : on rencontre encore au 17e siècle des subjonctifs exprimant l'ordre ou le souhait sans *que*.

▶ **Phrase exprimant un souhait**

Que le ciel vous protège ! – Qu'il soit maudit ! – Et s'il désire le mal, que ce soit un tel mal qu'il ne soit compatible qu'avec le bien... (Claudel)

Diverses expressions figées sans *que* présentent aussi ces valeurs :

X – La sémantique des formes verbales

- *Vive le roi ! Vive la république ! Vive la France !*
Vive est considéré comme une interjection (**XIV : 9.4.1.**) et non plus comme un verbe vivant, comme le prouve l'absence d'accord avec le « sujet » inversé (*Vive les vacances*).
- *Dieu vous garde ! Dieu vous bénisse ! Plaise au ciel que… Fasse le ciel que… Puissè-je / Puisses-tu / Puisse-t-il* + infinitif
- Quand le souhait portant sur le passé ne s'est pas réalisé, la phrase exprime **un regret** : *Plût au ciel que nous connussions la grammaire !*

Beaucoup de ces expressions figées appartiennent au discours religieux.

▶ Phrase exprimant une supposition

Le présentatif *soit* s'emploie dans un discours didactique, comme dans cet exemple mathématique qui introduit une démonstration : *Soit un triangle équilatéral ABC…*

Dans une phrase exclamative, l'hypothèse envisagée est rejetée avec indignation par le locuteur : *Moi, que je fasse une chose pareille ! – Moi, Seigneur, que je fuie !* (Racine) Le subjonctif précédé de *que* est ici concurrencé par l'infinitif (**2.4**), qui donne plus de force à l'idée verbale (*Moi, faire une chose pareille !*), ou bien par le futur ou le conditionnel.

Une phrase hypothétique au subjonctif peut aussi être juxtaposée ou coordonnée à une autre phrase, avec laquelle elle entretient des relations sémantiques de même nature qu'une subordonnée introduite par *si* dans un système hypothétique (**XVIII : 2.1.**) : *Qu'il vienne me voir, je ne le recevrai pas – Vienne la nuit sonne l'heure / Les jours s'en vont je demeure* (Apollinaire) – *Qu'il se fasse attendre encore un quart d'heure, et je m'en vais* (Musset).

▶ Affirmation polémique

Dans un usage soutenu, le verbe *savoir*, dans une forme négative à la première personne du subjonctif, introduit ou appuie une affirmation polémique : *Je ne sache pas qu'il ait présenté une thèse brillante.* Cet emploi peut être rapproché du verbe *savoir* en subordonnée introduite par *que*, rattachée surtout à une phrase négative ou interrogative : *Il n'est pas là, que je sache.*

Dans tous ces emplois en phrase indépendante, le subjonctif met l'accent sur l'interprétation du procès, qui est perçu subjectivement. La plupart des phrases situent le procès dans l'avenir, où sa valeur de vérité est suspendue. Hormis les phrases injonctives, le subjonctif se rencontre dans des expressions figées ou dans des types de discours particuliers.

2.2.3. Le subjonctif en proposition subordonnée

Quand le subjonctif s'emploie dans une subordonnée, il y est conditionné par un élément de la principale, qui varie selon le type de subordonnée.

▶ **Le subjonctif en subordonnée complétive (XVII : 2.)**

• **Mode obligatoire**

L'emploi du subjonctif dans les complétives introduites par *que* (*à ce que, de ce que*) est imposé par :

– *la place de la complétive* : quand elle figure en tête de phrase (généralement sujet, mais aussi détachée dans le type emphatique : **XIV : 6.1.**), le verbe de la complétive est normalement au subjonctif : *Que Charles soit aimable, Emma le pense – Que ses amis le méconnussent le remplissait d'amertume* (R. Rolland).

Les complétives détachées dépendent souvent d'une principale négative : *Qu'il réussisse au premier essai, cela ne paraît pas évident – Que les résolutions humaines soient sujettes à changer, c'est ce qui ne m'a jamais causé d'étonnement* (abbé Prévost). Sémantiquement, l'antéposition d'une complétive suspend la valeur assertive de la proposition. La complétive étant placée en position de thème, le procès est simplement évoqué, sans être asserté.

– *la classe sémantique du verbe, du nom ou de l'adjectif* dont dépend la complétive (contrainte lexicale exercée par le terme principal). Le subjonctif s'emploie obligatoirement dans une subordonnée complément d'objet d'un verbe exprimant une volonté ou un sentiment :

Je veux, ordonne, souhaite, désire, regrette, crains, doute qu'il vienne.
– Je tiens à ce qu'il vienne. – Je m'étonne de ce qu'il vienne.

Remarque. — Sur 730 verbes transitifs analysés par M. Gross (1978), 480 sont suivis du subjonctif, dont la majorité obligatoirement.

Les complétives qui sont compléments d'un nom de même forme et / ou de même sens que ces verbes sont également au subjonctif : *Sa peur (sa crainte, son regret, son désir, son souhait) que Jason revienne est exagérée* – *Elle vivait dans une peur constante qu'il ne tombât* (Maupassant).

De même, le subjonctif est obligatoire dans des complétives compléments de constructions personnelles (2, 3) ou séquences impersonnelles (1) formées à l'aide d'un adjectif attribut exprimant la possibilité, la nécessité, le doute ou un sentiment (ou après *il faut, il importe, il convient* impersonnels) : (1) *Il est possible, nécessaire, urgent, douteux, heureux, triste qu'il parte* – (2) *Pierre est heureux, triste, content que Marie revienne* – (3) *Je fus surpris, à l'arrivée de son conducteur, qu'elle m'appelât son cousin* (abbé Prévost).

Inversement, l'indicatif est obligatoire après des verbes, des noms ou des adjectifs exprimant une certitude, une croyance, une affirmation, une prévision ou une probabilité : *Il affirme (dit, croit, pense) que Charles Perrault est bien l'auteur des* Contes de ma Mère Loye – *Il est probable (sûr, certain) que le soleil explosera.*

La différence est parfois ténue entre les deux modes, entre le probable et le possible : *Il espère qu'elle viendra. / Il souhaite qu'elle vienne.* On rencontre d'ailleurs des subjonctifs « fautifs » après *espérer*, quand l'interprétation du procès l'emporte sur la simple évocation du probable.

• Choix du mode

Le choix de l'indicatif ou du subjonctif donne à la phrase une signification différente. Il est possible pour une subordonnée qui complète :

– un verbe polysémique dont le sens varie selon que la complétive qui le suit est à l'indicatif ou au subjonctif : *Je dis qu'il viendra demain / qu'il vienne demain.* Le verbe *dire* suivi du subjonctif exprime la volonté ;
– un verbe d'opinion dans une phrase interrogative ou négative : *Je ne pense (crois) pas qu'elle vienne / viendra. Penses-tu (crois-tu) qu'elle vienne / viendra ?* L'indicatif présent est plus rare dans ce cas (**Je ne crois pas qu'il vient*) ; on préfère le futur ou le conditionnel pour évoquer un procès probable. Le choix du subjonctif met l'accent sur l'interprétation du procès subordonné

et suspend sa valeur de vérité, contrairement à l'indicatif : comparer *Son père ne croit pas qu'il ait copié* et *Son père ne croit pas qu'il a copié.*
Inversement, un verbe de doute ou de négation dans une phrase négative est suivi d'une complétive à l'indicatif : *Je ne doute pas (nie pas) que Pierre est venu.* La double négation donne une valeur de certitude (*je ne doute pas = je suis certain que ; je ne nie pas = je reconnais que*) ;
– un verbe modalisateur comme *sembler* : *Il semble qu'elle a / ait compris.*
L'indicatif détache le fait subordonnée envisagé en tant que tel, alors que le subjonctif le fait percevoir d'un point de vue subjectif : *Il semble que vous ayez appris cela par cœur* (Molière).

Bibliographie. — C. Vet (1996), Analyse de quelques emplois du subjonctif dans les complétives, *Cahiers de grammaire*, 21 : 135-152.

▶ Le subjonctif en subordonnée circonstancielle

Le choix du mode n'est pas possible dans les circonstancielles (**XVIII**) : le subjonctif ou l'indicatif s'imposent selon le sémantisme de la subordonnée ou de la conjonction de subordination.

• **Les subordonnées temporelles** sont pour la plupart à l'indicatif. Elles sont au subjonctif quand elles sont introduites par *avant que, jusqu'à ce que, en attendant que* : *Il part avant que le soleil se soit levé.* Ces trois conjonctions introduisent des propositions exprimant une action située à une époque postérieure à celle de la principale ; le procès subordonné est envisagé comme possible.

Inversement, la conjonction *après que*, qui introduit un procès antérieur à celui de la principale, doit être suivie d'une proposition à l'indicatif, exprimant une action réalisée : *Il partira après que le soleil se sera levé.* Or, depuis le milieu du XXe siècle, le subjonctif se rencontre de plus en plus souvent avec *après que* : *Il part après que le soleil se soit levé.* Sans parler des difficultés à employer certains temps de l'indicatif, on peut donner plusieurs explications à cet usage que les puristes critiquent. L'analogie avec *avant que*, symétrique de *après que*, a dû jouer : les prépositions *avant* et *après* se construisent aussi toutes les deux avec un infinitif (*après être parti / avant de partir*). À l'oral, le plus-que-parfait du subjonctif se confond avec le passé antérieur de l'indicatif à la troisième personne du singulier (*avant qu'elle fût venue / après qu'elle fut venue*) ; l'homonymie a pu favoriser l'échange des modes. Enfin, l'idée de possible n'est pas exclue des phrases complexes contenant une subordonnée introduite par *après que*, notamment quand les propositions portent sur l'avenir (exemples ci-dessus ; voir **XVIII : 2.1.**, *Rem.*). Cet emploi « fautif », qui n'est pas totalement dépourvu de fondements sémantiques, est au moins une preuve de la vitalité du subjonctif en français.

• **Les subordonnées causales** sont normalement à l'indicatif ; on trouve le subjonctif quand la cause est rejetée (exclue du réel par le locuteur) avec *non que* (plutôt rare et littéraire) : *Il m'a téléphoné, non qu'il fût inquiet de ma santé, mais parce qu'il avait besoin d'argent.*

En cas d'explication alternative, *soit que* répété introduit deux possibles qui s'excluent mutuellement : *Le chat revient à la maison, soit qu'il ait faim, soit qu'il ait envie de dormir tranquille.*

• **Les subordonnées de conséquence** sont aussi à l'indicatif, dans la mesure où elles permettent l'actualisation du procès : *Il a tant surfé sur Internet qu'il ne voit plus rien.* Mais une principale négative ou interrogative empêchant l'actualisation du procès subordonné demande le subjonctif : *Il n'a pas travaillé au point que cela l'ait épuisé.* Dans cette phrase, c'est le lien consécutif qui est nié. De même, une subordonnée introduite par *pour que* envisage le procès comme possible : *Il est trop compétent pour qu'on puisse le remplacer.*

• **Les subordonnées de but** sont logiquement au subjonctif, puisqu'elles manifestent une intention : *Orphée chante pour que (afin que) le soleil paraisse.*

• **Les subordonnées concessives**, introduites par *quoique, bien que*, etc. et qui expriment un procès envisagé comme une cause possible, mais inopérante, sont aussi au subjonctif : *Annie Hall reste à Los Angeles, bien qu'Alvy lui ait demandé de rentrer à New York.*

Il en est de même des subordonnées d'opposition introduites par *sans que* : *La chatte est sortie sans que je m'en aperçoive.*

• **Les subordonnées conditionnelles** se partagent entre l'indicatif et le subjonctif.

Les conditionnelles introduites par *si* sont à l'indicatif : *Si j'avais de l'argent, j'achèterais une maison en Espagne.*

Remarque. — Le subjonctif plus-que-parfait se rencontre après *si* dans un emploi littéraire, comme une survivance marquée par le latin ; il s'oppose à l'indicatif non pas par sa valeur modale, mais comme la marque d'un registre de langue soutenu (2.2.4.) : *Si Annie Hall fût revenue, Alvy eût été heureux*. La grammaire traditionnelle traitait ce subjonctif plus-que-parfait de « conditionnel passé deuxième forme », ce qui montre bien qu'elle ne le considérait pas comme un véritable subjonctif.

Le subjonctif se rencontre après les locutions *à moins que, pourvu que, pour peu que : Pour peu qu'il réussisse le bac, il se prendra pour un génie.* On l'emploie également dans une subordonnée coordonnée par *que* à une proposition introduite par *si : S'il réussit le bac et qu'il obtienne une mention, Antoine sera admis dans une classe préparatoire.*

▶ Le subjonctif en subordonnée relative (XVI)

Dans les relatives déterminatives (ou essentielles), le subjonctif s'accorde avec la restriction qui affecte l'antécédent : *Je cherche pour les vacances un livre qui me plaise.* Le subjonctif exprime une sélection dans un ensemble de référents possibles. L'indicatif présupposerait l'existence d'un tel livre ; le subjonctif définit un type de livre dont on n'est pas sûr qu'il existe effectivement une occurrence. Dans ce type de relatives, le locuteur a généralement le choix entre le subjonctif et l'indicatif selon la nuance de sens à exprimer. On préfère le subjonctif dans deux cas généraux :

• L'antécédent peut être indéfini ou indéterminé, pour différentes raisons :

– L'existence du référent est seulement envisagée comme possible ou voulue ; il n'est évoqué que par ses propriétés : *Je cherche un guide qui connaisse le français et le grec – Ils veulent des plaisirs qui ne se fassent point attendre* (Molière).

Cette existence du référent peut être mise en doute par la principale (ici, par *croire* complété par *de bonne foi*) : *Ils croyaient de bonne foi avoir découvert un secret qui consolât de l'absence réelle par la présence illusoire* (Gide).

– Il en va de même dans une phrase interrogative : *Connaissez-vous un courtisan qui soit sincère ?*

– Dans une phrase négative, l'indétermination découle de la négation de l'existence du référent : *Elle n'a trouvé personne qui la comprenne.*

• L'antécédent est sélectionné parmi un ensemble de possibles, que parcourt la subordonnée, notamment après un superlatif relatif ou une expression équivalente (*le premier, le dernier, le seul,* ...) : *C'est la plus grande chambre que j'aie à vous proposer / que je puisse vous proposer – C'est la seule (la dernière) chambre qui soit libre. – Mélusine (...), je ne vois qu'elle qui puisse rédimer cette époque sauvage* (A. Breton).
Le subjonctif met l'accent sur le jeu des possibles et la sélection ou la restriction qui s'opère. L'indicatif, souvent moins adéquat, établit une présupposition d'existence : *C'est la seule (dernière) chambre qui est libre.*

Remarque. — Dans les relatives explicatives (ou accessoires), les modes s'emploient comme dans les phrases indépendantes ; l'indicatif y est de règle, puisque ces relatives n'opèrent aucune restriction sur le champ référentiel de l'antécédent : *Laviolette s'était fait faire un agrandissement de la photo, où la jeune fille était séparée des trois sœurs* (Pierre Magnan, *Le secret des Andrônes*).

Bibliographie. — P. Imbs (1953), *Le Subjonctif en français moderne* – M. Cohen (1960), *Le Subjonctif en français contemporain* – H. Nordahl (1969), *Les systèmes du subjonctif corrélatif*, Oslo, Universitetsforlaget – M. Gross (1978), Correspondance entre forme et sens à propos du subjonctif, *Langue française*, 39 : 49-65.

2.2.4. *L'emploi des temps du subjonctif*

Bien que le subjonctif compte quatre temps, seuls le présent et le passé sont utilisés en français courant. L'imparfait et le plus-que-parfait sont réservés aujourd'hui au français soigné ou littéraire, où ils se rencontrent, le plus souvent, à la troisième personne du singulier. De ce fait, le subjonctif n'apporte plus d'indications temporelles, si ce n'est l'antériorité, liée à l'aspect accompli exprimé par les formes composées.

▶ **présent et passé du subjonctif**

Ces deux temps s'opposent sur le plan de l'aspect : le présent exprime un procès en cours de réalisation, le passé indique un procès accompli.

- **En proposition indépendante ou principale :**

– Le subjonctif présent situe le procès dans le présent ou dans l'avenir. Il exprime l'ordre, le souhait ou la supposition (**2.2.2.**). Quand il marque l'ordre, il complète l'impératif présent à la première personne du singulier et à la troisième personne du singulier et du pluriel (**2.3.3.**).

– Le subjonctif passé complète l'impératif passé pour exprimer l'ordre. Il situe l'accomplissement du procès dans l'avenir, à la manière d'un futur antérieur : *Qu'il ait nettoyé l'écurie avant ce soir.*

- **En proposition subordonnée**, le procès exprimé au subjonctif est repéré par rapport au verbe principal.

Dans le modèle classique de la concordance des temps, le présent et le passé du subjonctif s'emploient en corrélation avec un verbe principal au présent ou au futur : *Je ne regrette pas qu'elle vienne / soit venue.*

– Le présent du subjonctif indique un procès simultané ou postérieur au procès dénoté par le verbe principal. Il marque le présent ou le futur. La situation temporelle du procès subordonné dépend du verbe principal : *ordonner, souhaiter* ou *vouloir* envisagent un procès à venir. Il en est de même pour un verbe principal à l'impératif : *Arrangez-vous pour qu'il vienne.*

– Le passé du subjonctif marque l'antériorité par rapport au verbe principal ou dénote l'accompli. Dans la langue classique, cette antériorité pouvait être marquée par l'imparfait du subjonctif, qui possédait alors une valeur temporelle de passé, associée à l'indication d'une éventualité, comme dans cette phrase d'un écrivain moderne : *Je ne m'étonne plus aujourd'hui qu'il arrivât à Paganini de jeter son violon et de rester de longues années sans y toucher...* (R. Gary)

Dans l'usage courant, le présent et le passé du subjonctif s'emploient aussi, avec ces valeurs temporelles, en corrélation avec un verbe principal à un temps du passé, notamment au passé composé ; ils remplacent alors l'imparfait et le plus-que-parfait.

▶ **imparfait et plus-que-parfait du subjonctif**

Ces deux temps, très employés dans la langue classique, n'appartiennent plus à la langue courante d'aujourd'hui. Après avoir longtemps fonctionné comme les deux temps latins correspondants, ils ont été progressivement supplantés par le présent et le passé du subjonctif, qui se sont chargés de leurs valeurs temporelles et par le conditionnel, qui exprime leurs valeurs modales (potentiel ou irréel). En français moderne, ils se rencontrent dans un usage recherché ou littéraire. Cependant, leurs personnes ne sont plus également usitées : on emploie toutes les personnes des verbes *être* et *avoir* et la troisième personne du singulier (et, plus rarement, du pluriel) des autres verbes (*qu'il votât, vînt*). On évite les personnes en -*ss*-, en raison de leur lourdeur, de certains effets comiques (*que vous sussiez, que je visse*) ou d'assimilations péjoratives (*qu'ils lavassent*). Selon R. Queneau, l'imparfait du subjonctif a été « tué par le ridicule et l'almanach Vermot » (*Bâtons, chiffres et lettres* : 71). Les fautes par hypercorrection, comme **qu'il susse, *qu'il eusse cru*, témoignent de la difficulté de sa morphologie. Dans une perspective historique plus vaste, il convient cependant de connaître dans quel cas l'imparfait et le plus-que-parfait du subjonctif peuvent se rencontrer.

- **En proposition indépendante ou principale**

Ces deux temps se rencontrent surtout dans des expressions figées, avec des valeurs modales. L'imparfait *plût* exprime le regret, par opposition au présent *plaise* qui marque un souhait (**2.2.2.**) : *Plût à Dieu qu'on réglât ainsi toutes les querelles* (La Fontaine).

Dans la langue classique, l'imparfait (*il vînt*) et le plus-que-parfait (*il fût venu*) exprimaient l'éventualité, en particulier dans un système hypothétique (*infra*) ; ils sont remplacés aujourd'hui par le conditionnel présent (*il viendrait*) et passé (*il serait venu*). L'imparfait pouvait indiquer une éventualité, conforme ou non à la réalité, alors que le plus-que-parfait exprimait l'irréel du passé : – *Rodrigue, qui l'eût cru ? – Chimène, qui l'eût dit ?* (Corneille). Ce dernier est encore employé avec cette valeur par des écrivains modernes : *Il eût été pourtant facile, sans se compromettre, d'attirer l'attention du docteur sur l'arsenic que prenait Bernard* (Mauriac).

Le plus-que-parfait pouvait également marquer le regret d'un fait non réalisé dans le passé : *Ah ! que je fusse né dans le temps des tournois et des batailles !* (Musset) Il sert aussi à asserter, comme le conditionnel passé, un procès passé fictif, une impression imaginaire : *On eût entendu tomber une feuille* (Stendhal) – *On eût dit le nain invulnérable de la mêlée* (Hugo).

- **En proposition subordonnée**

Selon la concordance classique, l'imparfait et le plus-que-parfait du subjonctif s'emploient en corrélation avec un verbe principal à un temps du passé, qui leur fournit un repère temporel. D'une manière symétrique au présent et au passé du subjonctif :

> – l'imparfait indique un procès simultané ou postérieur au fait exprimé par le verbe principal : *Elle souhaitait que sa fille lui écrivît.*
> – le plus-que-parfait marque l'antériorité par rapport au verbe principal ou dénote l'aspect accompli : *Elle souhaitait que sa fille lui eût écrit.* La valeur d'accompli s'impose parfois nettement : *L'homme attendit respectueusement qu'ils eussent franchi la porte* (J. Romains).

Cette règle de concordance est appliquée aujourd'hui dans un usage recherché. Le français courant emploie à la place de l'imparfait et du plus-que-parfait respectivement le présent et le passé du subjonctif.

Dans la langue classique ou soutenue, la valeur modale peut l'emporter sur la concordance des temps. Dans une subordonnée complétive ou relative, l'imparfait du subjonctif marque, même après un verbe principal au présent, une éventualité : *On craint qu'il n'essuyât les larmes de sa mère* (Racine).

De même, dans une subordonnée dépendant d'un verbe au présent, le plus-que-parfait peut exprimer une hypothèse sur le passé qui ne s'est pas vérifiée : *Hier soir, je crois qu'un saint l'eût appelé* (Bernanos).

Avec un conditionnel présent à valeur hypothétique dans la principale, la concordance modale est parfaite : *Oui, cela serait drôle qu'il lui vînt cette idée* (Musset). Au conditionnel modal de la principale répond le subjonctif marquant l'éventuel.

- **Dans les systèmes hypothétiques**

L'imparfait et le plus-que-parfait du subjonctif étaient couramment employés en ancien français dans les systèmes hypothétiques, sur le modèle du latin. Ils y ont été progressivement remplacés par le conditionnel dans la principale, associé à des temps de l'indicatif dans la subordonnée.

L'imparfait du subjonctif n'a plus été employé dans les systèmes hypothétiques complets au XVIe siècle. Mais il se rencontre encore, en français classique ou soutenu, dans des structures particulières où il exprime seul l'hypothèse :

– dans une subordonnée relative ou complétive (voir le cas précédent) ;
– dans des constructions en parataxe exprimant des relations de condition ou d'opposition : *Fût-il le diable en personne, il ne me ferait pas peur – J'ai pris le parti de la suivre, dût-elle aller au bout du monde* (Abbé Prévost). La proposition contenant l'imparfait du subjonctif équivaut à une subordonnée introduite par *si* ou *même si*. Ce temps s'emploie surtout avec les auxiliaires *être* et *devoir*, dans des structures plutôt figées.

Le plus-que-parfait du subjonctif a continué d'être employé, en français classique et dans la langue soutenue. Cet usage explique l'appellation *conditionnel passé 2e forme* qui lui était donnée naguère (**2.1.8.**). Dans un système hypothétique avec *si*, il peut figurer dans la principale et dans la subordonnée, ou, le plus souvent, dans une seule de ces propositions, pour exprimer l'irréel du passé : *S'il fût venu, elle eût été heureuse – S'il ne venait pas d'inventer ce beau projet à l'instant même, il en eût déjà parlé à Laura* (Gide) – *Ah ! s'il m'eût été libre de vous voir, il n'y avait qu'un mot à dire, et je crois que j'en aurais eu le courage* (Diderot). Dans ce dernier exemple, l'imparfait de l'indicatif *avait* équivaut au conditionnel *aurait eu*.

Bibliographie. — H. Bonnard, GLLF, La concordance des temps : 857-861 – P. Bourdin (1996), La concordance des temps aux confins de l'accord, *Faits de langue*, 8 : 307-316 – J. Cellard (1996), *Le subjonctif. Comment l'écrire, quand l'employer*, Duculot – N. Fournier (1998), chap. 16

2.3. L'impératif

2.3.1. *Morphologie*

L'impératif est un mode personnel et non temporel qui est restreint en personnes : il ne comporte que la première personne du pluriel (*chantons*) et la deuxième personne du singulier (*chante*) et du pluriel (*chantez*). Dans la phrase injonctive (**XIV : 4.**), il est complété par le subjonctif employé à la première personne du singulier (*que je chante*) et à la troisième personne du singulier et du pluriel (*qu'il(s) chante(nt)*).

On distingue une forme simple, l'**impératif présent** (*chante*) et une forme composée, l'**impératif passé** (*aie chanté*). Ces appellations sont trompeuses : comme l'impératif exprime principalement l'ordre, la réalisation du procès ne peut être envisagée que dans l'avenir, à partir du moment de l'énonciation. Il peut être d'ailleurs accompagné d'une subordonnée circonstancielle de temps au futur : *Fais-le quand tu pourras*. La forme simple et la forme composée s'opposent sur le plan de l'aspect : la première exprime l'inaccompli, la seconde l'accompli. Cependant, l'impératif passé est peu employé, alors que le présent est très fréquent.

Remarque. — L'impératif peut théoriquement se mettre au passif. À l'impératif présent, cette tournure est rarement employée ; elle est limitée à des discours particuliers. *Soyez remercié(s) pour votre offre*. Elle est encore plus rare à l'impératif passé : *Ayez été remercié pour votre offre* est très artificiel.

Les trois personnes de l'impératif présent correspondent généralement aux mêmes personnes du présent de l'indicatif. Mais les verbes du type *chanter* (et les verbes comme *cueillir* et *ouvrir*) perdent le *-s* à la deuxième personne du singulier et les verbes *avoir, être, savoir* et *vouloir* empruntent leurs formes d'impératif au présent du subjonctif (**IX : 2.2.1. Série 1**). L'impératif passé, formé à l'aide des auxiliaires *être* ou *avoir*, utilise les mêmes formes que le subjonctif passé : *aie / ayons / ayez mangé* ; *sois / soyons / soyez parti(s)* ; la seule modification est orthographique : suppression du *-s* à la deuxième personne du singulier du verbe *avoir*. L'impératif ne possède donc pas de formes propres, puisque ses personnes correspondent presque totalement à celles de l'indicatif ou du subjonctif.

2.3.2. *Syntaxe*

L'impératif possède quelques particularités syntaxiques remarquables :

▶ Le verbe à l'impératif s'emploie sans sujet explicite. C'est donc la désinence verbale qui doit spécifier la personne à qui s'adresse le locuteur. Le groupe verbal qui forme la phrase à lui seul peut être complété par un groupe nominal mis en apostrophe, qui indique la personne visée par le locuteur : *Approchez, mes enfants – Viens, mon fils – Parlez, Chimène.* Cependant, l'apostrophe, qui est mobile, n'exerce pas de fonction syntaxique précise dans la phrase (**XIV** : **9.4.2.**).

▶ Les pronoms personnels compléments se placent tous après le verbe à l'impératif positif : *dites-le-moi, écris-lui, écoute-nous* (**VII** : **5.2.1.**). Le pronom réfléchi d'une forme pronominale est aussi postposé : *Souviens-toi de ton livre et de son peu de bruit* (Molière). Mais si le verbe à l'impératif est accompagné de termes négatifs, les pronoms clitiques gardent leur place habituelle : *Ne me quitte pas. Ne lui parle plus.*

2.3.3. Valeurs modales

▶ L'impératif a une valeur fondamentalement directive : il vise à orienter la conduite du (ou des) destinataire(s). Selon la situation, il exprime un ordre, une exhortation, un conseil, une suggestion ou une prière : *Sortez !* (Racine) – *Parlons paisiblement* (J. Genet) – *Chut ! Écoutez comme il joue...* (J. Anouilh).

La valeur directive de l'impératif explique sa limitation en personnes. Le locuteur emploie une phrase impérative pour s'adresser à un interlocuteur sur qui il veut agir ; la deuxième personne (du singulier et du pluriel) de l'impératif est donc la plus employée. Le destinataire n'est pas toujours une personne, mais il est traité comme tel : *Ô temps, suspens ton vol ! et vous, heures propices, / Suspendez votre cours !* (Lamartine).

L'ordre à la première personne du pluriel s'adresse aussi à l'interlocuteur, tout en incluant le locuteur : **Ayons** *compassion des châtiés* (Hugo).

Le locuteur peut aussi s'adresser à lui-même, mais, comme l'impératif ne possède pas de première personne du singulier, il aura recours fictivement à la deuxième personne du singulier

(*Continue !*) ou à la première personne du pluriel, comme dans ce monologue intérieur de roman : *N'importe,* **sachons** *qui est cette inconnue, pour moi-même, pour me guérir d'une passion qui prend déjà trop sur mon cœur;* **pénétrons,** *s'il est possible, les secrets du sien* (Crébillon).

Quant à la troisième personne, extérieure à l'échange communicatif, elle ne peut pas être le destinataire direct de l'ordre, qui ne peut lui être adressé que par un intermédiaire ; le subjonctif suffit dans ce cas : *Qu'on me l'égorge tout à l'heure, qu'on me lui fasse griller les pieds, qu'on me le mette dans l'eau bouillante, et qu'on me le pende au plancher* (Molière).

▶ Dans une phrase négative, il exprime la **défense** : *Ne nous embrouillons pas, voyons, voyons !* (J.-P. Chabrol).

▶ La phrase impérative peut aussi exprimer une demande polie, qui est souvent manifestée au moyen de *veuillez* : *Veuillez agréer l'expression de ma haute considération.*

▶ Dans une phrase complexe comportant deux propositions juxtaposées ou coordonnées, la proposition à l'impératif prend une valeur particulière, selon la relation logique qu'elle entretient avec l'autre proposition, qui contient le plus souvent un verbe au présent ou au futur de l'indicatif : « *Tire la chevillette, la bobinette cherra* » (Perrault). – *Frappez, et l'on vous ouvrira.* On demande fictivement à l'interlocuteur de faire quelque chose, en assertant simultanément qu'une certaine conséquence en découlera. Les deux propositions, nettement séparées (pause ou virgule), entretiennent le même type de relation qu'une subordonnée et une principale dans un système hypothétique, respectivement au présent et au futur : *Si vous frappez, l'on vous ouvrira* (**XVIII : 4.3.**). La proposition à l'impératif correspond à une subordonnée hypothétique introduite par *si* : comme il est tourné vers le futur, l'impératif est apte à exprimer une hypothèse portant sur l'avenir, dont dépend l'autre proposition. Le subjonctif peut avoir la même valeur (**2.2.2.**).

Les deux propositions peuvent aussi entretenir une relation de concession, en particulier quand la seconde est à la forme négative : *Continuez de parler, je ne changerai pas d'avis*. L'hypothèse évoquée par l'impératif n'a pas d'effet sur le procès exprimé par la seconde proposition.

2.3.4. Valeurs temporelles et aspectuelles

▶ **L'impératif présent** situe le procès dans l'avenir, à un moment postérieur au point d'énonciation ; cet avenir peut être immédiat (*Partez tout de suite*) ou plus lointain (*Retrouvons-nous dans dix ans sur la place des Grands-Hommes*).

L'impératif peut aussi exprimer un ordre ou un conseil valables pour tous les temps, notamment dans les proverbes : *N'éveillez pas le chat qui dort.*

▶ **L'impératif passé** est peu employé. Il exprime un procès achevé à un moment futur, qui est souvent indiqué explicitement par un complément circonstanciel : *Soyez rentrés avant minuit. Ayez fini à cinq heures*. L'ordre ainsi exprimé est plus contraignant que si l'on utilise l'impératif présent, puisque le locuteur envisage le procès à venir comme effectivement accompli. Avec les verbes perfectifs comme *rentrer*, l'accent est en plus mis sur le résultat.

Quand l'impératif passé est employé en corrélation avec une autre proposition (généralement au futur), il marque l'antériorité par rapport à celle-ci : *Ayez terminé ce travail quand je reviendrai*.

Bibliographie. — H. Bonnard, (GLLF), L'impératif : 2556-2560.

2.4. L'infinitif

L'infinitif est un mode dont la forme ne marque ni le temps, ni la personne, ni le nombre. On distingue une forme simple, l'**infinitif présent** (*chanter*), et une forme composée, l'**infinitif passé** (*avoir chanté*), qui ne s'opposent pas sur le plan temporel, mais sur le plan aspectuel. Par ailleurs, l'infinitif peut prendre la forme passive (*être chassé, avoir été chassé*). Étant invariable, il est utilisé comme entrée des verbes dans les dictionnaires. D'autre part, il sert de base au classement traditionnel des conjugaisons des verbes, ce qui lui confère une certaine importance grammaticale (**IX : 2.6.1.**). Malgré ces caractéristiques verbales, il ne présente que l'idée du procès, et son indétermination temporelle et personnelle doit être levée par le contexte ou par la situation.

Bibliographie. — C. Vikner (1980), L'infinitif et le syntagme infinitif, *Revue romane*, 15(2) : 252-291.

2.4.1. *Infinitif présent et infinitif passé*

Les deux formes de l'infinitif s'opposent sur le plan de l'aspect : l'infinitif « présent » (*vivre, voter*) exprime l'inaccompli, l'infinitif « passé » (*avoir vécu, avoir voté*) marque l'accompli (**1.3.2.**).

▶ **L'infinitif présent** envisage l'action en cours de réalisation. Celle-ci est située dans le temps, suivant la relation existant entre l'infinitif et le verbe principal ou le contexte. Quand l'infinitif est en construction dépendante, il peut entretenir deux sortes de relations chronologiques avec le verbe principal :

• L'action dénotée par l'infinitif est simultanée à l'action principale, qui se situe :

– dans le présent, qui peut avoir une valeur générale : *Toutes les belles ont droit de nous charmer, et l'avantage d'**être** rencontrée la première ne doit point **dérober** aux autres les justes prétentions qu'elles ont toutes sur nos cœurs.* (Molière, Dom Juan)
– dans le passé (passé simple ou imparfait) : *Quoiqu'elle fût plus âgée que moi, elle reçut mes politesses sans **paraître** embarrassée* (Abbé Prévost) – *Au lieu d'**apercevoir** à chaque pas des désagréments et des motifs d'aigreur, notre héros se laissait **charmer** par les douceurs de la prison.* (Stendhal)

• L'action dénotée par l'infinitif peut être postérieure à l'action principale, notamment quand le verbe principal l'oriente vers l'avenir : *Il espérait **pouvoir** s'orienter* (M. Tournier) – *On voudrait bien **arrêter** tout ça pour qu'on y réfléchisse* (Céline).

Le verbe principal peut être à un temps du passé : *Vous avez été créé pour me **tourmenter*** (Balzac).

Remarque. — On peut attribuer à l'infinitif présent un sens passif dans certaines constructions : *une maison à louer / à vendre, un homme à abattre*. Les noms ne dénotent pas les agents, mais les patients du procès à l'infinitif. De même, *le prêt-à-porter* est confectionné pour *être porté*.

▶ **L'infinitif passé**, qui exprime l'accompli, peut indiquer une relation temporelle d'**antériorité** à n'importe quelle époque : *Que vous servira d'avoir tant écrit dans ce livre, d'en **avoir rempli** toutes les pages de beaux caractères, puisque enfin une seule rature doit tout effacer ?* (Bossuet) – *Je m'applaudissais d'**avoir placé** les fables de ma félicité hors du cercle des réalités humaines* (Chateaubriand).

2.4.2. Les emplois de l'infinitif

L'infinitif est considéré comme la forme nominale du verbe. Comme il assume des fonctions verbales ou nominales, on peut répertorier ses emplois en se fondant sur ce double statut : les valeurs de l'infinitif connaissent une série de degrés, depuis l'emploi verbal à part entière jusqu'au statut de nom véritable.

▶ **L'infinitif est le centre verbal d'une phrase**

Quand l'infinitif a un rôle verbal, il constitue le nœud verbal d'une phrase indépendante, principale ou subordonnée ; comme verbe, il est le mot-tête du groupe verbal. Il détermine la structure des compléments, notamment le placement des clitiques, et il peut prendre une forme active, passive ou pronominale ; c'est lui qui est en relation de sélection avec le sujet et les compléments.

• **L'infinitif est le centre d'une phrase indépendante**

Quatre types de phrases peuvent comporter un groupe verbal constitué autour d'un verbe à l'infinitif présent :

➜ On rencontre, dans une phrase déclarative, **l'infinitif de narration :**

Et Grenouilles de se plaindre ; / Et Jupin de leur dire... (La Fontaine). Cet emploi de l'infinitif, jugé familier au XVIIe siècle, est très contraint et limité à certains types de textes, essentiellement narratifs. L'infinitif est introduit obligatoirement par *de* et possède généralement un sujet propre. La phrase où il figure ne se suffit pas à elle-même, mais elle s'insère dans une séquence d'actions, en se rattachant à la phrase précédente par *et*. Sa localisation temporelle lui est donnée par le contexte narratif ; comme les récits sont habituellement au passé, l'infinitif équivaut le plus souvent au passé simple. Le lien étroit avec le passage qui précède (la phrase à l'infinitif marque une suite qui est souvent une conséquence) crée un effet stylistique de soudaineté et de rapidité : *Et pains d'épice de voler à droite et à gauche, et filles et garçons de courir, de s'entasser et s'estropier* (J.-J. Rousseau).

→ Dans une phrase interrogative sans sujet exprimé, on peut employer **l'infinitif délibératif** : *À quoi bon travailler ?* (V. Hugo, *Ruy Blas*) – *Où aller ? Que faire ?* Le sujet est le locuteur ou un agent indéfini générique. Dans les monologues de théâtre, le personnage se pose une question à soi-même : *Où courir ? Où ne pas courir ?* (Molière, *L'Avare*)

→ L'**infinitif exclamatif** sert à exprimer un sentiment vif (colère, protestation, étonnement, souhait, etc.) :
(1) *Fuir ! là-bas fuir !* (Mallarmé) – *Quoi ! ne pas lutter de magnanimité !* (Hugo)
(2) *Moi, voter pour Nepel ! – Un père se cacher pour voir ses filles !* (Balzac)

L'infinitif peut s'employer sans sujet (1). Quand le sujet est exprimé (2), il est séparé de l'infinitif par une pause et forme avec lui une construction segmentée ; le pronom personnel sujet prend la forme tonique (*moi*). L'absence de forme conjuguée et l'absence du sujet (ou sa nette séparation d'avec l'infinitif quand il est exprimé) permettent de présenter l'idée du procès à l'état brut ; c'est la situation particulière qui permet de percevoir le sentiment éprouvé.

→ L'infinitif est employé à la place de l'impératif pour exprimer un ordre, un conseil. Le sujet est celui qui lit l'énoncé. Les livres de cuisine et le code de la route en font un usage fréquent : *Ralentir – Battre les œufs en neige – Appuyer sur le bouton pour demander l'arrêt – Ne pas parler au conducteur.* On l'emploie aussi dans un mémento pour noter les choses à faire : *Acheter sucre. Téléphoner à Guy. Écrire à Simone.*

Dans son poème *Pour faire le portrait d'un oiseau*, Prévert imite le style des modes d'emploi : *Peindre d'abord une cage / avec une porte ouverte / peindre ensuite / quelque chose de joli…* (*Paroles*)

Dans ces quatre emplois, l'infinitif équivaut au mode personnel correspondant. Il présente l'idée verbale en soi et doit s'appuyer sur un contexte linguistique ou situationnel pour prendre sa valeur temporelle.

- **Emploi en corrélation avec un semi-auxiliaire (IX : 2.3.)**

Quand l'infinitif suit un auxiliaire aspectuel (*aller, commencer à*, etc.) ou modal (*devoir, pouvoir*), il entretient avec lui le même type de rapports que le participe passé avec les auxiliaires *être* et *avoir* ; l'auxiliaire et l'infinitif forment le centre du groupe verbal. Le premier sert de support aux désinences de temps, de personne et de nombre et apporte une indication aspectuelle ou modale. L'infinitif porte l'essentiel de la signification (état ou processus) et possède les propriétés du verbe ; c'est lui qui opère notamment la sélection du sujet et des compléments : *Et le chien se mit à **tourner** autour de la pièce* (Maupassant) – *Il dut, quelques secondes, **fermer** les yeux* (Saint-Exupéry) – *L'univers peut se **tromper*** (Giraudoux) – *Pardonnez aux efforts que je viens de **tenter** / Pour prévenir les pleurs que je leur vais **coûter*** (Racine). Ce dernier exemple montre qu'en français classique, le pronom complément se plaçait plutôt devant l'auxiliaire, ce qui prouve la liaison étroite de celui-ci avec l'infinitif.

Remarque. — L'infinitif suivant un verbe conjugué peut aussi être traité comme un complément de celui-ci et mis en relation avec une subordonnée complétive (**XVII : 3.**). Dans le cas des semi-auxiliaires, la complétive n'est généralement pas attestée. En outre, à la différence de verbes « pleins » comme *espérer* ou *vouloir*, les semi-auxiliaires sont « transparents sémantiquement » (Delaveau et Kerleroux 1985 : 411) : ce ne sont pas eux qui opèrent la sélection du sujet, mais le verbe à l'infinitif qui les suit.

- **Le verbe d'une proposition subordonnée peut se mettre à l'infinitif.**

Deux grands types de subordonnées peuvent comporter un verbe à l'infinitif, dans des conditions bien précises :

➔ L'interrogative indirecte (**XVII : 4.1.**) : *Elle ne sait plus quoi inventer – Je ne sais où aller.*
➔ La subordonnée relative (**XVI : 2.7.**) : *Elle cherche une salle où fêter son anniversaire.*

Dans ces deux cas, le sujet de l'infinitif non exprimé est coréférent au sujet du verbe principal, ou générique. L'infinitif est affecté d'une nuance d'éventualité ; dans la relative, il peut être introduit par *pouvoir*, qui est toujours sous-jacent : *Elle cherche une salle où pouvoir fêter / où elle puisse fêter son anniversaire – Il faudrait savoir où aller.*

- **Le problème de la proposition subordonnée infinitive :**

La proposition subordonnée infinitive est privilégiée par la tradition grammaticale, sur le modèle du latin, où elle est d'un emploi plus étendu qu'en français.

Du point de vue traditionnel, deux conditions doivent être remplies pour parler de « subordonnée infinitive » :

– La proposition doit être complément d'un verbe appartenant à une série limitée : *faire, laisser*, des verbes de perception comme *entendre, voir, sentir* et des verbes causatifs de mouvement comme *emmener, envoyer, conduire* : *Il a emmené les enfants voir* Blanche-Neige. – *On croit entendre des hydres parler* (Hugo) – *Je sens s'agiter en moi les futures fautes que je n'ai pas commises* (Giraudoux) – *On m'a vu dans le Vercors sauter à l'élastique* (A. Bashung).
– Elle doit avoir un sujet propre, différent de celui du verbe principal, ce qui lui donne la structure d'une phrase complète dont cependant les deux termes (groupe nominal sujet + groupe verbal) sont permutables : *J'entends **les oiseaux** chanter / J'entends chanter les oiseaux.*

La notion même de proposition infinitive en français est critiquée. Elle repose sur une contradiction entre les analyses sémantico-logique et syntaxique : sur le plan syntaxique, le « sujet » de l'infinitif fonctionne comme le COD du verbe recteur (*Je me sentis défaillir* (Maupassant) : le pronom est COD de *sentir*), alors que sur le plan sémantico-logique, la construction infinitive fonctionne comme une unité propositionnelle complément du verbe.

Pour résoudre ce problème, deux traitements syntaxiques différents sont possibles suivant le verbe recteur :
- *faire* et *laisser* sont traités comme des semi-auxiliaires causatifs (**IX : 2.3.**)
- les verbes de perception et les verbes causatifs de mouvement sont traités comme des verbes à deux compléments directs, le deuxième complément étant un infinitif (Le Goffic 1993 : 276 sv). Cette construction de prédicat second est mise en parallèle avec celle de l'attribut du complément d'objet (*Je trouve Pierre **fatigué***) et de la proposition relative prédicative (*Je vois Martin **qui arrive***). Sur le plan sémantique, la solidarité entre le GN objet et l'infinitif est forte après un verbe de perception et la relation établie est différente de celle de la relative prédicative. Avec la construction infinitive (*J'entends siffler le train*), c'est la perception de l'événement dénoté par l'infinitif qui prime ; avec la relative prédicative, c'est « la perception du référent de SN2 saisi dans son action » (Marsac 2006 : 313).

Bibliographie. — J. Damourette et E. Pichon (1911-1940), § 869 et 1059 – G. Moignet (1973), Existe-t-il en français une proposition infinitive ? , in A. Joly (éd.), *Grammaire générative transformationnelle et psychomécanique du langage*, Presses universitaires de Lille – P. Le Goffic (1993) – A. Delaveau et F. Kerleroux (1985), Classement des verbes construits avec un infinitif : 33-48 – A. Englebert (1998), *L'infinitif dit « de narration »*, Duculot – F. Marsac (2006), *Les constructions infinitives régies par un verbe de perception*, Thèse, Université Strasbourg 2.

▶ **L'infinitif est le centre d'un groupe ayant une fonction nominale.** L'infinitif constitue un groupe qui peut exercer toutes les fonctions du groupe nominal :

• **sujet** : ***Bien rosser et garder*** *rancune est aussi par trop féminin !* (Beaumarchais, *Le Mariage de Figaro*) – *Veux-tu que je te dise /* ***Gémir*** *n'est pas de mise / Aux Marquises* (Jacques Brel).

• **attribut du sujet** : *Vouloir, c'est pouvoir. – Souffler n'est pas jouer.*
Quand le sujet n'est pas lui-même un infinitif, l'infinitif attribut doit être introduit par *de*: *Mon idéal, ce serait **de travailler** tranquille, **de manger** toujours du pain, **d'avoir** un trou un peu propre pour dormir...* (É. Zola)

• **complément du verbe (XVII : 3.)** :
➜ **construction directe** : les verbes *désirer, espérer, préférer, souhaiter* et *vouloir* sont directement suivis de l'infinitif (la langue classique insérait *de* devant

l'infinitif) : *Elle désire vous connaitre – J'espérais trouver un hôtel un peu plus confortable* (Gide). Ces verbes ont une parenté sémantique avec les auxiliaires modaux comme *devoir* et *pouvoir*.
L'infinitif complément des verbes de mouvement comme *partir, sortir* est aussi construit directement : *Il sort acheter le journal*. Il peut être introduit, plus rarement, par la préposition *pour* : *Il sort pour acheter le journal*.

➜ **construction indirecte** : l'infinitif complément de verbes comme *apprendre, songer, s'attendre* est précédé de la préposition *à* : *Il apprend à conduire un camion*. Il est relié par *de* à des verbes comme *douter, craindre, proposer, refuser, ordonner* : *Ellénore me proposa de **sortir*** (B. Constant). Les uns fonctionnent comme des compléments directs (pronominalisés en *le*) : *Il l'apprend – Il le craint* ; les autres comme des compléments indirects (pronominalisés en *y* ou *en*) : *Il y songe / Il en doute*.

➜ Avec certains verbes, deux constructions de l'infinitif sont possibles. L'infinitif complément du verbe *aimer* se construit avec ou sans préposition ; la construction directe est la plus fréquente aujourd'hui : *Elle haïssait la lecture, n'aimait que **coudre**, **jacasser** et **rire*** (Mauriac).
Demander est relié à l'infinitif par *à* quand il a le même sujet que lui et par *de* dans le cas contraire : *Il demande à parler* (Littré) – *Comme des ombres, ils semblaient me demander de les emmener avec moi, de les rendre à la vie.* (Proust)
Pour certains verbes comme *décider*, le choix de la préposition *à* ou *de* est significatif. Pour d'autres, comme *obliger*, il n'affecte pas vraiment le sens.

Remarque. — La construction de l'infinitif peut être différente de celle du groupe nominal complément du même verbe : ainsi, les verbes *apprendre, proposer, demander* sont suivis d'un groupe nominal construit directement. (XVII : 3.2.).

• **complément de verbe impersonnel (XIV : 8.)** (introduit par *de*) : *Il s'agit seulement d'administrer quelque puissant antidote* (Flaubert).

• **complément du nom (VII : 4.4.)** : *Je sais l'art d'**évoquer** les minutes heureuses !* (Baudelaire) – *Le désir de **voyager** est plus fort que la peur de **courir** des risques.*

Des noms composés sont constitués d'un nom suivi d'un infinitif : *une machine à écrire, une carte à jouer*.

• **complément de l'adjectif (XI : 4.4.)** : *Nous restâmes là jusqu'à l'aurore, incapables de **bouger**, de dire un mot, crispés dans un affolement indicible* (Maupassant).

• **apposition** : *Charles connait les gouts d'Emma : **aimer**, **boire** et **chanter**.*

- **complément circonstanciel** : *Il n'a pas desserré le frein à main avant de démarrer* — *Robinson fit un effort pour s'asseoir* (Tournier) — *Tu parles sans réfléchir, mais ton miroir réfléchit sans parler* — *Je me presse de rire de tout, de peur d'être obligé d'en pleurer* (Beaumarchais).

Quelle que soit la fonction nominale de ce groupe, l'infinitif garde, à l'intérieur de celui-ci, les propriétés d'un verbe : il peut prendre une forme active, passive ou pronominale, être modifié par une négation, recevoir les compléments du verbe (objet ou attribut) ou des compléments circonstanciels et il a interprétativement un sujet, exprimé ou non.

Remarque. — On peut comparer ces structures infinitives à des subordonnée complétives ou circonstancielles (**XVII : 3.** et **XVIII : 2.2.**), car on peut généralement remplacer l'infinitif par une complétive ou une circonstancielle. Cette équivalence ne remet pas en cause le statut nominal de ces groupes, mais confirme le rôle verbal de l'infinitif à l'intérieur de ceux-ci.

▶ **L'infinitif, précédé d'un déterminant, fonctionne comme un nom véritable**

Il avait un rire de poulie mal graissée (Zola) — *Tout l'être qui se mesure n'est rien* (Bossuet) — *J'exerçais soudain, non pas ce tact, mais le flairer qui fait ressentir au cœur encore jeune et généreux la portée de ses actions* (Balzac).

Par conversion (**XX : 3.4.**), l'infinitif passe dans la catégorie du nom. Beaucoup d'infinitifs, qui peuvent varier en nombre, constituent une entrée nominale autonome dans les dictionnaires : *rire, souvenir, repentir, devoir, avoir, être, pouvoir, savoir, parler,...* Pour des noms comme *loisir* ou *plaisir*, le lien avec le verbe s'est perdu.

Certains verbes prennent occasionnellement le rôle de noms génériques, comme *le boire* et *le manger* du savetier de La Fontaine. Leur statut nominal reste limité : ils ne peuvent pas être introduits par n'importe quel déterminant et restent invariables (**plusieurs boire, *dix manger*). La substantivation de l'infinitif, très vivante en ancien français, ne se produit plus guère aujourd'hui que dans le discours philosophique.

Bibliographie. — C. Buridant (2008), *La substantivation de l'infinitif en français : étude historique*, Champion.

2.5. Participe et gérondif

Le participe est, comme l'infinitif, un mode impersonnel du verbe. On distingue en premier lieu le **participe présent** (*chantant*) et le **participe passé** (*chanté, ayant chanté*). Pour le premier, l'apparente unité de la désinence spécifique *-ant* recouvre deux types de fonctionnement syntaxique :

▶ Le **participe présent** et **l'adjectif verbal** justifient, chacun à sa façon, le terme de participe et son appellation de forme adjective du verbe ; ils « participent » à la fois du verbe et de l'adjectif :

(1) *Le soleil, <u>tombant</u> d'aplomb sur les larges verdures, les éclaboussait.* (Flaubert)
(2) *Ici gronde le fleuve aux vagues <u>écumantes</u>.* (Lamartine)

Le participe présent (1) garde des propriétés verbales (compléments du verbe, négation par *ne... pas*), alors que l'adjectif verbal (2) constitue une sous-classe des adjectifs qualificatifs. Tous les verbes (sauf les verbes impersonnels) ont un participe présent, alors que certains seulement ont un adjectif verbal qui leur correspond (**mangeante, *évaporante,...*).

▶ Le **gérondif**, toujours précédé de *en* dans l'usage moderne, joue le rôle d'un complément circonstanciel et possède certaines propriétés des adverbes : *Il me fallut rejoindre **en courant** mon père et mon grand-père qui m'appelaient* (Proust).

Remarque. — Certains grammairiens, comme H. Bonnard (*GLLF*), n'admettent pas que l'on traite le gérondif comme une simple variante combinatoire du participe présent : ils considèrent que le gérondif est une forme totalement indépendante du participe présent (simple homonymie). L'Académie française a longtemps hésité, influencée par le latin qui distingue nettement gérondif (*amando*) et participe présent (*amans, amantis*). Sur cette question, voir O. Halmøy (1982).

▶ Le **participe passé**, quant à lui, possède des emplois verbaux, notamment dans les formes composées du verbe (*Il a chanté*), et des emplois adjectivaux (*Des chevaux apeurés*).

Histoire. — Les trois formes en *-ant* n'ont été clairement distinguées qu'au XVIIIe siècle, par Duclos notamment. Au XVIIIe siècle, on confondait encore souvent le gérondif et le participe présent.
• L'*adjectif verbal* et le *participe présent* ont été distingués en 1679 par l'Académie française, qui a rendu le « participe actif » invariable. Ils s'opposent sur les plans morphologique et orthographique (adjectif variable vs « participe actif » invariable), et aussi sémantique (l'adjectif exprime une « qualité ou un état durable », le participe indique une « action passagère »). Mais jusqu'au XIXe siècle, les écrivains continuent d'accorder le participe présent, comme Racine en 1667 : *la veuve d'Hector pleurante à vos genoux*. Certaines expressions juridiques témoignent de l'ancienne variabilité du participe présent : ***les ayants droit***, *toutes affaires cessantes*.
• Le *gérondif* se distingue étymologiquement du participe présent (*amans*), puisqu'il est issu de l'ablatif du gérondif latin (*amando*). L'évolution phonétique a abouti à la confusion des formes, mais, en ancien français, le gérondif pouvait être précédé de nombreuses prépositions (*en, a, par, de, sans*, etc.) ; il nous en reste *à son corps défendant, de son vivant, sur mon séant*. À partir de 1300, le gérondif est introduit par *en, par* et *pour* et il concurrence l'infinitif complément prépositionnel. Comme la préposition pouvait être omise (cf. *chemin faisant*), la confusion avec le participe présent était fréquente. L'emploi de *en* s'est généralisé très progressivement au cours du XVIIIe siècle et l'on peut hésiter, dans les textes antérieurs à la Révolution (et même parfois postérieurs), sur l'analyse d'une forme en *-ant*. Duclos relevait, au XVIIIe siècle, l'ambiguïté de la phrase *Je l'ai rencontré allant à la campagne* : selon qu'*allant* est un gérondif ou un participe, ce n'est pas la même personne qui va à la campagne.

Bibliographie. — H. Gettrup (1977), Le gérondif, le participe présent et la notion de repère temporel, *Revue romane*, 12(2) : 210-271 – O. Halmøy (1982) – N. Fournier (1998), ch. 13-15.

2.5.1. *Participe présent et adjectif verbal*

Ces deux formes représentent deux degrés de l'adjectivisation du verbe : le participe présent garde l'essentiel des propriétés du verbe, alors que l'adjectif verbal se comporte comme un véritable adjectif.

▶ Sur le plan syntaxique, ils peuvent exercer l'un et l'autre les fonctions de l'adjectif qualificatif : épithète (1), apposé (2) ou attribut du complément d'objet direct (3) :

(1) *Je respire largement, tel Pelléas **sortant** du souterrain et **retrouvant** la vie, l'odeur des roses.* (Barthes)
(2) *Je me remis en mer, **cherchant** toujours quelque terre chérie des dieux.* (Montesquieu)
(3) *Je le [le sentier] trouvai tout **bourdonnant** de l'odeur des aubépines.* (Proust)

Mais seul l'adjectif verbal peut être attribut du sujet (*Ce livre est intéressant.*), alors que le participe présent peut être le noyau verbal d'une proposition subordonnée participiale (**XVIII : 2.2.**) : *Le soir tombant, le berger ramène le troupeau à la bergerie* – *On était dans le mois où la nature est douce,* / **Les collines ayant des lys sur leur sommet** (Hugo).

Dans un usage littéraire, le participe présent s'emploie après le verbe *aller* (ou *s'en aller*) pour marquer l'aspect progressif (*Le mal va croissant*, Académie). *Aller* peut garder sa valeur de verbe de mouvement : *Foucoult va sollicitant partout* (Mme de Sévigné).

Dans son environnement immédiat, le participe présent garde des propriétés verbales : il peut être suivi d'un adverbe lié au verbe, d'un complément d'objet (un pronom clitique peut lui être antéposé) ou d'un complément circonstanciel ; il peut aussi prendre la forme passive ou la forme pronominale. Le participe présent épithète équivaut à une subordonnée relative comportant le verbe conjugué : *Une porte communiquant avec la sortie* ↔ *qui communique avec la sortie*. L'adjectif verbal, au contraire, ne peut pas recevoir de compléments verbaux, mais seulement des compléments de l'adjectif ; il peut être modifié par les mêmes adverbes que celui-ci, en particulier pour exprimer les degrés de comparaison et d'intensité (*Un livre plus / très intéressant à lire*).

▶ Le participe présent et l'adjectif verbal s'opposent par leur forme : le premier est toujours invariable (sauf dans des expressions anciennes : voir *Histoire*), alors que le second s'accorde en genre et en nombre avec le nom auquel il se rapporte. En outre, l'adjectif verbal présente des particularités orthographiques qui le différencient, pour certains verbes, du participe présent :

- Le participe présent des verbes en *-quer* et *-guer* conserve la forme graphique du radical verbal (*-quant* et *-guant*), alors que l'adjectif verbal correspondant possède une forme différente (*-cant* et *-gant*) : *communicant, convaincant, fabricant, provocant, suffocant, vacant ; extravagant, fatigant, fringant, intrigant, navigant, zigzagant.*
- Alors que le participe a toujours la désinence *-ant*, une vingtaine d'adjectifs verbaux sont terminés par *-ent* : *adhérent, coïncident, convergent, déférent, détergent, différent, divergent, émergent, équivalent, excellent, influent, négligent, précédent, somnolent,…*

Les noms dérivés de ces adjectifs se terminent par *-ence* : *différence, divergence, équivalence*, etc. Mais ces convergences ne sont pas générales : on écrit *exigeant(e), existant(e)* les adjectifs correspondant aux noms *exigence, existence*.

▶ Pour le sens, le participe présent envisage le procès en cours de déroulement (aspect inaccompli). Il reçoit sa valeur temporelle du verbe à un mode personnel de la phrase où il figure, et il marque une relation de simultanéité avec le procès principal, quelle que soit l'époque.

L'adjectif verbal, comme tout adjectif qualificatif, exprime un état (*chaussée glissante*) ou une propriété (*un ton cassant*). Il peut, comme son homologue latin, avoir un sens passif (*une couleur voyante, une place payante*). Il n'équivaut pas toujours strictement à la relative correspondante (comme dans *un livre intéressant*) : il peut avoir le sens du verbe pronominal correspondant (*une personne méfiante, bien portante* = *une personne qui se méfie, qui se porte bien*) ou une signification spécifique (*une rue passante, une chaussée glissante, une soirée dansante, la poste restante*). La coupure avec le verbe correspondant est accentuée dans les emplois figurés de l'adjectif verbal (*un coup fumant, un type assommant, un style flamboyant, une beauté éclatante*). L'antéposition de l'adjectif verbal épithète parachève l'adjectivisation : *Il y avait dans ce temps-là **de grands hivers, de brûlants** étés* (Colette). Les dictionnaires traitent l'adjectif verbal sous une entrée séparée, ce qui confirme son autonomie par rapport au verbe.

2.5.2. Le gérondif

Le gérondif et le participe présent ont des caractéristiques verbales communes : ils sont invariables, ils se terminent toujours par *-ant* et ils peuvent recevoir les compléments du verbe. Ils subissent une même contrainte syntaxique : lorsqu'ils sont placés en tête de phrase, leur sujet doit être le même que celui du verbe principal. Dans l'usage ancien, le sujet pouvait être un autre terme de la phrase (*L'appétit vient en mangeant*) ; cette règle, introduite au XVIIe siècle pour éviter toute équivoque, n'est pas toujours strictement observée (*En traversant la chaussée, une voiture a renversé le piéton*). Le gérondif s'emploie aussi, précédé de *en*, après le verbe *aller*, mais ce dernier garde en partie son sens de verbe plein (*Un mal qui va en augmentant*, Académie). Le gérondif a les mêmes valeurs aspectuelle et temporelle que le participe présent : il indique un procès en cours de réalisation, simultané par rapport au procès exprimé par le verbe principal (*Il travaille en chantant*).

Le gérondif se différencie du participe présent par l'emploi obligatoire, en français moderne, de la préposition *en* (Voir *Histoire, supra*), qui convient le mieux a l'expression de la simultanéité temporelle, comme le montrent ses emplois pour indiquer une datation (*en été*). Sur le plan syntaxique, de même que le participe est la forme adjective du verbe, le gérondif en est la forme adverbiale. Il équivaut à un adverbe et assume la fonction d'un complément circonstanciel de manière, de moyen, de temps, de cause, de condition ou d'opposition, selon sa relation avec le reste de la phrase : *Le temps des frimas,* **en rendant** *les communications moins faciles, isole les habitants des campagnes* (Chateaubriand) – **En broyant** *toutes les peines humaines sous un pouvoir immense, cet homme devait avoir tué les joies terrestres* (Balzac) – *Je chassais mes idées noires* **en chantant** (Michel Sardou).

La préposition *en* peut être renforcée par l'adverbe *tout*, en particulier quand le gérondif exprime une opposition : *Tout en étant dévot, on n'en est pas moins homme.*

Cependant, la différence fonctionnelle entre le gérondif et le participe présent n'est pas toujours nettement tranchée : quand le participe est apposé au sujet, il jouit d'une relative mobilité et prend des valeurs circonstancielles semblables à celles du gérondif (temps et cause notamment). Seul l'emploi de *en*, irrégulier jusqu'au XIXe siècle, peut alors marquer le gérondif.

Remarque. — Pour exprimer les différentes valeurs circonstancielles, le gérondif et l'infinitif se complètent ; ce dernier est introduit par des prépositions autres que *en* **(2.4.2. et XVIII : 2.2.).**

Bibliographie. — O. Halmøy (2003) – M. Herslund (2003), La temporalité des verbes non finis : le gérondif comme anaphore. *Études linguistiques romano-slaves offertes à Stanislas Karolak*, Cracovie, Oficyna Wydawnicza, Edukacja : 233-242 – M. Herslund (2006), Le gérondif – une anaphore verbale, in M. Riegel *et al.* (éds), *Aux carrefours du sens. Hommages offerts à Georges Kleiber pour son 60*[e] *anniversaire*, Peeters :

379-390 – G. Kleiber (2007), En passant par le gérondif « avec » mes (gros) sabots, Cahiers Chronos, 19 : 93-125.

2.5.3. Le participe passé

Comme forme adjective du verbe, le participe passé possède des valeurs spécifiques, verbales et adjectivales. À la différence du participe présent, il est variable en genre et en nombre ; les règles qui gouvernent son accord avec le nom sont particulièrement complexes lorsqu'il est employé avec l'auxiliaire *avoir* (**IX : 3.2.**). Il possède une forme simple (*chanté, venu*) et une forme composée (*ayant chanté, étant venu*).

▶ **La forme simple du participe passé**

• **Valeurs verbales**

➔ Le participe passé sert à former, avec les auxiliaires *avoir* ou *être*, les temps composés des verbes (**IX : 2.2.2.**) : *Elle a chanté. Il est parti. Elle s'est évanouie.* Le temps composé ainsi formé exprime l'aspect accompli ou marque une antériorité (**1.3.2.**).

➔ Il est associé à l'auxiliaire *être* pour former le passif des verbes transitifs (**IX : 2.4.**) : *Cette question est / a été débattue à l'Assemblée – Je rapportai **deux branches, qui furent tressées** en couronne et **nouées** d'un ruban* (Nerval). Selon le type de passif, la séquence être + participe passé peut exprimer le procès en cours (passif action) ou l'état résultant de l'achèvement du procès (passif état) (**XIV : 7.3.2**).

➔ Comme le participe présent, le participe passé peut constituer le centre du groupe verbal d'une proposition subordonnée participiale (**XVIII : 2.2.**) :
 (1) *Le spectacle terminé, les comédiens saluent le public.*
 (2) *Le père mort, les fils vous retournent le champ.* (La Fontaine)
 Le participe passé, employé sans auxiliaire, peut alors correspondre à une forme active (2) ou passive (1). Il exprime l'antériorité par rapport au verbe principal ou simplement l'aspect accompli, comme dans *le moment venu*.

• **Valeur adjectivale**
Le participe passé employé sans auxiliaire peut jouer le rôle d'un adjectif qualificatif. Il correspond à une relative qui contient une forme verbale comportant l'auxiliaire *être* :

> – un temps composé actif formé avec *être* (*Des manifestants venus de tout le pays = qui sont venus*) ;
> – un temps simple passif d'un verbe transitif (*Les candidats admis = qui sont admis*).

Dans certains cas, il correspond à un verbe pronominal (*L'enfant endormi = qui s'est endormi. – L'illusion évanouie = qui s'est évanouie* : cf. **IX : 2.5.**).

La valeur sémantique du participe sans auxiliaire se déduit de la forme avec auxiliaire à laquelle il correspond. L'analyse transformationnelle part de l'effacement de l'auxiliaire. Quand il équivaut à un temps composé actif (*Des manifestants venus...*), le participe passé exprime l'achèvement du procès et marque l'antériorité par rapport au verbe principal. Quand il a la valeur d'un passif (*les candidats admis*), il marque l'aspect accompli et l'état résultant de cet accomplissement et entretient une relation temporelle d'antériorité avec le verbe principal. S'il correspond à un verbe pronominal (*l'illusion évanouie*), il marque aussi l'état résultant de l'achèvement du procès.

Le participe passé à valeur adjectivale peut constituer un groupe épithète du nom (1), apposé (2) ou attribut d'un complément d'objet direct (3) :

(1) *Les moissonneurs **couchés** faisaient des groupes sombres.* (Hugo)

(2) *Gavroche, **fusillé**, taquinait la fusillade.* (Hugo) – **Épuisé**, le coureur abandonna.

(3) *Je le trouve **très énervé**.*

Il peut avoir aussi la fonction d'attribut du sujet : *La pelouse était **couverte** de faibles vapeurs condensées* (Nerval) – **Tout semblait **engourdi** par le désœuvrement du dimanche et la tristesse des jours d'été* (Flaubert). Quand le participe passé est attribut du sujet, sa valeur adjectivale efface sa valeur verbale : *Cette montagne est éloignée.* Il prend alors nettement la valeur d'un adjectif : on peut remplacer ici le verbe *être* par un autre verbe d'état ou le participe par un adjectif (*Cette montagne est / paraît éloignée / lointaine*), et le participe peut être modifié par un adverbe marquant le degré (*Cette montagne est très éloignée*). Mais il est impossible d'assigner au participe passé une valeur adjectivale quand il exprime un procès au passif avec un complément d'agent (*Ma voiture a été révisée par le garagiste*) ou quand il constitue la forme composée d'un verbe actif (*Il est arrivé en retard*) : il garde dans ces deux cas sa valeur verbale.

On peut distinguer deux degrés dans la valeur adjectivale du participe passé, en observant son environnement immédiat (XIV : 7.3.2). Quand il possède des compléments verbaux (compléments d'objet, compléments circonstanciels, ou complément d'agent au passif), il garde une double valeur, comme le participe présent : il joue le rôle d'un verbe par rapport à ces compléments et celui d'un adjectif par la fonction qu'il exerce par rapport au nom. Mais lorsqu'il est employé sans compléments verbaux ou avec des compléments de l'adjectif (qui peut alors le remplacer), il joue, comme l'adjectif verbal, le rôle d'un véritable adjectif ; comme lui, il exprime l'état, en perdant partiellement ou totalement sa valeur temporelle : *Et moi, je suis semblable à la feuille flétrie* (Lamartine) – *Ses yeux bleuâtres, toujours entre-clos, souriaient dans son visage-coloré* (Flaubert). On peut remplacer l'épithète *coloré* par *rouge*, *vermeil*.

Les dictionnaires tiennent compte de cette différence : quand un participe passé a acquis la valeur d'un adjectif véritable, ils lui attribuent une entrée distincte de celle du verbe. Le participe enregistré comme adjectif peut acquérir des acceptions propres, distinctes de celles du verbe dont il est issu (*un conseiller avisé, des cheveux frisés, un enfant mal élevé,...*). Comme pour l'adjectif verbal, il est alors difficile ou impossible de mettre le participe passé en relation de paraphrase avec le verbe correspondant (*le journal parlé, la presse écrite, un appartement meublé, l'eau salée*). Mais certains verbes n'ont pas ce type d'adjectif : **dormie, *souvenue,...*

Remarque. — Le participe passé est formé par l'adjonction au radical verbal d'une voyelle finale *-é, -i, -u* ; certains participes, tels *offert, pris*, sont formés sur une base verbale particulière (**IX : 2.2.1.**). Il est remarquable que les voyelles *-é* et *-u* servent également à dériver des adjectifs à partir de noms : *attentionné, azuré, imagé, zélé* ;

bossu, charnu, feuillu, pointu, ventru,... On se gardera de confondre avec des participes ces adjectifs dénominaux qui ne sont rattachés à aucun verbe existant.

▶ La forme composée du participe passé

Elle est constituée de l'auxiliaire *avoir* ou *être* au participe présent, suivi de la forme simple du participe passé : *ayant chanté, ayant fini, étant allé, étant parti.*

Le participe passé composé s'emploie comme centre verbal d'une subordonnée participe (*Le député **ayant démissionné**, il faut organiser une élection législative partielle*) ou dans une fonction épithète (*Le cavalier n'**ayant pas franchi l'obstacle** / **étant tombé** / **ayant été désarçonné** a été / est / sera éliminé*). Dans tous les cas, il garde un statut verbal, qui détermine ses valeurs sémantiques. À l'actif, il exprime l'accompli ; au passif, il exprime plutôt l'état résultant de l'achèvement du procès ; dans les deux cas, il marque l'antériorité par rapport au verbe principal, quel que soit le temps de celui-ci (présent, passé ou futur).

Chapitre XI

L'ADJECTIF ET LE GROUPE ADJECTIVAL

1. LA CATÉGORIE GÉNÉRALE DE L'ADJECTIF

1.1. Définition

Comme le nom et le verbe, l'**adjectif** est une partie élémentaire du discours qui regroupe un ensemble de mots simples ou complexes sur la base de quatre propriétés communes, respectivement syntaxique, sémantique, morphologique et morphosyntaxique :

▶ comme **modifieurs** facultatifs du nom tête qu'ils précèdent ou suivent à l'intérieur d'un groupe nominal, ils assument la fonction **épithète** (**VII : 4.2.**) : *J'ai lu* [*un livre intéressant*]$_{GN}$ − *Nous avons eu* [*un bel été*] $_{GN}$ − *Les JO seront* [*l'événement sportif*]$_{GN}$ *de l'année* − *C'est* [*une vraie maladie professionnelle*] $_{GN}$;
▶ ils **caractérisent**, en spécifiant ou modulant le sémantisme du nom dont ils sont épithètes (*un petit chat* − *un chat affectueux* − *un simple chat de gouttière*) ou en assignant une propriété ou un état au terme nominal dont ils sont **prédiqués** (**VIII : 5.2.**) (*Il / Cet homme / Conduire en téléphonant est dangereux*−) ;
▶ ils sont **variables en genre** (*lent / lente ; beau / belle*) **et en nombre** (*lent / lents ; beau / beaux ; loyal / loyaux*) ;
▶ faute de genre qui leur soit propre, ils **s'accordent en genre et en nombre** avec le terme nominal qu'ils modifient (*un gros chagrin / une grosse peine / de gros chagrins / de grosses peines*) ou dont

ils sont prédiqués (*Les grands chagrins sont muets / Les grandes douleurs sont muettes*).

De fait, les adjectifs dépendent toujours d'un autre terme de la phrase, généralement nominal ou pronominal, et leur fonction se définit selon la manière dont ils sont mis en relation avec cet élément :

- comme **modifieurs** facultatifs à l'intérieur du groupe nominal, ils sont **épithètes** (**VII : 4.2.**) : *J'ai lu* [*un livre* (*intéressant*)]$_{GN}$ – *C'est* [*une* (*maigre*) *consolation*] $_{GN}$;
- reliés au terme ou groupe nominal dont ils sont prédiqués par l'intermédiaire d'un verbe, ils sont attributs **du sujet** (**VIII : 5.2.**) ou **de l'objet** (**VIII : 5.3.**) : *Ce livre* [*est intéressant*]$_{GV}$ – *Je* [*trouve ce livre intéressant*] $_{GV}$;
- lorsqu'ils précèdent ou suivent un groupe nominal ou son équivalent, dont ils sont séparés par une pause (à l'écrit, par une virgule), ils sont dits **apposés** ou **détachés** (**VII : 4.6.1.**) : *Sa femme, malade depuis un an, devait partir le lendemain* (Camus) – *Tranquilles cependant, Charlemagne et ses preux / Descendaient la montagne...* (Vigny).

1.2. Il y a adjectifs et adjectifs

Comme les autres catégories grammaticales majeures, celle des adjectifs se sous-catégorise. On distinguera, en fonction des propriétés morphosyntaxiques et interprétatives qui leur sont spécifiques :

- les **adjectifs qualificatifs** (**2.**), comme *rouge, rapide, joyeux*, etc., qui dénotent des propriétés et des états du nom dont ils sont épithètes, varient généralement en degré, se prédiquent du sujet ou de l'objet verbal dont ils sont attributs et se doublent en principe d'un nom de propriété (*rougeur, rapidité, joie*, etc.) ;
- les **adjectifs relationnels** (**3.**), comme *professionnel* dans *maladie professionnelle*, qui dénotent une relation, par définition non gradable, avec le référent du nom dont ils sont dérivés (*professionnel* = « en rapport avec la *profession* »), sont immédiatement postposés au nom qu'ils modifient, ne se coordonnent pas avec les adjectifs qualifica-

tifs, sont seulement marginalement aptes à l'emploi prédicatif et n'ont pas de nom de propriété qui leur corresponde ;
* les « **adjectifs du troisième type** » (4.), une étiquette commode pour regrouper un ensemble d'adjectifs comme *futur* dans *notre futur gendre* ou *simple* dans *simple formalité*, qui ne sont ni relationnels ni qualificatifs, même s'ils constituent souvent des emplois particuliers de ces derniers (*une pure calomnie* vs *un cœur pur*). Exclusivement épithètes et non gradables, ils sont généralement antéposés au nom qu'ils modifient et dont ils ne spécifient pas le sémantisme, mais modalisent, chacun à sa façon, le rapport du groupe nominal où ils figurent avec sa contrepartie référentielle.

1.3. Trois catégories voisines, mais distinctes

1.3.1. *L'adjectif entre nom et verbe*

Selon les langues, les adjectifs constituent une classe plus ou moins autonome par rapport aux autres classes de mots. Dans les langues romanes, la catégorie de l'adjectif présente plus d'affinités avec celle du nom qu'avec celle du verbe. Ainsi en français, adjectifs et noms partagent plus ou moins largement les trois fonctions grammaticales d'attribut (prédicat), d'épithète et d'apposition ainsi que de nombreux préfixes et suffixes. Les conversions entre les deux catégories sont si fréquentes que beaucoup de termes finissent par fonctionner indifféremment comme nom et adjectif. Mais l'adjectif, variable en genre, reste fondamentalement dépendant – aux plans morphologique, syntaxique et sémantique – du support nominal à genre fixe avec lequel il s'accorde. Comme le verbe, l'adjectif, mais aussi le nom, a des emplois prédicatifs, qui restent largement liés à la présence de la copule (*Paul est alcoolique / boit – Jean est silencieux / se tait*). Quant à ses éventuels compléments argumentaux ou autres, ils sont, comme ceux du nom, toujours prépositionnels et jamais construits directement comme ceux d'un verbe transitif direct. Enfin, si l'on inclut dans la classe des adjectifs qualificatifs les adjectifs verbaux (*très intéressante*), les participes passés complètement adjectivisés (*très intéressée*) et les nombreuses bases verbales suffixées en *-able* / *-ible* (*(im)buvable, (in)prévisible*), force est de constater qu'en français le sémantisme de l'adjectif le rapproche autant du nom que du verbe et que ce n'est qu'au niveau morphosyntaxique qu'il est plus proche du premier.

Remarque. — Une distinction typologique a été établie (notamment par Dixon 1977) entre langues à adjectifs de type nominal dépourvus de flexion et construits en emploi prédicatif avec une copule (dont la flexion est celle des verbes), langues à adjectifs de type verbal qui fonctionnent comme des prédicats fléchis sans copule, et langues à adjectifs des deux types. En turc, par exemple, un même mot peut fonctionner à la fois comme nom et adjectif sans changer de forme, alors que dans la grammaire japonaise l'adjectif ne constitue pas une classe autonome, mais plutôt une sous-catégorie verbale stative.

Histoire. — Les grammairiens anciens, grecs et latins, et leurs continuateurs médiévaux ne voyaient pas plus de différence entre noms et adjectifs que nous n'en voyons aujourd'hui entre noms communs et noms propres. La raison en est que, dans les langues indo-européennes, les adjectifs n'avaient pas de flexion propre mais la calquaient sur celle des noms. Aussi la terminologie grammaticale occidentale, fidèle aux parties du discours héritées de la tradition gréco-latine, a-t-elle longtemps regroupé les deux catégories sous l'étiquette générique de « nom » (*nomen*), quitte à les distinguer par l'adjonction d'un adjectif épithète : *nomen substantivum* (d'où procède l'actuel *substantif*) et *nomen adjectivum* (notre *adjectif*). Ce n'est qu'à la fin du XVIIIe siècle et au terme d'une émancipation progressive hors de la catégorie nominale que l'adjectif a acquis le statut d'une partie du discours à part entière dans les grammaires générales des continuateurs de Port-Royal.
– Pour Platon et Aristote, seule la combinaison d'un « nom » (*onoma*) avec un « verbe » (*rhéma*) est capable de constituer ce que Platon appelle un « discours » bien formé (*logos*, que nous appellerions « phrase »). Or, la notion de *rhéma* recouvre aussi des expressions comme *est blanc* et *est médecin*, c'est-à-dire des adjectifs et des noms qui, grâce à la copule, peuvent être prédiqués d'un nom au même titre que le verbe, ce qui rapproche également l'adjectif de la catégorie verbale par le biais de la prédication. Serrus (1941 : 60) signale à ce propos que « dans le traité *De l'interprétation*, Aristote donne *leukos*, qui est un adjectif, comme exemple de verbe ». En généralisant la copule comme marqueur verbal explicite du rapport prédicatif intrapropositionnel, Port-Royal et ses continuateurs ont étendu à toutes les constructions verbales le schéma de la prédication monoargumentale sujet-attribut typique de l'adjectif et du nom (*Jean est content / est fonctionnaire / est un plaisantin*). L'analyse de *Jean voit Pierre* en *Jean est voyant Pierre* revenait ainsi à faire de tout verbe l'amalgame de la copule et d'un prédicable et à l'aligner sur la construction copulative de l'adjectif, en occultant au passage la transitivité verbale, partant le couplage argumental sujet / complément(s)).

Bibliographie. — Ch. Serrus (1941), *La langue et la pensée*, Paris, PUF. – M. Murat (1979), La théorie du nom adjectif et substantif dans la grammaire et la logique de Port-Royal, *Le français moderne*, LVII-4 : 335-352 – *Cahiers de lexicologie* (1980), 37 [sans titre, mais centré sur la catégorie adjectivale] – P. Swiggers (1981), La théorie du nom et de l'adjectif dans la *Grammaire* et la *Logique* de Port-Royal, *Le français moderne*, IL-3 : 234-242. – A. Wierzbicka (1986), What's in a noun ? (Or : How do nouns differ in meaning from adjectives ?), *Studies in Language*, 10-2 : 353-389. – B. Colombat (1992), éd., *Histoire Epistémologie Langage*, 14-1 (*L'adjectif : perspectives historique et typologique*) – M. Noailly (1999), *L'adjectif en français*, Paris-Gap, Ophrys. – J. Goes (2000), Genèse d'une partie du discours : l'adjectif, *Le français moderne*, LXVIII-2 : 202-223. – R. M. W. Dixon et A. Y., Aikhenvald, éds, (2004), *Adjective classes*, Oxford, Oxford University Press. – D. Creissels (2005), La notion d'adjectif dans une perspective typologique, *in* J. François, dir., (2005) : 73-88. – J. François, dir., (2005), *L'adjectif en français et à travers les langues*, Caen, Presses Universitaires de Caen.

1.3.2. Adjectifs et déterminants

Longtemps l'adjectif a été défini comme « un mot que l'on joint à un nom pour exprimer une qualité de l'être ou de l'objet nommé ou pour introduire un nom dans le discours » (Grevisse, 1975 : 339). Le début de cette définition essentiellement sémantique concerne de toute évidence l'adjectif qualificatif, alors que la fin concerne ce que les grammaires scolaires appelaient encore récemment – et pour les distinguer des qualificatifs – les **adjectifs déterminatifs** (**VII : 2.**), tels les *adjectifs* dits *démonstratifs, possessifs, interrogatifs,* et *exclamatifs*. En effet, une certaine tradition grammaticale regroupe sous le terme d'*adjectif* tout « ce qui s'ajoute » (c'est le sens étymologique du mot latin *adjectivus*) au substantif, en fait tous les mots qui s'accordent avec le nom à l'intérieur du groupe nominal. Ces éléments censés « déterminer » chacun à sa façon le pivot nominal comprennent les expansions facultatives du nom que sont les adjectifs qualificatifs et relationnels, mais aussi les **déterminants** comme *deux, trois, certains, quelques,* etc., à l'exception, significative, des articles. Bien qu'ils aient été longtemps regroupés sous la même étiquette « adjectivale », les adjectifs et les déterminants constituent deux catégories grammaticales qui ont un fonctionnement radicalement différent à tous égards. (**VII : 2.1.**). On rappellera simplement :

• que contrairement au déterminant, obligatoire pour constituer avec un nom commun un groupe nominal de base, l'adjectif épithète y est un constituant syntaxiquement facultatif ;
• que les adjectifs peuvent toujours être épithètes et, pour les qualificatifs, attributs et apposés, alors que les déterminants ne peuvent assumer aucune de ces trois fonctions.

- que les adjectifs peuvent se juxtaposer et se coordonner à l'intérieur du groupe nominal, contrairement aux déterminants, qui ne sont pas cumulables.

Bibliographie. — Grevisse (1975) – Auroux S. (1992), La catégorie de l'adjectif et les déterminants : l'apport de Beauzée, in *Histoire Epistémologie Langage*, 14–1 : 79-91– Goes J. (2000), Genèse d'une partie du discours : l'adjectif, *Le français moderne*, LXVIII-2 : 202-223.

2. FORMES ET FORMATIONS DE L'ADJECTIF

2.1. Les adjectifs à forme simple ou complexe

La forme des adjectifs est simple ou complexe. Les premiers, dits « primaires », comme *bon, grand, noir, froid, rapide, tranquille, vieux*, etc., se réduisent à un radical morphologiquement inanalysable, auquel s'ajoutent directement les marques du genre et du nombre. Les seconds sont des formes construites par dérivation ou par composition. De nombreux adjectifs qualificatifs et tous les adjectifs relationnels sont des formes dérivées :

▶ par suffixation (**XX** : 3.3.2.) d'un radical adjectival (*long / longuet*), nominal (*sport / sportif,*) ou verbal (*flatter / flatteur* et la majorité des adjectifs en *-able, -ible*) ;
▶ par préfixation (**XX** : 3.3.3.) d'un radical adjectival (*impur, asocial*).

Les adjectifs **composés** (**XX** : 3.5.) sont formés de deux adjectifs (*aigre-doux, bas-breton*).

Des éléments appartenant à d'autres classes grammaticales peuvent acquérir le statut d'adjectif qualificatif grâce au phénomène de la **conversion** (**XX** : 3.4.). Ce sont :

▶ des formes **variables** : adjectifs verbaux (*amusant*), participes passés (*usé*) et noms convertis (*Il est rasoir / vache*) ; mais aussi expressions nominales (*Il est très collet monté*).

XI – L'adjectif et le groupe adjectival

▶ des formes **invariables** : expressions prépositionnelles (*Il est de bonne humeur / en colère*), adverbes et constructions équivalentes (*Il est bien / pas mal*), emprunts (*kaki, snob*).

Comme les formes adjectivales complexes sont des adjectifs soit qualificatifs, qui présentent toutes les formes de dérivation et de composition, soit relationnels, qui sont exclusivement des dérivés nominaux, elles seront décrites dans les sections consacrées à ces deux types d'adjectifs (**3. et 4.**). Les adjectifs du troisième type, quant à eux, sont en majorité simples et, lorsqu'ils sont complexes, représentent des emplois particuliers d'adjectifs des deux autres catégories.

2.2. Les variations en genre et en nombre des adjectifs

Selon la formule consacrée, « l'adjectif s'accorde en genre et en nombre avec le nom auquel il se rapporte ». Pour le nombre, l'adjectif fonctionne comme le nom : il oppose une forme du singulier à une forme du pluriel. Pour le genre, le marquage est différent : le nom possède un genre constant (masculin OU féminin) qui lui est propre (**VII : 3.4.1.**), alors que l'adjectif présente un genre variable (masculin ET féminin), que lui confère le terme nominal auquel il se rapporte : *un sommeil réparateur / une sieste réparatrice*.

Chaque adjectif comporte donc quatre formes (*fort / forte / forts / fortes*), mais qui ne sont pas toujours distinctes. D'après le nombre de leurs formes effectivement différentes, ils se répartissent en quatre classes à l'écrit et deux classes à l'oral, exception faite de quelques emprunts que leur forme rend invariables (*fair play, schlass, in*) :

Écrit : • 2 formes : *agile / agiles*
- 3 formes : *doux / douce / douces ; mauvais / mauvaise / mauvaises ; frais / fraiche / fraiches*
- 4 formes : *seul / seule / seuls / seules ; petit / petite / petits / petites ; bon / bonne / bons / bonnes*

- 5 formes : *beau / bel / belle / beaux / belles ; fou / fol / folle / fous / folles*

Oral :
- 1 seule forme : *agile – agiles ; pur – pure – purs – pures ; partiel – partielle – partiels – partielles*
- 2 formes :
  - *gris / grise – grises ; rond – ronds / ronde – rondes ; bon – bons / bonne – bonnes* (le masculin s'oppose au féminin)
  - *génial – géniale – géniales / géniaux ; brutal – brutale – brutales / brutaux* (le masculin pluriel s'oppose aux trois autres formes)
  - *beau – beaux / bel – belle – belles ; fou – fous –/ fol – folle – folles ; vieux – vieux / vieil – vieille – vieilles*

Ces disparités s'expliquent par différents facteurs qui conditionnent le marquage croisé du genre et du nombre tant à l'écrit qu'à l'oral. Comme les marques du nombre s'ajoutent à celles du genre, qui sont beaucoup plus diversifiées, il est plus expédient de décrire d'abord ces dernières.

2.3. Les marques du genre

Selon la tradition, on forme le féminin des adjectifs en ajoutant un *-e* muet à la forme du masculin (*grand / grande, petit / petite, royal / royale, bleu / bleue, joli /jolie*). Cette règle est loin d'expliquer la formation du féminin de tous les adjectifs, et ce pour au moins quatre raisons :

▶ le *-e* final constitue la marque écrite du féminin uniquement après une consonne prononcée au masculin (*loyale*) ou après une voyelle orale (*jolie*) ;

▶ cette règle orthographique ne rend pas compte du fonctionnement de l'oral pour lequel *-e* écrit correspond pour 1/3 des adjectifs à la prononciation de la consonne graphique qui précède (*fort / forte*) ;

▶ à l'écrit et à l'oral, le passage de la forme du masculin à celle du féminin peut être accompagné d'autres modifications qui affectent la prononciation et la graphie de la syllabe finale : *bon / bonne ; vieux / vieille ; léger / légère ; malin / maligne* ;
▶ certains adjectifs dits « épicènes » ont une seule forme pour le masculin et le féminin à l'écrit et à l'oral (*une règle / un principe immuable*) ou seulement à l'oral (*une épreuve partielle / un examen partiel*).

La variation en genre gagne à être présentée d'un point de vue contrastif (oral / écrit). **À l'oral, les 2/3 des adjectifs ne marquent pas l'opposition des genres** (mais 14 des 20 adjectifs les plus fréquents ont la marque du féminin audible), alors que plus de la moitié la marquent à l'écrit. Une grammaire ne peut donner que des indications générales en la matière ; en cas de doute, il suffit de consulter un dictionnaire, qui indique toujours le masculin et le féminin des adjectifs. Ainsi, si les adjectifs en *–ieur* font tous leur féminin en *–ieure* (*supérieur / supérieure*), pour le féminin des adjectifs en *–eur*, par exemple, c'est l'origine de l'adjectif et son évolution phonétique qui expliquent la distribution des quatre formes féminines *-eure / –euse / -eresse / -rice* : *meilleur / meilleure ; menteur / menteuse ; vengeur / vengeresse ; provocateur / provocatrice*.

Remarques. — 1. Le –e muet final des adjectifs est encore sensible dans le sud de l'hexagone devant initiale consonantique (*une pure plaisanterie* prononcée « *unepureu plaisanterie* ») et, dans la prononciation courante, uniquement pour éviter des séquences de consonnes problématiques : *une verte prairie* [RtpR], *la forte croissance* (RtkRw], *ce sinistre spectacle* [stRsp], *une vaste structure* [ststR].
2. *Grand* est le seul d'une série d'adjectifs épicènes en ancien français dont la forme féminine identique au masculin s'est maintenue jusqu'à nos jours dans une série de noms composés féminins : *grand-mère* (*mère-grand* dans les contes), *grand-tante, grand-messe, grand-rue, grand-place, grand-voile, grand-chose* (devenu pronom), *(à) grand-peine*, etc. Il apparaît soudé dans des noms propres de personnes et de lieux comme *Grandidier* (vs *Petitjean* et *Grosclaude*), *Grandgeorges, Grandjean, Grandville, Grandmaison, Grandfontaine,* etc. L'emploi de l'apostrophe à la place du trait d'union (ex. **grand'mère*) est donc doublement fautif puisqu'il implique l'élision d'un -e qui n'a jamais existé et interdit de fait l'accord de l'adjectif au pluriel : *grand-mères* sur le modèle de *grand-pères*, et non pas **grand'mères*.

Les adjectifs se rangent en trois grandes classes selon la façon dont se réalise le marquage de leur genre à l'écrit et à l'oral :

• ***Adjectifs à forme unique à la fois à l'oral et à l'écrit.*** Il s'agit des adjectifs :

▶ simples terminés par un *-e* au masculin, généralement après une consonne (*riche, utile, dupe, brave, magnifique, rouge, énorme, possible,* etc.) et complexes dérivés en *-ique, -iste, -esque, -estre, -able, -ible,* etc. ;

▶ issus de noms (adjectifs de couleurs), d'adverbes et de préfixes : *une veste marron ; une tenue kaki ; une robe cyclamen ; une écharpe chocolat ; une femme très bien ; les roues avant ; une voiture super ; des vacances extra* ;

▶ emprunts (*une tenue très chic ; une veste kaki ; une voisine un peu snob, mais cool ; une convive complètement schlass*) ou abréviations familières : *un voisin sympa (sympathique), une tenue impec (impeccable) ; une info sensass (information sensationnelle) ; une attitude réac (réactionnaire) – une chemise crado / cradingue / cracra (crasseuse).*

▶ qui ne s'emploient qu'à un genre, parce qu'ils sont généralement associés à un seul nom ou à une série limitée de noms, avec lesquels ils tendent souvent à former des noms composés :

• masculins : *aquilin (nez), bot (pied), fat, dispos, grégeois (feu), précurseur (signe, détachement), salant (marais, puits), saur (hareng),*
• féminins : *accorte (serveuse), bée (bouche), crasse (ignorance, bêtise), cochère (porte), grège (laine, soie) philosophale (pierre), pie (œuvre), poulinière (jument), scarlatine (fièvre), trémière (rose).*

• ***Adjectifs variant en genre à l'écrit seulement.*** S'ils sont terminés au masculin :

▶ par une voyelle orale autre que *-e* (*aisé, joli, bleu, ému, gai, flou,* etc.), ils prennent le *-e* du féminin : *aisée, jolie,* etc. Les adjectifs en *-gu* prennent traditionnellement un tréma sur *-e* (*aiguë*), que les Rectifications de 1990 (**III : 5.**) proposent de placer sur le *u,* qui est la voyelle prononcée (*aigüe*). Ajoutent *-te* au féminin : *coi* (*coite*) et *favori* (*favorite*), *-le* les adjectifs en *-eau* (*beau / belle*) et *-se* trois adjectifs en *-ou* (*andalou / andalouse ; fou / folle ; mou / molle*).

XI – L'adjectif et le groupe adjectival

▶ par *-c, -l, -s, -t* prononcés, l'adjonction du *-e* s'accompagne souvent de modifications de la consonne :

• *-c* devient *-que* (*public / publique ; caduc / caduque*). Seule exception : *grec / grecque* ;
• les consonnes *-t* et *-s* sont doublées : *net / nette, métis / métisse* ;
• *-l* présente deux séries, avec ou sans doublement : *cruel(le), nul(le),* mais *amical(e), original(e), subtil(e).*

▶ par *-r* prononcé, le féminin est obtenu :

• par simple adjonction de *-e* : *dur(e), sûr(e),* etc. et onze adjectifs en *-eur* de sens comparatif : *antérieur, citérieur, extérieur, inférieur, intérieur, majeur, meilleur, mineur, postérieur, supérieur, ultérieur ;*
• par adjonction de *-e* et d'un accent grave sur *e* devant *r* : *amer / amère, cher / chère, fier / fière.*

• ***Adjectifs variant en genre à l'oral et à l'écrit.*** Le féminin répond à deux modes de formation :

▶ À l'oral, on ajoute une consonne à la forme du masculin ; à l'écrit, l'addition de *-e* graphique à la consonne muette au masculin peut être accompagnée d'une modification (éventuellement, doublement) de consonnes ou d'un accent sur *e* :

• sans variation vocalique (70 % des cas) : *petit / petite ; complet / complète ; grand / grande ; laid / laide ; doux / douce ; roux / rousse ; jaloux / jalouse ; heureux / heureuse ; gris / grise ; niais / niaise ; frais / fraîche ; blanc / blanche ; long / longue* ; *cruel / cruelle ; gras / grasse ; épais / épaisse ; muet / muette*

• avec variation vocalique simple :

– nasale au masculin / orale au féminin (écrit : doublement ou non de la consonne nasale devant *-e* : *brun(e), fin(e), lointain(e), plein(e), roman(e), bon(ne), ancien(ne) ;*
– voyelle fermée / ouverte devant consonne (écrit : *-e,* consonne doublée ou non, accent grave sur *e* avant consonne finale) : *entier / entière ; léger / légère ; sot /sotte ;*

• avec variation complexe (changement de timbre de la voyelle et addition d'une consonne finale, + *-e* à l'écrit) : *beau / belle ; nouveau / nouvelle ; fou / folle ; mou / molle, vieux / vieille ; malin / maligne ; bénin / bénigne.*

Remarque. — Devant un nom à initiale vocalique, les formes masculines *beau, nouveau, fou, mou* et *vieux* prennent une forme oralement semblable au féminin : *un bel enfant, le Nouvel An, un fol espoir, un mol édredon, un vieil homme.*

▶ Le féminin s'obtient aussi par changement :

- de la consonne finale du masculin (avec ou sans variation vocalique) : *neuf / neuve, vif / vive, bref / brève ; sec / sèche ; menteur / menteuse, trompeur / trompeuse* ;
- du suffixe dans les séries *-teur / -trice* (*moteur / motrice ; provocateur / provocatrice*) et *-eur / -eresse* (*vengeur / vengeresse, enchanteur / enchanteresse*). Sur ce modèle, les noms *maître* et *traître* employés comme adjectifs font *maîtresse, traîtresse* (ou *traître*) : *une pièce maîtresse.*

Remarque. — L'addition d'une consonne finale ou le changement de la consonne finale pour former le féminin de nombreux adjectifs est une caractéristique qui distingue le système français de tous ses homologues romans, où cette opposition se réduit à l'alternance de deux voyelles (généralement *o* et *a*). Ces consonnes finales font souvent office de consonnes de liaison pour éviter l'hiatus entre la voyelle finale de l'adjectif masculin et une initiale vocalique subséquente (*son petit ami ; un grand / gros inconvénient ; un léger incident*). La liaison peut même entraîner une dénasalisation de la voyelle finale, qui n'est cependant pas toujours respectée dans la prononciation courante : *Il est né, le divin enfant, un bon ami, le prochain arrêt* (**II. : 3.3.1.**).

Bibliographie. — Bonnard GLLF *L'adjectif :* 56-60 et *Le genre :* 2201-2211.

2.4. Les marques du nombre

Pour la formation du pluriel, les adjectifs suivent les mêmes règles que les noms (**VII : 3.4.2.**). À l'écrit, on forme généralement leur pluriel en ajoutant à la forme du masculin et du féminin singuliers un *–s*, qui peut s'entendre en cas de liaison, p. ex. dans *de beaux habits ; de bons amis* (**II. : 3.3.1.**). Un petit nombre d'adjectifs ne suit pas cette règle générale :

▶ les adjectifs masculins en *-eau* prennent un *-x* au pluriel (*beaux, nouveaux*), de même que *hébreu(x)*, mais pas *bleu(s)* ;

▶ les adjectifs masculins en *-al* ont pour la plupart un pluriel en *-aux* : *amicaux, brutaux, généraux, loyaux, originaux, spéciaux.* Quelques-uns ajoutent *-s* au pluriel : *bancals, fatals, finals, glacials, idéals, natals, navals, pénals, théâtrals, tonals.*

Remarque. — *Banal* a deux pluriels : le plus souvent *banals*, parfois *banaux* (dans *fours banaux,* terme de féodalité). Dans l'usage courant, chacune des deux séries d'adjectifs masculins en –al tend à contaminer l'autre : des adjectifs en -aux suivent le modèle en -s (on entend parfois spécials), et, plus souvent encore, des adjectifs en -s forment leur pluriel en -aux (finaux, glaciaux, idéaux).

▶ les **adjectifs de couleur** issus de noms prennent ou non le -s du pluriel selon leur degré d'adjectivisation. Au pluriel, on écrira plutôt *des tentures écarlates, pourpres, mauves, roses* et *des pantalons marron* et *des soieries cerise*, mais l'usage reste souvent indécis (*des feux orange(s)*). L'absence de variation en genre au singulier de *marron* est un bon indicateur d'invariabilité du nombre (*une robe marron* et non pas *marronne et donc *des robes marron* plutôt que *robes marrons*), mais inopérant pour les autres adjectifs qui se terminent par un -e !

▶ les adjectifs terminés au masculin singulier par -s ou -x ne varient pas au masculin pluriel : *bas, gris, gros, nerveux, doux*, etc.

Bibliographie. — Bonnard GLLF, *Le nombre* : 3644-3650.

2.5. L'accord de l'adjectif

2.5.1. *L'accord de l'adjectif épithète*

Le principe général qui régit l'accord de l'adjectif épithète est qu'il prend, comme le déterminant, le genre et le nombre du nom qu'il précède ou suit (sauf, bien sûr, s'il est invariable). Quatre cas sont toutefois à envisager, selon que l'adjectif se rapporte à un seul nom, à plusieurs noms ou à un pronom, ou encore que plusieurs adjectifs épithètes se rapportent à un seul nom au pluriel.

▶ **L'adjectif épithète se rapporte à un seul nom.** Il prend les marques de genre et de nombre de ce nom : *un acte courageux / une action courageuse / des initiatives courageuses*. Cette règle générale connaît cependant des exceptions dans de nombreux cas particuliers dont voici les principaux :

- Les adjectifs de couleur ne s'accordent pas s'ils sont déterminés par un autre adjectif ou par un nom, l'ensemble correspondant à la réduction d'une construction prépositionnelle (*des costumes (d'un) bleu clair / foncé – des robes (d'un) vert émeraude ; une cravate gris perle*) où le premier terme est un nom de couleur (*Le bleu lui va bien*) modifié par un second adjectif indicateur de nuance.
- Les composés bi-adjectivaux accordent l'un et l'autre élément (*des enfants morts-nés, les partis chrétiens-démocrates ; une femme sourde-muette*) lorsqu'ils s'interprètent comme des coordinations. Mais le premier reste généralement invariable dans l'usage moderne s'il modifie le second à la manière d'un adverbe (*des jeunes filles court-vêtues, des polytechniciennes frais émoulues, des enfants nouveau-nés,*). Le premier élément est un ancien attribut antéposé au verbe recteur, mais aujourd'hui senti comme un modifieur adverbial du participe (*des enfants nouveaux / nouvellement nés*). D'où l'accord possible lorsque la construction attributive originelle est restituable : *une rose frais éclose / fraîche éclose ; des fenêtres grand(es) ouvertes. Bon* s'accorde toujours dans l'expression *arriver bon dernier*: *Elles sont arrivées bonnes dernières.*
- Le premier élément en *–o* des composés ethniques *franco-russe, latino-américain, anglo-saxon*, etc. reste invariable : *les guerres franco-allemandes.*
- Le premier élément *nu-, demi-* et *mi-* des composés adjectivaux tels que *nu-pieds, nu-tête, demi-heure, demi-portion, demi-sel, mi-août, (à) mi-chemin, mi-clos*, etc., est assimilé à un préfixe et ne s'accorde pas, sauf dans *nue-propriété*. Postposés au nom, les deux premiers quasi-préfixes retrouvent leur statut adjectival et s'accordent normalement ; *pieds nus, tête nue. Demi* coordonné à un nom singulier ou pluriel reste singulier et ne s'accorde qu'en genre (*une heure et demie*), ce qui explique également les deux possibilités d'accord pour *midi et demi(e)* et pour *minuit et demi(e)*, où l'adjectif postposé détermine *une heure* implicite.
- Lorsqu'ils sont antéposés à un groupe nominal (et non pas insérés entre le déterminant et la tête nominale), l'adjectif *plein* et les participes passés *passé, excepté* et *vu* sont en fait employés comme des prépositions (**XII : 1.**) et restent donc invariables : *Il avait de l'argent plein les poches – Il leur en a mis plein la vue – Vu les conditions météorologiques, la course a été annulée* (mais *excepté les femmes / les femmes exceptées* où la forme postposée recouvre son statut participial). Pour la même raison, *ci-joint* et *ci-inclus* antéposés sont invariables (*Ci-

joint / Ci-inclus les factures détaillées), à moins de pouvoir être interprétés comme des attributs antéposés au complément d'objet (*Vous trouverez ci-jointes les factures détaillées*) ; postposés, ils s'accordent selon la règle générale (*les factures détaillées ci-jointes*).

• Antéposé au déterminant, l'adjectif *feu*, un ancien participe signifiant « défunt », est invariable (*feu la princesse, feu ma mère*), mais s'accorde avec le nom s'il le précède immédiatement (la *feue princesse, ma feue mère*). *Franc de port*, qui n'était invariable qu'en position d'épithète postposée, est aujourd'hui remplacé par *franco (de port)*.

▶ **L'adjectif épithète se rapporte à plusieurs noms**

• Si les noms sont au pluriel, l'adjectif s'accorde au pluriel : *des livres et des cahiers verts.*

• Si les noms sont au singulier, juxtaposés ou coordonnés par *et, ni, ainsi que* et *comme*, l'adjectif se met au pluriel : *un gilet et un pantalon verts* – *Servitude et grandeur militaires* (Vigny).

• Si les noms sont de même genre, l'adjectif prend le genre commun : *les littératures et civilisations européennes.*

• Si les noms sont de genre différent, l'adjectif se met généralement au pluriel et au masculin (qui est la forme non marquée du point de vue du genre) : *les noms et les couleurs évoqués* (Philippe Labro). Aussi, si la forme masculine de l'adjectif est phonétiquement différente de la forme féminine, placera-t-on de préférence le nom masculin directement à côté de l'adjectif : *une orthographe et un style parfaits* plutôt que *un style et une orthographe parfaits* – *de grands projets et entreprises* et non **de grands entreprises et projets.*

• Si les noms sont coordonnés par *ou*, l'adjectif s'accorde :

– avec le seul nom auquel il se rapporte (*ou* est alors nettement exclusif) : *Passe-moi une compresse ou une serviette propre* ;
– avec les deux noms (et au pluriel) s'il les caractérise simultanément : *mendicité ou colportage interdits.*

▶ **Plusieurs adjectifs épithètes se rapportent à un seul nom au pluriel**

Les adjectifs s'accordent en genre, mais restent au singulier si chacun d'eux s'applique séparément à un seul des divers référents du nom au pluriel : *Les monnaies danoise et italienne seront dévaluées* (Il n'y a qu'une monnaie danoise et qu'une monnaie italienne). Dans le cas contraire, chacun se met au pluriel : *Les étudiantes danoises et allemandes ont été logées dans le même bâtiment* (Il y a plus d'une étudiante danoise et plus d'une étudiante allemande).

▶ **L'adjectif est épithète d'un pronom**

En règle générale, les pronoms n'admettent pas d'adjectifs épithètes construits directement et les rares usages qui font exception (p. ex. *ceux susceptibles d'être élus / celles aptes au travail / ceux bons pour la casse*) sont proscrits par les puristes. En revanche, un grand nombre de pronoms peuvent être caractérisés par un adjectif précédé de la préposition *de*. Il faut alors distinguer deux cas :

• si le pronom n'est pas anaphorique, l'adjectif introduit par *de* se met au masculin singulier, que le référent visé soit animé ou inanimé : *quelqu'un d'intéressant / rien de nouveau / quelque chose de beau / Quoi de neuf ?*
• si le pronom est anaphorique, l'adjectif épithète prend le genre grammatical de l'antécédent (ou le genre associé au référent de l'antécédent humain) et le nombre du pronom : *Parmi les clientes, il n'y en a pas beaucoup de contentes*, mais *Parmi les sentinelles, il y en a beaucoup de courageux / ? courageuses* et, au singulier, *Parmi les mannequins, il n'y en avait pas une de laide / ? un de laid / *un de laide / *une de laid.*

Bibliographie. — H. Briet, *Savoir accorder l'adjectif. Règles, exercices et corrigés*, Duculot, 1996.

▶ **Les participes épithètes**

Les adjectifs verbaux (**X : 2.5.1.**) sont des participes présents qui ont acquis toutes les propriétés de l'adjectif qualificatif : ils sont variables en genre et en nombre, s'accordent avec le nom, sont affectés par les degrés d'intensité (s'ils expriment une caractéristique gradable) et de comparaison et s'emploient comme attributs : *Il n'y a que deux billets gagnants – Elles étaient toutes rayonnantes de joie – Je trouve cette histoire très amusante.* Ils ont par définition quatre formes différentes à l'écrit (*intéressant / intéressante / intéressants / intéressantes*) et deux à l'oral. Complètement adjectivés, ils ont par rapport au nom le fonctionnement d'un adjectif épithète ordinaire.

Lorsqu'ils sont employés comme épithètes, les participes présents restent invariables, n'admettent pas de marque de degré, sont obligatoirement postposés au nom, conservent leurs possibilités de complémentation et se paraphrasent systématiquement par une relative déterminative : *les citoyennes françaises vivant à l'étranger* [= *qui vivent à l'étranger*]. En emploi détaché, le participe présent fonctionne comme une apposition au GN (**VII : 4.6.1.**) ; apposé au sujet, il acquiert le statut, analogue à celui d'un complément circonstanciel, d'une proposition participiale sans sujet (**XVIII : 1.2.**).

La grande majorité des participes passés a quatre formes écrites distinctes et une seule forme orale, si l'on fait abstraction de rares liaisons avec -*s* final. Seuls les participes passés en –*t* et en -*s* ont des formes orales distinctes en genre : *écrit(s) / écrite(s) ; offert(s) / offerte(s) ; mis / mise(s) ; inclus / incluse(s)*. Qu'ils soient assimilés à des adjectifs ou qu'ils conservent leur statut de participes, les participes passés de forme simple employés comme épithètes s'accordent en genre et en nombre avec le nom. Ils conservent leurs possibilités de complémentation (*les étudiants nés en 1970 – les candidates retenues par le jury – les concurrents partis de Strasbourg*) et se paraphrasent généralement par des relatives déterminatives (*les étudiants qui sont nés en 1970 – les candidats qui ont été retenus par le jury,* etc.). Inversement, les relatives déterminatives dont le verbe est composé d'un participe passé précédé de l'auxiliaire *être* se convertissent en participes passés épithètes par l'effacement simultané du pronom relatif et de l'auxiliaire : *les enseignants (qui ont été) nommés sur des postes vacants*. Les participes passés détachés s'analysent comme des modifieurs en position détachée (**VII : 4.6.1.**).

2.5.2. *L'accord dans le syntagme attributif*

L'adjectif attribut s'accorde en genre et en nombre avec le sujet ou le c.o.d. selon les principes généraux qui règlent l'accord de l'épithète avec le nom (voir section précédente) : *Le vin y est bon, les femmes y sont belles* (J. d'Ormesson). Lorsque le sujet est le pronom personnel *nous, vous* ou *on*, l'accord est déterminé par les traits quantitatifs et sexuels du référent visé : *Je suis content(e) – Ma femme et moi, nous sommes contents – Vous êtes marié(e) ? – Alors, on est content(e) ?*

Avoir l'air est généralement traité comme une locution verbale équivalente du verbe attributif *paraître* et donc suivie d'un attribut s'accordant avec le sujet : *Elle avait l'air heureuse / contente / satisfaite*. L'adjectif s'accorde toutefois avec *l'air* (synonyme *d'aspect du visage / physionomie*) lorsqu'il forme avec ce nom un groupe nominal c.o.d. du verbe *avoir* : *Elle avait l'air satisfait d'une actrice ayant décroché le premier rôle*. Cette deuxième interprétation est, bien sûr, exclue si le sujet est non-animé : *Cette charlotte aux pommes a l'air bonne, délicieuse / *bon, *délicieux.*

Remarque. — Comme équivalent de *paraître*, la locution *avoir l'air* + Adj a comme source la construction *avoir l'air d'être* + Adj, ce qui explique la pronominalisation de l'attribut par la forme en (*Il n'est pas méchant, même s'il en a l'air*), qui peut également recouvrir un complément du nom nominal ou infinitif (*Il en a l'air* = *Il a l'air d'un misérable / de souffrir*).

L'accord de l'adjectif attribut avec le **sujet non exprimé** des constructions impératives et infinitives est déterminé soit par l'élément coréférentiel au sujet effacé (*<u>Elle</u> croyait être <u>enceinte</u>*), soit par les caractéristiques du référent visé : protagoniste(s) de l'acte discursif (*Sois belle et tais-toi – Pour vivre heureux, vivons cachés*), classe générique de tous les sujets possibles (*Pour réussir, il faut être ambitieux*) ou entité(s) particulière(s) inférables à partir du contexte (*Pour réussir, il faut être ambitieuse*, si ce conseil est adressé à une femme).

Le nom attribut sans déterminant s'accorde selon les mêmes règles que l'adjectif : *Il est instituteur / Elle est institutrice / Ils sont juges*. Quand il est déterminé, l'accord se fait normalement en nombre et en genre si le nom a les deux formes correspondantes : *Tu es un(e) coquin(e) / Vous êtes des coquin(e)s*. Le genre du sujet et celui du nom attribut peuvent ne pas concorder : *Cette fille est un laideron – La mule est un animal têtu – Notre appartement* *n'était plus qu'une ruine.* En cas de conflit de nombre, le verbe copule s'accorde toujours avec le sujet quand ce dernier est au pluriel : *Vos félicitations sont ma plus belle récompense – Les moustiques sont une calamité.* En revanche l'usage actuel répugne à coupler directement un sujet singulier et un attribut pluriel (**Son nez retroussé est / sont ses seuls appâts* – **Cette pièce est / sont les archives de l'entreprise*). On remédie habituellement à cette disconvenance soit en reprenant le sujet singulier par *ce*, soit en substituant à la copule un verbe transitif dénotant la catégorisation ou l'identité référentielle : *Cette pièce, c'est / ce sont les archives de l'entreprise – Son nez retroussé constitue ses seuls appâts* (pour l'accord du verbe dans la locution présentative *c'est / ce sont*, voir **IX : 3.1.** et **XIV : 9.1.**).

Bibliographie. — H. Briet, *Savoir accorder l'adjectif. Règles, exercices et corrigés*, Duculot, 1996.

3. LES ADJECTIFS QUALIFICATIFS

3.1. Définition

Les adjectifs **qualificatifs** se distinguent nettement des deux autres types d'adjectifs, qui ne fonctionnent que comme épithètes (**1.1.**), par au moins sept propriétés :

▶ Par rapport aux termes auxquels ils se rapportent, ils dénotent les caractéristiques inhérentes que sont leurs propriétés ou leurs états : *un ballon ovale, un homme irascible, une journée ensoleillée, un livre intéressant ; un homme ivre, une pomme encore verte.*
▶ Ils sont aptes à la fonction prédicative lorsque, reliés à un terme nominal recteur par l'intermédiaire d'un verbe, ils sont attributs **du sujet** (**VIII : 5.2.**) ou **de l'objet** (**VIII : 5.3.**) et lorsqu'ils sont apposés à un groupe nominal (**VII : 4.6.1.**) : *Son discours [a été <u>trop long</u>]*_{GV} *– J'ai [trouvé son discours <u>trop long</u>]*_{GV} *– <u>Trop long</u>, son discours a fini par lasser l'auditoire.*
▶ Ils se pronominalisent par *le* invariable en position d'attribut du sujet, et, dans toutes leurs fonctions, par la proforme *tel(le)(s)*

qui évoque la notion générale de caractéristique : *Elles ont toujours été généreuses et le resteront. – Laissez cet endroit tel que vous l'avez trouvé en entrant. – Il n'avait jamais connu un tel succès – L'Europe Centrale réapparait telle qu'elle est : diverse et explosive.*
▶ Comme épithètes d'une forme pronominale, ils sont construits indirectement au moyen de la préposition *de* : *quelqu'un / personne / quelque chose / rien d'intéressant – Quoi de neuf / de nouveau ?*
▶ Ils ont régulièrement un correspondant nominal dont ils sont dérivés ou dont ils constituent la base dérivationnelle (*courage$_N$ → courageux$_{Adj}$; fier$_{Adj}$ → fierté$_N$*). Ces noms dits « de propriété » renvoient à la même notion que l'adjectif et se prêtent également à des emplois prédicatifs (**VII : 3.3.**) : *Il a du courage / Il ne manque pas de fierté – Il est d'une bêtise monumentale.*
▶ Sauf blocage sémantique, ils varient en degré (*une voiture (aus)si / très / plus / moins rapide*) et sont alors dits **gradables**.
▶ Ils forment souvent la base d'un adverbe de manière dérivé en *-ment* paraphrasable par *d'une manière / de façon* – Adj : *bête → bêtement ; courageux / -euse → courageusement* (**XIII : 4.2.**).

3.2. La catégorie sémantique des propriétés et des états

Contrairement aux noms ordinaires (**VII : 3.2.**), les adjectifs qualificatifs (que la terminologie grammaticale allemande appelle *Eigenschaftswort* (« mot de qualité / de propriété »), comme les noms de propriété correspondants, renvoient à des propriétés et à des états, c'est-à-dire des concepts exclusivement descriptifs dépourvus d'autonomie référentielle. Ainsi s'explique :

▶ que les adjectifs qualificatifs ne puissent pas, comme font les noms de personnes ou d'objets, déterminer directement des occurrences particulières référentiellement autonomes, mais que leurs occurrences sont nécessairement repérées par rapport à l'entité support qu'ils caractérisent : *Le pont enjambe un fleuve* vs *Le pont enjambe *un profond* – **C'est un profond* vs *C'est un fleuve* *profond* ; mais *Le pont enjambe un fleuve profond – Le fleuve est profond* ;

▶ qu'un adjectif substantivé ne renvoie jamais à la seule propriété qu'il dénote, mais
– soit à une classe d'entités définie par un ensemble de traits comprenant cette propriété et surtout un support nominal généralement restituable : *un jeune, un rapide, une blonde*, etc. désignent *un (homme) jeune, un (train) rapide, une (femme / cigarette / bière) blonde*, etc. ; donc à des catégories de personnes et d'objets dont le sens originel de ces adjectifs est loin d'épuiser la définition ;
– soit à la classe de tous les référents qui vérifient la propriété (*Paul aime le moderne / l'ancien = ce qui est moderne / ancien*) ou à ce qui dans un objet particulier vérifie cette propriété (*l'inquiétant / le drôle de l'affaire = ce qui est inquiétant / drôle dans l'affaire*).

Bibliographie. — S. Stati (1979), *La sémantique des adjectifs. Essai d'analyse componentielle appliquée aux langues romanes*, Saint-Sulpice de Favières, éd., Jean Favard – M. Riegel (1985) – *L'information grammaticale* (1993), 58, *L'adjectif* – D. Gaatone (1998), Réflexions sur un adjectif substantivé : la construction « L'important est d'agir », *in* A. Engelbert et al. ,éds, *La ligne claire : de la linguistique à la grammaire*, Duculot : 301-309 – P. Lauwers (2006), *L'essentiel* de mon propos : de la conversion à la distorsion catégorielle, KULeuven, Subfaculteit Taalkunde, Preprint.

3.3. La formation des adjectifs qualificatifs

À côté des adjectifs qualificatifs simples (*grand, rouge, simple*, etc.) existent de nombreux adjectifs « complexes » issus de la suffixation de bases adjectivales (*aigrelet, gravissime*, etc.) verbales (*amendable, inventif, flatteur, chatouilleux, diffamatoire*, etc.) ou nominales (*courageux, barbu, laineux*, etc.) ou de la préfixation de bases adjectivales (*inapte, hyperactif*, etc.) ou nominales (*antigrippe, antipoison*, etc.) et des formations qui relèvent de la composition (*aigre-doux, franco-britannique, cruciforme*, etc.).

Des termes d'autres catégories peuvent également être convertis en adjectifs : noms (*vache, cochon, (un effet) bœuf, limite*, *zen*, etc.), participes présents devenus adjectifs verbaux (*inquiétant, surprenant*, etc.), participes passés dénotant des états généralement résultatifs, (*frustré, déçu, branché*, etc.) ou adjectifs relationnels passés dans la catégorie des qualificatifs où ils dénotent une propriété ou un état (*des propos sulfureux, un air populaire, un cadeau royal*, etc.).

Bibliographie. — I. Bartning et M. Noailly (1993), Du relationnel au qualificatif : flux et reflux, *L'information grammaticale*, 58 (*L'adjectif*) : 27-32 – M. Noailly (1999) : 31-51.

3.4. Les degrés de signification des adjectifs qualificatifs

3.4.1. *Intensité et comparaison*

Les notions exprimées par les adjectifs qualificatifs sont généralement variables en degrés. Dans son organisation de la réalité, le français distingue deux échelles, selon que la variation est considérée en elle-même ou en rapport avec un élément extérieur qui lui sert d'étalon. Des formes et des constructions spéciales expriment ces deux types d'évaluation lorsqu'ils sont appliqués aux propriétés dénotées par les adjectifs :

• **Degrés d'intensité**

Dans *La soupe est un peu, assez, très, trop chaude*, la qualité exprimée par l'adjectif *chaude* est appréciée en elle-même et saisie à différents degrés d'intensité répartis sur une échelle : faible, moyenne (normale) ou élevée (forte, extrême).

• **Degrés de comparaison**

Dans *La soupe est plus / moins / aussi chaude que* a) *le café* b) *salée* c) *hier soir* d) *chez Yvonne*, le degré de la qualité dénotée par l'adjectif *chaude* est apprécié par comparaison avec d'autres éléments de référence : un autre aliment (*le café*) partageant la même propriété, une autre propriété (*salée*) attribuée au même élément, ou encore la même qualité (*chaude*) rapportée au même élément (*la soupe*), mais dans des circonstances temporelles (*hier soir*) ou spatiales (*chez Yvonne*) différentes.

- En emploi non modifié, l'adjectif n'est pas marqué relativement au degré de la qualité qu'il dénote. Ce degré dit **positif** constitue en fait le **degré neutre** de l'évaluation des adjectifs.

Les adjectifs qualificatifs dont le contenu ne peut pas être évalué selon une échelle orientée n'admettent pas la variation en degrés. Ce sont principalement :

- des adjectifs exprimant une qualité non soumise à variation : *carré, circulaire, enceinte,* etc. ;
- des adjectifs dont le sens intègre déjà une notion d'intensité (généralement forte) ou de comparaison : *majeur, mineur* (qui proviennent de comparatifs latins), *aîné, cadet, double, excessif, premier, dernier, principal, triple, unique, ultérieur, ultime, perpétuel,* etc. « Quel est, demandait-on à Rossini, le plus grand des musiciens ? – Beethoven ! – Et Mozart ? – Oh ! lui, c'est l'unique. » (J. V. Hocquard).

Remarque. — Les degrés de comparaison et d'intensité n'affectent pas seulement les adjectifs qualificatifs, mais aussi les adverbes (*plus souvent, très souvent*), les verbes (*Ça m'intéresse beaucoup / plus / assez*), les noms employés comme adjectifs (*Nous avouerons que notre héros était fort peu héros en ce moment*, Stendhal – *C'est tellement dimanche*, Colette), les noms de masse (par l'intermédiaire de certains déterminants quantificateurs : *plus de / moins de / assez de farine*) et, bien sûr, les noms de propriété (*plus / moins de / beaucoup de courage*).

3.4.2. *Les degrés d'intensité*

Suivant une gradation allant du plus faible au plus fort, on distingue trois degrés d'intensité, qui s'expriment par différents moyens.

▶ L'intensité faible

Quand elle n'est pas déjà intégrée dans le sens de l'adjectif (*minuscule, infime,* etc.) elle se marque par :

– les préfixes *sous-, hypo-* (au-dessous de la normale), etc. : *sous-employé, sous-développé, hypotendu.*
– les adverbes *à peine, (un) peu* et une série d'adverbes en *-ment* : *faiblement, légèrement, médiocrement, modérément, passablement,* etc.

▶ L'intensité moyenne

Elle est marquée par quelques adverbes (*assez, moyennement*), auxquels on peut ajouter :

– *quasi* (et son dérivé familier *quasiment*) indiquant l'approximation (*La place du Panthéon était quasi déserte*, M. Butor) et *presque* indiquant que la propriété exprimée par l'adjectif est proche de la limite à partir de laquelle elle caractérise valablement le nom (*Mon verre est presque vide*).
– *plutôt* et *pas mal*, substituts familiers de *assez* (*elle est plutôt jolie*). Par litote, ils peuvent équivaloir à *très* (*Il est plutôt bête – La voiture est pas mal esquintée*).

▶ L'intensité élevée

C'est elle qui utilise les moyens linguistiques les plus nombreux et les plus variés :

• Les adverbes

– Correspondant au « **superlatif absolu** » traditionnel, l'intensité élevée se marque d'abord par l'adverbe *très* (*un homme très grand*), que peuvent remplacer, avec des nuances de sens, les adverbes *tout* qui indique que la totalité du référent du nom est concernée par la propriété exprimée par l'adjectif (*une pelouse toute jaune, une fillette toute pimpante*), *fort* (dans l'usage écrit, un peu archaïsant ou régional) et *bien* (soulignant une appréciation subjective : *il est bien sage*), ainsi que la locution adverbiale *tout à fait*.
– À ces adverbes courts s'ajoute une liste ouverte d'adverbes en *-ment*, les uns solidement établis (*absolument, complètement, entièrement, extrêmement, totalement*), les autres variant selon les époques et les modes (Au XVIIe siècle les Précieux disaient : *effroyablement, formidablement, furieusement, terriblement bon*) ou réservés à un usage familier (*drôlement, rudement, vachement*). La tendance est aujourd'hui à l'emploi de *complètement* et de *absolument*, même pour des notions non gradables.
– Les adverbes *trop, exagérément* et *excessivement* marquent une intensité dépassant une norme. L'adverbe d'intensité *si* et son contraire *si peu* peuvent s'employer en corrélation avec une sub-

ordonnée de conséquence (**XV : 3.2.**) : *L'hiver a été si rude que l'eau de la rivière a gelé.*

• Les préfixes, suffixes et éléments de composition
Les préfixes et éléments de composition, qui marquent une intensité forte (*archi-, extra-, super-*) ou excessive (*hyper-, ultra-*) forment des séries de mots limitées, avec des préférences pour certains domaines lexicaux : *archi-* (*archiplein, archifaux, archiconnu*), *extra-* (*extra-fin, extra-fort, extra-léger*), *hyper-* (« au-dessus de la normale », surtout dans le lexique médical) (*hypertendu, hypernerveux, hypersensible*), *sur-* (*surbaissé, surfin, suraigu, surnaturel*), *super-* (*supergrand, superintelligent*), *ultra-* (*ultraléger, ultramoderne*).

Remarque. — Le suffixe *-issime* (« très, au plus haut degré »), introduit au XVIe siècle suivant les modèles latin et italien, est encore perçu comme tel aujourd'hui (à la différence de *-ime* et *-ême*, totalement intégrés) dans quelques adjectifs marquant le respect (*sérénissime, éminentissime*, etc.) ou légèrement teintés d'ironie (*grandissime, richissime, rarissime*, etc.).

• Le sens même des adjectifs
Un adjectif peut exprimer en soi un degré élevé de grandeur, d'importance ou d'appréciation (favorable ou défavorable) : *absolu, achevé, divin, énorme, essentiel, excellent, immense, indispensable, parfait, affreux, horrible*, etc., et les superlatifs empruntés au latin, *extrême, suprême, infime et minime.*

• Des expressions idiomatiques compléments de l'adjectif
— infinitifs compléments marquant une conséquence imagée : *bête à pleurer, laid à hurler, fou à lier* ;
— parangons (comparaisons avec un étalon typique ou exemplaire) stéréotypiques à valeur intensive : *fort comme un Turc, riche comme Crésus, rapide comme l'éclair, bavard comme une pie, blanc comme neige, bête comme ses pieds, remonté comme un coucou, sourd comme un pot, aimable comme une porte de prison*, etc.
— locutions adverbiales de renforcement : *on ne peut plus, tout ce qu'il y a de (plus), comme tout* et *des mieux, des plus (il est des plus habile(s))*, anciens superlatifs relatifs généralement avec un adjectif au pluriel (*La phrase de Proust est des plus complexes*, mais le

singulier est possible, ce qui prouve la valeur adverbiale de *des plus*).

• La répétition sans pause et expressivement cumulative de l'adjectif dans l'usage parlé : *Un monde fou fou fou*, titre de film – *Belles, belles, belles comme le jour*, titre de chanson. L'emploi de la négation marque l'intensité de la propriété contraire, avec un double effet d'inversion et de litote : *C'est pas joli joli = C'est très vilain*.

• la phrase exclamative (**XIV : 3.2.**) sans marque spéciale sinon prosodique (*Elle est belle !*) ou avec un adverbe exclamatif ou d'intensité (*Elle était si jolie, la petite chèvre de Monsieur Seguin ! – Que c'est petit, un village !* (Bernanos).

3.4.3. *Les degrés de comparaison*

On distingue traditionnellement le **comparatif** et le **superlatif relatif** selon la manière dont le degré de l'adjectif est évalué par rapport à autre chose :

▶ Au comparatif, la propriété est simplement mise en rapport avec un ou plusieurs éléments de référence :

• soit avec elle-même, mais attribuée à un autre référent ou saisie dans une autre circonstance : *Le café est plus chaud que le thé / que chez Yvonne / qu'hier*.
• soit avec une autre qualité attribuée au même référent (*Le café est plus chaud que bon*), voire avec un autre référent caractérisé par une autre propriété (*Jean est aussi généreux que son frère est avare*), auquel cas la comparaison se trouve dédoublée.

▶ Au superlatif dit « relatif », il y a également mise en rapport comparatif avec d'autres éléments présentant la même propriété. Mais le référent du nom qualifié par l'adjectif est présenté comme possédant soit le plus haut degré (*le plus*) soit le plus bas degré (*le moins*) de la propriété par rapport à l'ensemble des autres référents : *Le café était la plus chaude des boissons* se glose par « La chaleur du café avait un degré supérieur à celui de toutes les autres boissons ».

Dans les deux cas, l'élément de référence joue le rôle d'un complément de comparaison, respectivement introduit par *que* et par *de*.

3.4.3.1. Le comparatif

On distingue trois sortes de comparatifs :

▶ **Le comparatif de supériorité**

Il se marque par l'adverbe *plus* placé devant l'adjectif : *Blanche-Neige est plus grande que les sept nains.*

Remarque. — Le français moderne conserve trois comparatifs synthétiques issus du latin, dont le radical diffère des adjectifs positifs correspondants : *meilleur / bon ; pire / mauvais ; moindre / petit. Pis* se rapporte à un pronom neutre (*C'est bien pis*) ou est employé comme adverbe. Mais ces trois formes sont concurrencées par des comparatifs analytiques formés avec *plus : plus bon*, moins bien accepté par la norme officielle, est couramment employé en corrélation avec un autre adjectif (*Il est plus bon que beau*) ; *plus mauvais* alterne avec *pire*, plutôt réservé à des expressions figées (*Cette troupe est plus mauvaise que je ne pensais – Il n'est pire eau que l'eau qui dort*) et *plus pire* est populaire (pléonasme) ; *plus petit* est seul apte à exprimer la dimension concrète : *Pierre est *moindre / plus petit que Paul.*

▶ **Le comparatif d'égalité**

Il se marque par l'adverbe *aussi* (= *pas plus, pas moins*) antéposé à l'adjectif : *Albert est aussi intelligent que Léonard / que modeste.* Le marqueur d'égalité quantitative *autant* postposé au nom peut prendre un sens qualitatif : [...] *cette femme froide et tranchante autant que l'acier* (Balzac) – *Mais, dans ce domaine, rien ne serait déplorable autant que les rivalités des puissances occidentales* (de Gaulle). *Aussi* peut être remplacé par *si* dans les phrases interrogatives ou négatives : *Est-il vraiment si méchant que ça ? – Rien n'est si dangereux qu'un ignorant ami* (La Fontaine). Ce comparatif peut être intégré dans le sémantisme de l'adjectif *égal* (*Paul est égal à lui-même*)

▶ **Le comparatif d'infériorité**

Il se marque par l'adverbe *moins* placé avant l'adjectif ou par la négation du comparatif d'égalité : *Lucien est moins habile qu'Eugène / n'est pas aussi habile qu'Eugène.*

Remarque. — Les comparatifs de supériorité et d'infériorité peuvent être renforcés par les adverbes *beaucoup* (ou *de beaucoup* postposé à l'adjectif), *bien, encore, un peu, autrement, infiniment,* etc. : *Ces prédictions se font beaucoup plus rares aujourd'hui* (Bernanos). Dans l'usage parlé, *autrement* peut remplacer *plus* pour marquer un rapport de supériorité en l'absence de complément : *Il est autrement intelligent.*

Le **complément du comparatif** est l'élément qui constitue le point de référence de la comparaison. Il est introduit par la conjonction *que* (*Il est plus / moins / aussi fort qu'Hercule*) et par la préposition *à* après *antérieur, inférieur, postérieur* et *supérieur*. Ce peut être :

▶ un groupe nominal, un nom ou un pronom désignant un autre élément caractérisé par la même propriété : *Ce lièvre est plus rapide que ma tortue / qu'Achille / que toi* ;

▶ un adjectif si la comparaison porte sur deux qualités : *Il est plus audacieux que rusé* ;

▶ un groupe prépositionnel ou un adverbe si la comparaison se fonde sur des circonstances différentes : *La choucroute est meilleure (ici) qu'à Paris / (en hiver) qu'en été / (aujourd'hui* [= réchauffée]*) qu'hier.*

▶ une proposition qui évoque l'instance d'évaluation du second élément de la comparaison : *Le bonheur est moins rare qu'on ne le pense / que ne le prétendent les pessimistes – La résistance a été plus forte que prévu.*

Remarque. — Dans les trois premiers cas, le complément du comparatif peut s'analyser comme une subordonnée comparative où ont été effacés les termes identiques à ceux de la principale : *Le lièvre est plus rapide que la tortue (n'est rapide).* Il n'est généralement pas exprimé quand il peut être rétabli à partir du contexte ou de la situation (XVIII : 4.1.).

3.4.3.2. *Le superlatif relatif*

Selon qu'il isole d'un ensemble un élément qui présente le degré le plus élevé ou le plus bas de la qualité exprimée par l'adjectif, le **superlatif relatif** est dit **de supériorité** ou **d'infériorité**, l'égalité étant exclue par définition. Les deux formes sont constituées de l'adjectif au comparatif de supériorité (*plus* + adjectif) ou d'infériorité (*moins* + adjectif) précédé généralement de l'article défini, des déterminants possessif ou démonstratif ou de la préposition *de* : *le plus beau jour de ma vie ; le meilleur ami de l'homme ; mon meilleur ennemi ; cet article est ce que j'ai trouvé de moins cher.* Le superlatif relatif peut toujours suivre le nom qualifié (sauf *le moindre* et *le pire*, obligatoirement placés avant le nom) : *le sommet le plus haut ; l'élève le plus doué.* Il ne peut, bien sûr, le précéder que si l'adjectif admet l'antéposition : *le plus haut sommet / *le plus doué élève.* Quand il suit le nom, l'article défini devant la forme du comparatif distingue le superlatif relatif du comparatif de supériorité ou d'infériorité : *J'ai acheté la voiture la moins chère / moins chère.*

Remarques. — 1. L'accord de l'article défini précédant le superlatif est subtil. Le reste invariable quand on compare entre eux les différents degrés d'une qualité attribuée au(x) même(s) référent(s) : *C'est quand ils sont jeunes que les arbres sont le plus sensibles à la pollution.* L'article s'accorde avec le nom en genre et en nombre quand on compare les degrés d'une qualité rapportée à des objets différents : *De tous les arbres, les chênes sont les plus exposés à la tempête.* Dans le premier cas, *le* et l'adverbe comparatif forment une locution adverbiale : (*le plus*$_{Adv}$ *sensible*$_{Adj}$) GA ; dans le second, *les* conserve son statut d'article : *les*$_{Dét}$ (*plus*$_{Adv}$ *exposés*$_{Adj}$) GA. Mais l'usage, hésitant, tend à généraliser l'accord.
2. Le superlatif relatif peut être renforcé par *de beaucoup, de (bien) loin, du monde, possible*, ou par une relative, surtout quand il est employé sans complément : *C'est de loin la meilleure solution / C'est la meilleure solution qui soit.* Il peut aussi s'exprimer rhétoriquement par l'attribution exclusive de la qualité à un seul membre d'un ensemble : *S'il y a une région gastronomique en France, c'est le Sud-Ouest.*

Le **complément du superlatif** est habituellement introduit par la préposition *de* à valeur partitive et plus rarement par *parmi* et *d'entre* : *Ernest est le plus pragmatique des théoriciens – Il était le meilleur parmi les candidats extérieurs / d'entre tous.* Comme son nom tête est régulièrement le même que le nom qualifié par l'adjectif au superlatif, le contexte ou la situation permettent souvent d'en faire l'économie : *C'est le remède le plus efficace* (sous-entendu *de tous les remèdes*) *– Le jour le plus long* (titre de film). Inversement, la réalisation du complément entraîne quasi-automatiquement l'ellipse par anticipation du nom modifié par l'adjectif au superlatif : *C'est <u>remède</u> le plus efficace / C'est le plus efficace des remèdes.* Cette deuxième construction est triplement illustrée dans cette phrase bien connue de Voltaire (*Candide*) :

[...] *dans ce meilleur des mondes possibles, le château de monseigneur le baron était le plus beau des châteaux, et madame la meilleure des baronnes possibles.*

où l'on peut restituer les noms supprimés par l'ellipse, *meilleur <u>château</u>, le plus beau <u>château</u>* et *la meilleure <u>baronne</u>*, restitution qui entraîne normalement l'effacement du complément du superlatif automatiquement récupérable :

[...] *dans ce meilleur monde, le château de monseigneur le baron était le plus beau château, et madame la meilleure baronne possible.*

Bibliographie. — G. Kleiber (1976), Adjectifs antonymes : comparaison implicite et comparaison explicite, *TraLiLi*, 14 : 277-326 – B. Combettes et R. Tomassone (1978), L'adverbe comme constituant du groupe de l'adjectif, *Verbum*, 1 (2) : 53-68 – R. Rivara (1990), *Le système de la comparaison*, Minuit.

3.5. Le groupe adjectival

Comme mot-tête d'un groupe adjectival, l'adjectif qualificatif est susceptible d'être complété par différents types de modifieurs. L'adjectif relationnel (1) n'admet pas d'expansion sauf s'il acquiert le statut d'adjectif qualificatif (*Il est très américain*). Les adjectifs de couleur peuvent être suivis d'un autre adjectif (*rouge vif / foncé*) ou d'un nom d'objet (*vert émeraude, bleu azur*) qui nuancent leur sens de base. Pour le reste, on peut distinguer trois grands types de complémentation.

3.5.1. *La modification par un adverbe*

Les adjectifs qualificatifs peuvent être modifiés par des adverbes d'intensité qui spécifient le degré de la propriété dénotée (*un ton légèrement / très provocateur*), ou qui modalisent le rapport de caractérisation entre l'adjectif et le nom (*un air toujours triste ; un client jamais content ; une définition nécessairement incomplète ; un ton délibérément provocateur*).

3.5.2. *Les compléments prépositionnels*

L'adjectif peut être complété par un groupe prépositionnel traditionnellement appelé **complément de l'adjectif**. Certains adjectifs sont sémantiquement inaptes à ce type de complémentation (p. ex. *intelligent, rond, confortable*), d'autres ont nécessairement un tel complément (*apte à, enclin à, exempt de*, etc.), d'autres enfin admettent les deux constructions (*fier (de), content (de), fidèle (à)*, etc.). Dans le dernier cas, l'adjectif en construction absolue prend souvent un sens spécifique : *un père indigne, un général incapable, un mari impuissant*, etc.

Remarque. — Les adjectifs au comparatif et au superlatif relatif peuvent être accompagnés d'un complément introduit par *de* ou *que* (**3.4.1** et **3.4.2**).

Les compléments de l'adjectif sont souvent introduits par les prépositions *à* et *de* mais aussi par d'autres prépositions :

— <u>de</u> : *las, âgé, plein, différent, conscient, jaloux, responsable, avide*, etc.
— <u>à</u> : *semblable, égal, favorable, attentif, indifférent, réfractaire* (*J'étais réfractaire à la grammaire*, T. Ungerer), etc.
— <u>contre</u> : *furieux, monté*, etc.
— <u>envers</u> : *cruel, généreux, indifférent*, etc.
— <u>pour</u> : *bienveillant, mûr, taillé, doué*, etc.
— <u>avec</u> : *aimable, brutal, conséquent*, etc.
— <u>en</u> : *fort (en mathématiques), expert*, etc.

Tous ces compléments entretiennent avec l'adjectif une relation actancielle (**VI : 3.3.1.**) qui permet de les analyser, sur le modèle des verbes, comme des prédicats à deux, voire à trois actants : *Pierre est fier de son fils / Pierre admire son fils – La note B est intermédiaire entre AB et TB / La note B se situe entre AB et TB*. Les **adjectifs symétriques** manifestent des propriétés syntaxiques analogues à celles de verbes du même nom (**VIII : 4.5.**) : *La solution de Pierre est identique à celle de Paul / La solution de Pierre et celle de Paul sont identiques*. En revanche, dans *Heureux au jeu, malheureux en amour* et *La semaine écoulée a été rude pour la gauche* (DNA, 20 / 01 / 92 : 1), le complément spécifie le domaine de validité de la propriété dénotée par l'adjectif.

Remarque. — S'ils sont construits avec la même préposition, des adjectifs coordonnés peuvent mettre en facteur commun un complément identique : *Selon les jours, il est attentif ou indifférent à ce qui se passe autour de lui*. Si les prépositions sont différentes, le complément doit être repris par un pronom : *Il est amoureux de, mais pas fidèle à Juliette / Il est amoureux de Juliette, mais ne lui est pas fidèle.

Bibliographie. — J.-M. Léard et S. Marengo (2005), Pour une typologie des compléments adjectivaux : arguments, quasi-arguments et non-arguments, in J. François, dir., *L'adjectif en français et à travers les langues*, Caen, Presses universitaires de Caen : 387-402.

3.5.3. *Les compléments propositionnels*

Pour un grand nombre d'adjectifs, le groupe nominal introduit par la préposition peut être remplacé par une complétive (ou par une construction infinitive à sujet non exprimé, mais coréférent au référent caractérisé par l'adjectif : **XVII : 2.5.**) :

(1) *Je suis content de ce travail / que vous soyez là / d'être là* [même pronominalisation : *J'en suis content*]
(2) *Je suis attentif à la suite des événements / à ce que tout se passe bien / à ne pas faire la moindre faute.*

Toutes les séquences [Adj – Prép – VInf] et [Adj – *que* – P] ne sont pas analysables de manière identique :

▶ On ne saurait, en effet, décrire comme des compléments de l'adjectif des constructions impersonnelles où la complétive (ou l'infinitif précédé de *de*) qui suit l'adjectif attribut représente en réalité un sujet postposé (**XIV : 8.3.2.**) : *Il est juste que Paul soit récompensé* [= *Que Paul soit récompensé est juste*] – *Il est dur de se quitter* [= *Se quitter est dur*].

▶ En dépit d'une analogie superficielle, les constructions infinitives ont une fonction et une interprétation différentes dans *Jean est lent à comprendre* et dans *Jean est facile à comprendre*. Dans la première phrase, *Jean* est interprété comme le sujet non exprimé de l'infinitif et l'attribut *lent* le caractérise en tant que tel (*Jean comprend lentement / est lent dans sa façon de comprendre*). Dans la seconde, *Jean* s'interprète comme l'objet de l'infinitif à sujet générique ou indéterminé et c'est sur ce contenu propositionnel que porte l'attribut *facile* (*Comprendre Jean est facile / Il est facile de comprendre Jean*).

▶ Les constructions de l'adjectif sont radicalement différentes dans *Jean est heureux de s'être engagé dans la Légion* et *Jean est fou de s'être engagé dans la Légion*. La construction infinitive de la première phrase est pronominalisable par *en* et s'interprète comme la cause de l'état décrit par l'adjectif (*S'être engagé dans la Légion a rendu Jean heureux*). Celle de la seconde phrase ne vérifie aucune des deux propriétés, mais peut fonctionner comme sujet ou comme séquence impersonnelle (**XIV : 8.3.2.**) de l'attribut *fou* dans les phrases correspondantes où *Jean*, sujet de la construction de départ, est introduit par la locution prépositionnelle *de la part de* : *S'être engagé dans la Légion est fou de la part de Jean / Il est fou de la part de Jean de s'être engagé dans la Légion*. On en conclura que si le premier infinitif est effectivement un complément de l'adjectif, le second fonctionne plutôt comme un complément modalisant le rapport entre l'adjectif évaluatif et son sujet : c'est dans la mesure où il est l'auteur de l'activité décrite par l'infinitif que Jean mérite d'être qualifié de fou.

Bibliographie. — D. Gaatone (1971), « Facile à dire », *Revue de linguistique romane*, 36 (1) : 129-138 – L. Picabia (1978), *Les constructions adjectivales en français*, Droz, – M. Riegel (1985) : 153-173 – *Langages* (1999), 133 (*Lexique-grammaire des adjectifs*) – D. Gaatone (2007), *Nous sommes nombreux à participer à ces Mélanges. À propos d'une construction à quantifieur*, in P. Larrivée, éd., *Variation et stabilité. Des notions aux opérations*, Louvain, Peeters : 91-106.

3.6. La place de l'adjectif épithète

Dans les langues germaniques l'adjectif épithète est systématiquement antéposé au nom. En anglais, par exemple, les adjectifs dénotant des propriétés physiques se suivent selon l'ordre canonique : taille + forme + couleur + matière (p. ex. *a small square white silk handkerchiefs* = *un petit mouchoir carré blanc en soie*). Les relevés statistiques montrent qu'en français parlé un adjectif sur trois est antéposé au nom (jusqu'à un sur deux dans les textes littéraires, mais seulement un sur dix dans certains textes scientifiques), alors que l'antéposition était majoritaire en ancien français. Si la tendance générale est à la postposition, l'antéposition de l'adjectif épithète est généralement considérée comme gouvernée par une conjonction de facteurs qui peuvent, selon le cas, se renforcer ou se contrarier : facteurs catégoriels (l'opposition adjectifs relationnels / qualifiants), rythmiques (dimensions respectives du nom et de l'adjectif ou du groupe adjectival), sémantiques (type de la caractérisation opérée par l'adjectif) et diachroniques (survivances, surtout dans les expressions figées, de l'usage ancien où dominait l'antéposition : *fieffé menteur, légitime défense, (avoir) une piètre opinion, (pleurer à) chaudes larmes, (battre) à plate couture,* etc.). On présentera schématiquement les faits en distinguant entre les adjectifs qualificatifs qui, dans l'usage standard, ont une place fixe et ceux dont la place est variable.

3.6.1. *La postposition est l'ordre normal*

On écartera d'emblée ceux des adjectifs non qualificatifs dont la plupart ont, par définition, une place fixe par rapport au nom qu'ils déterminent. Il s'agit :

• des adjectifs relationnels (**4.**) qui ne peuvent jamais être antéposés, à moins d'être convertis en adjectifs qualificatifs : *l'armée romaine / *la romaine armée* vs *un carnet scolaire / un écriture très scolaire* ;
• des adjectifs « du troisième type » (**4.6.**) qui, bien qu'ils aient souvent des emplois qualificatifs, sont majoritairement antéposés au nom.

On peut considérer que les adjectifs qualificatifs se placent normalement après le nom, en quelque sorte par défaut, c'est-à-dire lorsqu'ils n'expriment que leur sens descriptif codé et qu'ils modifient le sens descriptif codé de ce nom. Ainsi sont toujours postposés les adjectifs qualificatifs dénotant la couleur ou la forme (**un gris costume, *un ovale ballon, *un pointu crayon*) ainsi qu'une série d'adjectifs décrivant des propriétés objectives, souvent perceptibles ou inférables à partir de l'observation : *(un café) amer / trop sucré, (un bruit) sec, (une eau) claire / trouble, (un son) creux, idiot, laid,* etc. Il en va de même pour les participes passés adjectivés et une grande partie des adjectifs verbaux : **une inconnue adresse* – **un convaincant argument* (mais *une brillante prestation*).

3.6.2. L'antéposition est l'ordre marqué

L'antéposition serait alors la position marquée signalant l'addition d'une valeur supplémentaire, qui n'est pas toujours facile à déterminer, et qui fait que l'adjectif n'est pas ou n'est pas seulement à interpréter sur le mode descriptif déterminatif par rapport au nom. C'est sans doute le cas de tous les adjectifs auxquels peuvent s'appliquer valablement les appréciations usuelles sur les valeurs « affectives » et « appréciatives » ou sur l'« accent d'insistance » discursivement attachés à l'épithète antéposée. On y trouve beaucoup d'adjectifs déjà pourvus d'une charge affective (*atroce, merveilleux, horrible, abominable, admirable, épouvantable,* etc. : *Restait cette redoutable infanterie de l'armée d'Espagne,* Bossuet) ; ou du moins susceptibles d'en développer une, le contexte général aidant et grâce au marquage opéré par l'antéposition : *remarquable, sensible* (au sens quantitatif), *fin,* etc. Tout se passe comme si l'attribution de la qualité dénotée par l'adjectif était prise en charge – pour des raisons que seuls le contexte et la situation peuvent éclairer – par le locuteur ou par l'énonciateur, c'est-à-dire par la personne qui est censée s'exprimer par la voix du locuteur (**XXIII : 2.2.**). Ainsi dans les couples :

(1a) *L'ample monde au delà de l'immense horizon* (*Valéry*)
(1b) *Le monde ample au delà de l'horizon immense*
(2a) *Merci pour cette agréable soirée* / (2b) *Merci pour cette soirée agréable.*
(3a) *Il nous a servi une horrible piquette* / (3b) *Il nous a servi une piquette horrible.*
(4a) *Les sanglots longs des violons de l'automne* (*Verlaine*)
(4b) *Les longs sanglots des violons de l'automne*

l'adjectif postposé efface *a contrario* la nuance d'appréciation ou d'expérience subjective qu'induit son antéposition. L'antéposition est d'ailleurs devenue l'une des caractéristiques d'un certain style journalistique qui multiplie sans nécessité et souvent sans effet apparents les *notables progrès, sensible amélioration,* etc.

Sont ainsi souvent antéposés une série d'adjectifs descriptifs mais à forte composante évaluative d'une ou deux syllabes et très fréquents : *beau* (mais pas *laid*), *bon, grand, gros, haut, joli, long, petit, vieux, vilain.* Ils peuvent être postposés, notamment s'ils sont coordonnés ou juxtaposés à un adjectif normalement postposé : *un long voyage / un voyage long et fatigant*.

Sont également antéposées les **épithètes** dites **de nature**, par définition non déterminatives, puisqu'elles expriment une caractéristique traditionnellement associée au nom (commun ou propre) : *la blanche neige – les vertes prairies – À la claire fontaine* (chanson) – *de noirs soucis – le bouillant Achille – la belle Hélène*, etc. Sont également antéposées les épithètes qui reprennent une information fournie par le cotexte antérieur, comme dans cet extrait de Bossuet où à une épithète de nature (*cette* redoutable *infanterie de l'armée d'Espagne*) succède une épithète évaluative et de rappel informatif (*ces intrépides combattants*) qui répète l'information antérieure sur *l'armée d'Espagne* :

> Restait cette redoutable infanterie de l'armée d'Espagne, dont les gros bataillons serrés [...] demeuraient inébranlables au milieu de tout le reste en déroute, et lançaient des feux de toutes parts. Trois fois le jeune vainqueur s'efforça de rompre ces intrépides combattants [...]

Remarques. — 1. Pour des raisons strictement syntaxiques et quel que soit leur sémantisme, les adjectifs qualificatifs suivis d'un complément sont postposés : *un bon pneu / un pneu bon à jeter / *un bon à jeter pneu – un plus grand appartement – un appartement plus grand que le nôtre – une longue maladie / une maladie longue à guérir*.
2. Les valeurs liées à l'antéposition et à la postposition de l'adjectif sont soulignées par un phénomène prosodique : alors que le nom-tête et l'adjectif postposé (*un homme heureux*) portent chacun un accent, les suites [adjectif antéposé – nom] tendent à cumuler sur la dernière syllabe du groupe et l'accent du nom-tête et l'accent de groupe (*un heureux homme*). Ainsi l'adjectif antéposé apparaît plus étroitement uni au nom avec lequel il forme une unité prosodique souvent source d'un nom composé : (*battre d'*) *une courte tête, un bon mot, une longue maladie*, etc. La fragmentation et le regroupement accentuels seraient alors les marques respectives d'une disjonction ou d'une fusion notionnelle entre le nom et l'adjectif.

Bibliographie. — A. Blinkenberg (1928), *L'ordre des mots en français moderne*, vol. 1, Copenhague, Munksgaard – E. Reiner (1968), *Studie zur Stellung des attributiven Adjektivs im neuerem Französischen*, Wien, W. Braumüller Verlag [C.R., par E. Faucher, *Le français moderne*, 45, 1976 : 375-377] – H. Weinrich (1968), *La place de l'adjectif épithète en français*, Vienne / Stuttgart, W. Braumüller – S. Faik (1976), La place de l'adjectif, *Le français dans le monde*, 124 : 13-20 – M. Forsgren (1978), *La place de l'adjectif épithète en français contemporain. Etude quantitative et sémantique*, Uppsala, Almquvist et Wiksell – R. Martin (1986), Le vague et la sémantique de l'adjectif. Réflexion sur l'adjectif antéposé en français, *Quadrni di semantica*, VII, 2 : 246-263 – M. Wilmet (1986), Ch. V – S. Leischner (1989), *Die Stellung des attributiven Adjektivus im Französischen*, Tübigen, G. Narr. – B. Larsson (1994) *La place et le sens des adjectifs épithètes de valorisation positive*, Lund University Press – H. Nølke

(1996), Où placer l'adjectif épithète ? Focalisation et modularité, *Langue française*, 111 : 38-58 – M. Forsgren (1997), Un classique revisité. La place de l'adjectif épithète, *in* G. Kleiber et M. Riegel, éds, *Les formes du sens*, Louvain-la-Neuve, Duculot – A. Abeillé et D. Godard (1999), La position de l'adjectif épithète en français : le poids des mots, *Recherches linguistiques de Vincennes*, 28 : 9-32 – Noailly (1999) : 87-105.

4. LES ADJECTIFS RELATIONNELS

Une classe très productive d'adjectifs ne s'emploie normalement qu'en fonction épithète : *un discours présidentiel, un décret ministériel, l'industrie chimique*, etc. Ces adjectifs obligatoirement postposés immédiatement au nom sont dérivés d'une base nominale (*président > présidentiel, ministre > ministériel, industrie > industriel*, etc.), qui peut être savante (*cœur / cardiaque, nuit / nocturne, mère / maternel*), d'un nom propre (*Napoléon > napoléonien, Corneille> cornélien*) ou, plus rarement, d'un verbe (*sa maison natale, le billet gagnant*). La gamme des suffixes qu'ils partagent avec les adjectifs qualificatifs est vaste : -al / -el (*fiscal, professionnel*), -ier (*laitier, policier*), -aire (*polaire, dentaire*), -in (*bovin, chevalin*), -ique (*téléphonique, symphonique*), etc.

Ces adjectifs sont dits **relationnels** parce qu'ils indiquent une relation (par définition non gradable : **un parc très municipal*) avec le référent du nom dont ils sont dérivés. Aussi constituent-ils l'équivalent syntaxique et sémantique d'un complément du nom ou d'une relative qui expliciteraient cette relation : *un objet métallique* [= *en métal*] – *La cote présidentielle* [= *du président*] *en chute libre*, titre de journal – *Affaissements miniers* [sur un panneau routier] = *Affaissements qui sont provoqués par des galeries de mines sous la route*. La nature même de cette relation dépend crucialement du sémantisme de leur nom recteur. Si ce nom est un nom prédicatif ou nom d'événement, elle implique son ou l'un de ses arguments :

la bienveillance paternelle / *la bienveillance du père* / *le père est bienveillant*
une décision présidentielle / *une décision du président* / *le président a décidé*
une élection présidentielle / *une élection d'un président* / *on élit un président*

Sinon, il s'agit de relations (de causalité, de localisation, etc.) pragmatiquement inférables entre les entités dénotées par le nom recteur et la base nominale de l'adjectif. Par exemple, *la race chevaline* signifie « la race que constituent les chevaux », alors qu'*une boucherie chevaline* désigne une « boucherie où l'on vend de la viande de cheval ». La chaîne inférentielle peut être complexe, comme dans le titre de journal « *Brice Lalonde, ambassadeur climatique* », qui se paraphrase par *ambassadeur chargé des négociations sur le changement du climat*.

Ne dénotant pas des propriétés, ils ne sont pas associés à un nom de propriété (*l'autorité paternelle / *la paternalité de l'autorité*), ne fournissent pas la base d'un adverbe en *-ment*, sauf s'ils sont convertis en adjectifs qualificatifs (*dent > dentaire > *dentairement*) et ne se coordonnent pas avec des adjectifs qualificatifs (**un parc immense et municipal*). En emploi contrastif, ils peuvent néanmoins fonctionner comme attributs (*Ce parc n'est pas national, mais régional*) et se transposent aisément dans la catégorie des adjectifs qualificatifs pour dénoter des propriétés pragmatiquement associées au nom dont ils sont dérivés : l'écriture d'un adulte peut être qualifiée de *scolaire* (elle ressemble à celle d'un élève) et il n'est pas besoin d'être père pour éprouver un sentiment *paternel*. Enfin leur valeur catégorisante les prédispose à la formation avec le nom recteur des mots composés et même à la conversion nominale par ellipse de ce nom : *les élections présidentielles / législatives / municipales* → *les présidentielles / législatives / municipales*.

Bibliographie. — I. Bartning (1976), *Remarques sur la syntaxe et la sémantique des pseudo-adjectifs dénominaux en français*, Stockholm, Univ. de Stockholm – I. Tamba (1980), Sur quelques propriétés de l'adjectif de relation, *TraLiLi*, 28 : 119-132 – A. Bosredon (1988), Un adjectif de trop : l'adjectif de relation, *L'information grammaticale*, 37 : 3-7 – A. Mélis-Puchulu (1991), Les adjectifs dénominaux : des adjectifs de « relation », in D. Corbin éd. *La formation des mots : structures et interprétations* [Lexique, 10] : 33-60 – M. Nowakowska (2004), *Les adjectifs de relation employés attributivement*, Cracovie, Wydawnitwo Naukowe Akademii Pedagogicznej.

5. LES « ADJECTIFS DU TROISIÈME TYPE »

Les linguistes ont commencé à s'intéresser, ces dernières années, à un ensemble d'adjectifs que l'on ne peut ranger ni dans la catégorie des qualificatifs (même si certains s'emploient également comme des qualificatifs) ni dans celle des relationnels. D'où des étiquettes comme « des adjectifs à part » (Noailly 1999 : 20) ou « adjectifs inclassables » et « adjectifs du troisième type » (Schnedecker 2005), dont on ne donnera ici qu'un rapide aperçu vu que les études dans ce vaste domaine en sont encore à un stade trop exploratoire pour autoriser une véritable synthèse. Non prédicatifs (ils sont en général inaptes à la fonction attribut et ne se doublent pas d'un nom de propriété), ces adjectifs ont en commun de ne pas modifier le nom dont ils sont épithètes par spécification ou sous-catégorisation, comme le font les deux autres catégories d'adjectifs. Ils fonctionnent plutôt comme des modalisateurs de la valeur référentielle du nom dont ils sont épithètes. Dans cette perspective, on peut distinguer :

– la modalisation ou la restriction temporelle du rapport entre une expression nominale et son référent. Des adjectifs comme *actuel, ancien, ci-devant, ex-, jeune, vieux, présent* et *futur* limitent la validité de l'expression référentielle où ils figurent à une période révolue, concomitante ou à venir :

(1) *C'est un ancien policier* [quelqu'un qui a été *un policier* antérieurement]
(2) *L'actuel roi de France* [celui qui est actuellement *le roi de France*] *est chauve* (B. Russell)
(3) *Je vous présente mon futur mari* [celui qui dans un avenir plus ou moins proche sera *mon mari*]

– l'insertion, par des adjectifs comme *précédent, prochain, nouveau* et *suivant* du référent du nom tête de l'expression descriptive dans une série temporelle d'occurrences du même type :

(4) *L'ancien locataire n'a pas donné les clés de l'appartement au nouveau / prochain (locataire)*

Le même type d'insertion est opéré par les adjectifs numéraux ordinaux *premier, deuxième*, etc. et apparentés (*dernier, ultime*, etc.) qui indiquent aussi l'ordre d'apparition du référent dans une série (le *premier essai, la cinquième avenue, un dernier verre*, etc.).

– le soulignement de l'adéquation (ou de l'inadéquation) dénominative du nom tête par les adjectifs *vrai / véritable* :

(5) *À Strasbourg, on mange de vraies choucroutes*

Sur un registre plus familier et avec une gamme d'emploi plus réduite, l'adjectif *franc* opère le même type de validation dénominative (*Il a obtenu un franc succès – Ce fut une franche rigolade – C'est une franche canaille*), alors qu'à l'inverse *vague* présente le référent du groupe nominal comme catégorisé approximativement par le nom (*un vague cousin* est quelqu'un que l'on catégorise comme « cousin » avec plus ou moins de précision ou de certitude) – la réduction du référent au type nominal dont il est l'occurrence par les adjectifs *pur* et *simple*. *Pur* l'identifie comme un exemplaire idéal du type, qu'il incarne pour ainsi dire à la perfection (*C'est un pur mensonge* signifie qu'il s'agit d'un mensonge « dans toute l'acception du terme »). *Simple* réduit également le référent porteur du nom à son type, mais de façon restrictive : *Elle portait un simple short* se paraphrase par « quelque chose qui est *un short*, mais pas plus, donc pas *un slip*, ni un *bikini*, encore moins *un deux-pièces* ». Cet effet minorant se reconnaît également dans *Je suis un simple citoyen* et *Ce n'est qu'une simple remarque* (remarquer l'affinité avec la restriction).

Il apparaît que la plupart de ces formes adjectivales ne correspondent pas à des adjectifs spécifiques lexicalement autonomes puisqu'ils fonctionnent parallèlement comme des adjectifs qualificatifs en emploi prédicatif (attributs du sujet ou de l'objet), sont scalaires, désignent des propriétés ou des états et sont coordonnables à des adjectifs exclusivement qualificatifs. Aussi l'étiquette « du troisième type » caractérise-t-elle moins un type d'adjectifs qu'un type d'emploi associé à la non-prédicativité et à l'antéposition, deux propriétés qui distinguent, pour une même forme adjectivale, son emploi non qualificatif de son emploi qualificatif. C'est significativement aussi le cas d'un certain nombre d'adjectifs qui désignent l'intensité du nom auquel ils sont antéposés en fonction épithète (auquel cas ils sont inaptes à l'emploi prédicatif et, bien sûr, eux-mêmes non gradables) comme *sacré* ou *fichu*, mais qui n'en ont pas moins des emplois prédicatifs parallèles :

(5) *Charles-Louis Philippe m'a fait boire, cette après-midi, un sacré petit verre de vieux marc, qui m'a cassé la tête jusqu'au soir.* (Gide / GLLF)

(5a) *L'objet sacré est un objet du monde qui indique une transcendance par-delà le monde.* (Sartre / GLLC)

(6) « *Je suis dans un fichu état, avouez-le !* » (Martin du Gard / *GLLF*)
(6a) « *J'ai bien l'impression que c'est un homme fichu* ». (Colette / *GLLC*)

La plupart de ces adjectifs ont deux interprétations (qui peuvent se cumuler) : quantitative, qui dénote le haut degré, et affective, qui exprime l'attitude appréciative, laudative ou dépréciative, à l'égard du référent du nom déterminé. L'interprétation affective, comme on s'y attend, est compatible avec tous les noms, puisque tout ce qui existe peut être l'objet d'un sentiment (d'admiration, de répulsion, d'étonnement, etc.) marqué énonciativement ; l'interprétation intensive n'est possible qu'avec des noms dont le sens comporte une dimension gradable, tels que les noms de sentiment et de sensation, certains noms de propriété, les noms de mesure (par définition quantifiables, comme *poids, envergure, vitesse*, etc.), etc.

La double interprétation, quantitative ou interprétative, est corrélée à un ensemble de propriétés syntaxiques décrits en détail dans Giry (2005). Par exemple, les GN avec un adjectif à sens affectif constituent, avec ou sans déterminant exclamatif, des phrases exclamatives averbales : *Sacré Georges ! – (Quel) drôle de bonhomme ! – Fichue / satanée bagnole !*. Les adjectifs interprétés quantitativement n'admettent que les déterminants indéfinis (*une fichue* (= *grosse*) *fièvre* vs *cette fichue* (= *sale*) *fièvre*) et se doublent régulièrement, dans les limites du lexique attesté, de formes adverbiales de même sens : *Il y a une vache (de) ressemblance entre eux / Ils se ressemblent vachement – J'ai un sacré retard / Je suis sacrément en retard*. Les deux interprétations peuvent se combiner lorsque l'adjectif intensif modifie un nom d'agent (*menteur, tricheur*, etc.) ou qualifiant (*brute, canaille, bordel*, etc.) : *un fichu / sacré / beau menteur* signifiera selon le contexte *un grand menteur* ou *un sale menteur* ... ou les deux. Cela dit, il existe un grand nombre d'adjectif qualificatifs intrinsèquement intensifs comme *énorme, extrême, excessif, intense, total*, etc., ou prenant contextuellement ce sens par inférence métonymique (*une nuit noire, un froid vif, une chaleur suffocante*, etc.) ou métaphorique (*une douceur angélique, une colère noire, un espoir fou, une maigre consolation*, etc.) qui s'emploient comme d'authentiques adjectifs qualificatifs, mais qui manifestent une réelle tendance à l'antéposition, une caractéristique commune à la catégorie générale des adjectifs évaluatifs ou censés exprimer un point de vue subjectif (**3.6.2.**).

Bibliographie. — A.-M. Berthonneau (2002), *Prochain / dernier et compagnie. Les adjectifs déictiques à l'épreuve de l'espace ou comment circuler dans le temps, l'espace et le texte*, Langue française, 136 : 104-124 – M. Noailly (2002), Le cas de simple, *Langue française*, 136 : 34-45 – C. Schnedecker (2002), Présentation : les adjectifs « inclassables », des adjectifs du troisième type ?, *Langue française*, 136 : 3-19 – *Cahiers de lexicologie*, 86-1 (*Les adjectifs non prédicatifs*), 2005). – J. Giry-Schneider (2005), Les adjectifs intensifs : syntaxe et sémantique, *Cahiers de lexicologie*, 86-1 : 163-178. – Fr. Grossmann et A. Tutin (2005), Joie profonde, affreuse, tristesse, parfait bonheur. Sur la prédicativité des adjectifs intensifiant certains noms d'émotion, *Cahiers de lexicologie*, 86-1 : 179-186. – M. Riegel (2005), *Une ancienne chapelle, un pur mensonge, un vague diplôme* : ou quand un*simple adjectif* modalise le rapport de la désignation nominale, *Cahiers de lexicologie*, 86-1 : 105-129. – M. Salles (2005), Adjectifs « modaux » et adjectifs « qualificatifs », *in* J. François dir. *L'adjectif en français et dans les langues*, Caen, Presses universitaires de Caen : 463-473.

Chapitre XII

LA PRÉPOSITION ET LE GROUPE PRÉPOSITIONNEL

La **préposition** est une partie du discours invariable qui appartient à la **catégorie générale des mots de relation** (**VI : 1.3.1.**). Comme les conjonctions de coordination et de subordination, elle sert à relier des termes pour les intégrer dans une construction plus vaste. Ainsi la préposition *de* relie le groupe nominal *la voisine* au nom *chat* pour faire du premier le complément du second à l'intérieur du groupe nominal *le chat de la voisine*. Qu'elles soient ou non porteuses d'un sens identifiable à travers la diversité de leurs emplois, les prépositions contribuent à l'établissement de relations sémantiques entre les termes qu'elles relient. Comme tous les mots ou morphèmes grammaticaux (**XX : 2.1.**), elles constituent un paradigme synchroniquement clos à l'intérieur duquel s'opposent des formes simples ou complexes (les locutions prépositionnelles), primaires ou empruntées par conversion à d'autres catégories grammaticales.

1. LES CLASSES MORPHOLOGIQUES DE PRÉPOSITIONS

Les prépositions simples comprennent un grand nombre de formes directement héritées du fonds latin (*à, de, pour, sans, vers, outre*, etc.) ou issues par conversion (**XX : 3.4.**) d'autres catégories : adverbes (*devant, derrière*), adjectifs (*J'ai lu tous ses romans, <u>sauf</u> le dernier – Il a de l'argent <u>plein</u> les poches*), noms (<u>*côté cour*</u>,

<u>question</u> *sentiments*) et surtout participes passés (*vu, excepté, hormis, passé (huit heures)*) et présents (*suivant, durant, moyennant, étant donné*). Dans ce dernier cas, la construction prépositionnelle recouvre une ancienne proposition participiale (**XVIII : 1.2.**) : d'ailleurs l'élément participial devenu préposition reste parfois postposé à ce qui était originellement son sujet (*Chacun est confronté <u>sa vie durant</u> à l'amère constatation de son imperfection*).
Les locutions prépositionnelles sont souvent issues du figement

- d'anciens groupes prépositionnels (p. ex. (*à) faute de grives, on mange des merles*) dont le nom était lui-même développé par un autre groupe prépositionnel (*à force de, par rapport à, à côté de, au lieu de, à l'occasion de, pour cause de, aux alentours de*, etc. ; comparer <u>à l'aide de</u> *cet instrument*, où le nom de la locution n'admet plus d'expansion, et <u>avec</u> *l'aide si efficace de Paul*). Ce type de lexicalisation est un mécanisme productif qui enrichit la classe des prépositions de nouvelles formes composées qui passent progressivement dans l'usage : *suite à, en ce qui concerne, en raison de*, etc.

- d'adverbes à complément prépositionnel (*conformément à* [= *selon*] / *loin de*, etc.) ;

- de propositions participiales (*abstraction faite de, compte tenu de*).

Remarques. — 1. Les formes simples *hors* et *lez* (*lès, les*) sont sorties de l'usage. La première a été remplacée par *sauf, excepté* (*Tout est perdu hors l'honneur*, mot prêté à François I*er*), la seconde par *à côté de, près de* (mais a été conservée dans des noms de localité : *Plessis-lez-Tours, Colombey-les-Deux-Églises*). *Hors* ne s'emploie plus que dans les locutions adjectivales et nominales *hors-délais, hors-normes, hors-concours, hors-la-loi*, etc.
2. Nombreuses sont les prépositions qui, élargies par *que* (**XV : 3.2.**), forment des conjonctions de subordination : *pour que, sans que, avant que, outre que*, etc. Coréférence oblige, *faute de* et *sauf à* (au sens de *quitte à*) ne se construisent qu'avec un infinitif : *Faute de s'être renseigné, il est arrivé en retard – Il ne paiera pas ses impôts, sauf à soudoyer son inspecteur ou à faire saisir son yacht.*

Bibliographie. — G. Gross (1981), Les prépositions composées, E. Schwarze, éd., *Actes du troisième colloque franco-allemand de linguistique théorique*, Tübingen, M. Niemeyer : 29-39 (voir également la bibliographie à la fin du présent chapitre).

2. LA SYNTAXE DES PRÉPOSITIONS : LE GROUPE PRÉPOSITIONNEL

La préposition est traditionnellement présentée comme un terme subordonnant qui instaure une relation de dépendance entre le terme qu'elle introduit, son complément (ou site) et le terme extérieur (ou cible) qui la précède. Cette analyse, qui fait de la préposition un simple relateur entre un terme initial recteur et un terme final régi, masque la véritable hiérarchie des regroupements syntaxiques. Les tests de substitution et d'effacement montrent que la préposition forme toujours un groupe syntaxique avec le terme qu'elle introduit :

(1) *le chat de la voisine* → *le chat sauvage* / *le chat*

(2) *Pierre obéit à ses parents* → *Pierre leur obéit* / *Pierre leur obéit, à ses parents* / *Pierre obéit.*

Ce regroupement fait de la préposition le mot-tête d'un **groupe prépositionnel** (**GP**) dont le second constituant est un groupe nominal ou un terme équivalent (*l'idée de son départ* / *de partir* – *son admiration pour elle* – *une occasion à saisir*), selon le schéma : **GP → Prép + GN**.

La fonction du groupe prépositionnel proprement dit varie selon le type de relation syntaxique qu'il entretient avec un ou plusieurs autres constituants dans la construction où il figure :

- **complément circonstanciel (VI : 4.5.2. et 4.5.3.)** : *Cet été, à Strasbourg, il a fait chaud* – *De huit heures à dix heures, la rue sera interdite à la circulation* ;
- **complément indirect (VIII : 4.2.2.)** du verbe : c.o.i. (*Il vaque à ses occupations* – *Il compte sur notre aide* – *La fortune sourit aux audacieux*) ou complément locatif construit avec un verbe copule (*Il est dans la voiture*) ;
- **attribut** (construit indirectement) du sujet ou de l'objet (**VIII : 5.2.1.**) : *Il est en colère* – *Il est de santé délicate* – *Il passe pour un extrémiste* – *On le prend pour son frère* ;
- **complément du nom (VII : 4.4.1.)** : *La femme du boulanger* : *L'homme au complet gris*, titres de films – *un livre sur l'Amérique précolombienne* – *Le bœuf sur le toit* [D. Milhaud, J. Cocteau]. Les puristes condamnent

la construction asyndétique du complément dans *le facteur (du) temps, au niveau (de la) réalisation*, etc. ;
- **complément de l'adverbe** : *conformément à vos souhaits* ;
- **modifieur** du nom en position détachée (**VII** : 4.6.1.) : *Son mari, de santé délicate, craint les efforts violents – Jean, en pleine forme, a gagné la finale ;*
- **complément de l'adjectif** (**XI** : 3.5.2), y compris des formes du superlatif relatif (**XI** : 3.4.3.) : *Il est fier de son œuvre / furieux contre nous / allergique au soleil – L'alcool n'est pas bon pour la santé – M.-J. Perec a été la plus rapide de toutes.*

Remarques. — 1. Les séquences de GP successifs s'analysent souvent comme des hiérarchies d'inclusions où chaque GP est indirectement le constituant d'un GP plus vaste. Ce phénomène de récursivité est illustré par la phrase :
*Luc envisage la construction [d'un pont [pour le passage [de son troupeau]*GP] GP] GP] GP où le nom-tête *construction* est déterminé par une cascade de trois compléments du nom dont chacun dépend du précédent.
2. Lorsque le nom recteur de la préposition dénote lui-même une relation entre deux termes, le groupe prépositionnel peut conjoindre les deux termes de la relation impliquée qui peut être symétrique : *la distance / l'écart entre* A *et* B ; *l'affection de* A *pour* B ; *le passage de* A *à* B. Si le nom recteur est la nominalisation d'un verbe ou s'il forme une locution avec un verbe support, les deux compléments peuvent correspondre au sujet et au complément de ce verbe : A *passe à* B – A *a de l'affection pour* B.
3. La construction absolue de certaines prépositions dites « orphelines » correspond à la pronominalisation d'un complément indirect non humain, comme le montre l'opposition *Ce candidat, j'ai voté contre lui / Cette résolution, j'ai voté contre.* (VIII : 4.2.(3))

3. LA SÉMANTIQUE DES CONSTRUCTIONS PRÉPOSITIONNELLES

La caractérisation des valeurs sémantiques des prépositions relève essentiellement du dictionnaire. Cependant, comme la préposition contribue à l'interprétation sémantique du groupe fonctionnel qu'elle introduit, la question de son sens concerne aussi l'analyse grammaticale. On considérera donc qu'en plus de leur sens fondamentalement relationnel, les prépositions ont une charge sémantique propre qui se combine avec le sémantisme des constituants qu'elles mettent en relation :

XII – *La préposition et le groupe prépositionnel*   643

Ainsi, la préposition *avec* peut indiquer l'instrument (*Il mange avec des baguettes*), l'accompagnement (*Il est avec Paul*), la participation (*Il l'a traduit avec son collègue*), la manière (*Il l'a fait avec empressement*), la matière (*Il l'a préparé avec de la farine et du sucre*), différents types de possession (*Le grand blond avec une chaussure noire* (film), *une jeune fille avec une belle dot*), etc. Derrière la diversité des effets de sens, on peut souvent restituer un sens de base invariant (ici : la concomitance, c.-à-d. la coprésence des deux termes reliés par la préposition, un rapport dont la négation est dénotée par l'antonyme *sans*), mais généralement surdéterminé par l'information contextuelle, situationnelle ou encyclopédique.

Si le sens de certaines prépositions est relativement stable et aisément identifiable (spatial : *dans, sur, sous, à côté de* ; instrumental : *grâce à, moyennant* ; causal : *à cause de*, etc.), d'autres présentent une gamme d'interprétations tellement diversifiée qu'il semble vain de leur associer un sens de base commun à tous leurs emplois. C'est le cas des trois prépositions les plus fréquentes du français, *à, de* et *en*, que l'on qualifie parfois de « **vides** » ou d'« **incolores** » pour signifier qu'elles marquent un simple rapport (parfois le même : *canne à pêche / fusil de chasse – le train de Paris* = le train en provenance de Paris / à destination de Paris) de dépendance orientée entre deux constituants : *le directeur de l'usine / l'usine du directeur*.

Cependant, l'emploi simultané des prépositions *à* et *de* dans une même construction révèle une opposition régulière et généralisable : *à* marque la direction vers un point d'aboutissement, *de* l'éloignement à partir d'un point d'origine. Cette opposition se réalise dans les domaines concrets et abstraits : trajectoires spatio-temporelles (*Ce train va de Paris à Strasbourg – Il a vécu au Québec de 1965 à 1971*), parcours quantitatifs ou qualitatifs (*Un bocal contient en moyenne de huit à dix fruits – Le pays a passé de la dictature à la démocratie – Le public va du spécialiste au profane (en passant par l'amateur éclairé) – De l'amour à la haine, il n'y a qu'un pas*). Une bonne partie des usages indépendants des deux prépositions (ainsi que certaines alternances entre *à* et *en*) peut être ramenée à ce type d'opposition :

▶ *de* marque l'origine (*les saucisses de Strasbourg*), la matière (*un pâté d'alouettes*), la cause (*Il est mort de la peste*), le rapport d'intériorité du contenant au contenu (*un sac de farine, un verre de bière*), de l'élément à l'ensemble (*plusieurs de mes amis*) et plus généralement de la partie au tout (*le dessus du panier – Je reprendrais / bien (un peu) de ce plat*). La qualité et l'évaluation quantitative sont elles-mêmes conçues comme des parties constitutives de l'entité caractérisée (*un homme de poids / de bonne compagnie / de cette importance – un steak de deux cents grammes – un dîner de trois cents couverts – une femme de quarante ans*) ;

▶ *à* dénote une situation locale ou temporelle : présence dans ou direction vers un lieu (*Il reste au lit – Il va au cinéma*), moment où se déroule l'action (*à midi*) ou mise en perspective temporelle ((*remettre*) *au lendemain – À un de ces jours !*). *À* marque également la destination (*un verre à bière, une machine à écrire*) et divers rapports de caractérisation souvent exprimés par des constructions à verbe *avoir* (*l'homme à l'oreille cassée – Je vivais auprès de ces femmes à l'air également doux et triste*, Gide) ;

▶ *en* n'est jamais suivi de l'article défini, sauf sous la forme contractée *ès* (dans les titres académiques : *docteur ès lettres*, mais : *La mort en ce jardin*, titre de film – *En ces temps-là*). Cette préposition introduit un grand nombre de compléments de manière (*en short, en grande pompe, en silence*, etc., mais *à haute voix*). Pour les moyens de locomotion, *en* s'emploie avec les véhicules (*en auto, en vélo*), *à dos de* avec les animaux (*à dos d'âne / de chameau*, etc., mais *à cheval*), mais l'usage hésite pour les cycles (*à / en moto – ? à / en trottinette*). *En* alterne avec *à* temporel pour marquer l'aspect duratif (*en ce moment / à ce moment-là – en ces temps-là / *en cet instant*) et avec *à* locatif dans le repérage des noms propres géographiques (**VII : 2.8.2.**) :

• [*à* + article] devant les noms propres masculins à initiale consonantique et pluriels (*au Brésil, aux Etats Unis, aux Bermudes*) ;
• [*en* sans article] devant les noms féminins singuliers et les masculins à initiale vocalique : (*en France, en Afghanistan*), mais avec de notables exceptions (*en Guyane / à la Martinique*).

En locatif sans déterminant (**VII : 2.7.2.**) alterne avec *dans* selon que le GN régi est précédé ou non d'un déterminant : *dans la classe / en classe.*

Ces régularités partielles mises à part, l'emploi de ces trois prépositions (et de quelques autres, comme *par* et *pour*, difficilement réductibles à un sens de base stable) dépend essentiellement des rapports inférables à partir des sémantismes respectifs de l'élément recteur du groupe prépositionnel et du nom-tête de ce même groupe : si *L'homme de l'Ouest* (titre de film) est l'homme qui vient de l'Ouest ou qui y habite, *l'homme de la déstalinisation* est celui qui est causalement relié à la déstalinisation (parce qu'il en est l'auteur, ou qu'il l'incarne, ou qu'il en est le spécialiste, etc.). Plus généralement, la présence d'une préposition, sa spécificité ou son alternance avec d'autres prépositions constituent une caractéristique lexicale déterminante pour les verbes transitifs indirects (**VIII : 1.4.3. et 1.4.5.**) et les adjectifs à compléments (**XI : 5.3.**).

Bibliographie. — V. Brøndal (1950), *Théorie des prépositions. Introduction à une sémantique notionnelle*, Copenhague, Munksgaard – B. Pottier (1961), Sur le système des prépositions, *Le français moderne*, 29 : 1-6 – E. Spang-Hanssen (1963), *Les prépositions incolores en français moderne*, Copenhague, G.E.C, Gads – L. Carlsson (1966) – N. Ruwet (1969), À propos des prépositions de lieu en français moderne, *Mélanges Fohalle*, Duculot : 115-135 – C. Schwarze, éd. (1981), *Analyses des prépositions* (Actes du IIIᵉ Colloque franco-allemand de linguistique théorique), Tübingen, Niemeyer – C. Guimier (1987), *En et dans en français moderne : Etude sémantique et syntaxique*, *Revue des langues romanes*, 63 : 277-306 – *Langages*, 110 (1990), « La couleur des prépositions » – P. Cadiot (1991), *De la grammaire à la cognition : la préposition pour*, Éditions du CNRS – J. Cervoni (1991), *La préposition. Étude sémantique et pragmatique*, Duculot – *Langue française*, 91 (1991), « Prépositions, représentations, référence » – *Lexique* (1993), « Les prépositions : méthodes d'analyse » : 11 – I. Bartning (1996), Éléments pour une typologie des SN complexes en *de en* français, *Langue française*, 109 : 29-43 – L. Melis (2003), *La préposition en français*, Ophrys – J.-J. Franckel et D. Maillard (2007), *Grammaire des prépositions*, t. 1, Ophrys – W. De Mulder et D. Stosic (éds) (2009), *Langages*, 173, *Approches récentes de la préposition*.

Chapitre XIII

L'ADVERBE

1. UNE CATÉGORIE GRAMMATICALE HÉTÉROGÈNE ?

Les **adverbes** forment une catégorie considérée résiduelle où l'on range traditionnellement les termes invariables qui ne sont ni des prépositions (**XII**), ni des conjonctions (**XV**), ni des interjections (**XIV : 9.4.1**). D'où sa solide réputation de « pervers polymorphe », selon la formule de J. (Goes 2005). En fait la perversité catégorielle des adverbes réside moins dans la variabilité de leur forme (invariables, ils ne changent de forme qu'en cas de liaison ou délision, et morphologiquement leur formation n'est pas plus diversifiée que celles des autres catégories grammaticales) que dans leur polyfonctionnalité. Ainsi associe-t-on souvent au critère de l'invariabilité assortie d'une restriction qui n'a rien d'opératoire deux autres critères : leur caractère généralement facultatif et leur dépendance syntaxique par rapport à un autre élément de la phrase ou de la phrase elle-même. Ces deux dernières propriétés sont souvent présentées sous la forme d'une double analogie : l'adverbe serait au verbe ce que l'adjectif épithète est au nom (*mourir <u>lentement</u> / une mort <u>lente</u>*) ou bien partagerait le même statut que les compléments et les propositions circonstancielles (<u>*Demain*</u>/ *après le repas / quand il aura fini son travail, il partira – Il partira <u>demain</u> / après le repas / quand il aura fini son travail*). Or, les adverbes entrent dans plusieurs autres types de constructions irréductibles à la modification d'un verbe ou au fonctionnement d'un circonstanciel : *soigneusement, probablement, oui* et *ne... pas*, par exemple, ont une distribution totalement ou partiellement différente de *très*, modifieur adjectival et adverbial par excellence, et du circonstanciel temporel *demain* (susceptible en outre d'un emploi nominal : *Demain sera un autre jour*).

Si l'on s'en tient à leur point d'ancrage syntaxique, qui commande leur portée, les adverbes se comportent, dans le cadre phrastique (ou intraprédicatif) tantôt comme l'« ajout » à un verbe (*Jean comprend* vite), à un adjectif (*Jean est* très *rapide*), à un autre adverbe (*Jean court* moins *vite*), à une préposition ou à une conjonction de subordination (*la voiture* juste *devant la mienne / Il est* arrivé exactement / juste / précisément *quand Paul est parti*), à des déterminants quantificateurs (*Il avait* environ / juste / à peine *vingt ans*), ou à des noms et à des pronoms (Même *Jean / lui a renoncé – Jean / lui* aussi *a renoncé*) ; et hors phrase (en position extraprédicative), soit comme un élément périphérique de la phrase, de nature circonstancielle (Heureusement / Évidemment, *il l'a ratée –* Franchement, *votre argent nous intéresse*, slogan publicitaire d'une banque) ou comme un connecteur assurant toutes sortes d'enchaînements d'une phrase dans son environnement textuel (p. ex. : P1 – *Ensuite* P2 – *Puis* P3 – *Enfin / Finalement* P4).

C'est un fait également bien connu que la position de certains adverbes modifie et leurs rapports syntaxiques et leur interprétation :

(1a) *Ce poème n'est pas franchement [= tout à fait] mauvais.*
(1b) *Pierre a parlé franchement [= de manière franche].*
(1c) *Franchement [= Pour parler en toute franchise], ce poème n'est pas mauvais.*
(2a) *Il est seulement (*déjà) trois heures.*
(2b) *Seulement, il est (déjà) trois heures.*

Dans (1a) et (1b) l'adverbe *franchement* fonctionne comme le modifieur respectivement d'un adjectif et d'un adverbe ; dans (1c) comme un constituant périphérique, à la manière d'un complément de phrase énonciatif ; et *seulement* assigne une valeur argumentative au groupe verbal de (2a) et à la phrase (2b) entière. Enfin, dans une phrase comme *Il écrit bien*, l'adverbe *bien* s'interprète soit comme un modifieur du verbe (*Il écrit soigneuse-*

ment), soit comme un marqueur phrastique à valeur concessive (*Pourtant il écrit*).

Les classements plus détaillés des grammaires scolaires (adverbes de temps, de lieu, de manière, de quantité, d'affirmation, de négation, d'interrogation, etc.) sont encore moins éclairants. Fondés sur des critères hétérogènes qui ne distinguent pas les différents niveaux d'analyse, ils masquent les véritables régularités syntaxiques et leurs contreparties interprétatives. Comme les emplois des adverbes n'apparaissent pas non plus systématiquement conditionnés par leur forme, on établira leur classement sur leurs **propriétés de construction** qui en font soit des éléments dépendant d'un constituant de la phrase ou de la phrase elle-même, soit des marqueurs orientant l'interprétation du reste de l'énoncé. Chaque adverbe pourra alors être caractérisé par le(s) type(s) de constructions où il figure et par les spécificités interprétatives liées à ces positions.

Bibliographie. — H. Nølke (1990), Recherche sur les adverbes : bref aperçu historique des travaux de classification, *Langue française*, 88 : 117-127. – Cl. Guimier et P. Larcher, éds (1991), *Travaux linguistiques du CERLICO*, 3 (*L'état de l'adverbe*), Rennes, Presses Universitaires de Rennes. – Guimier (1991), Peut-on définir l'adverbe ?, *in* Cl. Guimier et P. Larcher, éds. : 11-34. – J. Goes J., éd. (2005), *L'adverbe : un pervers polymorphe*, Arras, Artois Presse Université.

2. LES CONSTRUCTIONS SYNTAXIQUES DE L'ADVERBE

▶ Certains adverbes fonctionnent comme **les équivalents d'une phrase ou d'une proposition** (ou comme son noyau prédicatif). Ce sont d'abord les marqueurs des actes illocutoires de l'acquiescement et de la dénégation : *As-tu reçu ma lettre ? – Oui / Non / Je crois que oui – As-tu lu cet article ? Si oui, fais-m'en un résumé* (**XIV : 9.4.3.**). D'autres adverbes se prêtent à cet emploi (surtout dans les réponses) grâce à l'ellipse totale ou partielle du reste de la phrase : *Certainement – Peut-être – Certes – Volontiers*

▶ L'adverbe peut fonctionner comme un **complément circonstanciel** (**VI : 4.5.**) par rapport au reste de la phrase : *Aujourd'hui le* *théâtre affiche complet* – <u>Heureusement</u> *(que) Jean n'en sait rien* – <u>Franchement</u>, *votre argent nous intéresse* (slogan publicitaire). À interprétation sémantique invariante, la mobilité de l'adverbe circonstant est conditionnée, voire interdite par la spécificité du rapport sémantique qu'il entretient avec le reste de la phrase (voir **3.**). Lorsque le verbe est à une forme composée, les adverbes de temps et de lieu ne peuvent pas s'intercaler entre l'auxiliaire et le participe passé (**Il est hier arrivé* – **Il s'est tôt levé* – **Il a ici vécu* – **Il a ailleurs plu*).

▶ Comme **élément introducteur d'une phrase**, l'adverbe peut en marquer le type (<u>Est-ce qu'il est déjà parti</u> *?* – <u>Comme</u> *il est beau !*). *Où, quand, comment, pourquoi*, etc., sont généralement considérés comme des adverbes d'interrogation partielle : en fait ils représentent l'amalgame de la marque du type de phrase interrogatif et d'une fonction (complément de lieu, de temps, etc.) dans la phrase interrogative, ce qui leur confère les propriétés syntaxiques et interprétatives des autres pronoms interrogatifs (**XIV : 2.3.2.**). Les phrases négatives sont caractérisées par l'insertion de l'élément *ne* (**XIV : 5.1.3.**) : antéposé au verbe, il forme avec *pas, jamais, plus*, etc. des locutions adverbiales ou bien se combine avec les déterminants et les pronoms *aucun, nul, personne, rien*, etc. (*Je ne vois personne / personne ne me voit*).

Remarque. — Lorsqu'ils insèrent une phrase dans la suite d'un texte (*Charles est très occupé*, <u>alors</u> *ne le dérange pas*), les adverbes comme *alors, puis, pourtant*, etc. fonctionnent comme des éléments de liaison au statut proche de celui d'une conjonction de coordination (**XIX : 2.2.** et **XXIV : 4.2.1.**).

▶ L'adverbe peut **dépendre d'un autre constituant de la phrase** par rapport auquel se déterminent sa place, ses compatibilités sémantiques et éventuellement sa mobilité (dans la terminologie traditionnelle, l'adverbe **modifie** ce constituant). Ainsi *courageusement* modifie le verbe auquel il est postposé dans les deux phrases : *Il décida courageusement de résister* (c'est la décision qui est courageuse) – *Il décida de résister courageusement* (c'est la résistance qui est courageuse). La place de l'adverbe dépendant du terme

auquel il se rattache, on distinguera trois grands types de dépendances :
- l'adverbe est directement placé **devant l'adjectif ou l'adverbe** qu'il modifie : *Il est très / assez / plutôt prudent – Il conduit très / assez / plutôt prudemment – À présent, il est beaucoup moins fier – C'est bien assez / C'est assez bien* ;
- l'adverbe est placé directement **devant le pronom, le groupe (nominal ou prépositionnel) ou la proposition subordonnée** qu'il modifie : *Je les ai à peu près tous identifiés – Il y avait environ une vingtaine de personnes – Il a mangé presque tout le gâteau – Il est arrivé tôt le matin / juste avant les autres – Une bonne bière, ça se boit même lorsqu'on n'a pas soif* ;
- **lorsqu'il modifie le verbe**, l'adverbe est **mobile** dans les limites du groupe verbal. Il est placé après le verbe ou après son complément : *Il relit soigneusement sa copie / Il relie sa copie soigneusement*. Si le verbe est à une forme composée, l'adverbe peut également se placer entre l'auxiliaire ou le verbe modalisateur et le participe passé ou l'infinitif : *Il a soigneusement relu sa copie – Il va / doit / peut soigneusement relire sa copie*. Dans les locutions verbales, l'adverbe se met entre le verbe et le terme qui le complète : *Il a toujours soif / ne fait jamais attention / a encore confiance*.

Remarque. — Ces quatre grands types de rattachements syntaxiques recouvrent un éventail de relations sémantiques que l'on distingue par d'autres propriétés de construction discriminatoires. Par exemple :
• par les contraintes sémantiques imposées par l'entourage syntaxique : l'adverbe *très* ne peut modifier qu'une propriété gradable exprimée par un adjectif non relationnel, un groupe prépositionnel ou un adverbe : *très rapide / en colère / rapidement – *Il sera très bientôt là* (mais : *À très bientôt !*) ;
• par la possibilité d'une extraction au moyen de *c'est... que* : *C'est aimablement qu'il m'a répondu / *C'est évidemment qu'il a refusé* ;
• par le type d'interaction avec le champ de la négation : *toujours* domine la négation dans *Il ne répond toujours pas*, mais se trouve dans son champ dans *Il ne répond pas toujours* ;
• par le rôle communicatif : aptitude à constituer le propos de la phrase, commentaire parenthétique, connecteur interpropositionnel, etc.

3. L'INTERPRÉTATION SÉMANTIQUE DES CONSTRUCTIONS ADVERBIALES

La plupart des adverbes pouvant entrer dans plus d'une construction, on proposera un classement sémantique non pas des adverbes, mais de leurs principaux emplois :

▶ **L'indication du degré**

Les variations d'intensité de la propriété dénotée par un adjectif (**XI : 4.**), un adverbe ou un participe passé sont marquées par un adverbe antéposé (*très, fort, légèrement, extrêmement,* etc.) qui ne se prête pas à l'extraction et est dans le champ de la négation : *Il n'est pas trop courageux – Il est courageux mais pas trop.* Si l'adverbe indique le degré d'un procès verbal, il suit le verbe ou son auxiliaire : *Il crie fort / Il a légèrement toussé – Ça sent légèrement / un peu / plutôt fort.*

▶ **La modification d'une expression quantifiée**

Un adverbe peut préciser ou nuancer la quantification de l'expression qu'il précède : *Il y avait <u>à peu près</u> une centaine de personnes – Il me manque <u>juste</u> cent francs – Nous étions à <u>environ</u> deux cents mètres du but – Il était <u>presque</u> dix heures.* La modification peut avoir une valeur argumentative : *Paul est <u>presque</u> arrivé à l'heure* et *Paul est <u>à peine</u> / <u>tout juste</u> arrivé à l'heure* orientent vers une conclusion respectivement favorable et défavorable quant à l'exactitude de Paul. Les locutions adverbiales *de / en plus, de trop, en moins, en sus,* etc. se postposent à l'expression qu'elles modifient : *Ça fait cent francs de trop.* Les adverbes restrictifs ou exceptifs (*Il boit seulement / uniquement / exclusivement de l'eau* et *Il ne boit que de l'eau*) excluent l'ensemble complémentaire du constituant qu'ils modifient [= *Il ne boit rien, sauf de l'eau*].

▶ **La modification d'un procès verbal**

Lorsqu'il indique la manière dont s'effectue le procès dénoté par le verbe, l'adverbe peut figurer avant ou après le participe passé du verbe et après le complément : *Il a <u>sèchement</u> répondu à Jean / Il a répondu <u>sèchement</u> à Jean / Il a répondu à Jean <u>sèchement</u>.* Sa paraphrase par un adjectif montre que la caractérisation qu'il opère porte sur l'ensemble du procès dénoté par le verbe et son complément : *Sa réponse à ma lettre fut sèche.* L'extraction par *c'est... que*, la réponse à la question *comment* et l'inclusion dans le champ de la négation montrent que l'adverbe peut constituer le propos de la phrase : *Comment a-t-il répondu à ta lettre ? – C'est sèchement qu'il a répondu à ma lettre – Il n'a pas répondu sèchement à ma lettre* [= *Il a répondu à ma lettre, mais pas sèchement*]. La caractérisation du procès verbal par l'adverbe peut aussi s'effectuer sur le mode quantitatif : *Il a <u>complètement</u> / <u>entièrement</u> / <u>presque</u> / <u>à moitié</u> vidé la bouteille.* Dans des expressions figées, les adverbes comme *bien, mal, tôt, tard,* etc., se comportent comme les « compléments » obligatoires du verbe (éventuellement impersonnel) : *Comment va-t-il ? – Il va bien / mal – Ça fait mal – Il se conduit admirablement – Il est tôt – Il se fait tard.*

▶ **La modification d'un rapport de caractérisation**

Certains adverbes modalisent temporellement ou aspectuellement le rapport de caractérisation (prédicatif ou déterminatif) entre deux constituants : *Un homme <u>toujours</u> de bonne humeur – Il est <u>rarement</u> / <u>souvent</u> / <u>parfois</u> ivre.*

▶ **La modification globale de la phrase ou de l'énoncé**

Lorsque les adverbes se comportent comme des compléments circonstanciels, ils peuvent entretenir trois types de rapports avec le reste de la phrase :
• en emploi « scénique » (**VI : 4.5.3.**), ils précisent un élément du cadre spatio-temporel où se situe l'événement dénoté par le reste de la phrase : *ici, là-bas, ailleurs, aujourd'hui, le lendemain, bientôt,* etc. ; Leur mobilité, qui alors est totale dans le cadre de la phrase, fait qu'ils peuvent dominer ou être dominés par la négation (*Ici on n'accepte pas les chèques / On n'accepte pas les chèques ici*). Lorsqu'ils se prêtent à l'extraction (*C'est demain que je terminerai ce chapitre*) et répondent à une question partielle (*où ?*

quand ?), ils constituent le propos de la phrase (**XXIV : 2.1.**) : *Je terminerai ce chapitre demain.*

• comme **adverbes de commentaire phrastique** (ou **prédicats de phrase**), ce sont des compléments modalisateurs d'une phrase assertive, positive ou négative (**XXIII : 2.2.**). Ils précisent le degré de réalité que le locuteur assigne au contenu propositionnel du reste de la phrase (*probablement, peut-être, sans doute,* etc.) ou l'évaluation qu'il en fait (*heureusement, naturellement, paradoxalement, bizarrement,* etc.).

Ils se paraphrasent généralement par les formes *Que* P *est* Adj / *Il est* Adj *que* P, où l'adverbe devient un adjectif attribut prédiqué du reste de la phrase : *Heureusement, Jean n'est pas venu* ↔ *Que Jean ne soit pas venu est heureux / Il est heureux que Jean ne soit pas venu.* Quelle que soit leur place dans la phrase, ils en sont toujours détachés par une pause ou une rupture intonative qui souligne leur fonction de commentaire parenthétique antéposé, inséré ou postposé (*Jean, heureusement, n'est pas venu / Jean n'est pas venu, heureusement*). Comme ils constituent une prédication secondaire sur le reste de la phrase, ils restent toujours en dehors du champ de la négation et ne constituent jamais le propos de la phrase (contrairement à l'adjectif attribut des constructions équivalentes : *Que* P *est heureux / Il est heureux que* P).

• dans un emploi parallèle au précédent, l'**adverbe de commentaire énonciatif est employé** pour caractériser non pas le contenu de la phrase (ce qui est dit), mais l'acte même de la proférer (le fait de dire). Ainsi l'adverbe *franchement* n'a pas la même interprétation énonciative selon qu'il se greffe sur un acte assertif (il caractérise le dire du locuteur) ou interrogatif (il caractérise la réponse attendue de l'interlocuteur) :

(1) *Franchement, il a agi comme un tartuffe.*
= (1a) <u>*Je dis*</u> *franchement* [= *pour parler franchement*] *qu'il a agi comme un tartuffe.*
(2) *Franchement, as-tu lu le livre en entier ?*
= (2a) <u>*Dis-moi*</u> *franchement* [= *en toute franchise*] *si tu as lu le livre en entier ?*

Ces adverbes (*sérieusement, honnêtement, simplement,* etc., mais aussi ceux qui comme *schématiquement, en résumé,* etc. caractérisent la façon de dire) figurent généralement en tête de la phrase dont ils annoncent alors d'emblée « la couleur » énonciative. En position insérée ou finale mais pas directement après le verbe (*Il a agi franchement* a un sens différent), ils sont nettement séparés du reste de la phrase par une pause ou une rupture intonative. Ils ne constituent jamais le propos de la phrase et restent toujours hors de portée de la négation (**XXIII : 2.2.**).

▶ **La marque d'une propriété globale de la phrase**

Dans ce dernier emploi, les adverbes ne font pas directement partie du contenu propositionnel de l'énoncé et n'ont souvent pas de fonction syntaxique identifiable dans la structure de la phrase (d'où l'impossibilité de les situer dans une analyse en constituants immédiats) :

- les uns indiquent **le type de la phrase** et lui confèrent une valeur illocutoire (éventuellement dérivée) : interrogative (*Est-ce qu'il viendra ?*), négative (*Il ne viendra pas*), exclamative (*Comme il est beau !*) ou optative (*Pourvu qu'il ne vienne pas*). *Absolument* (fam.) et *du tout* soulignent la négation phrastique ou la quantification nulle d'un constituant : *Je n'aime pas du tout / absolument pas cette bière – Je n'ai pas du tout de nouvelles – Il n'a absolument aucun remords*. Inversement, *bien* peut souligner l'assertion positive : *C'est bien lui* ;
- d'autres, comme *c'est pourquoi, en effet, ainsi, aussi, néanmoins, (au) total, alors, dans ce cas*, etc., jouent le rôle de connecteurs avec la ou les phrases précédentes ou entre des propositions à l'intérieur d'une même phrase. Ces adverbes dits **de liaison** (**XIX : 2.2.**) marquent les connexions sémantico-logiques de la causalité, de l'opposition, de la concession, de la justification, etc. Dans certains de ces emplois, ils ont un fonctionnement analogue à celui des conjonctions de coordination : *Il prétend bien connaître Jean, <u>mais</u> / <u>pourtant</u> il ne l'a vu qu'une fois* ;
- d'autres imposent à la phrase une **orientation argumentative**. Lorsqu'il accompagne une question partielle (*Quel est son nom, déjà ?*), un adverbe comme *déjà* laisse entendre que le locuteur a eu connaissance de la réponse à un moment antérieur à l'énonciation de la question, mais qu'il en demande la confirmation pour des raisons pragmatiquement variables (oubli, incertitude). *Même* donne

à un argument une force supérieure à tous ceux qui ont été évoqués ou auraient pu l'être : *Il a même visité la Chine*.
• Les adverbes de **balisage textuel** (*d'abord, ensuite, puis, alors, enfin, finalement, premièrement, deuxièmement*, etc.) soulignent l'organisation générale du discours et facilitent l'orientation du lecteur dans sa progression (**XXIV : 4.2.**).

Remarque. — Ce classement sémantique schématique rend compte des multiples restrictions combinatoires entre les adverbes et les éléments qu'ils modifient : *Je t'aimerai *très / *trop / *moins toujours – Évidemment, il a échoué / *Évidemment, est-ce qu'il a échoué ?*. Il explique également la possibilité de cumuler des adverbes de fonctions différentes autour d'un même pivot sujet-verbe. Dans *Aujourd'hui, il conduit probablement beaucoup moins vite, aujourd'hui* est un adverbe scénique et *probablement* un adverbe de commentaire phrastique ; *vite* modifie le verbe et est modifié par *moins*, lui-même modifié par *beaucoup*.

4. LA MORPHOLOGIE DES ADVERBES

4.1. Formes et formations de l'adverbe

L'adverbe est **invariable, à l'exception de :**

• *tout* qui, lorsqu'il marque l'intensité, s'accorde avec les adjectifs féminins à initiale consonantique (ou *h* aspiré) qu'il modifie : *Ils sont tout ridés / Elles sont toutes ridées*, la seconde phrase étant ambiguë entre une lecture adverbiale [= *tout à fait*] et pronominale [= *chacune*] de la forme *toutes* ;
• l'adjectif à valeur adverbiale *seul(e)*, antéposé au sujet comme marqueur argumentatif d'exclusivité : *Seule cette femme est allée au Tibet* (= *Il n'y a que cette femme qui...*)
• quelques adjectifs adverbialisés (**XI : 2.1. et 2.5.1.**) qui s'accordent parfois avec l'adjectif qu'ils modifient : *des roses fraîche(s) écloses – des fenêtres grand(es) ouvertes*.

Histoire. — Les formes simples héréditaires proviennent les unes du fonds latin (*bien, mal, près, loin, plus, très, hier*, etc.), les autres d'anciennes formes composées progressivement lexicalisées (*aujourd'hui, quelquefois, beaucoup, bientôt, longtemps*, etc.). Les locutions adverbiales ont la forme soit des constructions prépositionnelles, soit des adverbes modifiés par un autre adverbe : *sur-le-champ, à présent, au fur et à mesure, par cœur, à l'envi, à qui mieux mieux, un tant soit peu, tout à fait, tout à l'heure, bien sûr, aussi bien, combien de fois*, etc. Les adverbes d'emprunt sont rares, sauf dans le domaine musical (ital. : *piano, andante, fortissimo*, etc.). Ce sont des formes simples (*franco (de port), (payer) cash* [= *comptant*]) ou composées (*a priori, in extenso*).

4.2. Les adverbes suffixés en -*ment*

Si l'on excepte le suffixe -*ons* qui n'a guère produit que les locutions *à reculons, à tâtons* et *à califourchons*, le seul suffixe adverbial effectivement productif en français moderne est -*ment*, qui s'ajoute généralement au féminin des adjectifs (et plus rarement à une base nominale) pour former des adverbes de manière : *gracieuse / gracieusement, vive / vivement*, etc., mais aussi *diable / diablement, vache / vachement, bougre / bougrement*. Tous les adjectifs ne se prêtent pas à ce genre de dérivation (*perplexe / *perplexement*) et certains n'ont de forme dérivée que pour l'un de leur sens : (*répliquer*) *vertement* et (*payer*) *grassement* ne dénotent pas une manière conforme à la couleur verte ou à l'adiposité ! Un certain nombre d'adverbes en -*ment* sont toutefois construits sur une base différente du féminin de l'adjectif :

▶ En règle générale, -*ment* s'ajoute aux formes du masculin qui se terminent par une voyelle autre que -*e* (*vraiment, malaisément, éperdument*, etc.), mais le -*e* du féminin peut aussi être remplacé par un accent circonflexe sur le -*u* final (*indûment, crûment, assidûment*, etc.). L'adverbe issu de *gai* présente les deux graphies *gaiement* et *gaîment*. Cet accent circonflexe peut être supprimé depuis les Rectifications de 1990.

▶ Par analogie avec les adjectifs terminés par -*é* (*assurément*), une série d'adverbes en -*ment* substituent -*é* au -*e* final de l'adjectif : *aveuglément, confusément, intensément, précisément*, etc. Les adjectifs en -*ent* / *ant*, invariables à l'origine, ont produit des adverbes en -*emment* (*prudemment*) et -*amment* (*constamment*), sauf *lentement, présentement*, et *véhémentement* (les formes *notamment, précipitamment* et *sciemment* proviennent de participes présents).

▶ Les autres irrégularités remontent généralement à des bases adjectivales allomorphes de celles actuellement en usage ou à des formes adjectivales qui ne sont plus employées : *traître / traîtreusement, bref / brièvement ; journalier* [ancien. *journel*] */ journellement ; grave* [ancien. *grief*] */ grièvement,* etc.

Bibliographie. — C. Guimier (1996) – Ch. Molinier et FR. Lévrier (2000), *Grammaire des adverbes. Description des formes en -ment,* Genève-Paris, Droz.

4.3. L'emploi adverb(i)al des adjectifs

Beaucoup d'adjectifs semblent former des adverbes par conversion (**XX : 3.4.**) lorsqu'ils sont employés après un verbe : *manger gras / léger, rouler français, voter socialiste,* etc. Ce schéma très productif en français moderne s'explique par la combinaison de deux constructions : celle du complément d'objet interne (**VIII : 4.8.**) et, d'autre part, de l'attribut de l'objet (**VIII : 5.3.2.**). Sur le modèle de *Il mange son steak saignant,* on peut analyser *Il mange gras* comme une construction [N_0 – *mange* – N_1 – Adj] où le complément d'objet interne N_1 [= (*tout*) *ce qu'il mange*] non réalisé est néanmoins caractérisé par l'attribut de l'objet (*ce qu'il mange est gras*). Ce rapport de caractérisation de l'objet interne du verbe (donc du procès général dénoté par le verbe) se retrouve à l'identique dans de nombreuses expressions plus ou moins figées : *CUISINER / MANGER gras / salé / léger / chaud / froid /* etc. – *VOIR double / trouble / clair / rouge* (fig) – *ECRIRE serré / large / grand / petit* – *TIRER* (*trop*) *court /* (*trop*) *long* – *TAILLER large / trop court / un peu juste,* etc.

Remarque. — L'objet interne non exprimé peut être restitué par différentes restructurations de la construction adverbiale qui explicitent son rapport prédicatif avec l'adjectif : relativisation (*Ce qu'il mange est salé*) ; nominalisation du verbe (*Le tir était trop long*) ; construction de l'objet interne avec un verbe support (**VIII : 4.7.** ; *Il crie fort* → *Il pousse un cri fort*) ; réalisation de l'objet interne sous la forme d'un complément indirect : *Il parle fort / bas / haut* → *Il parle d'une voix forte / à voix basse / à voix haute.*

Ainsi s'explique le caractère adverbal et adverbial de l'adjectif dans ce type de construction : il caractérise le verbe (mais indirectement, par l'intermédiaire d'un objet générique non exprimé) et il demeure invariable, faute d'un objet lexical réalisé avec lequel s'accorder. Cette construction s'est étendue par analogie à des verbes intransitifs (*Il sent bon*) et même impersonnels (*Il pleut dru*), qui, s'ils n'ont pas d'objet interne syntaxiquement réalisable, ont, comme les autres verbes, des correspondants nominaux caractérisables par l'adjectif associé à l'adverbe (*une bonne odeur – une pluie drue*). L'adjectif adverbialisé peut entrer en concurrence avec sa forme en *-ment* pour produire des oppositions entre sens concret et abstrait, littéral et figuré : *(un moteur) tourne rond / mener (une affaire) rondement – manger froid / répondre froidement – boire chaud / recommander (quelqu'un) chaudement – boire sec / répondre sèchement.*

Bibliographie. — L. O. Grundt L. O. (1972), *Études sur l'adjectif invarié en français*, Bergen-Oslo-Tromsø, Universitetsforlaget – A. Abeillé et D. Godard (2004), Les adjectifs invariables comme compléments légers en français, in J. François, dir., *L'adjectif en français et dans les langues*, Caen, Presses universitaires de Caen : 209-224.

4.4. L'adverbe et les autres catégories grammaticales

Comme les autres catégories du discours, l'adverbe peut être transféré dans une autre classe grammaticale :

- *bien, mal, avant, arrière*, etc. fonctionnent comme des adjectifs (**XI : 2.**) : *un type bien – un travail pas mal – le siège avant – les passagers arrière – une place debout ;*
- certains adverbes de lieu et de temps ont occasionnellement un emploi nominal comme complément du nom ou du verbe, ou encore comme sujet pour désigner des espaces ou des portions temporelles : *les gens d'ici – la grammaire d'aujourd'hui – Il y a loin (= une grande distance) de la coupe aux lèvres – Ça ne date pas d'hier – Demain sera un autre jour ;*
- les adverbes de quantité *beaucoup, peu, plus, moins*, etc. (et quelques dérivés en *-ment*) suivis de la préposition *de* forment des déterminants complexes (**VII : 2.6.2.**) : *Il y aura beaucoup d'appelés, mais peu d'élus – Assez de palabres ! – Il a suffisamment d'argent / Il faut énormément d'argent – J'ai bien des soucis*, etc. ;

• les mêmes adverbes employés absolument fonctionnent comme des pronoms indéfinis quantificateurs (**VII : 5.3.**) : *Beaucoup ont été invités, peu sont venus.*

5. LE GROUPE ADVERBIAL

Les adverbes gradables ont des degrés d'intensité qui se marquent comme pour les adjectifs (**XI : 3.4.**) : *plus / moins / aussi / le plus rapidement*. Il s'agit d'adverbes de temps (*tôt, tard, bientôt, longtemps*, etc.), de lieu (*près, loin*), des adverbes de manière en *-ment* (mais aussi de quelques formes simples comme *volontiers, bien, mal, vite,* etc.) et des adjectifs employés comme adverbes. *Beaucoup* et *peu* entrent comme termes médians dans la série : *le moins – moins – peu – plus – beaucoup – davantage – le plus*. *Mal* et *bien* entretiennent un rapport analogue avec *pis – moins bien / plus mal – mal / bien – moins mal / mieux – le mieux*. Le complément du comparatif de l'adverbe se construit de manière analogue à l'adjectif (**XI : 3.4.3.**) : *Il conduit plus prudemment que son frère / que je ne le pensais / qu'autrefois.*

Quelques adverbes se construisent avec un complément prépositionnel introduit par *à* ou *de* : *parallèlement au mur – contrairement / conformément à vos instructions – indépendamment de ces circonstances*. Ces constructions peuvent également s'analyser comme des locutions prépositionnelles (**XII : 1.**) selon le schéma d'équivalence : *J'ai agi conformément à / selon vos instructions.*

Bibliographie. — S. Karcevski (1936), Sur la nature de l'adverbe, *Travaux du Cercle linguistique de Prague*, 6 : 107-111 – H. Nilsson-Ehle (1941), Les *adverbes en -ment compléments d'un verbe en français moderne*, Lund. – G. Moignet (1963), L'incidence de l'adverbe et l'adverbialisation de l'adjectif, *TraLiLi*, 1 : 175-194 – R. Emens-Van Dijek (1971), La classification des adverbes à partir d'un corpus, *Travaux de Linguistique*, 2 : 59-77 – S. Schlyter (1977), *La place des adverbes en -ment en français*, Université de Constance, RFA – H. Nølke (1982), Problems in the semantic / pragmatic description of french adverbials like *même, aussi, surtout* and *seulement*, *Acta Linguistica Hafniensia*, 17 (2) : 157-168 ; (1983), Analyse sémantique des compléments adverbiaux contextuels en français contemporain, *Actes du 8ᵉ Congrès des romanistes scandinaves*, Odense Univ. Press : 34-54 – *Langue française*, 88 (1990), *Classification des adverbes.*

Chapitre XIV

LES TYPES DE PHRASES

1. DÉFINITION DES TYPES DE PHRASES

1.1. Les structures fondamentales des phrases

Les phrases réalisées, dans leur infinie diversité, peuvent être ramenées à quelques structures fondamentales. La linguistique structurale a longtemps privilégié la phrase déclarative (ou assertive), en l'utilisant comme modèle canonique (**VI : 2.1.**) auquel rapporter toute structure de phrase rencontrée. Or, beaucoup de phrases du français se plient difficilement au modèle déclaratif : est-il suffisant, pour décrire une phrase impérative (ex. : *Sortez*), de la traiter comme une « phrase incomplète », caractérisée par l'absence d'un groupe nominal sujet ? Pour rendre compte des différences structurelles des phrases françaises, on distingue différents **types de phrases** ; le type déclaratif, malgré son importance, n'est qu'un type possible parmi d'autres (**VI : 2.1.**).

Histoire. — La distinction de différents types de phrases se fonde à l'origine sur la notion logique de modalité (**XXIII : 2.2.**). Chaque phrase véhicule un contenu propositionnel (le « dictum », ou « l'information brute ») et manifeste à propos de ce contenu une attitude du sujet parlant (le « modus » ou « modalité ») : dans *La lumière jaillira* (J. Brel), le locuteur énonce un état de fait (le jaillissement de la lumière) et évalue les chances de réalisation de l'action (le futur exprime la probabilité). Partant de cette approche qui prend en compte la subjectivité du locuteur, on peut distinguer diverses modalités formulées au moyen de types de phrases différents, suivant que le locuteur manifeste une attitude d'assertion, d'interrogation, d'injonction (ordre), exprime un sentiment vif (exclamation), etc. Ces modalités peuvent porter sur un même fait : un même contenu (par exemple, le fait que l'interlocuteur écoute) peut être affirmé (*Tu écoutes*), nié (*Tu n'écoutes pas*), ordonné (*Ecoute !*), mis en question (*Est-ce que tu écoutes ?*), etc. ; le contenu propositionnel est le même, alors que la modalité varie. Cependant, la tradition grammaticale dresse des modalités une liste imparfaite, qui repose en partie sur la structure syntaxique des phrases et qui, de ce fait, n'isole pas tous les types de phrases fondamentaux.

Bibliographie. — C. Bally (1932), *Essais sur le langage*, Genève – C. Kerbrat-Orecchioni (1980).

1.1.1. La notion de types de phrases, qui a été popularisée par la grammaire générative, se situe à la rencontre entre l'analyse syntaxique de la phrase et l'approche énonciative des énoncés.

▶ **L'approche énonciative** (ou communicative) repose sur la notion d'actes de langage, établie par Austin (**XXIII : 3.**). On distingue au moins trois types d'actes de langage fondamentaux reliés à des phrases : *asserter* (ou *constater*), *questionner* et *ordonner*. Chaque acte est associé par convention à une structure de phrase déterminée, au moyen de laquelle il est directement effectué, ce qui isole trois types de phrases fondamentaux : **assertif, interrogatif et injonctif**.

Bibliographie. — E. Benveniste (1974), L'appareil formel de l'énonciation : 79-88.

Remarque. — Un type de phrase fondamental donné peut manifester un autre acte de langage que celui auquel il est normalement associé par convention (**XXIII : 3.3.**) : ainsi, une phrase interrogative peut exprimer une demande (*Est-ce que vous pouvez fermer la porte ?*), une affirmation (*N'est-ce pas magnifique ?*), une requête (*Laisserez-vous condamner un innocent ?*),...

▶ **L'approche syntaxique**, développée par la grammaire générative et transformationnelle [*GGT*] de Chomsky, repose sur la caractérisation morphologique et syntaxique des types de phrases, répartis en deux niveaux hiérarchisés :

• **Les types obligatoires** sont les types fondamentaux, associés par convention à un acte de langage déterminé et caractérisés par une structure syntaxique, une morphologie et une intonation spécifiques : *assertif* (ou *déclaratif*), *interrogatif, impératif*, mais aussi *exclamatif*.
• **Les types facultatifs** (aussi appelés *formes de phrases*) sont définis comme des réagencements particuliers des types obligatoires, possédant une structure syntaxique et une morphologie spécifiques, mais sans intonation particulière : *passif, négatif, emphatique, impersonnel*.

Cette distinction, popularisée en France par J. Dubois (1970), s'est installée en deux étapes :
– Dans la première version de la GGT (*Structures syntaxiques*, 1957), N. Chomsky dégage un type de base (déclaratif ou assertif), d'où tous les autres types sont dérivés par des transformations syntaxiques. On peut passer du type de base à un autre type de phrase grâce à une *transformation* syntaxique, qui modifie l'agencement et le nombre des constituants de la structure de base (par additions, suppressions ou déplacements, selon le cas). Ainsi, la transformation passive, emblème de cette première version, permet de passer de la phrase déclarative active à la phrase passive : *Ulysse a massacré les prétendants* → *Les prétendants ont été massacrés par Ulysse*. Cette transformation utilise la permutation des deux groupes nominaux (sujet et objet direct) de l'actif et l'adjonction de l'auxiliaire *être* (associé au participe passé) et d'une préposition (*par*).

Remarque. — On simplifie généralement la présentation des transformations syntaxiques en utilisant en fait le modèle syntaxique de Z. S. Harris, qui met en relation par transformation des phrases réalisées. Le premier modèle de Chomsky distingue, pour toute phrase, une *structure profonde* abstraite, différente de la phrase réalisée et dont la structure syntagmatique correspond à une phrase déclarative, et une *structure de surface*, qui est dérivée de la structure profonde par l'application de transformation(s) syntaxique(s) et qui ne correspond pas totalement à la phrase réalisée, en raison notamment d'adaptations morpho-phonologiques et prosodiques.

– La deuxième version (ou version standard) de la GGT (*Aspects de la théorie syntaxique*, 1965) ne privilégie plus la phrase assertive (ou déclarative) par rapport aux autres types de phrases. La structure profonde, plus abstraite, dissocie le **matériau** fondamental (ou noyau), neutre, et le(s) **type(s)** (ou modalité(s), ou constituant(s) de la phrase). Les transformations appropriées sont déclenchées par le(s) type(s) figurant dans la structure profonde ; en fusionnant le(s) type(s) et le matériau fondamental, elles permettent d'aboutir à la phrase réalisée. *Est-ce que Pierre est venu ?* a pour structure profonde simplifiée la séquence [*Interrogatif + Pierre + Auxiliaire + venir*]. Le type interrogatif déclenche la transformation interrogative, qui ajoute au matériau *Pierre venir* l'expression *est-ce que* et l'intonation interrogative.

XIV – Les types de phrases   663

    C'est dans cette version standard que l'on introduit la distinction entre types de phrases obligatoires et types facultatifs. Cependant, si le type déclaratif est traité comme un type obligatoire parmi d'autres, il comporte le moins de différences par rapport au matériau fondamental : la transformation déclarative ajoute seulement l'intonation déclarative au matériau.

Bibliographie. — N. Chomsky (1957 / 1969) et (1965 / 1971) – J. Dubois et F. Dubois-Charlier (1970), ch. XIII-XX – Z. S. Harris (1971).

1.1.2. La distinction générativiste entre types obligatoires et types facultatifs n'est pas totalement satisfaisante. Un type de chaque sorte met en cause cette apparente symétrie :

▶ **L'exclamatif est-il un type obligatoire ?**

Comme c'était difficile de vieillir ! (M. Tournier)
Vous ne songez point à elle ! (Marivaux)

    Cette structure de phrase possède certes une intonation particulière, dont la courbe musicale varie selon la nuance affective exprimée et qui correspond au point d'exclamation à l'écrit ; la phrase exclamative présente aussi un ensemble très diversifié de particularités syntaxiques et morphologiques. Cependant, si l'exclamation représente bien une modalité, exprimant une attitude affective du sujet parlant à l'égard de l'état de choses évoqué par son énoncé, on voit mal à quel acte de langage original elle pourrait correspondre. Les trois types obligatoires correspondent à un acte de langage spécifique, fondé sur le type de relation établi entre le locuteur et son destinataire ; l'expression de la subjectivité ne constitue pas un acte de langage premier et unique. Par l'exclamation, le locuteur apporte une information supplémentaire : son sentiment à l'égard de ce qu'il dit. De ce point de vue, l'exclamation vient plutôt se surajouter à l'un des trois types obligatoires, auquel elle apporte sa coloration subjective. Elle ne peut donc pas être traitée, au même niveau, comme un type obligatoire. En outre, abstraction faite de son intonation caractéristique, on peut s'interroger sur sa spécificité syntaxique :

par certains côtés, la phrase exclamative se rapproche de la phrase déclarative (structure *GN-GV*), par d'autres de la phrase interrogative (inversion du sujet, emploi de termes interrogatifs). La phrase exclamative fait donc plutôt partie des types de phrases facultatifs, bien qu'à la différence de ceux-ci, elle possède une intonation propre.

▶ **Le type négatif est-il facultatif ?**

Un type facultatif constitue un simple réagencement de la structure syntaxique. Or, la négation comporte une valeur sémantique, opposée à l'affirmation ; elle constitue avec celle-ci une alternative logique : toute proposition peut être conçue positivement ou négativement.

Pour dépasser la simple distinction entre types obligatoires et types facultatifs, on adoptera un classement plus adéquat :

> • *les types énonciatifs* regroupent les trois types obligatoires de base, associés aux trois actes de langage fondamentaux : *assertif, interrogatif, impératif* ;
> • le *type logique négatif / positif* se fonde sur une valeur sémantique reconnue par la logique classique et impliquée par les trois types énonciatifs ;
> • *les types de réarrangement communicatif : passif, emphase* et *impersonnel*, qui opposent des formes marquées à des formes neutres, constituent un réagencement de la structure syntaxique à des fins communicatives (thématisation, focalisation, etc.) ;
> • le *type exclamatif* ne manifeste que la subjectivité du locuteur et réalise la fonction expressive du langage.

1.2. Les types de phrases énonciatifs

Chaque type fondamental se définit par l'acte de langage auquel il est habituellement associé par convention, la forme morphosyntaxique spécifique qu'il donne au matériau de base et une intonation spécifique, correspondant éventuellement à une ponctuation particulière.

XIV – Les types de phrases

▶ **Le type déclaratif** (ou *assertif*) est associé conventionnellement à un acte d'assertion (« affirmer quelque chose ») ; il présente la structure de la phrase canonique *groupe nominal-groupe verbal* (**VI : 2.1.**) qui se trouve affectée d'une intonation à deux versants, montante puis descendante, qui correspond au point à l'écrit. C'est le type fondamental, le plus étudié, peut-être le plus fréquent à l'écrit : *L'air ouvrait aux hôtes de la matinée sa turbulente immensité* (René Char).

▶ **Le type interrogatif** est associé habituellement à un acte d'interrogation ou de questionnement. Ses structures et ses moyens morphologiques sont très divers (usage de termes interrogatifs, inversion du sujet, etc.). Son intonation (**II : 3.5.**) la plus connue est montante (*Tu viens ?*), mais une courbe intonative descendante se rencontre également (*Qui est venu ?*) ; l'intonation interrogative correspond dans les deux cas au point d'interrogation à l'écrit : *Est-ce que Juliette a rencontré Roméo ? – Est-elle fille ? A-t-elle été mariée ?* (Marivaux) – *Comment vivre sans inconnu devant soi ?* (René Char).

▶ **Le type injonctif** est associé habituellement à un acte d'intimation ou d'injonction (« ordonner quelque chose à quelqu'un », au sens large, de la prière à l'ordre vif, en passant par le conseil). Il se caractérise par l'absence de sujet du verbe quand celui-ci est au mode impératif (*Sortez !*). Son intonation est descendante (à l'inverse de la courbe de l'interrogation totale) et elle correspond à l'écrit à un point ou à un point d'exclamation (selon la « force » de l'ordre et son caractère affectif) : *Rendez-moi ma lettre* (Marivaux) – *Messieurs les Anglais, tirez les premiers !*

Ces trois types de phrases sont à la fois *obligatoires* et mutuellement *exclusifs* : toute phrase française doit avoir une structure correspondant à un et un seul type obligatoire (une phrase ne peut pas être à la fois déclarative *et* interrogative, impérative *et* interrogative, …).

1.3. Le type logique positif / négatif

Un acte de prédication et de référence n'est pas neutre ; il peut être conçu positivement ou négativement par le locuteur. La négation, qui consiste à nier ou à réfuter un énoncé, s'oppose à l'attitude positive (ou affirmative) correspondante : *La plus brillante de toutes les fortunes ne me tenterait pas* (Marivaux) – *Je ne vous suis pas* (M. Tournier).

La forme de phrase négative se caractérise principalement par l'utilisation de formes discontinues, associant l'adverbe *ne* et des adverbes de négation comme *pas, plus, jamais*, des pronoms comme *personne, rien* ou un déterminant comme *aucun*. Elle peut se combiner avec les trois types énonciatifs et avec les types de réarrangement communicatif.

1.4. Les types de réarrangement communicatif

Ces types de phrases peuvent se cumuler entre eux ; ils sont facultatifs, car une phrase peut n'en comporter aucun. Ils se caractérisent essentiellement par la réorganisation de la phrase à l'aide d'un matériau morphologique propre. Ils n'ont pas d'intonation spécifique, puisque la phrase est pourvue de l'intonation correspondant au type obligatoire qui la fonde ; mais le réagencement de la phrase peut modifier la courbe intonative. Les types facultatifs ne correspondent pas à un acte de langage, mais, par les aménagements syntaxiques qu'ils introduisent, ils affectent l'organisation sémantique de la phrase, notamment en ce qui concerne la répartition de l'information en *thème / propos* (**XXIV : 2.**). On distingue trois types de réarrangement communicatif :

▶ Le type passif

Le baron fut bouleversé par cette révélation (M. Tournier). La phrase passive (forme générale : **7.1.**) se caractérise, par rapport à la phrase active, par la permutation des groupes nominaux sujet (*cette révélation*) et objet (*le baron*), par l'adjonction d'une préposition introduisant le sujet actif devenu complément d'agent (*par cette révélation*) et par l'introduction du verbe auxiliaire *être* (associé au participe passé : *fut bouleversé*).

▶ **Le type emphatique**

L'*emphase* – terme emprunté à la rhétorique – désigne tout procédé d'insistance ou de mise en relief. La phrase emphatique se caractérise par deux structures différentes mettant en relief un constituant :

- **extraction** d'un constituant de la phrase (traité comme *propos*), encadré par un présentatif (*c'est*) et un pronom relatif (*qui* ou *que*) : *C'est le destin qui en décide* (M. Tournier).
- **détachement** d'un constituant (mis en position de *thème*) en début ou en fin de phrase, repris ou annoncé par un pronom :
Tout le monde il est beau, tout le monde il est gentil (Film de Jean Yanne). Le sujet détaché en tête de phrase est repris par le pronom *il*.

▶ **Le type impersonnel**

Il souffle un vent terrible (Jules Romains).
Il reste une profondeur mesurable là où le sable subjugue la destinée (René Char).

La phrase impersonnelle est caractérisée par l'introduction de *il* impersonnel et le déplacement du sujet personnel après le verbe, ce qui modifie l'organisation de l'information (disparition du thème : **XXIV : 2.**).

1.5. Le type exclamatif

L'exclamation manifeste une modalité subjective et exprime le « sentiment » du locuteur à l'égard du contenu de son énoncé (**1.1.2.**). Elle se rajoute à l'un des trois types énonciatifs, comme dans ce dialogue :

– *Vous êtes en Atlantide ! ! !...*
– *L'At... l'Atlantide ? ! !... Vous plaisantez ?...* (Edgar P. Jacobs, *L'énigme de l'Atlantide*)

Remarques. — 1. Les types facultatifs de la GGT sont cumulables entre eux : *Ce n'est pas par une vipère que la brebis a été mordue.* Cette phrase cumule, en plus du type déclaratif, les types emphatique, négatif et passif. Dans l'analyse transformationnelle, on définit un ordre d'introduction des types facultatifs dans la phrase de base : dans cet exemple, il faut transformer d'abord la phrase active (*Une vipère a mordu la brebis*) en phrase passive (*La brebis a été mordue par une vipère*), puis appliquer le type emphatique (extraction du complément d'agent *par une vipère*) et enfin le type négatif (*ne – pas*).

Certains types de réarrangement peuvent d'ailleurs s'appuyer l'un sur l'autre pour être introduits dans une phrase donnée. Ainsi, dans *On a volé un marsupilami dans un zoo de Palombie*, on ne peut pas appliquer la transformation impersonnelle seule. Mais elle peut être réalisée si elle est associée à la transformation passive : *Il a été volé un marsupilami dans un zoo de Palombie*.

Cependant, le cumul des types de phrases comporte des restrictions, car toute combinaison n'est pas possible. Ainsi, l'emphase est difficile quand il s'agit de mettre en relief l'attribut à l'aide du présentatif *c'est* (*Les roses sont rouges* / ? *C'est rouges que les roses sont* / ? *C'est rouges qu'elles sont*). De même, il n'est pas possible de rajouter librement n'importe quel type de réarrangement à un type énonciatif : la mise en emphase avec présentatif du complément est impossible avec le type injonctif quand le verbe est au mode impératif (*Ramassez vos affaires* vs **C'est vos affaires que ramassez*), et le passif ne se rencontre avec l'impératif que dans des genres de discours particuliers (*Soyez remerciés pour votre cadeau*).

2. La liste des huit types de phrases ne rend pas compte de toutes les phrases françaises possibles : phrases non verbales (9.2.) à un (*Mes bijoux !*) ou deux constituants (*Excellent, ce fromage !*), phrases incomplètes, etc.

Il convient de rajouter aussi la *phrase à présentatif* : *Voici un ours. Il y a quelqu'un. Voilà de quoi manger*. Cette structure simple est constituée d'un présentatif (*il y a, voici, voilà*) suivi d'un constituant nominal (groupe nominal ou équivalent). Elle est fréquemment utilisée à l'oral, où elle est mise en relation avec la situation de communication (I : 3.4. et XIV : 9.1.).

Cependant, la liste des types de phrases fournit une base solide pour une description diversifiée et hiérarchisée de la plupart des phrases françaises ; elle peut donc servir de point de départ à une progression grammaticale.

2. L'INTERROGATION

2.1. Définition

La phrase interrogative exprime une demande d'information adressée à un interlocuteur ; elle constitue une question qui appelle généralement une réponse. Elle correspond, comme acte de langage direct, à l'acte de questionner ou d'interroger ; selon la situation, l'interrogation connait différents degrés, de la question juridique contraignante pour autrui à la question que l'on

XIV – *Les types de phrases* 669

se pose à soi-même. L'interrogation recourt à une intonation spécifique et à des moyens morphologiques et syntaxiques particuliers et variés, qui sont conditionnés par les registres de langue et marqués par l'opposition entre l'oral et l'écrit.

On distingue *l'interrogation totale* (globale, générale) et *l'interrogation partielle* (particulière).

▶ *L'interrogation totale* porte sur l'ensemble du matériau (ou du contenu propositionnel) de la phrase et appelle une réponse globale *oui* ou *non*, qui équivaut à la reprise affirmative ou négative de la question posée : *Aurons-nous Henriette ? A-t-elle consenti ? L'affaire est-elle faite ?* (Molière) – *Faut-il te parler franchement ? Ne te riras-tu pas de moi ?* (Musset).

▶ *L'interrogation partielle* porte sur une partie de la phrase, sur un de ses constituants, qu'elle appelle en réponse : *D'où venez-vous ? Qui est votre père ?* (Giraudoux) – *Comment se porte, mon bon monsieur, cette gracieuse mélancolie ?* (Musset). Un des constituants de la phrase interrogative est présenté comme non identifié et donc comme une variable sur laquelle porte la demande d'information formulée au moyen d'un terme interrogatif. La réponse attendue doit fixer la valeur de cette variable en indiquant une personne, un objet, etc. :

Qui a utilisé ma voiture ? L'interrogation porte sur l'identité du sujet ; on attend qu'elle soit spécifiée dans la réponse, au moyen d'un groupe nominal (*moi, ma sœur, ...*).

Quand part le train ? La question porte sur le repérage temporel du reste de la phrase ; elle appelle une réponse contenant un adverbe (*demain*) ou un groupe complément circonstanciel (*dans cinq minutes, à 16 h 32, ...*) pour indiquer le moment.

Les autres éléments de la phrase interrogative partielle véhiculent des informations déjà acquises ou *présupposées.* Dans *Qui a utilisé ma voiture ?*, le locuteur présuppose « quelqu'un a utilisé ma voiture ». Dans *Quand part le train ?*, il présuppose qu'il existe un train qui doit partir. Certains échanges peuvent jouer sur cette bipartition de l'information : *Où avez-vous caché le violon volé ?*

Cette phrase interroge seulement sur le lieu (*où*), en tenant pour acquis le vol en question.

Remarques. — **1.** On peut ajouter à cette distinction fondamentale *l'interrogation alternative* (ou *double*) ; la phrase interrogative comporte au moins deux éléments coordonnés par *ou* alternatif et demande, en guise de réponse, d'en sélectionner un : *Préférez-vous la mer ou la montagne ? – Me prenez-vous pour un imbécile ou le faites-vous exprès ?*
2. Le couple direct/indirect comporte deux valeurs différentes :
• On oppose traditionnellement *l'interrogation directe* et *l'interrogation indirecte* :
– *L'interrogation directe* a la forme d'une phrase indépendante, qui possède l'intonation interrogative ou se termine par un point d'interrogation (voir les exemples précédents).
– *L'interrogation indirecte* consiste dans l'association d'un verbe principal et d'une subordonnée : l'interrogation proprement dite figure dans une proposition subordonnée, complément d'objet d'un verbe principal qui lui confère cette valeur interrogative (**XVII : 4.1.**) : *je me demande si Armstrong gagnera encore le Tour de France* (cf. *Je me pose la question : est-ce qu'Armstrong gagnera encore le Tour de France ?*).
• On oppose pragmatiquement des actes d'interrogation directement et indirectement formulés (**XXIII : 3.**) :
(1) *Où est ce livre ?* (2) *Je ne trouve pas ce livre.*
L'acte d'interrogation direct s'exprime à l'aide d'une phrase interrogative, dont c'est l'interprétation conventionnelle (1), alors que l'acte d'interrogation indirect, qui est déterminé à partir de la situation d'énonciation, peut s'exprimer avec n'importe quel type de phrase, assertif dans l'exemple (2).

2.2. L'interrogation totale

Elle est marquée par une intonation suivant une courbe ascendante et laissant la phrase en suspens sur la dernière syllabe de la phrase ; cette intonation correspond au point d'interrogation à l'écrit.

Diverses structures interrogatives se rencontrent :

2.2.1. *Interrogation marquée par la seule intonation*

Cette forme d'interrogation est la plus simple : seule l'intonation non conclusive la distingue de la phrase déclarative, dont elle garde l'ordre des constituants. Elle est particulièrement fréquente à l'oral et se rencontre moins souvent dans la littérature classique, si ce n'est au théâtre : *Elle habite toujours le palais, Elec-*

tre ? (Giraudoux) – *Vous ne nous restez pas, Comtesse* ? (Beaumarchais) – *Tonton, qu'elle crie, on prend le métro* ? (Queneau).

2.2.2. Interrogation avec inversion du sujet

En plus de l'intonation interrogative, le sujet est placé après le verbe ; cette inversion du sujet (**VI : 4.3.4.**) est surtout réservée à l'écrit, en particulier littéraire. Selon la nature du sujet, on distingue deux types d'inversion :

▶ **L'inversion simple**

Le sujet est simplement placé immédiatement après le verbe à une forme simple ou après l'auxiliaire dans une forme composée :

– *Rodrigue, as-tu du cœur ? – Es-tu si las de vivre ? – As-tu peur de mourir ?* (Corneille)

Dans l'interrogation totale, cette inversion s'applique uniquement à des pronoms personnels conjoints sujets : *je, tu, il, elle, on, nous, vous, ils, elles* ou au pronom démonstratif *ce*.

L'inversion de *je* se rencontre surtout avec des verbes courants (*ai-je, dis-je, vais-je*, etc.), au futur ou au conditionnel (*dirai-je, pourrais-je, ...*) ; on évite les effets comiques de certaines séquences (*Cours-je ?*). Dans un verbe du premier groupe (type *chanter*), le *-e* final se prononce en principe / ɛ / avant le *je* (on l'accentue à l'écrit) : *me trompè-je ?* En fait, cette possibilité est peu exploitée en français courant, car elle combine l'inversion et une forme verbale énigmatique pour un présent.

Le démonstratif *ce* est inversé avec le verbe *être* (*est-ce, fût-ce, ...*) : *Mais toi ? cette livrée ? est-ce un déguisement ?* (Hugo). Cette inversion se rencontre surtout dans les emplois figés du présentatif *c'est* (*Est-ce lui ?*) et, bien sûr, dans le terme interrogatif *est-ce que*.

À la troisième personne, un *t* de liaison « euphonique » a été intercalé, à partir du XVIe siècle, entre la finale vocalique du verbe et le pronom *il(s)* ou *elle(s)*, par analogie avec les formes verbales terminées par un *-t* (*fait-il, finit-il, doit-il*) : *Parle-t-elle ? Aimera-t-il ? A-t-il bien dormi ?*

▶ **L'inversion dite « complexe »**

Quand le sujet est un groupe nominal ou un pronom autre que personnel (ou *ce*), il reste placé avant le verbe, mais il est repris après le verbe par la forme du pronom personnel sujet de troisième personne qui s'accorde avec lui : *Tchen tenterait-il de lever la moustiquaire ?* (Malraux) – *Cette lucidité n'était-elle pas la pire des erreurs ?* (Françoise Sagan) – *Quelqu'un a-t-il une question à poser ?*

2.2.3. *Interrogation avec est-ce que*

Ce terme complexe, qui constitue la version interrogative du tour *c'est que* suivi d'une structure phrastique, est particulièrement fréquent en français moderne ; considéré comme familier au XVIIe siècle, il s'emploie aujourd'hui aussi bien à l'oral qu'à l'écrit : *À propos, est-ce que vous nous préparez un roman ?* (Marcel Aymé) – *Est-ce que vous vous êtes regardée dans un miroir ?* (Montherlant). Associé à l'intonation interrogative, il présente le double avantage de fournir, dès le début de la phrase, une marque de l'interrogation et de permettre le maintien de l'ordre canonique sujet-verbe, évitant ainsi le recours à l'inversion, pas toujours commode. Ainsi, avec un sujet à la première personne du singulier, on préférera l'emploi de *est-ce que* à l'inversion du pronom *je*.

2.3. L'interrogation partielle

Son intonation diffère de celle de l'interrogation totale : la courbe intonative est descendante, après une attaque sur une note élevée qui met en valeur le terme interrogatif placé en tête de phrase. Selon le constituant, l'interrogation partielle s'exprime à l'aide de pronoms, de déterminants ou d'adverbes interrogatifs, qui peuvent être associés à l'inversion du sujet ou renforcés par *est-ce que*.

2.3.1. *Interrogation portant sur le sujet, sur l'attribut, sur l'objet ou sur un complément prépositionnel (constituants essentiels)*

Elle s'exprime à l'aide des pronoms interrogatifs (**VII : 5.4.**) *qui, que, quoi, lequel*, placés en tête de phrase. Les pronoms *qui* et *que* (*quoi*) s'opposent sémantiquement. En principe, *qui* représente un être humain et attend une réponse se référant à un humain. *Que*, dont le référent n'est pas catégorisé, n'exclut pas une réponse se référant à un être humain ou animé : à la question *Que regardes-tu ?*, on peut répondre *Les nuages, Les voitures*, mais aussi *Les passantes*. Une question portant sur un animal est pourtant difficile à poser. On a tendance à employer *qui* pour un animal familier, pouvant avoir un nom (*Casimir, Milou*, ...) ; ou bien on emploie le déterminant *quel* suivi d'un terme plus ou moins général renvoyant à la classe des animaux (*quel animal, quelle mouche*, ...).

▶ **Interrogation avec un terme interrogatif simple**

Le mot interrogatif est placé en tête de phrase ; il correspond au sommet de la courbe intonative, qui redescend ensuite. Au lieu des pronoms *qui, que, quoi*, on peut employer le pronom composé *lequel* ou le déterminant interrogatif *quel*, seul ou devant un nom qui constitue avec lui un groupe nominal. On emploie aussi, dans un groupe nominal, l'adverbe *combien*, qui sert à poser une question sur le nombre : *Combien de moutons as-tu comptés ?*

Lequel ne fait pas de présélection sémantique, mais varie en genre et en nombre. Il demande d'identifier un individu dans une classe de référence. Quand il est employé seul, *lequel* est anaphorique ou déictique ; la classe de référence est indiquée dans le contexte : *Il y a plusieurs films intéressants ce soir. Lequel voudrais-tu voir ?* ou le référent est présent dans la situation. La classe de référence peut être spécifiée par un complément prépositionnel de *lequel* : *Laquelle de ces lessives préférez-vous ? – La moins chère.*

• **L'interrogation sur le sujet** est formulée à l'aide de *qui, que, quel* + *nom* ou *lequel*. Après *qui*, réservé à l'humain, le verbe doit se mettre au singulier : *Qui est venu / *sont venus ? Qui* peut toutefois commander l'accord en genre d'un attribut suivant le sexe du référent visé : *Qui (d'entre vous) n'est pas satisfait(e) de ces explications ?*

Le pronom *que* ne s'emploie guère que dans des expressions toutes faites : *Que m'importe ? Que vous semble ?* Dans ces structures impersonnelles (**8.1.** et **8.2.**), *que* n'est pas un véritable sujet (le « sujet grammatical » *il* est absent). L'interrogation simple ne peut donc pas porter sur un sujet non catégorisé.

Quand l'interrogation partielle porte sur le sujet, le problème de l'inversion de celui-ci ne se pose pas. Mais un écrivain peut choisir d'effectuer une inversion complexe avec reprise pronominale pour renforcer l'interrogation : *Quel homme de prière a-t-il pourtant jamais avoué que la prière l'ait déçu ?* (Bernanos).

Remarque. — Le pronom *quoi* suivi par *de* constitue le prédicat d'une « phrase averbale existentielle » (Lefeuvre 1999 : 275) : *Quoi de neuf ?*

- **L'interrogation sur l'attribut** est formulée avec *qui, que, quel* ou *lequel*. L'inversion simple du sujet (groupe nominal ou pronom) est obligatoire : *Qui est-ce ? Qui est cet homme ? – Lequel de nous deux est Bonaparte ?* (R. Vailland) – *Que serais-je sans toi ?* (Aragon / J. Ferrat).

Le déterminant *quel* employé seul concurrence le pronom *qui*. Ils s'emploient indifféremment pour poser la question quand le sujet désigne une personne (*Qui / Quel est cet homme ?*). Mais quand le sujet est un pronom personnel, seul *qui* est possible : *Hélas ! qui sommes-nous nous-mêmes ? qui suis-je, moi qui vous parle ? qui êtes-vous, vous qui m'écoutez ?* (V. Hugo). On emploie *quel* si le sujet ne représente pas une personne : *Quelle est cette voiture ?*

L'interrogation sur l'attribut peut concerner l'identité ou la qualité du sujet. Jusqu'au 19e siècle, *quel* employé seul était utilisé pour poser une question sur ces deux aspects. Aujourd'hui, *quel* sert à interroger seulement sur l'identité ; son emploi pour interroger sur la qualité est archaïque. Il est remplacé dans ce rôle par le pronom *que* (obligatoire dans *Que deviens-tu ?*), qui s'oppose à *qui* interrogeant sur l'identité : *Que suis-je ?* vs *Qui suis-je ?*

- **L'interrogation sur le complément d'objet direct** s'exprime au moyen de *qui, que, lequel* ou *quel* + nom. L'inversion du sujet se fait dans des conditions différentes du cas précédent :

– Le pronom personnel sujet est obligatoirement placé après le verbe : *Qui cherchez-vous ? Que voulez-vous ?*

Remarque. — L'usage familier n'inverse pas le pronom personnel sujet : *Qui tu cherches ?* Mais le pronom sujet ne peut pas être intercalé entre *que* et le verbe : **Que tu cherches ?*

– Le groupe nominal sujet comportant un nom ou un pronom autre que les pronoms personnels doit être placé après le verbe quand le pronom *que* est complément d'objet : *Qu'écrit l'enfant ? – Que veut cet homme ?*

Avec *qui, lequel* et *quel* + nom compléments d'objet, le groupe nominal sujet est soit placé après le verbe (1), soit maintenu avant le verbe et repris par un pronom postposé au verbe (2), comme dans l'interrogation totale :

(1) *Qui attend Estragon ? – Quels livres a sélectionnés l'Académie Goncourt ? – Lequel de ces tableaux préfère Jacqueline ?*
(2) *Qui Estragon attend-il ? – Quels livres l'Académie Goncourt a-t-elle sélectionnés ? – Lequel de ces tableaux Jacqueline préfère-t-elle ?*

L'inversion simple du groupe nominal sujet peut créer des ambiguïtés que ne connait pas l'inversion complexe : dans *Qui attend l'enfant ?*, l'identification du sujet et de l'objet est difficile.

Remarque. — Dans une phrase interrogative à l'infinitif, le pronom *quoi* peut remplacer *que* : *Quoi faire ? Quoi dire ?* De même, *quoi* remplace *que* dans l'interrogation familière : *Tu fais quoi ?* **(2.3.4.)**

- **L'interrogation sur un complément prépositionnel** essentiel concerne différentes fonctions : complément d'objet indirect, complément d'objet second, complément d'agent, etc. Elle s'exprime au moyen de *qui, quoi* ou *quel* + nom, précédés de la préposition appropriée (*à, de, par,...*). Le pronom *lequel* peut prendre les formes synthétiques *auquel* ou *duquel*.

Le pronom personnel sujet est obligatoirement postposé au verbe : *À qui / auquel penses-tu ? De quoi parles-tu ?*

Quand le sujet est un groupe nominal comportant un nom ou un pronom autre que les pronoms personnels, il est soit postposé au verbe (1), soit maintenu à sa place et repris après le verbe par un pronom (2) :

> (1) *À quoi rêvent les jeunes filles ? – De quels matériaux est faite cette voiture ? – À qui s'adresse ce discours ?*
> (2) *À quoi les jeunes filles rêvent-elles ? – De quels matériaux cette voiture est-elle faite ? – À qui ce discours s'adresse-t-il ?*

Quand le verbe est suivi d'un complément d'objet ou d'un attribut, l'inversion simple du groupe nominal est impossible, car elle créerait une suite postverbale de deux groupes nominaux syntaxiquement ambiguë (Lequel est sujet ? Lequel est c.o.d. ?) : **À qui a donné François ce livre ?* On emploie alors l'inversion complexe avec reprise pronominale ; *À qui François a-t-il donné ce livre ?*

▶ **Interrogation avec le terme complexe** *qui / qu'est-ce qui / que*

Dans ce terme complexe (où *ce* est une proforme), les formes *qui* et *que* sont de nature différente : en tête, ce sont les pronoms interrogatifs, qui effectuent une distinction sémantique (*qui* = humain / *que* = non catégorisé), alors qu'à la fin du terme, ce sont les pronoms relatifs, qui opèrent une distinction syntaxique (*qui* = sujet / *que* = attribut ou objet). L'union des pronoms relatifs et interrogatifs présélectionne strictement le terme sur lequel porte l'interrogation partielle, selon quatre possibilités :

> (1) *qui est-ce qui* : humain et sujet
> (2) *qui est-ce que* : humain et objet
> (3) *qu'est-ce qui* : sujet non catégorisé
> (4) *qu'est-ce que* : objet ou attribut non catégorisé.

Cette expression est autant employée à l'écrit qu'à l'oral, malgré quelques réserves sur sa « lourdeur » ; une fois placée en tête de phrase, elle permet de garder l'ordre sujet-verbe sans recourir à l'inversion du sujet lorsque l'interrogation porte sur l'objet ou sur l'attribut. Elle sert aussi à formuler une interrogation avec des structures particulières, notamment quand la question porte sur un sujet non catégorisé, ce qui est impossible avec *que* seul : *Qu'est-ce qui se passe ? / *Que se passe ? – Qu'est-ce qui te préoccupe* ? Enfin, comme elle différencie les fonctions, elle évite les ambiguïtés qui sont créées par l'emploi du seul pronom interrogatif : *Qui attend l'enfant* ? présente une ambiguïté que lèvent *Qui est-ce que l'enfant attend* ? et *Qui est-ce qui attend l'enfant* ?

2.3.2. *Interrogation sur les circonstants*

Elle s'exprime à l'aide des adverbes interrogatifs *comment, où, pourquoi, quand*, qui renvoient chacun à une des circonstances de l'action : manière, lieu, cause, temps. *Combien*, qui sert à interroger sur le nombre, est aussi employé pour former des groupes nominaux ayant des fonctions autres que circonstancielles (sujet, objet,...). Ces adverbes s'emploient dans les mêmes structures que les pronoms interrogatifs, mais *pourquoi* diffère des autres.

▶ **Interrogation avec un terme simple**

L'emploi des adverbes *combien, comment, où, quand* et *pourquoi* s'accompagne de l'inversion du sujet :

• Le pronom personnel sujet est placé après le verbe : *Quand partez-vous ? – Comment allez-vous ? – Où vend-on ce livre ? – Pourquoi riez-vous ?*
• Quand le sujet est un groupe nominal ou un autre pronom, il est placé après le verbe (inversion simple) ou maintenu à sa place et repris après le verbe par un pronom personnel (inversion complexe) :
Quand part le train ? – Comment va ta sœur ? – Combien coute ce livre ? – Où va notre terre ? Pourquoi riez-vous ?
Quand le train part-il ? – Où Baptiste a-t-il rencontré Garance ?

Pourquoi admet seulement l'inversion complexe d'un groupe nominal :
Pourquoi les enfants rient-ils ?
Mais **Pourquoi rient les enfants ?* est peu grammatical.

Remarque. — *Que peut s'employer avec le sens de* pourquoi : *Olivier et Roland, que n'êtes-vous ici ?* (Hugo) *En phrase négative ou de sens négatif, cette interrogation* avec *que* sert indirectement à exprimer un reproche partant de la non-réalisation du procès : *Que ne le disiez-vous pas ?*

L'inversion simple du groupe nominal est impossible quand le verbe est suivi d'un complément (cf. **2.3.1.**) : **Où a trouvé Pierre ce livre ?* On emploie alors l'inversion complexe avec reprise pronominale : *Où Pierre a-t-il trouvé ce livre ?*

▶ L'interrogation sur les circonstances peut être renforcée par *est-ce que*, placé après l'adverbe interrogatif, ce qui permet d'éviter l'inversion du sujet : *Quand est-ce que vous partez ? – Quand est-ce que le train part ? – Où est-ce que tu vas ? – Où est-ce que Pierre a trouvé ce livre ? – Pourquoi est-ce que je la tue ?* (Montherlant).

2.3.3. *Interrogation à l'infinitif*

Le mode des phrases interrogatives est le plus souvent l'indicatif. Mais on rencontre également l'infinitif, qui permet de poser une question sur l'objet ou sur les circonstants, mais jamais sur le sujet (qui est absent) : *Que dire ? Que faire ? – Où courir ? où ne pas courir ?* (Molière) – *Comment retirer le poignard ?* (Malraux).

Remarque. — La question posée avec *Que faire ?* porte sur le procès même ; la réponse peut être un verbe à l'infinitif (*fuir, lutter,* etc.).

Le sujet non exprimé ne peut être que le locuteur (cas des deux exemples littéraires ci-dessus) ou un référent générique équivalent à *on*. À ces énoncés à l'infinitif s'ajoute généralement une valeur modale de possibilité ou d'obligation : *Que (puis-je) dire ? Que (dois-je) faire ?* (**X : 2.4.2.**).

2.3.4. *Formes familières de l'interrogation partielle*

À côté des structures standard de l'interrogation, il existe diverses formes qualifiées de familières ou de populaires, dont la vitalité est inégalement attestée :

XIV – Les types de phrases

▶ Interrogation avec un terme interrogatif occupant la place du constituant concerné

Tu attends qui ? – Tu regardes quoi ? – Tu vas où ? – Tu pars quand ?

Cette construction s'applique à toutes les fonctions concernées par l'interrogation partielle, à l'exception du sujet. On rencontre en particulier le pronom interrogatif *quoi* en fonction de complément d'objet direct, par opposition au *que* standard placé en tête de phrase (*Que regardes-tu ?*). Cette structure permet d'éviter l'inversion du sujet, souvent mal acceptée à l'oral ; l'ordre des constituants de la phrase interrogative est alors le même que dans la phrase déclarative. L'intonation est semblable à celle de l'interrogation totale (montée finale).

▶ Interrogation avec *c'est qui / que*

Quand c'est que tu pars ? – Qui c'est que tu attends ? – Qui c'est qui a cassé ce vase ? – Où c'est que tu vas ?

Le terme interrogatif placé en tête de phrase est renforcé par *c'est qui / que*, au lieu de *est-ce qui / que*. *C'est qui* renforce le sujet. Comme dans le cas précédent, l'usage familier évite l'inversion, y compris dans le terme *est-ce*.

▶ Extraction du terme interrogatif

On rencontre aussi un emploi particulier (familier) du type emphatique :

C'est quand que tu pars ? – C'est qui que tu attends ? – C'est où que tu vas ? – C'est comment que tu t'appelles ?

La structure *c'est – qui/que* encadre le mot interrogatif en tête de phrase. Ce type de construction part du même souci de conserver l'ordre de la phrase déclarative.

▶ Terme interrogatif suivi de *que*

Où que tu vas ? – Quand que tu reviens ? – Qui que tu attends ?

Ces structures très familières constituent des réductions de l'interrogation au moyen du terme complexe *est-ce que* : *Où est-ce que tu vas ? Quand est-ce que tu reviens ? Qui est-ce que tu attends ?*

Ainsi, la langue parlée familière simplifie les structures pour aboutir à une certaine unité de l'interrogation : l'intonation joue un rôle essentiel et la phrase garde l'ordre habituel de la phrase déclarative.

2.4. L'interrogation alternative

Intermédiaire entre l'interrogation totale et l'interrogation partielle, elle s'analyse en deux parties coordonnées par *ou* alternatif ; elle prend deux formes :

(1) *Est-ce une vipère ou (est-ce) une couleuvre ?*
(2) *Est-ce une vipère ou n'est-ce pas une vipère ? / ou non ? / ou pas ?*

L'interrogation alternative simple (1) s'oppose à l'interrogation alternative polaire (2), dont les deux termes sont antithétiques (positif / négatif). Dans les deux cas, le second terme peut être abrégé, par perte de son élément verbal (1) ou remplacement global par un terme unique *non, pas* (2).

L'interrogation alternative ressemble à une interrogation totale double, mais on ne peut pas y répondre globalement par *oui* ou par *non*. Au contraire, elle demande, comme l'interrogation partielle, d'assigner une valeur particulière à une variable dont certaines valeurs sont déjà prévues. Dans *Quel serpent as-tu rencontré ?* la variable représentée par *quel serpent* peut prendre de nombreuses valeurs. Dans l'interrogation alternative (1), les valeurs possibles sont d'emblée réduites à deux termes alternatifs, ce qui restreint d'autant la réponse attendue. Cet aspect plus contraignant explique le caractère plus marqué des interrogations alternatives. *Tu viens ou pas* sert d'ailleurs à manifester indirectement une demande plus pressante, voire l'impatience du locuteur.

Bibliographie. — J. Joulin (1987), *L'alternative en français,* Thèse dactylographiée, USHS, Strasbourg – P. Le Goffic (1997), Forme et place du sujet dans l'interrogation partielle, *in* C. Fuchs (éd.) : 15-42.

2.5. Pragmatique de l'interrogation

Comme type obligatoire, l'interrogation est fondamentalement associée à l'acte d'interroger, qui établit des droits et des devoirs pour les partenaires de la communication : celui qui pose une question signifie son droit de la poser (cf. les réfutations du type « Ici, c'est moi qui pose les questions. ») et met en demeure son interlocuteur d'y répondre. Cette définition rapproche l'acte d'interroger de l'acte d'ordonner, également très contraignant pour l'interlocuteur, ce qui est le cas en particulier dans les situations institutionnelles d'examen. Mais il existe des circonstances où l'interrogation constitue une simple recherche d'information, sans contrainte marquée sur un interlocuteur, et, dans les questions que l'on se pose à soi-même, le locuteur se prend à témoin de ses réflexions.

L'interrogation peut posséder en outre une valeur argumentative. L'interrogation totale manifeste généralement une ignorance du locuteur, réelle ou feinte ; en principe, dans *Est-ce que la guerre de Troie aura lieu ?*, une réponse positive ou négative est également possible. Cependant, la valeur argumentative sous-jacente à l'interrogation est orientée de façon dissymétrique vers le négatif, qui est privilégié par rapport au positif. Cela apparait dans des phrases comme *Il fait beau aujourd'hui, mais fera-t-il beau demain ?* où l'orientation négative de l'interrogation introduite par *mais* inverse la conclusion de la première proposition (« *Donc, ne sortons pas demain* »). Dans une discussion, cette orientation négative de l'interrogation peut devenir polémique dans la mesure où une question représente, de même que l'expression de l'incertitude, une mise en doute de la phrase assertive correspondante.

Bibliographie. — J.-C. Anscombre et O. Ducrot (1981), Interrogation et argumentation, *Langue française*, 52 : 5-22.

Dans certaines situations de communication, une phrase interrogative n'est pas associée à un acte de questionnement, mais acquiert indirectement la valeur d'un autre acte de langage (**XXIII : 3.3.**). Elle peut prendre deux valeurs principales :

▶ Une valeur de demande ou d'ordre

As-tu une cigarette ? – Avez-vous l'heure ? – T'aurais pas cent balles ? Ces trois phrases constituent une demande (d'une cigarette, de l'heure, d'argent) clairement reconnue comme telle : une simple réponse affirmative non suivie de l'offre escomptée serait interprétée indirectement comme une fin de non-recevoir ou directement comme une plaisanterie. De même, l'interrogation sur la possibilité ou sur la volonté d'exécuter un certain acte revient à demander de le faire, dans la mesure où il s'agit d'une condition préalable à l'accomplissement de cet acte :

Pourriez-vous fermer la fenêtre ? – Voudriez-vous baisser le son de votre baladeur ? – Puis-je me permettre de prier Monsieur de bien vouloir m'autoriser à reprendre mes travaux ? (Boris Vian).

▶ Une valeur déclarative

La rhétorique a depuis longtemps décrit l'interrogation oratoire (« question rhétorique » ou « question dirigée ») comme une assertion renforcée :

À quoi vos vers sont-ils bons ? – N'êtes-vous pas mon père ? (Corneille) – *N'est-ce pas à vos yeux un spectacle assez doux, / Que la veuve d'Hector pleurante à vos genoux ?* (Racine)

Ces interrogations orientent l'interlocuteur vers une assertion déterminée. Affirmatives ou négatives, elles impliquent le contraire de ce qu'exprime leur forme grammaticale : quand elles sont affirmatives, elles nient, quand elles sont négatives, elles affirment.

Plus généralement, une phrase interrogative et négative oriente, comme le latin *nonne*, vers une réponse positive : *N'avez-vous pas faim ?* (cf. *Nonne venisti ? : « N'es-tu pas venu ? »*).

La locution adverbiale *n'est-ce pas ?*, qui découle de cette valeur, demande un assentiment :

– Il n'y a pas eu de rémission matinale, n'est-ce pas, Rieux ?
Rieux dit que non. (Camus)

Bibliographie. — P. Fontanier (1968) : 368 sv – A. Borillo (1981), Quelques aspects de la question rhétorique en français, *DRLAV*, 25 : 1-33 – *Langue française*, 52 (1981), *L'interrogation* – C. Kerbrat-Orecchioni (1986) : 67-68 – C. Kerbrat-Orecchioni (éd.) (1991), *La Question*, Lyon, PUL.

3. L'EXCLAMATION

3.1. Présentation de l'exclamation

Les énoncés exclamatifs ont un statut mal défini, si on les compare aux autres types de phrases. Ils expriment l'affectivité, un sentiment plus ou moins vif du locuteur à l'égard du contenu de son énoncé et ils jouent un rôle important dans la communication orale. La tradition grammaticale oppose la modalité exclamative à la modalité déclarative et met l'accent sur la syntaxe affective que manifestent les énoncés exclamatifs et qui justifie leur statut particulier dans les grammaires. L'exclamation est une des manifestations possibles de la subjectivité, c'est-à-dire des affects du sujet parlant. L'exclamation fait partie des expressions de l'intersubjectivité, en prise directe avec la situation d'énonciation, comme l'interjection, l'apostrophe et l'impératif, dont elle ne peut pas être dissociée selon Damourette et Pichon. En effet, on constate qu'à l'écrit, le point d'exclamation n'est pas uniquement réservé aux énoncés exclamatifs, mais s'emploie aussi avec ces trois autres expressions illocutoires (**XXIII : 3.2.1.**).

Peut-on délimiter strictement les énoncés exclamatifs par rapport aux autres types de phrases ? On peut les rapprocher des phrases « assertives, avec un quelque chose en plus » (A. Culioli 1974). Au type assertif (ou déclaratif) de base, l'exclamation rajoute l'affectivité, sans que la structure syntaxique change nécessairement : l'intonation peut à elle seule marquer l'exclamation (*Ce cheval de course est génial ! Tu es belle ! Il est fou !*). Mais on rapproche aussi les énoncés exclamatifs des phrases interrogatives, avec lesquelles ils partagent certaines caractéristiques : inversion du sujet (*Est-elle jolie !*), mots interrogatifs ou exclamatifs

(*Quel spectacle ! Qu'est-ce qu'elle fume !*). Plus généralement, l'exclamation peut se combiner avec les autres types de phrases (**1.1.2.**).

Un énoncé exclamatif se caractérise d'abord par ses intonations spécifiques ; trois schémas intonatifs sont possibles, tous trois caractérisés par une courbe intonative haute (M.-A. Morel (1995 : 63-70), dont on reprend les exemples) :

1°) Un schéma montant à finale haute (au plus haut niveau de la courbe intonative), avec un allongement de la syllabe finale : *c'est bon !*
2°) Une descente intonative vers une finale basse, après une initiale haute : *ah tiens !*
3°) Une courbe haute et plate, sans modulation : *oh la la !*

Selon M.-A. Morel (1995), ces trois schémas correspondent à trois types de relations à l'interlocuteur. Le premier appelle à la convergence des points de vue, à partager par l'interlocuteur ; le deuxième marque un repli sur soi du locuteur ; le troisième, qui constitue un net décrochage par rapport à l'environnement discursif, est le plus apte à marquer la surprise

C'est donc l'intonation, combinée à des informations situationnelles, qui indique à l'interlocuteur le type de relation sollicité et le sentiment exprimé par le locuteur : une même phrase, comme *Il pleut !*, peut exprimer une infinité de nuances affectives, de la colère à la joie, du rire aux larmes. À l'écrit, on emploie le point d'exclamation (!), qui n'est pas réservé exclusivement à un énoncé « purement » exclamatif : un ordre vif peut être aussi accompagné par un point d'exclamation (*Sortez !*).

L'exclamation se définit avant tout par son rôle interlocutoire, comme un rituel social, « l'expression d'un sentiment » adressée à autrui. Plus précisément, on peut y voir l'expression de la surprise, provoquée par l'opposition entre les attentes du locuteur et sa perception de l'état de choses. De ce point de vue, les procédés exclamatifs représentent différents degrés d'expression de la surprise (P. Siblot 1995 : 163-170). Après l'interjection, qui représente le premier degré du sens, proche du cri (*Aïe !*), viennent les phrases non verbales à un terme (*Incroyable !*), puis des structures phrastiques particulières, où l'organisation prédicative est déstructurée, notamment dans les dislocations (*Il est parti, Pierre!*) ou dans l'emploi des mots exclamatifs marquant le haut degré (*quel, combien,* etc.).

L'énoncé exclamatif prend souvent, au regard du modèle déclaratif canonique, la forme d'une phrase incomplète ou tronquée :

(1) *Tu m'as fait une peur!*
(2) *Elle était si jolie!*

La phrase (1) n'est pas acceptable comme phrase déclarative, car il n'est pas possible d'employer l'article indéfini (*une*) seul avec un nom abstrait non comptable (il faut qu'un adjectif qualifie le nom : *une belle peur, une peur bleue*) ; l'exclamation permet sans problèmes ce type d'emploi. La phrase (2) comporte un corrélatif *si* qui reste en suspens, privé de la subordonnée de conséquence qu'il appelle dans une phrase déclarative ; l'exclamation se passe de cette subordonnée.

J. Gérard (1980) met en relation cette troncation des énoncés exclamatifs et l'expression du « degré extrême », supérieure au superlatif absolu (ex. : *très jolie*). Comme le haut degré de quantité (*Que d'eau!*) ou de qualité (*Comme elle est belle!*) est tel qu'il échappe à toute expression, le locuteur ne peut pas le formuler autrement que par une phrase tronquée qui implique, par sa forme ouverte, ce degré extrême.

3.2. Les structures exclamatives

Bien que les procédés exclamatifs soient souvent cumulables, on distingue plusieurs types de structures exclamatives.

3.2.1. *Exclamation marquée par la seule intonation*

L'intonation exclamative (correspondant, à l'écrit, au point d'exclamation) s'applique à la structure déclarative canonique *groupe nominal-groupe verbal* : *Tu as un pied de blanc sur les joues!*

(Musset) – *Et s'il n'en reste qu'un, je serai celui-là !* (V. Hugo) – *J'aime la marine française !* (Pagnol).

3.2.2. Exclamation avec phrase incomplète (phrase tronquée, phrase non verbale)

▶ **La phrase peut être incomplète ou anomale :**

(1) *Tu m'as fait une peur ! – Il a des expressions d'une tendresse !* (Marivaux)
(2) *Elle était si jolie ! – Elle est tellement aimable ! – Vous avez l'air si vrai, si solide !* (Sartre)
(3) *S'il faisait beau !*

Différentes raisons expliquent le caractère incomplet de la phrase exclamative : incompatibilité du déterminant *un(e)* et d'un nom non-comptable seul (1), absence d'une subordonnée en corrélation avec un adverbe d'intensité comme *si, tellement* (2), absence de principale pour une subordonnée hypothétique marquant un souhait (3). L'exclamation assure la cohérence de ces structures incomplètes, particulièrement recevables à l'oral où une part d'implicite est toujours possible, la situation de communication contribuant à l'interprétation de l'énoncé.

Dans un dialogue, l'exclamation associée à un *si* interrogatif permet la reprise d'une interrogation totale et exprime une réponse positive fortement affective :

– *Est-ce que tu le connais ? / – Si je le connais !*

▶ **La phrase non verbale** est particulièrement utilisée avec l'exclamation : *Cette folle !* (Marivaux) – *L'imbécile !* (Camus) – *La guerre ! la guerre ! » cria l'assemblée* (Anatole France) – *Un scandale, monsieur le Maire, un scandale !* (Giraudoux) – *Dans la trappe, les financiers !* (A. Jarry). Comme pour les phrases incomplètes, la situation de communication orale contribue à l'interprétation de la phrase non verbale (**XIV. : 9.2**).

3.2.3. Exclamation avec inversion du sujet

L'inversion du sujet rapproche l'exclamation de l'interrogation ; seule l'intonation peut les distinguer : *Est-il bête ! – Est-ce possible ! – Suis-je malin ! – Ce paysage n'est-il pas magnifique !* Cependant, en l'absence de terme exclamatif, cette inversion est limitée aux phrases attributives.

Dans les énoncés exclamatifs introduits par un mot exclamatif (**3.2.4.**), l'inversion du sujet, qui était courante en français classique, se pratique essentiellement, en français moderne, avec *quel* ou quand l'exclamation met en jeu un adjectif attribut (*Quelle est ma chance ! – Quelle ne fut pas ma surprise de le voir arriver !*). Dans les autres cas, elle est généralement facultative ; elle est préférée, pour des raisons rythmiques, quand le sujet est long (*Quel plaisir m'a fait le discours qu'il a prononcé hier !* ex. de J. Gérard : 1980 : 88). La limitation de l'inversion exclamative distingue l'exclamation de l'interrogation, où l'inversion reste fréquente, parfois obligatoire (**2.2.** et **2.3.**).

3.2.4. *L'exclamation introduite par des mots exclamatifs*

Avec certains marqueurs, en particulier des adverbes exclamatifs, les énoncés exclamatifs expriment « un haut degré dans l'ordre de la quantité ou de la qualité » (J.-C. Milner 1978 : 252). Ces marqueurs n'expriment pas par eux-mêmes le haut degré (à la différence de *très* ou *beaucoup*), mais orientent l'interprétation de l'énoncé vers une valeur élevée, qui ne peut être mise en doute : *Comme elle a grandi ! – Que c'est beau ! Que l'air est délicieux !* (R. Rolland).

On distingue plusieurs types de marqueurs exclamatifs qui, placés en tête de phrase, peuvent se rencontrer dans une phrase complète ou incomplète, avec ou sans l'inversion du sujet :

▶ *Que* et *combien*, adverbes ou déterminants, forment avec le nom seul ou expansé, auquel ils sont reliés par *de*, un groupe nominal (1), ou bien ils portent sur un adjectif, un verbe ou un adverbe (2) :

(1) *Que d'eau ! que d'eau !* (Mac Mahon) – *Que de trésors éclos en mon absence !* (Colette) – *O combien d'actions, combien d'exploits célèbres / Sont demeurés sans gloire au milieu des ténèbres !* (Corneille)
(2) *Que les soleils sont beaux dans les chaudes soirées ! / Que l'espace est profond ! que le cœur est puissant !* (Baudelaire) – *Oh ! que l'attente me fatigue !...* (Gide) – *Combien la nuit est profonde !*

Que introduit uniquement des énoncés exclamatifs indépendants.

Combien peut introduire une interrogation ou une exclamation. Alors que, dans l'interrogation, il propose un choix dans une échelle de valeurs possibles (*Combien coute ce livre ?*), dans l'exclamation, il situe le terme sur lequel il porte « dans la zone haute des valeurs (le haut degré) » (Le Goffic 1993 : 108). Dans son emploi exclamatif, l'inversion du sujet n'est pas obligatoire, mais plutôt rare. Il introduit une subordonnée dans l'exclamation indirecte (**XVII : 4.2.**) (c'était son rôle presque exclusif jusqu'à la fin du XVIIIe siècle) : *Vous voyez combien vous l'aimez !* (Vercors) – *Je me rappelle combien je l'avais trouvé beau... !* (Alain-Fournier, cité par J. Gérard 1980 : 27)

▶ L'adverbe *comme* porte sur un adjectif attribut (1), un verbe (2) ou un adverbe (3) :

(1) *Comme tu es sûr de toi !(...) Comme tu es fort !* (Anouilh)
(2) *Comme le temps passe quand on s'amuse !* (S. Beckett, *En attendant Godot*) – *Comme elle chassait les chèvres qui venaient marcher sur son linge étendu sur le gazon !* (Musset)
(3) *Comme vous êtes loin, paradis parfumé !* (Baudelaire)

Comme, qui était à l'origine un adverbe interrogatif, s'est progressivement spécialisé dans l'exclamation, remplacé par *comment* dans l'interrogation ; mais il garde certains emplois interrogatifs.

▶ Le déterminant *quel* se partage lui aussi entre l'interrogation et l'exclamation :

(1) *Quelle chaleur !* – « *Quelles jolies fleurs !* » (Boris Vian)
(2) *Quelle idée il a eue ! – Quelle voiture a achetée Pierre / Pierre a achetée ! – Quelle fantaisie il s'est allé mettre dans l'esprit !* (Marivaux)

Dans l'emploi exclamatif, le groupe nominal peut former la phrase à lui seul (1) ou faire partie d'une phrase complète (2). Quand le groupe nominal est seul, il n'est pas toujours possible de rétablir une phrase complète, comme dans : *Quel (beau) spectacle (j'ai vu) !* (ex. de J. C. Milner 1978)

Généralement, les verbes *être* et *avoir* précédés d'un sujet servent à former une phrase complète avec un groupe nominal exclamatif qui devient attribut avec le premier ou complément d'objet direct avec le second : *Quel nigaud (il est / fait) ! – Quelle idée (tu as) !*.

Remarque. — Le déterminant démonstratif comporte aussi une utilisation exclamative : *Ah ! ce fumiste !* Et dans *Tu m'as fait une de ces peurs !*, l'expression partitive *une de* prélève une occurrence « distinguée » dans l'ensemble dénoté par *ces peurs*.

▶ Le pronom interrogatif *qui* s'emploie aussi dans un énoncé exclamatif :

Qui sait sous quel fardeau la pauvre âme succombe ! (V. Hugo) – *Qui n'aurait pas eu peur !* (Saint-Exupéry) – « *Non ! mais pour qui me prenez-vous !* » (F. Mauriac) L'exclamation est ici associée à une interrogation rhétorique.

▶ Les formes interrogatives *ce que* et *qu'est-ce que* portent surtout, dans un énoncé exclamatif, sur un adjectif, un verbe ou un adverbe :

Ce qu'il est bête ! – Ce qu'il m'énerve ! – Ce qu'il parle fort !
Qu'est-ce qu'il est prétentieux ! – Qu'est-ce qu'il crie ! – Qu'est-ce qu'il est souvent absent !

Elles s'emploient aussi avec un nom, avec une valeur quantifiante (= « combien ») : *Ce qu'il a débité de sottises !* (ex. de J. Gérard 1980).

Ces deux formes, relativement récentes, représentent des variantes parlées familières des autres mots exclamatifs, notamment de *que* : on pourrait garder *que* seul dans la plupart de leurs occurrences (*Qu'est-ce qu'il est intelligent ! Ce qu'il est intelligent ! Qu'il est intelligent !*). *Qu'est-ce que*, directement issu de l'interrogation, est ressenti comme plus familier que *ce que*, qui n'en constitue pourtant que la réduction, par effacement de *qu'est*.

3.2.5. *Structures exclamatives préférentielles*

L'exclamation se combine de façon préférentielle avec des expressions ou des structures de phrases, auxquelles elle apporte parfois une forme particulière.

▶ **Emphase par extraction (XIV : 6.2.)** :

C'est Clément qui a été surpris ! – C'est maintenant que tu le dis ! – Quoi donc ! c'est vainement qu'ici nous nous aimâmes ! (V. Hugo) La phrase exclamative réactive la valeur déictique de *c'est*, premier élément de cette structure emphatique.

Une structure exclamative introduite par *quel* est proche de l'emphase par extraction. Elle établit une relation prédicative entre deux éléments, reliés par *que* : « *Tout de même, quel roman que ma vie !* » (A. Malraux) – *Quelle vie que la tienne !* (Musset) Le groupe nominal introduit par *quel* correspond à un attribut extrait au moyen de *c'est... que* (*C'est un roman que ma vie*). Ce groupe nominal a une valeur attributive, et non référentielle. L'élément mis en relation avec *Quel* + nom peut être un groupe à l'infinitif (1) ou une subordonnée complétive (2) :

(1) *Quelle bonne idée (que) d'être venu me voir !*
(1) *Quel dommage que j'aie raté ce train !*

▶ **Emphase par dislocation (XIV : 6.1)** :

Il m'acclamera donc, ce grand Paris farouche ! (E. Rostand) – *Il chante, assis au bord du ciel splendide, Orphée !* (P. Valéry) – *La grammaire, je ne m'en lasse jamais !*

Ces structures emphatiques, fréquemment employées à l'oral, s'accordent bien avec l'expressivité des énoncés exclamatifs.

▶ La structure **ET + groupe nominal +** *qui* **+ groupe verbal**, spécifiquement exclamative, ressemble à une emphase par extraction : *Et André qui ne revient pas ! – Et Tristan qui n'est pas là !* En réalité, elle sert à rajouter une phrase entière (*André ne revient pas. Tristan n'est pas là*), conçue comme un argument négatif, dans une situation déjà défavorable.

Le verbe *dire que*, précédé ou non de la conjonction *et*, constitue une structure de même valeur : *(Et) dire que Tristan n'est pas là !*

▶ L'« **infinitif exclamatif** », qui sert à représenter un contenu propositionnel brut, convient parfaitement à l'expression d'un sentiment ou d'une émotion du locuteur, à partir de la simple évocation du fait (**X : 2.4.2**) : *Voir Naples et mourir ! – « Aimer, aimer seulement, quelle impasse !* » (Saint-Exupéry) – *Lors même qu'on n'est pas le chêne ou le tilleul, / Ne pas monter bien haut, peut-être, mais tout seul !* (E. Rostand) – *Ah ! ne pas savoir si l'on s'aime... ne pas connaître sa beauté !* (Gide).

Le sujet non exprimé peut être restitué grâce au contexte. Il peut apparaître dans une phrase segmentée, où il est séparé de l'infinitif par une pause : *Moi, me rendre !*

▶ **Le subjonctif** employé dans une proposition indépendante pour exprimer le souhait est généralement accompagné d'un contour exclamatif (**X : 2.2.2.**) : *Qu'elle soit maudite, qu'elle soit mise en dehors du cycle des grâces, l'année où je fus conçue !* (Audiberti).

▶ **Le renforcement de l'exclamation** est assuré par divers moyens :

Octave ! ô fou que tu es ! tu as un pied de rouge sur les joues ! (Musset)

Dans le premier énoncé exclamatif, précédé de l'apostrophe *Octave*, l'attribut *fou* est renforcé par l'interjection *ô* et par la relative à verbe *être* (*que tu es*), facultative, qui dispense d'employer un terme exclamatif spécifique.

L'adjectif attribut peut être renforcé par *d'un* : *C'est d'un pénible !* Le locuteur marque ainsi le parcours de tous les *pénibles* possibles et en extrait une occurrence extrême.

Les interjections, qui expriment aussi la subjectivité, viennent naturellement appuyer un énoncé exclamatif : *Ah* ! *quelle tranquillité !* (Musset) – *Ah ! c'est une aventure ridicule !* (J. Anouilh) – *Hélas ! la nymphe même a séparé nos charmes !* (P. Valéry) – « *Quoi ! cette nuit ne finira donc pas !...* » (G. Bernanos).

Bibliographie. — A. Culioli (1974), À propos des énoncés exclamatifs, *Langue française*, 22 : 6-15 – J.-C. Milner (1978) : 252 sv. – J. Gérard (1980), *L'exclamation en français. La syntaxe des phrases et des expressions exclamatives*, Tübingen, Niemeyer – P. Le Goffic (1993) : 100 sv – *Faits de langue*, 6, (1995), *L'exclamation* – M.-A. Morel (1995), L'intonation exclamative dans l'oral spontané, *in Faits de langue*, 6, 1995 : 63-70 – P. Siblot (1995), Du sens dans les formes exclamatives *in Faits de langue*, 6 : 163-170.

4. L'INJONCTION

4.1. Définition

Le type de phrase injonctif ou impératif est associé à la gamme des actes directifs : le locuteur veut agir sur l'interlocuteur pour obtenir de lui un certain comportement (c'est la *fonction conative* de Jakobson : **Intro. : 1.1.**). Le locuteur pose son droit d'influer sur la conduite de l'interlocuteur. Selon la situation, la phrase injonctive exprime diverses nuances : ordre strict, conseil, souhait, prière, demande polie,... La **défense**, dont traitent les grammaires latines, est un ordre formulé négativement : *Croyez-moi ; n'ayez point de peur* (La Fontaine). Le positif et le négatif sont associés dans cet exemple.

Remarque. — Une phrase injonctive ne peut pas être soumise à l'épreuve de vérité : elle n'est en soi ni vraie, ni fausse. L'interlocuteur ne peut y répondre ni par *oui* ni par *non*, ni en disant : *c'est vrai / faux, tu mens,...* Il donnera, selon le cas, une réponse comme *je refuse, je veux bien, je n'ai que faire de vos conseils...* ou il accomplira ce qui lui est demandé.

Le locuteur d'une phrase injonctive s'adresse directement à un ou à plusieurs interlocuteurs ; la deuxième personne est donc privilégiée pour l'exprimer : *Frappe, ma bien-aimée, sans te lasser* (Beaumarchais). – *Écoutez la chanson bien douce / Qui ne pleure que pour vous plaire* (Verlaine).
Le locuteur peut néanmoins s'inclure dans l'acte directif adressé à autrui : *Vengeance ! répondirent les bergers.* **Promenons** *le cheval dans le village et* **donnons** *l'assaut à leur maison* (Mérimée). Il peut formuler en particulier une invitation conviviale : *Mignonne,* **allons** *voir si la rose...* (Ronsard). **Allons** *à Messine, pêcher la sardine...*
La troisième personne ne peut exprimer qu'un acte directif médiat, transmis par un tiers à quelqu'un d'extérieur à l'échange. Elle convient aussi à l'expression du souhait, du regret, etc. : *Si l'orgueil prend ton cœur quand le* **peuple me nomme***, / Que de mes livres seuls te* **vienne** *ta fierté* (Vigny).
L'énoncé injonctif que le locuteur s'adresse à lui-même constitue un cas particulier, fréquent dans un discours théâtral,

prononcé à l'intention du public qui assiste à la pièce. Le locuteur peut employer la première personne du singulier du subjonctif, à laquelle est associée une idée de souhait ou d'hypothèse (*Que je sois damné si je mens !*). Il peut aussi utiliser la deuxième personne du singulier ou la première personne du pluriel de l'impératif. Dans *Ah ! Figaro, pends-toi*, le personnage de Beaumarchais s'adresse à lui-même.

4.2. Morphosyntaxe du type injonctif

4.2.1. *Caractérisation prosodique*

L'intonation injonctive se caractérise par une courbe nettement descendante. Elle est associée de manière privilégiée au mode impératif, mais elle peut aussi se placer sur une autre structure de phrase injonctive. Elle correspond à l'écrit, selon le cas, au point ou au point d'exclamation ; ce dernier marque un ordre appuyé (*Sortez !*) ou un sentiment vif (*Qu'elle revienne !*).

4.2.2. *Modes*

Le type injonctif se caractérise par deux modes, qui s'emploient de manière complémentaire et correspondent à deux structures de phrases différentes :

▶ **L'impératif** est un mode doublement lacunaire. D'une part, il est limité en personnes (**X : 2.3.1.**) : il ne possède que la première personne du pluriel (*chantons*) et la deuxième personne du singulier (*chante*) et du pluriel (*chantez*). Il constitue d'autre part une phrase limitée au groupe verbal, sans groupe nominal sujet exprimé. Si l'on compare cette structure au modèle canonique de la phrase, on l'explique par l'effacement du groupe nominal sujet. Comme l'impératif s'adresse à un interlocuteur humain ou humanisé, le sujet implicite correspond à un pronom personnel désignant une personne : *tu, nous, vous*. La non-réalisation du sujet de l'impératif explique divers phénomènes :

- un verbe qui n'admet pas comme sujets les personnes *tu, nous, vous* ne peut pas avoir d'impératif : c'est le cas des verbes impersonnels (*pleuvoir, neiger, venter,...*) ou de verbes comme *germer* ;
- le pronom personnel tonique mis en apostrophe (**9.4.2.**) correspond généralement au sujet : *Toi, pars. Vous, partez* ;
- l'adjectif attribut s'accorde avec le sujet effacé, comme le montre l'opposition masculin / féminin : *Sois franc. Sois franche* ;
- la règle des verbes pronominaux s'applique aussi à l'impératif ; le pronom complément est de même forme que le sujet effacé : *Rappelle-toi, Barbara* (Prévert).

N.B. Les pronoms compléments d'un verbe à l'impératif suivent des règles de placement particulières : voir **VII : 5.2.1.** et **X : 2.3.2.**

▶ **Le subjonctif** s'emploie à la première personne du singulier (*que je chante*) et à la troisième personne du singulier et du pluriel (*qu'il(s) chante(nt)*). Il ajoute les personnes qui manquent à l'impératif et il s'emploie dans une structure de phrase complète qui comporte un groupe nominal sujet et un groupe verbal. Le subjonctif est normalement annoncé par *que*, placé en tête de phrase indépendante (**X : 2.2.2.**).

Remarques. — **1.** La grammaire transformationnelle s'appuie sur cette forme *que* pour expliquer la phrase injonctive comme une subordonnée complément d'un verbe principal effacé : (*je veux / souhaite / désire / ordonne*) *qu'il vienne.*
2. *Que* est parfois omis, notamment dans des phrases exprimant un souhait : *Et le salut soit sur la face des terrasses, où l'Architecte, l'autre été, nous a montré des œufs d'engoulevent* (Saint-John Perse).

4.2.3. L'injonction peut s'exprimer à l'aide d'autres structures de phrases

▶ **Phrase non verbale (9.2.)**

La porte ! – Silence ! on tourne. – Votre main, Madame ? (Beaumarchais) *– Mon duc, rien qu'un moment !* (Hugo).

Certaines interjections ont aussi une valeur injonctive : *Chut ! – Hep !*

▶ **Phrases déclaratives** interprétées comme injonctives, en particulier au futur (**X : 2.1.6.** et **XXIII : 3.2.2.**) : *Vous détruirez ce message dès que vous l'aurez lu.*

De même, une phrase comportant un infinitif sans sujet exprimé s'adresse à un destinataire qui n'est pas spécifié. C'est le cas notamment des textes directifs : modes d'emplois, recettes, instructions diverses (**X : 2.4.2.**).

▶ **Phrases interrogatives** associées indirectement à un acte de demande ou d'ordre (**2.5.**) : *Pourriez-vous m'indiquer la route de Sisteron ?*

Remarque. — L'injonction exprimée par les phrases déclaratives ou interrogatives constitue un cas typique d'acte de langage indirect (**XXIII : 3.3.**).

4.3. Modulations de l'injonction

4.3.1. *Renforcements de l'injonction*

La phrase injonctive peut être complétée de deux manières :

▶ Un groupe nominal mis en **apostrophe** (9.4.2.) nomme le ou les interlocuteurs auxquels le discours s'adresse : ***Dona Sol**, prends le duc, prends l'enfer, prends le roi !* (Hugo).

Le destinataire n'est pas toujours un être humain : *Rivière trop tôt partie, d'une traite, sans compagnon, / Donne aux enfants de mon pays le visage de ta passion* (R. Char).

L'apostrophe n'a pas de fonction syntaxique dans la phrase ; elle peut se rencontrer seule, quand on interpelle quelqu'un (Au café : *Garçon !*). Employée avec l'impératif, elle est coréférente au sujet effacé ; son statut est donc proche d'une apposition à ce sujet sous-entendu : *Pleurez, doux alcyons, ô vous, oiseaux sacrés, / Oiseaux chers à Thétis, doux alcyons, pleurez* (Chénier). Dans cet exemple littéraire, *ô* « vocatif » marque l'apostrophe.

▶ Divers termes appuient l'impératif :

- des interjections en début ou en fin de phrase : *Eh bien sois marin !* (Pagnol) ;
- des adverbes placés après le verbe : *Viens un peu ici !* Dans cet emploi, *donc* suit le verbe et perd sa valeur de connecteur : *Dis-moi donc par quel bonheur je te vois là* (Beaumarchais).

4.3.2. Atténuation de l'injonction

Un acte directif peut constituer une menace pour l'interlocuteur qui risque de « perdre la face ». Le locuteur peut mettre en œuvre diverses stratégies de sauvegarde. Il peut notamment accomplir un acte de langage indirect en employant des types de phrases différents du type injonctif (**4.3.1. et XXIII : 3.3.**).

Le locuteur peut aussi atténuer la force de son acte injonctif en intégrant à son énoncé des formules de politesse particulières : ***Veuillez avoir l'amabilité*** *de fermer la porte, s'il* ***vous plaît / je vous prie***. – ***Ayez la bonté*** *de déplacer votre véhicule*. – *Parlez-moi, je* ***vous prie****, avec sincérité* (Molière).

5. LA NÉGATION

Pour le grammairien, le terme de négation recouvre à la fois un phénomène sémantique et les formes lexicales et grammaticales sous lesquelles il se réalise. Pour le logicien, l'opérateur de négation inverse la valeur de vérité d'une proposition : la proposition *Ulysse n'est pas là* possède une valeur de vérité contraire à la proposition affirmative correspondante *Ulysse est là* : si l'une est vraie, alors l'autre est fausse. En d'autres termes, le locuteur, qui assigne une valeur négative à un contenu propositionnel, asserte la non-correspondance de celui-ci à la réalité. Dans cet emploi, la négation est purement descriptive, alors qu'elle peut aussi constituer le rejet d'une assertion : dans ce cas, nier, c'est refuser, c'est s'opposer à un fait ou à une idée. Dire *Je ne suis pas passé au feu rouge* peut viser à contester l'affirmation d'un interlocuteur réel ou supposé qui affirme ou aurait pu affirmer l'énoncé positif correspondant (**5.4.**).

Le fonctionnement de la négation en français pose deux problèmes généraux. D'une part, l'expression de la négation varie en fonction des niveaux de langue et de la distinction entre l'oral et l'écrit. Ainsi, on constate que le terme *ne* est souvent omis à l'oral (*Je veux pas*), alors qu'il connaît un emploi original (« explétif » : **5.2.4.3.**) dans un niveau recherché (*Je crains qu'elle ne parte*). D'autre part, l'incidence syntaxique de la négation ne recouvre pas toujours sa portée sémantique ; autrement dit, la place des termes négatifs n'indique pas automatiquement quel segment est affecté par la négation. Dans l'interprétation des énoncés, il faut donc s'interroger sur la portée de la négation (**5.1.**).

La langue exprime la négation selon deux dimensions :

▶ *Une dimension lexicale*

La négation s'exprime lexicalement dans la relation d'**antonymie** contradictoire (**XXI : 2.5.**), qui repose sur l'opposition de mots de sens contraire. Ces termes peuvent constituer des unités lexicales sans rapport morphologique (*savoir / ignorer*) ou entretenir une relation de dérivation (*possible / impossible*). Une forme lexicale peut s'opposer à sa propre négation, formulée à l'aide d'un mot négatif : *un hôtel cher / pas cher ; une promenade longue / pas longue ; la violence / la non-violence*. Ce dernier procédé, qui utilise *non* et *pas* comme des éléments de composition, se rapproche de la négation grammaticale.

▶ *Une dimension grammaticale*

La négation, avec ses moyens grammaticaux spécifiques, s'oppose à la forme de phrase positive correspondante. L'énoncé négatif se caractérise par des termes négatifs appartenant à différentes catégories grammaticales : des pronoms comme *personne, rien* (**VII : 5.3.**), des déterminants comme *aucun* (**VII : 2.4.5.**). Les termes négatifs comme *ne* et *pas* sont traditionnellement analysés comme des adverbes. Ils sont en réalité très différents des autres adverbes (**XIII : 2. et 3.**) : ils fonctionnent comme des « marqueurs de négation ». Si la syntaxe de la négation est surtout envisagée dans le cadre de la phrase canonique formée d'un groupe nominal et d'un groupe verbal, les termes négatifs s'emploient aussi dans un groupe nominal (*Voici un exemple non littéraire*) ou dans une phrase sans verbe (*Pas question de céder au chantage ! – Pas de pitié ! – Plus de pain. – Pas le temps de faire mieux. Ni de dîner* (Aragon)). Aussi les termes négatifs ont-ils en français une fréquence élevée.

5.1. Portée de la négation

La place des termes négatifs n'indique pas forcément sur quoi ils portent. On distingue habituellement plusieurs portées de la négation.

5.1.1. *Négation totale / négation partielle*

▶ La **négation totale**, qui porte globalement sur la proposition entière, s'exprime au moyen de *pas* ou *point*, associés à *ne* : *Claire n'est pas rentrée*. Elle correspond à la négation logique : *Il est faux que Claire soit rentrée*, et elle s'oppose à la phrase positive (*Claire est rentrée*), qui répond positivement à la même question (*Claire est-elle rentrée ?*).

▶ La **négation partielle** porte sur une partie seulement de la proposition. Elle s'exprime au moyen de mots négatifs associés à *ne*, qui identifient explicitement le constituant visé par la négation et qui l'opposent au constituant positif correspondant :

- Un pronom négatif représente la négation d'un groupe nominal : ***Personne** n'est venu* (vs *quelqu'un est venu*). *Il n'a **rien** compris* (vs *il a compris quelque chose*).
- Un déterminant négatif indique l'absence ou nie l'existence du référent du groupe nominal (quantification nulle) :

*Il n'a lu **aucun** livre de Simenon* (vs *il a lu un / des / plusieurs livres de Simenon*). Un complément circonstanciel de temps (1) ou de lieu (2) peut être nié par un groupe prépositionnel contenant un terme négatif ou par un adverbe ou une locution adverbiale de sens négatif :

(1) *Elle ne vient à aucun moment / jamais* (vs *elle vient souvent / toujours*).
(2) *On ne la rencontre nulle part* (vs *on la rencontre partout / quelque part*).

D'ailleurs, la négation totale, tout en gardant sa valeur de négation de phrase, peut n'affecter qu'un constituant particulier. Quand le verbe est suivi d'un complément d'objet ou d'un complément circonstanciel, le champ de la négation est pragmatiquement restreint au constituant qui suit le verbe, alors que le reste de la phrase est présupposé. Dans *Je ne l'ai pas tuée avec **ce couteau***, la négation porte sur l'instrument (*ce couteau*) et l'action évoquée est présupposée (*Je l'ai tuée*). Si le verbe est suivi de plusieurs compléments, la négation porte généralement sur celui qui est placé en fin d'énoncé : dans *Je ne l'ai pas tuée avec ce couteau **pour prendre son argent***, la négation porte sur l'infinitif prépositionnel.

Dans une phrase comme *Isabelle n'aime pas les glaces à la vanille*, la portée de la négation peut être restreinte à différents constituants : le verbe seul (*Elle **n'aime pas** les glaces à la vanille, mais elle les adore :* c'est le verbe même qui est nié ; ce peut être une négation métalinguistique, portant sur le terme employé), le complément d'objet (*Elle n'aime pas **les glaces à la vanille**, mais les caramels mous*), le complément du nom (*Elle n'aime pas les glaces **à la vanille**, mais à la framboise*).

En fait, la négation totale admet, dans sa généralité, l'éventail des différentes interprétations partielles qui l'impliquent. Pour souligner l'interprétation partielle, on peut recourir à différents procédés contrastifs qui identifient explicitement le constituant visé :

- une coordination oppositive, comme dans les exemples, qui peut être réduite à *non pas, mais* : *Elle aime les glaces non pas à la vanille, mais à la framboise* ;
- l'extraction du constituant concerné : *Ce n'est pas les glaces à la vanille qu'elle aime* ;
- une accentuation contrastive à l'oral, que peuvent représenter les **gras** (ou le soulignement) à l'écrit, comme dans nos exemples.

Remarque. — Dans une phrase complexe contenant un verbe principal de pensée qui est nié, la négation peut porter non pas sur ce verbe, mais sur la proposition subordonnée complément : *Je ne pense pas qu'il réussira* peut signifier « Je pense qu'il ne réussira pas ». La négation portant sur la subordonnée « monte » dans la

principale pour encadrer le verbe. Mais *Il ne croit pas que Dieu existe* n'a pas le même sens que *Il croit que Dieu n'existe pas*.
Il en va de même dans le cas d'un infinitif complément d'un verbe principal. La négation encadrant le verbe régissant peut porter sur le verbe subordonné : *Il ne veut pas partir* peut signifier « il veut ne pas partir ». Cependant, une phrase comme *Il ne veut pas mourir* exprime une volonté négative (= « il refuse de mourir »), et non pas l'objet négatif d'une volonté (« il veut ne pas mourir » = « il veut être immortel »).

5.1.2. La négation exceptive n'est pas à proprement parler une négation : *Marcello ne s'intéresse qu'au cinéma*. Formulée à l'aide de *ne... que*, elle équivaut à *seulement, uniquement* : *Marcello s'intéresse seulement au cinéma*. Elle est exceptive en ce qu'elle exclut de son champ tout terme autre que celui qui suit *que*. On peut expliciter cette signification en ajoutant, dans le cas d'un objet inanimé, l'expression *et rien d'autre* : *Elle ne boit que de l'eau, et rien d'autre*. Les deux parties de la négation exceptive apparaissent d'ailleurs clairement dans la corrélation *rien-sinon* (ou *sauf*) : *Elle ne boit rien, sinon (sauf) de l'eau* : après *rien*, éventuellement complété par *d'autre*, le corrélatif *que* est remplacé par *sinon*, qui explicite l'exception. La négation exceptive affecte différents constituants placés après le verbe :

▶ Le complément d'objet

*Elle ne pense **qu**'à elle. – Il n'apercevait, dans l'avenir, **qu**'une interminable série d'années toutes pleines d'amour* (Flaubert).

▶ L'attribut du sujet

*Je ne suis **que** contrôleur des poids et mesures. – L'homme n'est **qu**'un roseau, le plus faible de la nature* (Pascal). L'exception implique le plus souvent une échelle sur laquelle l'attribut occupe une place inférieure, comme le nom *caporal* sur celle des grades militaires dans *Il n'est **que** caporal*. Il en va de même pour les participes ou adjectifs : *Il n'est **que** blessé (et non pas tué)*.

▶ Le complément circonstanciel

*Ce train ne circule **que** le dimanche. – Je ne vous interroge **que** par étonnement* (Marivaux).

▶ **Le complément de présentatif**

*Il n'y a **que** lui qui me comprenne.*

▶ **La séquence impersonnelle**

*Il ne reste, autour de moi, **que** la desserte d'un long été* (Colette).

La négation exceptive formulée avec *ne… que* ne peut telle quelle porter directement ni sur le sujet précédant normalement le verbe, ni sur le verbe lui-même à un mode personnel (**5.2.6.**). Une restriction sur le sujet s'exprime à l'aide d'autres moyens, notamment les termes *seul* et *seulement* (**XIII : 4.1.**) : *Seul Héraclès a ramené Cerbère des Enfers. Héraclès est le seul à avoir ramené Cerbère des Enfers. Héraclès seulement a ramené Cerbère des Enfers. Il n'y a qu'Héraclès qui ait ramené Cerbère des Enfers.* La structure *il (n') y a que…* est la plus fréquente à l'oral. Mais quand le sujet est placé après le verbe, la restriction peut être formulée à l'aide de *ne… que* : *Ne sont dispensés du contrôle continu que les étudiants salariés.*

L'exception peut s'exprimer aussi au moyen de *rien que* suivi de compléments indirects ou circonstanciels : *On le reconnaît rien qu'à sa démarche. Rien que* peut aussi faire porter la restriction à l'oral sur le sujet : *Rien que le zèbre est à peu près réussi* (C. Blanche-Benveniste, 1990 : 189).

Histoire. — Le morphème discontinu *ne… que* a bien une origine négative : il vient du latin tardif *non… quam*, « représentant *non aliud quam* influencé par *non… nisi* » (G. Moignet 1959 : 50). Il signifie donc, originellement, « pas autre que, rien sauf » : dans le champ négatif mis en place par *ne*, la conjonction *que* (équivalant à *si ce n'est, sauf*) excepte un élément positif. *Ne… que* exclut tous les autres éléments possibles, pour mettre en valeur l'élément choisi.

Un terme négatif peut se combiner avec *ne… que* pour annuler l'exception : *Les hommes ne vivent pas que de justice* (Camus). Il inverse alors le processus d'exception et rétablit les autres possibles : *Marcello ne s'intéresse pas qu'au cinéma* signifie que le sujet n'a pas d'intérêt unique et exclusif, mais s'intéresse à d'autres choses qu'au cinéma. Cette « annulation de la restriction » (G. Moignet) se rencontre, à l'oral, « le plus souvent avec les verbes *il y a* et *c'est* » (C. Blanche-Benveniste, 1990 : 189) : *Il n'y a pas que des Gitans.*

Remarque. — L'union de *ne... que* avec *pas* se rencontre couramment : *je n'ai pas que cela à faire.* Jusqu'au XVIIe siècle, *ne... pas (point) que* était un simple synonyme de *ne... que* : pour Montaigne, *je n'ai point de faim qu'à table* équivalait à *je n'ai faim qu'à table.*

Bibliographie. — G. Moignet (1959), *Les signes de l'exception dans l'histoire du français,* Genève, Droz – C. Muller (1991).

5.1.3. Place de la négation

▶ La langue française moderne connaît une « négation à double détente » (Tesnière, 1959 : 223). Dans la phrase négative, la négation s'exprime à l'aide de *ne*, associé à un autre élément négatif (adverbe, pronom ou déterminant) ; elle prend ainsi une forme discontinue :

• *Ne... pas / plus / jamais,...* encadre le verbe à la forme simple :

– le premier élément *ne*, antéposé au verbe, ne peut en être séparé que par les formes clitiques du pronom complément : *Je ne te vois **plus**. – Je ne vous en parle **pas** ;*
– le second élément occupe la place postverbale, qui correspond à l'ancienne fonction complément d'objet direct des noms comme *pas, point,* devenus adverbes de négation ;

• Avec une forme composée du verbe, *ne... pas / plus /...* encadre l'auxiliaire et les pronoms compléments : *Elle n'est pas venue ; je ne le lui ai jamais pardonné.* Mais *personne, aucun + nom* et *nulle part* sont placés après le participe passé, et non après l'auxiliaire : *Je n'ai vu **personne** / **aucun** client. Je ne l'ai trouvée **nulle part**.*

Le pronom *rien* construit directement s'intercale entre l'auxiliaire et le participe passé : *Il n'a rien dit.* Mais il se place après le participe passé quand il est introduit par une préposition. *Il ne s'est douté de rien.*

• Quand la négation porte sur un verbe à l'infinitif présent, *ne pas / plus/...* est placé en bloc devant l'infinitif : *Il chasse pour **ne pas** s'ennuyer.*

XIV – Les types de phrases

Au XVIIe siècle, les deux termes négatifs pouvaient encadrer l'infinitif : *Et tantôt je le perds pour **ne** me perdre **pas*** (Corneille) – *Il faudrait être bien exempte d'amour propre pour n'être **pas** sensible à des louanges comme les vôtres* (Mme de Sévigné).

Cet usage se rencontre encore dans la littérature moderne, avec une coloration archaïsante : *Enfin, vous voyez, l'essentiel est de n'être **plus** libre* (Camus).

Quand l'infinitif suit un verbe conjugué, les deux termes négatifs ne sont pas non plus dissociés : *Je crains de **ne pas** comprendre*. Mais avec les verbes *aller, falloir, devoir, vouloir, penser, sembler,* etc. suivis d'un infinitif, ils encadrent le verbe principal : *Il **ne** faut **pas** freiner dans un virage. – La voiture **ne** veut **plus** démarrer.*

• Les termes négatifs comme *aucun, jamais, nulle part, personne, rien* peuvent occuper des positions disjointes du verbe :

– *personne, rien, aucun* + nom, *nul* occupent les différentes positions du groupe nominal. Ils peuvent précéder le verbe, quand ils exercent la fonction de sujet : ***Personne** n'est venu* / ***Rien** ne l'intéresse*. ***Nul** n'est censé ignorer la loi*. Ils peuvent néanmoins être séparés de *ne* par un complément circonstanciel : ***Personne**, à ma connaissance, n'est venu* ;

– *jamais* et *nulle part* peuvent figurer en tête de phrase : ***Jamais** Paris ne lui avait semblé si beau* (Flaubert) – *Et je dis :* « ***Nulle part** le bonheur ne m'attend* » (Lamartine).

▶ Chacun des éléments négatifs peut s'employer seul. *Ne*, souvent omis à l'oral, perd de son importance en français moderne, mais il se rencontre encore seul, comme dans l'ancienne langue (**5.2.4.2.**). Les termes négatifs associés à *ne (aucun, rien, pas, personne, jamais, plus,...)* s'emploient souvent seuls, et pas uniquement à l'oral. Comme *non*, ils peuvent jouer le rôle de mots-phrases, quand ils font l'économie du reste de la phrase, déjà actualisée dans une question ou, plus généralement, dans le discours antérieur, voire dans la situation : *Qu'est-ce que tu as aux mains ? – **Rien*** (G. Bécaud).

Histoire. — Le terme négatif *ne*, employé à l'origine seul comme le *non* latin, a été très tôt renforcé par des noms qui désignaient une petite quantité ou une chose insignifiante : *bouton, denier, goutte, mie* (= miette), *pas, point,* etc. Les quatre termes les plus fréquents *(goutte, mie, pas, point)* se sont chargés d'une valeur négative et ont perdu leur sens originel. *Pas* et *point,* conservés dans l'usage moderne,

sont devenus des mots négatifs à part entière, en relation d'homonymie avec les noms correspondants. Le rôle des termes associés dans la négation est donc renversé : alors qu'en ancien français, *ne* se suffisait à lui-même et portait l'essentiel de la valeur négative, il est souvent effacé aujourd'hui à l'oral, qui se contente de l'autre terme, pourvu d'une pleine valeur négative.
L'origine nominale de *pas* et *point* explique leur construction avec la préposition *de* suivie d'un nom massif (**VII : 3.3.**) : *Il n'a pas / point de pain* suit le même schéma que *une livre de pain* ; les autres termes négatifs ont été suivis par un *de* analogique (*Il n'a jamais de pain*).

5.2. Emploi des mots négatifs

5.2.1. *Non*

▶ **Mot-phrase**

• *Non* peut, à lui seul, exprimer la négation d'une phrase entière, par opposition à *oui* ou *si*, notamment dans la réponse à une question :

> MARIA. – *Ayez pitié et consentez à m'aider !* – LE VIEUX. – *Non !* (A. Camus, *Le malentendu*)

Il s'emploie seul et peut éventuellement être renforcé par un adverbe comme *certainement, surement, vraiment* ou par *mais, ma foi, ah ça !*

• *Non* peut aussi s'insérer dans une phrase pour servir de renforcement. Il peut remplacer *n'est-ce pas* en fin de phrase : *Cette pièce est géniale, non* ? Placé en début de phrase, il peut annoncer et renforcer une phrase négative : *Non, je ne flatte point* (Molière) – *Non, rien de rien, non je ne regrette rien* (M. Vaucaire chanté par É. Piaf).

• Il s'emploie autonymiquement en fonction de complément d'objet direct : *Elle m'a dit non*. Il peut aussi remplacer une subordonnée complétive : *Je dis que non*. Dans ce cas, il constitue généralement la reprise négative globale d'une proposition antérieure.

▶ *Non* peut porter sur une partie d'une proposition, où il oppose deux constituants présentés comme antithétiques. Il figure alors devant le second terme, précédé ou non de *et* : *C'est un cheval, (et) non un âne – Je prendrai le bus, (et) non ma voiture – Le participe passé employé avec le verbe* avoir *s'accorde avec l'objet direct et non avec le sujet – Je ne lui parlerai que de mon amour et non de mes chagrins* (Laclos). La négation porte sur un groupe nominal ou prépositionnel, un pronom, un adjectif, un déterminant, un adverbe, qu'elle oppose à un autre élément de même fonction. Comme les deux structures mises en rapport sont parallèles, *non* représente les éléments identiques effacés dans le second terme. Quand celui-ci est bref, *non* peut le suivre : *Christine aime les poneys, Philippe non.* Dans cette phrase, *non* remplace tout le groupe verbal nié *(n'aime pas les poneys).*

L'ordre inverse se rencontre également. *Non*, qui peut être renforcé par *pas* (ou *point*), figure dans le premier terme, qui s'oppose au second terme introduit par *mais* : *Le participe passé employé avec le verbe* avoir *s'accorde* **non** *(pas) avec le sujet,* **mais** *avec l'objet – Des doutes me sont venus sur ma raison,* **non point** *des doutes vagues comme j'en avais jusqu'ici,* **mais** *des doutes précis, absolus* (Maupassant).

Dans ces emplois, *non* subit la concurrence de *pas*, plus familier : *Il a traversé le Pacifique à la rame, (et) pas à la voile.*

▶ *Non* peut aussi jouer le rôle d'un élément de composition négatif, en particulier devant un substantif : *un non-lieu, la non-violence, la non-personne*. Il est concurrencé par *pas* devant un adjectif. Cet emploi de *pas*, non lexicalisé, est senti comme familier : *une mésaventure pas drôle.*

▶ Associé à certains termes, *non* forme diverses locutions :

> • *Non* est associé à *plus* pour reprendre des éléments d'une proposition négative (par opposition au positif *aussi*) : *Vous ne le voulez pas, ni moi* **non plus** (Littré). – *Tu ne vois rien venir ? – Non. – Moi* **non plus** (Beckett). *Non plus* peut aussi jouer le rôle d'un marqueur argumentatif (équivalent négatif de *aussi*) dans une phrase négative : *Elle* **non plus** *ne me regarde pas* (Gide).
>
> • *Non seulement*, employé en corrélation avec *mais, mais aussi, mais encore*, sert à opposer, suivant une gradation, deux termes de même structure (phrase ou syntagme) : **Non seulement** *il fume,* **mais encore** *il boit.*

5.2.2. *Pas* et *point* constituent les deux expressions principales de la négation totale. Ces deux termes étaient relativement différenciés en français classique, où *point* était d'un emploi assez courant. Ils pouvaient marquer des nuances de sens différentes : ainsi, on préférait employer *point* dans une phrase interrogative impliquant le doute : *N'est-il point là ?* (Molière). Cette valeur apparaît nettement dans une phrase au conditionnel : *Ne serait-ce point le livre que vous cherchez ?* Dans l'usage actuel, *point* joue, par rapport à *pas*, le rôle d'une variante ayant une coloration archaïque ou littéraire, voire régionale : *Vous n'y êtes point.*

▶ *Pas*, comme *point*, s'emploie surtout en corrélation avec *ne*, pour indiquer une négation totale : *Tu ne sais même pas doser un mandarin-citron-curaçao. Tu n'en fais pas deux pareils !* (Pagnol) – *Vous n'irez point guetter les volets de Cécile* (Robbe-Grillet).

▶ *Pas* et *point* s'emploient aussi sans *ne* :
• *Pas* et *point* employés sans *ne* concurrencent *non* (**5.2.1.**). C'est le cas notamment dans les réponses. Mais, à la différence de *non* et de *point*, *pas* ne peut pas s'employer seul. Il doit être complété par un terme de renforcement *(Absolument pas, sûrement pas, pas du tout / le moins du monde)*, par un adverbe de quantité *(pas beaucoup, pas trop,..)*, ou par un terme renvoyant à la situation spatio-temporelle *(pas encore, pas ici)* :

– *Est-ce que je vous dérange ? – Non.* / **Pas du tout.**
– *C'est donc Mlle de Retz ? –* **Point du tout**, *vous êtes bien provinciale.* (Mme de Sévigné)
– *Monsieur, je suis bien assis comme cela. –* **Point, point**, *je veux que vous soyez assis contre moi.* (Molière)

• *Pas* et *point* peuvent aussi porter sur un terme particulier. Dans une phrase non verbale, *pas* et *point* servent à nier l'élément qu'ils précèdent. Ils se rencontrent souvent dans une réponse, où les éléments figurant dans la question ne sont pas repris.

Ils peuvent s'employer devant :

– un nom (relié ou non par *de*) : *Pas de chance ! Pas d'histoires ! Pas la moindre idée.*

- un adjectif : *Pas fameux* ;
- un pronom : *Pas lui.* Quand le pronom correspond au sujet d'une phrase antérieure, *pas* le suit : *As-tu aimé ce livre ? Moi pas.* Mais l'ordre inverse se rencontre aussi *(Pas moi).* *Pas* remplace ici *non*, avec ellipse du reste de la phrase ;
- un adverbe : *Pas aujourd'hui.* L'expression *Pourquoi pas* ? remplace l'expression plus classique *Pourquoi non* ?

Pas et *point* peuvent s'employer aussi devant un nom dans une phrase non verbale qui ne constitue pas la réponse à une question, mais nie l'existence du référent nominal : *Point d'argent, point de Suisse. – Pas de panique !– Point de soldats au port, point aux murs de la ville* (Corneille).

5.2.3. *Guère* et *plus*

Ces adverbes constituent des variantes aspectuelles de *pas* et de *point*.

▶ **Guère** indique une quantité très minime (« pas beaucoup ») : *Olive n'aime guère les épinards.* La proposition n'est pas totalement niée, mais l'orientation argumentative de *guère* conduit vers la négation totale. *Guère* est ainsi apte à la litote, quand il s'agit de dire le moins pour faire comprendre le plus (dans notre exemple, « Olive n'aime pas du tout les épinards »). Quand *guère* indique une fréquence temporelle faible, il s'oppose à un terme positif comme *souvent* : *Il ne sort* ***guère****.*

Guère peut porter sur le prédicat verbal *(Elle ne les aime* ***guère****)*, sur un adjectif *(Il n'est* ***guère*** *sage)* ou sur un comparatif *(Il ne va* ***guère*** *mieux).* À la façon d'un déterminant composé, il peut aussi introduire un nom auquel il est relié par *de : Il n'a* ***guère*** *d'argent.*

▶ **Plus** indique la rupture d'une continuité temporelle. Il découpe la succession temporelle en distinguant un avant et un après : *Elle ne vient plus* (vs *elle venait avant*). Il donne à l'avant un statut de présupposé : *Il ne fume plus*, tout comme *Il a cessé de fumer*, présuppose « Il fumait auparavant ». L'après peut être explicitement situé dans l'avenir : *Franck n'achètera* ***plus****, à l'avenir, de vieux matériel militaire* (Robbe-Grillet). La distribution syntaxique de *plus* est semblable à celle de *guère* : *Le soleil des vivants n'échauffe **plus** les morts* (Lamartine) – *Elle n'est plus seule* – *Je ne te vois **plus** bien* (Sartre).

Plus s'emploie sans *ne* dans une phrase nominale pour nier l'existence du référent, avérée antérieurement : ***Plus** d'écritures ! **plus** de chefs ! **plus** même de terme à payer !* (Flaubert).

Remarque. — *Plus* négatif se prononce [ply].

5.2.4. *Le fonctionnement de* ne

5.2.4.1. *Ne* s'emploie, en français moderne, en corrélation avec un autre élément négatif. *Ne* constitue la première partie de la négation et se place, selon le cas (**5.1.3.**), avant le verbe simple, l'auxiliaire ou le(s) pronom(s) conjoint(s). L'autre élément adverbial *(pas, plus, jamais,* etc.) se place après le verbe ou l'auxiliaire. Les deux éléments restent aujourd'hui soudés devant un infinitif (sauf cas particulier : **5.1.3.**) : *Je crains de ne jamais / plus comprendre.*

Dans l'usage oral actuel, *ne* peut être effacé (**I : 3.4.**). L'autre élément constitue alors la seule marque de la négation : *Je veux pas venir.* Quand ils mettent dans leurs écrits des traits d'oralité, certains écrivains omettent parfois *ne* : *On l'aimait pas assez telle qu'elle était* (Céline).

5.2.4.2. *Ne* peut cependant s'employer seul pour marquer la négation. Il concurrence alors la forme complète *ne... pas,* qui peut toujours être rétablie, sauf dans les expressions figées. Cet usage, plutôt recherché, qui constitue une survivance historique, s'observe surtout dans la langue écrite et dans des structures précises :

• Après certains verbes d'aspect ou de modalité suivis d'un infinitif (*cesser, oser, pouvoir, savoir*) : *Je ne saurais dire* – *Je ne puis (peux) répondre à cette question* – *Je n'ose le dire* – *Elle ne cesse d'y penser* – *Fabrice ne put retenir sa curiosité* (Stendhal).

• Après un *si* hypothétique : *Si je ne me trompe* – *Si je n'avais peur de venir,...* – *Si le grain ne meurt* (Gide) – *Si ce n'est toi, c'est donc ton frère* (La Fontaine) – *Le sucre serait trop cher si l'on ne faisait travailler la plante qui le produit par des esclaves* (Montesquieu).

XIV – Les types de phrases 709

Remarque. — La locution *n'était, n'eût été*, etc. représente une variante recherchée de *si ce n'était, si ce n'eût été*, etc. Comme une locution prépositive, elle est suivie d'un groupe nominal : *N'était la neige, on se serait cru au printemps.* – *N'était l'orage qui menace, nous sortirions* (exemple de Dubois : 1967 : 139).

- Après *qui* ou *quel* dans une interrogation oratoire : *Qui ne court la campagne ?* (La Fontaine) – *Qui n'en conviendrait ?*
- Après *que* interrogatif ou exclamatif employé au sens de *pourquoi* : *Que ne le disiez-vous plus tôt ?*
- Dans une proposition subordonnée relative ou consécutive, après une principale interrogative ou négative : *Il n'y a personne qui ne sache cela* – *Y a-t-il quelqu'un dont il ne médise ?* (Académie).
- Dans une expression de temps indiquant le temps écoulé, introduite par *voilà* ou *il y a* associés à *que*, ou dans une subordonnée introduite par *depuis que* : *Voilà / Il y a trois mois que je ne l'ai vu* – *Il s'est écoulé beaucoup de temps depuis que je ne t'ai rencontré.*
- Dans des locutions ou des expressions proverbiales : *Qu'à cela ne tienne. Il n'empêche... Je n'ai cure... Il n'a garde... Je n'ai que faire... N'importe...*

5.2.4.3. *Ne* « **explétif** » n'a pas de valeur proprement négative. Son emploi, toujours facultatif, indique un niveau de langue recherché. Il s'emploie dans certaines propositions subordonnées, mais jamais devant un infinitif : **Je crains de ne venir.* Il s'oppose, pour le sens, à la négation exprimée par *ne... pas* : dans *Je crains qu'il ne vienne*, la subordonnée a un sens positif, par opposition à *Je crains qu'il ne vienne pas*, où la subordonnée a un sens négatif. Cette valeur « explétive » se rencontre dans quelques subordonnées :

▶ **Complétives** compléments d'objet d'un verbe exprimant la crainte (*craindre*), l'empêchement ou la défense (*empêcher, éviter, prendre garde*, etc.) : *Elle craint / évite / empêche qu'il ne vienne.* Il en va de même après les verbes de doute ou de négation (*douter, nier*, etc.) employés dans une phrase négative ou interrogative : *Je ne doute pas qu'il ne vienne bientôt* (Académie). Le procès de la complétive est exprimé certes positivement, mais sa réalisation est envisagée négativement par le locuteur.

▶ **Circonstancielles** introduites par *avant que, à moins que, de peur que* : *Il part avant que le soleil ne se lève* — *Avant qu'il ne soit trop tard, je veux savoir à qui je pourrais m'adresser* (Gide) — *Il n'en fera rien, à moins que vous ne lui parliez* (Académie). Ces propositions introduisent un événement qui est envisagé négativement parce qu'il n'est pas (encore) réalisé.

Remarque. — L'emploi de *ne* après *sans que* est critiqué, car *sans* est négatif par lui-même. L'usage soigné l'évite généralement, mais certains contextes négatifs favorisent ce cumul : *Je ne pouvais faire un mouvement sans qu'ils n'en fussent avertis* (Chateaubriand).

▶ **Comparaisons d'inégalité** : Dans une proposition introduite par *que* et associée à un terme marquant l'inégalité (*autre, plus, moins, plutôt,...*), on emploie *ne* si la principale est positive : *Il est autre que je ne croyais* (Académie). *Il agit autrement qu'il ne parle* (Académie). *Il est moins fort que tu ne le crois. Elle est plus intelligente qu'elle ne le paraît.* Dans ce cas, l'opinion ou l'état de choses exprimés dans la subordonnée introduite par *que* se trouvent négativisés par rapport à la vérité affirmée dans la principale, comme peut le montrer une paraphrase : *Elle est plus grande que je ne le pensais* équivaut à « Je ne pensais pas qu'elle fût aussi grande ».

5.2.5. *Les termes de la négation partielle* appartiennent à trois catégories grammaticales :

▶ **Adverbes**

• *Jamais* et *nulle part* (locution adverbiale) spécifient la partie de l'énoncé visée par la négation ; le premier situe la négation dans l'ordre temporel, le second dans l'espace :
• *Jamais* étend la portée de la négation à la totalité d'un intervalle temporel, plus ou moins vaste : *Il ne rit jamais* — *N'avoue jamais* (G. Mardel).
• *Nulle part* est le contraire de *partout* : *Je ne trouve ce livre nulle part.*

▶ **Pronoms et déterminants indéfinis**

• Pronoms : *personne, nul, rien* (**VII** : 5.3.) : *Je ne demande **rien** à l'immense univers* (Lamartine).

- Déterminants : *aucun, nul* (**VII : 2.4.5.**) : ***Aucun** souffle n'agitait l'air, **aucun** oiseau ne le traversait* (Benjamin Constant).

Ces termes négatifs servent à constituer un groupe nominal. Ils indiquent qu'il n'y a pas d'occurrence de l'ensemble référentiel pertinent qui vérifie le prédicat ; cet ensemble référentiel peut être discursivement d'extension variable, le groupe nominal dénotant, par défaut, l'ensemble des humains (*Personne n'est parfait*) ou l'ensemble des choses (exemple de Lamartine ci-dessus), ou bien renvoyant à un ensemble particulier établi par le contexte ou la situation (*Personne n'a bronché. Je n'ai rien entendu*). Leur fonctionnement nominal permet à ces termes une variété de positions plus grande que celle des adverbes précédents. Les groupes nominaux peuvent en particulier figurer avant le verbe en position de sujet : *Personne n'est venu. – Rien ne le trouble.*

Ils s'emploient le plus souvent avec *ne*, mais on les rencontre aussi seuls, notamment dans une phrase nominale : ***Rien** à déclarer ? – **Personne** en vue – **Rien** de tragique comme le fourmillement d'une foule foudroyée* (Hugo).

Remarque. — Les termes de la négation partielle ont à l'origine un sens positif, qu'ils ont perdu au contact de *ne*. Ils gardent une valeur positive indéterminée :
– dans des phrases interrogatives : *Est-il rien (= quelque chose) de si beau ? – Y a-t-il personne d'assez hardi ?* (Académie) ;
– dans des propositions conditionnelles introduites par *si* : *Si jamais je t'attrape...* (= un jour) ;
– dans des structures comparatives : *Il le sait mieux que personne (= quiconque)* ;
– dans des locutions comme *à (tout) jamais, pour jamais* (= « pour toujours ») : *Toi que j'aime à jamais* (Eluard) – *Je n'écoute plus rien, et pour jamais : adieu* (Racine). Comme les autres mots indéfinis, ces termes sont des variables non saturées représentant des personnes, des objets ou des localisations temporelles. Les contextes hypothétiques, interrogatifs, voire comparatifs, favorisent cette indétermination. Quand ces termes ont un sens négatif, la négation signifie que la valeur assignée à la variable est nulle.

Bibliographie. — R. Martin (1966), *Le mot « rien » et ses concurrents en français*, Klincksieck.

5.2.6. *Que* marque, en association avec *ne*, la négation exceptive (**5.1.2.**). Il permet de nier les éléments complémentaires du paradigme du constituant qu'il introduit. Les règles de placement de *ne... que* sont les mêmes que celles des autres termes négatifs (**5.1.3.**). Mais *ne... que* ne peut pas porter sur un verbe à un mode personnel, à moins d'utiliser comme support le verbe *faire*, suivi de l'infinitif sur lequel porte l'exception : *Elle ne fait que m'embêter.* Faire joue ici son rôle de proforme verbale (**XXIV : 3.5.4.**). On peut aussi employer des structures qui ajoutent leur sens particulier, d'obligation notamment : *Il n'y a qu'à / Il ne reste qu'à / Tu n'as qu'à changer la toiture.*

5.2.7. Négation et coordination

La conjonction de coordination *ni* sert à coordonner des constituants négatifs (**XIX : 2.4.2.**), qui peuvent être des syntagmes (*Les enfants n'ont ni passé ni avenir.* La Bruyère), des propositions entières, des verbes ou des groupes verbaux (*Il ne veut ni ne peut refuser*).

La conjonction *ni* s'emploie surtout à l'écrit. Elle est, dans l'usage moderne, associée à *ne* :

▶ Quand *ni* coordonne deux termes appartenant à la même catégorie, *ni* doit être répété devant chaque terme et le verbe est précédé de *ne* : *Cela ne pouvait être dit ni plus tôt ni plus tard* (Diderot) – *Il n'y aura ni procès ni plaidoirie* (Tournier). Selon leur fonction, les constituants coordonnés par *ni* précèdent (2) ou suivent (1) le verbe :

(1) *Il n'aime **ni** Andromaque **ni** Phèdre.*
(2) ***Ni** les conseils de ses amis **ni** les critiques de ses ennemis ne peuvent le faire changer d'avis.*

Remarque. — Dans l'usage classique ou littéraire, le verbe peut être encadré par *ne... pas / point* : *Je n'ai point exigé ni serments ni promesses* (Boileau). On omet alors généralement *ni* devant le premier terme : *Sa gerbe n'était point avare ni haineuse* (Hugo).

▶ Quand *ni* coordonne deux groupes verbaux, chaque verbe est précédé de *ne* : *Je ne parle ni ne lis le javanais.*

5.2.8. Les auxiliaires de la négation

Divers termes sont utilisés pour renforcer la négation. À force d'être associés comme « satellites de la négation » (D. Gaatone 1971 : 187), certains sont devenus aptes, comme *pas* ou *point*, à jouer seuls le rôle d'un mot négatif.

▶ **Locutions adverbiales**

• *De* suivi d'un complément de durée : *de sitôt, de longtemps (On ne le reverra pas de sitôt / longtemps), de mémoire d'homme (De mémoire d'homme, on n'a jamais vu cela), de la / ma vie (Jamais de la vie).*
• *Du tout, le moins du monde, au monde, pour un sou : Il n'y comprenait rien du tout* (Stendhal). Les locutions *du tout, le moins du monde* complètent obligatoirement *pas* dans une réponse ferme, qui concurrence *non : Est-ce que je vous dérange ? – Pas du tout / le moins du monde. Du tout* peut s'employer seul dans une réponse négative.
• *Si / tant / tellement que cela (ça) : Pas si méchant que ça* (film de C. Goretta). La négation se combine ici avec un système comparatif.

▶ **Locutions pronominales**

• *Grand chose, grand monde : Je n'y comprends pas grand chose.*
• *Âme qui vive, qui que ce soit, quoi que ce soit : Je n'ai pas rencontré âme qui vive.*

Ces locutions suppléent *personne* ou *rien*, dont elles constituent des variantes analytiques (plusieurs termes) et, pour certaines, figurées (plus ou moins imagées).

5.2.9. *Négation cumulée*

Le cumul des négations peut correspondre à une affirmation, atténuée (1) ou renforcée (2-3), les deux négations syntaxique et / ou lexicale s'annulant :

(1) *Je ne dis pas non* (= « j'accepte »).
(2) *Vous n'êtes pas sans savoir que Vaugelas est un grammairien du XVIIe siècle* (= « vous savez »).
(3) *Les ONG n'ont pas manqué de protester.*

Suivant ce principe de la **double négation**, Bélise reproche à Martine, dans les *Femmes savantes* (II, 6), d'avoir associé *pas* et *rien* : *De **pas** mis avec **rien** tu fais la récidive, / Et c'est, comme on t'a dit, trop d'une négative.* Mais à cette époque, malgré Vaugelas, les écrivains associaient encore *pas* et *rien* (au sens positif de « quelque chose ») : *On ne veut pas rien faire ici qui vous déplaise* (Racine).

Il n'est plus possible aujourd'hui d'employer avec *pas* les pronoms négatifs *personne* et *rien* ou la conjonction *ni*. L'expression *ce n'est pas rien* a d'ailleurs un sens positif (« c'est quelque chose »). Mais, quand on veut préciser diverses modalités, temporelles ou autres, on peut toujours mettre ensemble deux (voire trois) termes de la négation partielle, comme *personne, rien, plus, jamais*, tout en gardant à la phrase un sens négatif. Les deux termes négatifs ayant un champ différent se renforcent mutuellement, en combinant leurs sens spécifiques : *Elle ne voit **jamais** **personne**. Elle ne voit **plus personne**. Il ne dit **jamais rien**. Il ne dit **plus** rien. Elle ne reviendra **plus jamais**. Je n'ai **jamais** parlé de **rien** à **personne**.*

Ce cumul est bien attesté chez les écrivains : ***Rien** n'a **jamais** égalé la fermeté de son âme* (Bossuet) – *La mère des novices n'avait **jamais** vu dans **aucune** de ses élèves de vocation mieux caractérisée* (Diderot) – *Je préférerais rester et ne **plus jamais rien** sentir...* (Giraudoux).

Ces termes peuvent également être associés à *ni* : *On ne voyait plus ni le lac, ni la montagne.*

5.3. Négation, quantification et modalisation

5.3.1. *Négation et quantification*

L'interaction de la négation avec les quantificateurs ne va pas sans poser de délicats problèmes d'interprétation. Certes, ces constructions constituent toujours la négation globale de la phrase positive correspondante : *Plusieurs / Cinq / Toutes les flèches n'ont pas atteint la cible* implique que *Plusieurs / Cinq / Toutes les flèches ont atteint la cible* est faux. Mais l'ordre relatif des quantificateurs et de la négation induit des lectures préférentielles liées à la portée de la négation. Le principe général est que :

▶ Le quantificateur reste hors de portée de la négation quand il la précède (donc lorsqu'il figure p. ex. dans le groupe nominal sujet antéposé au verbe). La négation voit alors sa portée réduite au groupe verbal (négation du prédicat) : *Plusieurs / Cinq flèches n'ont pas atteint* [= ont non-atteint = ont raté] *la cible*.

Cependant, *tout* figurant dans un GN sujet fait généralement exception à la règle, car la négation s'interprète en ce cas comme portant sur l'ensemble de la phrase, ce qui équivaut logiquement à la négation de son quantificateur. En effet, la phrase *Tous les étudiants n'ont pas lu les textes au programme* ne signifie pas que « Tous les étudiants ont omis de lire [= ont non-lu] les textes au programme », mais que « Pas tous [négation du quantificateur] les étudiants ont lu les textes au programme ». Pourtant la lecture la plus naturelle d'une phrase comme *Toutes vos menaces ne m'impressionnent pas* est bien celle où ce n'est pas le quantificateur mais le prédicat qui est nié (*ne pas impressionner = laisser indifférent*). Sur ce point on se reportera à l'étude de H. Nølke (1994).

▶ Le quantificateur est dans la portée de la négation (et donc nié) s'il la suit, et en particulier s'il fait partie d'un groupe nominal qui suit le verbe. La phrase *René n'aime pas tous les livres de Marguerite Duras* ne signifie pas que René déteste tous les livres de M. D., mais nie que le prédicat verbal concerne l'ensemble de ces livres. La négation de la totalité laisse ainsi ouvertes d'autres possibilités (« Il en aime certains / plusieurs / quelques uns / ... »).

Remarque. — Cette différence de portée de la négation selon la place du quantificateur explique que le sens d'une phrase passive ne soit pas nécessairement identique à celui de la phrase active correspondante (**7.1.**). La phrase active *Dix flèches n'ont pas atteint la cible*, où le prédicat est nié, n'a qu'une interprétation : Il y a dix flèches qui ont raté [= non-atteint] la cible. La version passive *La cible n'a pas été atteinte par dix flèches* admet les deux interprétations :
(a) Il n'y a pas dix flèches qui ont atteint la cible (négation du quantificateur).
(b) Il y a dix flèches qui n'ont pas atteint la cible (négation du prédicat).

Bibliographie. — H. Nølke (1994), «Tous les Français ne boivent pas du vin». Réflexions sur le rapport entre la négation et le quantificateur *tout, Neophilologus*, 10.

5.3.2. *Négation et verbes modaux*

Les verbes modaux exprimant la possibilité, l'obligation ou la permission sont différemment affectés par la négation selon la place occupée par les termes négatifs. Quand ceux-ci encadrent le verbe modal, la négation porte sur celui-ci et inverse sa valeur : *Vous ne pouvez pas répondre à cette lettre* exprime l'impossibilité du procès. Quand les deux termes négatifs figurent en bloc devant l'infinitif, la négation, qui porte sur le verbe à l'infinitif, n'affecte pas la valeur du verbe modal : *Vous pouvez ne pas répondre à cette lettre* dénote simplement la possibilité d'un procès négatif.

Cette variation de la portée de la négation suivant sa place concerne aussi des verbes comme *permettre, obliger* : *Vous n'êtes pas obligé de répondre* transforme l'obligation en possibilité (= « Vous pouvez ne pas répondre »), alors que dans *Vous êtes obligé de ne pas répondre*, la négation n'affecte pas l'obligation (= « Vous êtes dans l'obligation de ne pas répondre »).

5.4. Négation descriptive et négation polémique

On peut distinguer deux sortes de négations :

▶ Une **négation descriptive**, qui porte seulement sur le contenu de l'énoncé, représente l'assertion négative d'un état de fait dont elle déclare la fausseté. L'événement ou l'état dénotés sont simplement rejetés comme contraires à la réalité. *Pierre n'est pas venu* marque la fausseté d'une information, la venue de Pierre.

Remarque. — Il existe aussi des énoncés négatifs qui véhiculent pragmatiquement une information positive. La rhétorique parle de litote (**XXIII : 4.1.**) quand, « au lieu d'affirmer positivement une chose, [on] nie absolument la chose contraire » (P. Fontanier 1968 : 133), comme Chimène déclarant, pour avouer son amour à Rodrigue : *Va, je ne te hais point*. On peut aussi asserter négativement une réalité conçue positivement, comme dans les réponses suivantes : *Comment réagit le suspect ? – Il n'a pas parlé* (= « *Il reste muet* »). *Dans quel état est la victime ? – Elle ne bouge pas.*

▶ Une **négation polémique**, qui affecte la relation entre les interlocuteurs. Le locuteur s'oppose à une affirmation d'autrui, qu'il vise à réfuter. Il reprend dans son discours une affirmation qu'il attribue à autrui, que celui-ci l'ait formulée ou non, pour la nier. Dans *Je ne suis pas passé au feu rouge* ou *Je n'ai pas oublié la chanson que tu me chantais*, le locuteur superpose à l'affirmation d'autrui sa propre négation. Cette négation inclut la **négation métalinguistique**, qui porte sur le choix du mot approprié : *Cet enfant ne mange pas, il engloutit.* V. Hugo en fait un usage paradoxal de prime abord : *Ne dites pas mourir ; dites : naitre.* Il entend que *mourir* est un mot impropre, car il considère la mort comme une (re)naissance.

La négation polémique illustre le phénomène très général de la reprise du discours d'autrui par un locuteur dans son propre discours. Par la négation polémique, le locuteur s'oppose à un autre locuteur qu'il met en scène dans son discours, pour le contester d'autant mieux en reprenant ses propos. Au début de la pièce de Giraudoux, Andromaque reprend à la forme négative la phrase positive de Cassandre en déclarant : *La guerre de Troie n'aura pas lieu, Cassandre.* Celle-ci enchaine en reprenant telles quelles les phrases négatives d'Andromaque pour les contester : *Paris ne tient plus à Hélène ! Hélène ne tient plus à Paris ! Tu as vu le destin s'intéresser à des phrases négatives ?*

Bibliographie. — O. Ducrot (1984), *Le dire et le dit*, VII, *Esquisse d'une théorie polyphonique.*

Tout énoncé négatif peut ainsi recevoir au moins deux interprétations : la simple négation du contenu ou la réfutation de l'affirmation d'autrui. C'est le contexte linguistique ou la situation qui permettent de choisir l'interprétation adéquate, en fonction d'inférences sémantiques ou pragmatiques. Un énoncé négatif comme *Le facteur n'est pas encore passé* peut être purement informatif ou servir à réfuter l'affirmation d'autrui. Donnant la primauté à la dimension interlocutoire, on considère que la valeur première de la négation est polémique ; si cette valeur n'est pas actualisée, c'est l'interprétation descriptive qui s'impose. Dans certains cas, il est difficile de distinguer les deux valeurs de la négation et de choisir l'interprétation adéquate. C. Muller (1991 : 47), qui présente une excellente typologie des énoncés négatifs, donne l'exemple du tableau célèbre de Magritte représentant un pipe sous le titre « Ceci n'est pas une pipe ». L'interprétation descriptive « c'est une peinture » est construite par inférences à partir de l'interprétation polémique du rejet de l'affirmation.

Bibliographie. — J. Dubois (1967), V, *Transformation négative* : 132-174 – D. Gaatone (1971), *Etude descriptive du système de la négation en français contemporain*, Genève, Droz – R. Martin (1976), *Inférence, antonymie et paraphrase, III*, Klincksieck – *Langue française* (1984), 62, La négation (en part. P. Attal, Deux niveaux de négation : 4-11) – B. Callebaut (1991), *La négation en français contemporain. Une analyse pragmatique et discursive*, Brussel – C. Muller (1991) – *Langue française* (1992), 94, Les négations – *LINX*, 1993, numéro spécial, La négation – J. Moeschler (1996), ch. VI. *Pragmatique de la négation (1)* : 107-126 – S. Palma (éd.) (2006), *Langages*, 162, *Polarité, négation et scalarité*.

6. L'EMPHASE : DISLOCATION ET EXTRACTION

On regroupe, sous le nom d'emphase, tous les procédés d'insistance et de mise en relief. Ce terme, issu de la rhétorique, a pris en français un sens courant péjoratif (« exagération, grandiloquence ») ; il a reçu le sens spécialisé employé ici sous l'influence de l'anglais *emphasis*, « accentuation, insistance ».

Pour mettre en relief un constituant de la phrase, le français dispose des trois moyens formels suivants :

▶ **L'accent d'insistance** (II : 3.4.) est placé par le locuteur sur le terme qu'il veut mettre en valeur, par contraste avec le reste de la phrase. À partir de *Louis Jouvet a créé les pièces de Giraudoux*, l'accent d'insistance peut mettre en valeur le sujet, le verbe, le nom-tête du complément d'objet ou le complément du nom :

- ***Louis Jouvet*** *a créé les pièces de Giraudoux.*
- *Louis Jouvet **a créé** les pièces de Giraudoux.*
- *Louis Jouvet a créé **les pièces** de Giraudoux.*
- *Louis Jouvet a créé les pièces de **Giraudoux**.*

Cette accentuation d'un terme l'oppose à d'autres possibles, évoquant des référents différents. On peut expliciter cette opposition : ***Louis Jouvet** a créé les pièces de Giraudoux, et non pas Charles Dullin*. Plus généralement, cette accentuation peut porter sur toute unité fonctionnelle de la phrase (épithète, complément circonstanciel,...) : *Pourquoi as-tu mis une cravate **rouge** ?*

▶ **La dislocation** de la phrase : un constituant est détaché en tête ou en fin de phrase et repris ou annoncé par un pronom : ***Les pièces de Giraudoux**, Louis Jouvet **les** a créées – Louis Jouvet **les** a créées, **les pièces de Giraudoux**.*

▶ **L'extraction** d'un constituant, encadré en tête de phrase par *c'est... qui / que* : ***C'est** Louis Jouvet **qui** a créé les pièces de Giraudoux – **Ce sont** les pièces de Giraudoux **que** Louis Jouvet a créées*.

Ces procédés sont très employés à l'oral. Le premier s'y prête par sa nature prosodique même ; il peut être reproduit à l'écrit par le choix des caractères (**gras** dans nos exemples). Les deux autres, qui mettent en jeu la syntaxe de la phrase, sont également très utilisés à l'oral, favorisés par la mise en situation et par la recherche de l'expressivité (I : 3.4.). Sur le plan sémantique, ils introduisent des modifications dans la répartition des constituants en thème et propos (**XXIV : 2.**).

6.1. La dislocation de la phrase

La phrase canonique est disloquée, ou segmentée, par suite du détachement d'un constituant hors du cadre de la phrase, à gauche ou à droite. L'élément ainsi détaché reçoit un accent d'insistance et se trouve séparé du reste de la phrase par une pause, qui est marquée à l'écrit par la virgule. La courbe intonative déclarative monte jusqu'à la pause, puis redescend. Cependant, la pause n'est pas toujours nettement marquée quand le constituant est détaché en fin de phrase, surtout quand il s'agit d'un infinitif ou d'une complétive (**6.1.2.**).

Le constituant détaché est repris ou annoncé par un pronom personnel ou démonstratif, qui reprend éventuellement ses déterminations morphologiques et lui confère une fonction dans le cadre de la phrase proprement dite. La dislocation se traduit donc par un dédoublement, que la tradition expliquait en traitant le constituant détaché comme une apposition :

(1) *Ces montagnes, je les trouve sublimes.*
(2) *Je les trouve sublimes, ces montagnes.*

Sur le plan communicatif, le constituant détaché en prolepse (disloqué à gauche) ou en rappel (disloqué à droite) occupe la place du thème, le reste de la phrase formant le propos. Dans ces deux exemples, la dislocation permet de prendre comme thème de la phrase un autre élément que le sujet grammatical, en l'occurrence le complément d'objet direct.

Mais le déplacement en début ou en fin de phrase n'a pas le même effet communicatif. Le détachement en tête de phrase (1) permet au constituant autre que le sujet de devenir le thème de la phrase. Quand le constituant est déplacé en fin de phrase (2), le thème se trouve retardé : « ce n'est pas un support informatif, mais un report informatif » (Touratier 2000 : 170) ; comme le pronom a besoin du groupe nominal pour prendre sa valeur référentielle, il confère au groupe qu'il annonce, détaché en fin de phrase, une certaine importance.

Si c'est le groupe nominal sujet qui est détaché en tête de phrase (3), le changement se limite à une insistance marquée, puisque le sujet est *a priori* le thème de la phrase canonique. S'il est placé en fin de phrase (4), l'annonce pronominale contribue à le mettre en relief :

(3) *Ces montagnes, elles sont magnifiques.*
(4) *Elles sont magnifiques, ces montagnes.*

La dislocation de la phrase prend plusieurs formes, selon la nature du constituant détaché et le pronom utilisé.

6.1.1. *Détachement d'un groupe nominal*

▶ Un groupe nominal défini, détaché en tête ou en fin de phrase, est repris ou annoncé par un **pronom personnel** qui peut exercer toutes les fonctions primaires, y compris celle d'attribut ou de complément du nom :

- sujet : ***Ces montagnes****, elles sont magnifiques – Il en rougit,* ***le traître*** (Théophile de Viau, *Pyrame et Thisbé*) *– Ils sont fous,* ***ces Romains*** ! (Goscinny) ;
- complément d'objet direct : ***Ce livre****, je le trouve passionnant –* ***Des ognons****, elle en achète souvent – Tu vas l'écouter,* ***ta conscience****, dans les petits matins qui se préparent* (Giraudoux) ;
- complément d'objet indirect ou second : ***Les vacances****, l'écolier en rêve. – Qu'allait-on en faire,* ***de cet homme*** *?* (Hugo) *– J'avais peu à peu perdu la mauvaise habitude de leur promettre la santé* ***à mes malades*** (Céline).

De la même façon, un pronom personnel clitique peut reprendre un pronom personnel tonique (disjoint) détaché : ***Moi****, je veux tout, tout de suite...* (Anouilh) *–* ***Toi****, je ne veux plus te voir –* ***Lui****, je ne l'ai jamais rencontré.*

Le détachement peut affecter plus d'un constituant en même temps, notamment le sujet et l'objet : ***Pierre, cette fille****, il ne l'avait jamais vue –* ***Moi, ma femme, ses robes****, elles me coutent une fortune.* La reprise pronominale des éléments détachés permet de conserver l'ordre canonique de la phrase et c'est le premier constituant détaché (*Pierre ; Moi*) qui est le support ou thème principal de la phrase.

Un groupe complément circonstanciel, en raison de sa mobilité, n'a pas besoin d'être associé à un pronom pour être détaché. Mais il n'en est pas moins séparé du reste de la phrase par une pause : *Dans les Alpes, on peut pratiquer le ski toute l'année.*

Remarque. — Seuls les compléments circonstanciels de lieu peuvent être repris par *y*, un usage fréquent à l'oral mais condamné par la norme prescriptive : *Dans les Vosges, on y trouve des fermes-auberges.*

Dans certaines phrases orales, un constituant peut être aussi détaché en tête de phrase sans être repris par un pronom : *L'or, j'aime. – La musique rock, j'adore. – Ce type-là, connais pas.* La juxtaposition obtenue rapproche cette structure des constructions binaires (**9.2.**). Certains considèrent que, dans ce cas, le constituant détaché a plutôt le rôle d'un propos, le reste de la phrase ayant une valeur thématique. Bresson (1995) parle pour l'allemand d'« attaque rhématique » (cité par Touratier 2000 : 169-170).

Remarque. — L'adjectif attribut peut être détaché dans les mêmes conditions que le groupe nominal : *Intelligentes, elles le sont*. Ce détachement peut être renforcé à l'aide de *pour* suivi de *être* : *Pour être retors, il l'est*. Le pronom de reprise est toujours *le* invariable.

▶ Les **pronoms démonstratifs** *cela*, *ça* et *ce* concurrencent le pronom personnel pour reprendre ou annoncer un groupe nominal.

• Le pronom neutre *ce*, souvent interprété génériquement, s'emploie uniquement comme sujet du verbe *être* : *La vitesse, c'est dépassé*. Quand l'attribut est un pronom, la dislocation avec *ce* est obligatoire : *L'État, c'est moi*. Avec un groupe nominal indéfini, on préfère aussi employer *ce* : *Un enfant, c'est précieux et fragile*. La concurrence avec le pronom personnel se rencontre surtout dans le cas du détachement de groupes nominaux définis : *Les enfants, ils sont fatigants / c'est fatigant*. Le pronom personnel individualise le référent, et donne à l'énoncé un sens spécifique : *Le chien, il a encore mordu le facteur*, alors que *ce / ça* donne à l'énoncé une valeur générique : *Le / Un chien, c'est un animal fidèle – C'est propre, la tragédie. C'est reposant, c'est sûr...* (Anouilh) – *C'est fragile, vous savez, les vieilles gens* (N. Sarraute) – *Marius, l'honneur, c'est comme les allumettes : ça ne sert qu'une fois* (Pagnol). En outre, comme il désigne habituellement des référents non classifiés, *ce* « décatégorise » le référent animé. L'adjectif substantivé est aussi détaché avec *ce* : *L'important, c'est la rose* (G. Bécaud).

• Les pronoms *cela* et *ça* peuvent s'employer comme formes renforcées de *ce* : *La lecture, cela (ça) c'est important*. Ils se rencontrent surtout en fonction sujet de verbes autres que le verbe *être*, et dans toutes les autres fonctions : *La lecture, cela (ça) compte – C'est bête, ça me fait froid, **cette machine*** (Zola). Ils s'emploient souvent pour détacher des constituants phrastiques.

6.1.2. Détachement de groupes infinitifs et de propositions subordonnées complétives

Le détachement des infinitifs et des complétives s'effectue dans les mêmes conditions. Il est associé aux pronoms personnels ou démonstratifs, dont la répartition dépend de la fonction syntaxique.

▶ **Détachement des infinitifs et des complétives sujets**

Les complétives et les infinitifs ne s'emploient pas facilement en position de sujet, même si la construction est grammaticalement acceptable. Dans l'usage courant, on préfère avoir recours au détachement, qui semble plus naturel. Seuls les pronoms démonstratifs sont possibles.

• Le pronom *ce* permet le détachement du sujet du verbe *être*, les pronoms *cela* et *ça* servent à détacher le sujet des autres verbes : *Manquer le train, cela (ça) me gêne / c'est gênant – Que Pierre soit tombé, cela amuse Sylvie / c'est grave – Boire un chocolat espagnol, c'est tenir dans sa bouche toute l'Espagne* (Gide).

On peut employer *cela* devant le verbe *être* pour insister sur le sujet, grâce à cette forme composée du démonstratif : *Manquer le train, cela est gênant*. Quand le sujet et l'attribut sont des infinitifs de forme positive, l'emploi de *ce* est obligatoire : *Partir, c'est mourir un peu*. Mais *souffler n'est pas jouer.*

• L'infinitif et la complétive peuvent être détachés :

– en tête de phrase : voir les exemples ci-dessus.
– en fin de phrase : *C'est dommage qu'il ne soit pas venu – C'est impossible de faire ce travail pour demain – Cela amuse Sylvie que Pierre soit tombé – Cela m'ennuie de la savoir malade – Cela serait drôle qu'il lui vînt cette idée* (Musset).

La pause, marquée à l'écrit par la virgule, n'est pas nécessaire. Pour cette raison, la structure de la phrase à verbe *être* ressemble à celle de la phrase impersonnelle (**8.4.**) ; le pronom démonstratif peut alors être remplacé par *il* impersonnel : *Il est dommage qu'il ne soit pas venu.* Les deux tours semblent deux variantes concurrentes de l'impersonnel, comme le montre l'analyse sémantique : dans les deux cas, la distinction thème / propos n'est pas effectuée. Cependant, le détachement avec *ce* manifeste des propriétés différentes de la construction impersonnelle :

– on peut effacer la séquence détachée représentée par *ce* (*C'est dommage*), alors qu'on ne peut pas effacer la séquence impersonnelle (**Il est dommage*) ;
– la séquence détachée représentée par *ce* peut aussi être placée en tête de phrase, ce qui est impossible avec l'impersonnel (**Qu'il ne soit pas venu, il est dommage*).

Bref, le pronom *ce* conserve ses propriétés de substitut (anaphorique ou cataphorique) de la séquence détachée, à la différence du *il* impersonnel. En outre, les deux structures ne correspondent pas aux mêmes niveaux de langue : la construction impersonnelle appartient plutôt au niveau recherché et se rencontre surtout à l'écrit, alors que le détachement avec *ce* s'emploie dans la langue orale courante, sans être exclu à l'écrit.

▶ Détachement des infinitifs et des complétives exerçant d'autres fonctions

La forme invariable *le* et les démonstratifs *cela* ou *ça* sont également possibles pour détacher des termes exerçant des fonctions autres que la fonction sujet. Le choix du pronom est déterminé par sa valeur propre : le pronom démonstratif *cela* (*ça*) est plus global et plus marqué que le pronom personnel. Celui-ci est préféré quand l'infinitif ou la complétive sont antéposés.

La complétive et l'infinitif détachés sont surtout des compléments d'objet, directs ou indirects : *Je le sais enfin / Je sais enfin cela, que François vous aime* (d'apr. Radiguet) – *Elle y tient / Elle tient à cela, à ce que Pierre vienne* – *Que ce livre soit / est perdu, je ne le sais que trop*.

Dans une phrase isolée, l'infinitif et la complétive sont le plus souvent détachés en fin de phrase. Comme ils s'y trouvent alors à leur place normale, la pause est nécessaire pour marquer le détachement. À la différence de la fonction sujet, la position d'objet est plus « normale » en français pour une complétive ou pour un infinitif ; le détachement en fin de phrase est donc fortement motivé. Quant à leur détachement en tête de phrase, il se justifie généralement par l'enchaînement avec un énoncé antérieur, notamment dans un dialogue.

6.1.3. Formes particulières de détachement

Certaines formules de détachement soulignent la dislocation et marquent une rupture thématique dans le déroulement d'un texte : *en ce qui concerne, pour (ce qui est de), quant à*. Elles introduisent un groupe nominal qui s'oppose à un autre, figurant souvent dans le contexte antérieur : *Pour moi, la beauté me ravit partout où je la trouve* (Molière) – *Pour moi, je suis né dans votre pays* (Voltaire) – *La charpente du drame, on me l'accorde ! Les passions, j'ai assez roulé ma bosse pour m'y connaître ; quant aux traits d'esprit, c'est mon métier !* (Flaubert)

Bibliographie. — M. Gross (1968) : 23 sv. et 146 sv. – E. Larsson (1979), *La dislocation en français. Etude de syntaxe générative*, Lund – Chevalier et al. (1964), *Les constructions segmentées*, §§ 145-154 – A. Delaveaux et F. Kerleroux (1985), III : 49-62 – B. Fradin (1990), Approche des constructions à détachement : inventaire, *Revue romane*, 25(1) : 3-34 – C. Touratier (2000).

6.2. L'extraction

L'extraction met en œuvre le procédé emphatique qui associe une locution identifiante (notamment *c'est*) et une relative pour extraire un constituant de la phrase et qui permet d'obtenir ainsi une *phrase clivée*. Mais on peut aussi relier à cette structure standard une construction homologue, dite *pseudo-clivée*, qui combine en fait l'extraction et le détachement d'un constituant.

6.2.1. Les phrases clivées

Un constituant est extrait de la phrase et placé au début de celle-ci, encadré par *c'est* (pour l'accord, voir **9.1.2.**) et par le pronom relatif *qui* ou *que*. L'intonation déclarative s'élève progressivement jusqu'au relatif, puis elle descend ; une légère pause est possible avant le relatif. On appelle *phrase clivée* la structure obtenue (de l'anglais *cleft sentence*) : *Claire aime le chocolat* → *C'est Claire qui aime le chocolat*. L'extraction est possible avec les phrases déclaratives et interrogatives (*Est-ce Claire qui aime le chocolat ?*), mais impossible avec une phrase à l'impératif en raison de l'absence de sujet.

Sémantiquement, l'information apportée par la phrase se dissocie en posé et présupposé :

> – La séquence qui suit le relatif est présupposée : elle n'est pas affectée par la négation ni par la question. On peut nier l'élément extrait : *Ce n'est pas Claire qui aime le chocolat* ; mais le présupposé (« quelqu'un aime le chocolat ») n'est pas mis en cause.
> – L'élément extrait est posé : c'est la seule information nouvelle apportée par la phrase clivée. Il s'identifie à la variable de la partie présupposée et la spécifie. Il s'oppose à un autre élément spécifique, qu'il exclut et que l'on peut expliciter : *C'est Claire qui aime le chocolat, et non pas Régine*. Avec la négation (*Ce n'est pas Claire qui aime le chocolat*), l'effet contrastif est encore plus appuyé : une valeur possible de la variable (*Claire*) est niée.

L'élément extrait est appelé *focus* ou *foyer*, ce qui amène à traiter l'extraction comme une opération de *focalisation* d'un constituant. À la différence du détachement, l'élément focalisé n'est pas le thème de la phrase, mais le propos (**XXIV : 2.**). L'extraction et le détachement assurent deux rôles communicatifs différents.

L'extraction peut affecter des constituants divers, qui exercent différentes fonctions dans la phrase :

▶ Sujet

L'extraction associe le présentatif *c'est* et le relatif *qui*. Elle peut porter sur :

- un groupe nominal comportant :
    - un nom propre : *C'est Claire qui aime le chocolat* ;
    - un nom commun : *C'est le soliste qui a fait une fausse note* – *C'est l'espérance folle qui nous console de tomber du nid* (G. Béart) ;

Cette construction peut être ambiguë. Dans l'interprétation par l'extraction, le groupe nominal s'oppose à un autre possible : *C'est le soliste, et non le premier violon qui a fait une fausse note*. Mais cette structure peut être simplement une séquence *présentatif + groupe nominal* incluant une relative, utilisée pour présenter le référent :

Voici le soliste... Le rétablissement de la phrase canonique (*Le soliste a fait une fausse note*) peut prouver qu'il s'agit bien d'une extraction.

– *un pronom ; les pronoms personnels prennent la forme tonique : C'est moi qui ai commandé ce livre – C'est toi qui es à plaindre* (Cocteau).

• un infinitif : *C'est travailler qui est agréable.*

Remarque. — L'extraction avec le tour *c'est... qui* constitue un bon test pour mettre en évidence le sujet dans la phrase de base (**VI : 4.3.**).

▶ Objet

Le constituant extrait est encadré par *c'est... que*. On peut extraire un groupe nominal ou prépositionnel ; *C'est le livre de Balzac que j'ai commandé. C'est à vous que ce discours s'adresse.* Le pronom personnel prend la forme tonique : *C'est lui que j'ai rencontré.*

Quand la phrase contient deux objets, un seul peut être extrait : *C'est à Henri que j'ai donné ce livre.* La préposition reste liée au groupe nominal extrait, contrairement à la dislocation.

▶ Complément circonstanciel

On peut extraire, avec *c'est... que* :
• **un groupe nominal ou prépositionnel** :
C'est au musée de l'Orangerie que l'on peut admirer les Nymphéas de Monet – C'est sur ce chemin, c'est à cette heure que je prenais conscience de mon prix (Colette) ;
• **un adverbe** : *C'est demain que le concours aura lieu ;*
• **un gérondif** : *C'est en lisant qu'on devient liseron* (Queneau) ;
• **une subordonnée circonstancielle** : *C'est quand / après / parce qu'il a vu Esméralda que Claude Frollo a perdu la tête.*

Mais l'extraction n'est pas possible avec tous les adverbes (**C'est toujours qu'il travaille*), ni avec toutes les subordonnées circonstancielles (**C'est quoiqu'il soit venu / puisqu'il est venu qu'elle s'est fâchée*).

▶ Complément d'adjectif attribut

C'est de Jean que Nelly est amoureuse.

L'extraction est impossible pour une expansion du groupe nominal, comme un adjectif épithète ou un complément du nom.

Il en va de même pour l'attribut du sujet, nominal ou adjectival : *La vie est magnifique. Ce fleuve est un torrent.* Les phrases **C'est magnifique que la vie est. *C'est un torrent que ce fleuve est* ne sont pas acceptables. Elles le deviennent si l'on procède à l'inversion du sujet (usage littéraire) ou à la suppression du verbe *être* dans la partie de la phrase suivant *que*, surtout quand un groupe nominal est attribut : *C'est une chose extraordinaire que l'état où l'on est présentement, mais c'est une chose divine que la résignation et la fermeté de notre cher malheureux* (Mme de Sévigné).

Remarque. — Il est difficile, dans la plupart des cas, de traiter l'élément extrait comme un antécédent du relatif *qui* ou *que* qui le suit : la substitution est pratiquement impossible, notamment quand une subordonnée, un infinitif ou un complément circonstanciel sont extraits. Pour cette raison, on peut traiter *que* comme une conjonction.

6.2.2. Les phrases pseudo-clivées (ou semi-clivées)

Ces structures particulières combinent l'extraction et le détachement en tête de phrase :

(1) *Ce que j'ai acheté, c'est une péniche.*
(2) *Ce que je veux, c'est qu'elle travaille.*
(3) *Ce que je sais, c'est qu'elle est malade.*
(4) *Ce qu'elle désire, c'est (de) réussir.*
(5) *Celui qui a gagné, c'est Pierre.*

Leur homologie avec l'extraction explique l'appellation de *phrases pseudo-clivées*. La phrase est séparée en deux parties : l'intonation monte jusqu'à *c'est*, qui est précédé d'une pause, puis elle redescend. Généralement, le premier élément de la phrase est une relative périphrastique (**XVI : 4.**) et le second, introduit par *c'est*, est une séquence (groupe nominal, infinitif ou complétive) qui entretient une relation de complément avec le verbe de la relative. Une variante de cette structure comporte une subordonnée temporelle ou conditionnelle comme premier élément : *Si je veux quelque chose, c'est qu'elle travaille.*

Sur le plan sémantique, on observe le même type de répartition que dans l'extraction entre un posé et un présupposé. Le contenu du premier élément est présupposé et l'élément introduit par *c'est* est posé comme spécifiant ce contenu et s'opposant à un autre référent spécifique possible. L'énoncé (1) présuppose que « j'ai acheté quelque chose » et spécifie qu'il s'agit d'une péniche, et non pas d'un autre objet ou d'un autre type d'objet. Les deux éléments de la phrase entretiennent une relation de spécification : le complément introduit par *c'est* s'assimile à la variable que constitue le premier élément présupposé, qui appelle une spécification. Selon la nature des deux éléments mis en relation dans une phrase pseudo-clivée, il n'est pas toujours possible de relier cette structure à un modèle canonique, comme *ce qui m'a plu, c'est que j'ai participé* (écrit d'enfant : exemple de Roubaud 2000).

Le « dispositif pseudo-clivé » constitue « une structure spécificationnelle » (Roubaud 2000 : 69), de forme *A c'est B*, qu'on rapproche d'une structure de phrase à verbe *être* exprimant une relation de spécification entre le GN sujet et le GN attribut (*la capitale de la France est Paris*). Le premier élément (A), peu spécifié, présente ce qui est connu et le second élément (B) apporte une spécification lexicale. Dans ce mouvement de « spécification progressive » (Roubaud (2000) : 71), le référent de la forme pronominale *ce qui / que* (structure la plus fréquente en tant que premier élément) peut être spécifié par un groupe nominal à tête lexicale (*Ce qui me plait, c'est la linguistique*), une construction infinitive (*Ce que César aime, c'est de jouer à la manille*), une subordonnée complétive (*Ce que César veut, c'est que son fils prenne sa succession*) ou circonstancielle (*Ce que Panturle attend, c'est quand Arsule lui apporte le déjeuner après le labour*). Les phrases pseudo-clivées représentent un des moyens d'exprimer une relation de spécification, qu'on retrouve entre autres dans les constructions à dislocation du sujet (*Ça me plait, la linguistique* : ex. de M.-N. Roubaud 2000 : 72).

Bibliographie. — M.-L. Moreau (1976) – A. Valli (1981), Note sur les constructions dites « pseudo-clivées » en français », *Recherches sur le français parlé*, 3 : 195-211 – I. Tamba (1983), Pourquoi dit-on « Ton neveu, il est orgueilleux » et « Ton neveu, c'est un orgueilleux » ? *L'information grammaticale*, 19 : 3-10 – A. Boone (1987), Les constructions « Il est linguiste » / « C'est un linguiste », *Langue française*, 75 : 94-106 – C. Molinier (1996) – B. Combettes (1998) – M. Blasco-Dulbecco (1999) – C. Guimier (éd.) (1999) – M.-N. Roubaud (2000) – *L'information grammaticale*, 109, 2006, *Approches de la discontinuité syntaxique et énonciative*.

7. LE PASSIF

7.1. Le passif, forme verbale et type de phrase

La grammaire standard définit le passif comme une catégorie du verbe : la « voix passive » (**IX : 2.4.**) regroupe les formes composées obtenues par adjonction aux formes de base, dites actives, du morphème discontinu [auxiliaire *être* + participe passé] : *accuser* → *être accusé*, *j'accuse* → *je suis accusé*, *tu avais accusé* → *tu avais été accusé*, etc. (voir *être loué* : p. 476-478). Mais la **diathèse verbale** établie par les formes passives affecte aussi l'ensemble de la phrase. Dans cette perspective, le couple de phrases : *Le ministre inaugurera l'exposition / L'exposition sera inaugurée par le ministre* représente les deux versions (ou les deux types) d'une même phrase. En effet, l'immense majorité des phrases dont le verbe se construit avec un complément d'objet direct (**construction active**) admet une **construction passive** définie par les quatre caractéristiques suivantes :

– l'objet de la phrase active (*l'exposition*) est devenu sujet ;
– le verbe au participe passé se conjugue avec l'auxiliaire *être* qui se met au même temps et au même mode que la forme conjuguée du verbe actif (*sera inaugurée*) ;
– le sujet de la phrase active peut éventuellement se réaliser sous la forme d'un complément prépositionnel (dit **complément d'agent**) introduit par les prépositions *par* ou *de* (*par le ministre*) ;
– le sujet (*le ministre*) et l'objet (*l'exposition*) de la phrase active permutent, mais conservent leur rôle sémantique par rapport au procès verbal.

La conjonction de ces propriétés formelles et interprétatives a conduit à analyser les constructions passives comme le renversement d'une construction active :

▶ Cette hypothèse est confortée par l'existence, à investissement lexical équivalent, d'un rapport de paraphrase entre les deux constructions et par le fait que le verbe y impose la même sélection contextuelle (**VIII : 2.**) aux couples [sujet actif / complément d'agent] et [objet actif / sujet passif] :
(1a) *Le registre / Le ministre inaugurera l'exposition.*
(1b) *L'exposition sera inaugurée par le ministre / *le registre.*
(2a) *Le ministre inaugurera l'exposition / *la chance.*
(2b) **La chance / L'exposition sera inaugurée par le ministre.*

Parallèlement, les adverbes qui modifient le rapport sujet-verbe dans la phrase active (*La voiture a délibérément / volontairement renversé le piéton*) en font autant du rapport complément d'agent-verbe dans la phrase passive correspondante (*Le piéton a été délibérément / volontairement renversé par la voiture*).

▶ La forme passive peut indiquer que le sujet ne fait pas l'action dénotée par le verbe à la forme active, mais la subit. Ce n'est pourtant qu'un cas particulier, puisque de nombreux verbes n'instaurent pas entre leur sujet actif et leur objet une relation actancielle d'agent à patient (*Jean a perdu mon stylo – Des arbres bordent la route*) et qu'un sujet actif peut être interprété comme un patient (*Le sage supporte / subit / endure les injures*).

Le passage de l'une des constructions à l'autre n'a pas pour autant le caractère mécanique que lui ont prêté les premières versions de la grammaire générative (**1.1.1.**). Outre qu'elle est limitée par de nombreuses restrictions lexicales (**7.2.**), la passivation envisagée comme la simple transformation d'une construction active peut s'accompagner de notables différences interprétatives.

C'est notamment le cas des phrases où interfèrent les portées respectives de la négation et d'un ou plusieurs quantificateurs (**5.3.1.**) : la phrase active *Un seul étudiant n'a pas vu le film* (= tous les étudiants, sauf un, ont vu le film) et son homologue passive *Le film n'a pas été vu par un seul étudiant* (= aucun étudiant n'a vu le film) véhiculent des sens incompatibles ! Et si le sujet et l'objet sont tous deux quantifiés, la « portée » du second est comprise dans celle du premier. Ainsi, contrairement au couple de phrases à arguments non quantifiés *Paul aime Marie / Marie est aimée par Paul*, il n'y a pas équivalence sémantique entre *Tout le monde aime quelqu'un* (= Chacun aime quelqu'un) et *Quelqu'un est aimé par tout le monde* (= Il y a quelqu'un que tout le monde aime).

7.2. Les verbes passivables

En règle générale, seules les phrases répondant au schéma syntaxique [sujet – verbe – complément d'objet direct] se prêtent à la passivation. Cependant, quelques verbes transitifs directs ne se mettent jamais au passif : *avoir* (sauf comme synonyme familier de *tromper : On l'a eu / Il a été eu), posséder, comporter, compter* (au sens *d'avoir*), *coûter, valoir* et le modal *pouvoir* lorsqu'il a un complément non propositionnel (*Qui peut le plus peut le moins – On peut ce qu'on veut*). D'autres, plus nombreux, ne sont inaptes à la passivation que dans l'un de leurs emplois. Ce sont surtout des verbes d'évaluation quantitative, comme *mesurer, peser, courir, vivre, régner*, mais aussi *goûter, sentir* et *respirer* qui admettent un complément d'évaluation construit directement, mais qui ne fonctionne pas comme un véritable complément d'objet (**VIII : 4.1.**). D'où les oppositions :

> **Deux mètres trente sont mesurés par le géant / Les dimensions du terrain ont été mesurées par un arpenteur – *Plusieurs tonnes sont pesées par ce véhicule / Les bagages sont pesés au moment de l'enregistrement – *Cent trois ans ont été vécus par mon arrière grand-père / La semaine écoulée a été vécue par nombre de socialistes comme une « descente aux enfers »* (DNA. 29/03/92 : 4) – **Ici la joie est respirée par tous / L'air est respiré par les poumons*, etc.

Sont également exclus les verbes formant une locution verbale avec un groupe nominal subséquent qui n'a pas les propriétés d'un authentique complément d'objet : *prendre l'air, donner le change, faire la belle*, etc.

Remarques. — 1. Il existe un certain nombre de formes verbales passives dont le sujet est dépourvu de déterminant : *Rendez-vous avait été pris chez un avocat – Justice est faite* (titre de film) / *Justice a été rendue aux victimes – Ordre a été donné à la police de ne pas intervenir*. L'absence de déterminant signale le caractère dérivé du sujet (un nom sans déterminant ne peut pas fonctionner comme sujet d'une phrase simple : **Soleil se couche*) issu de la passivation d'une locution verbale

formée d'un verbe suivi d'un nom sans déterminant : *prendre rendez-vous, faire / rendre justice, donner ordre*, etc.
2. L'interprétation figurée d'un verbe peut bloquer sa passivation : *Cette affaire regarde / concerne Jean* → *Jean est *regardé / concerné par cette affaire.*

Les verbes transitifs indirects *(dés) obéir à* et *pardonner à*, anciennement transitifs directs, restent passivables dans la langue littéraire et soutenue, où ces formes font néanmoins figure d'archaïsmes : *De nos jours, les parents sont difficilement obéis de leurs enfants.* Le verbe *pardonner* a donc deux constructions passives dont le sujet est soit l'objet direct (*Faute avouée est à moitié pardonnée*), soit l'objet indirect de la construction active (*Repens-toi et on te pardonnera / tu seras pardonné*). En revanche, la construction impersonnelle (**8.3.** et **8.4.**) autorise la passivation de certains verbes transitifs indirects (*Il sera répondu à chaque lettre*) et même intransitifs (*Il n'a pas été ri / toussé une seule fois pendant la projection*).

Quelques verbes ne s'emploient qu'au passif :

> • le verbe *réputer* s'emploie aujourd'hui surtout à la forme passive : *Les enfants nés de l'union d'un citoyen avec une étrangère étaient réputés bâtards* (Fustel de Coulanges), mais la construction active se rencontre encore sporadiquement dans la langue littéraire : *On le répute pédéraste* (Flaubert) ;
> • les formes verbales *être censé* (contrairement à *être supposé*) et *être tenu à / de* sont morphologiquement passives et interprétées comme telles : *Nul n'est censé ignorer la loi – À l'impossible nul n'est tenu – Il n'est pas tenu de vous répondre.* Elles n'ont pourtant pas de forme active (**On cense que chacun connaisse la loi – *On ne tient nul à l'impossible*) et n'admettent pas de complément d'agent : **Par qui est-on censé ne pas ignorer la loi ? – ? Il est tenu par la loi de vous répondre.*

7.3. Le complément d'agent

7.3.1. L'alternance *par / de*

Dans la version passive d'une phrase, le complément d'agent introduit par les prépositions *par* et *de* réalise la fonction du sujet actif et son rôle sémantique :

> (1a) *Ravaillac* (agent) *a assassiné Henri IV.*

(1b) *Henri IV a été assassiné par Ravaillac* (agent).
(2a) *Jean* (agent) *a gratifié Luc* (bénéficiaire) *d'un sourire.*
(2b) *Luc* (bénéficiaire) *a été gratifié d'un sourire par Jean* (agent).
(3a) *Ces événements* (cause) *ont profondément affecté Jean* (expérimenteur).
(3b) *Jean* (expérimenteur) *a été profondément affecté par ces événements* (cause).

Alors qu'en français classique la préposition *de* était largement majoritaire (et que l'on employait encore sporadiquement *à*, resté conservé dans les expressions *être mangé aux mites / aux vers* et concurrencées aujourd'hui par *ne pas être piqué des vers / des hannetons*), le français moderne tend à généraliser *par* qui est généralement substituable à *de*. D'ailleurs, lorsque ces deux prépositions introduisent chacune un complément nominal après un verbe passif, c'est toujours le complément en *par* qui s'interprète comme complément d'agent. Ainsi la phrase *Le conférencier fut assailli de questions par l'auditoire* s'interprète comme la version passive de *L'auditoire assaillit le conférencier de questions* et non de *Des questions assaillirent le conférencier (*par l'auditoire)*.

Si la phrase *Le sol était recouvert d'une épaisse couche de neige* s'analyse comme la version passive de *Une épaisse couche de neige recouvrait le sol*, il n'en va pas de même pour *Le mur était tapissé de toutes sortes de posters* où *toutes sortes de posters* peut s'interpréter aussi bien comme le complément d'agent du passif de (a) que comme le complément d'objet second du verbe *tapisser* dans la construction passive incomplète à valeur résultative de (b) :
(a) *Toutes sortes de posters tapissaient le mur.*
(b) *On tapissait / avait tapissé le mur de toutes sortes de posters.*
En effet, la place du sujet du verbe *tapisser* est prioritairement réservée à l'agent du procès (*on*), mais peut aussi être occupée par l'instrumental (*toutes sortes de posters*) si l'agent n'est pas exprimé.

La préposition *de* apparait aujourd'hui comme la forme marquée réservée aux cas où le complément introduit n'est pas interprété comme un véritable agent et où, corollairement, le sujet passif n'est pas effectivement affecté par le procès verbal : il s'agit essentiellement de verbes statifs dénotant des sentiments (*aimer, estimer, admirer, toucher,* etc.), des opérations intellectuelles (*connaitre, oublier, accepter,* etc.) et des localisations (*précéder, suivre, entourer,* etc.).

Ainsi s'expliquent :

- l'incompatibilité absolue de la préposition *de* avec le passif des verbes dynamiques : **Ce plat a été cuisiné de ma femme* – **Le piéton a été renversé d'un camion.* – **La messe a été dite de l'abbé Nithier ;*
- la distribution relativement complémentaire des deux prépositions en fonction du rôle sémantique joué par le sujet du verbe actif : *La nouvelle a été diffusée par la presse et est maintenant connue du grand public* – *L'assemblée générale, convoquée par le président, est composée des adhérents à jour de leur cotisation ;*
- le conditionnement de l'alternance *par / de* par des acceptions suffisamment différentes d'un même verbe :

(4a) *Le suspect a été suivi toute la journée par un détective.*
(4b) *La conférence sera suivie d'une réception.*
(5a) *La valeur du terrain a été estimée par un expert.*
(5b) *Le disparu était aimé et estimé de tous ceux qui le connaissaient.*
(6a) *La cargaison a été saisie par les douanes.*
(6b) *Ils furent saisis du même trouble, mais lui seul en eut conscience.* (R. Martin du Gard)

Remarques. — 1. Le français moderne répugne à réaliser le complément d'agent sous la forme d'un pronom personnel disjoint (? *Ce bruit a été répandu par lui*) sauf dans les tours où l'on ne peut faire autrement : *Souligné par moi* (en incidente dans le texte d'autrui). La construction devient plus naturelle si le pronom est explicitement ou implicitement mis en contraste avec un autre complément d'agent : *Ce bruit a été répandu par lui et non pas par moi* – *C'est par lui que ce bruit a été répandu.*
2. L'emploi de la préposition *de* entraîne l'effacement de l'article partitif et des formes plurielles de l'article indéfini (règle de cacophonie, **VII : 2.7.2.**) : *être dévoré par des remords / de remords ; être entouré par des amis / d'amis.* On en a parfois inféré que *de* introduit les compléments d'agent sans déterminant : une hypothèse indéfendable, puisqu'elle implique l'existence de phrases actives agrammaticales (*Il était entouré d'amis* → **Amis l'entouraient*).

7.3.2. Les phrases passives sans complément d'agent

On appelle parfois « inachevées » ou « incomplètes » les phrases passives dont le complément d'agent n'est pas réalisé (parce que le locuteur ne peut pas ou ne veut pas identifier le sujet de la phrase active) : *Monsieur Dupont est demandé au téléphone* – *La carte d'identité est exigée à l'entrée.*

Deux cas se présentent :

▶ Si le verbe est perfectif (**X : 1.3.2.**) et si l'auxiliaire *être* n'est pas lui-même à une forme composée, le passif peut recevoir une lecture résultative : (a) *Les carottes sont cuites* / (b) *Les carottes ont été cuites* – (a) *Les copies sont corrigées* / (b) *Les copies ont été corrigées* – (a) *Les verres sont remplis* / (b) *Les verres ont été remplis*. Les phrases (a) décrivent l'état du sujet passif qui résulte du procès évoqué par les phrases (b), mais détaché des circonstances de sa production. Elles peuvent être précédées de la formule *Ça y est* marquant l'aspect accompli du procès et répondent aux questions : *Comment / Où en sont les carottes ? – Où en sont les copies ? – Les verres sont-ils toujours vides ?* Les phrases (b) renseignent certes sur l'état du sujet, mais elles ne le font qu'indirectement (par inférence) et répondent à des questions événementielles telles que : *Que s'est-il passé ? – Qu'est-il arrivé (aux carottes / aux copies / aux verres) ?* L'addition d'un complément d'agent associe automatiquement aux phrases (a) une lecture processive (événementielle ou générique) qui en fait des paraphrases de la phrase active correspondante :

(7) *Les carottes sont cuites par l'aide cuisinier / L'aide cuisinier cuit les carottes.*
(8) *Les copies sont corrigées par plusieurs correcteurs.*
(9) *Les verres sont remplis par le sommelier.*

La même addition ne modifie pas l'interprétation originellement processive des phrases (b), mais y introduit l'identification du référent qui jouerait le rôle de sujet dans les phrases actives correspondantes : *Les carottes ont été cuites par un spécialiste – Les copies ont été corrigées par un ordinateur – Les verres ont été remplis par le sommelier.*

▶ Lorsque le verbe est imperfectif, la phrase passive inachevée a une interprétation processive qu'elle partage avec la construction active correspondante : *Le coupable est activement recherché / La police recherche activement le coupable / L'astrologie n'est pas enseignée à l'université / On n'enseigne pas l'astrologie à l'université.*

Remarque. — Les passifs de localisation spatiale et temporelle ont nécessairement un complément d'agent qui identifie l'un des deux termes du rapport exprimé par le verbe : *Le fleuve traverse la ville* → **La ville est traversée* – *Le calme précède la tempête* → **La tempête est précédée.*

Les participes passés étant des formes adjectivales du verbe (**X : 2.5.3.**), une phrase passive inachevée présente la même structure qu'une phrase à adjectif attribut du sujet, schématisée No – *être* – Adj (**VIII : 5.2.**). Comme, de surcroit, la forme participiale passive exprime un état résultant, elle partage avec l'adjectif attribut la propriété de caractériser le sujet de la phrase dans sa façon d'être. On ne considérera donc comme véritables formes verbales passives que les participes passés précédés de *être* employés dans des constructions qui :

- ou bien se paraphrasent par une construction active sans changement de temps (**passifs actions**) : *Ces trains sont très étroitement surveillés* → *On surveille très étroitement ces trains.*
- ou bien s'interprètent naturellement comme l'état résultant du procès achevé décrit par la forme composée de la phrase passive et par la phrase active équivalente (**passifs d'état**). Ainsi la phrase *La voiture de Monsieur est avancée* présente l'état des choses qui découle normalement de l'achèvement du procès décrit par les phrases *La voiture de Monsieur a été avancée* / *On a avancé la voiture de Monsieur.*

Cette analyse s'applique (dans une au moins de leurs interprétations) aux constructions telles que : *Madame est servie* – *Les carottes sont cuites* – *Les volets sont baissés* – *Le trésor est bien caché* – *C'est écrit dans la Bible* – *L'affaire est entendue.*

Les participes passés qui ne satisfont à aucune des deux conditions précédentes fonctionnent comme des adjectifs qualificatifs (**XI : 1. et 4.**), dont ils manifestent les propriétés caractéristiques :

- ils dénotent une propriété inhérente ou transitoire de l'objet désigné par le nom auquel ils se rapportent : *La mer est salée* – *Excusez-moi, mais je suis pressé.* Dans ces constructions attributives, la copule *être* alterne avec ses variantes modales et aspectuelles : *Il semblait* / *est resté* / *en est sorti déçu.*
- le degré de la propriété qu'ils dénotent est marqué par des adverbes qui ne conviennent pas aux formes verbales : *Il est très connu* / *si fatigué* / *trop pressé,* etc. Ainsi, dans *Les carottes sont trop cuites* / *pas assez cuites* / etc., la forme *cuites* ne s'interprète plus comme un participe passé passif, mais dénote une propriété résultative qui caractérise le référent du sujet

au même titre que les adjectifs *crues, dures, tendres,* etc. D'ailleurs, ces participes peuvent être doublés par des formes adjectivales (parfois morphologiquement apparentées) qui dénotent la même propriété, mais radicalement coupée du processus verbal : *vidé / vide / à sec ; rempli / plein ; chauffé / chaud ; préparé / prêt.* Ils ont souvent pour antonymes des adjectifs qualificatifs : *Je viendrai accompagné / seul. – Il a l'air agité / calme.*

• ils se combinent, le cas échéant, avec les préfixes négatifs propres aux radicaux adjectivaux : *inconnu / *inconnaitre, inattendu / *inattendre, impayé / *impayer,* etc., *non-engagé / *non-engager / non-publié / *non-publier,* etc. (cf. aussi *infichu de* et *infoutu de,* variantes familières de *incapable de,* mais sans correspondant actif).

7.4. L'emploi du passif dans le discours

La double possibilité qu'offre le passif de permuter le sujet et l'objet actifs (**7.1.**) et de ne pas réaliser le sujet permuté sous la forme d'un complément d'agent (**7.3.2.**) est largement exploitée à diverses fins communicatives.

7.4.1. *Les passifs incomplets*

Les études quantitatives montrent que la grande majorité des phrases passives effectivement employées sont dépourvues de complément d'agent. Ce type de construction permet au locuteur de ne pas évoquer le référent du sujet actif qui s'interprète généralement comme l'instance responsable (agent, cause, source, siège) du procès décrit par la phrase :

(1) *Votre tâche est de reconnaître si l'île est habitée. Si vous êtes attaqué, regagnez votre base de départ et réembarquez.* (R. Merle)
(2) *Votre candidature a été retenue.*
(3) *Aucune dérogation ne sera accordée.*
(4) *La question ne sera pas posée.* [Un président de tribunal]
(5) *L'une [des deux bâtisses], la Henk, fut subdivisée en taudis ouvriers. L'autre fut utilisée pendant la guerre comme taudis de prisonniers.* (T. Ungerer)
(6) *Cette œuvre est souvent attribuée à Mozart.*
(7) *Les services des repas et boissons sont prévus en fonction de l'étape et de l'horaire.*

À bord des vols longs-courriers, toutes les boissons offertes vous sont proposées gratuitement [...] Un repas de régime ou conforme à vos convictions religieuses vous sera servi si vous en avez fait la demande et que la mention en *est faite* sur votre billet. [...] Votre bébé pourra *être installé* en cours de vol dans un berceau ou un hamac. [...] Les *sièges* laissés vacants peuvent *être*, en cours de route, *attribués* à de nouveaux voyageurs. (AAF : 7)

Dans toutes ces phrases, le rôle sémantique associé au sujet de la phrase active n'est pas exprimé : parce que son référent reste indéterminé (1) ; ou que le locuteur juge préférable de ne pas l'identifier, un moyen commode souvent utilisé pour préserver l'anonymat de la personne ou de l'instance responsable du procès (2-3) ; ou encore que leur identité soit immédiatement inférable à partir des connaissances partagées par les interlocuteurs (4-7). Dans la version active de ces phrases, le complément d'agent serait souvent exprimé par le sujet *on*, à valeur générique ou spécifique indéterminée, ou par une expression identifiante (p. ex. *nos services, le personnel de bord, vous, la compagnie* dans (7)).

7.4.2. Passivation et thématisation

La passivation d'une phrase ne modifie pas l'état des choses qu'elle décrit, mais lui imprime un profil communicatif différent. L'inversion actancielle (sujet / complément d'objet) entraine celle des rôles qui leur sont assignés ainsi qu'une nouvelle distribution de l'information sur l'axe linéaire de la phrase et sur l'enchainement GN-GV. Le complément d'objet actif, installé dans la position initiale du sujet passif, devient apte à jouer le rôle de thème discursif. Simultanément, le sujet actif, devenu complément d'agent à l'intérieur du groupe verbal, fait partie du propos (**XXIV : 2.**). Ainsi, à la question *Est-ce que Pierre travaille toujours à la mairie ?* qui demande un certain type d'information sur Pierre, on répondra plus naturellement par *Non, il a été renvoyé* que par *Non, on / le maire l'a renvoyé*. Seule, en effet, la première réponse conserve le profil informatif (thème / propos) de la question, alors que la seconde provoque une rupture thématique. Même à l'état isolé, la phrase *Pierre a été renvoyé (par le maire)* a une interprétation préférentielle où Pierre est l'objet de l'acte d'énonciation et où l'apport d'information est véhiculé soit par le groupe verbal entier, soit par le seul complément d'agent. Dans ces conditions, le passif est souvent mis à profit pour :

▶ thématiser l'objet animé d'une construction active (surtout si le sujet est inanimé) et présenter ainsi l'ensemble du procès du point de vue du premier : *Un camion-citerne a renversé notre voisin* → *Notre voisin a été renversé par un camion-citerne.* Pour un référent animé, en revanche, la position de complément d'agent est marquée : elle acquiert une valeur fortement rhématique, souvent associée à des effets contrastifs (*Cette correction n'a pas été faite par l'auteur, mais par l'éditeur*).

▶ maintenir l'identité référentielle des sujets de phrases consécutives pour substituer une progression à thème constant (**XXIV : 2.2.**) de type (a) – (c) à la rupture thématique (a) – (b) :

(8a) *Le directeur a fait le tour des nouvelles installations.*
(8b) *Son conseil d'administration l'accompagnait.*
(8c) *Il était accompagné de son conseil d'administration.*

Dans ce type de séquences textuelles, le sujet passif est généralement défini puisqu'il reprend un référent évoqué antérieurement. Cette disposition tactique visant à lier les phrases s'applique également à des parties du complément d'objet, par exemple à un complément du nom :

(10a) *A. France était un auteur très connu.*
(10b) *On a littéralement débité en dictées ses œuvres.*
(10c) *Ses œuvres ont été littéralement débitées en dictées.*

7.4.3. *Autres facteurs de passivation*

Comme ressource stylistique, le passif permet également :

▶ la levée de l'ambiguïté d'un objet actif anaphorique susceptible de recruter plus d'un antécédent dans le contexte antérieur : *Jean est encore à Strasbourg.* (a) *Pierre a déjà rejoint son* [= de Jean / de Pierre] *père* / (b). **Son** [= de Jean] *père a déjà été rejoint par Pierre.*

▶ l'allégement de la structure des phrases complexes par effacement du sujet passif subordonné (**XVII : 2 et XVIII : 2.2**) lorsqu'il est coréférent avec un élément de la phrase régissante :

(1a) *J'attends qu'on me serve / d'être servi.*
(1b) *J'ai enseigné à Thionville avant qu'on ne me nomme à Vierzon / d'être nommé à Vierzon.*
(1c) *N'entrez qu'après qu'on vous aura appelé / N'entrez qu'après avoir été appelé.*

▶ le rétablissement de l'ordre préférentiel sujet court / complément long lorsque le volume du sujet actif est jugé excessif : *Un artiste inconnu de l'école flamande et qui a sans doute travaillé dans l'atelier de Rembrandt a peint ce tableau → Ce tableau a été peint par un artiste inconnu* […].

▶ le passage (par ellipse du pronom relatif sujet et de l'auxiliaire *être*) d'une relative passive à une forme participiale, épithète ou apposée :

(2) *L'équipe de France, qui a été battue par le Lichtenstein, a déçu ses supporters.*
(2a) *L'équipe de France, battue par le Lichtenstein, a déçu ses supporters.*
(2b) *Battue par le Lichtenstein, l'équipe de France...*

Le style journalistique affectionne ce type de réduction et l'applique même aux phrases passives non enchâssées. Témoin les titres, sous-titres et intertitres relevés dans les vingt premières pages d'un journal :

Le GATT empêtré (p. 1) – *M. Jean-Louis Destans nommé conseiller diplomatique du ministre de l'intérieur* (p. 12) – *Un lycéen inculpé de violence avec arme* (p. 12) – *L'esprit olympique dilué* (p. 14) – *La Corse paralysée par un blocus maritime* (p. 18) (LM : 25/02/92).

Remarque. — La diversité des facteurs qui favorisent l'emploi des formes passives est toutefois telle que très souvent ils se cumulent (on le vérifiera aisément sur la plupart des exemples ci-dessus) et se renforcent mutuellement.

7.5. Autres formes du passif

Le refus d'une conception strictement morphologique du passif (**7.1.**) au profit d'une définition canonique associant le schéma syntaxique prototypique (**7.1.**), les propriétés interprétatives (**7.2. et 7.3.**) et les usages communicatifs (**7.4.**) permet d'étendre cette notion à d'autres constructions phrastiques qui partagent un ou plusieurs de ces traits définitoires. Il s'agit notamment, outre les passifs impersonnels déjà évoqués ici-même (**7.2.**) et décrits plus loin (**8.**) :

▶ des formes pronominales dites « de sens passif » (**IX : 2.5.2.**), dont le sujet est l'objet d'une phrase active de sens équivalent. Elles se paraphrasent par une construction passive canonique, mais n'admettent pas de véritable complément d'agent :
    (1a) *Le vin d'Alsace se boit jeune (*par les connaisseurs).*
    (1b) *Les connaisseurs boivent le vin d'Alsace jeune.*
    (1c) *Le vin d'Alsace est bu jeune par les connaisseurs.*

▶ des verbes dits « symétriques » ou « neutres » (**VIII : 4.5.**) qui ont une double construction : l'objet de la construction transitive (*Le vent casse les branches*) fonctionne aussi comme sujet d'une construction intransitive de sens passif (*Les branches cassent (sous l'effet du vent)*) en conservant son rôle sémantique. Cette construction équivaut à un passif processif : *Les branches sont cassées par le vent.* Il s'agit de verbes dénotant un changement d'état (*changer, cuire, dorer, pourrir, ressusciter,* etc.) et souvent dérivés d'adjectifs (*brunir, durcir, dorer, grossir, vieillir,* etc.). Le sujet de la construction transitive peut s'interpréter comme un actant supplémentaire (agentif ou causatif) appliqué à la construction intransitive, selon le schéma : **Les pommes** *pourrissent* → b) *L'humidité pourrit* **les pommes** / *L'humidité fait pourrir les pommes.*

▶ des constructions dont le verbe à l'infinitif est introduit par les formes pronominales *se faire, se laisser, se voir, s'entendre* (**VIII : 4.6.**), véritables auxiliaires de passivation qui font de l'objet direct ou indirect d'une construction active le sujet d'une construction équivalant à un passif :
    (2) *Le ministre s'est fait / laissé / vu insulter par des agriculteurs en colère* [= *Des agriculteurs en colère ont insulté le ministre*].
    (3) *Malgré tous ses efforts, il s'est fait prendre / recaler.*

(4) *Il s'est vu fermer la porte au nez par le concierge* [= *Le concierge lui a fermé la porte au nez*].
(5) *Je me suis laissé dire que Paul voulait se présenter à l'Académie française.*
(6) *L'école s'est vu assigner de nouvelles missions.*
(7) *Il s'est entendu répondre qu'il n'y avait plus de place.*

Toutes ces constructions admettent comme complément d'agent le sujet de la phrase active correspondante. Les verbes *faire* et *laisser* gardent une valeur causative (**VIII : 4.6.**) : le premier implique de la part du sujet un certain degré de responsabilité (*Il s'est fait opérer par un charlatan – Il s'est fait renverser par une voiture (par imprudence / pour toucher une indemnité) – Il a tout fait pour se faire remarquer*) ; le second, au contraire, souligne sa « passivité » (*Il s'est laissé emmener / frapper sans réagir*). Quant aux verbes de perception *se voir* et *s'entendre*, ils font du complément, en général humain, de la phrase active, un sujet « spectateur » de ce qui lui arrive, grâce au pronom réfléchi qui le représente dans sa fonction initiale de complément du verbe actif : *Le jury a décerné le premier prix à Paul* → *Paul a vu le jury lui décerner le premier prix* → *Paul s'est vu décerner le premier prix par le jury*.

Remarque. — Ces sortes d'auxiliaires pronominaux permettent de passiver (et donc de thématiser) des compléments d'objets seconds (*Il s'est vu offrir / signifier / attribuer / refuser / enlever*, etc. *quelque chose*), qui ne peuvent être convertis en sujets d'une phrase passive canonique à verbe *être*, une forme du passif usuelle en anglais : *My father gave me this book* → *I was given this book by my father.*

▶ des verbes et locutions verbales comme *subir, faire l'objet de, être la cible de, être la victime de, être la proie de*, etc. qui instaurent entre leur sujet et leur complément un rapport sémantiquement équivalent à une forme passive : *Ce nouveau logo a fait l'objet de nombreuses études et tests* (AAF : 43) ↔ *Ce nouveau logo a été étudié et testé / On a étudié et testé ce logo.* Ces formes verbales peuvent être analysées comme des verbes supports (**VIII : 4.7.**) à orientation passive, comme en témoignent les oppositions : *Pierre a fait une erreur / Pierre a été victime d'une erreur – Pierre a pratiqué plusieurs opérations / Pierre a subi plusieurs opérations.*

▶ les adjectifs en *-able / -ible*, généralement construits sur le radical d'un verbe transitif direct et qui peuvent dénoter une propriété paraphrasable par une tournure passive modalisée (« *qui peut être* – Vpp ») : *Ce verbe est passivable / ce verbe peut être passivé – Le blessé était intransportable / Le blessé ne pouvait pas être transporté.*

▶ les substantifs obtenus par nominalisation de verbes transitifs directs, dont ils conservent les propriétés valencielles et en particulier la possibilité de se construire avec un complément d'agent : le groupe nominal *l'assassinat d'Henri IV par Ravaillac* correspond à *Henri IV est / a été assassiné par Ravaillac*, versions passives de *Ravaillac assassine / a assassiné Henri IV.*

▶ les couples noms d'agent / nom de patient qui (sur le modèle verbal de *voir sans être vu*) opposent des types d'entités définies comme sujets actifs ou passifs du procès dénoté par le verbe correspondant : *employeur / employé ; imprimeur / imprimé ; électeur / élu ; vainqueur / vaincu ; offenseur / offensé*, etc.

Bibliographie. — J. Dubois (1967) : 80-131 – J. Dubois (1969), *La Phrase et ses transformations* : 33-37 – J. Dubois et F. Dubois-Charlier (1973), Le passif, *Journal de psychologie* – Costermans et M. Hupet (1974), Des fonctions sémantiques du passif, *Cahiers de l'Institut de Linguistique*, Louvain, 2/4-5 : 211-243 – H. Bat-Zeev Shyldkrot (1981), À propos de la forme passive « se voir + Vinf », *Folia Linguistica*, XV/3-4 : 387-407 – A. Zribi-Hertz (1982), La construction « se-Moyen » du français et son statut dans le triangle moyen-passif-réfléchi, *Linguisticae Investigationes*, 6 (2) : 345-401 – M. Riegel (1985) : 179-191 – M. Shibatani (1985), Passives and related constructions, *Language*, 61 : 821-848 – G. Lazard (1986), Formes et fonctions du passif et de l'antipassif, *Actances*, 2 : 7-58 – J.-C. Milner (1986), *Introduction à un traitement du passif*, Univ. Paris 7 Dépt de Recherches Ling. – A. Zribi-Hertz (1987), La réflexivité ergative en français moderne, *Le français moderne*, 55 : 23-54 – R. Forest (1988), Sémantisme entéléchique et affinité descriptive : pour une réanalyse des verbes symétriques ou neutres en français, *BSLP*, 83/1 : 137-162 – Langages (1991), 109, *Sur le passif* – A. Brahim (1996), *L'occultif, hypothèse pour un traitement translinguistique du « passif » et des structures apparentées*, Études linguistiques, vol. 2, Tunis – SCOLIA, 10 (1997), La grammaticalisation des auxiliaires : le cas de *voir* : 205-224 – D. Gaatone (1998).

8. L'IMPERSONNEL : VERBES IMPERSONNELS ET CONSTRUCTIONS IMPERSONNELLES

8.1. Verbes, constructions et pronoms impersonnels

On appelle **verbes impersonnels** les verbes qui ne s'emploient qu'à la troisième personne du singulier. Comme de nombreux

XIV – Les types de phrases

verbes personnels peuvent aussi connaitre ce type de construction, on réunit parfois les uns et les autres sous l'appellation d'**unipersonnels**, pour les distinguer des modes dépourvus de marques personnelles (infinitif, participe et gérondif) également dits impersonnels. Qu'ils soient impersonnels ou construits impersonnellement, ces verbes sont toujours précédés de la forme pronominale sujet *il* qui présente les caractéristiques suivantes :
• elle est invariable (**Elle pleut – *Ils / *Elles ventent – *Ils sont arrivés plusieurs accidents*) ;
• elle n'admet aucune substitution, ni pronominale ni nominale (**Rien ne pleut – *Le temps pleut*) ;
• elle vérifie deux propriétés formelles du sujet :

— elle précède immédiatement le verbe dont elle ne peut être séparée que par des formes conjointes de pronoms personnels et par le premier élément de la négation (*Il ne lui en faut plus*) ;
— elle régit l'accord du verbe en personne et en nombre (*Il lui est arrivé plusieurs accidents – Il a encore été volé plusieurs tableaux de maitre à Nice*) et détermine le genre de l'attribut (*Il est étonnant / *étonnante qu'elle n'ait pas réagi*).

Il impersonnel n'a pourtant aucune des propriétés interprétatives des sujets ordinaires et en particulier du pronom personnel *il(s), elle(s)* dans ses emplois anaphoriques et déictiques : faute de contenu sémantique, il ne s'interprète ni comme l'agent ni comme le siège du procès exprimé. Ainsi s'explique :

— que *il* impersonnel ne puisse être l'objet ni d'une interrogation partielle (*Il faut du temps* → **Qui faut du temps ? / *Qu'est-ce qui faut du temps ?*) ni d'une extraction-focalisation au moyen de la locution *c'est... qui* (**C'est lui qui faut du temps*), sa vacuité référentielle interdisant de l'opposer à quoi que ce soit ;
— que les formes verbales impersonnelles soient incompatibles avec l'impératif (qui de toute façon ne connait pas la troisième personne) et avec le participe et le gérondif qui entretiennent avec un constituant nominal (même non réalisé) un authentique rapport de prédicat à sujet. Elles le sont aussi avec l'infinitif, sauf :

— lorsque ce mode est conditionné par l'antéposition d'un verbe modal, aspectuel ou faisant fonction d'auxiliaire temporel, avec lequel

la forme impersonnelle à l'infinitif fait bloc : *Il doit / peut / a failli / se met à /n'arrête pas de / cesse de / vient de / va pleuvoir* ;
— lorsque la construction infinitive s'interprète comme une subordonnée conjonctive réduite : *Il fait trop froid pour pleuvoir / pour qu'il pleuve.*

Remarque. — *Peu importe, mieux vaut, reste, n'empêche, suffit*, etc., sont considérés comme des vestiges de l'époque où les verbes impersonnels comme les autres étaient normalement dépourvus de pronom sujet (cf. *Peu me chaut* et afr. *Estuet = Il faut*). Le pronom impersonnel s'est progressivement imposé dans ces constructions à partir du 13ᵉ siècle et, au 16ᵉ siècle, son usage est pratiquement généralisé (Buridant 2000 : 396-406).

Les verbes précédés d'un pronom *il* impersonnel se répartissent en deux classes. La première regroupe les **verbes impersonnels** (*Il neige*) et les **locutions verbales impersonnelles** (*Il y a de l'orage dans l'air*), toutes formes verbales qui ne s'emploient qu'avec un sujet impersonnel. La deuxième classe rassemble des verbes personnels qui peuvent fonctionner comme pivots verbaux dans des **constructions impersonnelles** : *Un grand malheur est arrivé / Il est arrivé un grand malheur.* Ils sont obligatoirement suivis d'une **séquence nominale** ou phrastique souvent appelée **suite** ou **séquence impersonnelle**. Ces constructions peuvent être mises en rapport avec des constructions personnelles actives, passives ou pronominales.

8.2. Verbes impersonnels et locutions impersonnelles

Certains verbes ne s'emploient normalement qu'à la forme impersonnelle et sans expansion (**IX : 2.7.1.**). Il s'agit :

▶ des verbes décrivant des phénomènes **météorologiques** : *pleuvoir, venter, grêler, geler, grésiller, tonner, bruiner, fraichir*, etc. *Pleuvoir* et *neiger* peuvent néanmoins être suivis d'une expansion nominale spécifiant la manifestation matérielle du procès : *Il pleuvait de grosses gouttes / des cordes / des hallebardes.* En emploi figuré, ces verbes peuvent être à la forme personnelle : *Il pleut des soufflets, Figaro !* (Beaumarchais), mais *Les coups pleuvaient sur l'arbitre – Les* *tomates plurent sur la scène* (cf. *une pluie de coups / de tomates*) – *Les canons tonnent.*

Les verbes météorologiques comme *pleuvoir* et *venter*, etc. ont des contreparties nominales (*pluie, vent*) qui désignent les phénomènes météorologiques proprement dits et, à ce titre, constituent l'élément nominal d'expressions référentielles (**XXII**) dénotant ces phénomènes : *Je n'aime pas la pluie* – *Chantons sous la pluie.* Ces noms retrouvent cependant un emploi prédicatif (**VIII : 4.7.**) lorsqu'ils fonctionnent comme sujets d'un verbe spécifiant leur mode d'occurrence : *La pluie tombe (goutte à goutte)* – *La pluie redouble / cesse / reprend / menace* – *Le vent souffle (en rafales)* – *Le brouillard se lève* – *La nuit tombe.* Dans ces emplois, le nom du phénomène météorologique peut même, sous certaines conditions décrites ci-dessous (**8.3.2.**), être postposé au verbe marqueur d'existence, libérant ainsi la place canonique du sujet pour un *il* impersonnel : *Il tombait une pluie fine* – *Il soufflait un vent à décorner les bœufs.*

▶ des verbes *falloir* (= *il est nécessaire qu'il y ait*), *s'agir de* et des locutions verbales inanalysables *être question de, aller de soi, y aller de, en aller ainsi de / de même / autrement pour, retourner de* et *s'en falloir de peu / de beaucoup / d'un rien (pour)* qui, selon les cas, sont suivis d'un complément nominal ou propositionnel construit directement ou indirectement : *Il le / en faut* – *Il faut de la patience / partir / que tu partes* – *Il n'en est pas question* – *Il y va de l'honneur de la flotte rhénane* – *Le premier test a été concluant. Espérons qu'il en ira de même pour les autres* – *Il s'en est fallu de peu (pour) qu'il échoue.* La construction impersonnelle du verbe *retourner* est limitée aux formes interrogatives directes (*De quoi retourne-t-il ?*) et indirectes (*J'aimerais bien savoir de quoi il retourne*).

▶ des verbes *avoir, être* et *faire* lorsqu'ils forment le noyau verbal de diverses locutions verbales impersonnelles. *Il y a* (et sa variante littéraire et soutenue *il est*, conservée dans nombre de proverbes) ainsi que *il se trouve* sont suivis d'un syntagme nominal dont ils introduisent le référent dans l'univers de discours (**9.1.**) :

Y a-t-il un médecin dans la salle / un pilote dans l'avion ? – Qu'y a-t-il (de nouveau) ? – Ma mère considérait qu'il y avait les gens « distingués » et ceux qui ne l'étaient pas (Tomi Ungerer) – *Il est des parfums frais comme des chairs d'enfants* (Baudelaire) – *Il était une fois une petite fille de village, la plus jolie qu'on eût su voir* (Perrault) – *Il fut un temps où...* – *Il n'est bon bec que de Paris* – *Il n'est pire sourd que celui qui ne veut entendre* – *Il se trouvera toujours de bons esprits pour prétendre le contraire.*
Comme le verbe *avoir*, la locution *il y a* peut être complétée par *de quoi* + infinitif : *Il n'y a pas de quoi fouetter un chat.* Suivi d'une complétive, *il y a* introduit un constat à valeur justificative ou explicative : *Qu'est-ce qu'il y a (qui ne va pas) ? – Il y a que j'ai perdu mes clefs.* En langue soutenue, *Il n'est que de* + V Inf signifie :

• en emploi absolu (sens classique) : « Il n'y a que (le fait de) Vinf qui vaille la peine » : *Il n'est que d'aider les autres* ;
• suivi d'une consécutive introduite par *pour* et en concurrence avec l'expression courante *Il n'y a qu'à* = « Il suffit de Vinf » : *Il n'est que de réfléchir pour trouver la solution.*

Il y a suivi d'une expression dénotant un intervalle spatial pose l'existence d'une distance entre deux points : *De la gare à la poste, il n'y a pas plus de deux cents mètres / cinq minutes de marche* – *Il y a loin de la coupe aux lèvres.* Avec des expressions indiquant un laps de temps, *il y a* forme des compléments circonstanciels de temps datant le reste de la phrase (*Il est parti il y a deux minutes*) ou évaluant la durée d'un processus (*Il y a une heure / longtemps qu'il est parti*) (9.1.3.).

• Le verbe *faire* se combine avec des adjectifs, des noms et des syntagmes nominaux pour former des locutions impersonnelles dénotant l'occurrence de conditions météorologiques ou de moments de la journée :

• Adj : *Il fait beau / mauvais / bon / clair / sombre / chaud / froid / frisquet / humide / doux /* etc., et, en usage poétique, *Jusqu'aux astres indéfinis, / Qu'il fait humain, ô Destinée !* (Supervielle) ;
• N : *Il fait jour / nuit / soleil* etc. ;
• GN : *Il fait un temps de chien / un brouillard à couper au couteau / une belle journée / un beau clair de lune / un de ces froids* /etc. – *Madame, il fait grand vent et j'ai tué six loups* (V. Hugo, *Ruy Blas*).

• Le verbe *être* figure dans des constructions similaires véhiculant des indications temporelles : *Il est cinq heures / midi / tôt / tard* (variante aspectuelle : *Il se fait tard*) */ (grand) temps* – *Il est minuit, docteur Schweitzer* (G. Cesbron).

Remarques. — **1.** Dans le registre de la langue familière orale, certaines de ces locutions perdent souvent leur pronom impersonnel : *Y a du peuple – Fallait pas y aller – S'agit de pas se tromper – Pas question de renoncer – Mais y a qu'un cheveu sur la tête à Matthieu* (chanson populaire). Cet effacement confirme la vacuité référentielle du pronom impersonnel.
2. La séquence impersonnelle présente souvent des propriétés caractéristiques du complément d'objet direct ou indirect, notamment au regard de la pronominalisation et du détachement : *Il est temps que je vous parle de ma cousine* → *Il en est temps – Qu'y a-t-il ? – As-tu vu l'heure qu'il est ? / le temps qu'il fait ? – De quoi s'agit-il ? – C'est à boire qu'il nous faut* (chanson populaire) – *Il n'en est pas question.* Autre propriété significative, l'élément postverbal est précédé de la forme *de* qui caractérise le c.o.d. dans les phrases négatives (VII : 2.4.1.) : *Il ne se produit jamais d'accident à ce carrefour.*

8.3. Les constructions impersonnelles

8.3.1. *La double construction, personnelle et impersonnelle*

Lorsqu'un verbe admet la double construction, l'occurrence du *il* impersonnel est liée à la présence d'un élément postverbal : la **séquence impersonnelle**. L'effacement de cette dernière impose une interprétation référentielle (anaphorique) du pronom ou bien rend la phrase agrammaticale : *Il court de drôles de bruits* → *Il* (= quelqu'un) *court – Il a été procédé aux vérifications habituelles* → **Il a été procédé.* D'autre part, les analyses traditionnelles et transformationnelles instaurent une correspondance entre le sujet du verbe à la forme personnelle et la séquence du verbe a la forme impersonnelle : *Il court de drôles de bruits en ville* → *De drôles de bruits courent en ville – Il a été vendu plus de mille exemplaires* → *Plus de mille exemplaires ont été vendus.*

Or, *il* impersonnel présente les propriétés de position et de rection caractéristiques de la fonction sujet, mais est dépourvu de la contrepartie référentielle associée aux sujets canoniques. Inversement, la séquence du verbe impersonnel est interprétée comme un sujet, mais partage certaines propriétés du complément d'objet, notamment au regard de la pronominalisation (**8.2. Rem. 2 et 8.3.2.**). Cette dissociation entre fonctions syntaxiques et rôles sémantiques a amené à distinguer entre *il* **sujet grammatical** (ou **apparent**) et la séquence du verbe impersonnel censée représenter le **sujet logique** (ou **réel**). Selon les critères combinés de la forme et du sens, on peut cependant répartir les verbes admettant une construction impersonnelle en deux classes homogènes (8.3.2. et 8.3.3.), sans pour autant postuler deux types de sujets dans une même structure phrastique ni dériver mécaniquement les constructions impersonnelles d'une source personnelle. En effet, dans toutes ces constructions, le *il* impersonnel fonctionne comme **une forme postiche** (un pur régisseur verbal, référentiellement vide) destinée à occuper la place canonique du sujet non pourvue ou devenue vacante.

8.3.2. *La postposition du sujet d'un verbe personnel*

▶ Après un verbe intransitif, la position canonique du complément d'objet direct est par définition libre. Elle peut être occupée par le sujet si se trouvent remplies les trois conditions suivantes :

- la position préverbale caractéristique de la fonction sujet, devenue libre, est occupée formellement par la forme *il* impersonnelle : *Plusieurs accidents sont arrivés* → *? Sont arrivés plusieurs accidents* → *Il est arrivé plusieurs accidents* ;
- le verbe s'interprète comme introduisant dans l'univers de discours le référent du sujet postposé, en posant son existence ou sa non-existence s'il s'agit d'un objet, sa survenance ou son mode de manifestation s'il s'agit d'un événement : *Il n'est venu personne – Il en sort du pétrole ;*
- le déterminant du constituant postverbal est généralement indéfini ou négatif : *Il a surgi des (*les) difficultés de dernière heure – Il n'y pousse aucune plante.*

Nombreux sont les verbes intransitifs qui se prêtent à ce type de construction : *Il est arrivé (une catastrophe) / court (un bruit) / émane (une odeur) / jaillit (du pétrole) / se passe (de drôles de choses) / règne (un silence de mort) / souffle (un vent de panique) / me vient à l'esprit (une idée) / manque (deux hommes à l'appel) /* etc.

▶ La séquence impersonnelle peut prendre, selon les cas, la forme d'un pronom, d'un groupe nominal, d'une complétive ou d'une construction infinitive : *Que t'arrive-t-il ? – Il m'arrive un petit ennui* / *de fumer la pipe* – *Il arrive que les vols aient du retard*. Les groupes nominaux construits en séquence peuvent être disloqués à gauche et à droite de la phrase à la manière d'un complément d'objet (*Des survivants, il n'en reste que deux – Il s'en est présenté cinq, de candidats*), mais ne se prêtent pas à la relativisation (**les accidents qu'il m'est arrivé*).

Remarques. — 1. L'emploi impersonnel est occasionnellement compatible avec une séquence impersonnelle dont le déterminant défini est conditionné par la nature de son expansion : *Il m'est arrivé le même accident qu'à toi – Il lui reste l'espoir de guérir – Il manque / reste la fin du paragraphe – Il y pousse les plus belles fleurs du monde – Il y a la fin et il y a les moyens.*
2. À côté de *je me souviens de* subsiste l'archaïsme *il me souvient de* : *Ne vous souvient-il point de ce que je vous contais une fois à Fresnes* ? (Mme de Sévigné) – *Te souvient-il de nos extases anciennes* ? (Verlaine) – *Et nos amours / Faut-il qu'il m'en souvienne* (Apollinaire).
3. Dans la construction impersonnelle du verbe *suffire*, le constituant postposé est construit indirectement : *Un peu d'imagination suffit* → *Il suffit d'un peu d'imagination.*

Lorsqu'elles sont sujets d'un verbe attributif suivi d'un adjectif ou d'une forme équivalente (*Que Pierre parte / Partir est nécessaire*), les complétives et les constructions infinitives forment régulièrement le constituant postverbal d'une construction impersonnelle : *Il est nécessaire que Pierre parte / de partir – Il est de notoriété publique que tous ses ouvrages ont été écrits par des nègres – Il est plus aisé de louer les grands esprits que de les imiter.* Un grand nombre d'adjectifs attributs et de constructions prépositionnelles équivalentes autorisent ce type de construction limité à des sujets propositionnels : *bon, certain, difficile, douteux, évident, indécent, lamentable, paradoxal, de bon ton, de bonne guerre,* etc. Ce déplacement (appelé *extraposition* par les grammairiens générativistes) est à l'origine de la forme impersonnelle des verbes ou locutions verbales *il appert, il appartient à, il convient (à), il dépend (de), il (dé)plaît à, il importe (à), il urge, il tarde (à), il entre dans mes intentions,* etc. suivies d'une complétive ou d'un infinitif précédé de *de*.

Remarque. — La locution attributive *Il fait bon* ne se construit qu'avec un infinitif : *Auprès de ma blonde, qu'il fait bon dormir* (chanson). L'attribut est nominal dans les constructions telles que *Il est (grand) temps que vous interveniez / d'intervenir – Il est dommage que tu aies manqué cette émission / de ne pouvoir prendre des photos,* pour lesquelles la construction personnelle est peu naturelle : ? *Que tu aies* manqué cette émission est dommage. Il en va de même pour : *Il me tarde de faire sa connaissance !* ? ? *Faire sa connaissance me tarde.*

8.3.3. *Les formes impersonnelles du passif*

La phrase impersonnelle (1) *En une semaine, il a été publié plus de dix grammaires françaises* ! s'analyse comme une phrase également passive, pour trois raisons : son verbe est à la forme passive ; elle peut être pourvue d'un complément d'agent (p. ex. *par le même éditeur*) ; elle est une paraphrase des phrases passive (1a) et active (1b) qui comportent le même investissement lexical :

(1a) *Plus de dix grammaires françaises ont été publiées (par le même éditeur)* !

(1b) *Le même éditeur a publié plus de dix grammaires françaises* !

Par rapport à la phrase active (1b) et en contraste avec la phrase passive (1a), la phrase (1) constitue une réalisation particulière du passif français : le verbe présente la morphologie passive (addition de *être* et du participe passé) ; le sujet peut être déplacé en position de complément d'agent introduit par la préposition *par* ; la place vacante du sujet n'est cependant pas occupée par l'objet, mais par *il* impersonnel. En somme, il s'agit d'une forme de phrase passive où le complément d'objet actif n'a pas changé de position. Ou, pour le dire autrement, si la forme du verbe est bien passive, la diathèse de la phrase ne l'est pas, puisque l'argument final du verbe conserve sa position de c.o.d. et que l'argument initial (source, agent) est relégué au rang de complément indirect et le plus souvent simplement évacué du schéma actanciel.

> Ainsi s'explique que des verbes transitifs indirects puissent néanmoins avoir une forme passive impersonnelle, où le complément indirect actif conserve sa position canonique, la place fonctionnelle du sujet étant pourvue par *il* impersonnel : *On / Le directeur n'a pas accédé à votre demande* → *Il n'a pas été accédé à votre demande (par le directeur).* Cet emploi se rencontre fréquemment dans les écrits administratifs, où il affecte surtout les verbes de relation intersubjective : *Il a été débattu de (la question) / discuté de (la suite à donner) / procédé à (la signature du contrat) / remédié à (la situation) / répondu à (toutes les demandes) / pourvu au remplacement du conseiller démissionnaire / convenu de voter à main levée / etc.* Inversement, le passif autorise une extension du domaine d'application des constructions impersonnelles : « **Pendant tout le sermon il n'a éternué personne / Pendant tout le sermon il n'a pas été éternué une seule fois.* »

Remarque. — *Donner de*, au sens de « donner la possibilité ou le loisir, permettre », ne se construit pratiquement plus qu'à la forme passive impersonnelle : *Il ne lui a pas été donné d'achever son œuvre – C'est l'histoire la plus extraordinaire qu'il m'a été donné d'entendre.*

Les constructions pronominales « passives » (**IX : 2.5.2.**) dont le sujet correspond à l'objet de la phrase active (*Beaucoup de disques se sont vendus* → *On a vendu beaucoup de disques*) acceptent également la forme impersonnelle : *Il s'est vendu beaucoup de disques – Jamais il ne s'est vu de tels changements en si peu de temps* (Mme de Sévigné). Encore une fois, l'objet de la phrase active conserve sa place canonique et la place du sujet est occupée par le pronom *il* impersonnel. Ainsi, le complément d'agent étant exclu de la construction pronominale, le passif n'y est plus marqué que par la forme réfléchie du verbe. En effet, *être* est ici non pas l'auxiliaire du passif, mais celui des formes pronominales composées (**IX : 2.5.1.**), comme le montre la phrase *Il se vend beaucoup de disques de variétés*, où le verbe mis au présent reste à la forme active.

La forme passive impersonnelle (éventuellement pronominale) s'étend aux constructions personnelles actives à objet direct propositionnel (subordonnée complétive ou construction infinitive) :

– *Il a été dit / décidé / demandé / précisé / proposé / raconté / recommandé / précisé / suggéré / etc. que... / de...*
– *Je ne te donne pas dix jours [...] pour qu'il soit découvert que notre vieille tante a étranglé jeune fille son nouveau-né.* (Giraudoux, *Electre*)
– *Il se dit / colporte / raconte que...*

Les verbes de questionnement et d'incertitude (**XVII : 4.1.**) peuvent être suivis d'une subordonnée interrogative : *Il a été demandé / Il n'a pas été précisé / Il n'a pas été confirmé / Il n'a pas été décidé si Pierre viendrait.*

8.4. Usages, variations et tendances

La caractéristique syntaxique et interprétative commune à toutes les formes verbales impersonnelles est que leur sujet est l'élément référentiellement vide *il*. Faute d'un sujet référentiel, les formes impersonnelles météorologiques s'interprètent comme des prédicats dépourvus d'un argument susceptible de les vérifier (il n'y a pas d'entité dont on puisse dire qu'elle satisfasse le prédicat « pleuvoir »), donc comme des procès sans actant. Ces verbes à valence (**VI : 3.3.1.**) nulle (ou **valence zéro**) renvoient aux phénomènes de génération spontanée, ou du moins conçus comme tels, que sont les conditions atmosphériques.

Par un coup de force stylistique, la forme impersonnelle permet de représenter un procès psychologique comme autogénéré à la manière d'un événement météorologique, indépendamment de tout support empirique (p. ex. : *Il chante dans ma tête comme il vente sur la fête* construit, la paronymie aidant, sur le modèle verlainien : *Il pleure dans mon cœur comme il pleut sur la ville*).

La substitution occasionnelle de *ça* à *il* introduit dans ces constructions impersonnelles un sujet diffus, difficilement identifiable parce que non catégorisé, mais qui existe et s'interprète comme le support du verbe impersonnel : *Il / Ça pleut – Il / Ça douche – Il / Ça flotte*. La « référence indistincte » de *ça*, comme l'appelle F. Corblin (1991), permet en effet d'étendre un prédicat météorologique à l'ensemble de la situation ambiante (surtout si cette dernière possède d'autres traits saillants identifiables à *ça* : *Il tonne* → *Ça tonne*). L'un des effets de sens produits par cet usage familier est de suggérer l'intensité du phénomène. Ainsi s'expliquent l'opposition *Il pleuvait / Ça pleuvait* (? *Ça pleuvait un peu*) et les différences d'acceptabilité entre *Ça caille / ? Il caille* et entre *Ça mouille / ? Il mouille*, encore que cette dernière forme apparaisse plus naturelle en coordination avec un authentique verbe météorologique : *Il pleut, il mouille / C'est la fête à la grenouille* (chanson populaire). D'ailleurs, *ça* est souvent employé à l'oral (I : 3.4.) avec des verbes évoquant des phénomènes d'ambiance plus ou moins directement rapportés à des sujets humains : *Ça va ? – Ça boume ? – Ça crie / chante / chahute / ronfle là-dedans – Ça sonne – Ça sent bon ici – Ça bouchonne sur l'autoroute*.

Bien que ces emplois soient très proches des constructions impersonnelles météorologiques, *il* impersonnel ne peut s'y substituer à *ça*, du fait de sa vacuité référentielle (*Ça sonne* / *Il sonne – **Il bouchonne sur l'autoroute*). Inversement, c'est sa référence diffuse qui rend *ça* inapte à remplacer *il* impersonnel suivi d'une séquence impersonnelle : **Ça arrive souvent des accidents à ce carrefour* – *Ça faut du temps. Cependant lorsque la séquence impersonnelle est de nature propositionnelle (complétive ou construction infinitive), on trouve des couples du type : *Il / Ça arrive qu'on se trompe* – *Il / C'est dangereux de manipuler des munitions*. Il semble toutefois que *ça* ait ici également une nette valeur d'anticipation, ce qui rapprocherait ces constructions de leurs homologues segmentées, où le sujet postposé par dislocation est séparé du verbe par une pause ou par une virgule : *Ça arrive, qu'on se trompe* (**6.1.2.**).

Pour les verbes à double construction, le choix dépend de plusieurs paramètres. On a souvent noté que le choix de la construction impersonnelle est une marque distinctive du français soutenu. D'autre part, l'ordre [verbe d'apparition / survenance – sujet postposé] reproduit expressivement la succession [manifestation d'existence – identification de l'objet manifesté] : *Il en sortit une coulée de lave* – *Il se présente si peu d'occasions de témoigner son estime et son amitié* (Mme de Sévigné) – *Il saute aux yeux que ce texte a été tronqué*. Plus généralement, la construction impersonnelle apparait dépourvue d'un argument initial susceptible d'être interprété comme la source du procès. Elle constitue dès lors globalement le propos d'un énoncé sans thème ou à thème implicite, dont le cadre proprement dit (**XXIV : 2.**) peut apparaitre sous la forme d'un complément circonstanciel de temps ou de lieu : *Hier matin, devant la maison, il s'est encore produit un accident*. Aussi un énoncé impersonnel ne fournit-il une réponse naturelle qu'à des questions dites « thétiques » comme *Qu'y a-t-il ?* ou *Que se passe-t-il ?* où l'interrogation porte globalement sur l'occurrence d'un événement, abstraction faite de son articulation en thème et propos. On comprend aussi que le trait [+ défini] soit difficilement compatible avec les séquences impersonnelles, que leur caractère rhématique prédispose à l'introduction dans l'univers de discours d'informations nouvelles ou du moins présentées comme telles. Enfin, dans tous les cas, le référent du sujet – qu'il soit simplement postposé ou relégué au rang de complément d'agent (d'ailleurs très rarement exprimé) – se trouve déchu de son rôle d'initiateur du procès, voire complètement occulté.

Histoire. — Dans *La pensée et la langue* (1923), F. Brunot analyse un exemple significatif : « Si je dis non *un bouton me pousse sur le nez* mais *il me pousse un bouton sur le nez*, c'est que mon esprit ne part pas de l'idée d'un bouton, mais de l'idée qu'il me pousse quelque chose qui sera déterminé après ». On ne saurait mieux caractériser le mouvement de pensée qui construit iconiquement d'abord la représentation d'un procès, puis dans un second temps une occurrence du type d'entité dont l'existence résulte de ce procès.

Ailleurs se manifeste la tendance du français à éviter les complétives et les infinitifs en position de sujets directement antéposés au syntagme verbal (**8.3.2.** et **8.3.3.**). Il est plus naturel d'écrire : *Il ne suffit pas d'être né avec les talents de son père et de sa mère* (Tomi Ungerer) que *Etre né avec les talents de son père et de sa mère ne suffit pas*. À quoi s'ajoutent des facteurs d'ordre prosodique qui favorisent la succession de groupes rythmiques en ordre croissant. Or, la tournure impersonnelle permet de réduire le sujet à sa plus simple expression tout en étoffant d'autant le syntagme verbal. Dans ces conditions, ce sont encore les complétives qui, au même titre que d'autres sujets « volumineux » postposables, favorisent le recours à la construction impersonnelle.

Bibliographie. — G. Hilty (1959), *Il impersonnel*, *Le français moderne*, 4 : 241-252 – D. Gaatone (1970), La transformation impersonnelle en français, *Le français moderne*, 4 (38) : 389-411 – R. Martin (1970), La transformation impersonnelle, *Rev. Ling. Rom.*, 34 : 377-394 – H. Bonnard (GLLF) : 6331-37 – R. Martin (1979), *La tournure impersonnelle : essai d'une interprétation sémantico-logique*, Festschrift Kurt Baldinger, Tübingen : 208-219 – M. Heriau (1980), *Le verbe impersonnel en français moderne*, Champion – N. Rivière (1981), *La construction impersonnelle en français contemporain*, J. Fayard – J. Chocheyras (1985), *Autour de l'impersonnel*, Grenoble, Ellug éd. – A. Delaveau et F. Kerleroux (1985) : 17-32 – F. Létoublon et J.-P. Maurel (1985), Passif et impersonnel, J. Chocheyras, éd. : 7-32 – D. Willems et L. Tamowsky (1987), Les phrases à première position actancielle vide : « *Par la porte ouverte (il) entrait une odeur de nuit et de fleur* », *Travaux de Linguistique de Gand* : 177-191– N. Ruwet (1990), Des expressions météorologiques, *Le français moderne*, 1 / 2 : 43-98 – F. Corblin (1991), Sujet impersonnel et sujet indistinct, *in* M. Maillard (éd.) : 139-

150 – M. Maillard (éd.) (1991), *L'impersonnel, mécanismes linguistiques et fonctionnements littéraires*, Grenoble, CEDITEL.

9. PHRASES ATYPIQUES

Certaines structures de phrases fréquemment employées, en particulier à l'oral, non seulement ne correspondent pas au modèle canonique (**VI : 2.1.**), mais sont difficiles ou impossibles à dériver d'une phrase canonique : phrases à présentatif, phrases non verbales,... D'autres, comme les incises et les incidentes, tout en correspondant au modèle canonique, sont d'un emploi restreint et particulier.

9.1. Phrases à présentatif

Comme leur nom l'indique, les *présentatifs* servent à présenter un groupe nominal ou un constituant équivalent qui fonctionne comme leur complément. L'ensemble *présentatif* + *GN* forme une phrase irréductible au modèle canonique. Cette structure est fréquemment employée à l'oral (I : 3.4.), car elle sert à désigner un référent dans la situation d'énonciation : *il y a quelqu'un ; c'est mon mari ; voici un cadeau ; voilà un ours ; il est minuit.*

Les présentatifs contiennent un verbe, parfaitement vivant dans *c'est, il est, il y a*, ou figé : *voici* et *voilà* sont formés de l'impératif du verbe *voir* (2ᵉ personne du singulier), associé aux éléments déictiques *-ci* et *-là* que l'on retrouve dans les démonstratifs. Cela explique que, même si les présentatifs ont des emplois analogues, ils gardent des rôles spécifiques et présentent des différences sémantiques.

9.1.1. *Les structures à présentatif*

Les présentatifs forment une phrase avec :

• **Un groupe nominal ou un pronom**

Voici / Voilà / Il y a / C'est Pierre / un homme / quelqu'un.
L'emploi du pronom personnel est déterminé par le présentatif :

• Avec *voici, voilà*, la forme clitique du pronom précède le présentatif, conformément à la règle de placement des compléments verbaux : *Me / Te / Le / Nous voici / voilà* ;
• Après *c'est* et *il y a*, on emploie la forme disjointe du pronom personnel :

C'est moi / toi / lui. – Il y a moi / toi / nous / vous. Mais *il y a* admet difficilement un pronom de troisième personne ; ?*Il y a lui*, sauf s'il est coordonné avec un groupe nominal : *Il y a lui et sa femme*.

Si le groupe nominal contient une subordonnée relative, la phrase peut être ambigüe : *C'est le préposé qui m'a reçu* (**6.2.1.**).

• **Une subordonnée complétive (XVII : 2.)**

Voici / Voilà que le soleil se lève / qu'il neige. Voici / Voilà comment faire. L'événement dénoté par la subordonnée est présenté globalement sans opposition thème / propos.

La complétive peut être réduite à une subordonnée infinitive : *Voici venir les temps où vibrant sur sa tige / Chaque fleur s'évapore ainsi qu'un encensoir* (Baudelaire) ou à la séquence [objet + attribut de l'objet] (**VIII : 5.3.2.**) : *Voici que Paul est libre / Voici Paul libre.*

Après *c'est* et *il y a*, la complétive s'emploie dans des réponses à une question, dans un niveau de langue familier : *Qu'y a-t-il ? – Il y a que je me suis trompé. C'est que je ne suis pas d'accord.*

Remarque. — *Voici* et *voilà* peuvent aussi être suivis d'une relative substantive (**XVI : 5.**) : *Voici / voilà qui me convient parfaitement. – Voilà où t'a menée l'orgueil, Electre* (Giraudoux).

Bibliographie. — G. Moignet (1976), « Le verbe *voici-voilà*. », *Études de psychomécanique française*, Klincksieck : 45-58.

9.1.2. *Emplois spécifiques des présentatifs*

▶ **Voici, voilà** sont invariables. Ils peuvent s'employer seuls, comme des interjections, dans une réponse, exclamative ou non : *Il y a quelqu'un ? – Voilà, voilà... on vient ! – L'addition, s'il vous plait. – Voici ! / Voilà.* Ils servent aussi de formule d'annonce pour introduire ce qu'on va dire ou d'indication conclusive pour marquer la fin d'un discours.

XIV – Les types de phrases

Remarque. — *Voilà* est plus courant que *voici*. L'opposition classique entre la proximité (*voici*) et l'éloignement (*voilà*) n'est plus beaucoup pratiquée. Dans la succession des énoncés, *voilà* renvoie traditionnellement à ce qui précède, tandis que *voici* annonce ce qui suit, comme dans ce vers de Racine : *Voilà tous mes forfaits. En voici le salaire.*

Ils ne peuvent pas être niés dans un énoncé déclaratif (*Ne voilà personne), mais dans un énoncé interrogatif, ils ont un emploi négatif vieilli : *Ne voilà-t-il pas qu'il revient ?*

Ils peuvent être suivis d'un comparatif : *Voici/voilà plus intéressant*, ou d'un superlatif : *Voici/voilà le plus beau de l'histoire.*

Quand ils sont suivis d'une complétive, ils présentent une circonstance nouvelle : *Voilà qu'il neige. – Et voici qu'il montait vers des champs de lumière* (Saint-Exupéry). La complétive peut être réduite à l'infinitif (voir l'exemple de Baudelaire page 759).

Comme *voici* et *voilà* sont formés à partir du verbe *voir*, leur origine verbale explique certaines de leurs particularités. L'élément qu'ils introduisent possède certaines propriétés du complément d'objet direct. Ainsi, le pronom personnel leur est antéposé : *Me voici. – Oreste ! les voilà !* (Sartre). Le pronom *en* les précédant peut être associé à un terme qui les suit : *En voilà un kilo*. Par ailleurs, l'élément introduit par *voici/voilà* peut être accompagné d'un terme qui joue, par rapport à lui, le rôle d'un attribut du complément d'objet direct (**VIII : 5.3.2.**) : *Nous voilà bien embarrassés. – Voilà la joie répandue dam toute la maison* (Diderot). – *Me voici un vrai militaire* (Stendhal). Ils peuvent aussi fonctionner comme pivot verbal d'une subordonnée relative : *Le livre que voici. – L'homme dont voici le signalement. – Dis, qu'as tu fait, toi que voilà, de ta jeunesse* (Verlaine).

Remarque. — Les termes *revoici* et *revoilà* marquent l'itération (« voici/voilà de nouveau »), dans un niveau plutôt familier. Ils s'emploient surtout avec un pronom personnel : *Tiens ! Le revoilà.*

▶ **Il y a** ne peut pas s'employer seul. Il varie en temps et en mode (*il y avait, il y aura, qu'il y ait*, etc.) et il peut être nié (*il n'y a pas*) ou supporter une restriction : *Il n'y a qu'un seul amour dans ce monde* (Camus).

Il y a possède en fait deux valeurs : il joue le rôle d'un présentatif, analogue à *voici*, mais il exprime aussi l'existence et équivaut dans ce cas à *il existe*. Avec un groupe nominal indéfini au pluriel, l'interprétation existentielle donne lieu, selon le contexte, à une lecture générique ou spécifique : *Il y a des cigognes noires.*

Son origine impersonnelle explique la préférence de *il y a* pour l'indéfini : *Il y a quelqu'un / un homme. – Il y eut un soir, il y eut un matin.* L'emploi de l'indéfini se justifie dans l'interprétation existentielle : *il y a* pose l'existence d'un référent. Dans son sens présentatif en revanche, *il y a* peut être suivi d'un groupe nominal défini, qui peut se limiter à un nom propre. Mais l'énoncé est alors senti comme incomplet : *Il y a Jacques / le facteur.* Il doit être complété par une indication spatiale, qui peut être réduite à *là* ; *il y a (là) Jacques / le facteur à la porte / dans la rue.* Cette localisation assure l'identification du référent du groupe nominal. Dans le sens présentatif, défini et indéfini peuvent se mêler : *Dans le fond de la voiture, il y avait juste le Major et un chien, et deux valises* (B. Vian). L'énoncé peut également être complété par une relative, ce qui aboutit à une structure de type emphatique : *Il y a le facteur qui veut vous parler.*

Remarque. — Les expressions lexicalisées ne comportent pas de déterminant : *Il y a anguille sous roche. Il n'y a pas péril en la demeure...*

Bibliographie. — L. Picabia (1976), Il y a démonstration et démonstration : réflexion sur la détermination de l'article zéro, *Langue française*, 72 : 80-101 – C. Jeanjean (1979), Soit y avait le poisson soit y avait ce rôti farci ; étude de la construction il y a dans la syntaxe du français, *Recherches sur le Français Parlé*, 2 : 121-162.

▶ **Il est** connaissait un emploi plus important à l'époque classique et concurrençait *il y a*, impersonnel comme lui et de sens analogue (**8.2.**). Comme *il y a*, *il est* pose l'existence du référent du groupe nominal qu'il introduit. Associé à *une fois, il était* constitue la formule stéréotypée d'ouverture des contes : *Il était une fois une petite fille de Village, la plus jolie qu'on eût su voir...* (Perrault). Dans l'usage moderne, *il est* se rencontre dans des expressions figées impersonnelles (*Il est temps / tard...*), qui sont réservées à l'expression du temps : *Il est cinq heures / minuit.*

▶ **C'est** ne connait guère de restrictions d'emploi, si ce n'est qu'il ne peut pas s'employer seul. Il varie en temps et en mode, mais le présent est souvent maintenu, notamment en contexte passé. Il varie aussi en nombre, essentiellement dans la langue soutenue. En principe, le singulier *c'est* est suivi d'un groupe nominal au singulier ou d'une structure propositionnelle équivalente ; le pluriel *ce sont* est suivi d'un groupe nominal au pluriel : *Ce ne sont pas les ennemis naturels qui se battent* (Giraudoux). Mais *ce sont* est exclu devant les pronoms personnels *nous* et *vous* : *C'est nous / vous*. Le singulier est aussi préféré dans certaines structures : *Est-ce eux ? – Ce n'est pas eux. – C'est dix euros. – Fût-ce les dieux... – Sera-ce les remèdes attendus ?* Dans l'usage courant, à l'oral surtout, *c'est* tend à remplacer *ce sont*, par souci d'invariabilité.

Bibliographie. — M. L. Moreau (1976), ch. I (voir **6.**, *in fine*).

9.1.3. *Autres emplois des présentatifs*

Les présentatifs s'emploient aussi dans d'autres structures de phrases, qui ne se ramènent pas à la structure *Présentatif + GN* (ou équivalent). Ils se rencontrent dans des phrases emphatiques, ou bien ils peuvent introduire, dans divers types de phrases, des compléments circonstanciels.

• **L'emphase**

Les quatre présentatifs courants servent à former des phrases emphatiques par extraction d'un constituant ; ils sont associés à *qui* pour extraire le sujet et à *que* pour les autres fonctions (**6.2.**).
  • *C'est* connait un emploi systématique, pour l'extraction du sujet, du complément d'objet, d'un complément circonstanciel, etc. : *C'est le donneur qui ouvre les enchères – C'est une conversation d'ennemis que nous avons là ?* (Giraudoux).
  • Les autres présentatifs sont d'un emploi plus restreint. Ils présentent globalement le fait dénoté par la structure propositionnelle qui les suit, en neutralisant la distinction thème / propos (ils constituent des « énoncés thétiques ») : *Il y a les agri-*

culteurs qui manifestent à Strasbourg équivaut globalement à « Il y a une manifestation d'agriculteurs à Strasbourg ».

– **Voici** et **voilà** se limitent à l'extraction du sujet, nominal ou pronominal : *Voici / Voilà le train qui arrive – Le voici / voilà qui arrive – Voilà messire Jean Chouart / Qui du choc de son mort a la tête cassée* (La Fontaine). La proposition subordonnée relative associée au groupe nominal (ou au pronom) joue un rôle prédicatif (conformément à l'origine verbale de *voici, voilà*). Dans *Le voici qui sort de sa voiture*, la relative (**XVI : 6.**) *qui sort de sa voiture* a exactement le même statut que dans *Je le vois qui sort de sa voiture*.

La structure peut être réduite quand la phrase contient le verbe *être* suivi d'un attribut : *Voilà l'homme qui est tout surpris* → *Voilà l'homme tout surpris*. Le relatif et le verbe *être* sont effacés ; dans la structure réduite, le groupe nominal et l'adjectif entretiennent entre eux des relations respectives de complément d'objet et d'attribut du complément d'objet (**VIII : 5.3.2.**) : l'adjectif ne peut pas être supprimé (sinon, *voilà* redevient un simple présentatif : *Voilà l'homme*) et la pronominalisation n'englobe pas l'adjectif (*Le voilà tout surpris*).

– *Il y a* est plutôt suivi d'un groupe nominal indéfini, en raison de sa forme impersonnelle : *Il y a beaucoup de gens qui parlent pour ne rien dire*. La structure peut être réduite dans les mêmes conditions que pour *voici, voilà* : *Il y a un verre (qui est) cassé* ; on intercale parfois *de* entre le nom et le participe : *Il y a un verre de cassé*.

▶ Expression du temps

Les présentatifs *voici, voilà* et *il y a* servent à introduire des compléments circonstanciels de temps ; ils jouent alors le rôle d'une préposition. Deux places sont possibles :

- en fin de phrase : (a) *Il a déménagé voici / voilà / il y a cinq ans* ;
- en début de phrase : (b) *Voici / Voilà / Il y a cinq ans qu'il a déménagé*.

La position initiale (b) constitue une structure emphatique particulière : le complément circonstanciel introduit par le présentatif est mis en relief : ***Voici trois ans que*** *la nouvelle équipe municipale exerce ses responsabilités à Strasbourg* (*Strasbourg Magazine*, n° 24). Le présentatif est suivi de l'indication d'une durée et appelle un corrélatif *que* lui-même suivi du procès qui s'inscrit dans cette durée. L'emploi de la conjonction *que* en corrélation avec le présentatif est très fréquent, mais, à la différence de l'emphase par extraction habituelle, on ne peut pas rétablir une phrase canonique en supprimant simultanément le présentatif et *que* (**Cinq ans il a déménagé*).

Ces deux positions sont contraintes par le temps du verbe. Quand il indique l'accompli, comme dans nos exemples au passé composé, les deux places sont également possibles. Mais quand le verbe n'est pas à un temps de l'accompli, la place en fin de phrase est impossible : *Voilà trois jours qu'il dort* vs **Il dort voilà trois jours*.

Bibliographie. — Chevalier et al. (1964) : §§ 121-125 – J. C. Chevalier (1969), Exercices portant sur le fonctionnement des présentatifs, *Langue française*, 1 : 82-92 – C. Molinier (1996), Constructions en C'EST : une classification générale, *cahiers de grammaire*, 21 : 75-94.

9.2. Les phrases non verbales.

9.2.1. *La phrase non verbale*

La *phrase non verbale* est, comme son nom l'indique, une phrase sans verbe, par opposition à une phrase dite *verbale*. L'absence de verbe prive la phrase non verbale du terme qui assure normalement la prédication et l'ancrage énonciatif. Cependant, celle-ci possède deux propriétés qui permettent de la traiter comme une phrase :

> – elle exprime une prédication, exprimée par d'autres moyens que le verbe : dans la phrase à deux éléments *Génial, ce film !*, l'adjectif *génial* joue le rôle du prédicat associé au sujet *ce film*. La phrase non verbale à un élément comporte seulement un prédicat (*Génial !*).
> – elle exprime une modalité d'énonciation. La phrase non verbale peut être déclarative (*Fin de l'épisode*), interrogative (*Les toilettes ?*) ou impérative (*Vos papiers !*). Elle est particulièrement utilisée dans les énoncés exclamatifs : *Génial, ce film ! – Ciel ! Mon mari !* (**3.2.2.**).

En l'absence de forme verbale et d'autres termes portant des indications temporelles, la temporalité de la phrase non verbale est repérée par défaut par rapport au présent du locuteur, car elle dépend plus fortement de la situation particulière, qui est nécessaire pour lui donner sa valeur énonciative. Dans les cas des énoncés parémiques figés comme les proverbes (*Petites causes, grands effets – À cœur vaillant rien d'impossible*), la phrase non verbale constitue une assertion « intemporelle, impersonnelle, non modale » (Benveniste 1966 : 159), ce qui la rend apte à exprimer une « vérité générale ». Ainsi, la phrase non verbale pourra, selon son rapport avec l'énonciation, prendre une valeur générale ou au contraire particulière. Dans ce cas, elle manifeste souvent une plus grande expressivité que la phrase canonique. Selon G. Guillaume, quand l'expression grammaticale se réduit, l'expressivité croît, l'expressivité maximale étant illustrée par les interjections (**9.4.1.**).

« La phrase nominale comporte un prédicat nominal, sans verbe ni copule, et elle est considérée comme l'expression normale en indo-européen là où une forme verbale éventuelle eût été à la troisième personne du présent indicatif de *être* » (E. Benveniste 1966 : 151). L'interprétation sémantique de la phrase non verbale peut s'appuyer sur la comparaison avec une phrase à verbe *être* (F. Lefeuvre 1999 : 125) : *Génial, ce film !* = *Ce film est génial !* Diverses relations sont possibles : attribution d'une propriété au sujet (*Génial, ce film !*), identification du sujet (*Chomsky, le fondateur de la grammaire générative*), localisation du sujet (*La mairie, parc de l'Etoile*).

Remarques. — 1. On préfère parler de *phrase non verbale* ou, comme F. Lefeuvre (1999), de *phrase averbale*, car l'appellation de *phrase nominale* est trop restrictive, puisqu'elle se limite à une structure nominale s'opposant à une structure verbale. Elle représente un phénomène linguistique très général : beaucoup d'énoncés, irréductibles à la phrase canonique, sont formés d'un seul terme ou de deux termes associés et sont employés pour communiquer un message fortement conditionné par une situation d'énonciation particulière.
2. L'absence de verbe est une condition nécessaire, mais non suffisante, pour parler de phrase non verbale. En effet, certaines structures sans verbes ne sont pas des phrases non verbales : les termes de réponse (*oui, non, si*), les termes mis en apostrophe, les interjections, etc. (9.4.) On distinguera aussi les phrases non verbales des *phrases elliptiques*, dont le ou les constituants effacés sont récupérables dans le

contexte linguistique, notamment dans les réponses aux questions (*Qui est venu ?* – *Personne*.)
3. Une phrase non verbale peut comporter un verbe : *Incroyable, la nouvelle que je viens d'apprendre !* Dans cette phrase complexe, la principale ne comporte pas de verbe, mais son sujet contient une subordonnée relative de forme canonique qui a un noyau verbal.

Bibliographie. — E. Benveniste (1966), La phrase nominale : 151-167 – L. Hjelmslev (1971), Le verbe et la phrase nominale, *Essais linguistiques*, Minuit : 174-200 – P. Le Goffic (1993), ch. 17. La phrase sans verbe – F. Lefeuvre (1999).

9.2.2. *Les phrases non verbales à deux termes*

▶ On peut analyser beaucoup de phrase non verbales en deux parties : *Chauds, les marrons ! – Magnifique, ce paysage ! – Génial, ce film ! – Combien ce bijou ? – Césarée... un beau nom pour une ville* (Aragon) *– Mais moi, quel changement !* (Hugo) *– C'est vrai, les journaux, quel tambour ! Tous les jours, boum-boum sur la peau* (J. Vautrin). Ces deux parties ne sont reliées par aucun terme grammatical, mais elles sont simplement juxtaposées ; elles sont marquées à l'oral par une intonation spécifique faisant contraster, généralement associée à une pause (qui peut être marquée par la virgule à l'écrit), une première partie nettement montante et une seconde partie plate ou descendante. Elles n'en constituent pas moins une unité discursive, dont la solidarité est marquée par l'accord éventuel et par l'intonation. Elles entretiennent une relation prédicative ; la virgule équivaut, à l'écrit, au verbe copule non exprimé (*Magnifique, ce paysage* = *Ce paysage est magnifique*).

Remarque. — Cette construction binaire est très souvent irréductible telle quelle à la phrase canonique. Elle représente une structure élémentaire qu'on rencontre dans toutes les langues, à l'oral comme à l'écrit : *Manger l'herbe d'autrui ! Quel crime abominable !* (La Fontaine) Elle s'emploie très fréquemment à l'oral, notamment pour communiquer avec un étranger : *La cathédrale, tout droit.* Elle correspond à un stade important de l'acquisition du langage par l'enfant, pour qui elle constitue la première ébauche d'organisation syntaxique (*Papa parti. Auto boum*).

L'un des deux éléments de cette construction est un groupe nominal ou un équivalent. L'autre élément a des formes plus variées ; il peut se réduire à une simple interjection : *Paris, bof ! – Victor Hugo, hélas !* (Gide) Ces éléments peuvent s'ordonner de deux manières : le plus souvent, l'élément nominal figure à la première place, suivi de l'autre élément : *Strasbourg, quelle belle ville !* Mais l'élément nominal peut aussi figurer en seconde position : *Difficile, cet exercice !* Si ces deux membres sont associés par une simple juxtaposition, chacun d'eux, quand il comprend plusieurs termes, possède néanmoins une organisation grammaticale interne conforme aux règles habituelles.

▶ Ce type de construction binaire réalise, de manière paratactique, l'association d'un sujet et de son prédicat, sur laquelle se greffe celle d'un thème et d'un propos. Comme deux ordres sont possibles, ce n'est pas la position qui permet de distinguer le sujet et le prédicat. On peut utiliser, par exemple, le test de la négation, qui permet d'identifier le prédicat, qui seul peut être nié : *Pas un chef d'œuvre, ce film ! *Un chef d'œuvre, pas ce film !*
 • **L'ordre sujet-prédicat** est conforme au modèle canonique quand l'élément nominal est en première position : *Les journaux, quel tambour !* (J. Vautrin). Le premier membre, qui porte l'intonation ouvrante, constitue le thème de l'énoncé, tandis que le second membre constitue le propos. On rencontre notamment les structures suivantes (le prédicat est souligné) :

> – Groupe nominal sujet + Groupe adjectif : *La ville détruite.* – *Stationnement interdit.*
> – Groupe nominal sujet + Groupe nominal : *Strasbourg capitale européenne* – *Soleil cou coupé* (Apollinaire) – *La montagne magique, un chef d'œuvre* – *Année de foin, année de rien*
> – Groupe nominal sujet + Groupe infinitif : *Terrain à vendre.*
> – Groupe nominal sujet + Groupe prépositionnel ou adverbial : *Les universités en grève* – *Les mains en l'air !* – *Les toilettes, au sous-sol.*

 • **L'ordre prédicat-sujet** est fréquent, surtout à l'oral
 Quand l'élément nominal se trouve à la seconde place, le prédicat est mis en relief par l'antéposition : *Brune alors, la Bérénice de la tragédie* (Aragon). Dans cette phrase d'*Aurélien*, *la Bérénice de la tragédie* constitue le sujet, auquel est associé comme prédicat l'adjectif *brune*.

On rencontre notamment les structures suivantes (le prédicat est souligné)

– Groupe adjectif + Groupe nominal ou pronom sujet : <u>Génial</u>, ce film ! –
<u>À quoi bon</u>, tout cela ? – <u>Difficile</u>, ça ! – Dur, les Vosges sous la pluie (DNA).
– Groupe nominal + Groupe nominal sujet : <u>Un défi</u>, ce projet. – <u>Un chef
d'œuvre</u>, la Montagne magique.
– Groupe adjectif + Groupe infinitif sujet : <u>Difficile</u> d'admettre cette
explication.
– Groupe prépositionnel ou adverbial + Groupe nominal sujet : <u>À vous</u>
l'honneur. – <u>Au goûter</u>, du lait froid, sucré (R. Barthes) – Et aussitôt <u>chez
l'autre</u> cet acquiescement, si rapide, sans une hésitation... <u>dans son regard</u> cet
encouragement, presque ce soulagement... (N. Sarraute)
– Groupe prépositionnel ou adverbial + Groupe infinitif sujet : <u>À vous</u>
de jouer / choisir.

À l'horizon, pas très distant, *l'église d'un petit village et,* le soir,
quand l'air est tranquille, les fumées de quelques maisons (Gide). La
citation de Gide comporte deux phrases non verbales coordonnées à deux éléments chacune. Le premier élément prédicatif,
à valeur circonstancielle, est un groupe prépositionnel dans la
première phrase (*À l'horizon, pas très distant*), un groupe nominal
dans la seconde (*le soir*).

Bibliographie. — J. Deulofeu (1977), La syntaxe et les constructions binaires, Recherches sur le français parlé, 1 : 37-61 – F. Lefeuvre (1999).

9.2.3. *Les phrases non verbales à un seul terme*

Un terme nominal, mot isolé ou groupe solidaire, peut constituer à lui seul une phrase non verbale. Cela peut être un adjectif ou un participe (*Lâche ! Sauvé !*), un nom seul (*Victoire ! – Café ?*) ou un groupe nominal plus ou moins développé (*Mille amitiés. – Bon voyage !*). Un groupe prépositionnel peut aussi constituer une phrase non verbale : *À huit heures. Sur les quais.* Certains termes stéréotypés deviennent des interjections figées (**9.4.1.**), alors que d'autres sont des créations vivantes de discours. Les phrases non verbales s'emploient aussi bien à l'oral qu'à l'écrit. À l'écrit, elles peuvent constituer un procédé littéraire, par leur succession (1) ou par leur alternance avec des phrases verbales (2) :

(1) *Nuit noire pour le cœur. Psychose d'insécurité. Otages au Liban.* (J. Vautrin)

(2) *Rues vides. Les pas résonnent. Façades sombres* (N. Sarraute) – *Querelles parmi mes domestiques. Ils prétendent qu'on casse les verres, la nuit, dans les armoires.* (Maupassant)

La phrase non verbale à un terme comporte seulement le prédicat. Le sujet est implicite et peut être identifié à partir des indications fournies par le contexte linguistique ou la situation d'énonciation, comme dans ces exemples d'A. Jarry, qui commentent un élément de la situation d'*Ubu roi* : *Quel énorme ours ! – Révoltante bourrique !* La phrase non verbale peut comporter un terme négatif, car la négation porte sur le prédicat : *Plus une goutte d'essence ! – Pas de chance – Pas le moindre dégât, aucune éraflure, tache, poussière, fine buée...* (N. Sarraute) Le terme négatif joue le rôle de « marqueur de prédication » (F. Lefeuvre (1999) : 266), de même que certains adverbes temporels ou autres antéposés (*Encore lui ! – Seulement elle.*).

La phrase verbale à un élément comporte trois formes principales de prédicats :

– Adjectif ou groupe adjectival : *Excellent. – Parfait. – Génial ! – Enchanté.*
Les adjectifs ont généralement une valeur appréciative portant sur le sujet.
– Groupe nominal ou pronominal : *Quelle nouvelle ! – Drôle de type. – Quoi de neuf ?*
Les phrases exclamatives sont souvent constituées d'un groupe nominal, défini (*La belle équipe ! – Ce culot !*) ou contenant le déterminant *quel* (*Quelle erreur !*).
– Groupe prépositionnel ou adverbial : *À moi ! Au secours ! (Ubu Roi) – À votre service. – À ton tour. – Après vous. – Au temps pour moi. – Dehors !*

À côté des phrases non verbales à sujet implicite, F. Lefeuvre (1999 : 275) traite à part la « phrase averbale existentielle », qui se caractérise par l'absence totale de sujet, même implicite ; cette phrase comporte un seul prédicat, nominal ou pronominal, qui pose l'existence ou le plus souvent l'inexistence d'un sujet : *Pas un seul petit morceau / De mouche ou de vermisseau* (La Fontaine) ; la phrase non verbale correspond à une phrase comportant le présentatif *il y a* à valeur existentielle, qui montre son caractère statique.

Remarque. — À côté des phrases non verbales à un élément, on rencontre des **énoncés thématiques**, comportant eux aussi un élément, à valeur thématique, comme dans l'exclamation de la Castafiore : *Mes bijoux !* La situation permet toujours de restituer un prédicat. Ces énoncés, qui comportent des groupes nominaux définis, ne peuvent pas être considérés comme des phrases en l'absence de prédicat et d'assertion : *Oh ! cette voix de gorge, pleine de fausses larmes, le sentimentalisme bête de l'ouvrier !* (Daudet, cité par F. Lefeuvre (1999) : 71).

9.3. Insertion d'une phrase : incises et incidentes

Contrairement aux structures précédentes, les incises et les incidentes correspondent au modèle canonique de la phrase : elles s'analysent en un groupe nominal sujet et un groupe verbal. Mais elles constituent deux cas d'**insertion**, processus qui consiste à intercaler dans le cours d'une phrase, sans terme de liaison, une proposition, un groupe de mots ou un mot. L'insertion entraîne une interruption qui se répercute fortement sur la ligne mélodique et qui se marque à l'oral par une intonation « parenthétique » et éventuellement par une pause, représentée à l'écrit par les virgules ou les tirets (voire les parenthèses). Les propositions incises et incidentes s'insèrent dans une autre phrase suivant des conditions différentes.

9.3.1. *Les propositions incises* sont liées au discours rapporté (**XXIII : 6.**) : en cas de discours direct ou de style indirect libre, une proposition incise peut s'insérer à l'intérieur ou se placer à la fin d'une phrase pour indiquer qu'on rapporte les paroles ou les pensées de quelqu'un : *Ma femme, es-tu prête ? cria le sieur Arnoux apparaissant dans le capot de l'escalier* (Flaubert) – *Ah ! ils nous feront devenir chèvres,* **murmurent-elles** (F. Ponge). Placée à l'intérieur de la phrase, l'incise en suspend le cours de même que la courbe intonative : *Comprends-moi bien,* **dit Jacques***, je ne refuse pas de te rendre service* (Sartre).

Remarque. — L'incise correspond à la phrase introductive qui est placée avant une séquence de discours indirect : la transposition de l'exemple de Sartre peut aboutir à *Jacques dit qu'il ne refusait pas de lui rendre service.*

Les propositions incises sont généralement courtes : elles sont formées d'un verbe signifiant *dire* ou *penser* et d'un sujet, souvent pronominal, qui suit le verbe, sauf dans un usage familier. Le parler populaire introduit l'incise au moyen de *que*, ce qui permet d'éviter l'inversion du sujet : « *Va-t'en ! qu'il lui a dit comme ça. C'est ton compte !...* » (Céline)

Les incises peuvent être complétées par un constituant précisant le ton des paroles ou le sentiment qui les colore : *Ah ! docteur, fit-il avec tristesse, je viens de comprendre ce qu'on appelle la grâce* (Camus).

9.3.2. Les propositions incidentes se distinguent des précédentes par leur rôle et par leur structure. Comme les incises, elles sont insérées à l'intérieur ou placées à la fin d'une phrase. À la différence des incises, elles n'indiquent pas le discours rapporté, mais elles servent à insérer un commentaire sur un discours à l'intérieur de ce discours : *Il viendra, j'espère.* Ce commentaire (*j'espère*) est détaché par une pause associée à une suspension de l'intonation ; à l'écrit, il est isolé par des virgules, des tirets, ou même par des parenthèses quand il est mis en retrait. Le lien entre ce commentaire et le discours où il s'insère est très souvent indiqué par un terme anaphorique (pronom personnel ou démonstratif) dans la proposition incidente : *Toutes les femmes, je l'ai remarqué, tournent avec obstination autour de ce qui doit les brûler* (Montherlant).

Les propositions incidentes se composent souvent d'un groupe nominal sujet et d'un groupe verbal simple. À la différence des incises, l'inversion du sujet y est rare : le sujet précède normalement le verbe. Celui-ci est apte à recevoir comme complément la phrase dans laquelle la proposition incidente est insérée : *Il viendra, j'espère / je pense* → *J'espère / je pense qu'il viendra.* – *Il est peu probable, **vous savez**, que le Capitaine et mademoiselle Clarisse aillent jusqu'au fond du Mexique se faire griffer par les ronces et piquer par les moustiques* (Audiberti).

Mais les propositions incidentes peuvent prendre d'autres formes : *Les mythes, **il est vrai / c'est bien connu**, ont la vie dure.* Comme les incidentes ajoutent des commentaires à un discours premier, les termes employés expriment souvent des modalités affectives ou évaluatives (**XXIII : 2.2.2**). N'importe quelle information explicative peut prendre la forme d'une incidente, qui peut être isolée typographiquement par des parenthèses : *Gabri-*

elle (c'était ma grand-mère maternelle qui avait alors dix-huit ans), tout en larmes, se mit à la pâte (Jouhandeau).

9.4. Aux marges de la phrase

Divers termes peuvent, selon le cas, constituer un énoncé à eux seuls, ou s'insérer dans une phrase, sans s'intégrer à sa structure.

9.4.1. *L'interjection*

L'interjection est une classe grammaticale particulière et problématique. La liste des termes reconnus comme interjections varie selon les grammaires ; leur nature et leurs rôles syntaxiques et sémantiques sont diversifiés.

▶ **Définition et fonctionnement**

L'interjection et l'exclamation constituent deux expressions de la subjectivité, liées aux situations d'interlocution. Alors que l'exclamation connaît différentes réalisations syntaxiques (**3.2.**), l'interjection constitue un mot-phrase conventionnel, à contenu codé. Les interjections sont généralement des formes courtes, figées et invariables, qui possèdent une grande autonomie syntaxique : comme les mots-phrases (**9.4.3.**), elles peuvent former un énoncé à elles seules, ou bien s'insérer dans une phrase à différentes places, sans s'intégrer à sa structure : **Eh bien !** *monsieur de Rastignac, traitez ce monde comme il mérite de l'être* (Balzac). Elles servent fréquemment de renforcement aux phrases exclamatives. Elles sont souvent suivies, à l'écrit, d'un point d'exclamation : **Ah !** *qu'en termes galants ces choses-là sont mises !* (Molière). Mais elles peuvent aussi être suivies d'une simple virgule ou d'un point d'interrogation et renforcer n'importe quel type de phrase, dès que son contenu est envisagé avec une certaine affectivité. Certaines interjections ont une liberté relative de position, en début ou en fin de phrase, alors que d'autres ont des places privilégiées (*ah* et *bon* se placent surtout en début de phrase). Selon leur place, elles peuvent prendre des valeurs différentes.

Les interjections sont des expressions déictiques, dont la signification s'actualise en situation. Elles ont différentes valeurs : expressive ou émotive (*Aïe ! Hélas ! Ouf !...*), injonctive (*Chut !*), phatique (*Hé ! Holà ! Psst !*), interrogative (*Hein ?*), etc. Avec les valeurs injonctive ou phatique, les interjections peuvent s'associer à l'apostrophe : *Pst ! Claire ! – Dites, vous ! – Holà ! porteurs, holà ! Là, là, là, là, là, là* (Molière). Les interjections peuvent aussi se cumuler, en particulier en se répétant (*Aïe aïe aïe !*).

Avec leurs différentes valeurs modales, les interjections peuvent aussi jouer le rôle de connecteurs pragmatiques et contribuer à la structuration du discours, notamment de la conversation (**XXIV : 4.2.2.3.**).

Remarque. — L'interjection a un statut sémiotique différent de **l'onomatopée**. L'interjection, qui est employée en situation d'énonciation, dialogale ou monologale, a toujours une valeur illocutoire, centrée sur le locuteur dont elle exprime la subjectivité ou tournée vers l'interlocuteur. Une interjection est un signe linguistique à valeur indexicale. L'interjection émotive indique « le surgissement d'une émotion » (Kleiber 2006 : 22), à laquelle elle est conventionnellement associée. L'onomatopée, elle, n'est pas un signe linguistique, mais constitue la reproduction codée de catégories de cris ou de bruits, et n'est pas impliquée dans la relation d'interlocution. Les onomatopées imitent des cris d'animaux (*cocorico ! meuh ! miaou !...*) ou reproduisent, de manière codifiée, divers bruits (*boum ! brrr ! crac ! flop ! paf ! splash !...*) :
La pendule fait tic-tac tic-tac / Les oiseaux du lac pic-pac pic-pac / Glou glou glou font tous les dindons / Et la jolie cloche ding din don / Mais... /Boum Quand notre cœur fait Boum / Tout avec lui dit Boum (Charles Trenet).
Les onomatopées sont « des mots imitant ou prétendant imiter par le langage articulé un bruit » (Enckell et Rézeau 2003 : 12), mais leur « iconicité sonore » est partielle : elles n'imitent ou n'évoquent « dans l'adaptation sonore réalisée que quelques caractéristiques sonores du bruit représenté » (Kleiber 2006 : 14). B. Fradin (2003 : 209-210) place les « mots-échos », à valeur nominale, parmi les procédés périphériques de formation du vocabulaire, en donnant les exemples suivants caractérisés par la réduplication d'une syllabe ou d'un patron syllabique : *glouglou, ronron, froufrou, flonflon, gnan gnan, teuf teuf, bla bla, toc toc, tûut tûut ; flic flac, zig zag, tic tac, flip flop, pif paf, ding dong.*

▶ **La liste des interjections** est très diversifiée, allant des formes simples monosyllabiques codées (*oh, ah,* etc.) à des unités lexicales figées dans ce rôle ; certaines, notamment les interjections émotives, ont une valeur iconique et indicielle, alors que d'autres, notamment les noms, on un sens réduit et figé (*allo !*) :

• Les **interjections émotives** sont des formes simples représentant des cris codifiés, qui sont souvent, à l'origine, des onomatopées : *ah ! bah ! bof ! ha ! hé ! eh ! ho ! oh ! ohé ! hein ! heu ! aïe ! hep ! Holà ! fi ! pst ! chut ! ouf ! zut !...*

Ces termes courts et invariables sont formés d'une (ou deux) voyelle(s), éventuellement combinée(s) avec une ou deux consonnes ; les formes exclusivement consonantiques sont plus rares (*pst !*). Ils n'ont pas tous un sens permanent, mais la plupart diversifient leurs valeurs, selon l'intonation qui les accompagne ou en fonction de la situation et du contexte. Ainsi, *ah !* peut marquer la joie, la colère, la crainte, la surprise, etc. Certains sont plus nettement spécialisés comme *aïe !* (douleur), *chut !* (demande de silence), *fi !* (mépris, dédain, dégoût), *hep !* (interpellation), *ouf !* (soulagement), etc Mais, généralement, leur occurrence en discours a plus d'importance que le sens qu'ils pourraient véhiculer. Ils correspondent, selon les termes de Jakobson (**Intro. : 1.1.**), aux fonctions expressive (*aïe ! ah !*), conative (*hep ! pst !*) ou phatique (*hein !*), c'est-à-dire à trois fonctions fortement liées à la situation de communication.

• Les interjections peuvent aussi être des mots ou des groupes de mots spécialisés dans cet emploi, appartenant par ailleurs à différentes **classes grammaticales :**

– Des **noms**, seuls (*Attention ! Ciel ! Flûte ! Halte ! Merci ! Silence !*) ou accompagnés d'un déterminant (*Ma parole ! Ma foi !*) ou d'un adjectif (*Juste ciel ! Bonté divine !*).

Quelques groupes figés fonctionnent comme des interjections simples (*adieu, au revoir, bonjour, bonsoir*) : *Adieu, ma bonne amie* (Laclos). – *Bonsoir, jolie Madame* (Trenet).

Certains noms ou groupes nominaux évoquant des puissances religieuses sont aussi des interjections : *Dieu(x) ! Jésus ! Bonté divine ! Diable ! Enfer !* Les expressions contenant le terme *Dieu* sont considérées comme des jurons (ou jurements) sacrilèges : *Nom de Dieu ! Bon Dieu !* D'habiles substitutions ou déformations euphémiques masquent le juron : *Morbleu !* (pour *Mort de Dieu*), *Palsambleu !* (*Par le sang de Dieu*), *Parbleu ! Pardi !* (*Par Dieu*),

Diantre ! (*Diable*), *Sapristi !* (déformation de *Sacristi !*, mis pour *sacré*). Le terme *nom* est neutralisé dans *nom de nom, nom d'une pipe, nom d'un chien, nom d'un petit bonhomme,...*

Ces noms peuvent être regroupés en différentes classes sémantiques : termes de salutation (*hello, bonjour, salut,* etc.), jurons (*ciel, flûte,* ...), etc. P. Siblot (1995 : 164 sv) évoque la désémantisation progressive des interjections, « inverse de la gradation du sens ».

Si certains noms ou groupes nominaux sont nettement reconnus par les dictionnaires comme des interjections, on peut en traiter beaucoup comme le centre de phrases non verbales (9.2.), souvent exclamatives. La frontière entre les interjections, enregistrées comme telles, et les phrases non verbales, créations vivantes du discours, n'est pas toujours nettement tracée, en particulier quand les interjections sont suivies d'un complément (voir ci-dessus). Des occurrences comme *Misérable !* ou *Pitié !* peuvent être interprétées comme des interjections nominales ou comme des phrases nominales à un élément (9.2.2.). Il en va de même pour la fameuse expression du capitaine Haddock : *Mille milliards de mille sabords de tonnerre de Brest !* (Hergé).

- Des **adjectifs** : *Bon ! Bravo ! Chic ! Mince !*
- Des **adverbes** : *Bis ! (Eh) bien ! Comment !*, ou des locutions comme *Tant mieux ! Tant pis ! Comment donc !*
- Des **verbes** à l'impératif : *Allons ! Dis ! Dites ! Tiens ! Tenez ! Voyons ! Voyez !... – Voyons, pas de cérémonie* (Beckett).

La classe des interjections est donc hétérogène : elle comprend des termes de différentes sortes, à des degrés de lexicalisation différents, sans réelle unité sémantique, voire pragmatique. La distinction entre cette catégorie de mots et une structure de phrase, notamment exclamative, n'est pas nettement tranchée.

Bibliographie. — *Faits de langue* (1995), 6, L'exclamation – P. Enckell et P. Rézeau (2003), *Dictionnaire des onomatopées*, PUF – B. Fradin (2003) – C. Buridant, éd., (2006), L'interjection : jeux et enjeux, *Langages*, 161 – G. Kleiber (2006), Sémiotique de l'interjection, *Langages*, 161 : 10-23.

9.4.2. ***L'apostrophe,*** qui correspond au vocatif des langues casuelles comme le latin, représente une fonction syntaxique à part. Elle peut s'employer pour interpeller quelqu'un, seule ou dans une phrase, tout en gardant son autonomie.

▶ L'apostrophe est nécessairement liée à l'énonciation : elle désigne la personne à qui s'adresse le locuteur. Celui-ci sélectionne ainsi explicitement dans son discours le destinataire de son message. Selon la relation d'interlocution, l'apostrophe peut exprimer diverses nuances : interpellation plus ou moins pressante pour contraindre un interlocuteur qui se dérobe, prise à témoin d'un auditeur dans une conversation ordinaire, etc. Selon les termes de Jakobson (**Intro. : 1.1.**), l'apostrophe peut mettre en jeu la fonction conative, quand le locuteur veut agir sur l'interlocuteur, ou simplement la fonction phatique, quand le locuteur se contente d'établir ou de maintenir le contact avec son partenaire. Dans certaines situations, l'apostrophe peut suffire à exprimer l'intention du locuteur, en le dispensant de la formuler au moyen d'une phrase développée. Ainsi, quand un maître veut rappeler à l'ordre un élève distrait, l'énonciation du seul prénom de celui-ci (*Julien !*) peut parfois suffire.

L'apostrophe désigne *a priori* un être humain : **Marcelle**, */ Si j'avais des ailes, / Je volerais grâce à elles, / **Marcelle*** (Boby Lapointe). Mais rien n'empêche le locuteur de s'adresser à un animal ou même à un objet : **Chaumière** *où du foyer étincelait la flamme, / **Toit** que le pèlerin aimait à voir fumer, / **Objets inanimés**, avez-vous donc une âme ? / Qui s'attache à notre âme et la force d'aimer ?* (Lamartine).

▶ **Divers termes peuvent exercer la fonction d'apostrophe**

• Un **nom propre** permet d'interpeller directement l'interlocuteur, seul : ***Leika**, lâche ma manche !*, ou complété : *Je suis triste et inquiète, **ma chère Sophie*** (Laclos).

Un **titre** exprimant une adresse polie (*Monsieur, Madame, Sire, Monseigneur,...*) ou indiquant la profession ou le statut du destinataire (*Docteur, Maître, Chauffeur,...*) peut être associé à un nom propre ou employé seul : *Ah ! **Seigneur**, s'il est vrai, pourquoi nous *séparer ?* (Racine) – **Monsieur Monsieur** *vous oubliez votre cheval* (Trenet) – *Laissez,* **docteur.** *Je n'aurai pas le temps* (Camus).

• Les **noms communs** s'emploient le plus souvent sans déterminant : *Garçon, une bière ! – J'ai ramassé du pain,* ***frère****, où j'en ai trouvé* (Hugo).

Si un déterminant est employé, il s'agit presque exclusivement de l'article défini ou du possessif : *Au revoir,* ***les enfants****. – Adieu* ***l'ami*** *(titres de films). – À* ***vos ordres, mon général*** *–* ***Frappe, ma bien aimée****, sans te lasser* (Beaumarchais).

Le nom peut recevoir une expansion, le plus souvent adjective : *Pleurez,* **doux alcyons**, *ô vous,* **oiseaux sacrés**, */* **Oiseaux chers à Thétis, doux alcyons**, *pleurez* (A. Chénier).

Un adjectif substantivé peut s'employer seul ou précédé d'un déterminant ; il spécifie souvent l'image que le locuteur se fait de son destinataire : *Hé bien ! régnez,* **cruel** *; contentez votre gloire* (Racine) – *Vous aviez raison,* **mon cher** (terme souvent ironique).

• Le **pronom personnel** (disjoint) de la deuxième personne du singulier (*toi*) ou du pluriel, seul ou suivi d'une expansion, désigne le destinataire : ***Toi****, sors –* ***Vous, qui passez sans me voir...*** (Trenet)

Remarque. — Dans une langue soutenue ou dans un style lyrique d'invocation, l'apostrophe peut être renforcée par ô (voir l'exemple d'A. Chénier) : *Pleure, ô pays bien aimé* (Alan Paton). – *Salut donc, ô monde nouveau à mes yeux, ô monde maintenant total* (Claudel). Dans un usage plus familier, l'apostrophe peut être appuyée par une interjection comme *hé, eh, dites,...* : *Dites donc, vous !*

▶ Sur le plan syntaxique, l'apostrophe peut constituer un énoncé à elle seule. Quand elle s'insère dans une phrase, elle n'y exerce pas de véritable fonction syntaxique. Elle est généralement séparée du reste de la phrase par une pause à l'oral, qui est marquée à l'écrit par une virgule ou, de manière plus expressive, par un point d'exclamation. Le terme mis en apostrophe est mobile ; il est souvent placé en début ou en fin de phrase, mais il peut aussi être inséré entre deux constituants de la phrase, encadré par deux virgules : *Ce sont les Erinyes,* **Oreste**, *les déesses du remords* (Sartre). L'apostrophe est compatible avec toutes les structures de phrases, y compris les phrases non verbales : *Aux armes,* ***citoyens ! (La Marseillaise)***.

L'absence de rôle syntaxique n'empêche pas l'apostrophe d'entretenir une relation de coréférence avec un élément de la phrase, le plus souvent le sujet (1) ou l'objet (2) :

(1) *Charles*, *vous devriez changer de casquette.*
(2) *Emma*, *je vous aime.*

L'**apostrophe** s'emploie fréquemment avec l'impératif, pour spécifier le **destinataire** de l'injonction, qui correspond au sujet non exprimé (**4.3.1.**) : *Allons enfants de la patrie...* (*La Marseillaise*) – *Mon enfant, ma sœur, / Songe à la douceur / D'aller là-bas vivre ensemble !* (Baudelaire).

Remarque. — Quand l'apostrophe entretient une relation de coréférence avec un élément de la phrase, son statut syntaxique est voisin de celui de l'apposition (elle aussi mobile et détachée), avec laquelle on peut dans certains cas la confondre. L'analyse énonciative de la phrase doit permettre de lever l'équivoque, en identifiant le référent de l'apostrophe au destinataire du message.

Bibliographie. — G. Serbat (1987), Sur le Vocatif. Le vocatif : un acte de parole, *Vita Latina*, 106 : 7-13.

9.4.3. Les *mots-phrases* forment à eux seuls un énoncé : *oui, si, non, soit,...* Ils peuvent reprendre globalement un contenu propositionnel antérieur ; en particulier, ils apportent une réponse globale, positive ou négative, à une question :

– *Et le cinéma ? Avez-vous des projets ?*
– *Non* (J.M.G. Le Clézio).

Ils constituent alors les substituts de la phrase qu'ils évitent de reprendre.

Comme les interjections et les apostrophes, ces mots-phrases s'emploient aussi comme renforcements dans une phrase, souvent en première position : *Oui, je le sais.* – *Non, je ne l'oublierai pas.* – *Non Jef t'es pas tout seul* (Jacques Brel).

– Suzanne : *Mais, Monsieur, avez-vous songé ?*
– Figaro : *Oui, Madame ; oui, j'ai songé* (Beaumarchais)

PARTIE III

LA PHRASE COMPLEXE

Chapitre XV

LA PHRASE COMPLEXE : JUXTAPOSITION, COORDINATION ET SUBORDINATION

1. DE LA PHRASE SIMPLE À LA PHRASE COMPLEXE

Rien de plus simple, du moins en apparence, qu'une **phrase complexe**. Syntaxiquement, une phrase est complexe si :

▶ elle possède globalement les attributs définitoires de la phrase (**VI : 1.1.**) : elle a un type et l'unité mélodique correspondante, s'interprète comme une structure prédicative et peut constituer un énoncé complet ;

▶ elle comprend un constituant qui, ayant lui-même la structure d'une phrase ($P \rightarrow GN + GV$), se trouve ainsi être en relation de dépendance ou d'association avec une autre structure de phrase.

> Il s'agit là d'une manifestation du phénomène de la **récursivité** à son plus haut niveau : à l'intérieur d'une phrase P_0 identifiée comme le niveau supérieur de construction syntaxique, on retrouve au moins une fois un constituant de la même catégorie (P_1, P_2, etc.), selon le schéma simplifié de décomposition [$P_0 \rightarrow$ [...] P_1 [...]P_2 [...]].

Les phrases complexes se distinguent traditionnellement selon leur mode de composition, c'est-à-dire selon la façon dont une ou plusieurs phrases constituantes P_1, P_2, etc., généralement appelées **propositions** (2), s'insèrent dans la structure globale d'une phrase constituée dite *matrice* P_0 :

XV – *La phrase complexe : juxtaposition, coordination et subordination*

▶ Il y a **juxtaposition** (**XIX : 1.**) lorsque la phrase complexe est formée d'une suite de deux ou plusieurs propositions qui pourraient être considérées chacune comme une phrase autonome, qui sont généralement séparées à l'oral par une pause et à l'écrit par un signe de ponctuation, mais dont le rapport n'est pas explicitement marqué par un mot de relation : *Les chiens aboient, la caravane passe* (proverbe). Une proposition juxtaposée a donc le même statut syntaxique que la phrase globale dont elle est un élément.

▶ Il y a **coordination** (**XIX : 2.**), lorsque la phrase complexe est formée d'une séquence de propositions juxtaposées dont la dernière au moins est reliée aux autres par un mot de liaison, qui peut être soit une **conjonction de coordination**, soit un **adverbe conjonctif** (**XIII : 3.**) : *Les chiens aboient, mais la caravane passe.*

▶ Il y a **subordination** (3), lorsque la phrase complexe est construite sur le rapport de dépendance orientée entre une proposition dite **subordonnée** et une proposition dite **principale** ou **régissante** (la subordonnée dépend le plus souvent d'un constituant de la proposition principale) : *Bien que les chiens aboient, la caravane passe – J'attends que la caravane passe.* Les propositions subordonnées sont généralement introduites par des termes marquant leur dépendance par rapport à la principale : **conjonctions de subordination** (*que, quand, parce que*, etc.), pronoms relatifs et mots interrogatifs. Mais il existe des subordonnées sans terme introducteur : subordonnées infinitives avec ou sans sujet réalisé (**XVII : 3.**), participiales (**XVIII : 2.2.**) et autres constructions dites « absolues » (**VI : 4.7.2.**).

▶ Il y a **insertion** lorsqu'une proposition, nettement détachée par des marques prosodiques et graphiques, est placée à l'intérieur ou à la fin d'une autre proposition qui équivaut syntaxiquement et sémantiquement à une complétive c.o.d. de son verbe. La proposition est dite **incise** si son verbe est déclaratif (ce qui entraîne l'inversion de son sujet), **incidente** s'il appartient à une autre classe de verbes à subordonnée complétive ou d'expressions ver-

bales pourvues d'un complément anaphorique (**XIV** : **9.3.**) :
Quand, me demanda-t-il, reviendras-tu ? – L'été, je le crains, sera chaud.
Ces constructions combinent un mode de composition quasi
parataxique et un rapport de dépendance analogue à celui de
la subordination.

Le tableau ci-dessous oppose les quatre modes de liaisons
interpropositionnels sur la base de trois traits distinctifs (positifs
ou négatifs) :

- la présence d'un élément introducteur caractéristique ;
- l'identité de statut syntaxique entre les propositions constitutives et la phrase complexe ;
- l'existence d'un rapport de dépendance entre les propositions mises en relation.

MODE DE CONSTRUCTION DES PROPOSITIONS CONSTITUTIVES			TYPE DE COMPOSITION DE LA PHRASE COMPLEXE
Mot de relation	Même statut que la phrase complexe	Relation de dépendance	
—	+	—	JUXTAPOSITION
+	+	—	COORDINATION
±	—	+	SUBORDINATION
—	+	±	INSERTION

On peut associer à chacune des quatre classes de compositions interpropositionnelles une combinaison originale de ces traits. Ce type de définition rend compte des recouvrements partiels entre les propriétés des différentes classes et de l'appartenance de certains de leurs éléments à plus d'une classe. Par rapport à un trait donné, des disparités peuvent se manifester à l'intérieur d'une même classe. Par exemple :

- les constructions infinitives analysées comme des complétives sans sujet, et nombre de subordonnées participiales, sont dépourvues d'élément introducteur ;
- contrairement aux incidentes, les propositions incises dépendent anaphoriquement du reste de la phrase ;

- l'ordre de certaines propositions juxtaposées révèle entre elles d'incontestables liens de dépendance : *Il a eu beau protester, on l'a refoulé – Cause toujours, tu m'intéresses !*

Par addition ou suppression d'une conjonction de coordination, les juxtapositions se convertissent en coordinations, et inversement. L'effacement d'éléments communs est de règle dans les constructions coordonnées (sauf après *or* ou *car*) et possible sous certaines conditions dans les subordonnées introduites par *quoique, bien que, parce que* (*Bien que malade, il a continué à travailler*). La mobilité des propositions juxtaposées et des subordonnées circonstancielles (**XVIII**) est conditionnée par leur contribution syntaxique et sémantique au sens global de la phrase, mais les subordonnées complétives et relatives, ainsi que les propositions introduites par une conjonction de coordination, occupent une place fixe. Enfin, les quatre types de constructions sont susceptibles d'exprimer les mêmes rapports entre propositions : il n'y a pas isomorphie entre les plans syntaxique et sémantico-logique.

Si l'on rapproche néanmoins à juste titre la juxtaposition et la coordination pour les opposer à la subordination, c'est qu'indépendamment de la présence ou de l'absence d'un terme de liaison, les deux premières opèrent sur le mode de l'**enchaînement parataxique** (qui joue également entre des mots et des syntagmes), alors que la troisième opère par **emboîtement hypotaxique** de propositions (à l'exclusion de tout autre constituant). Aussi les propositions juxtaposées et coordonnées gardent-elles leur autonomie syntaxique (et parfois énonciative), contrairement aux propositions subordonnées dont la forme est soumise à des contraintes syntaxiques, temporelles et modales imposées par l'élément dont elles dépendent.

On observe également que si l'effacement de segments communs est possible aussi bien entre des propositions coordonnées ou juxtaposées qu'entre des propositions en rapport de subordination, il s'effectue selon deux mécanismes différents. L'ellipse du constituant identique d'une proposition entraîne le regroupement du reste avec le constituant correspondant de la proposition coordonnée : <u>Paul</u> [*vend des voitures*] et <u>Pierre</u> [*vend des voitures*] → <u>Paul et Pierre</u> [*vendent des voitures*]. Mais l'effacement du constituant coréférentiel sujet de la subordonnée s'accompagne d'un changement de mode de son verbe qui passe à l'infinitif (*Je pense que je <u>réussirai</u>* → *Je pense <u>réussir</u>*) ou au participe (*À peine <u>étais</u>-je <u>arrivé</u>, (que) je fus assailli de questions* → *À peine <u>arrivé</u>, je fus assailli de questions*).

2. PHRASES ET PROPOSITIONS

On suivra l'usage traditionnel :

▶ qui utilise le terme de **proposition** pour identifier, dans les phrases complexes, les « phrases constituantes » soit enchâssées dans une autre phrase, soit combinées par juxtaposition ou coordination ;

▶ qui dénomme les propositions selon leur terme introducteur : *subordonnées conjonctives, relatives, interrogatives*, etc., selon leur fonction : *subordonnées circonstancielles* et *complétives* ou selon le mode de leur verbe : *subordonnées infinitives* et *participiales* ;

▶ qui appelle **proposition principale** toute proposition dont dépend une autre proposition, c.-à-d. les phrases « matrices ».

> Ce dédoublement terminologique s'est étendu non seulement à la phrase simple appelée **proposition indépendante** (elle ne dépend pas d'une autre proposition et aucune autre proposition ne dépend d'elle), mais aussi aux phrases juxtaposées ou coordonnées, également dites indépendantes parce que leur association ne porte pas atteinte à leur statut de phrases autonomes (elles n'entretiennent pas entre elles de relations de dépendance tout en formant ensemble une phrase complexe).

Remarque. — Le terme de *proposition* remonte aux grammaires logiques où il désignait toute construction minimale porteuse d'un jugement : l'association d'un sujet (ce dont on dit quelque chose) et d'un prédicat (ce que l'on dit du sujet). Ainsi les grammairiens de Port-Royal analysaient la phrase *Dieu invisible a créé le monde*

visible en trois propositions : Dieu a créé le monde – Dieu est invisible – Le monde est visible.
Progressivement, la notion de *proposition* s'est confondue avec celle de *phrase* pour désigner l'unité syntaxique et prédicative combinant un sujet grammatical et un groupe verbal (**VI : 1.1.2.**).

Dans l'analyse grammaticale de la phrase en propositions, on distinguera donc d'une part entre **phrases simples** (ou **élémentaires**) et **complexes** selon qu'elles comportent une ou plusieurs propositions ; d'autre part entre **propositions principales** et **propositions subordonnées** (3.1.) unies par un lien de dépendance orientée. Selon l'usage traditionnel, une proposition sera dite **indépendante**, si elle n'est pas subordonnée à une autre proposition et si elle n'inclut pas elle-même une subordonnée (ce qui permet de qualifier d'indépendantes les propositions coordonnées et juxtaposées en dépit des contraintes séquentielles qui régissent leurs cooccurrences).

Bibliographie. — M.-N. Gary-Prieur (1985) : 40-42 – H. Kronning (1992), Coordination et subordination. Aspects syntaxiques, sémantiques et pragmatiques, *in* WW. Banys, L. Bednarczuk et K. Bogacki (éds), *Études de linguistique romane et slave en hommage à Stanislaw Karolak*, Cracovie, École normale supérieure : 359-379.

3. LA SUBORDINATION

3.1. Les propositions subordonnées

La subordination est une relation asymétrique de dépendance entre une proposition dite **subordonnée** (ou **enchâssée**) et une proposition dite **principale** (ou **matrice**), dans laquelle la première joue le rôle d'un constituant. Ainsi dans la phrase complexe *Jean attend [que Pierre revienne]*, la proposition *que Pierre revienne* joue par rapport au verbe *attend* le même rôle (de complément d'objet) que le groupe nominal *le retour de Pierre*.

Comme constituant de la principale, la subordonnée est incluse dans cette dernière. Cette réalité est généralement masquée par les découpages des grammaires traditionnelles, qui isolent mécaniquement la principale par soustraction de la subordonnée, selon le schéma :

(1) *Jean attend* (proposition principale) + *que Pierre revienne* (proposition subordonnée).

Or, dans (1) la subordonnée complétive est une partie de la principale au même titre que l'est le complément d'objet nominal *le retour de Pierre*. D'autre part, rien ne s'oppose à ce qu'une proposition subordonnée soit elle-même principale par rapport à une autre proposition qu'elle inclut. Une phrase comme :

(2) *Jean se demandait si Paul savait que Luc était arrivé.*

s'analyse comme l'emboîtement successif d'une subordonnée complétive P_2 (*que Luc était arrivé*) dans une subordonnée interrogative P_1 (*si Paul savait* [P_2]) elle-même complément d'objet du verbe *se demandait* de la principale P_0 (*Jean se demandait si* [P_1 [P_2]]).

Théoriquement, le nombre d'enchâssements de ce genre n'est pas limité, mais en pratique, au-delà d'un seuil vite atteint, la subordination récursive complique considérablement la structure de la phrase et met en péril son intelligibilité (**Intro. : 3.4.**). Aussi la langue orale utilise-t-elle peu la subordination (en dehors des relatives en *qui* et *que* et des complétives ou circonstancielles les plus simples) et lui préfère-t-elle les modes de construction parataxiques par coordination ou par simple juxtaposition.

La structure de la phrase élémentaire comporte un et un seul groupe verbal dont le noyau est un verbe. Il y a donc, en principe, dans une phrase complexe, autant de propositions qu'il y a de verbes. Le terme de *verbe* n'est pas entendu ici en un sens étroitement morphologique, mais en tant qu'unité syntaxique (**VIII : 1.2.** et **IX. 2.1.**). Il n'y a, en effet, aucune raison syntaxique de le limiter aux formes conjuguées : les infinitifs et les participes sont à considérer comme des noyaux verbaux de propositions subordonnées dans l'exacte mesure où ils gardent la possibilité d'une construction verbale (c'est-à-dire un sujet éventuellement non réalisé et la même complémentation qu'un verbe conjugué), ce qui exclut aussi bien les infinitifs substantivés (**X : 2.4.2.**) que les adjectifs verbaux (**X : 2.5.1.**). Ainsi, les spécificités de la morphologie verbale (et celles, corrélatives, du marquage de la subordination) n'interdisent pas d'identifier la même proposition (*Jean parle à sa voisine*) dans les phrases :

(3a) *Je crois que Jean parle à sa voisine.*
(3b) *Jean veut parler à sa voisine.*
(3c) *Elle ne laisse pas Jean parler à sa voisine.*
(3d) *Elle a interdit à Jean de parler à sa voisine.*
(3ᵉ) *Jean parlant à sa voisine, je n'ai pas osé l'interrompre.*

Remarques. — 1. Les participiales et les infinitives ont été souvent exclues de la liste des subordonnées parce qu'elles ne sont pas introduites par un terme subordonnant et qu'elles ne sont « pas centrées autour d'un verbe à un mode personnel » (J. Gardes-Tamine, 1988 : 40-41). Il s'agit là d'une conception éminemment restrictive et de la notion de proposition (2) et de celle de subordination. En effet, le terme introducteur n'est qu'un indicateur de subordination parmi d'autres : facultatif dans certaines subordonnées participiales (*Sitôt / À peine le travail terminé, il a quitté son bureau*) et non-subordonnant dans les interrogatives partielles indirectes (*Je me demande où va Pierre*) dont le mot interrogatif initial « introduit » également les interrogations partielles directes (*Où va Pierre ?*). Quant au mode verbal, il dépend, d'une façon très générale, essentiellement du statut syntaxique de la proposition : phrase impérative (**XIV : 4.2.**), phrase exclamative à l'infinitif (**XIV : 3.2.**), subordonnée complétive et circonstancielle à l'indicatif ou au subjonctif, etc.
2. Les constructions subordonnées dépourvues de verbe où l'effacement (facultatif mais régulier) de l'élément verbal est récupérable peuvent être considérées comme des propositions elliptiques. Par exemple : *Cette cantatrice, bien qu'(elle soit) énorme, chante comme (chante) un petit oiseau.*
3. Lorsqu'ils sont suivis de l'infinitif, *aller, pouvoir, devoir* et parfois même *sembler* et *paraître* sont généralement considérés comme des auxiliaires aspectuels ou modaux (**IX : 2.3.**). Pour une analyse de *sembler, pouvoir* et *devoir* comme des verbes sans sujet propre, mais permettant ou déclenchant la montée du sujet subordonné en position de sujet principal, voir A. Delaveau, F. Kerleroux (1985 : 34-48) et N. Ruwet (1972) : 48-86.

3.2. Les marques de la subordination

Pour qu'une proposition puisse jouer un rôle dans une construction plus grande, elle doit subir un minimum de modifications qui lui permettent d'y exercer les mêmes fonctions qu'un mot ou un groupe de mots. Formellement, le caractère subordonné d'une proposition est généralement indiqué par la présence d'un terme introducteur. On distinguera :

▶ Les subordonnées introduites par **une conjonction de subordination** qui n'a jamais de fonction à l'intérieur de la subordonnée :

– La conjonction *que* est un pur marqueur de subordination qui introduit des subordonnées dites **complétives** (**XVII : 1.**) parce qu'elles jouent fréquemment le rôle de complément, mais dont les multiples fonctions, identiques à celles d'un GN, sont déterminées par leur position dans la principale. Elle forme avec les prépositions *à*, *de*, *en* et *sur* précédées de *ce* les locutions *à/de/en/sur ce que* qui introduisent des subordonnées construites indirectement (*Je tiens à ce que vous soyez présents/à votre présence*).

– La conjonction *si* est l'équivalent interrogatif de *que* : elle cumule le marquage de la subordination et l'indication du caractère interrogatif de la subordonnée (marqué par *est-ce que* dans l'interrogation directe) : *Je sais qu'il viendra* / *Je me demande s'il viendra*.

Remarque. — Les termes subordonnants à et *de*, homonymes des prépositions correspondantes et parfois appelés **complémenteurs**, jouent un rôle homologue à la conjonction *que* pour introduire des constructions infinitives (objets directs, témoin la pronominalisation par *le*) à sujet non réalisé : *Je lui ai appris à nager* / *Je le lui ai appris* – *Il a tenté de s'enfuir* / *Il l'a tenté*.

Les propositions circonstancielles (**XVIII**) sont introduites par des conjonctions et des locutions conjonctives qui à la fois marquent leur caractère subordonné et spécifient leur rapport sémantique avec le reste de la phrase. Certaines sont annoncées par la présence d'un élément corrélateur dans la principale (**XVIII : 3. et 4.2.**) : *Il était si ému qu'il en pleurait*. Aussi peut-on les analyser comme des propositions subordonnées à cet élément corrélateur, avec lequel elles forment un constituant discontinu (p. ex. : *si* […] *qu'il en pleurait*, où le second élément dépend du premier).

▶ Les subordonnées introduites par un **terme relatif** qui amalgame la marque de subordination et l'indication d'une fonction à l'intérieur de la subordonnée (*le livre qui* (sujet) / *que* (objet) / *dont* (complément prépositionnel), etc.). Il est significatif que le français populaire décumule souvent les deux rôles en généralisant *que* comme marque de subordination et en exprimant la fonction séparément sous la forme d'un pronom personnel ou d'un déterminant possessif : *le livre que je t'en avais parlé / que j'ai oublié son titre – La fille que je vis avec* (Renaud).

▶ Les subordonnées introduites par des **termes interrogatifs** (**XVII : 4.1.**) qui signalent le début de la proposition (*Je me demande où va Pierre*). Ces termes ne marquent pas spécifiquement le rapport de subordination, puisqu'ils introduisent également l'interrogation directe correspondante (*Où va Pierre ?*). Le caractère subordonné de la proposition est alors indiqué par ses propriétés structurales internes : absence d'intonation interrogative, impossibilité d'inverser le sujet pronominal (**Je me demande où va-t-il ?*) et de placer le mot interrogatif dans une position non initiale (*Pierre va où ? / *Je me demande Pierre va où ?*).

Il est cependant des **subordonnées dépourvues de terme introducteur**, mais qui, d'une part, ont une structure propositionnelle articulée autour d'une forme verbale et d'un sujet éventuellement non exprimé, et qui, d'autre part, ont un caractère nettement subordonné. Ce sont les **propositions participiales** (*Le chat parti, les souris dansent*) et lesdites « **infinitives** » (*J'entends les oiseaux chanter*), identifiées d'après le mode de la forme verbale (**XVII : 3.**). Dans leur acception la plus large, ces deux types de propositions comprennent les constructions participiales et infinitives sans sujet réalisé, qui peuvent être mises en correspondance avec une subordonnée conjonctive : *Le chat parti, les souris dansent / Dès que le chat est parti, les souris dansent – Je pense avoir raison / Je pense que j'ai raison*. Il existe aussi des propositions en apparence juxtaposées, mais qui entretiennent en fait un rapport de subordination (**XVIII : 4. et XIX : 1.**).

3.3. Les équivalences catégorielles et fonctionnelles

La classification des propositions subordonnées semble à première vue être parallèle à celle des syntagmes constituants de la phrase simple. Dans beaucoup de cas, en effet, les subordonnées peuvent se substituer à de tels syntagmes.

▶ Les relatives apparaissent comme des propositions adjectives puisqu'on les trouve dans les mêmes contextes que les adjectifs qualificatifs épithètes (avec lesquels on peut d'ailleurs les coordonner) :

(1) *Pierre est un garçon intelligent / qui réfléchit / dont j'admire le caractère.*
(2) *Un souriceau tout jeune et qui n'avait rien vu* (La Fontaine)

▶ Les complétives, les infinitives et les interrogatives fonctionnent comme des propositions substantives, qui peuvent occuper dans la phrase les mêmes positions que le GN, en particulier celle de complément d'objet du verbe :

(3) *J'ai vu ce tableau / qu'il est très lumineux / le peintre travailler / comment on obtient des ombres.*
(4) *J'ignore la nouvelle / s'il est parti / où il va / quand il reviendra.*

▶ Les circonstancielles peuvent être assimilées à des propositions adverbiales apportant le même type d'information et jouissant de la même mobilité que les adverbes ou les syntagmes prépositionnels compléments de phrase (**VI : 4.5.1.**). Ainsi :

tranquillement	*hier*	*pour le plaisir*
sans hâte	*dans la soirée*	*pour pouvoir partir plus tôt*
sans se presser	*avant de partir*	*parce qu'il en avait assez*
en chantonnant	*pendant que j'étais là*	*pour que son patron le félicite*

peuvent tous occuper librement les positions marquées par le signe □ dans la phrase suivante :

(5) □ *Le jeune apprenti* □ *a fait* □ *ce travail difficile* □

Cependant ce parallélisme trop simple s'avère trompeur. Tout d'abord, parce que les possibilités de constructions ne sont pas exactement les mêmes dans la phrase simple et dans la phrase complexe. Les relatives, par exemple, à la différence des adjectifs, ne peuvent être attributs du sujet ; beaucoup de verbes transitifs n'admettent pas de complétives, tandis qu'il n'est pas possible de faire correspondre des GN à certaines complétives (dans le cas des tournures impersonnelles notamment). Il est non moins banal de constater que le tableau des catégories sémantiques circonstancielles dans la phrase complexe fait apparaitre d'importantes différences : ainsi il est assez artificiel de faire une place aux compléments circonstanciels de condition ou de conséquence dans la phrase simple, tandis que les compléments de lieu ne s'expriment jamais par des subordonnées circonstancielles, mais uniquement par des syntagmes prépositionnels (ou par des relatives substantivées : *J'irai où tu voudras*).

Ensuite, et ce second fait est encore plus décisif pour le problème du classement des propositions subordonnées, toutes les relatives ne sont pas « adjectives » (certaines sont dites à juste titre « substantives »), alors que l'expansion de certains noms peut être assumée par une complétive conjonctive (*la certitude que tu reviennes*). Il en résulte que c'est beaucoup plus le rapport de dépendance avec leur élément recteur que la simple fonction syntaxique qui caractérise les relatives et les complétives.

Enfin, dans le groupe très composite des subordonnées circonstancielles, il convient de faire un tri aussi strict que possible entre celles qui sont réellement compléments de phrase (reconnaissables à leur mobilité) et celles qui relèvent d'autres mécanismes syntaxiques (de subordination corrélative ou même de quasi-coordination). En tout cas, les regroupements traditionnels opérés sur des bases sémantiques devront céder le pas à d'autres classements privilégiant les possibilités de construction propres à telle conjonction ou à tel ensemble de conjonctions ; et les constructions avec un infinitif prépositionnel devront être systématiquement rapprochées de celles qui présentent les mêmes propriétés, mais qui mettent en œuvre des conjonctions ou locutions conjonctives. C'est donc en termes de propriétés de construction que l'on expliquera :

> • les particularités syntaxiques qui distinguent les différents types de subordonnées et qui font, par exemple, qu'une relative n'est pas mobile (alors que les circonstancielles et la plupart des participiales le sont), ne peut être extraite par *c'est... que* (contrairement à beaucoup d'autres types de subordonnées) et ne peut constituer la réponse à une question (propriété commune aux complétives et aux circonstancielles : a) *Que lui as-tu dit ? – Qu'il pouvait partir / De partir – b) Pourquoi hurle-t-il ? – Parce qu'il a mal / Pour attirer l'attention*) ;

• l'interprétation sémantique des propositions subordonnées, en particulier leur valeur de vérité et leur statut énonciatif : ainsi *savoir* présuppose la vérité de la complétive objet ; les conditionnelles irréelles sont explicitement présentées comme fausses ; les relatives appositives ont le statut d'une énonciation parenthétique greffée sur l'acte d'énonciation de la principale, etc.

3.4. Les conjonctions de subordination

Les conjonctions de subordination marquent le seuil du constituant propositionnel qu'elles introduisent et sa dépendance par rapport à un autre terme de la phrase. Ainsi, dans *Je sais que Paul aime l'opéra et <u>Jean la musique populaire</u>*, le deuxième élément de la coordination, ayant perdu son statut propositionnel à la suite de l'effacement du verbe, ne peut plus être introduit par la conjonction *que* (**XIX : 2.3.**). Les conjonctions de subordination déterminent également le mode des subordonnées circonstancielles en fonction de leur sémantisme (*parce que, puisque, quand, si,* etc. sont suivies de l'indicatif, *quoique, bien que, avant que,* etc. du subjonctif), alors que le mode des complétives dépend de la proposition ou du terme régissant (si la principale est négative ou interrogative, elles se mettent souvent au subjonctif) ou de leur fonction. Quelques-unes (p. ex : *que, si* et *comme*) expriment plus d'une relation et, inversement, il n'est guère de relation qui soit exprimée par une seule conjonction de subordination et qui ne puisse également être exprimée par une conjonction de coordination ou par la juxtaposition (**XIX : 1. et 2.4.2.**).

D'un point de vue morphologique, on distingue :

▶ les formes simples, comme *que, si, quand, comme,* etc. *Que* apparaît comme la conjonction de base (le complémenteur « prototypique »), tant par la diversité de ses emplois que par son aptitude à remplacer n'importe quelle autre conjonction dans une subordonnée coordonnée (*S'il vient et que je ne sois pas là,* [...]). Elle introduit également les séquences propositionnelles complétant un présentatif (*Voici que* P – *Il y a que* P) et, facultativement, le deuxième terme dans ce que l'on appelle la « subordination inverse » (*Il le jurerait sur la tête de ses enfants que je ne le croirais pas*). Enfin, elle se postpose à des prépositions et à des adverbes pour former des locutions conjonctives (*avant que, dès que ; bien que, alors que*, etc.).

▶ les formes composées ou locutions conjonctives :
• adverbes suivis de *que* : *aussitôt que, alors que, bien que*, etc.
• prépositions suivies de *que* : *avant que, dès que, pour que, sans que*, etc. (les deux éléments sont soudés dans *lorsque*).

Cette analogie formelle confirme l'identité fonctionnelle entre la préposition et la conjonction de subordination qui introduisent respectivement un groupe nominal et une proposition. Les prépositions *à, de* et *en* intercalent *ce* devant *que* (*veiller à ce que, s'étonner de ce que*, etc.), mais ces locutions sont de plus en plus concurrencées par *que* (*Je m'attends (à ce) qu'il vienne*).
• formes complexes issues de la lexicalisation de groupes prépositionnels (*à la condition que, sous réserve que*), de constructions participiales (*vu que, attendu que*) ou gérondives (*en attendant que*), qui tous intègrent la conjonction *que*.

Bibliographie. — K. Sandfeld (1965), *Syntaxe du français contemporain. Les propositions subordonnées*, tomes 2 et 3, Droz – J. Bastuji (1974), Les relatives et l'adjectif, *Langue française*, 22 : 68-78 – M. Pierrard (1987), Subordination et subordonnées : Réflexions sur la typologie des subordonnées dans les grammaires du français moderne, *L'information grammaticale*, 35 : 31-37 – *Langue française*, 77 (1988), Syntaxe des connecteurs – D. Creissels (1995) : 301-325 – D. Gaatone (1996), Subordination, subordonnées et subordonnants, *in* C. Muller (éd.) : 7-12 – C. Muller (1996). M. Herslund (1999) : La classification des propositions subordonnées, *in* G. Boysen et J. Moestrup, éds. *Etudes de linguistique et de littérature dédiées à Morten Njøgard*, Odeuse University Press : 179-190.

Chapitre XVI

LES RELATIVES

1. LES PROPOSITIONS RELATIVES ET LEURS TERMES INTRODUCTEURS

1.1. Caractéristiques générales des propositions relatives

Les propositions relatives sont des propositions subordonnées qui sont introduites par un terme relatif, pronom ou, plus rarement, déterminant.

Ces termes se répartissent en deux séries :

- Les **cinq formes simples** du pronom relatif : *qui, que, quoi, dont, où*.
- Le **relatif composé** *lequel*, pronom ou déterminant, qui s'amalgame avec les prépositions *à* et *de* pour former *auquel* et *duquel*. Il varie en genre et en nombre (*laquelle, lesquels, lesquelles*), contrairement au relatif simple.

Toutes ces formes (**VII : 5.6.**), sauf *dont*, la seule à être exclusivement pronom relatif, peuvent être considérées comme des proformes indéfinies qui fonctionnent comme termes introducteurs d'une proposition relative (adjective, substantive, adverbiale ou prédicative), ou d'une interrogative partielle (directe ou indirecte). Toutefois, leurs emplois comme relatifs et comme interrogatifs peuvent être différents : ainsi *qui*, toujours sujet (animé ou non) ou en construction prépositionnelle comme relatif, est toujours humain (sujet, objet ou en construction prépositionnelle) comme interrogatif simple. Quant à *que*, ses fonctions comme relatif sont multiples, et il a évidemment d'autres emplois, nonpronominaux, dont le plus important est celui de conjonction de subordination (**XVII : 2.**).

Lequel est obligatoire après *parmi*, ou lorsque l'antécédent n'est pas un être humain, et que l'emploi de *dont, où* ou *quoi* n'est pas grammatical par suite des règles exposées plus loin.

1.2. La triple fonction des pronoms relatifs

Le pronom relatif cumule trois fonctions :

• Une fonction démarcative. **Il introduit la proposition relative**, dont il constitue l'opérateur de subordination ou complémenteur, marquant ainsi une frontière de proposition enchâssée. C'est la raison pour laquelle il se place en tête de la relative, quelle que soit par ailleurs sa fonction grammaticale à l'intérieur de celle-ci. C'est ce positionnement initial qui permet, sous certaines conditions, la postposition du GN sujet (non pronominal) de la proposition : *le médecin que Pierre a vu* ou bien *le médecin qu'a vu Pierre*, mais *le médecin qu'il a vu* et non **le médecin qu'a vu il.*

• Une fonction anaphorique. **Il est, dans le cas de la relative adjective, coréférent à son antécédent** (pour la relative substantive, voir 5), qu'il représente dans la structure de la relative. Aussi son emploi dépend-il de la nature de l'antécédent. Ainsi, si celui-ci est un groupe nominal dont la tête est un nom commun, ce GN doit obligatoirement comporter un déterminant : *Il s'est conduit avec bravoure. Il s'est conduit avec une bravoure que j'admire/* **Il s'est conduit avec bravoure que j'admire.* C'est que l'antécédent doit être une expression référentielle identifiant une entité particulière, spécifique ou non, et non pas, par exemple, un nom ou une expression prédicative : **Il a pris peur qui était exagérée.* – **Il est en maison de santé dont je ne sais pas l'adresse.*

En conséquence, alors que les formes sujet *qui* et objet / attribut *que* du pronom ne sont marquées, non plus que ses autres formes simples, ni en genre, ni en nombre, ni en personne, elles n'en commandent pas moins les mêmes accords que le ferait leur antécédent : *L'intervention qui a été décisive... Ces propositions, que le président a jugé trop couteuses.*

Et lorsque le pronom relatif est complément indirect, il peut, dans certains cas, varier selon que son antécédent est un être humain (*La personne à qui je pense*) ou non (*Le projet auquel je pense... Une chose à quoi je pense*).

Le pronom composé s'accorde toujours en genre et en nombre avec son antécédent :

La troupe avec laquelle il a joué du Molière / Les projets auxquels il a collaboré / Les entreprises pour lesquelles il a travaillé.

• Une fonction casuelle. Sa forme **varie essentiellement selon sa fonction grammaticale** dans la relative : *qui* en position de sujet, *que* comme complément direct du verbe ou comme attribut, *quoi* et *lequel* après préposition, *dont* et *où* comme groupes prépositionnels.

Le livre qui fait fureur/ que j'ai acheté/ auquel tu faisais allusion/ dont tu m'as parlé/ où l'auteur traite de ce problème.
La décision que j'ai prise/ à quoi je me suis résolu.

Remarque. — Dans la grammaire générative, la coréférence obligatoire du relatif et de son antécédent était représentée par la présence d'un démonstratif en tête d'un GN de la phrase à relativiser par enchâssement dans une autre phrase contenant le même GN. Par exemple :
Phrase matrice (qui deviendra la phrase régissante) : *Elle est à la campagne chez des amis.*
Phrase à enchâsser (qui deviendra la phrase constituante) : *Nous connaissons ces amis.*
Phrase résultante (complexe) : *Elle est à la campagne chez des amis que nous connaissons* (J. Prévert, Dialogue de *Drôle de drame*).
Cette représentation peut être admise à titre purement descriptif, mais ne doit pas être considérée comme constituant une hypothèse sur la façon dont les sujets parlants construisent un énoncé comportant une proposition relative. Il n'y a pas d'opération réunissant deux phrases préexistantes. L'essentiel, si l'on veut schématiser cette structure, est de manifester, pour la relative (adjective), sa fonction d'expansion du GN, et pour le relatif, sa double fonction de subordonnant (symbolisée par QU) et de pronom.

1.3. Place des constituants dans la proposition relative

La position du relatif en tête de la proposition dont il fait partie a pour conséquence, lorsqu'il ne s'agit pas du relatif sujet dont c'est la place normale, de remettre en cause l'ordre canonique.

XVI – Les relatives

Une règle générale d'ordre autorise l'inversion du sujet de la relative :

a) lorsque celui-ci est un GN plein, et non un pronom clitique, surtout s'il est accompagné d'une expansion (en vertu de la tendance au rythme croissant) ;
b) et lorsque le verbe n'a pas de c.o.d. postposé (soit qu'il en soit dépourvu, soit que celui-ci soit un pronom antéposé) :

*Je connais les personnes que Pierre a rencontrées / Je connais les personnes qu'a rencontrées Pierre / Je connais les personnes qu'a rencontrées celui-ci / *Je connais les personnes qu'avons rencontrées nous.*

Pierre m'a montré les provisions dont sa famille l'a pourvu / Pierre m'a montré les provisions dont l'a pourvu sa famille.

J'ai revu les personnes auxquelles le Proviseur du Lycée de Pierre avait parlé / J'ai revu les personnes auxquelles avait parlé le Proviseur du Lycée de Pierre.

D'autre part, quand le relatif est prépositionnel et lui-même inclus dans un GP, c'est l'ensemble du GP qui est placé en tête de la relative (seul cas où le relatif n'est pas *stricto sensu* en tête de la relative) :

J'ai revu la rivière sur le bord de laquelle nous avons pique-niqué.

Bibliographie. — E. Benveniste (1966) : 225-236 (La phrase relative, problème de syntaxe générale) – C. Touratier (1980), *La relative. Essai de théorie syntaxique*, Klincksieck – *Langages* (1987), 88, *Les types de relatives* – D. Godard (1988), *La syntaxe des relatives en français*, Éditions du CNRS.

2. LES RELATIVES ADJECTIVES, À ANTÉCÉDENT NOMINAL

Antécédent nominal est ici à prendre dans le sens de GN déterminé (défini ou indéfini), ou pronom non-clitique (les personnels *moi, toi, lui, elle, nous, vous, eux*, les démonstratifs, possessifs, ou indéfinis). Ces relatives sont adjectives car elles fonctionnent comme des adjectifs épithètes ou apposés (**VII : 4.2. et 4.6.**). L'identité de fonction se manifeste dans la possibilité de les coordonner avec des adjectifs (sur la source attributive des adjectifs caractérisants).

Un souriceau tout jeune et qui n'avait rien vu (La Fontaine) / *Un souriceau qui était tout jeune et qui n'avait rien vu*
Il ne nous annonce rien qui soit vraiment nouveau / *Il ne nous annonce rien de vraiment nouveau*

2.1. Introduites par le pronom relatif sujet QUI

Cette forme de relative est à la fois la plus courante et la plus simple, puisqu'elle conserve l'ordre des constituants dans la phrase canonique. Le relatif a la forme *qui* et, sans porter lui-même aucune marque de nombre, de genre ou de personne, il commande dans la relative, le cas échéant, les mêmes accords que son antécédent.

J'ai résolu des problèmes qui sont plus difficiles que celui-là.
Moi qui suis le plus pacifique des hommes...
Il est venu vers nous qui sommes ses amis.

L'emploi de *lequel* (pronom ou déterminant), archaïsant et rare, est réservé aux énoncés juridiques où il évite l'ambiguïté qui serait produite par *qui* (**VII : 2.4.** et **5.6.**) dans les cas où il pourrait se rapporter à plus d'un antécédent :

(1) *Le terrain est légué au neveu de Madame Untel, qui s'engage à verser une soulte aux cohéritiers.*
(1a) *Le terrain est légué au neveu de Madame Untel, lequel s'engage à verser une soulte aux cohéritiers.*
(1b) *Le terrain est légué au neveu de Madame Untel, laquelle s'engage à verser une soulte aux cohéritiers.*
(2) *Il s'agit d'une maison avec une terrasse, qui est en pierre de taille.*
(2a) *Il s'agit d'une maison avec une terrasse, laquelle terrasse est en pierre de taille.*
(2b) *Il s'agit d'une maison avec une terrasse, laquelle maison / lequel édifice est en pierre de taille.*

Remarque. — Comme on le voit par l'exemple (2b), *lequel* (déterminant) permet la reprise par un hyperonyme (cf. **XXI, 2.4.**).

2.2. Introduites par le relatif complément direct QUE

Il s'agit surtout du complément d'**objet direct** du verbe (ex 1. et 2), mais aussi d'autres syntagmes qui partagent avec lui la position postverbale et la pronominalisation définie de la forme *le, la, les*, **sujets logiques** des verbes impersonnels (ex. 3) ou **compléments des présentatifs** (ex.4),

Le relatif a la forme *que*. Il vient se placer en tête de la relative. Lorsque le sujet de la relative est un GN plein (et non un pronom personnel clitique), l'inversion du sujet est possible mais facultative (ex. 2 b). Naturellement, *que* COD placé en tête de la proposition entraîne l'application des règles d'accord particulières du participe passé employé avec le verbe *avoir* (ex 2c)

(1) *Je regrette chacun des baisers que je donne.* (G. Apollinaire) (*Je donne des baisers*).
(2) *Je lis un livre que ma sœur m'a offert.* (*Ma sœur m'a offert un livre*).
(2b) *Je lis un livre que m'a offert ma sœur.*
(2 c) *Je lis la brochure que m'a offerte mon frère.*
(3) *C'est une vraie solution qu'il faut à ce problème.* (*Il faut une vraie solution / Il en faut une*).
(4) *Je connais le garçon que voilà.* (*Voilà le garçon / Le voilà*).

Remarques. — **1.** *Que*, sujet logique des verbes impersonnels, est d'un usage restreint (**XIV : 8.3.1.**). Un tel constituant doit en effet, dans la plupart des cas, être indéfini, ce qui bloque la possibilité d'une relative. On préférera en ce cas la forme personnelle, impliquant l'emploi du relatif sujet *qui*. Exemple : *Tu connais l'histoire. Il m'arrive une histoire / Cette histoire m'arrive.* → *Tu connais l'histoire qui m'arrive / *Tu connais l'histoire qu'il m'arrive*. Mais le verbe *falloir* étant essentiellement impersonnel, on n'a pas d'autre choix que de dire *J'ai tout l'argent qu'il me faut*. Ici, *que* est le c.o.d. du verbe *avoir* qui n'est pas répété, mais qu'en réalité il modalise, de même que dans la phrase *Il a dit le mot qu'il fallait*, le relatif *que* n'est pas en rapport avec le verbe *falloir*, mais avec le verbe *dire*. (*Il fallait dire ce mot*).
2. *Que* peut être le c.o.d. non du verbe principal de la relative, mais d'un infinitif complément de ce verbe : *Partons pour Venise, que je veux visiter avec toi* – *C'est bien le prix qu'il pensait en obtenir* (comparer avec les relatives « imbriquées », **2.4.**).
3. Sur *que* attribut, pronom ou plus souvent pro-adjectif, v. **3**.

2.3. Introduites par un relatif constituant d'un groupe prépositionnel

2.3.1. Règles générales

La règle générale qui détermine la forme du relatif complément prépositionnel pourrait se formuler comme suit :
Prép + *lequel*
que le GP soit complément de phrase, de verbe, de nom ou d'adjectif attribut. Le groupe formé par la préposition et le relatif est toujours placé en tête de la relative.

(1) *La guerre est une période <u>pendant laquelle</u> les gens montrent leur vraie nature.*
(2) *Cette école est celle <u>dans laquelle</u> j'ai appris à lire et à écrire.*
(3) *Tu n'as pas revu les personnes <u>auxquelles</u> j'ai parlé hier ?*
(4) *J'ai rencontré la fille <u>pour laquelle</u> tu te meurs d'amour.*
(5) *Voici les auteurs <u>parmi lesquels</u> sera choisi le lauréat du Goncourt.*
(6) *Ce sont des parentes éloignées, <u>desquelles</u> je n'ai plus de nouvelles.*
(7) *Voici un bijou <u>auquel</u> je suis très attachée.*

Remarque. — La plupart de ces phrases connaissent des variantes qui seront exposées ci-dessous.

2.3.2. Règle particulière obligatoire

Lorsque le relatif prépositionnel est lui-même inclus dans un GP, c'est la totalité de ce dernier qui est placée en tête de la relative, et les seuls pronoms autorisés sont *lequel* ou *qui, dont* étant exclu. Soit la proposition :

(1) *Nous avons pique-niqué sur le bord de la rivière,* qu'il s'agit d'intégrer dans une proposition où figure le syntagme *la rivière,* de telle sorte, par conséquent, que le pronom relatif complément du nom *bord* ait ce syntagme pour antécédent. Le pronom relatif précédé de la préposition ne peut pas se placer en tête de la relative :
(2a) **J'aime la rivière <u>de laquelle</u> nous avons pique-niqué sur le bord.*
(2b) **J'aime la rivière <u>dont</u> nous avons pique-niqué sur le bord.* C'est le bloc *sur le bord de* [+ pronom relatif] qui se déplace en tête de la relative :
(2c) *J'aime la rivière <u>sur le bord de laquelle</u> nous avons pique-niqué.* Le mécanisme est le même lorsque l'antécédent est humain, cependant *qui* peut en ce cas se substituer à *lequel* :
(3) *Le meunier <u>à la fille duquel</u> / <u>de qui</u> j'ai donné un baiser, me pourchasse.*
(3a) **Le meunier <u>duquel</u> / <u>de qui</u> / <u>dont</u> j'ai donné un baiser à la fille, me pourchasse.*

XVI – Les relatives

Remarque. — Il s'agit ici d'un cas particulier du principe, dit « A / A » dans la littérature générativiste, qui empêche un GP de franchir la frontière gauche du GP dont il est lui-même un constituant. En voici l'illustration sur l'exemple de l'extraction d'un complément du nom d'un objet indirect par dislocation ou par pronominalisation interrogative :
    (4) Jean prévoit la fin <u>du monde</u>
    (4a) Le monde, Jean <u>en</u> prévoit la fin
    (4b) <u>De quoi</u> Jean prévoit-il la fin ?
mais :
    (5) Jean songe <u>à la fin du monde</u>
    (5a) *Le monde, Jean <u>en</u> songe <u>à</u> la fin
    (5b) *<u>De quoi</u> Jean songe-t-il <u>à</u> la fin ?

2.3.3. Règles particulières facultatives

• Lorsque le relatif est précédé d'une préposition et représente un être humain, *lequel* peut être remplacé par *qui*.

> *Tu n'as pas reçu les personnes à <u>qui</u> j'ai parlé hier.*
> *J'ai rencontré la fille <u>pour qui</u> tu te meurs d'amour.*
> *Ce sont des parentes éloignées <u>de qui</u> je n'ai plus de nouvelles.*

• Lorsque le relatif est précédé d'une préposition et représente un être inanimé, *lequel* peut être remplacé par *quoi* (tournure marquée comme vieillie ou littéraire).

> *Je vous apporte un siège sur quoi vous pourrez vous asseoir.*
> *C'est une idée à quoi je ne pouvais pas me faire.* (Camus)

• Lorsque l'antécédent est un pronom neutre ou indéfini ne représentant pas un être humain (*cela, quelque chose, rien*), le pronom à utiliser comme relatif est exclusivement *quoi*.

> *Je ne vois que cela à quoi il puisse prétendre.*
> *C'est ce à quoi je pense.*
> *Je n'ai rien avec quoi (je pourrais) boucher ce trou.*

• Lorsque le relatif est précédé de la préposition *de* (et qu'il ne fait pas lui-même partie d'un syntagme prépositionnel), on emploie *dont* (plus fréquemment que *duquel* ou *de qui*).

> *Ce sont des parentes éloignées <u>dont</u> je n'ai plus de nouvelles* (*dont*, complément du nom *nouvelles*).
> *C'est la vieille cousine <u>dont</u> j'ai hérité* (*dont*, complément d'objet indirect du verbe *hériter*).
> *Je suis pourchassé par ce meunier <u>dont</u> j'ai embrassé la fille* (*dont*, complément du nom *fille*).
> *C'est une chose <u>dont</u> je suis fier* (*dont*, complément de l'adjectif *fier*).

Remarque. — L'anglais, comme équivalent au syntagme *Le livre dont j'avais oublié le titre* connaît deux formes, toutes deux différentes du français : (1) *The book the title of which I had forgotten...* (littéralement : *Le livre le titre duquel j'avais oublié*) et (2)*The book whose title I had forgotten...* (littéralement : *Le livre dont le titre j'avais oublié*).

• Lorsque le relatif dénote un lieu, l'ensemble formé par la préposition locative et le GN est pronominalisé en *où* (sauf si la préposition est *de :* on a alors *d'où*) :

Cette école est celle où j'ai appris à lire et à écrire. – C'est la ville d'où je viens.

• Lorsque le relatif représente un complément circonstanciel de temps, on peut le pronominaliser également en *où*, mais aussi en *que* dans certaines expressions :

L'époque où j'allais à l'école...
La première fois que je l'ai vue...
C'était au temps que les bêtes parlaient.

2.4. Les relatives du second degré (dites « imbriquées »)

Le relatif peut avoir une fonction par rapport non au verbe principal de la relative, mais au verbe de la proposition complétive conjonctive (ou parfois interrogative indirecte) dépendant de celui-ci.

J'ai rencontré la personne à qui je sais que vous vous intéressez.
Ce sont là des noms que je vois bien que je ne retiendrai jamais. (A. France)

L'intégration par le relatif saute un niveau de la structure complexe de la relative. Par exemple : *J'ai rencontré GNi* (phrase matrice P1) / *Je sais que* P3 (phrase constituante P2) / *vous vous intéressez à GNi* (phrase P3, constituante de P2).

▶ Dans les cas où le GN pronominalisé par le relatif est autre que le sujet, il prend la forme pronominale prévue par les règles déjà décrites et se place en tête du bloc, qu'il s'agisse :

• d'un c.o.d. :
Partons pour Venise, que je veux que tu visites avec moi.
C'est bien le prix qu'il pensait qu'il pourrait en obtenir.

- d'un attribut :
Tu es le champion que je souhaitais que tu deviennes.
- du complément d'un adjectif :
Telles sont les joies dont je pense que la vie est pleine.
- ou enfin d'un complément indirect du verbe ou d'un complément de phrase :

(1) *Kyoto est une ville où je me demande si j'irai un jour.*
(2) *C'est un ami auquel je ne sais pas comment témoigner ma reconnaissance.*
(3) *J'ai fait un grand feu près duquel je veille à ce que notre ami se repose.*

▶ Dans le cas où ce GN est le sujet de la phrase enchâssée dans la relative, il est représenté en son lieu par un pronom personnel, tandis qu'apparaît en tête du bloc à enchâsser un *dont* (complément de propos) qui fait le lien entre l'antécédent et ce pronom :

C'est moi dont tu veux que je visite Venise ? –
Pierre est l'ami dont je ne savais pas quand il viendrait –
C'est un livre dont je sais qu'il aura du succès.

Il existe une variante plus rare et difficilement analysable, où l'on a cru voir dans le *qui* une notation de *qu'il* conforme à une prononciation répandue à l'époque classique ; mais cette explication ne vaut plus si l'antécédent est féminin :

C'est un livre que je sais qui aura du succès.

C'était la femme du monde que vous prétendiez qui avait le plus d'esprit ? (Mme du Deffand) (= *dont vous prétendiez qu'elle avait le plus d'esprit*).

Bibliographie. — M.-L. Moreau (1971), « L'homme que je crois qu'il est venu » – *Qui, que* : relatifs et conjonctions, *Langue française*, 11 : 77-90 – R. Kayne (1974 et 1975), French relatives que, *Recherches linguistiques*, 2 : 40-61 ; 3 : 27-92 – *Langages* (1987), *Les types de relatives*, 88 – J.-M. Léard (1990), « L'hypothèse que je crois qui est négligée ». Le statut de *que, qui* et *dont* dans les imbriquées, *Travaux de linguistique*, 20 : 43-72 – N. Fournier (1998), § 154-157.

2.5. La sémantique des relatives

C'est par rapport au GN dont la relative est l'expansion (le modifieur, voir **VII : 4.1. et 4.6.**), autrement dit l'**antécédent du relatif**, que se pose le problème du sens de la relative.

▶ Si l'antécédent est une **expression définie** (nom propre ou nom commun précédé d'un déterminant défini) :

A. La relative est **déterminative** (ou **restrictive**) si elle est nécessaire à l'identification référentielle de l'antécédent (**VII** : **1.3. et 4.**), qu'il s'agisse d'un individu ou d'une classe, d'êtres réels ou virtuels.

Les candidats qui ont obtenu la moyenne ont été déclarés reçus (référent réel)
Les candidats qui auront la moyenne, s'il y en a, seront déclarés reçus (référent virtuel).

Du fait qu'elle restreint l'extension du GN, son effacement aurait pour conséquence de modifier complètement le sens de la phrase en étendant son champ d'application à un ensemble référentiel plus important, voire à la totalité des êtres qui peuvent être désignés par le nom :

Le roman que je viens de finir me plaît beaucoup (sens spécifique) / *Le roman me plaît beaucoup* (sens générique).
Les Alsaciens qui boivent de la bière sont obèses (une partie) / *Les Alsaciens sont obèses* (la totalité).
Le philosophe qui est digne de ce nom n'a pas de préjugés (référent : le représentant typique d'un sous-genre) / *Le philosophe n'a pas de préjugés* (référent : le représentant typique de la totalité du genre).

L'interprétation déterminative est de règle si un modifieur du GN antécédent (*le seul, l'unique, le principal, meilleur,* par ex.) dénotant exclusivité ou unicité appelle un complément restrictif.

C'est vraiment le seul problème qu'un homme d'État se doive de tirer au clair (J. Giraudoux)

Remarque. — En anglais, les relatives restrictives dans lesquelles le relatif est *that* connaissent une variante sans pronom introducteur : *The man I love... / The girl I'm talking to... / The country we fought against...* Ce n'est évidemment possible que parce qu'elles sont intégrée au GN et non pas extérieures comme les appositives introduites par *which*.

B. La relative est **explicative** (ou **appositive**) lorsqu'elle ne joue aucun rôle dans l'identification référentielle de l'antécédent. Elle peut alors, sans dommage pour cette identification, être supprimée. Elle peut aussi être remplacée par une proposition coordonnée :

Ce roman, que je viens de finir, me plait beaucoup /Ce roman me plait beaucoup (le référent ne change pas).

Les Alsaciens, qui boivent de la bière, sont obèses / Les Alsaciens sont obèses (les deux phrases ont la même valeur générale : elles décrivent seulement un cas typique).

Mes élèves, qui s'étaient bien préparés, ont tous été reçus et on peut substituer aux relatives des coordonnées sans changement notable de sens : *Mes élèves ont tous été reçus, car ils s'étaient bien préparés* et *Mes élèves s'étaient bien préparés et ils ont tous été reçus*.

a) La relative explicative, à la différence de la relative déterminative, peut aussi faire l'objet d'un commentaire particulier (phrase incidente ou adverbe de phrase), ou être reprise par le pronom *cela*, ce qui montre son indépendance vis-à-vis du reste de l'énoncé :

La démocratie, qui est fragile par nature, doit être défendue / La démocratie, qui, à vrai dire, est fragile par nature, doit être défendue / La démocratie, qui est fragile par nature (cela n'est pas douteux), doit être défendue.

Les Alsaciens, qui (soit dit en passant, entre nous soit dit, entre parenthèses, d'ailleurs, effectivement) boivent trop de bière, sont obèses.

b) Si l'antécédent est un nom propre pris dans son usage normal référentiel (sans déterminant), il est autodéterminé, et la relative dont il est l'antécédent est forcément explicative. Il en est de même pour les noms communs précédés d'un déterminant possessif. Cependant, des relatives déterminatives sont possibles lorsqu'on applique à ces antécédents un prélèvement partitif :

Victor Hugo, qui en 1825 était encore monarchiste légitimiste, devint par la suite un zélé républicain. (cas général : relative explicative).

Le Victor qui devint républicain n'avait plus rien à voir avec le poète légitimiste de 1825. (cas particulier du nom propre muni d'un déterminant, relative déterminative, **v VII : 2.8.2.**)

Le Paris que j'ai connu n'est plus
Ceux de mes élèves qui se sont bien préparés ont été reçus.

c) Les relatives explicatives sont marquées sur le plan prosodique par une mélodie spécifique, celle de la parenthèse (**II : 3.5**, voir Morel et Danon-Boileau 1996 : 53-58) ; et sur celui de la ponctuation, elles sont généralement encadrées par deux virgules (**IV : 3.1.3.**). N'ayant pas de rôle référentiel, elles sont disponibles pour exprimer toutes sortes de nuances circonstancielles : cause, condition, concession, etc.

▶ Si l'antécédent est une **expression non définie** (nom commun précédé d'un déterminant indéfini), on ne peut dans ce cas tirer argument de l'identification référentielle pour distinguer deux sortes de relatives, puisque le propre de telles expressions est d'avoir un référent qui n'est pas identifiable (au moins pour le récepteur).
A. Cependant, dans la perspective communicative, certaines des relatives considérées apparaissent **essentielles**, et leur suppression a pour effet de produire un énoncé non pertinent, généralement un truisme dépourvu d'intérêt :
Il y a des moments dans l'histoire où tout bascule / Il y a des moments dans l'histoire. (!)
L'enfance est une période de la vie qui est déterminante / L'enfance est une période de la vie. (!)
Kawabata a écrit un livre que j'aime beaucoup / Kawabata a écrit un livre. (!)
B. D'autres apparaissent **accidentelles** (ou accessoires), et leur suppression ne remet pas radicalement en cause la pertinence de l'énoncé ; mais on se trouve ici sur un terrain essentiellement pragmatique et, pour préciser le degré d'acceptabilité de tels effacements, il faudrait tenir compte d'une manière plus précise des différents paramètres de la situation d'énonciation :
Un livre, qui se trouvait sur la table, attira mes regards.
J'ai fait un problème que j'ai trouvé difficile.
Nous avons remarqué dans le pré quelques vaches qui broutaient.
La distinction entre relatives déterminatives ou essentielles d'une part, explicatives ou accidentelles d'autre part, évoque celle qui a été faite entre les expansions du GN (adjectifs, syntagmes prépositionnels) à valeur déterminative et à valeur caractérisante (**VI : 1.3. et 4.1.**). Cependant le parallèle n'est pas total, puisque certaines relatives ont la même valeur purement descriptive que certains adjectifs épithètes, alors qu'elles sont détachées.

D'autre part, une relative ne peut que suivre son antécédent, alors qu'un adjectif apposé peut être détaché à gauche du GN auquel il se rapporte, ce qui lui confère un rôle différent dans la structuration du texte.

Les relatives explicatives ou accidentelles sont susceptibles d'exprimer diverses valeurs circonstancielles (temporelles, causales, conditionnelles, etc.), qui peuvent être explicitées par l'insertion de *alors, en effet, certes, pourtant, donc,* etc.

Bibliographie. — E. Benveniste (1966), *Problèmes de linguistique générale* : 208-222 – R. Kayne (1974), « French relative *que* », *Recherches linguistiques*, 2 : 40-61, et 3 : 27-92. – G. Kleiber (1981), « Relatives spécifiantes et relatives non spécifiantes », *Le français moderne*, 3 : 216-233 – G. Kleiber (1987), *Relatives restrictives et relatives appositives : une opposition* « *introuvable* », Tübingen, Niemeyer – *Langages* (1987), 88, « Les types de relatives ».

2.6. La place des relatives

La relative se trouve dans la plupart des cas immédiatement à la suite du GN qui est l'antécédent du relatif. Il y a cependant des exceptions.

A. Relatives appositives disjointes

(1) *Les constructeurs automobiles l'ont bien compris, qui axent leur publicité sur la vitesse et la puissance.*

Cette phrase est un réarrangement de :

(1a) *Les constructeurs automobiles, qui axent leur publicité sur la vitesse et la puissance, l'ont bien compris.*

Il s'agit bien de l'ensemble des constructeurs automobiles, et non d'une catégorie d'entre eux. De ce fait découle la possibilité de reprise par un pronom « personnel » :

(1b) *Les constructeurs automobiles l'ont bien compris, eux qui axent leur publicité sur la vitesse et la puissance.*

D'autre part, la valeur argumentative de la relative peut être explicitée ici par *vu qu'ils axent* ou *la preuve, ils axent....* C'est un argument en faveur du prédicat principal : *(ils) l'ont bien compris.* Qu'il y ait ou non pronom de reprise, la disjonction crée un effet de relance et l'impression qu'une nouvelle prédication développe la précédente. On peut faire les mêmes constatations sur les exemples suivants :

(2) *Le modèle économique est parvenu en fin de course, qui reposait sur une Amérique qui consomme et s'endette, une Asie qui produit et épargne, une Europe qui équipe l'Asie pour une part et vit de ses rentes pour une autre part.* (N. Baverez)

(3) *Un loup survient à jeun qui cherchait aventure, / Et que la faim en ces lieux attirait.* (La Fontaine)

Exceptionnellement, dans des textes littéraires, de telles relatives peuvent même précéder l'antécédent du relatif qui devient donc un pronom cataphorique :

(4) *Il y avait là, <u>qui</u> s'était placé auprès du tribunal, <u>un nommé Alexandre</u>.* (Pourrat)

B. Relatives restrictives disjointes

On pourrait s'attendre à ce que les relatives restrictives soient plus étroitement arrimées à leur antécédent. Il n'en est rien.

(4) *Les étudiants sont nombreux qui parlent plus d'une langue étrangère.* Qu'une virgule apparaisse (pour des raisons rythmiques) ou non avant le relatif, cet exemple est un réarrangement de la phrase : *Les étudiants qui parlent plus d'une langue étrangère sont nombreux*. Cette fois, la reprise par *eux qui* est impossible, sauf à provoquer une tout autre interprétation : *Les étudiants sont nombreux, et ils parlent (tous !) plus d'une langue étrangère*. C'est une autre paraphrase qui convient :

(4a) *Les étudiants sont nombreux à parler plus d'une langue étrangère.*

Il ne s'agit plus de *(tous) les étudiants*, mais uniquement de ceux *qui parlent plus d'une langue étrangère*. Même genre de constatation à propos des exemples suivants :

(5) *Le temps n'est plus où l'on pouvait gaspiller l'énergie.*

(6) *Les Français sont de plus en plus nombreux qui sont persuadés de vivre de moins en moins bien.*

(7) *Tous les moyens sont bons qui sortiraient la France de sa panade* (C. Imbert)

Dans tous ces exemples, la relative est un élément du GN sujet. Son déplacement après le groupe verbal produit un effet de suspens et donc de mise en relief remarquable, typique du procédé qu'on peut appeler rejet ou ajout du « reste du thème ».

Remarque. — On peut mettre en rapport la disjonction de ces relatives restrictives avec celle de certains compléments du nom (groupes prépositionnels ou complétives) : *La liste est longue des victimes sur lesquelles les prévenus ont jeté leur dévolu.* – *Le risque serait grand de voir (que l'on voie) s'installer en France une lutte anarchique entre deux camps aveuglément dressés l'un contre l'autre.*

2.7. Le mode dans les relatives adjectives

Le mode ordinaire du verbe dans la relative est **l'indicatif**. Toutefois, dans les relatives déterminatives ou essentielles on peut trouver le subjonctif (**X : 2.2.3.**) :

• lorsque l'antécédent comprend un superlatif ou les adjectifs *seul, premier, dernier* :

C'est la seule explication qui convienne.

• lorsque la phrase matrice implique une idée de volonté ou d'hypothèse qui a pour effet de placer le GN dont fait partie la relative hors du champ du constat :

Je cherche une maison qui ait un grand jardin.
Connais-tu des gens qui soient contents de leur sort ?
Je ne connais personne qui puisse t'aider.

Remarque. — Du fait que le référent du GN n'est pas ici conçu comme une entité spécifique identifiable, on ne peut pas le reprendre par un pronom (sauf si celui-ci est modalisé. **XX : 2.**). On ne peut dire : **Je cherche une maison qui ait un grand jardin et celle-ci est difficile à trouver.*

Bibliographie. — C. Touratier (1996) : 167-171.

On trouve également l'infinitif lorsque le GN relativisé est prépositionnel, par effacement du verbe *pouvoir* :

Je cherche une maison où dormir (= où je puisse dormir)
Connais-tu des gens sur lesquels compter ?
Je n'ai pas de quoi payer.
Jean n'a personne à qui se confier.

2.8. Les relatives non standard

Les différentes fonctions solidaires du relatif (subordonnant, pronom, marqueur casuel) font parfois problème pour les sujets parlants. On observe alors, dans la langue parlée populaire, ou bien l'utilisation de *que* comme relatif omnicasuel ; ou bien le décumul de ces deux fonctions (d'une part un *que* fonctionnant comme pur subordonnant ; de l'autre un pronom) ; ou bien au contraire une redondance (deux pronoms, l'un relatif, l'autre personnel, ayant le même référent)

On trouve donc, à côté des relatives standard introduites par *qui, que, dont, où, lequel* :

A. *Que* invariable

Dimanche que vient je lui écris ma carte
C'est ce que j'ai le plus besoin

B. *Que* + terme anaphorique, pronom ou déterminant (décumul)

Voilà une idée qu'elle est bonne.
Mon mari que je n'ai plus de nouvelles de lui
C'est des types que le malheur des autres les amuse
C'est même moi qui lui avais donné ses boutons de manchettes ; vous savez, ceux qu'on a lu leur description dans le journal (Gide, Caves du Vatican)
C'est le genre de voiture que, si le prix de l'essence continue encore à augmenter, personne ne pourra plus l'acheter (ex. oral)

Variante : le terme anaphorique est une préposition employée comme représentant le GP :

La fille que je vis avec (Renaud)
J'ai acheté des os, que je vais faire du bouillon avec (ex. oral)
C'est une idée que je suis contre

C. Pronom relatif + terme anaphorique (anaphore pléonastique)

Mon cher Émile dont je suis sans nouvelles de lui
J'ai acheté les allumettes dont j'en ai besoin.
D'où une jungle des prix où il est difficile de s'y retrouver (radio)

Bibliographie. — H. Frei (1929), *La grammaire des fautes*, Paris, P. Geuthner ; Genève, Kundig ; Leipzig, Harrasowitz (Rééditions Slatkine, Genève : 1971) : 184-191
– J. Deulofeu (1981), Perspective linguistique et sociolinguistique dans l'étude des

relatives en français, *Recherches sur le français parlé*, 3 : 135-172 – M. Riegel (1985), Le pivot relatif dans les idiolectes d'un parler alsacien, dans *Le français en Alsace* (Actes du Colloque de Mulhouse, 17-19 novembre 1983), G.-L. Salmon, éd., Paris, Genève ; Champion-Slatkine : 131-140 – F. Gadet (1995), Les relatives non standard en français parlé : le système et l'usage, *in* H. L. Andersen, Leth H. (éds), *La subordination dans les langues romanes. Actes du colloque international Copenhague 1994*, *Études Romanes*, 34, Copenhague, Université de Copenhague : 141-162.

3. LES EMPLOIS DU RELATIF *QUE* ATTRIBUT

Le relatif *que* assume dans la relative la fonction d'**attribut du sujet**, nominal dans certains cas (ex 1, 2) ou plus souvent adjectival (ex 3, 4, 10, 11, 13, 14, 15) du verbe *être* (ou d'un autre verbe d'état) ou d'**attribut du c.o.d.** (ex. 5, 6, 12, 18). La relative est adjective au sens strict si son antécédent est un GN, mais elle peut avoir pour antécédent un adjectif avec lequel elle forme un groupe adjectival apposé à un GN de la principale.

Ces tours sont très idiomatiques et se distinguent nettement des emplois typiques des relatives étudiés ci-dessus.

3.1. *Que* attribut à antécédent caractérisant

▶ Dans le cas général, l'**antécédent est un adjectif** qualificatif, ou plus rarement **un nom exprimant une caractérisation** (ex. 1 et 2). La relative n'apporte souvent rien d'autre, au sujet de cette caractérisation, que son assertion explicite (assortie de minces nuances, notamment temporelles), alors que cette assertion resterait implicite si le nom ou l'adjectif étaient simplement apposés. L'antécédent peut être *tel*, le pro-adjectif par excellence, qui représente une caractérisation précise, mais non précisée (ex. 6, 7) :

(1) *Le conquérant qu'était Alexandre est admirable.*
(1 b) *Conquérant, Alexandre est admirable.*
(2) *Le vieillard que je suis devenu a peine à se représenter...* (Mauriac)
(2 b) *Moi, vieillard, j'ai peine à me représenter...* (Mauriac)
(3) *Pressé qu'il était de vous voir, il est venu aussitôt.*
(4) *Insensé que je suis, que fais-je ici moi-même ?* (Musset)

(5) *Elle lui faisait confiance, incapable qu'elle le sentait d'être déloyal.* (*Elle le sentait incapable...*).
(6) *Jeune, charmant,... tel qu'on dépeint nos dieux, ou tel que je te vois* (Racine).
(7) *J'achète cette voiture d'occasion telle qu'elle est.*

▶ L'antécédent peut également être le **pro-adjectif** *quel* qui généralise la caractérisation exprimée par *tel*. Du fait de cette généralisation présentée comme une hypothèse (d'où le subjonctif), elle invite à la concevoir aussi grande qu'on veut, et présente comme une concession le contenu de la relative, qui est orientée en sens inverse de la principale.

(8) *Quel que puisse être son talent, il ne pourra réussir à gagner sa vie uniquement grâce à son art.*
(9) *Quelle que soit la chose qu'on veut dire, il n'y a qu'un mot pour l'exprimer, et qu'un adjectif pour la qualifier.* (G. de Maupassant)

▶ Lorsque la caractérisation est accompagnée par un indice adverbial (invariable) comme *si, aussi, quelque, tout*, ou encore par *pour*, l'effet de sens produit est également toujours concessif.

Si, en effet, porte la caractérisation à un degré élevé, *aussi* et *quelque* ne précisent pas le degré atteint, ce qui rend concevable qu'il soit également élevé. *Tout* insiste sur la totalité des degrés envisagés (avec la même valeur d'opposition que dans *Tout en visant haut, il garde les pieds sur terre*). *Pour* se contente de délimiter le domaine dans lequel varie librement la caractérisation (avec le même effet de sens que dans *Pour un analphabète, il est drôlement intelligent*). Après chacun de ces syntagmes, on peut insérer une formule restrictive comme *en tout cas*, qui en explicite parfaitement le mécanisme interprétatif. On notera enfin que la valeur concessive entraine là aussi l'usage du subjonctif (sauf avec *tout*, du moins selon le bon usage, de plus en plus souvent transgressé).

(10) *Si accommodant qu'il soit, il ne peut accepter n'importe quelle solution.*
(11) *Si étrange que ça paraisse, je ne me suis aperçu de rien.*
(12) *Une partie de sa vie, aussi petite qu'on la suppose...* (G. Bernanos)
(13) *Quelque inattendue que soit son attitude, elle est parfaitement explicable.*
(14) *Les deux adversaires, tout vigoureux qu'ils étaient, commençaient à se fatiguer.* (T. Gautier)

(15) *Pour grands que soient les rois, ils sont ce que nous sommes / Ils peuvent se tromper comme les autres hommes.* (P. Corneille)

Chacun des indices a ses propres particularités. *Tout* et *quelque*, qui sont par ailleurs des déterminants, s'accordent avec leur antécédent (ex 20 et 21), et sont compatibles avec un nom (et peuvent alors s'accorder) ; *tout* est même compatible avec un nom propre (ex 19). *Pour* accepte que le degré d'intensité de l'adjectif soit marqué (ex 22). D'autre part, avec *si* et *aussi*, l'inversion du sujet est possible dans la relative, mais entraine la suppression du relatif lui-même (ex 23).

(17) *Tout enfant que j'étais, le propos de mon père ma révoltait* (Chateaubriand)
(18) *Tout président qu'on l'ait nommé, il n'a pas le pouvoir de décider dans tous les domaines.*
(19) *Tout Napoléon qu'il était, il a été battu à plate couture.*
(20) *La ruse, toute grossière qu'elle fût, abusa des gens crédules.*
(22) *Pour si farceur qu'on soit, on n'escamote pas une ville.* (A. Daudet)
(23) *Si intelligent soit-il, il aura du mal à résoudre ce problème.*

3.2. *Que* attribut à antécédent identifiant

La forme et l'interprétation de ces relatives sont proches de celles qui sont introduites par *quel* (pro-adjectif) + *que*. Mais ici, c'est le pronom *qui* représentant un animé humain qui est repris par le relatif. La relative, qui reste du domaine de l'hypothèse, est au subjonctif.

(24) *Qui que vous soyez, ne nous dérangez pas plus longtemps.*
(25) *Qui que ce soit qui ait trouvé cette solution, c'est un malin.*
(26) *Il faut, qui que ce soit qui ait fait le coup, qu'avec beaucoup de soin on ait épié l'heure.* (Molière)

Il n'y a pas d'équivalent pour les non-animés en français moderne, où l'on a recours à la périphrase *quel que soit* $GN_{inanimé}$ *que*, par exemple : *quelle que soit la chose qui.*

Bibliographie. — P. Le Goffic (1993) : 370-371, 494-496. – C. Muller (1996) : 161-184 – M.-A. Morel (1996) : 115-124.

4. LES RELATIVES PÉRIPHRASTIQUES

Les relatives **périphrastiques** constituent formellement l'expansion d'un pronom démonstratif, *ce* ou *celui*, ou encore d'un adverbe comme *là*, de manière à former avec lui l'équivalent d'un GN : elles ont donc un statut intermédiaire entre celui des relatives adjectives (équivalant à l'épithète ou au complément de nom) et des substantives proprement dites (équivalant à un GN), elles sont **quasi nominales**.

Elles n'ont pas de véritable antécédent ; le terme qui les introduit n'a qu'un sens catégoriel très général (les traits **humain, non-animé**, ou **locatif**, et l'indication éventuelle de genre ou de nombre). Quant au pronom relatif, il constitue une variable dont les différentes valeurs (spécifique ou générique, par exemple) sont déterminées par le contenu de la relative. *Ceux qui casseront les verres les payeront* a la même structure sémantique, (et en l'occurrence le même sens) que *Les casseurs de verres seront les payeurs*. C'est une expression générique. *Voici celui dont je vous ai parlé* a en revanche une valeur spécifique

▶ Dans les unes, le pronom support (ou introducteur) indique que c'est un **être humain** qu'elles désignent de manière périphrastique. Elles sont introduites par *celui*, variable en genre et en nombre (selon le sexe et le nombre du référent), suivi d'un pronom relatif : *qui, que, dont,* ou *lequel* précédé d'une préposition (selon les règles formulées plus haut) :

> Celui qui a écrit La Chanson de Roland *est un génie.*
> Celui qui m'aime, le voilà. (Nerval, *Sylvie*)
> Celle que j'aime, la voici.
> C'est celui dont on vous a parlé.
> Je vous présente celui aux livres duquel vous vous intéressez tant.
> Je ne suis pas celle que vous croyez.

Remarques. — 1. Bien que la syntaxe en soit semblable, il ne s'agit pas ici des cas où *celui* a lui-même un antécédent, qui ne désigne pas forcément un être humain (anaphore lexicale, XXI : 3.1.) : Votre *maison et celle que je me suis fait construire*...
2. Ces relatives sont très proches de celles qui ont pour antécédents les pronoms nominaux *quelqu'un* ou *personne* (mais ces pronoms, contrairement à *celui*, peuvent être employés de façon autonome) ; ainsi que de celles qui ont été décrites au para-

XVI – Les relatives

graphe précédent (3.1), dont elles constituent parfois des variantes : cependant, elles ne sont pas toutes indéfinies (leur référent est spécifique et présupposé dans tous les exemples cités ci-dessus).

▶ Dans d'autres, le pronom support (ou introducteur) représente un **inanimé**. Elles sont introduites par *ce*, invariable, suivi d'un pronom relatif : *qui, que, dont,* ou *quoi* précédé d'une préposition :

C'est ce qui vous trompe.
Voilà ce que j'avais à vous dire.
Je ferai ce que vous me direz (de faire).
Je n'ai pas oublié ce dont vous m'avez parlé.
Vous ne croirez pas ce qui vient de m'arriver. (Plutôt que *ce qu'il vient de m'arriver,* (v. **2.2. Rem**).

Ces relatives sont très proches de celles qui ont pour antécédent les pronoms *quelque chose* ou *rien* et des relatives indéfinies introduites par *quoi*, mais les constructions avec l'infinitif sont exclues).

▶ Les relatives périphrastiques locatives qui sont introduites par *là où, ici où, partout où* ne sont guère que des variantes de celles qui sont introduites par *où*, puisque *là, ici* ou *partout* peuvent être supprimés sans altérer le sens général de la phrase. L'« antécédent » adverbial contient en effet le même trait sémantique locatif que le relatif *où* (**3.1.**) :

(Là) où il passe, l'herbe ne repousse pas.
J'irai (partout) où tu iras.

▶ D'autres, introduites également par *ce* (anaphorique ou cataphorique), commentent le **contenu propositionnel** de l'ensemble de la phrase représentée par *ce*, à laquelle elles sont en apposition :

Il avait un compte en Suisse, ce que même sa femme ignorait.
Il réagit alors avec violence, ce à quoi je ne m'attendais nullement.
Alors, ce à quoi je ne m'attendais nullement, il réagit avec violence.

5. LES RELATIVES SUBSTANTIVES INDÉFINIES

Le relatif n'ayant pas d'antécédent, ces relatives ont exactement la distribution d'un GN et sont donc pleinement substantives.

▶ Dans les unes, le pronom relatif représente un **être humain**. Elles sont introduites par le pronom sans antécédent *qui* ou sa variante *quiconque*. Dans cet emploi, *qui* peut éventuellement être précédé de *tel*, caractérisant tellement indéfini qu'il peut toujours être supprimé sans déperdition de sens. *Qui* est en position de sujet et commande toujours l'accord du verbe au singulier. La relative elle-même remplit dans la phrase matrice la fonction de sujet, de complément direct ou indirect (précédé de *à* ou *pour*). C'est une forme qui a fourni beaucoup de proverbes, mais qui reste vivante :

> *Qui veut voyager loin ménage sa monture.*
> *J'aime qui m'aime.*
> *Rira bien qui rira le dernier.*
> *Tel qui rit vendredi dimanche pleurera.*
> *Il répétait cela à qui voulait bien l'entendre.*
> *Cette pièce sera pour qui l'attrapera au vol.*
> *Il me regarda avec l'ironie de qui savait tout.*

La phrase peut être soumise à la dislocation (**XIV : 6.1.**) ; et la relative peut être reprise par un pronom comme la plupart des GN : *Qui se fait brebis, le loup le mange.*

Remarques. — **1.** On trouve également *qui* en position de complément direct (objet ou attribut) ou indirect dans une relative dont le verbe principal, généralement *vouloir* (ou *pouvoir*), régit une complétive identique à la phrase matrice et le plus souvent effacée en raison de cette identité : *Embrassez qui vous voudrez (embrasser) – Je serai qui vous voudrez (que je sois) – Parlez à qui vous voulez (parler).*
2. *Qui vous savez*, de même que *à qui de droit, à qui mieux mieux*, est une locution figée.
3. On ne trouve que l'indicatif dans ces relatives, excepté après *à qui* où l'infinitif est possible (**2.7.**) : *Je n'ai pas à qui parler.*

▶ Dans les autres, le pronom relatif représente un **non-animé**.
Introduites par le pronom *quoi*, elles obéissent à de très fortes contraintes : *quoi* est obligatoirement précédé d'une préposition.

A) Si la relative est complément d'un verbe ou d'un présentatif, cette préposition est *à* ou *de* ; la relative est à l'indicatif (ou à l'infinitif) après les présentatifs *voici / voilà* et *c'est* ; elle est à l'infinitif après *il y a* et certains verbes transitifs :

> *C'est à quoi je pensais.*
> *Voilà de quoi il est capable.*
> *Il y a de quoi être fier.*
> *Je n'ai pas de quoi payer.*
> *Heureusement, il avait à quoi se raccrocher.*
> *Apportez-moi de quoi manger.*

B) Si la relative introduite par *quoi* représente toute une **proposition**, elle a une fonction circonstancielle et le choix des prépositions est plus large. Cette relative, nécessairement postposée, peut être précédée, à l'oral d'une intonation conclusive, à l'écrit d'une ponctuation forte, et on passe alors du domaine de la subordination à celui de la coordination.

> *Je vous supplie de m'aider, sans quoi je suis perdu.*
> *C'était en effet une concession de pure forme, moyennant quoi il pouvait faire ce qu'il voulait.*
> *Il est venu me voir pour me demander de l'argent. Après quoi il est parti sans même dire merci.*
> *Il ne m'a jamais remboursé. Comme quoi j'ai eu tort de lui faire confiance.*
> *Le général Weygand prend acte de mes dispositions. Après quoi, il me parle de la bataille* (De Gaulle)

Remarque. — Après les présentatifs *voici / voilà*, on peut trouver *qui* représentant un inanimé : *Voilà qui est intéressant*. L'expression figée *qui plus est* présente toute une série de particularités : *qui* représente ici aussi un inanimé, la relative précède son antécédent, et l'ordre des mots inverse l'ordre normal (*(ce) qui est plus*) : *Il a réussi son permis de conduire, et, qui plus est, il a été reçu du premier coup.*

▶ On trouve en outre des relatives **locatives** sans antécédent introduites par *où* : le pronom est complément de lieu dans la relative ; la relative est complément du verbe de la principale, elle occupe la position de complément indirect ou de complément direct et dans ce dernier cas est très proche de certaines constructions interrogatives indirectes :

> *J'irai où vous allez.*
> *Cet objet égaré se trouvait où personne ne le cherchait.*
> *Je n'ai pas où passer la nuit.*

Remarque. — On peut rapprocher des relatives sans antécédent les subordonnées introduites par *quand* lorsque celles-ci, en particulier après une préposition, sont des substituts d'un GN (*quand* peut être remplacé par *le moment où*) : *J'ai mis de l'argent de côté pour quand je serai à la retraite.*

Bibliographie. — M. Noailly (1986), *Qui m'aime me suive.* Quelques remarques sur les relatives indéfinies en français contemporain, *Cahiers de grammaire*, 11 : 68-95 – M. Pierrard (1988), *La relative sans antécédent en français moderne*, Peeters, Louvain.

6. LES RELATIVES PRÉDICATIVES

Certaines relatives ne relèvent d'aucune des catégories ci-dessus, elles n'entrent dans le paradigme ni des adjectifs (elles ne peuvent pas être épithètes), ni des substantifs, elles constituent un noyau propositionnel autonome ou quasi autonome, qui forme l'essentiel du propos de l'énoncé (**XXIV : 1.**). Pour cette raison, elles ont reçu le nom de **relatives prédicatives**. Elles ont des caractéristiques communes :

Elles ne forment pas un syntagme avec leur antécédent par rapport auquel elles ne sont ni épithètes, ni apposées, ce qui peut être mis en évidence par la pronominalisation de celui-ci.

Elles sont toujours introduites par *qui*, représentant le sujet (ou thème) dont il est prédiqué quelque chose.

▶ Les unes ont pour caractéristique de dépendre de **verbes de perception**, comme *voir, regarder, entendre, écouter, sentir,* et admettent difficilement la négation, au moins dans certains emplois, et sauf interprétation spéciale.

J'ai entendu un oiseau qui chantait / Je l'ai entendu qui chantait.
? Je l'ai écouté qui ne chantait pas.
Nous le vîmes qui avait jeté à terre sa belle chemise blanche. (P. Loti)

Ces relatives peuvent avoir pour antécédent un pronom clitique, alors que si elles étaient épithètes ou apposées, ce ne serait pas possible. C'est ce qui explique le caractère discriminant du test de pronominalisation.

J'ai senti le parfum que tu viens d'acheter / *Je l'ai senti que tu viens d'acheter.

J'ai senti le parfum qui émanait de sa personne / Je l'ai senti qui émanait de sa personne.

J'ai entendu un oiseau qui est dans le jardin / *Je l'ai entendu qui est dans le jardin –

Il peut y avoir ambiguïté entre les deux structures :

Je verrai l'atelier qui chante et qui bavarde. (Baudelaire)

Très proches des constructions infinitives des mêmes verbes, les relatives prédicatives s'en distinguent par le sens :

— elles imposent une image du référent support de la prédication, ce que ne fait pas la construction infinitive ;

— leur validité vériconditionnelle est présupposée, ce qui exclut la négation, que celle-ci soit incidente à la principale ou à la subordonnée :

? *Je n'entends pas l'oiseau qui chante* / ? *J'entends l'oiseau qui ne chante pas.*

Alors qu'on peut dire : *Je n'entends pas l'oiseau chanter.*

— elles connaissent des restrictions dans le rapport entre les temps verbaux :

*Je l'entends qui chantait / *Je le vois qui viendra me voir.

▶ On peut trouver également une relative prédicative après les **présentatifs** *voici* **et** *il y a* :

Voici le train qui arrive / Le voici qui arrive / ? *voici le train qui n'arrive pas.*

Il y a un bébé qui pleure / Il y en a un qui pleure.

C'est Pierre qui arrive / *c'est Pierre qui n'arrive pas* (en réponse à la question : *Qu'est-ce qui se passe ?*)

Dans ces cas, il convient de bien distinguer avec les emplois du présentatif simple introduisant un GN caractérisé par une relative épithète :

Il y a (ou *voici*) *un carreau* (de) *cassé / Il y a* (ou *voici*) *un carreau qui est cassé*

*Voici le garçon qui a réalisé cet exploit / *Le voici qui a réalisé cet exploit.*

Et, plus spécialement dans le cas de *c'est*, il faut aussi distinguer trois interprétations d'une phrase comme *C'est le bébé qui pleure* :

1°) l'utilisation standard du présentatif, *C'est* + GN, où la relative fait partie intégrante du GN, par exemple en réponse à la question *Quel est ce bébé ?- C'est le bébé qui pleure, et non un autre bébé* ;
2°) la phrase clivée (voir focalisation, **XIV : 6.2.**) *C'est* + GN + *qui* + GV, après extraction du sujet, dont l'interprétation suppose une mise au point comme *Non, ce n'est pas le chien, c'est le bébé qui pleure*, avec emphase sur le mot *bébé* ;
3°) la relative prédicative, qui concerne uniquement des procès évènementiels :

Qu'est-ce qui se passe ? – C'est un bébé qui pleure, et pas autre chose.

▶ On peut trouver également une relative de ce type après une construction particulière du verbe **avoir**, où celui-ci est en fait une sorte de présentatif (très proche de *il y a*) avec cette nuance qu'il implique un rapport particulier entre le sujet et l'objet du verbe *avoir* :

Il a un genou qui lui fait mal.
Il a une dent que je crois cariée.
J'ai mon fils qui part au service militaire.
Vous avez, Monsieur, un certain Monsieur de Pourceaugnac qui doit épouser votre fille. (Molière)
J'ai la guitare qui me démange (Yves Duteil) / ? *Je n'ai pas la guitare qui me démange* / **J'ai la guitare qui ne me démange pas.*

Ces phrases se présentent comme la réponse à la question *Qu'est-ce qu'il a / qu'est-ce que vous avez ?* qui admettrait également une réponse comme *J'ai que je suis fatigué – J'ai que mon genou me fait mal.*

▶ Enfin, on pourrait aussi parler de relatives prédicatives dans des cas un peu différents, celui de certains **tours exclamatifs** (positifs ou négatifs), où le relatif (pas exclusivement *qui*), en l'absence de proposition principale, est le pivot thématique de l'énoncé tout entier.

Midi passé, et Pierre qui n'arrive pas !
Oh ! ce monsieur qui mange toute la barquette ! (A. Daudet)

Bibliographie. — P. Cadiot (1976), Relatives et infinitives *déictiques*, DRLAV, 13 : 1-64 – M. Rothenberg (1979), Les propositions relatives prédicatives et attributives : problèmes de linguistique générale, *BSLP*, 74 (1) : 351-395 – J.-J. Brunner (1981), Ces relatives qui n'en sont pas, *L'information grammaticale*, 8 : 12-16 – H. Prebensen (1982), La proposition relative dite attributive, *Revue Romane*, XVIII, 1 : 89-117 – F. Benzakour (1984), Les relatives déictiques. *Recherches en pragma-sémantique, (Recherches linguistiques*, 10) Université de Metz : 75-100 – G. Kleiber (1988), Sur les relatives du type *Je le vois qui arrive*, Travaux de linguistique, 17 : 89-115. – K. Lambrecht (2000), « Prédication seconde et structure informationnelle : la relative de perception comme structure présentative », *Langue française*, 127 : 49-66.

7. LES RELATIVES CONSTITUANTES D'UNE EXPRESSION CONCESSIVE

Ces relatives font partie d'un syntagme circonstanciel. Elles sont au subjonctif et spécialisées dans le sens concessif induit par l'opposition argumentative entre le syntagme ainsi formé et la proposition principale.

▶ Mentionnons ici pour mémoire les relatives à structure attributive de sens concessif, du type *quel que*, ou *si..., aussi..., quelque... tout...*, ou encore *pour... que.*

On retrouve ici les indices *si, aussi* et *quelque* accompagnant une caractérisation adverbiale. *Que* est alors un pro-adverbe, qui reprend le contenu sémantique de l'adverbe antécédent.

Si agréablement qu'elle chante, elle a peu de chance de devenir une cantatrice célèbre.
Quelque vite qu'il coure, il arrivera en retard.

▶ *Quelque* suivi d'un nom retrouve dans cette construction la plénitude de sa fonction de déterminant, et donc s'accorde.

Tous les quinze jours, le vendredi, quelque temps qu'il fît, il partait d'Angoulême (Mauriac)
Quelques efforts que je fasse pour parler, pour écrire avec calme... (Mme de Staël)

▶ La relative peut avoir pour antécédent *quoi* représentant un inanimé indéterminé, toujours repris par le relatif *que* en fonction de complément direct du verbe (ou de sujet réel des verbes impersonnels). Ce tour se trouve préférentiellement avec les verbes *penser, dire,* et *faire,* ainsi qu'avec l'impersonnel *arriver* et dans l'expression *quoi qu'il en soit.*

> *Quoi que Pierre fasse, on l'aime bien*
> *Quoi qu'il arrive, je serai à vos côtés.*

La fonction exercée par le relatif dans la subordonnée distingue nettement cette expression en deux mots (*quoi que*) de la conjonction concessive *quoique* qui s'écrit en un seul mot (*Quoique Pierre ait fait beaucoup d'efforts,* **v. XVIII**).

Les animés humains sont exclus de ce tour, en français moderne. D'où le recours à une périphrase (*quelle que soit la personne que...*). Mais *qui que* en fonction de complément peut se rencontrer dans des textes littéraires, c'est alors un archaïsme.

> *Qui qu'elle fréquentât, elle resterait pour tout le monde duchesse de Guermantes* (Proust)

▶ La relative peut enfin avoir pour antécédent *où,* représentant un lieu indéterminé, toujours repris par le pronom *que* (adverbial) dont la fonction est celle d'un complément circonstanciel de lieu dans la relative.

> *Il est bien reçu, où qu'il aille.*
> *Où que m'engage la vie, je sais que je ne trahirai pas* (Guéhenno)

Bibliographie. — P. Le Goffic (1993): 491-494 – C. Muller (1996): 161-184. – M.-A. Morel (1996): 115-124.

Chapitre XVII

LES COMPLÉTIVES

1. DÉFINITION

Les **propositions complétives** sont des propositions subordonnées qui se substituent, dans certains cas déterminés et selon certaines règles précises, **à des groupes nominaux** (GN) constituants du groupe verbal (GV), ou plus rarement au GN sujet, voire à des GN compléments de noms et d'adjectifs. On remarquera donc que toutes les complétives ne sont pas des compléments du verbe, pas plus que toutes les propositions subordonnées compléments ne sont des complétives : les deux termes ne sont pas synonymes.

Selon le mécanisme syntaxique mis en jeu pour leur formation, on distingue les complétives introduites par *que* ou **propositions conjonctives** ; les **groupes infinitifs** compléments du verbe ; enfin les **propositions interrogatives indirectes** ou même **exclamatives**.

L'unité de la classe des complétives est attestée :
— par les possibilités de substitution : *Je vois Paul / Je vois que Paul est arrivé / Je vois Paul marcher vers nous / Je vois comment Paul conduit sa voiture* (les alternances entre conjonctives et groupes infinitifs sont étudiées plus loin, v. **3.5.**)
— par la possibilité de coordination à l'aide de *et* (ou *ni*) entre les complétives des différentes sous-classes : *Je ne veux ni venir, ni que tu viennes – Je sais que tu l'as fait et comment tu l'as fait.*

Mais beaucoup de verbes ne connaissent que l'un ou l'autre des types de constructions complétives.

Bibliographie. — K. Sandfeld (1965) : 1-55 – M. Gross (1975) – H. Huot (1979 et 1981), *Recherche sur la subordination en français*, Thèse, Lille – A. Delaveau et F. Kerleroux (1985) – A. Lemaréchal, Extension possible de la notion d'orientation aux subordonnées complétives et à leurs équivalents, *BSLP*, LXXXVII, 1 :1-35.

2. COMPLÉTIVES INTRODUITES PAR LA CONJONCTION *QUE*

2.1. Compléments directs du verbe

Ce sont les complétives les plus fréquentes et les plus typiques : *Nous savons que la terre est ronde – Je souhaite que tu réussisses*. Les **verbes** (ou **locutions verbales**) dont elles dépendent se réfèrent à des actes psychologiques et ont donc pour sujets des êtres animés, généralement humains. Il peut s'agir de déclarations, de jugements, de sentiments, ou encore de volontés. Beaucoup de verbes (mais pas tous) désignant de telles réalités ont la propriété de se construire avec une complétive : c'est le cas de *dire, déclarer, raconter* (mais non de *parler*) ; de *penser, croire, juger, savoir, découvrir, démontrer, être d'avis* (mais non de *condamner, connaitre, chercher, raisonner*) ; de *sentir, craindre, espérer, déplorer, avoir peur* (mais non de *compatir, braver*) ; de *vouloir, ordonner, tolérer, désirer, avoir envie* (mais non de *sommer, convoiter*). Les verbes comme *parler* ne contiennent pas, dans leur structure sémantique, de place complément disponible pour un contenu propositionnel.

Remarques. — **1.** Certains de ces verbes gardent la propriété de se construire avec une complétive même lorsque, dans des emplois dérivés plus ou moins métaphoriques, ils ont pour sujets des inanimés : *Le feu vert signifie que l'on peut passer – La situation exige que l'on réagisse*.
2. En tant que compléments directs, les complétives introduites par *que* sont pronominalisables en *le* (pour certaines exceptions apparentes, voir **2.2. Rem.**).

L'ordre des mots dans la complétive est l'ordre canonique. En effet, le propre de la conjonction *que* (à la différence du relatif) est d'être un pur instrument de subordination et de n'avoir aucune fonction dans la subordonnée ; de ce fait, sa présence n'entraine aucun remaniement. Tout au plus peut-on noter que, selon une règle générale s'appliquant à toutes les subordonnées, l'inversion du sujet est possible si le verbe subordonné est intransitif, et à condition que ce sujet soit un GN d'un volume suffisant (ce qui exclut par conséquent d'emblée l'inversion du pronom personnel) : *J'aime que surviennent de nombreux rebondissements.*

Le problème du mode est le plus important et le plus délicat de ceux que posent ces propositions. Le choix entre **indicatif** et **subjonctif** est le plus souvent contraint, mais il est parfois libre (pour les valeurs du subjonctif, voir **X : 2.2.**). L'indicatif est de règle après des verbes comme *déclarer, penser, croire, espérer, décider,* le subjonctif est obligatoire après *craindre, souhaiter, se réjouir, vouloir, permettre.* Pour certains verbes comme *dire, écrire,* le mode change selon l'acception : *Je lui ai écrit que tout allait bien* (informer) / *Je lui ai écrit qu'il vienne vite* (ordonner). Mais le plus remarquable est qu'un certain nombre de verbes normalement construits avec l'indicatif admettent aussi le subjonctif lorsqu'ils sont à la forme négative ou interrogative : *Je crois qu'il viendra. Je ne crois pas qu'il vienne* (ou : *qu'il viendra*). *Crois-tu qu'il vienne ?* (ou : *qu'il viendra*). Ou inversement : *Je doute qu'il vienne. Je ne doute pas qu'il viendra* (ou : *qu'il vienne*) *– Je doute qu'il soit innocent – Le monde incroyant commence à douter que l'Église tiendra* (F. Mauriac).

Bibliographie. — C. Vet (1996).

2.2. Compléments indirects du verbe introduits par *à ce que* / *de ce que*

Lorsque la construction du verbe dans la phrase simple est de forme indirecte, la complétive prend elle-même normalement une forme indirecte, et la conjonction apparaît sous la forme *ce que.* Ainsi, parallèlement à *travailler, arriver, veiller à quelque chose,* on a *travailler, arriver, veiller à ce que* (suivis du subjonctif) : *J'ai longtemps travaillé à ce qu'il reçoive une juste récompense.* Parallèlement à *se réjouir, se plaindre, s'indigner de quelque chose,* on a *se réjouir, se plaindre, s'indigner de ce que* (suivis de préférence de l'indicatif, alors que la construction directe de ces mêmes verbes réclame de préférence le subjonctif) : *Je me réjouis qu'il soit venu. / Je me réjouis de ce qu'il a enfin réussi.* Informer de ce que, consister en ce que sont également suivis de l'indicatif.

Remarques. — 1. Ce *que* est une forme ambigüe, introduisant soit une relative (XVI : 5.) soit une conjonctive (soit même une interrogative indirecte, voir ci-dessous 4.1.). Il y a donc lieu de bien distinguer : *Je m'oppose à ce que tu viennes* (complétive : la conjonction *que* n'a pas de fonction dans la subordonnée) / *Je m'oppose à ce que tu viens de me dire* (relative : le pronom *que* est complément direct du verbe *dire*).
Dans un cas totalement ambigu comme : *Il s'est formalisé de ce que nous décidions sans lui*, le test de dislocation permet de mettre en évidence la différence des deux structures : *Ce que nous décidions sans lui, il s'en est formalisé / Que nous décidions sans lui, il s'en est formalisé.*
2. Les complétives du type *à ce que / de ce que* ont, après certains verbes, des variantes en *que* ; mais la pronominalisation par *en* montre que la structure sous-jacente reste la construction indirecte : *J'ai informé Pierre que ma décision est prise.* → *Je l'en ai informé.*

2.3. Suites de formes impersonnelles

On peut observer trois types de constructions apparentées (voir **XIV : 8.**) :

▶ Certaines complétives dépendent de verbes ou locutions verbales impersonnelles : *il arrive, il se peut, il est question, il semble, il faut : Il arrive que cet enfant fasse des bêtises.* Le mode dans tous ces cas est le subjonctif, que le verbe principal soit à la forme affirmative, négative ou interrogative. Toutefois, lorsque le verbe *sembler* est pourvu d'un complément indirect, l'indicatif est préférable : *Il semble que ce soit un succès. Il me semble que c'est un succès.*

Remarque. — Seul *falloir* admet une pronominalisation de la complétive en *le* ; *il est question* admet la pronominalisation par *en*. *Il faut qu'une porte soit ouverte ou fermée. Il le faut. – Il est question qu'il vienne. Il en est question.*

▶ D'autres complétives dépendent d'une construction verbale attributive *il est* + Adj : les adjectifs autorisant ce tour sont ceux qui expriment un jugement de fait (ou jugement épistémique, par exemple *vrai, clair, exclu*) ou de valeur (jugement axiologique, par exemple *bon, mauvais, scandaleux*) : *Il est exact que je me suis levé tôt. Il est impensable qu'il n'y ait pas songé.* On peut en rapprocher la tournure, éventuellement elliptique : *(Il est) dommage qu'il soit parti.*

Le mode le plus fréquent est le subjonctif : il est obligatoire quelle que soit la forme du tour impersonnel après *il est possible, douteux, faux,* comme après *il est honteux, juste, naturel* ; mais c'est l'indicatif qui apparaît, sauf en cas de forme négative ou interrogative, après *il est probable, certain, vrai*. On oppose donc : *Il est possible qu'il vienne. / Il est probable qu'il est déjà loin.*

▶ On peut enfin signaler et rapprocher des tours précédents les complétives dépendant d'un présentatif (**XIV : 9.1.**) : *C'est que Pierre est maintenant un grand garçon* (phrase à valeur explicative) – *Il y a que je suis en colère* (réponse à la question : *Mais enfin qu'y a-t-il ?*) – *Voici que commence place de l'Etoile le défilé des troupes.*

2.4. Sujets

Placées en tête de phrase en position de sujet, ces complétives sont uniformément au subjonctif : *Qu'il vienne m'étonnerait beaucoup.*

Remarques. — 1. À cette structure, rare en français, on préfère généralement la complétive détachée en tête de phrase et reprise par un pronom ou un GN, ou mieux encore postposée, voir **1.6** : *Qu'il vienne, ça m'étonnerait / la chose m'étonnerait.*
2. Dans les tournures du type *GN est que* (où le GN est parfois un adjectif nominalisé), comme *La vérité est que, le malheur est que* (avec l'indicatif), *le mieux est que, l'inquiétant est que* (avec le subjonctif), la complétive occupe la position d'attribut, et constitue effectivement le propos de la phrase (**XXIV : 2.1.**), en face du GN sujet qui fonctionne comme thème. Mais sur le plan logique, celui-ci est le prédicat et la complétive est l'argument qui y est associé, autrement dit le sujet sur lequel est porté un jugement de fait ou de valeur (comparer avec **2.3.**).

2.5. Compléments de noms et d'adjectifs

▶ Certains noms (**VII : 4.6.**), correspondant généralement pour la forme ou le sens à des verbes (*l'idée, la crainte, l'hypothèse*) ou à des adjectifs (*la certitude, la probabilité*) eux-mêmes pourvus d'une construction complétive, ont la possibilité d'avoir pour compléments des propositions conjonctives introduites par *que* (ou *de ce que*) : *J'ai retrouvé l'espoir que tout va s'arranger – J'éprouve le désir que tous mes amis soient heureux – Voilà bien la preuve (de ce) qu'il n'a rien fait de mal.*

À ce tour, il est possible de rattacher *le fait que* qui, en raison de sa commodité d'emploi, devient une véritable locution conjonctive substitutive de *que* partout où cette conjonction est inacceptable (en particulier après des prépositions autres que *à* et *de*) : *Je ne condamne pas le fait qu'il ait cherché à sauver sa vie – Il faut prendre en considération le fait qu'il a présenté ses excuses. – Il n'a pas compté avec le fait que tous n'étaient pas d'accord avec lui.*

Remarque. — On peut voir une preuve que la locution *le fait que* est employée ici comme une véritable locution conjonctive dans l'impossibilité de dire *J'en condamne le fait*, comme on dit *J'en ai perdu l'espoir*. En revanche, il ne s'agit pas d'une conjonction composée, car *le fait que* reste un syntagme construit qui admet une certaine variation : *Il faut prendre en considération le fait indubitable qu'il a présenté ses excuses.*

▶ Il existe également des adjectifs qui ont la propriété d'avoir une complétive comme complément (**XI : 5.3.**) : construits directement avec *que*, ils exigent généralement le subjonctif ; on trouve parfois l'indicatif au lieu du subjonctif avec *de ce que* : *Ces sauveteurs sont heureux, fiers et confus que le Président soit venu les féliciter – Je suis content qu'il lise ce livre / de ce qu'il lise ce livre / de ce qu'il lit ce livre.*

2.6. Détachement des complétives

On trouve enfin des complétives introduites par *que* en position détachée, c'est-à-dire annoncées ou reprises par un pronom « neutre » (comme *cela*, ou *le*) ou à un GN (comme *cet événement*, ou *cette chose*). Placées en tête de phrase, et pour ainsi dire en attente, dans un tour qui relève de la dislocation emphatique (**XIV : 6.1.**), leur valeur de vérité est suspendue à la suite et elles sont uniformément au subjonctif (comme les complétives sujets, **2.4.**). Postposées, elles sont généralement au subjonctif, mais peuvent être à l'indicatif si le sens le permet : *Que cet individu soit un escroc, nous le savions depuis longtemps – Qu'il faille en venir là, cette perspective ne l'enchantait guère – Tu n'en es pas sûr, que ce soit un escroc ? – J'en suis sûr à présent, que c'est un espion.*

3. GROUPES INFINITIFS

On peut mettre en relation d'une façon générale les syntagmes dont la tête est un infinitif (à l'exception, naturellement, des infinitifs substantivés et de ceux qui dépendent d'un auxiliaire : *aller, devoir, pouvoir, venir de,* etc.) avec une structure conjonctive (complétive ou circonstancielle) : chaque infinitif a un argument initial qui est soit représenté par un GN sujet ou complément du verbe, soit de type indéterminé (*on / ça*) et dans ce cas, régulièrement effacé ; il peut recevoir les mêmes types de compléments que toutes les formes verbales.

Remarque. — Que les infinitifs, même dépourvus de sujet apparent, possèdent un argument initial qui reste implicite, on en verra une preuve non seulement dans le fait que les locuteurs sont capables de le restituer au besoin (dans *Je te conseille de partir,* chacun s'accorde à penser qu'il s'agit que *toi, tu partes, et non un autre),* mais encore dans les restrictions exercées sur le choix du sujet : c'est ainsi que si **Le lait veut cailler* est agrammatical en raison de l'incompatibilité de *lait* et de *vouloir,* alors que *Le lait caille* est bien formé, **Cette femme veut cailler,* est, dans son interprétation standard, agrammatical en raison de l'anomalie, non de *Cette femme veut,* mais de **Cette femme caille* ! Voilà qui montre bien que *cette femme* est aussi interprété comme argument initial (ou sujet) de l'infinitif *cailler.*

Le parallélisme entre constructions conjonctives et constructions infinitives n'est toutefois pas totalement systématique. Tout dépend, en ce qui concerne les complétives, du verbe principal : si *remarquer que* n'a pas de correspondant dans les constructions infinitives, *tenter de* + VInf n'en a pas dans les conjonctives. La construction infinitive fait apparaitre le contenu propositionnel de la subordonnée comme directement dans le champ du verbe régissant ou plus particulièrement de son sujet, alors que la construction conjonctive disjoint plus nettement les deux propositions : on est soi-même l'auteur de ce que l'on *tente* ; ce que l'on *remarque* est hors de soi ou du moins objectivé par rapport à soi.

Là où les deux constructions sont théoriquement possibles, quel peut être l'intérêt ou la raison d'être de la construction infinitive ? D'une part, le choix de la construction infinitive peut réduire l'ambiguïté : *Jean est rentré de vacances, Paul pense qu'il ira le voir* est ambigu, mais *Paul pense aller le voir* ne l'est pas ; d'autre part, et, surtout, la construction infinitive constitue une économie : *Je pense venir* signifie en trois mots la même chose que *Je pense que je viendrai*. Dans certains cas de coréférence des sujets, la tournure par l'infinitif devient même obligatoire : **Je veux que je réussisse* disparaît au profit de *Je veux réussir.*

Certains verbes qui peuvent se construire avec un infinitif complément connaissent la construction avec un complément simple, mais non avec une complétive : *Je dois un cierge à Saint Antoine. / Je dois le remercier.* Ou même n'ont, en dehors de la construction infinitive, que des emplois intransitifs, et la pronominalisation du groupe infinitif se trouve, de ce fait, exclue : *J'ai failli casser une tasse. / *Je l'ai failli. – Il se dépêche de finir / *Il s'en dépêche.* Dans ces emplois, ces derniers verbes sont proches des auxiliaires aspectuels et modaux.

Remarques. — 1. C'est, bien entendu, le syntagme constitué par l'infinitif et, le cas échéant, par son sujet et ses compléments, qui est structurellement sur le même plan que les autres complétives. Le symbole VInf représente ce syntagme, et non la seule forme verbale.
2. Il ne sera question ici que des groupes infinitifs compléments directs ou indirects de verbes, ou encore sujets, c'est-à-dire de ceux qui assument les mêmes fonctions que les autres complétives.

3.1. Infinitifs dont l'argument initial (ou sujet) est coréférentiel à celui du verbe principal

▶ Certains des verbes qui régissent cette construction ont par ailleurs la propriété de se construire avec un c.o.d. dans la phrase simple, ou avec une complétive introduite par *que* : c'est le cas de *savoir, vouloir, espérer, aimer* : *J'espère cela. J'espère que je réussirai. J'espère réussir.*

Remarque. — *La coutume veut que* / *l'usage veut que* n'ont pas de construction infinitive correspondante ; aucun véritable sujet n'exerce ici une volonté.

▶ Lorsque dans la phrase simple le complément est un complément indirect, l'infinitif conserve normalement la préposition : *Il a menacé son fils d'une punition / de le gifler – Il s'est plaint de son voisin / d'être réveillé par des bruits nocturnes – Il a passé trois heures à son travail / à regarder la télé – Il commence par la fin / par déguster une douzaine d'huitres.*

▶ Mais certains verbes dont la construction dans la phrase simple est directe exigent *à* ou *de* devant le groupe infinitif (on peut hésiter à y voir une véritable préposition et certains parlent ici plutôt de **marqueurs d'infinitif** ou de **complémenteurs**, cf. *to* dans l'anglais *to do* ; en effet, la pronominalisation du groupe infinitif, si elle est possible, est toujours du type direct) : *J'apprends le portugais / à nager – Il refuse de venir, il l'a déjà refusé hier – Il offre un cigare à ses amis / à ses amis de leur verser une liqueur.*

▶ Il faut faire une place à part aux verbes de mouvement construits directement avec un infinitif : *Il court acheter des cigarettes. Ira-t-il embrasser sa vieille tante ?* Cette construction est en effet fortement contrainte : le sujet doit être un animé, le verbe à l'infinitif ne peut être ni un second verbe de mouvement, ni un verbe de modalité (*pouvoir, vouloir*), ni un verbe statif (*être, souffrir…*). On distingue de sa valeur de verbe de mouvement les emplois du verbe *aller* comme auxiliaire (seulement au présent ou à l'imparfait, IX : 2.3.).

Bibliographie. — A. Delaveau et F. Kerleroux (1985) : 33-48 – M. Gross (1968) : 75-81.

3.2. Infinitifs dont l'argument initial (ou sujet) est différent de celui du verbe principal

▶ L'argument initial de l'infinitif est complément direct du verbe (avec les mêmes possibilités de pronominalisation) lorsque le verbe principal est : *regarder, voir, écouter, entendre, sentir, emmener, envoyer* : *J'entends le tonnerre gronder. Je l'ai vu arriver. J'emmène les enfants se promener.* Toutefois, si le sujet de l'infinitif est indéterminé (*on / ça*), il est régulièrement effacé : *J'entends chanter.*

Si l'infinitif complément du verbe *faire* (VIII : 1.4.7.) est employé transitivement, le sujet prend la forme d'un complément prépositionnel (*à / par*) : *Je l'ai fait manger J'ai fait manger un gâteau aux enfants. J'ai fait repeindre la cuisine par des professionnels.*

Remarques. — **1.** Le « sujet » de l'infinitif peut apparaître sous forme de GP (introduit par *à* ou *par*), comme une sorte de complément d'agent, sous la dépendance de certains verbes, à titre de variante : *J'ai entendu Montand chanter cette chanson / J'ai entendu chanter cette chanson par Montand / Je lui ai entendu chanter cette chanson.*
2. Il y a généralement identité sémantique avec les constructions de ces verbes en phrase simple : *J'entends un oiseau chanter / un oiseau / des gazouillements.* Toutefois, *laisser* et *faire* ont des sens différents de celui qu'ils ont lorsqu'ils sont suivis d'un GN complément : *J'ai fait manger les enfants / J'ai fait un enfant.(!) – J'ai laissé les enfants courir / J'ai laissé les enfants.(!)*
3. Les verbes *regarder, voir, écouter, entendre* connaissent deux autres constructions équivalentes : avec une relative prédicative (XVI : 6.) ou un participe attribut du complément d'objet (VIII : 1.5.3.2.) : *Je l'ai entendu qui chantait – Maintes fois déjà Alissa nous avait vus marchant ainsi* (Gide).
4. Le GN « sujet » de l'infinitif employé intransitivement peut précéder ou suivre celui-ci, mais si c'est un pronom, il précède le verbe principal : *J'ai vu Pierre arriver / arriver Pierre / Je l'ai vu arriver.*

Discussion. – La grammaire scolaire traditionnelle parle de **proposition infinitive** si l'infinitif a un sujet propre et exprimé, elle considère sans l'expliciter a) que ni l'infinitif ni son sujet ne doivent être prépositionnels et b) que l'infinitif ne doit pas exprimer le but de l'action (*J'emmène les enfants se promener / pour qu'ils se promènent*). Ces considérations assez arbitraires semblent surtout avoir pour but de préparer les élèves à la grammaire latine, où l'infinitif complément de verbe, selon une construction beaucoup plus largement répandue qu'en français, a son sujet à l'accusatif. En réalité, il n'y a pas en français de « proposition infinitive ». L'autonomie du syntagme infinitif est réduite : contrairement à la construction complétive, le temps du verbe régi est interprété comme concomitant de celui du verbe régissant : *Je vois qu'il est venu / Je le vois venir.* Il y a en fait, après les verbes de perception mentionnés ci-dessus, une complémentation originale, dont chacun des deux éléments est facultatif, mais seulement dans la mesure où l'élément absent peut être facilement restitué, ce qui n'est pas toujours le cas : *J'entends les oiseaux gazouiller / J'entends les oiseaux / J'entends gazouiller.* Mais *j'entends l'armoire craquer /*

j'entends l'armoire / ? J'entends craquer. Le lien sémantique entre le GN2 ou son représentant pronominal et l'infinitif n'est pas douteux, c'est bien la proposition qu'ils forment qui est la visée du verbe de perception. Mais le syntagme [GN+V]$_{\text{Vinf}}$ perd certaines des caractéristiques d'une vraie proposition, il est pour ainsi dire clivé, et peut être discontinu : *Je regarde ce garçon jouer / Je le regarde jouer / Le garçon que je regarde jouer.*

Bibliographie. — J. Picoche (1989), Réflexions sur la proposition infinitive, *Français moderne* (oct) – J.P. Seguin (1969), *Le français aujourd'hui*, 7 – M. Gross (1968) : 85.

▶ L'infinitif apparait normalement pourvu d'une préposition lorsque le verbe principal connaît, dans la phrase simple, une construction double (complément direct, correspondant au sujet de l'infinitif ; complément indirect, fonction remplie par l'infinitif lui-même) : *Nous invitons nos lecteurs à nous critiquer – Il habitue ses enfants à vivre à la dure – J'ai chargé mon mari de faire la vaisselle – J'ai découragé ma femme de réparer le lavabo.*

Remarque. — Dans certains emplois, la construction infinitive est sémantiquement totalement originale, soit qu'elle réorganise le rapport entre compléments directs et indirects, soit que le groupe infinitif ne corresponde pas à un complément dans la phrase simple : *J'autorise le sport à mes enfants / J'autorise mes enfants à faire du sport. – Je supplie Paul / Je supplie Paul de faire attention.* Dans le cas du verbe *obliger*, la transformation passive entraine curieusement un changement de préposition : *On l'a obligé à y aller / Il a été obligé d'y aller.*

▶ Mais, par un phénomène semblable à celui qui a été observé en **3.1**, le groupe infinitif prenant la place du complément direct dans une construction double est, après certains verbes, précédé de *à* ou *de* (mais toujours pronominalisé par *le* invariable, comme un c.o.d. propositionnel) : *Il a appris la natation à son fils / à son fils à nager – Le général a ordonné l'attaque aux soldats / aux soldats d'attaquer – Cette affaire a valu deux mois de prison au délinquant / au délinquant de payer une amende.*

3.3. Infinitifs dépendant d'un tour impersonnel

Il s'agit de groupes infinitifs, dépendant, comme certaines propositions conjonctives de verbes impersonnels, comme *il (lui) arrive, il faut,* d'expressions impersonnelles à base adjective *il est indispensable, il est honteux*, ou enfin de *c'est* suivi d'un adjectif ou d'un nom, comme *c'est une honte de…* (**2.3.**).

▶ Si le verbe impersonnel a un complément indirect, c'est naturellement celui-ci qui permet de restituer le sujet de l'infinitif : *Il lui semble avoir répondu du tac au tac – Il lui faut gagner sa vie – Il lui déplait de s'expliquer davantage – Il lui appartient de faire le nécessaire – Il lui est loisible de se taire.*

▶ Dans le cas contraire, c'est-à-dire si le sujet de l'infinitif est indéterminé (équivalent à *on*) ou restituable dans le contexte ou la situation (par exemple, c'est l'interlocuteur : *toi, vous*), il est régulièrement effacé : *Un jour ou l'autre, il faut mourir – Il est honteux de mentir – Il serait dommage de ne pas en profiter – C'est une erreur de parler ainsi.*

Remarque. — On observe dans certains cas, et particulièrement après le tour impersonnel *il est* + Adj, l'apparition du marqueur *de* devant l'infinitif : *Comme il est doux de ne rien faire quand tout s'agite autour de vous* (José Artur).

3.4. Infinitifs sujets

Ces infinitifs sont facultativement précédés du marqueur *de* : *(De) crier toute la journée finissait par les rendre aphones.* Ce *de* subsiste en cas de dislocation : *De crier ainsi, ça les rendait aphones.* Quand un infinitif est sujet du verbe *être*, un autre infinitif peut aussi occuper la position d'attribut : *Souffler n'est pas jouer.*

3.5. Alternance entre constructions conjonctives et infinitives

▶ Les deux constructions sont parfois en distribution complémentaire. C'est le cas pour *vouloir, aimer, se plaindre, souhaiter, accepter* (ainsi qu'*offrir*, et *refuser* employés sans c.o.i), selon que les sujets sont coréférentiels (infinitif obligatoire) ou non (complétive obligatoire) :

*Je veux que tu viennes – Je veux venir / *Je veux que je vienne.*
*J'ai refusé qu'il vienne – J'ai refusé de venir / *que je vienne.*

Remarque. — La règle de coréférentialité s'impose dans d'autres configurations syntaxiques, notamment pour les infinitifs circonstanciels (**XVIII : 2.2.**).

▶ Dans d'autres cas, les deux constructions sont de simples variantes l'une de l'autre, à quelques nuances près. C'est le cas pour *savoir, espérer, oublier, décider,* lorsque les deux sujets sont coréférentiels : *J'espère que je n'ai rien perdu / n'avoir rien perdu – Je décide que je viendrai / de venir.* C'est aussi le cas pour *proposer, ordonner, offrir, suggérer, refuser,* ou encore pour *sembler,* lorsque le complément indirect du verbe principal est identique au sujet de l'infinitif : *Je lui ai ordonné qu'il aille là-bas / Je lui ai ordonné d'aller là-bas – Il lui semble qu'il y est allé / y être allé.*

Toutefois, il subsiste une légère différence sémantique entre les deux formulations : la conjonctive objective le rapport de la principale à la subordonnée, la construction infinitive intègre davantage le verbe régi au verbe régissant. *J'espère bien venir* est assez neutre et met l'accent sur l'idée d'espoir. *J'espère bien que je viendrai !* met l'accent sur l'intention de venir, formulation qu'on pourrait paraphraser par : *Je viendrai, je l'espère bien.*

Remarques. — **1.** Pour *falloir,* le rapport entre les deux formulations est légèrement différent : *Il faut qu'il y aille – Il lui faut y aller.*
2. Lorsqu'un verbe appartient aux deux catégories (3.1. et 3.2.) et que dans l'un des deux cas au moins une variante est possible, on peut observer des phrases ambiguës : *Je propose à Pierre d'y aller* (= *que j'y aille,* ou : *qu'il y aille* ou encore : *que nous y allions (tous les deux)* ?). *Je lui ai offert de venir* (= *que je vienne* ou *qu'il vienne* ?).

Bibliographie. — M. Gross (1968) : 75-130 – P. Le Goffic et N. McBride (1975) : 111-133.

4. LES SUBORDONNÉES INTERROGATIVES ET EXCLAMATIVES

Dans la phrase simple, interrogation et exclamation ont plusieurs points en commun. Il en va de même lorsqu'elles servent à constituer des propositions subordonnées complétives dépendant de verbes qui ont certaines propriétés sémantiques et syntaxiques. On a proposé (Le Goffic, 1993) de les réunir sous l'appellation de percontatives (du latin *percontor*, « s'enquérir, s'informer »). Elles utilisent en partie les mêmes instruments (*si, quel, combien*).

La différence entre subordonnées interrogatives et exclamatives tient moins à leur syntaxe qu'à leur sémantisme. De ce fait, une proposition subordonnée introduite par un terme pouvant avoir une valeur interrogative ou exclamative (*si, quel, combien,*...) peut être équivoque. Certaines phrases peuvent rester ambigües hors contexte : *Tu ne peux pas savoir quel beau film j'ai vu* peut être paraphrasé de deux manières différentes : « Quel film ai-je vu ? Tu ne peux pas savoir quel est ce beau film. », ou « Quel beau film j'ai vu ! Tu ne peux pas savoir à quel point il est beau ! ». Seule une analyse sémantique, tenant compte du verbe introducteur et des conditions d'énonciation, peut trancher entre interrogative et exclamative : l'interrogation véhicule une incertitude, ou du moins implique qu'une question se pose ou a pu se poser, alors que l'exclamation exprime un fait en lui-même indiscutable dont n'est fictivement mise en question que l'intensité. La subordonnée exclamative invite à en parcourir toute l'étendue jusqu'au degré maximum de la quantité ou de la qualité :

Je sais combien tu as acheté ce tableau (une valeur monétaire située à un certain point d'une échelle de prix) / *Je sais combien tu aimes ce tableau* (une valeur affective maximale).

4.1. Les subordonnées interrogatives

Ces complétives sont communément dénommées **interrogatives indirectes** et sont illustrées par des exemples où figure (*se*) *demander*. Cette caractérisation est trompeuse, car elle laisse croire qu'il s'agit soit d'un acte indirect d'interrogation (*Je me demande quelle heure il est*, façon détournée de poser la question *Quelle heure est-il ?*), soit d'une forme de discours indirect rapportant en substance le contenu d'une question (*Il a demandé quand on allait* *dîner*). Or, la liste des verbes ayant la propriété de se construire avec une interrogative indirecte est assez étendue (C. Wimmer 1983 en a dénombré plus de 80), incluant des verbes de connaissance (*savoir, comprendre, vérifier...*) ou déclaratifs (*dire, expliquer, raconter...*). Certains sont dépourvus de tout sens interrogatif, comme *constater* ou *prouver*, alors que des verbes comme *questionner* ou *interroger* ne peuvent en aucun cas se construire avec une interrogative indirecte.

Sur le plan formel, il s'agit bien de la transposition de phrases interrogatives en compléments de verbe ou exceptionnellement en sujets (*S'il a fait cela m'intéresse peu / ne m'importe pas*). On retrouve là les catégories classiques de l'interrogation totale et de l'interrogation partielle (**XIV : 2.**), et, pour cette dernière, ses instruments habituels, par ex, *qui, (le)quel, quand, où*. Sur le plan sémantique, elles réfèrent toujours à une information que le sujet de l'énoncé (sujet grammatical) ou celui de l'énonciation (locuteur) ignore, recherche, néglige ou encore tient hors de portée du destinataire, ce qui est tout autre chose, on le voit, qu'une « interrogation » :

L'examinateur sait très vite si le candidat est sérieux (On pourrait ajouter : *ou non* ; le savoir évoqué n'est pas posé ou décrit comme il le serait dans *L'examinateur sait bien que les candidats sont sérieux*).

J'ai étudié comment se reproduisent les oursins (Ajoutons : *Vous le dirai-je ou non ?* Pour le moment je ne fais que mentionner ce savoir sans le livrer).

Il ne suffit pas, par conséquent, de dresser la liste des verbes qui peuvent régir une interrogative indirecte, parmi lesquels on peut citer : *savoir, ignorer, chercher, se demander, étudier, examiner, apprendre, découvrir, voir, remarquer, établir, décider, prouver, expliquer, dire, confirmer, montrer, oublier, se souvenir*. Il faudrait préciser dans quels contextes suspensifs ceux-ci peuvent avoir cette construction. D'une façon générale, un sens assertif et positif favorise la construction avec *que* (*je sais bien que*, alors que *je ne sais pas que* constitue une contradiction, mais bien entendu *il ne sait pas que* est possible) ; un sens négatif, interrogatif, injonctif ou volitif rend possible ou probable l'interrogation indirecte (*je ne sais pas si...* ; *a-t-on découvert si...* ; *va savoir si...* ; *il s'efforce de savoir si...*), que ce sens soit exprimé grammaticalement ou lexicalement : par la négation inhérente au verbe dans *J'ai oublié si j'ai éteint le gaz*, par le sens lexical dans *se demander*. Certains verbes, de ce fait, excluent la construction avec *que* (*se demander, chercher*), mais la plupart d'entre eux connaissent l'alternance entre les deux constructions et même, à l'occasion, leur coordination.

L'ordre des termes dans la subordonnée interrogative reste, comme dans les complétives conjonctives, l'ordre canonique (**2.1.**), à la seule réserve de l'antéposition du terme interrogatif. Garder l'arrangement formel de la phrase interrogative (avec l'inversion simple ou complexe) est considéré comme contraire au bon usage : *Il lui a demandé quand viendrait-elle / *...qu'est-ce qu'elle ferait / *... où Pierre irait-il en vacances. La forme correcte est : *Il lui a demandé quand elle viendrait / ...ce qu'elle ferait / ...où Pierre irait en vacances.* En outre, on n'utilise pas ici le point d'interrogation.

Bibliographie. — C. Wimmer (1983 a et b), (a) Syntaxe et interprétation de la structure *V si p* (interrogative indirecte), *Le français moderne*, et (b) Les verbes introducteurs de *si* interrogatif indirect et la description lexicographique, *Tra Li Li*, XXI, 1 : 172-214.

4.1.1. *Interrogation totale*

La seule structure possible utilise la conjonction *si* pour introduire la subordonnée interrogative, à l'oral comme à l'écrit : *Estragon se demande si Godot viendra – Dis-moi s'il est là.* Il n'y a ni inversion, ni possibilité d'utiliser *est-ce que*.

Dans la langue familière, le GN de la subordonnée qui a la valeur thématique la plus saillante peut être anticipé (par prolepse) comme c.o.d. du verbe principal : *Va voir le rôti s'il est cuit – Regarde la porte du garage si j'ai pensé à la fermer.*

4.1.2. *Interrogation partielle*

▶ L'interrogation sur le sujet, l'objet ou l'attribut **animés humains** utilise le pronom *qui*, comme dans l'interrogation directe : *Je me demande qui est venu – Dis-moi qui tu hantes, je te dirai qui tu es* (proverbe).

Quand l'interrogation porte sur l'attribut, l'inversion du groupe nominal sujet est obligatoire, mais pas celle du pronom : *Je me demande qui est cette fille – Il faut que le monde sache un peu qui je suis, et qui il est* (Musset, *Lorenzaccio*).

▶ L'interrogation sur le sujet, l'objet ou l'attribut **non-animés** utilise le pronom démonstratif *ce* suivi des relatifs *qui* (sujet) ou *que* (objet ou attribut) : *Sais-tu ce qui s'est passé après ?* (Salacrou, *L'Inconnue d'Arras*) – *Je me demande ce que tu veux.*

> **Remarque.** — L'interrogation indirecte utilise des pronoms qui introduisent habituellement les relatives substantives ou périphrastiques (**XVI : 3.2.**). Comme ces deux types de subordonnées se rencontrent en position d'objet du verbe principal, il est parfois difficile de distinguer une interrogative indirecte d'une relative. On opère la distinction en partant du sens (interrogatif ou non) du verbe principal et en essayant de rétablir une interrogation directe : *Je me demande ce qui se passe* : interrogative indirecte. – *Pierre a compris ce qui s'est passé* : relative.

▶ L'interrogation sur les **circonstances** utilise les mêmes **adverbes** que l'interrogation directe : *Dis-moi quand tu pars, où tu vas, comment tu comptes venir, pourquoi tu ne prends pas le train.* Avec *où* et *quand*, l'inversion simple du groupe nominal sujet (non pronominal) est possible, si le verbe de la subordonnée est intransitif ou employé intransitivement : *Estragon se demande quand viendra Godot / quand Godot viendra.*

▶ L'interrogation indirecte partielle peut également utiliser l'infinitif, dans les mêmes conditions que certaines relatives, c'est-à-dire si le verbe *pouvoir* a été effacé (**XVI : 2.7.**) : *Je ne sais que faire, ni où aller* (= [*ce*] *que* [*je peux*] *faire...*) – *Je ne savais plus quoi dire* (Kessel).

> **Remarque.** — Dans l'usage standard, l'interrogation indirecte exclut certaines structures de l'interrogation directe. Cependant, l'usage familier peut introduire des termes de l'interrogation directe dans une phrase interrogative indirecte : *Dis-moi qu'est-ce que tu fais / qui est-ce qui est venu / quand est-ce que tu pars.* L'introduction du marqueur interrogatif *est-ce que / qui* crée un effet de juxtaposition syntaxique qui aligne la structure indirecte sur le modèle de l'interrogation directe indépendante.

Bibliographie. — K. Sandfeld (1965) : 57-83 – O. Eriksson (1982), *Il m'a dit ce qu'il pense* : interrogative ou relative ?, *Revue romane*, 17(2) : 3-20 – C. Muller (1996) : 185-238.

4.2 Les subordonnées exclamatives

Comme l'interrogation directe, la phrase exclamative (**XIV : 3.**) peut être transposée et prendre la forme d'une proposition subordonnée, complément d'objet d'un verbe principal : *Regarde comme il est beau / Regarde cette femme comme elle est belle – Tu vois si je lui fais confiance – Regarde ce qu'elle est belle – J'avais admiré, en le regardant assis sur une chaise, combien il avait peu vieilli...* (Proust, *Le Temps retrouvé*) – *Vois quels hymnes candides ! / Quelle sonorité / Nos éléments limpides / Tirent de la clarté !* (P. Valéry, *Charmes*)

Les **termes introduisant** une subordonnée exclamative sont les mêmes que ceux de la phrase exclamative simple, à l'exception de *que* : *Que tu es grand ! – J'admire à quel point tu es grand*. Il faut y ajouter *si* qui introduit aussi bien une subordonnée exclamative, où il a une valeur proche de celle de *comme* (ou *combien*), qu'une subordonnée interrogative, alors qu'il n'est utilisé comme terme initial ni de la phrase exclamative, ni de la phrase interrogative simple.

Les **verbes régissant** une subordonnée exclamative sont ceux qui peuvent être suivis d'une complétive en *que* ou d'une interrogative indirecte (ex. : *regarder*). Cependant, la liste des verbes acceptant une subordonnée exclamative est très limitée ; on y ajoute des expressions comme *c'est curieux, effrayant*, etc., où la subordonnée exclamative fonctionne comme un sujet postposé : *C'est curieux comme il est malin*.

Chapitre XVIII

LES CIRCONSTANCIELLES

1. DÉFINITION DES SUBORDONNÉES CIRCONSTANCIELLES

Toutes les propositions subordonnées qui ne sont ni des relatives (expansions ou plus rarement substituts du GN), ni des complétives (constituants du GV, ou plus rarement sujets, ou expansions du GN ou de l'adjectif), sont réputées être des propositions circonstancielles (cf. p. ex. M. Grevisse et A Goosse 1993, *Le bon usage*, 4ᵉ partie). L'analyse de la phrase en constituants peut, à première vue, faire sienne cette représentation, et assimiler ces propositions aux compléments circonstanciels de la phrase simple (VI : 4.5.), mais un examen plus attentif amène à remettre partiellement en cause cette assimilation.

Histoire. — La trilogie relatives, complétives, circonstancielles a été mise en place dans les grammaires scolaires dès la fin du XIXᵉ siècle. A. Brachet & J. Dussouchet (*Cours de grammaire française. Cours supérieur. Livre du maître*, Hachette, 1883 : 352-353) opposent en outre, suivant le mot subordonnant, les *relatives* aux *conjonctives* (circonstancielles et complétives), introduites par une conjonction de subordination.

1.1. L'identification syntaxique des propositions circonstancielles

▶ Ce sont des **compléments circonstanciels**

Les critères les plus importants de la reconnaissance des expressions circonstancielles en général sont leur caractère facultatif, leur indépendance par rapport à la valence du verbe de la phrase (elles ne sont pas argumentales : ni sujet, ni complément du verbe, ni attribut) et leur mobilité. Ces caractéristiques du circonstant en général sont également celles des propositions circonstancielles.

La différence avec les compléments circonstanciels dans la phrase simple, qui se trouvent sous la forme d'un GP (Prép + GN) ou d'un GAdv, tient évidemment au fait qu'une proposition s'organise autour d'un mot-tête qui est un verbe, avec les possibilités de complémentation qui lui sont propres.

▶ Ce sont des **propositions subordonnées**

Grâce au verbe qui leur sert de pivot, les circonstancielles constituent des propositions et entrent dans un système de valeurs sémantiques (temps, aspect, mode, diathèse) étranger aux termes correspondants de la phrase simple.

Il est vrai que, lorsque la forme verbale n'est pas une forme conjuguée, mais un infinitif ou un participe, on peut douter que le syntagme dont le verbe est le mot-tête forme une véritable proposition : il n'y a pas toujours de terme identifiable comme sujet et il n'y a en tout cas jamais d'accord entre le sujet et le verbe. En revanche, le verbe garde toujours les mêmes possibilités de complémentation. Partageant avec les propositions subordonnées conjonctives circonstancielles nombre de propriétés syntaxiques et de valeurs sémantiques, les propositions participiales (*la question ayant été correctement posée*), les formes dites gérondives (*en y regardant de plus près*), et certains groupes infinitifs prépositionnels (*pour en avoir le cœur net*) sont considérés à juste titre comme des équivalents des propositions circonstancielles.

Certaines propositions circonstancielles sont dépourvues de toute forme verbale : les conjonctions *dès que, parce que, bien que, quoique, encore que* suivies d'un adjectif, d'un participe passé ou d'un nom sans déterminant forment des propositions elliptiques dont deux éléments ont été effacés mais sont restituables : le sujet est identique (coréférentiel) à celui du verbe principal et le verbe de la subordonnée est le verbe *être* : *Il était, quoique riche, à la justice enclin* (V. Hugo). Dans cet emploi, *aussitôt* et *sitôt* sont équivalents à *dès que* : *Aussitôt rentrés, nous nous sommes mis à table.* Ce type de construction peut exceptionnellement s'étendre à *si* : *(Elle) se disait qu'elle l'eût pu vaincre, si plus belle ou si plus hardie* (Gide ; *Les faux monnayeurs*). Les propositions comparatives connaissent des possibilités d'ellipse encore plus étendues (**4.1.**).

1.2. Les conjonctions introduisant les circonstancielles

▶ La liste des **conjonctions circonstancielles** proprement dites est brève : il s'agit de *quand, si,* et *comme*.

▶ Les autres termes introducteurs sont des **conjonctions composées** :
– conjonctions correspondant à la formule [**Prép + que + P**] ; la conjonction *que,* dans ce cas comme dans celui des complétives, transforme une phrase P en GN [que + P = GN], lorsqu'elle est précédée des prépositions *avant, pendant, après, depuis, dès, sans, malgré, pour* : *Je suis arrivé pendant qu'il dînait / pendant le repas – Il est prêt à tout pour que sa famille soit heureuse / pour sa famille.*
– conjonctions formées par une préposition complétée par *ce que,* comme *jusqu'à ce que, parce que* (avec soudure graphique de *par* et *ce*) : *Il a refusé de payer parce qu'il est avare / par avarice.*
– conjonctions formées sur une locution prépositionnelle (qui peut elle-même dériver d'une base nominale) et introduisant soit un GN soit un VInf, soit les deux, avec substitution de *que* à *de*, comme *à moins que, lorsque* (avec soudure graphique), *à condition que, sous prétexte que, dans l'idée que, de peur que, de crainte que,* etc. : *Il m'a salué lorsqu'il est arrivé / lors de son arrivée.*
– conjonctions composées, dont l'origine historique est plus ou moins perdue, et qui sont difficilement analysables en synchronie : *pourvu que, puisque* (avec soudure graphique), *sitôt que, si bien que, de (telle) sorte que, tandis que, cependant que, tant que, maintenant que.*

La plupart des conjonctions circonstancielles sont composées, et celles qui sont apparemment indécomposables : *quand, comme,* et *si* semblent, comme les conjonctions composées, contenir un *que*, qui réapparaît en cas de coordination : *Quand il viendra et qu'il verra cela... S'il vient et que je ne sois pas là...* (À comparer aux cas où la préposition n'est, elle non plus, pas répétée devant un second GN coordonné : *Pendant l'été et une partie de l'automne...*).

▶ Les **locutions conjonctives** sont des syntagmes incontestablement construits, mais qui, plus ou moins grammaticalisés, constituent des variantes de certaines conjonctions circonstancielles auxquelles elles apportent des nuances sémantiques :
– locutions formées par un gérondif : *en attendant que, en supposant que, en admettant que*. Mais ces expressions, même si elles constituent sur le plan logique et sémantique la paraphrase d'une conjonction, sont analysables et ne sont pas figées (*en supposant malicieusement que, en admettant difficilement que*) ;
– locutions formées d'un GP comprenant un nom suivi du relatif *où* ou *que* (**XVI**) : *du moment où, au cas où, (à) chaque fois que, le temps que*, et qui ne sont pas non plus totalement figées (*au moment précis où, au cas improbable où, du jour décisif où*) ;
– locutions conjonctives dont le premier élément est *même, sauf, excepté* ou *comme* (*même* peut également être postposé). *Même* y a sa valeur ordinaire de connecteur argumentatif ; *sauf* (dans *sauf si* et *sauf que*) et *excepté* leur valeur de préposition, et *comme* est à lui seul une conjonction, suivie éventuellement d'une autre conjonction : *Même si je le voulais, je ne le pourrais pas.* (à comparer à : *Même aujourd'hui, même pour un empire, je ne le pourrais pas*) – *On rechantera comme avant, comme quand on était beaux* (= *comme on chantait quand on était beaux ...*) (J. Brel).

1.3. Place des circonstancielles

La mobilité est caractéristique de certaines subordonnées circonstancielles, par exemple des temporelles (*quand*), des causales (*parce que*), des finales (*pour que*), et des concessives (*bien que*) ; on peut toutefois remarquer que certaines d'entre elles (causales introduites par *puisque*, conditionnelles introduites par *si*) sont généralement antéposées. D'autres ne sont pas mobiles du tout (consécutives et certaines comparatives).

Ce sera le critère qui nous permettra de différencier les subordonnées **circonstancielles proprement dites** de divers **systèmes corrélatifs** où la proposition réputée circonstancielle est en fait soit intégrée à un niveau autre que celui des compléments de phrase, soit en interdépendance avec l'autre proposition qui lui est associée, soit même en situation de quasi-coordination, en particulier quand elle est obligatoirement postposée (**4.**).

Le problème de la place des circonstancielles pose aussi indirectement celui de leur rôle dans la dynamique communicative (**XXIV : 2.**). Certaines sont associées au thème de la phrase ou constituent le point de départ de l'acte d'énonciation (subordonnées introduites par *puisque* et *si*), d'autres font partie du propos (les consécutives), beaucoup peuvent faire partie soit du thème, soit du propos (c'est le cas, d'une façon particulièrement spectaculaire, des causales introduites par *parce que*). Il est évident que l'emploi thématique favorise, sans l'exiger, la position en tête de phrase.

1.4. Sens des circonstancielles

La notion de circonstance, progressivement introduite dans la grammaire au cours du XIXe s. (Chervel 1977), n'est pas des plus claires. Appliquée aux subordonnées, elle pose des problèmes supplémentaires.

On observe, tout d'abord, que le parallélisme entre les catégories sémantiques des compléments simples et celles des subordonnées conjonctives est très imparfait. Le lieu, quand il est représenté par une subordonnée, ce qui est rare, est exprimé par une relative substantivée et non par une conjonctive (**XVI : 5.**). Inversement, condition, concession, ou conséquence ne sont qu'exceptionnellement signifiées par des groupes prépositionnels : à quelles prépositions peuvent bien correspondre *puisque, bien que, de sorte que* ?

D'autre part, aux nuances indéfiniment variées des compléments circonstanciels de la phrase simple correspond, dans la tradition grammaticale, une répartition apparemment très structurée des propositions circonstancielles : **temporelles, causales, finales, consécutives, conditionnelles, concessives, comparatives.** Mais quelques emplois se laissent difficilement enfermer dans ce cadre : R.L. Wagner et J. Pinchon (1962) proposent d'ajouter les subordonnées d'**addition** (*outre que*) et d'**exception** (*sauf que*).

Cette typologie procède d'une démarche qui va de la pensée aux formes syntaxiques : la relation cause-conséquence, l'hypothèse, la concession et la comparaison, par exemple, sont des opérations mentales ou discursives dont l'expression est extrêmement diverse (lexèmes, catégories aspecto-temporelles ou modales, conjonctions de coordination et autres connecteurs argumentatifs, prépositions, etc.) et l'application de ces notions ne recoupe que partiellement le domaine de la phrase complexe et des subordonnées.

Par ailleurs, le classement de telle ou telle conjonction, ou même de tel ou tel exemple de proposition, n'est pas toujours facile : *Tandis que le père avait donné son accord, la mère persistait dans son opposition* (temporelle ou concessive ? ou encore... oppositive ?) – *S'il venait en visite, on le recevait généralement bien* (conditionnelle ou temporelle ?).

Les classements fondés sur le sens laissent toujours place à bien des discussions difficiles à trancher. Mieux vaut s'appuyer sur quelques critères formels, par exemple la mobilité, l'emploi des modes (indicatif ou subjonctif), ou encore la possibilité de substitutions (propositions participiales, gérondifs). On y perdra en précision, souvent illusoire, sur les valeurs logiques. Mais on reviendra quand même à quelques fonctions sémantiques fondamentales qui justifieront de façon moins fine, mais plus sure, les regroupements effectués.

Histoire. — La question des subordonnées circonstancielles pose de façon cruciale le problème de ce qu'on entend par circonstance et de la subdivision en sous-classes de circonstances, problèmes qui ont nettement moins de conséquences dans l'analyse de la phrase simple. Cette notion de circonstance remonte à la rhétorique antique, et a d'abord concerné la formation des avocats plaidant des causes criminelles. Selon une formule attribuée à Quintilien ou à Cicéron, il s'agit de répondre aux questions *quis, quid, ubi, quibus auxiliis, cur, quomodo, quando* ? (l'ordre des termes s'explique par le fait qu'il s'agit d'un vers hexamètre mnémotechnique). À savoir : « quel est le coupable ? quel est le crime ? où l'a-t-on commis ? par quels moyens et avec quels complices ? pourquoi ? de quelle manière ? à quel moment ? » (*Petit Larousse illustré*). Délestée des deux premières questions, qui renvoient au sujet et au complément d'objet, cette classification s'est réduite progressivement au lieu, au moment, aux moyens, au motif (cause efficiente ou finale, comme dit Beauzée, c'est-à-dire à la fois cause proprement dite et intention) et à la manière. Quant à la catégorisation des propositions subordonnées circonstancielles en usage dans les classes depuis le début du XXe siècle (Chervel 1977 : 205-234), elle doit beaucoup aux grammaires latines. Remarquons que dans la langue courante, *circonstance* se dit « de ce qui accompagne un fait ou un événement », donc ne peut guère s'entendre que de ce qui le précède ou de ce qui lui est simultané. La conséquence, par exemple, n'en fait jamais expressément partie, ni la comparaison. On voit à quel point cette notion reste plastique et incertaine.

Bibliographie. — K. Sandfeld (1965) : 255-454 – A. Chervel (1977), *Histoire de la grammaire scolaire ... et il fallut apprendre à écrire à tous les petits Français*, Payot – P. Garde (1991), Analyse et synthèse de la subordination circonstancielle (russe et français), *Analyse et synthèse dans les langues romanes et slaves*, G. Narr, Tübingen : 49-60 – L. Melis (1993) in C. Guimier (éd.) – Le Goffic (1993a) : 385-508 – Le Goffic (1993b), Les subordonnées circonstancielles et le classement formel des subordonnées, *in* C. Guimier (éd.) : 69-98 – H. Bat-Zeev Shyldkrot (1995), Subordonnées circonstancielles et dépendance sémantique. Comparaison, concession et condition : grammaticalisation et sens des connecteurs, *Faits de langue*, 5 : 145-154 – S. Rémi-Giraud (1998), Le complément circonstanciel, problèmes de définition, in *Autour du circonstant*, PULyon : 65-113 – Gross (2007), Les circonstancielles sont des complétives, in *Parcours de la phrase (Mélanges Le Goffic)*, Ophrys : 121-126.

2. CIRCONSTANCIELLES DE SITUATION

Les circonstancielles de situation sont peut-être les seules vraies circonstancielles, à la fois sur le plan logico-sémantique : elles déterminent le **cadre** dans lequel s'inscrit le fait exprimé par le principale ; et du point de vue syntaxique : elles sont **mobiles**, quasiment sans restriction, même si leur place intervient dans leur usage communicatif.

Il s'agit d'une partie des temporelles (types *après que* et *quand*), ainsi que des causales et des conditionnelles. Toutes sont à l'**indicatif**, ce qui les distingue de plusieurs autres subordonnées (temporelles du type *avant que*, finales, et concessives), qui précisément décrivent une perspective plutôt qu'un cadre situationnel.

Les mêmes catégories logiques (cadre temporel, cause, condition) sont précisément aussi celles qui sont exprimées, sans marque formelle spécifique, par les propositions participiales et les gérondifs (ou encore les participes détachés) :

Le soir tombant vite / Comme le soir tombait vite / Si le soir tombait vite... le voyageur se hâtait.

Il se réjouit... en rentrant chez lui / quand il rentre chez lui, / parce qu'il rentre chez lui / s'il rentre chez lui.

Il a fait du feu... quand il est rentré chez lui / parce qu'il est rentré chez lui / s'il est rentré chez lui / une fois rentré chez lui.

Ce constat s'explique aisément. On a affaire ici, au sens le plus strict du mot, aux circonstances du fait principal, c'est-à-dire que la subordonnée décrit ce qui, précédant ou accompagnant ce fait, doit être compris comme en conditionnant la réalisation, bref la situation dans laquelle s'est produit, se produit ou se produira ce fait (cf. les compléments circonstanciels **scéniques** : **VI : 4.5.4.**).

Et cela permet de comprendre que les conjonctions concernées ont le plus souvent un sens assez large : selon les contextes, *comme, dès lors que* sont des conjonctions plutôt temporelles ou plutôt causales ; *quand*, en principe temporel, reçoit des valeurs conditionnelles ; *si*, en principe conditionnel, exprime certaines valeurs temporelles :

Comme le soir tombait / Comme il n'était pas bête...il comprit tout !
Quand il venait / S'il venait... nous le recevions bien.
Quand vous me haïriez, je ne m'en plaindrais pas (Racine) (= *Si vous me haïssiez...*)

On peut considérer que les causales sont un sous-ensemble des temporelles (de situation) et les conditionnelles (introduites par *si*) un sous-ensemble des causales : la condition est une cause hypothétique, et la cause est un fait antérieur ou quasi simultané qui donne la raison d'un autre fait. *S'il pleut, je prends mon parapluie* implique *parce qu'il pleut*, lequel à son tour implique *quand il pleut*.

2.1. Circonstancielles introduites par une conjonction

▶ Type QUAND (sous-types PENDANT QUE, APRÈS QUE)

Dans les phrases où figure *quand* (ou sa variante plus littéraire *lorsque*), c'est le jeu des temps, simples ou composés, qui précise le rapport chronologique entre la principale et la subordonnée :

Quand il arriva, nous le saluâmes (simultanéité).
Quand il eut dîné, nous partîmes (succession).
Quand il arrivait, nous étions contents (simultanéité).
Quand il était parti, nous étions tristes (succession).

Certaines conjonctions sont plutôt spécialisées dans le rapport de **simultanéité** : *pendant que, tandis que* (avec une nuance possible d'opposition), *comme* (éventuellement causal), *tant que* et *aussi longtemps que* (impliquant la durée), ou *chaque fois, toutes les fois que* (impliquant la répétition). Ce rapport est en principe transposable dans tous les temps, mais certaines possibilités sont neutralisées : ainsi, *comme* ou *maintenant que* sont difficilement compatibles avec le passé simple ou le futur.

D'autres sont spécialisées dans le rapport de **succession** : *après que* ; *dès que* et *aussitôt que* (ajoutant une nuance de rapidité). *Depuis que* est difficilement compatible avec le passé simple et le futur.

Les temporelles de situation, la plupart du temps en tête de phrase, sont très souvent thématiques : elles donnent d'emblée le cadre dans lequel viendra se placer le fait essentiel. Mais elles peuvent aussi faire partie du propos lorsqu'elles sont postposées. Dans ce cas, si la phrase est mise à la forme négative, la proposition temporelle fait partie de ce qui est nié : *Il ne viendra pas pendant que son cousin sera là, mais plus tard.*

La temporelle postposée peut également se prêter à l'effet de subordination inverse, pour peu que la principale soit à un temps de l'inaccompli, par exemple l'imparfait : *Trois heures sonnaient au clocher du village quand le drame se produisit.* La proposition qui est formellement la principale constitue en réalité le thème de la phrase et représente les circonstances (elle en indique le cas échéant le repérage temporel, par exemple la datation), c'est la subordonnée qui en est le propos et qui exprime le fait essentiel.

Remarque. — On est contraint de constater que le subjonctif se répand dans les subordonnées introduites par *après que*, contre l'opinion des puristes, qui se fonde sur l'idée qu'il s'agit de faits assertés : *Il repassera nous voir après que nous ayons diné*. On peut invoquer pour expliquer cette anomalie, bizarrement limitée au seul *après que*, l'analogie avec *avant que*, ou lorsqu'on est dans un récit littéraire au passé, la confusion possible à la 3ᵉ personne du singulier entre le passé antérieur et le plus que parfait du subjonctif : *Après qu'il eut diné / après qu'il eût diné*... Ou encore, quand on est dans le futur, comme dans l'exemple cité plus haut, la valeur d'éventualité du subjonctif.
Ces explications ne sont pas pleinement convaincantes. Sans doute faut-il tenir compte du fait qu'*après que* est la conjonction qui introduit la plus grande «distance temporelle» entre le fait et sa circonstance, et du même coup tend à rejeter celle-ci hors de la situation : c'est ce qui fait sa grande différence avec *sitôt que*, *dès que* ; la rupture qu'*après que* introduit est analogue et symétrique à celle que provoque l'emploi de *avant que* (X : 2.3.).

▶ Type *PARCE QUE* (cause factuelle)

Parce que (et sa variante un peu affectée *du fait que*), qui exprime la cause du fait principal, peut appartenir aussi bien au thème de la phrase qu'à son propos. Antéposé, cas il est vrai assez rare, il introduit toujours le thème. Postposé, il fait partie du propos, sauf s'il est séparé du GV par une pause (une virgule) :

Parce que vous êtes un grand seigneur, vous vous croyez un grand génie. (Beaumarchais)
Parce que P constitue ici le thème.
Il n'est pas parti parce qu'il est en colère, mais tout simplement parce que c'était l'heure où il devait rentrer chez lui.
Parce que P fait partie intégrante du propos.
Il n'est pas parti, parce qu'il est en colère et qu'il boude tout seul chez lui.
Parce que P est ici totalement détaché de l'assertion de P1 qui est complète en elle-même, au point qu'on pourrait parler de coordination (on peut substituer *car* à *parce que*).

Parce que est la seule conjonction causale à pouvoir faire partie du propos, et est aussi de ce fait la seule non seulement à pouvoir subir l'extraction : *C'est parce que tu me le demandes que je te le dis* ; mais aussi à pouvoir introduire la réponse à un *pourquoi* (au sens causal) : *Pourquoi as-tu fait cela ? – Parce qu'il fallait*. En cas d'ambiguïté, et en particulier dans une phrase négative, la portée prédicative de la proposition introduite par *parce que* peut être testée par une paraphrase : *Il n'est pas parti parce qu'il était malade* est une phrase qui peut donner lieu à deux interprétations : *S'il n'est pas parti, c'est parce qu'il était malade / S'il est parti, ce n'est pas parce qu'il était malade* (mais pour une autre raison). Dans la première interprétation, *parce que* est proche de la conjonction de coordination *car*. Dans la deuxième interprétation, la principale *il est parti* ne tombe pas sous la portée de la négation et acquiert le statut de présupposé, alors que la subordonnée, affectée par la négation, montre par là qu'elle est posée comme propos de la phrase.

▶ Type PUISQUE (justification)

Puisque et ses variantes *dès lors que, du moment que, comme* ou, en style administratif *vu que, attendu que, étant donné que*, justifient l'énonciation de la proposition principale ou en affirment la validité. Elles ne sont causales qu'en un sens très large, car elles s'articulent sur le «dire» de la phrase et non sur le « dit » : en d'autres termes, elles constituent le fondement de l'assertion, même si elles n'expriment aucun lien de causalité sur le plan des faits :

Il a certainement plu, puisque le pavé est mouillé.

C'est évidemment parce qu'il vient de pleuvoir que la chaussée est mouillée, mais c'est le constat *la chaussée est mouillée* qui autorise à dire *il vient de pleuvoir*. Mais naturellement, rien n'exclut que la cause d'un fait soit invoquée pour justifier l'assertion de ce fait :

Le chemin doit être boueux, puisqu'il a plu toute la matinée.
Du moment que tu le dis, je veux bien te croire.
Puisque tu sais tout, en quelle année est mort François Villon ?

L'interlocuteur est ici pris au piège d'un constat qu'il doit admettre (même si le locuteur ne le partage pas !) et qui valide la question qu'on lui pose.

Puisque peut servir à justifier également le terme qu'on emploie :
La Peste (puisqu'il faut l'appeler par son nom)... (La Fontaine)

Les propositions de ce type ne peuvent pas introduire le propos de la phrase : c'est ce qui explique l'impossibilité de l'extraction (**XIV** : **6.2.**), transformation qui ne peut s'appliquer qu'au propos : **C'est puisque tu me le demandes que je te le dis.* Elle ne peuvent pas non plus être précédées, comme celles du type *parce que*, d'un adverbe comme *précisément, justement, seulement, surtout*, qui expriment la portée d'un propos. Quelquefois analysées comme thématiques (mais elles ne participent pas à la détermination du thème de la phrase), ou comme présupposées (mais on ne peut leur appliquer aucun des tests qui pourraient le prouver), elles relèvent plutôt de ce qu'on pourrait appeler le prérequis ou le fondement de l'énonciation.

Remarque. — La conjonction de coordination *car* se distingue de *parce que* et de *puisque*, tout d'abord par le fait qu'elle est toujours postposée à la phrase à laquelle elle apporte une explication, et souvent après une ponctuation forte. Plus proche de *puisque* que de *parce que*, en ce sens qu'elle justifie ce qui vient d'être dit plutôt qu'elle n'en indique la cause factuelle, elle s'en distingue en ce qu'elle fonde un nouvel acte d'énonciation (et peut être suivie, par exemple d'une question : *viens, car que risquons-nous ?*), et peut apporter une information totalement nouvelle encore inconnue du destinataire. Pourtant, on remarque qu'un usage actuel (Grevisse-Goosse 1993 : § 265, 2 et Nazarenko 2000 : 77) tend à substituer *car* à *parce que*, à l'interpréter comme introduisant le propos (*On l'apprécie car il est gentil et pas pour une autre raison*) ; à le reprendre par *que* comme une conjonction de subordination : *il a dormi jusqu'à midi car il s'était couché tard et qu'il était en vacances* (ex du TLF) ; ou même à le faire précéder de *mais* ou de *c'est* : *S'il n'est pas venu, c'est car il était malade*. Cet usage de *car* comme subordonnant est critiqué et suscite même dans certains cas un jugement d'agrammaticalité

Bibliographie. — O. Ducrot *et al.* (1975) – A. Nazarenko (2000), *La cause et son expression en français*, Ophrys.

▶ **Type** *SI*

Si est de toutes les conjonctions circonstancielles celle dont la syntaxe est la plus singulière. On isole généralement ses emplois hypothétiques, que l'on oppose à ses emplois temporels itératifs (= *toutes les fois que*) ou adversatifs (pour ne pas dire concessifs = *il est vrai que... mais...*).

S'il venait, il nous ferait plaisir (hypothèse).
S'il venait, on lui faisait fête (répétition).
S'il était généreux avec les uns, il était bien mesquin avec les autres (opposition).

On peut considérer qu'il ne s'agit là que d'**effets de sens** produits par les formes verbales et les contenus propositionnels de P et de Q dans la structure [*si* P, Q], à partir d'une fonction commune à tous les emplois de *si* : poser ou plutôt présupposer le cadre situationnel, sans l'asserter comme fait particulier. C'est le contexte qui permet d'interpréter ce cadre comme conditionnel, implicatif ou contrastif.

C'est toujours l'indicatif que l'on trouve dans la proposition introduite par *si* (le conditionnel est exclu en français standard) ; mais il convient de préciser les emplois en spécifiant les temps utilisés tant dans la proposition subordonnée que dans celle dont elle dépend. On trouve ainsi :

SI + **présent** / **futur**, ou présent à valeur de futur ou encore impératif (hypothèse envisagée comme probable : les chances de réalisation de P et de Q sont présentées positivement) :

S'il vient, nous irons nous promener.
Si tu veux t'en sortir, sois prudent

SI + **imparfait** / **conditionnel présent**. L'hypothèse est envisagée comme contraire à l'état de choses actuel, autrement dit, il y a décalage entre le procès dénoté et le moment de l'énonciation. Pragmatiquement, l'interprétation sera soit l'irréel du présent (cf. grammaires latine et grecque), soit, quand la situation s'y prête, le potentiel :

S'il venait, nous irions nous promener (= *malheureusement il n'en est pas question*, ou bien = *et cela peut fort bien arriver*).
Si j'étais riche (mais ce n'est pas le cas), je me ferais construire une maison.
Si j'étais riche (un jour), je me ferais construire une maison.

Les chances de réalisation de P et de Q sont plus faibles que celles de ne pas se produire ; mais plusieurs degrés d'improbabilité sont envisageables. Le français ne distingue pas ici deux catégories sémantiques opposées, mais il autorise à dériver pragmatiquement l'une de l'autre : ce qui est improbable peut néanmoins toujours advenir (conception optimiste !) ; mais la valeur irréelle reste néanmoins dominante (**X : 2.1.8.**).

SI + **plus-que-parfait** / **conditionnel passé** ou **présent** (hypothèse portant sur un fait passé qui s'est révélé faux : c'est l'irréel du passé des langues anciennes ; la principale est selon les cas à l'irréel du passé ou du présent : les chances de réalisation de P et de Q sont présentées toutes les deux comme annihilées :
Si Napoléon avait gagné la bataille de Waterloo, Louis XVIII ne serait pas remonté sur le trône.
S'il était venu, nous serions bien ennuyés.

D'autres montages syntaxiques s'éloignent plus ou moins de ces modèles prototypiques de la conditionnelle hypothétique :
SI + **présent** / **présent** (phrase générique) :
Si on chauffe l'eau à 100 degrés, elle bout (= *quand, toutes les fois que*).
SI + **imparfait** / **imparfait** (répétition dans le passé) :
Si ma tante se sentait agitée, elle demandait sa tisane. (Proust)
SI + **passé composé** / **passé composé** ou **présent** (hypothèse portant sur un fait passé hors de toute vérification possible : la faiblesse argumentative d'une telle proposition s'interprète facilement comme une concession) :
S'il est venu, il est aussitôt reparti – S'il est passé ici hier, il est déjà loin.
SI + **temps quelconque de l'indicatif** / **temps quelconque de l'indicatif** (valeur d'opposition, qui peut être soulignée par un terme comme *pourtant* dans la principale ; c'est le seul cas où *si* peut être suivi d'un passé simple, d'un futur ou d'un conditionnel) :
S'il revint sur les lieux du crime, il ne laissa néanmoins aucune trace.
S'il était réactionnaire, je ne le suis pas.
Qui donc attendons-nous, s'ils ne reviendront pas ? (Hugo)

En résumé, les valeurs de ces différentes structures sont attachées au rapport entre les temps de chacune des deux propositions : ou bien la conditionnelle se présente logiquement comme antérieure à la principale (présent /v/futur, ou imparfait /v/, cet ultérieur de l'imparfait qu'est le conditionnel servant de futur du passé), et ce sont les valeurs hypothétiques qui ressortent ; ou bien les deux propositions se présentent sur le même plan temporel (mais pas forcément aspectuel ou modal, un inaccompli pouvant être mis en rapport avec un accompli, un fait supposé avec un fait avéré), et ce sont les valeurs de répétition, de généralité ou d'opposition, voire de concession qui dominent.

Mais on peut vérifier sur les exemples ci-dessus que *si* introduit toujours une proposition P qui évoque la situation dans laquelle il convient de se représenter le fait principal Q, sans pour autant asserter positivement P, au moins en tant que fait singulier (cas des phrases génériques ou itératives), ou encore en tant que fait décisif (cas des emplois adversatifs où le contenu de la subordonnée peut bien être tenu pour incontestable dans le contexte, mais est pour ainsi dire mis en suspens dans la phrase elle-même) : *sans doute revint-il, mais...* Avec *si*, on est encore dans la définition de la situation, mais à sa limite : un *que* reprenant un *si* se construit avec le subjonctif : *S'il vient et que nous ne soyons pas là, dites-lui où il pourra nous trouver.*

Remarques. — 1. La double hypothèse *soit que... soit que...* envisage deux éventualités mutuellement exclusives, ce qui impose le subjonctif (procès «interprété» et non asserté, **X : 2.2.**).
2. La langue familière utilise volontiers avec la même valeur que *si* des conjonctions composées : *quelquefois que, des fois que* (avec le conditionnel), *(une) supposition que* (avec le subjonctif).
3. Pour la structure *Si... c'est...,* voir **XIV : 6.2.2.** : *Si je vous mets en garde, c'est (parce) que je ne voudrais pas qu'il vous arrive malheur.*

Bibliographie. — R. Martin (1991), Types de procès et systèmes hypothétiques. De l'aspect de *re* à l'aspect *de dicto*, in C. Fuchs (éd.) : 87-95 – P. Le Goffic (1993) : 406-410 – H. Kronning, à paraître (2009), Polyphonie, constructions conditionnelles et discours rapporté, *Langue française*.

2.2. Alternance avec les constructions infinitives et participiales

▶ Les constructions **infinitives** proprement dites sont rares. Elles concernent exclusivement *après que* sous la forme [*après* + infinitif composé], et *parce que*, sous la forme [*pour* + infinitif composé], et ne sont possibles, sans jamais devenir obligatoires, que si les sujets sont coréférentiels : *Il est revenu après avoir dîné – Il a été condamné pour avoir volé un pain.*

▶ En revanche, la forme appelée **gérondif** (**X : 2.5.**), considérée comme une variante conditionnée de l'infinitif après la préposition *en*, peut se trouver avec presque toutes les valeurs des circonstancielles de situation : temps (simultanéité exclusivement, avec une nuance fréquente de manière), cause (ou plutôt moyen) ou condition :

> *En arrivant, il nous salua* (« quand il arriva »).
> *Il me répondit en souriant* (manière, s'oppose à *sans sourire*).
> *C'est en forgeant qu'on devient forgeron* (cause ou moyen, variante possible : *à force de...*).
> *En venant, il nous ferait plaisir* (« s'il vient »).

Son renforcement par *tout* peut souligner la valeur de simultanéité ou orienter vers une valeur adversative (proche de la concession) : *Il me raconta sa journée tout en se servant un whisky – Il ne cherchait que son intérêt, tout en s'en défendant.*

Le gérondif n'est en principe correct en français moderne que lorsque les sujets sont coréférentiels : Ça n'a pas toujours été le cas, comme en témoignent certaines expressions proverbiales (*L'appétit vient en mangeant – La fortune vient en dormant*).

Remarque. — On trouve à + V*Inf* dans des emplois proches de ceux du gérondif, mais autorisant une dualité énonciative, le dire du locuteur se distinguant du dire d'un autre énonciateur : *À les entendre, ces gens-là n'avaient rien fait de mal.* = *À les entendre, on pouvait croire, mais ce n'est pas mon cas, que ces gens-là n'avaient rien fait de mal.*

▶ La **proposition participiale**, formée d'un participe présent ou passé et de son sujet, exprimé et distinct de celui du verbe principal (tour qui apparaît comme littéraire), ainsi que les **participes apposés** (**VII : 4.7.1.**), peuvent également avoir toutes les valeurs temporelles, causales ou conditionnelles évoquées en **1.1.** : *Sa nièce arrivant, c'était le feu dans la maison* (Nerval) – *Le père mort, les fils vous retournent le champ* (La Fontaine). La proposition participiale attributive ou dont le verbe est une forme composée peut subir l'ellipse du verbe *être*: *Le café (étant / ayant été) bu... – Les convives (étant) partis... – L'onde tiède, on lava les pieds des voyageurs* (La Fontaine) [= *l'onde étant tiède / quand l'onde fut tiède*]. La valeur temporelle des propositions participiales peut être soulignée par *dès, aussitôt, à peine, une fois* (*aussitôt le repas fini*) ; les participes passés apposés peuvent être introduits par *dès que, aussitôt que*, etc. et *parce que* (*dès qu'arrivé, parce que fatigué*) : ils fonctionnent alors comme une proposition circonstancielle elliptique du verbe, et la conjonction étant elle-même effaçable, on constate combien ces constructions participiales sont proches des circonstancielles conjonctives.

Bibliographie. — O. Halmøy (1982) – B. Combettes (1990), Grammaire de phrase et contraintes textuelles, le cas des constructions détachées, *Verbum*, XIII, 3 : 149-163 – P. Le Goffic (1997), Forme en -ant et contexte, *in Co-texte et calcul du sens*, C. Guimier (éd.), Presse Univ. de Caen : 123-133 – O. Halmøy (2003).

3. CIRCONSTANCIELLES DE PERSPECTIVE

Il s'agit de propositions subordonnées mobiles elles aussi, mais qui sont normalement au subjonctif et ne peuvent se voir substituer des propositions participiales ni des gérondifs. À la différence de celles qui représentent la situation dans laquelle le fait principal vient s'inscrire, à laquelle il est objectivement lié et dont il est souvent l'effet, celles-ci ouvrent une perspective, une «vue à distance», souvent subjective, à partir du fait principal. Le subjonctif exprime le fait que leur valeur de vérité est suspendue. Elles décrivent ainsi ce qui est à venir, soit par une anticipation purement chronologique (*avant que*), soit en y ajoutant l'idée d'une intention (*afin que*) ou d'un souhait (*pourvu que*). Ou encore elles décrivent un fait dont le lien situationnel, voire causal, qui pourrait l'attacher au fait principal est repoussé : nié (*non que*) ou dénié dans sa valeur de cause (*bien que*).

3.1. Par anticipation

▶ **Type** *AVANT QUE*

On lui trouve quelquefois associé, à un niveau de langue recherché, un *ne* explétif (**XIV : 5.2.4.**), que l'on peut considérer

comme la trace d'une véritable négation à un autre niveau de l'énonciation :
> *Finis tes devoirs avant que ton père (ne) revienne* (= *au moment où tu les finiras, ton père, ne sera pas encore revenu*).
> *La bombe a été découverte avant qu'elle n'explose* (= *elle n'a donc pas explosé*).

La construction infinitive, qui exclut le *ne* explétif, est quasi obligatoire quand les sujets sont coréférentiels : *Finis tes devoirs avant d'aller jouer.*

La seule variante conjonctive est *jusqu'à ce que* qui, de manière symétrique à *depuis que*, indique la visée d'un repère final du fait principal : *Il réclame jusqu'à ce qu'on lui cède.*

Par leur commune propriété de répondre à la question *quand ?*, ces propositions constituent avec celles du type QUAND (**1.1.**) la famille des propositions temporelles.

▶ Type *POUR QUE / DE PEUR QUE*

Pour que et *afin que* expriment le but positif : *Je me suis saigné aux quatre veines pour que tu fasses des études.*

Remarque. — La négation de *pour que*, qui est normalement *pour que... ne... pas...*, prend fréquemment dans le parler populaire la forme *pour (ne) pas que*, considérée comme incorrecte.

De peur que ou *de crainte que* sont utilisés pour introduire l'expression du but négatif : on peut leur trouver associé un *ne* explétif, mais une véritable négation rétablit le but positif : *Je lui ai envoyé un mot, de peur qu'il (n')ait oublié mon invitation.* Ou : *de peur qu'il ne se soit pas souvenu de mon invitation* (= *pour qu'il s'en souvienne*).

À toutes ces constructions conjonctives correspondent des constructions infinitives, qui sont obligatoires quand l'argument initial du verbe subordonné est le même que celui du verbe principal. Elles sont introduites par les prépositions : *pour, afin de, de peur de, de crainte de* : *Ils ont dû se pincer, l'autre nuit, pour s'assurer qu'ils ne rêvaient pas* (DNA).

XVIII – Les circonstancielles

Par leur commune propriété de répondre à la question *pourquoi ?*, ces propositions forment avec les causales introduites par *parce que* une famille qui n'a pas de désignation arrêtée. Beauzée associe ainsi les causes efficientes, occasionnelles et finales. Quand on veut insister sur le sens final de la question, on écrit *pour quoi ?* en deux mots, mais l'expérience commune montre que dans la conversation les deux types de réponse sont également possibles.

► **Type *POURVU QUE, À MOINS QUE***

Ces conjonctions régissent le subjonctif de souhait ou d'éventualité, ce qui les place plutôt parmi les subordonnées de perspective. On associe généralement *pourvu que* (=*si du moins*), *à moins que* (*sauf si*), et *pour peu que* (*si seulement*) à *si* dans la famille des conditionnelles ; et il est vrai que *si* (ou, pour *à moins que : si... ne... pas*) peut toujours leur être substitué, à condition de procéder aux ajustements nécessaires des formes verbales : *Pourvu que mon voleur me rende mes papiers d'identité, je lui abandonne le reste* (= *si mon voleur me rend...*). Mais l'inverse n'est pas nécessairement vrai.

– *Pourvu que* exprime une idée de souhait incompatible non seulement avec des propositions axiologiquement négatives, mais aussi avec l'irréel du présent ou du passé :

**Pourvu que ce crétin vienne me rendre visite, je vais m'ennuyer ferme.*

**Pourvu que Napoléon ait gagné la bataille de Waterloo, Louis XVIII ne serait pas remonté sur le trône.*

– *À moins que (ne)* introduit une hypothèse qui est un argument contre la validité de la proposition principale :

À moins qu'on ne chauffe l'eau à 100, elle ne bout pas. (« L'eau reste à l'état liquide, sauf si on la fait chauffer... »)

À cette heure-ci, il doit être arrivé, à moins qu'il n'ait traîné en route. (« S'il a traîné en route, alors il ne doit pas être arrivé »)

– *Pour peu que* introduit la condition minimale, mais suffisante, pour entraîner la conséquence exprimée dans la principale :

L'eau bout pour peu qu'on la chauffe à 100°. (« Évidemment, si on la chauffe à plus de 100°, c'est également vrai. »)
Pour peu qu'on le regarde, il se met à rougir et à bafouiller. (« Il suffit d'un simple regard... »)

La construction infinitive en cas de sujets coréférentiels n'est possible qu'avec *à moins* : *À moins de toucher le gros lot, je ne me ferai pas construire une maison.*

3.2. Par élimination

▶ **Type** SANS QUE, NON QUE

Une orientation négative unit *sans que*, négation d'un procès concomitant ou consécutif ; *non que*, négation d'une cause ou d'une explication ; et *au lieu que*, négation d'une autre possibilité alternative. Tous relèvent d'une orientation argumentative, ou même polémique, opposant la réalité des faits à une perspective attendue :

Coupeau avait commencé à boire, sans que Gervaise s'en soit aperçue.

Il est resté dans son coin, non qu'il soit bouderur de nature, mais parce qu'il ne connaissait personne.

Au lieu qu'il aille de mieux en mieux, le traitement médical l'affaiblissait de plus en plus.

Remarque. — Un *ne* explétif, considéré par certains comme incorrect, a tendance à accompagner *sans que* (**sans qu'elle ne s'en soit aperçue*), mais il est remarquable que *sans* suffise à exprimer la négation devant un GN ou un infinitif ; et d'autre part *sans que* est incompatible avec la négation pleine.

Sans et *au lieu de* suivis de l'infinitif sont obligatoires quand les sujets sont coréférentiels. Suivi de l'infinitif, *sans* est l'inverse du gérondif (*sans boire* vs *en buvant*), mais il n'est pas exactement pour autant l'équivalent du gérondif négatif. Il y a une différence entre une situation négative (*En ne payant pas ses impôts, il s'est attiré les foudres de son percepteur*) et la négation d'une situation attendue (*Il a réussi à garder de bons rapports avec son percepteur sans (pour autant) payer ses impôts*).

▶ **Type** *BIEN QUE*

A) Les propositions que l'on appelle traditionnellement **concessives**, introduites par *bien que, quoique, encore que, malgré que* (cette dernière conjonction étant critiquée par les puristes, voir ci-dessous remarque 3), manifestent de façon particulièrement frappante ce que O. Ducrot appelle la **polyphonie** du discours. En effet, leur emploi suppose que quelqu'un, quelque part (un «on dit») asserte le lien causal que pour sa propre part le locuteur ou le scripteur refuse, ou du moins dont il asserte, dans le cas présent, l'inanité. Le subjonctif, ici de règle, ne frappe pas d'irréalité le fait mentionné, mais l'écarte de la situation qui conditionne le fait principal :

Bien qu'il ait passé des années dans ce pays, il ne sait pas en parler la langue.

Assurément, il a bel et bien passé des années dans ce pays ; et généralement quand on réside longtemps quelque part, il s'ensuit qu'on apprend la langue, mais en l'occurrence, cette condition favorisante a été inopérante.

Malgré que le soir fût d'une tiédeur extrême, Liette voulut pour le retour une voiture fermée (Mauriac).

Remarques. — **1.** On remarque parfois, chez de bons auteurs, l'emploi de l'indicatif après ces conjonctions, ce qui n'est pas totalement illogique s'il s'agit de faits réels ; s'il s'agit de faits éventuels, on peut rencontrer le conditionnel ou le futur, dans la mesure où le locuteur ou le scripteur a voulu marquer une nuance temporelle ou modale que le subjonctif ne permet pas de distinguer : *Malgré qu'ils se ressemblaient toujours comme deux frères, on ne voyait plus du même coup qu'ils étaient bessons* (Sand) – *À l'heure actuelle, Mirabeau ne remuerait personne, bien que sa corruption ne lui nuirait point* (Chateaubriand).
2. P. Garde propose un tableau ordonné où figurent, vis-à-vis des «conditionnelles réelles» (les temporelles) et des «conditionnelles éventuelles et irréelles» (les hypothétiques), des «concessives réelles», introduites par *quoique, bien que* et des «concessives éventuelles et irréelles» introduites par *même si* + imparfait, *quand (bien même)* + conditionnel (Analyse et synthèse dans la subordination circonstancielle, in *Analyse et synthèse dans les langues romanes et slaves*, 1991).
3. *Malgré que* est condamné par les puristes sous prétexte que l'expression ne serait justifiée que dans *malgré que j'en aie* (= quel que soit le mauvais gré que j'en aie) ; en réalité, *malgré que*, en face de la préposition *malgré* + GN est parfaitement intégré au système grammatical.

B) Lorsque la proposition concessive est une phrase **attributive** (en particulier une phrase à verbe *être*), on peut la réduire par effacement du verbe (*Quoique intelligent*) ou utiliser les tours comprenant une relative (**XVI : 3.1.**) :

– *quelque... que, si... que* (au subjonctif, toujours avec des attributs adjectifs ou assimilés : certains adverbes, certains GP),
– *quel(le)(s) que* (au subjonctif également, *quel(le)(s)* se substituant à l'attribut),
– *tout... que* (avec des attributs constitués d'un adjectif ou d'un nom sans déterminant, en principe avec l'indicatif, mais de plus en plus souvent avec le subjonctif).

Dans l'ensemble de ces expressions, ce n'est pas l'attribution de la qualité qui est mise en question, mais l'évaluation positive qui en est faite : *Quelque intelligent qu'il soit... / quelle que soit son intelligence... / tout professeur qu'il est..., il ne comprend rien à rien dans ce domaine.*

Remarques. — 1. *Pour... que* est quelque peu vieilli : *Pour grands que soient les rois, ils sont ce que nous sommes.* (Corneille)
2. Le gérondif est susceptible d'emplois concessifs (**2.2.**), mais à condition d'être accompagné de *tout*, qui en inverse la valeur argumentative (cf. ci-dessus le cas de *tout... que*) : *Tout en lisant énormément, je ne retiens rien.* vs *En lisant énormément, j'apprends beaucoup.*

C) À côté de ces concessives qui se situent au niveau du «dit» et établissent entre la principale et la subordonnée un rapport factuel, il existe un usage «énonciatif» de la concessive, qui consiste en une **auto-correction**, c'est-à-dire une remise en cause par le locuteur de ce qu'il vient d'énoncer. De telles concessives sont évidemment toujours postposées, proches de la coordination, et *encore que* est plus ou moins spécialisé dans cet usage : *Il viendra demain. Encore que je n'en sois pas tout à fait sûr.*

Bibliographie. — T. Nguyen (1983), Concession et présupposition, *Modèles linguistiques*, V, 1 : 81-105– M.-A. Morel (1996), *La concession en français*, Ophrys – C. Muller (1996) : 161-184.

4. SYSTÈMES CORRÉLATIFS

Sur le plan formel, cette famille de subordonnées (comparatives et consécutives pour l'essentiel) peut paraître au premier abord assez hétéroclite, et se définir négativement.

Elles ne sont en tout cas pas des compléments de phrase, au même titre que les propositions subordonnées qui viennent d'être étudiées, car elles ne sont **pas mobiles** (ou elles le sont très peu). Elles ne sont pas non plus des propositions indépendantes ou encore des propositions coordonnées (**XIX**).

Certaines font apparaitre une corrélation **syntaxique** entre la proposition subordonnée et un terme de la principale dont elles dépendent : par exemple, des comparatives du type *Il est aussi grand que son frère ainé* ou consécutives comme *Il est si grand qu'il dépasse tout le monde d'une tête*. La suppression du terme régisseur entraine leur agrammaticalité : **Il est grand que son frère ainé* – **Il est grand qu'il dépasse tout le monde d'une tête*. Ou encore une corrélation entre deux propositions en interdépendance : *Plus on est de fous, plus on rit* – *Autant je l'admirais, autant je le méprise à présent*.

D'autres marquent formellement peu ou pas la corrélation (certaines locutions conjonctives, par ex. *de telle sorte* ou *si bien que* en gardent la trace). Mais sur le plan **sémantique**, il s'agit toujours d'une variation d'intensité explicite ou implicite qui est mesurée par rapport à un point de repère qui lui sert en quelque sorte d'étalon : soit une réalité différente, mais présentant des éléments communs autorisant une comparaison, soit une conséquence qui en révèle le haut degré.

4.1. Systèmes comparatifs

Dans les systèmes comparatifs, la subordonnée circonstancielle entre en relation avec la principale pour formuler des comparaisons soit globales, soit graduées.

4.1.1. *Comparaison globale*

▶ **Conjonction autonome : type** COMME

Les propositions comparatives introduites par la conjonction prototypique *comme* et ses variantes *ainsi que, de même que* mettent en relation deux phrases, soit pour énoncer un rapport d'équivalence global entre deux faits, soit pour rapprocher d'un GN un autre GN sur la base d'un prédicat commun, implicite ou explicite. Elles sont peu mobiles : leur postposition est extrêmement fréquente ; leur antéposition relève d'un choix stylistique marqué : *Il ment comme il respire – Elle est jolie comme on est jolie à cet âge – Il parle comme le faisait son père – J'ai agi comme tu l'aurais fait à ma place – Comme un diable hors de sa boite, il bondit parmi nous.*

Dans les **comparatives elliptiques**, où un GN1 est comparé à un autre GN2 sur la base d'un prédicat commun qu'il n'est pas nécessaire d'expliciter une seconde fois, *comme* fonctionne apparemment comme une préposition :

> *Elle est jolie comme une déesse*
> *Le violon frémit comme un cœur qu'on afflige* (Baudelaire)
> *Il parle comme son père.*

Dans le premier de ces exemples, *jolie comme une déesse* est traité comme un syntagme, dont *comme une déesse* est l'expansion, introduite par *comme* : la reprise pronominale dans *Jolie comme une déesse, elle l'était* le prouve. Mais, dans une autre configuration, lorsque *comme* introduit un adjectif, en particulier en fonction d'attribut ou en position détachée, il est effaçable et fonctionne comme un adverbe modifieur de cet adjectif plutôt que comme un instrument de comparaison (celle-ci ne peut être explicitée) : *J'en suis resté (comme / complètement) abasourdi – Elle demeure un instant, le regard fixe, comme obsédée par un souvenir* (Sartre).

La comparaison elliptique utilise soit *comme*, soit *tel* suivi ou non de *que* (à bien distinguer du *tel* que consécutif) : *Je suis comme le roi d'un pays pluvieux* (Baudelaire) – *Oncle Rat, telle une fumée, avait disparu* (H. Bosco).

Lorsque GN2 représente un type dont GN1 est un cas particulier (ou l'inverse), *comme* exprime la **conformité** :

Il parle de la nature comme un poète (qu'il est / en parlerait)
Ils étaient fort étourdis en sortant, troublés comme des gens à jeun dont le ventre est plein d'alcool (Maupassant)
J'aime les romans comme celui-ci.

Comme sert aussi à attester la conformité d'un discours à sa source :
Tu étais alors complètement «givré», comme disait notre ami Paul.

L'identification peut apparaître comme un cas limite de la conformité ; son expression spécifique est *le même... que* : *C'est bien le même livre que celui que j'ai vu dans la vitrine du libraire*

Remarque. — *Comme* introduit aussi bien le thème que le propos de la phrase. En tête de phrase, il introduit évidemment le thème ; mais s'il introduit une proposition ou un syntagme postposé, ce qui est, on l'a vu, plus fréquent, la structure est ambiguë : la négation met en évidence cette ambiguïté : *Il n'est pas stupide comme son frère* (= *comme son frère l'est* ? ou bien = *pas plus que son frère ne l'est* ?). Bien entendu, une ponctuation adéquate (virgule) peut dissocier la comparaison (*comme son frère*, qui fait l'objet d'une énonciation à part, de type parenthétique) et le propos (*il n'est pas stupide*).

▶ Constructions parallèles

La comparaison globale peut aussi s'exprimer par la structure *de même que..., de même...* (tournure solennelle et rare), la conformité par *tel... tel...* (typique de certains proverbes). *De même que le feu éprouve l'or, l'adversité éprouve l'homme courageux* – *Tel père, tel fils.*

4.1.2. *Comparaisons graduées*

▶ Conjonction dépendant d'un terme de la principale

La proposition comparative, introduite par *que*, dépend formellement d'un adverbe quantificateur de supériorité, d'infériorité ou d'égalité : *plus* ou *davantage, moins, aussi* (lié à un adjectif, **XI : 4.1.**), *autant* (lié à un verbe) ; ou d'un déterminant complexe à valeur quantificatrice (*plus de, moins de, autant de*).

L'ellipse, fréquente en ce cas, met en relief le fait que la comparaison prend comme invariant soit le GN, soit le prédicat verbal ou adjectival :

Il est plus bête que Pierre / Il est plus bête que méchant.
Il a autant mangé que moi / Il a autant mangé que bu.
Cet homme parle plus vite qu'il ne pense.

Ainsi, ce type de construction permet de comparer non seulement un individu à un autre, mais un individu à lui-même, sur la base deux prédicats différents, ou en construisant deux images de lui-même en des temps ou des lieux différents :

Il est plus mûr qu'il ne l'était.
Il est plus drôle en privé qu'en public.

Remarque. — La proposition comparative fait évidemment partie du présupposé de la phrase. Aussi est-il paradoxal de lui donner le statut de propos. Si on dit *Aujourd'hui il est devenu aussi facile d'acheter à la boutique du coin que sur Internet*, on présuppose que ça a toujours été facile sur Internet, et on pose l'assertion que ça devient maintenant facile chez un commerçant près de chez soi ! Ce genre de «raté de la performance » (**Intro : 3.1.**) se répand et s'explique, sans se justifier, par une double raison : a) le principe d'iconicité interprète la succession des termes comme une succession chronologique (premier temps : *la boutique du coin*, deuxième temps : *Internet*) ; b) la place postverbale s'interprète comme place privilégiée du propos (c'est *sur Internet* que le locuteur veut mettre en valeur).

▶ **Constructions parallèles**

Chacune des deux propositions a son introducteur spécifique, et le système exprime soit l'équivalence quantitative, soit la variation proportionnelle : *autant... autant... ; plus... plus... ; moins... moins...* ou encore *plus... moins... ; moins... plus...* :

Plus on est de fous, plus on rit
Moins je le vois, (et) mieux je me porte.

Ou, elliptiquement :

Autant de têtes, autant d'avis
Beaucoup de paille, peu de grain.

Bibliographie. — P. Charaudeau (1992) : 366-372 – P. Le Goffic (1993) : 394-406 – L. Melis (1993) – C. Muller (1996) : 83-140 – M. Riegel (1997).

4.2. Systèmes consécutifs

Les propositions que la grammaire nomme **consécutives** expriment la conséquence (ce que font également les propositions coordonnées par *donc*), mais pour justifier une évaluation marquant le degré élevé d'une qualité ou l'intensité d'un procès. Peu importe dès lors que la conséquence soit seulement envisagée ou effective.

▶ Certaines de ces propositions sont formellement **dépendantes d'un élément** de la principale : soit d'un adverbe : *trop* ou *assez* (liés à des adjectifs ou à des verbes) ; *si* (lié à des adjectifs) ; *tant* ou *tellement* (liés à des verbes) ; soit d'un déterminant : *assez de, trop de, tant de, tellement de* ; soit de l'adjectif *tel*. La proposition consécutive elle-même, toujours postposée, est introduite, après *trop* ou *assez* par *pour que*, suivi du subjonctif (ou *pour* suivi de l'infinitif en cas de coréférentialité des sujets) et dans les autres cas par *que*, suivi de l'indicatif :

Il était trop intelligent pour qu'on ne se soit pas méfié de lui... / pour ne pas comprendre.

Il a une telle force que tous ont dû s'avouer vaincus.

Elle a tant d'amoureux qu'elle ne sait lequel prendre.

Je connais assez la société du Havre pour imaginer le genre d'accueil qu'on fit à cette enfant si séduisante. (Gide)

▶ D'autres, introduites par *au point que, de manière à ce que, de telle sorte que*, n'ont **pas de corrélatif** dans la proposition «principale » et sont toujours postposées. Elles sont au subjonctif si la conséquence est seulement envisagée (hypothèse ou volonté) :

Il est arrivé à la gare avec deux heures d'avance, de manière à ce que ses amis n'aient pas à l'attendre.

En cas de coréférentialité des sujets, on peut trouver une variante de ces propositions sous forme d'un groupe infinitif, la locution conjonctive se transformant en locution prépositive : *au point de, de manière à, en sorte de*. On est ici très près de l'expression du but, à cette différence près qu'il ne peut s'agir de réponses à la question *pourquoi* ? La « conséquence » n'est pas assertée, elle est seulement envisagée :

Il est arrivé à la gare avec deux heures d'avance, de manière à faire enregistrer ses bagages.

▶ Les subordonnées consécutives sont au **mode** indicatif si la conséquence est effective, et dans ce dernier cas se distinguent fort peu d'une coordonnée : *Il est arrivé à la gare avec deux heures d'avance. De sorte qu'il a dû tuer longuement le temps dans la salle d'attente.* La ponctuation souligne ici le fait qu'on verse dans la coordination ; l'indicatif est l'indice d'une assertion autonome. Avec *de (telle) sorte que, de manière que*, il peut se produire que seul l'emploi du mode permette de distinguer la conséquence du but (à condition que la forme verbale manifeste la différence de mode) :

Il a trainé toute la matinée de telle sorte qu'on est partis en retard / qu'on parte en retard.

Il a trainé tout le long de la route de telle sorte qu'on arrive en retard (exemple ambigu).

Remarque. — *Au point que* garde une certaine valeur prédicative, ce qui permet de le faire précéder éventuellement de *c'est* (**XIV : 9.1.** et **XXIV : 2.**) : *C'est au point qu'il a dû passer deux longues heures dans le froid.*

Bibliographie. — C. Hybertie (1996), *La conséquence en français*, Ophrys – C. Muller (1996) : 141-160.

4.3. Autres systèmes corrélatifs

À plusieurs types de subordonnées correspondent des constructions sémantiquement équivalentes, mais de structure grammaticale singulière : elles sont introduites par la **conjonction** *que* (irréductible à ses emplois « complétifs ») ; mais celle-ci est parfois facultative, et les deux propositions sont alors simplement **juxtaposées**. Ce sont en fait des systèmes corrélatifs d'un type particulier.

▶ **Expression temporelle (succession rapprochée)**

Il s'agit toujours de faits qui se succèdent rapidement (cf. *dès que, aussitôt que*). La première proposition est ou de type négatif (elle contient *ne pas, ne pas encore, ne pas plutôt*) ; ou au moins d'orientation argumentative négative avec *à peine*. Mais c'est en

réalité l'expression d'une circonstance. La seconde, qui contient le fait principal, est introduite par *que* :
Il n'avait pas fait trois pas qu'il s'arrêta.
À peine avait-il ouvert la bouche qu'on le fit taire.
Il s'agit en somme de cas de subordination inverse, comme dans : *Il était encore en train de parler, lorsque la porte s'ouvrit* (**1.1.**).

▶ **Expression de la cause**

Introduites par *que*, systématiquement postposées et annoncées dans la principale par *d'autant, d'autant plus* (qui constituent ici avec *que* des syntagmes insécables), ces propositions expriment une idée de proportionnalité appliquée à une cause :
Il est d'autant plus méritant qu'il a peu de facilités implique *Il est méritant parce qu'il a peu de facilités* et *Moins on a de facilités, plus on est méritant.*

Pragmatiquement, elles ajoutent un argument additionnel et ont la même valeur que des coordonnées où figurent *du reste, d'ailleurs* :
Je n'aurais pas pris sa maison, d'autant plus qu'elle est mauvaise (Sand)
Cette éventualité est d'autant plus à craindre que le maréchal Chapochnikov a également donné l'ordre à ses hommes de ne plus contrôler la frontière (LM).

Elles peuvent être séparées du contexte antérieur par une ponctuation forte, lorsque *d'autant* et *que* se suivent immédiatement, et on passe alors en fait de la subordination à la coordination : *Il est bien méritant. D'autant qu'il a peu de facilités.*

▶ **Expression de la condition**

La première proposition, représentant la cause conditionnelle, peut avoir la forme d'une phrase interrogative totale (avec inversion) ; la seconde, contenant le fait principal, commence facultativement par *que* :
Les enfants étaient-ils un peu tristes (qu')aussitôt leur mère les consolait.

Un événement grave surviendrait-il (que) je n'en serais pas autrement étonné
Lui signalait-on [à Balzac] *une scène dangereuse, il la refaisait ; lui démontrait-on qu'un acte s'enchaînait mal avec le précédent, il recommençait l'acte sans la moindre objection* (F. Lemaître).

Ou encore la première proposition est de type injonctif (au mode impératif ou au subjonctif, injonction de valeur générale ou simple éventualité) ; et la seconde commence facultativement par *et* : *Aide-toi, le ciel t'aidera – Frappez, (et) l'on vous ouvrira – Chassez le naturel, il revient au galop – Qu'il vienne rouspéter, (et) je m'en charge.*

Ou enfin, les deux propositions, reliées par *que*, sont au conditionnel : la valeur sémantique est voisine de celle de *même si* (supposition présentée comme argument extrême) : *Je le voudrais que je ne le pourrais pas.* C'est encore un cas de subordination inverse, équivalent à : *Même si je le voulais, je ne le pourrais pas.*

Remarque. — Sont à considérer comme conditionnelles ou temporelles, en tout cas génériques, les phrases de type proverbial avec ellipse du verbe : *Une de perdue, dix de retrouvées – Morte la bête, mort le venin.*

▶ Expression du but

Il s'agit de systèmes où la première proposition est à l'impératif (injonction effective) et où la seconde, au subjonctif, introduite par *que*, marque le but :

Lève la tête, que je puisse voir tes yeux.

Bibliographie. — M. Arrivé, F. Gadet et M. Galmiche (1986) : 104-113.

Chapitre XIX

JUXTAPOSITION ET COORDINATION

La **juxtaposition** et la **coordination** s'opposent à la **subordination** (**XV : 3.1.**) par le mode de jonction fondamentalement **parataxique** qu'elles établissent entre des propositions ou des constituants de proposition : les éléments conjoints n'entretiennent pas de rapport de dépendance hiérarchique ou rectionnelle et appartiennent à la même catégorie que l'unité formée par leur combinaison. Que les deux propositions *L'un rit* et *L'autre pleure* soient juxtaposées ou coordonnées, elles restent sur un pied d'égalité syntaxique (elles n'ont pas de fonction syntaxique l'une par rapport à l'autre), gardent leur autonomie catégorielle (elles peuvent fonctionner telles quelles comme des propositions indépendantes) et forment ensemble une unité complexe qui appartient à la même catégorie qu'elles-mêmes (une phrase formée de deux phrases) :

(1a) *L'un rit, l'autre pleure.*
(1b) *L'un rit et/ou/mais/car l'autre pleure.*

Il en va de même pour les syntagmes et les mots juxtaposés ou coordonnés :
(2a) *Vous visiterez des églises, des châteaux, des musées.*
(2b) *Vous visiterez des églises, des châteaux et des musées.*
(3a) *Ils sont affreux, sales, méchants.*
(3b) *Ils sont affreux, sales et méchants.*

La coordination (b) se distingue de la juxtaposition (a) par la présence d'un ou plusieurs outils de jonction entre les éléments conjoints (**les conjonctions de coordination**). Ainsi s'explique que chacun des deux procédés ait pu être décrit comme une forme particulière de l'autre : la juxtaposition comme une coordination à la fois **asyndétique** (par effacement de la marque de relation) et implicite (le rapport sémantique entre les éléments conjoints n'est pas spécifié) ; la coordination comme une juxtaposition marquée et explicitée par l'introduction d'un élément relateur.

1. LA JUXTAPOSITION

La juxtaposition peut combiner des propositions, mais aussi des syntagmes et des mots ayant même fonction (sujets, compléments de toute sorte, attributs, appositions et épithètes). En l'absence d'élément relateur, la démarcation entre les segments conjoints est marquée à l'oral par des pauses et surtout par l'intonation (montante sur chacun des premiers segments et descendante sur le dernier, à moins que la phrase ne reste en suspens). Cette structure accentuelle, qui souligne à la fois la composition interne et l'unité des constructions juxtaposées, est généralement transcrite à l'écrit par la virgule et, dans des conditions particulières, par le point-virgule et les deux points (**IV : 3.1** et **4.1**).

C'est au destinataire qu'il revient de reconstituer le lien implicite entre les éléments juxtaposés, en tenant compte de leur sens intrinsèque (qui élimine d'emblée un ensemble de relations a priori impossibles) et de l'information contextuelle et situationnelle dont il dispose. L'assemblage par juxtaposition s'interprète selon les cas comme :

- une addition ou une succession (en particulier dans les configurations énumératives) : *Ajouter du sel, du poivre, des épices et du Boursin – Il ralentit, s'arrêta, repartit brusquement ;*
- une concomitance : *Le ciel est pur, la route est large ;*
- un rapport implicatif de cause à conséquence orienté dans un sens ou l'autre : *Il va faire de l'orage : le ciel est noir – Le ciel est noir, il va faire de l'orage ;*
- une opposition : *Chacun pour soi, Dieu pour tous – Le gourmand dévore, le gourmet déguste.*

Remarque. — La **réduplication** d'un même constituant (ou **gémination**) exprime le haut degré d'une qualité (*un monde fou, fou, fou*), la répétition d'un procès (*les bouchons sautaient, sautaient, sautaient*), l'accumulation quantitative (*Il mange des pommes, des pommes et des pommes*).

Des propositions juxtaposées peuvent néanmoins entretenir un rapport de dépendance syntaxique généralement conditionné par la présence d'un indice formel dans la première proposition (**XVIII : 4**) :

- type de phrase ou mode verbal : *Chauffe un marron, ça le fait éclater – Je te l'aurais dit, tu ne m'aurais pas cru – Jean serait ici, il vous prouverait le contraire ;*
- inversion du sujet : *Lui demandait-on un service, il était toujours disponible – Fussiez-vous l'empereur de Chine, je ne vous prêterais pas un kopek ;*
- verbe ou locution verbale modalisatrice (*Il peut sonner tout le temps qu'il voudra / Il aura beau sonner, je ne lui ouvrirai pas*), adverbe repris par un terme correspondant dans le deuxième terme juxtaposé (*Plus on est de fous, plus on rigole – Moins je le vois, mieux je me porte*).

Ce type de **construction corrélative**, s'il est formellement parataxique, relève également de la subordination. La première proposition y est dépourvue d'autonomie syntaxique et énonciative et ne fonctionne donc pas comme une proposition vraiment indépendante. Comme, de surcroît, elle équivaut sémantiquement à une subordonnée dont la principale serait le deuxième terme juxtaposé *(Tu aurais été là, ça ne se serait pas produit = Si tu avais été là, ça ne se serait pas produit)*, le double rapport entre les deux propositions a souvent été décrit comme un phénomène de **subordination implicite**.

Des différents modes de composition de la phrase complexe, la juxtaposition est le plus simple et le moins contraint. L'oral, où l'intonation suffit à marquer les connexions entre propositions, y recourt beaucoup plus fréquemment qu'à la coordination et à la subordination susceptibles d'exprimer explicitement les mêmes relations.

2. LA COORDINATION

2.1. Les constructions coordonnées

Au sens traditionnel du terme, il y a coordination lorsque deux unités de même niveau et assurant la même fonction syntaxique sont reliées par une **conjonction de coordination** (**2.4**). C'est l'absence de dépendance syntaxique entre les éléments reliés qui distingue la coordination de la subordination, laquelle utilise également des éléments relateurs. Il s'agit en somme d'un procédé non pas hiérarchisant, mais séquentiel, qui permet de démultiplier une catégorie de départ (proposition, syntagme ou mot) en une chaîne de catégories identiques. Ainsi, la phrase (ou la proposition) est la catégorie grammaticale commune à la totalité de la séquence *Le vent soufflait, la pluie tombait et la mer était agitée* et aux trois segments qui la composent.

▶ D'un point de vue formel, il n'y a pas entre coordination et juxtaposition (**1**) d'autre différence que la présence ou l'absence d'un terme relationnel qui implique un ou plusieurs termes antérieurs. On peut d'ailleurs considérer que dans la phrase ci-dessus, la conjonction *et* porte sur l'ensemble de la jonction tripartite dont elle marque facultativement le dernier terme : *Le vent soufflait, la pluie tombait, la mer était agitée / et la mer était agitée.*

▶ D'autre part, si juxtaposition et coordination partagent les mêmes caractéristiques démarcatives (intonation et ponctuation), le lien explicite marqué par la seconde crée une structure d'ensemble moins lâche, où l'ordre des éléments conjoints (plutôt interdépendants qu'indépendants) est sémantiquement plus contraint : *Il pleut, je suis triste / Je suis triste, il pleut* → *Il pleut, donc je suis triste / Je suis triste, car il pleut.*

▶ Enfin, à la coordination peut se superposer, comme à la juxtaposition, un lien corrélatif sous la forme d'un indice de corrélation contenu dans le premier membre et qui, d'une part, « appelle » la conjonction de coordination introductrice du second membre et, de l'autre, explicite le rapport coordinatif : addition ou surenchérissement (*non seulement... mais encore / aussi*), concession (*sans doute / certes... mais*). Le même effet est obtenu par la répétition des conjonctions *et, ou* et *ni*, puisque l'occurrence de la première implique celle de la seconde : *Il est estimé et de ses partisans et de ses adversaires – Il faut ou se soumettre ou se démettre – Ni Pierre ni Paul ne sont venus.*

Histoire. — Les grammaires n'emploient pas le terme de *coordination* avant la fin du 19ᵉ siècle. Dans les grammaires générales du 18ᵉ siècle, *conjonction* désignait aussi bien les conjonctions de coordination que de subordination, qui étaient classées selon des critères logiques (indication de différents types de relations) et morphologiques (mots simples ou locutions). Progressivement, le terme de *proposition coordonnée* a été introduit dans l'analyse grammaticale pour opposer les propositions construites parataxiquement (juxtaposées ou liées par un terme non subordonnant) à celles dont le mode de combinaison est subordonnant (hypotaxique). Finalement, la notion de coordination a été réservée aux enchaînements de propositions, de mots et de groupes de mots reliés par un terme appartenant à la liste des conjonctions dites *de coordination* (**2.4.1.**).

Ne peuvent en principe être coordonnés que des éléments sinon de même nature, du moins de même rang (c'est-à-dire jouant le même rôle syntaxique) : *Un souriceau tout jeune et qui n'avait rien vu [= inexpérimenté]*, La Fontaine. L'agrammaticalité du **zeugme syntaxique** résulte de la coordination de deux éléments de fonction différente (mais éventuellement de même nature) : **Je vais à l'école* (complément d'objet indirect) *et à mon grand désespoir* (complément circonstanciel) – **Les invités ont été introduits par la grande porte* (complément locatif) *et par le majordome* (complément d'agent). Encore faut-il que les éléments coordonnés soient sémantiquement compatibles avec le rapport instauré par la conjonction. Ainsi *et* marquant la concomitance réclame un minimum d'homogénéité entre les constituants conjoints : *??Le concierge* (agent) *et la clé* (instrument) *ouvrirent la porte* – *??Jean est pauvre* (caractéristique inhérente) *et dans un petit bois* (localisation), mais *Jean est pauvre et loin de ses parents* (= seul, abandonné). De tels assemblages déconcertants (ou **zeugmes sémantiques**) constituent, lorsqu'ils sont délibérés, une figure rhétorique, à l'instar du célèbre *Vêtu de probité candide et de lin blanc* de V. Hugo ou de J. Prévert disant de Napoléon qu'il « *prit du ventre et beaucoup de pays* ».

2.2. La coordination de propositions et de phrases

Une proposition peut être normalement coordonnée avec une proposition de même type (indépendante, principale ou subordonnée) à une double condition :

▶ On ne peut pas coordonner des subordonnées conjonctives à un mode différent : **Je veux et j'espère qu'il réussisse / réussira* (*vouloir* réclame le subjonctif, *espérer* l'indicatif). Il n'est toutefois pas impossible de coordonner une complétive et son équivalent, une construction infinitive : *Il voulait que Paul soit élu, mais ne pas être élu lui-même.*

▶ Les propositions coordonnées sont soumises à diverses contraintes sémantiques visant à assurer leur bonne formation discursive et informative. En gros, une proposition coordonnée doit pouvoir être interprétée comme un apport cohérent par rapport aux contenus explicites ou implicites de ce qui précède. Ainsi, l'opposition entre les deux éléments de la phrase *Il mange tous les jours au restaurant et il est maigre comme un fil* est conditionnée par le présupposé pragmatique que manger régulièrement au restaurant fait grossir (le rapport adversatif deviendrait consécutif dans un monde où tous les restaurants seraient diététiques !). À plus forte raison sont exclues les adjonctions tautologiques (**La femme de Jean travaille dans un ministère et il est marié*, mais *Jean est marié et sa femme travaille dans un ministère*) ou contradictoires (**Jean est célibataire et il est marié depuis dix ans*).

Un constituant commun peut être effacé dans une ou plusieurs propositions coordonnées. C'est notamment le cas du verbe dont la première occurrence contrôle l'ellipse de la seconde : *Jean a vendu sa maison et Paul (a vendu) sa voiture.* L'effacement d'autres types de constituants est possible (**2.3.**) :

- sujet : *Camille habite à Paris et (Camille) travaille à Strasbourg* ;
- groupe verbal (verbe + complément(s), copule + attribut) : *Les chats (adorent leurs maîtres) et les chiens adorent leurs maîtres – Les chats (sont affectueux) et les chiens sont affectueux* ;

• complément d'objet nominal (*Jean achète (des maisons) et Paul vend des maisons*) ou propositionnel (*Jean sait (que Paul viendra) et Pierre ignore que Paul viendra*).

Ce type de réduction de deux propositions coordonnées peut se décrire comme une opération combinant l'effacement d'un segment commun et le regroupement du reste. Il est caractéristique des conjonctions *et* et *ni*, beaucoup plus contraint pour *ou*, *mais* et *donc*, et impossible pour *car* et *or*. Il a pour effet de mettre le segment partagé en facteur commun d'une construction où la coordination opère entre des mots ou des groupes de mots (**2.3.**).

La forme abrégée d'une conjonction interpropositionnelle peut impliquer plus d'un effacement : *Pierre a écrit le début (de mon discours) et Paul (a écrit) la fin de mon discours – Jean croit (qu'il a reconnu Pierre), mais (Jean) ne saurait jurer qu'il a reconnu Pierre*. Ce traitement transformationnel acquiert rapidement une redoutable complexité formelle, ne serait-ce que par la nécessité de sélectionner les éléments à effacer, de prévoir des modes de regroupement suffisamment généraux et d'ordonner toutes les opérations sous-jacentes. Il ne se justifie vraiment que pour les constructions effectivement équivalentes à des propositions coordonnées et à condition que les éléments communs effacés soient sémantiquement et syntaxiquement récupérables.

Les conjonctions *et*, *ou* et *mais* peuvent relier des phrases de type différent (**2.4.2.**). Le premier terme d'une coordination par *et* et *ou* peut même être réduit à un groupe nominal : *Un pas de plus et tu es un homme mort – Un demi bien frais ou je meurs de soif*. Ce mode d'enchaînement de deux ou plusieurs propositions s'interprète généralement comme une succession d'actes énonciatifs : chacun suppose la prise en compte du précédent, sur lequel s'articule le rapport exprimé par le terme coordonnant.

2.3. La coordination de mots et de groupes de mots

Et et *ni* coordonnent pratiquement tous les constituants de rang inférieur à la phrase. Cet usage est plus contraint pour *ou* et *mais*, rare (et condamné par les puristes) pour *donc* et *car*, impossible pour *or*, qui ne coordonne que des propositions. Ce type de coordination est généralement décrit comme la réduction d'une proposition coordonnée par effacement d'un ou plusieurs segments identiques (**2.2.**). Ce traitement ne s'applique pas automatiquement à toutes les coordinations de constituants. On ne saurait, par exemple, dériver *Un marron et un marron font deux marrons* de **Un marron fait deux marrons et un marron fait deux marrons*, ni *Jean et Paul ont déplacé mon coffre-fort de 300 kg* de **Jean a déplacé mon coffre-fort de 300 kg et Paul a déplacé mon coffre-fort de 300 kg*. En effet, pour des raisons sémantiques ou pragmatiques, le prédicat exprimé par le groupe verbal s'applique ici non pas séparément à chacun des sujets coordonnés, (interprétation distributive), mais à l'ensemble qu'ils forment (interprétation collective). Ailleurs les constituants coordonnés représentent les deux arguments d'une structure symétrique (**VIII : 4.5.**) : *Pierre est différent de Paul = Paul est différent de Pierre → Pierre et Paul sont différents ;* ou réciproque (**IX : 2.5.2**) : *Pierre déteste Paul + Paul déteste Pierre → Pierre et Paul se détestent.*

Les groupes nominaux coordonnés forment des groupes complexes dont l'unité syntaxique est attestée par le phénomène de l'accord au pluriel :

- du verbe avec deux sujets singuliers coordonnés *(Pierre et Paul arrivent)* ;
- de l'adjectif épithète commun à deux groupes nominaux singuliers *(une guide et une hôtesse charmantes)*.

À l'intérieur du GN, la coordination des déterminants est généralement exclue pour des raisons d'incompatibilité sémantique (**le et ce livre* – **le et les livres* – **mes et les livres / nos livres*), sauf lorsque *ou* marque la disjonction du genre, du nombre ou de la quantité : *le ou la propriétaire – le ou les propriétaires – un ou plusieurs propriétaires.* La mise en facteur commun du déterminant est impossible (*?Rangez vos livres et cahiers*) à moins que les deux segments nominaux soient coréférents (coordination par *et* : *mon éminent collègue et vieil ami*) ou synonymes (coordination par *ou* : *un ophtalmologiste ou oculiste*).

Pour le reste, la conjonction de constituants ne connaît d'autres contraintes que l'identité de la fonction syntaxique des termes conjoints et l'homogénéité paradigmatique de leurs rôles sémantiques. À titre d'exemples choisis à des niveaux différents, on peut coordonner :

- deux participes passés après un auxiliaire commun : *Combien de fois ai-je lu et relu ce poème ?*
- deux séquences [déterminant + nom] devant un adjectif épithète et / ou un complément du nom commun(s) : *le père et la mère adoptifs de Jean* (= *le père adoptif de Jean et la mère adoptive de Jean*) ;
- deux propositions partageant le même complément circonstanciel : *Dans les pays démocratiques, les hommes politiques proposent et les électeurs disposent*;
- simultanément le sujet et le compléments d'objet de deux subordonnées complétives : *Je suis sûr que Paul m'achètera un livre et Jean une cravate* (= *Je suis sûr que Paul m'achètera un livre et que Jean m'achètera une cravate*).

De façon plus marginale (p. ex. dans le discours didactique), il arrive que soient coordonnés deux préfixes devant un radical commun (*la sur- et la sous-alimentation*) ou deux prépositions introduisant le même complément (*Venez avec ou sans vos enfants*).

2.4. Les termes coordonnants

2.4.1. *Conjonctions de coordination et adverbes de liaison*

Le lien de coordination est assuré par des conjonctions dont c'est le rôle quasi exclusif (et que les grammaires scolaires énumèrent selon la formule mnémotechnique *mais, ou, et, donc, or, ni, car* = *Mais où est donc Ornicar ?*), mais aussi par une série d'adverbes (ou de locutions adverbiales) dits **de liaison, conjonctifs** ou **coordinatifs** (**XIII : 3.** et **XXIV : 4.2.1.**). Ces derniers marquent divers rapports argumentatifs (*ainsi, aussi, en effet, par conséquent, au contraire, d'ailleurs*, etc.) ou bien assurent le balisage de la progression textuelle (*d'abord, ensuite, puis, enfin, finalement, premièrement*, etc.). Ils se distinguent toutefois des conjonctions de coordination autres que *donc* par plusieurs propriétés syntaxiques :

- ils sont cumulables entre eux (*ainsi en effet, puis ensuite*), alors que les conjonctions ne le sont jamais ;
- ils peuvent se combiner avec une conjonction obligatoirement antéposée : *et ensuite* / **ensuite et* – *mais alors* / **alors mais*. *Car en effet* est condamné comme pléonastique, sauf lorsque *en effet* signifie « effectivement ».
- contrairement aux conjonctions toujours placées en tête du segment qu'elles introduisent, ils jouissent d'une certaine mobilité (*Jean a fait la cuisine, il a ensuite mis la table*).

Remarque. — Par son comportement syntaxique et notamment par sa grande mobilité, le coordonnant *donc* appartient de plein droit à la classe des adverbes de relation et non à celle des conjonctions de coordination, où on le range traditionnellement.

2.4.2. *Les emplois des conjonctions de coordination*

Les grammaires traditionnelles classent les termes coordonnants selon des critères sémantico-logiques : termes copulatifs (*et, ni, puis,* etc.), disjonctifs (*ou, ou bien, soit… soit*), adversatifs (*mais, en revanche, cependant,* etc.), causals (*car, en effet,* etc.) et consécutifs (*donc, aussi, alors,* etc.). Ils ont chacun des conditions d'emploi spécifiques déterminées par le ou les types de jonctions qu'ils servent à marquer. Cela est particulièrement vrai des conjonctions de coordination proprement dites.

▶ *Et*, la plus fréquente des conjonctions de coordination françaises, se place ordinairement devant le dernier terme coordonné (mais peut aussi être répétée devant chacun des termes). Lorsqu'elle coordonne des propositions, elle exprime des relations variables qui sont déterminées par le sens même des termes conjoints (addition, succession chronologique, opposition, conséquence, etc.) et qui, de ce fait, sont souvent asymétriques : *Ils se marièrent et eurent beaucoup d'enfants* ne décrit pas le même état des choses que *Ils eurent beaucoup d'enfants et se marièrent*. *Et* peut coordonner deux phrases de type différent : impératif et assertif pour marquer la relation entre une situation hypothétique (où l'interlocuteur est invité à s'installer mentalement) et ce qu'elle implique : *Propose-lui un prix intéressant et il acceptera* ;

assertif et interrogatif si le second correspond à une question rhétorique : *Ils vont encore tout casser, et qui va payer les dégâts* ?

Les constituants nominaux conjoints par *et* s'interprètent comme une réunion ou comme une intersection d'ensembles : l'expression *les amis de Paul et de Virginie* peut désigner contextuellement l'ensemble des amis de Paul et de ceux de Virginie ou celui de leurs amis communs. Seule la deuxième interprétation est compatible avec l'effacement d'un segment commun (*les amis de Paul et (de) Virginie*).

▶ *Ni* peut coordonner n'importe quel type de constituant, y compris des propositions subordonnées, à l'exclusion de deux propositions indépendantes (**Ni Pierre boit, ni Paul fume*, mais *Pierre ne boit ni ne fume*). Équivalent de *et... ne pas* (**XIV : 5.2.**), ce terme assure la coordination de deux segments à l'intérieur d'une structure négative commune marquée par l'antéposition de *ne* au verbe : (*Ni*) *Pierre ni son fils ne sont au courant* – *Je ne serai là ni lundi ni mardi*. Généralement répété, il distribue la négation sur les termes coordonnés, à l'exception du groupe verbal : *Ni Pierre ni Paul ne sont là* – *Il n'est ni bête ni méchant* – **Pierre ni ne fume ni ne boit*. Il peut ne pas être répété dans un groupe sujet (*Pierre ni Paul ne sont là*) et après un premier élément précédé de la négation pleine *ne ... pas* (*Il n'aime pas son voisin ni sa voisine* – *Je ne serai pas là lundi ni mardi*).

Remarque. — *Ni* est peu employé dans la langue parlée, sauf dans les formules figées (*ni l'un ni l'autre, ne savoir ni lire ni écrire, sans rime ni raison*). On lui préfère la coordination par *(et) non plus, (et) pas davantage*.

▶ *Ou* est ambigu entre une lecture exclusive (ou alternative, la vérité de l'un des termes conjoints exclut celle de l'autre : *C'est du poisson ou de la viande* – *Je paierai la donzelle, ou je l'épouserai*, Beaumarchais) ou inclusive (la vérité de l'un n'exclut pas nécessairement celle de l'autre : *Des passeports seront délivrés aux ressortissants du pays ou aux personnes ayant épousé un ressortissant du pays*). Lorsque ces ambiguïtés ne sont pas levées par des connaissances extralinguistiques, on recourt à la conjonction composée inclusive *et / ou* ou aux conjonctions répétées *ou bien ... ou bien, soit... soit* qui orientent vers l'interprétation exclusive. Dans ce cas, *ou* peut être répété devant les éléments coordonnés, à l'exclusion des verbes et des groupes verbaux (*Ou tu restes ou tu pars* – **Tu ou restes ou pars*). Enfin, la relation exprimée par *ou* devient exclusive et asymétrique dans les énoncés dont le deuxième terme coordonné s'interprète comme une conséquence liée à la non-réalisation du premier : *Ou tu obéis, ou il t'en cuira / Tu obéis, ou il t'en cuira / Obéis, ou il t'en cuira.*

▶ *Mais*, fondamentalement asymétrique, ne peut pas coordonner plus de deux termes ni être répété. Il fonctionne comme un inverseur d'orientation argumentative (**XXIV : 4.2.3.**) :

• en coordonnant un terme négatif avec un antonyme positif : *Il n'est pas petit, mais (au contraire) grand ;*
• en indiquant que le deuxième terme est un argument plus fort qui oriente de façon décisive vers une conclusion opposée aux attentes suscitées par le premier : *Il est milliardaire, mais honnête* (à condition d'admettre qu'en général les milliardaires ne sont pas honnêtes). Dans cet emploi, *mais* peut coordonner des phrases de type différent : *Tu peux y aller, mais sois prudent / est-ce prudent ? – Fais à ta guise, mais Paul ne sera pas content ;*
• en introduisant dans un dialogue une rupture avec l'énoncé précédent dont il réfute un présupposé : *Paul a cessé de fumer – Mais il n'a jamais fumé.*

▶ *Car* ne relie en principe que deux propositions dont la seconde est présentée comme une cause, une explication ou une justification de la première. Cette conjonction est l'équivalent, au plan de la coordination, des conjonctions de subordination *parce que* et surtout de *puisque*, mais la proposition qu'elle introduit n'a rien d'une subordonnée. Elle constitue en effet un acte d'énonciation distinct prenant appui sur celui de la proposition précédente. Ainsi s'explique qu'elle ne soit pas mobile (**Car il n'a pas l'âge requis, Pierre n'est pas éligible*), ne se prête pas à l'extraction (**C'est car il n'a pas l'âge requis que...*), ne puisse pas constituer la réponse à une question (*Pourquoi P ? –* **Car Q*), ni être coordonnée à la façon d'une conjonction de subordination (*Jean était absent car il était malade et car il n'avait pas été autorisé à sortir*) et surtout qu'elle reste hors de portée de la négation de la proposition coordonnée qui la précède. En effet, dans l'une de ses interprétations, la phrase *Pierre n'a pas été renvoyé parce qu'il est l'ami de Jean* signifie que Pierre a été renvoyé, mais nie que le fait qu'il soit l'ami de Jean soit la cause du renvoi. Au contraire, dans la *Pierre n'a pas été renvoyé, car il est l'ami de Jean*, la négation n'affecte que la première proposition, dont la seconde est présentée comme l'explication.

▶ *Or*, qui ne peut coordonner que des propositions, introduit une nouvelle donnée qui va se révéler décisive pour la suite des évènements (dans un récit) ou du raisonnement (dans un enchaînement argumentatif ou déductif, notamment comme deuxième terme d'un syllogisme) : *Le Petit Chaperon Rouge prit le chemin de la forêt ; or le loup y rôdait [...] – L'assassin s'est enfui en voiture, or le suspect ne sait pas conduire. Donc…*

Bibliographie. — G. Antoine (1963), *La coordination en français*, Paris, d'Artrey – F. François (1973), Coordination, négation et types d'oppositions significatives, *Journal de psychologie*, 1-2 : 31-55 – G. Mounin (1974), Le problème des critères d'analyse dans la description linguistique fonctionnelle : la coordination, *De la théorie linguistique à l'enseignement de la langue*, Paris, PUF – O. Ducrot et al. (1975) – DRLAV (1977), *La coordination*, 15 – H.M. Hobaek (1987), *Coordonnants et éléments coordonnés*, Oslo, Solum Forlag – *L'information grammaticale, La coordination* (1990), 46.

PARTIE IV

GRAMMAIRE ET LEXIQUE

Chapitre XX

MORPHOLOGIE GRAMMATICALE ET LEXICALE

Au sens traditionnel et étymologique du terme, la **morphologie** est « l'étude de la forme des mots ». Pratiquement, la composante morphologique d'une grammaire étend son domaine à tout ce qui relève de la structure interne des mots. On distingue, d'une part, la **morphologie flexionnelle** ou **grammaticale** qui traite des variations de la forme des mots selon les catégories du nombre, du genre, de la personne, etc. ; d'autre part, la **morphologie lexicale** qui décrit les mécanismes, notamment de **dérivation** et de **composition**, qui président à la formation des mots. Qu'ils soient grammaticaux ou lexicaux, les phénomènes morphologiques impliquent l'existence d'une unité minimale constitutive du niveau morphologique, le **morphème**, qui se manifeste souvent sous la forme de segments inférieurs à la dimension du mot (1.1.) : désinences, radicaux, préfixes et suffixes.

1. LES UNITÉS DE L'ANALYSE MORPHOLOGIQUE : MOTS ET MORPHÈMES

1.1. Le mot, unité grammaticale et lexicale

Si le mot est intuitivement identifié comme l'unité de base du système grammatical et dénominatif que forme la langue, son statut n'en reste pas moins problématique. Il faut donc, comme l'écrit Saussure (1996 : 154), « chercher sur quoi se fonde la division en mots – car le mot, malgré la difficulté qu'on a à le définir, est une unité qui s'impose à l'esprit, quelque chose de central dans le mécanisme de la langue ». En français et dans l'acception la plus générale du terme, la notion de mot regroupe toutes les unités préconstruites (ou précodées) que la langue fournit au locuteur pour construire ses énoncés. Ainsi *la, et, ovale, petite, billet, table, traîne(r)*, etc., mais aussi des séquences comme *carte grise* et *chemin de fer* sont des unités en quelque sorte préfabriquées, stockées dans notre mémoire lexicale et que nous combinons pour former des phrases selon les besoins de la communication (p. ex. *La carte grise et le billet de chemin de fer traînent sur la petite table ovale*).

Pour l'immense majorité des mots, leur caractère préconstruit est à la fois d'ordre **grammatical** (ils appartiennent à une partie du discours : nom, verbe, adjectif, etc.,) et **dénominatif** (ils dénotent un type de référent, **XXII : 1.**). Ainsi s'expliquent, d'une part, l'unité et la cohésion formelles du mot (insécabilité, impossibilité d'y introduire un autre élément) et, d'autre part, les propriétés sémantiques liées à sa fonction dénominative :

- au sens strict et lexicographique du terme, on peut définir (c'est-à-dire paraphraser le sens préconstruit) des unités préconstruites, mais non des constructions libres : *Qu'est-ce qu'un guéridon ? / *Qu'est-ce qu'une petite table ovale ?*
- inversement, on peut demander quelle est la dénomination d'un type de référent en le désignant par une expression construite, mais non par un mot : *Comment s'appelle une petite table ronde à un pied ? / *Comment s'appelle un guéridon ?*

Des difficultés apparentes ou réelles naissent lorsque les deux critères définitoires divergent ou entrent en conflit :

- Beaucoup de mots présentent des variations formelles qui semblent remettre en cause leur unité. Or l'**allomorphie** (**1.2.2.**) n'est qu'un conditionnement phonétique ou syntaxique qui ne modifie ni l'appartenance catégorielle du mot ni sa valeur dénominative. On peut en dire autant de la **flexion**, puisque les **désinences** d'un mot (**2.1.** et **2.2.**), lorsqu'il en a, marquent son appartenance à une catégorie grammaticale bien déterminée.

- Les **séquences lexicalisées** et les **mots composés (3.5.)** se présentent effectivement comme des suites de termes qui dans d'autres contextes fonctionnent comme des mots autonomes. Mais on peut montrer qu'un mot composé (p. ex. *fil de fer barbelé*) présente toutes les propriétés formelles et dénominatives des termes préconstruits et que ses éléments constituants ont perdu toute autonomie.
- Enfin, des choix théoriques et méthodologiques ont pu amener à exclure du lexique des mots « indésirables » appartenant à des catégories limitées et closes, dont de surcroit la valeur référentielle n'est pas toujours aisément identifiable. Il s'agit de **mots grammaticaux (2.1.)** tels que les prépositions, les conjonctions, les déterminants et les pronoms, dont l'étude relève prioritairement de la syntaxe, mais que les dictionnaires de langue enregistrent, traitent et définissent au même titre que les autres mots.

On comprend que dans ces conditions le mot prototypique soit un mot simple, sans variantes et n'appartenant pas à une catégorie de mots grammaticaux (p. ex. le nom *table*, plutôt que le pronom relatif qui se démultiplie en plusieurs formes ou que le nom composé *fil de fer barbelé* qui articule quatre mots en un seul).

Bibliographie. — R. Jakobson (1963) : 57 – G. Kleiber (1984), Dénominations et relations dénommatives, *Langages*, 76 : 77-94.

1.2. La structure morphologique des mots

1.2.1. *L'unité morphologique élémentaire : le morphème*

Bien que sa définition technique varie selon les linguistes, le **morphème** est généralement considéré comme l'**unité minimale porteuse de sens obtenue par segmentation des énoncés**. Il s'agit donc d'un segment préconstruit associant une forme et un sens, mais qui ne peut plus se décomposer en segments de ce même type. Le mot *moustique* est un morphème, puisqu'il a un sens global, mais ses parties constitutives sont des syllabes (*mous-ti-que*), des combinaisons de syllabes (*mousti*, *tique*), des phonèmes (/ m /, / u /, / s /, / t /, / i /, / k /) ou des combinaisons de phonèmes (/ mu /, / mus /, etc.), tous segments qui en eux-mêmes ou bien ne sont pas porteurs de sens, ou bien ont un sens qui ne représente pas une partie du sens global de *moustique*. En revanche, l'adverbe *injustement* s'analyse en trois morphèmes selon le schéma :

forme	*in-*		*juste*		*-ment*
sens	« non »	+	« conforme à la justice »	+	« de manière »

où chaque morphème est l'association minimale d'une forme et d'un sens.

Remarque. — Le découpage en morphèmes d'un mot ou d'un énoncé repose sur le principe de la solidarité des signifiants et des signifiés (**XXI : 1.1.**). C'est ce principe qui permet de réfuter les analyses en pseudo-morphèmes. Bien que les segments *va* et *peur* considérés isolément soient des morphèmes, ils ne le sont pas dans le mot *vapeur* dont le signifié (eau à l'état gazeux) n'est pas le résultat de la combinaison des signifiés de *va*, forme du verbe *aller*, et de *peur*, synonyme de *frayeur*.

Bibliographie. — H. A. Gleason (1969) : 45-50 – A. Martinet (1970) : 15-16.

Idéalement, un morphème est l'association originale d'un signifiant (forme) et d'un signifié (contenu sémantique), tous deux distincts des signifiants et signifiés de tous les autres morphèmes. Pourtant, comme beaucoup de langues, le français présente plusieurs types d'entorses au principe du rapport biunivoque entre signifiant et signifié.

1.2.2. *Variantes libres et variantes contextuelles*

Il n'est pas rare qu'un morphème ait plus d'une forme écrite et orale. Chacune de ces réalisations différentes constitue alors une **variante**. Les **variantes libres** sont mutuellement substituables dans tous les contextes. C'est le cas de certaines formes interchangeables du radical des verbes *asseoir* et *payer : tu t'assois / t'assieds ; il s'assoit / s'assied, nous nous asseyons / nous assoyons*, etc. – *je paye / je paie ; tu payes / tu paies*, etc. (**IX : 2.1.**)

La forme orale (et parfois écrite) de certains mots d'emprunt présente des variantes libres : *jungle* : [ʒœ̃gl(ə)] ou [ʒɔ̃gl(ə)] – *yaourt / yog(h)ourt* : [jauʀ], [jauʀt] ou [jɔguʀt].

En fait, il s'agit chaque fois d'un même mot, mais prononcé et / ou écrit différemment. C'est ce qui distingue intuitivement les variantes libres et les mots synonymes (**XXI : 2.3.**). Seules les premières manifestent une identité sémantique totale, un degré variable d'identité formelle et une totale équivalence distributionnelle. Des synonymes, même étroits comme *briser, casser* et *rompre*, ne vérifient aucune de ces trois propriétés.

Comme les variantes libres, les **variantes contextuelles** (ou **combinatoires**) ont le même sens, appartiennent à la même catégorie grammaticale et présentent généralement (mais pas nécessairement) un minimum d'identité formelle. Mais, comme elles figurent chacune dans un contexte exclusif, elles ne sont jamais commutables. Le conditionnement contextuel peut être d'ordre morphologique, syntaxique et / ou phonétique. Le radical de certains verbes varie en fonction de la personne, du mode et du temps (**IX : 2.1.**) : celui du verbe *aller* (p. 476), par exemple, se réalise sous la forme des quatre allomorphes *all-, i-, v-* et *aill-* (*nous allons / nous irons / il va / qu'il aille*). Les cinq formes du pronom personnel de la première personne du singulier se répartissent à la fois selon leur fonction syntaxique et l'initiale du mot suivant :

	Sujet	**Objet antéposé au verbe**	**Autres fonctions**
+ mot à initiales consonantique	*je*	*me*	*moi*
+ mot à initiale vocalique	*j'*	*m'*	

Remarques. — **1.** Selon les auteurs, le terme d'*allomorphe* désigne soit les deux types de variantes, soit – plus fréquemment – les seules variantes contextuelles.
2. Par rapport à ses variantes, le morphème est une notion abstraite identifiée à une unité significative minimale considérée indépendamment de ses réalisations. Aussi, pour désigner métalinguistiquement un morphème, utilise-t-on soit une étiquette générique recouvrant l'ensemble de ses variantes (p. ex. pronom personnel

de la première personne du singulier) ; soit, en emploi autonymique (**XXI** : **1.1.3.**), l'allomorphe jugé le plus fréquent ou le plus représentatif (p. ex. *je*).

Bibliographie. — H. A. Gleason (1969) : 52-54 et 65-75.

1.2.3. *L'amalgame*

Au sens strict du terme, **l'amalgame** désigne la contraction de deux segments consécutifs (mots ou morphèmes) en un seul segment formellement inanalysable. Ce phénomène requiert que dans d'autres contextes les segments impliqués se manifestent indépendamment l'un de l'autre. C'est le cas en français des formes *le* et *les* de l'article défini lorsqu'elles sont précédées des prépositions *de* et *à* :

Prép *de* + *le* / *les* → *du* / *des*
Prép *à* + *le* / *les* → *au* / *aux*
D'où les oppositions :
(1) *Jean revient du marché / des douches / de l'école / de la plage.*
(2) *Jean va au marché / aux douches / à l'école / à la plage.*

On cite souvent l'exemple de la désinence verbale *-ons*, qui serait l'amalgame des morphèmes de la première personne et du pluriel (et parfois même du présent !) dans la conjugaison française, où pourtant le nombre et la personne ne sont jamais formellement décumulés. Ces deux notions ont ici le statut de traits sémantiques (au même titre que les notions de personne, de pluralité et de locuteur dans la représentation sémantique de *nous*, **VII** : **5.2.1.**), mais pas de morphèmes. Il s'agit manifestement d'une conception trop large qui reviendrait à étendre l'amalgame à toute forme linguistique interprétée comme un ensemble de traits sémantiques sans réalisation individuelle, en particulier à tous les mots simples ! En revanche, les variations entre les formes monophoniques de verbes comme *être* et *avoir* peuvent être considérées, sur le modèle des formes plus régulières de la conjugaison, comme l'amalgame d'un radical avec différentes désinences : *es, est* : [ɛ], *ai* : [e], *as, a* [a], *aie, aies, ait* [ɛ], *eu, eus, eut, eût* [y] (**IX** : **2.1.2.**).

1.2.4. Morphème zéro, marque zéro ou signifiant zéro ?

Certaines analyses linguistiques utilisent la notion de **morphème zéro** pour décrire des cas où le terme d'une opposition n'est pas manifesté par une marque formelle écrite et / ou orale. C'est le cas, dans la conjugaison orale des verbes français, du présent de l'indicatif, si du moins on accorde à cette catégorie un signifié codé (**IX : 2.2.1.**). En effet, aucune marque formelle n'oppose cette catégorie à celle de l'imparfait réalisée par les désinences [ɛ] ou [j] :

(3)	[ʒe] / [ty] / [il]	[ʃɑt]	vs	[ʃɑt] [e]
	[nu]	[ʃɑt] [ɔ]	vs	[ʃɑt] [j] [ɔ]
	[vu]	[ʃɑt] [e]	vs	[ʃɑt] [j] [e]

Le terme de **signifiant zéro** ou de **marque zéro** serait sans doute plus indiqué pour caractériser ce type de phénomène, surtout si le contenu notionnel de la catégorie non marquée est problématique. Nombreux sont les adjectifs dont le masculin dépourvu de désinence s'oppose au féminin marqué par la désinence -*e* à l'écrit (*grand* + *e* ; *petit* + *e*) et par une consonne finale ([grɑ̃] + [d] ; [pəti] + [t]) à l'oral. Mais l'opposition des genres, si elle constitue une marque grammaticale indiscutable, n'en reste pas moins dans beaucoup de cas irréductible à l'opposition de deux morphèmes pourvus d'un sens codé (**VII : 3.4.1.**).

Remarques. — **1.** Dans les transcriptions morphophonologiques, nous avons jugé plus expédient de remplacer par un tiret le symbole traditionnel du morphème zéro (ø), qui se confond avec la transcription du phonème (dit eu fermé) dans l'API.
2. Lorsqu'une opposition ne se réalise pas dans certaines positions d'un système, on dit qu'elle est **neutralisée**. Ainsi, l'opposition entre le masculin (*le*) et le féminin (*la*) de l'article défini ne se manifeste qu'au singulier : elle est neutralisée au pluriel, qui ne présente que la forme *les*, indifférenciée quant au genre.

Bibliographie. — H. A. Gleason (1969) : 62-63 – A. Lemaréchal (1997) – A. Martinet (1970) : 103-104 – A. Martinet (1965), *La linguistique synchronique*, PUF : 188.

1.2.5. *Les constituants discontinus*

Un **constituant** est dit **discontinu** s'il se réalise sous la forme de deux segments non contigus (donc séparés par d'autres segments), mais assurant conjointement la même fonction. C'est le cas de la négation *ne... pas* et du morphème temporel [auxiliaire [...] participe passé] des formes verbales composées (p. ex. *a chant-é*, où *a* ... *-é* s'oppose au morphème continu *-ait* de *chant-ait*). Les deux segments véhiculent ensemble un seul et même signifié (celui, par exemple, de la négation ou d'un type de repérage temporel) et sont totalement solidaires (l'effacement et la substitution ne les affectent pas séparément, mais simultanément et globalement).

2. MORPHOLOGIE GRAMMATICALE ET MORPHOLOGIE LEXICALE

2.1. Morphèmes grammaticaux et morphèmes lexicaux

La distinction entre **morphèmes lexicaux** et **morphèmes grammaticaux** repose sur quatre critères :

▶ **Un critère quantitatif**

Les morphèmes lexicaux appartiennent à des ensembles nombreux et ouverts qui se renouvellent constamment par l'apport d'éléments nouveaux et par la disparition d'autres qui sortent de l'usage. Il s'agit essentiellement des radicaux des unités qui constituent le lexique (noms, adjectifs, verbes et adverbes) et des affixes lexicaux (préfixes et suffixes) qui servent à former des mots dérivés. Les morphèmes grammaticaux constituent des ensembles clos et très restreints.

▶ **Un critère fonctionnel**

Les morphèmes grammaticaux contribuent de façon décisive à l'organisation grammaticale de la phrase, qu'il s'agisse des marques morphosyntaxiques (les **désinences**) propres à certaines parties du discours (nombre, genre, personne, temps et mode) ou des **mots-outils** qui marquent les relations entre mots et groupes de mots dans la structure phrastique (prépositions et conjonctions) ou qui assurent l'actualisation d'une autre partie du discours (les déterminants). Contrairement aux morphèmes lexicaux, ils forment des paradigmes « figés » dont la modification entrainerait un bouleversement de pans entiers du système grammatical : il suffit d'imaginer les effets de l'introduction dans le français contemporain d'une septième personne verbale ou d'un troisième genre !

▶ **Un critère sémantique**

Les morphèmes grammaticaux véhiculent des notions très générales souvent axées sur la situation d'énonciation (relations intersubjectives, temporalité, quantification, détermination, etc.) et qui contrastent avec le plus ou moins grand degré de spécificité du contenu descriptif des morphèmes lexicaux.

▶ **Un critère de pure forme**

Contrairement aux morphèmes lexicaux indifféremment courts ou longs (*an, dé, portail, maréchal, mathématique*, etc.), les morphèmes grammaticaux sont généralement très courts et le plus souvent monosyllabiques (*-s, -ons, à, si*, etc.).

Comme tels, les morphèmes grammaticaux figurent au premier rang des éléments redondants, restituables contextuellement et dont le style télégraphique pratique l'effacement : *Nous arrivons dans la soirée par le vol 235 d'Air France* → [–] *ARRIVONS* [–] *SOIRÉE* [–] *VOL 235* [–] *AIR FRANCE*.

Remarque. — A. Martinet (1970 : 15-16) et, à sa suite les linguistes fonctionnalistes, appellent les morphèmes lexicaux et grammaticaux respectivement **lexèmes** et **morphèmes** et regroupent les deux sous le terme générique de **monème**.

La catégorie générale des morphèmes grammaticaux regroupe d'une part des mots tels que les déterminants (qui sont des actualisateurs du nom), les auxiliaires (qui servent à construire les formes composées des verbes) et les mots dits « de liaison » (prépositions et conjonctions) ; d'autre part des **mor-**

phèmes dits **liés**, parce qu'ils ne peuvent apparaitre qu'à l'intérieur d'un mot. Or, ces morphèmes, également appelés **affixes**, se distinguent selon le rôle qu'ils jouent dans la structure interne du mot *et* dans son insertion syntaxique.

2.2. Affixes flexionnels et affixes dérivationnels

Au sens le plus général du terme, les **affixes** sont des morphèmes liés qui fonctionnent comme des constituants du mot. Ils sont nécessairement attachés à un radical ou à une base simples ou déjà pourvus d'un affixe : *chant- ons, im-possible, dés- human -is -ation*. En grammaire générative, au contraire, la catégorie des affixes ne regroupe que les morphèmes désinentiels qui entrent dans la réécriture des constituants morphologiques tels que le temps, la personne, le nombre, etc. Ailleurs, on distingue d'un point de vue fonctionnel :

▶ Les affixes **flexionnels** porteurs d'une signification proprement grammaticale et qui ne créent pas des mots nouveaux, mais des formes différentes d'un même mot. En français, ils sont postposés et peuvent se cumuler : *m-on / -a / es ; courageu-x / -se ; chant-ons / -ez / -er- ai / ai -t / -i -ons /* etc. Dans le même environnement, un mot pourvu d'un affixe flexionnel donné (p. ex. celui du féminin) commute avec d'autres mots pourvus du même affixe ou du même type d'affixe (p. ex. des adjectifs avec d'autres adjectifs, des déterminants avec d'autres déterminants, etc.). On se reportera donc pour l'étude détaillée de ces formes (marques morphologiques du genre, du nombre et de la personne, du temps et du mode verbal) à la section de la grammaire consacrée à la morphologie de la classe de mots qu'ils affectent.

Remarque. — On appelle couramment **désinence** l'affixe grammatical ou la séquence d'affixes qui apparaissent à la finale des noms, adjectifs, déterminants et verbes. Lorsqu'ils marquent la personne de formes verbales homophones ou homographes (*je / il chante*), certains grammairiens considèrent les pronoms personnels *je / tu /il(s) / elle(s)* comme les équivalents d'affixes grammaticaux antéposés aux radicaux verbaux (**IX : 2.1.3 Rem.**).

Bibliographie. — J. Dubois (1965) et (1967) – L. Isac (1985), *Calcul de la flexion verbale en français contemporain*, Droz – Q.I.M. Mok (1968), *Contribution à l'étude des catégories morphologiques du genre et du nombre dans le français parlé actuel*, La Haye, Mouton – A. Martinet (1969) : 91-120 – J. Pinchon (1986), *Morphosyntaxe du français. Étude de cas*, Hachette – J. Pinchon et B. Couté (1981), *Le système verbal du français. Description et applications pédagogiques*, Nathan – M. Plénat (1981), L'« autre conjugaison (ou : De la régularité des verbes irréguliers) », *Cahiers de grammaire*, 3 – P. Swiggers et K. Van den Eynde, éds (1987), *La morphologie du verbe français*, Louvain (ITL. *Review of Applied Linguistics* : 77-78) – Q.I.M. Mok (1990), Französisch : Morphosyntax : Morphosyntaxe, in G. Holtus, M. Metzelin, C. Schmitt (éds) : 112-125.

▶ Les **affixes dérivationnels**, **préfixes** ou **suffixes** selon qu'ils sont antéposés ou postposés, qui ressortissent au lexique. Ils servent en effet à former des mots nouveaux (dits **dérivés**) qui conservent le comportement syntaxique d'un mot simple. Alors que la préfixation change assez rarement la catégorie grammaticale du terme de base, les suffixes opèrent plus souvent le transfert d'une catégorie à une autre : les noms *feuill-age* et *oss-ature*, par exemple, sont dérivés d'une base nominale, mais les adverbes suffixés en *-ment* proviennent généralement d'une forme adjectivale (*lente-ment*).

Bibliographie. — H. A. Gleason (1969) : 50-52 et 79-90 – A. Martinet (1970) : 19-20.

2.3. Le phénomène de l'accord

En français, les affixes flexionnels interviennent également dans l'accord, qui peut se décrire comme une contrainte exercée par un élément sur la forme d'un ou de plusieurs autres éléments du syntagme ou de la phrase où il figure, et parfois même au-delà. Il s'agit du phénomène de transfert d'une ou de plusieurs catégories morphologiques (genre, nombre et personne) associées à une partie du discours (celles du nom et des pronoms) sur d'autres parties du discours telles que le déterminant, l'adjectif, le verbe et certains pronoms. Ce phénomène est un cas particulier de constituants discontinus (**1.2.5.**).

Ainsi dans la phrase :

(1) *Diverses solutions ont été envisagées, mais elles étaient toutes désastreuses.*

le nom *solutions*, tête du groupe nominal sujet, a la propriété inhérente d'être féminin, mais est employé au pluriel. Il détermine l'accord de tous les mots de la phrase, sauf de la conjonction *mais* et du participe passé *été*, qui sont invariables. Le déterminant *diverses*, les adjectifs *toutes* et *désastreuses*, le participe passé *envisagées* et le pronom *elles* portent la marque du féminin (genre) et celle du pluriel (nombre). Les formes verbales conjuguées *ont* et *étaient* portent la marque de la personne (troisième) et du nombre (pluriel). Tous ces mots sont affectés par l'accord en vertu des rapports syntaxiques et sémantiques qu'ils entretiennent directement ou indirectement avec le nom *solutions* ou avec le groupe nominal dont il est le mot-tête.

Fonctionnellement, les marques écrites de l'accord sont largement redondantes par rapport aux indications positionnelles qui se déduisent de la structure syntaxique de la phrase. Leur effacement ne nuirait guère au repérage des rapports de dépendance syntaxique dans la phrase (1) écrite :

(1a) **Divers solutions a été envisagé, mais tout était désastreux*

mais y supprimerait l'indication de la coréférence entre le pronom *tout(es)* et le groupe nominal *diverses solutions*. D'ailleurs, une grande partie des morphèmes grammaticaux impliqués dans les différents mécanismes de l'accord ne se réalisent pas dans la forme orale des énoncés (**I :2.2.**).

Le caractère secondaire de l'accord en français moderne se manifeste par la multiplication des faux accords, souvent de pure proximité, qui contredisent les relations syntactico-sémantiques les plus élémentaires : **Comme le montre tous les exemples,* [...] (copie d'étudiant) – **Ces analyses, l'auteur ne les rejettent pas.* (*id.*) – **Autour d'un buffet campagnard, une dégustation de tous nos vins vous seront proposés* (annonce publicitaire).

Il arrive pourtant que seul l'accord permette de lever l'ambiguïté de séquences linéaires qui admettent plus d'une analyse syntaxique. C'est ainsi que dans le groupe nominal *une robe de tissu écossais(e)*, le genre de l'adjectif épithète fonctionne comme une instruction déterminant son rattachement soit au nom *robe*, soit à son complément *tissu*. Inversement, les groupes prépositionnels n'étant pas accessibles à l'accord, la fonction et l'interprétation du complément *d'Italie* restent ambigües dans *un chapeau de paille d'Italie*.

Quant aux mécanismes même de l'accord, ils se répartissent en trois types, selon leurs dimensions syntagmatiques : à l'intérieur du groupe nominal (**VII : 1.4.**), dans le cadre de la phrase (**IX : 3.**) et au-delà des limites de la phrase (**VII : 5.6.**). L'accord dessine ainsi des trames formelles qui, parcourant les syntagmes, les phrases et parfois les séquences de phrases, soulignent les cohésions syntaxiques, indiquent des rapports sémantiques et participent à la cohésion textuelle (**XXIV :1.2.**).

Bibliographie. — P. Høybye (1944), *L'accord en français moderne*, Copenhague – A. Blinkenberg (1950 ; 2ᵉ édit. 1968), *Le problème de l'accord en français moderne. Essai d'une typologie*, Munksgaard Copenhague.

3. LA MORPHOLOGIE LEXICALE

3.1. Morphologie et lexique

La morphologie lexicale, qui traite traditionnellement de la forme et de la formation des mots en termes de dérivation et de composition, suit deux perspectives complémentaires : diachroniquement (**Intro. : 1.2.4.**), elle recherche l'origine des mots et retrace leur évolution ; synchroniquement, elle décrit les mots tels qu'ils se présentent à une époque donnée dans le système de la langue.

L'économie des mots s'éclaire d'un jour différent selon la perspective adoptée. En particulier, des mots du français moderne qui sont historiquement des mots construits seront néanmoins traités en synchronie comme des mots simples, car le mécanisme qui a assuré leur construction n'est plus perçu ou n'est plus productif. C'est le cas de *biscuit* (« deux fois cuit »), de *bureau* (diminutif formé sur *bure*), de *heureux* (dérivé par suffixation de *heur* signifiant « chance ») et de *aujourd'hui*, lexicalisation du syntagme *au jour d'hui*, etc.

Notre présentation des procédés de formation des mots du français actuel donnera la priorité à une approche essentiellement synchronique du lexique et aux principaux mécanismes structurels qui régissent la « syntaxe interne » et l'interprétation des mots construits.

3.2. Mots complexes et mots construits

Les **mots simples** *table, rapide, lav(er)*, etc. ne relèvent pas de la morphologie lexicale, puisqu'ils correspondent en fait à des morphèmes qui, si l'on fait abstraction d'éventuelles désinences, ne peuvent plus être décomposés en unités significatives plus petites.

Les **mots complexes** sont constitués de deux (ou de plusieurs) mots ou morphèmes : dans le premier cas, il s'agit ou bien de **syntagmes lexicalisés** qui figent une construction syntaxique (*un fil de fer barbelé, un baise-en-ville, les qu'en dira-t-on*, etc.) ou bien de mots formés par composition (*bébé-éprouvette, aide-mémoire*) ; dans le second, de mots formés par **dérivation** (*anticonstitutionnellement, ramassage, démythifier*). Parmi ces mots complexes, seuls les mots composés et les mots dérivés sont d'authentiques **mots construits** (le terme est de D. Corbin, dont les travaux ont considérablement renouvelé les problématiques en morphologie lexicale et dont on s'est largement inspiré dans les sections suivantes), c'est-à-dire des termes certes préconstruits, mais dont la structure morphosémantique est analysable selon des règles propres à la composante lexicale de la langue.

On envisagera successivement les quatre grands types de constructions de mots qui ont en commun de fonctionner sur un modèle compositionnel associant fondamentalement des formes et des contenus, mais aussi des mécanismes sémantiques réguliers qui relient les sens de base aux sens dérivés :

- la dérivation suffixale ;
- la dérivation préfixale ;
- la conversion ;
- la composition.

Ces quatre opérations sont récursives et peuvent se combiner entre elles selon des modalités impossibles à détailler ici. En voici trois exemples particulièrement significatifs :

- *institu -tion (n) -al -is -ation* (quatre suffixations successives si l'on considère les étapes intermédiaires *instituer, institution, institutionnel* et *institutionnaliser*) ;
- suffixation puis conversion : *pétrole*$_N$ > *pétrolier*$_{Adj}$ (*choc pétrolier*) > *pétrolier*$_N$ (un type de navire) ;
- préfixation suivie d'une suffixation : *dé- capit -ation* (le verbe *décapiter* constitue l'étape intermédiaire).

On présentera aussi succinctement d'autres mécanismes traditionnellement rangés au nombre des procédés de création de mots nouveaux. Les uns se ramènent à l'un des quatre procédés compositionnels de base, les autres relèvent de modèles non-compositionnels.

Bibliographie. — D. Corbin (1987), Introduction : la formation des mots, structures et interprétations, *Lexique* – D. Corbin (1991), *Lexique* 10 : 7-30 – W. Zwanenburg (1990), *Französisch : Wortbildungslehre. Formation des mots, in* G. Holtus *et alii* : 72-77 ; French Compounds, *Revista di Linguistica*, 1992.

3.3. La dérivation affixale

3.3.1. *Les mécanismes de l'affixation*

Un **mot dérivé** est formé par l'adjonction d'un ou plusieurs **affixes (préfixes** ou **suffixes**) soudés à un morphème lexical appelé **base** (ou **radical**, bien que ce terme soit souvent réservé aux bases suivies d'une désinence). Les préfixes sont placés avant la base, les suffixes après. La **base** est ce qui reste d'un mot dérivé si on lui enlève tous ses affixes. Elle constitue un morphème lexical qui, tel quel ou assorti des désinences requises, forme un mot dont la nature détermine en retour le statut catégoriel de la base.

Ainsi, dans *fierté*, la base *fier-* est incontestablement adjectivale, puisqu'elle forme directement l'adjectif *fier* (et les formes fléchies *fière, fiers et fières*). *Reniement* a une base verbale **renie-** qui peut directement être conjuguée, ce qui n'est pas le cas du radical adjectival *total-* qui n'acquiert le statut de verbe que s'il est préalablement élargi par le suffixe verbalisateur *is- (er)*. Quant à la base *dans-* de *danseur*, elle est à la fois verbale et nominale, comme en témoignent le verbe *danser* et le nom *danse*. On peut aussi considérer, avec G. Serbat (1988 : 63-72), que la base d'un dérivé n'appartient *a priori* à aucune classe syntaxique précise, mais est porteuse d'une notion syntaxiquement indéterminée qui sera catégorisée directement par l'adjonction de désinences ou indirectement par la suffixation.

Un mot dérivé peut être formé à l'aide d'un seul préfixe (*défaire, re-faire*), d'un seul suffixe (*ramass-age, cultur-el*) ou de la combinaison d'un ou plusieurs préfixes ou suffixes (*anti- constitution(n) -elle -ment*). Ainsi la suffixation peut opérer aussi bien sur des bases simples que sur des bases déjà élargies par préfixation ou par suffixation.

La dérivation par suffixation peut également s'appliquer à des bases qui sont :

- des mots empruntés à d'autres langues : *celer (lat. « rapide ») → *célérité, accélérer, décélérer, accélération* ; *briefing* (angl. « réunion d'information avant une mission ») → *débriefer* (= questionner au retour d'une mission) ;
- des sigles (**3.6.**) : *C.A.P.E.S* → *capessien* ; *S.M.I.C.* → *smicard* ;
- des constructions syntaxiques entières : le *je-m'en-foutisme* ; un *jusqu'au-boutiste*.

Les suffixes servent à former des mots dérivés dont la catégorie grammaticale est généralement différente de celle de leur base employée comme mot simple : ainsi, à partir de l'adjectif *fort*, on forme le verbe *fortifier* (suffixe *-ifi (er)*) ou l'adverbe *fortement* (suffixe *-ment*). De ce fait, c'est le suffixe qui détermine le genre des noms dérivés : les noms suffixés en *-ance* (*vaillance*), *-ise* (*sottise*), *-tion* (*finition*) sont toujours féminins, alors que ceux qui comportent les suffixes *-age* (*nettoyage*) ou *-isme* (*libéralisme*) sont masculins. L'adjonction successive de suffixes peut provoquer autant de changements de catégorie grammaticale par rapport au mot de départ : ainsi, à partir de l'adjectif *blanc*, on forme le verbe *blanchir*, sur lequel on forme les noms *blanchiment, blanchissage, blanchissement, blanchisserie, blanchisseur*. Il n'est pas exclu pour autant que le mot dérivé puisse appartenir à la même classe grammaticale que le mot simple correspondant, comme le nom *maisonnette* par rapport à *maison* ou le verbe *rêvasser* par rapport à *rêver*.

Contrairement à ce qui est souvent affirmé, les préfixes peuvent modifier la catégorie grammaticale du mot dérivé. C'est le cas notamment – à moins d'identifier la désinence de l'infinitif telle qu'elle apparait dans sa forme de citation à un suffixe – des « faux parasynthétiques » tels que *é- têt(e)(-er), em-bastill(e)(-er), dé-capit(-er), dé- courag(e)(-er), a- pauvr(e)(-ir)*, etc., où le préfixe recatégorise la forme dérivée en un verbe sans l'aide d'aucun suffixe.

En revanche, les suffixes sont généralement attachés à une ou plus rarement à deux classes grammaticales de bases, alors que la plupart des préfixes s'adaptent à différentes classes de mots : le suffixe *-(a)tion* s'ajoute à une base verbale pour former des noms (*agitation, observation, finition*, etc.), alors que le préfixe *en- / em-* s'ajoute aussi bien à des bases nominales (*embaumer, encrasser*), adjectivales (*enrichir*) ou verbales (*enfermer, endormir*).

D'autre part, les suffixes ne peuvent jamais s'employer de manière autonome en dehors des mots dérivés (sauf, naturellement, dans un emploi autonymique (**XXII : 1.1.3.**) comme dans la phrase : <u>Re-</u> *est un préfixe*). Les préfixes comme les suffixes, ne sont pas susceptibles d'un emploi autonome : *a-* (*agrandir*), *é-* (*courter*), *dé-* (*déloyal*), etc. Le préfixe *en-* (*encadrer*) est homonyme de la préposition *en*.

Sémantiquement, les préfixes et les suffixes jouent le double rôle de constituant d'une forme construite et d'opérateur constructeur de sens par rapport à la base à laquelle ils s'ajoutent. En effet, en vertu de leur sens codé, ils véhiculent une instruction sémantique qui spécifie le type d'opération sémantique à effectuer sur le sens de la base pour construire le sens global de la forme dérivée. Ainsi, le suffixe *-ier* de *pommier* sélectionne dans le sens de la base de *pomme*, qui dénote un type bien défini de fruit, pour construire celle de l'arbre qui produit ce fruit.

En principe, la dérivation affixale se distingue de la composition par la présence d'au moins un élément qui ne constitue pas une unité lexicale autonome (syntaxiquement et référentiellement) : c'est le cas régulièrement des suffixes *-ation*, *-el*, *-ment*, etc. et des préfixes *re-*, *dé-*, *anti-*, etc. qui ne sont pas autonomes, mais s'emploient exclusivement dans des mots construits. Cependant, le critère de l'autonomie lexicale des constituants ne permet pas toujours de distinguer parfaitement mots dérivés et mots composés. La véritable différence tient à ce que les constituants d'un mot composé ne sont jamais des opérateurs sémantiques, mais contribuent chacun au sens global en fonction des affinités de leurs sens respectifs et en vertu d'une règle générale associée au schéma syntaxique qu'ils forment ensemble. Ainsi, dans le schéma N_1-N_2 interprété comme « référent du type N_1 présentant une caractéristique pragmatiquement reliée à celui de N_2 », on interprétera respectivement *cigarette-filtre*, *talon-aiguille* et *pause-café* comme dénotant les types de référents suivants : cigarette comportant un filtre, talon ayant la forme d'une aiguille et pause pour prendre du café.

Remarques. — 1. Selon les bases auxquelles ils s'ajoutent, les préfixes et les suffixes peuvent prendre plusieurs formes (ils ont des allomorphes, 1.2.2.) et avoir plusieurs significations. Ainsi, le suffixe nominal *-té* de *beauté* peut prendre les formes *-ité* (*vanité*) ou *-été* (*sobriété*). Le préfixe *en-* / *em-*, quant à lui, peut signifier « dans, à l'intérieur de » (*embarquer*), indiquer l'entrée dans l'état exprimé par la base (*embellir, endommager*), marquer l'éloignement (*emmener*), etc.
2. Les préfixes et suffixes habituellement répertoriés ne sont pas tous également productifs en français moderne. Certains, comme *-ons* dans à *reculons* ou *-ure* dans *blessure*, ne sont plus utilisés pour créer des mots nouveaux et ne sont plus vraiment perçus comme des affixes. D'autres, au contraire, sont régulièrement utilisés pour former des mots nouveaux, comme les suffixes nominaux en *-isme* (*gaullisme*) et *-iste* (*écologiste*).

Les bons dictionnaires donnent, dans leur introduction, dans leur nomenclature et dans des tableaux récapitulatifs, non seulement la liste complète des préfixes et des suffixes, mais aussi leurs variantes, leur(s) signifié(s) et la catégorie des bases avec lesquelles ils se combinent, ainsi que des exemples (voir p. ex. D.

Morvan, 1988, dans le *Micro Robert*, V-XIX et L. Guilbert, 1986, dans le *GLLF*, IX-LV). Une grammaire, en revanche, se doit d'envisager, fût-ce succinctement, les modes de fonctionnement de la suffixation et des autres modes compositionnels de formation des mots, c'est-à-dire les règles qui gouvernent la « syntaxe interne » et l'interprétation de ces types de formation.

3.3.2. *La suffixation*

À partir de bases généralement nominales, verbales et adjectivales, la suffixation produit des noms, des verbes, des adjectifs et des adverbes. Un suffixe peut véhiculer une ou plusieurs instructions sémantiques qui sélectionnent un type bien déterminé de base. On donnera de ces fonctionnements en réalité fort complexes un rapide aperçu fondé sur la structure catégorielle des dérivés et sur son interprétation :

- Le schéma $[[-]_N + Suf]_{Adj}$ représente une base nominale dont la suffixation produit une forme adjectivale. C'est typiquement le cas des adjectifs relationnels (**XI : 4.**) qui désignent un certain type de relation avec le référent de la base. Le suffixe *-ier*, par exemple, sert à renvoyer à une relation déterminée pragmatiquement avec le référent de la base (p. ex., *une résidence princière* = où demeure un prince) ou aux caractéristiques non moins pragmatiquement associées aux objets qui vérifient cette relation (p. ex., une *résidence princière* = digne d'un prince = luxueuse).
- Le modèle $[[-]_N + Suf]_V$ produit un verbe d'activité à partir d'un nom qui, dans le schéma actanciel de ce verbe, représente l'agent (*vampire → vampiriser*), l'objet effectué (*momie → momifier*), l'instrument (*marteler*) ou le procès lui-même (*fête → festoyer*).
- La structure $[[-]_{Adj} + Suf]_N$ dérive d'une base adjectivale ce qu'il est convenu d'appeler un nom de propriété (**VI : 3.3** et **XI : 1**). Les suffixes les plus courants sont *-(i)té* (*pauvre → pauvreté*, *avide → avidité*) et *-isme* (*paternel → paternalisme*).
- Le schéma $[[-]_{Adj} + Suf]_V$ décrit la formation de verbes à partir d'une base adjectivale et s'interprète comme le passage à l'état dénoté par la base (*pur → purifier* ; *idéal → idéaliser*).
- La suffixation d'une base verbale pour former un nom selon le schéma $[[-]_V + Suf]_N$ correspond au processus transformationnel

connu sous le nom de **nominalisation**. Les noms ainsi formés peuvent désigner, selon les suffixes employés, le procès proprement dit (orienté vers l'actant sujet : *Les cours s'effondrent → l'effondrement des cours* ; orienté vers l'objet *Luc analyse le problème → l'analyse du problème*), l'agent du procès (*protéger → protecteur* ; *analyser → analyste*), l'instrument du procès (*arroser → arrosoir*), l'endroit où s'effectue le procès (*(se) baigner → baignoire*), etc.

Un certain nombre de suffixes permettent de construire des mots qui appartiennent à la même catégorie que leur base. Ils figurent dans le schéma $[[-]_X]_X$, où la variable X représente la catégorie nominale, verbale ou adjectivale. Cette homogénéité catégorielle a une contrepartie sémantique : ou bien le suffixe opère une recatégorisation simplement évaluative du référent de la base (c'est typiquement le cas de ce qu'on appelle communément les **diminutifs** : *amour → amourette* ; *aigre → aigrelet* ; *neiger → neigeoter* et les **péjoratifs** : *vin → vinasse* ; *rouge → rougeâtre*) ; ou bien il démultiplie le référent de la base pour constituer ce qu'il est convenu d'appeler un **nom collectif** : *olive → oliveraie* ; *feuille → feuillage*.

3.3.3. *La préfixation*

Comme les suffixes, les préfixes opèrent sur une base pour construire une signification nouvelle à partir de diverses relations de repérage (au sens le plus général du terme) avec le référent de la base : repérage spatial (*antichambre, parterre, enterrer*), temporel (*avant-goût, après-demain*), comparatif (*isotherme, hétérosexuel*), quantificateur (*multilingue, unidimensionnel*), etc. Comme celle des suffixes, la combinatoire des préfixes associe des modèles interprétatifs à des structures catégorielles que l'on peut ramener aux six schémas suivants, selon la nature sémantique de la base :

- **[Préf + [–]$_N$]$_N$** : ce schéma sert surtout à définir une entité nominale localisée par rapport à la base elle-même nominale. La localisation peut être temporelle (*préretraite, préavis*) ; de manière plus abstraite, le rapport peut être conçu sur le mode de l'orientation négative ou positive (*prochinois*).

- **[Préf + [–]ₙ]_Adj** : sur une base nominale, le préfixe construit une forme adjectivale à laquelle est associée une propriété qui résulte d'une quantification de la base (*apolitique, aptère*).
- **[Préf + [–]ₙ]_V** : cette structure sert à construire des verbes exprimant des procès dont le schéma actanciel assigne à la base nominale le rôle sémantique de lieu. On en jugera par les paraphrases : *enterrer* (= *mettre en terre*), *démouler* (= *sortir du moule*).
- **[Préf + [–]_Adj]_Adj** : la préfixation opère une quantification (éventuellement comparative ou nulle) de la base adjectivale (*impropre, imbuvable*), ce qui explique que la forme dérivée reste dans le domaine adjectival.
- **[Préf + [–]_Adj]_V** : ces formations verbales expriment toutes, selon le sens du préfixe, l'entrée dans ou la sortie de l'état dénoté par la base adjectivale : *enlaidir, abêtir, dénazifier*, etc.
- **[Préf + [–]_V]_V** : les verbes issus de la préfixation d'un autre verbe s'ouvrent à deux grands types d'interprétations : ou bien ils situent le procès dénoté par la base par rapport à un repère temporel (*prévoir*), ou bien ils apportent une précision aspectuelle au verbe de base (*endormir, défaire, refaire, redéfaire, parachever*).

Remarque. — **La formation parasynthétique**, définie par Darmesteter, constitue selon lui un cas particulier d'affixation où le dérivé est obtenu par l'adjonction simultanée à un radical d'un préfixe et d'un suffixe. Ainsi le verbe *dératiser* serait construit par l'antéposition du préfixe *dé-* et la postposition du suffixe verbal *-is-* au nom *rat*. De même, le nom *encolure* est formé par l'adjonction simultanée du préfixe *en-* et du suffixe nominal *-ure* au nom simple *col*. En effet, à côté d'*encolure*, **encol* et **colure* n'existent pas, non plus que les dérivés **dérat* et **ratiser* par rapport à *dératiser*. Mais l'immense majorité des formes citées comme exemples de formations parasynthétiques n'en sont pas, pour la bonne et simple raison que si elles sont effectivement préfixées, elles ne comportent pas de suffixe, mais une désinence verbale (en général, le morphème de l'infinitif, forme de citation traditionnelle des verbes et qui commute avec les autres désinences du verbe) : *affoler, émincer, prolonger ; amerrir, aplatir, anéantir, embellir, refroidir* (et, sur une base élargie en *-c : éclaircir, raccourcir*), etc. sont des bases nominales ou adjectivales élargies par un préfixe recatégorisateur qui en fait simplement des verbes. Donc, à part des formations historiques comme *encolure* qu'on peut considérer comme parasynthétiques, les formations du type *embarquer* représentent un cas de préfixation accompagné d'un changement de classe grammaticale.

Bibliographie. — G. Serbat (1997), Aperçu d'une analyse syntaxique des préverbes, *Mélanges R. Kocourek*, Dalhousie Univ., Halifax, Canada : 365-371.

3.4. La conversion

La conversion (également appelée **transfert, transposition, translation** et même **dérivation impropre**) est une opération unaire qui, comme la négation en logique, n'affecte qu'un seul terme. En fait, un terme change de catégorie grammaticale (et donc de sens) sans changer de forme. Dans *le rouge de la colère*, le nom *rouge* est obtenu par simple recatégorisation grammaticale de l'adjectif *rouge*, par opposition à *la rougeur des joues*, où le nom *rougeur* est créé par la suffixation du même adjectif. Sémantiquement, la conversion n'est pas fondamentalement différente de la suffixation et de la préfixation, puisqu'elle permet en gros d'effectuer les mêmes types de construction de sens nouveaux : passage du nom dénotateur de l'objet (*l'orange*) à la propriété typique (l'adjectif *orange*), cette sélection pouvant extraire de la base diverses caractéristiques (p. ex. *un administratif, un scientifique*, etc.) ; conversion de la forme adjectivale en un nom de propriété (*gris / Le gris lui va bien*), formation de verbes dont les bases, si elles sont nominales, représentent différents rôles sémantiques (*singer*, c'est adopter un comportement typique du singe, *buriner*, c'est effectuer un travail où le burin sert d'instrument, etc.) et qui, si elles sontadjectivales, dénotent l'état dans lequel rentre le sujet (*grand* → *grandir* ; *blanc* → *blanchir*).

La conversion affecte toutes les classes grammaticales, mais les transferts les plus nombreux enrichissent surtout trois catégories (les exemples sont ici classés selon la catégorie obtenue ; pour plus de détails, voir les catégories concernées) :

- **noms** provenant :
  - d'adjectifs : *le vrai, le rouge, une blonde, un rapide*
  - de pronoms : *le moi, le ça* (d'après all. *das Es*), *un rien*
  - de verbes (à l'infinitif ou au participe) : *le boire, le manger, un militant, les assiégés*
  - de prépositions : *les avants, un contre*
  - d'adverbes : *les pourquoi et les comment, le dessus (du panier), le dessous (des cartes)*

- de conjonctions : *des si, des mais*

- **adjectifs** provenant :
  - de noms : *une veste marron, un côté province*
  - d'adverbes : *un homme bien*

- **adverbes** provenant :
  - d'adjectifs : *parler fort, chanter faux*
  - de prépositions, par effacement du groupe nominal introduit (**VIII : 4.2.** et **XIII : 4.4.**) : *Je viens avec* (régionalisme), *je suis pour.*

Remarque. — La **dérivation dite régressive** (ou inverse) se définit traditionnellement comme la soustraction de la désinence d'un mot. Dans l'histoire du français, de nombreux noms ont été créés à partir de verbes. Ces noms postverbaux sont masculins ou féminins (ils se terminent alors par un -*e*) : *accord(er), cout(er), galop(er), refus(er), soupir(er)* ; *adresse (adresser), attaque (attaquer), visite (visiter)*. Dans une perspective purement synchronique, on ne peut pas savoir, sans recours à l'histoire, si un couple verbe-nom est obtenu à partir du nom ou du verbe. D'autant que le nom et le verbe présentent en fait la même base (p. ex. *galop*) puisque le -*er* de la forme verbale est une désinence catégorielle au même titre que -*ons*, -*ait*, et surtout le -*s* du pluriel de *galops* ! Il y a donc simplement conversion, quelle que soit l'orientation du processus.

Bibliographie. — F. Kerleroux (1996), *La coupure invisible. Études de syntaxe et de morphologie*, Presses Univ. du Septentrion.

3.5. La composition

On oppose traditionnellement la composition à la dérivation. En principe, tous les éléments entrant dans la formation d'un mot composé sont des unités lexicales autonomes par ailleurs. Ainsi, les éléments de *timbre-poste* peuvent s'employer séparément comme des noms dans une phrase ; ceux de *petit-beurre* respectivement, le premier comme adjectif et le second comme nom. Dans l'idéal, les éléments constituant un mot composé sont donc eux-mêmes des mots de la langue, possédant leur autonomie syntaxique et appartenant à une catégorie grammaticale déterminée.

La délimitation traditionnelle des mots composés pose deux problèmes opposés. En premier lieu, les composés dits **savants** (comme *polymorphe*) partagent certaines propriétés avec les dérivés affixaux : leurs éléments n'ont pas l'autonomie du mot. À un autre niveau, il convient de distinguer un mot composé d'un simple groupe de mots : *chaise longue* est un mot composé, mais non *chaise confortable*. On touche ici à la limite supérieure de la notion de mot (**1.1.**).

3.5.1. *Les mécanismes de la composition lexicale*

La composition proprement dite regroupe tous les mots composés dont les éléments sont des mots français qui ont une existence autonome par ailleurs : *portefeuille, porte-monnaie, chaise longue*, etc. Les éléments réunis dans un mot composé forment une unité de sens nouvelle, dont la signification dépasse celle de ses éléments pris isolément : une *chaise longue* n'est pas littéralement une « chaise qui est longue » mais, globalement, un « fauteuil pliable destiné au repos en position allongée ». Les rapports sémantiques entre les éléments d'un mot composé sont variés : il existe, entre deux éléments nominaux, des rapports attributifs comme dans *député-maire* (« le député est maire ») ou des rapports de détermination comme dans *pomme de terre*. Quand le premier élément est un verbe, le nom qui le suit peut avoir le statut de complément d'objet comme dans *chasse-neige* ou *brise-glace*. En fait, c'est la structure interne du mot composé qui permet en partie d'analyser son sens.

L'interprétation des mots composés français dépend d'abord de la nature (catégorielle et sémantique) des constituants et de leur ordre qui, dans les formes non savantes, place l'élément recteur (déterminé, dans une autre terminologie) avant l'élément régi (déterminant). On présentera, à simple titre d'exemples, deux schémas particulièrement représentatifs :

• $N_1 - N_2$ qui construit un nom composé hyponyme (**XXI : 2.4.**) de N_1 grâce au(x) trait(s) spécifiques introduits par N_2 : une *cigarette-filtre* est une cigarette qui a un filtre, alors qu'un *bébé-éprouvette* est un bébé qui a été conçu dans une éprouvette et qu'un *timbre-poste* est un timbre qui entretient une relation pragmatiquement déterminée avec la poste. Même dans les composés conjonctifs (ou « par coordination »), le premier des constituants reçoit une interprétation hyponymique. Ainsi une *moissonneuse-batteuse-lieuse* sera considérée comme un type spécial de moissonneuse et non pas de lieuse.

• **V – N** qui produit ou bien des noms d'agent (celui qui fait l'action dénotée par la structure verbe-complément) : *porte-drapeau, garde-barrière*, etc. ; ou bien des noms d'instrument (l'objet qui permet de réaliser l'action du type V – N) : *garde-manger, chauffe-plat*, etc. L'interprétation qui renvoie au procès même ne semble plus guère productive (on cite généralement *lèche-vitrine* (*faire du –*), à quoi on pourrait ajouter le terme familier *casse-pipe* (*aller au –*).

Voici une liste des principales structures de composition en français contemporain :

NATURE DES ÉLÉMENTS	EXEMPLES
Les noms composés	
Nom + nom	*chou-fleur, timbre-poste*
Nom + prép. + nom	*chemin de fer, salle à manger*
Nom + adjectif	*coffre-fort*
Adjectif + nom	*rond-point*
Verbe + nom	*brise-glace*
Verbe + verbe	*cache-cache, savoir-faire*
Préposition + nom	*avant-bras, après-ski*
Adjectifs composés	
Adjectif + adjectif	*aigre-doux*
Adverbe + adjectif	*clairvoyant* (le premier adjectif joue le rôle d'un adverbe)
Adverbe + participe	*malentendant, bien-pensant*
Verbes composés	
Verbe + nom seul avec article	*faire peur, donner raison* *prendre la fuite*
Pronom + verbe	*s'en aller, s'y mettre*

Adverbes, prépositions et conjonctions composés	
Adverbes	
Préposition + adverbe	*d'ailleurs*
Préposition + adjectif	*en vain, à droite*
Préposition + nom	*enfin, à l'entour, au-dessous*
Prépositions	
Préposition + préposition	*par-devant*
Nom + préposition	*grâce à*
Préposition + nom + préposition	*à cause, au-dessus de*
Conjonctions de subordination	
Préposition suivie de *que*	*après que, pour que, dès que*
Adverbe suivi de *que*	*bien que*

Comme la dérivation, la composition n'est plus perçue dans de nombreux mots considérés aujourd'hui comme des termes simples : *jamais, cependant, lieutenant, colporter* (« *porter à col* »), *maintenir, saupoudrer* (« poudrer de sel »), etc. Mais c'est la distinction entre la composition et la libre construction en discours qui pose les problèmes les plus délicats.

L'**orthographe des mots composés** ne saurait suffire pour les identifier comme tels. Trois cas se rencontrent :

- Il y a soudure graphique des constituants : *portefeuille, clairvoyant, saupoudrer*, etc. Les composés soudés tendent à être perçus comme des mots simples, surtout quand la soudure modifie la prononciation comme dans *vinaigre*.
- Les éléments sont liés par un trait d'union : *chef-lieu, sourd-muet*, etc.
- Les éléments sont séparés par un blanc graphique : *eau de vie, garde champêtre, à cause de, afin que*, etc.

La soudure graphique et le trait d'union sont de bons indices formels de la composition. Mais leur présence n'est pas régulière, même dans des séries apparemment régulières comme *contresens, faux sens, non-sens*. Les *Rectifications* de 1990 proposent un certain nombre d'aménagements, dans le sens d'une plus grande régularité (Voir **III : 5.** et **IV : 5.2.**).

3.5.2. *La composition savante*

La plupart des termes scientifiques ou techniques du français sont formés d'éléments savants grecs et latins. On parle dans ce cas de **composition savante**, d'**interfixation** ou de **recomposition**. Les composés savants sont formés par la réunion de bases grecques ou latines, qui ne constituent généralement pas des unités lexicales autonomes (sauf en cas d'abréviation, comme pour *auto* ou *télé*) : les éléments *dory –* et *– phore* de *doryphore* ne se rencontrent que dans des composés savants comme *doryanthe* et *phosphore*. Cependant, certains composés savants peuvent comporter un élément qui appartient au vocabulaire courant : par exemple, *culture* dans *agriculture*, *vision* dans *télévision*, etc. Mais l'originalité de la composition savante tient à l'utilisation quasi exclusive d'éléments empruntés directement au latin et surtout au grec et à une formation qui respecte à peu près les règles de la composition dans ces deux langues.

Certains composés savants sont empruntés en bloc au latin ou au grec : *aqueduc* (← *aquaeductus*), *amphibie* (← *amphibios*) ; des composés grecs ont pu être introduits en français par l'intermédiaire du latin, comme *philosophie* (← *philosophia*). Mais la plupart des composés ont été forgés en français ; cependant, la voyelle de transition *-o-* relie en principe deux éléments de composition grecs (*baromètre*) et la voyelle *-i-* deux éléments latins (*digitigrade*). Ces formations comportent le plus souvent des éléments de même origine :

- composés grecs : *anthropologie, thalassothérapie, cryptogame, démocratie, hippologie, hydrogène, polymorphisme, topographie*, etc. ;
- composés latins : *apiculture, multicolore, homicide, ignifuge, calorifère, viticole*, etc.

Parfois même, deux composés synonymes proviennent l'un du latin, l'autre du grec, comme *juxtaposition* et *parataxe*. Mais il existe aussi des **composés hybrides**, formés d'un élément latin et d'un élément grec, comme *génocide* (*géno* –, du grec *genos* « race » + *-cide*, du latin *caedere*, « tuer »). Dans l'ensemble, les éléments grecs sont plus nombreux que les éléments latins.

Certains éléments ne connaissent qu'une position dans les composés, initiale (*acro-* dans *acrobate, acrostiche*) ou finale (*-mane* dans *mythomane, mégalomane*), alors que beaucoup peuvent, selon le mot, occuper les deux positions, moyennant une adaptation graphique ou phonique comme *lingu(i)*, du latin *lingua*, « langue » (*linguiforme, bilingue*), *graph(o)*, du grec *graphein*, « écrire », (*graphologie, orthographe*), *phil(o)*, du grec *philos*, « ami » (*philanthrope, bibliophile*).

La composition savante peut être associée à la dérivation affixale. Ainsi, beaucoup de noms savants fonctionnent comme des bases pourvues du suffixe nominal *-ie* comme élément final : *agronomie, colombophilie, démocratie, radioscopie, télépathie*. Par ailleurs, certains éléments savants, par leur productivité et leurs combinaisons, tendent à se comporter comme des préfixes : *anti-* (*antidote, antigel, antichar*), *arch(i)-* (*archiduc, archifou*), *hypo-* (*hypotension, hypodermique*), etc.

Plus que la dérivation, la composition savante sert à créer des mots scientifiques nouveaux. Certains termes disparaissent de l'usage, en particulier quand ils sont liés à une mode par définition éphémère, comme *copocléphile* (« collectionneur de porte-clés ») apparu au début des années 1960. Le vocabulaire scientifique et technique français est essentiellement constitué de composés savants, alors que d'autres langues, comme l'allemand, forment leurs composés à partir d'éléments existants de la langue, et non par emprunts aux langues anciennes. Il s'ensuit une certaine difficulté d'interprétation de ces composés savants français, surtout quand ils combinent plus de deux éléments, comme dans les termes pharmaceutiques (*acide acétylsalicylique, parahydroxybenzoate de méthyle sodé*). Le lecteur se reportera aux dictionnaires de langue pour la liste détaillée des éléments latins et grecs utilisés dans la composition savante.

Remarque. — On peut rapprocher de la composition savante la formation des **mots-valises**, qui consiste à faire de deux mots dont on a respectivement tronqué la fin et le début une unité, articulée de préférence autour d'un pivot phonétique commun : *franglais* (Etiemble) = *français* + *anglais*; *goncourtiser* (Céline) = Goncourt + courtiser ; *baratartiner* (Montherlant) = *baratin(er)* + *tartine*; *stagflation* = *stagnation* + *inflation*; *foultitude* = *foule* + *multitude*, *sorbonagre* (Rabelais) = Sorbonne + onagre (variété d'âne), *bancassurance*, etc.

Bibliographie. — A. Darmesteter (1890), *Traité de la formation des mots composés dans la langue française comparée aux autres langues romanes*, Champion – A. Grésillon (1983), Mi-fugue, mi-raison. Dévaliser les mots-valises, *DRLAV*, 29 : 83-107 – D. Corbin (1992), Hypothèses sur les frontières de la composition nominale, *Cahiers de grammaire*, 17 – G. Gross (1996) – B. Fradin (2003).

3.6. Sigles et abréviations

Le français utilise largement deux autres procédés, qui contribuent à l'extension du vocabulaire, limitent l'emploi de mots longs et économisent ainsi la dépense articulatoire et mémorielle.

▶ **L'abréviation** constitue une réduction du signifiant d'un mot, le signifié restant en principe inchangé. Elle donne lieu à la troncation des mots longs (plus de trois syllabes), le plus souvent par retranchement d'une ou plusieurs syllabes finales ; deux ou trois syllabes sont conservées, parfois une seule : *bac(calauréat)*, *(ca)pitaine*. Cependant, le découpage syllabique n'est pas toujours respecté : *manif(estation), fac(ulté), prof(esseur), perm(ission)* se terminent par la consonne initiale de la deuxième syllabe du mot entier. Dans les composés savants, ce peut être le premier élément, comme *télé(vision)*, mais le découpage n'est pas toujours exact (*météo* pour *météoro-logie*).

Les abréviations affectent souvent des composés savants particulièrement fréquents, ou des termes du parler scolaire ou militaire : *cinéma / ciné* pour *cinématographe, photo* pour *photographie, stylo* pour *stylographe, pneu* pour *pneumatique, vélo* pour *vélocipède, auto* pour *automobile, bac* pour *baccalauréat*, etc. Le terme abrégé peut d'abord être considéré comme familier (*télé, prof*), puis il éclipse, dans le langage courant, le terme complet, qui est alors recherché ou vieilli (c*inéma* ou *ciné* pour *cinématographe*). La réduction de la partie initiale du mot est plus rare : *bus* pour *autobus* où le composant *bus* lui-même constitue la réduction du mot latin *omnibus* devenu un substantif français (*un omnibus*), *car* pour *autocar*,...

Remarques. — 1. L'abréviation d'une unité lexicale constitue un cas particulier de **réduction** qui affecte aussi les groupes de mots : *le chemin de fer métropolitain* est devenu *le métropolitain*, par réduction du groupe nominal à l'adjectif substantivé représentant l'ensemble ; dans une seconde étape, *métropolitain* a été réduit à *métro*, par suppression des syllabes finales. Il en a été de même pour *voiture omnibus*, réduit à *omnibus* (nom masculin), lui-même réduit à *bus*.
2. Comme de nombreux noms abrégés se terminent normalement par la voyelle *-o* (*mélo, expo, labo, photo, vélo*, etc.), celle-ci est perçue comme un suffixe, utilisé à la finale de mots tronqués comme *apéro* (pour *apéritif*), *mécano* (*mécanicien*), *prolo* (*prolétaire*), *hosto* (pour *hôpital*, avec réfection savante du radical). On connaît le slogan *métro, boulot, dodo*, résumant la vie des banlieusards parisiens. L'homophonie avec le suffixe nominal *-ot (cheminot, culot)*, présent dans les mots populaires (*boulot, bécot, frérot*), donne à ces termes en *-o* une coloration plus ou moins familière. On rencontre sporadiquement d'autres pseudo-suffixes (suffixes vides ou « pour l'œil » qui se greffent sur des formes tronquées : *polar* (= roman policier), *cinoche* (à partir de *ciné*), *juteux* (pour *adjudant*), etc.

Les abréviations peuvent servir à leur tour de base pour la formation de nouveaux mots : sur *métro* sont formés *métrolor, métralsace* (trains réguliers et fréquents circulant en Lorraine et en Alsace) ; *bus* est l'élément final dans *autobus, trolleybus, abribus, bibliobus* (voire *Airbus*) ; *auto* a servi d'élément initial (plus rarement final : *lavauto*) à de nombreux mots nouveaux : *auto-école, autoradio, autoroute, auto-stop (peur)*, etc.

Remarque. — La langue écrite emploie régulièrement certaines abréviations, qui réduisent un mot à une ou plusieurs lettres : *M.* pour *Monsieur, Mgr* pour *Monseigneur,...* Des ouvrages spécialisés comme les dictionnaires (et certaines grammaires) comportent des listes d'abréviations assez longues, dont certaines sont d'usage courant : *c-à-d., ex., pp., cf., qqch = quelque chose, qqn = quelqu'un.* Chaque scripteur adulte possède ses propres abréviations pour la prise de notes rapides. Il ne s'agit pas ici de créations de mots, mais de commodités d'impression ou d'écriture.

▶ **Les sigles** sont des unités formées par la suite des lettres initiales de mots composés. À l'écrit, ils se reconnaissent à l'emploi des lettres capitales, éventuellement séparées par des points. Leur importance dans la langue contemporaine va croissant. Ils désignent des organisations administratives (M.E.N., DATA.R.), politiques (P.C., P.S., U.M.P.), syndicales (C.G.T., C.F.D.T., F.O., F.E.N., F.S.U.), étatiques (C.E.I, U.SA.), ou internationales (O.N.U., O.T.A.N., U.N.E.S.C.O.). Chaque domaine d'activité possède ses sigles qui, comme les termes d'argot de métiers, constituent un vocabulaire compris par les seuls initiés (Combien d'usagers de la poste savent que CEDEX est l'abréviation de *courrier d'entreprise à distribution exceptionnelle ?*). Ainsi, les étudiants français connaissent les B.T.S. et autres D.U.T., sans parler des C.A.P.E.S., C.A.P.E.T. et C.A.P.E.P.S. Le sigle devient acronyme lorsqu'il combine la première syllabe ou les premières lettres de chacun des termes de la formation abrégée : les *TraLiLi* sont les *Travaux de Linguistique et de Littérature*, devenus depuis 1988 les *TraLiPhi (Phi = Philologie).*

On épelle certains sigles, dont chaque lettre se prononce comme dans la récitation de l'alphabet : *P.C.* se dit [pese]. Mais beaucoup de sigles dits **acronymes** se prononcent comme des mots ordinaires, quand la répartition des consonnes et des voyelles permet l'articulation des phonèmes et leur regroupement en syllabes : *O.T.A.N.* se prononce [otã]. On recherche de plus en plus des sigles directement prononçables, dont le signifiant est parfois homonyme d'un mot existant : ainsi, le *C.I.E.L.* est le *Centre International d'Etude des Langues*.

Certains sigles sont devenus des mots véritables, comme les anglais *Radar (Radio detecting and ranging)* et *Laser (Light Amplification by Stimulated Emission of Radiations)*. L'usage des capitales devient alors inutile. Les sigles totalement entrés dans l'usage servent de base à la formation de mots dérivés par suffixation : *cégétiste* (C.G.T.), *cédétiste* (C.F.D.T.), *énarque* (E.N.A.), *capésien, capésienne* (C.A.P.E.S.), *smicard* (S.M.I.C.). Sur ce modèle, R. Queneau a créé *ératépiste* (R.A.T.P.).

Bibliographie. — J. Dubois (1962), *Etude sur la dérivation suffixale en français moderne et contemporain*, Larousse – H. Mitterand (1963), *Les mots français*, PUF, Que sais-je ?, 1$_{re}$ éd. – R. L. Wagner (1967 et 1970), *Les Vocabulaires français*, Didier, 2 vol. – (Consulter également les revues spécialisées : *Cahiers de lexicologie, Lexique*, etc.) – A. Rey (1970), *La lexicologie, Lectures*. Klincksieck – L. Guilbert (1975), *La créativité lexicale*, Larousse ; voir aussi « De la formation des unités lexicales », GLLF, vol. 1 : IX-LXXXI – J. Picoche (1977), *Précis de lexicologie française*, Nathan – L.-J. Calvet (1980), *Les sigles*, PUF – F. Melka Teichrow (1989), *Les notions de réception et de production dans le domaine lexical et sémantique*, Berne, P. Lang – D. Corbin (1991), *Morphologie dérivationnelle et structuration du lexique*, 2$_e$ éd., Villeneuve d'Ascq, Presses Univ. de Lille – A. Lehmann et F. Martin Berthet (1998), *Introduction à la lexicologie. Sémantique et morphologie*, Dunod – B. Fradin (2003).

Chapitre XXI
SÉMANTIQUE LEXICALE ET GRAMMATICALE

1. LES SIGNES LINGUISTIQUES

1.1. Signes, signifiants, signifiés et référents

1.1.1. *Le signe, forme signifiante : l'association signifiant / signifié*

Dans l'usage quotidien, le mot *signe* désigne toute forme matérielle porteuse d'une signification. On dira, par exemple, qu'un drapeau en berne est le *signe* d'un deuil national. L'inconvénient lié à cet usage est qu'on ne dispose plus du terme *signe* pour désigner la totalité constituée par une forme matérielle et ce qu'elle évoque. C'est pourquoi, à la suite de F. de Saussure (1916 : 97-100), les linguistes et les sémiologues distinguent :

• le signifiant, forme matérielle qui évoque un contenu sémantique : p. ex. un feu rouge ou la séquence graphique *quand* ;
• le signifié ou contenu sémantique évoqué par une forme matérielle : p. ex. la notion d'« arrêt » ou de « rapport de simultanéité entre deux faits » ;
• le signe, qui est la forme signifiante constituée par l'association d'un signifiant et d'un signifié : le feu rouge et le mot *quand* sont des signes parce que ce sont des formes conventionnellement dotées d'une signification. En effet, une forme perceptible ne constitue un signifiant que si elle renvoie à un signifié ; inversement, un concept n'acquiert le statut de signifié linguistique que si une langue le dote d'un signifiant. Le signifiant et le signifié d'un signe s'impliquent donc réciproquement, à telle enseigne qu'il est impos-

sible de définir l'un sans évoquer l'autre. Saussure a illustré cette relation indissociable par la célèbre image de la feuille de papier dont « on ne peut découper le recto sans découper en même temps le verso ».

1.1.2. *Le signe et ce qu'il désigne : les référents*

Le signifié d'un mot est une réalité conceptuelle que les dictionnaires et les locuteurs décrivent en produisant une **définition** sous la forme d'une combinaison de signes qui reconstruit analytiquement ce signifié (**paraphrase définitoire, Intro : 3.5.3.**). Comme tel, un signifié est distinct des éléments de la réalité (êtres, objets, propriétés, processus, etc.) qu'il est susceptible de désigner et qui constituent ses référents. Cette différence est souvent illustrée sur le mode plaisant : ce qui miaule, ce n'est ni le signe *chat* ni son signifié, mais l'animal désigné par le signe (c'est-à-dire son référent) ; on ne marche pas dans le signifié de tel gros mot de cinq lettres, mais... dans son référent ! La nécessité de cette distinction est également confirmée par le phénomène de la dénomination multiple (à ne pas confondre avec la synonymie, voir **2.3.**) où des expressions de sens différent (p. ex. *l'auteur de la Guerre des Gaules*, *le vainqueur de Vercingétorix* et *le père adoptif de Brutus*) désignent le même référent (en l'occurrence, le personnage historique plus communément connu sous le nom de *Jules César*). En dernière analyse, si les signes désignent, c'est parce qu'à chacun de leurs emplois le locuteur juge que ce qu'ils désignent (leur référent) vérifie suffisamment l'ensemble de propriétés distinctives qui constituent leur signifié. C'est ce qui a permis d'assimiler le signifié d'un signe linguistique à ce qu'il est convenu d'appeler sa référence virtuelle (**XXII : 1.**).

1.1.3. *Le signe qui s'autodésigne : l'emploi autonymique*

La fonction métalinguistique du langage (**Intro : 1.1.**) permet d'utiliser les signes et les séquences de signes pour se désigner eux-mêmes (et non pas pour renvoyer à leur signifié conventionnel). Dans cet usage dit **autonymique**, où ils sont **mentionnés** en tant que tels, les mots et les expressions ont une interprétation, des propriétés syntaxiques et même des caractéristiques graphiques particulières.

Ainsi, les mots *fille* et *charmante* (mentionnés dans la présente phrase) n'ont pas le même comportement dans les phrases :
(1) *La fille de la concierge est charmante.*
(2) *Fille est un substantif et charmante un adjectif.*
(3) *Charmante est plus long que fille.*

En usage autonymique dans (2-3), le substantif sujet *fille* est dépourvu de déterminant et l'adjectif *charmante* fonctionne comme nom sujet. Les deux termes admettent l'antéposition des expressions *le mot, le terme, le substantif* (ou *l'adjectif*), ce qui explique qu'ils soient obligatoirement du genre masculin au regard de l'accord. Ces propriétés sont incompatibles avec l'usage référentiel ordinaire des deux mots. Enfin le test de la paraphrase montre que, dans (1), *fille* et *charmante* dénotent respectivement un être humain de sexe féminin et une propriété, alors que dans (2-3) les mêmes mots dénotent... les mots *fille* et *charmante*, c'est-à-dire eux-mêmes.

Parmi les **usages** autonymiques, on distingue ceux qui relèvent :

- d'un **usage** proprement **métalinguistique**, où les autonymes désignent des unités de la langue (cf. (2-3) ci-dessus) ;
- d'un **usage métadiscursif**, où les autonymes désignent des segments d'un discours ; p. ex. *Ses perpétuels « au niveau de » m'exaspèrent*, où *au niveau de* désigne un tic langagier. Le cas limite est celui de la **connotation autonymique**, où le locuteur emploie une expression tout en signalant qu'il ne la prend pas à son compte : *Ce « génie de la publicité » n'arrive même pas à faire vendre son livre.*

Bibliographie. — R. Jakobson (1963) : 213-214 – J. Lyons (1978) : 12-16 – J. Rey-Debove (1978 ; 2ᵉ édit. 1997), *Le métalangage*, Le Robert – C. Kerbrat-Orecchioni (1980) : 11-28.

1.2. La nature des signes linguistiques : arbitraire et motivation

Les signes proprement linguistiques (mots, mais aussi préfixes, suffixes, désinences, groupes de mots, etc.) peuvent être dits **arbitraires** (ou **non motivés**), puisque l'implication réciproque entre leurs deux faces n'est pas fondée sur une correspondance naturelle entre la forme du signifiant et les traits définitoires du signifié. Un argument souvent avancé est que, d'une langue à l'autre, la même réalité notionnelle (p. ex. le concept de « chien ») est souvent exprimée par des formes lexicales totalement différentes (p. ex. *chien, dog, Hund, perro, caô,* etc.).

Les formes onomatopéiques ont souvent été invoquées (notamment par Socrate contre Hermogène dans le *Cratyle*) en faveur de l'existence d'un lien naturel entre la forme des signes et ce qu'ils signifient. Or ces productions imitatives (*le tic-tac de la montre, le miaou du chat,* etc.) apparaissent elles-mêmes fortement conventionalisées et reconstituées à travers le filtre phonologique propre à chaque langue. La preuve en est que si l'on s'en tenait aux seules formes linguistiques, les coqs français, allemands, hollandais, anglais et japonais feraient respectivement *cocorico, kikiriki, kukelelu, cock-a-doodle-doo* et *kokékokko.*

Faute de motivation, la relation signifiant-signifié s'impose aux usagers d'une même langue comme une convention tacite qui s'apprend et dont le locuteur ordinaire n'a généralement pas conscience.

Une **motivation secondaire** s'observe toutefois dans les formes complexes ou construites combinant des signes élémentaires immotivés. Contrairement à *cent,* la forme composée *quatre-vingt-dix-neuf* s'interprète analytiquement comme le résultat de la multiplication de *vingt* par *quatre* auquel s'additionne la somme de *dix* et de *neuf.* Il suffit de connaître le sens du verbe *contester* et des affixes *in-* (« négation »), *-able* (« possibilité » + « passif ») et *-ment* (« d'une manière ») ainsi que la combinatoire des morphèmes à l'intérieur des mots construits pour reconstituer le sens compositionnel, donc morphologiquement motivé, de l'adverbe *incontestablement* (« d'une manière qui ne peut pas être contestée »). Ces deux exemples montrent que la morphologie est le domaine par excellence de la motivation secondaire, également dite **partielle** ou **relative**.

Remarque. — Une langue étant un système symbolique, il est pragmatiquement invraisemblable – ne serait-ce que pour la commodité de l'encodage et du décodage – que les plans de l'expression et du contenu y soient totalement hétéromorphes, c.à.d. ne présentent pas un minimum de correspondance structurelle. Conformément à ce principe dit « **d'iconicité** », la structure syntaxique sujet-verbe-complément d'objet s'interprète comme l'expression canonique d'un procès relationnel entre deux actants (**VI : 3.3.2.**). R.W. Langacker (1987) défend une version radicale de ce principe.

Bibliographie. — F. de Saussure (1916) : 99-103 – S. Ullmann (1959) : 19-24 – E. Benveniste (1966) : 49-55 – J. Lyons (1970) : 54 – A. Martinet (1970) : 7-8 ; 16-17 ; 22-24 ; 158-161 – R. W. Langacker (1987), *Foundations of Cognitive Grammar*, Stanford Univ. Press – *Faits de langues*, 1 (1993), « Motivation et iconicité ».

2. LES RELATIONS DE SENS DANS LE LEXIQUE

2.1. La structuration sémantique du lexique

Dans les langues comme le français, où le mot constitue incontestablement le signe de base (**XX : 1.1.**), la morphologie lexicale se double d'une branche proprement sémantique qui définit et classe les mots en vertu de leur sens. La structuration sémantique du lexique s'opère sur une triple base :

• la délimitation et éventuellement la distinction des différentes significations attachées à un mot (**définition, monosémie** ou **polysémie**) ;
• les relations paradigmatiques d'identité, d'opposition et d'implication sémantiques que les mots entretiennent entre eux (**synonymie, homonymie, hyponymie, antonymie**, etc.) ;
• l'analyse de l'information sémantique véhiculée par les mots, qui est généralement décrite comme une combinaison de **sèmes** ou **traits sémantiques**, éléments de contenu à valeur distinctive et qui marquent souvent des oppositions binaires : *car* et *(auto) bus* partagent les traits [moyen de locomotion], [collectif] et [grande dimension], mais s'opposent par les traits [milieu rural] / [milieu urbain].

L'analyse componentielle systématise ce traitement en associant à chaque unité lexicale une formule originale faite d'une conjonction de traits sémantiques. Sur le modèle de la définition lexicographique selon le genre prochain et les différences spécifiques, on distingue :

- les **traits génériques** (ou **classèmes**), qui regroupent plusieurs mots en une classe d'ordre supérieur, souvent mais pas nécessairement dénommée par un terme générique : p. ex. [*animal*] pour *veau, vache, cochon*, etc. ;
- les **traits spécifiques**, qui distinguent des termes partageant un même ensemble de traits et éventuellement la même dénomination générique (p. ex. [domestique] pour *chien* et *chat*).

Bibliographie. — B. Pottier (1964) – F. Rastier (1987).

2.2. Monosémie, polysémie et homonymie

De règle dans les vocabulaires spécialisés, **la monosémie** représente plutôt l'exception dans le vocabulaire courant. Rares y sont en effet les mots comme *troc* ou *oursin* qui, à l'instar des termes scientifiques, techniques ou professionnels (p. ex. *alcaloïde, épicentre, trusquin*, etc.), ont un sens univoque et stable dans tous leurs emplois.

Au sens large du terme, une unité lexicale est **polysémique** si elle a plus d'une signification (donc, si à un même signifiant correspondent plusieurs signifiés). Telle quelle, la notion pose d'emblée le problème de la délimitation et de la proximité des sens, qui dépend essentiellement des théories du sens, du degré d'abstraction de l'analyse et de la finesse des distinctions qu'elle opère entre les diverses « acceptions » d'un même terme. Au sens restreint du terme, la **polysémie** s'oppose à l'**homonymie** lorsqu'il s'agit de décider – une nécessité pratique quotidienne pour le lexicographe – si une forme linguistique manifestant des contenus différents doit être traitée comme un seul ou plusieurs mots (c'est-à-dire faire l'objet d'une ou plusieurs entrées distinctes dans le dictionnaire). Les appréciations intuitives sur la proximité ou la distance sémantique doivent alors s'appuyer sur des critères proprement linguistiques.

▶ Deux mots seront déclarés homonymes si leurs paraphrases définitoires ne manifestent aucun trait sémantique commun :

ainsi *grève₁* et *grève₂* (qui ont pourtant la même origine) désignent respectivement un arrêt collectif de travail et une plage de gravier. Corollairement, des formes homonymiques ont des synonymes et antonymes différents et surtout ne partagent pas les mêmes environnements linguistiques : les constructions *faire grève, être en grève, mettre fin à une grève, une grève sur le tas*, etc. excluent le deuxième sens de *grève*, qui en revanche, est le seul possible dans *se promener, s'allonger*, etc. *sur la grève*. Selon que l'identité formelle affecte la manifestation orale (*cinq, saint, ceint, sein, seing*) ou écrite des mots (*les <u>fils</u> rouges / les <u>fils</u> adoptifs – deux <u>portions</u> de tarte / Nous <u>portions</u> des sacs*), on distinguera entre formes **homophones** et **homographes** (**I : 2.1.**). L'usage grammatical tend à réserver le terme **d'ambiguïté** aux phénomènes d'homonymie qui affectent les segments supérieurs au niveau du mot, c'est-à-dire aux syntagmes (*la digestion du canard*, voir **VI : 3.2.**) et aux phrases (*La petite brise la glace*, voir **VI : 2.2.5.**).

Remarque. — La **paronymie** peut être définie comme une homonymie incomplète entre deux mots qui ne se distinguent que par une partie minime de leur signifiant : *collusion / collision, conjoncture / conjecture, recouvrir / recouvrer*, etc. Elle est à l'origine de confusions, de lapsus, mais aussi de jeux de mots : *Qui se ressemble s'assemble – À mesure que le temps s'enfuit, le souvenir s'enfouit.*

▶ Deux formes seront déclarées **polysémiques** si l'on a de bonnes raisons de considérer :

> • que les sens qu'elles manifestent présentent suffisamment de traits communs (notamment génériques) pour constituer une seule unité lexicale (et justifier leur regroupement sous une même entrée lexicale dans un dictionnaire). Ainsi, le mot *opération* a plusieurs acceptions actualisées dans les phrases : *À l'école on apprend les quatre opérations – Il a subi une opération – Le général a visité le théâtre des opérations*, etc. Tous ces sens ont en commun de désigner un ensemble d'actes coordonnés en vue d'un résultat déterminé et ne se distinguent que par des traits spécifiques qui précisent le type de l'action, son domaine d'application et sa finalité. Ils impliquent d'ailleurs un quatrième sens, plus abstrait, du mot *opération* : « action d'une cause efficiente qui produit un résultat conforme à sa nature » (que l'on identifie dans l'expression *par l'opération du Saint-Esprit*). Ces connexions ont en tout cas paru suffisamment étroites (et éclairantes pour la délimitation réciproque des divers sens)

aux lexicographes contemporains pour n'ouvrir qu'une seule entrée lexicale _opération_ ;
• qu'il est possible de dériver l'un des sens à partir d'un autre, même si le **classème** (ou **sème générique**) change : p. ex., _ministère_ = 1) administration centrale dépendant d'un ministre 2) par extension, édifice où sont installés les services d'un ministère ; et _cuisine_, par extensions successives, = 1) art de préparer les aliments, 2a) lieu où se pratique cet art, 2b) aliments préparés selon cet art, et même, métaphoriquement, 3) manœuvres suspectes _(cuisine électorale)_.

2.3. La synonymie

Phénomène inverse de l'homonymie, la **synonymie** est la relation entre deux formes lexicales formellement différentes (elles se distinguent par leurs signifiants) mais de même sens (elles ont le même signifié). Au sens strict du terme, deux unités synonymes seraient donc sémantiquement équivalentes, c'est-à-dire librement substituables sans modifier le sens de l'énoncé où elles figurent, partageraient le même ensemble de traits sémantiques, auraient les mêmes antonymes, etc.

Si cette relation est intuitivement reconnue par le locuteur ordinaire, par la pratique lexicographique (il existe même des dictionnaires de synonymes) et par la didactique lexicale (la recherche des synonymes est un exercice scolaire courant), elle apparaît plus problématique lorsqu'on la confronte aux emplois effectifs des termes synonymiques. D'une part, la langue a tendance à investir dans toute différence de forme une distinction sémantique, fût-elle minime : ainsi _peur, crainte, appréhension_ et _inquiétude_ désignent différentes formes d'un même sentiment. D'autre part, la synonymie peut ne se manifester que dans un sous-ensemble d'emplois communs : Pierre Dac se demandait ce qui pouvait bien distinguer une _bonne grippe_ d'une _mauvaise grippe_ pour celui qui l'a attrapée ! Inversement, si _briser, rompre_ et _casser_ sont commutables dans de nombreux contextes, on _brise la glace_, mais on ne la _rompt_ pas ; on _rompt un traité_, mais non _la glace_ (sauf au sens figuré !) ; on _casse_ mais on ne _rompt_ ni ne _brise sa tirelire_, etc. De tels termes entretiennent alors une relation de **synonymie**

partielle (ou **contextuelle**). Enfin des termes de sens analogue peuvent avoir des constructions différentes : *gagner / aller à Paris ; apte à / capable de quelque chose ; le crime de / le meurtre de Pierre* (où le complément *Pierre* désigne respectivement l'agent et la victime).

De toute façon, la **synonymie totale** n'est concevable qu'au plan strictement dénotatif ou référentiel. Ainsi, des termes différents peuvent désigner la même contrepartie référentielle, mais ne sont pas employés dans les mêmes situations de discours : *voiture, automobile, bagnole* et *tire*, par exemple, appartiennent respectivement à la langue courante, administrative, familière et argotique (il en va de même pour les verbes *mourir, décéder, trépasser* (littéraire) et *clamecer*).

À un niveau supérieur à celui du mot, des syntagmes ou des phrases qui s'interprètent comme des formulations différentes d'une même représentation sémantique constituent des paraphrases : <u>La radio a annoncé que Pierre démissionnait / La démission de Pierre</u> a été annoncée à la radio.

La synonymie n'en reste pas moins un phénomène sémantique qui n'a rien à voir avec la **dénomination multiple** (**1.1.**), qui consiste à référer à une même entité au moyen d'expressions descriptives (**XXII : 3.5.**) de sens différent : Les trois groupes nominaux *Le vainqueur d'Austerlitz, le père du Code civil* et *le vaincu de Waterloo* désignent un même personnage. Napoléon Bonaparte, mais à travers des descriptions identifiantes de sens différent.

Bibliographie. — – Kleiber G. (2009), La synonymie – « identité de sens » n'est pas un mythe, *Pratiques*, 141-142 9-25 – *Pratiques*, 141-142, 2009, *La synonymie*.

2.4. L'hyponymie

D'un point de vue sémantique, l'**hyponymie** est la relation hiérarchique entre un terme sous-ordonné (**l'hyponyme**) et un terme qui lui est superordonné (**l'hyperonyme**). Le sens du premier (p. ex. *rose*) incluant celui du second (p. ex. *fleur*), la relation est de type implicatif et paraphrasable, pour les noms, par « être une sorte / espèce de » : *(être) une rose*, c'est *(être) une fleur* et, par contraposition, ce qui n'est pas une *fleur* ne peut pas être une *rose*. Les **co-hyponymes** sont des termes qui, partageant le même terme hyperonyme, ne se distinguent que par un ou plusieurs traits spécifiques et qui sont donc mutuellement exclusifs ; *Une fleur est ou une rose ou une tulipe ou un œillet ou* [...].

D'un point de vue référentiel et en vertu du principe que l'extension (**VII : 4.1. Rem.**) d'un terme est inversement proportionnelle à sa compréhension, la classe des entités dénommées par l'hyponyme est incluse dans celle des entités dénommées par l'hyperonyme : les traits spécifiques attachés à *rose* font que ce terme ne dénote qu'un sous-ensemble de la classe des *fleurs*.

Ainsi s'expliquent :
- les demandes d'identification d'un objet à partir d'une dénomination hyperonymique : *C'est quoi comme fleur ? / C'est quelle (sorte de) fleur ? – Une rose ;*
- les constructions coordonnées qui reposent sur l'inclusion de la classe de l'hyponyme dans celle de l'hyperonyme : *les roses et les autres fleurs – les fleurs et en particulier les roses – N'importe quelles fleurs, sauf des roses*, etc. ;
- certaines **anaphores** dites « **infidèles** » (**XXIV : 3.2.2.**), où un même référent est successivement identifié par deux expressions descriptives dont les noms sont respectivement un hyponyme et son hyperonyme : *Pierre élevé un crocodile dans son jardin. Cet animal effraie tout le voisinage.*

Remarque. — La hiérarchisation hyponymique n'est pas limitée aux noms : *écarlate* est l'hyponyme de *rouge*, *assassiner* de *tuer*, *boxer* de *frapper*, etc.

2.5. L'antonymie

Les lexicographes qualifient généralement d'**antonymes** les mots de sens contraire. Plus précisément, la relation d'antonymie repose sur l'incompatibilité entre des termes qui appartiennent à une même dimension sémantique. On distingue schématiquement trois espèces d'antonymes :

▶ les **antonymes complémentaires** ou **contradictoires**, lorsque deux termes sont en relation de disjonction exclusive : l'un équivaut à la négation de l'autre (**XIV : 5, début**) et les deux ne peuvent être niés simultanément (si un être humain est un *homme*, ce n'est pas une *femme*, et inversement ; et, sauf cas pathologique, un être humain ne saurait être à la fois un *homme* et une *femme*) ;

▶ les **antonymes gradables** ou **contraires**, lorsque plusieurs termes s'ordonnent sur une dimension sémantique admettant des degrés intermédiaires (p. ex. *glacé, froid, frais, tiède, chaud* et *brûlant*). Les différents termes sont alors mutuellement exclusifs : si l'air est *chaud*, il n'est ni *glacé*, ni *froid*, [...] ni *brulant*. En revanche, la négation de l'un des termes n'implique pas l'affirmation de tous les autres : si l'air n'est pas chaud, le choix reste ouvert entre tous les autres antonymes de la série. Ainsi, on peut ne pas perdre ni gagner, mais faire match nul ; une situation peut ne pas s'améliorer ni s'aggraver, mais stagner, etc. ;

▶ les **antonymes converses** ou couples de termes qui expriment la même relation, mais qui se distinguent par l'inversion de l'ordre de leurs arguments (**VI : 3.3.2.** et **VII : 4.5.**) : *posséder / appartenir ; prêter / emprunter ; acheter / vendre ; mari / femme ; patron /* a) *client*, b) *employé ;* etc. La permutation de leurs arguments produit des expressions paraphrastiques : *Jean possède ce terrain / Ce terrain appartient à Jean – Paul est le mari de Jeanne / Jeanne est la femme de Paul –* A *est supérieur à* B */* B *est inférieur à* A *– Pierre est devant Paul / Paul est derrière Pierre.*

Bibliographie. — J. Dubois (1964), Distribution, ensemble et marque dans le lexique, *Cahiers de lexicologie* : 5-16 – A. Rey, éd., (1970), *La lexicologie*, Klincksieck – H. Brekle (1974), IV et V – G. Kleiber (1976), Adjectifs antonymes : comparaison implicite et explicite, *Tralili*, XVI, 1 : 277-326 – J. Picoche (1977), *Précis de lexicologie française*, Nathan – U. Ricken (1983), *Französische Lexikologie. Eine Einführung*, Leipzig, VEB – G. Kleiber (1984) ; Polysémie et référence : la polysémie, un phénomène pragmatique ?, *Cahiers de lexicologie*, 4 (1) : 85-103 – D. A. Cruse (1986), *Lexical Semantics*, Cambridge Univ. Press – G. Kleiber et I. Tamba (1990), L'hyponymie revisitée : inclusion et hiérarchie, *Langages*, 98 : 7-32 – A. Lehmann et Fr. Martin-Berthet (2008), *Introduction à la lexicologie*, A. Colin.

3. LA REPRÉSENTATION SÉMANTIQUE DES ÉNONCÉS

3.1. Le sens phrastique

Les représentations classiques du sens des phrases partent du principe que, pour comprendre une phrase, il faut et il suffit d'être capable de déterminer quelles sont ses conditions de vérité. Ce principe rejoint l'idée communément admise que le sens global d'une phrase est une fonction du sens à la fois de ses éléments lexicaux et de sa structure syntaxique (d'où la possibilité d'assigner une ou plusieurs paraphrases à une phrase détachée de tout contexte). Dans cette perspective, le sens d'une phrase articule :

▶ **Le sens des morphèmes lexicaux** et des **morphèmes grammaticaux** (XX : 2.1.). Les premiers renvoient aux types d'objets, d'êtres, de propriétés, d'événements, d'états et de processus qui catégorisent le monde tel qu'il est conçu par l'homme. Les représentations des choses véhiculées par les premiers se trouvent **actualisées** dans les phrases par les seconds (affixes flexionnels du genre, du nombre, de la personne, du temps, etc.) et par des morphèmes grammaticaux tels que les déterminants, qui leur confèrent une référence discursive : ainsi les mots *chat, noir, jouer* et *cour*, qui n'ont en eux-mêmes qu'une valeur dénominative générale (ou **référence virtuelle, XXII : 1.**), renvoient à des référents particuliers (p. ex. à des chats particuliers et à une cour particulière) dans une énonciation de la phrase :

(1) *Des chats noirs jouaient dans une cour.*

▶ L'interprétation de la forme syntaxique de la phrase. Dans (1), par exemple, l'adjectif épithète *noir* spécifie la couleur du référent du groupe nominal sujet, qui est lui-même globalement interprété comme l'agent collectif de l'activité exprimée par le verbe. Quant au type déclaratif de la phrase, il s'interprète – hors contexte – comme la présentation d'un événement. La partie de la signification d'une phrase qui est exprimée par l'ordre des mots, les mots fonctionnels, les morphèmes flexionnels, les oppositions catégorielles et les traits suprasegmentaux constitue son **sens structural**.

> Le sens global véhiculé par la forme lexico-syntaxique de la phrase (1) pourrait alors se formuler comme une conjonction de conditions de vérité (déclarées satisfaites par l'état des choses décrit) :
> (1a) La phrase (1) décrit une situation qui est vraie si et seulement si ; dans un endroit uniquement défini par le fait qu'il appartient au type « COUR » et à un moment antérieur à un moment origine, une pluralité indéfinie d'êtres du type « CHAT » ayant la propriété d'« (être) NOIR(s) » se livrent à une activité du type « JOUER ».

La glose (1a) décrit en gros la représentation sémantique qu'en vertu de ses seules connaissances lexicales, morphologiques et syntaxiques, un locuteur français peut associer à la phrase (1), indépendamment des circonstances particulières de son énonciation. C'est ce qu'on peut appeler son **sens phrastique** (ou **conventionnel**). L'interprétation d'une phrase effectivement émise par un sujet parlant, si elle se construit bien à partir de son sens conventionnel, n'y est pas pour autant réductible.

Bibliographie. — H. E. Breckle (1974) – J. Lyons (1978) et (1980) – J. R. Hurford et B. Heasly (1983), *Semantics*, Cambridge University Press – R. Martin (1983) et (1987) – I. Tamba (1988), *La sémantique*, PUF.

3.2. Du sens phrastique à la signification énonciative

Une phrase produite et interprétée dans des conditions ordinaires acquiert une signification **énonciative** (ou contextuelle) qui intègre tous les aspects significatifs liés à la situation de communication. Or, nous employons indifféremment les termes *sens*, *signification* et *signifier* pour analyser et caractériser ces deux niveaux de signification.

En effet, la question *Que signifie la phrase P ?* s'entend en deux sens différents bien qu'étroitement interdépendants :

> • Dans une première acception, elle se paraphrase par : *Que veut dire la phrase P ?* La question porte ici sur le sens intrinsèque de la phrase,

déterminé à l'intérieur de la langue et abstraction faite de tout emploi particulier. C'est son sens phrastique (**3.1.**), qui peut être rendu par une paraphrase en termes d'équivalences exclusivement lexicales et syntaxiques. Pour le décrire, il suffit d'associer à la phrase une glose qui ne comprend aucun élément d'information contextuelle ou situationnelle. Par exemple, l'énoncé (**2**) *Ta chambre n'est pas rangée* aura le sens phrastique : *Il règne un certain désordre dans la pièce où couche le destinataire.*

• Dans la deuxième acception du verbe *signifier*, la question *Que signifie la phrase P ?* se paraphrase par *Que veut dire celui qui énonce la phrase P ?* La question concerne alors les énoncés (**Intro : 3.5.7.**) correspondant à la phrase P, dont la signification varie avec les situations où ils sont proférés. Ainsi, selon les circonstances, (2) sera interprété comme l'expression d'une constatation, d'un reproche, d'un conseil (*Tu devrais ranger ta chambre*) ou encore d'un ordre (*Range ta chambre*).

3.3. Une définition instructionnelle des formes signifiantes

La question centrale posée à une grammaire au sens large du terme est finalement celle de l'articulation du sens phrastique et des significations énonciatives qui lui sont associées, c'est-à-dire de l'intégration du sens lexical et syntaxique dans la dimension pragmatique de la langue. La réponse la plus naturelle (parce qu'en accord avec la fonction communicative et le caractère interactif du langage) consiste à représenter le sens conventionnel d'une phrase comme un **complexe d'instructions** émises par le locuteur, en fonction de ses visées communicatives, à l'intention du destinataire pour lui permettre de construire une interprétation particulière, c'est-à-dire une signification énonciative. Ces instructions ont une triple caractéristique :

▶ elles sont par définition **conventionnelles**, car entièrement déterminées par notre connaissance de la langue, c'est-à-dire par le sens lexical des mots et expressions, par le sens grammatical des morphèmes grammaticaux et par le sens structural des constructions ;

▶ elles sont relativement rudimentaires (**sous-déterminées**), laissant ainsi une marge de manœuvre plus ou moins considérable à l'activité inférentielle de l'interprétant ;

▶ elles sont **orientées** vers l'environnement textuel et **vers la situation en communication**, dont elles activent – via l'activité inférentielle qu'elles déclenchent – les aspects nécessaires à l'interprétation globale de l'énoncé.

Le sens codé (phrastique, conventionnel) n'est en définitive qu'un ingrédient nécessaire, mais jamais suffisant, du sens global des énoncés. Il déclenche, en revanche, les processus inférentiels qui élaborent le reste de la représentation à partir de connaissances contextuelles et situationnelles. Cela est justement possible parce que les instructions comportent une part plus ou moins grande d'indétermination (que l'on peut représenter sous la forme de variables ou de dimensions ouvertes) que seule l'activité inférentielle de l'interprétant est capable de spécifier (ou de saturer). Il suffit de se reporter aux sections consacrées à la sémantique des déterminants (**VII : 2.**), des pronoms (**VII : 5.**), des temps verbaux (**X : 2.**) et des types de phrases (**XIV**), ainsi qu'aux développements sur la référence (**XXII**), la deixis (**XXIII : 2.1.**) et l'anaphore (**XXIV : 3.**) pour vérifier le caractère fondamentalement instructionnel des termes et des relations grammaticales, mais aussi toute la marge de manœuvre que ces instructions nous laissent dans l'investissement interprétatif de nos connaissances situationnelles et contextuelles.

En définitive, un tel modèle (dit **instructionnel**) de l'interprétation des énoncés fournit au grammairien un cadre d'analyse suffisamment général pour distinguer, mais aussi pour articuler ce qui relève respectivement des formes linguistiques, de leur sens conventionnel et de leur interprétation énonciative. Il convient particulièrement à la démarche et au plan des grammaires qui, pour des raisons évidentes – autant pratiques que théoriques – préfèrent décrire les comportements linguistiques en partant des formes pour aller aux contenus, et des contenus préconstruits à ceux qui sont inférés.

Bibliographie. — E. Benveniste (1966) : 258-276 – E. Benveniste (1974) : 79-88 – A. Berrendonner (1982), Les modèles linguistiques et la communication, *Les voies du langage* (J. Cosnier, éd.), Bordas / Dunod : 84-111 – *Communications*, 32 (1979) – O. Ducrot et *alii* (1980) – B. de Cornulier (1985), *Effets de sens*, Seuil – D. Sperber et D. Wilson (1989) – L. Fant (1990), On the Relevance of the Semantics / Pragmatics

Distinction, *Copenhagen Studies in Language*, 13 : 16-40 – Roberge Y. et Rousseau A.-M. (2000), *Syntaxe et sémantique du français*, Québéc, Fides – Fr. Corbin et H. De Swart (2004), *Handbook of French Semantics*, Chicago, CSLI Publications.

4. LE SENS DÉTOURNÉ OU FIGURÉ

4.1. Du sens littéral au sens figuré : les tropes

▶ Les **sujets parlants** ont de manière générale l'intuition que les énoncés, et particulièrement certains énoncés, ont un sens qui excède celui qui résulte de la seule mise en relation, au niveau de la syntaxe de la phrase, des éléments du lexique, pris dans leur signification conventionnelle – à quoi s'ajoute la prise en considération de la référence (**XXII**) et des actes de langages (**XXIII : 3.**). Tout n'est donc pas à prendre « au sens littéral ».

▶ Pour la **tradition rhétorique**, qui met en forme de manière systématique cette intuition, il y a *trope*, c'est-à-dire, étymologiquement, « tour », ou « détour », « détournement », lorsqu'il y a modification du sens conventionnel. On parle alors de « sens figuré ».

▶ Le terme **trope** est généralement réservé par cette même tradition aux figures « en un seul mot » :
a) la **métaphore**, fondée sur l'analogie (impliquant un comparant et un comparé dont l'un au moins peut être absent du discours), considérée comme la « reine des figures ». Exemple : *Cette mule ne cèdera jamais.* On parle ici d'une personne, et celle-ci est comparée à une mule (*mule* est le comparant) ;
b) la **métonymie** et la **synecdoque** (4.4), reposant sur un rapport objectif, dans la réalité elle-même (contiguïté ou inclusion), entre les référents concernés.

▶ La **comparaison** est considérée comme une figure d'analogie, mais non comme un trope, du fait qu'elle n'est pas « en un seul

mot » : elle réunit en effet dans le discours non seulement le comparant et le comparé, mais l'expression du motif pour lequel on les rapproche ainsi qu'un instrument (grammatical ou lexical) explicitant le rapport de comparaison :
Jean (comparé) *est têtu* (motif) *comme* (instrument de comparaison) *une mule* (comparant).

C'est surtout à la présence et au nombre des métaphores, et plus généralement des figures d'analogie, que s'apprécie l'importance du sens figuré dans un texte.

Histoire. — L'acte de naissance de la rhétorique se trouve dans la *Poétique* d'Aristote. C'est lui notamment qui, d'un point de vue aussi bien philosophique que littéraire, définit le premier la *métaphore*, qui est pour lui l'analogie en général plutôt que ce que nous considérons de façon plus étroite sous ce vocable. Chez les Romains, Quintilien s'attache notamment à situer la métaphore par rapport à la comparaison. Dumarsais, en 1730, puis Fontanier, un siècle plus tard, tracent un tableau systématique des figures de style. Après une éclipse au temps du Romantisme qui en critique le côté formaliste, la rhétorique renaît et se développe sur de nouvelles bases au XXe s., avec les recherches tant sur la théorie de l'argumentation que sur celle de la littérarité qui sont évoquées dans notre bibliographie.

4.2. La métaphore

4.2.1. *Définition*

On peut définir la métaphore (du grec *méta-phora*, signifiant exactement « transfert », ou « transport ») comme **une dénomination ou une prédication (XXII : 2.) volontairement impropre**, mettant en œuvre, dans le cadre de la phrase, **un rapport analogique** :
<u>Ce toit tranquille</u> (...) *entre les pins* <u>palpite</u> ...(P. Valéry).

Le mot *toit* est, comme le montre le contexte ultérieur, une dénomination inhabituelle de la mer ; *palpite* constitue un prédicat qui transgresse les règles de sélection catégorielle entre un verbe et son sujet (**VI : 3.2.**) : seul un être animé ou un organe *palpite*. De la même façon, le terme référentiel *mon âme* dans :
Moi, mon âme est <u>fêlée</u>... (Baudelaire)
est recatégorisé : une connotation vient *se greffer sur* une dénotation (C. Kerbrat-Orecchioni, *La connotation*, 1977), il est perçu

comme même et autre, et c'est lui, tout compte fait, qui est (dé)figuré. L'*âme*, ici, est « matérialisée ».

La métaphore ne s'ajoute pas à un énoncé préexistant. « Elle représente le moyen le plus économique dont dispose le locuteur pour exprimer sa pensée (...). L'énoncé métaphorique est la représentation non-littérale d'une pensée trop complexe à exprimer littéralement » (G. Kleiber, *Nominales*, 1994 : 183).

Une redéfinition dynamique et textuelle

a) La métaphore n'est plus localisée dans un seul mot, ou même dans un seul groupe de mots. Même si elle a, dans l'énoncé, un **foyer** ou support lexical privilégié, on la considère à l'heure actuelle moins comme une propriété d'un mot que comme une **relation entre les mots** (voire entre les groupes de mots). C'est par conséquent une **caractéristique de l'énoncé**.

b) La distinction classique entre le *trope* (ici la métaphore) et l'usage figé (la **catachrèse**, étymologiquement « abus », dans le sens d'« abus passé dans l'usage ») de ce qui a pu constituer une **figure vivante**, devient fondamentale dans la conception moderne de la métaphore. Le langage courant fourmille de métaphores devenues conventionnelles, qui sont en réalité des catachrèses : *cet acteur crève l'écran* ; *cet événement déchaîne les passions* ; *le public était suspendu aux lèvres de l'orateur*. La métaphore, pour mériter pleinement son nom, doit être originale, c'est-à-dire qu'elle est non une réalité stable, codée dans la langue (et pouvant être décrite dans un dictionnaire), mais un événement. Répétée, elle perd de sa force. Il y a des **degrés dans son usure**, et parfois une catachrèse (ou une métaphore affaiblie) peut recevoir du contexte une nouvelle vigueur, ce qui prouve que son origine métaphorique n'a pas été totalement oubliée. Ainsi, Baudelaire parle de *tuer le Temps, qui a la vie si dure* (*Petits Poëmes en prose*).

c) La caractéristique majeure de la métaphore est le **travail d'interprétation** qu'elle impose à l'auditeur ou au lecteur, et auquel, en droit, aucune solution définitive ne vient mettre fin de façon décisive. La métaphore est une figure « ouverte ». Il y a des métaphores plus ou moins créatives et difficiles à interpréter, dans la mesure où elles peuvent manifester une analogie jusque-là inaperçue, ou exploiter une analogie plus ou moins intégrée à la culture reçue. Il y a donc, de ce point de vue aussi, des **degrés dans leur originalité**. On peut dire d'elles en général, quelle que soit l'époque et le contexte, ce qu'André Breton disait plus spécifiquement de l'image surréaliste : « La plus forte est celle [...] qu'on met le plus longtemps à traduire » (*Manifeste du surréalisme*).

Remarque. — Pour donner des exemples de métaphores, on a généralement recours à la littérature et en particulier à la poésie. Les exemples qu'on donne de métaphores dans le langage courant sont fréquemment en réalité des catachrèses. Cela ne signifie en aucune manière que les échanges ordinaires ne contiennent pas de nombreuses créations métaphoriques.

Les limites de la conception traditionnelle

Les distinctions ci-dessus interdisent de décrire la métaphore en **termes de substitution**, soit de la substitution d'**un mot à un autre**, qui serait le terme « propre », car celui-ci n'existe pas toujours dans la langue et il reste de toute façon pure conjecture ; soit de la substitution d'**un sens à un autre**, puisque dans ce cas, la métaphore deviendrait précisément une catachrèse, une des acceptions d'un mot polysémique (*le lit d'un fleuve, faire le lit de la subversion, les bras d'un fauteuil, un bras de mer, dévoiler un secret*), ce qui reviendrait à faire de tout sens métaphorique un sens appauvri et lui dénier toute valeur positive, contrairement à l'intuition la mieux éprouvée.

Ainsi, pour reprendre l'exemple prototypique remontant à Aristote lui-même, dans *Achille est un lion*, le mot *lion* dans la conception traditionnelle serait mis pour *héros*, explication réductrice et décevante, liée à l'esthétique classique de l'ornementation. De même, dans l'exemple *Achille rugit*, il suffirait de donner à *rugir* le sens de *crier*, sans tenir compte de l'analogie qui confère toute sa valeur et toute sa portée à cette expression.

Par conséquent, dans l'énoncé métaphorique, **chaque mot conserve son sens propre**, ce n'est même qu'à cette condition que se produit la tension qui constitue la dynamique métaphorique. En somme, on pourrait appliquer à la métaphore, ce que Fontanier dit de l'hyperbole, et qui serait sans doute vrai de toute figure affectant la signification : « Les mots, considérés en eux-mêmes et dans tous leurs rapports grammaticaux, y peuvent conserver leur signification propre et littérale, et s'ils ne doivent pas être pris à la lettre, ce n'est que dans l'expression totale qui résulte de leur ensemble ».

Critique d'une conception limitée à l'impropriété prédicative

a) Il serait tentant de définir la métaphore uniquement par la **transgression des règles de sélection** (contrôle des arguments par le prédicat) qui fixent par exemple le type de sujets (animés, non-animés, etc.) ou d'objets admis par un verbe, ou le type de noms pouvant être associés à tel adjectif qualificatif ou expression équivalente. Même si l'on doit reconnaître que l'apparition d'un domaine lexical sans rapport avec le sujet d'un texte est fréquemment l'indice d'un processus de métaphorisation, comme le montre la comparaison de ces deux exemples :

(1) *Allégé, toutes ses voiles gonflées, le Zeta file à bonne allure, un peu incliné comme un vrai clipper. La mer sombre est secouée de longues lames qui viennent de l'est, peut-être d'une tempête lointaine, sur les côtes de Malabar. Elles déferlent sur l'étrave et ruissellent sur le pont. Le capitaine a fait verrouiller les écoutilles avant, et les hommes qui ne participent pas à la manœuvre sont descendus à fond de cale.* (Le Clézio, *Le chercheur d'or*).

(2) *Les vents <u>courent</u>, <u>volent</u>, <u>s'abattent</u>, finissent, recommencent, <u>planent</u>, <u>sifflent</u>, <u>mugissent</u>, <u>rient</u> ; <u>frénétiques</u>, <u>lascifs</u>, <u>effrénés</u>, <u>prenant leurs aises</u> sur la vague <u>irascible</u>. Ces <u>hurleurs</u> ont une <u>harmonie</u>. Ils font tout le ciel <u>sonore</u>. Ils soufflent dans la nuée comme dans un <u>cuivre</u>. [...]. Ils font dans les solitudes la <u>battue</u> des navires. Sans trêve, jour et nuit, en toute saison, au tropique comme au pôle, en <u>sonnant dans leur trompe</u> éperdue, ils mènent, à travers les enchevêtrements de la nuée et de la vague, la grande <u>chasse noire</u> des naufrages. Ils sont des <u>maîtres de meutes</u>. Ils <u>s'amusent</u>. Ils font <u>aboyer</u> après les roches les flots, ces <u>chiens</u>.* (V. Hugo, *Les travailleurs de la mer*).

Le texte (1) est pauvre en métaphores et, d'une façon plus générale, en analogies. La seule comparaison (*comme un clipper*) fait appel à un comparant qui fait partie du même domaine lexical que le reste du texte ; il ne s'agit pas de comparer un bateau **à** autre chose qu'un bateau, mais un bateau **avec** un autre, voire, s'il s'avérait que le *Zeta* était un clipper, un bateau avec le type même dont il est un exemplaire.

Le texte (2) traitant le même sujet, une tempête en mer, est, lui, riche en métaphores tirées de divers domaines étrangers à la mer (oiseaux, musique, chasse, etc.) ; cette rupture de l'homogénéité lexicale est étroitement liée à la transgression des règles de sous-catégorisation : des entités « inanimées », c'est-à-dire qui ne sont pas des êtres vivants, sont associées à des verbes, des adjectifs ou des noms qui ne peuvent se rapporter qu'à des êtres vivants.

b) Mais en réalité on perçoit des métaphores même **en l'absence de toute anomalie** dans l'application des règles de sélection, et dans des cas où **nulle rupture lexicale** n'apparaît par rapport au thème dominant du texte. Ainsi, quand le poète latin Horace écrit, dans *l'Art poétique*, « Quandoque bonus dormitat Homerus » (*Parfois il arrive au bon Homère de sommeiller*), même s'il peut arriver à un poète de faire une petite sieste, comme tout un chacun, nous comprenons bien qu'il faut prendre *sommeiller* « au figuré », dans le sens de *manquer d'inspiration*. Ou encore, si on dit de quelqu'un qui rentre d'un congé de maladie *C'est un cadavre ambulant*, ce n'est pas qu'on croie à l'existence de zombies. L'interprétation métaphorique fait intervenir la situation ou le contexte, le rapport entre les personnes impliquées dans l'échange verbal oral ou écrit, et finalement **les représentations que les uns et les autres se font du référent** visé.

(3) *Heydrich était un boucher.*
(3 b) *Heydrich était un vrai boucher/littéralement un boucher.*
(3 c) *Heydrich était une sorte de boucher/comme qui dirait un boucher.*
(4) *L'un des premiers plans du film nous le* [Michel Descombes, horloger] *montre la loupe à l'œil. Cet homme, dont le métier est de réparer les montres, va apprendre à voir et à prendre son temps. Avec ce film, Tavernier met les pendules à l'heure : ce qui l'intéresse, c'est la dénonciation des rouages d'une société sans pitié et l'urgence de se mettre en retrait pour découvrir les ressorts cachés d'une époque, bra-*

quer son regard sur ces secondes trop fugaces. (*Télérama*, juillet 2007, chronique sur *L'Horloger de Saint-Paul*).

Heydrich (3) étant le nom d'un être humain, rien dans les règles de sous-catégorisation n'interdirait de voir en lui quelqu'un exerçant la profession de *boucher*, si ce n'est que nous savons son rôle dans la persécution nazie contre les Juifs. Curieusement et paradoxalement, l'adjectif *vrai* ou l'adverbe *littéralement* en (3 b), nous orientent vers la détection d'une métaphore, voire nous l'imposent ; alors que *une sorte de*, ou *comme qui dirait* en (3c), constituent des approximations qui atténuent ou suppriment l'effet métaphorique.

Loupe et *montres*, en (4), appartiennent bien au domaine de la réalité du travail de l'artisan, et sont à prendre au sens littéral. Il n'en est pas de même de *mettre les pendules à l'heure* (expression métaphorique quelque peu usée pour « faire une mise au point, dénoncer une erreur »), ni pour *les rouages* (de la *société*), pour *les ressorts* (de l'*époque*), ni même pour les *secondes (fugaces)*, qui sont plus en rapport avec le temps vécu de *prendre son temps* qu'avec le temps mesuré de l'horlogerie. Mais surtout, *mettre les pendules à l'heure*, *apprendre à voir* et *braquer son regard* ne pourront être interprétés que comme des métaphores, bien que leurs sujets, exprimés ou implicites, soient ici normalement des être humains, et que ces vocables appartiennent aussi au champ lexical du métier d'horloger.

4.2.2. *La relation métaphorique dans le cadre de la phrase*

4.2.2.1. *Les énoncés métaphoriques n'ont aucune caractéristique particulière du point de vue syntaxique*

Il est fréquent que le foyer figuratif soit non un mot, mais un syntagme métaphorique (ce qui achève de réduire à néant la notion de trope comme « figure en un seul mot ») : *Ce toit tranquille où marchent des colombes* forme un tout, et c'est la totalité de ce syntagme complexe qui entre en relation de disconvenance avec le reste de l'énoncé.

Toutes les catégories porteuses de sens (noms, verbes, adjectifs, et même les adverbes de manière) et toutes les fonctions (y compris certains circonstanciels) peuvent servir de support métaphorique. La description sémantique des métaphores devra tenir compte des différentes structures syntaxiques dans le cadre desquelles s'inscrit le processus métaphorique.

A. Les métaphores nominales

a) Dans les constituants essentiels de la phrase

Il s'agit des GN jouant un rôle d'arguments par rapport au prédicat (sujet, complément d'objet), ou constituant ce prédicat (attribut).

▶ En position de sujet

Le référent peut être déjà présent dans le contexte antérieur ou dans la situation d'énonciation. Le cas le plus abrupt est celui où, dans les échanges ordinaires, ou au début d'un texte, c'est sur le mode métaphorique qu'est introduit un référent nouveau. Ces expressions métaphoriques référentielles produisent un effet d'énigme ou un risque de confusion qui risquent d'être portés à leur maximum si le terme métaphorique est un co-hyponyme (2.4.) du terme sous-jacent : *C'est qu'il me grifferait, <u>ton tigre</u> !* (dit à propos d'un chat).

Tiens, <u>un martien</u> passe dans la rue (une personne inconnue, d'apparence bizarre) – *<u>Ce billet doux plié en deux</u> cherche une adresse de fleur* (J. Renard, *Le papillon*) – *Quelle richesse, quelle variété, cache à notre insu <u>cette grande nuit impénétrée et décourageante de notre âme</u>* (Proust).

▶ En position d'objet direct ou indirect

Pour rien au monde je ne voudrais habiter <u>ce clapier</u> (cet immeuble aux multiples appartements) – *Ruth se demandait [...] / Quel Dieu, quel moissonneur de l'éternel été / Avait, en s'en allant, négligemment jeté / <u>Cette faucille d'or</u> dans le champ des étoiles* (Hugo) – *Le soleil s'est couvert <u>d'un crêpe</u>* (Baudelaire).

► **En position d'attribut (du sujet ou de l'objet, en phrase verbale ou averbale)**

L'ironie est un bouclier – *La nature est un temple* (Baudelaire) – *Vous êtes mon lion superbe et généreux* (Hugo) – *Les mots sont les passants mystérieux de l'âme* (Hugo) – *La vieillesse est un naufrage* (De Gaulle) – *La flamboyante gloire du Christ / C'est le beau lys que tous nous cultivons...* (Apollinaire) – *Le verre, c'est du souffle solidifié* (Claudel) – *La paralysie a fait de son long cou maigre un pieu immobile* (Giono) – *Quel doux regard, l'azur !* (Hugo).

b) Dans les constituants périphériques de la phrase

► **En apostrophe**

Ô toison moutonnant jusque sur l'encolure ! (Baudelaire) – *Au large, cornichons, sapajous !* (Hergé) – *Ma biche ! Mon trésor ! Mon cygne ! Ma tourterelle !* (etc.)

► **Comme complément circonstanciel**

À l'ombre des jeunes filles en fleurs (Proust) – *Dans le chant de ma colère il y a un œuf / Et dans cet œuf il y a ma mère, mon père et mes enfants* (H. Michaux) – *J'étais seul, bien au-dessus des fourmis humaines* (A. Camus).

c) En position détachée (suivant ou précédant le terme support)

L'ironie, ce bouclier – *Ô mort, noir verrou de la porte humaine* (Hugo) – *La psychologie, cette petite radoteuse* (Aragon) – *Iles !...Ruches bientôt...* (Valéry) – *Au bord de quelque bois sur un arbre je grimpe ; Et nouveau Jupiter du haut de cet Olympe, / Je foudroie à discrétion, / Un lapin qui n'y pensait guère. »* (La Fontaine, *Fable* X, 14) – *J'y accédais par un escalier dérobé, l'image* (Aragon) – *Seul en face de cette idole noire et verte, sa maladie* (Tournier).

d) Comme constituants dans un GN complexe

► **Comme mot-tête d'un GN**

Le bouclier de l'ironie – *Je me suis baigné dans le poème de la mer* (Rimbaud) – *La bête souple du feu a bondi d'entre les bruyères* (Giono)

— *Le silence a plongé son glaive* (Pichette : *le glaive du silence*) — *Il monta [...] grâce aux repères qu'offraient les étoiles. Leur aimant pâle l'attirait* (Saint-Exupéry : *l'aimant des étoiles*, les *étoiles* ont ou *sont un aimant*) — *J'ai senti passer sur moi le vent de l'aile de l'imbécillité* (Baudelaire) — *J'errais dans l'or du vent* (Char) — *La férocité des villes* (Céline).

▶ **Comme complément de nom**

Un cœur de pierre... — *[Des] yeux de velours* (Baudelaire) — *Quels vêtements d'indulgence !* (Eluard) — *Le tigre sur son dos [...] a l'ombre des barreaux de la cage éternelle* (V. Hugo) — *Ma femme à la chevelure de feu de bois / Aux pensées d'éclairs de chaleur* (A. Breton).

▶ **En juxtaposition au terme support dans une séquence associant au nom-tête un nom épithète**

Le bouclier ironie — *La fée électricité...* — *Le pâtre promontoire...* (V. Hugo). Dans ces exemples, le nom-tête est N2, et le N1, qui y joue un rôle d'épithète y adjoint une classification métaphorique : l'*ironie* fait partie des *boucliers*. Au contraire, dans *Vers l'arbre -frère aux jours comptés* (R. Char), l'épithète métaphorique est postposée et y est plutôt descriptive que classificatoire : l'*arbre* est *fraternel*.

B. Les métaphores verbales

Les prix s'envolent — *Le vent profond / Pleure [...] / L'avoine siffle* (Verlaine) — *De temps en temps, les vagues jappent contre l'étrave* (Camus) — *Je buvais ton souffle* (Baudelaire) — *Je titubais dans la guerre* (Céline) — *Le jardin m' a souri* (Sartre) — *La Sorgue m'enchâssait* (Char) — *Le silence les* (Panturle et Arsule) *pétrit en une même boule de chair* (Giono).

C. Les métaphores adjectivales

▶ **Dans les phrases attributives (verbales ou averbales)**

Mon âme est fêlée (Baudelaire) — *Le Rhin est ivre où les vignes se mirent* (Apollinaire) — *Rouges d'oursin les chambres du plaisir* (Saint-John Perse)

▶ **Comme épithètes dans un GN**

Un rocher <u>orgueilleux</u> – Le soleil <u>moribond</u>... (Baudelaire) *Un silence <u>liquide</u>...* (Bernanos) *– Vos eaux <u>arrangées</u>, <u>moissonnées</u> par le soleil* (Claudel).

D. Les métaphores adverbiales

Le cas est rare et ne concerne que les adverbes de manière en *-ment*: *Il se mit à écrire <u>convulsivement</u>* (Céline) *– Ma tante <u>incurablement</u> généreuse* (Proust).

4.2.2.2. *Le processus métaphorique se présente de plusieurs manières différentes selon son insertion dans la phrase*

a) La métaphore nominale *in absentia*

Les expressions nominales métaphoriques peuvent se substituer à la désignation attendue. Cette métaphore *in absentia* qui est décrite par la tradition rhétorique est le seul cas où la notion de substitution a un sens. Le terme « propre », absent du cadre syntaxique de la phrase, doit alors être restitué à partir du contexte au sens large (contexte discursif ou situationnel) :

Cette jolie <u>biche</u> m'a séduit.
Cette <u>faucille</u> d'or dans le champ des étoiles. (Hugo)
O <u>toison</u> moutonnant jusque sur l'encolure ! (Baudelaire)

Pour comprendre que cette *biche* est en réalité une jeune fille ; cette *faucille*, la lune ; cette *toison*, une chevelure, il faut bien, en tout état de cause (sauf dans les textes volontairement déceptifs, comme ce peut être le cas de certains poèmes modernes), que le référent soit désigné quelque part, soit dans le contexte antérieur, soit dans le contexte ultérieur, soit accessible dans la situation d'énonciation. Sinon, aucune interprétation ne serait possible. C'est pourquoi les métaphores *in absentia* sont plutôt des métaphores « à distance ». Mais certaines s'approchent plus ou moins de cette situation limite qu'est l'énigme :

<u>Ce toit tranquille où marchent des colombes</u> entre les pins palpite (P. Valéry) : il s'agit évidemment de la mer, qui n'est pourtant pas nommée. *– Chez le poissonnier, j'ai acheté de beaux <u>hérissons de</u>*

mer (des oursins) – *L'huile qui vient <u>aux oliviers de France</u> / Rompt l'estomac et ne vaut du tout rien* (Ronsard) : ces *oliviers*, comme l'indique le contexte, sont en réalité des *noyers* !

Concéder que ces métaphores nominales remplacent un terme restituable ne signifie en aucune manière que la valeur de la métaphore s'épuise dans cette restitution du désignateur. Quelque chose de la *biche* subsiste dans la représentation de la jeune fille ; l'image du *toit* donne un contenu descriptif particulier à l'évocation de la mer, etc.

b) La métaphore nominale identifiante

La forme par excellence de ce type métaphorique est la phrase attributive à attribut nominal. Ici, on a bien co-présence de deux termes, et conflit entre les deux :

Cette fille est une jolie biche.

Voilà bien la métaphore *in praesentia*. En tant qu'attribution d'une catégorie non-pertinente, on voit bien qu'elle est la source des métaphores *in absentia* décrites ci-dessus. Même les dénominations impropres sont en dernière analyse des prédications impropres en ce sens. Ainsi, *Ce <u>toit</u> tranquille... entre les pins palpite* est fondé sur l'équivalence avec *la mer est un toit...* ; *Cette <u>faucille</u> d'or* implique *la lune est une faucille*. La substitution (a) est un cas particulier de l'identification transgressive (b).

On retrouve cette structure sémantique dans des GN comme *le poème de la mer*, qui implique que *la mer est un poème* ; ou encore *l'ironie, ce <u>bouclier</u>* qui peut être paraphrasé par *l'ironie est un bouclier*.

c) La métaphore verbale, adjectivale et, plus généralement, prédicative

Dans *les prix <u>s'envolent</u>, le jardin m'<u>a souri</u>* ou *la Sorgue m'<u>enchâssait</u>*, c'est-à-dire lorsque le terme métaphorique est un terme relationnel, le processus métaphorique a un double effet : d'une part, le terme « propre » qu'il est censé remplacer peut être irrémédiablement irrécupérable, si tant est qu'il existe, et la métaphore rester ouverte à des interprétations plurielles ; d'autre part, les règles de sélection que le foyer métaphorique impose à la classe des expressions argumentales (sujet ou objet) qui y sont associées ont un effet en retour sur celles-ci : d'une part, *s'envoler*, *sourire* et *enchâsser* ne sont pas à prendre au pied de la lettre ; et d'autre part, *les prix* sont vus comme des oiseaux, *le jardin* est considéré comme une personne, la rivière (*la Sorgue*) et l'enfant (*moi*) sont simultanément transformés, la première soit en un *bijoutier*, soit plutôt un *métal* précieux, et le second en un *bijou*.

Cette double face de la métaphore se retrouve dans les métaphores adjectivales (épithètes ou attributs) : *un rocher orgueilleux, un silence liquide, le Rhin est ivre* ; mais aussi dans d'autres configurations syntaxiques, car *la férocité des villes* implique que *les villes sont féroces* ; et *ma tante incurablement généreuse* équivaut à *ma tante dont la générosité est incurable*.

Ce type de métaphores (c) implique bien, comme les précédents (a) et (b), une transgression, mais ne se laisse réduire ni à une substitution ni à une identification.

4.2.3. *La métaphore dans son cadre discursif*

Le phénomène métaphorique ne se laisse pas enfermer dans le cadre syntaxique immédiat. Il se manifeste sur le plan du discours plus que de la phrase. C'est tout l'énoncé qui est affecté par ce qu'on pourrait appeler le régime métaphorique.

▶ Les indices contextuels

La situation et le contexte, ou, si l'on préfère, le sens général de l'énoncé et l'intention prêtée à l'énonciateur, jouent un très grand rôle dans la compréhension des métaphores. Dans un texte, les indices conduisant à la bonne interprétation peuvent être présents dans le contexte antérieur ou, ce qui donne plus de force énigmatique à la métaphore, dans le contexte ultérieur du foyer métaphorique. Ils peuvent prendre toutes sortes de formes syntaxiques (y compris des comparaisons) :

La nature est un temple où de vivants piliers / Laissent parfois sortir de confuses paroles ; / L'homme y passe à travers des forêts de symboles (Baudelaire) : *temple* est à interpréter en rapport avec *piliers* et *forêts*.

Bienheureuse la cloche au gosier vigoureux (...) / Moi, mon âme est fêlée (Baudelaire) : *fêlée* se comprendrait mal sans la mention antérieure d'une *cloche*.

La terre est de granit, les ruisseaux sont de marbre ; / C'est l'hiver (Hugo) – *La Petite, dans l'herbe, tient ses yeux fixés sur la lampe, qu'une brève éclipse vient de voiler : une main a passé devant la flamme* (Colette) : *marbre* et *éclipses* reçoivent une explication dans la phrase suivante.

▶ Le processus interprétatif des métaphores

Le lecteur ou l'auditeur n'a pas à commencer par « calculer le sens littéral et puis, après avoir constaté l'échec d'une telle interprétation, passer au sens métaphorique » (G. Kleiber, 1994 :186). Le sens (métaphorique) de l'énoncé court-circuite le sens (littéral) des mots. L'interprétation est généralement immédiate (sauf en cas de non-pertinence de la métaphore) :

On entend la conversation / D'la volaille qui fait l'opinion (A. Souchon). Dans le contexte de *On entend la conversation de X qui fait l'opinion*, on sait d'emblée que X représente un groupe de personnes, il ne reste plus à saisir que la nuance péjorative introduite par le mot *volaille*.

O mer soudain frappée d'éclat entre ses grandes emblavures de limon jaune et vert ! (Saint-John Perse). Dans ce grand poème maritime qu'est *Amers*, même si on ne connaît pas la signification précise du terme *emblavures* dans le lexique de l'agriculture, on perçoit bien, ne serait-ce que par le voisinage de *limon*, qu'il est à interpréter comme un aspect de la surface marine, qu'on peut éventuellement préciser comme évocation des lignes parallèles formées par les sillons.

Est-il gorge menuisée plus radieuse que la tienne ? (R. Char). Cet exemple est un peu plus complexe que les précédents : il s'agit d'un poème d'amour, *gorge* y a donc naturellement le sens de *sein* ; et *menuisée* (qu'on rapproche en outre aisément de *menue* ou *amenuisée*) évoque finesse et beauté, avant même qu'on s'avise rétroactivement que *gorge* (« rainure », « cannelure ») appartient aussi au vocabulaire de la menuiserie.

▶ La consistance métaphorique : les métaphores filées

La coexistence de plusieurs métaphores différentes produit des effets d'incohérence généralement comiques :

Le char de l'État navigue sur un volcan (Henry Monnier, *Joseph Prudhomme*)

En revanche, il apparaît tout à fait normal qu'une même analogie soit exploitée métaphoriquement dans plusieurs segments contigus ou non du même énoncé, soit dans la même phrase, soit dans des phrases successives :

C'est tout ce que <u>la pelle</u> de ma mémoire parvient à <u>déterrer</u>. (J. Roubaud)

La concession qu'elle faisait à ma tristesse et à mon agitation en montant m'embrasser, en m'apportant ce <u>baiser de paix</u>, agaçait mon père qui trouvait <u>ces rites</u> absurdes [...]. Or la voir fâchée détruisait tout le calme qu'elle m'avait apporté un instant avant, quand elle avait penché sur mon lit sa figure aimante et me l'avait tendue comme <u>une hostie</u> pour une <u>communion</u> de paix où mes lèvres puiseraient <u>sa présence réelle</u> et le pouvoir de m'endormir. (Proust)

Personne ne voulait manquer la <u>grand messe</u> du football alsacien. Aux portes du <u>temple</u> de la Meinau, on avait fait la queue toute la semaine. 35 000 <u>fidèles</u> s'étaient ainsi déplacés [...] Ce n'est qu'après <u>le sermon</u> de la mi-temps, prononcé par Gress, ce "dieu vivant", que les clameurs montèrent à nouveau. Didier Monczuk venait de faire boire aux Mulhousiens <u>le calice jusqu'à la lie</u>. Les <u>grandes orgues</u> pouvaient jouer. <u>La messe était dite</u>. (D.N.A., rubrique sportive)

Remarque. — Dans la métaphore filée, chaque terme métaphorique peut être interprété isolément. Mais dans certains textes, c'est la totalité d'un passage qui est à prendre globalement dans un sens analogique. Il fait l'objet de deux lectures, l'une littérale et l'autre analogique, ayant chacune sa propre cohérence. Ce procédé relève de l'allégorie (qui est ailleurs un genre, littéraire, pictural ou sculptural) et non de la métaphore filée. On le trouve dans la poésie (par exemple dans *L'Expiation*, de V. Hugo), mais aussi dans le roman :
Otto sortait de sa tente sans faire de bruit. Il aimait bien surprendre le manège de Mathias. Le soldat avait su trouver son cœur. **X** *Il s'était investi d'une haute mission. Chaque matin il remettait en marche les machines du monde. Il veillait à la bonne tenue des choses, nettoyant, eût-on dit, un morceau de prairie, vérifiant l'eau des sources, surveillant les collines. Dans les clartés mouvantes du début du jour, il paraissait faire le ménage, non pas du havresac et de la giberne de son cornette, mais des futaies et des sapins, de la blancheur de l'eau des cascades, de l'ordonnance*

des rochers moussus, **XX** et un jour, il n'y eut plus de brumes, l'hiver était vraiment fini, on allait pouvoir envahir l'Italie (Gilles Lapouge, La Bataille de Wagram).
À l'endroit signalé par **X**, un changement énonciatif se produit. Jusque-là, on est dans un récit romanesque, mais réaliste. Ensuite, le récit n'est visiblement plus à prendre « au pied de la lettre », jusqu'à **XX**, qui marque la fin de la « fiction dans la fiction », et le retour au régime réaliste du livre.

4.2.4. L'analogie et ses figures

L'analogie

Elle se définit par la formule *A est à B ce que C est à D*. Elle implique donc une relation à 4 termes qui, dans les textes, sont rarement tous représentés.

(1) *Comme <u>les poissons</u> vivent <u>dans l'eau</u> et <u>les petits oiseaux dans la forêt</u>, c'est ainsi que <u>les hommes de mon pays</u> / Vivent <u>au sein de l'immense moisson</u>...* (Claudel)

(2) *De même qu'<u>un fonctionnaire ou un prêtre</u> voient leur médiocre talent multiplié à l'infini (comme une vague par toute la mer qui se presse derrière elle) par ces forces auxquelles ils s'appuient, <u>l'Administration française ou l'Église catholique</u>, de même M. de Guermantes était porté par cette autre force, <u>la politesse aristocratique la plus vraie</u>/* (Proust)

(3) <u>*Bergère*</u> ô <u>*tour Eiffel*</u> le <u>*troupeau*</u> des <u>*ponts*</u> bêle ce matin. (G. Apollinaire)

(4) <u>*Ce toit tranquille où marchent des colombes*</u>
Entre les pins palpite, entre les tombes. (P. Valéry)

(5) <u>*Pierre*</u> est <u>doux</u> comme <u>un agneau</u>.

(6) <u>*La terre*</u> est <u>*bleue*</u> comme <u>*une orange*</u>. (Éluard)

(7) <u>*Chaque fleur s'évapore*</u> ainsi qu'<u>*un encensoir*</u>. (Baudelaire)

(8) *Le phare s'étire sur <u>l'ombre</u> / Qui <u>prend le large</u> comme <u>un pauvre</u>.* (L.-P. Fargue)

(9) <u>*Jean*</u> était comme <u>*foudroyé*</u>.

(10) <u>*Je*</u> suis comme <u>*le roi d'un pays pluvieux*</u>. (Baudelaire)

(11) *Cette <u>immense nuit</u> semblable au <u>vieux chaos</u>.* (Baudelaire)

(12) <u>*Sommeil*</u> *sur la plaie pareil à <u>du sel</u>.* (Char)

a) Seuls (1) et (2), qui sont des **comparaisons développées**, et (3), qui est entièrement métaphorique, fournissent des exemples d'**analogie complète**.

En effet, en (1), comme équivalence de la propriété que possède (A, le comparé), *les hommes de mon pays*, de *vivre au sein de la moisson* (C), le texte pose celle de *poissons* et *oiseaux* (B, le comparant) de *vivre dans l'eau / dans la forêt* (D).

De la même façon, en (3) la tour Eiffel (A) est à une bergère (B) ce que les ponts (C) sont à un troupeau (D). On pourrait dire aussi bien que le rapport de la tour Eiffel et des ponts est équivalent au rapport de la bergère et de son troupeau : A/B = C/D implique A/C = B/D. En fait, négligeant les autres éléments, on dira que la bergère (B, le comparant) est l'**analogon** de la tour Eiffel (A, le comparé). Plutôt que des caractéristiques communes (C n'est pas identique à D), ils ont des caractéristiques équivalentes du point de vue relationnel (C joue le même rôle que D).

Ainsi, on pourrait dans un texte représenter A par B. C'est bien ce qui se passe dans l'exemple (4). *Ce toit*, présenté en début de texte comme expression référentielle (supposant au poète et à son lecteur, fictivement, une situation partagée) est, avec les caractéristiques ou les relations dont il est supposé pourvu, l'**analogon d'un terme absent** dont les caractéristiques ou les relations sont censées être équivalentes. En l'occurrence, le contexte amène à comprendre qu'il doit s'agir de la mer, mais en fonctions de traits communs qui sont à imaginer. C'est une dénomination impropre, ce qui correspond à la définition de la métaphore nominale *in absentia*.

b) Les exemples (5), (6), (7), (8) sont des **comparaisons saturées**. A et B sont tous les deux présents, et mis en relation, grâce au mot *comme*, en vertu d'une caractéristique partagée. C et D se confondent en un seul troisième terme de l'analogie : le prédicat commun (C=D), *doux, bleue* ou *s'évapore*, est explicité. Il y a tout de même une grande différence entre ces différents cas. On peut admettre que pour (3), *doux* est un prédicat véritablement commun à *Pierre* et *un agneau*. Mais (4) implique *l'orange est bleue*, ce qui contrevient à la règle de sélection des prédicats admissibles pour *une orange*, et on peut se demander aussi en quel sens de *terre* on peut dire que celle-ci est *bleue*. Plus radicalement encore, dans (7), le prédicat *s'évapore* est impropre, donc métaphorique, aussi bien par rapport à *chaque fleur* que par rapport à *un encensoir*. Quant à (8), le double sens de *prendre le large* y est utilisé de façon ludique, un peu comme dans certains zeugmes (**4.3.**).

c) Les exemples (9) à (13) sont aussi des comparaisons si l'on définit celles-ci par la présence d'un outil de comparaison (ici, *comme, semblable, pareil*, mais on pourrait avoir aussi *sembler, ainsi que*, etc.). Mais ce sont des **comparaisons non-saturées** auxquelles manque un élément. En (9), on a bien le comparé (A) et le prédicat (C~D) censé être commun au comparant et au comparé, mais le comparant (B) manque, comme dans les métaphores verbales ou adjectives : on pourrait parler de métaphore atténuée. En (10), (11) et (12), on a le comparé et le comparant, mais c'est le prédicat qui manque et est donc à deviner.

Évaluation des figures d'analogie

a) **La classe des comparaisons est hétérogène.** Certaines sont purement quantitatives (*Il est aussi grand que son frère*), d'autres marquent des ressemblances (*Il a le nez de son grand-père*) ou réunissent comparant et comparé sur la base d'une caractéristique commune à laquelle ils ont le même rapport : *Il portait de grosses bottes et des éperons comme un gendarme* (J. Barbey d'Aurevilly). Les comparaisons ne sont pas considérées comme des figures (des « images » du point de vue littéraire) si elles ne mettent pas en œuvre un rapport d'analogie entre des réalités étrangères l'une à l'autre. Même dans ce cas, elles ont la réputation de ne pas transgresser les règles de bonne formation sémantique, et donc de ne pas présenter de caractère particulier.

Cependant, celles qui sont insaturées ou celles qui sont saturées par un prédicat qui est impropre pour le comparant ou le comparé ou les deux sont assimilables aux métaphores du point de vue sémantique, et appellent le même travail d'interprétation. Que veut dire, pour *une fleur* ou pour *un encensoir*, le fait de *s'évaporer* (ex. 7) ?

b) **Les métaphores et les comparaisons peuvent se fonder sur des « champs analogiques »** déjà bien représentés dans la culture. On compare volontiers le temps à un fleuve (*il s'écoule et ne tarit* *pas*, Apollinaire), la cité à un organisme vivant (*la tête* et *les membres*), l'être humain à un animal (certains sont des *loups*, d'autres des *agneaux*, par ex.) ou à un arbre (*il s'enracine, se dresse, est abattu*) ; ou encore on exploite les **synesthésies** (couleur des sons, musique des parfums, etc.). On fait grand usage de l'animation des êtres inanimés (la **personnification**), de la représentation des entités abstraites par des objets concrets, etc. :

Les <u>bleus</u> angélus (Mallarmé) – *Il est des parfums frais comme des <u>chairs</u> d'enfants* (Baudelaire) – *La rose / Qui ce matin avait déclose / Sa <u>robe</u> de pourpre au soleil* (Ronsard) – *Je hume ici ma future <u>fumée</u>* (Valéry, *Le Cimetière marin*).

Mais il y a des **métaphores qui créent des analogies inédites** et ce sont évidemment les plus intéressantes, les plus difficiles à interpréter aussi : elles produisent du nouveau. La poésie surréaliste et post-surréaliste en fournit de nombreux exemples.

Quant aux effets obtenus, ils sont multiples : cognitifs, voire didactiques ; argumentatifs, ironiques, paradoxaux, hyperboliques ; expressifs, impressionnistes, enfin, dans la mesure où le sens figuré mime la découverte du réel, l'instant où la claire raison n'a pas encore emprisonné l'expérience dans les grilles de ses classifications.

À trois heures et demie, tout dormait dans un <u>bleu originel, humide et confus</u>, et [...] le brouillard <u>retenu par son poids baignait</u> d'abord mes jambes. (Colette)

Et puis, comme disait Verlaine, dans son *Art poétique* :

Il faut aussi que tu n'ailles point
Choisir tes mots sans quelque méprise.

4.3. Figures voisines de la métaphore

▶ **L'hypallage** est le rattachement syntaxique d'un qualificatif à un mot différent de celui auquel il convient pour le sens. Il y a transgression des règles de sélection : c'est donc une métaphore, mais dont la solution est fournie par un réarrangement sémantique de la relation syntaxique :

Trahissant la vertu sur un papier coupable (Boileau) – *Je suis d'un pas rêveur le sentier solitaire* (Lamartine) – *Il a planté dans le rôti une fourchette affamée*. Ce n'est pas le *papier* qui est *coupable*, mais « celui qui trahit la vertu » ; plutôt que le *pas*, c'est le *passant* (*Je*) qui est rêveur ; et c'est celui qui *a planté sa fourchette* qui est en réalité *affamé*.

▶ **Le zeugme** rattache à un terme polysémique (généralement un verbe) deux compléments qui conviennent à des acceptions différentes du mot. Si l'on accepte qu'un de ces emplois est à prendre au sens littéral, l'autre est alors nécessairement pris au sens métaphorique et inversement :
Vêtu de probité candide et de lin blanc (Hugo) – *Vos veuves (...) / Parlent encor de vous en remuant la cendre / De leur foyer et de leur cœur !* (Hugo) – *Je connais gens de toutes sortes (...) / Leurs cœurs battent comme leurs portes* (Apollinaire) – *Il est préférable, pour un auteur à scandale, d'être traduit en plusieurs langues plutôt qu'en correctionnelle* (Pierre Dac).

▶ **L'oxymore** est une alliance de mots de sens contraires réunis dans le même syntagme, dont l'un (le subordonné) oblige à modifier le sens de l'autre :
Un illustre inconnu – Pathologiquement normal – Hurler silencieusement – Une croissance négative.

Ainsi, dans *Cette obscure clarté qui tombe des étoiles,* (Corneille), exemple fameux d'oxymore, la combinaison syntagmatique *obscure clarté* semble contradictoire, mais la relative qui suit oriente vers une interprétation parfaitement rationnelle : il s'agit d'une *clarté diffuse,* tamisée par l'*obscurité.*

Bibliographie. — Dumarsais (1730, rééd. 1988) – P. Fontanier, (1830, rééd. 1968) – D. Bouverot (1969), Comparaison et métaphore, *Le français moderne*, avril-octobre – Groupe m (1970), *Rhétorique générale*, Larousse – G. Genette (1972), *La rhétorique restreinte*, in *Figures III*, Seuil – M. Le Guern (1973), *Sémantique de la métaphore et de la métonymie*, Larousse – P. Ricœur (1975), *La métaphore vive*, Seuil – J. Tamine (1976), L'interprétation des métaphores en « de » : le feu de l'amour, *Langue Française*, 30 – *Langages* (1979), La métaphore – G. Lakoff et M. Johnson (1981, trad.1986), *Les métaphores dans la vie quotidienne*, éd. Minuit – I. Tamba-Mecz (1981) – J. Molino et J. Tamine (1982) : 147-183 – G. Kleiber (1983), *Métaphores et vérité*, LINX – M. Murat (1983), *Le rivage des Syrtes de Julien Gracq*, Corti – C. Kerbrat-Orecchioni (1986) – C. Fromilhague et A. Sancier (1991), *Introduction à l'analyse stylistique*, Bordas : 131-161 – O. Reboul (1991), *Introduction à la rhétorique*, PUF – J. Molino et J. Tamine (1994), Les figures de rhétorique et leur actualité en linguistique, *Langue française*, 101 – G. Kleiber (1994a) : 177-206 – F. Rastier (1996), *Sémantique interprétative*, PUF – N. Charbonnel et G. Kleiber (éds) (1999), *La métaphore entre philosophie et rhétorique*, PUF – F. Rastier (2001), Indécidable hypallage, dans *Langue française*, 2001, 129, Les figures entre langue et discours : 111-127 – M. Prandi (2002), La métaphore : de la définition à la typologie, dans *Langue française*, 2002, 134, Nouvelles approches de la métaphore : 6-20 – M. Prandi (2002), Métonymie et métaphore : parcours partagés dans l'espace de la communication, *Semen*, 15.

4.4. La métonymie et la synecdoque

▶ **La métonymie** est la figure consistant à remplacer un nom par un autre nom en raison d'un rapport qui lie les référents de l'un et de l'autre dans la réalité.

Par conséquent, ce rapprochement préexiste à l'énonciation, contrairement à la métaphore (vive) qui est construite au moment et pour les besoins particuliers d'une énonciation. Fontanier en distingue une dizaine d'espèces : « de la cause pour l'effet, ... du contenant pour le contenu,... du lieu de la chose pour la chose elle-même », etc. :

L'alcool au volant. Double métonymie : *l'alcool*, c'est le conducteur qui a bu de l'alcool ; et *au volant* désigne l'action de conduire.

La tradition rhétorique en distingue la **synecdoque**, fondée sur un rapport d'inclusion (rapport tout/partie ou matière/objet). Cette distinction apparaît très arbitraire dans de nombreux cas, en particulier dès qu'on quitte le domaine du concret, et on voit au mieux aujourd'hui la synecdoque comme une espèce de métonymie :

Boire <u>un verre</u> de vin (métonymie du contenant pour le contenu) – Au loin <u>une voile</u> (pour *un bateau*, synecdoque de la partie pour le tout) – *Tous ces tableaux sont de <u>la même main</u>* (métonymie ou synecdoque ?) – *Vendre <u>de la haute couture</u>* – <u>Un Rodin</u>, <u>un Picasso</u> (antonomase métonymique, **VII : 3.5.2. Rem**) – <u>Paris</u> *est d'accord* (pour *le gouvernement français*) – *Il croyait aux traités... <u>Westphalie</u>* (c'est-à-dire le traité de Westphalie de 1648) *avait donné* *la Suisse*, <u>Vienne</u> (le Congrès de Vienne, en 1815) *la Belgique*. (Giraudoux) (métonymie du lieu pour l'événement qui s'y est déroulé).

▶ Certaines métonymies sont occasionnelles et sont donc authentiquement des **créations verbales** :
<u>L'omelette</u> *est partie sans payer* (dit par le serveur dans un restaurant) – <u>L'appendicite</u> *du 11 a 40° de fièvre* (dit par une infirmière) – *Seul de la classe, je reçus la couronne d'or que méritait aussi* <u>le prix d'excellence</u> (R. Radiguet : c'est-à-dire l'élève qui avait le prix d'excellence) – <u>Le borsalino violine</u> *se dirigeait vers l'entrée d'une rue* (Giono, *L'Iris de Suse* : le chapeau représente une personne dont le nom est inconnu) – <u>Le couteau d'acier</u> *a eu du cœur quand toute la France en manquait* (Balzac, *Un Épisode sous la terreur* : le couteau de la guillotine désigne ici le bourreau) – *L'on reproche sévèrement à* <u>la Vertu</u> *ses défauts, tandis qu'on est plein d'indulgence pour les qualités* <u>du Vice</u>. (Balzac : la Vertu, ce sont les gens vertueux, et le Vice, les gens vicieux.)

▶ Mais le rapport entre les référents concernés étant objectif et donc stable, il n'est pas étonnant que beaucoup de métonymies soient, en réalité, des **catachrèses**, comme le notait justement Fontanier, en particulier celles, très nombreuses, qui désignent des institutions, les réalités étudiées par les sciences, et les objets faits d'une certaine matière :
<u>Le quai d'Orsay</u> (le Ministère des affaires étrangères) – <u>Hollywood</u> (le cinéma américain ») – *À bas* <u>la calotte</u> (les ecclésiastiques, qui portaient jadis ce couvre-chef) – <u>La météo</u> *gêne les recherches* – <u>La psychologie</u> *de Mme Bovary* – <u>Un feutre</u> (un certain type de chapeau ou de stylo) – <u>Un marbre</u> *de Rodin,* <u>une huile</u> *de Picasso*.

▶ Encore plus courants, et n'apparaissant guère comme des métonymies qu'à la réflexion, les cas où un prédicat convenant à un aspect d'une entité est attribué à l'entité tout entière, pour autant que celle-ci est perçue comme caractérisée dans sa globalité par ce trait particulier (« principe de **métonymie intégrée** », de G. Kleiber 1994 : 154-159) :

Il est blond, elle est maquillée, le carrelage est mouillé (seuls les cheveux sont blonds ; seul le visage est maquillé ; il y a de l'eau seulement sur une partie du carrelage) – *Où es-tu garé ?* (pour « Où as-tu garé ton auto ? »).

Bibliographie. — M Le Guern (1973), *Sémantique de la métaphore et de la métonymie*, Larousse. – G. Kleiber, (1994a) : 92-176 – M. Prandi (2002), « Métonymie et métaphore : parcours partagés dans l'espace de la communication », *Semen*, 15.

PARTIE V

GRAMMAIRE ET COMMUNICATION

Chapitre XXII

LA RÉFÉRENCE

L'**acte de référence** consiste à utiliser des formes linguistiques (mots, syntagmes, phrases) pour évoquer des entités (objets, personnes, propriétés, procès, événements) appartenant à des univers réels ou fictifs, extérieurs ou intérieurs. Par exemple, l'expression (1) *mon cousin Gérard* identifie dans le monde du locuteur une personne de sexe masculin, nommée *Gérard* et liée au locuteur par le lien de parenté dénoté par le mot relationnel *cousin*. La phrase (2) *Un chat noir a miaulé toute la nuit* décrit un événement qui a la structure d'une proposition au sens logique du terme (quelque chose qui peut être vrai ou faux) et que l'on peut gloser par : « À un moment antérieur à l'énonciation de la phrase et pendant une période allant du coucher au lever du soleil, un animal du type CHAT et d'une couleur identique à celle du charbon a poussé des cris spécifiques aux animaux de son espèce ». Les entités ainsi appréhendées au moyen de formes linguistiques (et glosées par d'autres formes) constituent leurs référents (**XXI : 1.1.2.**).

1. SENS ET RÉFÉRENCE

Les exemples (1-2) ci-dessus montrent que c'est en vertu de leur sens que les formes linguistiques peuvent être mises en correspondance avec ce qu'elles servent à désigner. Et ceci à deux niveaux et de façon complémentaire :

- dans l'instance de discours où elles sont énoncées, l'expression (1) et la phrase (2) désignent respectivement un être et un événement particuliers, qui constituent leur **référence actuelle** ;
- les désignations (ou références) effectuées au moyen de (1) et (2) ne sont possibles que parce que ces expressions sont formées d'unités dotées d'un contenu sémantique précodé (leur **signifié**, XXI : 1.1.2.) qui les rend aptes à désigner et qui constitue ce que Milner (1982 : 10) appelle leur **référence virtuelle** :

« [...] à chaque unité lexicale individuelle est attaché un ensemble de conditions que doit satisfaire un segment de la réalité pour pouvoir être la référence d'une séquence où interviendrait crucialement l'unité lexicale en question. [...] L'ensemble de conditions caractérisant une unité lexicale est sa référence virtuelle. »

En d'autres termes, les mots ayant une valeur représentative, connaître le sens ou la référence virtuelle d'un mot donné, c'est savoir quelles sont les caractéristiques qu'une entité doit satisfaire pour pouvoir être désignée par ce signe. Ce potentiel désignatif se trouve activé lors de chaque acte de référence pour désigner un ou des référents actuels.

Remarque. — La référence actuelle définit le sens des termes linguistiques à partir des propriétés communes à leurs référents. Elle a l'avantage d'être empiriquement vérifiable et de s'appliquer aux unités significatives de toute nature et de tout niveau.

Bibliographie. — *Langue française*, 57 (1983), « Grammaire et référence » – J.-C. Milner (1978) : 9-17 – H. S. Sørensen (1970), Meaning and Reference, *Signe, Langage, Culture*, La Haye, Mouton : 67-81 – O. Ducrot et T. Todorov (1972) : 319 – G. Kleiber (1981) : 15-21 – J. Lyons (1978) : 75.

2. EXPRESSIONS PRÉDICATIVES ET EXPRESSIONS RÉFÉRENTIELLES

Dans la représentation sémantique d'une phrase assertive comme *Un chat noir miaulait* (assimilée à une proposition au sens logique du terme), on distingue traditionnellement les expressions sujets et celles qui constituent le groupe verbal. Cette opposition est généralement interprétée comme la marque superficielle d'une asymétrie que chacun définit à sa façon. G. Frege, par exemple, y voit une opposition fonctionnelle entre les **expressions référentielles** qui désignent des objets particuliers (p. ex. *un chat noir*) et les **expressions prédicatives** comme *miaulait* qui assignent une caractéristique (au sens large du terme) au sujet (**VII : 1.3.**). Ainsi s'explique la complétude référentielle des premières (elles désignent de façon relativement autonome des référents en tant que tels), alors que les secondes sont par définition incomplètes, puisqu'elles intègrent un lien prédicatif qui appelle un sujet (l'expression *miaulait* ne désigne véritablement l'occurrence d'un procès que si elle est pourvue d'un sujet, ou – en termes plus techniques – si la place du sujet est instanciée).

Cette distinction correspond en gros à l'analyse grammaticale de la phrase comme une prédication articulant un groupe nominal sujet et un groupe verbal (ou prédicatif, **VI : 2.1. et 4.1.**), qui correspondent souvent, mais pas nécessairement au thème et au propos de la phrase (**XXIV : 2.1.**). Cependant les expressions référentielles occupent d'autres positions que celle de sujet grammatical. Dans la phrase *Le chat poursuit la souris*, le GN objet *la souris* identifie également un être particulier. Selon le niveau de l'analyse, cette expression référentielle a) est un constituant (c.o.d.) du groupe prédicatif (niveau syntaxique) ; b) est le second argument du prédicat relationnel *poursuivre*, dont le schéma actanciel lui assigne le rôle sémantique de but (niveau sémantico-logique) ; c) constitue avec le verbe dont il est l'objet le propos de la phrase, si cette dernière répond à la question explicite ou implicite : *Que fait le chat ?* (niveau communicatif).

La grammaire des expressions prédicatives se ramène pour l'essentiel à la syntaxe et à la sémantique des constructions verbales (**VIII : 1**) et à l'analyse de la répartition de l'information dans la phrase (**XXIV : 2.1.**). Par la diversité de leurs formes, de leurs conditions d'emplois et des processus d'interprétation qu'elles sollicitent, les expressions référentielles débordent largement le cadre des approches grammaticales traditionnelles. On en proposera donc une rapide typologie, en renvoyant, le cas échéant, aux diverses parties du présent ouvrage qui traitent de leurs formes et de leurs fonctionnements.

3. TYPOLOGIE DES EXPRESSIONS RÉFÉRENTIELLES

3.1. L'extension et le mode d'existence du référent

Quel que soit le type du référent désigné (être, objet, propriété, relation, procès, etc.), la référence peut être :

▶ **générique**, si l'on envisage la contrepartie référentielle de l'expression dans son extension maximale. Ainsi les sujets des phrases :

(1a) *Les baleines sont des mammifères.*
(1b) *Une baleine est un mammifère.*
(1c) *La baleine est un mammifère.*

renvoient à un référent générique, dans la mesure où *les baleines* désignent la classe entière, *une baleine* un exemplaire jugé représentatif de la classe entière et *la baleine* l'entité typique qui représente ou subsume toutes les occurrences de la classe (**VII : 2.2. et 2.3.1.**). D'autres déterminants que les articles défini et indéfini peuvent induire contextuellement l'interprétation générique d'un groupe nominal : dans *Deux femmes valent mieux qu'une*, les deux groupes nominaux se paraphrasent respectivement par *tout ensemble de deux femmes* et *tout singleton féminin*.

▶ **particulière**, si le référent visé est une entité particulière d'un certain type, dont l'existence est posée, présupposée ou simplement envisagée dans une situation donnée :

(2a) *Une / La / Cette / Votre baleine a été heurtée par un chalutier.*
(2b) *Ils / Quelques-uns / Les autres sont partis.*

La référence particulière peut être :
• **spécifique**, si le référent est présenté comme existant et identifiable comme tel dans une situation donnée : *Georges a rencontré une Tahitienne* ;
• **non-spécifique**, si l'expression référentielle réfère à un individu quelconque pour peu qu'il vérifie les propriétés descriptives de l'expression, mais sans garantie quant à son existence dans l'univers de discours du locuteur : *Georges veut épouser une Tahi-*

tienne (= *n'importe laquelle*, mais ce n'est pas la seule interprétation possible) ;
* **attributive** si, dans l'interprétation globale de la phrase, l'identité (connue ou non) du référent décrit par l'expression importe moins que les caractéristiques véhiculées par l'expression descriptive. C'est le cas du GN sujet de :

(3) <u>Le meurtrier de Smith</u> *(quel qu'il soit) est fou.*
lorsque cette phrase veut dire contextuellement qu'*Il faut être fou pour avoir tué Smith.*

Bibliographie. — G. Kleiber (1981) : 143-155 et 221-263 – M. Galmiche (1983) : 7-37 – M. Galmiche (1983), *Les ambiguïtés référentielles ou les pièges de la référence*, *Langue française*, 57 : 100-114 – M. Galmiche (1985), Phrases, syntagmes et articles génériques, *Langages*, 76 : 2-39 – M. Galmiche (1986), Référence indéfinie, événements et pertinence, in J. David, G. Kleiber, éds : 41-47 – D. Van de Velde, N. Flaux et W. De Mulder (1997) : 86-136.

3.2. Le type grammatical de l'expression référentielle

D'un point de vue lexico-syntaxique, une expression référentielle peut être :
* **dénominative**, si le référent est identifié par un nom propre (**VII : 3.5.**) : <u>*Paul aime Virginie.*</u>
* **définie**, si la référence est effectuée au moyen d'un article défini suivi d'un nom avec ou sans modifieur (**VII : 2.3.1.**). Pragmatiquement, selon qu'elle sollicite ou non un complément d'information contextuelle ou situationnelle, la description définie peut être jugée incomplète (<u>*Le chien est parti*</u>) ou complète (<u>*Le chien de Paul / Le chien que j'ai acheté hier au marché de Pfaffenheim s'est enfui*</u>). De ce point de vue, le déterminant possessif équivaut à l'article défini pourvu d'une expansion paraphrasable par [*de* + pronom personnel] (**VII : 2.3.3.**) : <u>*Le chien de Paul / Son chien n'aboie pas.*</u>
* **démonstrative**, si l'on utilise un terme démonstratif (**VII : 2.3.2. et 5.2.3.**) : soit un déterminant démonstratif introduisant un groupe nominal (<u>*Ce chien aboie tout le temps*</u>) ; soit un pronom démonstratif seul (<u>*Celui-ci est plus beau que celui-là*</u>) ou pourvu

d'une expansion déterminative (<u>Celui que je t'ai offert</u> / <u>Celui de Paul</u> est affectueux).

• **pronominale**, lorsque l'expression référentielle est un pronom (y compris les démonstratifs déjà évoqués) avec ou sans expansion déterminative : <u>Il</u> [= Paul] / <u>Quelqu'un (d'intéressant)</u> / <u>Chacun</u> s'est exprimé – <u>Qui</u> a éternué ?

• **indéfinie**, si l'expression référentielle est un groupe nominal introduit par un déterminant indéfini (**VII : 2.4.**) : *Il élève <u>un</u> / <u>des</u> / <u>plusieurs</u> / <u>quelques</u> / <u>cinq</u>, etc., chiens.*

3.3. La localisation du référent

Lorsqu'une expression linguistique localise son référent dans la situation de communication, la référence est dite **situationnelle** (ou encore **déictique**, **XXIII : 2.1.**). Un locuteur se désignant dans son propre discours pourrait dire plaisamment *Je ne suis pas dans ma phrase, mais dans la situation d'énonciation*, pour souligner l'usage déictique ordinaire de *je* et l'opposer à l'emploi autonymique toujours possible : <u>Je</u>. [= le mot *je*] *est dans ma phrase*. Plus simplement, dans les phrases *Il arrive* (dite d'un train entrant en gare) ou *Depuis quand portes-tu cette casquette ?* (dite en désignant le couvre-chef de l'interlocuteur) des termes appropriés à ce type de référence (ici le pronom de la 3e personne et le déterminant démonstratif) désignent des référents dont ils situent l'existence dans la situation de discours. Si le référent de l'expression n'est accessible qu'à travers d'autres segments du texte (le cas limite est celui où les deux segments sont coréférentiels), la référence est **anaphorique** (**XXIV : 3.**) : *Paul est parti précipitamment :* <u>Il</u> *avait oublié son chapeau – Qu'est-ce qui a fait le succès de ce roman ?* <u>Le titre</u> ? <u>Le sujet</u> ? *La notoriété de* <u>l'auteur</u> ?

Bibliographie. — F. Corblin (1985), Remarques sur la notion d'anaphore, *Revue québécoise de linguistique*, 15 : 173-195 – G. Kleiber (1991).

3.4. Les connaissances de l'interlocuteur

L'interprétation des expressions référentielles impose souvent à l'interlocuteur des calculs fondés sur la connaissance qu'il a des référents visés ou de ce qui peut contribuer à leur identification.
• Dans le cas des expressions anaphoriques évoquées ci-dessus, le référent est supposé connu ou du moins identifiable à partir de la connaissance de son antécédent.
• Le référent peut être **nouveau**. C'est l'une des fonctions de base de l'article indéfini et d'autres déterminants du même type que d'introduire dans l'univers de discours des référents non encore identifiés (**VII : 2.2.**) : *J'allais traverser la rue, quand une voiture est arrivée.*
• Le référent est **connu, mais réactivé** dans le discours. C'est le cas, par exemple, d'un même nom propre dont les occurrences successives jalonnent un texte.
• Le référent peut simplement s'imposer par sa forte **saillance** dans la situation, qui fait qu'on ne peut normalement l'ignorer : *Il nous casse les oreilles !* (dit d'un trompettiste qui joue dans l'environnement du locuteur).
Les classifications selon ce critère varient considérablement selon les perspectives d'analyse textuelle (voir p. ex. B. Combettes (1983 et 1992) et E. F. Prince (1981)).

Bibliographie. — E. F. Prince (1981), Toward a Taxonomy of Given-New Information, *Radical Pragmatics*, P. Cole, éd.. Academic Press : 223-255.

3.5. Le mode de donation du référent

La **référenciation** est le mécanisme interprétatif qu'une forme linguistique active pour donner accès à sa contrepartie référentielle. De ce point de vue, on distinguera très schématiquement quatre grands types de références.
• Par la **référence indexicale**, le locuteur utilise un terme dont le sens codé désigne plus ou moins directement un participant ou une composante immédiats de l'acte énonciatif. C'est, parmi

les déictiques, le cas des **embrayeurs** (**VII : 5.1.2.** et **XXIII : 2.1.**), grâce auxquels le locuteur s'autodésigne (*je*), identifie son interlocuteur comme tel (*tu*), évoque le moment de son énonciation (*maintenant, aujourd'hui*), etc.

• La **référence descriptive** utilise généralement un groupe nominal qui évoque des caractéristiques du référent visé. Les descriptions définies assurent l'identification univoque de leur référent qui est présenté comme étant le seul à satisfaire la description dans l'univers de discours (**VII : 2.3.**) : <u>*La première femme de Jean*</u> *ne s'est jamais remariée*. Les expressions possessives et démonstratives assurent également l'unicité du référent au moyen d'un trait descriptif relationnel (et éventuellement déictique) : *Prête-moi <u>ta</u> voiture* (= la voiture dont tu es le propriétaire) – *Regarde <u>cette</u> voiture* (= la voiture que je suis en train de te montrer). Pareille discrimination n'est pas opérée par les **descriptions non définies** (**VII : 2.4.**), qui se contentent d'identifier leur référent comme une occurrence parmi d'autres, réelle ou possible, du type d'objet représenté par la description : *J'ai voyagé en compagnie d'<u>un archevêque</u>* – *J'aimerais un jour interviewer <u>un archevêque</u>*.

• La **référence dénominative** opère une désignation rigide en identifiant le référent au moyen d'un nom propre (**VII : 2.8., 3.5.1.** et **3.5.2.**) : *Qui a gagné l'étape ?* – <u>*Bernard Hinault*</u>. Elle permet d'éviter les ambiguïtés référentielles auxquelles se trouvent exposées les expressions descriptives dans certains contextes autorisant deux interprétations :

• une lecture référentielle ou attributive (voir **3.1.** ci-dessus, *le meurtrier de Smith*),

• la lecture **transparente** ou **opaque** d'un énoncé comme *Oedipe voulait épouser <u>sa mère</u>* qui peut signifier :

– qu'Œdipe voulait épouser Jocaste sans pour autant vouloir épouser sa mère (dans l'univers de croyance du locuteur, mais non dans celui d'Œdipe, les deux expressions référentielles sont coréférentielles) ;

– qu'Œdipe savait que Jocaste était sa mère et voulait néanmoins l'épouser (la coréférence est assumée dans l'univers de croyance du locuteur et dans celui du personnage d'Œdipe que l'énoncé met en scène).

• La **référence pronominale** (**VII : 5.**) utilise des formes dépourvues de contenu descriptif (par exemple le pronom de la troisième personne) ou faiblement descriptives, parce que le référent lui-même est indéterminé (*Quelqu'un a sonné*) ou que son identification est assurée par d'autres éléments, contextuels (*Paul est déjà parti : Il était pressé*) ou situationnels (*Donnez-moi ça !*).

Bibliographie. — G. Kleiber (1981) : 171-210 et 267-293 – F. Corblin (1987), *Indéfini, défini et démonstratif*, Droz – M. Galmiche (1989), À propos de la définitude, *Langages*, 94 : 7-37 – Charolles M. (2002), *La référence et les expressions référentielles en français*, Ophrys.

Chapitre XXIII

L'ÉNONCIATION

1. LE CADRE ÉNONCIATIF. ÉNONCIATION ET ÉNONCÉ

1.1. Par **énonciation**, on entend généralement l'acte de production d'un énoncé par un locuteur dans une situation de communication. Le locuteur (ou énonciateur) adresse un énoncé à un allocutaire, dans des circonstances spatio-temporelles particulières. Ce faisant, il « implante l'autre en face de lui » comme partenaire et réfère au monde par son discours (Benveniste 1974 : 82). Tout acte d'énonciation se réalise dans une situation de communication particulière, caractérisée par plusieurs éléments constitutifs :

> – des protagonistes fondamentaux, acteurs de la communication, le locuteur et l'allocutaire, qui se prêtent mutuellement des connaissances (**Intro. : 1.1**) ;
> – un temps et un lieu spécifiques ;
> – des objets présents, qui constituent l'environnement perceptible des protagonistes.

L'énonciation peut s'envisager dans un cadre plus ou moins étendu, selon l'ouverture du champ d'investigation. Dans une perspective limitée, on s'intéresse aux éléments immédiats d'une situation de communication particulière : cadre matériel et spatio-temporel, identité et relations du locuteur et de l'allocutaire, canal de transmission (oral / écrit, verbal / non verbal),... Dans une perspective plus vaste, on peut envisager le cadre social de l'échange : lieu social de la communication (institutionnel ou non), positions sociales respectives des protagonistes et rapports

établis entre eux. Ces deux perspectives sont interdépendantes :
il est évident que le rapport social entre le locuteur et l'allocutaire conditionne le déroulement de l'échange. On les distingue
pour des raisons méthodologiques, un peu comme lorsqu'on
opère le réglage d'un objectif à focale variable d'un appareil
photo : la première correspond à un objectif standard, la seconde
à un grand angle. La prise en compte du cadre social de
l'échange intéresse davantage la sociologie, dont la socio-linguistique intègre les apports (**Intro.** : **1.3**). Les présentations qui
suivent donnent la priorité aux formes linguistiques dont l'analyse doit s'appuyer sur l'énonciation, sans négliger pour autant
une perspective plus vaste.

Histoire. — Le terme *énonciation* a été employé, depuis le Moyen Âge, avec un sens logique et grammatical. L'énonciation correspondait, à l'origine, à la proposition, au sens logique du terme. À partir du XIXe siècle, tout en gardant ses sens logique et grammatical, *énonciation* a pris d'une part un sens très large dans le discours courant et d'autre part un sens linguistique précis. Grâce à Ch. Bally (1932) et E. Benveniste (1974) notamment, les mots *énonciation* et *énonciatif* ont été « tirés hors de la phrase vers la profération interlocutoire, vers la subjectivité du langage et la prise en compte du locuteur dans l'analyse de l'énoncé » (S. Delesalle 1986 : 19). Ainsi, pour E. Benveniste, l'énonciation est la « mise en fonctionnement de la langue par un acte individuel d'utilisation », l'« acte même de produire un énoncé. Cet acte est le fait du locuteur qui mobilise la langue pour son compte » (1974 : 80).

Bibliographie. — C. Bally (1932) – E. Benveniste (1974) ch. 5, L'appareil formel de l'énonciation : 79-88 – F. Récanati (1979) – C. Kerbrat-Orecchioni (1980) – O. Ducrot (1980), Énonciation, *Encyclopaedia Universalis*, supplément : 528-532 – S. Delesalle (1986), Histoire du mot énonciation, *Histoire des conceptions de l'énonciation*, HEL, t. 8, Fasc. II : 7-22 – D. Sperber & D. Wilson (1989) – C. Kerbrat-Orecchioni (1990-1992-1994).

1.2. L'énonciation se distingue de **l'énoncé**, comme l'acte de
fabrication est distinct du produit fabriqué (**Intro.** : **3.5.5.**).
L'énoncé est le produit, oral ou écrit, de l'acte d'énonciation.
L'étude de la langue doit prendre en compte l'énonciation, dans
la mesure où celle-ci laisse des traces dans l'énoncé. Ceci conduit
à ne plus voir la langue comme une simple organisation formelle
fermée sur elle-même : elle est préconstruite en vue de son utilisation effective en situation de communication. Tout énoncé est
repéré directement ou indirectement par rapport à la situation
d'énonciation où il est produit. Le locuteur met en place le cadre

référentiel de l'énoncé à partir d'une situation particulière, qui permet d'identifier les acteurs de la communication et de situer l'énoncé dans le temps (**X : 1.2.**) et dans l'espace. Certes, il est des énoncés qui peuvent être relativement indépendants et détachés de leur situation d'énonciation d'origine : articles scientifiques, exposés philosophiques, récits historiques,... Ainsi, une phrase définitoire comme *La Terre tourne autour du Soleil* ne semble prise en charge par aucun énonciateur particulier : le locuteur joue le rôle de porte-parole d'une vérité qui lui est extérieure (l'histoire a cependant montré combien l'affirmation de certaines vérités engageait celui qui les exprimait). Mais, en règle générale, les formes linguistiques doivent être mises en relation avec la situation d'énonciation pour être complètement interprétées : dans *Je reviendrai demain,* l'identification du locuteur représenté par *je* et la localisation temporelle ne sont accessibles qu'à partir de la situation. Le discours est toujours celui d'un sujet parlant qui, même s'il s'en cache, le marque de ses empreintes énonciatives.

1.3. Pour étudier l'énonciation d'un point de vue linguistique, deux orientations globales sont possibles :

▶ **L'étude des indices de l'énonciation** : pour décrire ce que Benveniste (1974) appelle la « sémantisation de la langue », il faut relier les formes linguistiques aux situations d'énonciation. Certaines formes de la langue, les déictiques et les modalités en particulier, ne peuvent s'expliquer qu'en remontant aux éléments constitutifs de l'acte d'énonciation. Cette étude des indices ou des traces de l'énonciation dans l'énoncé donne la priorité aux formes linguistiques : elle part des mots de la langue pour en rendre compte au moyen des éléments de l'énonciation. Il s'agit d'examiner les manifestations de « l'homme dans la langue » (Benveniste 1974).

▶ **L'étude des actes de langage** : au point de départ de cette approche, il n'y a plus les mots de la langue, mais une théorie générale de l'action. La langue constitue un moyen d'agir parmi d'autres : « dire, c'est faire ». L'étude des actes de langage s'intéresse à l'utilisation par le locuteur de sa langue pour accomplir, dans une situation donnée, un certain type d'acte. Elle vise à caractériser et à classer les actes de langage, à travers les moyens linguistiques de leur réalisation.

Les recherches linguistiques actuelles qui intègrent la dimension énonciative suivent deux orientations différentes. L'une s'attache avant tout au fonctionnement référentiel des formes linguistiques, notamment des pronoms (*deixis* et anaphore). L'autre, partant des actes de langage, est représentée par différents courants pragmatiques, notamment la pragmatique cognitive (Sperber & Wilson 1989) et l'approche interactionniste (Kerbrat-Orecchioni 1990-1994).

2. LES INDICES DE L'ÉNONCIATION

2.1. Les déictiques

Les expressions déictiques sont des unités linguistiques « dont le sens implique obligatoirement un renvoi à la situation d'énonciation pour trouver le référent visé » (G. Kleiber 1986 : 12). Soient les phrases :
(1) *Je reviens dans dix minutes.*
(2) *Que penses-tu de ce livre ?*

Elles contiennent des expressions déictiques, qui renvoient à divers référents localisés dans la situation d'énonciation immédiate : le locuteur (*je*), l'allocutaire (*tu*) et, dans une interprétation non-anaphorique, un objet présent (*ce livre*). En outre, le moment de l'énoncé (présent) est repéré par rapport au point d'énonciation (qui ici coïncident). Pour interpréter ces expressions déictiques, c'est-à-dire pour identifier leur référent, il faut se reporter à la situation d'énonciation immédiate (**XXII : 3.3.**). En effet, leur référence peut varier avec chaque situation particulière : *Je reviens dans dix minutes* peut être dit ou écrit, à des moments et à des endroits divers, par une secrétaire, un commerçant, etc. On peut ainsi opposer les expressions déictiques aux expressions non déictiques ; dans la phrase suivante, les groupes nominaux ont un référent qui est spécifié grâce au sens préconstruit des unités lexicales (à l'exception du nom propre *Bois*), sans recours à des données situationnelles : « *Par une belle matinée de mai, une svelte amazone, montée sur une somptueuse jument alezane, parcourait, au milieu des fleurs, les allées du Bois...* » (A. Camus).

Remarque. — Les déictiques sont également appelés *embrayeurs* (traduction des *shifters* de R. Jakobson 1963) ou *symboles indexicaux* (suivant Peirce). Ces trois termes ne se recouvrent pas totalement.

Les déictiques sont plus ou moins reliés aux différents éléments constitutifs de la situation d'énonciation (personnes, objets présents, lieu et temps) :

▶ **Les pronoms personnels de première et de deuxième personne**

Je désigne le locuteur (celui qui parle, « celui qui dit *je* »), *tu* l'allocutaire (celui à qui le locuteur parle) ; l'un et l'autre sont alternativement utilisés par chaque interlocuteur dans un dialogue : *Est-ce à moi que s'adressent tes folies, ou est-ce au hasard que tu parles ?* (Musset). *Nous* inclut le locuteur et d'autres personnes (allocutaire(s) ou tierce(s) personne(s)) ; *vous* désigne le ou les allocutaires et peut inclure une tierce personne (**VII : 5.2.1.**).

Par définition, ces pronoms de dialogue ne désignent que des référents humains ou anthropomorphes (comme les animaux dans les *Fables* de La Fontaine) : *Elle est **à toi** cette chanson / **Toi** l'Auvergnat qui sans façon / **M**'as donné quatre bouts de bois / Quand dans ma vie il faisait froid* (Brassens).

Les déterminants et pronoms possessifs de première et deuxième personnes (***ma** vie, **tes** folies*) ont également une valeur déictique, dans la mesure où leur sens intègre une mise en rapport avec le locuteur ou l'allocutaire : *Donne-moi **mon** livre, je te rends **le tien***. Le déterminant possessif confère alors au groupe nominal entier une valeur déictique.

▶ Les déterminants et pronoms démonstratifs

Ils servent à constituer des groupes nominaux (**VII : 2.3.2. et 5.2.3.**) qui réfèrent à un objet présent dans la situation, surtout s'ils sont accompagnés d'un geste de désignation : *Donne-moi ce livre / ceci / cela – Regarde celui-là ! – Apprenez à vous méfier de ce monde-ci* (Balzac) – *Qu'est-ce que c'est que cette robe ?* (Colette). Mais ils peuvent également prendre une valeur anaphorique quand ils renvoient à un segment ou à un fragment antérieur du texte (**XXIV : 3.**).

Comme le déterminant démonstratif, l'article défini peut conférer au groupe nominal une valeur déictique quand celui-ci renvoie à un objet présent dans la situation d'énonciation : *Passe-moi le cric pour changer ma roue*. Mais le fonctionnement référentiel des groupes nominaux introduits par ces deux déterminants n'est pas identique (**VII : 2.3.**).

▶ Indications de lieu et de temps

Divers compléments de lieu et de temps prennent, pour certains de leurs emplois, une valeur déictique.

Les expressions de lieu peuvent repérer leur référent par rapport au site de l'énonciation : *ici*, quand il désigne le lieu (ou une partie du lieu) où le locuteur parle, peut s'opposer à *là* ou surtout *là-bas*, qui désignent ce qui en est éloigné ou séparé : *Mais, mon Dieu ! où ne vous ai-je point vue ici ?* (Mme de Sévigné) – ***Ici** même, je sais que jamais je ne m'approcherai assez du monde* (Camus).

Les compléments de temps, dans leur emploi déictique, sont repérés par rapport au moment de l'énonciation. Ils peuvent marquer la coïncidence (*maintenant, en ce moment, aujourd'hui*) ou un décalage antérieur (*hier, la semaine passée, le mois dernier*) ou postérieur (*demain, dorénavant, dans huit jours, la semaine prochaine*) :

> ***Maintenant** je sais tout* (Balzac)
> *Ma paroisse est une paroisse comme les autres. Toutes les paroisses se ressemblent. Les paroisses d'**aujourd'hui**, naturellement. Je le disais **hier** à M. le curé de Norenfontes* (Bernanos). Dans cet exemple, *hier* est bien déictique (= le jour avant le

moment de l'énonciation), alors qu'aujourd'hui a un sens lexical (*d'aujourd'hui* = « contemporaines, actuelles »).

Remarque. — À côté des adverbes, diverses catégories grammaticales peuvent avoir une emploi déictique : des adjectifs (*actuel, passé, prochain,* etc.), des prépositions (*devant, derrière,* etc.), des verbes. Ainsi, *venir* marque un déplacement vers l'endroit où se trouve le locuteur (*Viens ici / chez moi*), tandis qu'*aller* s'emploie dans tous les autres cas.

▶ Les temps du verbe

Les énoncés sont repérés par défaut par rapport au moment de l'énonciation. « De l'énonciation procède l'instauration de la catégorie du présent, et de la catégorie du présent naît la catégorie du temps. Le présent est proprement la source du temps » (Benveniste 1974 : 83). Par l'acte d'énonciation, le temps est mis en place, dans la perception subjective qu'en a le locuteur. Les temps du verbe, associés à d'autres moyens, organisent cette perception et la structurent dans une durée, inexistante au moment de l'énonciation. « L'actuel, le Nunc, est pour l'homme (fût-il mathématicien ou philosophe) cette plage calme où le temps reste indivis, où son cours semble suspendu » (G. Serbat 1988 : 21).

Cependant, les temps des verbes ne situent pas le procès dans le temps de la même manière que les groupes nominaux renvoient à leur référent. La localisation temporelle est effectuée par tout l'énoncé, et non par le verbe seul, même si celui-ci a souvent un rôle déterminant. Selon le cas, l'énoncé peut dénoter un procès contemporain du moment de l'énonciation (*En ce moment, il travaille*), ou décalé dans le passé ou dans le futur (**X : 1.2.**).

Remarque. — La définition et la description des déictiques posent des problèmes délicats, dont la complexité ne peut pas être développée ici : référence indirecte, référence « générique », etc. (*Voir* G. Kleiber 1991).

Bibliographie. — G. Kleiber (1986), Déictiques, embrayeurs, etc., comment les définir ?, *L'information grammaticale*, 30 : 3-22 – G. Serbat (1988), *Linguistique latine et linguistique générale*, ch. II et III, Peeters : 15-28 – G. Kleiber (1991), Anaphore – deixis, *L'information grammaticale*, 51 : 3-18.

2.2. Les modalités

La notion de modalité est empruntée à la logique modale, qui distingue la nécessité et la possibilité et ajoute à la logique des propositions les opérateurs correspondants. Dans l'étude de la langue, les modalités sont considérées comme des éléments qui expriment un certain type d'attitude du locuteur par rapport à son énoncé. Selon C. Bally (1932), toute phrase peut s'analyser en deux éléments : un « contenu représenté », le *dictum* (ou contenu propositionnel) et une modalité, le *modus*, qui indique la position du locuteur par rapport à la réalité du contenu exprimé. La modalité peut être explicite, comme dans *Il est sans doute parti*, où la locution *sans doute* marque le degré de certitude que le locuteur confère à son énoncé, ou incorporée au *dictum*, comme dans *Je viendrai demain*, où le futur envisage le procès sous l'angle de la probabilité. L'absence totale de modalité correspond alors à un « jugement de réalité » (A. Meunier 1974 : 18). Dans une approche énonciative, on distingue les modalités d'énonciation et les modalités d'énoncé.

2.2.1. **Les modalités d'énonciation** renvoient au sujet de l'énonciation en marquant l'attitude énonciative de celui-ci dans sa relation à son allocutaire. Elles se traduisent par différents types de phrases énonciatifs : déclaratif, injonctif ou interrogatif, qui expriment respectivement une affirmation, un ordre ou un questionnement, à l'intention de l'allocutaire. Un même contenu peut être pourvu de différentes modalités (**XIV : 1.1.**).

2.2.2. **Les modalités d'énoncé** renvoient au sujet de l'énonciation en marquant son attitude vis-à-vis du contenu de l'énoncé (elles réalisent la *fonction expressive* de Jakobson : **Intro. : 1.1**). Elles expriment la manière dont l'énonciateur apprécie le contenu de l'énoncé. Aux évaluations logiques classiques, limitées à la *vérité*, à la *possibilité*, à la *nécessité* et à leurs contraires, s'ajoutent d'autres sortes d'appréciations : la proposition énoncée peut être *certaine, établie, obligatoire, permise* ou, d'un point de vue affectif, *utile, heureuse, agréable, souhaitable,...* Suivant C. Kerbrat-Orecchioni (1980 : 120), on distingue, entre autres, deux aspects de la modalisation :

▶ *L'affectif,* qui concerne toute expression d'un sentiment du locuteur ;

▶ *L'évaluatif,* qui correspond à tout jugement ou évaluation du locuteur : appréciations en termes de bon / mauvais (**axiologique**, en rapport avec les valeurs) ou modalisations selon le vrai, le faux ou l'incertain (**épistémique**, c'est-à-dire concernant le savoir).

Ces diverses nuances de la subjectivité s'expriment par différents moyens lexicaux ou syntaxiques. Leur délimitation n'est pas facile, dans la mesure où la subjectivité du locuteur est omniprésente, puisqu'il s'engage dans tous ses choix linguistiques. En outre, la distinction objectif / subjectif n'est pas nettement tranchée. Ainsi, un adjectif de couleur, décrivant en principe une réalité objective, peut se prêter à l'expression de la subjectivité : *Oh ! cette voiture verte et rose !* De même, un nom objectif comme *renard* peut prendre un sens subjectif figuré : *Ce ministre est un vrai renard.* On peut réduire l'expression de la subjectivité aux termes nettement subjectifs, qui se caractérisent par deux propriétés (C. Kerbrat-Orecchioni 1980 : 71) :

• Leur sens lexical est flou, alors que celui des termes objectifs est net. *Une belle table* est plus imprécis et moins contrôlable que *une table rectangulaire* ou *une table carrée*.
• Leur valeur informative en situation est plus grande que celle des termes objectifs, parce que l'information sur celui qui parle s'ajoute alors à l'information sur ce dont il parle. *Cette table est belle* est plus informatif et plus habituel en situation que *Cette table est rectangulaire*, à moins que le second énoncé ne s'insère dans un contexte argumentatif (compliment ou critique, argument de vente, etc.).

L'inventaire de l'expression linguistique de la subjectivité se fonde d'abord sur les catégories grammaticales. On distingue :

▶ Des **noms** affectifs ou évaluatifs

• Noms simples, souvent connotés en termes de niveaux de langue : *baraque* vs *maison, bagnole* vs *voiture,...*
• Noms dérivés, notamment avec les suffixes *-ard* ou *-asse* : *chauffard, fuyard, vantard, caillasse, paperasse, bonasse,...*

- Noms dérivés de verbes ou d'adjectifs subjectifs (*amour, beauté, crainte, prétexte,...*) : *Vous sonderez combien est profonde la **corruption** féminine, vous toiserez la largeur de la misérable **vanité** des hommes* (Balzac).

▶ Des **adjectifs**

- **Affectifs** : *drôle, effrayant, pauvre* (antéposé), *terrible,...* : *Le pauvre homme !* (Molière)
- **Evaluatifs** : ils peuvent s'opposer sur une échelle graduée (*grand / petit, chaud / froid*) ou manifester simplement une appréciation éthique ou esthétique (*bon, beau*) :

*Le père Sorel, car c'était lui, fut très **surpris** et encore plus **content** de la singulière proposition que M. de Rênal lui faisait pour son fils Julien* (Stendhal).
Jupiter. – *Quelle nuit divine !*
Alcmène. – *Tu es faible, ce matin, dam tes épithètes, chéri. (...)*
Jupiter. – *Qu'aurais-je pu trouver de mieux ?*
Alcmène. – *À peu près tous les adjectifs, à part ton mot « divin », vraiment hors d'usage. Le mot « parfait », le mot « charmant ». Le mot « agréable » surtout, qui dit bien des choses de cet ordre : quelle nuit agréable !* (Giraudoux)

Certains de ces adjectifs se prêtent à l'expression d'un jugement dans une structure impersonnelle attributive (**XIV : 8.3.2.**) : *Il est possible / probable / nécessaire / utile / indispensable qu'il vienne* (ou *viendra*) – *Il est certain qu'il semble qu'on veuille tirer l'affaire en longueur* (Mme de Sévigné).

▶ Des **verbes** (en particulier employés à la première personne) dont le sémantisme exprime un sentiment (*aimer, détester, craindre*), une perception subjective (prise en charge par le locuteur avec *sembler*, attribuée à une autre source avec *paraître*), une opinion (*penser, croire*), un jugement de vérité (*avouer, prétendre, prétexter*), etc. : *J'aime, que dis-je aimer ? j'**idolâtre** Junie* (Racine) – *La princesse **prétendait** se connaître en musique.* (R. Rolland)

▶ Des **adverbes** (ou des locutions adverbiales) très nombreux, souvent en position de complément de phrase : *évidemment, certainement, peut-être, sans doute, probablement, réellement, vraiment, heureusement*, etc. (**XIII : 3.**), et, plus généralement, les compléments circonstanciels (**VI : 4.5.3.**) exprimant un commentaire du locuteur sur son énoncé (*à mon avis, en toute franchise, à vrai dire, sans* *vouloir vous contredire,...*) : *Ils criaient **évidemment** pour demander du secours* (Stendhal) – ***Peut-être** est-ce parce qu'il ne savait pas la musique qu'il avait pu éprouver une impression aussi confuse, une de ces impressions qui sont **peut-être** pourtant les seules purement musicales, inétendues, entièrement originales, irréductibles à tout autre ordre d'impressions* (Proust).

Dans leur valeur modale, ces adverbes ne modifient jamais un élément de l'énoncé, mais affectent globalement toute la phrase :

> (1) Sganarelle. – *En ce cas, Monsieur, je vous dirai <u>franchement</u> que je n'approuve point votre méthode.*
> (2) Oronte. – *Mais ne puis-je savoir ce que dans mon sonnet...* Alceste. – *<u>Franchement</u>, il est bon à mettre au cabinet.*

Dans ces deux exemples de Molière, l'adverbe *franchement* joue deux rôles différents. Dans (1), il porte sur le verbe *dire* (« en toute franchise ») ; dans (2), il exprime un commentaire énonciatif (**XIII : 3.**) sur l'assertion (= « pour parler franchement »).

▶ Les **interjections** émotives expriment, à l'état brut, un sentiment plus ou moins vif du locuteur (**XIV : 9.4.1.**) : *Zut ! Fi donc ! Aïe !*

> Hélène. – *Quel âge as-tu ?* – Troïlus. – *Quinze ans... **Hélas !*** – Hélène. – ***Bravo** pour « hélas » !...* (Giraudoux)

▶ **Les temps du verbe** peuvent exprimer l'attitude du locuteur vis-à-vis du procès. Le futur et le conditionnel, tournés vers l'avenir, évaluent les chances de réalisation du procès respectivement en termes de probabilité et de possibilité (**X : 2.1.6.** et **2.1.8.**) :

> *Plus froidement vous **calculerez**, plus avant vous **irez**.* (Balzac)
> *Moi, je connais très bien le jeu de la manille, et je n'**hésiterais** pas une seconde si j'avais la certitude que Panisse coupe à cœur* (Pagnol).

Il n'est d'ailleurs pas toujours facile de séparer les valeurs temporelles et modales de ces temps verbaux.

▶ **L'intonation** peut manifester, à l'oral, une appréciation du locuteur, en particulier dans la phrase exclamative (**XIV : 3.**) ; l'emploi du point d'exclamation à l'écrit ne peut pas en rendre toutes les nuances (**IV : 4.2.**) : *Mais ne voilà-t-il pas, patatras, qu'un jour, tout s'écroula!* (Pérec) – *Oh! Madame! Quelle bonté! s'écria Mahaut* (Radiguet).

▶ **La ponctuation** peut exprimer, à l'écrit, diverses attitudes du scripteur : appréciation et sentiments divers (point d'exclamation), insistance et mise en valeur par le choix des caractères (italiques, gras, capitales ou majuscules), distance plus ou moins ironique par les guillemets, etc. (**IV : 2.3** et **6.2**).

La notion de modalité, on le voit, rassemble des faits linguistiques hétérogènes, qui se situent à des niveaux différents, mais qui ont en commun d'impliquer le sujet parlant dans son énoncé. Dans les textes littéraires, la subjectivité peut être marquée par de nombreux termes, comme en témoigne l'extrait suivant : « *Elle monte trop bien à cheval, elle doit aimer à déployer sa force, je la crois active et violente ; puis elle me semble se mettre un peu trop hardiment au-dessus des convenances : la femme qui ne reconnaît pas de lois est bien près de n'écouter que ses caprices. Selon mes idées, l'amour veut plus de tranquillité : je me le suis figuré comme un lac immense où la sonde ne trouve point de fond, où les tempêtes peuvent être violentes, mais rares et contenues dans des bornes infranchissables ; où deux êtres vivent dans une île fleurie, loin du monde, dont le luxe et l'éclat les offenseraient* » (Balzac, *Le lys dans la vallée*).

Bibliographie. — A. Meunier (1974), Modalités et communication, *Langue française*, 21 : 8-25 – C. Kerbrat-Orecchioni (1980), ch. 2 – J. David et G. Kleiber (éds) (1983), *La notion sémantico-logique de modalité*, Colloque organisé par la Faculté des Lettres de Metz, Klincksieck – P.-P. Haillet (2002) – H. Kronning (2004), Modalité et médiation épistémiques, *in* R. Delamotte-Legrand (éd.), *Les médiations langagières.* Vol. I : *Des faits de langue aux discours*, Publications de l'Université de Rouen : 34-65.

3. LES ACTES DE LANGAGE

Le sens commun considère que la langue a pour fonction essentielle de transmettre une information. Or, on ne saurait réduire l'usage du langage à la production d'assertions, dont le sens se limiterait à la représentation d'un état de choses. La philosophie analytique anglaise (Austin, Searle) a montré que la langue est d'abord un moyen d'agir sur autrui. Cette conception met en valeur la force intrinsèque de tout acte d'énonciation : tout locuteur, quand il énonce une phrase dans une situation de communication donnée, accomplit un acte de langage, qui instaure un certain type de relation avec l'allocutaire. Comme tout acte, un acte de langage vise à modifier un état de choses existant.

Il convient de distinguer les actes de langage conditionnés et sanctionnés par une institution sociale de ceux qui s'accomplissent indépendamment d'un tel cadre dans les interactions quotidiennes :

▶ Les actes institutionnels

(1) *Je déclare la séance ouverte.*
(2) *Je jure de dire toute la vérité, rien que la vérité.*
(3) *Je te baptise au nom du Père, du Fils et du Saint-Esprit.*

Ces actes sont accomplis dans le cadre d'une institution (religieuse, judiciaire,...) et ne sont réalisés effectivement que s'ils sont reconnus par elle. En particulier, le locuteur doit être autorisé par l'institution pour que sa parole ait force d'acte. La langue ne se suffit donc pas à elle-même pour accomplir un acte institutionnel. Aussi est-elle souvent accompagnée de gestes ritualisés : le témoin, au tribunal, doit lever la main droite (2) ; le prêtre doit accomplir les gestes rituels du baptême (3). Dans ce type de situation sociale, la langue joue un rôle auxiliaire, explicitant l'acte qu'un geste, à la limite, suffirait à indiquer.

▶ Les actes de langage ordinaires

(4) *Je te préviens que si tu me mens, je le saurai.* (Colette)
(5) *Je te promets de venir – Je viendrai, ne t'en fais pas.*
(6) *Je vous félicite pour ce brillant résultat.*

La réalisation effective d'un acte de menace (4), de promesse (5) ou de félicitations (6) s'opère ici par des moyens exclusivement linguistiques. L'énonciation de la phrase réalise l'acte que celle-ci signifie : « dire, c'est faire ». La langue, qui met à la disposition du locuteur diverses formes lexicales et grammaticales grâce auxquelles il peut accomplir un acte, se suffit à elle-même. On peut dresser une liste d'actes de langage ordinaires possibles à partir d'une série de verbes d'action qui dénotent ces actes : *ordonner, interroger, conseiller, exprimer un souhait, suggérer, avertir, remercier, critiquer, accuser, affirmer, féliciter, supplier, menacer, promettre, insulter, s'excuser, avancer une hypothèse, défier, jurer, autoriser, déclarer,...* (F. Récanati 1981 : 19).

Cependant, même s'il n'est pas effectué dans le cadre d'une institution, l'acte de langage ordinaire n'est pas indépendant de toute détermination sociale. Ainsi, un locuteur peut donner un ordre à autrui seulement si, dans des circonstances déterminées, la hiérarchie sociale le lui permet. Simplement, dans la « grammaire » des interactions quotidiennes, le jeu de la langue est plus ouvert et moins codifié que dans les rites institutionnels :

LE MAITRE, *à Jacques. Parle, maroufle.*

JACQUES, *à son maître. Parlez vous-même.*

L'HOTESSE, *à Jacques. Allons, monsieur Jacques, parlez, votre maître vous l'ordonne ; après tout, un maître est un maître...* (Diderot).

Histoire. — Les actes de langage sont accomplis au moyen d'énoncés dits « performatifs ». Un **énoncé performatif** est un énoncé qui accomplit l'acte qu'il énonce. Au début, Austin a introduit la distinction entre les énoncés *constatifs* et les énoncés *performatifs*. Les premiers se limitent à un constat, à la description d'un état de fait : c'est le cas des phrases déclaratives. Les seconds font autre chose que d'informer ou de rapporter un fait ; ils servent à accomplir effectivement un acte (ordre, question,...) : « l'exécution de la phrase est l'exécution d'une action » (Austin 1970 : 43). Mais les assertions constituent aussi des actes de langage, qui peuvent, comme tous les actes, réussir ou échouer. Austin étend finalement la notion de performatif à tous les énoncés : parler, c'est toujours accomplir un acte. Par définition, tout énoncé est donc performatif. Il s'agit alors de classer les énoncés en « *familles* plus générales d'actes de discours » (Austin 1970 : 153). Ce travail de classification, ébauché par Austin (12e conférence), a été approfondi par de nombreux chercheurs, qui ont fait appel à différents critères (*voir* J. Searle 1972 et F. Récanati 1981). La théorie des actes de langage a été révisée par la pragmatique cognitive (Sperber & Wilson 1989 ; Moeschler & Reboul 1994, ch. 1 et 3) et placée dans un cadre plus large par les approches interactionnistes (C. Kerbrat-Orecchioni 2001).

3.1. Caractéristiques d'un acte de langage

3.1.1. Conditions de réalisation d'un acte de langage

▶ Un acte de langage repose toujours sur une convention sociale implicite qui associe, dans une communauté donnée, telle expression linguistique à la réalisation de tel acte de langage particulier. Comme les actes de langage ne peuvent se réaliser que par le langage, celui-ci en détermine les règles. Ainsi, la grammaire du français associe directement une phrase impérative à un acte d'injonction (**XIV : 4.**), une phrase interrogative à un acte de questionnement (**XIV : 2.**),... Tel verbe d'action a la propriété, dans des conditions particulières (**3.2.1**), de réaliser tel acte de langage qu'il décrit : *promettre* sert à réaliser un acte de promesse, *féliciter* un acte de félicitations, etc. Des termes comme *idiot, crétin, imbécile* servent à réaliser, dans certaines conditions, un acte d'injure. La grammaire prévoit également les mécanismes de dérivation qui autorisent des interprétations indirectes (**3.3**).

▶ Un acte de langage définit des droits et des devoirs. En l'accomplissant, le locuteur se donne un certain rôle et assigne un rôle à l'allocutaire, conformément au scénario conventionnel qui régit l'acte de langage. Ainsi, quand il donne un ordre, le locuteur pose son droit d'imposer un certain comportement à son partenaire, qui est mis en demeure de se plier à l'injonction. Quand il pose une question, le locuteur établit de même son droit d'interroger et le devoir de l'interlocuteur de répondre. S'il affirme quelque chose, le locuteur est censé garantir la teneur de ses propos et demande à autrui de partager sa croyance. L'assignation des rôles ne préjuge pas du succès ou de l'échec de l'acte concerné. L'allocutaire peut refuser le rôle qui lui est imposé par l'injonction ou par la question ; le locuteur peut être cru ou non lorsqu'il affirme ce qu'il croit (ou même, dans le cas du mensonge, ce qu'il ne croit pas).

▶ Tout énoncé s'affiche et s'interprète comme réalisant directement ou indirectement un acte de langage. Pour que celui-ci puisse s'accomplir, il faut que l'intention du locuteur soit reconnue par son allocutaire. On ne peut pas donner un ordre à quelqu'un s'il ne comprend pas l'intention d'agir sur son comportement. La reconnaissance de l'intention du locuteur n'est pas toujours assurée, notamment en cas d'acte de langage indirect (**3.3**).

3.1.2. Un acte de langage possède une **force illocutoire** (F), qui s'applique à un **contenu propositionnel** (p) représentant un état de choses, ce que Searle résume par la formule **F(p)**. Ainsi, *Je vous ordonne de fermer la porte* peut être représenté : *ORDRE (vous + fermer la porte)*. La force illocutoire est indiquée par le terme en capitales et le contenu propositionnel est encadré par les parenthèses (F. Récanati 1981 : 152).

Plus complètement, un acte de langage se décompose en trois sortes d'actes (Austin 1970, 8ᵉ conférence) :

▶ Un **acte locutoire** (ou *locutionnaire*)

C'est « le dire », l'acte de production d'un énoncé, qui a trois composantes étroitement liées : un acte de production des sons, un acte de combinaison des mots en phrases et un acte de référence (les mots et la phrase sont reliés à un référent). Le résultat de l'acte locutoire est une phrase, pourvue d'une signification.

▶ Un **acte illocutoire** (ou *illocutionnaire*)

C'est l'acte de langage proprement dit, ce que le locuteur fait en parlant, conformément à une convention reconnue : poser une question, donner un ordre, faire une promesse,...

▶ Un **acte perlocutoire** (ou *perlocutionnaire*)

C'est l'effet produit par l'acte illocutoire sur l'allocutaire. Il n'est pas prévu par la convention, mais permet d'évaluer la réussite ou l'échec de l'acte illocutoire suivant les réactions de l'allocutaire, qui peuvent être nombreuses et variées. Quand on lui donne un ordre, l'allocutaire peut s'y soumettre, le contester, l'ignorer, en rire,... Une question peut amener, au niveau perlocutoire, la réponse demandée, une fausse réponse, une non-réponse, une autre question (voir **3.2.2**, exemple de Giraudoux), un refus plus ou moins poli,... Une promesse peut susciter chez l'allocutaire la joie, la tristesse, l'indifférence, la moquerie,... Autant la convention prévoit des scénarios précis pour l'accomplissement d'un acte de langage au niveau illocutoire, autant elle ne peut pas prévoir quel effet il aura sur autrui, s'il réussira ou s'il échouera, au niveau perlocutoire. Celui-ci, qui prend en compte les intentions et les réactions possibles des interlocuteurs, dépend de mécanismes cognitifs généraux.

Bibliographie. — J.-L. Austin (1962) – J.-R. Searle (1972) – O. Ducrot (1972), *Dire et ne pas dire*, Hermann – F. Récanati (1981) – D. Vanderveken (1988), *Les Actes de discours*, Liège, Mardaga – C. Kerbrat-Orecchioni (2001).

3.2. Les actes de langage directs

Les actes de langage directs sont accomplis au moyen de la forme linguistique qui leur est associée par convention. Ils ont deux supports possibles, réalisés dans deux sortes d'énoncés :

3.2.1. Les énoncés **performatifs explicites** contiennent un **verbe performatif**, qui indique (explicite) l'acte de langage accompli :
Je t'ordonne / te demande de venir – Je te promets de venir – Je vous autorise à sortir – Je vous affirme qu'il est innocent.
Les verbes performatifs sont en nombre limité ; ils correspondent chacun à un acte de langage spécifique. Mais ils ne sont que potentiellement performatifs : ils ne peuvent constituer un énoncé performatif que dans des conditions grammaticales bien précises. Ils doivent être employés à la première personne du présent de l'indicatif, avec un complément renvoyant explicitement à l'allocutaire (*tu* ou *vous*), comme dans nos exemples. En effet, pour accomplir un acte de langage, le locuteur doit s'engager en employant *je* ; s'il dit *Il t'ordonne de venir*, il ne fait que

rapporter l'ordre d'autrui. L'acte s'accomplit au moment de l'énonciation, au présent ; dans *Je t'ai ordonné de venir*, le locuteur rapporte une action qu'il a accomplie dans le passé. L'acte est accompli en direction de l'allocutaire (*tu* ou *vous*) ; dans *Je lui ordonne de venir*, le locuteur décrit simplement l'acte injonctif qu'il adresse à un tiers.

Au moyen des deux énoncés suivants sont accomplis un acte d'assertion (*affirmer*) et un acte d'injonction polie (*prier*) : *Je vous affirme que François est étranger à ce drame* (Radiguet) – *Maintenant, je vous prie de vous retirer* (Montherlant).

Remarque. — La forme des énoncés performatifs explicites est semblable à celle des énoncés employés dans les actes institutionnels. Ces derniers sont des représentants modèles des premiers : *Je jure de dire toute la vérité* (acte institutionnel) et *Je vous jure que je dis la vérité* (Salacrou : énoncé performatif explicite).

Un énoncé performatif explicite représente la plus grande explicitation possible d'un acte illocutoire : l'énonciation de la phrase réalise l'acte que le verbe performatif dénomme. En parlant, « je fais ce que je dis faire – par le simple fait que je dis le faire » (O. Ducrot 1972 : 69). Le performatif explicite est donc employé en particulier quand l'intention illocutoire du locuteur n'a pas été perçue par l'allocutaire ou quand celui-ci aura fait quelques difficultés pour admettre ou exécuter l'acte en question. Cependant, tous les actes de langage ne peuvent pas réalisés par des verbes performatifs. Ainsi, il ne suffirait pas de dire « Je t'injurie » pour accomplir un acte d'injure.

3.2.2. Les énoncés **performatifs primaires** correspondent essentiellement aux trois grands types de phrases : déclaratif, interrogatif et injonctif. L'acte de langage n'est pas accompli au moyen d'un verbe performatif explicite, mais par l'emploi même du type de phrase associé par convention à un type d'acte spécifique.

▶ La phrase déclarative (1) correspond normalement à un acte d'assertion, la phrase interrogative (2) à un acte de questionnement et la phrase injonctive (3) à un acte d'injonction :

(1) *Toute langue n'est en somme qu'un langage, ce qui implique nécessairement qu'elle se compose de sons...* (Ionesco)
(2) Andromaque. – *Aimes-tu la guerre* ? Hector. – *Pourquoi cette question* ? (Giraudoux)
(3) *Dessine-moi un mouton.* (Saint-Exupéry)

Chacun de ces trois types englobe des valeurs plus spécifiques : ainsi, le type injonctif représente globalement l'ordre strict, la requête, la demande, la prière, etc. (**XIV : 4.1.**). Selon E. Benveniste, ces trois grands actes de langage correspondent aux « trois comportements fondamentaux de l'homme » (1974 : 84).

▶ Un énoncé déclaratif au futur (**X : 2.1.6.**), qui envisage un état de choses ou le comportement à venir du locuteur ou de l'allocutaire, peut servir à réaliser différents types d'actes directs, dont la force illocutoire est indiquée par le contexte : actes promissifs (le locuteur s'engage à agir, par un énoncé à la première personne), injonctifs (le locuteur engage l'allocutaire à agir, par un énoncé à la deuxième personne) ou prédictifs (assertion sur l'avenir).

(1) *Moi je t'offrirai / Des perles de pluie / Venues de pays / Où il ne pleut pas* (J. Brel)
(2) *Tu descendras. – Je ne descendrai pas. – Tu descendras. – Je ne descendrai pas* (Diderot). Aux ordres de son maître à la deuxième personne, Jacques oppose son refus à la première personne.

Remarque. — D'aucuns considèrent que ces actes de langage accomplis par un énoncé au futur dérivent de sa valeur temporelle de base qui place la réalisation du procès dans l'avenir.

▶ Il convient par ailleurs d'ajouter aux trois types de phrases fondamentaux les énoncés performatifs primaires contenant certaines formes linguistiques utilisées pour accomplir un acte d'injure ou de menace. Pour l'injure, les « noms de qualité » étudiés par J.C. Milner et N. Ruwet s'emploient dans des structures exclamatives particulières : *Imbécile ! Quel imbécile ! Espèce d'imbécile !...* L'emploi de ces termes les rapproche des performatifs explicites ; mais les structures syntaxiques qui leur confèrent leur valeur performative peuvent aussi accueillir des termes qui, par définition, ne sont pas spécialisés dans l'injure, mais prennent *ipso facto* une valeur d'injure : *Espèce de morphème* ! Les lecteurs de *Tintin* connaissent bien les kyrielles d'injures du capitaine Haddock, qui suivent le modèle de l'interjection : *Sapajou* !... *Marchand de tapis* !... *Paranoïaque* !... *Moule à gaufres* !... *Cannibale* !... *Ornithorynque* !... *Boit-sans-soif* !... *Bachi-bouzouk* !... *Anthropophage* !... *Cercopithèque* !... *Schizophrène* !... *Heu... Jocrisse* !... (*Coke en stock*)

Les formules de salutation et de prise de congé, qui comportent des interjections comme *bonjour* ou *bonsoir*, servent aussi à accomplir les actes de langage correspondants (**XIV** : 9.4.1.).

Bibliographie. — J.-C. Milner (1978), *De la syntaxe à l'interprétation. Quantités, insultes, exclamations*, Le Seuil – N. Ruwet (1982), *Grammaire des insultes et autres études*, Le Seuil.

3.3. Les actes de langage indirects

3.3.1. Alors que les actes de langages directs utilisent la forme linguistique associée par convention à un acte de langage spécifique, les actes de langage indirects sont accomplis au moyen d'un énoncé contenant une forme associée conventionnellement à un autre acte que celui qu'ils visent à accomplir. Ainsi, dans une situation donnée, le locuteur dispose de deux moyens pour demander à autrui de fermer la fenêtre :

(1) *Fermez la fenêtre !*
(2) *Il fait froid ici !*
(3) *Vous ne trouvez pas qu'il y a un courant d'air ?*

Dans le premier cas (1), l'intention du locuteur est clairement indiquée par la phrase injonctive, associée directement à l'acte d'injonction. Dans (2) et (3), le locuteur utilise une phrase déclarative ou interrogative pour formuler indirectement une injonction ou, à tout le moins une prière. Pour que son intention soit reconnue par l'allocutaire, celui-ci doit effectuer une série de calculs interprétatifs, à partir de la situation, pour déceler l'injonction.

Dans le cas d'un acte indirect, l'allocutaire peut très bien ne pas reconnaitre ou faire semblant d'ignorer l'intention du locuteur. Inversement, celui-ci peut très bien nier son intention illocutoire, puisqu'elle n'est pas associée par convention avec l'énoncé utilisé. Les interlocuteurs sont donc moins liés par un acte indirect, dont l'utilisation permet à chacun de « sauver la face » (E. Goffman).

Remarque. — Pour rendre compte de l'interprétation des énoncés, notamment de ceux qui comportent une part d'implicite, Grice (1979) a établi des « principes conversationnels » et Ducrot (1979) a défini des « règles de discours ». Ces règles et principes sont englobés dans le « principe de pertinence » de D. Sperber & D. Wilson (1989), qui postule que le locuteur produit l'énoncé le plus pertinent dans la situation donnée. À partir de celle-ci, de l'énoncé produit et de ses connaissances, l'interlocuteur construit l'interprétation de l'énoncé par inférences successives. Cette interprétation demande plus ou moins d'efforts cognitifs à l'interlocuteur. La pertinence dépend donc à la fois des apports du contexte situationnel, des efforts cognitifs à fournir et des connaissances de l'individu. Dans l'exemple *Il fait froid ici*, l'interlocuteur peut faire l'hypothèse qu'il ne s'agit pas d'une simple assertion, mais que le locuteur veut dire autre chose. Il aboutira, par inférences, à l'hypothèse que le locuteur veut lui demander de faire quelque chose en rapport avec la situation, en l'occurrence de fermer la fenêtre ou d'accomplir une autre action qui modifiera l'état de choses désagréable asserté. Il aura donc reconnu un acte indirect d'injonction accompli par le locuteur.

3.3.2. On peut distinguer **deux types d'actes indirects** (C. Kerbrat-Orecchioni 1986) :

▶ **La dérivation allusive**

(1) *Il fait froid ici !*
(2) *Cette choucroute aux poissons est délicieuse.*
(3) *Il se fait tard.*

Ces trois énoncés peuvent être utilisés, en situation, pour formuler des demandes, comme « Fermez la fenêtre ou la porte, ou allumez le chauffage » (1), « Servez-moi encore de la choucroute » (2), « Rentrez chez vous » (3). Le dernier peut aussi exprimer un refus : « Je ne veux pas sortir ». Dans tous les cas, le sens littéral de l'énoncé n'est pas annulé par l'acte indirect. Celui-ci s'y ajoute, de manière secondaire, comme un sous-entendu, déterminé par la situation. L'affirmation littérale reste vraie et se trouve complétée par l'acte indirect qui en est le prolongement quasi naturel en situation.

▶ **Le trope illocutoire**

(4) *Avez-vous l'heure ?*
(5) *Pouvez-vous fermer la fenêtre ?*
(6) *Veux-tu bien t'arrêter, blanc-bec !* (Stendhal)

La valeur littérale directe de la phrase est remplacée par la valeur dérivée indirecte. Les phrases (4) et (5) perdent leur valeur interrogative pour exprimer indirectement une demande. On en veut pour preuve le test de la réponse ou de l'enchaînement sur le sens littéral : répondre *oui* aux deux questions sans faire ce que le locuteur demande serait déplacé ou humoristique, comme dans le fameux sketch de Pierre Dac et Francis Blanche :
– *Pouvez-vous donner le numéro du compte en banque de monsieur ?* – *Oui !* – *Il le peut, c'est formidable !*

On peut en revanche compléter les phrases exprimant une demande avec *s'il vous plaît*. La phrase (6), elle, n'est même pas pourvue d'un point d'interrogation, mais d'un point d'exclamation, qui confirme l'interprétation injonctive.

Remarque. — L'appellation de « trope illocutoire » se fonde sur le mécanisme des tropes comme la métaphore qui, en rhétorique, remplacent le sens littéral par le sens figuré (**XXI : 4.1.**).

Les énoncés qui servent à accomplir des actes indirects ne fonctionnent pas de la même façon :

• Certains sont figés, voire lexicalisés : leur valeur indirecte est déjà inscrite en langue. Ainsi, *Pouvez-vous me passer le sel ?* est immédiatement compris comme une demande de faire l'action indiquée. Ils ne sont alors pas très différents des énoncés performatifs directs, dans la mesure où ils sont associés, par convention, à un acte déterminé. Ils sont marqués par des termes spécifiques, qui constituent les indices de l'acte de langage. Ainsi, une phrase interrogative comportant les verbes *avoir* (4), *pouvoir* (5), *vouloir* (6) ou *aller* à la deuxième personne peut exprimer une demande, et non une question :

Veux-tu prendre l'habitude de fermer la bouche quand tu ne parles pas ? (Colette). Ces verbes, en faisant porter la question sur les conditions de possibilité d'une demande, reviennent à formuler indirectement cette demande. Par ailleurs, certaines interrogations oratoires figées expriment une assertion indirecte, négative dans ces deux formules : *Est-ce que je sais, moi ? Qu'est-ce que vous en savez ?* (E. Bourdet).
• Pour la majorité des énoncés, la valeur indirecte n'est pas inscrite en langue, mais elle est identifiée en situation. Dans les *Fourberies de Scapin*, la phrase célèbre de Géronte, *Que diable allait-il faire dans cette galère ?* n'est pas une interrogation véritable, mais exprime une critique. Un même énoncé peut avoir ainsi plusieurs valeurs illocutoires possibles, dont une sera réalisée dans une situation donnée. Un énoncé comme *Cette choucroute aux poissons est délicieuse*, qui constitue une évaluation favorable, pourra être interprété comme un compliment de gastronome, une demande d'un invité à son hôte ou une recommandation d'un restaurant à un client. L'interlocuteur dispose donc, dans le cas des actes indirects, d'une relative liberté d'interprétation, un malentendu étant toujours possible (« Non, je ne voulais pas reprendre de choucroute ! » peut dire celui dont le compliment est interprété comme une demande).

Ainsi, les actes de langage indirects doivent être interprétés à l'aide des données de la situation d'énonciation. Leur mise en relation avec les formes linguistiques apparait comme relativement aléatoire et imprévisible, à l'exception des tropes illocutoires figés ou lexicalisés, marqués par des indices plus ou moins codifiés.

Bibliographie. — *Communications* (1979), 30, *La Conversation* – H.-P. Grice (1979), Logique et conversation, *Communications*, 30 : 57-72 – O. Ducrot (1979), Les lois de discours, *Langue française*, 42 : 21-33 – J.- C. Anscombre (1980), Voulez-vous dériver avec moi ? , *Communications*, 32 : 61-129 – C. Kerbrat-Orecchioni (1986) – D. Sperber & D. Wilson (1989).

3.4. Les actes de langage dans les interactions verbales

Dans une communication réelle, les actes de langage ne se réalisent pas de manière isolée, mais ils s'enchainent entre eux dans des séquences organisées. Dans une approche interactionniste qui s'intéresse aux relations entre les interlocuteurs, notamment dans la conversation, on situe les actes de langage dans une organisation hiérarchisée. C. Kerbrat-Orecchioni (2001 : 61) présente un « modèle hiérarchique » à plusieurs niveaux : les actes de langage se combinent pour former des interventions, qui se regroupent pour former des échanges, qui se groupent à leur tour en séquences, qui constituent au plus haut niveau une interaction langagière.

Une intervention peut comporter un seul acte de langage (1) ou en associer plusieurs (2) :

(1) – *Quelle heure est-il ? – Il est minuit.*
(2) – LUI. *Tu n'as rien vu à Hiroshima. Rien.* – ELLE. *J'ai tout vu... Tout. Ainsi l'hôpital, je l'ai vu... J'en suis sûre. L'hôpital existe à Hiroshima. Comment aurais-je pu éviter de le voir ?* (M. Duras)

Un échange minimal comporte généralement deux interventions, dites *initiative* et *réactive*, comme un bref échange de salutations *(– Bonjour ! – Bonjour !)* ou une paire question-réponse :

– *Paulette... Ah ! Dis... Qu'est-ce que tu fais là ?*
– *Ça ne te regarde pas.* (*Jeux interdits*)

Mais l'échange peut comporter plusieurs interventions et s'insérer dans une séquence ; les échanges suivants marquent la clôture d'une séquence dialogale entre l'évêque (E.) et Molyneux (M.) :

— M. Qu'est-ce qu'il a ?... – E. Qui ? – M. Votre couteau... – E. Comment ?... – M. Oui... vous regardez votre couteau et vous dites... bizarre... bizarre... Alors je croyais que... – E. Moi, j'ai dit « bizarre, bizarre »... comme c'est étrange... Pourquoi aurais-je dit... « bizarre » ?... – M. Je vous assure, cousin, vous avez dit « bizarre » - E. J'ai dit « bizarre », comme c'est bizarre !... (J. Prévert, *Drôle de drame*)

De manière générale, les actes de langage sont intégrés dans des rites d'interaction où ils contribuent à déterminer les relations entre les interlocuteurs et qui leur donnent leur pleine valeur.

Bibliographie. — E. Goffman (1974) – C. Kerbrat-Orecchioni (1996) – C. Kerbrat-Orecchioni (2001).

4. LES ÉNONCÉS NON LITTÉRAUX

Un très grand nombre d'énoncés ont des significations très éloignées de leur sens littéral, qui ne peuvent être comprises de l'auditeur ou du lecteur que par un calcul prenant en compte la situation d'énonciation particulière où ils ont été produits. Malgré leur diversité considérable, on peut relever parmi eux ces quelques cas typiques.

4.1. La litote, l'hyperbole et la tautologie

▶ « La **litote** (...), au lieu d'affirmer positivement une chose (...), la diminue plus ou moins, dans la vue même de [lui] donner plus d'énergie et de poids » (Fontanier 1968 : 133) :

> *Va, je ne te hais point* (Corneille, *Le Cid*) – *Tu es peu patient.* – *Il n'est guère bavard.*

Elle se présente comme la négation du contraire, c'est-à-dire, en somme, la négation d'une négation : *Il n'est pas vrai que je ne t'aime pas* ; ou encore une exagération de la valeur argumentative : *Tu es peu patient* est à comprendre comme *Tu n'es pas du tout patient* (**XIV : 5.2.3.**). Bien entendu, la négation à elle seule n'assure pas la réussite de la litote. C'est seulement un indice. Comme entre amour et haine il y a au moins place pour l'indifférence, Chimène aurait très bien pu dire ou penser : *Va, je ne te hais point, je ne t'aime pas non plus.* La responsabilité du récepteur est entièrement engagée dans son décryptage, qui est largement contextuel : Chimène ne peut pas avouer son amour, et sait que Rodrigue le sait (et Corneille sait que le spectateur le sait).

▶ **L'hyperbole** ou figure d'exagération relève encore plus nettement d'une communication à risque. Seule l'intonation, non sans ambiguïté, peut guider le récepteur vers la bonne interprétation. Par écrit, même le point d'exclamation reste d'une valeur incertaine. Beaucoup d'hyperboles sont passées dans le langage courant :

> *Un bruit à réveiller les morts ; une histoire à dormir debout ; un problème à se casser la tête contre les murs...* (l'intensité extrême est suggérée par la nature – extrême – de ses conséquences) – *Je n'ai pas fermé l'œil de la nuit.*

Le locuteur ou le scripteur qui y a recours ne vise évidemment pas à faire croire exactement ce qu'il énonce, mais à provoquer une inférence, selon le principe « qui peut le plus peut le moins ». On trouve très fréquemment les hyperboles sous la forme semi-lexicalisée d'« expressions toutes faites ».

La mise en évidence d'une hyperbole « vive » dans un discours ou dans un texte requiert une analyse très fine mettant en jeu la situation dans toutes ses composantes, et notamment dans le rapport entre les parties prenantes de l'échange verbal. Même si celui qui dit *Je n'ai pas fermé l'œil de la nuit* exagère son insomnie, comme la tante Léonie dans *du côté de chez Swann* (« ne jamais dormir était sa grande prétention » écrit Proust), il veut peut-être qu'on le prenne au mot, et il a peut-être passé une nuit vraiment et entièrement blanche. En dehors de la connaissance qu'ont l'un de l'autre et de la situation les interlocuteurs, il y a un égal risque à interpréter ce message comme une hyperbole ou à s'y refuser.

▶ **La tautologie** est une phrase attributive dont l'attribut est apparemment identique au sujet :

> *Un homme est un homme, c'est naturel en somme* (paroles de chanson) – *Le passé, c'est le passé* – *Ce qui est fait est fait (et n'est donc plus à faire)* – *Trop c'est trop.*

Dans les tautologies « génériques » ci-dessus, la première occurrence d'*homme* et de *passé* représente un exemplaire jugé représentatif d'une classe référentielle envisagée dans son *extension*, dont la seconde prédique l'essence, c'est-à-dire la *compréhension* (**VII : 4.1. Rem**). Pragmatiquement, ces énoncés constituent le rappel du contenu définitoire d'un mot à des fins argumentatives. Mais la tautologie peut aussi souligner la spécificité d'une entité particulière en l'identifiant à elle-même :

> *Ton fils est ton fils* – *Mon vélo, c'est mon vélo* (pour laisser entendre : Je ne le prête pas) – *Ce qui est à moi est à moi* – *Paris qui n'est Paris qu'arrachant ses pavés* (Aragon).

4.2. L'allusion

Mais à quoi fais-tu donc allusion ? Qu'est-ce que tu insinues ?

« L'allusion (...) consiste à faire sentir le rapport d'une chose qu'on dit avec une autre qu'on ne dit pas, et dont ce rapport même réveille l'idée » (Fontanier 1968 : 125). L'allusion est un message adressé au bon lecteur ou au bon auditeur capable de rapprocher plusieurs indices pour en tirer une certitude. L'allusion se présente comme une énigme à résoudre, dont la formule pourrait être ce vers de Charles d'Orléans : *Que pensè-je ? Dites-le moi.* Dans sa forme, l'allusion est un discours incomplet, voire interrompu (c'est alors la figure de la réticence), où ce que le locuteur dit est en-deçà de ce qu'il veut dire, c'est-à-dire « donner à entendre ». Son domaine d'application, ce sont les connaissances partagées.

▶ Circonstances discursives de l'allusion

a) Dans la **conversation**, où elle est particulièrement prisée (cf. son importance dans les salons d'autrefois), elle permet de manifester son esprit et de traiter avec légèreté les questions délicates (comme celles qui touchent à la sexualité), voire de déjouer une censure. Elle a aussi pour effet, ou pour but, de partager le public réel ou virtuel en deux groupes, d'une part celui des gens qui la saisissent (avec un effet de connivence ou d'esprit de groupe) et qui en jouissent ; et d'autre part celui des naïfs qui sont incapables de la saisir, qui n'y verront que du feu, et qui sont ainsi bernés. Les connaissances partagées mises en œuvre sont celles de l'actualité en général (l'allusion politique par exemple) ou de l'expérience commune au locuteur et aux allocutaires.

b) Dans la **communication écrite**, et notamment dans le **texte littéraire**, les lecteurs et l'auteur ne disposent pas de connaissances partagées immédiates, et l'éloignement entre l'époque de l'écriture du texte et le temps de sa réception rend encore plus aléatoire le processus allusif. Il est vrai que tel passage d'un texte peut faire allusion à un passage précédent. Lorsque le héros de *l'Iris de Suse*, de Giono *se souvenait de certaines foires... où le suçoteur de cachous et le tripoteur de clefs allaient trafiquer dans la foule...* il faut se souvenir du passage, plus de 200 pages auparavant, où les deux personnages ainsi caractérisés étaient présentés comme des policiers lancés à sa recherche.

Dans *Une vieille fille* de Balzac, à chaque fois que le narrateur fait allusion au portrait de la princesse Goritza, le lecteur se remémore le passage où il a appris que le chevalier de Valois, lorsqu'il prise, contemple à l'intérieur de sa tabatière le portrait de cette princesse, souvenir de jeunesse. Dans le même roman, en lisant *Quoique son mariage fût essentiellement négatif, madame du Bousquier...* il faut, en réunissant plusieurs indices disséminés dans le livre, comprendre que son mari est impuissant.

▶ Domaines d'application de l'allusion

• Les allusions tirées de l'**actualité** deviennent vite inintelligibles : c'est pourquoi il est nécessaire d'éclairer par des notes de nombreux détails des textes littéraires des époques révolues.

[*Un général birman, écarté du pouvoir par ses collègues de la junte militaire et condamné à une peine de prison*] *purge en fait sa peine chez lui, en résidence surveillée – une sorte de spécialité locale [...], traitement normalement réservé aux filles des héros de l'indépendance* [LM, 30-10-07]. Phrase incompréhensible, si on ne se souvient pas que Mme Aung San Suu Kyi, prix Nobel de la Paix assignée à résidence surveillée, est la fille du général Aung San, fondateur de la Birmanie indépendante. Cette allusion relève du procédé répandu de l'expression générale qui n'a de sens que par **application** particulière : Aung San Suu Kyi est évidemment la seule fille d'un héros de l'indépendance mise en résidence surveillée en Birmanie !

• Le plus souvent, dans les textes, les allusions font appel à des connaissances culturelles générales et quasi intemporelles, fréquemment tirées de l'**histoire**, de la **mythologie** et de la **littérature** elle-même :

« *La chaste Suzanne et ses deux vieillards* ». Le titre du premier chapitre d'*Une vieille fille*, de Balzac, est évidemment une allusion au chapitre 13 du prophète Daniel, dans la Bible, qui ne prend tout son sel (et devient dès lors ironique) que si on s'aperçoit que le rapport entre Suzanne (ici fort peu chaste) et les deux vieillards est exactement inversé : c'est elle qui leur fait du chantage.

Andromaque, je pense à vous ! Ce petit fleuve (...) ce Simoïs menteur... Le début du *Cygne* de Baudelaire risque d'égarer le lecteur s'il y voit une allusion à la tragédie de Racine, où il n'est pas question du Simoïs, alors qu'il renvoie au chant III de l'*Énéide* et au sentiment d'être un exilé, dans un décor de ville et de fleuve qui n'est pas celui de la patrie perdue.

Remarque. — Il serait contre-intuitif de considérer comme allusif tout passage d'un texte ou d'un discours qui réclamerait pour être pleinement compris un apport cognitif du lecteur ou de l'auditeur, même dans le cas où l'effet produit serait un clivage chez les récepteurs entre ceux qui sont à même de comprendre et les autres. Par exemple, dans un exposé sur la transmission des signaux, dans le cas où seraient mentionnées les « ondelettes transformées discrètes », dont on ne peut rien savoir si on n'a pas une formation de spécialiste. Ou encore si un poète parle d'*un soir couleur de scille ou de scabieuse* (Saint-John Perse), et que l'on n'ait jamais rencontré les mots employés, ou que l'on n'ait jamais fait l'expérience personnelle des réalités auxquelles ils renvoient. L'allusion doit être intentionnelle, et avoir pour but, et pas seulement pour effet, de créer un rapport de « connivence ».

▶ **Formes particulières de l'allusion**

• La **citation** est la forme la plus visible de l'allusion littéraire. Elle atteint cependant d'autant mieux son effet de connivence qu'elle s'exhibe moins. *Cette paisible rumeur-là vient de la ville*, soupire quelqu'un en jetant un coup d'œil par la fenêtre. L'interlocuteur reconnait alors un poème célèbre de Verlaine. Peut-être entend-on en effet le bruit sourd de la circulation. Mais cette allusion n'est peut-être pas aussi anodine : si par exemple le premier est reclus dans sa chambre par la maladie, l'autre comprendra qu'il se compare implicitement à Verlaine dans sa prison de Mons.

• Le **jeu de mots** relève aussi souvent de l'allusion, les traités de rhétorique en parlent comme de « l'allusion verbale » et rappellent l'étymologie d'allusion (*alludere*, de la même origine que *ludique*). Les médias en font un grand usage, en particulier dans les titres. Il peut s'agir d'un simple tic ornemental, mais dans beaucoup de cas, une intention cachée est à l'œuvre.

Un article sur *Les Français qui sèment*, et qui traite naturellement de jardinage, laisse entendre, à la faveur de l'homonymie orale avec la forme pronominale *s'aime*, que c'est une activité motivée par l'amour, préférable à d'autres motivées par le gout de la compétition ou de la violence. Un autre sur *Les objecteurs de croissance* tend secrètement à faire bénéficier, grâce à la paronymie, ceux qui objectent <u>à</u> la croissance (économique) une part de la sympathie qui s'attache aux « objecteurs de conscience », alors même que la structure du syntagme est différente (ceux-ci objectent à la violence <u>par</u> conscience morale).

• Aux jeux de mots allusifs se rattache la **contrepèterie**, dont il est clair, depuis l'exemple prototypique encore relativement anodin de Rabelais (*une femme folle à la messe*, dans *Pantagruel*, ch. 16) qu'elle a essentiellement pour objet de procurer un plaisir « ludique », en déjouant la censure qui s'attache aux expressions scabreuses et notamment à celles qui évoquent des réalités sexuelles.

▶ Ambiguïté de l'allusion

L'allusion est un **acte à haut risque**, car l'auditoire peut en voir une (et le cas échéant s'en vexer) là où il n'y en a pas ; et inversement peut ne pas percevoir l'allusion qu'a voulu faire le locuteur. Dans *Du côté de chez Swann*, de Proust, les tantes Céline et Flora échouent à faire comprendre par Swann leurs remerciements par des allusions trop « tirées par les cheveux » qu'il ne saisit pas. Dans certains cas de la communication courante, le locuteur peut prendre conscience qu'il a fait une allusion sans le vouloir, et la reconnaitre après coup comme telle. Il exprime alors malgré lui quelque chose qu'il n'avait pas l'intention de dire, ou même qu'il voulait cacher.

Bibliographie. — A. Compagnon, *La seconde main ou le travail de la citation*, Seuil, 1979 – G. Genette, *Palimpsestes, la littérature au second degré*, Seuil, 1982 – M. Murat (éd.), *L'allusion dans la littérature*, Presses de l'Université de Paris-Sorbonne, 2000 – J. Martin, *La contrepèterie*, PUF, « Que sais-je ? », 2005.

4.3. L'ironie

« L'ironie consiste à dire par une raillerie, ou plaisante, ou sérieuse, le contraire de ce que l'on pense, ou de ce qu'on veut faire penser » (Fontanier).

▶ Cette définition, qui fait consister l'ironie exclusivement dans **l'antiphrase** rend compte effectivement d'un certain nombre de ses manifestations :
Te voilà propre (dit par une mère à son enfant couvert de boue) – *Oui, je te loue, ô Ciel, de ta persévérance !* (Oreste, au comble du malheur, dans *Andromaque*) – *Eh bien, mon pauvre, tu as gagné le gros lot !*

▶ Mais l'ironie peut apparaitre sous des **formes variées** :
Chacun sut ces détails à cause du profond secret que demanda le chevalier à la première personne qui reçut sa confidence (Balzac) – *La jeunesse actuelle a bien des défauts, mais on ne saurait l'accuser de professer un respect excessif pour les aïeux illustres ou les grands aînés* (A. Allais) – *La femme remonte à la plus haute Antiquité. Elle est coiffée d'un haut chignon. C'est elle qui reçoit le facteur, qui reprise les chaussettes, et fait le catéchisme aux enfants* (Vialatte).

Aucun renversement du positif au négatif n'offre un sens satisfaisant. L'antiphrase n'est en réalité qu'un cas particulier d'un phénomène plus vaste. Il y a ironie dès que l'énonciateur :
a) veut que son discours ne soit pas pris à la lettre ;
b) fait entendre dans son discours une voix autre que la sienne ;
c) manifeste par là l'intention de se moquer de celui dont il emprunte le discours.

▶ **Le dispositif ironique**

L'ironie met en œuvre un **dispositif énonciatif** complexe, où les différents rôles (certains pouvant être confondus dans la même personne ou un seul et même groupe de personnes) sont tenus par :
a) l'ironiste (l'énonciateur) ;

b) la cible dont il se moque ;
c) le public auquel il s'adresse, et dont il pense qu'il sera compris ;
d) le public qui ne comprendra pas (le naïf, comme dans l'allusion, et il y a des allusions ironiques, naturellement) ;
e) enfin, élément essentiel : celui dont il reproduit le discours, au besoin en l'exagérant (comme dans l'hyperbole, et il y a également des hyperboles ironiques). Il s'agit de disqualifier son discours, plutôt que d'en prendre simplement le contre-pied.

L'ironie est « singerie », **imitation tendancieuse**, et à ce titre, n'est pas forcément verbale : gestes, mimiques, intonation peuvent à eux seuls la manifester. Dans le discours ironique, il y a deux énonciateurs (cas de polyphonie). Il y a aussi, en fait ou en droit, deux destinataires, dont l'un peut ne pas comprendre (comme dans l'allusion). Dans *Tartuffe*, acte V, sc. 3, Dorine répète par moquerie un mot d'Orgon, au moment où Tartuffe est démasqué : « *Le pauvre homme* ». Ainsi, elle prend Orgon pour cible en reproduisant à la lettre son propre discours, et c'est Mme Pernelle qui joue le rôle de la niaise.

L'ironiste peut être sa propre cible, par un procédé qui relève de l'**humour** :

1er janvier [1895]. Examen. Pas assez travaillé [...]. M'être trop réjoui en m'apitoyant sur le malheur des autres [...]. Trop lu les journaux pour y trouver mon nom cité [...]. M'être trop noirci quand je savais qu'on allait protester [...]. Et je me frappe la poitrine, et, à la fin, je me dis « Entrez ! », et je me reçois très bien, déjà pardonné (J. Renard, *Journal*).

▶ **Ambiguïté de l'ironie**

Le sucre serait trop cher, si l'on ne faisait travailler la plante qui le produit par des esclaves. Ceux dont il s'agit sont noirs depuis les pieds jusqu'à la tête ; et ils ont le nez si écrasé qu'il est presque impossible de les plaindre... (Montesquieu, *L'Esprit des Lois*, livre XV, ch. 5)

Ce texte célèbre ne doit pas être pris comme un éloge de l'esclavage, mais certains ont pu s'y tromper. L'énoncé ironique ne peut en effet donner **aucun signe indiscutable** de ses intentions, il cesserait sinon de bénéficier de l'effet d'ironie. Sa devise est « À bon entendeur, salut ! ». Les signes, mimique, clin d'œil ou intonation dans la vie courante, guillemets ou italiques à l'écrit, en sont ténus, et jamais univoques. À chacun, auditeur ou lecteur, de deviner que tel discours ne peut pas être proféré par telle personne, qu'il y aurait là quelque chose d'anormal et d'énorme, compte tenu de ce que nous en connaissons, et que cet énoncé ne doit par conséquent pas être pris à la lettre, sous peine de se déconsidérer soi-même et de faire un affront à son auteur. Reste à en déterminer la source énonciative sous-jacente, qui seule peut donner la clé de sa signification.

Bibliographie. — R. Escarpit (1963), *L'humour*, PUF, « Que sais-je ? – D. Sperber et D. Wilson (1978), Les ironies comme mentions, *Poétique*, 36 – C. Kerbrat-Orecchioni (1980), L'ironie comme trope, *Poétique*, 41 : 108-127 – A. Berrendonner (1982) – C. Kerbrat-Orecchioni (1986) – P. Hamon (1996), *L'ironie littéraire*, Hachette – L. Perrin (1996), *L'ironie mise en trope*, Kimé – M. Murat (éd.) (2000), *L'allusion dans la littérature*, Presses de l'Université Paris-Sorbonne – H. Nølke, K. Fløttum & C. Noren (2004), *ScaPoLine. La théorie scandinave de la polyphonie linguistique*, Kimé.

5. ATTITUDE ET PERSPECTIVE D'ÉNONCIATION

Le rapport du locuteur à son énoncé mérite une attention particulière. Deux concepts permettent de le décrire :

• *La distance* : le locuteur peut adopter une attitude d'énonciation qui manifeste une distance maximale ou minimale par rapport à son énoncé.
• *L'adhésion* : le locuteur peut plus ou moins adhérer à son énoncé. Il peut le prendre en charge ou non.

Ces deux concepts se recoupent partiellement. Le premier permet de rendre compte des analyses de Benveniste, qui oppose deux attitudes d'énonciation. Le second fonde la distinction de Weinrich, qui rajoute la perspective d'énonciation à l'attitude d'énonciation. Ces notions s'appuient sur certains phénomènes linguistiques, essentiellement l'emploi des personnes et des temps du verbe. Elles sont couramment employées dans l'étude des textes littéraires et non littéraires, car elles sont utiles pour expliquer la temporalité d'un texte. Aucune des deux ne saurait épuiser la complexité des mécanismes énonciatifs à l'œuvre dans tout discours.

5.1. Énonciation historique et énonciation de discours

É. Benveniste (1966) distingue deux « plans d'énonciation », c'est-à-dire deux attitudes possibles du locuteur par rapport à son énoncé, qui fondent deux systèmes énonciatifs différents :

▶ **L'énonciation de discours**

C'est le cas normal de la communication *hic* et *nunc*. Le locuteur assume la responsabilité de son énoncé, dans lequel il inscrit formellement les marques personnelles et temporelles de son énonciation. Les faits énoncés sont mis en relation avec l'acte d'énonciation et le locuteur prend une distance minimale par rapport à son énoncé. Ce système s'observe dans la majorité des discours oraux et aussi dans les écrits où le locuteur s'implique : « correspondances, mémoires, théâtre, ouvrages didactiques, bref tous les genres où quelqu'un s'adresse à quelqu'un, s'énonce comme locuteur et organise ce qu'il dit dans la catégorie de la personne » (Benveniste 1966 : 242).

▶ **L'énonciation historique**

Le locuteur prend une distance maximale par rapport à son énoncé, qui relate des événements passés. Il n'intervient pas dans le récit des événements, qui n'est pas formellement marqué par sa présence. Le récit apparaît coupé de l'acte d'énonciation et les événements sont présentés comme indépendants, situés dans une temporalité autre que celle du locuteur : « personne ne parle ici ; les événements semblent se raconter eux-mêmes » (Benveniste 1966 : 241). Ce système se rencontre presque uniquement à l'écrit, dans la relation de faits passés, ce qui permet la coupure par rapport à la situation d'énonciation. C'est le système adopté par les livres d'histoire, qui visent à l'objectivité, ou par une partie de la littérature d'imagination : contes, romans (en particulier les romans réalistes du 19ᵉ siècle), nouvelles, etc.

Ces deux systèmes possèdent des caractéristiques linguistiques spécifiques tout en partageant des traits communs. Leur différenciation repose d'abord sur l'emploi des temps du verbe français ; elle permet de dépasser la division chronologique traditionnelle (passé, présent, avenir). Ils se distinguent aussi par l'emploi des personnes et par le choix de certains adverbes et compléments circonstanciels de lieu et de temps.

Remarque. — É. Benveniste considère que le « discours indirect » représente un « troisième type d'énonciation » alliant l'énonciation historique et le discours, « où le discours est rapporté en termes d'événement et transposé sur le plan historique » (1966 : 242).

Bibliographie. — É. Benveniste (1966), Les relations de temps dans le verbe français : 237-250.

5.1.1. *L'énonciation de discours*

Toutes les personnes s'emploient dans l'énonciation de discours. Comme l'énoncé est formellement relié à la situation d'énonciation, il peut comporter aussi bien des pronoms désignant les acteurs de la communication (*je, tu, nous, vous*) que des pronoms représentant l'objet de celle-ci (troisième personne) :

> *Je sens mon cœur et je connais les hommes. Je ne suis fait comme aucun de ceux que j'ai vus ; j'ose croire n'être fait comme aucun de ceux qui existent. Si je ne vaux pas mieux, au moins je suis autre. Si la nature a bien ou mal fait de briser le moule dans lequel elle m'a jeté, c'est ce dont on ne peut juger qu'après m'avoir lu* (Rousseau).

La temporalité de l'énoncé est directement repérée par rapport au moment de l'acte d'énonciation. Un énoncé au présent de l'indicatif est en relation de coïncidence avec ce moment, sauf indication contraire (**X : 2.1.1.**). Les événements passés évoqués dans l'énonciation de discours sont mis en relation avec l'actualité du locuteur : *Aujourd'hui, maman est morte. Ou peut-être hier, je ne sais pas. J'ai reçu un télégramme de l'asile : « Mère décédée. Enterrement demain. Sentiments distingués ». Cela ne veut rien dire. C'était peut-être hier* (A. Camus, *L'Étranger*). Le passé composé ou l'imparfait évoquent un procès antérieur, tandis que le futur ou le conditionnel présentent un procès postérieur à l'énonciation. Le système des temps du discours est très riche, puisqu'il comporte tous les temps, à l'exception du passé simple et du passé antérieur : *Tous ceux qui m'ont connu, tous sans exception me croient mort. Ma propre conviction que j'existe a contre elle l'unanimité. Quoi que je fasse, je n'empêcherai pas que dans l'esprit de la totalité des hommes, il y a l'image du cadavre de Robinson* (M. Tournier).

Les adverbes et compléments circonstanciels de lieu et de temps sont aussi repérés par rapport à la situation d'énonciation. Le temps peut s'exprimer au moyen de la triade *hier – aujourd'hui – demain*, ou de *maintenant, ce matin, ce soir, lundi / le mois dernier / prochain*,... Le lieu est marqué par *ici* ou par des compléments comportant un démonstratif à valeur déictique : *Je l'ai trouvé à cet endroit*.

Comme l'énoncé est mis en relation avec la situation d'énonciation, les pronoms personnels, les possessifs, les démonstratifs, les adverbes peuvent avoir une valeur déictique (**2.1**) : *Je suis seul,* **ici**, **maintenant**, *bien à l'abri. Dehors, il pleut, dehors on marche sous la pluie en courbant ta tête (...).* **Ici**, *le soleil n'entre pas, ni le vent, ni la pluie, ni la poussière* (A. Robbe-Grillet).

5.1.2. *L'énonciation historique*

Dans l'absolu, ce système élimine toute trace de l'énonciation, dont il est coupé. Les déictiques comme *je, tu, ici, maintenant*, qui renvoient aux éléments constitutifs de l'acte d'énonciation, sont exclus. Seule la troisième personne est possible, puisqu'elle ne représente pas un des acteurs de la communication (E. Benveniste la qualifie de « non-personne »). Les pronoms et déterminants employés ont alors une valeur anaphorique. L'emploi des formes est donc plus limité et plus contraint que dans le système du discours :

> *Zadig se sentit du respect pour l'air, pour la barbe, et pour le livre de l'ermite. Il lui trouva dans la conversation des lumières supérieures. L'ermite parlait de la destinée, de la justice, de la morale, du souverain bien, de la faiblesse humaine, des vertus et des vices, avec une éloquence si vive et si touchante que Zadig se sentit entraîné vers*

lui par un charme invincible. Il le pria avec insistance de ne le point quitter jusqu'à ce qu'ils fussent de retour à Babylone (Voltaire).

Les temps du verbe sont essentiellement orientés vers le passé, mais coupés du moment de l'énonciation, qui est en quelque sorte effacé ou masqué. Au centre du système historique figure le passé simple (« aoriste » selon Benveniste), qui dénote un évènement passé sans lien avec l'actualité du locuteur (**X : 2.1.3.**). Il s'oppose à l'imparfait, qui s'appuie sur le même repère passé que lui, et au plus-que-parfait ou au passé antérieur, formes composées marquant l'accompli ou l'antériorité dans le passé (**X : 2.1.5.**). Pour évoquer un procès postérieur au repère passé, on emploie le conditionnel présent avec sa valeur temporelle de « futur vu du passé » (*Il crut qu'elle viendrait* : **X : 2.1.8.**) ou bien une périphrase verbale à valeur de « prospectif » : *Entre l'Aryen et le Sémite, la lutte commerciale ne **devait** cesser dans les mers du Couchant qu'à la chute de Carthage* (G. Glotz, cité par Benveniste 1966). Dans un récit au passé, ces formes évoquant l'avenir sont plus rares que celles qui permettent des retours en arrière. Les trois temps de base du discours (passé composé, présent, futur) sont exclus de l'histoire, à l'exception du « présent de définition » qui est atemporel. Le passé simple apparait comme le temps du récit par excellence, réservé presque exclusivement aujourd'hui à l'usage écrit.

Les adverbes et expressions circonstancielles ne peuvent pas avoir de valeur déictique. La chronologie relative est marquée par *alors, la veille / ce jour-là / le lendemain* ou *le lundi / mois précédent / suivant*. Le point de l'événement est le moment passé évoqué, sans rapport marqué avec le point d'énonciation. Dans un récit d'événements passés, chaque événement se situe par rapport aux autres et la succession des verbes au passé simple, avec ou sans indicateurs temporels, traduit la succession chronologique des faits racontés : *Cendrillon entendit sonner onze heures trois quarts : elle fit aussitôt une grande révérence à la compagnie, et s'en alla le plus vite qu'elle put. Dès qu'elle fut arrivée, elle alla trouver sa Marraine, et après l'avoir remerciée, elle lui dit qu'elle souhaiterait bien aller encore le lendemain au Bal, parce que le Fils du Roi l'en avait priée* (Ch. Perrault).

Remarque. — Le discours direct inséré dans un récit y introduit évidemment le système de l'énonciation de discours.

5.1.3. *Intérêts et limites de la distinction discours / histoire*

La distinction entre le discours et l'histoire connait un grand succès dans les manuels scolaires. Elle a le mérite de placer l'étude du fonctionnement des temps verbaux dans le cadre de l'énonciation, en les mettant en relation avec le choix des personnes et l'emploi des déictiques. Elle permet aussi d'expliquer la concurrence entre le passé simple et le passé composé par deux attitudes d'énonciation opposées.

Mais cette distinction, limitée au français, soulève diverses questions. En premier lieu, l'énonciation historique ne saurait garantir l'objectivité du locuteur. Les modalités d'énoncé (**2.2**), qui marquent les réactions du locuteur, ne sont pas absentes d'un récit historique. Et la présentation des événements reflète les choix de l'auteur : dans *Christophe Colomb découvrit l'Amérique en 1492*, l'événement est présenté d'un point de vue européocentriste. Les deux plans d'énonciation, qui représentent deux attitudes que prend le locuteur par rapport à son énoncé, ne se distinguent pas suivant le critère de l'objectivité. D'autre part, ces deux systèmes ne dissocient pas totalement les formes linguistiques, puisque certaines d'entre elles, comme l'imparfait, peuvent s'employer dans l'un et l'autre.

Et surtout, sans même évoquer les textes scientifiques au présent sans *je* impliqué, on ne peut pas faire entrer tous les textes relatant des faits passés dans le cadre de cette distinction, qui semble rigide. Il existe certes des textes qui ne présentent qu'un seul de ces deux systèmes : un conte, comme celui de Perrault, peut refléter uniquement l'énonciation historique, alors qu'un roman comme *L'Étranger* de Camus se rattache à l'énonciation de discours. Mais beaucoup de textes présentent un mélange des deux systèmes, dont ils associent les formes spécifiques.

Beaucoup de faits passés sont relatés à la première personne et au passé simple : *Le 18 juin 1815, je sortis de Gand par la porte de Bruxelles ; j'allai seul achever ma promenade sur la grande route. J'avais emporté les Commentaires de César et je cheminais lentement, plongé dans ma lecture* (Chateaubriand). Si ce texte se rattache à l'énonciation historique, il faut expliquer l'utilisation de la première personne, qui en est en principe exclue. L'emploi de *je* dans un récit au passé identifie ici l'actant (sujet) au narrateur, en l'occurrence Chateaubriand. Mais ce *je* ne se confond pas véritablement avec le narrateur en train d'écrire : il représente l'acteur qui a vécu les faits passés et qui se trouve être en même temps le narrateur qui les relate. Ce *je* « objectivé » par le récit ne remet pas vraiment en cause l'énonciation historique.

Un même texte peut mêler le passé simple et le passé composé, qui en principe s'excluent. C'est notamment le cas des récits de presse : *Un piéton a été renversé par un bus dans la rue de la Nuée Bleue. Alors qu'il traversait la chaussée en dehors du passage protégé, un piéton n'a pas vu le bus qui arrivait. Le chauffeur tenta d'immobiliser son véhicule, mais ne put éviter le piéton, qui fut projeté au sol. Souffrant d'un traumatisme léger, il a été transporté à l'hôpital par le SAMU.* Ce texte illustre le jeu de va-et-vient entre les deux systèmes. L'article commence au passé composé, qui établit un lien vivant entre l'événement passé et le présent du locuteur... et du lecteur. Puis le locuteur détache l'événement central au passé simple et le présente tel quel, en prenant du recul. Il termine en marquant la conséquence du fait, qui est mise en relation avec l'actualité par le passé composé.

L'entrelacement des deux systèmes dans un récit littéraire permet au narrateur de moduler sa relation au passé évoqué : *Ceci se passait il y a bien longtemps et maintenant je suis presque un vieil homme. Mais de ma vie, fût-elle longue encore, je n'oublierai jamais ces jours de ma jeunesse où j'ai vécu sur les eaux. Ils sont là, ces beaux jours, dans toute leur fraîcheur. Ce que j'ai vu alors, je le vois encore aujourd'hui, et je redeviens, quand j'y pense, cet enfant que ravit, à son réveil, la beauté du monde des eaux dont il faisait la découverte.*

Quand j'ouvris les yeux l'aube se levait. D'abord je vis le ciel. Je ne vis que le ciel. Il était gris et mauve, et seul, sur un fil de nuage, très haut, un peu de rose apparaissait (H. Bosco, *L'enfant et la rivière*).

Bibliographie. — J. Feuillet (1985), « La théorie de Benveniste et l'organisation des systèmes verbaux », *L'information grammaticale*, 26 : 3-8.

5.2. Discours narratif et discours commentatif

H. Weinrich (1973), qui prend en considération les temps, non les personnes, complète la distinction de Benveniste en ajoutant la perspective d'énonciation à l'attitude d'énonciation. Il distingue comme lui deux systèmes, le *discours commentatif* et le *discours narratif*, mais, contrairement à Benveniste, il ne fait pas figurer un même temps de l'indicatif dans les deux systèmes à la fois. Cela n'est pas sans inconvénients : les deux systèmes deviennent totalement étanches l'un par rapport à l'autre, et des temps comme le conditionnel ou l'imparfait, rangés d'autorité dans un seul des deux, ne sont que partiellement expliqués, à moins d'avoir recours à la notion de « métaphore temporelle » (1973 : 225-256).

▶ En ce qui concerne **l'attitude d'énonciation**, l'opposition entre le discours commentatif et le discours narratif correspond à la distinction de Benveniste entre l'énonciation de discours et l'énonciation historique. Mais H. Weinrich se fonde sur une dichotomie fondamentale dans l'organisation des temps du verbe, que révèle la morphologie des langues indo-européennes : le système des temps du présent et celui des temps du passé.

• Le **discours commentatif** regroupe les temps associés au système du présent : passé composé, présent, futur catégorique (= futurs simple et antérieur).

> Un homme qui dort tient en cercle autour de lui le fil des heures, l'ordre des années et des mondes. Il les consulte d'instinct en s'éveillant et y lit en une seconde le point de la terre qu'il occupe, le temps qui s'est écoulé jusqu'à son réveil. Que vers le matin, après quelque insomnie, le sommeil le prenne en train de lire, dans une posture trop différente de celle où il dort habituellement, il suffit de son bras soulevé pour arrêter et faire reculer le soleil, et à la première minute de son réveil, il ne saura plus l'heure, il estimera qu'il vient à peine de se coucher. (Proust)

• Le **discours narratif** regroupe les temps centrés sur le passé : plus-que-parfait, passé antérieur, imparfait, passé simple, futur hypothétique (= conditionnel).

> Les Prussiens ignoraient si parfaitement à qui ils avaient affaire, qu'ils crurent avoir pris Dumouriez, lui avoir coupé le chemin. Ils s'imaginèrent que cette armée de

vagabonds, de tailleurs, de savetiers, *comme disaient les émigrés, avait hâte d'aller se cacher dans Châlons, dans Reims. Ils furent un peu étonnés quand ils les virent audacieusement postés à ce moulin de Valmy. Ils supposèrent du moins que ces gens-là, qui, la plupart, n'avaient jamais entendu le canon, s'étonneraient au concert nouveau de soixante bouches à feu. Soixante leur répondirent, et tout le jour, cette armée, composée en partie de gardes nationales, supporta une épreuve plus rude qu'aucun combat : l'immobilité sous le feu.* (Michelet)

▶ La **perspective d'énonciation** structure l'organisation des temps dans chaque type de discours, selon leur position par rapport au repère de base du système. Le repère ou degré zéro correspond à la visée de base. La visée rétrospective est tournée vers le passé, la visée prospective vers l'avenir.

Dans le discours narratif, deux temps du verbe occupent la même position, au degré zéro : l'imparfait et le passé simple. Pour les différencier, Weinrich utilise la notion de **mise en relief**, qui hiérarchise les procès : le passé simple présente des évènements de premier plan, l'imparfait présente des faits d'arrière-plan.

	Visée rétrospective	Mise en relief	Repère Degré 0	Visée prospective
Discours narratif	Plus-que-parfait Passé antérieur	Arrière-plan Premier plan	Imparfait Passé simple	Futur hypothétique
Discours commentatif	Passé composé		Présent	Futur catégorique

Cette classification de Weinrich est plus limitée que celle de Benveniste, puisqu'elle s'appuie essentiellement sur les temps du verbe. Elle traite avec plus de détail leur organisation et rend compte de l'emploi narratif du passé simple et de l'imparfait. La notion de *transition* vise à rendre compte des changements affectant les trois points de vue adoptés : l'attitude d'énonciation (passage du discours narratif au discours commentatif, ou inversement), la perspective d'énonciation (changement de visée temporelle) et la mise en relief (choix de l'imparfait et du passé simple). L'étude des transitions permet ainsi d'expliquer notamment le fonctionnement temporel d'un texte narratif : place et interventions du narrateur, mode de présentation et de perception des événements, etc.

> *Comme (le roi Charles VI) traversait la forêt, un homme de mauvaise mine (...) se jette tout à coup à la bride du cheval du roi, criant d'une voix terrible (...). On lui fit lâcher la bride* (Michelet).

Dans ce récit au passé, un événement faisant partie de la suite chronologique des faits est exprimé au présent (dit « présent de narration, **X : 2.1.1.**) pour souligner le surgissement d'un acte inattendu et dramatique, associant le lecteur à la situation présentée ainsi fictivement comme actuelle, comme se déroulant sous ses yeux.

> *Alors un bruit formidable éclata dans la cuisine. Le vieux garde avait tiré. Et aussitôt les fils se précipitèrent, bouchèrent le judas en dressant la grande table qu'ils assujettirent avec le buffet. Et je vous jure qu'au fracas du coup de fusil que je n'attendais pas, j'eus une telle angoisse du cœur, de l'âme et du corps, que je me sentis défaillir, prêt à mourir de peur.* (Maupassant)

Dans ce récit au discours narratif, le passé simple constitue le repère de base passé (degré zéro) ; il met en relief les évènements de premier plan qui se succèdent dans l'ordre chronologique, alors que l'imparfait présente un fait d'arrière-plan, un commentaire *(attendais)*. La transition au plus-que-parfait *(avait tiré)* introduit une rétrospection, qui explique l'événement de la phrase précédente. Le présent *je vous jure* marque un passage au discours commentatif, qui manifeste une intrusion du narrateur dans le récit.

Bibliographie. — H. Weinrich (1973) – B. Combettes (1992) : 7-48.

6. LE DISCOURS RAPPORTÉ

Le discours rapporté représente un dédoublement de l'énonciation : le discours tenu par un locuteur de base contient un discours attribué à un autre énonciateur (ou parfois au locuteur de base à un autre moment), qui est rapporté par le locuteur premier. Celui-ci se fait en quelque sorte le porte-parole du discours de l'autre locuteur : *Groucho Marx a dit : « Je ne voudrais pour rien au monde faire partie d'un club qui serait disposé à m'accepter comme membre ».*

La représentation du discours d'autrui peut prendre différentes formes : *discours direct, discours indirect* ou *style indirect libre*. Celles-ci mettent en jeu plusieurs dimensions grammaticales : types de phrases, subordination, concordance des temps et indication des personnes. On établit entre ces formes un rapport de dérivation : le discours direct est la forme de base, qui est transposée en discours indirect ou en style indirect libre. Cette analyse grammaticale ne rend pas compte de tous les phénomènes de discours rapporté (J. Authier-Revuz 1992).

6.1. Le discours direct

Le discours direct constitue apparemment la forme la plus littérale de la représentation du discours d'autrui. Celui-ci est attribué explicitement à un locuteur généralement distinct du locuteur de base (ou au locuteur de base à un autre moment), et il est présenté tel quel, comme une citation. Cependant, la fidélité littérale au discours rapporté n'est qu'apparente ; ainsi, le discours direct ne reproduit pas les caractéristiques du discours oral, qu'il neutralise le plus souvent. « Le contrat de littéralité ne porte jamais que sur la *teneur* du discours » (G. Genette 1983 : 34). Le transcodage de l'oral à l'écrit implique un profond remaniement de la discontinuité du discours oral (**I : 3.4.**) pour qu'il puisse s'insérer dans la continuité linéaire de l'écrit. En particulier, les phénomènes de l'oral (ruptures, inachèvements, reformulations, chevauchements, etc.) sont le plus souvent gommés. La presse écrite ne donne généralement pas de citations littérales des paroles rapportées, contrairement aux médias audiovisuels. En littérature, notamment dans les romans, l'élaboration de la parole de personnages fictifs constitue un artifice, qui donne l'illusion de l'oral (Pellat & Schnedecker 2006).

– *Que vois-je !* s'écria le roi assis sous son chêne, *n'est-ce point là mon bien aimé Auge qui s'avance ?*

> – *Lui-même, sire, répondit le hobereau en s'inclinant bien bas. Mes respects, ajouta-t-il.*
> – *Je suis heureux de te voir en florissante santé, dit le roi. Comment va ta petite famille ?*
> – *Ma femme est morte, sire.*
> – *Tu ne l'as pas tuée, au moins ? Avec toi, on ne sait jamais.*
> *Le roi sourit de sa bénévole indulgence et la flotte qui l'entourait ne l'en admira que plus.* (Queneau, *Les Fleurs bleues*)

Le discours direct est inséré dans un autre discours, avec des marques explicites du décalage énonciatif produit : il est encadré par des guillemets ou, dans le cas d'un dialogue inséré dans un récit, chaque réplique est introduite par un tiret. Les guillemets se sont spécialisés relativement tardivement dans cette fonction démarcative : un texte antérieur au XIXe siècle s'en passe généralement (**IV : 4.3**). Le discours direct est généralement signalé par une phrase introductive, qui indique l'énonciateur et précise éventuellement les conditions de son discours (lieu et temps, attitudes, sentiments, etc.). Cette phrase peut occuper trois positions :

> • Avant le passage au discours direct : elle est suivie de deux points, qui ouvrent sur le discours rapporté, placé en position de complément d'objet du verbe introducteur : *Robespierre a dit* : « *Danton est un traitre* ».
> • À l'intérieur ou après le fragment au discours direct, sous forme d'*incise* (**XIV : 9.3.**) : « *Danton, a dit Robespierre, est un traitre* ». – « *Danton est un traitre, a dit Robespierre* ».

Le discours rapporté peut être aussi inséré sans phrase introductive. Dans un dialogue suivi, on évite de répéter cette indication à chaque réplique.

Le discours direct présente les caractéristiques de l'énonciation de discours (**5.1.1.**). Les pronoms ou déterminants de première personne (*je, mon*) renvoient à l'énonciateur dont le discours est rapporté. Les temps sont repérés par rapport au moment de sa parole : le présent correspond au moment de son énonciation, même si le discours est inséré dans un contexte passé, comme dans nos exemples. Tous les types de phrases de l'énonciation directe sont possibles, en particulier les plus liés à la situation d'énonciation, comme l'injonction ou l'exclamation :

Danton dit : « Pour les vaincre, Messieurs, il nous faut de l'audace, encore de l'audace, toujours de l'audace, et la France est sauvée ! »

6.2. Le discours indirect

Le discours rapporté au style indirect perd son indépendance syntaxique et énonciative. Il se construit comme une proposition subordonnée, qui est complément d'un verbe principal signifiant « dire » ou « penser ». Le discours indirect est généralement bien intégré au discours dans lequel il s'insère : il n'est pas signalé par une rupture énonciative, ni marqué, à l'écrit, par la ponctuation, mais il est indiqué par un mot subordonnant (*que, si, ...*) ou un démarcatif. L'énonciateur est généralement le sujet du verbe introducteur : *Robespierre a dit que Danton était un traitre*.

Les verbes introducteurs du discours indirect ne sont pas exactement les mêmes que ceux qui introduisent le discours direct. Les premiers, plus variés que les seconds, peuvent indiquer une appréciation du locuteur qui rapporte le discours d'autrui. Des verbes comme *apprendre, démontrer, se figurer, prétendre, révéler, supposer*, introduisent moins naturellement le discours direct, car ils évaluent la proposition qu'ils introduisent.

Je lui demandai ce qui l'amenait à Amiens, et si elle y avait quelques personnes de connaissance. Elle me répondit ingénument qu'elle y était envoyée par ses parents, pour être religieuse. (Abbé Prévost)

La mise en subordination provoque des transpositions de temps et de personnes, ainsi que des changements qui affectent les déictiques et les types de phrases. Une phrase interrogative directe (*Est-ce que Jean reviendra ?*) perd son intonation quand elle est subordonnée dans le discours indirect : *Nelly voulait savoir si Jean reviendrait*. Une phrase injonctive est plus difficile à transposer ; on emploie un verbe comme *ordonner* dans la principale et la subordonnée peut se mettre à l'infinitif : *Sortez ! – Roxanne ordonna à Bajazet de sortir*. Une phrase exclamative et, plus généralement, les éléments expressifs et les phrases non verbales du discours direct ne peuvent pas être automatiquement transposés au discours indirect : « *Emploi de tourteaux de graines oléagineuses* », *continua le président* (Flaubert).

▶ La transposition des personnes suit des règles complexes, selon les rapports entre le locuteur de base, son allocutaire et le locuteur dont il rapporte le discours. Il peut n'y avoir aucune transposition de personne, quand le locuteur rapporte son propre discours : *J'ai dit que je viendrai*. Quand le locuteur rapporte à son allocutaire le discours d'une tierce personne, il emploie la troisième personne : *Il a dit qu'il viendrait*. Mais si l'allocutaire est concerné par le discours rapporté, l'emploi des personnes est plus complexe ; ainsi, *tu* peut désigner l'allocutaire à l'intérieur du discours rapporté : *Elle a dit qu'elle te remerciait pour ton cadeau*. On doit tenir compte des deux situations d'énonciation, immédiate et rapportée. Dans tous les cas, les changements de pronoms personnels peuvent s'accompagner de changements de déterminants et de pronoms possessifs : *Il a prétendu qu'on lui avait pris son livre / On m'a pris mon livre*.

▶ Le changement des temps du verbe est réglé par la concordance des temps.

Quand le verbe introducteur (ou le contexte) est à un temps du présent et du futur, le verbe subordonné ne subit pas de changements : *Il affirme : « Tu as tort. »* ↔ *Il affirme que tu as tort*.

Quand le verbe principal est à un temps du passé, la subordonnée subit des changements de temps suivant la relation entre le moment où le discours a été énoncé et celui où il est rapporté. On établit les règles de concordance suivantes :

Il a dit : « Je suis parti » / « Je pars » / « Je partirai ».
Il a dit qu'il était parti / qu'il partait / qu'il partirait.

Le système des temps du discours direct est décalé au passé, suivant les trois rapports chronologiques de base du fait subordonné au verbe principal :

- antériorité : le plus-que-parfait transpose le passé composé
- simultanéité : l'imparfait transpose le présent
- postériorité : le conditionnel transpose le futur, pour indiquer le « futur vu du passé ».

Ces règles de transposition mécanique peuvent connaitre des entorses parfaitement logiques :

- Un présent de définition ou de vérité générale peut être maintenu dans le discours indirect : *Elle pensait que toutes les vérités ne sont pas bonnes à dire.*
- Un futur peut être conservé s'il marque aussi l'avenir par rapport au moment où le discours est rapporté : *J'ai dit que je viendrai demain.* L'action de venir est postérieure à la fois au moment où le discours est prononcé et à celui où il est rapporté.
- Un présent peut aussi être maintenu par le locuteur quand il veut marquer qu'il prend en charge les paroles rapportées : *Il a dit que tu es un imbécile.* La transposition à l'imparfait permet au contraire au locuteur de se détacher du discours rapporté, sans l'assumer : *Il a dit que tu étais un imbécile* (= « c'est lui qui l'a dit, et non pas moi, qui me contente de rapporter ses paroles »).

Dans la langue classique, le discours indirect pouvait être développé en plusieurs phrases, souvent longues, introduites par de nombreux *que* :

La mère des novices (...) avait toujours bien dit à notre mère supérieure qu'il fallait tenir bon, et que cela passerait ; que les meilleures religieuses avaient eu de ces moments-là ; que c'étaient des suggestions du mauvais esprit qui redoublait ses efforts lorsqu'il était sur le point de perdre sa proie ; que les obligations de la vie religieuse me paraîtraient d'autant plus supportables que je me les étais plus fortement exagérées ; que cet appesantissement subit du joug était une grâce du ciel, qui se servait de ce moyen pour l'alléger... (Diderot).

Les auteurs modernes se limitent le plus souvent à une ou deux phrases, en raison de la lourdeur de la subordination, et préfèrent employer, dans les textes narratifs, le style indirect libre.

6.3. Le style indirect libre

Le style (ou discours) indirect libre est un procédé essentiellement littéraire, qui se rencontre peu dans la langue parlée, à la différence des deux formes précédentes. Mis à part des auteurs comme La Fontaine et Rousseau, c'est au 19e siècle que ce procédé s'est imposé comme fait de style littéraire, dans les romans de Flaubert et Zola notamment. Il permet au romancier de s'affranchir du modèle théâtral jusqu'alors dominant qui imposait le mimétisme du discours direct. L'auteur peut représenter les paroles et les pensées au moyen d'une forme qui s'intègre parfaitement au récit et qui lui offre des perspectives narratives nouvelles.

Le style indirect libre combine les particularités du discours direct et du discours indirect. Comme le discours direct, il se rencontre dans des phrases indépendantes (sans mise en subordination), mais souvent sans démarcation par rapport au contexte où il est inséré (ni guillemets, ni phrase introductive). Il conserve les exclamations et les procédés expressifs du discours direct : *Etienne, déjà, continuait d'une voix changée. (...) Est-ce qu'il se trouvait des lâches pour manquer à leur parole ? Quoi ! depuis un mois, on aurait souffert inutilement, on retournerait aux fosses, la tête basse, et l'éternelle misère recommencerait ! Ne valait-il pas mieux mourir tout de suite, en essayant de détruire cette tyrannie du capital qui affamait le travailleur ?* (Zola). Dans ce passage de *Germinal,* on retrouve les phrases interrogatives et exclamatives directes.

Comme dans le discours indirect, les temps et les personnes sont transposés. Mais, quand le discours de base est au présent, les temps ne sont pas transposés : *Mme Profitendieu rentre enfin, elle s'excuse d'être en retard ; elle a dû faire beaucoup de visites. Elle s'attriste de trouver son mari souffrant. Que peut-on faire pour lui ? C'est vrai qu'il a très mauvaise mine* (Gide).

Dans un récit au passé, la transposition des temps permet d'intégrer parfaitement le discours rapporté à la narration : *Elle en avait fini, songeait-elle, avec toutes les trahisons, les bassesses et les innombrables convoitises qui la torturaient. Elle ne haïssait plus personne, maintenant ; une confusion de crépuscule s'abattait en sa pensée, et de tous les bruits de la terre Emma n'entendait plus que l'intermittente lamentation de ce pauvre cœur, douce et indistincte, comme le dernier écho d'une symphonie qui s'éloigne* (Flaubert).

Cela explique l'intérêt et les difficultés d'analyse du style indirect libre. Comme le discours rapporté n'est généralement pas signalé par une démarcation formelle, il se fond dans le texte narratif avec lequel il peut se confondre. Le style indirect libre permet à l'auteur de mêler son point de vue avec celui du personnage dont il rapporte le discours. Il pose de délicats problèmes de lecture et d'interprétation. Pour identifier un passage au style indirect libre, il est nécessaire de repérer les transpositions de temps et de personnes ou de déceler des particularités linguistiques qui révèlent des caractéristiques d'un personnage ou qui indiquent l'oralité : modalisations comme *franchement,* tournures propres à l'oral (phrases disloquées ou inachevées, emploi de déictiques, etc.). En général, il est indispensable de faire appel au contexte narratif pour y trouver des allusions à des paroles ou à des pensées. Mais il existe des cas équivoques quand le discours du personnage se fond parfaitement dans la narration : *Il fut tiré de sa rêverie par la sonnerie du téléphone. C'était Barbentane. Il demandait à Aurélien d'accompagner ces dames au Casino de Paris. La loge était prise, et puis à la dernière minute, lui devait se rendre ailleurs ; si Leurtillois n'était pas libre, Blanchette et Bérénice n'iraient pas, parce que deux femmes seules... Mais Aurélien était libre.* (Aragon)

Bibliographie. — M. Lips (1926), *Le style indirect libre,* Payot – A. Banfield (1997), *Phrases sans parole. Théorie du récit et du style indirect libre,* Seuil – *Langages,* 73, Les Plans d'Enonciation, 1984 – N. Gelas (1988), Dialogues authentiques et dialogues romanesques, in J. Cosnier, N. Gelas & C. Kerbrat-Orecchioni (éds), *Échanges sur la conversation,* CNRS : 323- 333 – B. Combettes (1989), Discours rapporté et énonciation : trois approches différentes, *Pratiques,* 64 : 111-122 – J. Authier-Revuz (1992), Repères dans le champ du discours rapporté, *L'Information grammaticale,* 55 : 38-42 ; (1993) *id.* , *L'Information grammaticale,* 56 : 10-15 –A.- M. Berthonneau & G. Kleiber (1996) Subordination et temps grammaticaux : pour une conception non concordantielle de l'imparfait, *Le Français moderne,* LXV, 2 : 113-141 – V. Traverso (2004) – J.-C. Pellat & C. Schnedecker (2006), "La représentation de l'oral dans le texte littéraire", *in* P. Clermont & A. Schneider (éds), *Écoute mon papyrus. Littératures, oral et oralité,* Strasbourg, CRDP d'Alsace : 9-26 – L. Rosier (2009).

Chapitre XXIV

TEXTE ET DISCOURS

1. DU TEXTE AU DISCOURS

1.1. Grammaire de texte et analyse de discours

L'analyse grammaticale s'effectue le plus souvent dans le cadre de la phrase. Or, divers phénomènes linguistiques ne peuvent pas être complètement expliqués si l'on reste dans ces limites. Il est nécessaire d'élargir la perspective et de se placer dans le cadre du texte, défini comme un ensemble organisé de phrases. Ainsi, l'emploi et la concordance des temps concernent souvent l'ensemble du texte, rarement des phrases isolées. La référence des pronoms anaphoriques dépend aussi du contexte large : pour interpréter *il* dans *Il chante*, le récepteur doit se reporter à un segment de texte antérieur ou parfois ultérieur.

Le texte, unité de base de la grammaire transphrastique, est un objet empirique oral ou écrit. Il est distingué du discours, produit d'un acte d'énonciation dans une situation d'interlocution orale ou écrite. Le texte et le discours ont été longtemps traités séparément : alors que la grammaire de texte se limitait au départ à la structuration interne du texte, l'analyse du discours prenait en compte les conditions de production du texte, c'est-à-dire la situation d'énonciation et les interactions sociales. Cependant, il est difficile d'analyser le fonctionnement d'un texte sans tenir compte des traces linguistiques de sa production : par exemple, les pronoms déictiques (comme *je* dans *J'accuse* de Zola) ne peuvent s'interpréter qu'en fonction de la situation d'énonciation. Et, inversement, l'analyse des textes peut servir d'appui à l'analyse des discours, notamment quand il s'agit de construire une typologie des discours. Au fond, la grammaire de texte et l'analyse du discours traitent le même objet, d'une manière complémentaire : la linguistique textuelle est « un sous-domaine du champ plus vaste de l'analyse des pratiques discursives » (Adam 2005 : 19). On peut maintenir aujourd'hui la distinction entre texte et discours pour des raisons d'ordre méthodologique. L'analyse du texte s'attache alors à son organisation sémantique globale : d'une part, aux relations de continuité et rupture entre les propositions pour rendre compte de son unification et, d'autre part, à sa segmentation en différentes séquences textuelles, dans une perspective typologique (Adam 2005). L'analyse du discours intègre cette approche dans un cadre plus vaste, en mettant le texte en rapport avec ses conditions de production et en le traitant dans le cadre des interactions sociales et des « formations socio-discursives » (Adam 2005 : 31).

Bibliographie. — T.A. van Dijk (1977), Grammaires textuelles et structures narratives, *Sémiotique narrative et textuelle* : 177-207 – H. Rück (1980), *Linguistique textuelle et enseignement du français*, Hatier – L. Lundquist (1983), *L'analyse textuelle (méthode, exercices)*, CEDIC – J.-M. Adam (1999), *Linguistique textuelle : des genres de discours aux textes*, Nathan – M. Charolles & B. Combettes (1999), Contribution pour une histoire récente de l'analyse de discours, Langue française, 121 : 76-116 – J.-M. Adam (2005) – (2006) Textes / Discours et co(n)textes. Entretien avec J.-M. Adam, *Pratiques*, 129-131 : 20-31 – D. Legallois (éd.) (2006), *Langages*, 163, Unité (s) du texte.

1.2. Cohésion et cohérence

Propriétés respectives du texte et du discours, la *cohésion* et la *cohérence* sont fondées sur la distinction entre les relations internes à l'énoncé (le contenu) et les relations externes de l'énoncé avec la situation (la convenance). La cohésion caractérise la bonne formation architecturale du texte, assurée par les relations sémantiques entre ses parties constitutives (compatibilité, non contradiction, etc.) ; la cohérence caractérise la bonne formation interprétative et communicative du discours. Autrement dit, la cohésion du texte est fonction de son organisation sémantique (**XXI**), alors que la cohérence du discours dépend de ses conditions de production, dans une interaction sociale déterminée, où les contraintes de la réception jouent un rôle important. Un texte produit peut avoir une cohésion parfaite, mais ne pas satisfaire pleinement aux règles de cohérence. Par exemple, la publication d'un poème surréaliste dans un hebdomadaire de mode ne sera guère cohérente, alors que l'insertion d'un banal extrait de journal dans un poème surréaliste sera parfaitement cohérente. Dans la pratique, il est difficile d'opérer une stricte répartition entre des règles de cohérence à portée externe et des règles de cohésion à portée interne. Dans ce chapitre, on s'attachera en priorité aux règles de cohésion du texte.

Remarque. — À la cohésion et à la cohérence, certains auteurs ajoutent une troisième notion, la *connexité*, qui concerne les relations linguistiquement marquées entre les phrases d'un texte, au niveau local : *Il cherchait à s'expliquer. Mais il ne pouvait rien trouver pour leur répondre* (Maupassant, *Le papa de Simon*). La relation entre les deux phrases est marquée par *mais*.

Bibliographie. — M. Charolles (1995), Cohésion, cohérence et pertinence du discours, *Travaux de linguistique*, 29 : 125-151 – J. Moeschler & A. Reboul (1998), *Pragmatique du discours*, A. Colin – F. Calas *et alii* (2006), *Cohérence et discours*, Paris, PUPS – M. Charolles (2006), De la cohérence à la cohésion du discours, *in* Calas *et alii* : 25-38 – M. Riegel (2006), Cohérence textuelle et grammaire phrastique, *in* Calas *et alii* : 53-64.

1.3. L'organisation du texte

1.3.1. *Les niveaux d'organisation du texte*

La structuration du texte, comme celle de la phrase, obéit à des règles, même si elles sont sans doute moins strictes. Un texte n'est pas une simple suite linéaire de phrases, de même qu'une phrase n'est pas une simple suite de mots. Un texte possède une structure globale ; il est formé de parties ou de séquences dont le sens se définit par rapport à son sens global. De même que l'on évalue la grammaticalité et l'acceptabilité d'une phrase

(**Intro.: 3.4**), on peut juger de la cohésion d'un texte, qui dépend de facteurs sémantiques et syntaxiques qui assurent son unification.

On peut distinguer plusieurs niveaux de structuration du texte :

> – un niveau général d'organisation globale (un « plan de texte », selon Adam 2005), déterminé par son organisation séquentielle
> – un niveau interphrastique concernant sa progression thématique
> – un niveau local concernant les relations entre les propositions.

1.3.2. *Continuité et progression thématique*

Au niveau interphrastique, l'organisation d'un texte répond à deux exigences contraires et complémentaires :

▶ **Continuité et répétition** : le texte doit comporter dans son développement des éléments récurrents, c'est-à-dire des éléments qui se répètent d'une phrase à l'autre, pour constituer un fil conducteur qui assure la continuité thématique du texte. C'est notamment le rôle des reprises, traitées dans le cadre de l'anaphore (**3**).

▶ **Progression** : le texte doit comporter dans son développement des éléments apportant une information nouvelle. Cette contrainte gouverne toute communication : on transmet à autrui un message pour lui apporter une information qu'il ignore.

La cohésion thématique d'un texte repose sur l'équilibre entre ces deux exigences complémentaires : la nécessaire introduction d'éléments nouveaux doit s'accorder avec les exigences de la continuité du texte. Si la répétition est insuffisante, la continuité n'est pas assurée ; si la progression est réduite ou inexistante, le texte ne comporte plus à proprement parler de développement.

Il convient, par ailleurs, d'ajouter une nécessité de non-contradiction, qui demande d'éviter d'introduire dans le développement du texte un élément qui apporte une contradiction implicite ou explicite avec un autre élément (mais à l'oral, le locuteur peut s'autocorriger).

Il convient maintenant de préciser les moyens linguistiques mis en œuvre pour assurer l'organisation du texte.

Bibliographie. — *Langages*, 104, 1991, Intégration syntaxique et cohérence discursive – *Langue française*, 38, 1978, *Enseignement du récit et cohérence du texte* (en particulier M. Charolles, Introduction aux problèmes de la cohérence des textes : 7-41).

2. THÈME ET PROPOS. LA PROGRESSION THÉMATIQUE

2.1. Thème et propos

2.1.1. *La perspective communicationnelle*

Une phrase comme *L'astronome observe Véga de la Lyre* peut s'analyser à deux niveaux différents (**VI : 2.1**) :

> • Au niveau syntaxique, on distingue le groupe nominal sujet *l'astronome* et le groupe verbal *observe Véga de la Lyre*, dont l'union constitue la phrase de base.
> • Au niveau sémantique, la phrase comporte deux actants. L'agent *l'astronome* est à l'origine du procès, dont le terme final est *Véga de la Lyre*.

On doit introduire un troisième niveau dit « communicatif », pour analyser la phrase en fonction de l'information qu'elle véhicule. Communiquer consiste à transmettre à autrui une information, à lui dire quelque chose à propos de quelqu'un ou de quelque chose. Dans cette perspective, la phrase s'analyse en deux parties :

> • le **thème** est ce dont parle le locuteur, le support, le « point de départ » de la communication et de la phrase ;
> • le **propos** est ce qu'on dit du thème, l'apport d'information sur le thème.

Dans ce cadre, l'information véhiculée par la phrase s'analyse en une partie connue (par la situation ou le contexte antérieur), le thème, et une partie nouvelle, le propos, qui constitue l'apport d'information véritable de la phrase. Dans le dynamisme communicatif de la phrase, la progression de l'information suit l'ordre linéaire : le thème, généralement placé au début de la phrase (mais dont un élément peut avoir été « oublié » et être réintroduit après coup : **XIV : 6.1.**), a un pouvoir informatif moins important que le propos qui le suit.

Histoire. — La distinction thème/propos vient de la logique classique. Toute proposition asserte un jugement ou prédique une propriété. Dans *Socrate est mortel*, on distingue le sujet logique (*subjectum* : « ce qui est donné à la base ») *Socrate*, et le prédicat (« ce qui est affirmé ») *est mortel*. Pour éviter l'ambiguïté du terme sujet, Ch. Bally (1932) a reformulé cette distinction en opposant « thème » et « propos ». Cette dichotomie, développée surtout par l'École de Prague, connait plusieurs variantes terminologiques : *thème/prédicat, thème/rhème, topique/commentaire* (ou *focus*). Le dernier couple traduit la distinction anglo-saxonne, établie par Hockett, entre *topic* et *comment*. On assimile parfois le thème au *présupposé* et le propos au *posé*. Cette dispersion terminologique tient à la multiplicité des points de vue (logique, syntaxique, sémantique, pragmatique, etc.) ; certains linguistes situent même le thème hors de la langue, en l'assimilant au référent.

Remarques. — **1.** La distinction thème / propos reste encore largement intuitive, peu conceptualisée. Les recherches récentes poussent à distinguer une structuration thème-propos *inter-phrastique* (celle qui nous intéresse ici : la répartition de l'information en thème-propos est déterminée par le texte) et une structuration *intra-phrastique*, qui correspond à la structure inhérente de la phrase. Deux problèmes restent à traiter : peut-on utiliser les mêmes termes pour les deux structurations ? comment décrire l'interdépendance évidente entre elles ?
2. Il convient aussi de distinguer le *thème de la phrase*, qui s'y trouve représenté par un élément linguistiquement présent, le plus souvent un groupe nominal, et le *thème du discours* (ce dont parle le texte), qui n'est pas toujours explicitement formulé dans l'énoncé. Ainsi, *La Peste* d'Albert Camus a pour thème l'absurdité de la condition humaine et la lutte contre le mal, termes qui ne sont pas forcément employés directement dans le roman. On retrouve ici le sens classique du mot « thème » dans le vocabulaire de la critique littéraire.

2.1.2. *L'analyse de la phrase en thème/propos*

Dans une phrase canonique, la distinction thème/propos peut correspondre à l'analyse syntaxique en deux constituants (**VI : 2.1.**) : dans notre exemple, le thème correspond au sujet de la phrase *l'astronome*, le propos au groupe verbal *observe Véga de la Lyre*. Mais le thème peut correspondre à un constituant autre que le sujet grammatical de la phrase. C'est notamment le cas lorsqu'un complément circonstanciel est placé en tête de phrase :

Un certain jour, du haut de ces cours bien placées, nous vîmes s'élever dans le ciel une fumée prodigieuse (Valéry) – *Tous les samedis soirs, l'astronome observe Véga de la Lyre*. Le complément antéposé fait partie du thème : il constitue le cadre dans lequel s'inscrit l'élément essentiel du thème, dont il facilite le repérage (voir **I : 3.5.**) ; le reste de la phrase joue le rôle du propos. Il en va de même quand un complément d'objet est placé en début de phrase : dans *A ma fille, je lègue ma Mercedes classe C*, le complément *à ma fille* fait partie du thème. Un constituant détaché en tête de phrase et repris par un pronom joue le rôle de thème : *Cette étoile, il ne se lasse pas de la contempler*. On parle alors de *thématisation* (ou *topicalisation*) du constituant détaché (**XIV : 6.1.**).

Dans l'ordre linéaire de la phrase, qui reflète l'ordre de l'information, le thème est plutôt placé en tête de phrase et suivi par le propos. Mais certaines structures inversent cet ordre. Ainsi, quand un adverbe (1) ou un groupe nominal (2) ajoutent un commentaire incident à une phrase, ils jouent le rôle du propos, quelle que soit leur place, avant ou après la phrase, qui est le thème (**VII : 4.6.** et **XIII : 3.**) :

(1) *Heureusement, il est revenu sain et sauf. – Il est revenu sain et sauf, heureusement.*
(2) *Chose extraordinaire, il est sorti indemne de l'accident – Il est sorti indemne de l'accident, chose extraordinaire.*

Le propos peut être placé en début de phrase, avant le thème, dans les phrases non verbales à deux éléments : *Excellent, ce fromage*. L'adjectif *excellent* placé en tête de phrase constitue le propos et le thème *ce fromage* est retardé en fin de phrase (**XIV : 9.2.2.**). Dans les phrases emphatiques clivées (**XIV : 6.2.**), le propos est extrait de la phrase et mis en relief au moyen de *c'est… qui / que* : *C'est le Beaujolais qu'il préfère*. Le reste de la phrase (*il préfère*) constitue le thème. On parle de *focalisation* du groupe extrait. Rien n'empêche que le sujet constitue le propos dans cette structure : *C'est Einstein qui a formulé la théorie de la relativité généralisée*. On voit bien, dans cet exemple, la correspondance entre la distinction thème / propos et l'opposition présupposé / posé : le thème, en tant qu'il est présupposé, ne peut pas être nié, alors que le propos peut l'être : *Ce n'est pas Einstein qui a*

formulé la théorie de la relativité généralisée. La question à laquelle peut répondre cette phrase contient le présupposé et ne porte que sur le propos : *Qui a formulé la théorie de la relativité généralisée ?*
Certaines opérations linguistiques permettent de mettre en place, selon le cas, un thème (1) ou un propos (2) :

- Le détachement d'un constituant à l'aide d'un pronom (**XIV : 6.1.**) ou les expressions *pour ce qui est de, quant à* permettent d'effectuer une **thématisation** : *Mais l'histoire que je raconte ici, j'ai mis toute ma force à la vivre et ma vertu s'y est usée* (Gide). La transformation passive qui permet à l'objet direct actif de devenir le sujet le met en position de thème (**XIV : 7.4.2.**).
- L'extraction d'un constituant au moyen de *c'est / il y a... qui* (**XIV : 6.2.**) permet la **focalisation** d'un constituant, c'est-à-dire sa mise en évidence comme propos : *C'est Gide qui a écrit* L'Immoraliste.

Remarque. — Toutes les phrases ne s'analysent pas en deux parties distinctes. Les phrases non verbales à un seul élément ne peuvent évidemment comporter que le propos (**XIV : 9.2.3.**). Dans *Quel mistral !*, la phrase se limite au propos, comme dans *Entrée interdite, La belle bleue !*
Inversement, les énoncés thématiques ne contiennent qu'un thème : *Mes clés !* Le propos est inféré de la situation (elles ont disparu, je les ai oubliées, etc.). *À propos, et la cantatrice chauve ?* (Ionesco)
Les présentatifs *voici* et *voilà* ainsi que *c'est* introduisent par définition un propos : *Voici un ours.* Les constructions impersonnelles, tout en comportant un verbe, représentent des phrases sans thème : l'ensemble constitue un propos (**XI : 8.4**). Mais certains compléments circonstanciels antéposés peuvent peuvent néanmoins établir un cadre thématique : *La nuit de la Saint-Laurent, il se produit une pluie d'étoiles filantes.*

2.1.3. *Identifier le thème et le propos*

L'analyse d'une phrase en thème et propos doit s'effectuer en tenant compte du contexte linguistique ou situationnel. Dans un texte, la détermination du thème dépend du contexte antérieur. Le thème assure la continuité du texte, selon l'exigence de répétition, alors que le propos, qui apporte une information nouvelle, assure la progression.

Divers tests linguistiques peuvent être utilisés pour identifier le thème et le propos ; les deux plus importants font appel à la négation et à l'interrogation.

▶ La **négation** porte sur le propos (le posé), jamais sur le thème (le présupposé). Si l'on insère dans une phrase la négation *ne...* *pas* et si l'on fait suivre cette phrase d'une séquence introduite par *mais* qui affirme le contraire de la partie niée, on identifie par contraste le propos, alors que le thème se trouve hors de portée de la négation. En appliquant ce test à *Le bateau partira demain*, on peut obtenir :

(1) *Le bateau ne partira pas demain, mais dans huit jours* : le propos se limite à l'adverbe *demain*.

(2) *Le bateau ne partira pas demain, mais restera à quai* : la négation porte sur le procès exprimé par le verbe, qui constitue le propos.

Remarque. — Le test de la négation montre que le prédéterminant *tout* fait partie du propos, même s'il figure dans un groupe nominal sujet : *Tous les étudiants ne sont pas venus*. Cette propriété de *tout* est confirmée par la pronominalisation du groupe sujet, qui n'englobe pas *tout* : *Ils ne sont pas tous venus* (**XIV** : 5.3.1. et **VII** : 5.2.4.).

▶ La **question** est employée pour reconstruire le contexte antérieur auquel la phrase pourrait répondre. Comme l'a remarqué en effet Ch. Bally, « le thème est une sorte de question dont le propos est la réponse » (1932 : 62). Si l'on construit une question à partir d'une phrase, le thème y est déjà en place, et l'interrogation partielle fait apparaitre le propos comme une variable, qui est représentée par le mot interrogatif (**XIV : 2.1.**). Si la phrase *Le bateau part demain* répond à la question *Quand part le bateau ?*, le sujet et le verbe (*Le bateau part*) constituent le thème et le complément de temps (*demain*) le propos.

Bibliographie. — *Cahiers de praxématique*, 30, 1998 – B. Combettes (1998).

2.2. La progression thématique

La répartition thème/propos s'effectue d'abord dans une phrase. Au niveau du texte, on peut ensuite observer comment se fait cette répartition d'une phrase à l'autre, autrement dit comment se succèdent et s'enchainent les thèmes des différentes phrases.

2.2.1. Les types de progression thématique

La répartition de l'information en thème et propos varie d'une phrase à l'autre dans le développement d'un texte. Comme c'est le rapport du thème au contexte antérieur qui assure fondamentalement la cohésion du texte, B. Combettes (1983) distingue trois types de progression thématique.

▶ **La progression à thème constant** constitue le type le plus simple et sans doute le plus fréquent, dans les textes d'enfants notamment (B. Combettes : 1978). Un même thème (TH) est repris d'une phrase à l'autre, associé à des propos différents (PR), selon le schéma [TH1-PR1. TH1-PR2. TH1-PR3, etc.] :

Il a mis le café / Dans la tasse / Il a mis le lait / Dans la tasse de café / Il a mis le sucre / Dans le café au lait... (Prévert). On peut répéter, comme ici, un même pronom (*il*), ou employer divers substituts pour faire varier la désignation du thème.

Les textes de type narratif privilégient cette forme de progression. Les désignations d'un personnage, par exemple, sont en position de thème et ses actions sont développées dans les propos successifs :

> <u>*Jean Valjean*</u> *sortit de la ville comme s'il s'échappait. Il se mit à marcher en toute hâte dans les champs, prenant les chemins et les sentiers qui se présentaient, sans s'apercevoir qu'il revenait à chaque instant sur ses pas. Il erra ainsi toute la matinée, n'ayant pas mangé et n'ayant pas faim. Il était en proie à une foule de sensations nouvelles. Il se sentait une sorte de colère ; il ne savait contre qui. Il n'eût pu dire s'il était touché ou humilié* (Hugo).

Cette progression se rencontre aussi dans les textes descriptifs, où l'on développe dans les propos successifs l'information sur le thème :

> <u>*Cette première pièce*</u> *exhale une odeur sans nom dans la langue, et qu'il faudrait appeler l'odeur de pension. Elle sent le renfermé, le moisi, le rance ; elle donne froid, elle est humide au nez, elle pénètre les vêtements ; elle a le goût d'une salle où l'on a dîné ; elle pue le service, l'office, l'hospice* (Balzac).

▶ Dans **la progression linéaire simple**, le thème d'une phrase peut être tiré du propos de la phrase précédente, suivant le schéma [TH1-PR1. TH2-PR2], où TH2 fait partie de PR1 ; le thème reprend totalement ou partiellement les informations qui sont apportées par le propos précédent :

> **Le fantôme** *se matérialise par le « simulacre du volume ».* **Le simulacre du volume** *est l'enveloppe.* **L'enveloppe** *cache, protège, transfigure, incite, tente, donne une notion trompeuse du volume* (Salvador Dali).

Remarque. — Le passage du propos au thème suivant n'est pas toujours réalisé terme à terme : *Ce fut comme une apparition.* **Elle** *était assise au milieu du banc, toute seule ; ou du moins il ne distingua personne dans l'éblouissement que lui envoyèrent ses yeux* (Flaubert). Le récepteur doit trouver par inférence le référent du pronom *elle*.

▶ **La progression à thèmes dérivés** est à la base des textes de type descriptif. Elle s'organise à partir d'un *hyperthème*, dont les thèmes de chaque phrase représentent un élément particulier :

> *Deux parties de billard étaient en train. Les garçons ciraient les points ; les joueurs couraient autour des billards encombrés de spectateurs. Des flots de fumée de tabac, s'élançant de la bouche de tous, les enveloppaient d'un nuage bleu* (Stendhal).

Dans cet exemple, la première phrase met en place l'hyperthème, à la manière d'un titre : *parties de billard*. Les thèmes des phrases suivantes (*les garçons, les joueurs*) en représentent chaque fois un aspect particulier.

L'hyperthème n'est pas nécessairement exprimé ; il doit alors être reconstitué par inférence :

> *Le 15 septembre 1840, vers six heures du matin, la Ville-de-Montereau, près de partir, fumait à gros tourbillons devant le quai Saint-Bernard.*
> *Des gens arrivaient hors d'haleine ; des barriques, des câbles, des corbeilles de linge gênaient la circulation ; les matelots ne répondaient à personne ; on se heurtait ; les colis montaient entre les deux tambours, et le tapage s'absorbait dans le bruissement de la vapeur, qui, s'échappant par des plaques de tôle, enveloppait tout d'une nuée blanchâtre, tandis que la cloche, à l'avant, tintait sans discontinuer* (Flaubert).

Dans ce début de *l'Éducation sentimentale*, l'hyperthème « préparatifs de départ du bateau » est inféré de la première phrase. Les phrases suivantes décrivent chacune, à partir d'un thème dérivé particulier, la fébrilité provoquée par cette situation.

2.2.2. *Combinaisons et ruptures de progression*

Un texte, même court, peut **mêler plusieurs sortes de progression thématique**, selon le type de séquence textuelle (narrative, descriptive, etc.), le référent évoqué, l'effet stylistique visé. Ainsi, dans le début de *l'Education sentimentale*, une progression à thème constant suit de peu la progression à thèmes dérivés :

> <u>Un jeune homme de dix-huit ans</u>, *à longs cheveux et qui tenait un album sous son bras, restait auprès du gouvernail, immobile. A travers le brouillard, il contemplait des clochers, des édifices dont il ne savait pas les noms ; puis il embrassa, dans un dernier coup d'œil, l'île Saint-Louis, la Cité, Notre-Dame ; et bientôt, Paris disparaissant, il poussa un grand soupir.*

Cependant, la progression thématique peut connaitre des **ruptures** : le thème d'une phrase n'est pas toujours présent dans une phrase antérieure, en particulier quand un thème totalement nouveau est introduit dans le texte. C'est le cas du texte de Flaubert : *un jeune homme de dix-huit ans*, qui figure en position de thème, n'a pas été mentionné auparavant. Son apparition n'en prend que plus d'importance ; mais la rupture n'est pas totale, car le personnage est un des passagers du bateau évoqués collectivement au début du texte.

Ce genre de ruptures montre par ailleurs que le thème de la phrase n'est pas toujours connu au préalable ; dans ce cas, et en particulier s'il est introduit par un groupe nominal à déterminant indéfini « existentiel » (**VII : 2.4.1.**), il est simplement le point de départ de l'énoncé. La nouveauté du thème est évidente dans les débuts de romans :

> *Dans la plaine rase, sous la nuit sans étoiles, d'une obscurité et d'une épaisseur d'encre, un homme suivait seul la grande route de Marchiennes à Montsou, dix kilomètres de pavé coupant tout droit, à travers les champs de betteraves* (Zola).

Dans ce début de *Germinal*, après des compléments circonstanciels qui mettent en place le cadre spatio-temporel, le héros se détache en position de thème.

Bibliographie. — H. Bonnard (GLLF), La Prédication : 4556-4560 – B. Combettes (1983), A. De Boeck-Duculot ; (1978) Thématisation et progression thématique dans les récits d'enfants, *Langue française*, 38 : 74-86 – *Langue française*, 78, 1988, Le thème en perspective – W.C Mann & S.A. Thompson (1988), *Rhetorical Structure Theory* – M. Rothenberg (1989), Quelques moyens syntaxiques de rhématisation et de thématisation en français, *BSLP*, LXXXIV (1) : 143-161 – *L'information grammaticale*, Le Thème, 54, 1992 : 2-44 – Knud Lambrecht (1994), *Information Structure and Sentence Form : Topics, Focus and the Mental Representations of Discourses Referents*, Cambridge University Press – Anne Grodet (2002), *L'identification des topiques dans les dialogues*, Bruxelles, De Boeck-Duculot.

3. L'ANAPHORE

3.1. Définition

La cohésion du texte repose en partie sur la répétition. Divers éléments linguistiques y contribuent ; les groupes nominaux, en particulier, assurent, par leur articulation et leurs relations au fil du texte, la reprise de l'information.

La notion d'**anaphore** permet de décrire cet aspect de l'organisation du texte. L'anaphore se définit traditionnellement comme toute reprise d'un élément antérieur dans un texte.

Remarque. — La relation anaphorique peut évidemment exister à l'intérieur d'une phrase, le plus souvent complexe : *Si l'on ne voit pas pleurer les poissons / Qui sont dans l'eau profonde / C'est que jamais quand ils sont polissons / Leur maman ne les gronde* (Boby Lapointe). Un pronom réfléchi qui renvoie au sujet du verbe est aussi anaphorique : *La chatte se lave.*

Plus précisément, une expression est anaphorique si son interprétation référentielle dépend nécessairement d'une autre expression qui figure dans le texte :

> *Depuis trois jours la seule distraction de Mme de Rênal avait été de tailler et de faire faire en toute hâte par Élisa une robe d'été, d'une jolie petite étoffe fort à la mode. À peine cette robe put-elle être terminée quelques instants après l'arrivée de Julien ; Mme de Rênal la mit aussitôt.*

Dans cet extrait de Stendhal, deux termes sont anaphoriques : le référent du groupe nominal *cette robe* et du pronom personnel *la* s'identifient à partir d'*une robe d'été*.

Remarques. — **1.** Le terme *anaphore* vient de la rhétorique, où il désigne un procédé stylistique, à savoir toute répétition du même mot (ou groupe de mots) en tête de phrase ou en début de vers, pour créer un effet de parallélisme ou de symétrie : *Il pleure dans mon cœur/Comme il pleut sur la ville ; (...) Il pleure sans raison/Dans ce cœur qui s'écœure* (Verlaine).
(Pour un autre exemple, voir, dans *Horace* de Corneille, la répétition de *Rome* dans la tirade de Camille)
2. Conformément à son étymologie (*ana-* signifie « en arrière », « en remontant »), le terme *anaphore* implique le renvoi à un élément antérieur du texte. Il s'oppose à *cataphore*, qui désigne le renvoi à un élément postérieur dans le texte (*cata* = « en bas », « en descendant »). Dans *Je t'annonce ceci : Tristan est de retour*, le **pronom démonstratif** *ceci*, qui annonce la phrase qui suit, a un **rôle cataphorique**. Il peut en aller de même pour un groupe nominal comportant un déterminant démonstratif :

Suis bien ce conseil : ne bois que de l'eau. Le pronom *il* peut aussi annoncer un groupe nominal figurant dans la proposition qui suit : *Dès qu'il fut dehors, Pierre se dirigea vers la rue de Paris* (Maupassant). Mais les deux procédés ne sont pas symétriques ; l'anaphore constitue un phénomène plus fréquent et plus complexe que la cataphore.

3. Suivant la localisation du référent d'une expression linguistique, on oppose traditionnellement les expressions anaphoriques, dont l'identification du référent dépend du contexte linguistique, aux expressions déictiques, dont le référent est localisé dans la situation d'énonciation (**XXIII : 2.1.**). Mais une même expression peut être anaphorique ou déictique selon que son interprétation s'appuie sur le contexte textuel ou sur la situation (**VII : 5.1.2**). Dans *Ce cheval souffre d'une boiterie intermittente*, le groupe nominal *ce cheval* comportant un démonstratif peut reprendre un terme antérieur du texte (valeur anaphorique) ou désigner un référent présent dans la situation d'énonciation (valeur déictique). Une même expression peut d'ailleurs cumuler les deux valeurs : dans la phrase prononcée en situation *De toutes ces robes, je préfère celle-ci*, le pronom démonstratif désigne un objet présent et renvoie en même temps au groupe nominal antérieur *ces robes* qui lui livre la catégorie nominale *robe*.

3.2. Diversité des procédés anaphoriques

Dans le cas prototypique, on observe une relation de **coréférence** (au moins partielle) entre une expression anaphorique et un segment antérieur (son **antécédent**) : ils désignent le même référent. Dans l'exemple du texte de Stendhal, *une robe d'été, cette robe* et *la* renvoient au même objet. Dans les cas prototypiques, cette relation de coréférence garantit la continuité thématique : l'expression anaphorique reprend un thème précédent ou un élément du propos précédent qui devient le thème de la phrase, comme *cette robe.*

Remarques. — 1. Une expression linguistique qui entretient une relation de coréférence avec une expression antérieure n'est pas nécessairement anaphorique, dans la mesure où son interprétation référentielle n'en découle pas. Par exemple, un nom propre ne peut être anaphorique, mais il peut être coréférentiel d'une expression antérieure : *Le président des Etats-Unis va venir en France.* <u>*Barak Obama*</u> *participera au sommet de l'OTAN à Strasbourg les 3 et 4 avril prochains* (les journaux de mars 2009). L'expression définie employée dans la première phrase est un processus de dénomination indirecte qui permet au récepteur d'identifier le porteur du nom propre, ici B. Obama, par sa fonction (président des USA).
2. La relation de coréférence n'implique pas nécessairement la stabilité du référent, qui peut subir des changements d'état :
Tuez un poulet bien vif et bien gras. Préparez-le pour le four, coupez-le en quatre et rôtissez le pendant une heure (exemple de G. Brown et G. Yule traduit par G. Kleiber 1994 : 31). Dans le cas d'un référent évolutif, le pronom personnel assure la continuité référentielle.

Cependant, une anaphore n'est pas nécessairement coréférentielle, et le référent d'une expression anaphorique n'est pas toujours dénoté explicitement par un terme antérieur.

▶ Dans le cas de l'**anaphore lexicale**, l'expression anaphorique, généralement un pronom, reprend le contenu notionnel d'un terme antérieur, pour désigner un référent différent :
Elle jeta sa cigarette dans le jardin, en alluma une autre (Colette) : le pronom *en* reprend seulement la matière notionnelle du nom *cigarette*, mais construit avec *une autre* un référent différent de celui du groupe nominal antérieur. Le lien établi par *en* est seulement lexical, et non pas référentiel.

La voiture de Georges est rouge, celle de Martin est grise : le pronom démonstratif *celle* reprend le contenu notionnel de *la voiture* et, complété par *de Martin*, il désigne une autre voiture.

▶ Dans le cas de l'**anaphore indirecte** ou *in absentia*, l'expression anaphorique ne s'appuie pas directement sur une mention antérieure du référent, mais sur le contexte qui précède ; elle entretient une relation référentielle avec une expression linguistique antérieure sans être coréférentielle à celle-ci. C'est le cas de *l'anaphore associative*, évoquée plus loin (**3.5.2**). De même, *l'anaphore collective* ne reprend pas littéralement un terme antérieur : dans *À Paris, ils roulent comme des fous*, le pronom *ils* a un référent collectif et anonyme inféré à partir de la ville indiquée (*Paris*). Dans *l'anaphore générique* (*Georges a acheté une Peugeot ; ces voitures / elles sont robustes*), l'expression anaphorique a un référent générique, extrait du GN de la phrase précédente à référent spécifique.

3.3. Deux conceptions de l'anaphore

Pour expliquer les processus anaphoriques, deux approches sont possibles :

▶ **L'approche textuelle**, suivie jusqu'ici, traite l'anaphore comme un phénomène textuel : l'interprétation de l'expression anaphorique doit s'appuyer sur une autre expression mentionnée dans le texte, qu'il y ait ou non coréférence. Limitée à une approche strictement linguistique, cette approche ne décrit guère les procédures d'interprétation qui sont à l'œuvre dans les différentes sortes de relations anaphoriques.

▶ **L'approche mémorielle** traite l'anaphore d'un point de vue cognitif : l'anaphore constitue un phénomène mémoriel. Le récepteur identifie grâce à elle un référent qu'il connait déjà, qui figure dans sa mémoire immédiate, qui est *saillant* (voir 3.4.). Cette définition mémorielle, en se détachant des contraintes du texte, favorise une analyse unitaire de l'anaphore, englobant les références au contexte et à la situation ; mais elle rend difficilement compte de certains phénomènes anaphoriques et a des effets indésirables comme le traitement des déictiques *je* et *tu* employés dans un dialogue comme des anaphoriques qui reprennent une occurrence précédente. En outre, dans les cas d'anaphore indirecte (anaphores associative et générique), la saillance n'est pas indispensable pour accéder au référent de l'expression anaphorique : le récepteur doit le trouver par calcul inférentiel à partir des éléments du texte ou des savoirs partagés avec le locuteur. Bref, il reste indispensable de s'appuyer sur un antécédent textuel pour expliquer les mécanismes anaphoriques.

3.4. L'identification du référent d'une expression anaphorique

La question de l'identification du référent concerne le plus souvent l'anaphore pronominale. Quand l'expression anaphorique reprend un terme antérieur, l'identification de celui-ci, nécessaire à l'interprétation référentielle de cette expression, s'effectue sans difficultés lorsqu'un seul antécédent possible figure dans le contexte antérieur. Lorsqu'il se trouve un seul groupe nominal antérieur de même nombre et de même genre, l'identification de l'antécédent d'un pronom anaphorique est assurée : *Le sot est automate, il est machine, il est ressort ; le poids l'emporte, le fait mouvoir, le fait tourner et toujours dans le même sens et avec la même égalité; il est uniforme, il ne se dément point* (La Bruyère). Mais lorsque plusieurs groupes nominaux peuvent jouer le rôle d'antécédent d'un même pronom, le récepteur rencontre des ambiguïtés, qui peuvent être encore compliquées quand plusieurs pronoms renvoient à des groupes nominaux différents :

> **La fée** donna des habits tout d'or et d'argent à **Truitonne**, puis **elle** la fit monter en trousse derrière **elle** sur un dragon, et elles se rendirent au royaume de Charmant, qui venait d'y arriver avec son fidèle ami l'enchanteur (Madame d'Aulnoy).

Les ambiguïtés peuvent être levées si les groupes nominaux susceptibles d'être antécédents ne sont pas placés sur le même plan. Dans un paragraphe, il existe, selon J. Dubois, un groupe nominal « hiérarchiquement dominant », qui peut être le groupe le plus proche ou le sujet de l'énoncé. « Ces deux systèmes de référence peuvent agir cumulativement ou contradictoirement » (1967 : 90). Dans l'exemple précédent, malgré l'identité du genre féminin, le sujet de la première phrase (*la fée*) s'impose comme antécédent du pronom sujet *elle*, de même que le complément *Truitonne* est l'antécédent du pronom complément *la*. La **dominance** d'un groupe nominal permet donc de dégager l'antécédent privilégié d'un pronom.

Suivant l'approche mémorielle, on établit des hiérarchies de « saillance topicale » des groupes nominaux d'une phrase, ce qui permet de les caractériser du point de vue de leur statut thématique. Leur rôle dans la relation anaphorique se trouve alors plus précisément défini. Certains groupes nominaux se trouvent « en-dessous du seuil de saillance nécessaire pour être l'antécédent d'un pronom personnel » (G. Kleiber 1992 : 22), comme *la semaine dernière* dans *Louise est allée à la piscine la semaine dernière*: ce complément de temps ne peut pas être repris par un pronom dans la phrase suivante (**Elle était très ensoleillée*). Les autres se situent à différents degrés d'échelles syntaxiques et sémantiques : le sujet (*Louise*) est supérieur aux autres fonctions, le locuteur-auditeur l'emporte sur la troisième personne, l'agent sur l'objet, etc. Dans l'exemple de Madame d'Aulnoy cité plus haut, le nom propre d'être humain *Charmant* s'impose comme antécédent du relatif *qui*, car il est plus saillant que le nom commun *royaume*. Il convient toutefois de vérifier si le choix de l'antécédent d'un pronom aboutit à une interprétation plausible. Dans *Paul enleva son manteau. Il était élimé*, la dominance du sujet *Paul* l'imposerait comme antécédent de *il*, ce qui est incompatible avec le sens de l'adjectif *élimé*, qui l'exclut. *Son manteau* est alors le seul antécédent adéquat (G. Kleiber 1992 : 21).

Bibliographie. — M. Maillard (1974), Essai de typologie des substituts diaphoriques. *Langue française*, 21 : 55-71 – J.-Cl. Milner et al (1984), Recherches sur l'anaphore. Collection ERA 642, Université Paris VII – G. Kleiber (1988), Peut-on définir une catégorie générale de l'anaphore ?, *Vox Romanica*, 47 : 1-14 – G. Kleiber et J.-E. Tyvaert (éds) (1990), *L'anaphore et ses domaines*, Klincksieck – G. Kleiber (1991), Anaphore-déixis : où en sommes-nous ?, *L'information grammaticale*, 51 : 3-18 – M. Charolles (1991), L'anaphore. Définition et classification des formes anaphoriques, *Verbum*, XIV, fasc. 2-3-4 : 203-216 – G. Kleiber (1992), Cap sur les topiques avec le pronom *il*, *L'information grammaticale*, 54 : 15-25 – G. Kleiber (1994b) : 7-40 – D. Apothéloz (1995), *Rôle et fonctionnement de l'anaphore dans la dynamique textuelle*, Droz – C. Schnedecker (1997) – F. Cornish (1999), *Anaphora, Discourse and Understanding*, Oxford, Clarendon Press.

3.5. Les expressions anaphoriques

Face à la complexité et à la diversité des anaphores, il convient de rendre compte de la spécificité des expressions anaphoriques, en vue d'expliquer leur choix dans les chaines de référence et leur rôle dans la donation du référent. Soulignons d'emblée qu'il n'existe pratiquement pas d'expression réservée exclusivement à la référence anaphorique, à l'exception des groupes temporels *la veille, le lendemain* et peut-être du pronom personnel renforcé par *même* (*lui-même*) (Kleiber 1994b : 23). Les expressions utilisées pour l'anaphore constituent une classe hétérogène et peuvent jouer d'autres rôles : par exemple, une expression démonstrative peut être, selon le cas, anaphorique ou déictique. Nous examinerons donc les expressions qui peuvent jouer un rôle anaphorique, entre autres fonctions dans le texte.

3.5.1. *Les anaphores pronominales*

La substitution pronominale est un cas privilégié d'anaphore. Traditionnellement, on dit que l'emploi d'un pronom permet d'éviter la répétition d'un groupe nominal ou d'un nom. Cependant, comme on l'a vu ci-dessus, le rôle des pronoms ne se réduit pas à une simple commodité stylistique. Ils contribuent à la structuration du texte. Le pronom *il* notamment est généralement considéré comme « marqueur de continuité thématique » (G. Kleiber 1992 : 17), dans la mesure où « *il* est le signal de la maintenance du thème » (p. 18) qu'il reprend. Cette propriété se vérifie certes dans la progression thématique à thème constant, mais non dans la progression linéaire simple, qui se caractérise par un changement de thème. Les rôles des pronoms dans la structuration du texte sont donc diversifiés.

Remarque. — Dans cette approche substitutive, que certains linguistes contestent, le pronom est étroitement subordonné au nom ou au groupe nominal qu'il remplace. Mais il ne faut pas oublier que les pronoms ont aussi un rôle déictique (**XXIII : 2.1.**).

Pour traiter de la référence des pronoms anaphoriques, il convient de distinguer deux cas différents : les pronoms peuvent représenter un segment antérieur simple (nom ou groupe nominal le plus souvent) ou un ensemble plus vaste, phrase ou fragment de texte. Dans le second cas, M. Maillard (1974) parle d'anaphore *résomptive* (du latin *resumptus*, « résumé »).

▶ Divers pronoms peuvent représenter, dans des conditions différentes, un groupe nominal antérieur : les pronoms personnels de troisième personne, les pronoms démonstratifs, possessifs, relatifs et même indéfinis. Sans parler des contraintes syntaxiques et sémantiques qui gouvernent les emplois de ces pronoms (**VII : 5.**), il faut distinguer deux types de représentation :

La **représentation totale**

Le pronom représente totalement le groupe nominal antécédent (cas de coréférence). C'est le cas des pronoms personnels de troisième personne (autres que *en*), de certains démonstratifs, et des relatifs : *Mon gendre adore les carottes râpées. Monsieur Alain adore ça* (N. Sarraute) – *L'Oiseau Bleu écoutait ; et plus il écoutait,*

plus il se persuadait que c'était son aimable princesse qui se plaignait (Madame d'Aulnoy).
Les conditions d'emploi, des pronoms sont différentes. Ainsi, le pronom *il* doit faire « référence à des entités *classifiées, nommées*, c'est-à-dire déjà rangées dans une catégorie de choses », alors que *ça* et *ce* font référence à des « choses non nommées ou appréhendées comme telles », leur référent étant envisagé comme non identifié au préalable (Kleiber 1994b : 74).

La **représentation partielle**

Une partie seulement du groupe nominal est représentée. C'est le cas notamment des possessifs, de certains démonstratifs et du pronom *en* : *Elle a acheté des pommes. Elle en a mangé plusieurs / trois / beaucoup.* Le nom (*pommes*) est représenté par *en*, associé à *plusieurs, trois, beaucoup* qui indiquent la partie extraite du tout que dénote ce nom.

Il en va de même pour l'emploi pronominal des indéfinis et des numéraux :

> *Dans ma rue y a deux boutiques / Dans l'une on vend de l'eau dans l'autre on vend du lait / La première n'est pas sympathique / Mais la seconde en revanche où l'on vend du lait l'est* (Charles Trenet). Les reprises anaphoriques distinguent les deux référents du GN pluriel *boutiques*.

Remarques. — 1. La forme de certains pronoms est partiellement ou totalement identique à celle des déterminants correspondants qui, à valeur sémantique égale, pourraient précéder le nom représenté pour former avec lui un groupe nominal : *Les étudiants ne suivent pas tous les cours. Certains (étudiants) / plusieurs (étudiants) / quelques-uns (quelques étudiants) / dix (étudiants) / beaucoup (d'étudiants) travaillent pour financer leurs études.*
2. Les pronoms peuvent aussi représenter un terme antérieur autre qu'un groupe nominal, un adjectif pour le pronom personnel singulier *le* (**VII : 5.1.1**) :
L'esprit dans les enfants se fortifie toujours avec l'âge. Ceux qui sont bêtes étant grands, l'étaient aussi étant petits (Perrault). Dans la seconde phrase, le pronom neutre *l'* reprend l'adjectif *bêtes*.

▶ Certains pronoms peuvent représenter une phrase ou un fragment de texte, en particulier le pronom personnel de 3e personne et les pronoms démonstratifs neutres (*ce, ceci, cela*), pour lesquels on parle d'anaphore résomptive :

J'avais huit ans lorsque la guerre éclata. Je fréquentais le lycée Bartholdi à Colmar. Ceci afin d'éviter la contamination de l'école communale, où les enfants de ces « gens du peuple » auraient pu exercer une mauvaise influence sur moi (T. Ungerer) : le pronom *ceci* représente la phrase précédente.

Remarque. — On constate que les usagers de langues différentes n'accordent pas quantitativement la même importance à l'anaphore pronominale. Celle-ci est bien représentée dans divers types de textes en français, alors que d'autres langues, comme le suédois, préfèrent la redénomination en répétant un groupe nominal à tête lexicale. S'agit-il en français d'un effet de l'apprentissage normatif scolaire qui incite à « éviter les répétitions en employant des pronoms » ?

Bibliographie. — G. Kleiber (1992 et 1994b) – A. Zribi-Hertz (1996), *L'anaphore et les pronoms. Une introduction à la syntaxe générative*, Presses Univ. du Septentrion – C. Schnedecker (2006), *De l'un à l'autre et réciproquement (...)*, Duculot, « Champs linguistiques » – K. Jonasson (à par., 2009), Formes lexicales et pronominales dans des chaînes de référence en français et en suédois. Étude contrastive, *Syntaxe et Sémantique*, 10.

3.5.2. *Les anaphores nominales*

Les groupes nominaux anaphoriques comportent des déterminants définis (**VII : 2.3.**) : articles définis, déterminants possessifs ou démonstratifs. Ils peuvent prendre plusieurs formes et entretenir plusieurs types de relations avec l'antécédent :

▶ **L'anaphore fidèle** est une reprise du nom avec simple changement de déterminant :

À son âge, – pas tout à fait huit ans –, j'étais curé sur un mur. Le mur, épais et haut, qui séparait le jardin de la basse-cour (Colette).

La reprise du groupe nominal s'accompagne le plus souvent du remplacement d'un déterminant indéfini par un déterminant défini (article défini, déterminant possessif ou démonstratif). Pour le choix de l'article défini ou du déterminant démonstratif dans la « reprise immédiate », voir **VII : 2.3.2.**). Le référent du groupe nominal est identifié grâce au contexte antérieur où il a déjà été mentionné :

Il y avait une fois un marchand qui était extrêmement riche. Il avait six enfants, trois garçons et trois filles, et comme ce marchand était un homme d'esprit, il n'épargna rien pour l'éducation de ses enfants (Madame Leprince de Beaumont).

▶ **L'anaphore infidèle** est une reprise avec changements lexicaux : le groupe nominal anaphorique contient des éléments différents de son antécédent.

Un nom propre peut être représenté par un groupe nominal descriptif comportant un nom commun : *Stéphane Mallarmé a renouvelé la poésie du XIXe siècle ; ce poète a eu de nombreux disciples, dont Paul Valéry.*

Le nom de reprise peut être synonyme ou équivalent du premier terme : *C'était un court manuscrit d'une cinquantaine de* **pages**. *Le docteur le feuilleta et comprit que* toutes ces feuilles *ne portaient que la même phrase indéfiniment recopiée, remaniée, enrichie ou appauvrie* (Camus).

Le nom employé dans l'expression anaphorique peut aussi être l'hyperonyme (**XXI : 2.4.**) du nom mentionné précédemment : *Utilisez un dictionnaire :* cet ouvrage *complétera utilement notre grammaire. – Le soleil était là qui mourait dans l'abîme. /* L'astre, *au fond du brouillard, sans air qui le ranime, / Se refroidissait, morne et lentement détruit* (Hugo).

La reprise anaphorique peut aussi se faire avec un terme à valeur métaphorique : *Le SIDA fait des ravages en Afrique. Les ONG souhaitent que les pays riches les aident davantage à lutter contre* cette plaie.

▶ Dans **l'anaphore conceptuelle** (ou *résomptive*), l'expression anaphorique ne reprend pas un groupe nominal ou un segment antérieur particulier. Elle condense et résume le contenu d'une phrase, d'un paragraphe ou de tout un fragment de texte antérieur :

> *Elle songeait en ce moment qu'elle n'avait jamais reçu une invitation ni une visite de sa jeune cousine la Princesse de Laurhes, depuis six ans que celle-ci était mariée.* Cette pensée *la remplissait de colère, mais aussi de fierté* (Proust) : le GN *cette pensée* résume le contenu global de la phrase précédente.
> *Notre chatte est passée sous une voiture.* Cet accident *a laissé des traces.* Le groupe nominal *cet accident* reprend le contenu de la phrase précédente qu'il catégorise comme un accident.

La reprise prend souvent la forme d'une **nominalisation**. Le groupe nominal anaphorique contient un nom formé à partir d'un verbe ou d'un adjectif, qui ne figurent pas nécessairement dans le contexte antérieur :

> *L'envieux alla chez Zadig, qui se promenait dans ses jardins avec deux amis et une dame, à laquelle il disait souvent des choses galantes, sans autre intention que celle de les dire.* <u>La conversation</u> *roulait sur une guerre que le roi venait de terminer heureusement contre le prince d'Hyrcanie, son rival* (Voltaire). Le référent de *la conversation* est inféré à partir du contenu global de la phrase précédente.

▶ Dans **l'anaphore associative**, le groupe nominal anaphorique *GN2* n'entretient pas de relation de coréférence stricte avec un groupe *GN1* antécédent. La relation anaphorique est indirecte : le groupe anaphorique *GN2* renvoie à un référent qui est identifié indirectement, par l'intermédiaire du référent d'un groupe nominal antérieur *GN1*, auquel *GN2* est associé par diverses sortes de relations. Cette association entre les deux groupes nominaux repose sur une connaissance générale du monde, partagée par la communauté linguistique.

> *Et comme le voyageur passait alors devant l'église, les saints personnages qui étaient peints sur les* <u>vitraux</u> *parurent avoir de l'effroi. Le prêtre agenouillé devant* <u>l'autel</u> *oublia sa prière* (exemple de Guillaume 1919 : 162) : les *vitraux* et l'*autel* sont des parties intégrantes de l'église.

G. Kleiber (2001 : 87-89) définit l'anaphore associative par quatre propriétés :

> « (i) l'anaphore associative consiste en l'introduction d'un référent nouveau,
> (ii) au moyen d'un SN défini,
> (iii) par l'intermédiaire d'une autre unité mentionnée auparavant dans le texte (…)
> (iv) la relation entre l'entité antécédent et l'entité nouvelle n'est pas une association uniquement discursive ou contextuelle, mais relève d'un savoir *a priori* ou conventionnel associé aux lexèmes en question. »

Ces propriétés permettent de limiter la liste des anaphores associatives, qui reposent sur des relations différentes entre les entités impliquées. G. Kleiber (2001) en distingue quatre types :

1°) Les anaphores associatives **méronymiques** reposent sur une relation vague de partie – tout, l'entité dénotée par l'expression anaphorique constituant une partie du tout antécédent :

Le maire m'a demandé de tailler mon <u>noyer</u>. <u>Les branches</u> basses gênent le passage des camions.
Le nouveau <u>tracteur</u> est déjà en panne. <u>Le réservoir de gazole</u> a une fuite et <u>l'embrayage</u> est bloqué.
La seconde porte découvrirait <u>un bureau</u>. <u>Les murs</u>, de haut en bas, seraient tapissés de <u>livres</u> et de <u>revues</u>, avec, çà et là, pour rompre la succession des <u>reliures</u> et des <u>brochages</u>, quelques gravures, des dessins, des photographies... Dans cet extrait des *Choses* de Perec, les murs sont identifiés comme partie intégrante du bureau et les reliures et les brochages comme parties des livres.
Il heurta <u>un cycliste</u> qui tournait sans prévenir. <u>La pédale</u> lui arracha le bas de son pantalon et lui lacéra la cheville. Dans ce passage de B. Vian, notre connaissance du monde nous permet d'associer, par inférences successives, *la pédale* à la bicyclette (partie du tout) montée par le *cycliste* évoqué.

2°) Les anaphores associatives **locatives** reposent sur une relation fonctionnelle, stéréotypique et locative entre l'entité dénotée par l'expression anaphorique et celle de l'antécédent (dans l'entité dénotée par GN1, il y a l'entité dénotée par GN2) :

Nous entrâmes dans <u>un village</u>. <u>L'église</u> était située sur une butte. (ex. de Kleiber)
Rien n'était si beau, si leste, si brillant, si bien ordonné que <u>les deux armées</u>. <u>Les trompettes</u>, <u>les fifres</u>, <u>les hautbois</u>, <u>les tambours</u>, <u>les canons</u> formaient une harmonie telle qu'il n'y en eut jamais en enfer. (Voltaire) L'énumération des *GN2* de la seconde phrase détaille les diverses parties « musicales » localisées dans le référent du *GN1* antérieur *les deux armées*.

3°) Les anaphores associatives **fonctionnelles** sont proches des anaphores méronymiques ; mais, alors que les noms méronymiques (« partie de ») constituent « une description stable des entités dénotées », les noms fonctionnels « ne comportent que la dimension relationnelle fonctionnelle » (Kleiber 2001 : 348) :

Louise aime bien aller à <u>son club hippique</u>. <u>La monitrice</u> s'occupe bien des enfants.
<u>Un camion</u> a traversé la séparation centrale de l'autoroute. <u>Le conducteur</u> s'était endormi.
<u>L'usine</u> S. va fermer. <u>Les salariés</u> inquiets ont séquestré <u>le directeur général</u>.

4°) Les anaphores associatives **actancielles** se distinguent nettement des précédentes ; elles reposent « sur une relation prédicat (antécédent) – argument (expression anaphorique) » (Kleiber 2001 : 336 ; voir la notion de *suite actancielle* de Fradin 1984) ; autrement dit, le nom du GN anaphorique correspond à un argument et actant du prédicat de la phrase précédente :

Une journaliste russe a été <u>assassinée</u>. <u>Le meurtrier</u> n'a pas été retrouvé.

La voiture a été volée et le voleur a été puni (ex. de Kleiber).

Bibliographie. — B. Combettes (1983) – B. Fradin (1984), Anaphorisation et stéréotypes nominaux, *Lingua*, 64 : 325-369 – G. Kleiber (1990), Sur l'anaphore associative : article défini et adjectif démonstratif, *Rivista di Linguistica*, 2, 1 : 156-175 ; (1994) *Nominales*, A. Colin – G. Kleiber (2001).

3.5.3. *Les anaphores adverbiales*

La reprise par anaphore ne concerne pas uniquement les expressions nominales. Un adverbe comme *ainsi* (**4.2.3.**) ou *pareillement* peut reprendre globalement un fragment de texte antérieur. De même un adverbe de lieu comme *là* peut renvoyer à une localisation déjà mentionnée : *Il est une contrée qui te ressemble, où tout est beau, riche, tranquille et honnête, où la fantaisie a bâti et décoré une Chine occidentale, où la vie est douce à respirer, où le bonheur est marié au silence. C'est là qu'il faut aller vivre, c'est là qu'il faut aller mourir !* (Baudelaire).

3.5.4. *Les anaphores verbales*

Elles s'effectuent au moyen du verbe *faire*, « proverbe » ou « verbe vicaire » (G. Moignet), qui représente un verbe dénotant un processus. Associé à un pronom complément lui-même anaphorique (généralement *le*) et éventuellement à d'autres éléments, il est apte à représenter un groupe verbal antécédent. Il s'emploie seul dans une proposition comparative, surtout quand celle-ci est à un temps ou à une personne différents de ceux de la principale : *Il court plus vite que je ne faisais à son âge. – On n'agit point comme vous faites* (Molière). Le verbe *faire* se rencontre aussi, avec un pronom complément anaphorique, dans d'autres structures : *Le soleil se couche ; je vous conseille d'en faire autant. – Claire ne sait pas réparer sa voiture, mais Florence peut le faire – Elle va marcher tous les dimanches dans les Vosges. Si elle ne le faisait pas, elle croirait manquer d'air.*

3.5.5. *L'adjectif* tel

La forme *tel(s)*, *telle(s)* est pluricatégorielle. Déterminant (*Il devait venir tel jour et à telle heure*), pronom (*Tel qui rit vendredi dimanche pleurera*), nominalisé (*J'ai rencontré un tel/Untel, qui m'a annoncé la nouvelle*) ou adjectival (*Je n'ai jamais rien dit de tel*), *tel* est toujours interprété comme une variable de caractérisation ou d'identification. Mais ce n'est que dans son emploi adjectival qu'il fonctionne comme une expression anaphorique – qualitative ou caractérisante, contrairement à d'autres – dont la valeur référentielle dépend d'un antécédent (selon les conceptions, expression située dans le contexte antérieur ou entité préalablement introduite dans la mémoire discursive). La caractérisation opérée (et qui répond largement à *quel*, pendant interrogatif de *tel*) dépend de la nature du nom caractérisé sur le mode épithétique ou attributif, des dimensions du site textuel ou mémoriel où se recrute son antécédent et surtout du type de la caractérisation qu'il effectue. En effet, une entité peut être caractérisée par une simple propriété spécifique (1), par l'assignation d'un type (2) ou par l'identification à une autre entité (3) :

> (1) *Cet élève est <u>courageux et obstiné</u> : un <u>tel</u> élève sera forcément reçu à l'examen* (Arrivé *et al. 1986* : 332)
> (2) *Un bon phonographe, je veux dire <u>un jeune homme disposé naturellement à l'obéissance, formé dès le plus jeune âge à ne dire que ce qui se dit</u>, [...] un <u>tel</u> jeune homme est promis aux plus hautes destinées.* (Alain / *Chevalier et al. 1964* : 278)
> (3) <u>*Le monde a abandonné le Rwanda.*</u> <u>*Tel*</u> *est le sentiment de Kofi Annan.* (LM 25/05/94)

Henry (1991 : 346) définit ainsi, dans les termes de l'époque, l'aptitude de *tel* anaphorique à recruter son antécédent dans des sites aux dimensions variables pour opérer ces trois types de caractérisations :

> « *Tel* anaphorique peut relayer la matière sémique d'un caractérisant, d'un syntagme adjectival à contenu prédicatif ou non, d'une proposition, d'une phrase, d'un développement discursif pouvant varier à l'infini, depuis la phrase la plus simple jusqu'à la masse organisée d'un poème, ou même de tout un volume (narratif surtout) »

Les deux exemples suivants illustrent des cas imaginés de reprises maximales :

> (4) <u>*Telles*</u> *sont donc mes dernières volontés* (dernière phrase d'un testament).

(5) <u>Telle</u> fut la vie de Mathusalem (dernière phrase d'une biographie en 12 volumes).

Remarques. — 1. Dans ses emplois anaphoriques, *tel* s'antépose normalement au nom dont il est épithète et occupe la position initiale de la proposition lorsqu'il est attribut du sujet :
(6) *Il est violent. Jamais je n'épouserais un <u>tel</u> homme* / ? ? *un homme <u>tel</u>*
(7) <u>Tel</u> *fut le récit qu'il me fit (GLLF)*
Ces deux dispositions ont pour effet de rapprocher iconiquement la forme anaphorique de son antécédent nécessairement situé dans le cotexte antérieur. Leur pendant cataphorique littéraire et soutenu, *tel* attribut postverbal, appelle un complément informatif sous la forme d'un segment (souvent phrastique) précédé de deux points :
(8) *L'explication de l'ivrognerie du peuple est <u>telle</u> : <u>ils boivent pour oublier parce qu'ils n'ont pas ce qu'ils désirent.</u>* (Gide, cité par Henry 1991)
2. En emploi déictique, la saturation référentielle de *tel* est assurée par une caractéristique accessible dans la situation de communication : *Je ne pourrais pas me payer une telle voiture* (devant une voiture luxueuse) / *Je ne voudrais pas monter dans une telle voiture* (devant une voiture sale).

Bibliographie. — A. Zribi-Hertz (1988), Le « Q » anaphorique *en... autant* du français, *RQL*, 18 (1) : 209-229 – C. Muller (19990), Les constructions en *tel* et la subordination consécutive, *Cahiers de grammaire*, 15 : 101-122 – G. Henry (1991), *Tel* en français moderne, *Revue de philologie moderne*, LV : 339-426 – M. Riegel (1997), *Tel* adjectif anaphorique : variable de caractérisation et opérateur d'abstraction, *in* W. De Mulder, L. Tasmowsky-De Ryck et C. Vetters (éds) : 221-240 – M. Van Peteghem (1995), Sur les emplois anaphoriques de « tel », *Sémiotiques*, 8 : 57-78 – M. Riegel (1995), L'interprétation de *tel* adjectival : une variable de caractérisation liée contextuellement, *SCOLIA*, 5, « Problèmes de sémantique et relations entre micro- et macrosyntaxe » : 143-175 – M. Riegel (1997), *Tel* adjectif. Grammaire d'une variable de caractérisation, *Langue française*, 116 : 81-99.

4. LES CONNECTEURS

4.1. Définition. Les rôles des connecteurs

Les phénomènes précédents assurent la cohésion du texte en permettant l'enchaînement linéaire des éléments référentiels nécessaires à son interprétation : la progression thématique organise la succession des phrases, l'anaphore permet de constituer des chaines d'expressions référentielles qui, par leurs relations d'identité totale ou partielle, donnent au texte ses fils conducteurs.

Dans l'enchainement linéaire du texte, **les connecteurs sont des termes de liaison et de structuration** ; ils contribuent à la structuration du texte et du discours en marquant des relations entre les propositions ou entre les séquences qui composent le texte et en indiquant les articulations du discours. Pour rapprocher ou séparer les unités successives d'un texte, les connecteurs jouent un rôle complémentaire par rapport aux signes de ponctuation (**IV**). Les connecteurs ne sont pas des termes anaphoriques qui représentent un antécédent, même s'ils articulent la proposition où ils s'insèrent avec une proposition antérieure.

Les connecteurs sont tous les termes qui assurent l'organisation d'un texte et d'un discours : les conjonctions de coordination (*mais, ou, et, donc, or, car*), mais aussi des adverbes (*alors, puis, ensuite, pourtant, cependant,...*), des groupes prépositionnels (*d'une part, d'autre part, en tout cas, en fin de compte,...*), des présentatifs (*c'est, voilà*), des locutions (*c'est-à-dire, autrement dit*), etc.

On limitera (suivant B. Schneuwly et alii 1989) la liste des connecteurs aux unités linguistiques qui ne font pas partie intégrante des propositions et n'y exercent aucune fonction syntaxique, mais qui assurent leur liaison et organisent leurs relations, sans être des expressions anaphoriques. On retiendra donc comme connecteurs :

- des unités dont c'est toujours le rôle : conjonctions comme *car, mais*, adverbes comme *alors, puis*, locutions comme *d'abord, d'autre part* ;
- des unités dont ce n'est pas le seul rôle et qui figurent plutôt au début des propositions : *en effet, finalement, etc.*

Remarques. — **1.** Certains de ces termes assurent aussi la liaison à l'intérieur d'une phrase complexe, notamment les conjonctions de coordination et de subordination (**XV et XIX**). Ils assurent des micro-enchainements syntaxiques et expriment des relations sémantiques, notamment les relations de cause-conséquence (*car, donc, parce que, de sorte que,...*) et d'opposition-concession (*mais, bien que,...*). On distingue ces emplois phrastiques de leurs emplois de connecteurs dans le texte.
2. Les mêmes connexions peuvent aussi être exprimées par des phrases, incidentes notamment (**XIV : 9.3**). Dans une argumentation, *il est vrai, je sais bien, j'en conviens* ont une valeur analogue à *certes*. Pour un renchérissement, on connait l'expression préférée des Dupondt (sic) : – *Je dois avoir freiné un tout petit peu trop tard... – Je dirais même plus : tu dois avoir freiné un tout petit peu trop tard* (Hergé, *Les bijoux de la Castafiore*). Diverses expressions conclusives sont suivies d'une subordonnée complétive : *cela prouve/montre que... ; de cela il s'ensuit/découle/résulte que... ; de cela on conclut/on déduit que...*

Les connecteurs ont différentes fonctions. Ils jouent d'abord le rôle d'*organisateurs textuels* (B. Schneuwly 1989) : ils assurent l'enchainement entre les propositions (« liage ») et la structuration hiérarchisée du texte en ensembles de propositions (« empaquetage »). Mais il n'est pas possible de séparer strictement le texte de ses conditions de production. Les connecteurs ne sont donc pas de simples opérateurs textuels qui marquent des relations entre les propositions, mais ils ont aussi une fonction énonciative : ils marquent les stratégies d'organisation du discours mises en œuvre par le locuteur (d'où l'appellation de *marqueurs* dans certaines fonctions). Dans une perspective plus vaste, on parlera alors de *connecteurs pragmatiques*, qui articulent des unités linguistiques ou discursives et « donne [nt] des instructions sur la manière de relier ces unités » (Moeschler & Reboul 1998 : 77). Dans une perspective discursive, la conjonction *donc* introduit la conclusion d'un raisonnement ou d'une argumentation qui peut s'étendre sur un grand nombre de phrases. Ce rôle discursif des connecteurs est particulièrement important dans les textes argumentatifs : ainsi, les différentes valeurs de *mais* (**XIX : 2.4.2.**) manifestent diverses orientations argumentatives.

Il est difficile d'assigner un sens unique à un connecteur donné, vu la diversité des facteurs qui déterminent la valeur des connecteurs. Ceux-ci sont des unités polyvalentes. Certains connecteurs sont associés à un type de texte privilégié, sans être nécessairement exclus d'autres types, alors que d'autres prennent des valeurs différentes selon le type de texte où ils sont employés : ainsi, l'adverbe *alors* sert à marquer la succession chronologique dans un texte narratif, mais il joue un rôle conclusif semblable à *donc* dans un texte argumentatif (il en va de même pour *ensuite* ou *enfin*).

Bibliographie. — J.-P. Bronckart et al. (1985) – E. Roulet et al. (1985) – *Langue française, Syntaxe des connecteurs*, 77, 1988, et 81, 1989, *Structuration de textes : connecteurs et démarcations graphiques* (articles de B. Schneuwly, M.-C. Rosat, J. Dolz, p. 40-58 et de J.-M. Adam, F. Revaz, p. 59-98) – J.-M. Adam (1990), *Éléments de linguistique textuelle*, Bruxelles, Mardaga – J. Moeschler & A. Reboul (1998).

4.2. Classement des connecteurs

On peut regrouper les connecteurs en différentes classes, en associant les organisateurs textuels et les connecteurs pragmatiques. Les premiers ordonnent la réalité référentielle (connecteurs temporels et spatiaux) ou organisent le texte. Les seconds peuvent se subdiviser en marqueurs de prise en charge énonciative et connecteurs argumentatifs (Adam 2005). Mais tous jouent le même rôle d'assurer l'enchaînement des différentes unités textuelles et de marquer des relations sémantiques entre des segments plus ou moins vastes.

4.2.1. *Les organisateurs textuels*

Les organisateurs textuels marquent l'organisation de la présentation de la réalité spatiale ou temporelle ou bien l'organisation du texte en liant ou en séparant ses différentes parties. Dans tous les cas, c'est la structuration du texte qui prime.

4.2.1.1. Les connecteurs temporels et spatiaux

Les connecteurs temporels et spatiaux sont surtout spécialisés dans le récit (narration et description), mais ne sont pas exclus dans d'autres types de textes, où ils prennent d'autres valeurs.

▶ **Les connecteurs temporels** s'emploient d'abord pour marquer une succession chronologique. Sont très employés dans ce rôle : *alors, après, ensuite, et, puis*. R. Queneau a intitulé *Alors* un de ses *Exercices de style* ; cet adverbe constitue une ponctuation fréquente du récit oral, dont il sépare les séquences : *Alors l'autobus est arrivé. Alors j'ai monté dedans. Alors j'ai vu un citoyen qui m'a saisi l'œil. Alors j'ai vu son long cou (...)*. On rencontre aussi dans les textes narratifs des connecteurs plus spécifiques comme *soudain, tout à coup*. Dans sa première valeur, *cependant* (« pendant cela ») marque la concomitance de deux faits : *Cependant on était passé à table* (Proust).

Ces connecteurs temporels permettent de regrouper des propositions en un ensemble homogène et de découper le texte en séquences. Ils marquent aussi la succession linéaire, dont ils peuvent expliciter différents stades (*d'abord* indique un début, *ensuite* et *puis* marquent la suite et *enfin, finalement* l'aboutissement) : *Les canons renversèrent **d'abord** à peu près six mille hommes de chaque côté ; **ensuite** la mousqueterie ôta du meilleur des mondes environ neuf à dix mille coquins qui en infectaient la surface* (Voltaire) — *Cette obscure clarté qui tombe des étoiles / **Enfin** avec le flux nous fait voir trente voiles* (Corneille).

Hormis leur emploi dans un texte narratif, on les rencontre aussi dans des énumérations, en particulier dans des descriptions qui suivent une progression à thèmes dérivés (**2.2.1.**). Dans *Ces gens-là* de J. Brel, un connecteur ouvre chaque couplet : *D'abord d'abord y a l'ainé... / Et puis y a l'autre... / Et puis y a les autres... / Et puis et puis Et puis y a Frida...*

Remarque. — Les déictiques (*hier, aujourd'hui, demain*) et les indicateurs anaphoriques (*la veille, le lendemain, après cela, depuis*, etc.) contribuent également à la structuration temporelle du texte (**XXIII : 4.1**), sans être littéralement des connecteurs.

▶ **Les connecteurs spatiaux** structurent le plus souvent une description. La localisation spatiale est marquée par des adverbes, des groupes prépositionnels ou des locutions adverbiales, souvent de sens contraire : *en haut / en bas ; à gauche / à droite ; devant / derrière, au-dessus / en-dessous*, etc. Les couples *d'un côté / de l'autre côté, d'une part / d'autre part* sont aussi utilisés dans une énumération ou dans un texte argumentatif, avec un effet de parallélisme. Les connecteurs *d'abord, puis* ont une valeur temporelle ou spatiale, cette dernière équivalant respectivement à « au premier plan », « au second plan ».

> *Devant lui s'étendait un vaste gazon où éclataient trois grandes taches, rouge, bleue et blanche, trois larges corbeilles de fleurs épanouies, l'une en face de la maison et les autres sur les côtés. **Plus loin** se dressaient jusqu'au ciel les premiers arbres de la futaie, tandis qu'**à gauche**, par-dessus la Brindille élargie en étang, on apercevait de longues prairies, tout un pays vert et plat, coupé par des rigoles et des haies de saules pareils à des monstres, nains trapus, toujours ébranchés et portant sur un tronc énorme et court un court plumeau frémissant de branches minces. **À droite**, derrière les écuries, les remises, tous les bâtiments qui dépendaient de la propriété, commençait le village, riche, peuplé d'éleveurs de bœufs* (Maupassant).

Les compléments de lieu (**VI : 4.5.3**) peuvent aussi contribuer pragmatiquement à la structuration du texte (*devant lui, sur les côtés, derrière les écuries*), notamment l'indication des quatre points cardinaux (*au nord, au sud, à l'est, à l'ouest*).

4.2.1.2. Les organisateurs de la mise en texte

Ces connecteurs structurent la progression du texte et son découpage en différentes parties.

▶ **Les connecteurs énumératifs**

L'énumération développe une série d'éléments. Elle peut utiliser des marqueurs propres ou des connecteurs temporels (*d'abord, ensuite, enfin*), spatiaux (*d'une part, d'autre part*) ou argumentatifs. Ses marqueurs ont deux sortes de fonctions :

– Certains marqueurs **additifs** (*et, ou, aussi, également, de même*) présentent simplement une suite d'éléments : *On cherche **aussi**, nous autres, le Grand Secret* (H. Michaux).

D'autres, comme *encore, en outre, de plus, en plus*, indiquent une progression : *Elle boit beaucoup. Et **en** / **de plus**, elle fume.* (Pour *encore*, voir l'exemple de L. Goldmann en **4.2.3.** sous *en effet*)

– D'autres connecteurs énumératifs procèdent à une structuration plus précise de l'énumération, en assignant à la séquence concernée une place dans la série (ils sont appelés « marqueurs d'intégration linéaire » par Coltier & Turco 1988). Certains connecteurs en marquent l'ouverture (*d'abord, d'emblée, tout de suite, en premier lieu, premièrement*, etc.), d'autres servent de relais intermédiaires entre des éléments (*alors, après, ensuite, puis, deuxièmement*, etc.) et d'autres indiquent la clôture de la série (*enfin, bref, en dernier lieu, en conclusion, et*, etc.) :

> *Ainsi, le problème des bibliothèques se révèle-t-il un problème double : un problème d'espace **d'abord**, et **ensuite** un problème d'ordre* (G. Perec : exemple intraphrastique).

Remarque. — Dans une énumération, toute expression nominale comportant un adjectif numéral ordinal contribue à la sériation des éléments : *le premier, le second*. On oppose de même *l'un / l'autre, le premier / le dernier, beaucoup / plusieurs / certains*, etc.

▶ **Les marqueurs de topicalisation** (Combettes 2003) indiquent un changement de point de vue, et donc le passage d'une unité de discours à une autre (*quant à, en ce qui concerne, côté N, niveau N,* etc.). *Quant à* établit une relation de contraste de l'élément qu'il introduit avec un élément antérieur : *Quant à moi, mon choix est bien arrêté* (Stendhal). Les formes *côté N, niveau N (du côté de N, au niveau de N* sont condamnés par les puristes) marquent aussi une corrélation, liée au sens des noms qu'elles introduisent dans le discours : *Côté travail, ça ne va pas fort.* D'autres marqueurs renvoient à la gestion de son discours par le locuteur qui met en valeur un thème (*au sujet de, à propos de*) : *À propos de la crise financière, que pensez-vous de l'avenir des banques américaines ?*

▶ **Les marqueurs d'exemplification et d'illustration** (*par exemple, notamment, en particulier, ainsi, entre autres,* etc.) mettent en relief dans un ensemble un élément particulier choisi, auquel ils donnent la fonction d'exemple ou d'illustration d'une assertion principale (Adam 2005 : 121). Certains peuvent se cumuler, au risque de subir la critique de pléonasme :

> La cousine Bette avait contracté des manies de vieille fille (...). **Ainsi, par exemple,** elle voulait, au lieu d'obéir à la mode, que la mode s'appliquât à ses habitudes (Balzac, cité par Grevisse 2008).

4.2.2. *Les marqueurs de prise en charge énonciative*

Ce deuxième type de connecteurs participe au fonctionnement du discours. Ils marquent généralement l'émergence d'un point de vue, qui n'est pas forcément celui du locuteur, que celui-ci peut ou non prendre en charge.

4.2.2.1. Les marqueurs de point de vue

Les syntagmes prépositionnels *d'après N, selon N, pour N,* etc., généralement placés en tête de phrase, indiquent le point de vue d'une source de savoir déterminée (dénotée par N) : *Selon le gouvernement, la France échappera à la récession.* Un syntagme prépositionnel locatif peut aussi indiquer un point de vue : *À Bruxelles, on est sceptique sur la croissance économique en France.* Ces marqueurs introduisant un « cadre médiatif » (Charolles & Péry-Woodley

2005) annoncent « qu'une portion de texte n'est pas prise en charge (sa vérité garantie) par celui qui parle, mais médiatisée par une autre voix » (Adam 2005 : 122) ; les sources sont parfois contradictoires : *Les manifestations contre les réformes ont réuni hier dans une vingtaine de villes en France entre 30 000 personnes, selon la police, et 55 000, selon les organisateurs* (DNA, 20/02/2009) La délimitation exacte de cette portion de texte n'est pas toujours simple : les autres connecteurs employés, les temps verbaux et parfois la typographie (alinéas par exemple) en sont des indices possibles.

4.2.2.2. Les connecteurs de reformulation

Par la reformulation, le locuteur (ou le scripteur) agit sur l'interprétation de son discours par son interlocuteur (ou lecteur), dont il veut faciliter le travail. Il met en relation des expressions présentées comme équivalentes dans son discours, ce qui permet d'en mieux préciser et d'en fixer le sens. La reformulation se marque au moyen de deux séries de termes :

▶ **marqueurs de reformulation** : *c'est-à-dire, à savoir, autrement dit, en d'autres termes.*

• *C'est-à-dire*, qui possède l'élément anaphorique *ce* le reliant à un antécédent, est d'abord considéré comme un marqueur de reformulation paraphrastique, indiquant une identité entre les expressions qu'il relie. C'est notamment le cas de son emploi métalinguistique dans les définitions : dans *une petite mouche, c'est-à-dire un moucheron* (ex. de H. Vassiliadou), *c'est-à-dire* confirme l'équivalence entre les deux termes reliés. Mais *c'est-à-dire* n'est pas limité à l'explicitation de la langue ; il peut servir à apporter une précision spatiale ou temporelle : *Je suis né en Alsace, c'est-à-dire à Schiltigheim pour être plus précis* (ex. de H. Vassiliadou) – *Le sommet de l'OTAN s'est tenu à Strasbourg les 3 et 4 avril 2009, c'est-à-dire au début d'un printemps encore un peu glacial.*

C'est-à-dire peut aussi servir à exemplifier, résumer, dénommer : *Il n'y a de vrai que les « rapports », c'est-à-dire la façon dont nous percevons les objets* (Flaubert) : *c'est-à-dire* marque une reprise interprétative, qui correspond à un changement de point de vue énonciatif.

À côté de ces emplois paraphrastiques, *c'est-à-dire* sert aussi de connecteur argumentatif, allant plus loin qu'une simple reformulation ; il signale que ce qui le suit est possible en l'appuyant sur ce qui le précède : *Vous ne faites pas grève, c'est-à-dire que vous approuvez la politique sociale du gouvernement.* À l'opposé de tous ces emplois, *c'est-à-dire* peut aussi introduire une infirmation ou une rectification de l'énoncé précédent : *Je viendrai demain, c'est-à-dire après-demain.*

• Le connecteur *à savoir* n'est pas souvent interchangeable avec *c'est-à-dire* : « *à savoir* **ne reformule pas**, mais introduit une spécification, une nouvelle connaissance » (H. Vassiliadou 2007 : 47) ; il vient combler un manque de connaissance : *Un Français, à savoir un journaliste de France 2, a été pris en otage.*

• Les connecteurs *autrement dit, en d'autres termes,* qui s'emploient souvent en début de phrase, reformulent la même information en modifiant son interprétation et sa portée, en signalant explicitement que ce qu'ils introduisent est une *autre* manière de dire ce qui précède : *Le gouvernement a annoncé le report de sa réforme. Autrement dit, il a reculé devant les nombreuses protestations.*

▶ **marqueurs de clôture** temporels, argumentatifs ou énumératifs, qui introduisent une récapitulation des propositions précédentes et qui jouent un rôle proche de celui des connecteurs énumératifs conclusifs (*supra*) : *enfin, finalement, en fin de compte, somme toute, en somme, en définitive, en résumé, en conclusion,* etc.

Bref, placé à la fin d'une séquence, marque à la fois la clôture et une reformulation abrégée : *Elle joue au tennis, fait de l'escalade, nage régulièrement à la piscine.* **Bref**, *elle est sportive.*

Remarque. — La reformulation, qui met en jeu des opérations complexes, ne se limite pas aux connecteurs évoqués. Elle peut s'exprimer à l'aide d'une phrase attributive (*Une épistaxis est un saignement de nez*), d'un verbe comme *s'appeler*, d'une conjonction comme *ou* (*La coccinelle ou bête à bon Dieu*), etc. Voir *Langue française*, 73, 1987, *La reformulation du sens dans le discours*.

4.2.2.3. Les marqueurs de structuration de la conversation

Ils jouent un rôle important dans la structuration des discours oraux (**I : 3.4**) et, dans une perspective typologique, des séquences dialogales que l'on observe aussi dans les textes écrits, textes de théâtre ou séquences de discours rapporté dans les récits. On distingue les marqueurs de structuration proprement dits (*bon, ben, alors*, etc.) et les phatiques (*tu sais, tu vois, euh*, etc.).

Les premiers jouent un rôle analogue à celui des organisateurs textuels (**4.2.1.**), quand ils marquent un simple enchainement entre deux constituants ; mais ils peuvent aussi marquer une simple ouverture de constituant (Auchlin 1981 : 90 sv) :

Vous voulez nous prend'e Charlot ? <u>Ah ben</u> *non, pour sûr.* (Maupassant) : le marqueur ouvre la réponse à la formulation de la question qui précède.

Les seconds assurent l'entretien du contact avec l'interlocuteur :

ouais co::mme ils sont longs <u>tu vois</u> *§oh J'm'en fous ouais§ d/ d'accord ça va faire sordide genre* <u>tu vois</u> *-genre la grosse racine et puis le petit bout blond mais e °bon°* (Morel & Danon-Boileau 1998 ; le signe : : marque un allongement de la syllabe et le signe § marque un recouvrement de paroles) : *tu vois* est phatique, *bon* marque la clôture du discours.

Dans les deux cas, l'ancrage énonciatif est essentiel, qui se confond avec la fonction structurante.

La conjonction *mais* (**4.2.3.**) peut aussi jouer un rôle phatique dans un dialogue, quand sa valeur argumentative se trouve affaiblie. *Mais* ne sert pas alors à relier deux propositions opposées, mais à marquer l'opposition du locuteur à un acte verbal ou non verbal précédant sa prise de parole, pour y réagir :

« *Chic ? pourquoi ? à cause de mes invités ?* <u>mais</u> *qu'est-ce que ça a de chic d'avoir des amis à déjeuner ? Faut bien qu'ils déjeunent quelque part !* » – « <u>Mais</u> *si, c'est chic ! c'était bien les de Cambremer, n'est-ce pas ? je les ai bien reconnus. C'est une Marquise. Et authentique. Pas par les femmes.* » (Proust)

4.2.3. Les connecteurs argumentatifs

Un texte argumentatif est généralement riche en connecteurs, qui marquent diverses relations entre ses parties. Ils s'emploient souvent en association, dans le cadre d'un raisonnement ou d'une argumentation suivie (les articulations *or – donc* ou *certes – mais* sont fréquentes). Ils peuvent en outre marquer l'orientation argumentative vers une certaine conclusion (**XIII : 3.**).

N.B. Les connecteurs concernés s'emploient aussi à l'intérieur de phrases complexes et, pour la plupart, correspondent à des notions sémantiques exprimées également par des conjonctions de subordination.

▶ Opposition-concession

Ces connecteurs introduisent généralement un contre-argument qui peut infirmer le précédent.

• *Mais* joue un rôle d'inverseur à deux niveaux :

– Au niveau des idées, il peut exprimer une **concession** (cf. allemand *aber*, espagnol *pero*), quand la proposition qu'il introduit exprime un argument plus fort que celui de la proposition qui précède : *Ainsi le choix, puis la responsabilité d'une écriture, désignent une liberté, mais cette liberté n'a pas les mêmes limites selon les différents moments de l'histoire* (R. Barthes). Dans *Gavroche est petit, mais il est malin*, la première proposition (*il est petit*) oriente vers une certaine conclusion, non formulée (« il est vulnérable »), alors que la seconde proposition, introduite par *mais*, exprime un argument plus fort que la première, qui impose la conclusion opposée (« il n'est pas vulnérable »).

– Au niveau de l'expression, dans le cadre d'une **réfutation**, il permet de reformuler positivement et de légitimer la négation de la proposition précédente (cf. all. *sondern*, esp. *sino*) : *Il n'est pas célibataire, mais marié depuis dix ans.*

• D'autres termes oppositifs correspondent, avec des nuances particulières, à ces deux valeurs de *mais*, avec lequel certains peuvent cohabiter :

– *pourtant, cependant, néanmoins, toutefois* marquent une concession : *Le « nouvellisme » que matraquent les médias à longueur de journées est bien rarement aussi nouveau qu'on le dit.* **Pourtant** *ce n'est pas une invention de journalistes* (P. Viansson-Ponté). L'adverbe *pourtant* peut aussi marquer la faiblesse d'un argument : *J'avais* **pourtant** *tout prévu, mais j'ai été surpris.*
– *quand même, malgré tout* mettent en relation des faits liés causalement : *Il est malade, mais il viendra* **quand même.**
– *en revanche* (et sa variante *par contre*, critiquée par les puristes) introduit une addition à une proposition négative, en marquant un changement contrastif : *Il n'est pas venu hier ;* **en revanche** *il viendra demain.*
– *au contraire* exprime, après une proposition négative, une opposition prédicative entre deux termes qui sont strictement complémentaires : *Il n'aime pas la musique baroque ;* **au contraire,** *il la déteste.*

• Certains termes, comme *certes, il est vrai, bien entendu,* introduisent, au sens propre du terme, une concession à une autre thèse, momentanément admise, et laissent attendre un *mais* qui va la contredire : *Gavroche est* **certes** *petit,* **mais** *il est malin – Dans l'espace élargi que le regard parcourt, l'œuvre est* **certes** *un objet privilégié,* **mais** *elle n'est pas le seul objet qui s'impose à la vue* (J. Starobinski). L'association *certes… mais* (ou *pourtant, cependant,* etc.) fonde la figure du *distinguo*, qui comporte deux propositions opposées : la première (*concedo*) pose une assertion considérée comme admise, la seconde (*nego*) dépasse cette première assertion en en posant une plus forte (S. Fonvielle 2008) :

> *Tu me demandes si Mme Verdurin est véritablement intelligente (…).* **Certes** *elle a la profonde intelligence des arts.* **Mais** *ce n'est peut-être pas là qu'elle est le plus admirable.* (Proust)

▶ Explication et justification

• *Car, parce que, puisque* n'ont pas la même valeur :

• *Parce que* introduit la cause du fait énoncé dans la principale : *Il n'est pas venu parce qu'il est malade – Il faut absolument que je sorte de la maison parce que de l'autre côté de la neige et du fleuve gelé on m'appelle* (C. Roy).

• *Puisque* introduit une justification de l'énonciation (**XVIII : 2.**1), qui est présentée par le locuteur comme une vérité allant de soi (la proposition est présupposée) : *Fabrice est un vrai soldat, puisqu' il a participé à la bataille de Waterloo.* Avec *puisque*, le locuteur impose au destinataire la vérité de la proposition. Il se peut que ce dernier soit le seul à admettre cette vérité : dans *Puisque tu sais tout, dis-moi s'il fera beau cet été*, l'énonciateur attribue à son interlocuteur l'assertion introduite par *puisque*, qu'il ne partage pas forcément, mais qui justifie cependant sa propre énonciation.

• La conjonction *car* se rapproche plutôt de *puisque*. *Car* introduit aussi une justification de l'énonciation de la proposition qui précède (**XIX : 2.4.2.**) : *Il faut rentrer le troupeau, car l'orage menace d'éclater.* Cependant, le locuteur reprend la proposition qui suit *car* à son compte, ce qui n'est pas toujours le cas avec *puisque*.

• La locution *en effet* peut concurrencer *car* pour indiquer une justification : *Vouloir analyser un processus de création sous l'angle psychologique nous semble être une entreprise intempestive. Rien en effet n'est aussi complexe et insaisissable par l'étude scientifique que la psychologie individuelle, et bien davantage encore celle de l'individu de génie, du créateur* (L. Goldmann). Le pléonasme couramment critiqué *car en effet* s'explique par la valeur première de *en effet* (« effectivement, en réalité »).

Remarque. — Il est nécessaire de bien distinguer la justification de la cause, même si les deux peuvent se confondre : la première fonde l'énonciation, alors que la seconde repose sur un lien de causalité entre les faits énoncés. (*Voir* Ducrot *et al.* 1975).

▶ **Complémentation**

Certains connecteurs servent à introduire un argument additif, d'importance variable, dont ils indiquent la force argumentative.

— La conjonction *or* introduit un argument décisif pour la conclusion ; elle annonce souvent *donc*, comme dans ce syllogisme : *Socrate est un homme. Or, les hommes sont mortels. Donc Socrate est mortel.*

— *D'ailleurs* (ou *par ailleurs*) introduit un argument excédentaire, placé à un autre niveau, ou une réserve incidente : *Nous nous réconcilions avant la lutte même, c'est toujours cela. Peut-être **d'ailleurs** avons-nous tort* (Giraudoux).

— *Et même, de plus, par surcroit* annoncent l'argument le plus fort d'une série : *Elle parle couramment le russe et le chinois, et, **de plus**, elle les lit.*

Remarque. — L'adverbe *même* employé seul ne joue pas un rôle de connecteur à proprement parler, mais marque un surenchérissement : **Même** *Nicolas est venu.*

— *Non seulement... mais encore* associent des arguments de force croissante : *Cette voiture **non seulement** consomme trop d'essence, **mais encore** elle perd de l'huile.*

▶ **Conclusion**

— *Donc* marque la conclusion d'un raisonnement ou d'une argumentation : *Enfin un raisonnement qui me plaît, digne de ma situation. Je n'ai **donc** pas d'inquiétude à avoir* (S. Beckett). *Alors* indique en outre que cette conclusion était prévisible.

— *Aussi* prend ce sens en tête de phrase (avec inversion du sujet) : *Quand plus tard on m'eut joué deux ou trois fois cette sonate, je me trouvais la connaître parfaitement. **Aussi** n'a-t-on pas tort de dire* « entendre pour la première fois ». (Proust)

— *C'est pourquoi, par conséquent* expriment diverses nuances conclusives :
*L'homme fut sûrement le vœu le plus fou des ténèbres ; **c'est pourquoi** nous sommes ténébreux, envieux et fous sous le puissant soleil* (R. Char). *C'est pourquoi* « présente la proposition *p* comme issue d'un mouvement conclusif » et « aboutit à la construction finale d'un partage de croyance » (Adam 2005 : 164-165).

— *De sorte que* concurrence *aussi* et *donc.* Il présente, comme *aussi*, la conclusion comme une suite logique à l'argumentation qui précède.

— *Ainsi*, utilisé pour introduire un exemple, peut aussi annoncer une conclusion générale autorisée par un fait particulier, comme dans cette phrase de G. Poulet : ***Ainsi** l'objectivité, loin* *d'être une discipline acquise chez Flaubert, est un état naturel, le seul vraiment naturel de sa pensée.*

— *En tout cas, de toute façon, quoi qu'il en soit* introduisent une proposition dont la validité est indépendante des arguments antérieurs considérés globalement : *Cette chanteuse n'a peut-être pas une belle voix et ne chante pas de chansons « à texte ».* **En tout cas**, *elle a du succès.*

— *Somme toute, tout bien considéré, après tout, enfin, en définitive, finalement* marquent le passage d'un examen d'arguments contradictoires à la conclusion : *Boris fut sur le point de lui proposer son aide, mais personne ne lui avait encore parlé et,* **somme toute**, *il ne les connaissait pas* (A. Robbe-Grillet).

— *En résumé, en conclusion* annoncent la clôture du raisonnement par une reformulation synthétique.

4.3. Connecteurs et types de textes

Les connecteurs contribuent à une opération langagière fondamentale, la linéarisation. Les éléments linguistiques de différents niveaux sont intégrés dans un développement linéaire strict. Comme les énoncés renvoient à des entités qui ne sont pas linéaires (concepts, procès, référents spatio-temporels, etc.), celles-ci doivent se plier aux contraintes de la linéarité, de la mise en texte. Les connecteurs, de même que la ponctuation, favorisent cette opération, en spécifiant les relations que les unités du texte entretiennent dans l'univers de croyance partagé entre locuteur et allocutaire ou proposé par le locuteur. Le choix et le nombre des connecteurs dépendront des décalages existant entre la linéarité du texte et l'organisation souvent hiérarchique du domaine référentiel. Dans un texte narratif où la succession chronologique est relativement simple, la succession des énoncés suffit souvent à figurer le déroulement chronologique, sans qu'il soit nécessaire d'utiliser massivement des connecteurs temporels. Mais dans un texte argumentatif ou descriptif, la complexité du référent impose l'emploi de connecteurs appropriés. Dans le texte descriptif, les connecteurs permettent d'organiser linéairement la simultanéité des éléments d'un tableau. Dans un texte argumentatif, ils servent à mettre en évidence les relations entre les arguments et contre-arguments, entre la thèse propre et la thèse adverse. Un résumé de texte représente un cas extrême d'emploi des connecteurs : la condensation nécessaire oblige à marquer plus fortement les relations entre les propositions pour faire apparaitre clairement les articulations du texte à résumer.

Bibliographie. — A. Auchlin (1981), Réflexions sur les marqueurs de structuration de la conversation, *Études de linguistique appliquée*, 44 : 88-103. – D. Coltier & G. Turco (1988), Des agents doubles de l'organisation textuelle : les marqueurs d'intégration linéaire, *Pratiques*, 57 : 40-60 – J. Authier-Revuz (1994), L'énonciateur glosateur de ses mots : explication et interprétation, *Langue française*, 103 : 91-102 – C. Rossari (1994), *Les opérations de reformulation*, Berne, Peter Lang – J.-M. Adam (1997), Du renforcement de l'assertion à la concession : variations d'emploi de *certes*, *L'Information grammaticale*, 73 : 3-9 – C. Rossari (2000) – B. Combettes (2003), Les marqueurs de topicalisation en français : un cas de grammaticalisation, dans *Ordre et distinction dans la langue et le discours*, Champion : 155 sv – H. Vassiliadou (2004), *Les connecteurs* c'est-à-dire (que) *en français et* (ðilaði) *en grec. Analyse syntaxique et sémantico-pragmatique*, Thèse, Université de Strasbourg – J.-M. Adam (2005) – M. Charolles & M.-P. Péry-Woodley (2005), Les adverbiaux cadratifs, *Langue française*, 148 – C. Schnedecker (2006), Les formes du parallélisme au service de la cohésion et de la cohérence des séquences à pronoms corrélés *l'un/ l'autre* et *le premier/ le second*, in *Cohérence et discours*, PUPS : 185-195.– H. Vassiliadou (2007), Quand les voies de la reformulation se croisent pour mieux se séparer : *à savoir, autrement dit, c'est-à-dire, en d'autres termes*, in M.-C. Le Bot et *alii* (éds), *La reformulation : marqueurs linguistiques et stratégies énonciatives*, Presses Universitaires de Rennes : 35-50 – G. Dostie & C. Pusch (éds) (2007), *Langue française*, 154, *Les marqueurs discursifs* – J.-Cl. Anscombre (éd.) (2009), *Langue française*, 161, *Les marqueurs d'attitude énonciative*.

5. Typologie des textes

5.1. Des genres rhétoriques à la typologie des textes

La recherche d'une typologie fondée sur des critères universels est ancienne. Dans sa *Poétique*, Aristote distingue trois genres littéraires, *l'épopée, la tragédie* et *la comédie*. Platon, quant à lui, oppose, dans la *République*, l'épopée et le théâtre, la première correspondant au récit pur (*diégésis*), le second à l'imitation du réel (*mimésis*), le récit pur étant plus distant que l'imitation.

Après les anglo-saxons opposant *telling* à *showing*, G. Genette (1972 : 184 sv) a repris et reformulé cette distinction, fondée sur la distance prise par le narrateur par rapport aux faits narrés, en opposant, dans le cadre du récit, le récit d'évènements au récit de paroles.

La rhétorique antique, s'appuyant sur les interactions dans la vie sociale de la cité antique, distingue trois types de discours : *délibératif, d'apparat* et *judiciaire* (voir les discours de Démosthène et de Cicéron). De ces différentes typologies est issu le classement des genres littéraires, fondé sur la trilogie *lyrique, épique, dramatique*, qui a fonctionné jusqu'à la fin du XIXe siècle en France, réduit à trois genre principaux : *poésie, théâtre* et *récit*. L'approche générique a été alors abandonnée au profit de l'histoire littéraire, mettant en avant un classement chronologique fondé sur la succession des siècles et des courants littéraires (baroque, classicisme, romantisme, réalisme, naturalisme, surréalisme,...). Dans les années 1960, l'étude de la littérarité efface l'idée même de genre : « chaque texte est unique dans sa différence » (R. Barthes, *Le grain de la voix*).

Cependant, la référence à une typologie des textes reste indispensable. C'est « l'analyse structurale du récit », inspirée des travaux du russe V. Propp et popularisée en France par R. Barthes, G. Genette, A.-J. Greimas, T. Todorov, qui montre l'intérêt de l'approche générique pour rendre compte du fonctionnement des textes. Mais le cadre littéraire traditionnel est devenu insuffisant, avec des genres inclassables (*Petits poèmes en prose* de Baudelaire, *Le contrat social* de Rousseau) et de nouveaux objets textuels, produits par la presse, la chanson, etc. Une nouvelle typologie s'avère indispensable, qui permette de classer l'ensemble des textes et qui transcende la distinction classique entre textes littéraires et non littéraires, mise en cause par nombre d'auteurs du XXe siècle.

La typologie des textes actuelle est fondée sur le fonctionnement des discours, au sens étroit (ancrage énonciatif seulement) ou large (interactions sociales), sans ignorer totalement la problématique des genres littéraires, ni s'y enfermer. Autrement dit, elle fait la synthèse entre une approche textuelle d'inspiration structurale (voir l'analyse du récit) et une analyse des pratiques discursives.

5.2. Les types de textes

S'appuyant sur les modèles de la *Textlinguistik* allemande (E. Werlich 1975), J.-M. Adam a élaboré une typologie des textes qui, avec des avatars successifs, s'est largement répandue dans la recherche linguistique et dans les programmes d'enseignement en France. On distingue ordinairement cinq types de textes principaux, fondés sur des caractéristiques spécifiques, qui incluent des sous-types :

▶ **Le Type narratif**, le plus étudié, se définit par sa dimension chronologique. « Tout récit consiste en un discours intégrant une succession d'événements d'intérêt humain dans l'unité d'une même action » (Bremond 1966). L'analyse structurale du récit a dégagé les différentes phases de tout récit, dont la dynamique narrative se développe entre un équilibre initial et un équilibre final. Ce type général s'actualise dans un très grand nombre de textes : romans, nouvelles, contes, bandes dessinées, récits oraux, faits divers, reportages ; et il sert de modèle aux films cinématographiques et télévisuels.

▶ **Le Type descriptif** a été popularisé par les travaux de Philippe Hamon (1993). La description a été conçue à l'origine sur le modèle lexicographique de la définition (mot entrée suivi d'expressions définitoires), comme une « proposition qui met en équivalence un être à définir, avec un ensemble d'attributs qui déterminent ses caractères essentiels » (TLF). Elle se caractérise par « l'étalement d'un tout dans la succession de mots et de phrases descriptives » (Adam et Petitjean 1982 : 82). Autrement dit, elle doit représenter un référent, son « thème-titre », situé dans l'espace (la ville de Rouen, la casquette de Charles Bovary, pour prendre deux exemples de Flaubert) au moyen d'une série de propositions détaillant les différents éléments du référent décrit, organisées dans la linéarité du texte. La description d'objets, de lieux, de personnes et même d'actions se déroule suivant différents « plans de texte » (Adam et Petitjean 1982 : 82), en se structurant grâce à divers connecteurs spatiaux, temporels ou énumératifs (**4.2.1.1.** et **4.2.1.2.**). La description est généralement associée à la narration dans un récit littéraire.

▶ **Le Type explicatif** vise à expliquer ou à faire comprendre quelque chose. Il se rencontre principalement dans un discours didactique ou scientifique. Partant de la définition de l'explication donnée par Littré, « discours par lequel on expose quelque chose de manière à en donner l'intelligence, la raison », le type explicatif se caractérise par la présentation de différents éléments qui visent à répondre à une question (« Pourquoi ? ») ou à résoudre un problème posé. L'explication peut apparaître dans une seule phrase (*Le soleil se lève à l'est à cause du mouvement de rotation de la terre*) ou dans un texte plus ou moins long :

> *L'aurore polaire est un phénomène qui se produit dans la haute atmosphère et qui se manifeste au cours de la nuit par l'apparition dans le ciel de lueurs dont la forme et l'intensité peuvent évoluer rapidement et dont la couleur se situe en général entre le bleu-vert et le jaune, plus rarement vers le rouge. Fréquentes dans les régions de haute latitude, elles apparaissent exceptionnellement aux latitudes moyennes, en période de forte activité solaire. Selon l'hémisphère où elles sont observées, elles portent le nom d'aurores boréales (hémisphère Nord) ou australes (hémisphère Sud). La précipitation d'électrons et d'ions énergiques – en majorité des protons – dans la haute atmosphère est à l'origine de ces émissions lumineuses ; ce sont essentiellement les atomes et les molécules neutres de l'atmosphère qui, portés à un état excité par l'impact d'une particule énergique, émettent, en revenant à l'état fondamental, un photon dont la longueur d'onde est caractéristique de leur nature chimique et du niveau de l'état excité.* (Encyclopædia Universalis 2006)

▶ **Le Type argumentatif**, déjà décrit par la rhétorique antique, a connu un regain d'intérêt avec les travaux de Chaïm Perelman (1958). L'argumentation, qui est l'art de persuader ou de convaincre au moyen du discours, vise à faire adhérer un auditoire particulier à une thèse au moyen d'arguments. Elle s'appuie nécessairement sur un socle de convictions partagées entre **locu-locuteur** et **auditoire**, même si l'auditoire est un spécimen de l'**adversaire** (le tenant de la thèse adverse). Il s'agit parfois seulement de renforcer une conviction et non de la modifier, quand l'auditoire est acquis d'avance (voir l'expression « prêcher un converti »).

Pour convaincre, l'énonciateur fait appel à des arguments logiques et utilise les formes du raisonnement (voir le discours judiciaire), s'adressant à un être de raison. Pour persuader, il s'appuie sur des moyens divers (récit, répétition, argument d'autorité, etc.), faisant appel à la raison et à toutes les facultés de l'individu, notamment son affectivité. Tout texte argumentatif suppose des *prémisses*, des *arguments* et une *thèse*. Il suit un mouvement dynamique : *Thèse refusée* → *Arguments* → *thèse proposée*. Ce schéma théorique abstrait correspond à des réalisations diverses : les thèses peuvent être implicites ou explicites ; la thèse proposée peut être placée au début ou à la fin du texte ; l'ordre et la nature des arguments varient. L'argumentation connait des formes privilégiées : essais, maximes, réflexions, discours politiques, plaidoyers judiciaires, etc. Un texte argumentatif peut ainsi se limiter à une ou plusieurs phrases, occuper une séquence plus ou moins longue ou un ouvrage entier. Il se caractérise par une structuration souvent complexe, marquée par un jeu subtil de connecteurs argumentatifs (**4.2.3.**).

▶ **Le Type conversationnel** se distingue des précédents (qui sont de forme monologale, même s'ils s'adressent à autrui), par le dialogue, caractérisé par la réversibilité des rôles et les procédures d'échange du tour de parole entre deux ou plusieurs interlocuteurs. La conversation protypique se caractérise par l'interaction orale des interlocuteurs, dans une situation d'énonciation particulière, en fonction d'objectifs déterminés. La conversation orale peut se dérouler dans une situation quotidienne ouverte ou bien dans un cadre institutionnel. Les interlocuteurs peuvent être co-présents physiquement, mais aussi dialoguer à distance (conversation téléphonique, visioconférence, etc.). Dans les textes littéraires, le genre théâtral simule une conversation quotidienne, dans une double situation de communication : les acteurs dialoguent entre eux, jouant le texte écrit par l'auteur ou, parfois, improvisant leur discours, et, en même temps (mais sur un autre plan), interagissent avec les spectateurs. Le type conversationnel peut se rencontrer, dans des conditions déterminées, dans un texte écrit : c'est le cas notamment du discours rapporté, inséré dans un autre type de texte.

Remarque. — J.-M. Adam (1985) ajoutait aussi un type de texte *injonctif* ou *instructif*, qui incite à faire quelque chose, qui se rencontre notamment dans les recettes de cuisine, les modes d'emploi ou les consignes en général (*En cas d'incendie, ne pas crier "au feu"* ! *Garder son calme, avertir les pompiers, mettre les enfants à l'abri, lutter contre le feu avec les extincteurs,* etc.).

5.3. Les séquences textuelles (l'analyse séquentielle)

On constate que les textes réels sont généralement hétérogènes. Un texte donné ne réalise pas un seul type textuel, mais se caractérise par la combinaison de plusieurs types imbriqués. Partant de ce constat, J.-M. Adam abandonne une approche typologique globale des textes et développe une analyse en **séquences textuelles**. Le texte est « une unité compositionnelle et configurationnelle » (Adam 2005, chapitre 6) : sa structuration se caractérise par une combinaison de cinq sortes de séquences textuelles possibles (narrative, descriptive, argumentative, explicative et dialogale), le plus souvent différentes, et par la dominance d'un type de séquence, qui détermine son type général (narratif, argumentatif, etc.).

Les séquences liées entre elles peuvent être coordonnées, insérées ou alternées. La coordination se manifeste par exemple par la succession de deux ou plusieurs séquences narratives dans un récit. L'insertion se réalise, dans le cadre d'une séquence narrative, par l'enchâssement d'une séquence narrative distincte (« récit dans le récit ») ou d'une séquence dialogale de discours direct (**XXIII** : 6.1.). Dans un texte argumentatif, on peut alterner des séquences argumentatives (arguments) et narratives (récit de faits pris comme illustrations ou preuves).

Parmi les différentes séquences présentes dans un texte donné, une séquence généralement dominante permet de caractériser le texte « comme plutôt *narratif, argumentatif, explicatif, descriptif* ou *dialogal* » (Adam 2005 : 186). Cette dominance peut être établie soit de manière quantitative, par le plus grand nombre de séquences présentes dans le texte, soit « par le type de la séquence enchâssante (qui ouvre et ferme le texte) » (Adam 2005 : 187).

Une fable de La Fontaine, qui a le plus souvent la forme d'un apologue où le récit sert à illustrer une morale, est un texte argumentatif, qui inclut des passages narratifs et des dialogues, même si ces deux types de séquences paraissent quantitativement dominants. De son côté, un texte théâtral aura une dominante dialogale, tout en intégrant d'autres types de séquences textuelles : descriptive et narrative dans *Britannicus* (récit par Néron de l'enlèvement de Junie), narrative dans *le Cid* (récit par Rodrigue du combat contre les Maures) et dans *Phèdre* (récit de Théramène). Dans un roman classique, de Flaubert ou de Zola, la dominante est narrative, avec l'insertion de séquences descriptives, dialogales et même argumentatives. L'analyse séquentielle va plus loin que la typologie textuelle en rendant mieux compte de la complexité des textes réels.

Bibliographie. — C. Bremond (1966), La logique des possibles narratifs, *Communications*, 8, Seuil – G. Genette (1972), *Figures*, III, Seuil – E. Werlich (1975), *Typologie der Texte*, Heidelberg, Quelle et Meyer – J. Moeschler (1985), *Argumentation et conversation*, Hatier – C. Plantin (1985), *Essai sur l'argumentation*, Kimé – D. Coltier (1986), Approches du texte explicatif, *Pratiques*, 51 : 3-22 – Ch. Perlman & L. Olbrecht-Tyteca (1988), *Traité de l'argumentation. La nouvelle rhétorique*, Eds de l'Université de Bruxelles (1958) – B. Combettes, R. Tomassone (1988), *Le texte informatif, aspects linguistiques*, Bruxelles, De Boeck-Wesmael, coll. « Prisme »– J.-M. Adam, A. Petitjean (1989), *Le texte descriptif*, Nathan – P. Hamon (1993), *Du descriptif*, Hachette – J.-M. Adam, Fr. Revaz (1996), *L'analyse des récits*, Seuil, « Mémo » 22 – C. Kerbrat-Orecchioni (1996) – V. Traverso (1999) – R. Amossy (2000), *L'argumentation dans le discours. Discours politique, littérature d'idées, fiction*, Nathan, « fac » – J.-M. Adam (2001) – (2001) Types de textes ou genres de discours ? Comment classer les textes qui *disent de et comment faire* ?, *Langages*, 141 : 10-27 – Nicholas Asher & Alex Lascarides, *Logics of Conversation*, Cambridge UP, 2003 – M. Meyer (2005), *Qu'est-ce que l'argumentation*, Librairie philosophique Vrin – J.-C. Pellat (2005), Histoire littéraire et histoire de la grammaire : convergences et divergences, in *L'histoire littéraire à l'aube du XXIe siècle : controverses et consensus*, Paris, PUF : 241-253 – Stéphanie Fonvielle, *Caractérisation de séquences textuelles dans trois romans de Proust*, Thèse, Strasbourg, Université Marc Bloch, 2008.

Bibliographie

1. Ouvrages de référence

Adam J.-M. (2001), *Les Textes : types et prototypes* (1992), Nathan.
Adam J.-M. (2005), *La linguistique textuelle. Introduction à l'analyse textuelle*, A. Colin.
Anscombre J.-Cl. et Ducrot O. (1983), *L'argumentation dans la langue*, Bruxelles, Mardaga.
Antoine G. (1962), *La coordination en français*, Éditions d'Artrey.
Apothéloz D. (2003), *La construction du lexique français. Principes de morphologie dérivationnelle*, Ophrys.
Arnauld A. et Lancelot C. (1660), *Grammaire générale et raisonnée*, Le Petit.
Arrivé M. et Chevalier J.-Cl. (1970), *La grammaire : lectures*, Klincksieck.
Arrivé M., Gadet F. et Galmiche M. (1986), *La grammaire d'aujourd'hui. Guide alphabétique de linguistique française*, Flammarion.
Auchlin A. et Moeschler J. (2000), *Introduction à la linguistique contemporaine*, A. Colin.
Austin J. L. (1991), *Quand dire, c'est faire* [1962], Le Seuil.
Bally Ch. (1965), *Linguistique générale et linguistique française* [1932], Berne, Francke.
Béguelin M.-J. (2000), *De la phrase aux énoncés : grammaire scolaire et descriptions linguistiques*, Bruxelles, De Boeck-Duculot.
Ben Taleb O. (1984), *Actes de discours et performatifs en français : de la syntaxe à la pragmatique*, Publications de l'Université de Tunis.

Benveniste É. (1966-1974), *Problèmes de linguistique générale*, I – II, Gallimard.

Berrendonner A. (1982), *Éléments de pragmatique linguistique*, Minuit

Berthonneau A.-M. et Cadiot P., éds. (1993), *Les prépositions : méthodes d'analyse*, Lille, Presses Universitaires de Lille.

Blanche-Benveniste, Cl. (2000), *Approches de la langue parlée en français*, Ophrys.

Blanche-Benveniste Cl. et al. (1984), *Pronom et syntaxe. L'approche pronominale et son application au français*, SELAF.

Blanche-Benveniste Cl. et Jeanjean C. (1987), *Le français parlé. Transcription et édition*, Didier.

Blanche-Benveniste Cl. et al. (1990), *Le français parlé. Études grammaticales*, Editions du CNRS.

Blasco-Dulbecco M. (1999), *Les dislocations en français contemporain. Etude syntaxique*, Champion.

Blinkenberg A. (1928, 1958 et 1933, 1955), *L'ordre des mots en français moderne*, Copenhague, Bianco Lunos (*Première partie*) ; Copenhague, Levin et Munksgaard (*Deuxième partie*).

Blinkenberg A. (1960), *Le problème de la transitivité en français moderne*, Copenhague, Levin et Munksgaard.

Bloomfield L. (1933), *Language*, Londres, Allen et Unwin (trad. fr. Payot, 1970).

Bonnard H. (1971-1978), Rubriques « Grammaire et linguistique » du *Grand Larousse de la langue française* [GLLF].

Boons J.-P. et al. (1976), *La structure des phrases simples en français. Constructions intransitives*, Droz.

Borillo A. et al. (1974), *Exercices de syntaxe transformationnelle du français*, A. Colin.

Borillo A. (2000), *L'espace et son expression en français*, Ophrys.

Brekle E. (1974), *Sémantique*, A. Colin.

Brissaud C., Jaffré J.-P., Pellat J.-C., éds (2008), *Nouvelles recherches en orthographe*, Limoges, Lambert-Lucas.

Bronckart J.-P. et al. (1985), *Le Fonctionnement des discours*, Paris-Neuchâtel, Delachaux & Niestlé.

Brunot F. (1922, 1965), *La pensée et la langue. Méthode, principes et plan d'une théorie nouvelle du langage appliquée au français*, Masson.
Buridant C. (2000), *Grammaire nouvelle de l'ancien français*, SEDES.
Buyssens É. (1975), *Les catégories grammaticales du français*, Bruxelles, Éditions de l'Université.
Cadiot P. (1991), *De la grammaire à la cognition : la préposition POUR*, Éditions du CNRS.
Cadiot P. (1997), *Les prépositions abstraites en français*, A. Colin.
Carlsson L. (1966), *Le degré de cohésion des groupes subst. + de + subst. en français contemporain*, Uppsala, Almquist et Wiksell.
Carton F. (1974), *Introduction à la phonétique du français*, Bordas.
Catach N. (1968), *L'orthographe française à l'époque de la Renaissance*, Droz.
Catach N. (1994a), *La ponctuation*, PUF.
Catach N. (1994b), *Orthographe française* [1980], Nathan.
Catach N. (1995), *L'orthographe* [1978], PUF.
Catach N. et al. (1995), *Dictionnaire historique de l'orthographe française*, Larousse.
Cervoni J. (1990), *La préposition. Étude sémantique et pragmatique*, Duculot.
Charaudeau P. (1992), *Grammaire du sens et de l'expression*, Hachette.
Charolles M. (2002), *La référence et les expressions référentielles en français*, Ophrys.
Chaurand J. (1969), *Histoire de la langue française*, PUF.
Chervel A. (1977), *Et il fallut apprendre à écrire à tous les petits Français. Histoire de la grammaire scolaire*, Payot.
Chevalier J.-Cl. et al. (1964), *Grammaire Larousse du français contemporain*, Larousse.
Chevalier J.-Cl. (1968), *Histoire de la syntaxe. La naissance de la notion de complément*, Droz.
Chevalier J.-Cl. (1994), *Histoire de la grammaire française*, PUF.
Chomsky N. (1969), *La linguistique cartésienne*, Le Seuil (*Cartesian Linguistics*, New-York, Harper and Row, 1966).
Chomsky N. (1969), *Structures syntaxiques*, Le Seuil (*Syntactic Structures*, Cambridge, Mass., MIT, 1957).

Chomsky N. (1971), *Aspects de la théorie syntaxique*, Le Seuil (*Aspects of the Theory of Syntax*, Cambridge, Mass., MIT, 1965).

Combettes B. (1983), *Pour une grammaire textuelle. La progression thématique*, De Boeck/Duculot.

Combettes B. (1992), *L'organisation du texte*, Metz, Centre d'Analyse Syntaxique de l'Université de Metz.

Combettes B. (1998), *Les constructions détachées en français*, Ophrys.

Confais J.-P. (1990), *Temps, mode et aspect*, Toulouse, Presses Universitaires du Mirail

Corbin D., éd., (1991), *Lexique*, 10 ,*La formation des mots : structures et interprétations*.

Corblin F. (1987), *Indéfini, défini et démonstratif*, Genève-Paris, Droz.

Cornish F. (1999), *Anaphora, Discourse and Understanding*, Oxford, Clarendon Press.

Coulmas F. (2003), *Writing systems. An introduction to their linguistic analysis*, Cambridge, UK, Cambridge University Press.

Creissels D. (1995), *Éléments de syntaxe générale*, PUF.

Damourette J. et Pichon E. (1911-1940), *Des mots à la pensée. Essai de grammaire de la langue française* (7 vol.), Éditions d'Artrey.

David J. et Kleiber G., éds. (1986), *Déterminants : syntaxe et sémantique*, Klincksieck.

De Gaulmyn M.-M. et Rémi-Giraud S., éds (1991), *A la recherche de l'attribut*, Lyon, Presses Universitaires de Lyon.

De Mulder W., Tasmowsky-De Ryck L. et Vetters C., éds (1997), *Relations anaphoriques et (in)cohérence*, Amsterdam/Atlanta, Rodopi.

Defays M., Rosier L. et Tilkin F., éds (1998), *À qui appartient la ponctuation ? Actes du colloque international et interdisciplinaire de Liège (13-15 mars 1997)*, Duculot.

Delaveau A. (2001), *Syntaxe. La phrase et la subordination*, A. Colin.

Delaveau A. et Kerleroux F. (1985), *Problèmes et exercices de syntaxe française*, A. Colin.

Drillon J. (1991), *Traité de la ponctuation française*, Gallimard.

Dubois J. (1965), *Grammaire structurale du français. 1. Nom et pronom*, Larousse.

Dubois J. (1967), *Grammaire structurale du français. 2. Le verbe*, Larousse.
Dubois J. et al. (1973), *Dictionnaire de linguistique*, Larousse.
Dubois J. et Dubois-Charlier Fr. (1970), *Eléments de linguistique française : syntaxe*, Larousse.
Dubois-Charlier Fr. et Leeman D. (1975), *Comment s'initier à la linguistique ?* Larousse.
Ducard D., Honvault R., Jaffré J.-P. (1995), *L'orthographe en trois dimensions*, Nathan.
Duchet J.-L. (1981), *La phonologie*, PUF.
Ducrot O. et al. (1980), *Les mots du discours*. Minuit.
Ducrot O. et Schaffer (1995), *Nouveau dictionnaire encyclopédique des sciences du langage*, Seuil.
Ducrot O. et Todorov T. (1972), *Dictionnaire encyclopédique des sciences du langage*, Seuil.
Dumarsais (1730), *Des Tropes ou des différents sens*, rééd. Flammarion, 1988.
Elwert W. Th. (1965), *Traité de versification française* (traduction de *Französische Metrik*, 1961), Klincksieck.
Englebert A. (1992), *Le « petit mot » de. Étude de sémantique historique*, Genève-Paris, Droz.
Fayol M. et Jaffré J.-P. (2008), *Orthographier*, PUF.
Flaux N. (1993), *La grammaire*, PUF
Flaux N., Glatigny M. et Samain D., éds (1996), *Les noms abstraits. Histoire et théories*, Lille, Presses Universitaires du Septentrion.
Flaux N. et Van de Velde D. (2000), *Les noms en français : esquisse de classement*, Ophrys.
Fontanier P. (1821-1827), *Les figures du discours*, rééd. Flammarion, 1968.
Forsgren M. (1978), *La place de l'épithète en français contemporain. Étude quantitative et qualitative*, Stockholm, Almqvist et Wiksell.
Fouché P. (1959), *Traité de prononciation*, Klincksieck.
Fournier N. (1998), *Grammaire du français classique*, Belin.
Fradin B. (2003), *Nouvelles approches en morphologie*, PUF.
Franckel J.-J. Paillard D. (2007), *Grammaire des prépositions*. Tome 1, Ophrys.

François J., éd. (1996), *La sémantique des relations actancielles à travers les langues*, SCOLIA, 7.
François J., dir., (2005), *L'adjectif en français et à travers les langues*, Caen, Presses Universitaires de Caen.
Frei H. (1985), *La grammaire des fautes* [1929], Slatkine.
Fuchs C., éd. (1991), *Les typologies de procès*, Klincksieck.
Fuchs C. (1996), *Les ambiguïtés du français*, Ophrys.
Fuchs C., éd. (1997), *La place du sujet en français contemporain*, Duculot.
Fuchs C. et P. Le Goffic (1992), *Les linguistiques contemporaines. Repères théoriques*, Hachette.
Gaatone D. (1998), *Le passif en français*, Paris-Bruxelles, Duculot.
Gadet F. (1997), *Le français ordinaire* [1989], A. Colin.
Gardes-Tamine J. (1988), *La grammaire*, 2 vol., A. Colin.
Gardies J.-L. (1975), *Esquisse d'une grammaire pure*, Vrin.
Gary-Prieur M.-N. (1985), *De la grammaire à la linguistique. L'étude de la phrase*, A. Colin.
Gary-Prieur M.-N. (1994), *Grammaire du nom propre*, PUF.
Genouvrier E. et Peytard J. (1970), *Linguistique et enseignement du français*, Larousse.
Giry-Schneider J. (1987), *Les prédicats nominaux en français. Les phrases simples à verbe support*, Genève-Paris, Droz.
Gleason H. A. (1969), *Introduction à la linguistique*, Larousse.
Glessgen M. D. (2007), *Linguistique romane. Domaines et méthodes en linguistique française*, A. Colin.
Goes J. (1999), *L'adjectif. Entre nom et verbe*, Paris-Bruxelles, Duculot.
Goffman E. (1974), *Les rites d'interaction*, Minuit.
Grammaire de l'Académie française (1932), Firmin-Didot.
Grevisse M. (1936, 1980), *Le bon usage* (édition refondue par A. Goosse, 2008), Duculot.
Gross G. (1989), *Les constructions converses du français*, Genève-Paris, Droz.
Gross G. (1996), *Les expressions figées en français*, Ophrys.
Gross G., éd. (2005), *Cahiers de lexicologie*, 86-1, *Les adjectifs non prédicatifs*.

Gross M. (1968), *Grammaire transformationnelle du français. Syntaxe du verbe*, Larousse.
Gross M. (1975), *Méthodes en syntaxe*, Hermann.
Gross M. (1977), *Grammaire transformationnelle du français. Syntaxe du nom*, Larousse.
Guillaume G. (1968), *Temps et verbe* [1929], Champion.
Guillaume G. (1964), *Langage et science du langage*, Paris, Nizet; Québec, Presses de l'Univ. Laval.
Guimier C., éd. (1993), *1001 circonstants*, Presses Universitaires de Caen.
Guimier C., éd. (1996), *Les adverbes du français, le cas des adverbes en -ment*, Ophrys.
Guimier C., éd. (1999), *La thématisation dans les langues*, Bern, P. Lang
Hagège Cl. (1985), *L'homme de paroles*, Fayard (Folio, 1986).
Haillet P.- P. (2002), *Le conditionnel en français : une approche polyphonique*, Ophrys.
Halmøy O. (1982), *Le gérondif. Éléments pour une description syntaxique et sémantique*, Trondheim, Tapir.
Halmøy O. (2003), *Le gérondif en français*, Ophrys.
Hanon S. (1989), *Les constructions absolues en français moderne*, Louvain-Paris, Peeters.
Harris, Z.-S. (1971), *Structures mathématiques du langage*, Dunod.
Helland, H.-P. (1994), *Sématique et pragmatiques temporelles. Futur simple et Futur périphrastique*, Oslo, Universitets Forlaget.
Herslund M. (1988), *Le datif en français*, Louvain, Peeters.
Hjelmslev L. (1968-1971), *Prolégomènes à une théorie du langage* [1943], Paris, Minuit.
Holtus G., Metzeltin M. et Schmitt C., éds. (1990), *Lexikon der Romanistischen Linguistik, V, l. Französisch. Le français*, Tübingen, Niemeyer.
Huot H. (1981), *Les constructions infinitives du français. Le subordonnant DE*, Droz.
Jakobson R. (1973), *Essais de linguistique générale*, [1963], Seuil.
Jonasson K. (1994), *Le nom propre. Constructions et interprétations*, Louvain-la-Neuve, Duculot.

Jones M. A. (1996), *Foundations of French Syntax*, Cambridge University Press.
Kerbrat-Orecchioni C. (1980), *L'énonciation. De la subjectivité dans le langage*, A. Colin.
Kerbrat-Orecchioni C. (1986), *L'implicite*, A. Colin.
Kerbrat-Orecchioni C. (1990-1992-1994), *Les Interactions verbales*, A. Colin, t. I – II – III.
Kerbrat-Orecchioni C. (1996), *La conversation*, Seuil.
Kerbrat-Orecchioni C. (2001), *Les actes de langage dans le discours. Théorie et fonctionnement*, Nathan.
Kerleroux F. (1996), *La coupure invisible. Étude de syntaxe et de morphologie*, Villeneuve d'Ascq, Presses Universitaires du Septentrion.
Kesik M. (1989), *La cataphore*, PUF.
Kleiber G. (1981), *Problèmes de référence. Descriptions définies et noms propres*, Klincksieck.
Kleiber G., éd. (1984), *Recherches en pragma-sémantique*, Klincksieck.
Kleiber G. (1987), *Relatives restrictives et relatives appositives : une opposition « introuvable »*, Tübingen, Niemeyer.
Kleiber G., éd. (1987), *Rencontres avec la généricité*, Klincksieck.
Kleiber G. (1990), *La sémantique du prototype. Catégories et sens lexical*, PUF.
Kleiber G. (1994a), *Nominales. Essais de sémantique référentielle*, A. Colin.
Kleiber G. (1994b), *Anaphores et pronoms*, Duculot.
Kleiber G. (1999), *Problèmes de sémantique. La polysémie en question*, Villeneuve d'Ascq, Presses Universitaires du Septentrion.
Kleiber G. (2001) *L'anaphore associative*, PUF.
Kleiber G. et Charbonnel N., éds. (1999), *La métaphore entre philosophie et rhétorique*, PUF.
Kupferman L., dir., (2002), *SCOLIA*, 15, *La préposition française dans tous ses états*.
Kupferman L. et al., éds. (2001), *Travaux de linguistique*, 42-43, *La préposition*.
Lacheret-Dujour A. et Beaugendre F. (1999), *La prosodie du français*, CNRS Éditions.

Lang J. (1991), *Die französischen Präpositionen. Funktion und Bedeutung*, Heidelberg, Winter.
Larsson B. (1994), *La place et le sens des adjectifs épithètes de valorisation*, Lund, Presses Universitaires.
Lazard G. (1994), *L'actance*, PUF.
Léard J.-M. (1992), *Les gallicismes*, Paris-Louvain-la-Neuve, Duculot.
Leeman-Bouix D. (1994), *Grammaire du verbe français. Des formes au sens*, Nathan.
Leeman-Bouix D. (1994), *Les fautes de français existent-elles ?*, Seuil.
Leeman D. (2004), *Les déterminants du nom en français : syntaxe et sémantique*, PUF.
Lefeuvre F. (1999), *La phrase averbale en français*, L'Harmattan.
Le Goffic P. (1993), *Grammaire de la phrase française*, Hachette.
Le Goffic, P. et Combe McBride, N. (1975), *Les constructions fondamentales du français*, Hachette/Larousse.
Lemaréchal A. (1997), *Zéro(s)*, PUF.
Léon P. (1964), *Prononciation du français standard*, Didier.
Leroy S. (2004), *Le nom propre en français*, Ophrys.
Lyons J. (1970), *Linguistique générale*, Larousse.
Lyons J. (1978), *Eléments de sémantique*, Larousse.
Lyons J. (1980), *Sémantique linguistique*, Larousse.
Maingueneau D. et Charaudeau P. (2002), *Dictionnaire d'analyse du discours*, Seuil.
Marchello-Nizia C. (2006), *Grammaticalisation et changement linguistique*, De Boeck.
Martin R. (1983), *Pour une logique du sens*, PUF.
Martin R. (1987), *Langage et croyance*, Bruxelles, P. Mardaga.
Martinet A., éd. (1968), *Le langage*, Gallimard, Pléiade.
Martinet A. (1969), *Le français sans fard*, PUF.
Martinet A. (1970), *Eléments de linguistique générale*, A. Colin.
Melis L. (1983), *Les circonstants et la phrase. Étude sur la classification et la systématique des compléments circonstanciels en français moderne*, Louvain, Presses Universitaires de Louvain.
Melis L., éd. (1983), *La prédication seconde*, De Boeck Université.
Melis L. (1990), *La voie pronominale. La systématique des tours pronominaux en français moderne*, Paris, Louvain-la-Neuve, Duculot.

Melis L. (2003), *La préposition en français*, Ophrys.
Milner J.-C. (1978), *De la syntaxe à l'interprétation (Quantités, insultes, exclamations)*, Le Seuil.
Milner J.-Cl. (1982), *Ordres et raisons de la langue*, Seuil (rééd. 1995).
Milner J.-Cl. (1989), *Introduction à une science du langage*, Seuil.
Moeschler J. (1996), *Théorie pragmatique et conversationnelle*, A. Colin.
Moeschler J. et Reboul A. (1994), *Dictionnaire encyclopédique de pragmatique*, Seuil.
Moeschler J. *et alii* (1998), *Le temps des événements*, Kimé.
Molino J. et Tamine J. (1982), *Introduction à l'analyse de la poésie*, PUF.
Monneret Ph. et Rioul R. (1999), *Questions de syntaxe française*, PUF.
Moreau M.-L. (1976), *C'EST. Étude de syntaxe transformationnelle*, Mons, Éditions universitaires.
Morel M.-A. et Danon-Boileau L. (1998), *Grammaire de l'intonation. L'exemple du français oral*, Ophrys.
Mounin G. (1968), *Clefs pour la linguistique*, Seghers.
Muller Cl. (1991), *La négation en français. Syntaxe, sémantique et éléments de comparaison avec les autres langues romanes*, Genève, Droz.
Muller Cl. (1996), *La subordination en français*, A. Colin.
Muller Cl., éd. (1996), *Dépendance, coordination et intégration syntaxique*, Tübingen, Niemeyer.
Neveu Fr. (1998), *Etudes sur l'apposition. Aspects du détachement nominal et adjectival en français contemporain dans un corpus de textes de Jean-Paul Sartre*, Champion.
Neveu Fr. (2004), *Dictionnaire des Sciences du langage*, A. Colin.
Noailly M. (1990), *Le substantif épithète*, PUF.
Noailly M. (1999), *L'adjectif en français*, Ophrys.
Perlman Ch. et Olbrecht-Tyteca L. (1988), *Traité de l'argumentation. La nouvelle rhétorique*, Editions de l'Université de Bruxelles (1958).
Picabia L. (1978), *Les constructions adjectivales en français : systématique transformationnelle*, Genève, Droz.

Picabia L. et Zribi-Hertz A. (1981), *Découvrir la grammaire française*, CEDIC.
Picoche J. et Marchello-Nizia C. (1994), *Histoire de la langue française*, Nathan.
Pinchon J. (1972), *Les pronoms adverbiaux en et y. Problèmes généraux de la représentation pronominale*, Genève, Droz.
Pruvost, J. (2002), *Les dictionnaires de langue française*, PUF.
Pruvost J. (2006), *Les dictionnaires français, outils d'une langue et d'une culture*, Ophrys.
Rastier F. (1987), *Sémantique interprétative*, PUF.
Récanati F. (1979), *La transparence et l'énonciation. Pour introduire à la pragmatique*, Seuil.
Récanati F. (1981), *Les énoncés performatifs. Contribution à la pragmatique*. Seuil.
Reiner E. (1976), *Studie zur Stellung des attributiven Adjektivs im neueren Französischen*, Vienne, Braumüller.
Rémi-Giraud S. et Roman A., éds. (1998), *Autour du circonstant*, Lyon, Presses Universitaires de Lyon.
Rey A. (1977), *Le lexique : images et modèles. Du dictionnaire à la lexicologie*, A. Colin.
Riegel M. (1985), *L'adjectif attribut*, Paris, PUF.
Rosier L. (2009), *Le discours rapporté en français*, Ophrys.
Rossari C. (2000), *Connecteurs et relations de discours : des liens entre cognition et signification*, Nancy, Presses universitaires de Nancy.
Rossi M., *L'intonation, le système du français*, Ophrys, 1999.
Rothenberg M. (1985), *Les verbes à la fois transitifs et intransitifs en français contemporain*, La Haye-Paris, Mouton.
Roubaud M.-N. (2000), *Les constructions pseudo-clivées en français contemporain*, Champion.
Roulet E. et al. (1985), *L'articulation du discours en français contemporain*, Bern, P. Lang.
Ruwet N. (1967), *Introduction à la grammaire générative*, Plon.
Ruwet N. (1972), *Théorie syntaxique et syntaxe du français*, Le Seuil.
Ruwet N. (1982), *Grammaire des insultes et autres études*, Seuil.
Sandfeld K. (1965), *Syntaxe du français contemporain. Vol. 2 : Les propositions subordonnées*, Genève, Droz.

Saussure F. de (1996), *Cours de linguistique générale* [1916], Payot, éd. crit. de T. de Mauro [CLF].
Schnedecker C. (1997), *Nom propre et chaînes de référence*, Klincksieck.
Searle J. R. (1972), *Les actes de langage. Essai de philosophie du langage*, Hermann.
Serrus Ch. (1933), *Le parallélisme logico-grammatical*, Alcan.
Sperber D. et Wilson D. (1989), *La pertinence : Communication et cognition*, Minuit.
Spang-Hanssen E. (1963), *Les prépositions incolores du français moderne*, Copenhague, Gads.
Stéfanini J. (1962), *La voix pronominale en ancien et moyen français*, Aix-en-Provence, Ophrys.
Stéfanini J. (1994), *Histoire de la grammaire*, CNRS Editions.
Swiggers P. (1997), *Histoire de la pensée linguistique*, PUF.
Tamba-Mecz I. (1981), *Le sens figuré*, PUF.
Tamba-Mecz I. (1988), *La sémantique*, PUF.
Tesnière L. (1959, 1965), *Eléments de syntaxe structurale*, Klincksieck.
Togeby K. (1982-85), *Grammaire française* (I-V), publié par M. Berg, G. Merad et E. Spang-Hanssen, Copenhague, Akademisk Forlag.
Touratier C. (1996), *Le système verbal français*, A. Colin.
Touratier C. (2000), *La sémantique*, A. Colin.
Traverso V. (2004), *L'analyse des conversations*, Nathan.
Ulland H. (1993), *Les nominalisations agentives et instrumentales en français moderne*, Bern, Lang.
Ullmann St. (1965), *Précis de sémantique française*, Bern, A. Francke.
Vandeloise C. (1986), *L'espace en français*, Seuil.
Van de Velde D. (1996), *Le spectre nominal. Des noms de matière aux noms d'abstraction*, Louvain, Peeters.
Van de Velde D., Flaux N. et De Mulder W. (1997), *Entre général et particulier : les déterminants*, Arras, Artois Presse Université.
Van Peteghem M. (1991), *Les phrases copulatives dans les langues romanes*, Wilhelmsfeld, Egert.

Vetters C., éd. (1993), *Le temps, de la phrase au texte*, Presses Univ. de Lille.
✓ Wagner R.-L. et Pinchon J. (1962), *Grammaire du français classique et moderne*, Hachette.
Weinrich H. (1973), *Le temps*, Seuil.
Wierzbicka A. (1988), *The Semantics of Grammar*, Amsterdam-Philadelphia, John Benjamins.
Willems D. (1981), *Syntaxe, lexique et sémantique. Les constructions verbales*, Gand, Publications de la Faculté de Philosophie et Lettres.
Wilmet M. (1986), *La détermination nominale. Quantification et caractérisation*, PUF.
Wilmet M. (1997), *Grammaire critique du français*, Hachette-Duculot.
Wioland F. (1991), *Prononcer les mots français. Des sons et des rythmes.* Hachette.

2. Dictionnaires généraux de la langue française

Trésor de la langue française (1971-1994), CNRS et Klincksieck, puis Gallimard, 16 volumes [*TLF*]. + *Trésor de la Langue Française informatisé* : http://atilf.atilf.fr
Dictionnaire alphabétique et analogique de la langue française Le Robert (1953-1971), 6 vol. + supplément ; *Nouveau Grand Robert* (1985), 9 vol.
Dictionnaire historique de la langue française (1992), Dict. Le Robert, 2 vol.
Grand Larousse de la langue française (1971-1978), 7 vol. [*GLLF*].
Littré E., *Dictionnaire de la langue française* (1863-1877), Hachette, 4 vol. + suppl. ; réédition en 7 vol., Pauvert, puis Hachette-Gallimard (1956-1958).
Petit Robert (1967), 1 vol., 1re éd., régulièrement actualisé.
Dictionnaire du français contemporain (1967), Larousse, 1 vol.
Lexis. Larousse de la langue française (1977), 1 vol.

3. Revues

La Banque des Mots, CILF, PUF.
Bulletin de la Société de Linguistique de Paris.
Cahiers de lexicologie, Didier-Larousse.
DRLAV, Université Paris VIII.
Études de linguistique appliquée, Didier.
Faits de langue, PUF.
Le français aujourd'hui, revue de l'AFEF.
Le français dans le monde, Hachette-Larousse.
Le français moderne, d'Artrey, puis CILF.
Le Gré des langues.
Histoire Épistémologie Linguistique (HEL), revue de la SHESL.
L'information grammaticale.
Langages, Larousse.
Langue française, Larousse.
La Linguistique, PUF.
LINX, Université Paris X-Nanterre.
Revue de linguistique romane.
Travaux de linguistique et de philologie, Klincksieck [jusqu'en 1987 : *Travaux de linguistique et de littérature*].

NB – De nombreuses autres revues de linguistique et de grammaire sont publiées par des associations et des universités. Elles sont répertoriées par *BUSCILA*, Bulletin de l'<u>Association des Sciences du langage</u> : voir le site web de l'ASL.

INDEX DES TERMES ET DES NOTIONS

- *Les noms de notions grammaticales sont imprimés en « romain », les termes et expressions de la langue en « italique ».*
- *L'indexation des expressions complexes est faite par le terme principal (p. ex. Négation totale sous Négation) et/ou par le terme spécifique (p. ex. Négation totale sous totale).*
- *Les chiffres renvoient aux pages.*

A

à : + complément indirect : 402-3 – complément du verbe *être* : voir Localisation – complément d'adverbe : 659 – suivi de VInf : 352-3, 788 Rem, 856 Rem, – *à ce que/à* + VInf : 793, 825-6 – *à moins de/que* : 859-60 – suivi de VInf : 352-3, 788 Rem, 831, 856 Rem – Sémantique de *à* : 643-4

-able/-ible (Suffixe) : 743-4

Abréviation : 915-8 – Pseudo-suffixes d'a. : 916 Rem 2

Abréviation (Point d'a.) : 147 Rem 1

Abréviation : liste des a. utilisées dans le présent ouvrage : XXXVIII-XLI

Absolu (Emploi a.) : d'un verbe : 396-7 – d'une préposition : 404, 642 Rem 3 – Superlatif a. : voir Comparatif

Absolue (Construction a.) : 356-7, 432

Abstrait (Trait) : 325-6

Accent (graphique) : 131-4, voir Aigu, Grave, Circonflexe

Accent (prosodique) : rythmique : 106-9 – d'insistance : 718-9

Acceptabilité : 32-34

Accompli (Aspect a.) : 519-20

Accomplissement (type de procès) : 526

Accord : 897-99 – (faux) a. de proximité : 898 – et ambiguïté : 898-9 – dans le GN : 274-5 – du pronom : 388 – de l'épithète : 609-13 – de l'attribut : 613-5 – du verbe avec le sujet : 497-501 – du participe passé : 501-8 (avec le sujet : 502 ; avec l'objet : 502-5 ; des verbes pronominaux : 505-7 ; d'un verbe impersonnel : 505-8)

Achèvement (type de procès) : 526

Acquiescement : 648

Acronyme : 917-8

Actance, actant : 234-6

Acte de langage : 7, 979-91 – Caractéristiques : 982-4 –

directs : 984-7 – indirects : 987-90 – et types de phrase : – d'interrogation : – de négation : – d'injonction : – d'énonciation : 46-7 – de référence : 959 – dans les interactions verbales : 990-1

Activité (type de procès) : 526

Actif : Forme verbale a. : 454 ; voir Passif

Actualisation : 930 – du verbe : 512 Rem – du nom : 271-3, 279, 341-3

Actuel : voir Référence

Addition : 214-5

Adjectif : Catégorie générale : 597-602 – *vs* Déterminant : 276-8, 601-2 – et nom : 600 Hist – qualificatif : 615-26 (et référence : 616-7) – épithète : 343 – relationnel : 633-4 – de modalité : 976 – intensif : 637-8 – affectif/évaluatif : 637-8, 976 – du 3ᵉ type : 634-38 – Morphologie : 602-9, 617-8 – Genre : 604-8 – Nombre : 608-9 – Formes dites « comparatives » : 618-626 – Symétrique : 627 – Compléments de l'a. : 626-9 – Emploi adverb(i)al de l'a. : 657-8 – substantivé : 616-7 – et participe passé passif : 737-8 – et anaphore : 1041-3

Adjectif verbal : 380-1

Adverbe : La catégorie des a. : 646-48 – Portée : 647-8 – variable : 655 – Constructions syntaxiques : 648-50 – modificateur (de l'adjectif : 618-26, 650, 652 ; voir Intensité, Comparatif, Superlatif ; du verbe : 650 ; du Ppé passif : 737-8) – mot-phrase : 648, 777 – circonstant : 648-9, 652-4 – de liaison : 654, 879-80 voir Connecteur – de modalité : 977-8 – énonciatif : 977-8 – négatif : – déictique : 973-4 – de quantité : 281 Morphologie : 658 – en *-ment* : 616, 656-7 – Conversion de l'a. : 658-9 – et types de phrases : 654 – Emploi nominal de l'a. : 658 – et inversion : 257-8 – et anaphore : 1041 – argumentatif : 654-5 – Sémantique : 650 Rem, 651-5

Adverb(i)al (emploi a. de l'adjectif) : 657-8

Affecté (objet a.) : 399

Affixation : 901-8

Affixe : flexionnel/dérivationnel : 896-7, voir Désinence

afin que/de : 858

Agent(if) : 237, 461-2 – Nom d'a./de patient : 744

Agrammatical(ité) : 32-34 – et performance : 29-30

Aigu (accent) : 132

aimer (à/de) + **V Inf** : 20

Alexandrin : 180, 183

Alinéa : 167-8

aller : Conjugaison : 475 – Variantes du radical : 891 – Grammaticalisation : 17 –

Index des termes et des notions

Auxiliaire : 452 – + participe présent : 452
Allomorphe : 660, 894-5
Allusion : 994-7 – et ambiguïté : 997
Alphabet : 114 – phonétique : voir A.P.I.
Amalgame : 283, 892 – de l'article défini : 283 – d'une fonction et d'un type de phrases : 649
Ambiguïté : 925 – structurale : 206 Rem, 225, 239, 261-2, 646-7 – lexicale : 225 – Levée de l'a. : 740-1, 898-9 (par l'accord)
Analogie : 949-50
Anaphore/-ique : Définition : 1029-32 – Expression a. : 1034-43 – lexicale : 1031 – nominale : 1037-41 – pronominale : 360-2, 1034-7 – fidèle/infidèle : 1037-8 – indirecte : 1031 – conceptuelle (résomptive) : 1038-9 – associative : 1039-41 – adverbiale : 1041 – verbale : 1041 – adjectivale : 1041-3 – Référence a. : 360, 964
Animé (Trait) : 324-5
Antécédent : du relatif : 804-5 – d'un terme anaphorique : 204 Rem1, 1030
Antiphrase : 998
Antonomase : 340, 954
Antonyme : 928-30
A.P.I. (Alphabet de l'Association phonétique internationale) : 76-7

Apostrophe : Signe graphique : 162-3 – Fonction : 310, 775-7
Apposition : 354-6 – et déterminant : 311 – Pseudo-a. : 355 Rem
Appositif : 274 – Relative a. : 804-8
après que : 849 (mode : 852) – voir *avant que* – *Il lui court après* : 404
Arbitraire : 921-2
Arbre (Schéma en a.) : 217
Archigraphème : 122
Argument (argumental) : 269
Argumentatif : Adverbes a. : 654-5 – Texte a. : 1061-2 voir Connecteur
Article : défini : 282-5 – et superlatif relatif : – indéfini : 293-7 – partitif : 295-7 – zéro : voir Déterminant (absence de d.)
Aspect : verbal : 517-24 – et mode d'action : 524-5
Aspectuelle (Variation a.) : 424 (copule), 437, 517-25 (verbe)
Assertif : voir Déclaratif
Associatif : voir Anaphore
Astérisque : 166-7
Asyndétique : Construction a. : 571-3
Attribut : Fonction et constructions de l'a. : 419-23 – Accord de l'a. : 613-5 – du sujet : 420-30 (formes : 421-2 ; et déterminant : 311 ; interprétation : 423-8 ; nominal : 426-8 ; détachement : 722 Rem ; impersonnel : 751-

1081

21) – du c.o.d. : 430-33 (complétifs : 432 ; à élargissement de l'objet : 431-2 ; du verbe *avoir* : 432-3 ; de *voici / voilà* et de *falloir* : 433 ; construits indirectement : 430 Rem, 432 Rem)
Attributif : Constructions a. : 419-33 – Verbes occasionnellement a. : 425-6 – Relative a. : 820-3 – Référence a. : 963
Attribution (complément dit d'a.) : voir Datif
Atypique : voir Phrase
aucun : Déterminant : 302-3 – Pronom : 381 – *d'aucuns* : 381
aussi : Adverbe (de comparaison : 622-5 ; conclusif : 259 Hist, 138, 879, 621) *aussi... que* : 865-6
aussitôt... que : 849
Autonomie référentielle : des noms : 321-3 – non-a. r. de l'adjectif : 616-17
Autonymie/-que : 5, 309, 903, 920-1 – Connotation a. : 921
autour : *Il lui tourne autour* : 404
autre : Adjectif : – *l'/les autres* (déterminant) : 291 – *l'/les autres/autre chose* : (pronom) : 379-80 – *l'un... l'autre* (pronoms) : 379-80 –
autre part : 379
autrui : 380
Auxiliaire : *avoir* et *être* : – aspectuel : 451-3 – modal : 453-4 – causatif : 454 – suivi de VInf :

avant que : 857-8
avec : 643
avoir : auxiliaire : 450-1, 455 Rem – verbe support : 417 – Conjugaison ; 265 – copule : 425 Rem – et attribut de l'objet : 432-3 – *avoir l'air* : 614 – voir *Il y a* – *avoir à* + VInf : 505
Axiologique : 826, 976 (modalisation)

B

Barre oblique : XL, 85, 160
bien : 647-8 – *bien... que* : 861-2
Blanc graphique : 166
(Le) bon usage : 26-7 voir Norme
But : voir Final

C

ça : – voir *ce*
Cacophonie (Règle de c.) : 313 Rem, 737 Rem 2
Canonique : Phrase c. : 211-2 – Complément d'objet c. : 397-400
Capitale (Lettre) : 169-70
car : 882-3, 852 Rem – *car en effet* : 880
Caractères : 168-72 – romains/italiques : 168-9 – gras : 172
Caractérisation : par l'attribut : 423-8

Index des termes et des notions

Cas profonds : voir Rôles sémantiques
Catachrèse : 936, 955
Cataphore/-ique : 287
Catégorie de mots : 208, 226-9
Catégoriel : voir Symbole
Causale (circonstancielle c.) : 850-2
Causatif (Verbe, Construction c.) : 411-15, 742-3 – et passivation : 743
ce : 377-8 – impersonnel : 754-5 – antécédent d'un relatif : 814-5 – et dislocation : 722-3 – *Ce que*, exclamatif : 689 – voir *c'est*
ceci/cela : 377 – et détachement : 722-3
Cédille : 134-5
celui (-ci /-là) : 376-7 – antécédent d'un relatif : 814-5
censer : construction passive : 733
certain(s) : Déterminant : 279, 294 – Pronom : 381
c'est : Présentatif : 761
c'est... qui/que : Extraction : 725-9 - avec relative prédicative : 820
Césure : 180, 183, 185, 194
chacun : 378-9 – *tout un chacun* : 378-9
chanter : Conjugaison : 472
chaque : 300-1
ci-joint : 508, 610-11
Circonflexe (Accent c.) : 133
Circonstanciel (Complément c./**Circonstant**) : 242, 260-8, 846 Hist – Syntaxe : 260-62 – Formes : 262-3 – Interprétation : 263-7, 845-6 – et grammaires traditionnelles : 267-8 – sans déterminant : 313-5 – Adverbe c. : 652-4
Circonstancielle (subordonnée c.) : 841-70 – causale : 850-2 – comparative : 863-6 – concessive : 861-3 – conditionnelle : 852-5, 859-60, 869-70 – consécutive : 866-8 – corrélatifs (systèmes) : 863-70 – de perspective : 857-62 – de situation : 847-57 – elliptique : 842-3, 856-7, 861-2, 864 – finale : 858-60, 870 – identification (critères d') : 841-7 – et mode : 847, 857, 868, 870 – relative c. (voir relative) – temporelle : 849-50, 857-8, 868-9
Citation : 996 (allusion littéraire) – exemple : XXX-XXXI
Classe (distributionnelle, syntaxique) : 208, 226-9 – ouverte/fermée : 894
Classème : 926
Clitique : Accentuation : 108 – Forme cl. des pronoms personnels : 368 (tableau), 372-4 – voir *que* interrogatif
Clivée (Phrase cl.) : 725-8
Code : 3
Codé : voir Préconstruit, Écrit, Oral
Cohérence : 1018
Cohésion textuelle : 1018

Cohyponyme : 12
Collectif : Nom c. : 325, 331-2 (dérivé : 906) − et accord verbal : 498-9 − Interprétation c. : 878
Collocation : 233
combien : Adverbe interrogatif et exclamatif : 688 − Déterminant quantificateur complexe : 303
comme : exclamatif : 688 − comparatif : 864-5 − temporel causal : 849
comme si, comme quand, etc. : 844
commencer à/de + infinitif : 452
comment : Adverbe interrogatif : 649
Commentaire : phrastique : 263-6 − énonciatif : 266-7
Communication : orale/écrite : 52-6 − Schéma de la c. : 3-4
Commutation : 10
Comparaison : Syntaxe : 863-6 ; Figure : 934-5, 949-52
Comparatif (Formes de l'adjectif) : 622-4 − Complément du comparatif : 624
Comparatives (subordonnées circonstancielles c.) : 863-6
Compétence : 21 − grammaticale : 27-28 − communicative : 43-4, 45
Complément d'agent : 733-5 − voir Passif incomplet
Complément de l'adjectif : prépositionnel : 626-8 − propositionnel : 628-9, 632 Rem 1

Complément du comparatif / du superlatif : voir Comparatif/Superlatif
Complément du nom : prépositionnel : 313-4, 346-9 − propositionnel :
Complément(ation) du verbe : 390-3 − Définition : 392-3 − Typologie : 393-6, 395 (Tableau) − double c. : 405-8 − triple c. : 408-9
Complémentaire : Distribution c. : 94-97, 928-30 − Antonymes c. : 890-2
Complémenteur : 788 Rem, 831
Complétive (Subordonnée c.) : 788, 823-40 − c.o.d. : 824-5 − c.o.i. : 825-7 − complément de l'adjectif : 828 − complément du nom : 827-8 −détachée/apposée : 356, 828-9 − disloquée : 828-9 − impersonnelle (en séquence) : 826-7 − et inversion du sujet : 825 − et mode : 825 − sujet : 827
Complexe : voir Déterminant, Groupe, Mot, Phrase
Componentielle (Analyse c.) : 923-4
Composé : Nom c. : voir Nom − Mot c. : 900-1 − Adjectif c. : 602, 610 − savant : 913-5 − Forme verbale c. : 450-1 − Préposition c. : 640 ; Conjonction c. : 843
Composition : 909-15 − Schémas compositionnels (tableau) : 912 − savante : 913-5

Compositionnel (Sens c.) : 921-3
Compréhension : voir Intension
Comptable (Trait) : 323-4
Conative (Fonction c.) : voir Injonctive
Concessif : Circonstancielle c. : 860-2 – Relative c. : 821-2 – Connecteur c. : 1053-4
Concordance des temps : Subjonctif : 571-576 – Discours indirect : 1013-14
Concret (Trait) : 326
Conditions de vérité (d'une phrase) : 930-1, 959-60
Conditionnel (Temps) : Formes du présent : 445, 554-5 – Emplois temporels : 555-7 ; modaux : 557-61
Conditionnelle (Subordonnée circonstancielle c.) : 852-5, 859-60, 869-70
Conjointes (Formes c. des pronoms personnels) : 367-70 – Place : 372-4, 372 (Tableau)
Conjonction : de subordination : 788, 843-4 – de coordination : 879-883 – Histoire du terme : 875 Hist
Conjugaison : Classement : 467-96 (verbes en *-er* : 477-480 ; en *-ir* : 480-3 ; en *-oir* : 483-6 ; en *-re* : 486-94 ; voir Défectif) – Tableaux de c. : 469-77
Connecteur : Définition : 1043-5 – Classement : 1046-57 (temporel : 1046-7 ; spatial : 1047-8 ; argumentatif : 1053-7 ; conversationnel : 1052-3 ; énumératif : 1048 ; de topicalisation : 1049 ; de point de vue : 1049-50 ; de reformulation : 1050-1 ; et types de textes : 1057-8) – Adverbe c. : 654-5
Consécutive (Subordonnée circonstancielle) : 866-8
Consonne : 81-5, 89-91, 94-6 – alvéolaire : 81, 83 – constrictive : 83-5 – dentale : 82-3 – géminée : 91 – graphique : 124 (double : 128) – labiale : 82-3 – latérale : 84, 90 – nasale : 90 – occlusive : 82-83 – palatale (prépalatale, postpalatale) : 81, 82-3 – semi-consonnes : 83-4 – sonore/sourde ; 89-90 – vibrante : 84, 90
Constituant : Analyse en c. immédiats : 216-21 – discontinu : 893-4, 897-8
Constrictive : voir Consonne
Construit : voir Mot
Contenu propositionnel : voir Propositionnel
Contexte : 931-3 – Anaphore et c. : 129-32 – Signification c. : 931-3
Contextuelle : variante c. : 94-97, 890-2
Contradictoire : voir Antonyme
Contraire : voir Antonyme
Contrepèterie : 997
Convention/-nel : Sens lexical c. : 921-2 – Sens phrastique c. : 931 – Instruction c. : 932

Conventions typographiques (utilisées dans le présent ouvrage) : XXXVII-XXXVIII

Conversationnel (texte) : 1062-3

Converse : Verbe c. : 411 Rem – Antonyme c. : 929

Conversion : 908-9

Coordination : 781-3, 873-83 – et identité fonctionnelle : 876-9 – de propositions et de phrases : 876-7 – de mots et de groupes de mots : 877-9 – et absence de déterminant : 309-10 – et relatives déterminatives : 309-10 – et corrélation : 874-5 – et négation : 712 – et hyponymie : 927 – Histoire du terme : 875 Hist

Copule : 422, 423, 424-5

Coréférence/coréférentiel : et effacement : 430-1, 855-62

Corpus (linguistique de c.) : 32

Corrélation/corrélatif : et coordination : 874-5 – et juxtaposition : 873 – Circonstancielles et c. : 863-70

Correspondances écrit/oral : phonographiques : 57-8 – morphologiques : 56-60 – lexicales : 61-2

Coupure (des mots en fin de ligne) : 120

coûter : 401-2, 504

Créativité : 28, 221 Rem 2

Crochets droits : 136-7, 159-60

D

dans : alternance avec *en* : 644

Datif (Complément) : 285, 369, 406-8.

de : préposition : 643-4 – complément (indirect : 351, 403-4 ; complément d'agent : 734-5 ; du nom : 313-4 ; de l'adverbe : 659 ; de l'adjectif : 626-9) ; voir *en* – suivi (d'un adjectif : 612, 380-2) – déterminant (négatif : 297, 302-3 ; partitif : 293-7 Rem, 297 ; voir Cacophonie (règle de c.)) – Sémantique : 644

de (+ VInf) : 352-3, 788 Rem, 831, 856 Rem, voir Complémenteur

de ce que/de + V Inf : 825-6, 831

Déclaratif : Type de phrase d. : 665 – Acte de langage/ Énoncé d. : 995-6

dedans : *Il lui rentre dedans* : 404, 642 Rem 3

Défaut : Référence par d. : 361

Défectif (Verbe d.) : 494-6

Défense : 692

Défini : Article d. : 282-5 Déterminant d. : 282-92 – Groupe déterminant d. : 290-2 – Pronom : 362-80 – Expression référentielle d. : 963, 966

Définition : 920, 923

Degrés de signification : voir Adjectif (formes dites « comparatives »)

Index des termes et des notions

Déictique, deixis : 286, 971-4, 1030 – Référence d. : 360-1, 964 – et oral : 66
déjà : adverbe argumentatif : 654-5
demi : construction et accord : 610
Démonstratif : Déterminant d. : 285-8 (*vs* article défini : 287-8 – Pronom d. : 375-78 – Expression référentielle d. : 963-4
Dénégation : 648
Dénomination : 888 – multiple : 927
Dénominatif : Expression d. : 963 – Référence d. : 966, voir Nom propre
Dépendance : syntaxique : 224 – référentielle :
Déplacement : 215-6, voir Détachement, Dislocation, Extraction, Extraposition
Dérivation : lexicale : 900-1 (impropre : voir Conversion ; régressive : 909 ; et changements catégoriels :) – affixale : 901-7 – allusive : 988-9
des : voir Article indéfini, Amalgame – *des plus* + Adj : 621-2
Descriptif : Grammaire d. : Expression d. : 273-4 – Référence d. : 966 – Valeur d. : voir Appositif – Texte d. : 1060
Désinence : 896 Rem – verbale : 438-9 (variations : 440) – voir Affixe flexionnel

Détaché : Modifieur du GN d. : 456-7, 432 – voir Dislocation, Absolu (construction a.)
Déterminant : La catégorie générale des d. : 276-82 – *vs* Adjectif : 276-8, 601-2 – Absence de d. : 308-15 – composé : 281-2, 306-8, 350-1 – défini/indéfini : 279-80 – modifié : 280-1, 304-6 – négatif : 302-3 – quantitatif : 298-300, 499 – Emplois déictiques : 972-3 – Groupe d. : 280-2 – et conversion : 276
Déterminatif : 274, 342 – Relative d. : 804
Deux points : 153-5
devoir : Auxiliaire modal : 453, 1004 – en construction absolue : 505
Diachronie : 12-6, 899-900
Dialecte : 19
Diathèse verbale : 390, 437, 730 – Opérateur de d. : 412 – voir Voix
Diérèse : 179-180
différents déterminant : 299
Digramme : 57, 118
Diminutif : 906
Directif (Fonction d. : 5) – Acte d. : voir Injonction
Discontinu (Morphème, Constituant d.) : 893-4
Discours : *vs* langue : 2 Rem. 2, 23 Rem 1 (voir Performance) – oral : 60-70 – rapporté : 1009-16 (direct : 1010-12 ; indirect : 1012-14 ; indirect libre : voir Style) –

narratif/commentatif : 1007-9 – Énonciation de d. ; voir Énonciation
Discret (Caractéristique du signe linguistique) : 10
Disjointes (Formes d. des pronoms personnels) : 368, 370-1 – compléments d'agent : 735 Rem 1
Dislocation (Emphase) : 719-25
Distique : 189
Distributif (Sens d.) : 878
Distribution : 207-8, 222-3, 228-9
divers **déterminant : 299**
Domaines (de la grammaire) : 35-45
Donation (Mode de d. des référents) : 965-7
donc : 880 Rem
Donnée (grammaticale) : 31-2
(il m'est) donné de : 753 Rem
dont : 389, 796, 803 – combiné avec *que* complétif :
Double articulation : 7-9
Double négation : 713-4

E

e **caduc** : 88-9 (versification : 176-8; 195-6)
Écrit : vs Oral : 52-6
Écrit(ure) : 51-55 – Mixité des systèmes d'é. : 130-1
Effacement : 214-5 – dans les phrases complexes : voir Coréférence, Ellipse

Effectué (Objet e.) : voir Affecté
Effet de sens : 642-3, 853
Égalité : voir Comparatif
Élargissement attributif : du sujet : 422-3 – de l'objet : 431-2
Élision : 103-4
Ellipse : 215 Rem – du nom : 277, 321 Rem 2 – de l'objet : 396-7 – du sujet : 249-51 – du verbe : 764 Rem 2 – et subordination : 471 – et coordination: 523 – et subordonnées circonstancielles : 842-3, 856-8, 861-2, 864 – voir Nominale (phrase)
Embrayeur : 966-7, 972 Rem
Emphase/Emphatique : Type de phrase e. : 667, 718-29, 761 – et interrogation : 679 – et exclamation : 690 – Présentatifs et e. : 761-2
Emprunt(é) : Adverbe e. : 655 Hist – noms e. : 334-5 (pluriel)
en **pronom** : 366 Rem, 369-70 (complément du verbe : 402-4, 504 ; et anaphore lexicale : 611, 613)
en **préposition** : 644 – voir Gérondif
Enchâssement : 780-1, 785-6, voir Subordonnée
en effet : 1054-5
Encore que : 861-2, 879
Enjambement : 183-4
Énoncé : *vs* phrase : 46-7, 931-2 – et énonciation : 969-70 –

Sens des é. : 4, 931-2 – thématique : 768 Rem, 1024 – non littéral : 995-1003
Énonciation : 46-7, 968-9 – Attitude et perspective d'é. : 1000-9, 1007-9 – historique : 1003-1005 – de discours : 1002-3 – indices d'é. : 971-9 – Point d'é. : 514
Énonciatif : Type de phrases é. : 388-9 – Signification é. : 931-2
en train de : 452
Énumératif : <u>voir</u> Connecteur
Épicène : Nom é. : 329 – Adjectif é. : 605, 605 Rem 2,
Épistémique : 976 (modalisation)
Épithète : Fonction : 343-4 – *de* + adjectif é. : 612, 380, 456 – Place de l'adjectif é. : 629-632 (et prosodie : 632 Rem 2) – de nature : 632 – détachée : 355 – Participe é. : 612-3 – Nom é. : 345-6 – Accord de l'adjectif é. : 609-13
Équatif : Énoncé attributif é. : 427-8
Équivalence : référentielle (attribut d'é. r.) : 427-8 – entre propositions et éléments de la phrase simple : 780, 789-91 – <u>voir</u> Paraphrase
ès (= *en les*) : 644
est-ce que : 672 – Renforcement de pronom interrogatif : 383-4
et : 877-9, 880-1

Éthique (Datif é.) : 407
être : Conjugaison : 471 – Auxiliaire : 450-1, 455 Rem – <u>voir</u> Copule – Compléments prépositionnels : 422 Rem, 428-9 – Impersonnel : 446-7 – Locatif : 428-9 – *être sur le point de /en passe de* : 452 – <u>voir</u> *c'est*
Étymologie/-ique : 116, <u>voir</u> Lettres
Événement (Point de l'é.) : 514
Exception : <u>voir</u> Restriction
Exclamatif : Déterminant e. : 303, 688-9 – Adverbe e. : 687-8 – Type de phrase e. : 663-4, 683-91 – Mots e. : 687-9 – Subordonnée e. : 840 – Point d'e. : 155
Exemple : XXX-XXXI – construit : 32, 47 Rem 1
Expansion : 242
Explétif (*né* e.) : 709
Explicatif : <u>voir</u> Appositif
Expressive (Fonction e.) : 5, 975-9
Extension : 343 Rem 1, 804-5, 928
Extraction (Emphase) : 725-9
Extraposition : 751

F

Factitif : <u>voir</u> Causatif
Facultatif : <u>voir</u> Optionnel
faire : Conjugaison : 474 – Auxiliaire : 454 Rem – <u>voir</u> Causa-

tif, Proforme verbale – Verbe support : 415-6 – Impersonnel : 748 (*il fait bon* + Vinf : 751 Rem) – Verbe attributif : 424, 425 Rem – *se faire* + Vinf : 415 Rem, 742-3 – + complément de mesure : 401, 504 – *ne faire que (de)* : voir Restriction

fait (le fait – que) : 828

falloir : 446 – avec attribut de l'objet : 433

faute de : Préposition : 640 – Conjonction + Vinf : 640 Rem 2

Fidèle : voir Anaphore

Figure : *vs* Signe : 117 – voir Trope

Finale (Subordonnée circonstancielle f.) : 255, 858-9, 870

finir : Conjugaison : 473 – *finir de* : 452 – *fini(es) les vacances* : 508-9

Flexion : 887 – à l'oral et à l'écrit : 34 – voir Conjugaison

Focalisation (Emphase) : 725-8, 1023-4

Fonction (grammaticale) : 206 ; 207-10 – primaires/secondaires : 210 – Définition distributionnelle : 207-8, 222-3 – et interprétation : 209-10, 245-6

Fonctions (du langage) : 4-6

Force illocutoire : 983-4

Formes verbales : simples ; 442-50 – composées : 450 (indicatif : 528-9 ; et aspect : 517-20) – surcomposées : 451 Rem

Français : standard, variétés du fr. : 18-9 – parlé : 55

Futur : simple (formes : 444 ; valeurs temporelles : 449-51 ; modales 551-3) – antérieur : 553-4 – périphrastique : 17, 59, 452 Rem, 315 – et actes de langage : 553

G

Gémination : voir Réduplication

Géminée (Consonne g.) : 91

Générique : Emploi g. des déterminants : 280, 283-5, 295 – Trait sémantique g. : 926 – Référence g. : 962

Genre : de l'adjectif : 604-8 – du nom : 274-5, 320, 339-31 – du pronom : 387

Gérondif : Forme : 447 – Emplois : 588, 591-3, 844, 846, 856, 860

Gradation/-able : Adjectifs gr. : 618-22 – Adverbes gr. : 659 – Antonymes gr. : 929

Grammaire : Les différents sens du mot *gr.* : 21-3 – Les différents types de gr. : 23-7 – de texte : 1017-8 – et linguistique : XVII-XXIX, 23-4 – descriptive : XXV-XXVI, 23-4, 25 – prescriptive : 24-7 – syntagmatique : 224-5 – et

théories linguistiques : XXVII-XXVIII
Grammatical (*vs* lexical) : Mot gr. : 12 Rem 2, 532 – Morphème gr. : 12, 894-6, 930-1 – Morphologie gr. : 899-918
Grammaticalisation : 16-17
Grammaticalité : 32-34
Graphème : 8 – et phonème : 8, 57-8 – et lettre : 117-8 – Polyvalence des gr. : 117-8, 129-30 – de base du français : 123-4 – Tableau des gr. : 123-4
Gras (caractère) : 172
Grave (Accent) : 132
Groupe accentuel (ou **rythmique**) : 106-9, 182-5
Groupe adjectival : 597, 626-9
Groupe adverbial : 659
Groupe déterminant : 281-2 (défini : 290-2)
Groupe nominal : Structure : 269-73, 342-3 – Interprétation : 273-4
Groupe prépositionnel : Structure : 639-40 – Récursivité : 642 Rem 1 – Fonctions : 641-2 , voir Circonstant, C.O.I.. Complément du nom. Complément de l'adjectif, Datif, Localisation (complément de l.) – sans déterminant : 313-4
Groupe verbal : 259, 389-393 – L'unité fonctionnelle du GV : 389-90
Groupe syntaxique : voir Syntagme

guère : Adverbe négatif : 707 – *guère (de)* : déterminant complexe : 707
Guillemets : 156-8

H

h **aspiré/muet** : 104, 124, 283
Hiatus : 178
Hiérarchique (structure h.) : 213-21
Historique (Présent h.) : 533
Homographe : 58, 924-5
Homonyme : 924-5
Homophone : 57, 71-2, 924-5
Hypallage : 952-3
Hyperbole : 992-3
Hyperonyme : 927-8
Hyponyme : 12, 927-8
Hypotaxique (construction h.) : 783
Hypothétique : voir Conditionnel

I

Iconicité : 923 Rem
Identificateur : Pronom i. : 379-80
Idéographie (Écriture i.) : 116 Rem 1
Idiolecte : 19
il : Pronom personnel (emplois) : 365-6 – impersonnel : 744-6

(ellipsé : 746 Rem, 749 Rem 1)

il y a/il est/il fait : impersonnel : 747-9 – présentatif : 759, 760, 759-60 – *il y a que...* : 758 – *il y a cinq ans que...* : 457 – avec relative prédicative : 819-20

Illocutoire (Acte i.) : 983

Imparfait : Indicatif (formes : 443 ; aspect : 522-3 ; emplois : 540-7) – Subjonctif (formes : 446 ; emplois : 572-5) – Valeurs modales : 545-7

Impératif (Mode) : Morphologie : 444, 575-6 – Emplois : 576-19, 408 – voir Injonction

(Im)perfectif (Aspect) : 521-2

Impersonnel : 667, 744-56 – *ça* i. : 754-5 – Verbe i. : 494, 744-9 – Constructions i. : 749-53 (à sujet postposé : 750-2 ; passives : 461 Rem, 752-3 ; attributives : 628, 751 ; et emphase : 429 ; et subordonnées interrogatives : 753 ; Usages discursifs : 753-6 – Séquence i. : 628, 826-7, 833-4 – Accord du participe passé des verbes i. : 507

Implicite : Subordination i. : 257, 873

in- (Préfixe) : 738, 907

Inaccompli (Aspect i.) : 519-20

Inchoatif (Aspect i.) : 523

Incidente (Proposition i.) : 70, 770-1 voir Insertion

Incise (Proposition i.) : 769-70 – Inversion du sujet : 256-7 – voir Insertion

Indéfini : Déterminants i. : 292-301 (et noms propres : 319 ; constructions impersonnelles : 755-6) – Pronom i. : 380-2 (quantificateur : 380-2 ; identificateur : 378-80, 378-9 ; à complément partitif : 380-2) – Relative i. : voir Relative substantive – Expression référentielle i. : 964

Indépendante : voir Proposition

Indexicale (Référence i.) : 965-6

Indicateur syntagmatique : 219 Rem 1

Indicatif : 528-9

Indices de l'énonciation : 971-2

Indirect : voir Complément (d'objet), Interrogation – Acte de langage i. : 987-90

Inférence (et interprétation) : 4, 44-5, 359-62, 922-3

Infériorité : voir Comparatif

Infidèle : voir Anaphore

Infinitif : Formes : 446-7 – Emplois : 581-8 – présent/passé : 580-1 – de narration : 581-2 – et interrogation : 678 – et exclamation : 690-1 – et détachement : 723-4 – substantivé : 587

Infinitive (groupe infinitif/proposition i.) : 584-5, 789 – apposée : 356, 586 – circonstancielle : 587, 855, 858-60) – complément de l'adjectif : 628-9 – complément du nom : 325-8, 352-3, 586 – complément d'un verbe de mouvement : 504-5, 831 – complément d'un verbe de sensation : 504-5, 832 – conjonctive (et construction) : 829-30, 834-5 – construction i. : 839-35 – impersonnelle (en séquence i.) : 586, 833-4 – sujet : 834 – sujet coréférentiel à celui de la principale : 830-1 – sujet différent de celui de la principale : 832-3

Injonctive : Fonction i. : 5 – Phrase i. : 692-6 – renforcement/atténuation : 695-6

Injure : 986-7

Insertion : lexicale : 229-33 – propositionnelle : 769-71, 781-3, voir Incise, Incidente

Insistance (Accent d'i.) : 718-9

Instruction/-nel : Composante i. du sens : 932-3

Intension (Compréhension) : 343 Rem 1, 928

Intensité : Degrés d'i. (de l'adjectif : 618-22) ; d'un procès-verbal : 378)

Itératif (aspect) : 523

Interfixation : voir Composition savante

Interjection : 771-4, 978 – et exclamation : 690-1

Interne (Complément d'objet i.) : 418-19

Interrogatif : Déterminant i. : 303 – Pronom i. : 383-5, 394 – Adverbe i. : 385 Rem 1 – Subordonnée i. : 836-40 (à l'infinitif : 839) – Inversion et constructions i. : 252-4

Interrogation : 668-83 – totale : 669-72 – partielle : 669, 672-80 – alternative : 680 – Pragmatique de l'i. : 681-2 – oratoire/rhétorique : 561 – indirecte : 836-40

Interrogation (Point d'i.) : 155

Intonation : 109-113, 143, – et modalités : 979 – et types de phrases : 670, 684, 693, 718

Intransitif : Verbe i. : 394-5 – Emploi i. : 396-7

Inverse : Subordination i. : 849-50, 869

Inversion : voir Sujet – simple/complexe : 252, 671-2 – en phrase interrogative : 671-2 – nominale : 251 – pronominale : 251

Ironie : 998-1000 – et ambiguïté : 99-1000

Irréel : 558-60

Italique : 168-9

Itératif (Aspect i.) : 523-4

J

je : 363 – Variantes (Tableau) : 891 – inversé (*Me trompè-je ?*) : 671

Jeu de mots : 996-7 (et allusion)
Jointure : 100-4
Jugement (de bonne formation) : 28
jusqu'à ce que : 858
Juxtaposition : 781-3, 871-3 – Interprétation : 873 – et corrélation : 873 – et inversion : 257

L

laisser : Verbe causatif : 454 Rem, 414-5, – *se laisser* + VInf : 742-3.
Langue (vs discours) : 2 Rem 2, 23 Rem 1, 173
Langues (et langage) : 1-2
la plupart Pronom : 381
le (Pronom invariable) 368, 615-6 – et détachement : 722-3
le fait que : voir *fait*
lequel : Déterminant et pronom relatif : 303-4, 386-7, 794, 796-7, 800-1 – Pronom interrogatif : 384-5, 673-6
Lettre : 57-8, 57-8 – Forme et taille : 168-72 – étymologique et historique : 15-6, 116 Rem 1, 127- 8
Lexical : Morphème l. : 894-6, 930-1 – Morphologie l. : 894-6 – Datif l. : 406-7 – Anaphore l. : 1031
Lexicalisation : 889, 900

Lexique : 37-38
Liaison : 101-3
Libre (Variante l.) : 890-2
Lieu : voir Localisation
Linéarité : des signes linguistiques : 9 – voir Ordre des mots
Litote : 992
Littéracie : 139
Localisation (Complément de l.) : 428-9 – des référents : 964
Locatif (verbe *être*) : 428-9
Locuteur : 3
Locution : verbale : 312 – prépositionnelle : 640 – adverbiale : 655 Hist – conjonctive : 788, 793, 844 – pronominale : 275
Locutoire (Acte l.) : 983
Logogramme : 127
loué (*être l.*) : Conjugaison passive : 476-77

M

mais : 882, 877, 1052, 1053
Majuscule : 169-72
Marque grammaticale : 58-59 (Oral/écrit), 436-7, voir Désinence
Marqueurs : voir Connecteurs
Massif (Trait) : 295, 299
Matrice (Phrase m.) : 785 voir enchâssement
même : Adverbe argumentatif : 654-5 – *de même que... (de même)* : 865, 949 – *même si*,

même que : 844 – *le même* (déterminant) : 291 – *le même/la même chose* (pronom) : 379 – *le même (que)* : 865 – *moi-même, toi-même* : 371-2, 457-8
-ment (adverbes en *-m.*) : 656-7
Mention : voir Autonymie
Message : 3
Mesure (Complément de m.) : construit directement : 401-2 – et accord du participe passé : 504
Mesure (métrique) : 180, 182, 184
mesurer : 401-2, 504
Métadiscursif : Usage m. : 921
Métalinguistique : 5 (fonction m.), 308-9, 921 – voir Reformulation
Métaphore : et sous-catégorisation : 223 Rem, 340, 934-952 (*in absentia* : 944 ; filée : 948), adjectivale (943), adverbiale (944), nominale (941-5), verbale (943-6)
Météorologique (Verbe m.) : 746-7
Métonymie : 319, 339-40, 954-6
Mètre : 180-182, 196-7
Métrique (unité) : 175-180
mettre : Emploi attributif-causatif : 431 – *se mettre à* : 452
Minimale (Phrase m.) : 240-2
Mise en relief : 596, voir Emphatique
Mobilité : 215-6 – du complément circ. : 260-3

Modalité : et mode : 510-12 – d'énonciation/d'énoncé : 975-9 – et types de phrases : 660 Hist – et négation : 716
Mode (verbal) : 510- 513 – dans les relatives : 809
Mode d'action : 524-5, voir Aspect
Modifieur : du nom : 270-3, 341-53 – du groupe nominal : 353-6 – du verbe : 391, 650, 651-2
moins : Adverbe comparatif : 618-25 – *moins... moins* : 866
Monème : 895 Rem
Monosémique : 924
Morphème : 8, 889-90 – grammatical/lexical : 894-6, 930-1 – Morphème lié : 895-6 – Sens des m. : 563
Morphogramme : 124-6
Morphonogramme : 127
Morphologie : 38-9, 208, 894-918 – lexicale : 894-6 – grammaticale : 899-918
Morphosyntaxe : 38, 208, 229
Mot : 37-38, 887-9 – oral/écrit : 34-5 – composé : 889 – grammatical : 889 – outil : 894-5 – complexe : 900-1 – construit : 900-1 – phrase : 648, 777 – valise : 915 Rem
Motivation : 922 – secondaire : 922

N

Narration : Présent de n. : 533 – Infinitif de n. : 581-2

Narratif (texte) : 1060
Nasale : voir Consonne et Voyelle
Nature : Classe grammaticale : 206, 225-9 – et fonction : 206 Rem – Épithète de n. : 632
ne : Emplois de *ne* : 708-12 – à l'oral : 64 – voir Négation, Explétif
ne... que : voir Restriction
Négatif : Déterminant n. : 302-3, 710-11 – Pronom n. : 381-2, 710-1 – Type de phrases n. : 664, 696-718 – Adverbe n. : 648, 654 (constituant discontinu : 893-4)
Négation : 696-718 – grammaticale/lexicale : 697 – totale/ partielle : 698-702 – double : 713-4 – exceptive : 700 – explétive : 709 – Place de la n. : 702-3 – Cumul de n. : 713-4 – et quantification : 714-5 – et coordination : 712 – polémique / descriptive : 716
Néologie : 15, 915
n'est-ce pas : 712
Neutralisation : 893 Rem 2
ni : 421-2, 877-9, 881
n'importe quel : **déterminant** 301 – *n'importe qui/quoi/ lequel* (pronom) : 380
Niveau : de langue : 18-9, 928-9 – d'analyse : 35-6, 960-1
Nom : 320-35 – agent (d') : 240, 327 – affectif/évaluatif : 581 – animé/non animé : 324-5 – collectif : 325, 331-2 (dérivé : 906) – commun (sémantique : 321-3 ; sous-catégorisation : 323- 8 ; genre : 329-31 ; nombre : 331-4 ; épithète : 345-6) –composé : 33-4, 272 Rem, 539, 547-51 (orthographe : 163-5, 913) – comptable/massif : 323-4, 331-2 – concret/abstrait : 326 – affectif/évaluatif : 976 – modalité (de) : 581 – modifié : 214 Rem – 342-3 – peuple (de) et d'habitant : 338 Rem – prédicatif : 326, 352 – propriété (de) : 326-7, 616, 617, 544 – qualité (de) : 188, 313 Rem 2, 326-7, 349-50 587-8 – quantité (de) : 281, 350-1 – relationnel : 327, 348 – rôle (de) : 239, 327, 744

Nom propre : 335-41 – déterminant : 309-10, 315-9 – et majuscule : 171 – emprunté : 334 – Syntaxe des n. pr. : 337-40 – Sens et référence : 335-6, 970 – Genre et nombre des n. pr. : 340-1.

Nombre : du déterminant : 275 – du nom : 320-1, 331-35 – du pronom : 387-8 – de l'adjectif : 608-9 – du verbe : 436-7, 441

Nominalisation : 323, 347 – anaphorique : 1038-9

non : 704-7 – Mot-phrase : 648, 704 – Préfixe : 698, 705 – *non que* : 862

Index des termes et des notions

Non verbale (Phrase n.) : 686, 694-15, 765-9
Normative (Grammaire n.) : voir Prescriptive
Norme : 19-21, 55
nous (Sens et usages) : 363-4
nul : Déterminant : 302-3 – Pronom : 580-1
Numéral : Déterminant n. : 297-8 – Pronom n. : 280-1 – Adjectifs n. ordinaux : 635
nu-pieds : 610

O

obéir : Construction passive : 405 Hist, 733
Objet : direct (complément d'o.d.) : 397-400 ; antéposition du c.o.d. : 502-3 – indirect (complément d'o.i.) : 402-5 ; Pronominalisation 403-5 – second : 405-8 – Attribut de l'o. : voir Attribut
Occlusive : voir Consonne
on : 364-5
Onomatopée : 462-3, 922
Opaque (lecture) : 966-7
Optionnel : 224, voir Effacement
or : 883, 1055-6
Oral : *vs* Écrit : 52-6 – et phrase complexe : 873
Ordre des mots : 207, voir Déplacement, Détachement, Dislocation, Extraction, Interrogation partielle, Phrase canonique, Place de la négation, Sujet (inversion du s.). Thème, Thématisation – Circonstanciel (complément c. : 260-2 ; subordonnée c. : 844-5) – Relative disjointe : 807-9 - Place des formes des pronoms personnels : 368-74 – et dimension croissante : 741, 756 – dans la phrase non verbale : 766-7
Orpheline (préposition) : 404, 642 Rem 3
Orthographe du français : Le système : 121-31 – didactique de l'o. : 138-9
ou : 581-2, 680, 881-2
où : Relatif/Indéfini : 385 Rem, 386, 802, 815, 817, 822, 844 – Interrogatif : 384 Rem 1, 397
oui : 648, 466
outre : Préposition : 639 – Conjonction + VInf : 370 Rem 2, 640
Oxymore : 953

P

Paire minimale : 10, 75, 85
par : et complément d'agent : 730, 733-5
Paradigmatique (Relation p.) : 11-2
Paradigme : 11 Hist, voir Classe
paraître : Verbe modal : 453 – Verbe attributif : 422, 424-5

Paraphrase : 920 (définitoire), 923, voir Définition
Parasynthétique : 907 Rem – Faux p. : 903
Parataxe : 783, 519, 520 – vs Hypotaxe : 783
parce que : 850-1, 882-3, 1054-5
pardonner : Construction passive : 405 Hist, 733
Parenthèse : 158-9 (ponctuation)
Parenthétique : 111
Parenthétisation : 33, 219-20
pareil (Déterminant) : 302 Rem 2
Paronymie : 925 Rem
Participe : Formes : 447 – et adjectif verbal : 380-1 – Emplois (présent : 588-9 ; passé : 589, 593-6) – invariable : 508, 590 – épithète : 612 – apposé : 856-7 – P. passé passif : 737-8 – Accord du p. passé : 501-8
Participiale (Proposition p.) : 508, 340-3, 789, 847, 856-7
Particulière (Référence p.) : 962-3
Partielle : Négation p. : 698-9, 710-11 – Interrogation p. : 672-80 (voir i. indirecte)
Partie du discours : voir Catégorie de mots, Classe et Nature
Partitif : Article p. : 295-7 – Emploi p. : 293-14 – et nom propre : 319
pas : Adverbe négatif : 706-7 – *pas un* (déterminant : 302-3 ; pronom : 381)

Passé (Temps) : de l'impératif : 575-6, 579 – du subjonctif : 571-2
Passé antérieur : 518-19
Passé composé : 450-1, 534-6
Passé simple : Formes : 445 – Emplois : 536-8 – Histoire : 538 Hist
Passif : 254, 666-7, 730-744, 398, 415 Rem – Forme verbale et type de phrase : 730-2 – Verbes passivables : 732-3 – Conjugaison : voir *loué (être loué)* – inachevé/incomplet : 735-8 – pronominal : 455 Rem 2, 742 – impersonnel : 752-3 – pronominal impersonnel : 461 Rem, 752-3 – p. état/action : 736-8 – et adjectif qualificatif : 737-8 – Emplois discursifs : 738-41 – et thématisation : 739-40 – Différents types de p. : 741-4 – voir Complément d'agent
Passivation : 739 – d'un verbe transitif indirect : 752
Péjoratif (Dérivé p.) : 906
Perception (verbes de) : 818-9, 832-3
Perfectif (Aspect) : 521-2, 502
Performance : 28-30
Performatif (Énoncés et verbes p.) : 980-1, 985-7
Période : 67-71
Perlocutoire (Acte p.) : 983-4
personne (Pronom négatif) : 381, 580-1, 710-1
Personne (verbale) : 436, 441

Index des termes et des notions

Personnel (Pronom p.) : 362-74 – Formes : 372 (Tableau) – déictiques : 972 – Sémantique : 362-7 – Morphologie : 368-74
peser : 401, 504
peu/un peu : Déterminant complexe : 299, 306 – Pronom : 380
de peur que/de : 858-60
Phatème : 65
Phatique (Fonction p.) : 5
Phonème : 8, 57, 75-97 – et graphème : 57-8
Phonétique : 36, 72-76, 173
Phonogramme : 121-3
Phonologie : 36-7 (composante ph.), 73, 85-93
Phrase : Définition(s) : 201-6 – de base (canonique) : 211-2 – minimale : 240-2 – étendue : 242-3 – clivée : 725-8 – pseudo-clivée : 728-9 – complexe : 780-4 – atypique : 757-69 – non verbale : 763-9 – Sens de la phr. : 46, 930-1
pire, pis : 623 Rem, 625
plein (les poches) : 610
Pluralia tantum (Noms) : 332
plus : Adverbe de comparaison : 618-25 – *plus... plus* : 866 – **plus de** : 299 – avec négation : 707-8
plusieurs : Déterminant : 298 – Pronom : 381
Plus-que-parfait : de l'indicatif : 547-8 – du subjonctif : 573-5
Poème : 174-175, 189-191

Poétique (Fonction p.) : 6, 97-8
point (Adverbe négatif) : 706-7
Point (Ponctuation) : 147-8 – de suspension : 152-3 – d'exclamation : 155-6 – d'interrogation : 155-6
Point-virgule : 148
Polyphonie : 861-2, 717-8
Polysémie : 925-6
Ponctuation : 140-172 – Définition : 140-2 – Fonctions : 142-6, 979 (modale) – Histoire : 145 Hist – de mots : 162-7
Portée : de l'adverbe : 647-8 – du complément circonstanciel : 263-7 – de la négation : 698-700, 714-16
Possessif : Déterminant p. : 288-90 – Adjectif p. (*un mien cousin*) : 295 – Pronom p. : 374-5 – Expression p. : 966
Possession inaliénable : voir Datif
Postiche (Forme p.) : 750
Post-rhème : 68-70, 110
Potentiel : 558-60
pour (que) : 858-9 (consécutif : 867 ; causatif : 855 ; *pour... que* concessif : 821, 862 Rem)
pour peu que : 859-60
pourquoi : Adverbe interrogatif : 384 Rem 1, 649, – et inversion : 253
pourvu que : 859
pouvoir : Auxiliaire modal : 453, 787 Rem 3 – en construction absolue : 505
Pragmatique : 43-7, 681-2

Préambule : 68-69, 110
Préconstruit : 888
Prédicat : logique : 235-6 ; 240-2, 484 Rem − 960-1 − grammatical : 240-2
Prédicatif : Expression pr. : 274, 960-1 − Nom pr. : 236, 239 − Relative pr. : 818
Prédication : 204-5, 240-2, 245 − attributive (caractérisante : 426 ; Catégorisante-typante : 427-8 ; identifiante : 428)
Préfixation : 901-2, 906-7
Préfixe : 897 − et marque d'intensité : 621
Préposition : La catégorie des pr. : 639-40 − Morphologie : 639-40 − en emploi absolu : 404, 642 Rem 3 − Fonctions : 641-2 − Sémantique : 642-5 − *être* + pr. : 428-9 − incolore : 643
Prescriptive (Grammaire p.) : 20, 25-7
Présent : de l'indicatif (formes : 442 ; emplois : 529-34) − du subjonctif (formes : 443 ; emplois : 571-2) − de l'impératif (formes : 444, 576 ; emplois : 577-9)
Présentatif : phrase à pr. : 757-63 − et emphase : 725-9 − suivi d'une complétive : 827
Principale : voir Proposition
Procès (verbal) : 436 − Statif / dynamique : 525-6 − Typologie : 526-7
Proclitique : voir Clitique

Proforme verbale : 358 Rem, 384 Rem 2, 1041
Progressif (Aspect p.) : 524
Progression thématique : 1025-8
Pronom : 357-88 − Classe syntaxique : 358-9 − Interprétation : 359-62, 578 − Genre et nombre : 387-8 − Accord : 387-8 − et détachement : 720-22 − voir Déictique
Pronominal : Conjugaison pr. : voir *s'envoler* : 476 − Construction pr. : 455-63 − réfléchie/réciproque : 379-80, 457-9 − passive : 455 Rem 2, 460-2, 742 − impersonnelle : 461 Rem − neutre : 462-3 ; interprétation : 464-7 − Verbe pr. (essentiellement pr. : 463 ; pr. autonome : 464 ; accord du participe passé : 507) − Expression référentielle p. : 964, 967 − Anaphore p. : 1034-7
Pronominalisation : 368-73, 403-5
Propos : voir Thème
Proposition : vs phrase : 784-5 − principale : 784 − indépendante : 784 subordonnée : 785-7 − au sens sémantico-logique : 205, 960-1, voir Propositionnel
Proposition attributive réduite : 354-5, 424, 430
Propositionnel (forme/contenu pr.) : 205, 211, 212

Index des termes et des notions

Rem, 786-7 – intra-/extra-propositionnel (complément circ.) : 265-6
propre (déterminant possessif + *pr.*) : 290
Prosodie : 106
Pseudo-clivée (Phrase c.) : 728-9
puisque : 851-2, 882-3, 1054-5
Purisme : 27

Q

***quand* interrogatif** : 384 Rem 1, 654 – conjonction : 843, 848-9
quant à : 725
Quantité/Quantification : Modification par un adverbe : 652 – Déterminants et qu. : 297-301 – et négation : 714-5
Quatrain : 190-1
que : Conjonction : 788, 824-9, 843-4 – Négation exceptive : 700, 711; en incise : 769-70 – dans les systèmes corrélatifs : 868-9) – Complétives en *que* : 823-9 – Pronom (relatif : 386, 799, 810, 811-3 ; interrogatif : 383-4, 674-5 ; *que faire* ? : 678) – Comparaison : voir Complément du comparatif – Adverbe exclamatif : 677-8
quel(le) : Déterminant (interrogatif et exclamatif : 303, 688 ; indéfini [*quelle que soit la cause*] : voir Concessive) – *n'importe quel* : 301
quelque : Déterminant : 279, 294, 298-9 – *quelque... que* : 862
quelqu'un /quelque chose/ quelques-uns : 381
qu'est-ce que/qui est-ce que : voir Interrogation partielle
Question : voir Interrogation
qui : Pronom (relatif : 386, 798, 816, 818-20 ; interrogatif : 383-4, 673-7)
qui... qui... (distributif) : 378
quiconque : 387, 816
quoi : Pronom relatif : 385, 816-7, 822 ; interrogatif : 383-4, 674 Rem ; *quoi faire* ? : 675 Rem, 676
quoique : 861-2
quoi que (*tu fasses*) : voir Relative concessive

R

Radical : 901 – verbal : 438 (variations : 439-40)
Réalité (Langues et r.) : 17-8
Réarrangement communicatif : Type de phrases de r. c. : 666-8
Récepteur : 3
Réciproque (Interprétation r. d'une construction pronominale) : 458-60
Recomposition : voir Composition savante

Rectifications de l'orthographe (1990) : 136-8
Rection : voir Dépendance syntaxique
Récursivité : 221 Rem 2, 346-7, 642 Rem 1
Redondance : 59-60 (Écrit/oral), 537 – et accord : 897-8
Réduction : 916 Rem 2 voir Abréviation
Réduplication : 623, 872 Rem
Réécriture (Règles de r.) : 220-2
Référence : Sens et r. : 4, 959-60 – pronominale : 359-62, 574 – actuelle/virtuelle : 920, 930, 960 – par défaut : 361 – et connaissances : 965 – Point de référence : 515 – voir Anaphorique, Attributive, Déictique, Dénominatif, Descriptif, Générique, Indexical, Particulière, Spécifique
Référenciation : 965-967
Référent : 3, 920, 959-60
Référentielle : Fonction r. : 4 – Expression r. : 273-4, 960-1 (Type sémantique de l'e. r. : 962-3 ; Type grammatical de l'e. r. : 963-4) – Autonomie r./dépendance r. : 321-2, 616-7
Réfléchi : Forme r. du pronom de la 3e personne : 371-2 – Emploi r. du verbe : 457-60
Réflexivable (Verbe r.) : 459
Reformulation : voir Connecteur

Registre : voir Niveau de langue
Règle : grammaticale : 30-1 – de réécriture : 220-2
Rejet (contre-rejet) : 183-4
Relatif : Déterminant r. : 303-4 – Pronom r. : 794-6, 385-7, 795-6 – (sans antécédent : 387 ; voir Relative substantive)
Relation : intégrative/distributionnelle : 222-23 – Mot de r. : 207, 640
Relationnel (voir Adjectif et Nom)
Relative (Subordonnée r.) : 351, 354-5, 475-6, 794-822 – accidentelle : 821-2 – adjective : 797-802 – circonstancielle : 821-2 – concessive (dans une expression c.) : 812-3, 821-2 – déterminative : 804, 808 – appositive/explicative : 804-8 – imbriquée : 802-803 – et inversion du sujet : 255 – et mode : 809 – non-standard : 810 – prédicative/attributive : 818-21 – substantive : 816-7 – Sémantique des r. : 804-808
rendre : Emploi attributif-causatif : 431 Rem
réputer : construction passive : 733
Retournement (Verbe à r.) : 409-11
Restrictif (voir Déterminatif)
Restriction : 651, voir Négation exceptive

Index des termes et des notions

Restrictions sélectionnelles (voir Sous-catégorisation)
Réversible (Verbe r.) : 409-11
Rhème : 68-9, 110, 241 – voir Propos – *vs* Préambule 68-9
rien (Pronom négatif) : 380-1, 380 Rem, 390 Rem
Rigide (désignateur r., désignation r.) : 336-7, 966
Rime : 186-194
Rôle (sémantique) : 209, 236-40, 267-8
Rythme : syllabique 108-9 (versification : 182-5)

S

Saillance : 57
sans : 643 – *sans que* : 862 – *sans doute* (Grammaticalisation : 16, inversion du sujet : 259)
sauf : Préposition : 640 Rem 2 – Conjonction + VInf : 640 rem 2 – *sauf si, sauf que* : 844
Scénique (Complément circonstanciel s.) : 266, 653, 848
Schéma en arbre : 217-9
Schwa : voir *e* caduc
Sécant (Aspect) : 522-3
Second : voir Objet
Sélection contextuelle (voir Sous-catégorisation)
Sémantique : 42-3 – grammaticale (phrastique) : 43 – lexicale : 42 – des sons : 97-8 – de la phrase : 930-1 – des énoncés : 931-2

sembler : Verbe modal : 453 – Verbe attributif : 422, 425
Sème : voir Trait sémantique
Semelfactif : 523
Sémiographie : 115-6, 128-131
Sémiotique (Fonction s.) : 17-8
Sens : et référence : 959-60 – phrastique : 46, 930-1 – structural : 931 – figuré ou détourné : 934-56
sentir (le brûlé) : 401, 504 – + subordonnée infinitive : 351, 832
s'envoler : Conjugaison pronominale : 476
Séquence (impersonnelle) : 749, 826-7, 833-4 – et trait [défini] : 755-6
Séquence textuelle : 1063-4
seul : argumentatif : 655, 701
si : Conjonction : 788 (interrogative : 836-8 – circonstancielle : 852-5) – Adverbe (comparatif : 623 ; énonciatif : 777 ; exclamatif : 686)
si... que : concessif : 854-5 – consécutif : 867
Sigle : 902, 917-8
Signe (linguistique) : 7-10, 919-23 – Théorie du s. : 919-20 – et figure : 117
Signe (de ponctuation) : 142-62 – graphiques auxiliaires : 122, 134-6 – (typographiques) : 167-72
Signifiant : 919
Signification énonciative : 46-7, 931-2

Signifié : 919 – *vs* référent : 920, 959-60
sitôt : voir *aussitôt*
Situation (de communication) : 3-4
Situationnel : référence s. : 964 – variété de langue s. : 19
Société : Langue et s. : 17-9
Sonore : voir Consonne
Sonnet : 191
Sourde : voir Consonne
Sous-catégorisation (syntaxique /sémantique) : 229-33
Sous-détermination : du sens phrastique : 932-3
(se) souvenir : construction impersonnelle, 751 Rem 2
Spécifique : Référence sp. : 280, 283, 293-4, 962-3 – Trait sémantique : 924
Standard (français s.) : 19 voir Norme
Statif : 734-5, 831
Strophe : 189-191
Style : direct/indirect : voir Discours – indirect libre : 544, 1012-14
Subjonctif : Définition : 561-3 – en phrase indépendante : 564-6, 691, 694 – dans les relatives : 570-1, 809 ; dans les complétives : 566-8, 825 ; dans les circonstancielles : 568-70 – à l'oral : 63 – Emploi des temps du s. : 571-576
Subordination : 785-93 – Marques de s. : 787-9 – implicite : 257, 873 – inverse : 792-13, 849-50, 869 – voir Proposition
Subordonnant (Terme s.) : 787 Rem 1, 787-8 – Absence de t. s. : 787 rem 1, 788
Subordonnée (Proposition s.) : Typologie : 790-2 – Correspondances avec les constituants de la phrase simple : 204, 789-92
Substitut (voir Pronom)
Substitution : 214
Suffixe : 897 – Marqueurs d'intensité : 621
Suffixation : 905-6
Sujet (Fonction) : 243-9 – Rôles du s. : 245-6 – Fonction communicative : 246-8 – Ellipse du s. : 249-51 – Inversion du s. : 251-259, 750-1 (et interrogation : 252-4, 671-2 ; dans les autres types de phrase : 254-5, 686-7 ; dans les subordonnées : 255-6, 824-5 ; dans les incises et les incidentes : 256-7, 769-71 ; et juxtaposition : 257 ; dans la phrase assertive : 257-8) – et rôles sémantiques : 236-9, 245-6, 731-2 – apparent/ réel : 750-2 – voir Accord
Supériorité : voir Comparatif
Superlatif : absolu : 620-22 – relatif : 624-5 – complément du s. : 625-6
Support (Verbe s.) : 352 Rem, 415-418 – opérateur de passivation : 743

Suprasegmental : Marques s. : 105-6

Surcomposé (Formes s. des verbes) : 451 Rem, 504

Syllabe : phonétique : 74-75, 98-100 – ouverte : fermée : 99 – graphique : 119-20

Symbole (Liste des s. utilisés dans le présent ouvrage) : XXXIII-XLI

Symbole catégoriel : 217-9

Symétrique : Verbe s. : 409-11, 742 (et complément prépositionnel : 642 Rem 2 ; et passif : 742) – Adjectif s. : 629

Synchronie : 12, 899 (en morphologie)

Synecdoque : 954-5

Synérèse : 179-180

Synonymie : 926-7

Syntagmatique : Relation s. : 10-1– Grammaire s. : 224-5

Syntagme : 213-6 – adjectival, déterminant, nominal, prépositionnel, verbal, *voir* Groupe

Syntaxe : 39-42 – de l'oral : 64-7 – et sens : 41-2

T

Tautologie : 993

tel : Déterminant : 302 – Pronom : 382 – Adjectif anaphorique : 422, 1044-6 – en construction corrélative : 867

Temporel : Subordonnée circonstancielle t. : 849-51, 857-8, 868-9 – Connecteur t. : 1046-7

Temps (du verbe) : 513-17 – relatif/absolu : 516 Rem – Valeur (déictique : 974 ; modale : 978) – voir Enonciation, Formes verbales

Terminologie (grammaticale et linguistique) : XXVIII-XXIX

Test : voir Addition, Effacement, Déplacement, Substitution

Terminatif : Aspect t. : 523

Texte : 1018-9 – Organisation du t. : 1019-21 – Balisage du t. : 655 – Typologie des t. : 1058-63

Thématisation : 246-7, 1023-4 – et passif : 739-40 – et subordonnées circonstancielles : 844-5, 850-1, 865 Rem

Thème *vs* **propos** : 110, 241, 246-8, 266, 961, 1021-5 – dans les circonstancielles : 844-5, 850-1, 865 Rem – Progression thématique (types de pr. th. : 1025-28

Thétique : Énoncé t. : 755 – voir Thème

Tiret : 161-2

Topique : voir Thème

Totale : Négation t. : 696-700 – Interrogation t. : 670-2 (voir i. indirecte)

Totalité impliquée : voir Datif
tout : Déterminant : 291, 300-1 – Pronom : 378, 379 Rem, 398 Rem – Adverbe : 655 – *tout... que* : 821, 862
Trait d'union : 136-7, 163-6
Trait distinctif/pertinent (phonologie) : 75, 91-93
Trait sémantique : 232-3, 923
Transcription phonétique : 76-7
Transfert : voir Conversion
Transformation : et manipulation : 208 (1.3.3.), voir Test – et types de phrases : 661-3 – passive : 730-2
Transitif : Verbe tr. : 394, 400 (emploi tr.)
Translation : voir Conversion
Transparente (lecture) : 966-7
Transposition : voir Conversion
Tréma : 135-6
Trigramme : 57, 118, 122
Troncation : 915-7
Trope (figure) : 934-7
Trope illocutoire : 989-90
Type de phrases : 204-5, 660-663 – Marqueurs de t. (adverbiaux : 384 Rem 1, 649 ; pronominaux : 383-5) – énonciatif : 664-6
Type de textes : 1060-3

U

Un tel / Untel : 382
Unipersonnel (Verbe u.) : voir Impersonnel

V

Valence : 234-6 – adjectivale : 626-8 – zéro/nulle : 754
Valeur : 12
Variante : libre/contextuelle (conditionnée) : 94-97, 890-2
Variétés (d'une langue) : 18-9, 54-5
Verbe : Catégorie grammaticale : 390-3, 434-6 – Classement (conjugaison) : 467-9, 477-94 – Les constructions du v. : 395 (Tableau), voir Absolu, Accord, Attributif, Causatif, Conjugaison, Converse, Copule, Défectif, Impersonnel, Intransitif, Modalité, Performatif, de perception, Pronominal, Réfléchi, Retournement, Support, Symétrique, Transitif, Voix – météorologique : voir Impersonnel (verbe) – et anaphore : 1041
Vers : 173-5 – libre : 196-7
Verset : 197
Versification : 173-98
Virgule : 148-52
Virtuel : voir Référence
Vive les vacances ! : 16-17, 509
Vocabulaire : oral : 61-62 – voir Lexique
voici/voilà : Présentatif : 757-8, 761-3 – avec attribut de

l'objet : 432 – avec une relative prédicative : 819 – *voici/voilà que* : 758, 759 – *voici/voilà* (et emphase) : 762 – *voici trois ans que...* : 762-3

voir/se voir + Vinf : 415 Rem, 742-3

Voix : 390, 437, voir Passif

vouloir : Verbe modal ; 453 – en construction absolue : 505

Voyelle : 75, 78-81, 86-9 – nasale : 81

W / X / Y / Z

X barre (syntaxe) : 273 Rem

y : 369-70 – Complément : 403-404 – voir il y a

Zéro : morphème z. / marque z. / signifiant z. : 893 – article z. : voir Déterminant (absence de d.) – Degré z. ou neutre de l'intensité : 619 – Valence z. : 754

Zeugme : syntaxique : 875 – sémantique : 875, 953.

Cet ouvrage a été mis en pages
par Meta-systems
59100 Roubaix

Imprimé en France
par Qualibris France Quercy –Z.A. des Grands Camps
46090 Mercuès

Numéro d'impression : 11036/
Dépôt légal : juillet 2011

Ouvrage imprimé sur papier écologique à base de pâte FSC
Pour plus d'information, www.fsc.org